JEAN-JACQUES ROUSSEAU
SCHRIFTEN

Band 2

Herausgegeben von Henning Ritter

Carl Hanser Verlag

ISBN 3-446-12503-5
Hanserbibliothek

Umschlag: Klaus Detjen
Herstellung: Mohndruck, Gütersloh
Printed in Germany

INHALT

BRIEFE
VOM BERGE

Vitam impendere vero.

1764

VORBEMERKUNG

Ich fühle es, daß ich zu spät von einer Sache rede, welche längst bekannt und beinahe vergessen ist. Mein Zustand, der mir keine fortgesetzte Arbeit mehr erlaubt, und meine Abneigung gegen das polemische Fach sind Schuld an der Langsamkeit meines Schreibens und an meinem Widerwillen gegen die Herausgabe. Ich hätte sogar die *Briefe* ganz unterdrückt oder vielmehr sie gar nicht geschrieben, wenn nur von mir die Rede gewesen wäre, allein, mein Vaterland ist mir noch nicht so ganz fremd geworden, daß ich ruhig zusehen könnte, wie seine Bürger unterdrückt werden, zumal sie nur durch die Verteidigung meiner Sache ihre Rechte verloren haben. Ich wäre der elendeste unter den Menschen, wenn ich bei einer solchen Gelegenheit noch auf ein Gefühl achtete, welches weder Sanftmut noch Geduld, sondern Schwachheit und Feigheit bei dem ist, der sich dadurch von der Erfüllung seiner Pflichten abhalten läßt.

Für das Publikum sind diese *Briefe* sehr unwichtig, ich weiß es, denn die Verfassung einer kleinen Republik, das Schicksal einer geringen Privatperson, die Darstellung einiger Ungerechtigkeiten und die Widerlegung einiger Sophismen, all dieses ist zu unbeträchtlich, um viele Leser zu verdienen. Allein, obgleich meine Gegenstände gering sind, so sind doch meine Beweggründe sehr wichtig und der Aufmerksamkeit jedes rechtschaffenen Mannes wert. Wir wollen Genf an seiner Stelle und Rousseau in seinem Elend lassen, aber Religion, Freiheit, Gerechtigkeit, dies sind Dinge, die gewiß nicht zu niedrig sind, euch alle zu beschäftigen, wer ihr auch sein möget.

Man erwarte selbst hier im Stil keine Entschädigung für die Trockenheit der Materie. Diejenigen, die durch einige glückliche Züge meiner Feder so sehr erzürnt wurden, werden durch diese *Briefe* wieder besänftigt werden. Hätte ich für einen anderen zu reden, so hätte die Ehre, einen Unterdrückten zu verteidigen, mein Herz entflammt. Aber bei der traurigen Aufgabe, mich selbst zu verteidigen, mußte ich mich mit Beweisen begnügen;

mich dabei zu erhitzen, wäre erniedrigend. Ich werde also in diesem Punkt denen gefallen, die behaupten, daß die Wahrheit kalt und gelassen gesagt werden müsse, obgleich ich diese Meinung nicht recht begreifen kann. Denn wenn uns eine lebendige Überzeugung beseelt, wie kann man da eine kalte Sprache führen? Als Archimedes, ganz außer sich, nackt in den Straßen von Syrakus umherlief, hatte er da die Wahrheit weniger gefunden, weil er sich für sie begeisterte? Gerade das Gegenteil: der, der sie fühlt, kann sich nicht enthalten, sie zu verehren; der aber, der kalt bleibt, hat sie nie gefühlt.

Dem sei, wie ihm wolle, ich bitte meine Leser, meinen schönen Stil außer acht zu lassen und bloß zu untersuchen, ob ich gut oder schlecht urteile; denn ich sehe nicht ein, wie man daraus, daß ein Schriftsteller sich gut ausdrückt, folgern kann, daß er nicht weiß, was er sagt.

ERSTER BRIEF

Ich verdenke es Ihnen nicht, mein Herr, daß Sie sich nicht mit den Repräsentanten vereinigt haben, um meine Sache zu unterstützen. Weit entfernt, diesen Schritt zu billigen, habe ich mich ihm vielmehr mit allen Kräften widersetzt, und meine Verwandten haben auf meine Bitten davon abgelassen. Man schwieg, da man reden sollte, und sprach, als es Zeit war zu schweigen. Ich sah das Unnütze dieser Repräsentationen voraus und vermutete die Folgen: ich urteilte daß ihre unausbleiblichen Wirkungen die öffentliche Ruhe stören oder die Staatsverfassung verändern würden. Die Ereignisse haben meine Befürchtungen bestätigt. Sie sind jetzt in der Lage, die ich immer befürchtete. Die Krise, in der Sie sich befinden, erfordert eine andere Beratschlagung, deren Gegenstand ich nicht mehr bin. Nach dem, was geschehen ist, fragen Sie nun, was jetzt zu tun sei, und bemerken, daß die Wirkung dieses Schritts, da er die ganze Bürgerschaft betrifft, ebenso auf die zurückfällt, die ihn getan haben, als auch auf die anderen, die daran nicht teilnehmen wollten. So verschieden also im Anfang die Meinungen hierüber sein mochten, so muß das allgemeine Beste jetzt alles vereinigen. Ihre geforderten und angefochtenen Rechte dürfen nicht zweifelhaft bleiben; sie müssen entweder anerkannt oder aufgehoben werden, und eben ihre Unbestreitbarkeit setzt sie jetzt der Gefahr aus. Man hätte freilich während des Sturmes kein Licht anstecken sollen; nun aber steht das Haus in vollen Flammen.

Obgleich nun hier nicht mehr die Rede von mir ist, so zieht mich meine Ehre dennoch immer in diese Sache mit hinein; Sie wissen dies, und fragen mich als einen unparteiischen Mann dennoch um meine Meinung; Sie glauben, daß das Vorurteil mich nicht verblenden und Leidenschaft mich nicht zur Ungerechtigkeit hinreißen wird: ich hoffe es selbst, allein, wer kann in einer so kritischen Lage für sich einstehen? Ich fühle, daß es mir unmöglich ist, mich in einem Streit selbst zu vergessen, dessen Ursache ich bin und zu welchem mein Unglück den Grund gelegt hat. Was kann ich also tun, mein Herr, um Ihr Zutrauen zu erwidern und Ihre Achtung gegen mich, soviel nur in meinen Kräften steht, zu rechtfertigen? Dieses: in einem gerechten Mißtrauen gegen mich selbst will ich Ihnen nicht so sehr meine Meinung als meine Gründe sagen. Prüfen Sie dieselben, vergleichen Sie und wählen Sie dann. Tun Sie noch mehr und setzen Sie ein Mißtrauen nicht in meine Gesinnungen, denn diese sind, Gott weiß es, rein und lauter, sondern in mein Urteil. Der gerechteste Mensch sieht, wenn er zum Äußersten getrieben ist, selten die Dinge in ihrem wahren Licht. Ich will Sie gewiß nicht hintergehen, allein, ich kann mich selbst täuschen: ich könnte es in jeder anderen Sache, und hier wahrscheinlich am meisten. Hüten Sie sich also und geben Sie mir, wenn ich nicht zehnmal Recht habe, keinmal Recht.

Dieses, mein Herr, ist die Vorsicht, welche Sie anwenden müssen und die ich selbst auch meinerseits annehmen werde. Ich werde zuerst von mir selbst, von meiner Beschwerde und von dem harten Verfahren Ihrer Obrigkeit reden. Wenn dies geschehen ist und ich mein Herz werde erleichtert haben, werde ich mich selbst vergessen und von Ihnen, von Ihrer Lage, das heißt von der Republik, reden, und ich glaube mich nicht zu überschätzen, wenn ich hoffe, die Frage, die Sie mir vorgelegt haben, in dieser Abfolge mit Billigkeit beantworten zu können.

Ich bin um so empfindlicher beleidigt worden, als ich glaubte, einiges Verdienst um mein Vaterland zu haben. Hätte mein Betragen einige Nachsicht erfordert, so könnte ich vernünftigerweise hoffen, sie zu erhalten. Dessenungeachtet hat man mit einem Eifer, der kaum seinesgleichen hat, ohne vorhergehende Nachricht, ohne Vorladung, ohne Untersuchung meine Schriften mit der größten Eilfertigkeit geschändet, man tat noch mehr: ohne Rücksicht auf mein Unglück, meine Übel, meinen Zustand hat man meine Person mit derselben Übereilung verurteilt und mich nicht einmal mit den Ausdrücken verschont, deren man sich nur gegen Übeltäter bedient. Diese Herren waren nicht nachsichtig; waren sie wenigstens gerecht? Dies will ich nun mit Ihnen untersuchen. Ich bitte nur, daß Sie vor der Weitläufigkeit nicht erschrecken, die ich diesen Briefen geben muß. Bei der Menge der

Fragen, die sich mir stellen, wünschte ich wenig Worte zu brauchen, allein, mein Herr, wie man es auch anfängt, man muß sich ihrer doch bedienen, wenn man etwas untersucht.

Wir wollen nun zunächst die Beweggründe zusammentragen, welche sie in dieser Prozedur vorgeben, nicht in der Anklage, noch weniger in dem Beschluß, denn der wurde im Geheimen gefaßt und blieb im Dunkel*, sondern in den Antworten des Rats auf die Repräsentationen der Staatsbürger und der einfachen Bürger oder vielmehr in den *Lettres écrites de la Campagne*, einem Werk, das dem Rat als Manifest dient und in welchem allein er sich herabläßt, mit Ihnen zu reden.

Meine Schriften, sagt man, »sind gottlos, anstößig, verwegen, voller Gotteslästerungen und Verleumdungen der Religion. Unter dem Schein des Zweifels sammelt der Verfasser alles zusammen, was die Grundpfeiler der geoffenbarten christlichen Religion erschüttern und umstürzen kann.

Sie greifen alle Regierungsformen an.

Diese Schriften sind um so gefährlicher und strafwürdiger, als sie französisch und in einem verführerischen Stil abgefaßt sind, weil sie unter dem Namen und Rang eines Bürgers von Genf erscheinen und weil, nach der Absicht des Verfassers, der *Emile* Vätern, Müttern und Lehrern als Leitfaden dienen soll.

Bei der Beurteilung dieser Schriften war es dem Rat nicht möglich, keinerlei Rücksicht auf den zu nehmen, den man für ihren Verfasser hält.«

Ferner, sagt man, sei der gegen mich gegebene Befehl »weder ein Urteil, noch ein Richterspruch, sondern nur ein vorläufiger Beschluß, der meine Einwände und Verteidigung nicht ausschließt und der in dem vorgesehenen Fall nur zu einer Vorberei-

* Meine Familie verlangte in einer Bittschrift die Mitteilung dieses Beschlusses. Hier ist die Antwort darauf.

Den 25. Juni 1762.

»In der ordentlichen Ratsversammlung wurde nach Verlesung gegenwärtiger Bittschrift beschlossen, daß man den Bittstellern ihre Bitte nicht gewähren könne.«

LULLIN

Der Beschluß des Pariser Parlaments wurde sofort gedruckt, als er gefaßt worden war. Was soll man nun von einem freien Staat denken, wo man solche Anordnungen, die die Ehre und die Freiheit der Bürger antasten, geheimhält?

tung des Verfahrens dienen sollte, welche durch die Edikte und die geistliche Ordonnanz vorgeschrieben ist«.

Hierauf antworteten die Repräsentanten, ohne sich in die Untersuchung der Lehre einzulassen, daß der Rat ohne die gehörigen Formalitäten geurteilt habe; daß der Artikel 88 der »Ordonnance« durch dieses Urteil verletzt worden sei; daß der Prozeß, der im Jahre 1562 gegen Jean Morelli diesem Artikel gemäß geführt wurde, seinen Gebrauch deutlich bestimmte und das Beispiel einer Rechtsprechung gab, welches man nicht hätte verachten sollen; daß diese neue Verfahrensart selbst den Grundsätzen des natürlichen Rechts zuwider sei, welches doch alle Völker annehmen und vermöge dessen niemand ohne vorherige Verteidigung verurteilt werden darf; daß man ein Buch nicht beschimpfen könne, ohne zugleich den Verfasser zu entehren, dessen Namen es trägt; daß man nicht wisse, welche Einwürfe und Verteidigungen einem Menschen übrigbleiben, den man für gottlos, anstößig und verwegen in seinen Schriften erklärt, und zwar nach gegebenem und vollzogenem Urteil gegen diese Schriften; denn da die Dinge keiner Schändlichkeit fähig sind, so fällt die Schande, die aus der Verbrennung eines Buches durch den Henker entsteht, notwendig auf den Verfasser desselben zurück, woraus folgt, daß man einem Bürger das kostbarste Gut, die Ehre, geraubt hat; daß man seinen Ruf und Stand nicht zerstören durfte, ohne ihn vorher zu hören; daß die verurteilten und entehrten Werke wenigstens ebensoviel Nachsicht und Duldung verdienten wie verschiedene andere Schriften, welche beißende Satiren gegen die Religion enthalten und in der Stadt verkauft und sogar gedruckt werden; daß es im übrigen, was die Regierungsform betrifft, in Genf immer erlaubt gewesen, über diese allgemeinen Fragen frei zu reden; daß man dort kein Buch verbiete, das von diesem Gegenstand handelt, und keinen Verfasser beschimpft, der darüber geschrieben hat, was auch seine Meinung sein mag, und daß endlich, weit entfernt, die Regierungsform der Republik im besonderen anzugreifen, ich im Gegenteil ihr bei jeder Gelegenheit das größte Lob zolle.

Auf diese Einwände wurde von seiten des Rates geantwortet, daß es der Regel, vermöge welcher niemand verurteilt werden soll, ohne vorher gehört zu werden, gar nicht zuwider sei, wenn man ein Buch verdammt, das man vorher gelesen und genau untersucht hat; daß der Artikel 88 der geistlichen Ordonnanz nur auf einen lehrenden Menschen anwendbar sei, nicht aber auf ein Buch, das die christliche Religion angreift; daß es nicht wahr sei, daß die Schändung einer Schrift auf deren Verfasser zurückfalle, der nur unbesonnen oder ungeschickt gewesen sein kann; daß man in Ansehung der anstößigen Schriften, die in Genf geduldet und sogar gedruckt werden, nicht verlangen könne, daß die Regierung, wenn sie zuweilen Nachsicht hat, immer welche haben müsse; daß im übrigen die Bücher, in denen man die Religion nur lächerlich macht, lange nicht so strafwürdig seien wie diejenigen, welche dieselbe geradezu und mit Gründen angreifen; endlich, daß die Erhaltung der Religion in ihrer Reinheit, das allgemeine Beste, die Gesetze und die Ehre der Regierung den Rat zu diesem Urteil bewogen hätten und daher nicht erlaubten, dasselbe zu verändern oder zu mildern.

Dies sind zwar nicht alle Gründe, Gegengründe und Antworten, die von beiden Parteien angeführt worden sind, es sind aber die vornehmsten, und sie sind hinreichend, in meinem Fall den Tatbestand und die Rechtsfrage festzustellen.

Da jedoch der Gegenstand, so dargestellt, noch etwas verworren scheint, so will ich mich bemühen, ihn genauer zu bestimmen, damit Sie meine Verteidigung nicht auf denjenigen Teil des Gegenstandes ausdehnen, welchen ich nicht darunter verstehen will.

Ich bin Mensch und habe Bücher geschrieben, ich habe also auch Irrtümer begangen.* Ich selbst finde deren eine ziemliche Menge und zweifle nicht, daß andere nicht noch mehr sehen werden und daß es noch weit mehr gibt, die weder ich noch andere sehen können. Sagt man nur dies, so bin ich zufrieden.

Welcher Schriftsteller aber ist nicht in derselben Lage oder wer

* Hiervon kann man die geometrischen Schriften und ihre Verfasser ausnehmen. Wenn jedoch in den Sätzen selbst kein Irrtum ist, wer kann dafür einstehen, daß in der Ordnung der Beweise, in der Wahl und der Methode keine sind? Euklid beweist und erreicht seinen Zweck, allein, welchen Weg wählt er dazu? Und wie oft fehlt er auf diesem Wege? Die Wissenschaft kann durchaus untrüglich sein, der Mensch, der sie studiert, täuscht sich aber oft.

schmeichelt sich, nicht darin zu sein? Hierüber ist also kein Streit mehr. Widerlegt man mich und hat Recht, so ist der Irrtum verbessert, und ich schweige. Widerlegt man mich und hat Unrecht, so schweige ich abermals, denn warum soll ich den Fehler eines anderen verantworten? In jedem Falle ist nach Anhörung beider Parteien das Publikum Richter; es urteilt, die Schrift siegt oder sie fällt, und der Prozeß ist zuende.

Oft sind die Irrtümer der Schriftsteller ganz gleichgültig, es gibt aber welche, die schädlich sind, selbst wider die Absicht dessen, der sie begeht. Man kann zum Nachteil des Publikums irren, so wie zu seinem eigenen; man kann unschuldigerweise schaden. Die Kontroversen über juristische, moralische und religiöse Fragen sind sehr oft in diesem Fall. Notwendigerweise muß eine von den Parteien Unrecht haben, und da der Irrtum bei solchen Gegenständen wichtig ist, so wird er zum Fehler; dennoch bestraft man ihn nicht, wenn man ihn für unwillkürlich ansieht. Ein Mensch ist nicht schuldig, wenn er schadet, weil er helfen will, und wenn man jeden Schriftsteller wegen Mangels an Gelehrsamkeit, Unachtsamkeit oder wegen der schlechten Grundsätze, die man, wider seinen Willen, aus seinen Schriften schlüssig ableiten könnte, gerichtlich verfolgen wollte, welcher Schriftsteller wäre dann vor Verfolgung sicher? Man müßte von dem Heiligen Geist inspiriert sein, um Schriftsteller zu werden, und dürfte nur vom Heiligen Geist inspirierte Leute zu Richtern haben.

Wenn man mir nur solche Fehler zur Last legt, so werde ich mich ebensowenig dafür verteidigen wie für die einfachen Irrtümer. Ich kann nicht behaupten, daß ich keine solchen begangen hätte, denn ich bin kein Engel, allein, die, welche man in meinen Schriften zu finden glaubt, könnten sehr wohl nicht darin sein, weil diejenigen, die sie darin zu finden glauben, auch keine Engel sind. Wie können sie, als Menschen und dem Irrtum unterworfen so gut wie ich, ihre Vernunft zum Richter der meinigen aufwerfen und mich strafwürdig finden, weil ich nicht so denke wie sie?

Das Publikum ist also auch hierin Richter, und sein Tadel ist die einzige Züchtigung. Niemand kann sich diesem Richter entziehen, und ich für meine Person appelliere nicht weiter. Die Obrigkeit kann zwar, wenn sie diese Fehler für schädlich hält, das

Buch verbieten, worin sie enthalten sind; allein, ich wiederhole es nochmals, sie kann den Verfasser, der sie begangen hat, nicht dafür strafen, denn dies hieße ein unwillkürliches Verbrechen bestrafen, da man doch eigentlich nur den Willen zum Bösen bestrafen soll. Dies ist also noch immer nicht der eigentliche Punkt.

Es ist aber ein großer Unterschied zwischen einem Buch, welches schädliche Irrtümer enthält, und einem wirklich schändlichen Buch. Gewisse angenommene Grundsätze, eine Kette von aufeinanderfolgenden Schlüssen und daraus hergeleitete Folgen zeugen von der Gesinnung eines Verfassers, und da nun diese Gesinnung von seinem Willen abhängt, so gehört sie unter die Gerichtsbarkeit der Gesetze. Ist die Absicht offenbar böse, so ist es kein Irrtum oder Fehler mehr, sondern ein Verbrechen; hier wird alles anders. Es ist kein literarischer Streit mehr, in welchem das Publikum nach seiner Vernunft urteilt, sondern es ist ein Kriminalprozeß, in dem vor dem Richterstuhl nach aller Strenge der Gesetze gerichtet werden muß; dies ist die kritische Lage, in welche mich Obrigkeitspersonen versetzt haben, die gerecht sein wollen, und eifrige Schriftsteller, die sie noch zu gnädig finden. Sobald man mir mit Gefängnis, Scharfrichter und Ketten droht, ist jeder, der mich anklagt, ein Verräter; er weiß, daß er nicht nur den Verfasser, sondern den Menschen angreift; er weiß, daß das, was er schreibt, auf mein Schicksal Einfluß haben kann*; er trachtet dann nicht nur nach meinem guten Namen, sondern auch nach meiner Ehre, meiner Freiheit und meinem Leben.

Dies, meine Herren, führt uns sogleich auf die wahre Sachlage

* Vor einigen Jahren entschloß ich mich, bei Erscheinen eines berühmten Werkes dessen Grundsätze anzugreifen, welche ich für gefährlich hielt. Ich war in meiner Arbeit begriffen, als ich erfuhr, daß der Verfasser verfolgt wurde. Ich warf sogleich meine Papiere ins Feuer, weil ich glaubte, daß keine Pflicht jemanden zu der Niederträchtigkeit verbinden könne, sich mit dem großen Haufen zu vereinigen, um einen ehrlichen unterdrückten Mann noch mehr zu belasten. Als nun alles wieder ruhig war, fand ich Gelegenheit, meine Meinung über denselben Gegenstand in anderen Schriften zu sagen; allein, ich sagte sie, ohne das Buch oder dessen Verfasser zu nennen. Ich glaubte seinem Unglück diese Achtung schuldig zu sein, da ich seine Person immer geschätzt hatte. Ich glaube nicht, daß ich allein so denke; alle rechtschaffenen Leute denken ebenso. Sobald eine Sache vor den Richter kommt, muß man schweigen, ausgenommen den Fall, daß man zum Zeugen aufgerufen wird.

zurück, von der sich, wie mich dünkt, das Publikum entfernt hat. Habe ich sträfliche Dinge geschrieben, so kann man mich tadeln und das Buch unterdrücken. Allein, um es zu schänden und mich persönlich anzugreifen, dazu wird mehr erfordert; ein Fehler ist dazu nicht hinreichend, es muß ein wirkliches Vergehen oder Verbrechen vorhanden sein, ich muß in böser Absicht ein schändliches Buch geschrieben haben, und dies muß mir bewiesen werden, und zwar nicht so wie ein Schriftsteller den anderen des Irrtums überführt, sondern wie ein Kläger den Beklagten vor dem Richter überführen muß. Um wie ein Missetäter behandelt zu werden, muß man mich erst überführen, daß ich es bin. Dies ist die erste Frage, die man untersuchen muß. Die zweite ist, nach angenommenem wirklichen Verbrechen dessen Natur zu untersuchen, den Ort, wo es begangen wurde, den Richterstuhl zu bestimmen, der darüber urteilen soll, und das Gesetz, welches dasselbe verdammt, sowie die Strafe, mit der es bestraft werden soll, anzugeben. Die Auseinandersetzung dieser beiden Fragen wird zeigen, ob ich mit Recht oder Unrecht verurteilt worden bin.

Um zu wissen, ob ich schändliche Bücher geschrieben habe, muß man deren Grundsätze untersuchen und zusehen, was daraus folgen würde, wenn sie allgemein angenommen würden. Da ich über vielerlei Gegenstände geschrieben habe, so muß ich mich auf diejenigen beschränken, deretwegen man mich verfolgt, nämlich die Religion und die Regierung. Wir wollen mit dem ersten Punkt anfangen nach dem Beispiel der Richter, die sich über den zweiten gar nicht erklärt haben.

Man findet im *Emile* das Glaubensbekenntnis eines katholischen Priesters und in der *Héloïse* dasjenige einer frommen Frau. Diese beiden Stücke stimmen ziemlich miteinander überein, so daß eines durch das andere erklärt werden kann, und aus dieser Übereinstimmung kann man mit Wahrscheinlichkeit vermuten, daß der Verfasser der beiden Schriften, worin sie enthalten sind, wenn er sie beide nicht gänzlich annimmt, ihnen wenigstens sehr zuneigt. Von diesen beiden Glaubensbekenntnissen ist das erste das weitläufigste und dasjenige, worin man das Verbrechen zu finden glaubte, weswegen es zuerst untersucht werden muß.

Um diese Untersuchung zweckmäßig anzustellen, ist noch eine Erklärung nötig; denn wenn ich die Sätze erkläre und unterscheide, welche meine Ankläger miteinander vermischen und verwirren, so habe ich ihnen geantwortet. Da sie gegen die Evidenz streiten, so werde ich sie widerlegt haben, wenn die Frage richtig bestimmt sein wird.

Ich unterscheide in der Religion zwei Teile, außer der Form des Gottesdienstes, welche nur eine Zeremonie ist. Diese zwei Teile sind die Glaubenslehre und die Moral. Die Glaubenslehre teile ich wieder in zwei Teile, nämlich in denjenigen, welcher die Grundsätze unserer Pflichten enthält und die Grundlage der Moral ist, und in denjenigen, welcher bloß den Glauben betrifft und nur spekulative Lehrsätze enthält.

Aus dieser Einteilung, welche mir ganz richtig scheint, entspringt diejenige der Religionsmeinungen, welche auf der einen Seite in wahre, falsche und zweifelhafte und auf der anderen in gute, schlechte und gleichgültige eingeteilt werden.

Die Beurteilung der ersteren kommt allein der Vernunft zu, und wenn sich die Theologen das Recht dazu angemaßt haben, so taten sie dies als Untersucher und Lehrer der Wissenschaft, vermöge welcher man zu der Kenntnis des Wahren und Falschen in Glaubensfragen gelangt. Wenn der Irrtum in diesem Teil schädlich ist, so ist er es bloß für den, der irrt, und ein Schaden für das zukünftige Leben, über welches menschliche Richterstühle keine Macht haben. Wenn sie auch über diese Materie erkennen, so tun sie es nicht als Richter des Wahren und Falschen, sondern als Verwalter der bürgerlichen Gesetze, welche die äußerliche Form des Gottesdienstes vorschreiben; von diesem Teil ist aber hier noch nicht die Rede, sondern davon wird weiter unten geredet werden.

Über denjenigen Teil der Religion aber, der die Moral enthält, d.h. die Gerechtigkeit, das allgemeine Beste, den Gehorsam gegen die natürlichen und positiven Gesetze, die bürgerlichen Tugenden und alle Pflichten des Menschen und des Bürgers, kommt es der Regierung zu, zu urteilen; in diesem einzigen Punkt steht die Religion unter ihrer Gerichtsbarkeit, und sie muß jede schädliche Meinung, welche das gesellschaftliche Band zu zerreißen trachtet, ächten, nicht aber den Irrtum, denn über diesen ist sie nicht Richter.

Dies, mein Herr, sind die Unterscheidungen, welche Sie annehmen müssen, um von der Schrift zu urteilen, die vor den Richterstuhl nicht der Priester sondern des Magistrats gebracht worden ist. Ich gestehe, daß sie nicht ganz bejahend ist, man findet darin Einwände und Zweifel. Wir wollen aber annehmen, was nicht ist, daß nämlich diese Zweifel Verneinungen wären. Sie ist jedoch in ihrem größten Teil bejahend, sie ist bejahend und beweisend in allen Hauptpunkten der bürgerlichen Religion, sie ist so sehr deutlich bestimmend in allem, was die ewige Vorsehung, die Liebe des Nächsten, die Gerechtigkeit, den Frieden, das Glück der Menschen, die Gesetze der Gesellschaft und alle Tugenden betrifft, daß selbst die Einwürfe und Zweifel einigen Nutzen haben, und ich fordere jeden auf, mir einen einzigen Punkt der Lehre aufzuweisen, den ich angegriffen habe und von dem ich nicht beweisen kann, daß er den Menschen entweder an sich selbst oder in seinen unvermeidlichen Folgen schädlich ist.

Die Religion ist nützlich, ja den Völkern sogar notwendig. Wird dieses in eben der Schrift nicht gesagt, behauptet und bewiesen? Weit entfernt, die wahren Grundsätze der Religion anzugreifen, sucht sie der Verfasser vielmehr mit allen Kräften festzusetzen und zu gründen; was er angreift und bekämpft und was er bekämpfen muß, ist der blinde Fanatismus, der grausame Aberglaube und das dumme Vorurteil. Allein, sie sagen, man muß all dies verehren. Warum das? Weil man dadurch die Völker leitet. Ich gebe es zu, daß man sie so in ihr Verderben führt. Der Aberglaube ist der schrecklichste Feind des menschlichen Geschlechts, er setzt die Einfältigen zu den Tieren herab, verfolgt die Weisen, macht Nationen zu Sklaven und richtet überall die schrecklichsten Verwüstungen an: Wo ist nun sein Gutes? Nirgends, und wenn er Gutes tut, so für die Tyrannen, er ist ihre schrecklichste Waffe, und dies ist sogar das größte Übel, welches er je gestiftet hat.

Sie behaupten, daß ich, indem ich den Aberglauben angreife, die Religion umstürzen wolle. Woher wissen sie das? Und warum vermischen sie zwei Dinge miteinander, die ich so deutlich unterschieden habe? Warum sehen sie nicht ein, daß diese Beschuldigung mit all ihrer Kraft wider sie selbst zeugt, und daß die Religion keine größeren Feinde hat als die Verteidiger des Aberglaubens? Es wäre schlimm, wenn es so leicht wäre, die Gesinnung eines Menschen zu verdrehen, wo es so schwer ist, sie zu rechtfertigen. Eben daraus, daß man nicht beweisen kann, sie sei böse, muß man schließen, daß sie gut ist. Wer wäre sonst vor den willkürlichen Urteilen seiner Feinde sicher? Ihre bloßen Behauptungen sollen das beweisen, was sie nicht wissen können, und die meinigen nebst meinem ganzen Betragen sollen meine eigene Meinung nicht rechtfertigen können? Welches Mittel bleibt mir denn übrig, sie bekannt zu machen? Ich gestehe zwar, daß ich das Gute meines Herzens nicht zeigen kann, allein, wer ist der abscheuliche Mensch, der sich rühmt, das Böse in ihm zu sehen, welches niemals darin war?

Je strafbarer es ist, sagt Herr d'Alembert, den Unglauben zu predigen, desto schändlicher ist es, diejenigen dessen zu beschuldigen, die ihn nicht predigen. Diejenigen, welche öffentlich über mein Christentum urteilen, zeigen nur die Art des ihrigen, und das einzige, was sie bewiesen haben, ist, daß ich und sie nicht dieselbe Religion haben. Dies ist eben das, worüber sie erbittert sind; man sieht, daß das vorgeblich Böse sie weniger erbittert als das Gute. Dieses Gute, welches sie in meinen Schriften anerkennen müssen, ist ihnen lästig und erweckt den Neid, und da sie genötigt sind, es in Böses zu verkehren, fühlen sie, daß sie sich zu sehr verraten. Wieviel angenehmer wäre es ihnen, wenn dieses Gute nicht darin wäre.

Wenn man mich nicht nach dem beurteilt, was ich gesagt habe, sondern nach dem, was man glaubt, daß ich es hätte sagen wollen, und in meinen Gesinnungen das Böse sucht, das in meinen Schriften nicht ist, was bleibt mir zu tun übrig? Sie widerlegen meine Rede durch meine Gedanken, und wenn ich sage weiß, so behaupten sie, ich wollte sagen schwarz; sie setzen sich an die Stelle Gottes, um das Werk des Teufels zu treiben: Wie kann ich nun meinen Kopf vor so weit ausholenden Streichen sichern?

Um nun zu beweisen, daß der Verfasser nicht die abscheuliche Gesinnung hatte, die sie ihm andichten, sehe ich nur ein Mittel, und dies ist, ihn nach dem Werk selbst zu beurteilen. Einem solchen Urteil stimme ich zu. Allein, dies ist nicht meine Aufgabe, und eine fortlaufende Untersuchung unter einem solchen Gesichtspunkt, wäre für mich eine Erniedrigung. Nein, mein Herr, weder Unglück, noch Beschimpfungen werden mich zu dieser niedrigen Handlung bewegen. Ich würde den Verfasser, den Herausgeber und selbst den Leser zu beleidigen glauben durch eine Rechtfertigung, welche desto schändlicher wäre, je leichter sie ist. Man würde die Tugend entehren, wenn man beweisen wollte, daß sie kein Laster, und die Evidenz verdunkeln, wenn man zeigen wollte, daß sie die Wahrheit ist. Nein, lesen Sie und urteilen Sie selbst, und wehe Ihnen, wenn während des Lesens ihr Herz den tugendhaften und standhaften Mann nicht hundertfach segnet, der es wagt, die Menschen auf diese Art zu unterrichten!

Und wie soll ich mich entschließen, dieses Werk zu rechtfertigen, ich, der ich dadurch alle Fehler meines Lebens getilgt zu haben glaube, ich, der ich die Übel, die es mir zuzieht, als Ausgleich für die betrachte, die ich getan habe, ich, der ich voller Zuversicht dem höchsten Richter einst zu sagen hoffe: »Richte einen schwachen Menschen nach deiner Barmherzigkeit, ich habe auf der Welt Böses begangen, allein, ich habe dieses Buch geschrieben.«

Erlauben Sie, mein teuerster Herr, daß mein Herz sich zuweilen einiger Seufzer entledigt, seien Sie aber versichert, daß ich meine Untersuchung weder mit Ausrufen, noch mit Klagen anfüllen will. Ich will nicht einmal die Lebhaftigkeit meiner Gegner dabei anwenden, sondern immer mit kaltem Blut urteilen. Ich komme nun zur Sache zurück.

Wir wollen einen Mittelweg ausfindig machen, der Ihnen genug tut und mich nicht erniedrigt. Wir wollen für einen Augenblick annehmen, daß das Glaubensbekenntnis des Vikars in einer Ecke der christlichen Welt angenommen wäre, und nun sehen, was für Gutes und Böses daraus folgen würde. Dies heißt es weder angreifen noch verteidigen, sondern bloß nach seinen Wirkungen beurteilen.

Ich sehe gleich ganz neue Dinge ohne den geringsten Schein der Neuheit, keine Veränderung in dem Gottesdienst und große

Veränderungen in den Herzen, Bekehrungen ohne Aufsehen, Glauben ohne Streit, Eifer ohne Fanatismus, Vernunft ohne Gottlosigkeit, wenige Lehren und viele Tugenden, philosophische Toleranz und christliche Liebe.

Unsere Anhänger werden zwei Glaubensregeln haben, welche im Grunde eins sind, die Vernunft und das Evangelium, und dieses letztere wird desto unwandelbarer sein, als es sich ganz auf jene gründet und keineswegs auf gewisse Begebenheiten, welche selbst noch erst bestätigt werden müssen und also die Religion der Autorität der Menschen unterwerfen.

Der ganze Unterschied zwischen ihnen und den anderen Christen wird darin bestehen, daß letztere viel über das Evangelium streiten, ohne sich um dessen Ausübung zu bekümmern, während unsere Christen sich stark um die Ausübung bekümmern werden, ohne zu streiten.

Wenn die streitenden Christen zu ihnen sagen werden: »Ihr nennt euch Christen, ohne es zu sein, denn um Christ zu sein, muß man an Jesus Christus glauben, und ihr glaubt nicht an ihn«, so werden die friedliebenden Christen antworten: »Wir wissen nicht gewiß, ob wir nach eurem Begriff an Jesus Christus glauben, denn wir verstehen euch nicht. Allein, wir trachten dasjenige zu halten, was er uns vorschreibt. Wir sind beide Christen, jeder nach seiner Art, wir indem wir Christi Wort halten, ihr indem ihr an ihn glaubt. Seine Liebe will, daß wir alle Brüder sein sollen, und wir folgen ihm, indem wir euch als Brüder erkennen; raubt uns, um seiner Liebe willen, nicht einen Titel, den wir so sehr mit allen Kräften verehren und der uns ebenso lieb ist wie euch.«

Die streitenden Christen werden vermutlich hartnäckig bleiben und sagen: »Wenn ihr euch von Jesus herschreibt, so müßt ihr sagen, mit welchem Recht. Ihr sagt, daß ihr sein Wort haltet, allein, welche Macht gebt ihr ihm? Erkennt ihr die Offenbarung an oder nicht? Nehmt ihr das Evangelium ganz oder zum Teil an? Artige Christen, welche mit dem Herrn handeln und in der Lehre wählen wollen, was ihnen gefällt, anzunehmen oder zu verwerfen!«

Hierauf werden die anderen friedlich antworten: »Brüder, wir handeln nicht, denn unser Glaube ist kein Gewerbe; ihr glaubt, es hänge von uns ab, anzunehmen oder zu verwerfen, was uns gefällt, allein, es ist nicht so, und unsere Vernunft ist unserem Willen nicht untertan. Wenn wir auch gleich das Falsche für wahr halten wollten, so wird es dennoch wider unsern Willen falsch bleiben. Alles, was wir tun können, ist entweder unserem Denken gemäß oder wider dasselbe zu reden, und unser einziges Verbrechen ist, daß wir euch nicht hintergehen wollen.

Wir erkennen die Autorität Jesu Christi an, weil unsere Vernunft seine Gebote gutheißt und uns die Erhabenheit derselben beweist. Sie sagt uns, daß Menschen solche Gebote befolgen müssen, daß es aber für sie zu hoch war, dieselben selbst zu erfinden. Wir nehmen die Offenbarung an, weil sie von dem Geist Gottes selbst ausgegossen ist, ohne daß wir wissen, auf welche Weise dies geschehen ist, und ohne uns zu quälen, dies herauszufinden: genug, daß wir wissen, Gott habe gesprochen, im übrigen gilt es uns gleichviel, wie es zugegangen ist, daß er sich uns verständlich gemacht hat. Da wir nun in dem Evangelium die Autorität Gottes anerkennen, so glauben wir, daß Christus auch mit dieser Autorität bekleidet ist: wir erkennen eine mehr als menschliche Tugend in seinem Wandel und eine übermenschliche Weisheit in seinen Geboten. Dies ist für uns ganz gewiß: wie es aber zugegangen ist, dies erscheint uns nicht gewiß und ist für uns zu hoch. Euch ist es aber nicht zu hoch, desto besser für euch, und wir wünschen euch von ganzem Herzen Glück dazu. Eure Vernunft kann höher sein als die unsrige, allein, darum kann sie uns nicht zur Vorschrift dienen. Wir geben zu, daß ihr alles wißt, erlaubt uns, daß wir etwas nicht wissen.

Ihr fragt uns, ob wir das Evangelium annehmen. Wir nehmen alle Lehren Jesu Christi an. Der Nutzen und die Notwendigkeit des größten Teils dieser Gebote erregt unser Erstaunen, und wir bemühen uns, denselben gemäß zu leben. Einige sind uns zu hoch, und diese sind vermutlich für höhere Geister gegeben worden, als die unsrigen es sind. Wir glauben keineswegs die Grenzen menschlicher Vernunft erreicht zu haben, und klügere Menschen müssen auch höhere Gebote haben.

Viele Dinge in dem Evangelium sind über unsere Vernunft, ja selbst wider dieselbe, allein, von der Schwäche unseres Verstandes überzeugt, verehren wir das, was wir nicht begreifen können, wenn der Vergleich mit dem, was wir begreifen, uns zeigt, daß es für unsere Erleuchtung zu hoch ist. Alles, was uns zu einem heiligen Leben nötig ist, scheint uns klar in dem Evangelium, wozu brauchen wir das übrige zu verstehen? Über diesen Punkt bleiben wir unwissend, aber auch frei von Irrtümern, und werden dessenungeachtet rechtschaffene Leute sein; diese gehorsame Unterwerfung selbst gehört mit zum Geist des Evangeliums.

Wir verehren dieses heilige Buch nicht sowohl als Buch, sondern vielmehr als das Wort und das Leben Jesu Chrisi. Die Züge von Wahrheit, Weisheit und Heiligkeit in diesem Buch überzeugen uns, daß diese Geschichte nicht wesentlich verändert worden ist*; allein, wir halten es nicht für bewiesen, daß sie gar nicht verändert worden ist. Wer weiß, ob die Dinge, die wir nicht verstehen, nicht Fehler sind, die sich in den Text eingeschlichen haben? Wer weiß, ob Schüler, die so weit unter ihrem Meister standen, ihn recht verstanden oder ihn durchgängig recht erklärt haben? Wir urteilen darüber nicht, wir vermuten nicht einmal und legen euch nur gewisse Gedanken vor, weil ihr es von uns verlangt.

Wir können in unseren Gedanken irren, allein, ihr könnt es ebensowohl in den eurigen. Warum wäre dies bei euch nicht möglich, da ihr doch Menschen seid? Ihr könnt ebenso aufrichtig sein wie wir, allein, gewiß nicht mehr; ihr könnt aufgeklärter sein, aber nicht unfehlbar. Wer soll also zwischen uns beiden richten? Ihr? Dies wäre nicht billig. Noch weniger wir, die wir uns selbst so wenig zutrauen. Wir wollen also dieses Urteil dem großen Richter überlassen, der uns alle kennt, und weil wir über die Regeln unserer wechselseitigen Pflichten einig sind, so ertragt uns wegen des übrigen so wie wir euch ertragen. Laßt uns friedfertige Menschen und Brüder sein, laßt uns in der Liebe unseres gemeinsamen Meisters und in der Ausübung der Tugenden, die er uns vorschreibt, uns vereinigen. Dies ist die Pflicht des wahren Christen.

* Wie würde es den einfältig Glaubenden ergehen, wenn man alles dies nur durch kritische Untersuchungen oder durch die Autorität der Priester erfahren könnte? Und wie untersteht man sich, den Glauben von so viel Wissenschaft und Unterwerfung abhängig zu machen?

Wollt ihr aber darauf beharren, uns diesen kostbaren Titel zu versagen, obgleich wir alles getan haben, um brüderlich mit euch zu leben, so werden wir uns über diese Ungerechtigkeit trösten und bedenken, daß Worte nicht Sachen sind, daß die ersten Schüler Jesu den Namen Christen nicht führten, daß der Märtyrer Stephanus ihn niemals führte und daß, als Paulus zu dem Glauben an Christus bekehrt wurde, noch keine Christen* auf der Welt waren.«

Glauben Sie wohl, mein Herr, daß ein so geführter Streit sehr lange und sehr lebhaft wäre und daß nicht vielmehr die eine Partei bald zum Stillschweigen gebracht werden würde, wenn die andere nicht mehr streiten wollte?

Wenn unsre Neubekehrten Herren des Landes sind, in dem sie wohnen, so werden sie einen ebenso einfachen Gottesdienst einrichten, wie ihr Glaube ist, und die Religion, welche daraus entstehen würde, würde eben wegen ihrer Einfachheit für die Menschen die nützlichste sein. Da sie von allem gereinigt ist, was man sonst an die Stelle der Tugenden zu setzen pflegt, und weder abergläubische Gebräuche noch Spitzfindigkeiten in der Lehre enthält, so wird sie ganz auf ihren eigentlichen Zweck abzielen, nämlich auf die Ausübung unserer Pflichten. Die Worte *fromm* und *rechtgläubig* werden nicht im Gebrauch sein, und die Einförmigkeit gewisser artikulierter Laute nicht für Frömmigkeit gehalten werden; es wird keine Gottlosen geben als die Bösen, und keine Gläubigen als die rechtschaffenen Leute.

Wenn diese Einrichtung einmal gemacht ist, so werden alle verpflichtet sein, sich dem Gesetz zu unterwerfen, weil es sich nicht auf die Autorität der Menschen gründet, weil es nichts enthält, was nicht mit dem natürlichen Licht übereinstimmt, weil es keinen einzigen Artikel enthält, welcher nicht auf das Wohl der Gesellschaft abzweckt, und weil es keine Lehren enthält, die zu der Moral nicht beitragen, und keinen bloß spekulativen Lehrsatz.

Werden unsere Neubekehrten deswegen intolerant sein? Nichts weniger; sie werden vielmehr aus Grundsätzen duldsam sein, sie

* Dieser Name wurde ihnen erst einige Zeit nachher zu Antiochien zum erstenmal gegeben.

werden es mehr sein, als man es in jeder anderen Lehre sein kann, weil sie alle guten Religionen dulden werden, die sich untereinander selbst nicht dulden, das heißt alle diejenigen, welche das Wesentliche der Religion haben und es vernachlässigen, dagegen aber etwas zum Wesentlichen machen, was es nicht ist. Da sie sich bloß an dieses Wesentliche halten, so werden sie andere nach Belieben Zusätze machen lassen, solange sie es nur nicht ganz verwerfen: sie werden sie dasjenige erklären lassen, was sie nicht erklären, und bestimmen lassen, was sie nicht bestimmen. Sie werden jedem seine Gebräuche, seine Glaubensformeln und seinen Glauben lassen und sagen: Nehmt mit uns die Grundsätze der menschlichen und bürgerlichen Pflichten an, im übrigen glaubt, was ihr wollt. Was andere Religionen betrifft, welche wirklich schädlich sind und den Menschen zum Bösen reizen, so werden sie solche nicht dulden, weil dieses wider die wahre Toleranz wäre, welche bloß die Ruhe des menschlichen Geschlechts zum Zweck hat. Der wahre Duldsame duldet nicht das Laster und keine Lehre, welche die Menschen böse macht.

Wir wollen jetzt aber im Gegenteil annehmen, daß diese Neubekehrten unter fremder Herrschaft stünden: als friedfertige Leute werden sie sich dem Gesetz ihrer Herren unterwerfen, ja selbst dessen Religion, insofern sie nicht wirklich schädlich ist; in diesem Fall würden sie sich weigern, sie anzunehmen, ohne jedoch diejenigen zu beleidigen, die sie bekennen. Sie würden sagen: Da uns Gott zur Knechtschaft berufen hat, so wollen wir gute Diener sein, eure Meinung aber würde uns daran hindern; wir kennen unsere Pflichten und lieben sie und verwerfen alles, was uns davon abzieht; bloß um euch treu zu bleiben, wollen wir das Gesetz der Unbilligkeit nicht annehmen.

Ist aber die Religion des Landes an sich selbst gut und hat nur in verschiedenen eigenwilligen Erklärungen oder in bloß spekulativen Lehrsätzen etwas Böses, so werden sie sich an das Wesentliche halten und das übrige dulden, sowohl aus Achtung für die Gesetze, als aus Liebe zum Frieden. Wenn sie aufgefordert werden, ihren Glauben ausdrücklich zu bekennen, so werden sie es tun, denn niemand muß lügen; sie werden im Notfall ihre Meinung mit Standhaftigkeit, selbst mit Nachdruck heraussagen, und sich mit der Vernunft verteidigen, wenn man sie angreift. Im übrigen werden sie mit ihren Brüdern nicht streiten und, ohne sie hartnäckig überzeugen zu wollen, werden sie in der Liebe mit ihnen verbunden bleiben, ihren Versammlungen beiwohnen, ihre Formeln annehmen, und da sie sich nicht für untrüglicher halten als andere, so werden sie der Meinung des größten Haufens beipflichten, insofern es nicht ihr Gewissen betrifft und nicht ihrem Heil zuwider scheint.

Dies ist das Gute, werden Sie sagen, wir wollen nun aber auch das Böse sehen. Dies wird in wenig Worten gesagt sein. Gott wird nicht mehr zum Deckmantel der Bosheit der Menschen gebraucht werden. Die Religion wird der Tyrannei der Priester und der Rachsucht der Beherrscher nicht mehr zum Werkzeug dienen; sie wird bloß dazu dienen, die Gläubigen gerecht und gut zu machen, und hierbei finden freilich diejenigen, die sie anführen, ihre Rechnung nicht; denn dies ist schlimmer für sie, als wenn sie gar zu nichts nützte.

Die vorerwähnte Lehre ist also dem menschlichen Geschlecht nützlich und seinen Unterdrückern schädlich. In welche Klasse soll man sie nun setzen? Ich habe treulich dafür und dawider gesprochen; vergleichen Sie nun, und wählen Sie.

Alles wohl untersucht, glaube ich, daß Sie mir zwei Dinge zugeben werden: das eine, daß diese Menschen, die ich mir denke, genau nach dem Glaubensbekenntnis des Vikars leben würden; das andere, daß diese Lebensart nicht bloß untadelhaft, sondern wahrhaft christlich wäre, und man also Unrecht hätte, diesen guten und frommen Menschen den Namen Christen zu versagen, weil sie in ihren Meinungen vielen Sekten, die diesen Namen tragen und den man ihnen nicht streitig macht, weit weniger entgegen wären als verschiedene dieser Sekten es untereinander sind. Sie würden keine Christen nach der Art des heiligen Paulus sein, welcher von Natur zur Verfolgung geneigt war und Christus nicht selbst gehört hatte, sondern nach der Art des heiligen Jakobus, welchen der Meister selbst erwählt hatte und der aus seinem eigenen Munde die Lehren erhielt, die er uns überliefert hat. Diese ganze Überlegung ist sehr einfach, allein, sie scheint mir gründlich.

Sie werden mich vielleicht fragen, wie man diese Lehre mit der Lehre eines Menschen vereinbaren kann, der behauptet, das Evangelium sei unvernünftig und der Gesellschaft schädlich. Indem ich Ihnen aber zugebe, daß diese Einigung sehr schwer erscheint, so will ich Sie meinerseits fragen, welcher Mensch gesagt hat, daß das Evangelium unvernünftig und schädlich sei? Ihre Herren geben mir Schuld, es gesagt zu haben, aber wo? Im *Gesellschaftsvertrag**, im Kapitel über bürgerliche Religion. Dies ist wirklich sonderbar! Ich glaube in eben diesem Buch und in eben diesem Kapitel gerade das Gegenteil gesagt zu haben, ich glaube dort gesagt zu haben, daß das Evangelium erhaben und das stärkste Band der Gesellschaft ist. Ich will diese Herrn nicht Lügen strafen, allein, Sie werden mir zugeben, daß zwei so widersprechende Sätze in eben demselben Buch und eben demselben Kapitel einen sonderbaren Kontrast machen würden.

Sollte hier nicht ein neues Mißverständnis vorhanden sein, unter dessen Schein man mich sträflicher machen will, als ich es wirklich bin? Das Wort *Gesellschaft* hat eine weitläufige Bedeutung, es gibt in der Welt verschiedene Arten von Gesellschaften, und es ist gar nicht unmöglich, daß das, was für die eine gut ist, für die andere schädlich sein könnte. Wir wollen nun sehen. Die Lieblingsart meiner Ankläger ist, unbestimmte Ideen mit Kunst aufzustellen; ich will, statt aller Antwort, sie zu bestimmen suchen.

Das Kapitel, von dem die Rede ist, ist, wie man aus seiner Überschrift sieht, dazu bestimmt, zu untersuchen, inwiefern religiöse Einrichtungen mit zur Verfassung eines Staats gehören. Hier ist also nicht die Rede davon, zu untersuchen, ob die Religionen wahr oder falsch oder ob sie an sich selbst gut oder schlecht sind, sondern sie werden bloß im Verhältnis zum politischen Körper und als Teile der Gesetzgebung betrachtet.

In dieser Absicht zeigt der Verfasser, daß alle alten Religionen, die jüdische nicht ausgenommen, in ihrem Ursprung Nationalreligionen waren, welche mit dem Staat vereinigt waren und die Grundlage oder wenigstens einen Teil des gesetzgebenden Systems ausmachten.

* *Gesellschaftsvertrag*, Buch IV, Kap. 8.

Das Christentum hingegen ist seinem Grundsatz nach eine allgemeine Religion, welche nichts Ausschließendes, nichts Lokales und nichts Eigenes für dieses oder jenes Land hat. Sein göttlicher Stifter umfaßt alle Menschen mit gleich großer unendlicher Liebe, und ist gekommen, den Unterschied der Nationen aufzuheben und das ganze Menschengeschlecht in ein Volk von Brüdern zu vereinigen: *Denn in jeglichem Volk, wer ihn fürchtet und recht tut, der ist ihm angenehm**, und dies ist der wahre Geist des Evangeliums.

Diejenigen also, welche aus dem Christentum eine Nationalreligion machen und es als einen Teil des Systems der Gesetzgebung einführen wollten, haben daher zwei schädliche Fehler begangen, den einen gegen die Religion, den anderen gegen den Staat. Sie haben sich von dem Geist Jesu Christi entfernt, dessen Reich nicht von dieser Welt ist, und indem sie die irdischen Vorteile mit denen der Religion vermischen wollten, haben sie ihre heilige Reinheit befleckt und sie zum Werkzeug der Tyrannen und der Verfolger gemacht. Sie haben nicht weniger gegen die gesunden Grundsätze der Politik gesündigt, indem sie, anstatt die Maschine der Regierung noch einfacher zu machen, dieselbe zusammengesetzt und ihr neue und überflüssige Triebfedern gegeben haben; dadurch haben sie dieselbe zweierlei oft widersprechenden Bewegungen unterworfen, woraus dann gewisse Stockungen entstanden sind, welche man in allen christlichen Staaten fühlt, wo man die Religion mit dem politischen System vermischt.

Das wahre Christentum ist die allgemeine gesellschaftliche Ordnung; um aber zu beweisen, daß es keine politische Einrichtung ist und zu den einzelnen guten Einrichtungen nichts beiträgt, so muß man die Trugschlüsse derer beiseite setzen, welche die Religion gerne in alles mischen wollen, wie eine Schlinge, mit welcher sie alles an sich reißen. Alle menschlichen Einrichtungen gründen sich auf die menschlichen Leidenschaften und werden durch dieselben erhalten: wie kann also dasjenige, was die Leidenschaften bekämpft und ausrottet, diese Einrichtungen unterstützen? Wie kann dasjenige, was unser Herz von der Welt ab-

* *Apostelgeschichte* 10, 35.

wendet, uns Neigung zu dem geben, was auf der Welt geschieht? Wie kann dasjenige, was uns beständig von einem andern Vaterland spricht, uns für das irdische einnehmen?

Nationalreligionen sind dem Staat, insofern sie einen Teil seiner Verfassung ausmachen, nützlich, dies ist unleugbar; allein, sie sind dem menschlichen Geschlecht überhaupt und selbst dem Staat in einem anderen Sinne schädlich. Ich habe bewiesen, warum und wodurch.

Das Christentum jedoch, welches die Menschen gerecht, mäßig und friedfertig macht, ist der allgemeinen Gesellschaft sehr vorteilhaft; allein, es schwächt die Triebfedern der Politik, es verwirrt die Bewegungen der Maschine und hebt die Einheit des moralischen Körpers auf, und da es ihm nicht angemessen genug ist, so muß es entweder ausarten oder ein fremder hinderlicher Teil derselben bleiben.

Hier gibt es also einen Nachteil und auf beiden Seiten Hindernisse in Rücksicht des politischen Körpers. Dennoch ist es nötig, daß der Staat eine Religion hat, und zwar aus sehr wichtigen Gründen, worauf ich durchgängig stark gedrungen habe; allein, es wäre besser gar keine zu haben als eine barbarische und verfolgende, welche selbst die Gesetze beherrscht und daher den Pflichten des Bürgers zuwider ist. Man möchte beinahe glauben, daß alles was man in Genf in Rücksicht meiner getan hat, bloß deswegen geschah, um jenes Kapitel als Muster aufzustellen und aus meiner eigenen Geschichte zu beweisen, daß ich sehr richtig geurteilt habe.

Was soll nun ein weiser Gesetzgeber in dieser Lage tun? Von zwei Dingen eines. Das erste ist, eine rein bürgerliche Religion zu errichten, in welcher man alle Grundsätze jeder guten Religion und alle Lehren, sie seien nun allgemeine oder besondere, welche der Gesellschaft wahrhaft nützlich sind, aufnimmt und alle anderen wegläßt, die bloß den Glauben und nicht das zeitliche Wohl betreffen, welches letztere der einzige Gegenstand der Gesetzgebung ist. Denn was trägt zum Beispiel das Geheimnis der Dreieinigkeit zur guten Verfassung eines Staates bei? Und inwiefern werden seine Mitglieder bessere Bürger, wenn sie das Verdienst der guten Werke nicht anerkennen? Oder was nützt die Lehre von der Erbsünde zur Befestigung des gesellschaftlichen Bandes? Obgleich das wahre Christentum eine friedfertige Einrichtung ist, wer sieht nicht ein, daß das dogmatische oder theologische Christentum wegen der Menge und Dunkelheit seiner Lehren und wegen des Zwanges, sie annehmen zu müssen, immer ein offenes Streitfeld für die Menschen ist, ohne daß man durch Erklärungen und Bestimmungen neuen Streitigkeiten über eben diese Bestimmungen vorbeugen könnte?

Der andere Weg ist, das Christentum in seinem wahren Geist zu lassen, frei, von allem Irdischen entfernt, ohne andere Verbindlichkeit als die des Gewissens und ohne andere Einschränkung in der Lehre als Sitten und Gesetze. Die christliche Religion ist wegen der Reinheit ihrer Moral beständig gut und heilsam in einem Staat, insofern sie nicht ein Grundgesetz desselben ausmacht, insofern sie einzig und allein als Religion, Gefühl, Meinung und Glauben angenommen wird; aber als politisches Gesetz ist das dogmatische Christentum immer eine schlechte Einrichtung.

Dies, mein Herr, sind die stärksten Folgerungen, die man aus jenem Kapitel ziehen kann, worin ich weit entfernt, das *reine Evangelium** der Gesellschaft für schädlich zu halten, es vielmehr allzu gesellschaftlich finde und es für eine Gesetzgebung, die ausschließend sein muß, als zu sehr das ganze Menschengeschlecht umfassend ansehe, denn es flößt mehr Menschlichkeit als Vaterlandsliebe ein und zielt mehr darauf ab, Menschen zu bilden als Bürger.** Wenn ich auch hierin geirrt habe, so ist es ein Fehler gegen die Politik, wo ist aber meine Gottlosigkeit? Die Wissenschaft des Heils und die Wissenschaft der Regierung sind zwei

* *Lettres écrites de la campagne,* S. 30.

** Es ist sehr zu bewundern, welch eine Menge von schönen Redensarten man in den Büchern zusammenhäuft; man braucht bloß Worte dazu, und die Tugenden auf dem Papier kosten nicht viel; allein, in dem menschlichen Herzen geht es ganz anders zu, und es ist ein großer Unterschied zwischen dem Gemälde und der Wirklichkeit. Die Vaterlandsliebe und die Menschlichkeit sind zum Beispiel zwei in ihrer Stärke unvereinbare Tugenden, besonders bei einem ganzen Volk. Der Gesetzgeber, welcher sie beide vereinigen wollte, wird weder die eine noch die andere erhalten: diese Vereinigung ist nie geschehen, weil sie der Natur widerstreitet, und weil man einer einzigen Leidenschaft nicht zwei Gegenstände geben kann.

sehr verschiedene Dinge. Zu behaupten, daß erstere alles in sich begreife, ist Schwärmerei eines kleinen Geistes. Es hieße gleich den Alchimisten denken, welche in der Kunst, Gold zu machen, auch das Allheilmittel finden wollen, oder wie die Mohammedaner, die behaupten, daß alle Wissenschaften in dem Koran enthalten seien. Die Lehre des Evangeliums hat nur einen Gegenstand: alle Menschen zu sich zu rufen und selig zu machen. Ihre Freiheit und ihr Wohlstand hienieden kommt dabei nicht in Betracht, das hat Jesus sehr oft gesagt. Wollte man irdische Ansichten mit diesem Gegenstand vermischen, so würde man seine erhabene Einfalt verändern und seine Heiligkeit mit menschlichen Entwürfen beflecken; dies wäre dann wahre Gottlosigkeit.

Diese Unterscheidungen waren von allen Zeiten her festgesetzt: man hat sie bloß meinetwegen miteinander vermischt. Wenn ich die christliche Religion von den nationalen Einrichtungen ausnehme, so erkenne ich sie dennoch als die beste für das ganze Menschengeschlecht. Der Verfasser des *Geistes der Gesetze* ist noch weiter gegangen und behauptet, daß die mohammedanische Religion für die asiatischen Gegenden die beste wäre. Er urteilt als Politiker, so wie ich. In welchem Land hat man den Verfasser oder auch nur das Buch angegriffen?* Warum bin ich strafbar, und warum war er es nicht?

Sehen Sie, mein Herr, wie durch treue Auszüge ein gerechter Kritiker die wahre Meinung eines Verfassers und die Gesinnung finden kann, in welcher er sein Werk geschrieben hat. Man untersuche die meinigen auf eben diese Art, und ich fürchte das Urteil nicht, welches jeder rechtschaffene Mann darüber fällen wird. Allein, diese Herren gehen ganz anders zu Werk und hüten sich sehr davor, denn sonst würden sie das nicht finden, was sie suchen. In dem Vorhaben, mich auf alle Fälle strafbar zu finden, vergessen sie den wahren Zweck des Werks, dagegen geben sie ihm jeden Irrtum, jede dem Verfasser entwischte Unachtsamkeit zum Zweck, und wenn einmal eine zweifelhafte Stelle vorkommt, so verfehlen sie nicht, sie in einem ganz anderen Sinn zu erklären,

* Man muß hier anführen, daß das Buch über den *Geist der Gesetze* zuerst in Genf gedruckt wurde, ohne daß die Scholarchen etwas dagegen einwendeten, und es war ein Geistlicher, der die Korrektur der Auflage besorgte.

als der seinige ist. Sie gehen aus, um auf einem großen fruchtbaren Felde einiges Unkraut zu suchen, um den, der es besät hat, als einen Giftmischer anklagen zu können.

Meine Sätze konnten an der Stelle, wo sie stehen, keine üble Wirkung hervorbringen; sie sind wahr, nützlich und gut in dem Sinn, den ich ihnen gab. Ihre Verfälschungen, ihre Unterstellungen und ihre falschen Auslegungen machen sie strafbar. Man muß sie in ihren Büchern verbrennen und in den meinigen krönen.

Wie oft haben beleidigte Schriftsteller und das betrogene Publikum gegen die häßliche Art geschrien, ein Werk zu zerfetzen, alle Teile desselben zu entstellen und nach hin und wieder herausgehobenen Stellen zu urteilen, nach dem Belieben eines untreuen Anklägers, welcher das Böse selbst hervorbringt, indem er es von dem Guten wegreißt, das es verbessern soll und es erklärt, und indem er dessen wahren Sinn verdreht! Man beurteile La Bruyère und La Rochefoucauld nach einzelnen Maximen für sich genommen, wohlan; aber dann ist es immer noch billig, daß man vergleiche und zusammenhalte. Allein, in einem philosophischen Werk, wie vielerlei Sinn kann da nicht ein Satz haben, je nach der Art, wie ihn der Verfasser vorträgt, oder nach dem Gesichtspunkt, in den er ihn stellt? Es ist vielleicht kein einziger unter all den Sätzen, die man mir vorwirft, zu welchem die vorhergehende oder die folgende Seite nicht die Erklärung und Antwort gibt, und den ich nicht in einem ganz andern Sinn genommen habe als in dem, den ihm meine Gegner geben. Sie werden im Verfolg dieser Briefe Beispiele dafür finden, über die Sie erstaunen werden.

Allein, wenn auch falsche, strafbare und tadelnswerte Sätze darin enthalten sind, ist denn dies hinreichend, um ein Buch für schädlich zu erklären? Ein gutes Buch ist nicht dasjenige, welches nichts Böses, noch etwas enthält, was man schlecht auslegen könnte, denn sonst gäbe es gar keine guten Bücher; sondern ein gutes Buch ist dasjenige, welches mehr Gutes als Schlechtes enthält, dessen ganzer Zweck ist, zum Guten zu führen, ungeachtet des Bösen, das darin enthalten sein kann. Und was würde daraus entstehen, wenn es erlaubt wäre, in einem großen Werk, welches voll von nützlichen Wahrheiten, Lehren der Menschlichkeit und Frömmigkeit und der Tugend ist, mit einer boshaften Genauigkeit alle Irrtümer, zweifelhafte, verdächtige und unbedachte Sätze aufzusuchen, die einem Schriftsteller, der von seinem Gegenstand ganz eingenommen ist, im kleinen entwischen können, der von der Menge der Gedanken, die sich ihm darbieten, überhäuft und durch einen Gedanken von dem andern abgelenkt wird und in seinem Kopf kaum alle Teile seines weitläufigen Plans fassen kann? Wenn es erlaubt wäre, eine solche Sammlung seiner Fehler zu machen und die einen durch die andern zu vergrößern, indem man das Zerstreute zusammensetzt, dasjenige verbindet, was getrennt ist, und ferner die Menge der guten und löblichen Dinge, welche sie bestreiten, erklären, widerrufen und den wahren Zweck des Verfassers zeigen, verschweigt; wenn man diese schändliche Sammlung als die seiner Grundsätze ausgäbe und vorgäbe, dies wären seine wahren Gesinnungen, und ihn nach einem solchen Auszug beurteilte, in welche Wüste müßte man da fliehen, in welcher Höhle könnte man sich verbergen, um den Verfolgungen solcher Leute zu entgehen, die unter dem Vorwand des Bösen das Gute bestrafen, das Herz, die Gesinnungen und die überall erkennbare Rechtschaffenheit für nichts rechnen und den geringsten und unwillkürlichsten Fehler wie das Verbrechen eines Missetäters bestrafen? Gibt es ein einziges Buch auf der Welt, so wahr, so gut, so glänzend es sein mag, das einer solchen schändlichen Nachforschung standhalten könnte? Nein, mein Herr, ein solches Buch gibt es gar nicht, selbst das Evangelium nicht ausgenommen, denn das Böse, das nicht darin enthalten ist, würden sie durch ihre untreuen Auszüge und falschen Erklärungen hineinzubringen wissen.

Sie würden sich unterstehen zu sagen: *Wir zeigen euch ein anstößiges, verwegenes und gottloses Buch an, dessen Moral dahin geht, den Reichen zu bereichern und den Armen zu unterdrücken*[*1], *die Kinder ihre Eltern und Brüder verleugnen zu lehren*[*2], *sich ohne Scheu des Gutes eines andern zu bemächtigen*[*3], *die Bösen nicht zu unterrichten, damit sie sich nicht bessern und Vergebung erhalten möchten*[*4], *Vater, Mutter, Weib, Kind und alle*

[*1] Mathäus 13,12. Lukas 19,26.
[*2] Matthäus 12,48. Markus 3,33.
[*3] Markus 11,2. Lukas 19,30.
[*4] Markus 4,12. Johannes 12,40.

Anverwandten zu hassen[*5]*; ein Buch, worin der Geist der Zwietracht herrscht*[*6]*, worin man sich rühmt, den Sohn gegen den Vater zu bewaffnen*[*7]*, die Verwandten eine gegen den anderen*[*8]*, die Knechte gegen ihren Herrn*[*9]*, worin man die Verletzung der Gesetze billigt*[*10] *und die Verfolgung zur Pflicht macht*[*11]*, worin man, um das Volk zur Räuberei zu bewegen, die ewige Glückseligkeit zur Belohnung der Macht und der Eroberung gewaltsamer Menschen macht*[*12].

Man stelle sich nun eine solche höllische Seele vor, welche auf diese Art das Evangelium auslegt und aus dieser verleumderischen Auslegung eine abscheuliche Schrift unter dem Titel *Evangelisches Glaubensbekenntnis* zusammenfassen würde und endlich die frommen Pharisäer, wie sie diese Schrift erheben und mit triumphierender Miene sie als den Auszug aus der Lehre Jesu Christi hinstellen. Soweit kann diese schändliche Methode führen. Alle die, die meine Bücher und die Beschuldigungen derer gelesen haben, die mich anklagen, verdammen und verfolgen, werden einsehen, daß sie mich alle auf diese Art behandelt haben.

Ich glaube, Ihnen, mein Herr, bewiesen zu haben, daß diese Herren mich nicht nach der Vernunft beurteilt haben. Nunmehr will ich Ihnen beweisen, daß sie mich nicht nach den Gesetzen beurteilt haben. Vorher aber lassen Sie mir Zeit, mich etwas zu erholen. Zu welchem traurigen Geschäft sehe ich mich in meinem Alter gezwungen? Mußte ich erst so spät mich verteidigen lernen? Und war es wohl der Mühe wert anzufangen?

*5 Lukas 14,26.
*6 Matthäus 10,34. Lukas 12,51,52.
*7 Matthäus 10,35. Lukas 12,53.
*8 Ebenda.
*9 Matthäus 10,36.
*10 Matthäus 12,2 und folgende.
*11 Lukas 14,23.
*12 Matthäus 11,12.

ZWEITER BRIEF

Ich habe in meinem vorigen Brief angenommen, ich hätte wirklich die Irrtümer gegen den Glauben begangen, deren man mich beschuldigt, und habe gezeigt, daß, da diese Irrtümer der Gesellschaft nicht schädlich sind, sie auch vor der menschlichen Gerechtigkeit nicht strafbar wären. Gott hat sich selbst seine eigene Verteidigung und die Bestrafung der Fehler, welche bloß ihn selbst beleidigen, vorbehalten. Für Menschen ist es also eine Gotteslästerung, wenn sie sich zum Rächer der Gottheit aufwerfen wollen, gerade als wenn sie ihren Schutz nötig hätte. Obrigkeiten und Könige haben kein Recht über die Seelen, und vorausgesetzt, daß man den Gesetzen der Gesellschaft in dieser Welt gehorcht, kommt es ihnen gar nicht zu, danach zu fragen, was man in der anderen werden wird, über die sie gar keine Macht haben. Wollte man diesen Grundsatz verlassen, so würden die Gesetze, die zum Glück des Menschengeschlechts eingesetzt sind, bald zu dessen Qual werden, die Menschen würden unter ihrer fürchterlichen Inquisition mehr nach ihrem Glauben als nach ihren Werken gerichtet werden, und daher würde es einem jeden frei stehen, sie zu unterdrücken.

Wenn die Gesetze keine Macht haben über die Meinungen der Menschen in dem, was allein mit der Religion zu tun hat, so haben sie in diesem Bereich auch keine über die Schriften, in welchen man diese Meinungen äußert. Wenn auch die Verfasser dieser Schriften strafbar sind, so nicht, weil sie Irrtümer gelehrt haben, denn weder Gesetze noch Obrigkeiten urteilen über das, was bloß Irrtum ist. Der Verfasser der *Lettres écrites de la Campagne* scheint diesen Grundsatz zuzugeben*, und vielleicht dehnt er ihn zu weit aus, wenn er behauptet, daß *die Politik und die Philosophie die Freiheit zu schreiben ertragen könnten.*** Das will ich hier nicht untersuchen.

* *Insofern,* sagt er Seite 22, *finde ich meine eigenen Grundsätze in denen der Repräsentationen wieder,* und Seite 29 sieht er es als *ausgemacht* an, *daß niemand wegen seiner Vorstellungen über Religion verfolgt werden könne.*

** Seite 30.

Allein, bemerken Sie, wie Ihre Herren und er es anfangen, um das Urteil gegen mich und meine Bücher zu rechtfertigen. Sie richten mich nicht so sehr als Christen sondern als Bürger und betrachten mich weniger als strafbar als vielmehr als ungehorsam gegen die Gesetze, sehen mehr Verbrechen als Sünde und mehr Ungehorsam als Ketzerei in mir. Ich habe nach ihrer Meinung die Religion des Staates angegriffen und also die Strafe verdient, welche das Gesetz denjenigen auflegt, die es angreifen. Dies ist, wie ich glaube, der Sinn dessen, was sie zur Rechtfertigung ihres Verfahrens anführen.

Ich sehe hierin bloß drei kleine Schwierigkeiten. Die erste, zu wissen, welches diese Staatsreligion ist; die zweite, zu beweisen, daß ich sie angegriffen habe; und die dritte, das Gesetz aufzufinden, nach welchem ich verurteilt worden bin.

Welches ist diese Staatsreligion? Es ist die heilige evangelische Reformation. Dies sind unstreitig sehr prächtig klingende Worte. Allein, was ist heutzutage diese heilige evangelisch reformierte Religion in Genf? Wissen Sie es von ungefähr, mein Herr? In diesem Fall wünsche ich Ihnen Glück dazu, ich für mein Teil weiß es nicht. Ehemals glaubte ich es zu wissen, allein, ich habe mich ebenso geirrt wie andere, die in anderen Stücken weit gelehrter waren als ich, in diesem Punkte aber ebensowenig wußten.

Als die Reformatoren sich von der römischen Kirche trennten, beschuldigten sie dieselbe des Irrtums, und um diesen Irrtum an seiner Quelle zu verbessern, gaben sie der Schrift einen anderen Sinn, als ihr die Kirche gab. Man fragte sie, mit welcher Autorität sie sich der angenommenen Lehre entzögen? Sie antworteten, vermöge ihrer eigenen Autorität und der ihrer Vernunft. Sie sagten ferner, daß, da der Sinn der Bibel in Heilsfragen für alle Menschen klar und deutlich wäre, so könnte jeder über die Lehre urteilen und die Schrift, die deren Richtschnur ist, nach seinem eigenen Verstande auslegen; alle würden sich demnach über das Wesentliche einigen, diejenigen Punkte aber, worüber man sich nicht einigen könnte, wären nicht wesentlich.

Hier ist also der eigene Verstand eines jeden als einziger Ausleger der Schrift anerkannt, die Autorität der Kirche verworfen und ein jeder in Glaubensfragen unter seiner eigenen Rechtsprechung.

Dies sind die beiden Hauptsätze der Reformation: die Bibel als die Richtschnur des Glaubens anzuerkennen und keine andere Auslegung des Sinns der Bibel als seine eigene anzunehmen. Diese beiden Punkte vereinigt machen den Grundsatz aus, vermöge dessen die reformierten Christen sich von der römischen Kirche getrennt haben, und sie mußten dies tun, sonst hätten sie sich selbst widersprochen, denn welche auslegende Autorität hätten sie sich vorbehalten können, nachdem sie die der Körperschaft der Kirche verworfen hatten?

Allein, wird man einwerfen, wie konnten sich die Reformierten nach einem solchen Grundsatz einigen? Wie konnten sie, da jeder seine eigene Denkungsart haben wollte, als Körperschaft der katholischen Kirche widerstehen? Sie mußten dies tun und sie vereinigten sich so, daß alle einen jeden als seinen eigenen Richter anerkannten. Sie duldeten und mußten alle Auslegungen dulden, ausgenommen eine, nämlich die, welche die Freiheit der Auslegung bestreitet. Nun war aber eben diese einzige Auslegung, die sie verwarfen, diejenige der Katholiken. Sie mußten also alle zugleich Rom in den Bann tun, so wie Rom wiederum sie alle in den Bann tat. Die Verschiedenheit ihrer Denkungsart über alles übrige war eben das gemeinschaftliche Band, welches sie vereinigte. Es waren ebenso viele kleine vereinigte Staaten gegen eine große Macht, deren allgemeine Vereinigung der Unabhängigkeit eines jeden einzelnen nicht schadete.

Auf diese Art wurde die evangelische Reformation gegründet, und eben auf solche Art muß sie sich erhalten. Es ist übrigens wahr, daß die Meinung des größten Haufens als die wahrscheinlichste und angesehenste allen vorgeschlagen werden kann. Der Souverän kann sie selbst in eine gewisse Formel bringen und sie denjenigen vorschreiben, welche er als Lehrer einsetzt, denn in den öffentlichen Unterweisungen muß immer eine Ordnung, eine Regel angenommen werden, wodurch übrigens die Freiheit keines einzigen verletzt wird, weil niemand gezwungen ist, wider seinen Willen zu lehren, aber es folgt daraus noch nicht, daß einzelne Personen verbunden sind, gerade diese Auslegungen und diese Lehren anzunehmen, die man ihnen gibt. Hierin bleibt jeder sein eigener Richter und erkennt keine andere Autorität an als die seinige. Gute Unterweisungen sollen nicht so sehr unsere Wahl bestimmen, als uns vielmehr in den Stand setzen, gut zu wählen. Dies ist der wahre Geist der Reformation und deren wahre Grundlage. Die einzelne Vernunft urteilt nach dem Glauben, den sie aus der allgemeinen Richtschnur, das heißt aus dem Evangelium gezogen hat, und das Wesen der Vernunft erfordert so sehr diese Freiheit, daß wenn sie sich auch der Autorität unterwerfen wollte, es dennoch nicht von ihr abhinge, es zu tun. Wollte man diesen Grundsatz bestreiten, so fiele der ganze Evangelismus gleich über den Haufen. Man beweise mir heute, daß ich in Glaubensdingen verbunden bin, mich den Entscheidungen eines anderen zu unterwerfen, so werde ich morgen katholisch, und jeder folgerichtige Mann wird dasselbe wie ich tun.

Nun aber erfordert die freie Auslegung der Schrift nicht allein das Recht, die Stellen nach seiner eigenen Vernunft zu erklären, sondern auch dasjenige, über die Stellen im Zweifel zu bleiben, welche einem zweifelhaft scheinen. Dies ist das Recht eines jeden Gläubigen, ein Recht, über welches weder Priester noch Obrigkeiten Macht haben. Vorausgesetzt, daß man die ganze Bibel verehrt und die Hauptgrundsätze annimmt, so lebt man nach der evangelischen Reformation, und mehr fordert auch der Eid der Genfer Bürger nicht.

Nun sehe ich aber Ihre Theologen schon über diese Hauptpunkte triumphieren und behaupten, daß ich mich davon entferne. Allein, sachte, meine Herren, hier ist noch nicht die Rede von mir, sondern von Ihnen selbst. Zuerst wollen wir hören, welches nach Ihrer Meinung die Hauptpunkte sind, wir wollen sehen, mit welchem Recht sie mich zwingen wollen, zu sehen, was ich nicht sehe und was Sie vielleicht selbst nicht sehen. Haben Sie die Güte, nicht zu vergessen, daß, indem Sie mir Ihre Urteile zum Gesetz machen wollen, Sie sich selbst von der heiligen evangelischen Reformation entfernen, daß sie deren wahre Grundsätze erschüttern und also nach dem Gesetz selbst die Strafe verdienen.

Man mag nun den politischen Zustand Ihrer Republik in den Zeiten betrachten, in welchen die Reformation eingeführt wurde, oder die Ausdrücke Ihrer alten Edikte mit Rücksicht auf die Religion, die sie vorschrieben, in Erwägung ziehen, so sieht man daraus, daß die Reformation durchgängig der römischen Kirche entgegengesetzt ist, und daß die Gesetze keine andere Bestimmung haben, als deren Grundsätze und Gottesdienst abzuschaffen, welche in jedem Sinne die Freiheit unterdrücken.

In dieser besonderen Lage lebte der Staat sozusagen nur durch die Trennung der beiden Kirchen, und die Republik war verloren, wenn das Papsttum die Oberhand behielt. Das Gesetz, welches den evangelischen Gottesdienst vorschrieb, hatte also bloß die Abschaffung des katholischen zum Zweck. Dies bezeugen die oft unschicklichen Schimpfreden gegen letztere, die man in euren ersten Kirchenordnungen antrifft und die man nachher, als die Gefahr vorüber war, weislich ausgelassen hat; ferner bezeugt es auch der Eid des Konsistoriums, welcher bloß darin besteht, *alle Abgötterei, Gotteslästerung, Ausschweifungen und andere Dinge zu verhindern, welche wider die Ehre Gottes und die evangelische Reformation streiten.* Dies sind die Worte der Ordonnanz von 1562. Bei der Verbesserung dieser nämlichen Ordonnanz im Jahre 1576 wurde dem Eid vorangesetzt, *über alles Ärgernis zu wachen**, woraus denn erhellt, daß bei der ersten Formel des Eides es nur um die Trennung von der römischen Kirche ging, in der Folge erst dachte man an die innere Ordnung, und dies ist ganz natürlich, wenn eine Einrichtung erst Festigkeit anzunehmen beginnt. Allein, weder in der einen noch in der anderen Lesart, auch in keinem Eid der Magistratspersonen, der Bürger und der Geistlichen wird von Irrtum und Ketzerei gesprochen. Weit entfernt, daß dies der Gegenstand der Reformation und der Gesetze gewesen wäre, hätte man sich dadurch vielmehr selbst widersprochen. Daher haben also eure Edikte unter dem Wort der *Reformation* bloß die strittigen Punkte mit der römischen Kirche verstanden.

Ich weiß zwar, daß eure Geschichte und überhaupt die ganze Reformationsgeschichte voller Beispiele einer strengen Inquisition ist, und daß die Reformierten aus Verfolgten bald selbst zu Verfolgern wurden, aber dieser in der ganzen Geschichte des Christentums so auffallende Widerspruch beweist in der eurigen weiter nichts als die Unvernunft der Menschen und die Herr-

* Ordon. Eccles. Tit. III. Art. LXXV.

schaft der Leidenschaften über den Verstand. Durch vieles Streiten mit der katholischen Geistlichkeit wurden die protestantischen Geistlichen selbst zanksüchtig und eigensinnig, sie wollten alles bestimmen, alles anordnen und über alles sprechen, jeder wollte ganz bescheiden seine Meinung allen anderen als höchstes Gesetz geben, und dies war freilich nicht das Mittel, in Frieden zu leben. Calvin war unstreitig ein großer Mann, aber schließlich war er ein Mensch und, was noch schlimmer ist, Theologe; er besaß übrigens allen Stolz eines Genies, welches seine Überlegenheit fühlt und sich ärgert, daß man sie ihm absprechen will. Der größte Teil seiner Kollegen war in eben dem Fall, und alle waren weit strafbarer, weil sie nicht so folgerichtig waren.

Und welche Blößen haben sie in diesem Punkt nicht den Katholiken gezeigt, und wie sehr muß man Mitleid mit ihnen haben, wenn man diese gelehrten und aufgeklärten Leute, welche so richtig über alles andere urteilen, in ihren Verteidigungen so unvernünftig urteilen hört? Diese Widersprüche beweisen jedoch nichts weiter, als daß sie mehr ihren Leidenschaften als ihren Grundsätzen folgten. Ihre strenge Orthodoxie war selbst Ketzerei, und dies war wohl der Geist der Reformatoren, aber nicht der Geist der Reformation.

Die protestantische Religion ist im Prinzip tolerant, sie ist wesentlich tolerant und ist es so sehr, wie es zu sein möglich ist, weil die einzige Lehre, die sie nicht duldet, die Intoleranz ist. Dies ist die unübersteigliche Scheidewand, welche uns von den Katholiken absondert und die übrigen Gemeinden unter sich vereinigt. Jede glaubt zwar, die andere sei im Irrtum, aber keine betrachtet diesen Irrtum oder soll ihn wenigstens nicht als ein Hindernis zur Seligkeit betrachten.*

Die heutigen Reformierten, wenigstens ihre Priester, kennen und lieben ihre Religion nicht mehr. Hätten sie dieselbe gekannt und geliebt, so hätten sie bei der Herausgabe meines Buches ein

* Unter allen Sekten des Christentums scheint mir die lutherische die inkonsequenteste. Sie hat gegen sich allein ohne Grund alle Einwände versammelt, welche sie eine der anderen vorwerfen. Sie ist im besonderen ebenso intolerant wie die römische Kirche, aber die große Begründung derselben fehlt ihr: sie ist intolerant, ohne zu wissen warum.

großes Freudengeschrei erhoben und sich alle mit mir vereinigt, der ich bloß ihre Gegner bekämpfte, allein, sie wollen lieber ihre eigene Sache verlieren, als die meinige unterstützen; bei ihrem lächerlichen stolzen Ton, ihrer intoleranten und hinterlistigen Wut wissen sie nicht mehr, was sie glauben, noch was sie wollen, noch was sie sagen. Ich betrachte sie nur noch als üble Priesterknechte, die weniger aus Liebe zu ihren Herren als aus Haß gegen mich dienen.* Wenn sie kraft ihres kleinen Triumphes genug gestritten, gelärmt, gezankt und gepoltert haben werden, so wird die römische Geistlichkeit, welche jetzt über sie lacht und sie machen läßt, kommen und sie mit unwiderleglichen Beweisen *ad hominem* fortjagen, sie mit ihren eigenen Waffen schlagen und sagen: *Es ist gut so, nun aber packt euch fort, ihr üblen Eindringlinge, ihr habt bloß für uns gearbeitet.* Ich komme nun zu meinem Thema zurück.

Die Genfer Kirche hat also und kann als reformierte Kirche kein bestimmtes, ausdrückliches und allen ihren Mitgliedern gemeinsames Glaubensbekenntnis haben. Wollte man eines annehmen, so würde man dadurch die evangelische Freiheit verletzen, man würde das Prinzip der Reformation verlassen und das Staatsgesetz übertreten. Alle protestantischen Kirchen, welche gewisse Formeln von Glaubensbekenntnissen verfaßt, alle Synoden, welche gewisse Lehrpunkte bestimmt haben, haben dadurch bloß den Pastoren vorschreiben wollen, wie sie lehren sollten, und dies war gut und schicklich. Wollten aber diese Kirchen und Synoden durch diese Formeln mehr tun und den Gläubigen vorschreiben, was sie glauben sollten, so haben alle diese Versammlungen durch solche Bestimmungen nichts weiter bewiesen, als daß sie ihre eigene Religion nicht kannten.

Die Genfer Kirche schien sich seit langer Zeit weniger als die anderen von dem wahren Geist des Christentums entfernt zu haben, und diesem betrügerischen Schein zufolge ehrte ich ihre Pastoren mit Lobreden, deren ich sie würdig achtete, denn meine

* Es ist, glaube ich, überflüssig zu sagen, daß ich hier meinen Pfarrer ausnehme und alle diejenigen, die über diesen Punkt so denken wie er.

Inzwischen habe ich gelernt, niemanden auszunehmen, allein ich lasse diese Anmerkung gemäß meinem Versprechen zur Unterrichtung jedes ehrenhaften Menschen stehen, welcher versucht sein könnte, Kirchenmänner zu loben.

Absicht war gewiß nicht, das Publikum zu hintergehen. Allein, was soll man jetzt von diesen Pastoren denken, welche ehemals so freundlich waren, jetzt aber auf einmal so streng werden und über die Orthodoxie eines Laien streiten, während sie ihre eigene in einer anstößigen Ungewißheit lassen? Fragt man sie, ob Jesus Christus Gott sei, so trauen sie sich nicht zu antworten; fragt man sie, welche Mysterien sie annehmen, so antworten sie wieder nicht. Worauf werden sie denn antworten, und welches sind die Glaubensartikel, die so sehr von den meinigen verschieden sein sollen und nach welchen sie wollen, daß man sich entscheide, wenn diese nicht darunter begriffen sind?

Ein Philosoph wirft einen flüchtigen Blick auf sie, erforscht sie und erkennt sie als Arianer und Sozinianer; er sagt es und glaubt ihnen eine Ehre zu erweisen, allein, er bemerkt nicht, daß er dadurch ihr zeitliches Glück gefährdet, die einzige Sache, welche hier unten den Glauben der Menschen bestimmt.

Alsbald ängstigen sie sich, versammeln sich voller Furcht, disputieren erregt und wissen in der Angst nicht, welchem Heiligen sie sich ergeben wollen, und nach einer Menge Zusammenkünfte, Beratschlagungen und Konferenzen * läuft alles auf ein Gewäsch hinaus, welches weder Ja noch Nein sagt und aus dem man ebensowenig klug werden kann, als aus beiden Verteidigungsreden des Rabelais.** Ist hier die orthodoxe Lehre nicht sehr deutlich und in guten Händen?

Unterdessen schmiert einer unter ihnen eine Menge scholastischer Schnurren zusammen, welche ebenso gutmütig als zierlich gesagt sind, und schämt sich nicht, seinem Christentum abzuschwören, um das meinige zu untersuchen; sogleich sind sie von der Gelehrsamkeit ihres Mitbruders ganz entzückt, und besonders von seiner Logik, sie heißen sein gelehrtes Werk gut und danken ihm dafür durch eine Deputation. Sind Ihre Geistlichen nicht sonderbare Leute? Man weiß nicht, was sie glauben oder was sie nicht glauben, ja man weiß nicht einmal, was sie zu glau-

* Ein gewisser Tagesschriftsteller sagt: *Wenn man von dem, was man glaubt, sehr überzeugt ist, so muß ein Glaubensbekenntnis sehr wenig Mühe kosten.*

** Vielleicht wäre es schwer gewesen, sich deutlicher auszudrücken, ohne zugleich gewisse Dinge widerrufen zu müssen.

ben scheinen wollen, ihre einzige Art, ihren Glauben zu beweisen, ist, daß sie den Glauben anderer angreifen; sie machen es hierin wie die Jesuiten, welche, wie man sagt, alle Menschen zwingen wollten, die Konstitution zu unterschreiben, während sie selbst sie nicht unterschreiben. Statt sich über die Lehre zu erklären, deren man sie beschuldigt, glauben sie die anderen Kirchen irrezumachen, indem sie mit ihrem eigenen Verteidiger Streit suchten; sie wollen durch ihren Undank beweisen, daß sie meine Bemühung nicht nötig haben, und glauben orthodox genug zu sein, wenn sie sich als Verfolger zeigen.

Ich schließe daher aus all dem, daß es nicht leicht ist zu bestimmen, worin heutzutage die heilige Reformation zu Genf besteht. Alles, was man über diesen Punkt Gewisses sagen kann, ist, daß sie vorzüglich darin bestehen soll, alle die Punkte zu verwerfen, welche die ersten Reformatoren und Calvin gegen die römische Kirche bestritten haben. Dies ist der wahre Geist eurer Einrichtung, dadurch seid ihr ein freies Volk, und von dieser Seite allein macht die Religion einen Teil eurer Staatsgesetze aus.

Von dieser ersten Frage gehe ich zur zweiten über und frage: Wie kann man behaupten, daß die evangelische Reformation in einem Buch angegriffen wird, worin die Wahrheit, Nützlichkeit und Notwendigkeit der Religion überhaupt mit den stärksten Gründen bewiesen wird, wo ohne weitere Einschränkung* der Verfasser die christliche Religion allem anderen Gottesdienst und die evangelische Reformation allen anderen Sekten vorzieht? Dies scheint schwer zu begreifen. Wir wollen jedoch sehen.

Ich habe vorhin überhaupt gezeigt und werde es nachher noch weitläufiger beweisen, daß es nicht wahr ist, daß das Christentum in meinem Buche angegriffen wird. Wenn also die allgemeinen Prinzipien nicht angegriffen werden, so kann man jede Sekte besonders nur auf zweierlei Art angreifen, nämlich mittelbar, wenn man die eigenen Lehrsätze ihrer Gegner behauptet oder unmittelbar, wenn man die ihrigen geradezu angreift.

Wie kann ich aber die eigenen Lehren der Katholiken behaup-

* Ich ermahne jeden unparteiischen Leser nochmals, jene Stellen des *Emile* nachzulesen und zu überdenken, welche gleich auf das Glaubensbekenntnis des savoyischen Vikars folgen und wo ich wieder selbst zu reden anfange.

tet haben, da ich im Gegenteil sie allein angegriffen habe und da eben dieser Angriff die katholische Partei gegen mich aufgebracht hat, ohne welches die Protestanten gewiß stillgeschwiegen hätten. Dies ist, ich gestehe es, gewiß eines der sonderbarsten Dinge, das man je gehört hat, allein, es ist deswegen nicht weniger wahr. In Paris bin ich ein Bekenner des protestantischen Glaubens und ebendeswegen bin ich es auch in Genf.

Und wie kann ich die eigenen Lehren der Protestanten angegriffen haben, da ich im Gegenteil dieselben mit den stärksten Gründen verteidige, da ich beständig auf das Urteil der Vernunft in Glaubensfragen, auf eine freie Auslegung der Schrift, auf die evangelische Toleranz und auf den Gehorsam gegen die Gesetze dringe, selbst in Fragen des Gottesdienstes? All dies sind eigene Lehren der reformierten Kirche, ohne welche sie nicht allein nicht fest gegründet wäre, sondern gar nicht bestehen könnte.

Noch mehr, die Form des Werkes selbst gibt den Beweisen für die Reformierten noch mehr Kraft. Es ist ein katholischer Priester, der redet, und dieser Priester ist weder ein Gottloser noch ein Freigeist, sondern es ist ein frommer, gläubiger Mann, voller Aufrichtigkeit und Wahrheitsliebe, der ungeachtet seiner Schwierigkeiten, seiner Einwände und seiner Zweifel in seinem Herzen die größte Hochachtung für den Gottesdienst hegt, den er bekennt, ein Mann, der in den geheimsten Ergießungen seines Herzens erklärt, daß er, da er zum Dienst der Kirche berufen, mit aller möglichen Genauigkeit die vorgeschriebenen Pflichten erfülle, daß er sich ein Gewissen daraus machen würde, wissentlich in der geringsten Sache dagegen zu fehlen, daß er sich in dem Mysterium, welches seiner Vernunft am anstößigsten sei, im Augenblick der Wandlung sammle, um es mit der gehörigen Gesinnung zu verrichten, welche die Kirche und die Würde des Sakraments fordern, daß er die Einsetzungsworte mit der größten Verehrung ausspreche, daß er in deren Wirkung allen Glauben setze, der ihm nur möglich sei, und daß, wie es auch mit diesem unbegreiflichen Geheimnis sein mag, er nicht befürchte, an dem Jüngsten Tag dafür gestraft zu werden, daß er es in seinem Herzen jemals entheiligt habe.*

* *Emile,* viertes Buch.

So spricht und denkt dieser ehrwürdige, wahrhaft gute und weise Mensch, dieser wahre Christ und aufrichtigste Katholik, der vielleicht jemals gelebt hat.

Wir wollen ferner hören, was dieser tugendhafte Priester zu einem jungen Protestanten sagt, der katholisch geworden war und dem er guten Rat gibt: »Kehre in dein Vaterland zurück, nimm die Religion deiner Väter wieder an, befolge sie in der Einfalt deines Herzens und verlasse sie nie wieder, sie ist sehr einfach und sehr heilig, ich halte sie unter allen Religionen der Welt für diejenige, deren Moral die reinste ist und welche mit der Vernunft am meisten übereinstimmt.«

Einen Augenblick nachher fügt er hinzu: »Wenn du auf dein Gewissen hörst, so werden tausend eitle Hindernisse vor seiner Stimme verschwinden. Du wirst fühlen, daß in der Ungewißheit, in der wir sind, es eine unverzeihliche Anmaßung ist, eine andere Religion zu bekennen als die, in der wir geboren sind, und eine Falschheit, diejenige nicht aufrichtig auszuüben, welche man bekennt. Wenn man sich verirrt, so beraubt man sich einer großen Entschuldigung vor dem Richterstuhl des höchsten Richters. Wird er nicht viel eher den Irrtum verzeihen, in dem man erzogen worden, als denjenigen, den man selbst gewählt hat?«

Einige Seiten vorher hatte er gesagt: »Wenn ich Protestanten in meiner Nachbarschaft oder in meinem Kirchspiel hätte, so würde ich sie, was die christliche Liebe betrifft, von meinen Pfarrkindern nicht unterscheiden, ich würde alle zu bewegen suchen, sich untereinander zu lieben, sich als Brüder anzusehen, alle Religionen zu achten und ruhig in der seinigen zu leben. Ich meine, jemanden zu überreden, diejenige zu verlassen, in der er geboren ist, heißt ihn überreden, Übles zu tun, und folglich selbst übeltun. In der Erwartung größerer Erleuchtung laßt uns die öffentliche Ordnung erhalten, in allen Ländern die Gesetze achten, den Gottesdienst, den sie vorschreiben, nicht stören und die Bürger nicht zum Ungehorsam bewegen, denn wir wissen nicht mit Gewißheit, ob es gut für sie ist, ihre Überzeugungen aufzugeben, aber wir wissen gewiß, daß es ein Unrecht ist, den Gesetzen nicht zu gehorchen.«*

* *Emile*, a.a.O.

So, mein Herr, spricht ein katholischer Priester in einer Schrift, wegen der man mich beschuldigt, daß ich den reformierten Gottesdienst angreife, und in der nichts anderes gesagt wird. Das einzige, was man mir vorwerfen könnte, ist eine übertriebene Parteilichkeit für die Reformation und die Unschicklichkeit, daß ich einen katholischen Priester reden lasse, wie noch niemals ein katholischer Priester geredet hat. Ich habe also in allen Stücken das Gegenteil von dem getan, dessen man mich beschuldigt. Man könnte sagen, Ihre Obrigkeit hätte eine Wette angestellt, und wenn sie gewettet hätten, wer am besten gegen die Evidenz urteilen könnte, so hätten sie nicht glücklicher sein können.

Allein, dieses Buch enthält Einwände, Schwierigkeiten, Zweifel! Und warum nicht, bitte ich? Wie kann man es einem Protestanten zum Verbrechen machen, an dem zu zweifeln, was ihm zweifelhaft scheint, und Einwände gegen das zu machen, was sie zu verdienen scheint? Wenn das, was euch hell ist, mir dunkel scheint, wenn das, was ihr für bewiesen haltet, es mir nicht zu sein scheint, mit welchem Recht verlangt ihr dann, daß ich meine Vernunft der eurigen unterwerfen soll, und wie wollt ihr eure Autorität zum Gesetz machen, gerade als wenn ihr auf die Unfehlbarkeit des Papstes Anspruch machtet? Ist es nicht sonderbar, daß man als Katholik urteilen muß, um mich anklagen zu können, daß ich die Protestanten angreife?

Allein, diese Einwürfe und Zweifel betreffen die Hauptgründe des Glaubens? Unter dem Schein dieser Zweifel hat man alles gesammelt, wodurch die Grundprinzipien der christlichen Religion untergraben, erschüttert und zerstört werden könnten? Dies verändert die Sache, und wenn es wahr ist, so kann ich strafbar sein, allein, auch dies ist eine Lüge, und zwar eine sehr unvorsichtige Lüge von Leuten, die selbst nicht wissen, worin die Grundprinzipien ihres Christentums bestehen. Ich für mein Teil weiß sehr wohl, worin die Grundprinzipien meines Christentums bestehen, und habe es auch gesagt. Beinahe das ganze Glaubensbekenntnis der Julie ist bejahend, der ganze erste Teil des Glaubensbekenntnisses des Vikars ist bejahend, die Hälfte des zweiten Teils ist auch bejahend, ein Teil des Kapitels über die bürgerliche Religion ist bejahend und der Brief an den Erzbischof zu Paris ist ebenfalls bejahend. Dies, meine Herren, sind meine Grundartikel, nun wollen wir die Ihrigen besehen.

Sie sind sehr schlau, diese Herren, und sie nehmen eine ganz neue Art zu untersuchen an, die für Verfolger sehr bequem ist. Sie lassen weislich alle Grundsätze der Lehre ungewiß und schwankend. Hat nun aber ein Verfasser das Unglück, ihnen zu mißfallen, so suchen sie in seinen Schriften herum, was seine Meinungen wohl sein können. Wenn sie nun diese festgestellt zu haben glauben, nehmen sie das Gegenteil eben dieser Meinungen an und machen ebenso viele Glaubensartikel daraus. Nun schreien sie über Gottlosigkeit und Gotteslästerung, weil der Verfasser in seinem Buch die angeblichen Glaubensartikel nicht vorher angenommen hat, die sie erst nachher geschmiedet haben, um ihn damit zu quälen.

Wie kann ich ihnen in all den Punkten folgen, deretwegen sie mich angreifen? Wie soll ich alle ihre Schmähschriften sammeln? Wer wollte all diese Wische, diesen Plunder bei den Trödlern in Genf oder in dem Mist des *Mercure de Neuchâtel* aufsuchen? Ich verliere mich, ich versinke unter soviel elendem Zeug. Wir wollen aus all diesem Kram nur einen einzigen Punkt als Beispiel anführen, den Artikel, über den sie am meisten triumphiert und um den ihre Prädikanten* den größten Lärm gemacht haben: die Wunder.

Ich fange nun eine lange Untersuchung an. Vergeben Sie mir die Langeweile, ich bitte Sie. Ich will diesen fürchterlichen Punkt nur deswegen auseinandersetzen, um Ihnen hernach die übrigen zu ersparen, auf die man weniger Nachdruck gelegt hat.

Sie sagen also: »Jean-Jacques Rousseau ist kein Christ, obgleich er sich dafür ausgibt; denn wir, die wir Christen sind, denken nicht so wie er. Rousseau glaubt an keine Offenbarung, obgleich er es vorgibt. Hier ist der Beweis.

Gott offenbart seinen Willen nicht allen Menschen unmittelbar; er redet mit ihnen durch seine Abgesandten, und seine Abgesandten haben zum Beweis ihrer Sendung die Wunder. Wer also

* Ich hätte diesen Ausdruck, den ich abfällig finde, nicht gebraucht, wenn mich nicht der Rat von Genf, der sich in einem Schreiben an den Kardinal de Fleury seiner bedient hat, belehrt hätte, daß meine Bedenken unbegründet gewesen sind.

diese Wunder verwirft, verwirft die Abgesandten Gottes, und wer die Abgesandten Gottes verwirft, verwirft die Offenbarung. Nun verwirft aber Jean-Jacques Rousseau die Wunder.«

Wir wollen zunächst sowohl den Grundsatz wie die Tatsache zugeben und annehmen, sie wären wahr, in der Folge werden wir wieder darauf zurückkommen. Dies vorausgesetzt, so hat der vorstehende Schluß nur einen Fehler, nämlich den, daß er gerade gegen diejenigen beweist, die sich seiner bedienen. Er ist sehr gut für die Katholiken, aber sehr schlimm für die Protestanten. Ich muß nun meinerseits beweisen.

Sie werden finden, daß ich mich oft wiederhole, allein, was hilft's? Wenn ein und derselbe Satz zu verschiedenen Beweisen nötig ist, warum soll ich mich scheuen, ihn wieder zu gebrauchen? Dies wäre eine kindische Ziererei, denn hier kommt es nicht auf Abwechslung, sondern auf Wahrheit und richtige und beweisende Schlüsse an. Übersehen Sie das übrige und sehen Sie bloß hierauf.

Als die ersten Reformatoren sich vernehmen ließen, war die allgemeine Kirche ruhig, alles hatte einerlei Meinung, und es wurde nicht ein einziger wesentlicher Punkt der Lehre unter den Christen bestritten.

In diesem ruhigen Zustand erhoben zwei oder drei Menschen auf einmal ihre Stimmen und schrieen durch ganz Europa: Hütet euch, ihr Christen, man hintergeht euch, man führt euch in die Irre und auf den Weg zur Hölle. Der Papst ist der Antichrist und Helfershelfer des Teufels, seine Kirche ist die Schule der Lügen. Ihr seid verloren, wenn ihr uns nicht hört.

Bei dem ersten Lärm erstaunte ganz Europa, schwieg einige Zeit still und wartete, was geschehen würde. Nachdem endlich die Geistlichkeit sich von ihrem ersten Erstaunen erholt hatte und sah, daß diese neuen Lehrer Anhänger bekamen, wie denn jeder Mensch welche erhält, der lehrt, da begriff sie, daß es notwendig war, sich mit ihnen auseinanderzusetzen. Sie fingen also an, sie zu fragen, was es mit diesem Lärm auf sich habe. Jene antworteten stolz, sie seien die Apostel der Wahrheit, berufen, die Kirche zu reformieren und die Gläubigen von dem Weg der Verdammnis zurückzuführen, auf welchen sie die Priester führten.

Allein, antwortete man ihnen, wer hat euch diesen schönen Auftrag gegeben, zu kommen und den Frieden der Kirche und die öffentliche Ruhe zu stören? Unser Gewissen, antworteten sie, die Vernunft, das innere Licht, die Stimme Gottes, der wir, ohne ein Verbrechen zu begehen, nicht widerstehen können. Gott selbst hat uns zu diesem heiligen Geschäft berufen, und wir folgen diesem Ruf.

Ihr seid also Abgesandte Gottes, sagten die Katholiken. In diesem Fall geben wir zu, daß ihr predigen, reformieren, unterrichten müßt, und daß man euch anhören muß. Allein, um dieses Recht zu erhalten, zeigt uns zuerst eure Beglaubigungsschreiben, seid Propheten, macht Kranke gesund, erleuchtet und tut Wunder, zeigt uns die Beweise eurer Sendung.

Die Antwort der Reformatoren ist artig und verdient, hierhergesetzt zu werden.

»Ja, wir sind die Abgesandten Gottes, allein, unsere Sendung ist nicht außerordentlich, sie liegt in dem Antrieb eines reinen Gewissens, in der Erleuchtung eines gesunden Verstandes. Wir bringen euch keine neue Offenbarung, wir begnügen uns mit der, die euch gegeben worden, die ihr aber nicht mehr versteht. Wir kommen zu euch nicht mit Wundern, denn diese können betrügerisch sein, und viele falsche Lehren haben sich darauf gestützt, sondern mit den Zeichen der Wahrheit und der Vernunft, welche untrüglich sind, mit diesem heiligen Buch, welches ihr entstellt und das wir euch auslegen. Unsere Wunder sind unwiderlegbare Sätze, unsere Prophezeiungen Beweise, und wir sagen euch voraus, daß, wenn ihr die Stimme Christi nicht hört, welcher durch unseren Mund zu euch redet, so werdet ihr als untreue Diener gestraft werden, denen man den Willen ihrer Herren sagt, und die ihn nicht erfüllen wollen.«

Es war wohl nicht zu vermuten, daß die Katholiken die Evidenz dieser neuen Lehre einräumen würden, und die meisten von ihnen hüteten sich auch wohl, es zu tun. Nun aber sieht man, daß der Streit, einmal auf diesen Punkt gebracht, kein Ende nehmen konnte und also jeder suchen mußte, recht zu behalten, die Protestanten, indem sie immer behaupteten, daß ihre Auslegungen und Beweise so klar wären, daß man unaufrichtig sein müßte, wenn man sie nicht erkennen wollte, die Katholiken ihrerseits, indem sie fanden, daß die schwachen Beweise einiger Einzelner, welche nicht einmal ohne Widerrede waren, die Autorität der ganzen Kirche nicht umstoßen könnten, welche zu allen Zeiten die strittigen Punkte anders ausgelegt hatte.

In diesem Stand ist nun der Streit geblieben. Man hat nicht aufgehört, über die Stärke der Beweise zu streiten, und dieser Streit wird so lange dauern, als die Menschen nicht alle einen Kopf haben.

Aber nicht darum ging es für die Katholiken. Sie ließen sich irreführen, und wenn sie, statt über die Beweise ihrer Gegner zu streiten, ihnen vielmehr das Recht, zu beweisen, abgestritten hätten, so wären letztere, dünkt mich, in ziemliche Verlegenheit geraten.

»Erstens«, hätten sie ihnen sagen können, »ist eure Art, zu schließen, eine petitio principii, denn wenn die Stärke eurer Beweise das Zeichen eurer Sendung ist, so folgt daraus für die, die dadurch nicht überzeugt werden, daß eure Sendung falsch ist, und wir können euch also mit allem Recht ohne weiteres als Ketzer, als falsche Apostel und als Störer der Kirche und des Menschengeschlechts bestrafen.

Ihr predigt, wie ihr sagt, keine neue Lehre, aber was tut ihr denn, wenn ihr uns eure neuen Auslegungen predigt? Ist das keine neue Lehre, wenn man den Worten der Schrift einen neuen Sinn gibt? Heißt das nicht, Gott anders reden zu lassen, als er geredet hat? Nicht die Töne, sondern der Sinn der Worte ist geoffenbart: ändert man diesen von der Kirche anerkannten und bestimmten Sinn, so ändert man die Offenbarung.

Seht ferner, wie ungerecht ihr seid! Ihr gebt zu, daß Wunder

* Farel erklärte vor dem bischöflichen Rat zu Genf ausdrücklich, er wäre von Gott gesandt, was einen aus dem Rat bewog, mit Kaiphas Worten zu sagen: *Er hat Gott gelästert, was bedürfen wir weiteres Zeugnis? Er ist des Todes schuldig.* In der Lehre von den Wundern wäre ein Wunder nötig, um hierauf zu antworten. Indes tat Jesus bei dieser Gelegenheit keines, und Farel auch nicht. Froment erklärte dem Magistrat, der ihm verbot, zu predigen, daß es besser sei, Gott zu gehorchen als den Menschen, und fuhr ungeachtet des Verbotes fort zu predigen, ein Betragen, welches gewiß nur durch einen ausdrücklichen Befehl von Gott gerechtfertigt werden kann.

nötig sind, um eine göttliche Sendung zu beglaubigen, und dennoch wollt ihr, nach eurem eigenen Geständnis einfache Menschen, mit Machtsprüchen zu uns reden, gleichwie die Abgesandten Gottes.* Ihr beansprucht das Recht, die Bibel nach eurem Belieben auszulegen, und wollt uns doch die nämliche Freiheit rauben. Ihr wollt euch allein ein Recht anmaßen, welches ihr jedem unter uns einzeln und uns allen zusammen, die wir die Kirche ausmachen, verweigert. Welches Recht habt ihr also, unsere gemeinsamen Urteile in dieser Weise eurem besonderen Geist zu unterwerfen? Welch ein unerträglicher Stolz ist es nicht, immer recht haben zu wollen, und zwar allein recht gegen die ganze Welt, ohne denjenigen ihre Meinung zu lassen, die nicht der eurigen sind und die doch auch glauben, recht zu haben!* Die Unterscheidungen, welche ihr uns aufdringen wollt, wären höchstens erträglich, wenn ihr sie nur als guten Rat vorbrächtet; aber keineswegs, ihr fangt einen öffentlichen Krieg mit uns an und schürt das Feuer von allen Seiten. Wer euren Lehren widerspricht, ist ein Rebell, ein Götzendiener und der Hölle würdig. Ihr wollt mit aller Gewalt bekehren, überzeugen, ja selbst zwingen. Ihr lehrt, ihr predigt, ihr tadelt, ihr verflucht, ihr exkommuniziert, ihr straft und tötet, ihr übt das Recht der Propheten und gebt euch doch als bloße Menschen aus. Wie, ihr Neuerungssüchtige, allein, nach euren Meinungen und unterstützt von einigen hundert Menschen verbrennt ihr eure Gegner? Und wir, die wir fünfzehn Jahrhunderte und die Stimmen von hundert Millionen Menschen hinter uns haben, wir hätten unrecht, euch zu verbrennen? O hört auf, als Apostel zu reden und zu handeln, oder beweist uns euer Recht, sonst werden wir euch, wenn wir die Oberhand behalten, mit Recht als Betrüger behandeln.«

Sehen Sie, mein Herr, etwas, was unsere Reformatoren mit Grund auf diese Rede antworten könnten? Ich wenigstens sehe nichts. Ich glaube, daß sie gezwungen gewesen wären, entweder

* Welcher Mensch war zum Beispiel eigensinniger, herrschsüchtiger, maßgebender und göttlich unfehlbarer nach seiner Meinung als Calvin, für den der geringste Widerstand, der geringste Einwand immer ein Werk des Teufels, ein des Feuers würdiges Verbrechen war? Michel Servet war nicht der einzige, den es das Leben gekostet hat, weil er wagte, anders zu denken als Calvin.

zu schweigen oder Wunder zu tun: ein trauriges Mittel für Freunde der Wahrheit.

Ich schließe hieraus, daß, wenn man die Notwendigkeit der Wunder als einen Beweis für die Sendung der Abgesandten Gottes, die eine neue Lehre predigen, annimmt, man dadurch die ganze Reformation über den Haufen wirft, das heißt, daß man, um mich zu widerlegen, dasjenige selbst tut, was man mich fälschlich beschuldigt, getan zu haben.

Ich habe über diesen Punkt noch nicht alles gesagt, aber das, was ich noch zu sagen habe, kann nicht abgekürzt werden und wird einen nur allzu langen Brief ausmachen. Jetzt ist es Zeit, diesen zu schließen.

DRITTER BRIEF

Ich komme nun auf die Frage der Wunder zurück, welche ich mit Ihnen zu untersuchen angefangen habe, und nachdem ich gezeigt habe, daß man, wenn man deren Notwendigkeit zugäbe, die protestantische Religion umstoßen würde, will ich nun untersuchen, ob sie als Beweise für die Offenbarung dienen können.

Da die Menschen so verschiedene Köpfe haben, können sie nicht alle gleich stark von einem Beweis gerührt werden, besonders in Glaubensfragen. Was dem einen ganz unleugbar scheint, ist dem anderen vielleicht nicht einmal wahrscheinlich, der eine wird vermöge der Richtung seines Geistes nur von einer gewissen Art Beweise überzeugt, der andere von einer ganz anderen Art. Alle können zuweilen dieselben Dinge zugeben, aber selten geben sie dieselben aus einerlei Gründen zu. Dies, im Vorbeigehen gesagt, beweist, wie ganz und gar unsinnig alle Streitigkeiten an sich selbst sind.

Ebensogut könnte man andere zwingen wollen, mit unseren Augen zu sehen.

Wenn nun Gott den Menschen eine Offenbarung gibt, welche alle zu glauben verbunden sind, so muß sie auf Beweisen beruhen, die für alle gültig sind, die also auch ebenso verschieden sind wie die Fassungsart derer, die sie annehmen sollen.

Diesem Schluß zufolge, welcher mir einfach und richtig scheint, hat man gefunden, daß Gott der Sendung seiner Diener gewisse Zeichen gegeben hat, vermöge deren diese Sendung von allen Menschen, groß oder klein, dumm oder weise, gelehrt oder unwissend, erkannt werden konnte. Derjenige unter ihnen, der einen so beweglichen Geist hat, alle diese Merkmale auf einmal aufzufassen, ist ohne Zweifel glücklich, aber derjenige, welcher nur von einigen derselben gerührt wird, ist deswegen nicht zu beklagen, sofern er nur von diesen hinlänglich gerührt wird, um überzeugt zu sein.

Das erste, wichtigste und zuverlässigste aller dieser Kennzeichen wird aus der Natur der Lehre hergeleitet, das heißt aus ihrer

Nützlichkeit, ihrer Schönheit*, Heiligkeit, Wahrheit, Gründlichkeit und aus allen Eigenschaften, welche den Menschen die Lehren der höchsten Weisheit und die Gebote der höchsten Güte verkündigen können. Dieses Zeichen ist, wie ich schon gesagt habe, das sicherste und untrüglichste, es trägt in sich selbst einen Beweis, welcher alle übrigen unnötig macht, allein, es ist auch am schwersten zu beweisen und erfordert Wissenschaft, Nachdenken, Kenntnisse und Unterscheidungen, welche bloß weisen Männern zukommen, die unterrichtet sind und urteilen können.

Das zweite Kennzeichen liegt in dem Charakter der Menschen, welche Gott erwählt, um sein Wort zu verkündigen. Ihre Heiligkeit, ihre Aufrichtigkeit, ihre Gerechtigkeit, ihre reinen und unbefleckten Sitten, ihre von menschlichen Leidenschaften unverletzte Tugend sind neben den Eigenschaften des Verstandes, der Vernunft, des Geistes, der Wissenschaft und der Klugheit ebensoviele ehrwürdige Anzeichen, deren Vereinigung ein vollständiges Zeugnis für sie ablegt und zeigt, daß sie mehr als Menschen sind. Dies ist ein Zeugnis, das vorzüglich guten und rechtschaffenen Menschen einleuchtet, welche überall da, wo sie Gerechtigkeit sehen, auch Wahrheit sehen und die Stimme Gottes bloß in dem Munde der Tugend erkennen. Dieses Zeichen hat auch noch seine Gewißheit, es ist jedoch nicht unmöglich, daß es täuscht, und es ist gar kein Wunder, daß ein Betrüger rechtschaffene Leute hintergeht oder daß ein rechtschaffener Mann sich selbst hintergeht, wenn er vom heiligen Eifer hingerissen wird, welchen er für Inspiration hält.

Das dritte Kennzeichen der Gesandten Gottes ist eine Emanation der göttlichen Macht, welche den Lauf der Natur nach dem

* Ich weiß nicht, warum man die schöne Moral unserer Bücher dem Fortschritt der Philosophie zuschreiben will. Diese Moral, die aus dem Evangelium gezogen ist, war christlich, ehe sie Philosophie wurde. Ich gestehe zwar, daß die Christen sie lehren, ohne sie auszuüben, allein, was tun denn die Philosophen anders, als sich selbst große Lobsprüche beizulegen, die, da sie von niemand anderem wiederholt werden, nach meiner Meinung wenig beweisen?

Die Lehren Platons sind oft sehr erhaben, allein, wie oft irrt er nicht und wie weit führen ihn nicht seine Irrtümer? Was Cicero betrifft, kann man wohl glauben, daß er ohne Platon seine Pflichten entdeckt hätte? Das Evangelium allein ist in Rücksicht der Moral beständig gewiß, beständig wahr, einig und sich selbst gleich.

Willen derer, die solche Emanation erhalten, unterbrechen oder verändern kann. Dies ist ohne Zweifel das prächtigste, das auffallendste, das am meisten in die Augen springt und sich durch eine plötzliche und fühlbare Wirkung anzeigt, also am wenigsten einer Untersuchung und Erörterung zu bedürfen scheint. Daher wirkt dieses Kennzeichen vorzüglich auf das Volk, welches keines fortgesetzten Denkens, noch langsamer und sicherer Beobachtungen fähig, sondern in allen Dingen Sklave seiner Sinne ist. Allein, eben dies macht auch dieses Kennzeichen zweideutig, wie nachher bewiesen werden soll, und wirklich, wenn es nur auf diejenigen wirkt, auf die es wirken soll, was macht es alsdann, ob es scheinbar oder wirklich ist? Diese Unterscheidung sind sie nicht fähig zu machen, und dies beweist also, daß es kein wahrhaft sicheres und gewisses Zeichen gibt als dasjenige, das aus der Lehre gezogen werden kann, und daß also nur die, die gut zu urteilen vermögen, einen festen und gewissen Glauben erhalten können. Allein, die Güte Gottes sieht der Schwachheit des gemeinen Menschen nach und gibt ihm Kennzeichen, die er fassen kann.

Ich halte hier inne, ohne zu untersuchen, ob diese Aufzählung noch weiter getrieben werden kann. Dies ist eine Untersuchung, die hier überflüssig wäre, denn es ist klar, daß, wenn diese Zeichen sich vereinigt finden, sie genügen, um alle Menschen zu überzeugen, die Weisen, die Guten und das Volk, überhaupt alle, ausgenommen die Toren, die keiner Vernunft fähig sind, und die Bösen, welche nicht überzeugt sein wollen.

Diese Kennzeichen sind Beweise für die Autorität derer, welche sie besitzen, und sind Gründe, nach denen man verbunden ist, zu glauben. Wenn alles dies geschehen ist, so ist die Wahrheit ihrer Sendung bewiesen, sie können alsdann mit allem Recht und Macht als Abgesandte Gottes handeln. Die Beweise sind das Mittel, der Glaube, der der Lehre gebührt, ist der Zweck. Sobald man die Lehre annimmt, ist es unnütz, über die Anzahl und die Wahl der Beweise zu streiten, denn sobald einer davon mich überzeugt, ist es überflüssig, mir andere aufdringen zu wollen. Wenigstens wäre es sehr lächerlich zu behaupten, ein Mensch glaube nicht, was er zu glauben vorgibt, weil er es nicht aus gerade den Gründen glaubt, aus denen wir es zu glauben vorgeben.

Dies sind, wie mich dünkt, sichere und untrügliche Grundsätze: kommen wir nun zu ihrer Anwendung. Ich erkläre mich für einen Christen, meine Verfolger sagen, ich sei es nicht. Sie behaupten, daß ich kein Christ sei, weil ich die Offenbarung verwerfe, weil ich nicht an Wunder glaube.

Damit aber dieser Schluß richtig sein könnte, müßte er von zwei Dingen eines sein: entweder müßten die Wunder die einzigen Beweise der Offenbarung sein oder ich müßte ebenso auch alle anderen Beweise verwerfen, welche sie bestätigen. Nun aber ist es nicht wahr, daß die Wunder die einzigen Beweise für die Offenbarung sind, und es ist ferner nicht wahr, daß ich die anderen Beweise verwerfe, denn im Gegenteil, man findet sie in dem Werk selbst, aufgrund dessen man mich beschuldigt, daß ich die Offenbarung umstoße.*

Dies ist genau der Punkt, worüber wir streiten. Diese Herren haben es sich vorgesetzt, mich wider meinen Willen die Offenbarung verleugnen zu lassen, und rechnen es für nichts, daß ich sie nach den Beweisen annehme, die mich überzeugen, weil ich sie nicht auch nach denen annehme, die mich nicht überzeugen, und weil ich dieses nicht kann, so sagen sie, daß ich sie verwerfe. Kann man sich wohl etwas Ungerechteres und Unvernünftigeres denken?

Und ich bitte Sie, zu untersuchen, ob ich zuviel sage, da sie es mir zum Verbrechen machen, daß ich einen Beweis nicht annehme, den nicht nur Jesus nicht gegeben, sondern den er sogar ausdrücklich verweigert hat.

Er verkündete sich zunächst keineswegs durch Wunder, sondern durch Predigen. In seinem zwölften Jahr saß er schon unter den Lehrern im Tempel und fragte sie bald, bald erregte er ihr Erstaunen durch die Weisheit seiner Antworten. Dies war der Anfang seines Amtes, wie er es auch seiner Mutter und Joseph

* Es ist nötig anzumerken, daß der Vikar als Katholik noch mehr Einwände finden konnte, die für einen Protestanten nichts gelten. Der Skeptizismus, in welchem er bleibt, beweist also keineswegs den meinigen, besonders nach der sehr ausdrücklichen Erklärung, die ich am Ende derselben Schrift gegeben habe. Man sieht sehr leicht aus meinen Grundsätzen, daß verschiedene Einwände, die meine Schrift enthält, falsch sind.

selbst sagte.* In dem Lande predigte er dem Volke das Reich Gottes**, lange bevor er ein einziges Wunder tat, und er hatte schon mehrere Schüler, ohne daß er sich bei ihnen durch ein Zeichen rechtfertigte, denn es heißt, daß das erste, das er tat, zu Kanaan geschah.***

Wenn er auch nachher Wunder tat, so geschah es meistens bei besonderen Gelegenheiten, deren Wahl kein öffentliches Zeugnis anzeigte und deren Zweck es so wenig war, seine Macht zu zeigen, daß man vielmehr von ihm niemals zu diesem Ende etwas verlangte, was er nicht abgeschlagen hätte. Man sehe seine ganze Lebensgeschichte an und höre besonders seine eigene Erklärung, die so entscheidend ist, daß Ihnen gar nichts einzuwenden bleibt.

Er war schon eine lange Zeit in seiner Laufbahn fortgewandelt, als die Lehrer sahen, daß er mitten unter ihnen der Prophet war, und von ihm daher ein Zeichen verlangten. Was hätte nun Jesus nach der Meinung Ihrer Herren antworten sollen? »Ihr verlangt ein Zeichen, und ihr habt deren hundert gehabt. Glaubt ihr, daß ich gekommen bin, mich euch als Messias zu verkündigen, ohne gleich anfangs ein Zeugnis von mir zu geben, gleich als wenn ich euch zwingen wollte, mich zu verkennen und euch wider euren Willen in Irrtum zu führen? Nein, Kanaan, der Hauptmann von Kapernaum, der Aussätzige, die Blinden, die Lahmen, die Vermehrung der Brote, ganz Galiläa und ganz Judäa zeugen für mich. Dies sind meine Zeichen, warum tut ihr, als wenn ihr sie nicht sähet?«

Statt dieser Antwort, welche Jesus nicht gab, sagte er: *Was suchet doch dieses böse und ehebrecherische Geschlecht Zeichen? Es wird diesem Geschlecht kein Zeichen gegeben.* Und an anderer Stelle: *Es soll ihm kein anderes Zeichen gegeben werden denn das Zeichen des Propheten Jonas, und er ließ sie und ging davon.*****

* Lukas 11,46–47, 49.

** Matthäus 4,17.

*** Johannes 2,11. Ich will nicht annehmen, daß jemand unter die öffentlichen Zeichen seiner Sendung die Versuchung des Teufels und das vierzigtägige Fasten in der Wüste rechnet.

**** Markus 8,12. Matthäus 16,4. Um zu kürzen, habe ich beide Stellen zusammengezogen, ich habe jedoch den für die Frage wesentlichen Unterschied beibehalten.

Sehen Sie, wie er diese Sucht nach Wundern tadelt und diejenigen behandelt, die sie verlangen? Und dies geschah nicht nur einmal, sondern öfter.* Nach dem System Ihrer Herren war diese Forderung ganz rechtmäßig. Warum beschimpfte er also diejenigen, die sie stellten?

Wem soll man ferner vorzüglich Glauben schenken, denen, die behaupten, daß man die christliche Offenbarung verwirft, wenn man die Wunder Christi nicht als Beweise derselben annehmen will, oder Jesus selbst, welcher sagt, es solle kein Zeichen gegeben werden?

Sie werden fragen, was das Zeichen des Propheten Jonas ist, und ich antworte, es ist sein Predigtamt zu Ninive, gerade das Zeichen, dessen sich Jesus bei den Juden bediente, wie er es auch selbst erklärt.** Man kann der zweiten Stelle nur einen Sinn beilegen, der sich auf die erste bezieht, sonst hätte sich Jesus widersprochen. Nun aber sagt er an der ersten Stelle, wo man ein Wunder zum Zeichen verlangt, ausdrücklich, daß keines gegeben würde. Daher kann der Sinn der anderen Stelle kein Wunderzeichen andeuten.

Eine dritte Stelle, werden Sie sagen, erklärt dieses Zeichen mit der Auferstehung Christi.*** Ich verneine dies und sage, daß es höchstens durch seinen Tod erklärt wird. Nun ist aber der Tod eines Menschen kein Wunder, selbst dann nicht, wenn ein Körper drei Tage in der Erde gelegen hat und nachher wieder herausgenommen wird. An dieser Stelle wird kein Wort von der Auferstehung gesagt. Welche Art Beweis wäre es übrigens, wenn man sich das ganze Leben hindurch auf ein Zeichen beriefe, welches erst nach dem Tode geschehen soll? Dies hieße bloß Ungläubige finden wollen und das Licht unter den Scheffel stellen. So ungerecht ein solches Betragen wäre, so gottlos wäre eine solche Auslegung.

Überdies kommt wieder der unumstößliche Beweis. Der Sinn der dritten Stelle kann dem Sinn der ersten nicht widersprechen,

* Man vergleiche folgende Stellen: Matthäus 12,39,41. Markus 8,12. Lukas 11,29. Johannes 2,18,19. 4,48. 5,34,36,39.

** Matthäus 12,41. Lukas 11,30,32.

*** Matthäus 12,40.

die erste aber sagt, daß kein Zeichen, ganz oder gar keines, gegeben werden wird. Kurz, man mag sagen, was man will, es bleibt immer gewiß, nach dem Zeugnis Jesu selbst, daß, wenn er während seines Lebens Wunder vollbrachte, er jedoch keines als Zeichen seiner Sendung getan hat.

Sooft die Juden diese Art von Beweis verlangten, hat er sie immer mit Verachtung abgewiesen, ohne sie jemals zu befriedigen. Er billigte es nicht einmal, daß man seine Liebeswerke in diesem Sinne auslegte. *Wenn ihr nicht Zeichen und Wunder sehet, so glaubet ihr nicht,* sagte er zu dem, der ihn bat, seinen Sohn gesund zu machen.* Spricht man wohl in diesem Ton, wenn man Wunder als Beweise geben will?

Wie sonderbar wäre es nicht gewesen, wenn er so viele Zeichen gegeben hätte und man fortwährend welche von ihm verlangt hätte? *Was tust du denn für ein Zeichen,* sagten die Juden, *auf daß wir sehen und glauben dir? Was wirkest du? Unsre Väter haben Manna gegessen in der Wüste.*** Nach dem Sinn Ihrer Herren ist dies gerade so, als wenn einer, die königliche Majestät beiseite lassend, zu Friedrich sagte: *Man hält dich für einen tapferen Kriegsmann, und warum? Was hast du als ein solcher getan? Gustav siegte bei Leipzig und Lützen, Karl zu Fraustadt und Narwa, wo sind aber deine Denkmäler? Welchen Sieg hast du davongetragen, welchen Ort hast du eingenommen, welchen Marsch hast du unternommen, welcher Feldzug hat dich mit Lorbeer gekrönt? Mit welchem Recht trägst du den Namen ›der Große‹?* Die Albernheit einer solchen Rede wäre kaum zu begreifen, und würde wohl ein Mensch auf der Welt fähig sein, sie zu halten?

Ohne jedoch diejenigen zu beschämen, welche ihm eine solche Rede hielten, ohne ihnen ein Wunder zu geben, ohne sie auch nur durch diejenigen zu erbauen, die er getan hatte, begnügt sich Jesus statt aller Antwort mit dem Gleichnis vom Brot vom Himmel, und durch diese Antwort erhielt er auch keine neuen Schüler, hingegen verlor er verschiedene von denen, die er hatte und die ohne Zweifel wie Ihre Theologen dachten. Sie verließen ihn in solcher Zahl, daß er zu den Zwölfen sagte: *Und ihr, wollt ihr auch weggehen?* Es schien ihm gar nicht daran gelegen zu sein, diejeni-

* Johannes 4,48.
** Johannes 6,30–31 u. ff.

gen zu erhalten, welche er bloß durch Wunder zurückhalten konnte.

Die Juden verlangten ein Zeichen vom Himmel. Nach ihrem System hatten sie recht. Das Zeichen, welches ihnen die Ankunft des Messias beweisen sollte, konnte für sie nicht deutlich, nicht bestimmend genug, nicht genug über allen Verdacht erhaben sein und nicht genug Augenzeugen haben. Da nun das unmittelbare Zeugnis Gottes besser ist als das der Menschen, so war es sicherer, dem Zeichen selbst zu glauben, als denen, die es gesehen zu haben vorgaben, und deswegen war der Himmel der Erde vorzuziehen.

Die Juden hatten also nach ihrer Ansicht recht, denn sie wollten einen prächtigen und ganz wundertätigen Messias. Jesus aber sagt nach dem Propheten, daß das Himmelreich nicht mit Pracht komme, daß derjenige, welcher es verkündet, weder zankt noch schreit, und daß man sein Geschrei nicht auf den Gassen höre. All dies zeugt von keiner Prahlerei mit Wundern, auch war dies nicht der Zweck bei denen, die er verrichtete. Er machte weder viel Umstände noch nahm er die Zeugen hinzu, welche notwendig sind, um ein solches Zeichen zu beglaubigen, denn er gab sie nicht deswegen. Er befahl im Gegenteil den Kranken, die er heilte, den Hinkenden, die er gehen machte, und den Besessenen, die er vom Teufel erlöste, das tiefste Stillschweigen. Man hätte denken können, daß er nicht wollte, daß seine Wunderkraft bekannt würde, und man wird mir eingestehen, daß dies eine ganz sonderbare Art ist, sie als Beweise seiner Sendung zu geben.

All dies erklärt sich jedoch von selbst, sobald man annimmt, daß die Juden diesen Beweis da suchten, wo Jesus nicht wollte, daß sie ihn suchen sollten. *Wer mich verachtet,* sagte er, *der hat schon, der ihn richtet.* Und fügte er hinzu: *Die Wunder, die ich getan habe, werden ihn richten?* Nein, sondern: *Das Wort, welches ich geredet habe, das wird ihn richten.* Der Beweis liegt also nicht in den Wundern, sondern in dem Wort.

Man sieht im Evangelium, daß die Wunder Jesu alle nützlich waren, aber sie geschahen ohne Aufsehen, ohne große Zurüstungen und ohne Prunk, sie waren einfach wie seine Reden, sein Leben und sein ganzer Wandel. Das auffallendste, das handgreiflichste, welches er getan hat, ist ohne Zweifel die Vermehrung der fünf Brote und zwei Fische, welche fünftausend Mann speisten. Nicht nur hatten seine Jünger dieses Wunder gesehen, sondern es ist ihnen sozusagen durch die Hände gegangen, und dennoch dachten sie kaum daran und merkten es gar nicht. Wie kann man nur dem Menschengeschlecht aller Jahrhunderte Dinge als Erkennungszeichen geben, auf welche die nächsten Zeugen kaum achtgegeben haben?*

Und weit entfernt, daß der wahre Gegenstand der Wunder Christi der Glaube gewesen wäre, forderte er vielmehr erst den Glauben, ehe er Wunder tat. Dies findet man häufig im Evangelium. Eben deswegen, weil ein Prophet in seinem Vaterland immer wenig gilt, tat er sehr wenig Wunder in dem seinigen**, ja, es wird sogar gesagt, daß er wegen ihres Unglaubens keine tun konnte.*** Wie? Wegen ihres Unglaubens hätte er doch Wunder tun müssen, um sie zu bekehren, wenn seine Wunder dies zum Gegenstand gehabt hätten, allein, dies war gar nicht ihr Zweck. Es waren bloße Handlungen der Güte, der Liebe und der Wohltätigkeit, welche er seinen Freunden und denen zu Gefallen tat, die an ihn glaubten, und in diesen Handlungen bestanden die Werke der Barmherzigkeit, die seiner wahrhaft würdig waren und, wie er sagt, Zeugnis von ihm geben sollten.**** Diese Werke zeugten mehr von der Macht, Gutes zu tun, als von dem Willen, Erstaunen zu erregen, es waren vielmehr Tugenden***** als Wunder. Und wie sollte die höchste Weisheit solche Mittel gebrauchen, die dem Zweck, den sie sich vorgesetzt, so sehr entgegen sind? Wie sollte sie nicht vorausgesehen haben, daß die Wunder, wodurch sie das Ansehen ihrer Abgesandten unterstützen wollte, eine ganz entgegengesetzte Wirkung hervorbringen würden, daß sie die Wahrheit der Geschichte sowohl hinsichtlich der Wunder wie der Sendung verdächtig machen würden, und daß

* Markus 6,52 wird gesagt, daß sie nicht verständiger dadurch wurden, denn ihr Herz war erstarrt; wer aber kann sich rühmen, in heiligen Dingen verständiger zu sein als die Jünger, die Christus erwählt hatte?

** Matthäus 13,58.

*** Markus 6,5.

**** Johannes 10,25,32,38.

***** Dieses Wort wird in der Schrift gebraucht, unsere Übersetzer geben es durch Wunder wieder.

unter so vielen gründlichen Beweisen allein dieser aufgeklärte und rechtschaffene Leute hinsichtlich aller übrigen Beweise zweifelhaft machen würde? Ja, ich werde es immer behaupten, daß die Stützen, die man dem Glauben geben will, die größten Hindernisse für ihn sind. Man lasse die Wunder aus dem Evangelium weg, und die ganze Welt wird zu den Füßen Christi liegen.*

Sie sehen, mein Herr, daß die Schrift selbst bezeugt, daß die Wunder bei der Sendung Jesu Chrsti ein zum Glauben nicht so notwendiges Zeichen sind, daß man keinen Glauben haben könnte, ohne dieselben anzunehmen. Wir wollen zugeben, daß andere Stellen diesen entgegengesetzt sein können, diese hinwiederum sind jenen entgegen, ich bediene mich also meines Rechts und wähle denjenigen dieser Sinne, welcher mir am vernünftigsten und deutlichsten scheint. Wenn ich so stolz wäre, alles auslegen zu wollen, so könnte ich gleich einem wahren Theologen jede Stelle nach meinem Sinn verdrehen, die Aufrichtigkeit aber erlaubt mir keine solchen sophistischen Auslegungen. Da ich in meiner Meinung von dem, was ich verstehe, hinlänglich berechtigt bin, so bin ich ruhig wegen des übrigen, das ich nicht verstehe und welches mir die, die es mir erklären wollen, noch unverständlicher machen. Die Autorität, die ich dem Evangelium beilege, kann ich den Auslegungen der Menschen nicht geben, und

* Als Paulus den Athenern predigte, hörte man ihn ganz geduldig an, bis er auf die Geschichte von einem vom Tode auferweckten Menschen kam. Da fingen einige an zu lachen, andere sagten zu ihm: *Es ist genug, wir wollen das übrige ein andermal hören.* Ich weiß nicht recht, was diese guten Modechristen in ihrem Herzen denken, allein, wenn sie an Jesus wegen seiner Wunder glauben, so glaube ich an ihn trotz seiner Wunder und vermute immer, daß mein Glaube besser ist als der ihrige.

** Diese Meinung ist mir nicht so ganz eigen, daß nicht auch verschiedene Theologen sie annähmen, deren Orthodoxie gewiß besser befestigt ist als die der Genfer Geistlichkeit. Hier ist das, was mir einer dieser Herren über diese Frage am 28. Februar 1764 geschrieben hat:

»Was auch der Haufe der neueren Verteidiger des Christentums sagen mag, so bin ich doch überzeugt, daß kein Wort in der Heiligen Schrift zu finden ist, woraus man mit Grund schließen könnte, daß die Wunder als Beweise für die Menschen aller Zeiten und aller Orte bestimmt waren. Nicht allein dies nicht, sondern dies war nicht einmal für diejenigen der vornehmste Zweck, die Augenzeugen dabei waren. Als die Juden von Paulus Wunder verlangten, predigte er ihnen statt aller Antwort von dem gekreuzigten Jesus. Gewiß, wenn Grotius, die Autoren der Boyleschen Stiftung, Vernes, Vernet und andere an der Stelle dieses Apostels gewesen ich will sie so wenig zu der meinigen zwingen, als ich mich zu der ihrigen zwingen lasse. Die Regel ist allgemein und klar in allem, was wichtig ist; die Vernunft, welche erklärt, ist einzeln, jeder hat die seinige, und sie gilt nur für ihn. Läßt man sich in diesen Fragen von anderen leiten, so zieht man die Erklärungen dem Text vor und unterwirft sich den Menschen, und nicht Gott.

Ich nehme nun meinen Gedankengang wieder auf, und nachdem ich festgesetzt habe, daß die Wunder kein notwendiges Zeichen des Glaubens sind, so will ich zur Bestätigung dessen nun zeigen, daß die Wunder kein untrügliches Zeichen sind, nach welchem die Menschen urteilen können.

Ein Wunder ist im besonderen Falle eine unmittelbare Handlung der göttlichen Macht, eine merkliche Veränderung der natürlichen Ordnung und eine sichtbare wirkliche Ausnahme ihrer Gesetze. Dies ist der Begriff, von welchem man nicht abweichen darf, wenn man sich bei der Untersuchung über diese Materie verstehen will. Dieser Begriff stellt zwei Fragen, die zu beantworten sind.

Die erste: Kann Gott Wunder tun, das heißt, kann er Gesetze, die er einmal gegeben hat, verändern? Wenn man diese Frage im Ernst stellte, so wäre sie gottlos, wenn sie nicht ungereimt wäre, und man würde denjenigen, der sie verneinend beantwortete, noch zu viel Ehre erweisen, wenn man ihn bestrafte, man sollte ihn ins Tollhaus bringen. Welcher Mensch hat auch jemals geleugnet, daß Gott Wunder tun könne? Man müßte wahrscheinlich ein Hebräer sein, um zu fragen, ob Gott in der Wüste Tische aufschlagen könnte.

wären, hätten sie in aller Eile Gerüste aufschlagen lassen, um einer solchen Forderung genugzutun, die so sehr mit ihren Grundsätzen übereinstimmt. Diese Leute glauben mit ihren Beweisgründen Wunder zu tun, allein, ich hoffe, daß man sich künftig einmal fragen wird, ob diese Schriften nicht von einer Gesellschaft Ungläubiger abgefaßt worden sind, ohne daß man dazu Hardouin zu sein brauchte.«

Man glaube übrigens nicht, daß der Verfasser dieses Briefes mein Parteigänger ist; weit entfernt, er ist vielmehr einer meiner Gegner. Er sieht bloß ein, daß die anderen nicht wissen, was sie sagen. Er vermutet vielleicht noch etwas Schlimmeres, denn der Glaube derjenigen, die an Wunder glauben, wird aufgeklärten Leuten immer sehr verdächtig bleiben. Dies war die Meinung eines der berühmtesten Reformatoren. *Non satis tuta fides eorum qui miraculis nituntur.* Bez. *in Joan.* c. 11, v. 23.

Zweite Frage: Will Gott Wunder tun? Dies ist eine andere Sache. Diese Frage ist an sich betrachtet, abgesehen von allen anderen Betrachtungen, völlig indifferent, sie betrifft die Ehre Gottes nicht, dessen Ratschlüsse wir nicht begründen können. Ich sage noch mehr. Wenn die Antwort hierauf irgend einen Unterschied in dem Glauben verursachen könnte, so würden die würdigsten Begriffe, die wir uns von der Weisheit und Majestät Gottes machen können, für die Verneinung derselben sein, nur der menschliche Stolz ist dagegen. Soweit kann die Vernunft gehen. Die Frage ist übrigens ganz überflüssig, und um sie zu beantworten, müßte man in den ewigen Ratschlüssen lesen können, denn man wird gleich sehen, daß sie an sich unmöglich zu bestimmen ist. Wir wollen uns also hüten, ein neugieriges Auge auf diese Geheimnisse zu werfen, und dem unendlichen Wesen die Verehrung bezeigen, daß wir nicht über dasselbe urteilen. Wir kennen nichts als seine Unermeßlichkeit.

Wenn jedoch ein Mensch auftritt und dreist behauptet, er habe ein Wunder gesehen, und also diese große Frage geradezu entscheidet, soll man ihm dann auf sein bloßes Wort hin glauben? Es könnten Tausende sein, und ich würde ihnen nicht glauben.

Ich übergehe den groben Fehlschluß, daß man den moralischen Beweis anwenden könne, um auf natürliche Weise unmögliche Dinge zu beweisen, denn dann ist selbst der Grundsatz der Glaubwürdigkeit, welcher sich auf die natürliche Möglichkeit gründet, hinfällig. Wenn auch in solchem Falle die Menschen diesen Beweis in rein spekulativen oder in solchen Dingen, deren Wahrheit ihnen nicht sehr am Herzen liegt, zulassen wollen, so sind wir versichert, daß sie es schwerlich tun würden, sobald es den geringsten zeitlichen Nutzen betrifft. Wir wollen annehmen, ein Verstorbener käme und forderte von seinen Erben sein Vermögen wieder zurück und behauptete, er sei von den Toten auferstanden und verlangte, zum Beweis zugelassen zu werden.* Glauben Sie wohl, daß ein einziger Richterstuhl auf der Welt ihm das zugeben würde? Allein, wir wollen diesen Streit hier nicht berühren, wir wollen den geschehenen Dingen alle Glaubwürdigkeit

* Man muß darauf achten, daß es in meiner Annahme eine wirkliche Auferstehung ist und nicht ein Scheintod, der festzustellen wäre.

lassen, die man ihnen beilegt, und uns begnügen, das, was die Sinne bezeugen, von dem, was die Vernunft urteilt, zu unterscheiden.

Da nun ein Wunder eine Ausnahme von den Gesetzen der Natur ist, so muß man, um es beurteilen zu können, diese Gesetze kennen, und zwar ganz kennen, wenn man sicher urteilen will, denn ein einziges, das man nicht kennt, kann in gewissen Fällen, die dem Zuschauer unbekannt sind, die Wirkung all derer verändern, die man kennt. Derjenige also, der aussagt, diese Handlung ist ein Wunder, erklärt dadurch, daß er alle Gesetze der Natur kennt und weiß, daß diese Handlung eine Ausnahme davon ist.

Allein, wo ist der Mensch, der alle Gesetze der Natur kennt? Newton rühmte sich nicht, sie zu kennen. Ein kluger Mensch, der Augenzeuge einer unerhörten Sache ist, kann wohl bezeugen, daß er sie gesehen hat, und man kann ihm glauben. Allein, weder dieser noch ein anderer kluger Mensch wird jemals behaupten, daß diese Sache, so außerordentlich sie auch sein mag, ein Wunder sei. Denn wie kann man das wissen?

Alles, was man von einem sagen kann, der sich rühmt, Wunder zu tun, ist, daß er außerordentliche Dinge tun kann, allein, wer leugnet denn, daß solche außerordentlichen Dinge geschehen können? Ich habe dergleichen gesehen und selbst welche gemacht.*

Die Untersuchung der Natur bringt täglich neue Entdeckun-

* Im Jahre 1743 sah ich zu Venedig eine ganz neue Art zu wahrsagen, die noch sonderbarer war als die von Präneste. Derjenige, welcher fragen wollte, ging in ein Zimmer, wo er, wenn er wollte, allein bleiben konnte. Dort zog er aus einem Buch voller weißer Blätter ein Blatt nach Belieben heraus. Dann hielt er dieses Blatt in der Hand und fragte das, was er wissen wollte, nicht mit lauter Stimme, sondern er dachte es. Danach faltete er sein weißes Blatt zusammen, tat es in einen Umschlag, versiegelte es und legte es also versiegelt in ein Buch. Nachdem er nun verschiedene ganz barocke Formeln hergesagt hatte, ohne seinen Blick von dem Buch zu wenden, nahm er das Papier wieder heraus, untersuchte sein Siegel, öffnete es und fand die Antwort darauf geschrieben.

Der Zauberer, der diese Wahrsagerei verrichtete, war der erste Sekretär des französischen Gesandten und nannte sich J. J. Rousseau.

Ich begnügte mich, Zauberer zu sein, weil ich bescheiden war, wenn ich jedoch so ehrgeizig gewesen wäre, den Propheten zu spielen, wer hätte mich gehindert, es zu werden?

gen hervor, und das menschliche Können wird täglich vollkommener. Die Chemie hat ihre Transmutationen, Präzipitationen, Detonationen, Explosionen, Phosphore, Pyrophoren, Erdbeben und tausend andere wunderbare Dinge, bei denen der Pöbel sich tausendmal bekreuzigen würde, wenn er sie sähe. Das Gayaköl und der Salpetergeist sind nicht eben sehr selten, man mische sie miteinander, so wird man sehen, was geschehen wird, allein, man mache diese Probe nicht in einem Zimmer, sonst könnte man wohl das ganze Haus in Brand stecken.* Hätten die Baalspriester Herrn Rouelle bei sich gehabt, so hätte sich ihr Holz selbst entzündet und Elias wäre verlacht worden.

Man gieße Wasser zu Wasser, so wird Tinte daraus; man gieße Wasser zu Wasser, so entsteht daraus ein harter Körper. Ein Prophet aus dem College d'Harcourt reist nach Guinea und sagt zu dem Volk: Erkennt die Macht dessen, der mich sendet, ich will Wasser in Stein verwandeln. Dann macht er mit den jedem Schüler bekannten Mitteln Eis, und die Neger sind bereit, ihn anzubeten.

Vormals riefen die Propheten das Feuer vom Himmel herunter, heute tun die Kinder mit einem kleinen Stück Glas das nämliche. Josua hieß die Sonne stillestehen, heute läßt ein Kalendermacher sie sich verfinstern, und dieses Wunder fällt noch mehr in die Sinne. Das Kabinett des Abbé Nollet ist ein magisches Laboratorium, die mathematischen Belustigungen sind eine Sammlung von Wundern, ja selbst die Jahrmärkte sind voll davon, die Brioches sind dort nicht selten. Der nordholländische Bauer, den ich wohl zwanzigmal mit seinem Messer sein Licht anzünden sah, kann ein ganzes Volk verblenden, selbst zu Paris. Was würde er nun wohl in Syrien getan haben?

Die Pariser Jahrmärkte geben ein sonderbares Schauspiel. Es ist nicht ein einziger, auf dem man nicht die erstaunlichsten Dinge sieht, ohne daß das Publikum darauf aufmerksam zu sein beliebt, so sehr ist man schon an erstaunliche Dinge gewöhnt, und selbst an diejenigen, die man nicht begreifen kann. Man sieht dort jetzt, indem ich dies schreibe, zwei tragbare Maschinen, von denen die

* Es sind bestimmte Vorkehrungen nötig, um hierbei Erfolg zu haben: man wird mir wohl ersparen, das Rezept herzusetzen.

eine geht oder stillsteht nach dem Belieben dessen, der die andere antreibt oder anhält. Ich sah dort einen hölzernen Kopf, der redete, von dem man jedoch lange nicht so viel sprach wie von dem des Albertus Magnus. Ich habe noch eine sonderbare Sache gesehen, nämlich eine Menge von gelehrten und akademischen Köpfen, welche dem Wunder der Konvulsionen nachliefen und ganz erstaunt zurückkamen.

Welche Wunder kann man bei Unwissenden nicht mit der Kanone, der Optik, dem Magneten und dem Barometer hervorbringen? Die Europäer sind wegen ihrer Künste von den Barbaren immer für Götter gehalten worden. Wenn mitten im Schoße der Künste und Wissenschaften, der Kollegien und Akademien, mitten in Europa, in Frankreich oder in England im vorigen Jahrhundert ein Mensch aufgestanden wäre, mit all den Wundern der Elektrizität bekannt, welche unsere Physiker heutzutage ausführen, hätte man ihn als einen Zauberer verbrannt oder als einen Propheten verehrt? Eines von beiden wäre vermutlich geschehen, und man hätte gewiß Unrecht gehabt.

Ich weiß nicht, ob die Heilkunst erfunden ist oder ob sie jemals erfunden wird, jedoch soviel weiß ich gewiß, daß sie gar nicht außer der Natur liegt. Denn es ist ebenso natürlich, daß ein Mensch gesund wie daß er krank wird, und er kann ebenso schnell geheilt werden, als plötzlich sterben. Alles, was man von gewissen Heilungsarten sagen kann, ist, daß sie erstaunlich, nicht aber, daß sie unmöglich sind. Wie will man denn beweisen, daß es Wunder sind? Es gibt indessen Dinge, ich gestehe es, welche mich sehr in Erstaunen setzen würden, wenn ich ihr Augenzeuge würde, und dies wäre nicht so sehr, einen Hinkenden gehen zu sehen, als einen Menschen, der gar keine Füße hat, nicht so sehr einen Lahmen seine Arme bewegen, als einen Menschen, der nur einen Arm hat, beide wieder bekommen zu sehen. Dies, ich gestehe es, würde mich noch mehr in Erstaunen setzen, als wenn ein Toter auferstünde, denn schließlich muß ein Toter nicht tot sein.* Man sehe hierüber die Schrift des Herrn Bruhier.

* *Lazarus lag schon unter der Erde?* Wäre er der erste Mensch, der lebendig begraben worden wäre? *Er lag schon vier Tage darinnen.* Wer hat sie gezählt? Jesus gewiß nicht, denn er war abwesend. *Er stank schon.* Woher weiß man das? Seine Schwester sagt

So auffallend mir übrigens ein solches Schauspiel scheinen kann, so möchte ich doch nicht Augenzeuge davon sein, denn was weiß ich, was geschehen könnte? Statt mich leichtgläubig zu machen, hätte ich große Angst, dadurch bloß närrisch zu werden. Allein, hier ist nicht die Rede von mir. Ich kehre zurück.

Man hat jetzt das Geheimnis gefunden, Ertrunkene wieder zu beleben, man hat schon das Geheimnis gesucht, die Gehängten wieder zu erwecken, wer weiß, ob man in anderen Todesfällen nicht ebenso weit kommen wird, einem Körper das Leben wiederzugeben, dessen er beraubt zu sein schien. Ehemals wußte man nicht, was das war, den Star zu stechen, heutzutage ist es unseren Wundärzten eine Kleinigkeit. Wer weiß, ob nicht noch das Geheimnis gefunden wird, ihn ganz wegzunehmen? Wer weiß, ob der Besitzer eines solchen Geheimnisses nicht mit einfachen Handgriffen das verrichten kann, was der unwissende Zuschauer für ein Wunder hält oder ein von Vorurteilen eingenommener Verfasser dafür ausgibt?* All dies ist nicht wahrscheinlich? Es

es, und das ist der ganze Beweis. Der Schrecken, der Ekel hätten jedes andere Weib ebenso zu reden bewegt, auch wenn es nicht wahr war. *Jesus rief ihn bloß, und er kam heraus.* Man hüte sich, hier falsch zu schließen. Es handelte sich um physische Unmöglichkeit, die hier nicht mehr vorliegt. Jesus machte in anderen Fällen, welche gewiß nicht schwerer waren, mehr Umstände. Siehe die folgende Anmerkung. Woher denn diese Verschiedenheit, wenn alles gleich wunderbar war? Dies kann eine Übertreibung sein, und es ist nicht die einzige, die Johannes gemacht hat; ich berufe mich auf den letzten Vers seines Evangeliums.

* Man bemerkt oft im einzelnen bei den angeführten Dingen eine Abstufung, welche sich mit einer übernatürlichen Handlung nicht gut reimt. Man bringt einen Blinden vor Jesus. Statt ihn gleich zu heilen, führt er ihn aus dem Ort hinaus. Dort salbt er seine Augen mit Speichel, legt die Hände auf und fragt ihn dann, ob er etwas sehe. Der Blinde antwortet, er sehe Menschen gehen, welche ihm wie Bäume vorkämen. Danach urteilt er, daß die erste Operation nicht ausreicht, wiederholt sie noch einmal, und der Kranke wird gesund.

Ein anderes Mal, statt bloßen Speichel zu nehmen, vermischt er ihn erst mit Erde.

Nun frage ich, wozu das alles dient, wenn es ein Wunder sein soll? Wird die Natur ihrem Herrn nicht gehorchen? Hat er Anstrengung nötig, um sie zu zwingen? Hat er Speichel, Erde und andere Dinge dazu nötig? Hat er wohl nötig zu reden und genügt es nicht, daß er nur will? Oder wagt man es zu behaupten, daß Jesus, obwohl seiner Sache sicher, sich mitunter kleiner Kunststücke bedient, um sich ein Ansehen zu geben und die Zuschauer zu unterhalten? Nach dem System Ihrer Herren müßte jedoch das eine oder das andere der Fall sein. Nun wählen Sie.

sei, allein, wir haben auch keine Beweise, daß es unmöglich ist, und hier ist doch die Rede von der physischen Unmöglichkeit. Andernfalls hätte Gott, wenn er uns seine Macht sehen läßt, nur wahrscheinliche Zeichen, bloße Wahrscheinlichkeiten geben können, und daraus würde nun folgen, daß, da die Autorität der Wunder bloß auf der Unwissenheit derer beruht, für die sie getan werden, das, was für ein Jahrhundert oder für ein Volk wunderbar wäre, es nicht für andere wäre, so daß der allgemeine Beweis hier fehlen und das darauf gebaute System einstürzen würde. Nein, man gebe mir Wunder, welche zu allen Zeiten und an allen Orten Wunder bleiben, was immer geschehen mag. Wenn auch verschiedene von denen, die in der Schrift angeführt werden, in diesem Fall zu sein scheinen, so scheinen es andere wiederum nicht. Antworte mir also, Theologe, willst du behaupten, daß ich alles insgesamt annehmen soll oder erlaubst du mir die Auswahl? Hast du diesen Punkt entschieden, werden wir weitersehen.

Bemerken Sie wohl, mein Herr, daß, wenn ich höchstens einige Übertreibungen in den Umständen vermute, ich deswegen noch keinen Zweifel über den Grund aller dieser Begebenheiten hege. Dies habe ich schon gesagt, und es ist unnötig, es zu wiederholen. Jesus, den der Geist Gottes erleuchtete, hatte so unendlich erhabenere Kenntnisse als seine Jünger, daß man sich gar nicht wundern darf, daß er eine Menge außerordentlicher Dinge verrichten konnte, worin die Unwissenheit der Zuschauer Wunder vermutete, die gar nicht darin waren. Bis zu welchem Grad konnte er vermöge dieser Einsichten durch natürliche Mittel handeln, die ihnen und uns unbekannt sind?* Dies wissen wir nicht und können es auch nicht wissen. Die Zuschauer von wunderbaren Dingen sind natürlicherweise geneigt, sie übertrieben zu beschreiben.

* Unsere Männer Gottes wollen mit Gewalt behaupten, ich machte aus Jesus einen Betrüger. Sie erhitzen sich, um diese schändliche Beschuldigung zu widerlegen, damit man glauben möge, ich habe sie erhoben. Sie vermuten sie mit einer Art von Gewißheit, sie bestehen darauf und kommen anhänglich darauf zurück. Wenn diese sanften Christen mir am Ende eine Gotteslästerung abgewinnen könnten, welch ein Triumph für sie! Welche Befriedigung, welche Erbauung für ihre barmherzigen Seelen! Mit welcher heiligen Freude würden sie das Holz, das in dem Feuer ihres heiligen Eifers angezündet wurde, herbeitragen, um meinen Scheiterhaufen zu entflammen!

Man kann hierin mit aller Aufrichtigkeit sich selbst täuschen, indem man andere täuscht, und sobald eine Sache nur etwas über unsere Kenntnisse hinausgeht, so glauben wir schon, sie gehe über unseren Verstand, und der Geist zeigt uns da Wunder, wo das Herz welche zu sehen wünscht.

Die Wunder sind, wie ich schon gesagt habe, die Beweise der Einfältigen, für die die Gesetze der Natur nur einen sehr engen Kreis um sie herum bilden. Allein, der Umfang dehnt sich mit der Zunahme des menschlichen Wissens aus, und erst dann fühlen die Menschen, wieviel ihnen noch zu lernen übrig ist. Der große Naturkundige sieht die Grenzen dieser Sphäre in einer solchen Entfernung, daß er kein Wunder außerhalb derselben ausmachen könnte. Die Weisen sagen selten, *dies ist nicht möglich*, häufiger sagen sie, *ich weiß nicht.*

Was sollen wir nun von den vielen Wundern denken, welche von Schriftstellern erzählt werden, die zwar, wie ich nicht zweifele, aufrichtig genug, zugleich aber so unwissend sind und für die Ehre ihres Herrn so eingenommen? Soll man sie alle verwerfen? Nein. Soll man sie annehmen? Ich weiß es nicht.* Wir müssen sie verehren, ohne über ihre Natur zu urteilen, sollten wir auch hundertmal vor Gericht gefordert werden. Denn schließlich kann sich die Gewalt der Gesetze nicht so weit erstrecken, um uns zu zwingen, schief zu urteilen, und dies müßte doch geschehen, um da notwendig ein Wunder zu finden, wo die Vernunft bloß eine außerordentliche Begebenheit sieht.

* Es gibt Wunder im Evangelium, die ganz unmöglich nach dem Buchstaben verstanden werden können, ohne daß man die gesunde Vernunft ablegt, zum Beispiel das Wunder von den Besessenen. Man erkennt den Teufel an seinen Werken, und die wahren Besessenen sind die Bösen; die Vernunft wird niemals eine andere Erklärung annehmen. Aber gehen wir weiter, hier kommt noch mehr.

Jesus fragt einen Haufen Teufel, wie sie heißen. Wie? Haben die Teufel Namen? Haben die Engel Namen? Haben die reinen Geister welche? Vermutlich, um einander anzureden, oder zu hören, wenn Gott sie ruft? Allein, wer hat ihnen diese Namen gegeben? In welcher Sprache sind die Worte? Wie ist der Mund beschaffen, der solche Worte ausspricht, und das Ohr, das sie hört? Dieser Name ist *Legion*, denn es sind ihrer viele, was Jesus offenbar nicht wußte. Diese Engel, diese im Guten sowohl als im Bösen erhabenen Geister, diese himmlischen Wesen, welche die Macht hatten, sich wider Gott zu empören und seine ewigen Ratschlüsse zu bekämpfen, ziehen haufenweise in den Körper eines Menschen ein; gezwungen, ihn

Wenn es wahr wäre, daß die Katholiken ein für sie sicheres Mittel haben, diesen Unterschied zu machen, was folgt daraus für uns? Wenn nach ihrem System die Kirche, einmal anerkannt, entschieden hat, daß eine gewisse Begebenheit ein Wunder ist, so ist sie ein Wunder, denn die Kirche kann nicht irren. Allein, ich habe es hier ja nicht mit den Katholiken zu tun, sondern mit den Reformierten. Diese haben einige Teile des Glaubensbekenntnisses des Vikars sehr gut widerlegt, welche bloß gegen die römische Kirche geschrieben waren und nichts gegen sie beweisen konnten und sollten. Die Katholiken hingegen können diese Briefe sehr leicht widerlegen, weil ich es hier gar nicht mit den Katholiken zu tun habe und weil unsere Grundsätze nicht die ihrigen sind. Wenn es darauf ankommt, zu zeigen, daß ich nicht bewiesen habe, was ich nicht beweisen wollte, triumphieren meine Gegner.

Aus all dem, was ich dargelegt habe, folgt, daß die am besten bestätigten Begebenheiten, wenn man sie auch gleich mit allen ihren Umständen annehmen wollte, dennoch nichts beweisen würden, und daß man sogar immer eine Übertreibung in den Umständen vermuten könnte, ohne deswegen die Aufrichtigkeit derer in Zweifel zu ziehen, die sie erzählen. Die Entdeckungen, welche man täglich in den Gesetzen der Natur macht, diejenigen, welche vermutlich noch gemacht werden, und diejenigen, welche niemals gemacht werden, die vergangenen, gegenwärtigen und künftigen Fortschritte des menschlichen Könnens, die verschiedenen Grenzen, welche die verschiedenen Völker dem Reich der Möglichkeit geben, je nachdem sie mehr oder weniger aufgeklärt sind, all dies überzeugt uns, daß wir diese Grenzen nicht kennen können. Unterdessen muß doch ein Wunder, um Wunder zu sein, sie überschreiten. Es mag also Wunder geben, es mag keine geben, es ist dem Weisen immer unmöglich, zu bestimmen, daß irgend eine Begebenheit ein Wunder ist.

zu verlassen, bitten sie, in eine Herde Säue fahren zu dürfen; es wird ihnen erlaubt, und die Säue stürzen sich in das Meer: und dies sollen die erhabenen Zeugnisse der Sendung des Erlösers des menschlichen Geschlechts sein, Zeugnisse für alle Menschen, für alle Zeitalter, an welchen bei Strafe der Verdammnis niemand zweifeln darf. Gerechter Gott! Der Kopf schwindelt einem, und man weiß nicht, wo man ist. Dies, meine Herren, sind also die Grundlagen Ihres Glaubens? Mich dünkt, der meinige hat festere.

Unabhängig von den Beweisen dieser Unmöglichkeit, welche ich festgestellt habe, sehe ich noch einen anderen, nicht weniger starken, in der Voraussetzung selbst. Denn wenn man auch zugibt, daß es wahre Wunder gibt, was hilft es uns, sobald es auch falsche gibt, von denen man sie nicht unterscheiden kann? Und man achte wohl darauf, daß ich ein falsches Wunder hier nicht ein Wunder nenne, welches nicht wirklich ist, sondern eine wirklich übernatürliche Begebenheit, welche dazu dient, eine falsche Lehre zu unterstützen. Da das Wort *Wunder* in diesem Sinne fromme Ohren beleidigen könnte, so wollen wir das Wort *Zauberei* dafür nehmen, aber man erinnere sich, daß es menschlichen Sinnen unmöglich ist, ein Wunder von einer Zauberei zu unterscheiden.

Die nämliche Autorität, welche die Wunder bestätigt, bestätigt auch die Zauberei, und diese Autorität beweist ferner, daß der Schein der Wunder von dem Schein der Zauberei gar nicht verschieden ist. Wie soll man also eines vom anderen unterscheiden, und was kann das Wunder beweisen, wenn derjenige, der es sieht, an keinem sicheren Merkmal der Sache selbst erkennen kann, ob es das Werk Gottes oder das Werk des Teufels ist? Es wäre ein zweites Wunder nötig, um das erste zu bestätigen.

Als Aaron seinen Stab vor dem Pharao niederwarf und er zu einer Schlange wurde, da warfen die Zauberer ihre Stäbe auch auf die Erde, und sie wurden gleichfalls zu Schlangen. Es sei nun, daß diese Verwandlungen von beiden Seiten wirklich war, wie die heilige Schrift sagt, oder daß bloß das Wunder Aarons wirklich und die Zauberei der Zauberer nur scheinbar war, wie einige Theologen behaupten, so ist das gleichviel. Der Schein war genau derselbe, die Bücher Moses geben keinen Unterschied an, und wenn es einen gab, so hätten die Zauberer sich wohl gehütet, sich dem Vergleich zu stellen, oder hätten sie es getan, so wären sie zuschanden geworden.

Nun aber können die Menschen bloß nach ihren Sinnen über die Wunder urteilen, und wenn die sinnliche Empfindung dieselbe ist, so ist die wirkliche Verschiedenheit, die sie nicht erkennen können, nichts für sie. Das Zeichen beweist also, als Zeichen betrachtet, auf einer Seite so wenig als auf der anderen, und der

Prophet hat hierin vor dem Zauberer nichts voraus. Wenn auch dieses noch für meinen schönen Stil gehalten wird, muß man doch zugeben, daß ein viel schönerer erfordert wird, um ihn zu widerlegen.

Es ist wahr, daß die Schlange Aarons die Schlangen der Zauberer verschlang. Da aber der Pharao einmal gezwungen war, die Magie zuzulassen, so konnte er hieraus nichts weiter schließen, als daß Aaron in dieser Kunst geschickter war als sie. Auf dieselbe Art wurde Simon der Zauberer von den Dingen hingerissen, die Philipp tat, und wollte von den Aposteln das Geheimnis kaufen, eben das tun zu können wie sie.

Außerdem rührte das Unvermögen der Zauberer von der Gegenwart Aarons her. Sobald Aaron aber abwesend war, taten sie ebendieselben Zeichen, und hatten also Anspruch auf ebendasselbe Ansehen. Das Zeichen an sich selbst bewies also gar nichts.

Als Moses Wasser in Blut verwandelte, verwandelten die Zauberer Wasser in Blut. Als Moses Frösche hervorbrachte, brachten die Zauberer Frösche hervor. Bei der dritten Plage aber stockten sie. Wir wollen aber bei den beiden ersten bleiben, welche Gott selbst zum Beweis der göttlichen Macht gab.* Und auch dieses machten die Zauberer nach.

Was die dritte Plage betrifft, die sie nicht nachahmen konnten, so sieht man nicht ein, was dieselbe so schwierig machte, daß man darin sogar den Finger Gottes erkennen wollte. Warum konnten diejenigen, die ein Tier hervorbringen konnten, nicht auch ein Insekt hervorbringen, und warum konnten sie keine Läuse hervorbringen, da sie doch Frösche hervorgebracht hatten. Wenn es wahr ist, daß in solchen Dingen nur der erste Schritt schwer ist, so hieß dies sicherlich mitten auf dem Wege stehenbleiben.

Derselbe Mose, der durch alle diese Erfahrung klug geworden war, befiehlt, daß, wenn ein falscher Prophet käme und andere Götter predigen wollte, das heißt eine falsche Lehre, und wenn dieser Prophet seine Reden mit Weissagungen und Wunderwerken beglaubigte, welche einträfen, so soll man ihn nicht anhören, sondern zum Tode verdammen. Man kann also auch wirkliche Zeichen zur Unterstützung einer falschen Lehre gebrauchen,

* 2. Mose 7,17.

woraus abermals folgt, daß das Zeichen an sich selbst nichts beweist.

Die nämliche Lehre von Wunderzeichen durch Zauberei wird in der Heiligen Schrift sehr oft wiederholt. Noch mehr, nachdem Jesus erklärt hat, daß er keine Zeichen geben wird, kündigt er an, daß falsche Christen dergleichen tun werden. Er sagt, sie werden *große Zeichen und Wunder tun, daß verführt werden in den Irrtum (wo es möglich wäre) auch die Auserwählten.** Sollte man nach diesem Ausspruch nicht vielmehr die Wunderzeichen als falsche Beweise ansehen?

Warum sollte Gott, der Herr über die Wahl seiner Beweise ist, wenn er zu den Menschen reden will, vorzüglich diejenigen wählen, welche Kenntnisse voraussetzen, die sie, wie er weiß, nicht haben? Wird er, um sie zu unterrichten, eben den Weg wählen, den der Teufel wählt, um sie zu betrügen? Und wäre dies wohl der Weg der Gottheit? Ist es wohl möglich, daß Gott und der Teufel einen Weg gehen können? Dies ist es, was ich nicht begreifen kann.

Unsere Theologen, welche zwar bessere Streiter, aber weniger aufrichtig sind als die Alten, sind wegen dieser Magie sehr verlegen. Sie möchten sie gerne ganz verwerfen, aber sie wagen es nicht; sie fühlen, daß wenn sie dieselbe verwerfen, sie viel zu viel verwerfen würden. Diese sonst so entschiedenen Leute verändern hier den Ton, sie lassen sie nicht zu und sie verwerfen sie auch nicht, sie drehen und wenden sich von einer Seite zur anderen, suchen allerhand Ausflüchte und wissen nicht, auf welchem Fuß sie tanzen sollen.

Ich glaube, mein Herr, Ihnen gezeigt zu haben, wo die Schwierigkeit liegt. Damit es hier nicht an Klarheit mangele, will ich sie in ein Dilemma bringen.

Wenn man die Zauberei leugnet, so kann man keine Wunder beweisen, weil beide auf einerlei Autorität gegründet sind.

Nimmt man aber Zauberei und Wunder zugleich zu, so hat man keine gewisse, klare und deutliche Richtschnur, um eins vom anderen zu unterscheiden. Also beweisen die Wunder nichts.

* Matthäus 24,24. Markus 13,22.

Ich weiß wohl, daß wenn man unseren Leuten auf diese Art zusetzt, so werden sie sich auf die Lehre berufen, aber sie vergessen, daß, wenn die Lehre gegründet ist, die Wunder überflüssig sind, und wenn sie nicht gegründet ist, so kann sie auch nichts beweisen.

Irren Sie sich hier ja nicht und schließen Sie nicht, daß ich die Wunder ganz verwerfe, weil ich sie nicht als wesentlich für das Christentum ansehe. Nein, ich habe sie nicht verworfen und verwerfe sie nicht. Wenn ich einige Gründe angegeben habe, sie zu bezweifeln, so habe ich dagegen andere nicht verschwiegen, daran zu glauben. Es ist ein großer Unterschied, eine Sache zu verneinen oder sie nicht zu bejahen, und eine Sache zu verwerfen oder sie nicht anzunehmen. Ich habe diesen Punkt so wenig bestimmt, daß ich fordere, mir eine einzige Stelle in allen meinen Schriften zu zeigen, an welcher ich ausdrücklich gegen die Wunder bin.

Und wie hätte ich es ungeachtet meiner eigenen Zweifel sein sollen, da ich für meinen Teil an allen Stellen, wo ich am bestimmtesten rede, dennoch noch nichts bejahend behaupte. Welche Behauptungen kann ein Mensch aufstellen, wenn er schon in seiner Vorrede* folgendermaßen spricht:

»Was den Teil betrifft, den man den systematischen Teil nennen wird, welcher nichts anderes enthält als den Gang der Natur, so wird er die Leser am meisten verwirren, und zweifellos wird man mich auch dort angreifen, vielleicht nicht zu unrecht. Man wird nicht sosehr eine Abhandlung über die Erziehung zu lesen glauben als die Träumereien eines Schwärmers über die Erziehung. Was soll ich aber tun? Ich schreibe ja nicht nach den Gedanken anderer, sondern nach den meinigen. Ich sehe die Dinge nicht so wie die anderen Menschen, das wirft man mir schon seit langem vor. Allein, hängt es denn von mir ab, mir andere Augen zu geben und andere Gedanken zu hegen? Nein, es hängt von mir ab, in meinen Gedanken nicht auszuschweifen und nicht zu glauben, daß ich allein klüger sei als die ganze Welt, es hängt von mir ab, nicht meine Meinung zu ändern, sondern der meinigen zu mißtrauen. Dies ist alles, was ich tun kann und was ich wirklich

* Vorrede zum *Emile.*

tue. Wenn ich also manchmal den behauptenden Ton annehme, so geschieht dies nicht, um den Leser zu überreden, sondern vielmehr, um ihm zu sagen, wie ich denke. Warum sollte ich zweifelnd vorbringen, woran ich selbst nicht zweifle? Ich sage genau das, was in meinem Kopf vorgeht.

Wenn ich auch meine Meinung frei heraussage, so will ich so wenig dadurch maßgeblich wirken, daß ich vielmehr immer meine Gründe mit anführe, damit man sie untersuche und mich beurteile. Allein, obgleich ich meine Meinung nicht hartnäckig verfechten will, so glaube ich doch verpflichtet zu sein, sie vorzutragen, denn die Grundsätze, über welche ich völlig anderer Meinung bin als andere, sind keineswegs gleichgültig. Es sind solche, deren Wahrheit oder Falschheit zu kennen sehr wichtig ist und welche das Glück oder das Unglück des Menschengeschlechts befördern können.«

Ein Verfasser, der selbst nicht weiß, ob er nicht im Irrtum ist, der befürchtet, daß alles, was er sagt, ein Traumgewebe sein könnte, der, da er seine Meinung nicht ändern kann, derselben mißtraut, der den behauptenden Ton nicht annimmt, um etwas zu behaupten, sondern um zu reden, wie er denkt, der nicht maßgeblich wirken will und daher immer seine Gründe mit anführt, damit man ihn beurteile, der auch seine Gedanken nicht hartnäkkig verteidigt, ein Verfasser, der in der Vorrede seines Buches so spricht, wie kann der als Orakel sprechen wollen? Will er etwas bestimmen und macht er nicht durch eine solche vorläufige Erklärung seine stärksten Behauptungen zweifelhaft?

Man sage nicht, daß ich gegen mein Versprechen handele, indem ich hartnäckig meine Gedanken verteidige. Dies wäre höchst ungerecht. Ich verteidige hier nicht meine Meinungen, sondern meine Person. Hätte man bloß meine Schriften angegriffen, so hätte ich beständig geschwiegen, das war bei mir beschlossene Sache. Hat man mich seit meiner Erklärung im Jahre 1753 jemandem antworten sehen, oder schwieg ich nur aus Mangel an Gegnern? Wenn man mich aber verfolgt, mich vor Gericht fordert und entehrt, weil ich etwas gesagt haben soll, was ich nicht gesagt habe, so muß ich doch wohl zu meiner Verteidigung zeigen, daß ich es nicht gesagt habe. Es sind meine Feinde, welche mich wider

Willen zwingen, die Feder zu ergreifen. Man lasse mich in Ruhe, und ich will das Publikum nicht weiter beschweren, ich gebe von ganzem Herzen mein Wort darauf.

Dies ist schon eine Antwort auf den Gegeneinwurf, den ich vorhergesehen habe, daß ich mich nämlich selbst zum Reformator machen wollte, indem ich die Meinungen meines Jahrhunderts bestreite. Eine solche Sprache sieht wahrlich keiner Prahlerei ähnlich, und man maßt sich gewiß nicht den Prophetenton an, wenn man mit soviel Vorsicht spricht. Ich habe es für meine Pflicht gehalten, in nützlichen und wichtigen Dingen meine Meinung zu sagen; habe ich aber ein einziges Wort gesagt oder einen einzigen Schritt getan, um andere meine Meinung annehmen zu lassen, und hat man in meinem ganzen Betragen jemals die Art eines Menschen bemerkt, der sich Anhänger zu machen sucht?

Indem ich die besondere Schrift abschrieb, welche so viele unvorhergesehene Glaubenseiferer erzeugt, warnte ich den Leser nochmals, meinen Urteilen nicht zu trauen, es komme allein auf ihn an, zu sehen, ob er in dieser Schrift einige nützliche Gedanken findet, ich wolle ihm weder die Meinung anderer noch meine eigene als Richtschnur vorschreiben, sondern ich gäbe sie ihm, um sie zu untersuchen.*

Und als ich wieder das Wort nehme, setze ich am Ende noch folgendes hinzu:

»Ich habe diese Schrift nicht als eine Richtschnur der Meinungen in Religionsfragen aufgenommen, sondern als ein Muster für die Art, wie man mit seinem Zögling Überlegungen anstellen kann, um der Methode getreu zu bleiben, welche ich darzustellen versucht habe. Solange man weder der Autorität des Menschen noch den Vorurteilen des Landes, worin man geboren ist, nachgibt, führt das bloße Licht der Vernunft nach der Ordnung der Natur uns nicht weiter als zu der natürlichen Religion, und hierauf schränke ich mich mit meinem Emile ein. Gibt es eine andere, so kommt es mir nicht mehr zu, darin sein Führer zu sein; er allein mag sie wählen.«**

* *Emile*, viertes.

** Ebenda.

Wer kann nun noch so unverschämt sein und mich beschuldigen, daß ich die Wunder verworfen habe, da ich sie nicht einmal in dieser Schrift verwerfe? Anderswo habe ich nicht davon gesprochen.*

Wie? Daraus, daß der Verfasser eines Buches, das von einem anderen herausgegeben wurde, einen Denker einführt, den er mißbilligt** und der in einem Streit die Wunder verwirft, sollte folgen, daß nicht allein der Verfasser dieser Schrift, sondern auch der Herausgeber die Wunder verwerfe? Welche Verwegenheit! Man erlaube sich solche Mutmaßungen in der Hitze eines gelehrten Streits, das ist sehr tadelnswert und nicht ungewöhnlich, allein, sie als Beweise vor den Richterstuhl zu bringen, dies ist eine Rechtsprechung, welche den standhaftesten und rechtschaffensten Mann zittern macht, der das Unglück hat, unter einer solchen Obrigkeit zu leben.

Der Verfasser des Glaubensbekenntnisses macht Einwände, sowohl hinsichtlich der Nützlichkeit als der Wirklichkeit der Wunder, allein, diese Einwürfe sind keine Verneinungen. Hier ist das Stärkste, was er darüber sagt: »Die unveränderliche Ordnung der Natur gibt das beste Zeugnis von dem höchsten Wesen. Wenn es viele Ausnahmen dieser Ordnung gäbe, so wüßte ich nicht, was ich davon denken sollte, und ich für mein Teil glaube zu sehr an Gott, als daß ich an so viele Wunder glauben kann, welche seiner so wenig würdig sind.«

Nun, ich bitte Sie, was heißt das eigentlich? Daß eine große Menge Wunder sie dem Verfasser verdächtig machen würde. Daß er nicht alle Arten von Wundern ohne Unterschied annimmt und daß sein Glaube an Gott ihn alle Wunder verwerfen heißt, die Gottes nicht würdig sind. Verwirft denn derjenige alle Wunder, welcher nicht an alle Wunder glaubt, und muß man an alle Wunder der Legende glauben, um an die Himmelfahrt Christi glauben zu können?

* Seitdem habe ich in meinem *Brief an Herrn von Beaumont* davon gesprochen, allein, abgesehen davon, daß man über diesen Brief nichts gesagt hat, kann man auf das, was er enthält, die Maßnahmen nicht gründen, welche getroffen wurden, ehe er erschien.

** *Emile*, viertes Buch.

Noch mehr. Weit entfernt, daß die Zweifel, die in dem zweiten Teil des Glaubensbekenntnisses stehen, als Verneinungen angesehen werden können, dürfen vielmehr die Verneinungen, die er enthalten mag, nur als Zweifel angesehen werden. So erklärt sich der Verfasser gleich anfangs über die Meinungen, welche er bestreiten will. *Gib*, sagt er, *meinen Reden bloß die Autorität der Vernunft. Ich weiß nicht, ob ich irre oder nicht. Es ist sehr schwer, wenn man streitet, sich des behauptenden Tons gänzlich zu enthalten. Denke aber beständig daran, daß alle meine Behauptungen nichts als Gründe zum Zweifel sind.** Kann man wohl bestimmter sprechen?

Ich für meine Person finde bestätigte Tatsachen in der Heiligen Schrift, und dies ist hinreichend, um mein Urteil über diesen Punkt zurückzuhalten. Stünden sie anderswo, so würde ich diese Tatsachen entweder verwerfen oder ihnen die Benennung Wunder nehmen. Da sie aber in der Heiligen Schrift stehen, verwerfe ich sie nicht. Ich nehme sie auch nicht an, weil meine Vernunft sich dagegen sträubt und weil mein Urteil über diesen Artikel nichts zu meiner Seligkeit beiträgt. Kein vernünftiger Christ wird behaupten, daß die ganze Bibel inspiriert sei, selbst die Worte und die Irrtümer. Das, was man für inspiriert halten kann, ist das, was unsere Pflichten betrifft, und warum sollte Gott das übrige als Inspiration gegeben haben? Nun aber gehört die Lehre von den Wundern nicht dazu, das habe ich gerade bewiesen. Also kann auch die Meinung, die man über diesen Punkt hegt, nicht das geringste mit der Achtung zu tun haben, die man den heiligen Büchern schuldig ist.

Im übrigen ist es den Menschen unmöglich, sich dessen zu vergewissern, daß irgend eine Begebenheit ein Wunder ist**, dieses habe ich gleichfalls bewiesen. Daher kann man, auch wenn man alle in der Schrift enthaltenen Begebenheiten annimmt, die Wun-

* *Emile*, viertes Buch.

** Wenn diese Herren mir antworten, daß dies in der Schrift entschieden ist, und daß ich das als ein Wunder erkennen müsse, was sie mir als ein Wunder gibt, so antworte ich, daß dies noch die Frage ist und daß ihr Urteil auf einem Zirkelschluß beruht. Denn weil sie wollen, daß die Wunder ein Beweis für die Offenbarung sind, dürfen sie nicht die Autorität der Offenbarung gebrauchen, um die Wunder festzustellen.

der verwerfen, ohne gottlos und sogar ohne inkonsequent zu sein. Ich bin nicht einmal so weit gegangen.

Sehen Sie, wie Ihre Herren aus Wundern, die nicht gewiß sind, die nicht notwendig sind, die nichts beweisen und die ich nicht verworfen habe, den vollkommenen Beweis ziehen, daß ich die Grundlagen des Christentums umstoße und daß ich kein Christ bin.

Sie würden es überdrüssig werden, mir zu folgen, wenn ich ebenso umständlich die anderen Anklagepunkte durchgehen wollte, deren sie eine Menge aufhäufen, um durch ihre Zahl die Ungerechtigkeit jedes einzelnen desto besser zu verbergen. Sie beschuldigen mich zum Beispiel, daß ich das Gebet verwerfe. Sehen Sie mein Buch nach, und Sie werden an eben der Stelle, wovon die Rede ist, ein Gebet finden. Der fromme Mensch, der dort spricht*, glaubt zwar nicht, daß es unbedingt nötig sei, von Gott diese oder jene Sache im besondern zu erbitten.** Er mißbilligt es aber auch nicht, wenn man es tut. Ich tue es nicht, sagt er in der Überzeugung, daß Gott unser guter Vater ist, der am besten weiß, was für seine Kinder gut ist. Kann man ihn aber auf eine andere Art ebenso würdig verehren? Die Verehrung eines frommen Herzens, die Anbetung, das Lob, die Betrachtung seiner

* Einer der Geistlichen zu Genf, der in den Urteilen über mein Christentum ein sehr strenger Christ ist, behauptet, ich, ich, J. J. Rousseau, habe gesagt, daß ich nicht zu Gott bete, und er versichert dies in ebensoviel Worten fünf- oder sechsmal hintereinander und nennt immer meinen Namen dabei. Ich möchte vor der Kirche die gehörige Achtung haben, allein, darf ich ihn fragen, wo ich das gesagt habe? Es ist jedem Schmierer erlaubt, unsinniges Zeug zu schwatzen, soviel er will, aber einem guten Christen ist es nicht erlaubt, ein öffentlicher Verleumder zu sein.

** *Wenn ihr betet,* sagt Jesus, *so betet also*. Wenn man mit Worten betet, so ist es gut, sich dieser Worte vorzüglich zu bedienen, allein, ich sehe hierin keinen Befehl, daß man mit Worten beten müsse. Ein anderes Gebet ist vorzuziehen, nämlich immer bereit zu sein zu dem, was Gott will. *Siehe, ich komme, daß ich tue, Gott, Deinen Willen.* Unter allen Gebetsformeln ist das Vaterunser unstreitig das vollkommenste, noch vollkommener aber ist die gänzliche Ergebung in den göttlichen Willen. *Nicht, wie ich will, sondern wie du willst.* Was sage ich? Dieses Gebet ist das Vaterunser selbst, es liegt ganz in den Worten: *Dein Wille geschehe*. Jedes andere Gebet ist überflüssig und widerspricht diesem nur. Es ist möglich, daß derjenige, der also denkt, sich irrt, allein, derjenige, der ihn öffentlich deswegen anklagt, daß er die christliche Moral zerstöre und kein Christ sei, ist der selber ein guter Christ?

Größe, das Eingeständnis unserer Nichtigkeit, die Ergebung in seinen Willen, die Unterwerfung unter seine Gesetze, ein reines und heiliges Leben, sollten diese Dinge nicht ebensogut sein wie selbstsüchtige und lohnbegierige Wünsche? Bei einem gerechten Gott ist die beste Art, etwas zu verlangen, wenn man verdient, es zu erhalten. Die Engel, die seinen Thron umgeben und ihn loben, bitten sie ihn wohl um etwas? Was hätten sie wohl von ihm zu erbitten? Das Wort *Gebet* wird in der Heiligen Schrift oft für *Verehrung, Anbetung* gebraucht, und wer das meiste tut, ist des wenigsten ledig. Ich selbst verwerfe keine einzige Art, Gott zu verehren, ich habe es immer gebilligt, daß man sich mit der Kirche vereinige, die ihn anbetet, ich tue es selbst, und der savoyische Vikar tat es gleichfalls.* Die so heftig angegriffene Schrift ist voll davon, und dessen ungeachtet sagt man, ich verwerfe das Gebet, ich sei ein Gottloser, den man verbrennen müsse, und damit ist das Urteil über mich gefällt.

Sie sagen ferner, ich beschuldigte die christliche Moral, daß sie alle unsere Pflichten übertreibe und es daher unmöglich mache, sie auszuüben. Die christliche Moral ist die des Evangeliums, ich erkenne keine andere, und in diesem Sinne versteht es auch mein Ankläger, weil er aus den Beschuldigungen, worunter diese mit begriffen ist, einige Zeilen später folgert, daß ich das Evangelium ironischerweise göttlich nenne.**

Nun aber sehe man, ob es möglich ist, eine schändlichere Lüge zu sagen und eine noch auffallendere Unredlichkeit an den Tag zu legen, denn an der Stelle meines Buches, worauf sich dies bezieht, ist es nicht einmal möglich, daß ich vom Evangelium habe reden wollen.

Dies, mein Herr, ist die Stelle selbst, so wie sie im fünften Buch des *Emile* steht: »Da man rechtschaffenen und guten Weibern bloß traurige Pflichten auferlegt, so hat man dadurch aus dem Ehestande alles verbannt, was ihn für die Männer anziehend machen könnte. Darf man sich wundern, daß das Stillschweigen, das sie bei sich zu Hause herrschen sehen, sie von dort verjagt und daß sie wenig reizt, einen solchen Stand zu wählen? Das Christentum

* *Emile*, viertes Buch.

** *Lettres écrites de la campagne*, S. 11.

übertreibt alle unsere Pflichten und macht es daher unmöglich, sie auszuüben. Den Weibern werden Gesang und Tanz und alle anderen modischen Vergnügungen versagt, daher werden sie verdrießlich, mürrisch und unausstehlich in ihren Häusern.«

Allein, wo verbietet das Evangelium den Weibern den Gesang und den Tanz? Wo unterwirft es dieselben traurigen Pflichten? Im Gegenteil, es wird von den Pflichten der Ehemänner gesprochen, aber nicht ein Wort von denen der Weiber. Man hat also unrecht, mich von dem Evangelium sagen zu lassen, was ich bloß von Jansenisten, Methodisten und anderen Frömmlern von heute gesagt habe, welche aus dem Christentum eine ebenso furchtbare wie unangenehme Religion machen*, als sie angenehm und sanft ist unter dem wahren Gesetz Jesu Christi.

Ich möchte nicht gerne Pater Berruyers Ton annehmen, der mir nicht gefällt und den ich sogar ganz geschmacklos finde, allein, ich kann nicht umhin, zu sagen, daß das, was mir an dem Charakter Jesu am besten gefällt, nicht nur das Sanfte der Sitten, die Einfalt ist, sondern vielmehr das Angenehme, das Gefällige und selbst das Zierliche. Er floh weder die Vergnügungen, noch die Feste, er ging zu Hochzeiten, besuchte die Weiber, spielte mit den Kindern, er liebte das Räucherwerk und aß bei den Steuereinnehmern. Seine Jünger fasteten nicht, und seine Strenge war nicht lästig. Er war zugleich nachgiebig und gerecht, sanft gegen die Schwachen und fürchterlich gegen die Bösen. Seine Moral hatte etwas Anziehendes, Schmeichelndes und Zärtliches; er hatte ein empfindsames Herz und war ein guter Gesellschafter. Wäre er nicht der weiseste unter den Menschen gewesen, so wäre er der liebenswürdigste gewesen.

* Die ersten Reformierten verfielen zuerst in die Übertreibung mit einer Härte, welche viele Heuchler erzeugte, und die ersten Jansenisten folgten ihnen in diesem Punkte nach. Ein Genfer Prediger, Henri de la Marre, behauptete auf der Kanzel, daß es Sünde sei, fröhlicher zur Hochzeit zu gehen, als Christus zum Tode ging. Ein jansenistischer Priester behauptete gleichfalls, daß Hochzeiten eine Erfindung des Teufels seien. Jemand machte ihm hierauf den Einwurf, daß Christus selbst daran teilgenommen und sogar sein erstes Wunder dort verrichtet habe, um die Freude des Festes zu verlängern. Der Priester wurde ein wenig verlegen und antwortete brummend: *Dies war eben nicht seine beste Tat.*

Einige übertriebene oder mißverständliche Stellen des heiligen Paulus haben viele Fanatiker erzeugt, und diese Fanatiker haben das Christentum oft entstellt und entehrt. Hätte man sich nur an den Geist des Meisters gehalten, so wäre dies nicht geschehen. Man beschuldige mich, daß ich nicht immer der Meinung des heiligen Paulus bin, und man kann mich dazu bringen, zu beweisen, daß ich manchmal recht habe, nicht seiner Meinung zu sein, allein, es wird niemals daraus folgen, daß ich das Evangelium zum Spott göttlich finde. Dies ist jedoch die Art, wie meine Verfolger urteilen.

Verzeihen Sie, mein Herr, ich ermüde Sie mit all diesen Weitschweifigkeiten, ich fühle es und endige. Ich habe zu meiner Verteidigung schon zuviel gesagt und bin es selbst überdrüssig, auf grundlose Beschuldigungen immer mit Gründen zu antworten.

VIERTER BRIEF

Ich habe Ihnen gezeigt, mein Herr, daß die Beschuldigungen, welche man aus meinen Schriften als Beweise dafür anführt, daß ich die durch die Gesetze eingeführte Religion angreife, ganz falsch sind. Dennoch hat man mich nach eben diesen Beschuldigungen strafbar gefunden und als strafbar behandelt. Wir wollen jetzt annehmen, daß ich es wirklich bin, und zusehen, welche Strafe ich verdient habe.

So wie die Tugend ihre Stufen hat, so auch das Laster.

Wenn man auch eines Verbrechens schuldig ist, so ist man es doch noch nicht aller. Die Gerechtigkeit besteht darin, die Strafe genau nach dem Fehler abzumessen, und die äußerste Strenge der Gerechtigkeit ist selbst ein Fehler, wenn sie nicht auf vernünftige Vorstellungen hört, welche die Strenge des Gesetzes mildern.

Wenn wir annehmen, daß das Verbrechen wirklich geschehen ist, so müssen wir nun dessen Natur untersuchen und die Prozedur, welche in solchem Falle von Ihren Gesetzen vorgeschrieben wird.

Wenn ich meinen Eid als Bürger gebrochen habe, wie man mich beschuldigt, so habe ich ein Staatsverbrechen begangen, und dieses Verbrechen fällt unmittelbar in die Zuständigkeit des Rates. Dies ist unleugbar.

Allein, wenn mein ganzer Fehler darin besteht, daß ich in der Lehre geirrt habe, wenn dieser Irrtum auch gottlos wäre, so ist dies eine andere Sache. Nach Ihren Edikten kommt es einem anderen Richter zu, darüber zu urteilen.

Und selbst wenn mein Verbrechen ein Staatsverbrechen wäre und eine Beurteilung der Lehre dazu erfordert würde, um es zu einem solchen zu erklären, so kommt es abermals dem Rat nicht zu, diese Beurteilung zu geben. Seine Sache ist es, das Verbrechen zu bestrafen, nicht aber, es festzustellen. Dies erhellt deutlich aus Ihren Edikten, wie wir nachher sehen werden.

Zuerst fragt es sich, ob ich meinen Bürgereid gebrochen habe, das heißt den Eid, welchen meine Vorfahren geschworen haben, als sie in die Bürgerschaft aufgenommen wurden, denn da ich nicht in der Stadt gewohnt und auch kein bürgerliches Amt bekleidet habe, so habe ich auch keinen Eid abgelegt. Aber weiter.

In der Formel des Eides gibt es nur zwei Artikel, welche mein Verbrechen angehen können. Man verspricht in dem ersten, *nach der Reformation des heiligen Evangeliums zu leben*, und in dem letzten, *keine Anschläge und heimlichen Ränke gegen die Reformation des heiligen Evangeliums weder zu unternehmen noch zu dulden.*

Nun aber habe ich, weit entfernt, den ersten Artikel zu brechen, mich vielmehr mit einer Treue und einem Mut ohne Beipsiel danach gerichtet, ich habe öffentlich meine Religion unter den Katholiken bekannt, obgleich ich ehemals in der ihrigen gelebt hatte, und man kann den Irrtum meiner Jugend nicht als einen Bruch dieses Eides ansehen, besonders seit meiner rechtsgültigen Vereinigung mit Ihrer Kirche im Jahre 1754 und meiner Wiedereinsetzung in meine Bürgerrechte, welche in ganz Genf bekannt ist und für die ich zuverlässige Beweise habe.

Man kann ferner nicht sagen, daß ich diesen ersten Artikel in den verurteilten Schriften verletzt habe, weil ich mich darin beständig für einen Protestanten erkläre. Im übrigen sind Schriften und Aufführung zwei sehr verschiedene Dinge. Nach der Reformation leben heißt die Reformation bekennen, obgleich man in tadelnswerten Schriften sich aus Irrtum von ihrer Lehre entfernen kann oder andere Sünden begehen, die Gott beleidigen, aber an sich selbst den Verbrecher noch nicht aus der Kirche ausschließen. Dieser Unterschied, den man im allgemeinen bestreiten könnte, ist hier in dem Eid selbst angeführt, weil man darin dasjenige in zwei Artikel abteilt, was eigentlich nur einen einzigen ausmachen könnte, sobald das Religionsbekenntnis mit jedem Angriff gegen die Religion unvereinbar wäre. Man schwört vermöge des ersten, nach der Reformation zu leben, und vermöge des letzten, nichts wider die Reformation zu unternehmen. Diese beiden Artikel sind sehr deutlich voneinander unterschieden und sogar durch viele andere voneinander getrennt. Nach dem Sinn des Gesetzgebers sind diese beiden Dinge also trennbar. Wenn ich also auch den letzten Artikel verletzt habe, so folgt noch nicht, daß ich den ersten verletzt habe.

Allein, habe ich diesen letzten Artikel wirklich verletzt?

Sehen Sie hier, wie der Verfasser der *Lettres écrites de la campagne* dieses behauptet, auf Seite 30.

»Der Eid der Bürger legt ihnen die Verpflichtung auf, *Anschläge und heimliche Ränke gegen die heilige evangelische Reformation weder zu unternehmen noch zu dulden.* Es scheint, daß man schon *ein wenig** gegen sie handelt und Ränke schmiedet, wenn man in zwei so verführerischen Büchern zu beweisen sucht, daß das Evangelium an sich selbst widersinnig und der Gesellschaft schädlich ist. Der Rat war also gezwungen, ein Auge auf den zu werfen, der durch solche Vermessenheiten dieses Anschlags beschuldigt wurde.«

Sehen Sie zunächst, wie artig diese Herren sind! Es scheint ihnen so von ferne, daß man *ein wenig* Ränke schmiede. Nach diesem kleinen entfernten Anschein eines kleinen Anschlags werfen sie einen Blick auf denjenigen, den sie für dessen Urheber halten, und dieser Blick ist ein Haftbefehl.

Es ist zwar wahr, daß der nämliche Verfasser sich in der Folge bemüht, zu beweisen, daß man mich bloß aus Güte vor Gericht gefordert hat. *Der Rat,* sagt er, *konnte Herrn Rousseau persönlich vorladen, er konnte ihn bestellen, um verhört zu werden, er konnte ihn verhaften . . . Unter diesen dreien ist der letzte Weg bei weitem der sanfteste . . . es war im Grunde nichts weiter als eine Warnung, nicht wieder zurückzukommen, wenn er sich nicht einem Prozeß aussetzen wollte, oder wenn er sich dem aussetzen wollte, so war es eine Ermahnung, sich auf seine Verteidigung gut vorzubereiten.***

Auf diese Art, berichtet Brantome, scherzte der Scharfrichter des unglücklichen Don Carlos, Infant von Spanien. Als der Prinz schrie und sich loswinden wollte, sagte er, indem er ihn erwürgte: *Still, Monseigneur, dies geschieht doch nur zu Ihrem Besten.*

Allein, was sind denn das für Umtriebe und Ränke, deren man mich beschuldigt? *Umtriebe* sind, wenn ich meine Sprache ver-

* Da dieses *ein wenig,* das so spaßig ist und von dem ernsten und strengen Ton der übrigen Briefe so absticht, in der zweiten Auflage verschwunden ist, unterlasse ich es, mich auf die Suche nach der Klaue zu machen, zu der dieses kleine Stückchen gehört.

* Seite 31.

stehe, heimliche Verständigungen, und *Ränke schmieden* heißt heimliche Hetze betreiben, wie es gewisse Leute gegen das Christentum und gegen mich tun. Ich aber kann mir nichts weniger Geheimes, nichts weniger Verborgenes in der Welt denken, als wenn man ein Buch öffentlich herausgibt und seinen Namen daraufsetzt. Wenn ich auch meine Meinung über was auch immer gesagt habe, so habe ich es laut vor den Augen des Publikums getan, ich habe mich mit Namen genannt und bin dann in meiner Zurückgezogenheit ruhig geblieben. Man wird mich nicht leicht überreden, daß dies heimlichen Umtrieben und Ränken gleicht.

Um den Sinn des Eides und den Sinn seiner Ausdrücke recht zu begreifen, muß man sich in die Zeiten zurückversetzen, in denen seine Formel aufgestellt wurde und wo es für den Staat wesentlich war, nicht wieder unter das doppelte Joch zu fallen, welches man abgeschüttelt hatte. Man entdeckte alle Tage neue Verschwörungen zugunsten des Hauses Savoyen und der Bischöfe unter dem Vorwand der Religion. Hierauf zielen deutlich die Worte *Umtriebe* und *Ränke*, welche, seitdem die französische Sprache besteht niemals für die allgemeinen Meinungen gebraucht wurden, die ein Verfasser in einem Buch bekanntmacht, in welchem er sich mit Namen nennt, ohne weiteren Entwurf, Gegenstand, besondere Absicht und ohne Anspielung auf irgendeine Regierungsform. Diese Beschuldigung scheint auch dem Verfasser selbst, der sie zu erheben wagt, so wenig ernst, daß er mich als *meinen Pflichten als Bürger treu* anerkennt.* Wie könnte ich aber dieses sein, wenn ich meinen Bürgereid gebrochen habe?

Es ist also nicht wahr, daß ich diesen Eid gebrochen habe, und ich setze noch hinzu, daß, wenn es wahr wäre, so wäre in Genf nichts unerhörter, als in dergleichen Dingen auf eine solche Art zu verfahren. Es gibt vielleicht keinen einzigen Bürger, der diesen Eid nicht in irgendeinem Artikel verletzt**, ohne daß man deswegen mit ihm Streit sucht und ihn vor Gericht fordert.

Man kann ferner nicht sagen, daß ich die Moral in einem Buch angreife, worin ich nach allen meinen Kräften den Vorzug des all-

* Seite 8

** Zum Beispiele die Stadt nicht zu verlassen, um anderswo, ohne Erlaubnis, zu leben. Wer holt diese Erlaubnis ein?

gemeinen Besten vor dem einzelnen anpreise, und wo ich die Pflichten gegen die Menschen auf unsere Pflichten gegen Gott beziehe, der einzige Grundsatz, auf welchen die Moral gegründet werden kann, um wirklich zu sein und den Schein abzulegen. Man kann auch nicht sagen, daß dieses Buch auch nur gegen den eingeführten Gottesdienst oder gegen die allgemeine Ordnung streite, weil ich im Gegenteil darauf bestehe, daß man den eingeführten Formen Achtung erweisen und daß man in allen Dingen, selbst in Religionsfragen, gehorsam gegen die Gesetze sein solle und endlich weil mich eben wegen dieses vorgeschriebenen Gehorsams ein Genfer Geistlicher am nachdrücklichsten getadelt hat.

Dieses schreckliche Verbrechen, über das man so viel Lärm macht, läuft also, wenn man es als wirklich voraussetzt, auf einen Irrtum im Glauben hinaus, welcher Irrtum, wenn auch der Gesellschaft nicht nützlich, für sie wenigstens doch ganz gleichgültig ist. Das größte Übel, welches daraus entstehen kann, ist die Duldung der Meinungen anderer und also auch der Friede im Staat und in der Welt in Fragen der Religion.

Allein, ich frage Sie, mein Herr, der Sie Ihre Regierungsform kennen, wem es eigentlich zukommt, über Glaubensirrungen eines einzelnen Menschen und vor allem in erster Instanz zu urteilen? Dem Rat oder dem Konsistorium? Hier liegt der Knoten der Frage.

Das Vergehen mußte erst in seine Klasse eingeordnet werden. Jetzt da es bekannt ist, muß man die Verfahrensart mit dem Gesetz vergleichen.

Ihre Edikte bestimmen keine Strafe für denjenigen, welcher in Glaubenssachen irrt und seinen Irrtum bekanntmacht, aber im 88. Artikel der geistlichen Ordonnanz, im Kapitel vom Konsistorium, wird die Art des Verfahrens gegen denjenigen, der falsch lehrt, vorgeschrieben. Dieser Artikel lautet folgendermaßen.

Wenn jemand gegen die eingeführte Lehre lehrt, so soll er gerufen werden, um ihn anzuhören; ordnet er sich unter, so dulde man ihn ohne Ärgernis und Entehrung; ist er aber hartnäckig, so ermahne man ihn einige Male, um zu versuchen, ihn zu bändigen. Wenn man schließlich sieht, daß größere Strenge nötig ist, so versage man ihm das Heilige Abendmahl und melde es dem Magistrat, damit er dafür sorge.

Hieraus erhellt nun 1., daß die erste Untersuchung dieser Art Vergehen dem Konsistorium zukommt.

2. Daß der Gesetzgeber ein solches Vergehen nicht für unverzeihlich hält, sobald derjenige, der es begangen hat, es bereut und sich bessert.

3. Daß er die Wege vorschreibt, die man befolgen soll, um den Schuldigen zu seiner Pflicht zurückzuführen.

4. Daß alle diese Wege nachsichtsvoll, nicht entehrend und voller Mitleid sind, so wie es Christen zukommt, nach dem Beispiel ihres Meisters zu verfahren, bei Verstößen, welche die bürgerliche Ordnung nicht stören, sondern bloß die Religion betreffen.

5. Daß endlich die letzte und größte Strafe, welche vorgeschrieben ist, aus der Natur des Verbrechens selbst gezogen wird, so wie es immer sein sollte, indem man dem Schuldigen das Heilige Abendmahl versagt und ihn aus der Gemeinschaft der Kirche ausschließt, die er beleidigt hat und fortfahren will zu beleidigen.

Nach all diesem zeigt es das Konsistorium dem Magistrat an, welche dann für die Durchführung sorgen muß, denn da das Gesetz nur eine Religion im Staat erlaubt, muß derjenige, welcher darauf besteht, eine andere zu lehren und zu bekennen, aus dem Staat ausgeschlossen werden.

Man sieht die Anwendung aller Teile dieses Gesetzes in der Form des Prozesses, welcher im Jahre 1563 gegen Jean Morelli geführt wurde.

Jean Morelli, ein Einwohner Genfs, hatte ein Buch verfaßt und veröffentlicht, in dem er die geistliche Disziplin angriff, und dieses Buch wurde auf der Synode von Orléans verurteilt. Der Verfasser klagte sehr über dieses Urteil, und als er von dem Genfer Konsistorium wegen eben dieses Buches vorgeladen wurde, erschien er nicht und ergriff die Flucht. Als er nachher mit Erlaubnis des Magistrats wieder zurückgekommen war, um sich mit den Geistlichen zu versöhnen, verantwortete er sich nicht und erschien nicht vor dem Konsistorium, bis er aufs neue vorgeladen wurde und endlich erschien. Nach langem Streit und nachdem er alle Arten von Genugtuung verweigert hatte, wurde er dem Rat übergeben und von demselben vorgeladen; statt zu erscheinen, ließ er durch seine Frau ein Entschuldigungsschreiben überreichen und entfloh aufs neue aus der Stadt.

Man fing also an, gegen ihn zu verhandeln, das heißt, gegen sein Buch, und da das Urteil, das in dieser Sache gesprochen wurde, selbst im Wortlaut wichtig und sehr wenig bekannt ist, so will ich es ganz hersetzen; vielleicht hat es einigen Nutzen.

»Wir Bürgermeister und Kriminalrichter der Stadt, nachdem wir den Bericht des ehrwürdigen Konsistoriums dieser Kirche über die Maßnahmen angehört haben, die gegen Jean Morelli, Einwohner dieser Stadt, ergriffen wurden, und nachdem dieser jetzt zum zweiten Mal diese Stadt verlassen hat, anstatt vor uns und vor unserem Rat zu erscheinen, als er dorthin verwiesen wurde, und sich demnach ungehorsam gezeigt hat aus diesen Gründen und aus anderen hinzukommenden, beschließen wir, die wir auf dem Richterstuhl unserer Voreltern sitzen, um nach unseren alten Gebräuchen zu richten, nach reiflicher Beratung mit unseren Mitbürgern und indem wir Gott und die Heilige Schrift vor unseren Augen haben und seinen heiligen Namen anrufen, um recht zu richten, und sagen: Im Namen des Vaters und des Sohnes und des Heiligen Geistes, Amen. Durch dieses unser Endurteil, welches wir hier schriftlich aufsetzen, haben wir nach reiflicher Überlegung beschlossen, in dem Fall des Fernbleibens des genannten Morelli von der Gerichtsverhandlung weiter zu verfahren, hauptsächlich um alle diejenigen, die es angeht, vor dem Buch zu warnen, damit sie nicht verführt werden. Da wir nun über die Träumereien und Irrtümer hinlänglich unterrichtet sind, welche in dem genannten Buch enthalten sind, und besonders da es darauf abzielt, Spaltungen und Unruhen in einer aufrührerischen Weise in der Kirche zu verursachen, so haben wir es verdammt und verdammen es als ein schädliches Buch, und haben befohlen und befehlen, daß eines davon zum Exempel gegenwärtig verbrannt werde. Wir verbieten ferner allen Buchhändlern, dasselbe zu führen und zu verkaufen, und allen Staatsbürgern und einfachen Bürgern dieser Stadt, welchen sie auch haben mögen, dasselbe zu kaufen oder darin zu lesen. Ferner befehlen wir, daß alle, die dieses Buch besitzen, es uns bringen sollen, und daß diejenigen, welche wissen, wo es sich befindet, es uns binnen vierundzwanzig Stunden anzeigen sollen, ansonsten sie streng bestraft werden.

Und Euch, unserem Polizeileutnant befehlen wir, dieses unser gegenwärtiges Urteil zur gebotenen und völligen Ausführung zu bringen.

Gesprochen und ausgeführt Donnerstag den sechzehnten September Fünfzehnhundertdreiundsechzig.

Unterzeichnet P. Chenelat.«

Sie werden, mein Herr, nach Zeit und Gelegenheit verschiedenartige Betrachtungen über dieses Stück anstellen können. Für jetzt wollen wir unseren Gegenstand nicht aus dem Blick verlieren. Sie sehen also, wie man gegen Morelli verfuhr, dessen Buch erst am Ende des Prozesses verbrannt wurde, ohne daß weder vom Scharfrichter noch von Entehrung gesprochen und ohne daß seine Person jemals angegriffen wurde, obgleich er hartnäckig und widerspenstig war.

Stattdessen weiß jedermann, wie der Rat von dem Augenblick an, da das Buch herauskam, gegen mich verfahren ist, und daß das Konsistorium nicht einmal erwähnt wurde. Das Buch mit der Post empfangen, es lesen, untersuchen, verurteilen, verbrennen und eine Verfügung gegen meine Person treffen, dies war das Werk von acht oder zehn Tagen: man kann sich keine kürzere Prozedur vorstellen.

Ich nehme hier an, es handele sich bei mir um einen Fall für das Gesetz, und zwar nehme ich den einzigen Fall an, in welchem ich strafbar sein kann. Denn mit welchem Recht könnte man sonst Verstöße bestrafen, die niemanden beleidigen und über welche die Gesetze nichts bestimmen?

Ist also das Edikt in dieser Sache befolgt worden? Sie und andere vernünftige Leute werden, wenn sie es untersuchen, glauben, daß es gleichsam mutwillig in allen seinen Teilen verletzt worden ist. »Herr Rousseau«, sagen die Repräsentanten, »ist nicht vor das Konsistorium gerufen worden, sondern der Hohe Rat ist gleich gegen ihn vorgegangen; man hätte ihn *ohne Ärgernis* ertragen müssen, aber seine Schriften sind durch ein öffentliches Urteil für *verwegen, gottlos und anstößig* erklärt worden; man hätte ihn *ohne Beschimpfung ertragen* müssen, aber er ist auf die schändlichste Weise entehrt und seine zwei Bücher sind durch Scharfrichterhand zerrissen und verbrannt worden.«

»Das Edikt«, fahren sie fort, »ist also nicht befolgt worden, ebensowenig in Ansehung der Gerichtsbarkeit des Konsistoriums wie in Rücksicht des Herrn Rousseau, der vorgeladen, ohne Ärgernis und Beschimpfung erduldet, einige Male ermahnt werden mußte und der gar nicht verurteilt werden konnte als im Falle eines hartnäckigen Starrsinns.«

Dies wird Ihnen gewiß so klar sein wie der Tag, und mir auch. Sie werden aber sehen, wie diese Leute die Sonne um Mitternacht aufgehen lassen können und den hellichten Tag zu verfinstern wissen.

Die gewöhnliche Kunst der Sophisten besteht darin, eine Menge Argumente aufzuhäufen, um deren Schwäche zu verbergen. Um Wiederholungen zu vermeiden und Zeit zu gewinnen, wollen wir die der *Lettres écrites de la Campagne* aufteilen und uns auf die wesentlichen Punkte beschränken, die übrigen aber, die ich schon vorhin widerlegt habe, weglassen, und um die übrigen nicht zu verändern, wollen wir sie mit den eigenen Worten des Verfassers anführen.

Ich muß, sagt er, *nach unseren Gesetzen das untersuchen, was mit Rücksicht auf Herrn Rousseau geschehen ist.* Sehr gut, sehen wir zu.

Der erste Artikel des Bürgereides verpflichtet diese, nach der Reformation des Heiligen Evangeliums zu leben. Nun aber frage ich: Heißt das nach dem Evangelium leben, wenn man gegen das Evangelium schreibt?

Erster Trugschluß. Um recht zu sehen, ob dies mein Fall ist, so setze man im Untersatz dieses Schlusses das Wort *Reformation* wieder ein, welches der Verfasser dort wegnimmt, und das doch notwendig ist, wenn sein Schluß etwas beweisen soll.

Zweiter Trugschluß. Es ist in diesem Artikel des Eides nicht die Rede davon, gemäß der Reformation zu schreiben, sondern nach der Reformation zu leben. Diese beiden Dinge sind, wie man es vorhin gesehen hat, in dem Eid selbst unterschieden, und man hat schon gesehen, ob es wahr ist, daß ich gegen die Reformation und gegen das Evangelium geschrieben habe.

Die erste Pflicht der Bürgermeister und des Rates ist es, die reine Religion zu erhalten.

Dritter Trugschluß. Ihre Pflicht ist es freilich, die reine Religion zu erhalten, nicht aber zu beurteilen, was reine und was nicht reine Religion sei. Der Souverän hat ihnen wohl die Erhaltung der reinen Religion aufgetragen, allein, er hat sie deswegen nicht zu Richtern über die Lehre eingesetzt. Es ist eine ganz andere Körperschaft, welcher diese Sorge obliegt, und diese Körperschaft müssen sie in allen Religionsdingen um Rat fragen, wie sie es auch immer getan haben, seitdem eure Regierungsform besteht. Im Falle eines Vergehens in diesen Dingen werden zwei Richterstühle errichtet, einer um zu untersuchen, der andere um zu strafen. Dies erhellt deutlich aus den Worten der Ordonnanz: wir werden nachher darauf zurückkommen.

Nun folgen die Beschuldigungen, die wir vorhin untersucht haben und die ich daher nicht wiederholen will. Ich kann mich aber doch nicht enthalten, hier den Artikel herzusetzen, welcher sie beschließt: er ist sonderbar.

*Es ist wahr, daß Herr Rousseau und seine Parteigänger behaupten, daß diese Zweifel das Christentum nicht wirklich angreifen, welches er überdies weiterhin göttlich nennt. Allein, wenn ein Buch so geschildert wird wie das Evangelium in den Schriften des Herrn Rousseau, kann man es dann noch göttlich nennen, oder man sage mir, welches der neue Sinn dieses Ausdrucks ist? Ist es ein Widerspruch, so ist er sehr anstößig, ist es aber ein Spaß, so muß man zugeben, daß er bei einer solchen Sache sehr übel angebracht ist.**

Ich verstehe. Der geistige Gottesdienst, die Reinheit des Herzens, die guten Werke, das Vertrauen auf Gott, die Demut, Selbstverleugnung, Toleranz, Vergessen der Beleidigungen, Vergebung gegenüber den Feinden, Liebe zum Nächsten, allgemeine Brüderlichkeit und die Vereinigung des gesamten Menschengeschlechts durch die Liebe sind ebensoviele Erfindungen des Teufels. Ist dies ungefähr die Meinung des Verfassers und seiner Freunde? Man sollte es wenigstens aus ihren Überlegungen

* Seite 11.

und vor allem aus ihren Werken schließen. Wahrhaftig, wenn dies ein Widerspruch ist, so ist er anstößig. Ist es aber ein Spaß, so muß man zugeben, daß er bei einer solchen Sache sehr übel angebracht ist.

Man setze hinzu, daß dieser Spaß so sehr nach dem Geschmack dieser Herren ist, daß er mich nach ihren eigenen Grundsätzen, wenn ich ihn gemacht hätte, vor ihnen hätte Gnade finden lassen müssen.*

Nach der Auseinandersetzung meiner Verbrechen hören Sie nun die Ursachen, wegen welcher man die Strenge des Gesetzes bei der Verfolgung des Verbrechens so sehr verschärft hat.

Diese beiden Bücher erscheinen unter dem Namen eines Bürgers von Genf. Ganz Europa bezeugt sein Mißfallen. Das erste Parlament eines benachbarten Königreiches verfolgt den Emile *und dessen Verfasser. Was wird also die Regierung von Genf tun?*

Wir wollen hier einen Augenblick innehalten. Ich glaube hier eine Lüge zu entdecken.

Nach unserem Verfasser wurde der Rat von Genf durch das Mißfallen ganz Europas gezwungen, gegen das Buch und den Verfasser des *Emile* nach dem Beispiel des Pariser Parlaments zu verfahren. Aber im Gegenteil, es waren die Erlasse dieser beiden Richterstühle, welche das Mißfallen Europas erregten. Das Buch war nur wenige Tage in Paris bekannt, als das Parlament es verdammte**, es erschien noch in keinem anderen Land, selbst nicht in Holland, wo es gedruckt wurde, und es vergingen zwischen dem Erlaß des Pariser Parlaments und dem des Rates zu Genf nur neun Tage***, ungefähr so viel, wie nötig war, um Nachricht von dem zu erhalten, was in Paris vorging. Der schreckliche Lärm, welcher wegen dieser Sache in der Schweiz erregt wurde, meine Vertreibung von meinem Freunde und die Versuche, die in Neufchâtel und selbst bei Hof unternommen wurden, um mir noch meine letzte Zuflucht zu rauben, all dieses kam aus Genf und dessen Umgebung erst nach dem Erlaß. Man kennt die Anstifter,

* Seite 23.

** Dies war eine vor Erscheinen des Buches getroffene Anordnung.

*** Der Erlaß des Parlaments wurde am 9. Juni und der des Rates am 19. Juni veröffentlicht.

man kennt deren Abgesandte, ihre Tätigkeit war ohne Beispiel, es lag nicht an ihnen, daß man mir nicht in ganz Europa Feuer und Wasser untersagt hat, ich hätte nicht einmal die Erde als mein Lager und keinen Stein als mein Kissen behalten. Wir wollen also hier die Dinge nicht verwechseln, nicht zum Beweggrund des Genfer Erlasses das Mißfallen machen, das im Gegenteil dessen Wirkung war.

Das erste Parlament eines benachbarten Königreiches verfolgt den Emile *und dessen Verfasser. Was wird also die Regierung von Genf tun?*

Die Antwort ist einfach. Sie wird nichts tun, sie *soll* nichts tun oder vielmehr sie soll *nichts* tun. Sie würde die ganze gerichtliche Ordnung umstoßen, sie würde das Pariser Parlament beleidigen und ihm die Zuständigkeit streitig machen, indem sie es nachahmte. Eben deswegen, weil ich in Paris verurteilt war, konnte ich nicht in Genf verurteilt werden. Das Vergehen eines Verbrechers hat doch wohl nur einen einzigen Ort, und er kann ebensowenig wegen einerlei Verbrechen in zwei Staaten zugleich strafbar sein, wie er an zwei Orten gleichzeitig sein kann, und wie soll er sich teilen, wenn er sich in beiden Fällen reinwaschen will? Hat man jemals gehört, daß man ein und denselben Menschen wegen der nämlichen Tat in zwei Ländern zugleich verurteilt hat? Dies hier ist das erste Beispiel und wird auch wohl das letzte sein. Ich habe in meinem Unglück die traurige Ehre, in jeder Hinsicht ein einziges Beispiel zu sein.

Die scheußlichsten Verbrechen, selbst Mordtaten, können und sollen nirgends anders untersucht und bestraft werden als vor den Richterstühlen der Orte, wo sie begangen wurden. Wenn ein Genfer in einem fremden Land einen anderen Menschen, ja selbst einen Genfer tötete, so könnte der Rat zu Genf sich die Beurteilung dieser Tat keineswegs anmaßen. Er könnte zwar den Verbrecher ausliefern, wenn es verlangt würde, er könnte um dessen Bestrafung nachsuchen, allein, solange man ihm nicht freiwillig das Urteil mit den Prozeßunterlagen übertrüge, könnte er ihn nicht verurteilen, weil es ihm nicht zukommt, über ein Vergehen zu erkennen, das bei einem anderen Souverän begangen wurde, und er kann nicht einmal die nötigen Untersuchungen anstellen lassen, um es festzustellen. Dies ist die Richtschnur, und dies ist die Antwort auf die Frage: *Was wird die Regierung von Genf tun?* Dies sind einfachste Begriffe des Öffentlichen Rechts, das nicht zu kennen, eine Schande für jede Obrigkeitsperson wäre. Muß ich denn immer meine Richter auf meine Kosten in den Anfangsgründen der Rechtslehre unterrichten?

*Der Rat sollte sich nach Meinung der Repräsentanten begnügen, vorläufig den Verkauf des Buches in der Stadt zu verbieten.** Dies ist auch alles, was er zur Befriedigung seines Hasses rechtmäßig tun konnte; dies hatte er auch schon im Falle der *Neuen Héloise* getan, aber weil er sah, daß das Pariser Parlament schwieg und auch sonst nirgends ein solches Verbot erlassen wurde, so schämte man sich und hob es ganz unauffällig wieder auf.** *Allein, hätte man eine so schwache Mißbilligung nicht als ein heimliches Einverständnis angesehen?* Es gibt viele andere Schriften, welche weit weniger zu dulden sind, und deretwegen man den Rat zu Genf schon lange öffentlich eines heimlichen Einverständnisses beschuldigt, ohne daß man sich um diese Beschuldigung viel kümmert. *Hätte diese Mäßigung nicht jedermann anstößig sein können?* Die allgemeine Stimme des Publikums hat Ihnen gezeigt, wie sehr man am Gegenteil Anstoß genommen hat. *Offen gesagt, hätte es sich um einen dem Publikum ebenso unangenehmen Mann gehandelt, wie Herr Rousseau ihm angenehm ist, wäre das, was man Mäßigung nennt, nicht als Gleichgültigkeit und als unverzeihliche Lauheit angesehen worden?* Das wäre kein so großes Unglück gewesen, und es schickt sich nicht, der Härte, mit welcher man wegen meiner Schriften gegen mich verfährt, oder der Unterstützung, die man der Härte anderer leiht, so ehrenhafte Namen zu geben.

Wir wollen fortfahren, mich als strafbar anzusehen, und voraussetzen, daß der Genfer Rat das Recht hatte, mich zu strafen, daß der Prozeß den Gesetzen gemäß gewesen ist und daß man mich dessen ungeachtet ruhig empfangen hätte, als ich aus Paris kam. Was hätten rechtschaffene Leute dazu gesagt? Hier ist es.

»Sie haben die Augen zugedrückt, sie mußten es tun. Was

* Seite 12.

** Man muß zugeben, daß wenn der *Emile* verdient, verboten zu werden, so müßte die *Héloise* mindestens verbrannt werden. Besonders die Anmerkungen darin sind von einer Kühnheit, die von dem Glaubensbekenntnis des Vikars nicht erreicht wird.

konnten sie tun? In einer solchen Lage streng zu verfahren, wäre Barbarei gewesen, Undank, ja selbst Ungerechtigkeit, denn die wahre Gerechtigkeit gleicht das Böse mit dem Guten aus. Der Strafbare hat sein Vaterland zärtlich geliebt, er hat sich um dasselbe verdient gemacht, er hat es in ganz Europa geehrt, und während seine Mitbürger sich des Genfer Namens schämten, hat er sich dessen gerühmt und hat ihn bei fremden Nationen wieder zu Ansehen gebracht. Er hat ehedem sehr nützliche Ratschläge gegeben, er wollte das allgemeine Beste befördern, er hat sich getäuscht, also war ihm zu vergeben. Er hat den Magistratspersonen die größten Lobreden gehalten, er suchte ihnen das Vertrauen der Bürgerschaft wiederzugeben; er hat die Religion der Geistlichen verteidigt, er verdiente dafür Dank von allen. Und wie hätten sie die Stirn haben können, wegen einiger Irrtümer gegen den Verteidiger der Gottheit und den Schutzredner der Religion vorzugehen, die jetzt so allgemein angegriffen wird, während sie die unsittlichsten, schändlichsten und die Religion beleidigendsten Schriften dulden, welche das Christentum und die guten Sitten aufs äußerste beleidigen, jede Tugend und alle Moral untergraben und welche Rousseau selbst glaubte, widerlegen zu müssen? Man hätte die geheimen Beweggründe einer so anstößigen Parteilichkeit aufgesucht, und man hätte sie in dem Eifer des Angeklagten für die Freiheit und in dem Vorsatz der Richter, dieselbe zu zerstören, gefunden. Rousseau wäre der Märtyrer seiner vaterländischen Gesetze geworden. Seine Verfolger, welche bei dieser einzigen Gelegenheit die Maske der Heuchelei angenommen hätten, wären verdächtigt worden, mit der Religion zu spielen und sie zum Werkzeug ihrer Rache und ihres Hasses machen zu wollen. Kurz, wegen dieser Begierde, einen Menschen zu strafen, dessen größtes Verbrechen die Vaterlandsliebe ist, hätten sie sich bei den rechtschaffenen Leuten verhaßt, bei den Bürgern verdächtig und bei den Fremden verächtlich gemacht.« Sehen Sie, mein Herr, dies hätte man sagen können, und dies ist die ganze Gefahr, welche der Rat gelaufen wäre, wenn er, das Vergehen vorausgesetzt, sich seiner Beurteilung enthalten hätte.

Man hat recht gehabt, zu behaupten, daß man entweder das Evangelium oder Rousseaus Schriften verbrennen müsse.

Welch bequemes Verfahren befolgen diese Herren nicht gegen mich! Wenn sie Beweise nötig haben, so häufen sie die Sätze, und wenn sie Zeugnisse brauchen, so lassen sie unbekannte Personen reden.

Der obige Ausspruch hat nur einen Sinn, wenn er eine Ausschweifung ist, und dieser Sinn ist eine Gotteslästerung.

Denn welche Gotteslästerung ist es nicht, das Evangelium und die Sammlung meiner Schriften in ihren Grundsätzen so nebeneinander zu stellen, daß sie einander wechselweise ergänzen und man ohne Unterschied eine von ihnen als überflüssig verbrennen kann, wenn man nur das andere bewahrt? Ich bin freilich ohne Zweifel so nahe wie möglich der Lehre des Evangeliums gefolgt, ich habe sie geliebt, ich habe sie angenommen, erweitert, erklärt, ohne mich bei den Dunkelheiten, den Schwierigkeiten und Mysterien aufzuhalten, ohne mich vom Wesentlichen zu entfernen: Ich habe mit ganzem Herzen an ihr gehangen und mich geärgert und darüber entrüstet, daß diese heilige Lehre jetzt von unseren sogenannten Christen so entweiht wird, und zwar besonders durch diejenigen, deren Beruf es ist, sie uns zu lehren. Ich wage sogar zu glauben und ich rühme mich dessen, daß keiner von ihnen würdiger als ich vom wahren Christentum und von seinem Urheber gesprochen hat. Dafür habe ich sogar das Zeugnis und selbst den Beifall meiner Gegner, nicht zwar von denen in Genf, wohl aber von denen, deren Haß keine Raserei ist und denen die Leidenschaft nicht alles Gefühl der Billigkeit genommen hat. Dies ist wahr und dies beweisen meine *Antwort an den König von Polen*, mein *Brief an Herrn d'Alembert*, die *Héloïse*, der *Emile* und alle meine Schriften, welche dieselbe Liebe zum Evangelium und dieselbe Verehrung für Jesus Christus atmen. Daß aber daraus zu folgern wäre, daß ich meinem Meister und Lehrer nahekomme und daß meine Schriften seine Lehren ergänzen könnten, das ist falsch, widersinnig und abscheulich; ich verabscheue eine solche Gotteslästerung und weise eine solche Verwegenheit von mir. Nichts kann sich mit dem Evangelium vergleichen. Allein, seine erhabene Einfachheit ist nicht jedem Menschen gleichermaßen zugänglich. Man muß es, um es ihnen begreiflich zu machen, unter verschiedenen Gesichtspunkten darstellen. Man muß dieses heilige Buch als die Richtschnur des Herrn aufbewahren und meine Schriften als die Auslegungen eines Schülers.

Bisher habe ich die Frage nur in einer etwas allgemeinen Weise betrachtet. Wir wollen sie nun mit den Handlungen zusammenhalten durch den Vergleich der Verfahren von 1563 und 1762 mit den Ursachen, welche man für diese Unterschiede angibt. Da dies in Rücksicht meiner der entscheidende Punkt ist, so kann ich, ohne meine Sache zu vernachlässigen, Ihnen die Einzelheiten dieser Untersuchung nicht ersparen, die zwar an sich selbst betrachtet vielleicht unergiebig, aber für Sie und Ihre Mitbürger in vieler Hinsicht wichtig sind. Dies ist eine neue Untersuchung, welche nicht unterbrochen werden darf und allein einen langen Brief füllen wird. Haben Sie noch etwas Geduld, mein Herr, es wird der letzte dieser Art sein, in welchem ich von mir handeln werde.

FÜNFTER BRIEF

Nachdem, wie Sie gesehen haben, der Verfasser der Briefe die Notwendigkeit, gegen mich mit Strenge zu verfahren, behauptet hat, beweist er auch, wie Sie nun sehen werden, daß das Verfahren, das gegenüber Jean Morelli angewandt wurde, obgleich es der Ordonnanz völlig gemäß war und obgleich der Fall dem meinigen glich, dennoch in Rücksicht meiner nicht als Beispiel dienen konnte, weil erstens der Rat über dem Erlaß steht und nicht verbunden ist, sich danach zu richten, und zweitens weil mein Verbrechen weit schwerer war als Morellis Vergehen und daher auch schärfer geahndet werden mußte. Zu diesen Beweisen fügt der Verfasser noch hinzu, es sei nicht wahr, daß man mich verurteilt hätte, ohne mich zu hören, da es genügte, das Buch selbst zu hören, außerdem falle die Schändung eines Buches keineswegs auf den Verfasser desselben zurück, und schließlich seien alle die Werke, deren Duldung man dem Rat vorwirft, im Vergleich zu den meinigen ganz unschuldig und zu dulden.

Was den ersten Punkt betrifft, so werden Sie vielleicht kaum glauben können, daß man sich unterstanden hat, den kleinen Rat ohne weiteres über die Gesetze zu stellen. Ich kann Sie also nicht besser davon überzeugen, als wenn ich die Stelle, wo dieser Grundsatz behauptet wird, hierhersetze, und aus Furcht, den Sinn dieser Stelle zu verdrehen, will ich sie ganz hersetzen.

»Wollte wohl die Ordonnanz der bürgerlichen Macht die Hände binden und sie zwingen, Vergehen gegen die Religion nicht eher zu bestrafen, als bis das Konsistorium darüber gesprochen hat? Wenn dies wahr wäre, so würde daraus folgen, daß man ungestraft gegen die Religion schreiben könnte, ohne daß die Regierung die Macht hätte, diese Frechheit zu unterdrücken und ein Buch dieser Art zu verbieten, denn obgleich die Ordonnanz befiehlt, daß der Schuldige sich zuerst dem Konsistorium stellen solle, schreibt sie aber auch vor, daß, *wenn er sich unterwirft, man ihn ohne Entehrung dulden soll*. Nun mag das Verbrechen noch so groß sein, so könnte der Verbrecher unter dem Schein der Besserung immer entwischen, und derjenige, der die Religion vor der ganzen Welt gelästert hat, müßte wegen einer scheinbaren Reue *ohne Entehrung* geduldet werden. Diejenigen, welche den Geist der Strenge kennen, welcher damals herrschte, als die Ordonnanz abgefaßt wurde, werden wohl schwerlich glauben, daß dies der Sinn des 88. Artikels der Ordonnanz sein kann.

Wenn das Konsistorium nicht handelt, bindet seine Untätigkeit dann dem Rat die Hände? Oder soll der Rat nur die Rolle des Anklägers beim Konsistorium spielen können? Dies wollte die Ordonnanz nicht sagen, als sie, nachdem sie von der Einsetzung der Pflichten und der Macht des Konsistoriums gehandelt hatte, schloß, daß die bürgerliche Macht erhalten bleiben müsse, ohne daß ihre Autorität oder der gewöhnliche Gang der Justiz durch irgendwelche Vorstellungen der Geistlichkeit geschmälert oder abgeändert werden könnte. Diese Ordonnanz bestimmt also gar nicht, wie man es in den Repräsentationen behauptet, daß die Diener des Evangeliums in dergleichen Fällen natürlichere Richter wären als der Rat. Alles, was zur Autorität in Religionsfragen gehört, fällt in die Zuständigkeit der Regierung. Dies ist der Grundsatz der Protestanten und vorzüglich der Grundsatz unserer eigenen Verfassung, die im Falle eines Streits den Räten das Recht zuspricht, in Fragen der Lehre zu entscheiden.«

In diesen letzten Zeilen, mein Herr, finden Sie den Grundsatz, auf welchem alles vorher Gesagte beruht. Um also bei dieser Untersuchung ordentlich zu Werk zu gehen, muß man mit dem Ende anfangen.

Alles was zur Autorität in Religionsfragen gehört, fällt in die Zuständigkeit der Regierung.

In dem Wort *Regierung* liegt hier eine Zweideutigkeit, die erst geklärt werden muß, und ich rate Ihnen, wenn Sie die Verfassung Ihres Vaterlandes lieben, auf den Unterschied, den ich jetzt machen werde, genau zu achten; Sie werden den Nutzen davon bald einsehen.

Das Wort *Regierung* hat nicht einerlei Sinn in allen Ländern, weil die Verfassung der Staaten nicht überall dieselbe ist.

In den Monarchien, wo die ausübende Gewalt mit der Ausübung der Souveränität verbunden ist, ist die Regierung nichts anderes als der Souverän selbst, der durch seine Minister, seine Räte oder durch andere Körperschaften wirkt, welche unbedingt von seinem Willen abhängen. In den Republiken, besonders in den Demokratien, wo der Souverän niemals unmittelbar durch sich selbst wirkt, ist es ganz anders. Die Regierung ist dann nichts weiter als die ausübende Macht und von der Souveränität ganz verschieden.

Dieser Unterschied ist bei diesen Fragen sehr wichtig. Um ihn ganz gegenwärtig zu haben, muß man die beiden ersten Kapitel des dritten Buches des *Gesellschaftsvertrages* aufmerksam lesen, wo ich mich bemüht habe, gewisse Ausdrücke genau zu bestimmen, die man mit Absicht unbestimmt ließ, um ihnen im Notfall jede beliebige Erklärung geben zu können. Im allgemeinen lieben es die Oberhäupter der Republiken außerordentlich, die Sprache der Monarchien zu führen. Mit Hilfe der Worte, welche heilig zu sein scheinen, wissen sie sich nach und nach der Sachen selbst zu bemächtigen, die sie bedeuten. Dies tut auch hier der Verfasser der Briefe sehr geschickt, indem er das Wort *Regierung*, welches an sich selbst nichts Erschreckendes hat, für die Ausübung der Souveränität nimmt, was äußerst auffallend wäre, wenn diese ohne weiteres dem Kleinen Rat zugeschrieben würde.

An einer anderen Stelle* tut er dies noch deutlicher, wo er, nachdem er gesagt hat, das *der Kleine Rat die Regierung selbst ist*, welches wahr ist, wenn man das Wort *Regierung* in einem untergeordneten Sinne nimmt, hinzuzufügen wagt, daß er kraft dieses Titels die ganze Autorität ausübe, soweit diese nicht den anderen Körperschaften des Staates zugewiesen ist. Er nimmt also hier das Wort Regierung im Sinne von Souveränität, gerade als wenn alle Körperschaften des Staates und selbst der Allgemeine Rat vom Kleinen Rat eingesetzt worden wären. Denn bloß durch diese Voraussetzung kann er sich diejenige Macht allein zuschreiben, welche das Gesetz ausdrücklich niemandem gibt. Ich werde diese Frage nachher wieder aufnehmen.

Nachdem diese Zweideutigkeit geklärt ist, sieht man den Trugschluß des Verfassers offenbar. Zu behaupten, daß alles, was zur Autorität in Religionsfragen gehört, in die Zuständigkeit der Re-

* Seite 66.

gierung falle, ist ein wahrer Satz, wenn man unter dem Wort Regierung die gesetzgebende Gewalt oder den Souverän versteht. Allein, es ist grundfalsch, wenn man darunter die ausübende Gewalt oder den Magistrat versteht, und man wird in Ihrer Republik kein Beispiel dafür finden, daß der Allgemeine Rat dem Kleinen Rat das Recht übertragen hat, in letzter Instanz alles zu entscheiden, was die Religion betrifft.

Eine andere, noch feinere Zweideutigkeit, welche die erste unterstützt, kommt im folgenden noch hinzu. *Dies ist der Grundsatz der Protestanten und vorzüglich der Geist unserer eigenen Verfassung, welche im Falle eines Streites den Räten das Recht erteilt, über die Lehre zu entscheiden.* Dieses Recht, es mag nun Streit bestehen oder nicht, gehört ohne Zweifel *den Räten*, aber nicht *dem Rat*. Sehen Sie, wie man mit einem Buchstaben mehr oder weniger die Verfassung eines Staates ändern kann.

Nach den protestantischen Grundsätzen gibt es keine andere Kirche als den Staat und keinen anderen geistlichen Gesetzgeber als den Souverän. Dies zeigt sich deutlich vor allem in Genf, wo die geistliche Ordonnanz im Allgemeinen Rat ebenso die Bestätigung erhielten wie die bürgerlichen Edikte.

Da nun der Souverän unter dem Namen der Reformation die Lehre vorgeschrieben hat, welche in Genf gelehrt, und die Form des Gottesdienstes, welche hier befolgt werden soll, so hat er die Sorge für die Erhaltung dieser Lehre und dieses Gottesdienstes, so wie sie vom Gesetz festgelegt sind, auf zwei Körperschaften verteilt. Der einen hat er die öffentliche Lehre, die Bestimmung dessen, was für oder wider die Religion des Staates ist, die nötigen Ermahnungen zur Besserung, ja selbst die geistlichen Strafen wie die Exkommunikation übertragen. Der anderen hat er die Sorge für die Ausübung der Gesetze in diesem und allen andern Punkten, sowie die bürgerliche Bestrafung besonders hartnäckiger Pflichtverletzungen anvertraut.

Jedes geregelte Verfahren dieser Art muß also mit der Untersuchung des Tatbestandes beginnen, nämlich mit der Frage, ob der Angeklagte wirklich eines Vergehens gegen die Religion schuldig ist, und diese Untersuchung kommt laut Gesetz allein dem Konsistorium zu.

Wenn das Vergehen festgestellt ist und wenn es von solcher Art ist, daß es eine bürgerliche Strafe verdient, dann kommt es allein dem Magistrat zu, Recht zu sprechen und diese Strafe zu bestimmen. Der geistliche Gerichtshof übergibt den Verbrecher dem bürgerlichen Gericht, und so kommt es in diesen Fragen zur Zuständigkeit des Rates.

Allein, sobald der Rat als Theologe darüber entscheiden will, was zur Lehre gehört und was nicht, und sobald das Konsistorium sich der bürgerlichen Rechtsprechung bemächtigen will, so gehen beide Körperschaften über ihre Zuständigkeit hinaus und sind gegen das Gesetz und den Souverän, der es gegeben hat, ungehorsam, denn der Souverän ist sowohl geistlicher als weltlicher Gesetzgeber und muß von beiden Seiten als solcher anerkannt werden.

Der Magistrat ist in allen bürgerlichen Angelegenheiten Richter über die Geistlichen, aber niemals in dem, was die Lehre betrifft, denn dort ist das Konsistorium zuständig. Wenn der Rat in Kirchenfragen Urteile sprechen dürfte, so hätte er auch das Recht der Exkommunikation, während vielmehr seine Mitglieder selber ihr unterworfen sind. Ein sonderbarer Widerspruch in dieser Sache ist, daß man mich wegen meiner Irrtümer verurteilt, aber nicht exkommuniziert hat; der Rat verfolgt mich als einen Abtrünnigen, während mich das Konsistorium unter den Gläubigen läßt! Ist dies nicht eigenartig?

Es ist allerdings wahr, daß, wenn Streitigkeiten unter den Geistlichen entstehen und sie sich wegen der Hartnäckigkeit einer der Parteien weder untereinander noch durch Vermittlung der Ältesten einigen können, so bestimmt der Artikel 18, daß die Sache vor den Magistrat gebracht werden soll, *damit sie beigelegt werde.*

Allein, eine Streitsache beilegen heißt noch lange nicht in Glaubenssachen entscheiden. Die Ordonnanz erklärt den Grund selbst, warum man sich an den Magistrat wendet: es ist die Hartnäckigkeit einer der Parteien. Nun aber fällt in allen Staaten die Polizei, die Schlichtung der Streitigkeiten, die Erhaltung des Friedens und aller öffentlichen Verwaltung sowie auch die Zurechtweisung der Hartnäckigen unstreitig in die Zuständigkeit des Magistrats. Deswegen kann er noch nicht über die Lehre urteilen, sondern er wird bloß die Ruhe in der Versammlung wiederherstellen, damit diese urteilen kann.

Und wenn auch der Rat wirklich der oberste Richter in Fragen der Lehre wäre, so könnte er dennoch nicht die durch das Gesetz einmal festgesetzte Ordnung umstoßen, welche dem Konsistorium die Kenntnis in diesen Fragen zuschreibt, ebensowenig als es ihm, obgleich oberster Richter, erlaubt ist, die bürgerlichen Streitsachen an sich zu ziehen, ehe sie die unteren Instanzen durchlaufen haben.

Der Artikel 18 sagt deutlich, daß wenn die Geistlichen sich nicht einigen können, die Sache vor den Magistrat gebracht werden muß, damit er sie beilege, aber er sagt nicht, daß die erste Beurteilung der Lehre dem Konsistorium vom Magistrat entzogen werden könne, und man findet seit der Gründung der Republik kein einziges Beispiel eines solchen Übergriffs.* Dies scheint der Verfasser der Briefe selbst zuzugeben, wenn er sagt, daß *im Falle eines Streites* die Räte das Recht haben, über Fragen der Lehre zu entscheiden, denn dies heißt soviel, daß ihnen dieses Recht erst nach der Untersuchung des Konsistoriums zukommt und daß sie es dann überhaupt nicht haben, wenn das Konsistorium einig ist.

* Im sechzehnten Jahrhundert gab es viele Streitigkeiten über die Gnadenwahl, die man besser den Schülern zur Belustigung überlassen hätte, aber man machte wie gewöhnlich eine große Staatsaffäre daraus. Indessen waren es doch die Geistlichen, die darüber urteilten, und selbst gegen das allgemeine Interesse. Soviel ich weiß, hat der Kleine Rat seit den Edikten niemals ohne sie über die Lehre befunden. Ich kenne nur ein einziges Urteil dieser Art, und dies wurde von dem Rat der Zweihundert gesprochen. Dies geschah im Jahre 1669 bei dem großen Streit über die besondere Gnadenwahl. Nach langen und unnützen Streitigkeiten in der Geistlichkeit und im Konsistorium brachten die Professoren, da sie sich nicht einigen konnten, die Sache vor den Kleinen Rat, der sie aber nicht entschied. Der Rat der Zweihundert untersuchte sie und entschied endlich. Die wichtige Frage, über die man stritt, war, zu bestimmen, ob Christus bloß für das Heil der Auserwählten oder auch für das Heil der Verdammten gestorben sei? Nach vielen Sitzungen und reiflicher Überlegung entschied der Hohe Rat der Zweihundert, daß Jesus nur für das Heil der Auserwählten gestorben sei. Man kann leicht einsehen, daß dieses Urteil Ansichtssache war und daß Jesus für das Heil der Verdammten gestorben wäre, wenn nur Professor Tronchin damals mehr Vertrauen genossen hätte als sein Gegner. Dies alles ist ohne Zweifel ziemlich lächerlich, jedoch kann man immer behaupten, daß es sich hier nicht um einen Glaubenssatz handelte, sondern um die

Diese Unterscheidungen des bürgerlichen und des geistlichen Bereichs sind klar und gründen sich nicht allein auf das Gesetz, sondern auf die Vernunft, welche nicht will, daß Richter, von denen das Schicksal der einzelnen Menschen abhängt, darüber anders als nach beständigen Tatsachen, aufgrund positiver und sorgfältig geführter Beweise, und nicht aufgrund so unbestimmter und willkürlicher Beschuldigungen, wie es die Irrtümer in der Religion sind, entscheiden können, und welche Sicherheit bliebe den Bürgern, wenn unter so vielen dunklen Lehrsätzen, die so vieler verschiedener Auslegungen fähig sind, der Richter nach Gefallen diejenige wählen dürfte, welche den Angeklagten belastete oder entlastete, um ihn entweder zu verdammen oder ihn freizusprechen?

Der Beweis dieser Unterscheidungen liegt in der Verfassung selbst, welche gewiß keinen unnützen Richterstuhl eingesetzt hätte, denn sobald der Rat, vor allem in erster Instanz, über geistliche Fragen entscheiden könnte, so wäre die Einrichtung des Konsistoriums ganz überflüssig.

Man findet diesen Beweis noch an vielen anderen Stellen der Ordonnanz, wo der Gesetzgeber mit viel Sorgfalt Macht und Ansehen der beiden Ordnungen unterscheidet, eine Unterscheidung, die ganz unnütz wäre, wenn die eine der anderen in der Ausübung ihrer Aufgaben in allem unterworfen wäre. Man sehe in den Artikeln XXIII und XXIV die Liste der Verbrechen, die durch die Gesetze strafbar sind, und jener Verbrechen, deren *erste Untersuchung dem Konsistorium* zukommt.

Man betrachte ferner den Schluß des Artikels XXIV, welcher befiehlt, daß in diesem letzteren Fall nach der Überführung des Schuldigen das Konsistorium dem Rat Bericht abstatten und seine Meinung beifügen soll, *damit,* sagt die Ordonnanz, *das*

Einheitlichkeit der öffentlichen Lehre, über welche die Regierung allerdings die Aufsicht hat. Man kann noch hinzufügen, daß dieser schöne Streit damals so viel Aufsehen erregte, daß die ganze Stadt im Aufruhr war. Allein, dem sei, wie ihm wolle, jedenfalls mußten die Räte den Streit beilegen, ohne über die Lehre zu befinden. Die Entscheidung aller dieser Fragen, welche niemanden betreffen und von denen niemand, wer es auch sei, etwas verstehen kann, muß für immer den Theologen überlassen bleiben.

Urteil über die Bestrafung immer den Herren vorbehalten bleibe. Aus diesen Ausdrücken kann man schließen, daß das Urteil über die Lehre dem Konsistorium zukommt.

Man betrachte ferner den Eid der Prediger, welche schwören, für ihre Person dem Gesetz und dem Magistrat unterworfen und gehorsam zu sein, soweit es ihr Amt erlaubt, das heißt ohne die Freiheit einzuschränken, die sie haben müssen, zu lehren, wie es ihnen Gott befiehlt. Wo bliebe aber diese Freiheit, wenn sie durch die Gesetze in Ansehung dieser Lehre einer anderen als ihrer eigenen Körperschaft unterworfen wäre?

Man betrachte den Artikel 80, in dem die Ordonnanz dem Konsistorium nicht allein vorschreibt, über alle allgemeinen und besonderen Unordnungen der Kirche zu wachen, sondern es sogar dafür einsetzt. Hat nun dieser Artikel einen Sinn oder hat er keinen? Ist er unbedingt oder nur bedingt anzunehmen? Sollte das Konsistorium, das durch die Gesetze verordnet ist, bloß eine von der Willkür des Rates abhängige unsichere Existenz haben?

Man siehe Artikel 97 derselben Ordannanz, wo für die Fälle, in denen bürgerliche Strafe nötig ist, gesagt wird, daß das Konsistorium, nachdem es die Parteien angehört und die geistlichen Ermahnungen und Tadel ausgesprochen hat, das Ganze dem Rat berichten soll, welcher *nach seinem Bericht* (man achte auf die Wiederholung dieses Wortes) *anordnen und urteilen wird, je nachdem wie es der Fall erfordert.* Man sehe ferner, was im selben Artikel weiter folgt, und vergesse nicht, daß es der Souverän ist, der hier spricht. *Denn obgleich die Oberherrschaft und die Herren, welche Gott uns gegeben hat, und die geistliche Regierung, welche er in seiner Kirche errichtet hat, zwei miteinander verbundene und untrennbare Dinge sind, so dürfen sie dennoch nicht miteinander verwechselt werden, weil derjenige, der über alles herrscht und dem wir uns nach unserer Pflicht gänzlich unterwerfen wollen, auf diese Weise als Urheber der politischen wie geistlichen Regierung erkannt sein will, daß er jedoch ausdrücklich sowohl die Ernennungen wie die Verwaltungen beider unterschieden hat.*

Allein, wie soll man beide Verwaltungen unter der gemeinsamen Autorität des Gesetzgebers unterscheiden, wenn eine nach Gefallen in die Rechte der anderen eingreifen kann? Wenn hier kein Widerspruch ist, so finde ich nirgends einen.

Der Artikel 88, welcher ausdrücklich die Verfahrensart vorschreibt, welche gegen diejenigen, die lehren, zu beachten ist, füge ich noch einen anderen, ebenso wichtigen hinzu, nämlich den Artikel 53, wo *vom Katechismus* gehandelt wird und wo befohlen wird, daß diejenigen, die der guten Ordnung zuwider handeln, ermahnt werden sollen; wenn sie aber beharren, so sollen sie vor das Konsistorium gefordert werden, und *wenn sie* dann den Vorstellungen, die man ihnen machen wird, *kein Gehör geben, so soll den Herren Bericht davon erstattet werden.*

Von welcher guten Ordnung ist hier die Rede? Der Titel selbst sagt es; von der guten Ordnung in Glaubensdingen, denn es ist hier nur vom Katechismus als deren Inbegriff die Rede. Übrigens kommt die Erhaltung der guten Ordnung im allgemeinen eher dem Magistrat als der geistlichen Gerichtsbarkeit zu. Man betrachte indessen, mit welcher Abstufung! Erstens *soll man ermahnen;* wenn der Beklagte hartnäckig bleibt, *soll er vor das Konsistorium gefordert werden,* und wenn er auch dann nicht gehorcht, *soll den Herren Bericht davon erstattet werden.* In allen Glaubensfragen kommt die letzte Entscheidung immer den Räten zu, so will es das Gesetz, so lauten alle Ihre Gesetze. Allein, ich suche vergeblich in allen Ihren Edikten einen einzigen Artikel, kraft dessen der Kleine Rat sich auch die erste Zuständigkeit anmaßen und aus einem solchen Vergehen sogleich eine Kriminalsache machen könnte.

Dieses Verfahren ist nicht allein dem Gesetz, sondern auch der Billigkeit, der gesunden Vernunft und dem allgemeinen Gebrauch zuwider. In allen Ländern der Welt ist es die Regel, daß man in dem, was eine Wissenschaft oder eine Kunst betrifft, zuerst das Urteil der Professoren dieser Wissenschaft oder der Kunstverständigen anhöre; warum sollte denn in der dunkelsten und schwierigsten aller Wissenschaften, warum sollte, wenn es sich um die Ehre und die Freiheit eines Menschen handelt, die Obrigkeit die nötige Vorsicht hintansetzen, welche sie in der geringsten mechanischen Kunst und in Fragen von geringster Bedeutung beobachtet?

Nochmals, was setzt man so vielen Autoritäten und so vielen Gründen, welche die Unrechtmäßigkeit eines solchen Verfahrens beweisen, entgegen? Mit welchem Gesetz oder Edikt versucht man sie zu rechtfertigen? Die einzige Stelle, welche der Verfasser der Briefe anführen konnte, ist die folgende, deren Worte er noch versetzt, um den Sinn zu verwirren.

*Alle geistlichen Ermahnungen müssen jedoch so abgefaßt sein, daß das Konsistorium dadurch der Autorität der Herren und dem gewöhnlichen Lauf der Gerechtigkeit nicht zu nahe trete, sondern daß die bürgerliche Gewalt dadurch unverletzt bleibe.**

Nun hören Sie die Folgerung, die er daraus herleitet. »Diese Ordonnanz will also nicht sagen, wie es die Repräsentationen behaupten, daß die Prediger des Evangeliums in diesen Dingen natürlichere Richter wären als die Räte.« Setzen wir zunächst das Wort Rat im Singular, und dies aus wichtigen Gründen.

Wo aber haben die Repräsentanten jemals behauptet, daß die Prediger des Evangeliums in solchen Fragen natürlichere Richter wären als der Rat?**

Laut dem Edikt sind das Konsistorium und der Rat natürliche Richter, jeder in seinem Bereich, jenes über die Lehre und dieser über das Vergehen. Die bürgerliche und geistliche Gewalt bleiben also jede für sich ganz unter der gemeinschaftlichen Autorität des Souveräns, und was würde hier das Wort *bürgerliche Gewalt* bedeuten, wenn nicht noch eine andere Macht darunter verstanden würde? Ich für mein Teil finde in dieser Stelle nichts, was den natürlichen Sinn derjenigen Stellen, die ich angeführt habe, verändert; und mehr noch, sie werden durch die folgenden Zeilen noch mehr bestätigt, weil der Stand bestimmt wird, in welchen das Konsistorium das Verfahren erst gebracht haben muß, ehe es dem Rat vorgelegt wird. Dies ist gerade das Gegenteil von dem, was der Verfasser daraus folgern will.

* *Ordonnances ecclésiastiques* Art. XCVII.

** *Die Untersuchung und Auseinandersetzung dieser Frage*, sagen sie Seite 42, *kommen eher den Predigern als dem Hohen Rat zu.* Von welcher Frage ist hier die Rede? Davon, ob ich unter dem Schein des Zweifels in meinem Buch alles zusammengesammelt habe, was die Grundfesten der christlichen Religion untergraben, erschüttern und zerstören kann. Dies nimmt der Verfasser der Briefe zum Vorwand, um die Repräsentanten sagen zu lassen, daß in dieser Sache die Priester natürlichere Richter wären als die Räte. Sie sind unstreitig natürlichere Richter über die theologische Frage, aber nicht über die Strafe, die dieses Vergehen verdient, und dies haben die Repräsentanten auch weder gesagt noch zu verstehen gegeben.

Allein, bemerken Sie nun, wie er, da er die Ordonnanz in ihrem Wortlaut nicht angreifen kann, sie durch seine Folgerungen angreift.

»Wollte wohl die Ordonnanz der bürgerlichen Macht die Hände binden und sie zwingen, Vergehen gegen die Religion nicht eher zu bestrafen, als bis das Konsistorium darüber gesprochen hat? Wenn dies wahr wäre, so würde daraus folgen, daß man ungestraft gegen die Religion schreiben könnte, denn unter dem Anschein, sich zu bessern, könnte der Beklagte immer entwischen, und derjenige, der die Religion vor der ganzen Welt gelästert hat, müßte wegen einer scheinbaren Reue ohne Entehrung geduldet werden.«*

Um also dieses fürchterliche Unglück zu hindern und diese anstößige Ungestraftheit zu unterdrücken, will der Verfasser das Gesetz nicht nach dem Buchstaben befolgt wissen. Indessen spricht derselbe Verfasser sechzehn Seiten weiter doch folgendermaßen.

»Die Politik und die Philosophie können diese Freiheit, alles zu schreiben, dulden, allein, unsere Gesetze verbieten sie. Es fragt sich nun, ob das Urteil des Rats gegen die Schriften des Herrn Rousseau und der Befehl gegen seine Person unseren Gesetzen zuwider sind, und nicht, ob sie der Philosophie und der Politik angemessen sind.«**

Anderwärts gibt eben dieser Verfasser zu, daß die Schändung eines Buches dessen Argumente doch nicht umstößt, sondern sie sogar noch mehr bekannt macht, und setzt hinzu: »Insofern finde ich meine eigenen Grundsätze zwar in denen der Repräsentationen wieder, aber diese Grundsätze sind nicht die unserer Gesetze.«***

Wenn ich nun alle diese Abschnitte sammle und zusammenziehe, so finde ich ungefähr folgenden Sinn heraus:

Obgleich die Philosophie, die Politik und die Vernunft die Freiheit, alles zu schreiben, verteidigen können, so muß man dennoch in unserem Staat diese Freiheit bestrafen, weil unsere Gesetze sie verbieten. Allein, man darf

* Seite 14.
** Seite 30.
*** Seite 22.

dessenungeachtet unsere Gesetze nicht nach dem Buchstaben befolgen, weil man dann diese Freiheit nicht bestrafen würde.

Aufrichtig gesagt, ich finde hierin ein unverständliches Gewäsch, das mir anstößig ist, und dennoch scheint der Verfasser ein Mann von Geist zu sein; ich vermute also, daß ich mich bei dieser Zusammenfassung geirrt habe, obgleich ich nicht sehen kann, worin. Vergleichen Sie also selbst die Stellen auf den Seiten 14, 22, 30 miteinander und sehen Sie, ob ich recht oder unrecht habe.

Wie dem auch sei, so wollen wir, bis der Verfasser uns jene anderen Gesetze zeigt, welche die Vorschriften der Philosophie und der Politik verbieten, die Untersuchung seiner Einwände gegen diese wieder vornehmen.

Erstens, weit entfernt, daß es, um kein Verbrechen ungestraft zu lassen, in einer Republik dem Magistrat erlaubt sein sollte, das Gesetz zu verschärfen, so ist es ihm nicht einmal erlaubt, es auf Vergehen auszudehnen, die nicht ausdrücklich darin bestimmt sind, und man weiß, wie viele Übeltäter in England unter dem Schutz der geringsten feinen Unterscheidung im Wortlaut des Gesetzes ihrer Strafe entgehen. Vauvenargues sagt: *Jeder, der strenger ist als die Gesetze, ist ein Tyrann.**

Wir wollen aber sehen, ob die Folgen einer Ungestraftheit dieser Art so fürchterlich sind, wie der Verfasser der Briefe vorgibt.

Um den Geist der Gesetze recht zu beurteilen, muß man sich immer jenen großen Grundsatz zurückrufen, daß die besten Kriminalgesetze diejenigen sind, welche aus der Natur der Verbrechen die Züchtigungen herleiten, die sie verdient haben. Daher müssen die Mörder mit dem Tod bestraft werden, die Diebe mit

* Da es in Genf keine geschriebenen Strafgesetze im eigentlichen Sinne gibt, so bestimmt der Magistrat die Strafe der Verbrechen nach Belieben, welches sicherlich ein großer Fehler in der Gesetzgebung und ein schrecklicher Mißbrauch in einem freien Staat ist. Allein, diese Macht des Magistrats erstreckt sich nur auf die Verbrechen gegen das Naturgesetz, die in jeder Gesellschaft als solcher anerkannt sind, oder auf Dinge, die im positiven Gesetz ausdrücklich verboten sind; sie erstreckt sich nicht so weit, um ein eingebildetes Verbrechen auszudenken, wo es keines gibt, noch auch darauf, bei irgend einem Verbrechen die Ordnung des Verfahrens, die durch das Gesetz vorgeschrieben ist, umzustoßen, aus Furcht, der Täter möchte entwischen.

dem Verlust ihres Vermögens oder, wenn sie keines haben, mit dem ihrer Freiheit, welche das einzige Gut ist, das ihnen alsdann übrigbleibt. Ebenso müssen die Strafen für Vergehen allein gegen die Religion allein aus der Religion hergenommen werden, wie zum Beispiel die Nichtzulassung zum Beweis durch den Eid in Dingen, die ihn erfordern, ferner die Exkommunikation, welche für jeden, der wider die Religion lehrt, als die schärfste Strafe vorgeschrieben ist. In jedem Falle wird aber die Überweisung an den Magistrat vorbehalten, der hernach das bürgerliche Verbrechen, wenn eines vorhanden ist, bürgerlich bestraft.

Nun aber muß man sich erinnern, daß die Ordonnanz, der Verfasser der Briefe und ich hier bloß von einem einfachen Vergehen wider die Religion reden. Wäre aber das Vergehen verwikkelt und hätte ich zum Beispiel mein Buch in dem Staat selbst ohne Erlaubnis drucken lassen, so wäre ich, auch wenn das Konsistorium mich freisprechen würde, es unbestreitbar nicht vor dem Magistrat.

Diesen Unterschied nun einmal festgesetzt, komme ich noch einmal darauf zurück und sage ferner: der Unterschied zwischen den Vergehen gegen die Religion und den bürgerlichen Vergehen besteht darin, daß letztere entweder den Menschen oder den Gesetzen zuwiderhandeln und ein wirkliches Übel zufügen, für welches die allgemeine Sicherheit notwendigerweise Ersatz und Bestrafung fordert; die anderen aber sind bloße Beleidigungen gegen die Gottheit, der niemand schaden kann und die auch dem Reuigen gerne verzeiht. Wenn die Gottheit versöhnt ist, so bleibt nichts zu bestrafen übrig als das Ärgernis, und dies wird behoben, indem man die Reue ebenso öffentlich bekannt macht, als der Fehler es war. Die christliche Liebe ahmt dann die göttliche Gnade nach, und es wäre eine widersinnige Inkonsequenz, die Religion durch eine Strenge rächen zu wollen, die sie selbst verwirft. Die menschliche Gerechtigkeit kann und darf nicht auf die Reue sehen, ich weiß es, allein, eben dies ist die Ursache, warum in dem Fall eines Fehlers, der durch Reue gebüßt werden kann, die Ordonnanz gewisse Maßregeln vorgeschrieben hat, damit der bürgerliche Richterstuhl nicht zuerst darüber befinde.

Das schreckliche Übel, welches, wie der Verfasser glaubt, daraus entstehen würde, wenn man Vergehen gegen die Religion nicht auch bürgerlich bestrafte, ist also wirklich nicht so groß, wie er es sich vorstellt, und die Folgerung, die er daraus herleitet, um zu beweisen, daß dies nicht der Geist des Gesetzes sei, ist falsch und ganz gegen die ausdrücklichen Worte des Gesetzes.

Nun mag das Verbrechen noch so groß sein, fügt er hinzu, *so könnte der Verbrecher unter dem Schein der Besserung immer entwischen.* Die Ordonnanz sagt nicht: *wenn er sich den Anschein gibt, sich zu bessern,* sondern sie sagt: *wenn er sich bessert,* und es gibt hier ebenso gewisse Regeln wie in jedem anderen Falle, um den falschen Anschein von der Wirklichkeit zu unterscheiden, besonders in Rücksicht der äußeren Wirkung, welche in den Worten: *wenn er sich bessert,* begriffen liegt.

Wenn aber der Schuldige nach seiner Besserung wieder zurückfällt, so begeht er ein neues, noch schwereres Verbrechen, welches eine strengere Bestrafung verdient. Er ist nun rückfällig, und die Mittel, ihn zu seiner Pflicht zurückzubringen, sind strenger. Der Rat hat hierin das gerichtliche Verfahren der Inquisition zum Muster*, und wenn der Verfasser der Briefe nicht gerne sieht, daß man ebenso sanft wie sie verfahre, so muß man doch wenigstens die Unterscheidung der Fälle zugestehen, denn auf die bloße Vermutung, daß ein Verbrecher zurückfallen könnte, ist es nicht erlaubt, ihn vorher schon so zu behandeln, als wenn er wirklich schon rückfällig wäre.

Der Verfasser stützt sich jedoch auf diese falschen Folgerungen, um zu behaupten, daß das Edikt in diesem Artikel keineswegs die Verfahrensweise und die Macht der Richterstühle vorschreiben und bestimmen wollte. Was wollte also das Edikt nach seiner Meinung sagen? Folgendes.

Es wollte verhindern, daß das Konsistorium streng gegen Leute verführe, die man für etwas beschuldigen könnte, was sie vielleicht nicht gesagt oder deren Abweichen man übertrieben hätte; es sollte, sage ich, gegen solche Leute nicht streng verfahren, ohne sich mit ihnen zu unterreden und ohne versucht zu haben, sie zu überführen.

* Siehe das *Manuel des Inquisiteurs.*

Allein, worin besteht das strenge Verfahren des Konsistoriums? In der Exkommunikation und in der Übergabe an den Rat. Damit also das Konsistorium einen Verbrecher nicht so leicht dem Rat überliefern möge, so übergibt ihn das Edikt ganz dem Rat. Dies ist eine ganze neue Art von Vorsicht, und es ist ziemlich sonderbar, daß in einem und demselben Fall das Gesetz so viele Maßregeln vorschreibt, um das Konsistorium zu hindern, sich mit der Strenge zu übereilen, während es gar keine vorschreibt, um den Rat vor der nämlichen Übereilung zu bewahren; daß es so sorgfältig darauf bedacht ist, der Entehrung vorzubeugen, und dennoch die Bestrafung gar nicht zu verhindern sucht; daß es so besorgt ist, einen Menschen vor der ungerechtfertigten Exkommunikation zu bewahren und dennoch nicht im geringsten dafür sorgt, daß er nicht vielleicht unschuldigerweise verbrannt werde, daß es die Strenge der Geistlichen so sehr und die der Richter so wenig fürchtet. Es ist zwar immer löblich, daß man die Gemeinschaft der Gläubigen hochhält, aber es ist nicht löblich, daß man ihre Sicherheit, ihre Freiheit und ihr Leben so wenig achtet, und dieselbe Religion, welche ihren Verwaltern so viel Nachsicht vorschreibt, durfte ihren Rächern nicht so viel Barbarei erlauben.

Dies ist jedoch nach unseres Verfassers Meinung der gute Grund, warum die Ordonnanz nicht gesagt haben will, was sie eigentlich gesagt hat. Ich glaube, dies auseinandergesetzt zu haben, ist eine hinlängliche Antwort. Wir wollen nun auf deren Anwendung kommen; wir werden sie nicht weniger sonderbar finden als die Auslegung.

Der Artikel 88 redet nur von denjenigen, welche lehren, predigen und unterrichten. Es ist darin nicht die Rede von einem einfachen Schriftsteller oder von einem Menschen, der bloß ein Buch herausgibt und sich im übrigen ruhig verhält. Zwar muß ich gestehen, daß diese Unterscheidung mir sehr fein erscheint, denn, wie die Repräsentanten sehr richtig sagen, man lehrt in den Schriften ebenso gut wie mit der lebendigen Stimme. Allein, wir wollen diese Unterscheidung einmal gelten lassen; wir werden eine Unterscheidung darin finden, um das Gesetz zu mildern, nicht aber, um es durch Strenge zu erschweren.

In allen Staaten der Welt wacht die Polizei mit der größten

Sorgfalt über die, die lehren oder unterrichten; sie erlaubt dieses Geschäft niemand anders als dazu berechtigten Leuten. Es ist nicht einmal erlaubt, die reine Lehre zu predigen, ohne Prediger zu sein. Das blinde Volk ist leicht zu verführen; ein Mann, der lehrt, verursacht einen Zusammenlauf und kann einen Aufruhr erregen. Die geringste Unternehmung dieser Art wird wegen der bösen Folgen, die daraus entstehen können, als ein strafbarer Anschlag angesehen werden.

Ganz anders aber ist es mit dem Verfasser eines Buches, denn wenn er auch lehrt, so erregt er weder Zusammenlauf noch Aufruhr, er zwingt niemanden, ihn anzuhören oder zu lesen, er läuft niemandem nach und läßt sich nicht eher finden, als bis man ihn aufsucht, er läßt euch über das nachdenken, was er gesagt hat, er streitet nicht mit euch, er ist nicht hitzig und hartnäckig, erklärt euch eure Zweifel nicht, widerlegt eure Einwürfe nicht und verfolgt euch nicht; wollt ihr ihn verlassen, so verläßt er euch, und was hierbei das Wichtigste ist, er spricht nicht zum Volk.

Auch hat keine Regierung die Herausgabe eines Buches ebenso streng beobachtet wie das Vorgehen eines Mannes, der eine Lehre verbreitet. Es gibt sogar Länder, wo die Freiheit zu drucken ganz unumschränkt ist, allein, es gibt kein einziges, wo es jedem ohne Unterschied erlaubt ist, nach Gefallen zu predigen. In den Ländern, wo es verboten ist, Bücher ohne Erlaubnis zu drucken, straft man diejenigen, die dawider handeln, manchmal für den Ungehorsam, allein, der Beweis, daß man den Inhalt eines Buches im Grunde nicht für so wichtig ansieht, ist der, daß man eben diese Bücher sehr leicht in den Staat hineinkommen läßt, welche man, weil man deren Grundsätze nicht billigen möchte, dort nicht drucken läßt.

All dieses ist sehr richtig, besonders in Rücksicht der Bücher, die nicht für das Volk geschrieben sind, so wie alle die meinigen. Ich weiß, daß Ihr Rat in seinen Antworten vorschützt, daß *nach der Meinung des Verfassers der* Emile *den Vätern und Müttern als Handbuch dienen soll**, allein, diese Behauptung ist nicht zu entschuldigen, denn ich habe in der Vorrede und in dem Buch selbst ver-

* Seite 22 und 23 der gedruckten Repräsentationen.

schiedene Male eine ganz andere Gesinnung geäußert. Es geht hier um ein neues Erziehungssystem, dessen Plan ich der Untersuchung der Weisen vorlege, und nicht um eine Anleitung für Väter und Mütter, an die ich niemals gedacht habe. Wenn ich manchmal nach einer ganz gewöhnlichen Redefigur mich an die Väter und Mütter zu wenden scheine, so geschieht dies, um mich kürzer auszudrücken. Es ist wahr, ich habe dieses Buch auf Bitten einer Mutter unternommen, allein, diese Mutter, so jung und liebenswürdig sie auch ist, besitzt viel Philosophie und kennt das menschliche Herz; sie ist durch ihre Gestalt eine Zierde ihres Geschlechts, allein, vermöge ihres Geistes eine Ausnahme desselben. Für solche Geister habe ich die Feder ergriffen, nicht aber für den oder jenen Herrn, noch für andere ihresgleichen, die mich lesen, ohne mich zu verstehen, und mich beschimpfen, ohne mich zu beleidigen.

Aus dieser angenommenen Unterscheidung folgt, daß, wenn die Prozedur, welche die Ordonnanz gegen einen Menschen, der lehrt, vorschreibt, nicht auf den Verfasser eines Buches anwendbar ist, so deswegen, weil sie zu streng für ihn wäre. Diese Folge, welche so sehr natürlich ist, diese Folgerung, die Sie und alle meine Leser so gut wie ich daraus ziehen, ist jedoch nicht die des Verfassers der Briefe. Er zieht eine ganz entgegengesetzte daraus. Man muß ihn selbst hören, denn vielleicht würden Sie mir es nicht glauben, wenn ich es Ihnen bloß sagte.

»Man braucht diesen Artikel der Ordonnanz nur zu lesen, um deutlich einzusehen, daß er jene Klasse von Personen betrifft, die durch ihre Reden gefährliche Grundsätze ausbreiten. *Wenn diese Personen sich bessern,* heißt es darin, *so kann man sie ohne Entehrung dulden.* Warum? Weil man dann ziemlich sicher ist, daß sie das Unkraut nicht weiter verbreiten werden, und weil man sie nicht mehr zu fürchten braucht. Allein, was hilft der wahre oder scheinbare Widerruf dessen, der durch den Druck alle Menschen mit seinen Meinungen angesteckt hat? Das Vergehen ist begangen; es wird immer bestehen, und in den Augen des Gesetzes ist es von eben der Art wie jedes andere, wo die Reue nutzlos ist, sobald die Gerechtigkeit davon Kenntnis erhalten hat.«

Man könnte sich hierüber ärgern, allein, beruhigen wir uns und denken wir nach. Solange ein Mensch lehrt, solange tut er Unrecht, und bis er sich gebessert hat, ist er immer zu fürchten; seine Freiheit selbst ist ein Übel, weil er sich ihrer bedient, um zu schaden und um weiter zu lehren. Wenn er sich endlich auch bessert, so macht das nicht viel, denn die Lehren, die er ausgebreitet hat, sind ein für allemal bekannt, und das Verbrechen ist insofern so vollkommen begangen wie nur möglich. Im Gegenteil, sobald ein Buch erschienen ist, so tut der Verfasser kein Übel mehr, nur das Buch kann es tun. Der Verfasser mag nun frei oder gefangen sein, das Buch geht seinen Weg ungehindert fort. Die Einziehung des Verfassers kann eine Züchtigung sein, die das Gesetz fordert, allein, sie ist niemals ein Gegenmittel gegen das Übel, noch eine Vorkehrung, um seine Ausbreitung aufzuhalten.

Die Mittel gegen diese beiden Übel sind also verschieden. Um die Quelle des Übels, das ein Lehrer verursacht, zum Versiegen zu bringen, gibt es kein schnelleres und sichereres Mittel, als ihn zu verhaften; aber einen Schriftsteller zu verhaften, hilft gar nichts, im Gegenteil befördert es die Bekanntmachung des Buches und verschlimmert daher das Übel, wie es denn der Verfasser der Briefe an anderer Stelle selbst eingesteht. Dies ist also weder eine Vorbereitung zur Prozedur noch eine passende Vorkehrung gegen die Sache selbst, es ist eine Strafe, die nur durch ein Urteil auferlegt werden darf und die weiter keinen Nutzen hat als die Züchtigung des Schuldigen. Solange also sein Vergehen kein bürgerliches Vergehen ist, muß man zuerst mit ihm reden, ihn ermahnen, ihn überzeugen und ihn zu bewegen suchen, das Übel, das er angerichtet hat, wiedergutzumachen, öffentlich zu widerrufen, diesen Widerruf freiwillig zu leisten und ihn mit solchen Beweggründen zu begleiten, welche diejenigen wieder zur Besinnung bringen können, die durch die ersten verführt worden sind. Wenn er aber, statt sich zu bessern, hartnäckig bleibt, dann erst soll man Strenge gegen ihn gebrauchen. Dies ist gewiß die rechte Art, um die Sache gut zu endigen; dies ist der Zweck des Gesetzes und einer weisen Regierung, welche immer *weniger darauf sehen soll, den Verfasser zu bestrafen als vielmehr die Wirkung des Buches zu verhindern.**

* Seite 25.

Warum sollte dies nicht für den Verfasser eines Buches gelten, da die Ordonnanz, welche in allem den Geist des Christentums befolgt, nicht einmal verlangt, daß man den Lehrer verhaftet, bevor man nicht alle möglichen Mittel erschöpft hat, um ihn zu seiner Pflicht zurückzubringen? Sie will lieber Gefahr laufen, das Übel zu dulden, das er noch ferner verursachen kann, als gegen die christliche Liebe zu fehlen. Nun finden Sie selbst heraus, ich bitte Sie, wie dieselbe Ordonnanz befehlen kann, daß man vor allem übrigen einen Haftbefehl gegen den Verfasser ausgeben soll?

Indessen setzt der Verfasser der Briefe, nachdem er eingestanden hat, daß er über diesen Punkt ziemlich einerlei Meinung mit den Repräsentanten hege, noch hinzu: *allein, diese Grundsätze vertragen sich nicht mit unseren Gesetzen,* und einen Augenblick später sagt er, daß *diejenigen, welche eine vollkommene Toleranz wünschen, höchstens den Rat tadeln könnten, daß er in diesem Falle ein Gesetz nicht habe schweigen lassen, dessen Ausübung ihm nicht geboten erscheint.** Nach so vielen Bemühungen, zu beweisen, daß das einzige Gesetz, das auf mein Vergehen anwendbar scheint, doch nicht notwendig angewendet werden müsse, muß man sich allerdings über diesen Schluß wundern. Man beschuldigt den Rat keineswegs, daß er ein wirklich vorhandenes Gesetz schweigen hieß, sondern daß er eines reden ließ, welches gar nicht vorhanden ist.

Die Logik, deren sich der Verfasser hier bedient, scheint mir ganz neu. Was denken Sie davon, mein Herr? Haben Sie schon viele Argumente dieser Form gesehen?

Das Gesetz zwingt den Rat, gegen den Verfasser des Buches mit Strenge zu verfahren.

Wo ist denn dieses Gesetz, das den Rat dazu zwingt, gegen den Verfasser eines Buches streng zu verfahren?

Es ist zwar wirklich keines vorhanden; allein, es ist ein anderes da, welches, da es befiehlt, einen, der lehrt, mit Sanftmut zurechtzuweisen, eben deswegen auch befiehlt, einem Schriftsteller, von dem es gar nicht redet, mit Strenge zu begegnen.

Diese Schlußfolgerung scheint noch sonderbarer, wenn man

* Seite 23.

bedenkt, daß Morelli als Schriftsteller und nicht als Lehrer verfolgt wurde; er hatte auch ein Buch geschrieben, und nur wegen dieses Buches wurde er angeklagt. Das Verbrechen war nach unserem Verfasser in dem Buch selbst enthalten, man brauchte also den Verfasser gar nicht zu hören; indessen geschah es doch, und man hörte ihn nicht allein, sondern man wartete auf ihn und folgte Punkt für Punkt der Prozedur, die in dem nämlichen Artikel der »Ordonnance« vorgeschrieben ist, welche, wie man uns sagt, weder die Schriftsteller noch die Bücher betrifft. Man verbrannte sogar das Buch nicht eher, als bis der Verfasser entwichen war, er wurde niemals vorgeladen, man sprach nicht vom Henker*, und all dieses geschah endlich unter den Augen des Gesetzgebers durch die Verfasser der Ordonnanz, und zur Zeit, als sie angenommen wurde, zu jener Zeit, wo nach unserem ungenannten Verfasser jener Geist der Strenge herrschte, der sie eingab und den er zur deutlichen Rechtfertigung der Strenge anführt, mit der man jetzt gegen mich verfährt.

Nun hören Sie den Unterschied, den er hier macht. Nachdem er alle Wege der Güte, die man mit Morelli einschlug, die Zeit, die man ihm zu seinem Widerruf vergönnte, und die langsame und regelmäßige Prozedur, die man vor der Verbrennung seines Buches mit ihm befolgte, beschrieben hat, setzt er hinzu: »Dieses ganze Vorgehen ist sehr weise. Muß man aber daraus schließen, daß man in allen, ja sogar in ganz verschiedenen Fällen genau dasselbe Verfahren einhalten muß? Soll man gegen einen abwesenden Menschen, der die Religion angreift, ebenso verfahren wie

* Man füge noch die Behutsamkeit des Magistrats hinzu, die er in dieser ganzen Angelegenheit beobachtete, seinen langsamen und stufenweisen Gang der Prozedur, den Bericht des Konsistoriums und die Vorbereitung zum Urteil. Die Bürgermeister steigen auf ihren öffentlichen Richterstuhl; sie rufen Gott zum Beistand an, vor ihren Augen liegt die Bibel; nach einer reiflichen Überlegung und nachdem sie die Bürger um ihre Meinung gefragt haben, sprechen sie endlich das Urteil vor dem Volk aus, damit es die Ursachen desselben erfahre; sie lassen das Urteil drukken und bekanntmachen, und all dieses geschieht bloß, um ein Buch zu verdammen, ohne Entehrung, ohne Haftbefehl gegen den halsstarrigen und in Abwesenheit verurteilten Verfasser. Seit der damaligen Zeit haben diese Herren gelernt, mit der Ehre und der Freiheit der Menschen, besonders aber ihrer Bürger, freier und ohne viel Umstände zu verfahren. Denn es ist anzumerken, daß Morelli kein Staatsbürger war.

man mit einem anwesenden Menschen verfahren würde, der die Disziplin tadelt?«* Das heißt mit anderen Worten: »Soll man gegen einen Menschen, der die Gesetze nicht beleidigt und außer ihrer Gewalt ist, ebenso sanft verfahren wie gegen einen Menschen, der unter ihrer Gewalt ist und sie angreift?« Ich denke, dies dürfte wirklich keine Frage sein. Dies ist vielleicht das erstemal, daß es dem menschlichen Geist einfiel, die Strafe eines Verbrechers zu erschweren, bloß weil er sein Verbrechen nicht in dem Staat begangen hat.

»Wirklich«, fährt er fort, »bemerkt man in den Repräsentationen zugunsten Herrn Rousseaus, daß Morelli gegen einen Lehrsatz geschrieben hatte, während die Schriften des Herrn Rousseau nach dem Urteil seiner Richter eigentlich die Religion angreifen. Allein, diese Bemerkung möchte schwerlich von jedermann angenommen werden, denn diejenigen, welche die Religion als das Werk Gottes und als die Stütze der Verfassung betrachten, könnten glauben, es sei noch weniger erlaubt, sie anzugreifen, als einzelne Lehrsätze, welche nur das Werk der Menschen sind und also dem Irrtum oder wenigstens eine unendliche Menge verschiedener Formen und Verbindungen annehmen können.«

In dem Munde eines Kapuziners würde mir diese Rede noch erträglich erscheinen, aber aus der Feder einer Obrigkeitsperson ist sie mir anstößig. Was liegt daran, daß die Bemerkung der Repräsentanten nicht überall angenommen wird, wenn diejenigen, die sie verwerfen, es bloß deswegen tun, weil sie falsch schließen?

Die Religion anzugreifen, ist unstreitig eine größere Sünde vor Gott, als wenn man die Lehre antastet. Allein, vor den menschlichen Richterstühlen ist es ganz anders, denn sie sind eingesetzt, um die Verbrechen, nicht aber die Sünden zu bestrafen, und sie sind nicht die Rächer Gottes, sondern Rächer des Gesetzes.

Die Religion kann niemals einen Teil der Gesetzgebung ausmachen, als insofern sie die Handlungen der Menschen betrifft. Das Gesetz gebietet das Tun und Lassen, aber den Glauben kann es nicht anbefehlen. Jeder, der demnach die Ausübung der Religion nicht angreift, sündigt auch nicht wider das Gesetz.

* Seite 17.

Allein, die Lehre, welche durch das Gesetz einmal eingesetzt worden ist, macht einen wesentlichen Teil der Gesetzgebung aus und wird selbst ein Gesetz. Wer sie angreift, beleidigt das Gesetz und versucht nicht weniger, als die Verfassung des Staates zu stören. Weil diese Verfassung vor ihrer Einrichtung einer Menge verschiedener Formen und Verbindungen fähig gewesen ist, ist sie deswegen in einer dieser Formen, wenn sie sie einmal unter Ausschließung aller anderen angenommen hat, weniger ehrwürdig und heilig, und ist denn nicht auch das politische Gesetz ebenso beständig und unveränderlich wie das göttliche?

Diejenigen also, welche in dieser Sache die Bemerkung der Repräsentanten nicht annehmen wollen, haben um so größeres Unrecht, als diese Bemerkung von dem Rat selbst in dem Urteil gegen Morellis Buch gemacht wurde, welches er hauptsächlich anklagt, daß es *Spaltungen in der Lehre und Unruhe im Staat auf eine aufrührerische Art hervorzubringen suche*, eine Beschuldigung, die man schwerlich auf meine Schriften wird anwenden können.

Bürgerliche Richterstühle haben nicht die Sache Gottes, sondern die Sache der Menschen zu verteidigen, ihnen sind nicht die Seelen anvertraut, sondern die Körper, sie sind die wahren Wächter des Staats und nicht der Kirche, und wenn sie sich in Religionsfragen einlassen, so geschieht es nur insofern, als es die gute Ordnung und öffentliche Sicherheit betrifft. Dies sind die gesunden Grundsätze des obrigkeitlichen Amtes. Es ist nicht, wie man vielleicht glaubt, die Lehre von der unumschränkten Gewalt, sondern die Lehre der Gerechtigkeit und der Vernunft. Niemals können sich bürgerliche Richterstühle davon entfernen, ohne die schrecklichsten Mißbräuche einzuführen, ohne den Staat zu zerrütten und ohne an den Gesetzen und ihrem Ansehen den sträflichsten Raub zu begehen. Mich dauert das Volk zu Genf, daß der Rat es so wenig achtet und wagt, es mit solchen Reden zu hintergehen, welche selbst die beschränktesten und abergläubischsten Völker Europas schon durchschauen. Über diesen Punkt urteilen Ihre Repräsentanten als Staatsmänner und Ihre Obrigkeit als Mönche.

Um zu beweisen, daß *Morellis* Beispiel nicht die Regel ist, setzt der Verfasser der Briefe dem gegen ihn eingeschlagenen Verfahren dasjenige gegenüber, welches im Jahre 1632 gegen *Nicolas Antoine*, einen armen Verrückten, geführt wurde, den der Rat auf Ansuchen der Priester zum Heil seiner Seele verbrennen ließ. Dergleichen Autodafés waren damals zu Genf nichts Seltenes, und nach dem, was gegen mich unternommen wurde, scheint es, als wenn diese Herren ziemlich Lust hätten, sie wieder zu erneuern.

Wir wollen zunächst die Stellen getreu abschreiben, um nicht nach der Art meiner Verfolger zu verfahren.

»Man untersuche den Prozeß des Nicolas Antoine. Die geistliche Ordonnanz gab es damals schon, und es war noch nicht lange genug her, daß sie verfaßt worden war, um ihren Geist nicht gut zu kennen. Wurde Antoine vor das Konsistorium gefordert? Unter so vielen Stimmen, die sich gegen dieses blutige Urteil erhoben, und bei so vielen Bemühungen menschenfreundlicher und maßvoller Personen, ihn zu retten, fand sich indessen nicht eine einzige, welche sich wegen einer Unregelmäßigkeit des Verfahrens beschwert hätte. Morelli wurde vor das Konsistorium geladen, Antoine nicht; die Vorladung ist also nicht in allen Fällen notwendig.«*

Vielleicht glauben Sie, daß der Rat gegen Nicolas Antoine gleich so verfuhr wie gegen mich und daß es nicht nur um das Konsistorium und die Geistlichen ging. Sie werden sehen.

Nicolas Antoine hatte in einem Anfall von Raserei in die Rhône springen wollen, die Obrigkeit befahl also, ihn aus dem öffentlichen Haus, wo er war, zu entfernen und ihn in das Spital zu bringen und den Händen der Ärzte zu übergeben. Er blieb eine Zeitlang dort und stieß verschiedene Lästerungen gegen die christliche Religion aus. »Die Prediger besuchten ihn täglich und bemühten sich, wenn seine Raserei ein wenig beruhigt schien, ihn von seinen Irrtümern zurückzubringen, was aber zu nichts führte, und Antoine sagte, daß er seine Meinungen standhaft bis in den Tod behaupten wollte, den er zur Ehre *des großen Gottes Israels* zu leiden bereit wäre. Da sie nun nichts ausrichten konnten, so übergaben sie ihn dem Rat und schilderten ihn noch schlimmer als

* Seite 17.

Servet, Gentilis und alle anderen Antitrinitarier und urteilten, daß man ihn einsperren müßte, was auch ausgeführt wurde.«*

Sie sehen also, warum er nicht vor das Konsistorium vorgeladen wurde, nämlich weil er sehr krank und unter den Händen der Ärzte war, also unmöglich erscheinen konnte. Allein, obgleich er nicht vor das Konsistorium kam, kamen das Konsistorium oder seine Mitglieder zu ihm. Die Prediger besuchten ihn täglich und ermahnten ihn täglich. Da sie nun nichts ausrichten konnten, so übergaben sie ihn dem Rat, schilderten ihn noch schlimmer als alle diejenigen, welche schon mit dem Tode bestraft worden waren, verlangten, daß er eingesperrt werde, und dieses Verlangen wurde befriedigt.

Im Gefängnis sogar bemühten sich die Prediger, ihn zur Besinnung zu bringen, ließen sich mit ihm in eine Untersuchung verschiedener Stellen des Alten Testamentes ein und beschworen ihn bei allem, was ihn nur rühren konnte, seine Irrtümer abzulegen**, aber er blieb standhaft. Er blieb es vor der Obrigkeit, die ihn der ordentlichen Verhöre unterzog. Als man endlich das Urteil in dieser Angelegenheit fällen wollte, beratschlagte die Obrigkeit nochmals mit den Predigern, welche vor dem Rat fünfzehn an der Zahl erschienen, sowohl Pastoren wie Professoren. Ihre Meinungen waren geteilt, aber die Ansicht der meisten drang durch, und Nicolas wurde hingerichtet. Der Prozeß wurde also von Geistlichen geführt, und Nicolas wurde sozusagen durch die Hand der Prediger verbrannt.

Dies, mein Herr, war die Art der Prozedur, bei welcher der Verfasser der Briefe behauptet, daß Antoine nicht vor das Konsistorium geladen worden sei und woraus er dann folgert, daß diese Vorladung nicht immer notwendig sei. Scheint Ihnen das Beispiel gut gewählt?

Wir wollen annehmen, es sei es; was folgt daraus? Die Repräsentanten beurteilten eine Tatsache als Bestätigung eines Geset-

* *Hist. de Genève*, Bd. 2, S. 550 u. ff. in der Anm.

** Wenn er widerrufen hätte, hätte man ihn dennoch verbrannt? Nach den Grundsätzen des Verfassers der Briefe hätte es geschehen müssen, indes scheint es doch, als wenn man es nicht getan hätte, denn ungeachtet seiner Halsstarrigkeit fuhr die Obrigkeit dennoch fort, die Prediger um Rat zu fragen. Sie betrachtete ihn in gewisser Weise noch als unter ihrer Gerichtsbarkeit stehend.

zes. Der Verfasser der Briefe schließt von einer Tatsache gegen das nämliche Gesetz. Wenn auch das einzelne Gewicht jeder dieser beiden Tatsachen das der anderen aufhebt, so bleibt dennoch das Gesetz in seiner ganzen Kraft. Und obgleich dieses Gesetz einmal übertreten wurde, ist es deswegen weniger ausdrücklich, und würde es genügen, es einmal übertreten zu haben, um das Recht zu haben, es immer zu verletzen?

Wir wollen nun auch unsererseits schließen. Wenn ich wirklich gelehrt habe, so falle ich gewiß unter das Gesetz; habe ich aber nicht gelehrt; was hat man mir dann zu sagen? Kein Gesetz hat mich erwähnt.* Man hat also das Gesetz, das wirklich vorhanden ist, übertreten oder ein anderes vorgeschützt, welches gar nicht vorhanden ist.

Es ist wahr, daß, wenn man das Buch verurteilt hat, so hat man deswegen den Verfasser desselben noch nicht endgültig verurteilt. Man hat bloß einen Haftbefehl gegen ihn ergehen lassen, und dies rechnet man für gar nichts. Indessen scheint mir dies sehr hart, allein, wir wollen niemals ungerecht sein, selbst nicht gegen diejenigen, die es gegen uns sind, und wollen dort keine Ungerechtigkeit suchen, wo vielleicht keine ist. Ich will es weder dem Rat noch dem Verfasser der Briefe zur Last legen, daß sie zwischen dem Menschen und dem Buch einen Unterschied machen, um sich dadurch zu entschuldigen, daß sie mich verurteilt haben, ohne mich anzuhören. Die Richter können die Sache so betrachtet haben, wie sie sie vorstellen, und so beschuldige ich sie weder einer List noch bösen Willens. Ich beschuldige sie nur, daß sie sich in einem so wichtigen Punkt auf meine Kosten so sehr getäuscht haben, und sich täuschen, um freizusprechen, ist verzeihlich, aber sich täuschen, um zu strafen, ist ein schrecklicher Irrtum.

Der Rat behauptete in seinen Antworten, daß ungeachtet der Schändung meines Buches meiner Person dennoch alle Einsprüche und Verteidigungen freistünden.

Die Verfasser der Repräsentationen antworten hierauf, daß man nicht einsähe, welche Einsprüche und welche Verteidigung

* Alles, was kein natürliches Gesetz verletzt, ist dann kein Verbrechen, wenn es nicht durch ein positives Gesetz verboten ist. Der Zweck dieser Bemerkung ist, den oberflächlichen Beurteilern zu beweisen, daß mein Dilemma richtig ist.

einem Menschen übrigbleibe, den man einmal als gottlos, verwegen und anstößig erklärt hat und der sogar durch die Hand des Henkers in Werken, die seinen Namen tragen, entehrt worden ist.

»Ihr setzt etwas voraus, was nicht ist«, antwortet hierauf der Verfasser der Briefe, »daß nämlich das Urteil auch denjenigen treffe, dessen Werk seinen Namen trägt; allein, dieses Urteil hat ihn noch nicht einmal gestreift, seine Einsprüche und Verteidigungen stehen ihm also noch ganz frei.«*

Ihr täuscht Euch selbst, würde ich diesem Schriftsteller sagen. Es ist wahr, daß das Urteil, welches das Buch nennt und es verdammt, zwar das Leben des Verfassers noch nicht angegriffen hat, allein, seine Ehre ist dadurch schon getötet. Seine Einsprüche und Verteidigungen bleiben noch unangetastet, was die Leibesstrafe betrifft, allein, die Strafe der Entehrung hat er schon erhalten. Er ist, insofern er in der Gewalt seiner Richter steht, schon wirklich verurteilt und entehrt, und das einzige, was noch zu entscheiden übrig wäre, ist, ob man ihn verbrennen soll oder nicht.

Die Unterscheidung zwischen einem Buch und seinem Verfasser ist in diesem Punkte ganz unangebracht, denn ein Buch kann nicht strafbar sein. Ein Buch ist an sich selbst weder gottlos noch verwegen. Diese Bezeichnungen können nur die Lehre treffen, die es enthält, das heißt den Verfasser dieser Lehre. Wenn ein Buch verbrannt wird, was tut dann der Henker? Entehrt er die Blätter des Buchs? Wer hat je gehört, daß ein Buch Ehre habe?

Dies ist der Irrtum, und seine Quelle ist ein mißverstandener Brauch.

Es werden viele Bücher geschrieben, aber sehr wenige mit der aufrichtigen Absicht, Gutes damit zu stiften. Unter hundert Werken, die herauskommen, haben wenigstens sechzig Ehrgeiz oder Eigennutz zur Absicht. Dreißig weitere entstehen aus Parteilichkeit und Haß und verbreiten zugunsten eines Ungenannten das Gift der Verleumdung und der Satire im Publikum. Zehn, und dies ist sehr viel, sind vielleicht in einer guten Absicht geschrieben: man sagt darin die Wahrheit, die man weiß, und sucht darin

* Seite 21.

das Gute, das man schätzt. Gut, wo ist aber der Mensch, dem man verzeiht, wenn er die Wahrheit sagt? Man muß sich also verbergen, um sie zu sagen. Um ungestraft nützlich zu sein, wirft man sein Buch in das Publikum und spielt dann die Rolle des Tauchers.

Unter diesen verschiedenen Schriften werden einige der schlimmen und fast alle guten bei den Gerichten angezeigt und verboten. Den Grund dafür sieht man, ohne daß ich ihn nennen muß. Überdies ist es auch eine bloße Formalität, damit es nicht den Anschein hat, als billigte man diese Bücher stillschweigend. Außerdem, vorausgesetzt, daß ihre Namen nicht darauf stehen, kennt die Obrigkeit ihre Verfasser nicht, obgleich sie jedermann kennt und ihre Namen nennt. Verschiedene pflegen sich sogar um ihrer Ehre willen als Verfasser dieser Bücher zu erklären und hernach zu widerrufen, um sich in Sicherheit zu setzen; derselbe Mann wird in Gegenwart eines anderen Menschen entweder der Verfasser oder nicht der Verfasser sein, je nachdem ob sie miteinander vor einer Zuhörerschaft oder bei einem Abendessen sind. Man hört abwechselnd Ja oder Nein, ohne weitere Schwierigkeit und ohne Bedenken. Auf diese Art kostet die Sicherheit die Eitelkeit nichts. Diese Vorsicht und Geschicklichkeit vernachlässigt zu haben, wirft mir der Verfasser der Briefe vor; sie zu haben, erfordert jedoch meines Erachtens nicht viel Verstand und Witz.

Diese Art, gegen Bücher, deren Verfasser sich nicht nennen und die man nicht kennen will, vorzugehen, ist nun bei Gericht zur Gewohnheit geworden. Will man gegen ein Buch streng verfahren, so verbrennt man es, weil niemand zu verhören da ist, und weil man wohl weiß, daß der Verfasser, der sich verbirgt, es nicht als das seinige erkennen wird, und man behält sich vor, abends mit ihm über die Untersuchungen zu lachen, die man am Morgen gegen ihn angeordnet hat. So ist es Brauch.

Allein, wenn ein ungeschickter Verfasser, das heißt einer, der seine Pflicht kennt und sie erfüllen will, sich verbunden glaubt, alles, was er dem Publikum sagt, einzugestehen, und sich deswegen nennt und sich zeigt, um sich zu verantworten, dann verlangt die Billigkeit, welche die Unvorsichtigkeit eines ehrlichen Mannes nicht als ein Verbrechen bestrafen soll, daß man ganz anders mit ihm verfahre; sie verlangt, daß man den Inhalt des Buches nicht von seiner Person trenne, weil er durch die Angabe seines Namens erklärt, daß er sie nicht trennen will; die Billigkeit verlangt dann, daß man zuerst den Verfasser anhöre und nicht das Buch verurteile, das nicht antworten kann. Obgleich also die Verdammung eines anonymen Werkes nur das Werk selbst verdammt, fällt das Urteil über ein Buch, dessen Verfasser sich genannt hat, auf den Verfasser selbst zurück, und wenn man ihm nicht Zeit und Gelegenheit gibt, sich zu verantworten, so verurteilt man ihn, ohne ihn anzuhören.

Eine vorläufige Vorladung, ja sogar, wenn man will, der Haftbefehl, ist in solchem Falle also unumgänglich nötig, ehe man das Buch selbst verurteilt, und vergebens würde man mit dem Verfasser der Briefe sagen, daß das Vergehen klar ist, denn es sei in dem Buch selbst enthalten. Dies hebt nämlich den gewöhnlichen Gang der Justiz, den man bei den größten Verbrechen, welche offenkundig und bestens bewiesen sind, befolgt, nicht auf, denn wenn auch die ganze Stadt einen Menschen einen anderen hätte ermorden sehen, so würde man ihn dennoch nicht verurteilen, ohne ihn anzuhören oder ihm die Gelegenheit zu geben, gehört zu werden.

Und warum sollte die Freimütigkeit eines Verfassers, der sich nennt, sich so gegen ihn selbst wenden. Sollte man ihn im Gegenteil nicht deswegen schätzen? Sollten die Richter nicht sorgfältiger mit ihm verfahren, als wenn er sich nicht genannt hätte? Warum würde er sich bei der Untersuchung gewagter Fragen so sehr gefährden, wenn er sich nicht durch Gründe, die er für sich vorbringen und von denen man wegen seines Betragens vermuten kann, daß sie der Mühe wert sind, angehört zu werden, vor der Gefahr gesichert glaubte? Der Verfasser der Briefe mag immer dieses Betragen Unbesonnenheit und Ungeschicklichkeit nennen, es ist darum doch das eines rechtschaffenen Mannes, der da seine Pflicht sieht, wo andere eine Unvorsichtigkeit sehen, der fühlt, daß er von niemandem etwas zu befürchten hat, sobald man nur gerecht mit ihm verfahren will, und es für eine strafwürdige Feigheit hält, etwas bekannt zu machen, was man nicht einzugestehen wagt.

Wenn es einem bloß um Schriftstellerruhm zu tun ist, so braucht man seinen Namen nicht auf sein Buch zu setzen? Wer weiß nicht, wie man es anstellt, um alle Ehre davon zu erhalten, ohne dabei etwas zu wagen, um sich dessen zu rühmen, ohne es zu verantworten, und um aus bloßer Eitelkeit ein demütiges Aussehen anzunehmen? Welche Schriftsteller eines gewissen Schlages sollten diese kleine List wohl nicht kennen? Wer von ihnen weiß nicht, daß es sogar unter seiner Würde ist, sich zu nennen, als wenn nicht jeder beim Lesen des Werkes den großen Mann erraten könnte, der es geschrieben hat?

Allein, diese Herren haben bloß den gewöhnlichen Brauch gesehen, und weit entfernt, den Einwand zu sehen, der mir dadurch erwuchs, haben sie denselben sogar wider mich gekehrt. Sie konnten das Buch verbrennen lassen, ohne den Verfasser zu erwähnen, oder wenn sie doch den Verfasser wollten, so konnten sie warten, daß er sich entweder stellte oder dem Gericht fernblieb, um das Buch dann zu verbrennen. Allein, nichts von alldem; sie verbrennen das Buch, als wenn dessen Verfasser nicht bekannt wäre, und verurteilen den Verfasser, als wenn das Buch nicht verbrannt wäre. Sie laden mich noch vor, nachdem sie mich entehrt haben! Was konnten sie noch von mir wollen? Behielten sie mir vielleicht noch Schlimmeres vor? Wußten sie nicht, daß die Ehre eines rechtschaffenen Mannes ihm teurer ist als sein Leben? Welches Übel kann man ihm noch zufügen, wenn man ihm gleich anfangs die Ehre geraubt hat? Wozu dient es mir, daß ich unschuldig vor meinen Richtern erscheine, wenn die Behandlung, die sie mir noch vor meinem Verhör angedeihen lassen, die schlimmste Strafe ist, die sie mir auferlegen könnten, wenn ich als ein Verbrecher verurteilt wäre?

Man fängt an, mich in jeder Hinsicht als einen Übeltäter zu behandeln, welcher keine Ehre mehr zu verlieren hat und den man also bloß an seinem Körper strafen kann, und dann sagt man, daß mir alle Einwürfe und Verteidigungen freistünden! Wie können diese Einwürfe der Verteidigung die Schande und das Übel auslöschen, die man mir sowohl als meinem Buch vorher zugefügt hat, nachdem man mich mit den Häschern durch die Straße geleitet und zu den Übeln, die mich ohnehin schon drücken, noch die

Schrecken des Gefängnisses hinzugefügt? Wie! Muß man, um gerecht zu sein, alle Menschen und alle Fehler ohne Unterschied in eine Klasse bringen und gleich behandeln? Muß man einen untadelhaften Bürger für eine Freimütigkeit, die man Unvorsichtigkeit nennt, gleich einem Übeltäter ins Gefängnis schleppen? Und welchen Vorzug haben also öffentliche Achtung und Rechtschaffenheit eines ganzen Lebens vor den Richtern, wenn fünfzig ehrenvolle Jahre einen Menschen bei dem geringsten Anzeichen* nicht vor der Beschimpfung retten können?

»Der Vergleich des *Emile* und des *Gesellschaftsvertrages* mit anderen Werken, welche geduldet wurden, und die Parteilichkeit, die man deswegen dem Rat vorwirft, scheinen mir unbegründet zu sein. Man würde falsch schließen, wenn man behaupten wollte, daß die Regierung immer nachsichtig sein müsse, weil sie einmal nachsichtig gewesen ist: wenn dies eine Nachlässigkeit ist, so kann man sie wiedergutmachen; ist es aber ein Stillschweigen, das durch die Umstände oder durch die Politik notwendig gemacht wurde, so würde man sehr ungerecht handeln, ihr daraus einen Vorwurf zu machen. Ich will indessen die in den Repräsentationen angezeigten Werke keineswegs verteidigen; allein, kann man mit gutem Gewissen Bücher, welche einzelne unvorsichtige Stellen gegen die Religion enthalten, mit Büchern gleichsetzen, worin sie geradezu und ohne Schonung in ihren Lehrsätzen, in ihrer Moral und in ihrem Einfluß auf die bürgerliche Gesellschaft angegriffen wird? Wir wollen unparteiisch diese Werke miteinander vergleichen und nach dem Eindruck urteilen, den sie in der Welt gemacht haben; die einen werden an allen Orten gedruckt und

* Bei einer genauen Untersuchung würden viele Mutmaßungen wegfallen, welche der Verfasser der Briefe gegen mich aufzuhäufen sich bemüht. Er sagt zum Beispiel, daß die angeklagten Schriften in eben dem Format erschienen wären wie meine übrigen Werke. Es ist richtig, sie waren in Duodez und in Oktav gedruckt, allein, in welchem Format sind denn die Schriften anderer Autoren? Er sagt, sie wären von demselben Buchhändler verlegt; das ist nicht wahr. Der *Emile* wurde von anderen Buchhändlern als von meinem Verleger gedruckt, und in einer Schrift, die noch zu keinem meiner anderen Werke gedient hatte. Der Hinweis, der sich aus dieser Gegenüberstellung ergab, sprach also nicht gegen mich, sondern entlastete mich.

verkauft, von den anderen aber weiß man genug, wie sie aufgenommen wurden.«*

Ich glaubte diesen Absatz erst ganz hierher setzen zu müssen. Ich werde ihn nun stückweise vornehmen, denn er verdient einige Erläuterung.

Was wird nicht in Genf gedruckt, und was duldet man dort nicht? Werke, die man ohne Abscheu kaum lesen kann, werden dort öffentlich verkauft, jedermann liest sie, jedermann liebt sie, die Obrigkeit schweigt, die Geistlichen lächeln, und die strenge Miene ist nicht mehr in Mode. Ich allein und meine Schriften haben die Aufmerksamkeit des Rats verdient, und welche Aufmerksamkeit? Man kann sie sich nicht schrecklicher und gewaltsamer denken. Mein Gott, ich hätte nie gedacht, ein so großer Bösewicht zu sein!

Der Vergleich des Emile *und des* Gesellschaftsvertrages *mit anderen Werken, welche geduldet werden, scheint mir ungegründet zu sein.* Ach, das hoffe ich!

Man würde falsch schließen, wenn man behaupten wollte, daß die Regierung nachsichtig sein müsse, weil sie einmal nachsichtig gewesen ist. Es sei, allein, man vergleiche Zeit, Ort und Personen. Man untersuche die Schriften, die man duldet, und diejenigen, die man nicht dulden will; man sehe die Schriftsteller, die zu Genf gefeiert werden, und diejenigen, die man verfolgt.

Wenn dies eine Nachlässigkeit ist, so kann man sie wieder gutmachen. Man könnte es und man hätte es tun sollen, hat man es aber getan? Meine Schriften und ihr Verfasser sind geschändet worden, ohne daß sie es verdient hatten, und diejenigen, die es verdienten, werden nicht weniger als vorher geduldet. Die Ausnahme betrifft mich ganz allein.

Ist es aber ein Stillschweigen, das durch die Umstände oder durch die Politik notwendig gemacht wurde, so würde man sehr ungerecht handeln, ihr daraus einen Vorwurf zu machen. Wenn man euch zwingt, strafbare Schriften zu dulden, warum duldet man diejenigen nicht, die es nicht sind? Wenigstens erfordert die Schicklichkeit, daß man dem Volk jenes anstößige Ansehen von Personen verbirgt, wodurch

* Seite 23 und 24.

der schwache Unschuldige für die Fehler der mächtigen Schuldigen büßen muß. Sind diese ärgerlichen Unterscheidungen denn Gründe, und wird man sich immer dadurch blenden lassen? Man sollte glauben, daß das Schicksal einiger unzüchtiger Satiren den Machthabern sehr am Herzen liegt, und daß eure Stadt untergehen würde, wenn man nicht alle jene Werke darin duldete, druckte, öffentlich verkaufte, welche in dem Lande der Schriftsteller selbst verboten sind. Völker, wie oft macht man es euch glauben, indem man die Mächte eingreifen läßt, um das Übel zu berechtigen, das man in ihrem Namen begehen will und wovon sie oft gar nichts wissen!

Als ich in dieses Land kam, hätte man glauben können, ganz Frankreich sei mir auf den Fersen. Man verbrennt meine Bücher zu Genf, um Frankreich zu gefallen. Man verurteilt mich, weil Frankreich es verlangt. Man verjagt mich aus dem Kanton Bern, Frankreich wollte es so haben. Man verfolgt mich bis in diese Berge, und hätte man mich auch hier verjagen können, so hätte es Frankreich gewiß auch befohlen. Durch tausend Kränkungen gezwungen, schrieb ich einen Brief zu meiner Verteidigung. Diesmal war alles verloren. Ich war umringt, man bewachte mich, Frankreich hatte Spione ausgeschickt, um mir aufzulauern, Soldaten, um mich auszuheben, ja sogar Räuber, um mich zu ermorden, und es war sogar nicht ratsam, einen Schritt aus meinem Hause zu gehen. Alle Gefahren kamen mir immer aus Frankreich, vom Parlament, von der Geistlichkeit, ja sogar vom Hof. Man sah niemals einen armen Schreiberling zu seinem Unglück einen so wichtigen Mann werden. Durch so viele Streiche ermüdet gehe ich selbst nach Frankreich; ich kannte die Franzosen und war unglücklich. Man nimmt mich auf, man schmeichelt mir, man erzeigt mir tausend Höflichkeiten, und es liegt bloß an mir, noch mehr zu erhalten. Ich kehre wieder ruhig nach Hause zurück. Man fällt aus allen Wolken, man kann es nicht begreifen, man tadelt heftig meine Unvorsichtigkeit, allein, man hört auf, mir mit Frankreich zu drohen; man hatte recht. Wenn jemals meine Leiden durch Mörder geendigt werden, so kommen sie gewiß nicht aus diesem Land.

Ich vermische die verschiedenen Ursachen meines Unglücks

nicht miteinander; ich weiß diejenigen, welche die Wirkung der Umstände, und die, die das Werk einer traurigen Notwendigkeit waren, sehr gut von jenen zu unterscheiden, welche allein aus dem Haß meiner Feinde entsprangen. Wollte Gott, ich hätte nicht mehr Feinde in Genf als in Frankreich und daß sie ebenso versöhnlich wären! Man weiß es jetzt, von welcher Seite die härtesten und empfindlichsten Schläge, die mich betrafen, kamen. Ihre Herren machen mir mein Unglück zum Vorwurf, als wenn es nicht ihr eigenes Werk wäre. Welche grausame Bosheit gehört dazu, mir die Verfolgungen, die man in der Schweiz gegen mich erregte, in Genf zum Vorwurf zu machen, mich deswegen anzuklagen, daß mich niemand mehr aufnehmen wollte, und mich von allen Orten verjagen zu lassen. Soll ich es der Freundschaft vorwerfen, daß sie mich in diese Gegenden in die Nachbarschaft meines Vaterlandes gerufen hat? Ich wage es, alle Völker Europas zu Zeugen aufzurufen, ob man mich nicht in jedem anderen Land, ausgenommen die Schweiz, in Ehren aufgenommen hätte? Muß ich mich indessen über die Wahl meiner Zuflucht beklagen? Nein, ungeachtet so vieler Verfolgungen und Beleidigungen habe ich mehr gewonnen als verloren, denn ich fand einen Menschen. Edle und große Seele, George Keith, mein Beschützer, mein Freund, mein Vater! Wo Ihr auch seid, wo ich auch meine traurigen Tage endigen mag, und sollte ich Euch nicht wiedersehen, so kann ich doch dem Himmel mein Elend nicht vorwerfen, denn es erwarb mir Eure Freundschaft!

Kann man mit gutem Gewissen Bücher, welche einzelne unvorsichtige Stellen gegen die Religion enthalten, mit Büchern gleichsetzen, worin sie geradezu und ohne Schonung in ihren Lehrsätzen, in ihrer Moral und in ihrem Einfluß auf die Gesellschaft angegriffen wird?

Mit gutem Gewissen! . . . Es würde sich für so einen Gottlosen, wie ich es bin, nicht schicken, von Gewissen zu reden . . . besonders gegenüber so guten Christen . . . ich will daher schweigen . . . Indessen ist es doch eine sonderbare Art von Gewissen, welches die Obrigkeit sagen läßt: Wir erlauben es gerne, daß man Gott lästere, allein, wir leiden es nicht, daß man nachdenke! Wir wollen, meine Herren, die Ungleichartigkeit der Gegenstände beiseite setzen; vermöge eben dieser Denkungsart erteilten die

Athener den Gottlosigkeiten des Aristophanes Beifall und verdammten Sokrates zum Tode.

Was mich von der Richtigkeit meiner Grundsätze am stärksten überzeugt, ist, daß ich ihre Anwendung immerhin richtig finde in den Fällen, die ich am wenigsten vorausgesehen hatte, und dies ist auch hier der Fall. Einer der Grundsätze, welche aus meiner Untersuchung der Religion und des ihr Wesentlichen herfließen, ist der, daß sich Menschen niemals um die Religion der anderen bekümmern sollen, als insofern es sie selbst betrifft, woraus denn folgt, daß sie niemals Beleidigungen* bestrafen dürfen, die sich einzig gegen Gott richten, der sie schon selbst zu bestrafen wissen wird. *Man muß die Gottheit ehren, aber niemals rächen*, sagen die Repräsentanten nach Montesquieus Ausspruch, und hierin haben sie recht. Indessen sind lächerliche Anspielungen, grobe Gottlosigkeiten und Lästerungen gegen die Religion immer strafbar, niemals aber Untersuchungen. Warum? Weil man im erstern Fall nicht allein die Religion, sondern auch diejenigen, die sie bekennen, angreift; man beschimpft und beleidigt sie in ihrem Gottesdienst, man zeigt eine sträfliche Verachtung gegen das, was sie hochschätzen, und folglich auch gegen sie selbst. Dergleichen Beleidigungen müssen durch die Gesetze bestraft werden, weil sie auf die Menschen zurückfallen und weil die Menschen sich mit Recht dadurch beleidigt fühlen können. Allein, wo ist ein Mensch

* Man beachte, daß ich mich des Wortes *Beleidigung gegen Gott* nur wegen des Sprachgebrauchs bediene, obgleich ich sehr weit entfernt bin, es in seinem eigentlichen Sinn hier zu nehmen, und ich es sehr schlecht angewendet finde, als könnte irgendein Wesen, ein Mensch, ein Engel und selbst der Teufel Gott jemals beleidigen. Das Wort, das wir durch *Beleidigung* ausdrücken, ist so wie fast die ganze Heilige Schrift übersetzt worden, und dies ist genug gesagt. Menschen, die von ihrer Theologie eingenommen waren, haben durch ihre kleinen Gedanken dieses vortreffliche Buch entstellt, und dadurch erhält man die Torheit und den Fanatismus des Volkes. Ich finde das Mißtrauen der römischen Kirche gegen die Übersetzungen der Bibel in die gemeinen Sprachen sehr weise, und wie es nicht notwendig ist, dem Volke die Gesänge des Hohenliedes, die beständigen Verfluchungen Davids gegen seine Feinde, noch die Spitzfindigkeiten des heiligen Paulus über die Gnade vorzutragen, so ist es gefährlich, ihm die erhabene Moral des Evangeliums in Ausdrücken vorzulegen, welche den Sinn des Urhebers nicht genau ausdrücken; denn sobald man sich nur etwas davon entfernt und auf einen anderen Weg gerät, so führt dies sehr weit ab.

auf der Welt, der durch eine Untersuchung beleidigt werden kann? Wo ist derjenige, der sich dadurch beleidigt fühlen kann, daß man ihn als Menschen behandelt und seine Vernunft voraussetzt? Wenn der Untersuchende sich irrt oder uns betrügt, und ihr entweder an ihm oder an uns Anteil nehmt, so überführt ihn seines Unrechts, belehrt uns und schlagt ihn mit seinen eigenen Waffen. Wollt ihr aber diese Mühe nicht nehmen, so schweigt still, hört ihn nicht an, laßt ihn argumentieren oder Unsinn reden, und alles ist ohne Lärm, ohne Streit und ohne Beleidigungen von irgendeiner Seite geendigt. Allein, worauf gründet sich der entgegengesetzte Grundsatz, daß man Spott, Verachtung und Beleidigung dulden, die Vernunft aber strafen soll. Ich verstehe es nicht.

Diese Herren sprechen so oft mit Herrn von Voltaire. Wie hat er ihnen einen Geist der Toleranz nicht einflößen können, den er beständig predigt und den er manchmal nötig hat? Hätten sie ihn in dieser Sache um Rat gefragt, so hätte er, wie mich dünkt, ungefähr folgendes sagen können.

»Meine Herren, wer vernünftelt, stiftet kein Unheil, sondern die Heuchler. Die Philosophie kann ihren Weg gehen, ohne Gefahr; das Volk versteht sie nicht, es läßt sie reden und begegnet ihr mit aller Verachtung, die es gegen sie hat. Vernünfteln ist unter allen menschlichen Torheiten diejenige, die dem Menschengeschlecht am wenigsten schadet, und man sieht sogar Weise, die von dieser Torheit manchmal eingenommen sind. Ich für mein Teil vernünftele nicht, das ist wahr; aber andere tun es; was für ein Übel entsteht daraus? Betrachten Sie dieses und jenes Werk, enthalten jene Bücher nicht bloß Spaß? Und wenn ich gleich nicht selbst vernünftele, so tue ich mehr als das, ich gebe meinen Lesern zu denken. Lesen Sie mein Kapitel von den Juden, es ist in dem *Sermon des Cinquantes* noch weiter ausgeführt. Mich dünkt, da ist Überlegung oder etwas Entsprechendes. Sie werden auch zugeben, daß sehr wenig *Umschweife* und etwas mehr als *einzelne unvorsichtige Stellen* darin enthalten sind.

Wir haben uns verständigt, daß mein großes Ansehen bei Hof und meine vorgebliche Allmacht euch zum Vorwand dienen sollen, um die kleine Kurzweil meiner alten Jahre in Ruhe herumgehen zu lassen: das ist zwar gut so, allein, deswegen müßt ihr ernsthaftere Schriften nicht verbrennen, denn dies wäre zu viel Ärgernis.

Ich habe so sehr die Toleranz gepredigt! Man muß sie nicht immer von anderen fordern, ohne sie selbst gegen sie ausüben zu wollen. Dieser arme Mann glaubt an Gott? Wir wollen es ihm verzeihen, denn er wird gewiß keine Sekte stiften. Ist er langweilig? Alle, die vernünfteln, sind es. Wir werden ihn nicht mit zu unserem Abendessen nehmen, und was geht uns das übrige an? Was sollte aus den Bibliotheken werden, wenn man alle langweiligen Bücher verbrennen wollte, und wenn man alle langweiligen Leute verbrennen wollte, so müßte man das ganze Land zu einem Scheiterhaufen machen. Glaubt mir, lassen wir die vernünfteln, die uns scherzen lassen; verbrennen wir weder Menschen noch Bücher und bleiben wir friedlich, das ist mein Rat.« Dies, dünkt mich, hätte Herr von Voltaire in einem besseren Ton sagen können, und ich glaube, es wäre nicht der schlechteste Rat gewesen, den er ihnen hätte geben können.

Wir wollen unparteiisch diese Werke miteinander vergleichen und nach dem Eindruck urteilen, den sie in der Welt gemacht haben. Ich stimme von ganzem Herzen zu. *Die einen werden an allen Orten gedruckt und verkauft, von den anderen weiß man genug, wie sie aufgenommen wurden.*

Diese Worte *die einen* und *die anderen* sind zweideutig. Ich kann nicht sagen, unter welchen der Verfasser meine Schriften versteht, allein, dies kann ich sagen, daß sie in allen Ländern gedruckt werden, daß man sie in alle Sprachen übersetzt, ja daß in London sogar zwei Übersetzungen des *Emile* auf einmal erschienen sind, eine Ehre, welche, soviel ich weiß, keinem anderen Buch, die *Héloïse* ausgenommen, widerfahren ist. Ich sage noch mehr: in Frankreich, in England, in Deutschland, ja sogar in Italien bedauert man mich, man liebt mich und möchte mich gerne aufnehmen, und überall hört man nur einen Schrei der Entrüstung gegen den Genfer Rat. Dies weiß ich von dem Schicksal meiner Schriften; von dem der anderen weiß ich nichts.

Es ist Zeit zu schließen. Sie sehen, mein Herr, daß ich in diesem und dem vorigen Brief mich selbst als strafbar angenommen habe, allein, in den drei ersten habe ich gezeigt, daß ich es nicht bin.

Urteilen Sie nun, was eine solche Prozedur, die ungerecht schon gegen den Schuldigen ist, gegenüber einem Unschuldigen ist!

Indessen sind diese Herren fest entschlossen, dieser Prozedur ihren Lauf zu lassen und haben öffentlich erklärt, daß das Wohl der Religion ihnen nicht erlaubte, ihr Unrecht einzugestehen, noch die Ehre des Staates, ihre Ungerechtigkeit wieder gutzumachen. Es bedürfte eines ganzen Werkes, um die Folgen dieses Grundsatzes zu zeigen, welcher alle unbilligen Befehle der Diener des Gesetzes zu unumstößlichen Urteilen des Schicksals macht. Allein, hiervon ist hier nicht die Rede, und mein Zweck ging bisher nur dahin, zu untersuchen, ob die Ungerechtigkeit begangen worden ist, nicht aber ob sie wieder gutgemacht werden sollte. Im bejahenden Fall werden wir unten die Hilfsmittel sehen, welche Ihre Gesetze sich vorbehalten haben, um ihrer Verletzung zu steuern. Was soll man aber unterdessen von diesen unerbittlichen Richtern denken, welche in ihrem Urteil so leichtsinnig verfahren, als wenn es gar keine Folgen hätte, und so hartnäckig darauf bestehen, als wenn sie es sehr reiflich überlegt hätten?

So weitschweifig auch diese Untersuchung gewesen ist, so glaubte ich doch, daß ihr Gegenstand Ihnen die Geduld geben würde, ihr zu folgen, ja, ich wage hinzuzusetzen, daß Sie dieses tun mußten, weil sie ebensowohl meine eigene Verteidigung als auch die Verteidigung Ihrer Gesetze enthält. In einem freien Staat und unter einer vernünftigen Religion würde ein Gesetz, welches ein Buch wie das meinige verdammt, für ein schändliches Gesetz gehalten werden, welches man zum Besten und zur Ehre des Staates je eher desto besser abschaffen müßte. Allein, dem Himmel sei Dank, Sie haben, wie ich jetzt bewiesen habe, kein solches Gesetz, und es ist besser, daß die Ungerechtigkeit, die mich drückt, das Werk des Magistrats ist, als wenn sie das Werk der Gesetze wäre, denn die Irrtümer der Menschen sind vorübergehend, allein, die der Gesetze dauern so lange wie diese selbst. Weit entfernt, daß die Verbannung aus meinem Vaterland die Folge meiner Fehler wäre, glaube ich im Gegenteil, meine Pflicht als Bürger niemals besser erfüllt zu haben als in diesem Augenblick, da ich aufhöre, Bürger zu sein, und selbst durch die Handlung, die mich auf diesen Titel verzichten ließ, hätte ich ihn verdient.

Erinnern Sie sich, was vor einigen Jahren anläßlich des Artikels *Genf* von Herrn d'Alembert geschah. Statt die Unruhe, die dieser Artikel erregte, zu stillen, wurde sie durch die Schrift der Geistlichen noch vermehrt, und jedermann weiß, daß mein Werk ihnen weit vorteilhafter war als ihr eigenes. Die protestantische Partei, welche unzufrieden mit ihnen war, wurde zwar noch nicht laut, aber sie konnte es alle Augenblicke werden, und unglücklicherweise lassen sich die Regierungen in dergleichen Fällen so leicht beunruhigen, daß die theologischen Streitigkeiten, welche von selbst in Vergessenheit geraten sollten, durch die Wichtigkeit, die man ihnen geben will, am Ende immer selbst wichtig werden.

Ich hielt es meinerseits für den Ruhm und das Glück des Vaterlandes, eine Geistlichkeit zu haben, welche von einem in ihrem Stand so seltenen Geist beseelt wurde, und die, ohne sich bloß an die spekulative Lehre zu halten, alles auf die Moral und auf die Pflichten des Menschen und des Bürgers zurückzuführen suchte. Ich glaubte, daß man, ohne sie geradezu zu verteidigen, dem Staat einen wirklichen Dienst leistete, wenn man die Grundsätze, die ich bei ihr vermutete, rechtfertigte und dem Urteil zuvorkäme, das man darüber fällen könnte. Indem ich bewies, daß dasjenige, was man vernachlässigte, weder sicher noch nützlich wäre, hoffte ich diejenigen zurückzuhalten, die ihnen ein Verbrechen daraus machen wollten: ohne sie zu nennen, ohne ihre Rechtgläubigkeit in Gefahr zu bringen, stellte ich sie damals anderen Theologen als Beispiel vor.

Das Unternehmen war kühn, aber doch nicht verwegen, und ohne gewisse Umstände, die man schwerlich voraussehen konnte, mußte es natürlicherweise glücken. Ich stand nicht allein mit dieser Meinung, denn einige aufgeklärte Männer und sogar vornehme Magistratspersonen dachten wie ich. Rufen Sie sich einmal den religiösen Zustand Europas jener Zeit zurück, als ich mein Buch herausgab, und Sie werden finden, es war mehr als wahrscheinlich, daß es überall gut würde aufgenommen werden. Die überall von der Philosophie verdrängte Religion hatte ihre Macht sogar bis zum Volk herunter verloren. Die Geistlichkeit, die sich hartnäckig bemühte, sie an ihrer schwachen Seite zu stützen, hatte alles übrige untergraben lassen, so daß das ganze Gebäude, das schief stand, beinahe darüber zugrunde gegangen wäre. Die Streitigkeiten hatten aufgehört, weil niemand mehr daran Anteil nahm, und zwischen den verschiedenen Parteien herrschte Friede, weil sich niemand viel um die seinige bekümmerte. Um die schadhaften Zweige auszurotten, hatte man den Baum abgehauen; um ihn aber wieder aufzupflanzen, hätte man bloß die Wurzel stehen lassen sollen.

War wohl je ein Zeitpunkt zur Stiftung eines allgemeinen Friedens günstiger als der, wo die Streitsucht der Parteien aufgehört hatte und jedermann dadurch imstande war, der Vernunft Gehör zu geben? Wem konnte ein Werk mißfallen, worin man, ohne daß jemand getadelt oder ausgeschlossen wurde, zeigte, daß im Grunde alle einig waren, daß bloß durch Mißverständnisse so viele Streitigkeiten entstanden und so viel Blut vergossen worden war, daß jeder bei seinem Gottesdienst bleiben sollte, ohne den der anderen zu stören, daß man überall Gott dienen, seinen Nächsten lieben, den Gesetzen gehorchen sollte und daß hierin allein das Wesentliche einer guten Religion bestünde? Dadurch wurde zugleich die philosophische Freiheit und die religiöse Frömmigkeit gegründet und die Liebe zur Ordnung mit der Achtung der Vorurteile anderer vereinigt, dadurch wurden alle Parteien, ohne eine zu unterdrücken, auf den gemeinschaftlichen Zweck der Menschlichkeit und der Vernunft zurückgeführt, und weit entfernt, Streitigkeiten zu erregen, wurde die Wurzel derer ausgerottet, die noch aufkeimen konnten und die unfehlbar von einem Tag zum anderen wieder aufkeimen werden, sobald der Eifer des Fanatismus, welcher jetzt nur schlummert, wieder erwachen wird; kurz, dadurch wurden in unserem durch Gleichgültigkeit friedlichen Jahrhundert jedem Gründe an die Hand gegeben, immer zu bleiben, was er jetzt ist, ohne zu wissen, warum.

Wie vielen Übeln, die nun täglich wieder entstehen können, hätte man vorgebeugt, wenn man mich gehört hätte! Welche Unzuträglichkeiten waren mit diesem Vorteil verbunden? Nicht eine, nicht eine einzige. Ich fordere jeden auf, mir einen einzigen möglichen und auch nur wahrscheinlichen Nachteil zu zeigen, es sei denn die Ungestraftheit unschuldiger Irrtümer und die Ohnmacht der Verfolger. Wie ist es möglich, daß nach so vielen traurigen Erfahrungen und in einem so aufgeklärten Jahrhundert die Regierungen noch nicht gelernt haben, diese schrecklichen Waffen zu zerbrechen, deren man sich nicht geschickt genug bedienen kann, ohne daß sie demjenigen, der sich ihrer bedient, die Hand verwunden? Der Abbé de Saint-Pierre wollte, daß man die theologischen Schulen aufhebe und die Religion unterstütze. Welchen Weg müßte man einschlagen, um diesen doppelten Zweck zu erreichen, der, genau betrachtet, nur einer ist? Den, den ich erwählt hatte.

Ein unglücklicher Umstand vereitelte die Wirkung aller meiner guten Vorschläge und hat all die Übel, von denen ich das Menschengeschlecht befreien wollte, über meinem Kopf versammelt. Wird wohl je wieder ein Freund der Wahrheit auferstehen, den mein Schicksal nicht abschrecken wird? Ich weiß es nicht. Mag er klüger sein, wird er bei demselben Eifer glücklicher sein? Ich zweifle. Der Augenblick, den ich ergriffen hatte, ist vorbei und wird nicht wiederkommen. Ich wünsche von ganzem Herzen, daß das Pariser Parlament es nicht dereinst bereuen muß, dem Aberglauben den Dolch wieder in die Hände gegeben zu haben, den ich ihm entwunden hatte.

Allein, wir wollen nicht von fernen Orten und Zeiten sprechen, sondern nach Genf zurückkehren. Dorthin will ich Sie noch durch eine letzte Beobachtung zurückführen, die Sie sehr leicht machen können und worüber Sie gewiß erstaunen werden. Betrachten Sie einmal alles, was um Sie herum vorgeht. Wer sind diejenigen, die mich verfolgen, und wer diejenigen, die mich verteidigen? Sehen Sie unter den Repräsentanten die Elite Ihrer Bürger, hat Genf würdigere aufzuweisen? Von meinen Verfolgern will ich nicht reden, Gott behüte, daß ich jemals meine Feder und meine gute Sache durch Satire entehren sollte, diese Waffe lasse ich ohne Bedauern meinen Feinden, allein, vergleichen Sie und urteilen Sie selbst. Auf welcher Seite sind Sitten, Tugenden, wahre Frömmigkeit und Vaterlandsliebe? Wie, ich soll die Gesetze beleidigen, und ihre eifrigsten Verteidiger sind auch die meinen! Ich soll die Regierung angreifen, und die besten Bürger stehen auf meiner Seite! Ich soll die Religion angreifen, und für mich sind die, die am meisten Religion haben! Diese einzige Beobachtung sagt alles, sie allein zeigt mein wahres Verbrechen und die Ursache meines Unglücks. Diejenigen, die mich hassen und verfolgen, halten wider ihren Willen meine Lobrede. Ihr Haß erklärt sich von selbst. Sollte ein Genfer sich darin täuschen können?

SECHSTER BRIEF

Noch ein Brief, mein Herr, und Sie sind von mir erlöst. Allein, ich finde mich, indem ich ihn beginne, in einer sehr sonderbaren Lage, gezwungen, ihn zu schreiben, und ungewiß, womit ich ihn füllen soll. Können Sie wohl begreifen, daß man sich wegen eines Verbrechens rechtfertigen muß, das man nicht kennt, und sich verteidigen muß, ohne zu wissen, weswegen man angeklagt ist? Dies ist jedoch mein Fall in der Frage der Regierung. Ich bin zwar nicht angeklagt, doch verurteilt, doch entehrt, weil ich zwei *verwegene, anstößige, gottlose Bücher herausgegeben habe, welche die christliche Religion und alle Regierungsformen zu untergraben suchen.* Was die Religion betrifft, so haben wir doch wenigstens Anhaltspunkte gefunden, um herauszufinden, was man sagen wollte, und haben sie untersucht. Allein, was die Regierungen angeht, so finden wir auch nicht die geringste Spur. Man hat über diesen Punkt beständig jede Art von Erklärung vermieden, man hat nie sagen wollen, an welcher Stelle ich sie anzugreifen gewagt habe, noch wie, noch warum, noch sonst etwas, wodurch festzustellen wäre, daß das Vergehen nicht bloß eingebildet ist. Es ist ebenso, als wenn man jemanden dafür verurteilt, einen Menschen getötet zu haben, ohne daß man sagt, wo, wen oder wann. Die Inquisition zwingt zwar die Angeklagten, zu erraten, wessen sie angeklagt sind, aber sie verurteilt sie doch nicht, ohne zu sagen, warum.

Der Verfasser der *Lettres écrites de la Campagne* hütet sich gleichfalls, sich über dieses vorgebliche Vergehen zu erklären; er wirft in derselben allgemeinen Anklage die Religion und die Regierungsformen zusammen; dann fängt er an, von der Religion zu reden, sagt, daß er sich nur darauf beschränken wolle, und hält Wort. Wie können wir also die Beschuldigung hinsichtlich der Regierungen untersuchen, wenn diejenigen, die sie erheben, nicht sagen wollen, wovon sie eigentlich handelt?

Bemerken Sie ferner, wie der Verfasser mit einem Federstrich die ganze Frage zu verändern weiß. Der Rat urteilt, daß meine Schriften dahin zielen, alle Regierungsformen umzustoßen. Der

Verfasser der Briefe sagt nur, daß die Regierungen darin der gewagtesten Kritik unterworfen werden. Dies ist etwas ganz anderes. Eine Kritik, so dreist sie auch immer vorgebracht wird, ist doch keine Verschwörung. Einige Gesetze kritisieren oder tadeln, heißt doch nicht alle Gesetze umstoßen. Ebensogut könnte man jemanden beschuldigen, die Kranken zu ermorden, weil er die Fehler der Ärzte zeigt.

Noch einmal, was soll man auf Gründe antworten, die man nicht sagen will? Wie sich gegen ein Urteil verteidigen, welches ohne Gründe gefällt wurde? Wenn diese Herren ohne irgend einen Beweis sagen, daß ich alle Regierungen umzustoßen suche, und ich hingegen sage, daß ich dies nicht will, so ist das Verhältnis zwischen diesen Aussagen genau gleich, abgesehen davon, daß die Vermutung für mich spricht, denn es ist anzunehmen, daß ich besser als irgend jemand weiß, was ich tun will.

Allein, ein Mißverhältnis liegt in der Wirkung der Behauptungen. Aufgrund ihrer Aussage wird mein Buch verbrannt, gegen meine Person ein Befehl erlassen, und alles, was ich dagegen sage, kann nichts mehr wiederherstellen. Einzig, wenn ich bewiese, daß die Anklage falsch und das Urteil ungerecht ist, fällt die Schande auf sie selbst zurück. Der Haftbefehl, der Henker, alles sollte auf sie zurückfallen, denn keiner greift die Regierung stärker an als derjenige, der sich derselben bedient, um von ihr einen Gebrauch zu machen, der dem Zweck, zu welchem sie eingerichtet wurde, gerade entgegengesetzt ist.

Es genügt nicht, daß ich es behaupte, ich muß es auch beweisen, und hier sieht man, wie beklagenswert das Schicksal eines einzelnen Menschen ist, der unter einem ungerechten Magistrat steht, welcher nichts vom Souverän zu befürchten hat und sich über die Gesetze hinwegsetzt. Aus einer unbewiesenen Behauptung machen sie einen Beweis; so wird der Unschuldige gestraft. Ja noch mehr, sie machen ihm selbst aus seiner Verteidigung ein neues Verbrechen, und läge es an ihnen, so würden sie ihn noch dafür strafen, daß er seine Unschuld bewiesen hat.

Wie soll ich es anfangen, um zu zeigen, daß sie unwahr geredet haben, und zu beweisen, daß ich die Regierungen nicht untergrabe? Welche Stelle meiner Schriften ich auch verteidigen mag, so können sie immer sagen, daß es nicht diese Stelle sei, die sie verdammt hätten, obgleich sie das Ganze verdammt haben, das Gute wie das Böse, ohne irgend einen Unterschied zu machen. Um ihnen also keine Ausflucht zu lassen, müßte ich ganz von vorn anfangen, von Buch zu Buch, von Seite zu Seite, von Zeile zu Zeile und beinahe von Wort zu Wort fortgehen. Ferner müßte ich alle Regierungsformen der Welt untersuchen, weil sie behaupten, ich stieße sie alle um. Welch Unternehmen! Wie viele Jahre würden dazu erfordert? Wie viele Folianten müßte man schreiben, und wer sollte sie lesen? Man verlange nur das Mögliche von mir. Jeder vernünftige Mann muß sich mit dem begnügen, was ich Ihnen hier zu sagen habe: Sie verlangen gewiß nicht mehr.

Unter meinen zwei Büchern, welche unter einerlei Vorwand zugleich verbrannt worden sind, ist nur eines, welches vom politischen Recht und von Fragen der Regierung handelt. Wenn das andere davon handelt, so nur als Auszug des ersteren. Ich vermute also, daß die Anklage dieses allein betrifft. Beträfe diese Anklage eine einzelne Stelle, so würde man sie vermutlich angeführt haben, wenigstens würde man einen Grundsatz daraus gezogen haben, es sei nun getreu oder verfälscht, so wie man es an den Punkten gemacht hat, die die Religion betreffen.

Es muß also das in dem ganzen Werk begründete System sein, das die Regierungen umstößt; es ist also weiter nichts nötig, als dieses System zu erklären oder eine Untersuchung des Buches anzustellen, und wenn wir auch die zerstörerischen Grundsätze, von denen hier die Rede ist, nicht deutlich darin finden, so werden wir doch wenigstens wissen, wo wir sie in dem Werke zu suchen haben, indem wir die Methode des Verfassers befolgen.

Allein, mein Herr, wenn Sie während dieser Untersuchung, die kurz sein wird, gewissen Folgerungen zu ziehen, Gelegenheit finden, so bitte ich, übereilen Sie sich nicht. Gedulden Sie sich, bis wir miteinander darüber urteilen. Danach können Sie, wenn Sie es wollen, darauf zurückkommen.

Worin besteht die Einheit des Staates? In der Vereinigung seiner Mitglieder. Und woraus entsteht die Vereinigung seiner Mitglieder? Aus der Verbindlichkeit, welche sie alle miteinander verknüpft. Bis hierher ist alles einig.

Allein, welches ist die Grundlage dieser Verbindlichkeit? Hier teilen sich nun die Schriftsteller. Nach einigen ist es die Gewalt, nach anderen die väterliche Autorität, nach wieder anderen der Wille Gottes. Jeder sucht seinen Grundsatz zu behaupten und den des anderen anzugreifen; ich selbst habe es nicht besser gemacht, und indem ich die vernünftigste Partei von denen, die über diese Sache geschrieben haben, befolgte, habe ich die Übereinkunft der Mitglieder als die Grundlage des politischen Körpers angegeben und die Grundsätze, die den meinigen entgegenliefen, widerlegt.

Unabhängig von seiner Wahrheit ist dieser Grundsatz allen übrigen durch die Beständigkeit der Grundlage, die er festsetzt, überlegen, denn welche sichere Grundlage kann die Verbindlichkeit unter Menschen haben als den freien Willen dessen, der sich verpflichtet. Man kann über jeden anderen Grundsatz streiten*, nur nicht über diesen.

Allein, unter dieser Bedingung der Freiheit, welche noch andere in sich begreift, sind noch nicht alle Arten von Verbindungen gültig, nicht einmal vor menschlichen Richterstühlen. Um also diese Bedingung zu bestimmen, ist es nötig, ihre Natur zu erklären, man muß deren Gebrauch und Zweck entdecken, und beweisen, daß sie den Menschen angemessen und den natürlichen Gesetzen nicht zuwider ist, denn es ist ebensowenig erlaubt, die natürlichen Gesetze durch den Gesellschaftsvertrag zu verletzten, als es erlaubt ist, die positiven Gesetze durch Privatverträge aufzuheben, und allein durch diese Gesetze besteht die Freiheit, welche der Verbindung die Stärke und Dauer gibt.

Das Ergebnis dieser Untersuchung ist dies, daß die Einrichtung des Gesellschaftsvertrages ein Bündnis von besonderer Art ist, vermöge dessen jeder einzelne sich allen verpflichtet, woraus die gegenseitige Verbindlichkeit aller gegen jeden einzelnen folgt, welche der wahre Zweck der Vereinigung ist.

Ich sage, daß diese Verbindlichkeit von einer besonderen Art

* Selbst über den vom Willen Gottes, wenigstens in seiner Anwendung. Denn obgleich es deutlich ist, daß der Mensch wollen muß, was Gott will, so ist doch nicht klar, daß Gott will, daß man diese Regierung einer anderen vorziehe oder daß man Jakob mehr gehorchen soll als Wilhelm. Und eben darum geht es hier.

ist, weil sie, da sie absolut, ohne Bedingungen, ohne Einschränkung ist, niemals ungerecht, noch dem Mißbrauch unterworfen ist, denn es ist nicht möglich, daß der Körper sich selbst schaden will, solange nur das Ganze für alle will.

Sie ist ferner noch von einer besonderen Art, weil sie die Vertragschließenden verbindet, ohne sie irgend jemandem zu unterwerfen, und sie ebenso frei läßt wie vorher, indem sie ihnen nur ihren eigenen Willen zur Richtschnur gibt.

Der Wille aller ist also die Ordnung, die höchste Richtschnur, und diese allgemeine Richtschnur personifiziert nenne ich den Souverän.

Es folgt daraus, daß die Souveränität unteilbar, unveräußerlich ist und daß sie wesentlich in allen Gliedern des Körpers ihren Sitz hat.

Allein, wie soll dieses abstrakte und kollektive Wesen handeln? Es handelt durch die Gesetze, es kann anders nicht handeln.

Und was ist ein Gesetz? Eine öffentliche und feierliche Erklärung des allgemeinen Willens über einen Gegenstand des allgemeinen Besten.

Ich sage, über einen Gegenstand des allgemeinen Besten, weil das Gesetz seine Kraft und seine Rechtmäßigkeit verlieren würde, sobald dessen Gegenstand nicht alle beträfe.

Das Gesetz kann vermöge seiner Natur keinen besonderen und einzelnen Gegenstand haben, aber die Anwendung des Gesetzes betrifft besondere und einzelne Gegenstände.

Die gesetzgebende Gewalt, welche der Souverän ist, hat also eine Gewalt nötig, welche ausübt, das heißt, das Gesetz in besondere Handlungen bringt. Diese zweite Gewalt muß so eingerichtet sein, daß sie immer das Gesetz, und zwar nur das Gesetz selbst ausübt. Daraus entsteht die Einrichtung der Regierung.

Was ist die Regierung? Sie ist ein Mittelkörper zwischen den Untertanen und dem Souverän zu deren wechselseitiger Übereinstimmung und hat den Auftrag, die Gesetze auszuüben und die bürgerliche sowohl als politische Freiheit zu erhalten.

Die Regierung hat als ein untrennbarer Teil des politischen Körpers Anteil an dem allgemeinen Willen, der sie begründet; allein, als ein eigener Körper hat sie einen eigenen Willen. Diese beiden Willen stimmen manchmal überein, manchmal aber bekämpfen sie sich. Aus der Verbindung dieser Übereinstimmung und dieses Konflikts entspringt das Spiel der ganzen Maschine.

Der Grund der verschiedenen Regierungsformen liegt in der Zahl der Mitglieder, woraus sie bestehen. Je kleiner diese Zahl ist, desto stärker ist die Regierung, je größer sie ist, desto schwächer ist die Regierung, und da die Souveränität immer zur Erschlaffung neigt, so strebt die Regierung immer danach, sich zu stärken. So muß der ausübende Körper endlich über den gesetzgebenden siegen, und wenn das Gesetz schließlich den Menschen unterworfen ist, so bleiben nur Herren und Sklaven übrig, und der Staat ist zerstört.

Vor dieser Zerstörung muß die Regierung vermöge ihres natürlichen Fortschritts ihre Form verändern und schrittweise von der größeren Anzahl zur kleineren übergehen.

Die verschiedenen Formen, deren die Regierung fähig ist, können auf drei Hauptformen zurückgeführt werden. Nachdem ich ihre Vorteile und ihre Mängel miteinander verglichen habe, gebe ich derjenigen den Vorzug, welche zwischen beiden Extremen die Mitte hält und den Namen Aristrokatie führt. Man muß sich hier erinnern, daß die Verfassung des Staats und die der Regierung zwei ganz verschiedene Dinge sind, die ich nicht verwechselt habe. Die beste Regierungsform ist die aristokratische, und die schlechteste Form der Souveränität ist wiederum die aristokratische.

Diese Überlegungen geben Gelegenheit zu noch anderen über die Art, wie die Regierungsform ausartet und über die Mittel, wodurch man der Zerstörung des politischen Körpers vorbeugen kann.

Schließlich im letzten Buch untersuche ich in einem Vergleich mit der besten Regierungsform, welche jemals bestanden hat, nämlich der von Rom, die beste und dem Staat vorteilhafteste Ordnung, und dieses Buch und das ganze Werk schließe ich mit der Untersuchung, inwiefern die Religion als untrennbarer Teil der Zusammensetzung des politischen Körpers angesehen werden kann.

Was dachten Sie, mein Herr, als Sie diesen kurzen und treuen

Auszug meines Buches lasen? Ich kann es erraten. Sie sagten zu sich selbst: Dies ist die Geschichte der Genfer Regierungsform, und dies haben beim Lesen meines Buches alle gesagt, die Ihre Staatsverfassung kennen.

Und wirklich, dieser ursprüngliche Vertrag, dieses Wesen der Souveränität, diese Herrschaft der Gesetze, diese Einrichtung der Regierung, diese Art, sie stufenweise zusammenzuziehen, um die Autorität durch die Gewalt auszugleichen, dieses Streben nach Bemächtigung der Herrschaft, diese periodischen Versammlungen und diese List, sie aufzuheben, und endlich diese nahe Zerstörung, die Ihnen bevorsteht und der ich zuvorkommen wollte, ist dies nicht Zug um Zug das Bild Ihrer Republik von ihrer Entstehung an bis auf den heutigen Tag?

Ich nahm also Ihre Verfassung, die ich schön fand, als Muster aller politischen Einrichtungen, und indem ich euch Europa als Beispiel vorstellte, gab ich euch Mittel an die Hand, euch zu erhalten, anstatt daß ich mich bestrebt hätte, euch zu zerstören. Diese Verfassung, so gut sie auch ist, ist dennoch nicht ohne Mängel; man könnte die Änderungen, die sie erlitten, verbessern und sie vor der Gefahr bewahren, der sie nun ausgesetzt ist. Ich sah diese Gefahr voraus, ich gab es zu verstehen und zeigte Vorbeugungsmittel an: hieß dies, sie zerstören wollen und nicht vielmehr anzugeben, wie sie zu erhalten sei? Vermöge meiner Anhänglichkeit an dieselbe wünschte ich, daß sie durch nichts verändert werden möchte. Dies ist mein ganzes Verbrechen. Vielleicht hatte ich unrecht. Allein, wenn die Liebe zu meinem Vaterland mich in diesem Punkt verblendete, mußte mich mein Vaterland dafür strafen?

Wie konnte ich alle Regierungsformen umzustoßen suchen, da ich alle auf den Grundsatz der Euren brachte? Die Tatsache allein widerlegt die Anklage. Da eine Regierungsform nach meinem Muster vorhanden war, so konnte ich unmöglich alle die, die vorhanden sind, umstoßen wollen. Mein Herr, hätte ich bloß ein System gemacht, so geben Sie gewiß zu, daß man gar nichts darüber gesagt hätte. Man hätte sich begnügt, den *Gesellschaftsvertrag* mit Platons *Staat*, mit der *Utopia* und der *Histoire des Sévarambes* ins Land der Chimären zu verweisen. Allein, ich schilderte einen wirklich vorhandenen Gegenstand, und man wollte, daß dieser Gegenstand sein Aussehen verändern sollte. Mein Buch zeugte gegen den Anschlag, den zu unternehmen man im Begriff stand, und dies konnte man mir nicht verzeihen.

Allein, folgendes wird Ihnen sonderbar scheinen. Mein Buch soll alle Regierungsformen angreifen, und dennoch ist es in keiner einzigen verboten! Es begründet eine einzige, gibt sie anderen zum Beispiel, und in dieser wird es verbrannt! Ist es nicht sonderbar, daß die angegriffenen Regierungen schweigen, und daß die, die ich verehre, streng verfährt? Wie? Die Genfer Obrigkeit wirft sich gegen ihre eigene Regierungsform zum Beschützer der übrigen auf? Sie straft ihren eigenen Bürger dafür, daß er die Gesetze seines Vaterlandes allen anderen vorgezogen hat? Kann man dies wohl begreifen, und würden Sie es glauben, wenn Sie es nicht gesehen hätten? Hat sich wohl im ganzen übrigen Europa einer unterfangen, mein Werk zu schänden? Nein, nicht einmal in dem Staat, wo es gedruckt wurde*, nicht einmal in Frankreich, wo die Obrigkeit in dieser Frage besonders streng ist. Hat man das Buch daselbst verboten? Keineswegs; man ließ nur die holländische Ausgabe nicht ins Land, dafür aber wurde sie in Frankreich nachgedruckt und ohne Schwierigkeit geduldet. Dies war also eigentlich eine Sache des Handels und nicht der Polizei: man zog den Gewinn des französischen Buchhändlers dem eines ausländischen vor. Dies war alles.

Der *Gesellschaftsvertrag* ist nirgends außer in Genf verbrannt worden, wo er nicht gedruckt wurde. Einzig die Obrigkeit zu Genf hat Grundsätze darin gefunden, welche alle Regierungsformen zerstören. Tatsächlich hat diese Obrigkeit nicht gesagt, welches diese Grundsätze sind, und daran hat sie sehr klug gehandelt.

Die Folge unbesonnener Verbote ist, daß sie nie beachtet werden und die Gewalt der Autorität schwächen. Mein Buch ist zu Genf in allen Händen, möchte es doch auch in allen Herzen sein! Lesen Sie, mein Herr, dieses verschrieene, aber so notwendige

* Auf den Lärm hin, den das Pariser und Genfer Vorgehen machten, verbot die überraschte Obrigkeit beide Bücher, allein, nach eigener Untersuchung hat diese weise Obrigkeit ihre Meinung durchaus geändert, besonders in Ansehung des *Gesellschaftsvertrages*.

Buch, Sie werden darin beständig die Gesetze über die Menschen erhoben finden; Sie werden finden, daß die Freiheit darin immer behauptet wird, jedoch immer unter der Autorität der Gesetze, ohne welche keine Freiheit stattfinden kann, und unter denen man immer frei ist, wie man auch regiert werden mag. Dadurch mache ich freilich, sagt man, den Mächten nicht den Hof: um so schlimmer für sie, denn ich kenne ihre wahren Interessen; wenn sie sie nur sehen und ihnen folgen wollten. Allein, die Leidenschaften machen die Menschen blind für ihr eigenes Wohl. Diejenigen, welche die Gesetze den Leidenschaften der Menschen unterwerfen, sind die wahren Zerstörer aller Regierungen: dies sind die Menschen, die man strafen sollte.

Die Grundlagen des Staates sind in allen Regierungsformen dieselben, und diese Grundlagen sind in meinem Buch besser ausgeführt als in irgend einem anderen. Wenn man aber hernach die verschiedenen Regierungsformen vergleicht, so kann man nicht umhin, die Vorteile und Mängel einer jeden für sich zu erwägen, und dies glaube ich ganz unparteiisch getan zu haben. Alles wohl überlegt, gab ich der Regierungsform meines Vaterlandes den Vorzug. Dies war natürlich und vernünftig, und man würde mich getadelt haben, wenn ich es nicht getan hätte. Allein, ich habe die übrigen Regierungsformen nicht ausgeschlossen, im Gegenteil, ich habe gezeigt, daß jede ihren Grund hat, welcher sie nach Maßgabe der Menschen, der Zeiten und Orte anderen überlegen sein läßt. Statt alle Regierungen zu zerstören, habe ich sie alle begründet.

Als ich von der monarchischen Regierungsform im besonderen sprach, habe ich deren Vorteile geltend gemacht und ihre Mängel nicht verschwiegen. Dieses Recht, dünkt mich, hat jeder Mensch, der vernünftig nachdenkt, und wenn ich sie auch ausgeschlossen hätte, was ich gewiß nicht getan habe, würde daraus folgen, daß man mich deswegen in Genf bestrafen muß? Hat man in irgend einer Monarchie Hobbes verurteilt, weil seine Grundsätze alle republikanischen Regierungen umstoßen, und wird den Schriftstellern, welche die Republiken tadeln und verwerfen, von den Königen der Prozeß gemacht? Ist das Recht nicht gegenseitig, und sind die Republikaner nicht ebensogut Souveräne in ihrem

Land wie die Könige in dem ihren. Ich habe keine Regierungsform verworfen, ich verachte keine einzige. Indem ich sie untersuchte und verglich, hielt ich die Waage und beobachtete das Gewicht: mehr habe ich nicht getan.

Man darf die Vernunft nirgendwo bestrafen, noch auch das Nachdenken; eine solche Bestrafung würde zu sehr gegen die sprechen, die sie auferlegen. Die Repräsentanten haben sehr richtig festgestellt, daß mein Buch, worin ich die allgemeine These nicht verlasse und die Genfer Regierungsform nicht angreife und das überdies außer Landes gedruckt ist, nicht anders angesehen werden könne als diejenigen, die nur vom natürlichen und politischen Recht handeln, worüber die Gesetze dem Rat keine Macht geben, und die man in der Stadt immer öffentlicht verkauft hat, ohne Rücksicht auf die Grundsätze und Gesinnungen, die darin enthalten sein mögen. Ich bin nicht der einzige, der politische Fragen abstrakt untersucht und sie mit einiger Dreistigkeit behandelt hat; nicht jeder tut es, aber jeder hat das Recht, es zu tun; viele bedienen sich dieses Rechts, und ich bin der einzige, den man deswegen bestraft. Der unglückliche Sidney dachte wie ich, allein, er war tätig, und er mußte sein Leben für seine Tat, aber nicht für sein Buch lassen. Althusius zog sich in Deutschland viele Feinde zu, allein, man verfolgte ihn doch nicht wie einen Verbrecher. Locke, Montesquieu, Abbé de Saint Pierre haben alle diese Materien abgehandelt, und oft mindestens mit derselben Freiheit. Locke besonders hat sie nach eben den Grundsätzen behandelt wie ich. Alle drei sind geborene königliche Untertanen, haben ruhig gelebt und sind geehrt in ihrem Vaterland gestorben. Wie das meinige mich behandelt hat, wissen Sie.

Auch versichere ich Sie, daß ich, weit entfernt, über diese Beschimpfungen zu erröten, mir sie vielmehr zur Ehre rechne, denn sie setzen den Beweggrund, der sie mir zugezogen hat, in ein helleres Licht und zeigen, daß dieser Beweggrund nichts anderes ist, als daß ich mich um mein Vaterland verdient machen wollte. Das Verfahren des Rats gegen mich geht mir ohne Zweifel nahe, indem es Bande zerreißt, die mir so wertvoll waren; kann es mich aber erniedrigen? Nein, es erhebt mich vielmehr zu dem Rang derjenigen, welche für die Freiheit gelitten haben. Meine Bücher werden, was man auch tun mag, immer Zeugnis für sich selbst geben, und die Behandlung, die sie erfahren haben, wird nur denjenigen den Schimpf ersparen, welche die Ehre haben werden, nach ihnen verbrannt zu werden.

Ende des ersten Teils

ZWEITER TEIL

SIEBENTER BRIEF

Sie werden mich weitläufig gefunden haben, mein Herr, allein, ich mußte es sein, denn die Gegenstände, die ich abhandelte, lassen sich nicht in Epigrammen erklären. Außerdem entfernen sie mich weniger, als es scheint, von dem, was Sie selbst betrifft. Indem ich von mir redete, dachte ich an Sie, und Ihre Frage war so genau mit der meinigen verbunden, daß die eine auch mit der anderen aufgelöst ist. Nun habe ich bloß noch die Folgerung zu ziehen. Überall, wo die Unschuld nicht sicher ist, ist niemand sicher; überall, wo die Gesetze ungestraft verletzt werden können, herrscht keine Freiheit mehr.

Da man jedoch das Interesse eines Privatmannes von dem des Publikums unterscheiden kann, sind eure Begriffe hierüber noch immer ungewiß, und Sie bestehen darauf, daß ich euch helfe, sie festzusetzen. Sie fragen, welches der jetzige Zustand Ihrer Republik ist und was ihre Bürger jetzt tun sollen? Die erste Frage ist leichter zu beantworten als die andere.

Diese erste Frage beunruhigt Sie sicherlich weniger durch sich selbst als vielmehr durch die widersprechenden Auflösungen, die man ihr bei euch jetzt gibt. Sehr vernünftige Leute sagen: Wir sind das freieste unter allen Völkern, und andere ebenso vernünftige Leute sagen wieder: Wir leben unter der härtesten Sklaverei. Wer hat recht, fragen Sie mich? Alle, mein Herr, aber in verschiedener Rücksicht: eine ganz einfache Unterscheidung kann sie vereinigen. Nichts ist freier als euer rechtmäßiger Staat, und nichts ist sklavischer als euer jetziger Zustand.

Eure Gesetze erhalten ihre Autorität nur durch euch; ihr erkennt keine anderen an, als die ihr selbst verfaßt; ihr bezahlt nur die Abgaben, die ihr selbst auferlegt; ihr erwählt die Oberhäupter, die euch regieren, und sie können euch nur nach vorgeschriebenen Formen richten. Im Allgemeinen Rat seid ihr Gesetzgeber, Souveräne, unabhängig von aller menschlichen Gewalt; ihr unterzeichnet die Verträge, ihr beschließt Krieg und Frieden; eure Obrigkeit selbst beehrt euch mit dem Titel *Gnädige und hochgebie-*

tende, hochgeehrte Herren. Das ist eure Freiheit, und das ist eure Sklaverei.

Die mit der Ausübung eurer Gesetze beauftragte Körperschaft ist deren Ausleger und höchster Richter; sie läßt sie sprechen, wie es ihr gefällig ist; sie kann sie zum Schweigen bringen, sie kann sie sogar verletzen, ohne daß ihr dem Einhalt tun könnt, denn sie steht über den Gesetzen.

Die Oberhäupter, die ihr erwählt, haben unabhängig von eurer Wahl noch eine andere Macht, welche sie nicht von euch erhalten, und die sie auf Kosten derer, die sie innehaben, erweitern. Da ihr bei euren Wahlen auf eine kleine Zahl von Männern eingeschränkt seid, die alle einerlei Grundsätze und einerlei Interesse haben, so macht ihr mit vielen Umständen eine Wahl von geringer Wichtigkeit. Wichtig wäre es, wenn ihr alle die verwerfen könntet, zwischen denen man euch zu wählen zwingt. Unter dem Schein einer freien Wahl seid ihr von allen Seiten so eingeschränkt, daß ihr nicht einmal einen ersten Bürgermeister oder einen Oberwachtmeister erwählen könnt: das Oberhaupt der Republik und der Kommandant der Stadt stehen euch nicht zur Wahl.

Wenn man auch nicht das Recht hat, euch neue Abgaben aufzulegen, so habt ihr auch nicht das Recht, die alten abzuschaffen. Die Staatsfinanzen sind so beschaffen, daß sie ohne eure Beihilfe zu allem hinreichend sind. Man hat also niemals nötig, euch in dieser Rücksicht zu schonen, und eure Rechte bestehen bloß darin, daß ihr zum Teil von Abgaben befreit seid, aber niemals notwendig.

Die Prozeduren, nach denen man über euch zu richten hat, sind vorgeschrieben, aber wenn der Rat sie nicht befolgen will, so kann ihn niemand dazu zwingen oder ihn verpflichten, die Unregelmäßigkeiten wieder gutzumachen, die er begangen hat. Hierin kann ich selbst als Beispiel dienen, und Sie wissen, daß ich nicht der einzige bin.

Im Allgemeinen Rat ist eure souveräne Gewalt gefesselt, ihr könnt nur handeln, wenn es eurer Obrigkeit gefällt, und nicht eher reden, als bis sie euch fragt. Ja, wenn sie den Allgemeinen Rat gar nicht versammeln wollten, so ist eure Autorität, euer Dasein vernichtet, ohne daß ihr durch etwas anderes als durch schwaches Murren ihnen entgegnen könnt, was zu mißachten sie imstande sind.

Schließlich, wenn ihr in der Versammlung Hochgebietende Herren seid, so seid ihr, sobald ihr herauskommt, gar nichts mehr. Vier Stunden im Jahr untergeordnete Souveräne, seid ihr den ganzen Rest eures Lebens Untertanen und gänzlich der Willkür anderer überlassen.

Es ist euch, meine Herren, das widerfahren, was allen Regierungsformen, die der eurigen ähnlich sind, zu widerfahren pflegt. Im Anfang sind die gesetzgebende und die ausübende Gewalt, woraus die Souveränität besteht, nicht unterschieden. Das souveräne Volk will durch sich selbst, und durch sich selbst tut es alles, was es will. Bald aber zwingt die Unbequemlichkeit dieser Übereinstimmung aller zu jeder Sache das souveräne Volk, einige seiner Mitglieder mit der Ausübung seines Willens zu beauftragen. Diese Beamten legen von ihrer Verwaltung Rechenschaft ab und treten wieder in die gemeinschaftliche Gleichheit zurück. Nach und nach werden diese Aufträge häufiger, und endlich bleibend. Unmerklich entsteht nun ein Körper, welcher immer handelt. Ein Körper, der immer handelt, kann nicht mehr von jeder einzelnen Handlung Rechenschaft geben, er gibt sie nur von den vornehmsten und bald darauf von keiner mehr. Je tätiger die handelnde Gewalt ist, desto mehr entkräftet sie die Gewalt, die will. Der gestrige Wille wird stillschweigend auch als der heutige angenommen, anstatt daß die gestrige Handlung nicht davon entbindet, auch heute zu handeln. Schließlich unterwirft die Untätigkeit der wollenden Gewalt sie der ausübenden Gewalt, und diese macht nach und nach ihre Handlungen und bald ihre Willen unabhängig; statt für die wollende Gewalt zu handeln, wirkt sie auf diese ein. Dann bleibt im Staat nur eine handelnde Gewalt übrig, und dies ist die ausübende. Die ausübende Gewalt ist nichts weiter als Stärke, und wo die Stärke allein regiert, ist der Staat aufgelöst. Sehen Sie, mein Herr, so gehen endlich alle demokratischen Staaten zugrunde.

Durchlaufen Sie die Annalen des Ihrigen von der Zeit an, als Ihre Bürgermeister bloße Verwalter waren, welche die Gemeinde einsetzte, um dieses oder jenes Geschäft zu besorgen, und die ihr mit gezogenem Hut Rechenschaft davon ablegten und augenblicklich wieder in den Stand der Privatleute zurücktraten, bis zu der Zeit, als ebendieselben Bürgermeister die Rechte der Oberhäupter und Richter, welche sie durch ihre Wahl erhalten haben, verachten und ihr die willkürliche Macht einer Körperschaft vorziehen, deren Mitglieder die Gemeinden nicht wählen und die sich über sie hinweg den Gesetzen entgegengesetzt. Folgen Sie den Fortschritten, welche zwischen diesen beiden Extremen liegen, und Sie werden erkennen, an welchem Punkt ihr nun seid und durch welche Schritte ihr dahin gekommen seid.

Schon vor zweihundert Jahren hätte ein Politiker voraussehen können, was euch jetzt begegnet. Er hätte gesagt: Die Einrichtung, die ihr macht, ist gut für die gegenwärtige Zeit und schlimm für die Zukunft, sie ist gut, um die öffentliche Freiheit einzurichten, schlecht, um sie zu erhalten, und was jetzt eure Sicherheit gründet, wird euch in Zukunft Ketten bereiten. Diese drei Körper, welche so sehr einer mit dem anderen verbunden sind, daß vom geringsten die Wirksamkeit des größten abhängt, sind so lange im Gleichgewicht, als die Tätigkeit des größten notwendig ist und die Gesetzgebung den Gesetzgeber nicht entbehren kann. Wenn aber einmal die Einrichtung gemacht ist, wird der Körper, der sie hervorgebracht hat, nicht Macht genug haben, sie zu erhalten, sie wird zugrunde gehen müssen, und eure Gesetze selbst werden die Ursache eurer Zerstörung sein. Dies ist genau, was euch nun begegnet ist. Es ist, abgesehen von dem anderen Größenverhältnis, der Fall der polnischen Regierung im umgekehrten Sinne. Die Verfassung der Republik Polen ist nur gut für eine Regierung, wo nichts mehr zu tun übrig ist. Die eurige aber ist nur so lange gut, als die gesetzgebende Gewalt handelt.

Eure Obrigkeit hat sich seit je unaufhörlich bemüht, die oberste Gewalt von dem Allgemeinen Rat über die Zwischenstufe der Zweihundert auf den Kleinen Rat zu übertragen, allein, ihre Bemühungen haben nach der Art, wie sie es angefangen, verschiedene Wirkungen gehabt. Beinahe alle ihre Hauptunternehmungen waren vergeblich, weil sie Widerstand fanden, und weil in einem Staat wie dem eurigen der öffentliche Widerstand immer dann sicher ist, wenn er sich auf die Gesetze gründet.

Der Grund dafür ist klar. In jedem Staat, wo der Souverän spricht, spricht das Gesetz. In einer Demokratie jedoch, wo das Volk souverän ist, bleibt, sobald innerer Zwist alle Formen aufhebt und alle Autoritäten zum Schweigen bringt, die Autorität des Volkes allein bestehen, und die meisten Stimmen haben dann die Autorität und das Gesetz auf ihrer Seite.

Wenn aber die versammelten Bürger nicht der Souverän sind, so ist der Rat ohne die Bürger es noch weniger, weil er der Anzahl nach nur der kleinste Teil ist. Sobald von der höchsten Autorität die Rede ist, so kehrt in Genf alles zur Gleichheit zurück, wie es das Edikt ausdrückt. *Alle sollen sich mit der Stufe des Staatsbürgers und einfachen Bürgers begnügen, ohne sich vorziehen oder sich eine Autorität und Herrschaft über die anderen anmaßen zu wollen.* Außer dem Allgemeinen Rat gibt es keinen anderen Souverän als das Gesetz, allein, wenn selbst das Gesetz durch seine Verwalter verletzt wird, so muß der Gesetzgeber es aufrechterhalten. Dies ist der Grund, warum überall, wo eine wahre Freiheit herrscht, bei wichtigen Vorfällen fast immer das Volk siegt.

Aber nicht durch wichtige Vorfälle hat eure Obrigkeit die Dinge auf den Punkt gebracht, wo sie nun sind, sondern durch langsame und anhaltende Bemühungen, durch fast unmerkliche Veränderungen, deren Folgen ihr nicht vorhersehen konntet und die ihr kaum bemerkt habt. Es ist dem Volk nicht möglich, beständig gegenüber allem auf der Hut zu sein, was geschieht, und eine solche Wachsamkeit könnte ihm sogar einen Vorwurf eintragen. Man könnte es beschuldigen, unruhig und aufwieglerisch zu sein, beständig bereit, sich durch Nichtigkeiten in Bewegung bringen zu lassen. Aber aus diesen Nichtigkeiten, über die man schweigt, weiß der Rat mit der Zeit etwas zu machen. Das was jetzt unter Ihren Augen vorgeht, ist der Beweis dafür.

Die ganze Autorität der Republik beruht auf den Bürgermeistern, welche vom Allgemeinen Rat gewählt werden. Sie legen ihren Eid vor ihm ab, weil er ihr einziger Oberherr ist, und schwören auch nur vor diesem Rat, weil sie ihm allein Rechenschaft über ihr Betragen und über die Treue, mit welcher sie ihren Eid erfüllen, schuldig sind. Sie schwören, Recht und Gerechtigkeit walten zu lassen; sie sind die einzigen Obrigkeitspersonen, welche dies in dieser Versammlung beschwören, weil sie die einzigen sind, denen dieses Recht vom Souverän übertragen worden ist* und die es allein unter seiner Autorität ausüben. Bei der öffentlichen Verurteilung der Verbrecher schwören sie abermals allein vor dem Volk, indem sie aufstehen** und ihre Stäbe in die Höhe halten, daß sie *recht gerichtet haben, ohne Haß noch Gunst, und Gott bitten, sie zu strafen, wenn sie das Gegenteil getan haben;* ehemals wurden sogar diese Urteile allein in ihrem Namen gesprochen, ohne einen anderen Rat als den der Staatsbürger zu erwähnen, wie man aus dem eben angeführten Urteil über Morelli und aus dem über Valentin Gentil ersieht, über das in den Kleinen Schriften Calvins berichtet wird.

Sie sehen nun wohl ein, daß diese ausschließende, unmittelbar vom Volk empfangene Macht die Ansprüche des Rats sehr hemmt. Es ist also natürlich, daß er, um sich dieser Abhängigkeit zu entledigen, sich bemüht, die Autorität der Bürgermeister nach und nach zu schwächen, die Gerichtsbarkeit, welche sie erhalten haben, in dem Rat aufzulösen und unmerklich diesem bleibenden Körper, dessen Glieder das Volk nicht erwählt, die große, aber vorübergehende Gewalt den Obrigkeitspersonen, die es erwählt hat, zu übertragen.

Die Bürgermeister selbst, statt sich dieser Veränderung zu widersetzen, müssen vielmehr dieselbe begünstigen, denn sie können nur alle vier Jahre Bürgermeister werden, was nicht vorkommt, während sie auf alle Fälle ihr ganzes Leben Rats-

* Eurem Statthalter ist dieses Recht nur untergeordnet erteilt, und daher schwört er auch nicht vor dem Allgemeinen Rat. *Allein,* sagt der Verfasser der Briefe, *ist denn der Eid, den die Mitglieder des Rates ablegen, weniger verbindlich, und hängt die Ausübung der Verbindlichkeiten, die man mit der Gottheit eingeht, nur von dem Ort ab, wo man darüber abschließt?* Nein, gewiß nicht, aber folgt daraus, daß es gleichgültig ist, an welchem Ort und in welche Hände man den Eid ablegt, und zeigt diese Wahl nicht schon an, durch wen die Autorität übertragen wird oder wem man Rechenschaft darüber ablegen muß, welchen Gebrauch man davon gemacht hat? Mit welchen Staatsmännern haben wir es zu tun, wenn wir ihnen solche Dinge sagen müssen? Wissen sie es nicht, oder wollen sie es nicht wissen?

** Der Rat ist auch anwesend, allein, seine Mitglieder schwören nicht und bleiben sitzen.

herren sind, denn die Ausschließung, der »Grabeau«, ist jetzt nur noch ein leeres Zeremoniell.* Wenn man es erst so weit gebracht hat, so bleibt die Wahl der Bürgermeister nur noch eine ebenso leere Zeremonie, wie es jetzt schon die Versammlung des Allgemeinen Rats ist, und der Kleine Rat wird ganz ruhig zusehen können, wie das Volk einigen seiner Mitglieder Vorzug gibt oder sie ausschließt, sobald dadurch nichts mehr entschieden wird.

Um zu diesem Ziel zu gelangen, gibt es vorzüglich ein Mittel, welches das Volk nicht kennen kann: dies ist die innere Ordnung des Rates, dessen Form, obgleich sie von den Edikten vorgeschrieben ist, er dennoch nach Belieben einrichten kann**, weil keine Aufsicht vorhanden ist, die ihn daran hindert; denn, was den Generalprokurator betrifft, so kann man ihn hier für gar nichts rechnen.*** Allein, dies ist noch nicht hinreichend, man muß das

* In der ursprünglichen Einrichtung schlossen die vier neu gewählten und die vier alten Bürgermeister alle Jahre acht Mitglieder des Kleinen Rats aus und schlugen acht andere vor, über die dann die Zweihundert abstimmten, um sie zu wählen oder zu verwerfen. Aber unmerklich schloß man nach und nach von den alten Ratsherren nur noch diejenigen aus, deren Aufführung tadelnswert war, und wenn sie ein schweres Vergehen begangen hatten, so wartete man nicht einmal bis zur Wahl, um sie zu strafen, sondern man brachte sie gleich ins Gefängnis und machte ihnen den Prozeß wie dem geringsten Bürger. Durch diese Gewohnheit, die Bestrafung vorwegzunehmen und die Strafe zu erschweren, wurden die alten übriggebliebenen Ratsherren alle untadelhaft und gaben keine Gelegenheit zur Ausschließung. Daher verwandelte sich dieser Gebrauch in ein leeres Zeremoniell, welches heutzutage *Grabeau* genannt wird. Eine bewundernswürdige Wirkung freier Regierungen, wo selbst Usurpationen sich auf die Tugend stützen müssen.

Überdies würden die gegenseitigen Rechte beider Räte jeden einzelnen hindern, anders als gemeinschaftlich mit dem anderen davon Gebrauch zu machen, aus Furcht, sich Vergeltungsmaßnahmen auszusetzen. Der *Grabeau* dient eigentlich nur dazu, sie untereinander sehr eng gegen die Bürgerschaft zu verbinden und nach und nach die Mitglieder fallen zu lassen, die den Geist der Körperschaft nicht haben.

** Auf diese Weise führten schon im Jahre 1655 der Kleine Rat und die Zweihundert die Stichwahl und die Wahlzettel ein, gegen das Edikt.

*** Der Generalprokurator, der eingesetzt ist, um die Stütze der Gesetze zu sein, ist eigentlich nur die Stütze des Rates. Zweierlei Ursachen bewirken, daß er dieses Amt beständig gegen den Geist seiner Einrichtung ausübt. Die eine ist der Fehler der Einrichtung selbst, welche aus diesem Amt eine Stufe macht, um in den Rat zu gelangen, während ein Generalprokurator nichts über seine Stelle hinaus sehen und es ihm durch das Gesetz verboten sein sollte, eine andere anzustreben. Die zweite Ursache ist die Unvorsichtigkeit des Volkes, welches diese Stelle Leuten

Volk sogar noch an diese Übertragung der Rechtsprechung gewöhnen. Man fängt aber nicht damit an, bei wichtigen Prozessen Richterstühle aus lauter Ratsherren zu errichten, sondern man errichtet anfangs weniger auffällige für weniger wichtige Dinge. Den Vorsitz dieser Gerichte gibt man gewöhnlich einem Bürgermeister, den man manchmal durch einen Altbürgermeister ersetzt, dann einem Ratsherrn, ohne daß jemand es gewahr wird; man wiederholt dieses Vorgehen unauffällig so lange, bis es endlich Brauch geworden ist; dann übernimmt man es in die Kriminalgerichtsbarkeit. Bei einer wichtigeren Gelegenheit errichtet man einen Richterstuhl, um über Bürger zu richten, und mit Hilfe des Gesetzes der Ausschließung übergibt man den Vorsitz dieses Gerichts an einen Ratsherrn. Dann öffnet das Volk die Augen und murrt. Man sagt ihm, worüber klagt ihr? Seht doch diese und jene Beispiele, wir machen keine Neuerungen.

Dies, mein Herr, ist die Politik Ihrer Obrigkeit. Sie machen ihre Neuerungen nach und nach, langsam, ohne daß jemand die Folgen derselben sieht, und wenn man es endlich bemerkt und Abhilfe schaffen will, so schreien sie, daß man Neuerungen einführen wolle.

Und sehen Sie selbst, ohne dieses Beispiel zu verlassen, was sie bei dieser Gelegenheit gesagt haben. Sie stützten sich auf das Gesetz der Ausschließung, und man antwortet ihnen: Das Grundgesetz des Staates will, daß die Bürger durch niemand anders als durch ihre Bürgermeister gerichtet werden sollen. Bei dem Zusammenstoß dieser beiden Gesetze müßte letzteres eigentlich das erste ausschließen, aber um sie in einem solchen Falle beide zugleich zu befolgen, hätte man eigentlich einen Bürgermeister *ad actum* ernennen müssen. Bei diesem Wort ist alles verloren. Ein Bürgermeister *ad actum!* Welche Neuerung! Ich für meine Person

gibt, die mit den Ratsherren verwandt sind oder deren Familie schon Anspruch auf den Rat hat, ohne zu bedenken, daß sie gewiß die Waffen, welche es ihnen zu seiner Verteidigung in die Hände gibt, gegen es kehren werden. Ich hörte Genfer zwischen einem Mann des Volkes und einem Mann des Gesetzes unterscheiden, als wenn dies nicht dasselbe wäre. Die Generalprokuratoren sollten während ihrer sechs Jahre die Oberhäupter der Bürgerschaft sein und nachher ihre Berater werden, allein, sieht man nicht, wie gut die Bürgerschaft beschützt und beraten ist, und kann sie nicht auf ihre Wahl stolz sein?

sehe nichts Neues darin: Liegt das Neue bloß in dem Wort, so bedient man sich dessen doch alle Jahre bei den Wahlen, und liegt es in der Sache, so ist sie noch weniger neu, weil die ersten Bürgermeister, welche die Stadt gehabt hat, Bürgermeister *ad actum* waren. Sobald der Generalprokurator nachlässig ist, muß man dann nicht einen anderen *ad actum* wählen, um sein Amt zu verrichten, und was sind denn die Adjunkten, die aus den Zweihundert gezogen werden, um die Richterstühle zu besetzen, anders als Räte *ad actum*? Wenn ein neuer Mißbrauch sich einschleicht, so heißt es nicht Neuerungen einführen, wenn man ein neues Heilmittel vorschlägt, im Gegenteil, man will dadurch die Dinge auf den alten Fuß zurücksetzen. Allein, diese Herren sehen es nicht gern, daß man in den Altertümern ihrer Stadt nachgräbt: nur in denen von Karthago oder Rom erlauben sie die Erklärung ihrer Gesetze zu suchen.

Ich will keinen Vergleich anstellen zwischen den Unternehmungen, die ihnen fehlgeschlagen, und denen, die ihnen geglückt sind. Wenn ihre Zahl auch ausgeglichen wäre, so ist es die Wirkung im ganzen doch nicht. Durch eine gelungene Unternehmung erhalten sie mehr Kräfte, durch eine fehlgeschlagene aber verlieren sie nur Zeit. Ihr aber, die ihr bloß auf die Erhaltung eurer Verfassung seht, erleidet wirklichen Verlust, sobald ihr verliert, gewinnt ihr aber, so gewinnt ihr nichts. Wie kann man bei einem solchen Fortgang hoffen, am selben Punkt zu bleiben?

Unter allen Zeiträumen, welche die lehrreiche Geschichte eurer Regierung dem Nachdenken darbietet, ist der durch seine Ursache bemerkenswerteste und durch seine Wirkung wichtigste jener, der das Vermittlungsreglement hervorgebracht hat. Eine unüberlegte und zur unrechten Zeit durchgeführte Unternehmung eures Magistrats war die Ursache desselben. Noch ehe sie ihre Macht recht befestigt hatten, wollten sie schon das Recht an sich reißen, Abgaben aufzuerlegen. Statt diesen Anschlag bis zuletzt aufzubehalten, bewog sie die Habgier, ihn zuerst zu tun, und gerade nach einer Gärung, welche noch nicht vollkommen erstickt war. Dieser Fehler zog noch größere nach sich, welche schwerlich wieder gutzumachen sind. Wie konnten so kluge Politiker einen so einfachen Grundsatz vergessen wie den, den sie bei dieser Gelegenheit verletzten? In allen Ländern merkt das Volk nicht eher, daß man seine Freiheit antasten will, als bis man sich an seinen Geldbeutel macht, und dies taten kluge Eroberer nicht eher, als bis gar nichts weiter mehr zu tun war. Sie wollten diese Reihenfolge umstoßen, und es mißlang ihnen.* Die Folgen dieses Vorgehens erregten die Gärung von 1734 und die schreckliche Verschwörung, die ihr Ergebnis war.

Ein zweiter Fehler war noch schlimmer als der erste. Sie haben alle Vorteile der Zeit, übereilen sie sich aber, so verlieren sie dieselben und setzen die Maschine in den Stand, sich selbst wieder aufzuziehen: dies mußte damals geschehen. Die Vorfälle, welche der Vermittlung vorhergingen, raubten ihnen ein Jahrhundert und brachten eine weitere ungünstige Wirkung für sie hervor, nämlich die, daß nun ganz Europa erfuhr, daß diese Bürgerschaft, die sie unterdrücken wollten und die sie als einen unbändigen Pöbel schilderten, in ihrem Erfolg jene Mäßigung zu beobachten wußte, die sie in den ihrigen niemals zu beobachten verstanden.

Ich will nicht behaupten, daß die Zuflucht zur Vermittlung als ein dritter Fehler angesehen werden muß. Diese Vermittlung war oder schien ein Angebot. Ob dieses Anerbieten wirklich oder erzwungen war, das weiß ich nicht und will es nicht wissen. Ich weiß nur soviel, daß, solange ihr der größten Gefahr ausgesetzt wart, alles schwieg, und dieses Stillschweigen nicht eher gebrochen wurde, bis die Gefahr auf die andere Seite überging. Im übrigen will ich eurer Obrigkeit um so weniger unterstellen, diese Vermittlung erbeten zu haben, da es in ihren Augen schon das größte Verbrechen ist, nur davon zu reden.

Ein Bürger beklagte sich einmal wegen einer gesetzwidrigen und entehrenden Gefangennahme und fragte, wie er es anfangen solle, um Hilfe bei der Garantie zu erhalten. Die Obrigkeitsperson, an die er sich wandte, unterstand sich, ihm zu antworten, daß

* Der Gegenstand der Abgaben von 1716 waren die Kosten der neuen Festungswerke. Der Plan dieser neuen Festungswerke war unermeßlich und wurde zum Teil ausgeführt. So weitläufige Befestigungen machten eine starke Garnison notwendig, und diese große Garnison sollte dazu dienen, die Bürger und Einwohner unter dem Joch zu erhalten. Man wollte also auf diesem Wege auf ihre eigenen Kosten die Ketten für sie schmieden. Der Plan war gut ausgedacht, aber er nahm einen verkehrten Verlauf. Daher konnte er nicht glücken.

diese Rede allein schon den Tod verdiene. Nun aber wäre gegenüber dem Souverän das Verbrechen vielleicht ebenso groß und noch größer, wenn es von dem Rat anstatt von einem einfachen Bürger begangen würde, und ich sehe nicht ein, wie man darin ein den Tod verdienendes Verbrechen sehen kann, wenn man in eine zweite Instanz geht, welche durch die Garantie, die die Wirkung der ersten war, berechtigt ist.

Noch einmal sage ich, ich wage nicht, eine so schwierige und so verwickelte Frage aufzulösen. Ich will nur in Rücksicht des Gegenstandes, der uns jetzt beschäftigt, den Zustand eurer Regierungsform untersuchen, der ehemals durch das Reglement der Bevollmächtigten festgelegt wurde und nunmehr durch die neuen Unternehmungen eures Magistrats ausgeartet ist. Ich bin genötigt, einen langen Umweg zu nehmen, um zu meinem Ziel zu gelangen, aber haben Sie die Geduld, mir zu folgen, und wir wollen uns schon wiederfinden.

Ich bin nicht so verwegen, dieses Reglement kritisieren zu wollen, im Gegenteil, ich bewundere seine Weisheit und ich schätze seine Unparteilichkeit. Ich glaube die rechtschaffensten Absichten und die klügsten Anordnungen darin zu entdecken. Wenn man weiß, wie viele Dinge in jenem kritischen Augenblick wider euch waren, wie viele Vorurteile ihr besiegen, welchen Einfluß ihr überwinden und wie viele falsche Darstellungen ihr widerlegen mußtet, wenn man sich erinnert, mit welcher Zuversicht eure Gegner hofften, euch durch fremde Hände auszulöschen, dann muß man den Eifer, die Standhaftigkeit und die Talente eurer Verteidiger, die Billigkeit der vermittelnden Mächte und die Aufrichtigkeit der Bevollmächtigten bewundern, die dieses Friedenswerk zustande gebracht haben.

Was man auch hierüber sagen mag, so ist doch damals das Vermittlungsedikt die Rettung der Republik gewesen, und wenn man es nicht verletzt, so wird es sie ferner erhalten. Wenn auch dieses Werk an sich selbst nicht vollkommen ist, so ist es doch verhältnismäßig vollkommen in Rücksicht der Zeit, des Ortes und der Umstände; es ist das beste, was ihr erhalten konntet. Es muß euch aus Klugheit heilig und unverletzlich sein, wenn es dies nicht aus Notwendigkeit wäre, und stünde es auch in eurer Macht, es aufzuheben, so dürftet ihr keine Zeile davon wegstreichen. Noch mehr, die Vernunft selbst, die es notwendig machte, macht es auch im ganzen notwendig. Da alle Artikel miteinander im Gleichgewicht sind, so wird es durch die Verletzung eines einzigen Artikels vernichtet. Je nützlicher dieses Reglement ist, desto schädlicher würde es werden, wenn es verstümmelt würde. Nichts wäre gefährlicher, als wenn man verschiedene Artikel einzeln aus dem Zusammenhang herauslösen wollte, in dem sie stehen. Besser wäre es, man risse das Gebäude ganz weg, als daß man es nur erschütterte. Nehmt einen einzigen Stein aus dem Gewölbe heraus, so werdet ihr unter seinen Ruinen begraben.

Dies erhellt sehr deutlich, sobald man die Artikel untersucht, auf welche sich der Rat beruft, und die, welche er umgehen will. Erinnern Sie sich, mein Herr, in welcher Absicht ich diese Untersuchung unternehme. Weit entfernt, euch zu raten, das Vermittlungsedikt zu verletzen, will ich euch vielmehr zu bedenken geben, wie wichtig es für euch ist, daß es gar nicht verletzt werde. Wenn ich auch einige Artikel zu tadeln scheine, so geschieht es, um zu zeigen, welche Folgen es hätte, wenn man die Artikel wegnähme, welche sie berichtigen. Wenn ich Mittel vorzuschlagen scheine, die sich nicht darauf beziehen, so will ich dadurch die bösen Gesinnungen derer aufdecken, die überall unüberwindliche Schwierigkeiten finden, wo diese doch sehr leicht zu beheben wären. Nach dieser Erklärung fange ich ohne weitere Bedenken an, in der Überzeugung, daß ich mit einem Mann rede, der zu gerecht ist, als daß er mir Absichten zutraute, die denen, die ich vorgebe, entgegen sind.

Wenn ich mit Fremden redete, so müßte ich, um mich verständlich zu machen, zuerst eine Schilderung eurer Verfassung geben, allein, diese Schilderung findet sich hinlänglich in dem Artikel *Genf* von Herrn d'Alembert, und eine weitläufigere Erklärung wäre für Sie, der Sie Ihre politischen Gesetze besser kennen als ich selbst oder sie wenigstens näher beobachtet haben, ganz überflüssig. Ich beschränke mich also darauf, die Artikel des Reglements durchzugehen, welche die vorliegende Frage betreffen und die am besten zu deren Auflösung dienen können.

Gleich anfangs sehe ich eure Regierungsform aus fünf einander untergeordneten, aber unabhängigen Ordnungen bestehen, das heißt Ordnungen, die alle notwendig dasein müssen und deren keine die Rechte und Befugnisse der anderen verletzen darf, und in diesen fünf Ordnungen sehe ich den Allgemeinen Rat enthalten. Ich sehe also auch in jeder der fünf Ordnungen eine besondere Abteilung der Regierung, allein, ich sehe darin nicht die konstitutive Gewalt, welche sie einsetzt, verbindet und von der sie alle abhängen: ich sehe darin nicht den Souverän. Nun muß es aber in jedem politischen Staat eine oberste Gewalt geben, einen Mittelpunkt, worauf sich alles bezieht, ein Prinzip, woraus alles herfließt und einen Souverän, der alles vermag.

Stellen Sie sich einmal vor, mein Herr, daß Ihnen jemand die Verfassung von England schilderte und folgendes sagte: »Die Regierung von Großbritannien besteht aus vier Ordnungen, wovon keine die Rechte und Eigenschaften der anderen verletzen kann, nämlich aus dem König, dem Oberhaus, dem Unterhaus und dem Parlament.« Würden Sie nicht gleich sagen: Ihr irrt Euch, es sind nur drei Ordnungen. Das Parlament, das sie, wenn der König darin ist, alle umfaßt, kann nicht die vierte Ordnung sein. Es ist die einzige und höchste Gewalt, von welcher alles sein Dasein und seine Rechte erhält. Da es die gesetzgebende Autorität hat, kann es sogar das Grundgesetz verändern, vermöge dessen jede dieser Ordnungen besteht; es kann dies und hat es sogar schon getan.

Diese Antwort ist richtig und ihre Anwendung ist deutlich, und dennoch findet sich noch der Unterschied, daß das englische Parlament bloß kraft des Gesetzes und nur durch Auftrag und Deputation Souverän ist, während der Allgemeine Rat zu Genf von niemandem eingesetzt noch beauftragt ist. Er ist souverän aus eigenem Ansehen und Gewalt, er ist das lebendige Grundgesetz, wodurch alles übrige Leben und Kraft erhält und keine anderen Rechte anerkennt als die seinigen. Der Allgemeine Rat ist keine Ordnung im Staat, er ist der Staat selbst.

Der zweite Artikel sagt, daß die Bürgermeister nur aus dem Rat der Fünfundzwanzig gewählt werden können. Nun sind die Bürgermeister Obrigkeitspersonen für ein Jahr, die das Volk wählt, nicht allein seine Richter zu sein, sondern im Notfall auch seine

Verteidiger gegen die beständigen Mitglieder des Rats, die es nicht wählt.*

Die Wirkung dieser Einschränkung hängt von dem Unterschied ab, der zwischen der Autorität der Ratsmitglieder und der Bürgermeister besteht. Denn wenn der Unterschied nicht sehr groß ist und der Bürgermeister seine ein Jahr währende Autorität als Bürgermeister nicht höher einschätzt als seine beständige Autorität als Ratsherr, so wird ihm seine Wahl fast gleichgültig sein, und er wird wenig tun, um sie zu erlangen und nichts, um sie zu rechtfertigen. Wenn alle Ratsmitglieder, von demselben Geist beseelt, dieselben Grundsätze befolgen, so wird das Volk, da alle einerlei Betragen haben und also niemand ausgeschlossen und niemand, der nicht Ratsherr ist, zum Bürgermeister gewählt werden kann, statt sich durch diese Wahl einen Beschützer gegen die Eingriffe des Rats zu erwerben, dadurch dem Rat nur neue Kräfte geben, um die Freiheit zu unterdrücken.

Obgleich dieselbe Wahl beim Ursprung der Einrichtung üblich war, so hatte sie doch, solange sie frei war, nicht dieselben Folgen. Als das Volk die Ratsherren selbst ernannte oder mittelbar durch die Bürgermeister, die es selbst gewählt hatte, war es ganz gleichgültig, ja selbst vorteilhaft, seine Bürgermeister aus den von ihm ernannten Ratsherren** zu wählen, und es war damals klug, Ober-

* Wenn man die Ernennung der Mitglieder des Kleinen Rates den Zweihundert überträgt, so wäre nichts leichter, als diese Übertragung mit dem Grundgesetz zu vereinbaren. Es wäre hinreichend, wenn man hinzufügte, daß man nicht in den Rat kommen könne, als nachdem man Auditor gewesen ist. Auf diese Weise würde die Stufenfolge der Ämter besser beobachtet, und die drei Räte hätten Anteil an der Wahl desjenigen, der alles in Bewegung setzt, und dies wäre nicht nur sehr wichtig, sondern auch unerläßlich, um die Einheit der Verfassung zu erhalten. Die Genfer können wohl schwerlich den Nutzen dieser Klausel einsehen, weil die Wahl der Auditoren heutzutage von geringer Bedeutung ist, allein, man hätte sie ganz anders betrachtet, wenn dieses Amt der einzige Zugang zum Rat geworden wäre.

** Der Kleine Rat war ursprünglich nichts weiter als eine Wahl, die die Bürgermeister unter dem Volk vornahmen, um sich einige angesehene und verläßliche Leute zu Beisitzern zu wählen. Jeder Bürgermeister wählte vier oder fünf, deren Amt mit dem seinigen gleichzeitig endete; manchmal wechselte er sie auch während seiner Amtszeit aus. Henri, genannt der Spanier, war der erste lebenslängliche Ratsherr im Jahre 1487, und er wurde von dem Allgemeinen Rat eingesetzt. Es war nicht einmal nötig, Staatsbürger zu sein, um diese Stelle zu bekleiden. Das Gesetz wurde erst bei Gelegenheit eines gewissen Michel Guillet von Thonon gemacht, der im

häupter zu wählen, welche mit den Geschäften schon vertraut waren. Allein, heutzutage hätte eine wichtigere Überlegung als diese den Ausschlag geben müssen. So wahr ist es, daß einerlei Brauch verschiedene Wirkungen hat durch die Veränderung der Bräuche, die sich auf ihn beziehen, und daß in einem solchen Falle, eine Neuerung einzuführen, keinerlei Neuerung bedeutet!

Der Artikel III des Reglements ist der wichtigste. Er handelt von dem rechtmäßig versammelten Allgemeinen Rat. Er behandelt die Rechte und Eigenschaften, die ihm zukommen, um sie festzulegen, und gibt ihm verschiedene wieder, welche die untergeordneten Räte an sich gerissen hatten. Diese Rechte sind im ganzen genommen ohne Zweifel groß und schön, allein, erstens werden sie einzeln aufgeführt und allein dadurch eingeschränkt, denn das, was man setzt, schließt das aus, was man nicht setzt, und selbst das Wort *eingeschränkt* kommt in dem Artikel vor. Nun aber gehört es zum Wesen der souveränen Gewalt, daß sie nicht eingeschränkt werden kann: sie kann alles, oder sie ist nichts. Da sie alle tätigen Gewalten des Staates in sich faßt und er nur durch sie besteht, so kann sie keine anderen Rechte als die ihrigen und die, die sie erteilt, anerkennen. Sonst würden die Besitzer dieser Rechte keinen Teil des politischen Körpers ausmachen; sie wären durch diese Rechte, die nicht in ihm sind, ihm fremd, und da die moralische Person der Einheit ermangelte, würde sie verschwinden.

Diese Einschränkung ist sogar hinsichtlich der Abgaben deutlich ausgedrückt. Der souveräne Rat selbst hat nicht das Recht, diejenigen abzuschaffen, welche vor 1714 eingeführt waren. In dieser Hinsicht sehen wir ihn also selbst einer höheren Macht untergeordnet. Welches ist nun diese Macht.

Die gesetzgebende Gewalt ist in zweierlei Dingen unteilbar, nämlich darin, Gesetze zu geben und sie zu bewahren, daß heißt Aufsicht über die ausübende Gewalt zu führen. Es gibt keinen Staat in der Welt, in dem der Souverän diese Aufsicht nicht

engeren Rat gesessen hatte und wegen tausenderlei italienischer Intrigen, die er aus Rom, wo er aufgewachsen war, mitgebracht hatte, ausgestoßen wurde. Die Obrigkeitspersonen der Stadt, die damals wahre Genfer und Väter des Volkes waren, verabscheuten jede Durchtriebenheit.

hat. Ohne sie würde alle Verbindung, alle Unterordnung zwischen diesen beiden Gewalten fehlen und letztere nicht mehr von der anderen abhängen. Die Ausübung würde in keinem notwendigen Verhältnis zu den Gesetzen stehen, das *Gesetz* wäre nur ein Wort, und dies Wort würde nichts bedeuten. Der Allgemeine Rat hat von jeher das Recht, sein eigenes Werk zu schützen, und er hat es beständig ausgeübt. Indessen wird in diesem Artikel nichts davon erwähnt, und wenn es in einem anderen nicht ergänzt wäre, so wäre euer Staat allein durch dieses Stillschweigen umgestürzt. Dieser Punkt ist sehr wichtig, und ich werde nachher wieder darauf zurückkommen.

Wenn eure Rechte auf der einen Seite durch diesen Artikel eingeschränkt sind, so sind sie auf der anderen Seite durch die Paragraphen drei und vier ausgedehnt: allein, ist das ein Ausgleich? Aus den im *Gesellschaftsvertrag* aufgestellten Grundsätzen erhellt, daß ungeachtet der allgemeinen Meinung die Bündnisse zwischen Staat und Staat, die Kriegserklärungen und die Friedensunterhandlungen keine Handlungen der Souveränität, sondern der Regierung sind, und diese Meinung wird durch den Gebrauch der Nationen bestätigt, welche die wahren Grundsätze des politischen Rechts am besten gekannt haben. Die äußerliche Ausübung der Macht kommt dem Volke nicht zu, die großen Staatsmaximen übersteigen seine Fassungskraft. Es muß sich hierin auf seine Oberen verlassen, welche in diesem Punkt immer aufgeklärter sind und schwerlich durch einen äußeren, dem Vaterlande schädlichen Vertrag ihren Vorteil suchen werden. Die Ordnung will, daß das Volk ihnen allen äußeren Glanz überläßt und sich allein auf das Gründliche einschränkt. Das, worauf jeder Bürger wesentlich sehen muß, ist die Beobachtung der Gesetze zu Hause, das Eigentum der Güter und die Sicherheit der einzelnen Menschen. Solange diese drei Punkte gut verwaltet werden, mag der Rat mit Fremden unterhandeln, denn von daher kommen nicht eure größten Gefahren. Die Rechte des Volkes muß man um die einzelnen sammeln, denn sobald man sie einzeln angreifen kann, so werden sie immer unterjocht. Ich könnte hier die Weisheit der Römer anführen, die dem Senat draußen große Macht ließen, aber ihn in der Stadt zwangen, den geringsten Bürger zu achten;

allein, wir wollen unsere Muster nicht so weit suchen. Die Bürger von Neufchâtel haben sich unter ihren Fürsten viel klüger betragen als ihr unter eurer Obrigkeit.* Sie beschließen weder Krieg noch Frieden, sie unterzeichnen keine Verträge, aber sie genießen ihre Freiheit in Ruhe, und da das Gesetz nicht im voraus vermutet hat, daß eine kleine Zahl ehrbarer Bürger in einer kleinen Stadt aus lauter Bösewichtern bestehen würde, so beansprucht, ja kennt man dort nicht einmal das schändliche Recht, jemand ohne Untersuchung ins Gefängnis zu werfen. Bei euch hat man sich immer durch den Schein blenden lassen, und das Wesentliche wurde vernachlässigt. Man hat sich zu sehr mit dem Allgemeinen Rat und zu wenig mit seinen Mitgliedern beschäftigt: man hätte sich weniger um die Autorität und mehr um die Freiheit sorgen sollen. Wir wollen nun wieder zum Allgemeinen Rat zurückkommen.

Außer den Einschränkungen des Artikels III, findet man in den Artikeln V und VI noch befremdlichere. Eine souveräne Körperschaft, welche sich nicht selbst bilden, noch auch durch sich selbst handeln kann, ist in ihrer Wirksamkeit und in den von ihr behandelten Fragen untergeordneten Gerichten unbedingt unterworfen. Da nun diese Richterstühle gewiß keinen Vorschlag billigen werden, der ihnen insbesondere schädlich wäre, so würde, wenn das Interesse des Rats dem ihren im Wege stünde, letzteres immer den Vorzug erhalten, weil der Gesetzgeber nur das anerkennen darf, was sie gebilligt haben.

Um alles einer Regel zu unterwerfen, wirft man die erste aller Regeln um, nämlich die Gerechtigkeit und das allgemeine Beste. Wann werden die Menschen einmal einsehen, daß keine unheilvollere Unordnung entstehen kann als die willkürliche Gewalt, mit welcher sie dem Übel vorzubeugen glauben? Diese Gewalt ist selbst die schlimmste aller Unordnungen, und ein solches Mittel anwenden heißt ebensoviel, wie die Leute töten, damit sie nicht das Fieber bekommen.

Ein großer Trupp von unruhigen Köpfen kann viel Unglück stiften. Wenn in einer großen, obgleich regelmäßigen Versammlung jeder sagen und vorschlagen kann, was er will, so verliert man

* Dies ist unter Ausschließung der Mißbräuche zu verstehen, die ich gewiß nicht billige.

viel Zeit damit, Torheiten anzuhören, und setzt sich in Gefahr, selbst welche zu begehen. Das sind unleugbare Wahrheiten, aber heißt dies dem Mißbrauch mit Verstand vorbeugen, wenn man diese Versammlung bloß von denjenigen abhängen läßt, welche sie gerne abschaffen wollen, und niemand etwas vorschlagen kann als diejenigen, deren größtes Interesse es ist, ihr zu schaden? Mein Herr, ist dies nicht genau der Stand der Dinge, und kann wohl ein einziger Genfer noch zweifeln, daß der Allgemeine Rat, wenn er in seinem Dasein gänzlich von dem Kleinen Rat abhinge, für immer abgeschafft würde?

Und dennoch beruft der Kleine Rat diese Versammlungen ein und trägt allein darin vor, was ihm gefällt, denn was die Zweihundert betrifft, so wiederholen sie die Befehle des Kleinen Rates, und wenn dieser sich einmal den Allgemeinen Rat vom Hals geschafft hat, so wird ihn der der Zweihundert wenig hindern; er wird mit ihm eben den Weg nehmen, den er sich durch euch gebahnt hat.

Was habe ich aber von einem unbequemen Oberherrn zu befüchten, den ich nötig habe, der sich nur dann zeigen darf, wenn ich es ihm erlaube, und nur dann antworten, wenn ich ihn frage? Wenn ich ihn erst so weit gebracht habe, kann ich mich dann nicht ebensogut als ganz frei von ihm betrachten?

Wollte man hier sagen, daß das Staatsgesetz der Aufhebung des Allgemeinen Rats vorgebeugt hat, indem er zu den Wahlen der Obrigkeit und zur Bestätigung neuer Edikte notwendig erfordert wird, so antworte ich auf den ersten Punkt, daß, da alle Macht der Regierung aus den Händen der vom Volk erwählten Obrigkeitsperson in die des Kleinen Rats übergegangen ist, den es nicht wählt und aus welchem die wichtigsten Obrigkeitspersonen kommen, die Wahl und die Versammlung, worin sie geschieht, nur noch eine leere Formalität ohne Bedeutung sind und daß allgemeine Ratsversammlungen, welche allein zu diesem Zweck abgehalten werden, als nichtig angesehen werden können. Ich antworte ferner, daß es nach dem Lauf der Dinge sogar sehr leicht wäre, dieses Gesetz zu übergehen, ohne daß die Geschäfte dadurch behindert würden. Denn, nehmen wir an, man würde durch die Verwerfung aller vorgeschlagenen Personen oder unter einem anderen Vorwand die Wahl der Bürgermeister nicht vornehmen, würde dann nicht der Rat, mit dem sich ihre Rechtsprechung unmerklich verknüpft hat, sie statt ihrer verwalten, so wie er sie schon jetzt unabhängig von ihnen ausübt? Wagt man euch nicht schon jetzt zu sagen, daß der Kleine Rat selbst ohne die Bürgermeister die Regierung ausmacht? Der Staat würde also auch ohne Bürgermeister nicht weniger regiert. Und was die neuen Edikte betrifft, so antworte ich, daß sie niemals so nötig sein werden, als daß mit Hilfe der alten Edikte und durch seine Machtanmaßungen dieser selbe Rat nicht das Mittel finden sollte, sie zu ersetzen. Wer sich über die alten Gesetze hinwegsetzen kann, kann es auch über die neuen.

Alle Maßregeln sind getroffen, damit eure allgemeinen Versammlungen gar nicht mehr notwendig sind. Denn nicht nur die periodische Ratsversammlung, die im Jahre 1707 eingesetzt oder vielmehr erneuert wurde*, ist nur ein einziges Mal gehalten worden, und zwar nur, um sie abzuschaffen**, sondern durch den Paragraphen 5 des dritten Artikels des Reglements ist auch ohne eure Hilfe und für immer für die Kosten der Verwaltung gesorgt worden. Nur in dem einzigen chimärischen Fall eines unvermeidlichen Krieges muß der Allgemeine Rat unbedingt zusammengerufen werden.

Der Kleine Rat könnte also den Allgemeinen Rat gänzlich unterdrücken ohne andere Unbequemlichkeit, als sich einige Repräsentationen zuzuziehen, welche er verwerfen kann, oder ein vergebliches Murren zu erregen, das er, ohne etwas zu wagen, verachten kann, denn durch die Artikel VII, XXIII, XXIV, XXV

* Diese periodischen Ratsversammlungen sind ebenso alt wie die Gesetzgebung selbst, wie man aus dem letzten Artikel der geistlichen Ordonnanz ersieht. In der von 1576, die im Jahre 1735 gedruckt wurde, waren diese Ratsversammlungen auf fünf in fünf Jahren festgesetzt, aber in der Ordonnanz von 1561, die 1562 gedruckt wurde, waren sie auf drei in drei Jahren festgesetzt. Es ist vernünftigerweise nicht anzunehmen, daß diese Versammlungen bloß die Vorlesung dieser Ordonnanz zum Zweck hatten, weil der Druck derselben, der gleichzeitig geschah, jedem erlaubte, sie zu allen Stunden nach Bequemlichkeit zu lesen, ohne daß man dazu den Rat versammeln mußte. Unglücklicherweise hat man sich große Mühe gegeben, viele alte Traditionen auszulöschen, welche jetzt zur Erklärung des Edikts sehr nützlich sein könnten.

** Ich werde nachher dieses Aufhebungsedikt untersuchen.

und XLIII ist jede Art von Widerstand in allen Fällen verboten, und die Hilfsmittel, welche außer der Verfassung liegen, gehören nicht dazu und können deren Mängel nicht verbessern.

Jedoch tut es der Kleine Rat nicht, weil es ihm im Grunde ganz gleichgültig ist und weil ein Schatten von Freiheit die Sklaverei desto geduldiger ertragen hilft. Er unterhält euch sehr leicht, sei es durch Wahlen, die ohne Folgen sind hinsichtlich der Gewalt, die sie erteilen, oder hinsichtlich der Auswahl der Gewählten, sei es durch Gesetze, die wichtig scheinen, die er aber zu vernichten weiß, indem er sie nur so weit beachtet, wie es ihm gefällt.

Überdies kann man auch in diesen Ratsversammlungen nichts vorschlagen, nichts untersuchen, nichts beschließen. Der Kleine Rat hat darin den Vorsitz, sowohl selbst als durch die Bürgermeister, die den Geist der Körperschaft bestimmen. Selbst da ist er noch Obrigkeit und Herr seines Souveräns. Ist es nicht gegen alle Vernunft, daß die ausübende Gewalt die Ordnung der gesetzgebenden Gewalt regelt, daß sie ihr vorschreibt, um welche Dinge sie sich kümmern soll, und ihr das Stimmrecht versagt und daß sie ihre unumschränkte Macht selbst in den Dingen zeigt, welche ihr Einhalt tun sollten?

Daß eine so zahlreiche Körperschaft* Ordnung nötig hat, das

* Die allgemeinen Ratsversammlungen waren ehemals in Genf sehr häufig und alles, was wichtig war, wurde dort vorgetragen. Im Jahre 1707 sagte der Bürgermeister Chouet in einer Rede, welche später berühmt wurde, daß aus dieser Häufigkeit früher die Schwäche und das Unglück des Staates entstanden seien; wir werden bald sehen, was wir davon halten sollen. Er betont auch die große Vermehrung der Anzahl der Mitglieder, welche diese häufigen Versammlungen heutzutage unmöglich machen würde, und behauptet, daß ehemals dieselben 200, höchstens 300 Personen stark gewesen wären, während sie jetzt 1300 bis 1400 umfaßt. Auf beiden Seiten hat er übrigens stark übertrieben.

Die ältesten Ratsversammlungen bestanden wenigstens aus 500 bis 600 Mitgliedern, man könnte schwerlich eine nennen, welche nur aus 200 bis 300 bestanden hätte. Im Jahre 1420 zählte man 720, die für alle übrigen bestimmten, und kurz darauf wurden noch mehr als 200 Bürger aufgenommen.

Obgleich die Stadt Genf mehr Handel erhalten hat und reicher geworden ist, so konnte sie doch nicht mehr bevölkert werden, denn die Festungswerke erlauben nicht, ihre Mauern zu erweitern, und die Vorstädte sind dafür abgerissen worden. Da es außerdem wenig Land besitzt und für seine Versorgung von seinen Nachbarn abhängig ist, hätte es sich nicht vergrößern können, ohne sich zu schwächen. Im Jahre 1404 zählte man 1300 Feuerstellen, die wenigstens 3000 Menschen anzeigen.

gebe ich zu, nur darf diese Ordnung nicht den Zweck ihrer Einrichtung aufheben. Ist es denn schwerer, Ordnung ohne Unterdrückung unter einigen hundert von Natur kalten und ernsthaften Leuten einzuführen als in Athen, wie man erzählt, in einer Versammlung von vielen tausend hitzigen, aufrührerischen und beinahe unbändigen Bürgern, ferner in der Hauptstadt der Welt, wo das ganze Volk die ausübende Gewalt zum Teil verwaltete, und noch heutzutage in dem Großen Rat von Venedig, der ebenso zahlreich ist wie euer Allgemeiner Rat? Man klagt über die Unordnung, die in dem englischen Parlament herrscht, und dennoch wird in dieser Versammlung von mehr als siebenhundert Mitgliedern, wo so wichtige Dinge vorgehen, wo so viele Interessen sich kreuzen, so viele Ränke geschmiedet werden, wo so viele hitzige Köpfe sind und wo jedes Mitglied das Recht hat, zu reden, alles getan, alles besorgt und diese große Monarchie in Gang gehalten, und bei euch, deren Interessen so einfach und so wenig verwickelt sind, wo man sozusagen nur Familienangelegenheit zu regeln hat, macht man euch vor Unruhen bange, als

Heutzutage gibt es dort kaum mehr als 20000 Einwohner, welches Verhältnis von dem von 3 zu 14 weit entfernt ist. Von dieser Zahl muß man noch die Gebürtigen, Einwohner und Fremden abziehen, welche nicht in den Allgemeinen Rat kommen, eine Zahl, die im Verhältnis zu der der Bürger seit der Flucht der Franzosen und dem Fortschritt des Gewerbes sehr zugenommen hat. Einige Ratsversammlungen unserer Zeiten waren 1400 bis 1500 Personen stark, aber gewöhnlich erreichen sie diese Zahl nicht, und wenn einige bis auf 1300 kommen, so nur in kritischen Fällen, wo alle guten Bürger ihren Eid zu verletzen glaubten, wenn sie nicht kämen, und wo die Obrigkeit ihrerseits ihre Klienten von auswärts kommen läßt, um ihre Ränke zu begünstigen; diese waren jedoch im 15. Jahrhundert unbekannt, und es waren also keine solchen Mittel erforderlich. Gewöhnlich beläuft sich die Anzahl auf 800 bis 900, manchmal ist sie schwächer als im Jahre 1420, besonders, wenn die Versammlung im Sommer gehalten wird und nichts Wichtiges behandelt. Ich selbst habe im Jahre 1754 einer Versammlung beigewohnt, die gewiß keine 700 Mitglieder stark war.

Aus allen diesen Bemerkungen folgt, daß, alles gerechnet, der Allgemeine Rat in seiner Anzahl heutzutage das ist, was er vor zwei oder drei Jahrhunderten war oder der Unterschied wenigstens nicht sehr groß ist. Indessen sprach damals jeder, und die Ordnung und Schicklichkeit, die man heute dort herrschen sieht, war damals noch nicht eingeführt. Man schrie sogar zuweilen, aber das Volk war frei, die Obrigkeit geachtet und der Rat versammelte sich oft. Bürgermeister Chouet hatte also unrecht und urteilte falsch.

wenn alles zugrunde gehen sollte! Mein Herr, die Ordnung eures Allgemeinen Rats ist die leichteste Sache von der Welt; man errichte sie nur aufrichtig zum allgemeinen Besten, dann wird alles frei sein und ruhiger als jetzt vonstatten gehen.

Wir wollen einmal annehmen, daß man bei dem Reglement eine der bisherigen entgegengesetzte Methode befolgt hätte, daß man statt die Rechte des Allgemeinen Rats festzusetzen, die der anderen Räte festgesetzt hätte, wodurch sogar auch die seinigen deutlich geworden wären. Man muß zugeben, daß man in dem Kleinen Rat eine für einen freien und demokratischen Staat sonderbare Mischung von Gewalten gefunden hätte in den Händen von Oberhäuptern, die das Volk nicht wählt und die ihr ganzes Leben lang im Amt bleiben:

Zunächst die Vereinigung zweier Dinge, die überall woanders auch unvereinbar sind, nämlich erstens die Verwaltung der Staatsangelegenheiten und die oberste Ausübung der Gerechtigkeit über die Güter, das Leben und die Ehre der Bürger.

Eine Ordnung, die ihrem Rang nach die unterste und in ihrer Macht die erste ist.

Ein untergeordneter Rat, ohne welchen die Republik nicht leben kann, der allein Vorschläge macht, der als erster entscheidet und dessen Stimme allein selbst in eigener Sache seinen Oberen erlaubt, eine Stimme zu haben.

Eine Körperschaft, die die Autorität einer anderen anerkennt und der allein die Ernennung der Mitglieder jener Körperschaft zusteht, der sie unterworfen ist.

Ein oberstes Gericht, gegen das man Berufung einlegen kann, oder vielmehr ein untergeordneter Richter, der bei den höheren Gerichten, die über ihm sind, den Vorsitz hat.

Der, nachdem er als unterer Richter dem Gericht vorgesessen hat, von dem man appelliert, nicht nur als oberster Richter auf dem Richterstuhl sitzt, an den appelliert wird, sondern in diesem obersten Gericht nur Kollegen hat, die er sich selbst erwählt hat.

Eine Ordnung endlich, die allein ihre eigene Tätigkeit hat und allen anderen die ihrige mitteilt und die, indem sie dort überall ihre Entschlüsse durchsetzt, zweimal beratschlagt und dreimal ihre Stimme abgibt.*

Die Appellation des Kleinen Rats an die Zweihundert ist ein wahres Kinderspiel. Es ist eine der ärgsten politischen Possenspiele, die es je gegeben hat. Auch wird diese Appellation nicht eigentlich Appellation genannt; es ist eine Gnade, die man gerichtlich erbittet, ein Gesuch, das Urteil zu kassieren; man weiß selbst nicht, was es ist. Glaubt man wohl, der Kleine Rat hätte darauf verzichtet, wenn er nicht gesehen hätte, daß dieses Gesuch ohne Folgen ist. Eine solche Uneigennützigkeit gehört nicht zu seinen Grundsätzen.

Wenn die Urteile des Kleinen Rats nicht immer von den Zweihundert bekräftigt werden, so geschieht dies in besonderen und widersprechenden Fällen, in denen es für die Obrigkeit nicht wichtig ist, welche der beiden Parteien den Prozeß verliert oder gewinnt. Allein, in wichtigen Dingen und in jeder Sache, an der der Rat selbst Anteil nimmt, hat da wohl jemals der Rat der Zweihundert seine Ungerechtigkeiten wieder gutgemacht, beschützt er jemals den Unterdrückten und wagt er es, nicht zu bestätigen, was der Rat beschlossen hat, hat er jemals ehrenhaft von seinem Recht Gebrauch gemacht, Gnade widerfahren zu lassen? Ich muß wider meinen Willen eine Zeit zurückrufen, deren Andenken schrecklich, aber notwendig ist. Ein Bürger, den der Rat seiner Rache opfert, nimmt seine Zuflucht zu den Zweihundert; der Un-

* In einem Staat, der republikanisch regiert wird und wo die französische Sprache gesprochen wird, sollte man eine eigene Regierungssprache annehmen. Zum Beispiel überlegen *(délibérer)*, beratschlagen *(opiner)*, stimmen *(voter)* sind drei sehr verschiedene Dinge, welche die Franzosen nicht genug unterscheiden. Überlegen heißt das Für und Wider abwägen, beratschlagen heißt seine Meinung sagen und seine Gründe vorbringen, stimmen heißt seine Stimme geben, wenn nur noch die Stimmen zu sammeln sind. Zuerst nimmt man die Sache in Überlegung. Zuerst beratschlagt man und zuletzt stimmt man. Die Gerichte haben überall beinahe dieselbe Form, aber da in den Monarchien das Publikum die Ausdrücke derselben nicht zu kennen braucht, so bleiben nur die Gerichtspersonen darin eingeweiht. Durch eine andere Unrichtigkeit der Sprache hat sich Herr von Montesquieu, der sie so gut verstand, hinreißen lassen, immer *la puissance exécutrice* (die ausübende Gewalt) zu sagen, und hat dadurch gegen die Analogie verstoßen, indem er das Wort *exécuteur* (Vollstrecker), das ein Substantiv ist, zum Adjektiv machte. Es ist derselbe Fehler, als wenn er gesagt hätte: *le pouvoir legislateur.*

glückliche erniedrigt sich so weit, um Gnade zu bitten; jedermann ist von seiner Unschuld überzeugt; alle Regeln sind in seinem Prozeß verletzt worden, die Gnade wird versagt, und der Unglückliche stirbt. Fatio kannte die Ohnmacht der Zweihundert zu gut, daß er es nicht einmal für der Mühe wert hielt, sich an ihn zu wenden.

Ich sehe deutlich, was der Rat der Zweihundert in Zürich, Bern, Fribourg und anderen aristokratischen Staaten ist, allein, ich sehe nicht, was er in eurer Verfassung vorstellt, noch welche Stelle er darin einnimmt. Ist er ein oberstes Gericht? In diesem Fall ist es widersinnig, daß ein unterer Richter darin sitzt. Ist es eine Körperschaft, die den Souverän repräsentiert? In diesem Fall muß der Repräsentierte seinen Repräsentanten ernennen. Die Einsetzung der Zweihundert kann keinen anderen Zweck haben, als die unermeßliche Macht des Kleinen Rats einzuschränken, und er gibt im Gegenteil eben dieser Macht noch mehr Gewicht. Nun aber ist jede Körperschaft, die dem Geist ihrer Einrichtung immer zuwiderhandelt, schlecht eingerichtet.

Was würde es helfen, hier bekannte Dinge anzuführen, die jeder Genfer kennt? Der Rat der Zweihundert ist nichts durch sich selbst, er ist bloß der Kleine Rat, der unter einer anderen Gestalt wieder erscheint. Ein einziges Mal wollte er versuchen, das Joch abzuschütteln und sich ein unabhängiges Dasein geben, und durch diese Bemühung wäre beinahe der Staat zugrundegegangen. Allein dem Allgemeinen Rat hat der der Zweihundert noch einen Anschein von Autorität zu danken. Dies sah man deutlich zu jenem Zeitpunkt, von dem ich rede, und man wird es in der Folge noch deutlicher sehen, wenn der Kleine Rat sein Ziel erreicht. Wenn also der Rat der Zweihundert gemeinschaftlich mit dem Kleinen Rat den Allgemeinen Rat zu unterdrücken versucht, so arbeitet er an seinem eigenen Ruin, und wenn er glaubt, den Rat der Zweihundert zu Bern nachahmen zu können, so täuscht er sich gröblich, aber man hat in dieser Körperschaft niemals viel Einsicht und noch weniger Mut bemerkt, und dies kann auch nach der Art, wie er besetzt ist, kaum anders sein.*

* Dies ist bloß allgemein und vom Geist der Körperschaft gesagt, denn ich weiß, daß es unter den Zweihundert sehr aufgeklärte Mitglieder gibt, denen es nicht an

Sie sehen, mein Herr, wie gut es gewesen wäre, wenn man, statt die Rechte des souveränen Rats festzusetzen, die Befugnisse der ihm untergeordneten Körperschaften bestimmt hätte, und, ohne mehr zu sagen, sehen Sie selbst, daß der Kleine Rat kraft bestimmter Artikel für sich genommen der oberste Schiedsrichter der Gesetze und durch dieselben auch Herr des Schicksals aller Einzelnen ist. Wenn man die Rechte aller im Rat versammelten Staatsbürger und einfachen Bürger betrachtet, so ist nichts glänzender. Allein, man betrachte außerdem dieselben Bürger als Einzelpersonen: was sind sie, was wird aus ihnen? Sklaven einer willkürlichen Macht, sind sie schutzlos der Gnade von fünfundzwanzig Despoten ausgeliefert; die Athener hatten doch wenigstens dreißig. Doch was sage ich fünfundzwanzig? Neun sind für ein bürgerliches Gerichtsurteil, dreizehn für ein Kriminalurteil ausreichend.* Sieben oder acht davon, die einig sind, sind für euch, was die Decemviri waren, und diese wurden sogar noch von dem Volk gewählt, während ihr keinen einzigen dieser Richter gewählt habt, und dies nennt man frei sein!

Eifer mangelt, allein, beständig unter den Augen des Kleinen Rats, seinem Willen unterworfen, ohne Stütze, ohne Hilfsmittel und überzeugt, daß sie von ihrer Körperschaft verlassen würden, enthalten sie sich, vergebliche Versuche zu machen, die sie nur ins Gerede und ins Unglück bringen würden. Der gemeine Haufen lärmt und triumphiert. Der Weise schweigt und seufzt ganz still.

Im übrigen war der Rat der Zweihundert nicht immer in dem Verruf, in den er jetzt gefallen ist. Er wurde ehemals allgemein geachtet und besaß das Vertrauen der Bürger; auch überließen sie ihm ohne Furcht die Rechte des Allgemeinen Rats, welche der Kleine Rat seitdem auf diesem mittelbaren Wege an sich zu reißen trachtete. Ein neuer Beweis dessen, was weiter unten gesagt wird, daß die Bürgerschaft zu Genf wenig aufrührerisch ist und sich kaum in die Staatsangelegenheiten einzumischen sucht.

* *Edits civils*, Tit. I. Art. XXXVI.

ACHTER BRIEF

Ich habe, mein Herr, die Untersuchung Ihrer gegenwärtigen Regierung aus dem Vermittlungsreglement gezogen, durch welches diese Regierung eingesetzt worden ist, allein, weit entfernt, die Vermittelnden zu beschuldigen, daß sie euch unterdrücken wollten, könnte ich im Gegenteil sehr leicht beweisen, daß eure Lage in vieler Hinsicht besser geworden ist, als sie es vor den Unruhen war, die euch zwangen, die Vermittlung anzunehmen. Sie fanden eine Stadt unter Waffen, alles war bei ihrer Ankunft in einem Zustand der Krise und der Verwirrung, welche ihnen nicht erlaubten, die Maßregeln ihres Werkes nach diesem Zustand zu treffen. Sie gingen also auf friedliche Zeiten zurück und untersuchten die ursprüngliche Verfassung eurer Regierung; bei den Fortschritten, die sie bereits gemacht hatte, hätte man, um sie wieder in Gang zu setzen, sie ganz umgestalten müssen: die Vernunft und die Billigkeit erlaubten nicht, euch eine andere zu geben, und ihr hättet sie auch nicht angenommen. Da sie nun die Fehler nicht ausrotten konnten, begnügten sie sich damit, die Verfassung so, wie eure Väter sie hinterlassen haben, zu befestigen. Sie haben sie sogar in verschiedenen Punkten verbessert, und unter den Mißbräuchen, welche ich angezeigt habe, war nicht ein einziger, der nicht lange vor der Zeit der Vermittlung in der Republik bestanden hätte. Das einzige Übel, das sie euch zugefügt zu haben scheinen, ist, daß sie dem Gesetzgeber alle ausübende Gewalt und den Gebrauch seiner Macht zur Unterstützung der Rechtsprechung genommen haben, aber indem sie euch ein so sicheres und rechtmäßiges Hilfsmittel gaben, haben sie dieses scheinbare Übel in eine wahre Wohltat verwandelt, und indem sie sich anheischig machten, eure Rechte zu garantieren, überhoben sie euch der Mühe, sie selbst zu verteidigen. Und welches Gut ist es wohl im Elend der menschlichen Dinge wert, mit dem Blut seiner Brüder erkauft zu werden? Die Freiheit selbst würde um diesen Preis zu teuer sein.

Die Vermittler konnten sich irren, sie waren Menschen, aber

sie wollten euch nicht betrügen, sondern gerecht handeln. Dies kann man sehen und sogar beweisen, und man ersieht aus allem, daß das, was an ihrem Werk zweideutig oder mangelhaft ist, oft aus Not, manchmal aus Irrtum, niemals aber aus bösem Willen geschehen ist. Sie mußten fast unvereinbare Dinge miteinander vereinigen, die Rechte des Volkes und die Ansprüche des Rates, die Herrschaft der Gesetze und die Gewalt der Menschen, die Unabhängigkeit des Staates und die Garantie des Reglements. All dies konnte nicht ohne einige Widersprüche abgehen, und diese Widersprüche macht sich eure Obrigkeit zunutze, legt alles zu ihren Gunsten aus und bedient sich der einen Hälfte der Gesetze, um die andere damit zu verletzen.

Es ist zunächst klar, daß das Reglement keineswegs ein Gesetz ist, das die Vermittler der Republik auflegen wollten, sondern bloß eine Übereinkunft, die sie zwischen ihren Mitgliedern erreicht haben, und daß sie daher in ihre Souveränität nicht eingegriffen haben. Dies ist klar, sage ich, durch den Artikel XLIV, der dem rechtmäßig versammelten Allgemeinen Rat das Recht zugesteht, die Artikel des Reglements nach Gefallen zu verändern. Die Vermittler setzen also ihren Willen nicht über den seinigen und greifen bloß im Fall der Zwietracht ein. Dies ist der Sinn des Artikels XV.

Hieraus erhellt aber auch die Nichtigkeit der Vorbehalte und der Einschränkungen der Rechte und Befugnisse des Allgemeinen Rates, welche im Artikel III festgelegt werden. Denn, sobald der Allgemeine Rat entscheidet, daß diese Vorbehalte und Einschränkungen seine Macht nicht mehr hemmen sollen, so werden sie sie nicht mehr einschränken, und wenn alle Mitglieder eines souveränen Staates seine Macht selbst bestimmen, wer hat dann das Recht, sich dem entgegenzustellen? Die Einsprüche, die man aus dem Artikel III herleiten kann, bedeuten demnach nichts weiter, es sei denn der Allgemeine Rat hält sich in diesen Grenzen, bis es ihm gefällt, sie zu überschreiten.

Dies ist einer der Widersprüche, von denen ich geredet habe, und man sieht dessen Ursache leicht ein. Es war übrigens für die Bevöllmächtigten, die von den Grundsätzen ganz anderer Regierungsformen eingenommen waren, sehr schwer, die wahren Prinzipien der eurigen zu ergründen. Die demokratische Verfassung ist bisher sehr wenig untersucht worden. Alle die, die davon sprachen, kannten sie entweder nicht oder waren zu wenig für sie eingenommen oder hatten ein Interesse, sie unter einem falschen Gesichtspunkt vorzustellen. Keiner von ihnen hat den Souverän hinreichend von der Regierung, die gesetzgebende Gewalt von der ausübenden unterschieden. Es gibt keinen Staat, in dem diese beiden Gewalten so sehr getrennt sind und wo man sich so viel Mühe gegeben hätte, sie zu vermischen. Einige stellen sich vor, die Demokratie sei eine Regierung, in der das ganze Volk Magistrat und Richter ist. Andere sehen die Freiheit nur in dem Recht, seine Oberen zu wählen, und da sie Fürsten unterworfen sind, so glauben sie, daß der, der befiehlt, immer auch der Souverän ist. Die demokratische Verfassung ist gewiß das Meisterstück der Politik, allein, je bewundernswerter das Wunderwerk ist, desto weniger Augen ist es vergönnt, es ganz zu durchschauen. Ist es nicht wahr, mein Herr, daß die erste Bedingung, keinen anderen rechtmäßigen Allgemeinen Rat anzuerkennen, als sofern ihn der Kleine Rat zusammengerufen hat, und die zweite Bedingung, keinen anderen Vorschlag darin anzunehmen, als mit der Bewilligung des Kleinen Rates, allein hinreichend wären, um den Allgemeinen Rat in einer gänzlichen Abhängigkeit zu erhalten? Die dritte Bedingung, die sachliche Zuständigkeit zu regeln, ist also ganz überflüssig, und welcher Schaden wäre daraus entstanden, wenn der Allgemeine Rat die obersten Rechte völlig behalten hätte, da er sich ohnehin derselben nicht bedienen kann als mit Erlaubnis des Kleinen Rates? Indem man die Rechte der souveränen Gewalt nicht einschränkte, würde man sie tatsächlich nicht weniger abhängig machen und vermiede einen Widerspruch. Dies beweist, daß man dergleichen leere, in sich selbst und in ihrem Gegenstand widersprechende Bedingungen nur darum festgesetzt hat, weil man eure Verfassung nicht genau kannte.

Man wird zwar sagen, daß diese Einschränkungen keinen anderen Zweck hatten, als den Fall anzugeben, in dem die unteren Räte verbunden wären, den Allgemeinen Rat zu versammeln. Ich verstehe dies wohl, aber wäre es nicht natürlicher und einfacher, die Rechte zu bezeichnen, welche ihnen selbst zukamen und die sie ohne den Allgemeinen Rat ausüben konnten? Waren die Grenzen weniger bestimmt durch das, was diesseits als durch das, was jenseits lag, und wenn die unteren Räte diese Grenzen überschreiten wollten, mußten sie sich nicht dazu erst berechtigen lassen? Dadurch, ich gestehe es, würde man deutlicher zeigen, wieviel Macht in denselben Händen vereinigt ist, aber man würde die Gegenstände unter ihrem wahren Gesichtspunkt zeigen und aus der Natur der Sache das Mittel nehmen, die gegenseitigen Rechte der verschiedenen Körperschaften zu bestimmen, und man würde allen Widerspruch vermeiden.

In Wirklichkeit behauptet der Verfasser der Briefe, daß der Kleine Rat, da er die Regierung selbst ist, kraft dieses Titels auch alle Autorität besitzen müsse, die nicht den anderen Körperschaften zugewiesen ist, aber dies hieße, seine Gewalt den Edikten vorhergehen zu lassen und vorauszusetzen, daß der Kleine Rat als die ursprüngliche Quelle der Macht alle Rechte besitze, die er nicht veräußert hat. Erkennen Sie, mein Herr, in diesem Grundsatz denjenigen Ihrer Republik? Ein so sonderbarer Beweis verdient, daß wir uns einen Augenblick dabei aufhalten.

Bemerken Sie zuerst, daß hier* die Rede von der Macht des Kleinen Rats im Gegensatz zur Macht der Bürgermeister ist, das heißt von jeder dieser beiden Mächte einzeln. Das Edikt spricht von der Macht der Bürgermeister ohne den Rat, aber nicht von der Macht des Rates ohne die Bürgermeister. Warum? Weil der Rat ohne die Bürgermeister die Regierung ist. Das Stillschweigen der Edikte über die Macht des Rates beweist also vielmehr die Größe dieser Macht und nicht deren Nichtigkeit. Dies ist gewiß eine ganz neue Schlußfolgerung. Wir wollen sie indessen einmal zugeben, vorausgesetzt, daß der Vordersatz bewiesen ist.

Wenn die Edikte deswegen von der Macht des Kleinen Rates schweigen, weil er die Regierung ist, so würden sie doch wenigstens sagen, daß er die Regierung ist, denn sonst könnte man von Beweis zu Beweis aus ihrem Schweigen immer das Gegenteil von dem folgern, was sie sagen.

Nun aber zeige man mir eine einzige Stelle in euren Edikten,

* *Lettres écrites de la Campagne*, Seite 66.

wo gesagt wird, daß der Kleine Rat die Regierung ist, und inzwischen will ich Ihnen eine zeigen, wo gerade das Gegenteil gesagt wird. Im politischen Edikt von 1568 finde ich folgende Eingangsformel: *Damit die Regierung und der Staat dieser Stadt bestehe aus vier Bürgermeistern, dem Rat der Fünfundzwanzig, dem Rat der Sechzig, den Zweihundert, dem General und einem Statthalter der gewöhnlichen Gerichtsbarkeit nebst anderen Ämtern, wie es die gute Ordnung erfordert, sowohl zur Verwaltung des gemeinen Besten als auch der Gerechtigkeit, so haben wir die Ordnung, die bisher beobachtet wurde, hier zusammengetragen . . . damit sie künftig gehalten werde . . . wie folgt.*

Gleich im ersten Artikel des Edikts von 1738 sehe ich noch, daß *die Regierung von Genf aus fünf Ordnungen besteht.* Von diesen fünf Ordnungen machen die vier Bürgermeister allein eine aus, der Rat der Fünfundzwanzig, worin die Bürgermeister sicherlich mit begriffen sind, macht die zweite Ordnung aus, und die Bürgermeister gehören auch noch zu den drei folgenden. Der Kleine Rat ohne die Bürgermeister ist also nicht die Regierung.

Ich öffne das Edikt von 1707 und finde im Artikel V wörtlich, daß *den Herren Bürgermeistern die Lenkung und die Regierung des Staates zukommt.* Ich mache sogleich das Buch zu und sage: Nach den Edikten ist der Kleine Rat ohne die Bürgermeister gewiß nicht die Regierung, obgleich der Verfasser der Briefe behauptet, er sei es.

Man wird mir einwerfen, daß ich selbst in dieser Schrift oft dem Kleinen Rat die Regierung zuschreibe. Ich gebe es zu, allein, nur dem Kleinen Rat unter dem Vorsitz der Bürgermeister, und dann ist es auch richtig, daß die einstweilige Regierung in dem Sinn, den ich dem Wort beilege, dort ihren Sitz hat; aber in diesem Sinne meint es nicht der Verfasser der Briefe. Nach meiner Erklärung hat die Regierung weiter keine Gewalt als die, die ihr das Gesetz gibt, nach der seinigen hingegen hat die Regierung alle Gewalt, welche ihr das Gesetz nicht nimmt.

Der Einwurf der Repräsentanten bleibt also in seiner ganzen Stärke bestehen, daß das Edikt, wenn es von den Bürgermeistern redet, ihre Macht meint; redet es aber von dem Rat, so spricht es bloß von seinen Pflichten. Ich sage, dieser Einwurf bleibt in seiner ganzen Stärke bestehen, denn der Verfasser der Briefe beantwortet ihn nur durch eine Behauptung, die von allen Edikten widerlegt wird. Sollte ich mich irren, so würden Sie, mein Herr, mir einen Gefallen tun, wenn Sie mir zeigten, wo meine Überlegung fehlgeht.

Indessen ist dieser Verfasser mit seinen Überlegungen sehr wohl zufrieden und fragt, wie man, *wenn der Gesetzgeber den Kleinen Rat nicht so betrachtet hätte, begreifen könnte, daß er an keiner einzigen Stelle des Ediktes dessen Autorität festlegt, sie überall voraussetzt und doch nirgends bestimmt?«*

Ich will es wagen, dieses Geheimnis zu erklären. Der Gesetzgeber bestimmt deswegen die Macht des Rates nicht, weil er ihm unabhängig von den Bürgermeistern gar keine erteilt hat, und wenn er sie voraussetzt, so setzt er sie unter dem Vorsitz der Bürgermeister voraus. Er hat die ihrige bestimmt, also ist es überflüssig, auch die seinige zu bestimmen. Die Bürgermeister können nicht alles ohne den Rat, aber der Rat kann nichts ohne die Bürgermeister, er ist nichts ohne sie, er ist noch weniger als der Rat der Zweihundert, als ihm der Auditor Sarrazin vorsaß.

Dies ist, glaube ich, die einzige vernünftige Art, das Stillschweigen der Edikte über die Macht des Rates zu erklären, allein, es ist nicht die, welche anzunehmen dem Magistrat gefällt. Man hätte in dem Reglement diesen sonderbaren Auslegungen vorbeugen können, wenn man umgekehrt verfahren wäre und, statt die Rechte des allgemeinen Rats zu bestimmen, die seinigen bestimmt hätte. Weil man jedoch nicht sagen wollte, was die Edikte nicht gesagt haben, gab man ihnen eine Deutung, an die sie wohl niemals dachten.

Wie viele der allgemeinen Freiheit und den Rechten der Bürger zuwiderlaufende Dinge sind dies nicht und wie viele könnte ich nicht noch hinzusetzen! Indessen sind alle diese Mängel, welche aus eurer Verfassung entstanden sind oder entstanden zu sein scheinen und die man nicht ausrotten konnte, ohne die Verfassung zu erschüttern, mit der größten Weisheit durch ausgleichende Maßnahmen ins Gleichgewicht gebracht und ausgebessert worden, welche gleichfalls daraus entsprangen, und eben dies war auch die Absicht der Vermittler, die selbst erklären, daß ihre

* *Lettres écrites de la Campagne*, Seite 67.

Sorge dahin ginge, *jedem sein Recht und seine besonderen Befugnisse zu erhalten, die sich aus dem Grundgesetz des Staates herleiten.* Herr Micheli du Cret, den sein Unglück gegen dieses Werk, in welchem er vergessen wurde, aufgebracht hat, sagt, daß es die Grundlage der Regierung umstoße und den Bürgern ihre Rechte nehme, ohne daß er sehen will, wie viele dieser Rechte durch dieses Edikt erhalten oder erneuert wurden in den Artikeln III, IV, X, XI, XII, XXII, XXX, XXXI, XXXII, XXXIV, XLII und XLIV, und ohne zu bedenken, daß die Stärke aller dieser Artikel von einem einzigen abhängt, der euch auch erhalten wurde, ein wesentlicher Artikel, der alle die aufwiegt, die ihm entgegen sind, und der so notwendig ist zur Gültigkeit jener, die euch begünstigen, daß sie alle unnütz wären, wenn man diesen so umgehen könnte, wie man es getan hat. Nun sind wir zu dem wichtigen Punkt gekommen, aber um seine Wichtigkeit ganz zu fühlen, müßte man alles vorher Dargelegte wohl überlegen.

Man vermischt gerne die Unabhängigkeit und die Freiheit. Diese beiden Dinge sind voneinander so sehr verschieden, daß sie einander sogar ausschließen. Wenn jeder tut, was ihm gefällt, tut er häufig etwas, was anderen mißfällt, und dies kann kein freier Zustand heißen. Die Freiheit besteht weniger darin, seinem Willen zu folgen, als vielmehr darin, dem anderer nicht unterworfen zu sein. Sie besteht außerdem darin, den Willen anderer nicht dem unsrigen zu unterwerfen. Jeder, der Herr ist, kann nicht frei sein, und regieren heißt gehorchen. Eure Obrigkeit weiß dies besser als irgend jemand, sie, die wie Otho nichts Sklavisches unterläßt, nur um zu befehlen.* Ich kenne keinen wahrhaft freien Wil-

* *Überhaupt*, sagt der Verfasser der Briefe, *fürchten die Menschen mehr, zu gehorchen, als sie zu regieren wünschen.* Tacitus urteilte ganz anders und er kannte das menschliche Herz. Wenn dieser Satz wahr wäre, so würden die Bedienten der Großen weniger grob zu den Bürgern sein, und man würde weniger Müßiggänger an den Höfen der Fürsten sehen. Es gibt wenige Menschen, die einen so gesunden Sinn haben, um die Freiheit lieben zu können: Alle wollen befehlen, und um diesen Preis fürchtet sich keiner, zu gehorchen. Ein kleiner Emporkömmling gibt sich hundert Herren, um zehn Bediente zu erhalten. Man braucht nur den Stolz des Adels in den Monarchien zu betrachten, mit welchem Nachdruck sie die Worte *Dienst* und *dienen* aussprechen, wie groß und verehrungswürdig sie sich schätzen, wenn sie die Ehre haben können, zu sagen: *der König, mein Herr;* wie sehr sie die Republikaner verachten, die nur frei sind, aber doch gewiß edler als sie.

len als den, welchem niemand das Recht hat zu widerstehen. In der allgemeinen Freiheit hat keiner das Recht, das zu tun, was die Freiheit eines anderen ihm verbietet, und die wahre Freiheit zerstört niemals sich selbst. Die Freiheit ohne Gerechtigkeit ist also ein wahrer Widerspruch, denn man fange es an, wie man will, die Ausführung eines ordnungslosen Willens behindert alles.

Es gibt also keine Freiheit ohne Gesetze, und auch dort gibt es keine, wo jemand über den Gesetzen ist: Selbst im Stande der Natur ist der Mensch bloß kraft des Naturgesetzes frei, welches allen befiehlt. Ein freies Volk gehorcht, allein, es dient nicht; es hat Oberhäupter, aber keine Herren; es gehorcht den Gesetzen, aber es gehorcht nur den Gesetzen, und durch die Gewalt der Gesetze gehorcht es nicht den Menschen. Alle Schranken, welche man der Macht der Obrigkeit in den Republiken setzt, sind nur darum da, damit sie die heiligen Grenzen der Gesetze nicht überschreiten, sie sind deren Verwalter nicht deren Schiedsrichter, sie sollen sie wahren, nicht aber übertreten. Ein Volk ist frei, wie auch seine Regierung beschaffen sein mag, wenn es in dem, der es regiert, nicht den Menschen, sondern das Werkzeug des Gesetzes sieht. Mit einem Wort, die Freiheit hat immer gleiches Schicksal mit den Gesetzen, sie regiert oder sie fällt mit ihnen; ich wüßte nichts Gewisseres zu sagen.

Ihr habt gute und weise Gesetze, sowohl an sich selbst, als allein dadurch, daß es Gesetze sind. Jede Bedingung, welche einem jeden von allen auferlegt wird, kann niemandem lästig sein, und das schlimmste Gesetz ist immer noch besser als der beste Herr, denn jeder Herr hat Vorlieben, das Gesetz aber nicht.

Seitdem die Verfassung eures Staates eine feste und beständige Form erhalten hat, sind eure Aufgaben als Gesetzgeber beendet. Die Sicherheit des Gebäudes erfordert nun, daß man seiner Zerstörung so viele Hindernisse entgegensetzt, als man vorher Erleichterungen brauchte, um es zu errichten. Das verneinende Recht der Räte ist in diesem Sinne die Stütze der Republik: der Artikel VI des Reglements ist klar und deutlich, und ich schließe mich hier dem Urteil des Verfassers der Briefe an, ich finde es ohne Tadel, und wenn dieses Recht, worauf eure Obrigkeit billigerweise besteht, euren Interessen auch zuwider wäre, so müßtet ihr leiden und schweigen. Rechtschaffene Männer dürfen ihre Augen dem Offensichtlichen niemals verschließen, noch gegen die Wahrheit streiten.

Das Werk ist vollbracht, man muß es jetzt nur noch unveränderlich machen. Nun kann das Werk des Gesetzgebers nur auf eine einzige Art verändert oder zerstört werden, nämlich, indem diejenigen, denen dieses Werk anvertraut ist, ihr Pfand mißbrauchen und sich im Namen der Gesetze gehorchen lassen und ihnen selbst nicht gehorchen.* Dann entsteht das Schlimmste aus dem Besten, und das Gesetz, das eine Stütze gegen die Tyrannei sein soll, ist schädlicher als die Tyrannei selbst. Genau dem beugt das Recht der Repräsentation vor, das in euren Edikten festgesetzt und von der Vermittlung eingeschränkt, aber bekräftigt worden ist. Dieses Recht gibt euch die Aufsicht nicht mehr wie früher über die Gesetzgebung, sondern über die Verwaltung, und eure Obrigkeit, die im Namen der Gesetze allmächtig und allein berechtigt ist, dem Gesetzgeber neue Gesetze vorzuschlagen, ist ihrem Urteil selbst unterworfen, sobald sie sich von denen, die festgesetzt sind, entfernt. Allein durch diesen einen Artikel ist eure Regierung, die im übrigen große Mängel hat, die beste, welche jemals bestanden hat. Denn wo ist eine bessere Regierung als die, deren Teile alle in vollkommenem Gleichgewicht stehen, wo die Einzelpersonen nicht die Gesetze übertreten können, weil sie Richtern unterworfen sind, und wo diese Richter sie auch nicht überschreiten können, weil das Volk über sie wacht?

Zwar ist es wahr, daß, um etwas Wirkliches in diesem Vorteil zu finden, man ihn nicht auf ein eitles Recht gründen darf: doch ein Recht ist niemals eine eitle Sache. Einem, der das Gesetz

* Niemals hat sich das Volk gegen die Gesetze empört, wenn nicht die Obrigkeit sie zuerst in irgendeiner Sache verletzt hat. Auf diesem unbestreitbaren Grundsatz beruht in China die Gewohnheit, daß, wenn ein Aufruhr in einer Provinz entsteht, man zunächst deren Statthalter bestraft. In Europa befolgen die Könige beständig den entgegengesetzten Grundsatz, aber seht, wie glücklich ihre Staaten sind! Die Bevölkerung nimmt alle dreißig Jahre um ein Zehntel ab; in China vermindert sie sich nicht. Der orientalische Despotismus erhält sich, weil er schwerer auf den Großen als auf dem Volk lastet: er zieht also aus sich selbst sein eigenes Heilmittel. Ich höre, daß die Hohe Pforte nach und nach den christlichen Grundsatz annimmt. Wenn dies wahr ist, so wird man bald die Folgen sehen.

übertreten hat, sagen, daß er das Recht verletzt hat, ist eine ganz lächerliche Bemühung; man sagt ihm etwas, was er ebensogut weiß wie andere.

Das Recht ist nach Pufendorf eine moralische Qualität, wodurch wir einen Anspruch auf etwas erhalten. Die einfache Freiheit, sich zu beklagen, ist also kein Recht, oder wenigstens ist sie ein Recht, das die Natur allen Menschen gibt und welches kein Gesetz jemandem rauben kann. Hat man wohl jemals von einem Gesetz gehört, durch das dem, der einen Prozeß verliert, erlaubt würde, sich zu beklagen? Hat man wohl jemals sich unterfangen, jemanden dafür zu strafen, daß er es getan hat? Wo ist die Regierung, so absolut sie immer sein mag, wo ein Bürger nicht das Recht hat, seinem Fürsten oder dessen Minister ein Schreiben zu übergeben über das, was er für den Staat für vorteilhaft hält? Und welches Lachen würde nicht ein öffentliches Edikt erregen, durch welches man den Untertanen förmlich erlaubte, dergleichen Schriften einzureichen? Und doch geschieht es nicht in einem despotischen Staat, sondern in einer Republik, in einer Demokratie, daß man den Bürgern, den Gliedern des Souveräns die förmliche Erlaubnis gibt, sich gegenüber ihrer Obrigkeit dieses Rechtes zu bedienen, welches noch kein Despot seinen Sklaven jemals versagt hat.

Sollte wohl dieses Recht der Repräsentation einzig darin bestehen, eine Schrift zu übergeben, die man nicht einmal zu lesen braucht, indem man eine trockene negative Antwort gibt?* Dieses so feierlich festgesetzte und als Entschädigung für so viele Opfer erhaltene Recht sollte sich also auf das kostbare Vorrecht beschränken, um etwas bitten zu dürfen und nichts zu erhalten? Eine solche Behauptung wagen hieße die Vermittler beschuldigen, daß sie die Genfer Bürgerschaft schändlicherweise hintergangen haben, es hieße die Rechtschaffenheit der Bevollmächtigten und die Billigkeit der vermittelnden Mächte beleidigen, jeden Anstand verletzen, ja selbst die gesunde Vernunft schmähen.

Worin besteht aber denn dieses Recht? Wie weit erstreckt es

* Wie die zum Beispiel, die der Rat am 10. August 1763 auf die Repräsentationen gab, die am 8. August von einer großen Zahl von Bürgern dem ersten Bürgermeister unterbreitet wurden.

sich, und wie kann es ausgeübt werden? Warum ist von all dem im Artikel VII nichts enthalten? Dies sind vernünftige Fragen, und sie enthalten Schwierigkeiten, die eine Untersuchung verdienen.

Die Auflösung einer einzigen dieser Schwierigkeiten wird uns den Schlüssel zu allen übrigen geben und uns den wahren Geist dieser Einrichtung enthüllen.

In einem Staat wie dem eurigen, wo die Souveränität in den Händen des Volkes liegt, ist der Gesetzgeber immer vorhanden, obgleich er sich nicht immer zeigt. Er ist nur dann versammelt und spricht verbindlich, wenn der Allgemeine Rat versammelt ist; allein, außerhalb des Rates ist er keineswegs vernichtet; seine Glieder sind zerstreut, aber nicht tot. Sie können zwar nicht durch Gesetze sprechen, aber sie können immer über die Verwaltung der Gesetze wachen. Dies ist ein Recht, es ist sogar eine Pflicht, die den Personen obliegt und die ihnen zu keiner Zeit genommen werden kann. Daher das Recht der Repräsentation. Folglich ist die Repräsentation eines Staatsbürgers, eines einfachen Bürgers oder mehrerer nichts anderes als die Erklärung ihrer Meinung über eine in ihre Zuständigkeit fallende Sache. Dies ist der deutliche und notwendige Sinn des Edikts von 1707 im Artikel V, der von den Repräsentationen handelt.

In diesem Artikel wird der Weg der Unterzeichnung mit Recht verworfen, denn dieser Weg ist schon eine Art Stimmabgabe, ein Votieren nach Köpfen, als wenn man bereits im Allgemeinen Rat versammelt wäre, und die Form des Allgemeinen Rats darf nur dann befolgt werden, wenn er rechtmäßig versammelt ist. Der Weg der Repräsentationen hat denselben Nutzen, ohne dieselben Schwierigkeiten zu haben. Sie bedeuten keine Abstimmung im Allgemeinen Rat, sondern man sagt seine Meinung über Fragen, die dort vorgetragen werden sollen. Man zählt nicht die Stimmen und man stimmt nicht ab, sondern man sagt seine Meinung. Diese Meinung ist freilich nur die eines einzelnen oder mehrerer Privatpersonen. Da aber diese Privatpersonen Mitglieder des Souveräns sind und ihn manchmal in ihrer Menge repräsentieren können, so folgt daraus vernünftigerweise, daß man ihre Meinung achten muß, nicht als eine Entscheidung, sondern als einen Vorschlag, der eine Entscheidung fordert und sie manchmal notwendig macht.

Diese Repräsentationen können zwei Hauptgegenstände haben, und die Verschiedenheit dieser Gegenstände bestimmt die verschiedene Art, wie der Rat über diese Repräsentationen urteilen soll. Der eine dieser Gegenstände ist, eine Änderung des Gesetzes vorzunehmen, der andere, eine Übertretung der Gesetze wieder gutzumachen. Diese Einteilung ist vollständig und enthält alles, worüber die Repräsentationen handeln können. Sie gründet sich sogar auf das Edikt selbst, welches die Ausdrücke nach diesen Gegenständen unterscheidet und dem Generalprokurator auflegt, Anträge *(instances)* zu stellen und Verweise *(remontrances)* zu erteilen, je nachdem die Bürger ihm Klagen *(plaintes)* oder Gesuche *(réquisitions)* vorgebracht haben.*

Ist diese Unterscheidung einmal festgesetzt, so muß der Rat, dem diese Repräsentationen übergeben werden, sie genau nach diesen beiden Gegenständen, auf welche sie sich beziehen, unterschiedlich behandeln. In Staaten, wo die Regierung und die Gesetze schon ihren festen Stand haben, soll man so wenig als möglich daran rühren, besonders in kleinen Republiken, wo die kleinste Erschütterung alle Einheit auflöst. Die Abneigung gegen Neuerungen ist also überhaupt sehr begründet, sie ist es besonders für euch, die ihr dadurch nur verlieren könnt, und die Regierung kann ihrer Einführung nicht genug Hindernisse entgegensetzen. Denn so nützlich auch neue Gesetze sein mögen, so ist deren Nutzen niemals so gewiß wie deren Gefahren groß sind. Insofern hat der Staatsbürger oder der einfache Bürger seine Pflicht getan, wenn er seine Meinung gesagt hat, und im übrigen muß er genug Vertrauen in seine Obrigkeit haben, um sie für fähig zu

* Um etwas nachsuchen *(réquérir)* heißt nicht nur bitten, sondern bitten kraft eines Rechtes, welches man erhalten hat. Dieser Wortgebrauch ist durch alle rechtlichen Formeln eingeführt, bei denen dieser Gerichtsterminus verwendet wird. Man sagt *réquérir justice* (um Gerechtigkeit nachsuchen), nie hat man gesagt *réquérir grace* (um Gnade nachsuchen). So hatten die Bürger in beiden Fällen ebenfalls das Recht, zu fordern, daß ihre Gesuche oder ihre Klagen, wenn sie von den unteren Räten abgelehnt waren, vor den Allgemeinen Rat gebracht wurden. Aber durch den im Artikel VI des Edikts von 1738 gemachten Zusatz ist dieses Recht allein auf den Fall der Klage eingeschränkt worden, wie im Text gesagt wird.

halten, den Nutzen dessen zu erwägen, was er ihr vorschlägt, und für geneigt, es zu billigen, wenn sie es für das Gemeinwohl für nützlich hält. Das Gesetz hat also sehr weislich darauf gesehen, daß die Einführung und auch nur der Vorschlag solcher Neuerungen nicht ohne die Einwilligung der Räte geschieht, und hierin soll das Ablehnungsrecht bestehen, welches sie beanspruchen und das ihnen meiner Meinung nach unbestreitbar zusteht.

Da aber der zweite Gegenstand ein genau entgegengesetztes Prinzip hat, so muß er auch ganz anders betrachtet werden. Es ist hier nicht um Neuerungen zu tun, sondern vielmehr darum, Neuerungen zu verhindern. Hier geht es nicht um die Errichtung neuer Gesetze, sondern um die Erhaltung der alten. Wenn die Dinge vermöge ihres Hangs nach Veränderung streben, so muß man beständig neu dafür sorgen, sie aufzuhalten. Dies ist der Zweck, den sich die Bürger bei den Klagen, von denen das Edikt spricht, setzen, denn für sie ist es sehr wichtig, jeder Veränderung vorzubeugen. Da der Gesetzgeber beständig vorhanden ist, so sieht er die Wirkung oder den Mißbrauch der Gesetze, er sieht, ob sie befolgt oder übertreten, gutwillig oder böswillig ausgelegt werden, er wacht darüber, er muß darüber wachen, denn dies ist sein Recht, seine Pflicht und sogar sein Eid. Diese Pflicht erfüllt er in den Repräsentationen, und dieses Recht übt er dann aus; es wäre wider alle Vernunft, ja unschicklich, wenn man das Ablehnungsrecht des Rats auf diesen Gegenstand ausdehnen wollte.

Es wäre wider alle Vernunft in Rücksicht des Gesetzgebers, weil dann alle Feierlichkeit aller Gesetze eitel und lächerlich wäre und der Staat dann in Wirklichkeit kein anderes Gesetz haben würde als den Willen des Kleinen Rates, der dann unumschränkter Herr wäre, die Ordnung, die ihm vorgeschrieben ist, zu vernachlässigen, zu verachten, zu verletzen und nach seinem Willen zu lenken, *schwarz* zu sagen, wo das Gesetz *weiß* sagt, ohne jemandem Rechenschaft darüber zu geben. Wozu sollte man sich in der Kirche St. Pierre feierlich versammeln, um den Edikten eine Bestätigung ohne Wirkung zu geben und um dem Kleinen Rat zu sagen: *Meine Herren, dies ist die Sammlung der Gesetze, welche wir in dem Staat einführen und worüber wir euch als Verwalter setzen, damit ihr euch danach richten könnt, wenn ihr es für gut findet, und sie übertreten mögt, wenn es euch gefällt.*

Es wäre auch wider alle Vernunft in Rücksicht der Repräsentationen. Denn dann wäre das durch einen ausdrücklichen Artikel des Edikts von 1707 festgesetzte und durch einen ausdrücklichen Artikel des Edikts von 1738 bestätigte Recht ein scheinbares und irriges Recht, das bloß die Freiheit anzeigen würde, sich nutzlos zu beklagen, wenn man gequält wird, eine Freiheit, welche niemals jemandem versagt worden ist und die durch ein Gesetz festzustellen lächerlich wäre.

Schließlich wäre es auch unschicklich, weil durch eine solche Annahme die Rechtschaffenheit der Vermittler beleidigt würde, weil man eure Obrigkeit für Betrüger und eure Bürger für Betrogene halten könnte, die mit so viel Gepränge beratschlagt, unterhandelt und sich verglichen haben, um eine Partei der anderen zu unterwerfen und die stärksten Zugeständnisse durch Sicherheiten zu erkaufen, die nichts bedeuten.

Allein, diese Herren sagen, der Wortlaut des Edikts sage ausdrücklich: *Es soll nichts vor den Allgemeinen Rat gebracht werden, was nicht vorher in dem Rat der Fünfundzwanzig und in dem Rat der Zweihundert abgehandelt und gebilligt worden ist.*

Erstens, was beweist dies bei der vorliegenden Frage, wenn nicht ein geregeltes und ordnungsgemäßes Verfahren und die Verpflichtung der unteren Räte, alles zu behandeln und vorläufig zu billigen, was vor den Allgemeinen Rat gebracht werden soll? Ist der Rat nicht verpflichtet, das zu halten, was das Gesetz vorschreibt? Wie? Wenn der Rat nun nicht billigte, daß man zur Wahl der Bürgermeister schreitet, müßte man dann diese Wahl unterlassen, und wenn die Personen, die man dafür vorschlägt, verworfen werden, ist der Rat dann nicht gezwungen zu billigen, daß andere vorgeschlagen werden?

Wer sieht überdies nicht ein, daß dieses Recht, zu billigen oder zu verwerfen, in seinem eigentlichen Verstande genommen, nur auf Vorschläge anzuwenden ist, welche Neuerungen enthalten, und nicht auf solche, die auf die Erhaltung dessen abzielen, was schon festgesetzt ist? Ist es vernünftig, zu behaupten, daß eine neue Einwilligung dazu gehöre, um die Verletzung eines alten

Gesetzes wiedergutzumachen? In der Zustimmung zu diesem Gesetz bei seiner Bekanntgabe ist auch die zu all dem enthalten, was zu seiner Ausübung gehört. Als der Rat einwilligte, daß dieses Gesetz eingeführt würde, willigte er auch ein, daß es befolgt werden sollte und daß man also auch die Übertreter desselben strafen müsse, und wenn die Bürger in ihren Klagen nur Wiedergutmachung ohne Bestrafung fordern, so will man, daß ein solcher Antrag aufs neue bewilligt werden muß? Mein Herr, wenn dies nicht heißt, sich über die Leute lustig zu machen, so weiß ich nicht, wie man sich über jemanden lustig machen kann.

Die ganze Schwierigkeit liegt also hier bloß in der Tatsachenfeststellung. Ist das Gesetz übertreten worden oder nicht? Die Bürger sagen, daß es geschehen ist, die Obrigkeit verneint es. Nun bitte ich Sie, zu sagen, ob man sich in einem solchen Falle etwas Unvernünftigeres denken kann als dieses negative Recht, welches sie sich zuschreiben? Man sagt ihnen, ihr habt das Gesetz übertreten. Sie antworten, wir haben es nicht übertreten, und da sie also oberste Richter in ihrer eigenen Sache sind, so sind sie durch ihre bloße Aussage gegen die Evidenz gerechtfertigt.

Sie werden mich fragen, ob ich behaupte, daß die gegenteilige Aussage immer die Evidenz sei? Dies will ich nicht sagen, allein, wenn sie es auch wäre, so würde sich eure Obrigkeit entgegen der Evidenz an ihr Ablehnungsrecht halten. Der Fall liegt ihnen nun vor Augen, für welche Seite spricht die Vermutung mit dem größten Recht? Ist es glaublich und natürlich, daß Privatpersonen ohne Macht, ohne Autorität ihrer Obrigkeit, die vielleicht morgen ihr Richter sein kann, sagen werden: *Ihr habt eine Ungerechtigkeit begangen,* wenn es nicht wahr ist? Was können Privatpersonen von einem so törichten Schritt hoffen, auch wenn sie vor der Strafe ganz gesichert wären? Können sie wohl glauben, daß eine Obrigkeit, die hochfahrend ist, selbst wenn sie unrecht hat, so dumm sein wird, ein Unrecht einzugestehen, das sie nicht begangen hat? Im Gegenteil, ist es nicht natürlicher, die Fehler zu leugnen, die man begangen hat? Ist man nicht interessiert, sie zu verteidigen, und ist man nicht immer geneigt, es zu tun, wenn man es ungestraft tun kann und die Gewalt in Händen hat? Wenn der Schwache und der Starke miteinander streiten, was gewöhnlich zum

Schaden des ersteren geschieht, so ist die wahrscheinlichste Meinung immer die, daß der Stärkere unrecht hat.

Wahrscheinlichkeiten, das weiß ich wohl, sind keine Beweise, allein, wenn beim Vergleich bekannter Tatsachen mit den Gesetzen eine Anzahl Bürger behauptet, daß Ungerechtigkeit vorliege, und die Obrigkeit, die dieser Ungerechtigkeit beschuldigt wird, behauptet, es sei nicht der Fall, wer soll dann Richter sein, wenn nicht das aufgeklärte Publikum, und wo soll man dieses aufgeklärte Publikum in Genf anders suchen als in dem Allgemeinen Rat, der aus beiden Parteien besteht?

Es gibt keinen Staat in der Welt, wo der durch eine ungerechte Obrigkeit beleidigte Untertan nicht ein Mittel hätte, um seine Klage vor den Souverän zu bringen, und die Furcht vor diesem Hilfsmittel hält viele Ungerechtigkeiten zurück. Selbst in Frankreich, wo die Parlamente sehr auf die Gesetze halten, ist der Rechtsweg gegen sie in verschiedenen Fällen offen, wo man um die Kassierung des Urteils ersuchen kann. Die Genfer entbehren diesen Vorteil, die vom Rat verurteilte Partei kann sich in keinem Fall mehr an den Souverän wenden. Was aber ein Privatmann für sein Privatinteresse nicht tun kann, können alle um des gemeinsamen Besten willen tun, denn da jede Übertretung des Gesetzes eine Verletzung der Freiheit ist, so wird sie eine öffentliche Sache, und wenn die allgemeine Stimme sich erhebt, so muß die Klage vor den Souverän gebracht werden. Ohne diese Möglichkeit gäbe es kein Parlament, keinen Senat, keinen Richterstuhl auf der Welt, der eine so verhängnisvolle Macht hätte, wie euer Magistrat sie an sich zu reißen sucht, und in keinem Staat wäre das Schicksal der Menschen schlimmer als in dem eurigen. Sie gestehen doch, daß dies eine sonderbare Freiheit wäre.

Das Recht der Repräsentation ist mit eurer Verfassung sehr eng verknüpft: es ist das einzig mögliche Mittel, die Freiheit mit dem Gehorsam zu vereinigen und den Magistrat in der Abhängigkeit von den Gesetzen zu erhalten, ohne seine Autorität bei dem Volk anzutasten. Wenn die Klagen begründet und die Gründe gültig sind, so muß man dem Rat so viel Billigkeit zutrauen, daß er darauf hören wird. Wäre er es nicht, oder hätten die Beschwerden noch nicht den Grad von Evidenz, der sie über allen Zweifel erhebt, so wäre die Sache verändert, und dann müßte der allgemeine Wille sprechen, denn in eurem Staat ist dieser Wille der höchste Richter und der einzige Souverän. Da nun seit dem Anfang der Republik dieser Wille immer Mittel gefunden hat, sich vernehmbar zu machen, und diese Mittel mit eurer Verfassung verknüpft sind, so folgt daraus, daß das Edikt von 1707, welches sich übrigens auf ein sehr altes Recht und auf die beständige Ausübung dieses Rechts gründet, keiner weiteren Erklärung bedarf.

Da die Vermittler es sich zum Hauptgrundsatz gemacht haben, sich so wenig als möglich von den alten Edikten zu entfernen, so ließen sie diesen Artikel so, wie er früher war, und wiesen sogar darauf hin. Demnach ist durch das Vermittlungsreglement euer Recht in diesem Punkt ganz dasselbe geblieben, weil der Artikel, der es bestimmt, vollständig angeführt ist.

Allein, die Vermittler sahen nicht, daß die Veränderungen, die sie an den anderen Artikeln vornahmen, sie nötigten, um folgerichtig zu sein, diesen Artikel zu erläutern und sogar neue Erklärungen hinzuzufügen, welche durch ihre Arbeit notwendig geworden waren. Die Vernachlässigung der privaten Repräsentationen hat zur Folge, daß diese nun die Stimme des Publikums werden und so der Verweigerung des Rechts entgegenwirken. Diese Veränderung war damals rechtmäßig und dem Grundgesetz gemäß, das in jedem Lande in letzter Instanz den Souverän mit der öffentlichen Gewalt ausstattet, um seinen Willen zur Erfüllung zu bringen.

Die Vermittler haben diese Rechtsverweigerung nicht vorausgesetzt. Die Ereignisse zeigen, daß sie sie hätten voraussetzen sollen. Um die öffentliche Ruhe sicherzustellen, befanden sie es für gut, das Recht von der Macht zu trennen und sogar die friedfertigen Versammlungen und Deputationen der Bürgerschaft zu unterdrücken; da sie ihr aber im übrigen ihre Rechte bestätigt haben, mußten sie ihr in der Form einer Institution anstelle der Mittel, die sie ihr genommen hatten, andere geben, um ihr Recht geltend zu machen. Dies haben sie nicht getan. Ihr Werk ist in dieser Hinsicht mangelhaft geblieben, denn da das Recht immer noch dasselbe ist, muß es auch immer noch dieselben Wirkungen haben.

Bemerken Sie aber auch, wie geschickt Ihre Obrigkeit sich dieses Vergessen der Vermittler zunutze zu machen weiß! So viele ihr auch sein möget, so sehen sie euch doch nur als Privatpersonen, und seitdem es euch verboten ist, als Körperschaft zu erscheinen, sehen sie diese als vernichtet an. Sie ist es jedoch nicht, weil sie alle ihre Rechte, alle ihre Privilegien bewahrt und immer den vornehmsten Teil des Staates und des Gesetzgebers ausmacht. Sie gehen von dieser falschen Vermutung aus, um euch tausend fadenscheinige Schwierigkeiten vorzugaukeln hinsichtlich der Autorität, die sie verpflichten kann, den Allgemeinen Rat zu versammeln. Außer dem Gesetz gibt es keine Autorität, die dies könnte, wenn sie es befolgen. Doch die Autorität des Gesetzes, das von ihnen übertreten wird, fällt wieder an den Gesetzgeber zurück, und da sie es nicht ganz zu verneinen wagen, daß in einem solchen Falle diese Autorität der größten Zahl zusteht, so sammeln sie alle ihre Einwände gegen die Mittel, diesen Fall festzustellen. Diese Mittel werden ganz einfache sein, sobald sie nur erlaubt sind, und sie werden keinerlei Schwierigkeiten bieten, weil es leicht ist, ihrem Mißbrauch zuvorzukommen.

Es war hier nicht die Rede von Aufruhr und Gewalttätigkeit, es war nicht die Rede von den oft nötigen, aber immer schrecklichen Hilfsmitteln, die man euch sehr weislich untersagt hat, nicht weil ihr sie jemals mißbraucht habt, da ihr im Gegenteil nur in der äußersten Not euch derselben bedient habt, einzig um euch zu verteidigen, und mit einer Mäßigung, die euch vielleicht das Recht der Waffen hätte erhalten können, wenn nur je ein Volk es ohne Gefahr haben könnte. Was auch nun geschehen mag, jedenfalls danke ich dem Himmel dafür, daß man die schrecklichen Zurüstungen nicht mehr bei euch sehen wird. *In der äußersten Not ist alles erlaubt,* sagt der Verfasser der Briefe einige Male. Wenn dies auch wahr wäre, so wäre doch nicht alles ein gutes Mittel. Wenn die äußerste Tyrannei denjenigen, der sie erleidet, über die Gesetze setzt, so muß er doch bei allem, was er wagt, einige Hoffnungen auf einen guten Ausgang haben können. Will man euch bis zu diesem Äußersten bringen? Ich kann es nicht glauben, und wenn es auch so wäre, so glaube ich, daß keine Tathandlung euch retten kann. In eurer Lage ist jeder falsche Schritt gefährlich, alles, was euch dazu antreibt, ihn zu tun, ist eine Falle, und wäret ihr auch während eines Augenblicks Herren, so würdet ihr in weniger als vierzehn Tagen für immer unterdrückt sein. Was auch eure Obrigkeit tun und der Verfasser der Briefe sagen mag, die gewaltsamen Mittel schicken sich nicht für die gerechte Sache. Ohne zu glauben, daß man euch zwingen will, sie zu ergreifen, glaube ich doch, daß man sie euch mit Vergnügen ergreifen sähe, und ich glaube, man sollte euch das nicht als ein Hilfsmittel zeigen, was euch um all die übrigen bringen könnte. Die Gerechtigkeit und die Gesetze sind für euch. Diese Stützen sind, ich weiß es, gegen den Einfluß und die Intrige sehr schwach, aber es sind die einzigen, die euch übrigbleiben: Haltet euch daran bis ans Ende.

Und wie könnte ich es billigen, daß man den bürgerlichen Frieden stört, für welches Interesse es auch sein mag, ich, der ich ihm das, was ich am höchsten schätze, aufgeopfert habe? Sie wissen es, mein Herr, man wünschte mich zurück, man bat mich, ich brauchte bloß zu erscheinen, meine Rechte wurden unterstützt und die Beleidigungen, die ich erlitten hatte, vielleicht wieder gutgemacht. Meine Gegenwart hätte meine Verfolger wenigstens verwirrt und ich wäre in einer beneidenswerten Lage gewesen, wie sie sich jeder begierig wünscht, der eine Rolle zu spielen sucht. Ich zog eine ewige Verbannung aus meinem Vaterlande vor. Ich gab alles auf, selbst die Hoffnung, um nicht die öffentliche Ruhe zu gefährden: ich verdiene einiges Zutrauen in meine Aufrichtigkeit, wenn ich zu ihren Gunsten spreche.

Allein, warum wollte man ruhige und rein bürgerliche Versammlungen unterdrücken, die nur einen rechtmäßigen Zweck haben konnten, weil sie sich immer in den Grenzen des dem Magistrat gebührenden Gehorsams hielten? Warum will man, da man der Bürgerschaft das Recht der Repräsentationen läßt, ihr nicht erlauben, es in der gehörigen Ordnung und Gültigkeit auszuüben? Warum will man ihr die Mittel rauben, um unter sich darüber zu beratschlagen und, um allzu große Versammlungen zu vermeiden, es wenigstens durch ihre Deputierten geschehen zu lassen? Kann man sich etwas besser Geregeltes, Anständigeres und Passenderes vorstellen als die Versammlungen nach Kompanien und die Verfahrensart, welche die Bürgerschaft befolgt hat, während sie im Staat die Herrschaft hatte? Ist es nicht eine bessere Ordnung, wenn man im Namen aller ihrer Mitbürger drei Dutzend Deputierte auf das Rathaus gehen sieht, als wenn eine ganze Bürgerschaft in einem Haufen hinaufgeht, und jeder seine Erklärung abzugeben hat, aber dennoch nur für sich allein reden kann? Sie haben, mein Herr, die Repräsentanten in großer Menge gesehen, wie sie gezwungen waren, sich in Trupps zu verteilen, um nicht Tumult und Lärm zu machen, und getrennt in Gruppen von dreißig oder vierzig ankamen und bei ihrem Schritt noch mehr Bescheidenheit und Mäßigung beobachteten, als ihnen das Gesetz vorschrieb. Allein, dies ist der Geist der Genfer Bürgerschaft, die immer eher hinter ihren Rechten zurückbleibt, als darüber hinausgeht, und manchmal entschlossen, niemals aber aufrührerisch ist. Immer das Gesetz im Herzen und die Achtung der Obrigkeit vor Augen, selbst zu der Zeit, als ihr Zorn aufs äußerte gereizt wurde und wo sie nichts hinderte, diesen Zorn auszulassen, überließen sie sich ihm doch niemals. Sie war gerecht, als sie der Stärkere war, ja sie konnte sogar verzeihen. Könnte man das nämliche von ihren Unterdrückern sagen? Man weiß, welches Schicksal sie ihr ehemals auferlegten und kennt das, welches sie ihr jetzt noch bereitet haben.

So sind Menschen, die wahrhaft würdig sind, frei zu sein, weil sie ihre Freiheit nie mißbrauchen und die man doch mit Banden und Hindernissen gleich dem niedrigsten Pöbel zwingen will. So sind die Bürger, die Glieder des Souveräns, welche man als Untertanen, ja noch schlimmer behandelt, denn selbst in den willkürlichsten Regierungen erlaubt man Versammlungen der Gemeinden ohne Vorsitz der Obrigkeit.

Man mag es anfangen, wie man will, widersprechende Regelungen wird man niemals zugleich befolgen können. Man erlaubt, man berechtigt das Recht der Repräsentationen und beschuldigt die Repräsentanten, daß sie nicht zusammenhalten, wo man sie doch daran hindert. Dies ist ungerecht, denn wenn man euch außer Stand setzt, eure Schritte gemeinschaftlich zu tun, so kann man euch nicht vorwerfen, daß ihr nur einzelne Personen seid. Warum sieht man nicht ein, daß, wenn der Nachdruck der Repräsentationen von der Anzahl der Repräsentanten abhängt, sie, sobald sie allgemein sind, unmöglich einzeln vorgebracht werden können, und in welcher Verlegenheit wäre nicht der Magistrat, wenn er nach und nach die Schriften oder die Reden einiger Tausend Menschen lesen oder anhören müßte, wie er durch das Gesetz verpflichtet ist?

Dies ist also die leichte Auflösung jener großen Schwierigkeit, welche der Verfasser der Briefe für unauflöslich hält.* Wenn die Obrigkeit auf die Klagen der Bürgerschaft in den Repräsentationen nicht achten will, so erlaube er die Versammlung von Bürgerkompanien, er erlaube sie getrennt an verschiedenen Orten und zu verschiedenen Zeiten, und diejenigen Kompanien, die mit der Mehrheit der Stimmen die Repräsentationen unterstützen wollen, sollen dies durch ihre Deputierten tun. Dann zähle man die Anzahl dieser Deputierten; ihre Gesamtzahl ist bestimmt, und dann wird man sehen, ob ihre Wünsche die des Staates sind oder nicht.

Jedoch bemerken Sie, daß dies nicht heißen soll, daß diese teilweisen Versammlungen irgendeine Autorität haben können, es sei denn, ihre Meinung über den Gegenstand der Repräsentationen abzugeben. Sie werden als allein dazu berechtigte Versammlungen kein anderes Recht haben als das der Privatleute, ihr Zweck ist nicht, das Gesetz zu ändern, sondern zu sehen, ob es befolgt wird, und nicht die Mißstände abzuschaffen, sondern die Notwendigkeit zu zeigen, ihnen vorzubeugen: ihre Meinung, wenn sie auch einstimmig ist, ist immer nur eine Repräsentation. Man wird dadurch nur erfahren, ob diese Repräsentation verdient, daß man ihr entspricht, sei es um den Allgemeinen Rat zusammenzurufen, wenn die Obrigkeit es billigt, sei es, es zu unterlassen, wenn sie es für gut befindet, um dann selbst den berechtigten Klagen der Bürger nachzukommen.

Dieser Weg ist einfach, natürlich, sicher, er ist ohne Schwierigkeiten. Es ist nicht einmal ein neues Gesetz einzuführen, sondern nur ein Artikel für diesen einen Fall zu revozieren. Wenn sich jedoch eure Obrigkeit davor fürchtet, so bleibt noch ein anderer ebenso leichter und ebensowenig neuer Weg übrig: die periodi-

* Seite 88.

schen allgemeinen Ratsversammlungen wieder einzuführen und deren Gegenstand nur auf die Klagen zu beschränken, die in der Zwischenzeit zu Repräsentationen Anlaß gegeben haben, ohne daß etwas anderes dort vorgebracht werden darf. Diese Versammlungen, welche vermöge einer sehr wichtigen Unterscheidung* nicht die Autorität des Souveräns, sondern die Spitze der Obrigkeit hätten, würden nicht nur keine Neuerungen einführen können, sondern jede Neuerung von seiten des Rats verhindern und alles wieder in die Ordnung der Gesetzgebung zurückbringen, von der sich die die öffentliche Gewalt innehabende Körperschaft jetzt, so oft es ihr gefällt, ungehindert entfernen kann. Um diese Versammlungen von selbst hinfällig zu machen, brauchte die Obrigkeit nur die Gesetze genau zu befolgen, denn die Einberufung eines Allgemeinen Rats wäre nutzlos und lächerlich, wenn niemand etwas vorzutragen hätte, und es ist sehr wahrscheinlich, daß der Brauch der periodischen allgemeinen Ratsversammlung im 16. Jahrhundert eben so aufgehört hat, wie oben beschrieben wurde.

In dieser Absicht habe ich dargestellt, daß man sie im Jahre 1707 wieder einführte, und diese alte Frage, die heutzutage wieder erneuert wird, wurde damals durch drei aufeinanderfolgende Ratsversammlungen entschieden, in deren letzter der Artikel, der das Repräsentationsrecht betrifft, bewilligt wurde. Dieses Recht wurde damals nicht bestritten, sondern nur außer acht gelassen. Der Magistrat wagte nicht zu leugnen, daß, wenn er sich weigerte, den Klagen der Bürgerschaft nachzukommen, die Frage vor den Allgemeinen Rat gebracht werden mußte; da es ihm aber allein zukommt, ihn zusammenzurufen, so behauptete er unter diesem Vorwand, seine Einberufung nach Gefallen verzögern zu können, und glaubte, die Geduld der Bürgerschaft durch Verzögerung zu ermüden. Indessen wurde doch ihr Recht schließlich so gut anerkannt, daß man schon am 9. April die allgemeine Versammlung für den 5. Mai zusammenrief, *damit*, wie es auf dem Anschlagzettel heißt, *die ausgestreuten Gerüchte widerlegt würden, daß die Einberufung verzögert oder weiter hinausgeschoben würde.*

Man sage nicht, daß diese Einberufung durch Gewalt oder

* Siehe den *Gesellschaftsvertrag*, Buch III, Kap. 17.

durch irgend welche aufrührerischen Handlungen erzwungen wurde, denn damals wurde alles durch Deputierte behandelt, wie es der Rat verlangt hatte, niemals waren die Bürger in ihren Versammlungen ruhiger gewesen, und sie vermieden allzu häufige Zusammenkünfte und gaben ihnen kein allzu gewichtiges Ansehen. Sie trieben die Bescheidenheit, und ich wage zu sagen die Würde, sogar so weit, daß diejenigen von ihnen, die gewöhnlich einen Degen trugen, ihn bei der Versammlung immer ablegten.* Erst als alles vorbei war, das heißt nach der dritten Sitzung des Allgemeinen Rats, entstand ein Ruf nach Waffen, welches der Rat selbst verschuldete, weil er die Unvorsichtigkeit beging, drei Kompanien der Garnison mit aufgepflanztem Bajonett gegen zwei- oder dreihundert Bürger auszuschicken, die noch in St. Pierre versammelt waren.

Diese periodischen Ratsversammlungen, die 1707 wieder eingeführt wurden, wurden fünf Jahre später aufgehoben, aber durch welche Mittel und unter welchen Umständen? Eine kurze Untersuchung dieses Edikts von 1712 wird uns seine Gültigkeit zu beurteilen erlauben.

Erstens hatte das durch die jüngsten Hinrichtungen und Verbannungen in Furcht gesetzte Volk weder Freiheit noch Sicherheit. Es konnte nach der betrügerischen Amnestie, die man dazu benutzte, um es zu überraschen, auf nichts mehr rechnen. Es glaubte jeden Augenblick die Schweizer wieder vor seinen Toren zu hören, die bei diesen blutigen Schauspielen die Rolle der Häscher übernahmen. Kaum von dem Schrecken erholt, welche der Anfang des Edikts leicht wieder wachzurufen geeignet war, hätte das Volk aus bloßer Furcht alles zugestanden. Es wußte wohl, daß man es nicht versammelte, um Gesetze zu geben, sondern welche zu erhalten.

Die Beweggründe dieser Widerrufung, welche sich auf die Ge-

* Sie hatten dieselbe Aufmerksamkeit im Jahre 1734 bei ihren Repräsentationen vom 4. März, als sie von 1000 bis 1200 Staatsbürgern und einfachen Bürgern persönlich unterstützt wurden, von denen kein einziger den Degen an der Seite hatte. Diese Vorsicht, welche in jedem anderen Staat kleinlich scheinen würde, ist es nicht in einer Demokratie und zeichnet den Charakter eines Volkes vielleicht besser als auffallendere Züge.

fahr gründen, die die periodischen allgemeinen Ratsversammlungen mit sich führen, sind für jeden, der den Geist eurer Verfassung und den eurer Bürgerschaft nur etwas kennt, von einer offenbaren Widersinnigkeit. Man führt Zeiten der Pest, der Hungersnot und des Krieges an, gerade als wenn Hungersnot oder Krieg ein Hindernis wären, eine Ratsversammlung abzuhalten, und was die Pest betrifft, so werden Sie zugeben, daß dies sehr weit hergeholt ist. Man fürchtet sich vor Feinden, Übelgesinnten und Ränken; niemals hat man so furchtsame Leute gesehen. Die Erfahrung der Vergangenheit hätte sie beruhigen müssen: Die häufigen allgemeinen Ratsversammlungen sind, wie ich weiter unten beweisen werde, in den unruhigsten Zeiten immer die Rettung der Republik gewesen, und man hat niemals andere als kluge und mutige Entschlüsse gefaßt. Man behauptet, diese Versammlungen wären der Verfassung zuwider, deren größte Stütze sie sind; man sagt, sie wären den Edikten zuwider, und die Edikte haben sie selbst festgesetzt; man beschuldigt sie, eine Neuerung zu sein, und sie sind so alt wie die Gesetzgebung selbst. Es ist keine Zeile in dieser Präambel, welche nicht einen Irrtum oder eine Unsinnigkeit enthielte, und auf diese schöne Erklärung hin erfolgt die Aufhebung ohne vorherige Ankündigung, die die Mitglieder der Versammlung darüber unterrichtet hätte, was man ihnen vortragen wollte, ohne ihnen Zeit zu geben, darüber zu beratschlagen oder auch nur darüber nachzudenken, zu einer Zeit, als die Bürgerschaft die Geschichte ihrer Regierung nicht recht kannte und sich also leicht von dem Magistrat hintergehen ließ.

Allein, ein noch stärkerer Grund der Ungültigkeit ist die Verletzung des Ediktes in seinem in dieser Rücksicht wichtigsten Teil, nämlich in der Art, die Wahlzettel zu lesen oder die Stimmen zu zählen, denn im 4. Artikel des Edikts von 1707 wird gesagt, daß man vier Sekretäre *ad actum* ernennen müsse, um die Stimmen zu sammeln, zwei aus den Zweihundert und zwei aus dem Volk, welche auf der Stelle durch den ersten Bürgermeister ausgewählt werden sollen und in der Kirche den Eid ablegen. Dessen ungeachtet aber ließ man im Jahre 1712 im Allgemeinen Rat ohne weitere Rücksicht auf das vorhergehende Edikt die Stimmen durch die beiden Staatssekretäre sammeln. Was war der Grund dieser

Abänderung und wozu diente dieses unrechtmäßige Verfahren in einem so wichtigen Punkte, gerade als wenn man das eben gegebene Gesetz nach Gefallen übertreten wollte? Man verletzt das Edikt in einem Punkte, um es in einem anderen ganz ungültig zu machen. Ist dieses Vorgehen richtig? Und wenn, wie dieses Edikt der Aufhebung sagt, die Meinung des Rates *beinah einstimmig** angenommen wurde, woher kamen dann die Überraschung und die Betroffenheit der Bürger, als sie aus dem Rat weggingen, während man auf dem Gesicht der Obrigkeitspersonen eine triumphierende und befriedigte Miene sah?** Ist diese verschiedene Haltung Personen natürlich, welche soeben etwas einstimmig beschlossen haben?

Um also dieses Aufhebungsedikt zu erpressen, bediente man sich des Schreckens, der Überraschung und wahrscheinlich auch des Betruges, und wenigstens wurde das Gesetz dadurch gewiß verletzt. Man urteile nun, ob diese Eigenschaften sich mit denen eines geheiligten Gesetzes, wie man es zu nennen beliebt, vertragen.

* Nach dem, was mir darüber berichtet wurde, war diese Einstimmigkeit aufgrund der Art und Weise, wie man vorging, nicht schwer zu erreichen, und es hing nur von diesen Herren ab, sie vollkommen zu machen.

Vor der Versammlung sagte der Staatssekretär Mestrezat: *Laßt sie nur kommen, ich werde schon damit fertig.* Er bediente sich zu diesem Zweck der beiden Worte *Gutheißung* und *Verwerfung*, die seither bei den Abstimmungen durch Wahlzettel gebräuchlich geblieben sind, und zwar so, daß, welche Partei man auch ergriff, doch alles auf eines hinauskam. Denn wählte man *Gutheißung*, so billigte man den Vorschlag des Rats, welcher die periodischen Versammlungen verwarf, und wählte man *Verwerfung*, so verwarf man die periodischen Versammlungen. Ich erdichte dies nicht und erzähle es auch nicht, ohne eine maßgebliche Quelle dafür zu haben. Ich bitte den Leser, es zu glauben, zugleich aber muß ich der Wahrheit zu Ehren sagen, daß ich es nicht aus Genf habe, und der Gerechtigkeit, daß ich es nicht für wahr halte. Ich weiß bloß soviel, daß die Zweideutigkeit dieser beiden Worte viele der Stimmenden verlegen machte, welches von beiden sie wählen sollten, um ihrer Meinung Ausdruck zu geben, und gestehe ferner, daß ich mir keinen vernünftigen Grund noch gültige Ausrede für die Übertretung des Gesetzes bei der Stimmensammlung denken kann. Nichts beweist mehr den Schrecken des Volkes als das Stillschweigen, womit es diese Unregelmäßigkeit durchgehen ließ.

** Sie sagten beim Weggehen zueinander, und viele andere hörten es: *Wir haben einen großen Tag gehabt.* Den anderen Tag beklagten sich viele Bürger, daß man sie hintergangen habe und daß sie die allgemeinen Versammlungen nicht hätten aufheben wollen, sondern den Vorschlag des Rates. Man lachte sie aus.

Allein, wir wollen annehmen, daß diese Aufhebung rechtmäßig gewesen ist und daß man die Bedingungen des Edikts* nicht verletzt hat. Welche andere Wirkung kann diese Aufhebung dann haben, als die Dinge wieder dorthin zurückzubringen, wo sie vor der Einführung des aufgehobenen Gesetzes waren, und folglich die Bürgerschaft in das Recht einzusetzen, welches sie damals innehatte? Wenn man einen Vertrag aufhebt, bleiben dann beide Parteien nicht in eben dem Stande, in dem sie vorher waren?

Geben wir zu, daß diese periodischen Versammlungen nur einen einzigen, aber furchtbaren Nachteil gehabt haben, nämlich die Obrigkeit und alle übrigen Ordnungen in den Schranken ihrer Pflichten und ihrer Rechte zu halten. Schon deswegen weiß ich, daß diese erschreckenden Versammlungen nicht wieder eingeführt werden, ebensowenig wie die Versammlungen der Bürger in Kompanien, aber darum geht es hier auch nicht, und ich untersuche hier nicht, was geschehen oder nicht geschehen soll, was man tun oder nicht tun soll. Da die Mittel, von denen ich bloß zeige, daß sie möglich und leicht zu handhaben und aus eurer Verfassung hergenommen sind, den neuen Edikten nicht mehr entsprechen, so können sie ohne die Einwilligung der Räte nicht angenommen werden, und ich bin keineswegs der Meinung, daß man sie ihnen vorschlagen solle, sondern indem ich für einen Augenblick die Meinung des Verfassers der Briefe annahm, löste ich seine oberflächlichen Einwürfe auf und zeigte, daß er in der Natur der Sache Hindernisse sucht, die nicht da sind, daß sie vielmehr nur in dem bösen Willen des Rates liegen und daß, wenn er wollte, hundert Mittel vorhanden wären, um diese vorgeblichen Hindernisse zu beseitigen, ohne die Verfassung zu ändern, ohne die Ordnung zu erschüttern und ohne die öffentliche Ruhe zu stören.

Um aber wieder auf die Frage zurückzukommen, wollen wir uns genau an das letzte Edikt halten, und Sie werden nicht eine einzige wirkliche Schwierigkeit finden, die der notwendigen Wirkung des Repräsentationsrechts entgegensteht.

* Diese Bedingungen sagen, daß *keine Veränderung des Edikts gültig ist, die nicht in diesem souveränen Rat gebilligt wurde.* Nun bleibt die Frage, ob die Verletzungen des Edikts keine Veränderungen desselben sind.

1. Die Schwierigkeit, die Zahl der Repräsentanten bestimmen zu müssen, ist durch das Edikt selbst nichtig, welches keine Unterschiede in der Zahl macht und der Repräsentation eines einzelnen ebensoviel Nachdruck gibt wie der von hundert.

2. Die Schwierigkeit, Privatpersonen das Recht geben zu müssen, den Allgemeinen Rat einzuberufen, ist ebenso nichtig, weil dieses Recht, es sei gefährlich oder nicht, keine Folge der notwendigen Wirkung der Repräsentationen ist. Da jährlich zwei allgemeine Ratsversammlungen für die Wahlen gehalten werden, so braucht man keine außerordentlichen Versammlungen zusammenzurufen. Es ist hinreichend, daß die Repräsentation, nachdem sie in den Räten geprüft worden ist, dem nächsten allgemeinen Rat vorgelegt wird, wenn sie so beschaffen ist, daß dies geschehen kann.* Die Sitzung wird deswegen nicht um eine Stunde länger dauern, wie es jedem deutlich ist, der die Ordnung in diesen Versammlungen kennt. Man muß nur die Vorkehrung treffen, daß die Vorlage vor der Wahl zur Abstimmung kommt, denn wollte man bis nach der Wahl damit warten, so würden die Bürgermeister die Sitzung sogleich aufheben, wie es im Jahre 1735 geschah.

3. Die Schwierigkeit, daß die allgemeinen Ratsversammlungen dadurch häufiger gehalten werden, ist mit dem Vorhergehenden schon beantwortet, und wenn sie es auch nicht wären, wo sind die Gefahren, die man darin findet? Ich wenigstens sehe keine.

Man erschrickt, wenn man die Schilderung dieser Gefahren in den *Lettres écrites de la Campagne*, im Edikt von 1712 und in der Rede des Herrn Chouet liest. Doch prüfen wir. Letzterer sagt, daß die Republik nicht eher ruhig wurde, als bis diese Versammlungen seltener wurden. Hier ist eine kleine Verdrehung zu berichtigen. Es mußte heißen, daß diese Versammlungen seltener wurden, als die Republik ruhig wurde. Lesen Sie, mein Herr, die Geschichte Ihrer Stadt während des 16. Jahrhunderts. Wie warf sie das doppelte Joch ab, das sie drückte? Wie erstickte sie die Parteiungen, welche sie entzweiten? Wie widerstand sie ihren habgierigen Nachbarn, die ihr nur Hilfe leisteten, um sie zu unterwerfen? Wie

* Ich habe oben die Fälle unterschieden, in denen die Räte verbunden sind, sie vorzulegen, und die, wo sie es nicht sind.

entstand in ihrem Schoß die evangelische und die politische Freiheit? Wie befestigte sich ihre Verfassung? Wie bildete sich das System ihrer Regierungsform? Die Geschichte dieser merkwürdigen Zeiten ist eine Kette von Wundern. Tyrannen, Nachbarn, Feinde, Freunde, Untertanen, Bürger, Krieg, Pest, Hungersnot, alles schien sich zum Untergang dieser unglücklichen Stadt zu vereinigen. Man begreift kaum, wie ein schon fest gegründeter Staat diesem allen hätte widerstehen können. Allein, Genf entging nicht nur diesen Gefahren, sondern während dieser schrecklichen Krisen wird das Werk der Gesetzgebung vollendet. Es geschah durch die häufigen allgemeinen Ratsversammlungen* und durch die Klugheit und Standhaftigkeit, die die Bürger dort an den Tag legten, überwanden sie schließlich alle Hindernisse und machten ihre Stadt, die vorher untertan und zerrüttet war, nun ruhig und frei. Erst nachdem sie zu Hause alles in Ordnung gebracht hatten, sahen sie sich imstande, draußen den Krieg mit Ehre zu bestehen. Damals hatte der Allgemeine Rat seine Aufgabe erfüllt, und es war nun an der Regierung, die ihre zu tun. Es blieb den Genfern nichts weiter übrig, als die Freiheit zu verteidigen, die sie sich erworben hatten, und sich im Felde ebenso als tapfere Soldaten zu zeigen, wie sie sich im Rat als gute Bürger gezeigt hatten: dies taten sie. Eure Annalen zeugen überall von der Nützlichkeit der allgemeinen Ratsversammlungen; Ihre Herren sehen nichts als fürchterliche Gefahren darin. Sie machen Einwände, aber die Geschichte löst sie auf.

4. Die Schwierigkeit, sich den Launen des Volkes auszusetzen, wenn man große Mächte zu Nachbarn hat, löst sich von selbst auf. Ich weiß in diesem Falle auf solche Scheingründe nicht besser zu antworten als durch beständige Tatsachen. Alle Beschlüsse des

* Da man sie damals gemäß den Edikten in allen schwierigen Fällen versammelte und diese schwierigen Fälle in jenen stürmischen Zeiten oft vorkamen, wurde der Allgemeine Rat damals öfter zusammengerufen als heutzutage der der Zweihundert. Wir wollen nur einen Zeitraum als Beispiel nehmen. Während der ersten acht Monate des Jahres 1540 wurden achtzehn allgemeine Versammlungen gehalten, und dieses Jahr hatte im Vergleich zu den vergangenen und denen, die darauf folgten, nichts Außerordentliches.

Allgemeinen Rats waren zu jener Zeit ebenso weise wie mutig, niemals waren sie unverschämt oder feige. Man schwur einige Male, für das Vaterland zu sterben, aber man nenne mir einen einzigen Beschluß, selbst unter denen, auf die das Volk den stärksten Einfluß gehabt hat, wo man aus Leichtsinn die benachbarten Mächte beleidigt hätte, oder einen einzigen, wo man sich vor ihnen gedemütigt hätte. Für die Beschlüsse des Kleinen Rates würde ich nicht in derselben Weise einstehen wollen, doch sehen wir weiter. Wenn es sich darum handelt, neue Entschließungen anzunehmen, so kommt es den unteren Räten zu, sie vorzuschlagen, und dem Allgemeinen Rat, sie zu verwerfen oder anzunehmen. Weiter kann er nichts tun, dies ist unbestreitbar, und dieser Einwand ist also falsch.

5. Der Einwand, daß dadurch alle Gesetze zweifelhaft und dunkel würden, ist nicht begründeter, weil es sich hier nicht um eine unbestimmte, allgemeine und Streitigkeiten unterworfene Auslegung handelt, sondern um eine genaue und bestimmte Anwendung einer Sache auf die Gesetze. Die Obrigkeit kann ihre Gründe haben, eine deutliche Sache dunkel zu finden, allein, dies hebt die Deutlichkeit nicht auf. Diese Herren verdrehen die Frage. Nach dem Buchstaben eines Gesetzes beweisen, daß es verletzt wurde, heißt noch nicht Zweifel gegen dieses Gesetz vorbringen. Wenn sich im Wortlaut des Gesetzes ein einziger Sinn findet, nach welchem der Vorgang gerechtfertigt ist, so wird der Rat in seiner Antwort es nicht unterlassen, diesen Sinn festzustellen. Dann verliert die Repräsentation ihre Kraft, und wenn man darauf besteht, so gehört sie unstreitig vor den Allgemeinen Rat. Denn das Interesse aller ist zu groß, zu gegenwärtig, zu merklich, besonders in einer Handelsstadt, als das die Allgemeinheit jemals die Autorität, die Regierung, die Gesetzgebung erschüttern möchte, indem sie behauptet, ein Gesetz sei verletzt worden, wenn es möglich ist, daß dies nicht geschehen ist.

Dem Gesetzgeber, dem Verfasser der Gesetze kommt es zu, dessen Ausdrücke nicht zweideutig zu lassen. Wenn sie es aber sind, so muß die Rechtschaffenheit der Obrigkeit ihren Sinn in der Ausübung bestimmen. Hat das Gesetz verschiedene Bedeutungen, so bedient sie sich ihres Rechtes, wenn sie denjenigen vorzieht, der ihr gefällt, allein, dieses Recht erstreckt sich nicht so weit, daß sie sogar den buchstäblichen Sinn der Gesetze ändern und ihnen einen Sinn geben darf, den sie nicht haben. Sonst gäbe es kein Gesetz mehr. So gestellt, ist die Frage so deutlich, daß es der gesunden Vernunft leicht ist, sie zu beantworten, und diese gesunde Vernunft spricht dann im Allgemeinen Rat. Weit entfernt, daß dadurch unendliche Streitigkeiten entstünden, wird ihnen im Gegenteil dadurch vorgebeugt. Dadurch werden die Edikte über die willkürlichen und besonderen Auslegungen erhoben, welche das Interesse oder die Leidenschaft eingeben können, man ist sicher, daß sie immer sagen, was sie sagen, und die Privatleute sind nicht mehr im Zweifel, welche Deutung die Obrigkeit dem Gesetz in jeder Angelegenheit geben wird. Ist es nicht klar, daß die Schwierigkeiten, von denen hier die Rede ist, nicht mehr vorhanden wären, wenn man zunächst dieses Mittel ergriffen hätte, um sie aufzulösen?

6. Die Gefahr, daß dadurch der Rat den Befehlen der Bürger unterworfen würde, ist lächerlich. Es ist sicherlich richtig, daß Repräsentationen keine Befehle sind, ebensowenig wie die Bittschrift eines Menschen, der um sein Recht nachsucht, ein Befehl sein kann, und doch ist die Obrigkeit immer verpflichtet, dem Bittsteller die Gerechtigkeit widerfahren zu lassen, um die er bittet, und der Rat ist immer verpflichtet, den Repräsentationen der Staatsbürger und einfachen Bürger gerecht zu werden. Obgleich die Obrigkeit über den Privatleuten steht, so überhebt diese Überlegenheit sie nicht, ihren Untergebenen das zukommen zu lassen, was sie ihnen schuldig ist, und die Ausdrücke der Hochachtung, deren sich die Untergebenen bedienen, um ihre Bitten zu stellen, mindern nicht das Recht, das sie haben, das Geforderte zu erhalten. Eine Repräsentation ist, wenn man so will, ein Befehl an den Rat, so wie es ein Befehl an den ersten Bürgermeister ist, dem man sie überreicht, daß er sie an den Rat weitergibt, denn dies zu tun ist er immer verpflichtet, er mag die Repräsentation nun billigen oder nicht.

Wenn im übrigen der Rat aus dem Wort *représentation* Vorteil ziehen möchte, insofern dadurch Untertänigkeit bezeichnet wird, so würde er etwas sagen, was zwar niemand bestreitet, aber doch vergessen, daß dieses im Vermittlungsreglement verwendete Wort nicht in dem Edikt steht, auf welches von dort verwiesen wird, sondern das Wort *remontrances*, Vorhaltungen, welches eine ganz andere Bedeutung hat, und man kann noch hinzufügen, daß es zwischen den Vorhaltungen, die eine obrigkeitliche Körperschaft ihrem Souverän machen kann, und denen der Glieder des Souveräns gegenüber der obrigkeitlichen Körperschaft einen Unterschied gibt. Sie werden sagen, daß es nicht der Mühe wert ist, auf einen solchen Einwand zu antworten, allein, er verdient es ebenso wie die anderen.

7. Die Gefahr schließlich, daß ein angesehener Mann den Sinn oder die Anwendung eines Gesetzes, das ihn verurteilt, zu seinen Gunsten verdreht, verdient nicht, daß ich sie näher erörtere. Wer hat jemals die Bürgerschaft Genfs als ein knechtisches, hitziges, nachahmendes, dummes Volk kennengelernt, das ein Feind der Gesetze ist und sich so leicht für die Interessen eines anderen entflammen läßt? Es muß jeder seinen eigenen Vorteil in den öffentlichen Geschäften gefährdet sehen, ehe er sich entschließen kann, sich in sie einzumischen.

Oft finden Ungerechtigkeit und Betrug Verteidiger, niemals aber ist das Publikum auf ihrer Seite, und hier ist die Stimme des Volkes Gottes Stimme, aber unglücklicherweise ist diese geheiligte Stimme gegen das Geschrei der Macht immer nur schwach, und die Klagen der unterdrückten Unschuld kommen nur in einem Murren zum Ausdruck, das von der Tyrannei mißachtet wird. Alles, was durch Umtriebe und Verführung geschieht, geschieht vorzüglich zum Nutzen derer, die regieren; das kann nicht anders sein. List, Vorurteil, Eigennutz, Furcht, Hoffnung, Eitelkeit, täuschende Farben, ein Schein von Ordnung und Ergebenheit, all dies ist etwas für geschickte Männer, die Autorität haben und die Kunst verstehen, das Volk zu hintergehen. Wenn es darauf ankommt, List gegen List, Einfluß gegen Einfluß zu setzen, welchen Vorzug haben in einer kleinen Stadt nicht die ersten Familien, die immer vereinigt sind, um zu herrschen. Ihre Freunde, ihre Klienten, ihre Kreaturen, all dies kommt zusammen mit der Macht der Räte, um mit Sophismen statt aller Waffen die Privatleute zu vernichten, die es wagen, ihnen die Stirn zu bieten.

Sehen Sie in diesem Augenblick um sich. Die Stütze der Gesetze, die Billigkeit, die Wahrheit, die Evidenz, das Gemeinwohl, die Sorge für die Privatsicherheit, alles, was die Menge hinreißen könnte, ist kaum ausreichend, um geachtete Bürger zu schützen, welche sich über eine offenbare Ungerechtigkeit beklagen, und ein Stück Papier soll bei einem aufgeklärten Volk mehr Anhänger finden als das Wohl des Staates? Entweder ich verkenne eure Bürgerschaft und eure Oberhäupter ganz, oder, wenn jemals eine einzige unbegründete Repräsentation gemacht wurde, was, soviel ich weiß, noch nicht geschehen ist, so ist deren Verfasser, wenn er nicht verächtlich ist, ein verlorener Mann.

Ist es wohl nötig, dergleichen Einwürfe zu widerlegen, wenn man mit Genfern spricht? Ist wohl in eurer Stadt ein einziger Mann, der ihre Falschheit nicht einsieht, und kann man im Ernst den Gebrauch eines heiligen Rechts, das bestätigt, notwendig und ein Grundgesetz ist, gegen erdichtete Schwierigkeiten abwägen, von welchen diejenigen selbst, die sie vorbringen, am besten wissen, daß sie nicht vorhanden sind? Dagegen, wenn dieses Gesetz einmal verletzt ist, so wird allem Mißbrauch der schädlichen Oligarchie Tür und Tor geöffnet, so daß man sie schon jetzt ohne Vorwand die Freiheit der Bürger angreifen und sich öffentlich die Macht anmaßen sieht, sie ins Gefängnis zu stecken, ohne Hemmung und ohne Bedingung, ohne Formalität, gegen den genauesten Wortlaut der Gesetze und ungeachtet aller Proteste.

Die Erklärung, die man sich untersteht, diesen Gesetzen zu geben, ist noch viel schändlicher als die Tyrannei, die man in ihrem Namen ausübt. Mit welchen Gründen speist man euch ab? Es ist nicht genug, euch wie Sklaven zu behandeln, man behandelt euch auch noch wie Kinder. Mein Gott! Wie konnte man so deutliche Fragen zweifelhaft erscheinen lassen, wie konnte man sie so verwirren? Sehen Sie, mein Herr, ob man sie nicht schon beantwortet, wenn man sie nur stellt? Indem ich diesen Brief damit schließe, hoffe ich, ihn nur noch um ein Geringes zu verlängern.

Ein Mensch kann auf dreierlei Art Gefangener werden. Erstens auf Ersuchen eines anderen Menschen, der gegen ihn klagt; zweitens, wenn er auf frischer Tat ertappt und unverzüglich gefangengesetzt wird, oder, was auf dasselbe hinausläuft, wegen eines allgemein bekannten Verbrechens, dessen Zeuge das Publikum ist; drittens, *ex officio*, vermöge der bloßen Autorität der Obrigkeit aufgrund geheimer Nachrichten, durch Hinweise oder andere Gründe, welche sie für hinlänglich hält.

Im ersten Fall ordnen die Gesetze von Genf an, daß sich der Kläger ebenso wie der Beklagte ins Gefängnis begibt und daß er, wenn er nicht zahlungsfähig ist, Sicherheiten für die Unkosten stellt. Man hat also von dieser Seite in dem Interesse des Anklägers eine vernünftige Sicherheit, daß der Beschuldigte nicht ungerechterweise festgesetzt wird.

Im zweiten Fall liegt der Beweis in der Sache selbst, und der Beklagte ist in gewisser Weise durch seine eigene Gefangennahme überführt.

Im dritten Fall jedoch hat man weder dieselbe Sicherheit wie im ersten, noch dieselbe Evidenz wie im zweiten, und nur für diesen dritten Fall trifft das Gesetz, das eine gerechte Obrigkeit voraussetzt, einige Maßregeln, damit es nicht überlistet wird.

Dies sind die Grundsätze, nach welchen der Gesetzgeber in diesen drei Fällen handelt, und hier ist ihre Anwendung.

Im Falle einer ordentlichen Klage hat man von Anfang an eine Prozeßordnung, welche nach allen Regeln der Rechtsprechung beachtet werden muß: daher wird die Angelegenheit zunächst vor der ersten Instanz behandelt. Die Gefangennahme ist nicht möglich, wenn sie *nach Anhörung der Parteien nicht von der Justiz erlaubt worden ist.** Sie wissen, daß, was man in Genf Justiz nennt, der Richterstuhl des Statthalters mit seinen sogenannten *Auditoren* ist. So muß in einem solchen Falle die Klage vor diese Obrigkeitspersonen und vor keine anderen, selbst nicht vor die Bürgermeister gebracht werden, und sie müssen die Gefangennahme beider Parteien anordnen, vorausgesetzt daß nicht eine von beiden an die Bürgermeister appelliert, wenn sie, nach dem Wortlaut des Edikts, *sich durch das, was angeordnet wurde, beleidigt glaubt.*** Die drei ersten Artikel des Titels XII über die Kriminalfälle beziehen sich offensichtlich auf diesen Fall.

Beim Ertappen auf frischer Tat, sei es nun ein Verbrechen oder

* *Edits civils*, Tit. XII. Art. 1.

** Ebd., Art. 2.

eine Ausschweifung, die die Polizei bestrafen muß, ist es jedermann erlaubt, den Verbrecher festzunehmen, aber nur die Obrigkeitspersonen, die an der ausübenden Gewalt teilhaben, so wie die Bürgermeister, der Rat, der Statthalter oder ein Auditor, können ihn in Haft nehmen, ein Ratsherr oder mehrere könnten es nicht, und der Gefangene muß binnen vierundzwanzig Stunden verhört werden. Die fünf folgenden Artikel desselben Edikts beziehen sich einzig auf diesen zweiten Fall, wie es denn auch teils aus der Ordnung der Materie, teils aus der Bezeichnung *Verbrecher* erhellt, den man dem Beschuldigten gibt, denn nur im Falle, daß einer auf frischer Tat ertappt wird, oder bei einem allgemein bekannten Verbrechen kann man den Angeklagten Verbrecher nennen, noch ehe ihm der Prozeß gemacht ist. Will man aber darauf bestehen, daß *Angeklagter* und *Verbrecher* gleichbedeutende Worte sind, so müßten dann *Unschuldiger* und *Verbrecher* in derselben Sprache gleichfalls einerlei bedeuten.

Im restlichen Titel XII wird nicht mehr von der Gefangennahme gehandelt, und von Artikel 9 einschließlich an dreht sich alles um die Prozedur und die Form des Urteils in jeder Art von Kriminalprozeß. Es wird darin nicht von der Gefangennahme *ex officio* gesprochen.

Im politischen Edikt über das Amt der vier Bürgermeister jedoch wird davon gesprochen. Warum? Weil dieser Punkt unmittelbar mit der bürgerlichen Freiheit verknüpft ist, weil die Macht, die in diesem Fall von der Obrigkeit ausgeübt wird, eher eine Handlung der Regierung als der Verwaltung ist, und weil kein einfaches Gericht eine solche Macht haben darf. Auch eignet sie das Edikt allein den Bürgermeistern zu, nicht dem Statthalter oder irgendeiner anderen Obrigkeitsperson.

Um aber die Bürgermeister vor der Täuschung zu bewahren, von der ich vorhin geredet habe, schreibt das Edikt ihnen vor, erstens *diejenigen zu bestellen, die zur Untersuchung nötig und zu befragen sind*, und erst dann *gefangensetzen zu lassen, wenn es erforderlich ist.* Ich glaube, daß in einem freien Lande das Gesetz nicht weniger tun konnte, um dieser schrecklichen Macht Zügel anzulegen. Denn die Bürger müssen alle vernünftige Sicherheit haben, daß sie, wenn sie ihre Pflicht tun, ruhig schlafen können.

Der folgende Artikel desselben Titels bezieht sich offenbar wieder auf den Fall des allgemein bekannten Verbrechens und des Ertapptwerdens auf frischer Tat, ebenso wie der erste Artikel des Titels von den Kriminalangelegenheiten in demselben politischen Edikt. Dies kann als eine Wiederholung erscheinen, doch in dem bürgerlichen Edikt wird die Sache unter dem Gesichtspunkt der Ausübung der Gerechtigkeit und in dem politischen Edikt unter dem Gesichtspunkt der Sicherheit der Bürger betrachtet. Da im übrigen die Gesetze zu verschiedenen Zeiten gemacht wurden und das Werk von Menschen sind, so darf man darin keine Ordnung suchen, die sich niemals widerspräche, und keine Vollkommenheit, die ohne Mängel wäre. Es genügt, daß, wenn man das Ganze überdenkt und die Artikel vergleicht, man den Geist des Gesetzgebers und die Gründe der Anlage seines Werkes erkennt.

Noch eine Überlegung. Diese so richtig verknüpften Rechte, diese Rechte, welche die Repräsentanten kraft der Edikte wieder beanspruchen, habt ihr unter der Herrschaft der Bischöfe genossen. Neufchâtel genießt sie unter seinen Fürsten, und euch Republikanern will man sie nehmen! Man vergleiche die Artikel 10, 11 und viele andere von der Genfer Freiheit in der Akte des Ademarus Fabri. Dieses Denkmal ist den Genfern ebenso ehrwürdig wie den Engländern die noch ältere Magna Charta, und ich zweifle, ob es jemand bei ihnen gewagt hätte, mit so viel Verachtung von dieser Urkunde zu reden, wie der Verfasser der Briefe von der eurigen spricht.

Er behauptet, sie wäre durch die Verfassung der Republik aufgehoben worden.* Allein, ich finde im Gegenteil in euren Edikten sehr häufig die Wendung *nach altem Brauch*, welche auf die alten Gewohnheiten und folglich auf die Rechte, auf die sie sich gründeten, verweist, und als wenn der Bischof vorausgesehen hätte, daß diejenigen, welche die Freiheiten beschützen sollten, sie angreifen würden, erklärt er in dem Edikt selbst, daß diese Rechte

* Durch eine ganz ähnliche Logik ließ man im Jahre 1742 den Solothurner Vertrag von 1579 vollkommen außer acht und behauptete, er wäre verjährt, obgleich darin steht, daß er für immerwährend erklärt wurde, und obgleich er niemals durch einen anderen Vertrag außer Kraft gesetzt, vielmehr mehrfach in Erinnerung gerufen wurde, namentlich in der Vermittlungsakte.

immerwährend sein sollen, ohne daß ihr Nichtgebrauch oder irgendeine Vorschrift sie abschaffen könne. Sie werden es zugeben, hier ist ein sonderbarer Widerspruch. Der gelehrte Bürgermeister Chouet sagt in seiner Schrift an Lord Towsend, daß das Genfer Volk durch die Reformation in die Rechte des Bischofs trat, der weltlicher und geistlicher Fürst dieser Stadt war. Der Verfasser der Briefe versichert uns dagegen, daß dieses nämliche Volk bei dieser Gelegenheit die Freiheiten verlor, welche ihm der Bischof erteilt hatte. Wem von beiden sollen wir nun glauben?

Wie, ihr verliert als freie Leute die Rechte, die ihr als Untertanen hattet? Eure Obrigkeit nimmt euch die Rechte, welche eure Fürsten euch gegeben hatten? Wenn dies die Freiheit ist, welche euch eure Väter erworben haben, so müßt ihr das Blut, das sie dafür vergossen haben, bereuen. Diese sonderbare Akte, welche euch eure Freiheiten nahm, indem sie euch zum Souverän machte, dünkt mich wohl wert, bekannt gemacht zu werden, und, wenigstens um sie glaubhaft zu machen, könnte dies nicht feierlich genug geschehen. Wo ist denn also diese Aufhebungsakte? Wahrlich wenn man sich auf eine so sonderbare Schrift berufen will, so ist das wenigste, was man tun kann, daß man sie erst einmal zeigt.

Aus all dem glaube ich mit Gewißheit schließen zu können, daß in keinem möglichen Fall das Gesetz in Genf weder den Bürgermeistern noch sonst jemandem das uneingeschränkte Recht gibt, Privatpersonen ohne Auflage und Bedingung ins Gefängnis zu werfen. Aber was tut das: in seiner Antwort an die Repräsentanten behauptet der Rat dieses Recht unumstößlich. Er braucht es nur zu wollen, und schon ist er im Besitz dieses Rechtes. So bequem ist das Ablehnungsrecht.

Ich hatte mir in diesem Briefe vorgenommen, zu beweisen, daß das Recht der Repräsentation mit der Form eurer Verfassung genau verbunden und also kein eingebildetes und eitles Recht ist, sondern da es durch das Edikt von 1707 und durch das von 1738 bestätigt worden ist, so mußte es notwendig auch eine Wirkung haben; daß diese Wirkung in der Vermittlungsakte nicht angegeben wurde, weil dies im ersten Edikt nicht geschehen war, und zwar sowohl deswegen, weil es vermöge seiner Natur schon aus eurer Verfassung erhellte, als auch weil dasselbe Edikt seine Gültigkeit auf eine andere Art beweist, und da dieses Recht und seine notwendige Wirkung allein allen übrigen Festigkeit gab, so war es der einzige wahrhafte Ausgleich für alle Rechte, die man der Bürgerschaft genommen hatte; daß dieser Ausgleich, welcher hinreichend war, um ein dauerhaftes Gleichgewicht zwischen allen Teilen des Staates zu schaffen, die Weisheit des Reglements zeigte, welches sonst das ungerechteste Geschäft gewesen wäre, das man sich vorstellen könnte; endlich, daß die Schwierigkeiten, die man der Ausübung dieses Rechtes entgegensetzte, nichtige Schwierigkeiten waren, die nur in dem bösen Willen derer, die sie vortrugen, ihren Grund hatten und auf keinerlei Weise die Gefahren des absoluten Ablehnungsrechts ausglichen. Dies, mein Herr, habe ich tun wollen, sehen Sie nun selbst, ob es mir geglückt ist.

NEUNTER BRIEF

Ich habe geglaubt, mein Herr, daß es besser wäre, wenn ich das, was ich zu sagen hätte, gleich bewiese, anstatt mich mit weitläufigen Widerlegungen aufzuhalten. Denn wollte man sich in eine genaue Untersuchung der *Lettres écrites de la Campagne* einlassen, so würde man sich in einem Meer von Sophismen verlieren. Sie darstellen und auseinandersetzen hieße, meiner Meinung nach, sie widerlegen, aber sie schwimmen in einem solchen Strom von Schulgelehrsamkeit und sind so sehr davon überschwemmt, daß man ertrinken würde, wenn man sie ins Trockene bringen wollte.

Indessen kann ich bei Endigung meiner Arbeit nicht umhin, noch einen Blick auf die Gelehrsamkeit dieses Schriftstellers zu werfen. Ohne die politischen Subtilitäten zu untersuchen, mit denen er euch blenden will, werde ich mich begnügen, deren Grundsätze zu prüfen und Ihnen an einigen Beispielen das Fehlerhafte seiner Urteile zeigen.

In den früheren Briefen haben Sie bereits die mangelnde Folgerichtigkeit seiner Urteile in Rücksicht auf mich selbst gesehen, aber in Beziehung auf Ihre Republik sind sie noch verfänglicher, und dennoch um nichts gründlicher. Der einzige und wahre Gegenstand jener Briefe ist, das angebliche Ablehnungsrecht in dem ganzen Umfange zu beweisen, den es durch die unrechtmäßigen Anmaßungen des Rates erhalten hat. Auf diesen Zweck bezieht sich alles, entweder unmittelbar durch notwendige Folgerungen oder mittelbar durch eine geschickte Wendung, die das Publikum über die eigentliche Frage im Irrtum läßt.

Die Beschuldigungen, die mich betreffen, gehören zum ersteren Fall. Der Rat hat mich gesetzwidrig verurteilt, und dagegen erhoben sich Repräsentationen. Um nun das Ablehnungsrecht einrichten zu können, muß man die Repräsentanten abweisen, und um sie abzuweisen, muß man beweisen, daß sie unrecht haben; um zu beweisen, daß sie unrecht haben, muß man behaupten, ich sei straffällig, und zwar so sehr, daß, um mein Verbrechen bestrafen zu können, man von dem Gesetz abweichen mußte.

Wie sehr müßten die Menschen bei dem ersten Übel, das sie begehen, zittern, wenn sie sähen, daß sie sich damit in die traurige Notwendigkeit versetzten, immer so fortzufahren, ihr ganzes Leben lang böse zu sein, um es in einem einzigen Augenblick sein zu können, und den Unglücklichen, den sie einmal verfolgt haben, bis an den Tod zu verfolgen!

Die Frage des Vorsitzes der Bürgermeister bei den Kriminalgerichten bezieht sich auf den zweiten Fall. Glauben Sie wohl, daß der Rat sich viel daraus macht, ob ein Bürgermeister oder ein Ratsherr dabei den Vorsitz führt, seitdem er die Rechte der ersteren der ganzen Körperschaft übertragen hat. Die Bürgermeister wurden vorzeiten aus dem ganzen Volk gewählt*, jetzt hingegen wählt man sie nur aus dem Rat, und so sind sie nicht mehr Oberhäupter der anderen Obrigkeitspersonen, sondern deren Kollegen, und Sie haben im Verlauf dieser Sache deutlich wahrnehmen können, daß die Bürgermeister kaum nach einer vorübergehenden Autorität streben und sich lieber damit begnügen, Ratsherren zu sein. Aber man gibt dieser Frage einen Anschein von Wichtigkeit, um eure Aufmerksamkeit von der Frage abzulenken, die wirklich wichtig ist, und um euch in dem Glauben zu lassen, als wähltet ihr immer noch eure ersten Obrigkeitspersonen und als hätten sie immer noch dieselbe Macht.

Wir wollen also diese Nebenfragen hier beiseitesetzen, da man aus der Art, wie der Verfasser sie behandelt, deutlich sieht, wie wenig ihm doch im Ernst daran liegt. Wir wollen uns nur auf die Untersuchung der Gründe beschränken, die er für das Ablehnungsrecht anführt, mit dem er sich weit aufmerksamer beschäftigt und durch dessen Annahme oder Verwerfung ihr entweder freie Leute oder Sklaven seid.

Die Kunst, deren er sich listigerweise bedient, besteht darin, daß er ein System, dessen Schwäche man sogleich erkennen würde, wenn er es immer anwendete, in allgemeine Sätze bringt.

* Damit bei dieser Wahl ja keine andere Ausschließung oder Bevorzugung stattfinden möge als die des Verdienstes, trieb man die Sorgfalt so weit, daß vermöge eines Ediktes, welches inzwischen abgeschafft ist, immer zwei Bürgermeister aus der Unterstadt und zwei aus der Oberstadt genommen werden mußten.

Um euch von dem besonderen Gegenstand abzulenken, schmeichelt er eurer Eigenliebe, indem er eure Aufmerksamkeit auf große Fragen richtet, und während er diese Fragen der Fassungskraft derjenigen entzieht, die er verführen will, schmeichelt er ihnen und nimmt sie ein, indem es so scheint, als behandele er sie wie Staatsmänner. So blendet er das Volk, um es blind zu machen, und verwandelt Fragen, die bloß gesunden Menschenverstand erfordern, in philosophische Sätze, damit man sie nicht ablehnen kann und, da man sie nicht versteht, es nicht wagt, ihm zu widersprechen.

Wollte ich ihm in seinen abstrakten Sophismen folgen, so würde ich in denselben Fehler verfallen, den ich ihm vorwerfe. Außerdem kann man bei so behandelten Fragen welche Meinung auch immer ergreifen, ohne jemals unrecht zu haben, denn es gehören so viele Teile zu diesen Sätzen, man kann sie unter so vielen Gesichtspunkten betrachten, daß immer noch eine Seite für die Färbung übrig bleibt, die man ihnen geben will. Wenn man für das ganze Publikum ein politisches Werk schreibt, so kann man darin nach Belieben philosophieren, denn da der Verfasser nur von den aufgeklärten und der Sache kundigen Männern aller Nationen gelesen werden will, so kann er ohne Furcht abstrakt und allgemein reden und braucht sich auf die elementaren Anfangsgründe nicht einzulassen. Spräche ich mit Ihnen allein, so könnte ich mich dieser Methode bedienen, aber der Inhalt dieser Briefe betrifft ein ganzes Volk, wovon die größte Zahl aus Leuten besteht, die mehr Verstand und Urteilskraft besitzen, als sie gelesen oder studiert haben, und die, obgleich sie die wissenschaftliche Sprache nicht führen, eben dadurch um so geschickter sind, das Wahre in seiner ganzen Einfachheit zu fassen. In solchem Fall muß man zwischen dem Interesse des Verfassers und dem der Leser wählen, und wer nützlicher zu werden wünscht, muß sich entschließen, weniger zu glänzen.

Eine andere Quelle von Irrtümern und falschen Anwendungen liegt darin, daß er die Begriffe dieses Ablehnungsrechts zu unbestimmt und ungenau gelassen hat, und dies nutzt er aus, um mit einem gewissen Schein des Beweises Beispiele anführen zu können, die gar nicht darauf passen, um Ihre Mitbürger durch den

Glanz dessen, was er ihnen darstellt, von ihrem Gegenstand abzulenken, um ihren Stolz gegen die Vernunft zu empören und sie ganz sanft damit zu trösten, daß sie eben nicht freier sind als die Herren der Welt. Man forscht mit Gelehrsamkeit in der Dunkelheit der Jahrhunderte und führt euch alle Völker des Altertums mit Gepränge vor, zeigt nacheinander Athen, Sparta, Rom und Karthago, wirft euch libyschen Sand in die Augen, um euch zu hindern, das zu sehen, was um euch herum vorgeht.

Man bestimme mit Genauigkeit, so wie ich es zu tun versucht habe, dieses Ablehnungsrecht, wie es der Rat ausüben zu können vorgibt, und ich behaupte, daß noch keine Regierungsform auf der Welt vorhanden war, wo der Gesetzgeber auf jede mögliche Art durch die ausübende Gewalt eingeschränkt war, ihr die Gesetze ohne Vorbehalt überlassen und sich gezwungen gesehen hat, sich dieselben von ihr erklären zu lassen, sie umgangen, nach Gefallen überschritten zu sehen, ohne daß er diesem Mißbrauch einen anderen Widerstand und ein anderes Recht entgegenzusetzen hätte als ein vergebliches Murren und ohnmächtiges Geschrei.

Sehen Sie einmal selbst, wie sehr der Ungenannte die Frage verdrehen muß, um seine Beispiele besser darauf beziehen zu können.

Da das Ablehnungsrecht, sagt er Seite 110, *nicht das Recht ist, Gesetze zu geben, sondern nur zu verhindern, daß jedermann ohne Unterschied die gesetzgebende Macht in Bewegung setzen kann, und da es nicht die Freiheit gibt, Neuerungen einzuführen, vielmehr die Macht, sich Neuerungen zu widersetzen, so zielt es unmittelbar auf den großen Zweck, den sich eine politische Gesellschaft setzt und der darin besteht, durch Erhaltung ihrer Verfassung sich selbst zu erhalten.*

Dies ist allerdings ein sehr vernünftiges Ablehnungsrecht, und dieser Erklärung zufolge ist ein solches Recht ein so wesentlicher Teil der demokratischen Verfassung, daß es überhaupt unmöglich wäre, sie zu erhalten, wenn die gesetzgebende Gewalt immer und durch jedes Mitglied der Gesellschaft in Bewegung gesetzt werden könnte. Sie sehen selbst ein, daß es nicht schwer ist, Beispiele zur Bestätigung eines so gewissen Grundsatzes anzuführen.

Wenn diese Bestimmung aber nicht die des Ablehnungsrechts

ist, von dem hier die Rede ist, wenn in diesem ganzen Abschnitt nicht ein Wort ist, das nicht durch die Anwendung, die der Verfasser davon macht, falsch wird, so werden Sie mir zugestehen, daß die Beweise eines ganz anderen Ablehnungsrechts nichts für das beweisen, was er einführen will.

Das Ablehnungsrecht ist nicht das Recht, Gesetze zu geben. Nein, aber es ist das Recht, sich über die Gesetze hinwegzusetzen. Wenn man aus jeder Handlung seines Willens ein besonderes Gesetz macht, so ist dies freilich bequemer, als wenn man die allgemeinen Gesetze befolgen muß, sogar dann, wenn man selbst ihr Urheber ist. *Sondern nur zu verhindern, daß jedermann ohne Unterschied die gesetzgebende Macht in Bewegung setzen kann.* Stattdessen hätte man sagen müssen: *sondern zu verhindern, daß niemand die Gesetze gegen die Macht, die sie unterdrückt, schützen kann.*

Es gibt *nicht die Freiheit, Neuerungen einzuführen* . . . Warum nicht? Wer kann denjenigen hindern, Neuerungen einzuführen, der die Macht in Händen hat und nicht verpflichtet ist, irgend jemandem über sein Betragen Rechenschaft zu geben? *Vielmehr die Macht, sich Neuerungen zu widersetzen,* besser gesagt, *die Macht, zu verhindern, daß man sich Neuerungen widersetzt.*

Dies, mein Herr, ist der raffinierteste Trugschluß, der in der Schrift, die ich untersuche, am häufigsten wiederkehrt. Derjenige, der die ausübende Macht besitzt, hat nicht nötig, durch auffällige Handlungen Neuerungen einzuführen. Er braucht diese Neuerungen niemals durch feierliche Handlung zu bestätigen. Bei der fortgesetzten Ausübung seiner Macht genügt es ihm, nach und nach jede Sache nach seinem Willen zu lenken, und dies macht niemals einen sehr auffälligen Eindruck.

Diejenigen hingegen, welche scharfsichtig und einsichtsvoll genug sind, um diesen Fortgang zu bemerken und seine Folgen vorauszusehen, haben, um ihm Einhalt zu tun, nur zweierlei Mittel, die sie ergreifen können, nämlich, sich entweder gleich der ersten Neuerung, die immer nur eine Kleinigkeit ist, zu widersetzen, und dann hält man sie für unruhige und kleinliche Wirrköpfe, die immer Streit suchen, oder aber sich schließlich gegen einen ausgewachsenen Mißbrauch aufzulehnen, und dann schreit man über Neuerungen. Ich wette, daß ihr, was auch eure Obrigkeitspersonen tun mögen, niemals einem von diesen beiden Vorwürfen entgehen werdet. Soll man aber zwischen ihnen wählen, so verdient der erste den Vorzug. Sooft der Rat einen gewissen Gebrauch abändert, hat er dabei seinen Zweck, den niemand sieht und den zu zeigen er sich hütet. Im Zweifelsfalle widersetze man sich also jeder großen oder geringen Neuerung. Wenn die Bürgermeister den Brauch hätten, beim Betreten des Rates den rechten Fuß vorzusetzen und nun den linken vorsetzen wollten, so sage ich, daß man sie daran hindern müßte.

Wir haben an der Methode des Verfassers einen auffallenden Beweis, wie leicht man das Für und Wider einer Sache behaupten kann, denn wenden Sie das, was der Verfasser über das Ablehnungsrecht des Rats sagt, auf das Recht der Repräsentation der Bürger an, so werden Sie einsehen, daß sein allgemeiner Grundsatz weit besser zu Ihrer Anwendung als zu der seinigen paßt. *Da das Recht der Repräsentation,* werden Sie sagen, nicht das Recht ist, *Gesetze zu geben, sondern nur zu verhindern, daß die Macht, die sie verwalten soll, es nicht selbst übertritt, und nicht die Macht gibt, Neuerungen einzuführen, sondern sich Neuerungen zu widersetzen, so zielt es unmittelbar auf den großen Zweck, den sich die politische Gesellschaft setzt und der darin besteht, durch Erhaltung ihrer Verfassung sich selbst zu erhalten.* Ist dies nicht gerade das, was die Repräsentanten selbst sagen müßten, und scheint es also nicht, als hätte der Verfasser der Briefe für sie nachgedacht? Wir dürfen uns nur durch die Worte nicht über die Begriffe täuschen lassen. Das angeblich negative Recht der Ablehnung ist eigentlich ein positives, ja das positivste Recht, das man sich nur denken kann, weil dadurch der Kleine Rat zum unmittelbaren und unumschränkten Herrn des Staates und der Gesetze gemacht wird, und das Recht der Repräsentation in seinem wahren Sinn genommen ist selbst eigentlich nichts weiter als ein negatives Recht. Es besteht einzig in der Macht, zu verhindern, daß die ausübende Gewalt etwas gegen die Gesetze tut.

Lassen Sie uns den Erklärungen, die der Verfasser über seine eigenen Sätze gibt, folgen. Mit nur drei weiteren Sätzen wird er euren gegenwärtigen Zustand bestens geschildert haben.

Da es keine Freiheit in einem Staat geben würde, sobald die mit der Ausführung der Gesetze betraute Macht das Recht hätte, die Gesetze nach ihrem

Gutdünken sprechen zu lassen, weil sie dann jede ihrer tyrannischen Willensäußerungen wie ein Gesetz ausführen lassen könnte . . .

Diese Schilderung, denke ich, ist ziemlich naturgetreu, aber Sie werden als Gegenstück ein Phantasiegemälde sehen.

Es würde auch keine Regierung in einem Staat bestehen können, wo das Volk ohne Regel die gesetzgebende Gewalt ausüben würde. Einverstanden, aber wer hat vorgeschlagen, daß das Volk die gesetzgebende Gewalt ohne Regel ausüben solle?

Nachdem er also ein Ablehnungsrecht, von dem gar nicht die Rede ist, angenommen hat, bemüht sich der Verfasser sehr, zu erfahren, wo dieses neue Ablehnungsrecht anzubringen wäre, um das es gar nicht geht, und stellt dazu einen Grundsatz auf, den ich sicher nicht bestreiten werde. Nämlich, *wenn diese negative Kraft ohne Unbequemlichkeit in der Regierung ihren Sitz haben kann, wird es von der Natur und dem Wohl der Sache erfordert, daß man sie darin aufnehme.* Nun folgen die Beispiele, die ich aber nicht anführen will, weil sie uns zu fern und der eigentlichen Frage fremd sind.

Einzig das Beispiel Englands, welches vor unseren Augen liegt und das er mit Recht als ein Muster des richtigen Gleichgewichts der Gewalten anführt, verdient für einen Augenblick eine nähere Untersuchung, und ich erlaube mir hier den Vergleich zwischen dem Großen und dem Kleinen nur im Gefolge des Verfassers der Briefe.

Obgleich die königliche Macht schon sehr groß ist, hat die Nation dennoch nicht gefürchtet, dem König auch noch die negative Stimme zu erteilen. Da er aber ohne die gesetzgebende Macht nicht lange bestehen kann und es für ihn nicht ratsam wäre, sie zu reizen, so ist diese negative Kraft im Grunde nichts weiter als ein Mittel, den Unternehmungen der gesetzgebenden Gewalt Einhalt zu tun, und der Fürst ist also in dem ruhigen Besitz der erweiterten Macht, die ihm die Verfassung sichert, selbst interessiert, sie zu beschützen.

Nach dieser Überlegung und der Anwendung, die man ihr geben will, werden Sie also glauben, daß die ausübende Macht des Königs von England größer ist als die des Rates zu Genf und daß das Ablehnungsrecht, das dieser Fürst hat, demjenigen ähnlich ist, welches eure Obrigkeit sich anmaßen will, daß ferner eure Regierung ebensowenig wie die von England die gesetzgebende

Macht entbehren kann, und daß schließlich beide dasselbe Interesse haben, die Verfassung zu schützen. Wenn der Verfasser dies nicht sagen wollte, so weiß ich nicht, was er sagen wollte und warum er dieses Beispiel angeführt hat.

Dennoch verhält sich die Sache hier gerade umgekehrt, und zwar in jeder Rücksicht. Der König von England, der von den Gesetzen mit einer so großen Macht bekleidet ist, um sie zu schützen, hat nicht die geringste Macht, sie zu übertreten. In einem solchen Fall würde ihm niemand gehorchen, jeder würde für seinen Kopf fürchten, und selbst die Minister können den ihrigen verlieren, sobald sie das Parlament erzürnen. Das Parlament beaufsichtigt die eigene Regierung. Jeder Engländer kann unter dem Schutz der Gesetze der königlichen Macht Hohn sprechen, und selbst der gemeinste Mann aus dem Volk kann die vollkommenste Genugtuung fordern und erhalten, sobald er nur im geringsten beleidigt ist. Gesetzt also, der König wollte das Gesetz in der geringsten Sache übertreten, so würde diese Übertretung sogleich bemerkt werden, denn er hat kein Recht dazu und hätte nicht die Macht, sie durchzusetzen.

Bei euch hingegen ist die Macht des Kleinen Rates ganz unbeschränkt in jeder Hinsicht. Er ist zugleich Minister und Fürst, Partei und Richter, er ordnet an und führt aus, er lädt vor, er läßt festnehmen und ins Gefängnis setzen, er verurteilt und straft selbst: Er hat die Macht in seinen Händen, alles zu tun; die, deren er sich bedient, können keiner Untersuchung unterzogen werden; er gibt keinem Menschen über sein und ihr Verhalten Rechenschaft und hat nichts vom Gesetzgeber zu befürchten, dem er allein den Mund öffnen darf und vor dem er sich nie selbst verklagen wird. Er ist nie gezwungen, seine Ungerechtigkeiten wieder gutzumachen, und alles, was der unterdrückte Unschuldige noch hoffen darf, ist, gesund und sicher zu entkommen, ohne alle Genugtuung und Entschädigung.

Urteilen Sie über diesen Unterschied nach den jüngsten Begebenheiten. Man druckt zu London ein beißend satirisches Werk gegen die Minister, die Regierung und selbst gegen den König. Die Drucker werden festgenommen. Vom Gesetz ist dieses Vorgehen nicht gerechtfertigt, es entsteht ein allgemeines Murren, und die Buchdrucker müssen wieder auf freien Fuß gesetzt werden. Doch damit ist die Sache noch nicht beendet. Die Buchdrukker ihrerseits verklagen die Obrigkeit und erhalten sehr reichliche Entschädigung und Zinsen. Man vergleiche diese Geschichte mit der des Buchdruckers Bardin zu Genf, von der ich später reden will. Noch ein anderer Fall: Es geschieht ein Diebstahl in der Stadt; ohne jeden Anhaltspunkt und nur auf leere Verdächtigungen hin wird ein Bürger gesetzwidrig gefangengesetzt, sein Haus wird durchwühlt, und keine Schmach eines wirklichen Übeltäters bleibt ihm erspart. Schließlich kommt seine Unschuld an den Tag, er wird freigelassen, er beklagt sich, man läßt ihn reden, und die ganze Sache hat ein Ende.

Wir wollen einmal annehmen, ich hätte zu London dem Hof mißfallen und dieser hätte wider alles Recht und alle Vernunft eine meiner Schriften zum Vorwand genommen, um sie zu verbrennen und mich in Haft zu nehmen. Ich hätte beim Gericht Beschwerde eingelegt, daß ich gesetzwidrig verurteilt sei, ich hätte es bewiesen, und ich hätte die vollkommenste Genugtuung erhalten, der Richter wäre gestraft und vielleicht sogar abgesetzt worden.

Lassen Sie uns nun Mr. Wilkes nach Genf versetzen und ihn dort gegen den Kleinen Rat nur den vierten Teil dessen veröffentlichen, was er zu London öffentlich gegen die Regierung, den Hof und den König gesagt, geschrieben, gedruckt und bekannt gemacht hat. Ich will zwar nicht behaupten, daß er hingerichtet worden wäre, obgleich ich es meine, aber er wäre sicher augenblicklich festgesetzt und dann binnen kurzem sehr hart gestraft worden.*

Vielleicht wird man mir einwenden, daß Wilkes selbst ein Mitglied der gesetzgebenden Körperschaft in seinem Vaterlande gewesen ist, aber war ich dies nicht auch in dem meinigen? Der Verfasser der Briefe will keine Rücksicht auf den Rang der Staatsbürgerschaft nehmen. Er sagt: *Die Regeln des Verfahrens sind*

* Da Wilkes von dieser Seite unter dem Schutz der Gesetze stünde, müßte man einen anderen Weg einschlagen, um ihm beizukommen, und dazu wäre nichts tauglicher, als die Religion in diese Sache einzumischen.

*und müssen für alle Menschen gleich sein und leiten sich nicht aus dem Recht der Bürgerschaft her, sondern aus dem Recht der Menschheit.**

Zum Glück für euch ist es nicht so**, und was die Maxime betrifft, so verbirgt sie unter sehr ehrenhaften Worten einen grausamen Trugschluß. Das Interesse der Obrigkeit, die in eurem Staat oft zum Kläger gegen die Bürger, niemals aber gegen Fremde wird, fordert im ersten Fall, daß das Gesetz sehr viel größere Vorkehrungen dagegen trifft, daß der Beklagte nicht ungerechterweise verurteilt wird. Diese Unterscheidung wird durch die Tatsachen nur zu sehr bestätigt. Seit Gründung der Republik gibt es vielleicht kein einziges Beispiel dafür, daß ein Fremder ungerechterweise verurteilt worden wäre, und wer zählt in euren Annalen, wie viele ungerechte und sogar scheußliche Urteile es gegen Staatsbürger gegeben hat? Im übrigen ist es ganz richtig, daß die Vorkehrungen, die man für ihre Sicherheit treffen muß, sich sehr wohl auf alle Beklagten erstrecken können, weil ihr Zweck nicht ist, den Verbrecher der Strafe zu entziehen, sondern den Unschuldigen zu beschützen. Deswegen ist auch im Artikel XXX

* Seite 54.

** Das Recht, ein Gnadengesuch zu stellen, kam laut dem Edikt nur den Staatsbürgern und den einfachen Bürgern zu, aber aufgrund ihrer guten Dienste wurden dieses Recht und andere Rechte auch auf die Gebürtigen und die Einwohner ausgedehnt, die, nachdem sie gemeinschaftliche Sache mit ihnen gemacht hatten, auch dieselben Vorkehrungen für ihre Sicherheit nötig hatten. Die Fremden aber blieben davon ausgeschlossen. Die Gewohnheit, vier Verwandte oder Freunde zu wählen, um einem Angeklagten in einem Kriminalprozeß beizustehen, hilft den letzteren ohnehin nicht viel, sondern nützt nur denen, die die Obrigkeit gerne zugrunde richten will und die vom Gesetz ihren natürlichen Feind zum Richter erhalten. Erstaunlich ist es, daß nach vielen schrecklichen Beispielen die Bürger nicht bessere Maßregeln ergriffen haben, um ihre Person zu schützen, und daß die ganze Kriminalgerichtsbarkeit ohne Edikte und ohne Gesetze fast ganz der Willkür des Rates überlassen bleibt. Einer der Dienste, für welchen die Genfer die Vermittler für immer segnen sollten, ist die Abschaffung der vorläufigen Befragung. Ein bitteres Lächeln wandelt mich immer an, wenn ich so viele schöne Bücher erscheinen sehe, in denen die Europäer sich verherrlichen und sich zu ihrer Menschlichkeit beglückwünschen, und die noch in denselben Ländern herauskommen, in denen man den Menschen die Glieder zu verrenken und zu brechen pflegt, ehe man noch weiß, ob sie schuldig sind oder nicht. Ich definiere die Tortur als ein fast untrügliches Mittel, wodurch der Stärkere dem Schwächeren alle Verbrechen aufbürden kann, um ihn nachher dafür zu bestrafen.

des Reglements keine Ausnahme gemacht, woraus man deutlich genug sieht, daß dieses nur den Genfern zugutekommt. Ich komme nun wieder auf den Vergleich des Ablehnungsrechts in den beiden Staaten.

Das des Königs von England besteht in zwei Dingen, nämlich darin, daß er die gesetzgebende Versammlung einberufen oder auflösen kann, und daß er die ihm vorgeschlagenen Gesetze verwerfen kann, aber niemals bestand es darin, daß er die gesetzgebende Macht hindern konnte, von ihm begangene Verstöße gegen das Gesetz festzustellen.

Im übrigen ist aber diese negative Gewalt eingeschränkt erstens durch das dreijährige Gesetz*, das ihn verpflichtet, nach einer gewissen Zeit ein neues Parlament einzuberufen, ferner durch seine eigenen Bedürfnisse, die ihn nötigen, es beinahe beständig versammelt zu lassen**, und schließlich noch durch das Ablehnungsrecht des Unterhauses, das ihm gegenüber nicht weniger mächtig ist als das seine.

Ferner wird dieses Recht noch abgeschwächt durch die uneingeschränkte Autorität, welche jedes der beiden Häuser, wenn sie einmal versammelt sind, über sich selbst hat: sie dürfen Gesetze vorschlagen, behandeln, beraten oder prüfen, ebenso wie alle Regierungsangelegenheiten, und sie verfügen über den Teil der ausübenden Gewalt, den sie einzeln oder gemeinschaftlich haben, sowohl im Unterhaus, das über alle öffentlichen Beschwerden und Verletzungen der Gesetze erkennt, als auch im Oberhaus, das der höchste Richter in Kriminalsachen ist, vor allem in denen, die mit Staatsverbrechen zu tun haben.

Dies, mein Herr, ist das Ablehnungsrecht des Königs von England. Wenn sich Ihre Obrigkeit auf ein ähnliches beruft, rate ich Ihnen, es ihr nicht streitig zu machen. Allein, in eurer jetzigen Lage sehe ich nicht, wie sie die gesetzgebende Gewalt jemals nötig haben sollte, noch was sie zwingen könnte, dieselbe in irgendeinem Fall zusammenzurufen, um wirklich handeln zu können,

* Dieses Gesetz ist durch einen Irrtum, den die Engländer nicht zu bereuen brauchen, siebenjährig geworden.

** Da das Parlament die Subsidien nur für ein Jahr bewilligt, so ist der König dadurch gezwungen, sie jedes Jahr von neuem von ihm zu fordern.

denn Leute, die über den Gesetzen stehen, brauchen gar keine neuen Gesetze, und eine Regierung, die mit ihren Finanzen auskommt und keinen Krieg führt, braucht keine neuen Abgaben zu erheben, und indem man die ganze Körperschaft mit der Macht der Oberhäupter bekleidet, die man aus ihr nimmt, so wird die Wahl der Oberhäupter fast gleichgültig.

Ich sehe auch nicht ein, wie der Gesetzgeber sie einschränken könnte, der, wenn er existiert, immer nur einen Augenblick lang als solcher existiert und immer nur den einzigen Punkt entscheiden kann, in welchem sie ihn befragen.

Es ist zwar richtig, daß der König von England Krieg führen und Frieden schließen kann, aber abgesehen davon, daß diese Macht mehr scheinbar als wirklich ist, wenigstens was den Krieg betrifft, habe ich schon vorhin und im *Gesellschaftsvertrag* gezeigt, daß es für euch gar nicht darum geht, und daß man auf Ehrenrechte verzichten muß, sobald man die Freiheit genießen will. Ich gebe ferner zu, daß dieser Fürst nach seinen eigenen Ansichten Stellen vergeben oder nehmen und im Einzelfall den Gesetzgeber bestechen kann. Eben dies gibt bei euch allen Vorteil in die Hände des Rates, der dergleichen Mittel kaum nötig hat und der euch mit weniger Aufwand in Fesseln legt. Die Bestechung ist ein Mißbrauch der Freiheit, aber sie ist auch ein Beweis, daß die Freiheit existiert, denn Leute, die man ohnehin in seiner Gewalt hat, braucht man nicht zu bestechen. Was die Besetzung der Stellen betrifft, ohne von denen zu reden, über die der Rat entweder selbst oder durch die Zweihundert verfügt, so weiß er es bei den wichtigsten noch besser einzurichten und besetzt sie mit seinen eigenen Mitgliedern, was ihm noch größeren Vorteil bringt, denn man kann sich immer besser auf das verlassen, was man mit den eigenen Händen als was man durch andere tut. Die englische Geschichte zeigt eine Menge Beispiele, wie sich die königlichen Beamten ihren Fürsten widersetzt haben, wenn diese die Gesetze übertreten wollten. Sehen Sie zu, ob Sie in Genf Spuren eines ähnlichen Widerstandes der Staatsbeamten gegen den Rat finden können, selbst in den ärgsten Fällen. Jeder, der zu Genf im Sold der Republik steht, hört zugleich auf, Bürger zu sein, und ist weiter nichts mehr als ein Sklave und Trabant der Fünfundzwanzig, bereit, das Vaterland und die Gesetze mit Füßen zu treten, sobald sie es befehlen. Das Gesetz endlich, welches in England dem König keinerlei Macht läßt, Übles zu tun, läßt ihm hingegen in Ansehung des Guten ganz freie Hand, und es sieht nicht so aus, als wäre der Rat darauf bedacht, seine Macht nach dieser Seite zu erweitern.

Das Wohl der Könige von England erfordert es, daß sie die jetzige Verfassung erhalten, weil sie wenig Hoffnung haben, sie ändern zu können. Eure Obrigkeit hingegen ist überzeugt, daß sie die Formen eurer Verfassung beibehalten kann, um sie von Grund auf zu verändern, und folglich liegt ihr daran, diese Formen als Werkzeug ihrer Machtanmaßungen zu erhalten. Der letzte gefährlichste Schritt, der ihr zu tun bleibt, ist der, den sie heute tut. Wenn dieser Schritt getan ist, so kann sie sagen, daß sie noch stärker als der König von England interessiert ist, die eingeführte Verfassung zu erhalten, allein, aus einem ganz anderen Beweggrund. Dies ist die ganze Ähnlichkeit, die ich zwischen dem politischen Zustand Englands und dem eurigen finde. Urteilen Sie nun selbst, auf welcher Seite die Freiheit ist.

Nach diesem Vergleich stellt der Verfasser, der große Beispiele anzuführen liebt, das Beispiel des alten Rom vor. Er spricht verächtlich von seinen unruhigen und aufrührerischen Tribunen und beklagt bitter das traurige Schicksal dieser unglücklichen Stadt unter einer so stürmischen Regierung, obgleich die Stadt bei Errichtung dieser Form der Obrigkeit noch nichts war und unter derselben fünfhundert Jahre Ehre und Wohlstand erwarb und zur Hauptstadt der Welt wurde. Es nahm schließlich ein Ende, weil alles einmal ein Ende nehmen muß, es ging unter durch die Machtanmaßungen der Großen, seiner Konsuln und seiner Generäle, die darüber herfielen. Es ging zugrunde durch das Übermaß seiner Macht, aber es hatte sie auch nur der Güte seiner Regierung zu danken. In diesem Sinne kann man sagen, daß die Tribunen Rom zerstört haben.*

* Die Tribunen gingen nicht aus der Stadt und hatten außerhalb der Mauern keine Autorität, und die Konsuln hielten manchmal Komitien auf dem Lande, um sich ihrer Aufsicht zu entziehen. Roms Ketten wurden nicht in Rom selbst, sondern bei seinen Armeen geschmiedet, und es verlor seine Freiheit durch seine Eroberungen. Folglich waren die Tribunen nicht die Ursache dieses Verlustes.

Ich will übrigens die Fehler des römischen Volkes gar nicht entschuldigen, ich habe sie im *Gesellschaftsvertrag* angezeigt und dieses Volk getadelt, daß es die ausübende Macht an sich gerissen hat, die es nur im Zaum halten sollte.* Ich habe gezeigt, nach welchen Grundsätzen dieses Tribunat hätte eingerichtet werden sollen, welche Schranken man ihm hätte setzen sollen und wie dies alles möglich gewesen wäre. Diese Regeln wurden zu Rom schlecht befolgt, sie hätten besser befolgt werden können. Doch sehen Sie, was das Tribunat mit seinen Mißbräuchen bewirkt hat; was hätte es nicht getan, wenn es besser geleitet gewesen wäre? Ich sehe also kaum, was der Verfasser der Briefe hier sagen will, denn ich hätte, um ihn zu widerlegen, nur dasselbe Beispiel anzuführen brauchen, dessen er sich bedient.

Allein, warum wollen wir diese berühmten Beispiele so weit suchen, da sie an sich so prächtig und in der Anwendung so täuschend sind? Laßt euch nicht durch die Eigenliebe eure Ketten schmieden. Da ihr zu klein seid, um euch irgend womit vergleichen zu können, so bleibt bei euch selbst und täuscht euch nicht über eure wahre Lage. Die alten Völker können für die neuen kein Muster mehr abgeben, sie sind ihnen in jeder Rücksicht zu fremd

Forts. von S. 231:

Es ist richtig, daß Caesar sich ihrer ebenso bediente, wie Sulla sich des Senats bedient hatte, denn jeder ergriff die Mittel, die ihm am wirksamsten und sichersten schienen, um emporzukommen. Einer mußte emporkommen, und was lag nun daran, ob Marius oder Sulla, Caesar oder Pompeius, Octavius oder Antonius der Usurpator war? Welche Partei auch die Oberhand gewann, die Usurpation war in jedem Falle unausweichlich. Die entfernten Armeen mußten Feldherren haben, und es war sicher vorauszusehen, daß einer ihrer Führer der Herr des Staates werden würde. Das Tribunat trug hierzu nicht das mindeste bei.

Dieser Ausfall übrigens, den hier der Verfasser der *Lettres écrites de la Campagne* gegen die Volkstribunen macht, war bereits im Jahre 1715 von dem Staatsrat Chapeaurouge in einer Schrift gegen das Amt des Generalprokurators getan worden. Herr Louis Le Fort, der damals diese Stelle mit Glanz bekleidete, bewies ihm darauf in einem sehr schönen Brief, daß das Ansehen und die Autorität der Tribunen das Heil der Republik gewesen sind und daß es zu ihrem Umsturz nicht durch sie, sondern durch die Konsuln gekommen ist. Der Generalprokurator Le Fort konnte damals schwerlich voraussehen, daß die Meinung, die er so bündig widerlegt hatte, in unseren Tagen aufs neue vorgebracht werden würde.

* Siehe *Gesellschaftsvertrag,* Buch IV, Kap. V. Ich glaube, man findet in diesem sehr kurzen Kapitel einige gute Grundsätze zu diesen Fragen.

geworden. Vor allem aber ihr Genfer bleibt an eurem Platz und jagt nicht nach den erhabenen Gegenständen, die man euch vorhält, damit ihr den Abgrund überseht, den man vor euren Füßen gräbt. Ihr seid weder Römer noch Spartaner, ja nicht einmal Athener. Laßt alle diese großen Namen, die euch nicht kleiden, ihr seid Kaufleute, Handwerker, Bürger, die immer mit ihrem Privatinteresse, ihrer Arbeit, ihrem Handel, ihrem Gewinn beschäftigt sind, überhaupt Leute, für die die Freiheit selbst nur ein Mittel ist, ohne Hindernisse erwerben und in Sicherheit besitzen zu können.

Diese Lage erfordert für euch eigene Maximen. Denn da ihr nicht müßig seid wie die alten Völker, so könnt ihr euch auch nicht wie sie immer mit der Regierung beschäftigen, aber eben deswegen, weil ihr nicht beständig darüber wachen könnt, muß sie so eingerichtet sein, daß ihr sehr leicht ihr Vorgehen erkennen und die Mißbräuche abstellen könnt. Jede öffentliche Sorge, die euer Interesse erfordert, muß euch um so mehr erleichtert werden, weil es euch Mühe und Überwindung kostet, eure Aufmerksamkeit darauf zu richten. Denn sobald ihr euch gar nicht mehr darum kümmern wollt, gebt ihr die Freiheit auf. Man muß wählen, sagt der wohltätige Philosoph, und die, die die Arbeit nicht ertragen können, dürfen nur die Ruhe in der Knechtschaft suchen.

Ein unruhiges, zur Arbeit nicht aufgelegtes, regsames Volk, das zu wenig eigene Geschäfte hat und daher um so geneigter ist, sich in die des Staates zu mischen, muß allerdings in Zaum gehalten werden, aber nochmals: Ist die Bürgerschaft Genfs dieses Volk? Nichts ähnelt ihm weniger, es ist das genaue Gegenteil davon. Eure Bürger, die ganz in ihren häuslichen Beschäftigungen aufgehen und gegen alles übrige kalt sind, denken nur dann an das Gemeinwohl, wenn ihr eigenes angegriffen wird. Sie sind zu unaufmerksam auf das Betragen ihrer Oberhäupter und bemerken die Ketten, die man ihnen bereitet, erst dann, wenn sie ihren Druck fühlen. Immer zerstreut, immer hintergangen und beständig mit anderen Gegenständen beschäftigt, lassen sie sich leicht über den wichtigsten von allen täuschen und suchen immer Heilmittel, weil sie dem Übel nicht zuvorkommen konnten. Weil sie ihre Schritte allzu sorgfältig abmessen, kommen sie immer zu spät. Ihre Langsamkeit hätte sie schon hundertmal ins Verderben gebracht, wenn die Ungeduld ihres Magistrats sie nicht gerettet hätte und dadurch, daß er zu sehr eilte, die höchste Gewalt, nach der er strebt, zu erhalten, die Bürger selbst auf die Gefahr aufmerksam gemacht hätte.

Gehen Sie noch einmal die Geschichte Ihrer Regierung durch, und Sie werden finden, daß der Rat, in seinen Unternehmungen immer zu eifrig, sie meistens durch Übereilung verfehlt hat und daß die Bürgerschaft schließlich immer das rückgängig gemacht hat, was sie ihn tun ließ, ohne sich im geringsten zu widersetzen.

Im Jahre 1570 war der Staat mit Schulden überhäuft und von anderen Übeln gedrückt. Da es unter diesen Umständen nicht leicht möglich war, den Allgemeinen Rat so oft zu versammeln, schlug man vor, die Räte zu berechtigen, den gegenwärtigen Bedürfnissen abzuhelfen. Der Vorschlag wurde genehmigt. Davon gingen sie dann aus, sich das immerwährende Recht anzumaßen, Abgaben aufzuerlegen, und mehr als ein Jahrhundert ließ man sie gewähren, ohne sich im geringsten zu widersetzen.

Im Jahre 1714 entwarf man aus geheimen Absichten* den unermeßlichen und lächerlichen Plan des Festungsbaus, ohne den Allgemeinen Rat zu fragen und entgegen dem Inhalt der Edikte. Wegen dieses schönen Planes setzte man für zehn Jahre Abgaben fest, ohne den Allgemeinen Rat vorher zu befragen. Es erheben sich einige Klagen, man achtet nicht auf sie, und alles ist wieder ruhig.

Im Jahre 1725 läuft der Termin der Abgaben ab, und nun sollen sie verlängert werden. Dies war für die Bürgerschaft der zwar späte, aber notwendige Zeitpunkt, ihr so lange vernachlässigtes Recht wieder geltend zu machen. Allein, die Pest von Marseille und die Königliche Bank hatten den Handel gestört, jeder war mit den Gefahren für sein Vermögen beschäftigt und vergaß darüber die Bedrohung seiner Freiheit. Der Kleine Rat, der sein Ziel nie aus den Augen verliert, erneuert in dem Rat der Zweihundert die Abgaben, ohne sich des Allgemeinen Rats zu erinnern.

Nach Verfließen des zweiten Termins erwachen die Bürger und

* Es ist davon schon oben die Rede gewesen.

dringen endlich nach sechzig Jahren Gleichgültigkeit auf ihr gutes Recht. Allein, statt nachzugeben oder zu versuchen, Zeit zu gewinnen, zettelt man eine Verschwörung an.* Das Komplott wird entdeckt, die Bürger sehen sich gezwungen, zu den Waffen zu greifen, und der Rat verliert durch diese gewaltsame Unternehmung in einem Augenblick alles, was er in einem Jahrhundert an sich gerissen hatte.

Kaum scheint alles wieder friedlich, als man, da man diese Niederlage nicht ertragen kann, ein neues Komplott schmiedet. Man muß wieder zu den Waffen greifen. Die benachbarten Mächte greifen ein, und endlich werden die gegenseitigen Rechte geregelt.

Im Jahre 1650 führen die unteren Räte in ihrer Körperschaft ein Verfahren, die Stimmen zu sammeln, ein, das besser ist als das bisher übliche, aber nicht den Edikten entspricht. Der Allgemeine Rat fährt fort, die alte, vielen Mißbräuchen unterworfene Art zu befolgen, und es dauert über fünfzig Jahre, ehe die Bürger daran denken, sich wegen der Übertretung der Edikte zu beklagen oder die Einführung eines ähnlichen Verfahrens in dem Rat zu verlangen, dessen Mitglieder sie sind. Endlich verlangen sie es und, was ganz unglaublich ist, man hält ihnen ruhig eben dasselbe Edikt entgegen, welches man seit einem halben Jahrhundert verletzt.

Im Jahre 1707 wird ein Bürger gegen das Gesetz heimlich ver-

* Man wollte nämlich die Anhöhe, auf der das Rathaus steht, ringsum durch eine Befestigungsmauer einfassen und eine Art Zitadelle errichten, um von da aus das ganze Volk zu beherrschen. Das Holz für diese Umfassung war bereits zugehauen, ein Plan zur Befestigung entworfen, die Hauptleute der Garnison hatten ihre Order dafür schon erhalten, Munition und Geschütze wurden aus dem Arsenal auf das Rathaus gebracht, zweiundzwanzig Stück Kanonen, die auf einem entfernten Boulevard standen, wurden vernagelt und andere heimlich an andere Orte transportiert, mit einem Wort, alle Vorbereitungen für den gewaltsamsten Angriff waren ohne Genehmigung des Rates vom Oberhaupt der Garde und von anderen Obrigkeitspersonen getroffen worden, und als man alles entdeckte, wurde es doch nicht für zureichend gehalten, um den Schuldigen den Prozeß zu machen, ja man brachte es nicht einmal dazu, daß ihr Plan eindeutig mißbilligt wurde. Die Bürgerschaft, die damals Herr der Stadt war, ließ sie ganz ruhig abziehen, ohne ihren Rückzug zu stören, ohne sie im geringsten zu beschimpfen, ohne ihre Familien zu beunruhigen, ohne sich an irgend etwas, was ihnen gehörte, zu vergreifen. In jedem anderen Land hätte das Volk zuerst die Verschwörer ermordet und ihre Häuser geplündert.

urteilt und im Gefängnis erschossen, ein anderer wird auf die bloße Aussage eines falschen Zeugen, der als solcher bekannt ist, gehängt, und ein anderer wird tot aufgefunden. All dies geschieht, und erst im Jahre 1734 fällt es jemandem ein, den Magistrat wegen des Bürgers zur Rede zu stellen, der dreißig Jahre vorher erschossen worden war.

Im Jahre 1736 errichtet man Kriminalgerichte, ohne einen Bürgermeister hinzuzuziehen. In den damaligen Unruhen sind die Bürger zu sehr mit anderen Dingen beschäftigt und können nicht an alles denken. Im Jahre 1758 wiederholt sich derselbe Vorgang; derjenige, der davon betroffen ist, will sich beklagen; man findet Mittel, ihm den Mund zu stopfen, und alles schweigt. Im Jahre 1762 wiederholt sich alles noch einmal*, die Bürger beklagen sich darüber endlich im folgenden Jahr, und der Rat antwortet: Es ist jetzt zu spät, der Brauch ist einmal eingeführt.

Im Juni 1762 wird ein Bürger, den der Rat haßte, in seinen Büchern entehrt und gegen das ausdrückliche Edikt wird ein Haftbefehl gegen ihn ausgefertigt. Seine erstaunten Verwandten verlangen in einer Bittschrift die Mitteilung des Haftbefehls, sie wird ihnen verweigert, und alles ist wieder still. Nach einem Jahr, in dem er abwartet und sieht, daß niemand dagegen protestiert, verzichtet der entehrte Bürger auf sein Bürgerrecht. Die Bürger-

* Und bei welcher Gelegenheit! Es ist dies eine Staatsinquisition, die einen schaudern lassen kann. Ist es vorstellbar, daß in einem freien Lande ein Bürger als Verbrecher gestraft wird, bloß weil er in einem ungedruckten Brief an einen anderen Bürger in schicklichen und maßvollen Ausdrücken das Verfahren des Magistrats gegen einen dritten Bürger schildert. Als Herr von Silhouette sein Amt niederlegte, schrieb ich ihm einen Brief, der in ganz Paris bekannt wurde. Dieser Brief war mit einer Dreistigkeit abgefaßt, daß ich mich jetzt selbst dafür tadele, und vielleicht ist er das einzige Tadelnswürdige, das ich in meinem ganzen Leben geschrieben habe. Indessen, hat man mir auch nur ein Wort darüber gesagt? Man dachte nicht einmal daran. In Frankreich bestraft man die Flugschriften, und zwar mit Recht, aber man läßt den Privatleuten eine ehrenhafte Freiheit, untereinander über die öffentlichen Geschäfte zu urteilen, und man hat noch nie gehört, daß man jemandem deswegen Schwierigkeiten gemacht hat, weil er in ungedruckten Briefen seine Meinung ohne Satire und ohne Beleidigung über das gesagt hat, was vor den Richterstühlen vorgeht. Soll ich, nachdem ich die republikanische Regierung so lange geliebt habe, in meinem Alter meine Meinung ändern und schließlich finden, daß es mehr wahre Freiheit in den Monarchien als in unseren Republiken gibt?

schaft öffnet endlich die Augen und empört sich gegen die Übertretung des Gesetzes, allein, es war zu spät.

Ein in seiner Art noch denkwürdigerer Fall, obgleich es sich nur um eine Kleinigkeit handelt, ist der des Herrn Bardin. Ein Buchhändler bestellt bei seinem Korrespondenten einige Exemplare von einem neuen Buch, bevor aber die Exemplare ankommen, wird das Buch verboten. Der Buchhändler benachrichtigt die Obrigkeit von seiner Bestellung und fragt, wie er sich zu verhalten habe. Man befiehlt ihm, es anzuzeigen, wenn die Exemplare ankommen; sie kommen, er zeigt es an, und die Exemplare werden beschlagnahmt. Er wartet, daß man sie ihm entweder wiedergibt oder bezahlt, aber weder das eine noch das andere geschieht; er fordert sie zurück, und man behält sie. Er reicht ein Gesuch ein, daß man sie ihm zurückschickt, zurückgibt oder bezahlt: man verweigert alles. Er verliert seine Bücher, und Leute in öffentlichem Amt, deren Pflicht es ist, den Diebstahl zu bestrafen, behalten sie für sich.

Man erwäge alle Umstände dieses Vorfalls, und ich zweifele, daß man ein anderes Beispiel dafür in irgend einem Parlament, in irgend einem Senat, in irgend einem Rat, in irgend einem Diwan, welcher es auch sein mag, finden wird. Wenn man das Eigentumsrecht ohne allen Grund, ohne Vorwand und bis in seine Wurzel angreifen wollte, so könnte man sich unmöglich offener dabei benehmen, als es hier geschehen ist. Die Sache geht indessen doch durch, alles schweigt, und man hätte sich wieder nicht daran erinnert, wenn nicht schwerere Eingriffe dazugekommen wären. Wie viele andere sind nicht im Dunkel geblieben, weil es an Gelegenheit fehlte, sie an den Tag zu bringen?

Wenn das vorige Beispiel an sich selbst wenig wichtig ist, hier ist eines von einer ganz anderen Art. Noch ein wenig Aufmerksamkeit, mein Herr, für diese Angelegenheit, und ich unterdrücke alle, die ich noch hinzusetzen könnte.

Am 20. November 1763, als der Allgemeine Rat zur Wahl des Statthalters und des Schatzmeisters versammelt war, bemerken die Bürger einen Unterschied zwischen dem gedruckten Edikt, das sie haben, und dem geschriebenen, welches von einem Staatssekretär verlesen wird, indem die Wahl des Schatzmeisters nach dem ersteren zugleich mit der der Bürgermeister, dem zweiten zufolge aber mit der des Statthalters geschehen soll. Ferner bemerken sie, daß die Wahl des Schatzmeisters, welche nach dem Edikt alle drei Jahre geschehen soll, nur alle sechs Jahre gebräuchlich ist und daß man sich nach dem dritten Jahr immer damit begnügt, die Bestätigung dessen, der diese Stelle innehat, vorzuschlagen.

Diese Abweichung des Textes zwischen dem Manuskript des Rats und dem gedruckten Edikt, welche man bisher noch nicht bemerkt hatte, führt dazu, daß man noch andere findet, und sie erregt Verdacht wegen des übrigen. Obgleich die Erfahrung die Bürger die Nutzlosigkeit ihrer Repräsentationen gelehrt hat, machen sie dennoch bei dieser Gelegenheit wieder neue und verlangen, daß das Original des Ediktes in einer Kanzlei oder an einem anderen öffentlichen Ort nach Wahl des Rates niedergelegt werden möge, damit man diesen Text mit dem gedruckten vergleichen könne.

Sie werden sich erinnern, mein Herr, daß im Artikel XLII des Edikts vom Jahre 1738 gesagt wird, daß man *nächstens* eine allgemeine Sammlung aller Gesetze des Staates drucken lassen werde, welche alle Edikte und Reglements enthalten soll. Seit sechsundzwanzig Jahren ist noch nicht wieder die Rede davon gewesen, und die Bürger haben stillgeschwiegen.*

Ferner werden Sie sich erinnern, daß ein ausgestoßenes Mitglied der Zweihundert in einer im Jahre 1745 gedruckten Schrift einen sehr starken Verdacht gegen die Verläßlichkeit der im Jahre 1713 und 1735, zwei gleichermaßen verdächtigen Zeitpunkten, gedruckten und wiederaufgelegten Edikte ausgesprochen hat. Dieser Mann sagt, er habe die geschriebenen Edikte mit diesen

* Mit welcher Entschuldigung, unter welchem Vorwand kann man die Nichtbeachtung eines so ausdrücklichen und so wichtigen Artikels beschönigen? Man kann es sich nicht vorstellen. Wenn man zufällig mit einigen Obrigkeitspersonen darüber ins Gespräch kommt, antworten sie ganz kalt: *Jedes einzelne Edikt ist gedruckt, sammelt sie*. Als wenn man sicher wäre, daß alles gedruckt ist, und als wenn die Sammlung dieser einzelnen Blätter ein vollständiges Gesetz ausmachte, ein allgemeines Gesetzbuch, wie es der Artikel XLII fordert und ankündigt. Glauben diese Herren ein so förmliches Versprechen auf diese Art zu erfüllen? Welche düsteren Folgerungen könnte man nicht aus solchen Auslassungen ziehen?

gedruckten verglichen und in letzteren viele Irrtümer gefunden, die er aufgezeichnet habe, und er führt im Wortlaut aus einem Edikt von 1556 etwas an, was in dem gedruckten ganz ausgelassen ist. Der Rat hat auf diese harten Beschuldigungen nichts geantwortet, und die Bürger haben geschwiegen.

Wir wollen, wenn man will, zugeben, daß die Würde des Rates es nicht erlaubte, damals auf die Beschuldigungen eines Ausgestoßenen zu antworten. Eben diese Würde, die angetastete Ehre und die verdächtig gemachte Treue erforderten jetzt eine Überprüfung, welche durch so viele Hinweise nötig geworden ist, und welche die, die sie verlangten, zu erhalten berechtigt waren.

Nichts dergleichen geschieht. Der Kleine Rat rechtfertigt die an dem Edikt vorgenommenen Veränderungen durch einen alten Brauch, dem sich der Allgemeine Rat nicht gleich anfangs widersetzt hätte und also auch jetzt kein Recht mehr dazu habe.

Als Grund des Unterschiedes zwischen dem Manuskript des Rats und dem gedruckten Exemplar gibt er an, daß dieses Manuskript eine Sammlung der Edikte sei mit den Veränderungen, die in Gebrauch gekommen seien und die der Allgemeine Rat durch sein Stillschweigen gebilligt habe, während das gedruckte Exemplar nur die Sammlung derselben Edikte sei, so wie sie vom Allgemeinen Rat beschlossen wurden.

Er rechtfertigt ferner die Bestätigung des Schatzmeisters entgegen dem Edikt, welches sagt, daß ein anderer gewählt werden solle, abermals durch einen alten Brauch. Die Bürger bemerken überhaupt keine einzige Verletzung der Edikte, die der Rat nicht durch ältere Verletzungen zu rechtfertigen sucht. Sie bringen keine einzige Klage vor, die er nicht verwirft, indem er sie tadelt, sich nicht eher beklagt zu haben.

Was aber die Mitteilung des Originaltextes der Gesetze betrifft, so wird sie geradezu verweigert*, teils *weil es gegen die Regeln ist*,

* Diese hartnäckige Weigerung und Taubheit gegen die vernünftigsten und rechtmäßigsten Repräsentationen scheint etwas unnatürlich. Ist es wohl begreiflich, daß der Genfer Rat, der größtenteils aus aufgeklärten und einsichtsvollen Männern besteht, das äußerst Anstößige und sogar Erschreckende nicht empfunden hat, freien Menschen und Gliedern des Gesetzgebers die Mitteilung des authentischen Textes der Gesetze zu verweigern und gleichsam mit Vorsatz schlimme Vermutungen zu erregen, die durch das Geheimnisvolle und die Finsternis, mit der er sich beständig

teils weil die Bürger *keinen anderen Text der Gesetze kennen müssen als den gedruckten,* obgleich der Kleine Rat selbst einen anderen befolgt und ihn auch im Allgemeinen Rat befolgen läßt*.

Es ist also gegen die Regeln, daß man dem, der einen Vertrag geschlossen hat, das Original dieses Vertrages mitteilt, sobald die Abweichungen in den Abschriften ihn Verfälschungen oder Unrichtigkeiten vermuten lassen, und es ist der Regel gemäß, daß man zwei verschiedene Texte derselben Gesetze hat, den einen für die Privatleute, den anderen für die Regierung! Habt ihr jemals etwas Vergleichbares gehört? Ungeachtet aller dieser späten Entdeckungen, ungeachtet dieser empörenden Weigerungen schweigen die Bürger still, obgleich ihre rechtmäßigsten Forderungen ihnen abgeschlagen wurden, sie harren aus und bleiben ruhig.

Alle diese Tatsachen, mein Herr, sind bei Ihnen stadtbekannt, und Sie kennen sie besser als ich. Ich könnte noch hundert andere hinzusetzen, ohne die zu rechnen, die mir entgangen sind. Indessen werden sie genügen, um zu beurteilen, ob die Genfer Bürgerschaft jemals, ich will nicht sagen unruhig oder aufrührerisch, sondern wachsam, aufmerksam und leicht zu reizen war, wenn es darauf ankam, ihre bestens begründeten und offen angegriffenen Rechte zu verteidigen.

Man sagt uns, daß *eine lebhafte, scharfsinnige Nation, die sich stark mit ihren politischen Rechten beschäftigt, es äußerst nötig hat, ihrer Regie-*

in ihren Augen umgibt, erzeugt werden? Ich wenigstens bin noch geneigt zu glauben, daß ihm diese Weigerungen schmerzlich sind, daß er sich aber zur Richtschnur gemacht hat, den Gebrauch der Repräsentationen durch anhaltende verneinende Antworten aufzuheben. Kann man wohl von den geduldigsten Menschen annehmen, daß sie nicht endlich ermüden, wenn sie immer bitten und nie etwas erhalten? Hinzu kommt noch der Vorschlag, der im Rat der Zweihundert gemacht wurde, gegen die Verfasser der letzten Repräsentationen eine Untersuchung einzuleiten, weil sie sich eines Rechts bedient haben, das das Gesetz ihnen einräumt. Wer wird sich in Zukunft Verfolgungen aussetzen für Unternehmungen, von denen man im voraus weiß, daß sie vergeblich sind? Wenn dies wirklich der Plan des Kleinen Rates ist, so muß man zugeben, daß er ihn sehr genau befolgt.

* Auszug aus den Registern des Rates vom 7. Dezember 1763 in Beantwortung der mündlichen Repräsentationen, welche am 21. November von sechs Staatsbürgern oder einfachen Bürgern gemacht wurden.

*rung eine negative Gewalt zu geben.** Man kann den Grundsatz zugeben, sobald man diese negative Gewalt näher erklärt, allein, wie will man ihn auf euch anwenden? Hat man denn vergessen, daß man an anderer Stelle das Genfer Volk für kaltsinniger hält als andere Völker**? Und wie kann man behaupten, daß sich dieses Volk stark mit seinen politischen Rechten beschäftigt, wenn man sieht, daß es sich immer zu spät, widerwillig und nur dann damit beschäftigt, wenn es durch die dringendste Gefahr dazu gezwungen wird? Sobald der Rat die Rechte der Bürgerschaft nicht so scharf verletzt, liegt es ganz bei ihm, dafür zu sorgen, daß sie sich überhaupt nicht damit beschäftigt.

Wir wollen einmal die beiden Parteien miteinander vergleichen, um zu beurteilen, wessen Tätigkeit am meisten zu fürchten ist und auf welche Seite das Ablehnungsrecht gehört, um diese Tätigkeit zu mäßigen.

Auf der einen Seite sehe ich ein nicht zahlreiches, friedfertiges und kaltsinniges Volk, das aus arbeitsamen Menschen besteht, die auf Gewinn begierig und durch ihr eigenes Interesse den Gesetzen und ihren Verwaltern unterworfen sind. Ganz mit ihrem Gewerbe beschäftigt, alle in gleichen Rechten stehend und durch Glücksgüter wenig voneinander verschieden, haben sie unter sich weder Oberhäupter noch Klienten. Alle stehen vermöge ihres Handels, ihres Standes und ihres Vermögens in einer großen Abhängigkeit von der Obrigkeit und haben sie rücksichtsvoll zu behandeln, alle fürchten, ihr zu mißfallen, und wenn sie sich in die öffentlichen Geschäfte einmischen, so geschieht es immer zum Nachteil ihrer eigenen. Auf der einen Seite werden sie durch Dinge abgelenkt, die das Wohl ihrer Familien näher betreffen, auf der anderen durch Erwägungen der Klugheit und durch die Erfahrungen aller Zeiten zurückgehalten, die sie lehrt, daß es in einem so kleinen Staat wie eurem, wo jeder Privatmann stets unter den Augen des Rates ist, immer gefährlich ist, ihn zu beleidigen, und so werden sie durch die stärksten Gründe bewogen, alles dem Frieden aufzuopfern, denn nur durch den Frieden kann es ihnen wohlergehen. In dieser Lage wird also jeder durch sein Privatinteresse

* Seite 170.
** Seite 154.

verblendet, wünscht lieber beschützt als frei zu sein und beugt sich, um sein Wohl zu befördern.

Auf der anderen Seite sehe ich in einer kleinen Stadt, deren Geschäfte im Grunde ganz unwichtig sind, eine unabhängige und immerwährende Obrigkeit, die ihrem Stande gemäß fast müßig ist und deren Hauptbeschäftigung ein für die, die befehlen, sehr großes und sehr natürliches Interesse ist, ihre Herrschaft unablässig zu erweitern, denn der Ehrgeiz wie die Habgier werden dadurch genährt, und je weiter man seine Macht ausbreitet, desto mehr wird man von dem Verlangen nach der ganzen Macht verzehrt. Immer darauf bedacht, fühlbare Unterschiede zwischen sich und denen festzusetzen, die einem von Geburt gleich sind, betrachtet man sie als seine Untergebenen und brennt darauf, in ihnen seine Untertanen zu sehen. Die Obrigkeit, die mit der ganzen öffentlichen Gewalt bewaffnet ist, im Besitz aller Autorität, berechtigt, die Gesetze auszulegen und sich über sie zu erheben, wenn sie sie einschränken, bedient sie sich derselben als Angriffs- und Verteidigungswaffen und macht sie dadurch für alle, die sie kränken will, schrecklich, achtunggebietend und heilig. Sie kann das Gesetz sogar im Namen des Gesetzes ungestraft übertreten. Sie kann die Verfassung erschüttern unter dem Vorwand, sie zu beschützen, und sie kann jeden, der sie im Ernst verteidigen will, als einen Rebellen bestrafen. Alle Unternehmungen dieser Körperschaft werden ihr leicht, denn sie läßt niemandem das Recht, sie aufzuhalten oder darüber zu urteilen, sie kann handeln, aufschieben und aufheben, sie kann diejenigen, die ihr widerstehen, verführen, in Schrecken versetzen und bestrafen, und wenn sie sich dabei eines Vorwandes bedienen, so geschieht es mehr aus Gefälligkeit als aus Notwendigkeit. Sie hat also den Willen, ihre Macht auszudehnen, und zugleich die Mittel, alles zu erreichen, was sie nur will. Dies ist das Verhältnis, in welchem der Rat und die Bürger Genfs zueinander stehen. Welche dieser beiden Körperschaften muß nun das Ablehnungsrecht haben, um den Unternehmungen der anderen Einhalt zu gebieten? Der Verfasser der Briefe versichert, es gehöre der ersten.

In den meisten Staaten entstehen die inneren Unruhen durch einen rohen und dummen Pöbel, der anfänglich durch unerträgliche Bedrückungen empört und dann heimlich durch listige Wirrköpfe, die einige Autorität besitzen, die sie vergrößern wollen, aufgehetzt wird. Allein, was wäre falscher, als diesen Begriff auf die Bürgerschaft Genfs anzuwenden, wenigstens auf jenen Teil, der sich der Macht entgegensetzt, um die Gesetze aufrechtzuerhalten? Zu allen Zeiten war dieser Teil der mittlere Stand zwischen den Reichen und den Armen, zwischen den Oberhäuptern des Staates und dem Pöbel. Diese Klasse, welche aus Menschen besteht, die in Ansehung des Vermögens, des Standes und der Aufklärung ungefähr gleich sind, ist weder hoch genug, um Ansprüche zu machen, noch gering genug, um nichts zu verlieren zu haben. Ihr großes Interesse, ihr gemeinsames Interesse besteht darin, daß die Gesetze beachtet, die Obrigkeit geehrt, die Verfassung erhalten bleibt und der Staat ruhig ist. Keiner in dieser Klasse besitzt eine solche Gewalt, besitzt in irgendeiner Hinsicht eine solche Überlegenheit über alle übrigen, daß er sie zu seinem eigenen Vorteil ins Spiel bringen könnte. Es ist der gesündeste Teil der Republik, der einzige, bei dem man gewiß sein kann, daß er in seinem Betragen sich kein anderes Ziel setzen kann als die Beförderung des Allgemeinwohls. Auch bemerkt man in ihren gemeinschaftlichen Unternehmungen immer eine Bescheidenheit, Mäßigkeit und eine achtungsvolle Festigkeit, einen gewissen Ernst von Leuten, die sich im Recht fühlen und sich an ihre Pflichten halten. Man sehe hingegen, worauf sich die andere Partei stützt: auf Leute, die im Überfluß schwimmen und auf den niedrigsten Pöbel. Soll man in diesen beiden Extremen, von denen das eine kauft und das andere sich verkauft, die Liebe zur Gerechtigkeit und zu den Gesetzen suchen? Durch sie geht der Staat immer zugrunde: der Reiche hält das Gesetz in seinem Geldbeutel, und der Arme liebt das Brot mehr als die Freiheit. Man braucht diese beiden Parteien nur zu vergleichen, um einzusehen, welche von beiden die Gesetze zuerst angreifen wird, und wenn Sie in Ihrer Geschichte nachschlagen, so werden sie finden, daß alle Komplotte immer von der Seite der Obrigkeit ausgegangen sind und daß die Bürger niemals Gewalt gebraucht haben als nur in solchen Fällen, wo sie sich gegen Gewalt verteidigen mußten.

Man spottet ohne Zweifel, wenn man hinsichtlich der Folgen

des Rechtes, welches Ihre Mitbürger beanspruchen, behauptet, daß der Staat dann ein Raub der Bestechung und der Verführung des ersten besten würde. Dieses Ablehnungsrecht, das der Rat haben will, war bisher unbekannt, und welche Übel sind daraus entstanden? Es wären sehr schreckliche Übel daraus entstanden, wenn er darauf beharrt hätte, als die Bürgerschaft das ihrige geltend machte. Wenden Sie das Argument, das man aus zweihundert Jahren Wohlstand ziehen kann, einmal umgekehrt an, was wird man dann antworten können? Ist diese Regierungsform, werden Sie sagen, die durch die Zeit befestigt, durch so viele Rechte bestätigt, durch eine so lange Gewohnheit berechtigt und durch ihre Erfolge geheiligt ist, und in der das Ablehnungsrecht der Räte immer unbekannt war, nicht weit vorzüglicher als jene andere willkürliche Regierungsform, deren Eigenschaften und deren Verhältnis zu unserem Glück wir noch nicht kennen und die unsere Vernunft uns nur als unser tiefstes Unglück zeigen kann?

Es ist ein sehr grober, aber ganz gewöhnlicher Trugschluß, vor dem jeder vernünftige Mann sich hüten muß, wenn man der Partei, die man angreift, alle Fehler zur Last legt und sich selbst ganz davon freispricht. Man muß auf der einen wie auf der anderen Seite Mißbräuche eingestehen, weil sie sich überall einschleichen, aber deswegen kann man noch nicht behaupten, daß die Folgen auf beiden Seiten gleich wären. Jeder Mißbrauch ist ein oft unvermeidliches Übel, wofür man das nicht verwerfen darf, was an sich gut ist. Allein, vergleichen Sie, und Sie werden auf der einen Seite unausweichliche, schreckliche Übel ohne Maß und Ziel finden, und auf der anderen sogar den Mißbrauch erschwert sehen, der, wenn er auch groß, so doch nur vorübergehend ist und immer, wenn er stattfindet, auch sein Gegenmittel mit sich führt. Denn, ich muß es noch einmal wiederholen, es ist keine Freiheit möglich als durch die Beachtung der Gesetze und des allgemeinen Willens, und der allgemeine Wille kann ebensowenig allen schaden wollen, als der einzelne Wille sich selbst zu schaden trachtet. Doch nehmen wir an, der Mißbrauch der Freiheit sei ebenso natürlich wie der Mißbrauch der Macht, so wird immer der Unterschied zwischen beiden bestehen bleiben, daß der Mißbrauch der

Freiheit zum Nachteil des Volkes ausschlägt, das sie mißbraucht, und indem es für sein eigenes Unrecht gestraft wird, wird es gezwungen, das Gegenmittel zu suchen. Von dieser Seite ist also das Übel immer nur eine Krise und es kann kein dauerhafter Zustand sein. Der Mißbrauch der Macht hingegen schadet niemals dem Mächtigen selbst, sondern dem Schwachen, und ist vermöge seiner Natur ohne Maß, ohne Zügel, ohne Grenzen: er endet erst mit der Zerstörung dessen, der allein sein Übel zu spüren bekommt. Sagen wir also, daß die Regierung einer kleinen Anzahl zukommt, die Aufsicht über die Regierung aber der Allgemeinheit, und daß es, wenn der Mißbrauch von der einen oder der anderen Seite unvermeidlich ist, doch besser ist, daß ein Volk durch seine eigene Schuld unglücklich ist, als daß es durch die Hand eines anderen unterdrückt wird.

Das erste und größte öffentliche Interesse ist immer die Gerechtigkeit. Alle wollen, daß die Bedingungen für alle gleich sein mögen, und in dieser Gleichheit besteht die Gerechtigkeit. Der Bürger will nur die Gesetze und die Beachtung der Gesetze. Jeder einzelne im Volk weiß wohl, daß, wenn es Ausnahmen gibt, sie nicht ihm zustatten kommen. Folglich fürchten sich alle vor den Ausnahmen, und wer die Ausnahmen fürchtet, liebt das Gesetz. Bei den Oberhäuptern verhält es sich ganz anders, denn selbst ihr Stand ist schon ein Vorzug und sie suchen Vorzüge überall.* Wenn sie Gesetze wünschen, so nicht um ihnen zu gehorchen, sondern um ihr Richter zu sein. Sie wollen Gesetze, um sich an ihre Stelle zu setzen und um in ihrem Namen gefürchtet zu werden. Alles begünstigt sie bei diesem Vorhaben. Sie bedienen sich der Rechte, die sie haben, um sich gefahrlos diejenigen anzumaßen, die sie nicht haben. Da sie immer im Namen des Gesetzes

* Bei dem Volk ist die Gerechtigkeit eine Standestugend, ebenso wie bei den Oberhäuptern die Gewaltsamkeit und Tyrannei ein Fehler ihres Standes ist. Wären wir Privatpersonen an ihrer Stelle, so würden wir wie sie gewalttätig, herrschsüchtig und ungerecht werden. Wenn also Obrigkeitspersonen uns von ihrer Unparteilichkeit, Mäßigung und Gerechtigkeit predigen, so hintergehen sie uns, wenn sie dadurch das Vertrauen von uns erhalten wollen, das wir ihnen nicht schuldig sind. Zwar können sie diese Tugenden, deren sie sich rühmen, persönlich besitzen, allein, dann machen sie eine Ausnahme und auf diese soll das Gesetz nicht Rücksicht nehmen.

sprechen, selbst dann, wenn sie es verletzen, so behandeln sie jeden, der sie zu verteidigen wagt, als einen Aufrührer und Rebellen: er muß zugrundegehen, während sie selbst bei allen ihren Unternehmungen immer vor Strafe sicher sind, und das schlimmste, was ihnen begegnen kann, ist, daß sie ihren Zweck nicht erreichen. Sie finden überall Stützen, sobald sie welche nötig haben, denn die Mächtigen sind von Natur immer vereinigt, und es ist die Schwäche der Schwachen, daß sie sich nicht so vereinigen können. Es ist das Schicksal des Volkes, daß es innen wie außen immer seine Gegenpartei als Richter hat. Es kann von Glück reden, wenn es Richter findet, die gerecht genug sind, um es gegen ihre eigenen Grundsätze, gegen dieses im menschlichen Herzen so tief eingegrabene Gefühl beschützen, daß wir alles lieben und begünstigen, was unseren Interessen ähnlich ist. Ihr habt diesen Vorzug ein einziges Mal wider alles Erwarten genossen. Als die Vermittlung angenommen wurde, hielt man euch für verloren, aber ihr erhieltet einsichtsvolle und standhafte Verteidiger, unparteiische und großmütige Vermittler, und die Gerechtigkeit und die Wahrheit triumphierten. Möget ihr doch zum zweiten Mal so glücklich sein, ihr hättet dann ein seltenes Glück genossen, was eure Unterdrücker aber nicht zu befürchten scheinen.

Nachdem man euch nun die eingebildeten Übel eines Rechts ausgemalt hat, welches so alt ist wie eure Verfassung und das niemals etwas Schlimmes hervorgebracht hat, beschönigt und leugnet man die Übel, die aus einem neuen Recht, das man sich anmaßt, entspringen, und die sich schon jetzt spüren lassen. Man ist gezwungen zuzugeben, daß die Regierung das Ablehnungsrecht so sehr mißbrauchen kann, daß die unerträglichste Tyrannei daraus entsteht, und dennoch behauptet man, daß das, was geschieht, niemals geschehen wird, und stellt dasjenige als bloße, nicht wahrscheinliche Möglichkeit vor, was bereits vor euren Augen geschieht. Niemand, wagt man zu sagen, wird behaupten können, daß die Regierung nicht gerecht und milde ist, und beachten Sie, daß dies als Antwort auf Repräsentationen gesagt wird, in denen man sich über Ungerechtigkeiten und Gewaltsamkeiten der Regierung beklagt. Dies ist wahrhaft, was man hohen Stil nennen kann, es ist die Beredsamkeit des Perikles, der von

Thukydides im Kampf überwunden, den Zuschauern bewies, daß er ihn zu Boden geworfen hatte.

Indem diese Herren sich also ohne jeden Vorwand des Vermögens eines anderen bemächtigen, die Unschuldigen ohne Grund ins Gefängnis werfen, einen Bürger entehren, ohne ihn anzuhören und einen anderen ungerechterweise verurteilen, indem sie schmutzige Bücher dulden und andere, welche Tugend atmen, verbrennen und ihre Verfasser verfolgen, indem sie den wahren Text der Gesetze verbergen, indem sie die gerechteste Genugtuung verweigern, den härtesten Despotismus ausüben, die Freiheit zerstören, die sie verteidigen sollten, und indem sie das Vaterland unterjochen, dessen Väter sie sein sollten, machen diese Herren einander noch Komplimente über die große Billigkeit ihrer Urteile, rühmen die Milde ihrer Verwaltung und behaupten zuversichtlich, daß jedermann hierin ihrer Meinung ist. Indessen zweifle ich doch, daß Sie dieser Meinung sind, und ich bin wenigstens sicher, daß es nicht die Meinung der Repräsentanten ist.

Daß mich nur das Privatinteresse nicht ungerecht mache! Es ist unter allen unseren Neigungen diejenige, vor der ich mich immer am meisten hüte und der ich am besten widerstanden zu haben hoffe. Eure Obrigkeit ist gerecht in den gleichgültigen Dingen, ich glaube sogar, daß sie geneigt ist, es immer zu sein, ihre Ämter sind wenig einträglich, sie übt die Gerechtigkeit und verkauft sie nicht, persönlich ist die Obrigkeit unparteiisch und uneigennützig, und ich bin überzeugt, daß in diesem despotischen Rat noch Rechtschaffenheit und Tugend herrschen. Indem ich Ihnen die Folgen des Ablehnungsrechts zeigte, habe ich ihnen weniger gesagt, was sie tun werden, wenn sie Souveräne geworden sind, als was sie weiter tun werden, um sich dazu zu machen. Sind sie einmal als das anerkannt, so wird ihr Interesse sein, immer gerecht zu sein, und sie sind schon heute darauf bedacht, meistens gerecht zu sein. Aber wehe dem, der noch wagt, auf die Gesetze zurückzukommen und die Freiheit zu beanspruchen! Gegen diese Unglücklichen wird alles erlaubt und rechtmäßig sein, Billigkeit, Tugend und selbst Eigennutz verschwinden vor der Liebe zur Herrschaft, und der, der als Herr sehr gerecht sein wird, wird keine Ungerechtigkeit auslassen, um es zu werden.

Der wahre Weg der Tyrannei ist es nicht, das Allgemeinwohl geradezu anzugreifen, denn dadurch würde man alles zu seiner Verteidigung aufwecken, sondern nach und nach alle seine Verteidiger anzugreifen und jeden abzuschrecken, der sich dazu noch aufwerfen möchte. Überredet erst alle, daß das Gemeinwohl niemandes Interesse ist, so ist die Knechtschaft allein dadurch schon eingeführt, denn sobald jeder unter dem Joch ist, wo bleibt dann die allgemeine Freiheit? Wenn jeder, der den Mund aufzutun wagt, sogleich zermalmt wird, wer wird es ferner wagen wollen, zu reden, und wer wird die Stimme des Allgemeinen sein, sobald die Einzelnen stillschweigen? Die Regierung wird also gegen die Eiferer wüten und gegen die anderen gerecht sein, bis sie endlich mit allen ungestraft ungerecht sein kann. Alsdann ist ihre Gerechtigkeit nichts weiter als eine Ökonomie, das eigene Gut nicht ohne Grund zu verschwenden.

In einem gewissen Sinne ist also der Rat gerecht und muß es seines Vorteils wegen sein. In einem anderen Sinne erfordert es sein System, daß er auf eine souveräne Weise ungerecht wird, und tausend Beispiele haben euch lehren müssen, wie wenig der Schutz der Gesetze gegen den Haß der Obrigkeit vermag. Wie wird es erst dann sein, wenn er vermöge seines Ablehnungsrechts erst der einzige unumschränkte Herr geworden und in seinem Betragen durch nichts mehr eingeschränkt ist und seine Leidenschaften keine Hindernisse mehr finden werden. Wer wird dann nicht in einem so kleinen Staat, wo sich keiner unter dem großen Haufen verbergen kann, in ewiger Angst leben und jeden Augenblick das Unglück fühlen, seinesgleichen zu Herren zu haben? In den großen Staaten sind die Privatpersonen zu weit von dem Fürsten und den Oberhäuptern entfernt, um bemerkt zu werden, ihre Kleinheit rettet sie, und solange das Volk nur bezahlt, läßt man es in Ruhe. Ihr aber werdet nicht einen Schritt tun können, ohne das Gewicht eurer Ketten zu fühlen. Die Verwandten, die Freunde, die Anhänger und Spione eurer Herren werden mehr eure Herren sein als sie selbst, ihr werdet es nicht wagen, weder eure Rechte zu verteidigen, noch euer Vermögen zu beanspruchen, aus Furcht, euch Feinde zu machen, die finstersten Winkel werden euch nicht vor der Tyrannei verbergen können und ihr werdet notwendig entweder deren Trabanten oder deren Opfer sein. Ihr werdet zugleich die politische und die bürgerliche Sklaverei fühlen und kaum in Freiheit zu atmen wagen. Sehen Sie, mein Herr, wohin Sie natürlicherweise der Gebrauch des Ablehnungsrechts, so wie der Rat es sich anmaßt, führen wird. Ich glaube zwar nicht, daß er einen so unheilvollen Gebrauch davon machen will, allein, er wird es doch können, und schon die Gewißheit, daß er ungestraft ungerecht sein kann, wird euch dieselben Übel fühlen lassen, wie wenn er wirklich ungerecht wäre.

Ich habe Ihnen, mein Herr, den Zustand Ihrer Verfassung gezeigt, wie er sich meinen Augen darstellt. Es folgt aus dieser Darstellung, daß diese Verfassung im ganzen genommen gut und vernünftig eingerichtet ist, und daß, wenn man der Freiheit ihre wahrhaften Grenzen gibt, sie dadurch zugleich alle Festigkeit erhält, deren sie bedarf. Denn da die Regierung ein Ablehnungsrecht gegen die Neuerungen des Gesetzgebers und das Volk ein Ablehnungsrecht gegen die Anmaßungen des Rates hat, so herrschen allein die Gesetze und sie herrschen über alle, der erste Mann des Staates ist ihnen nicht weniger unterworfen als der letzte, niemand kann sie verletzen, kein Privatinteresse kann sie verändern, und so bleibt die Verfassung unerschütterlich.

Aber wenn im Gegenteil die Verwalter des Gesetzes sich zu dessen Herrn aufwerfen und es nach Belieben entweder reden oder schweigen lassen können, wenn das Recht der Repräsentation als der einzige Garant der Gesetze und der Freiheit ein vorgespiegeltes und eitles Recht ist, das in keinem Falle eine notwendige Wirkung tut, so sehe ich keine Sklaverei, die der euren gleichkäme, und das Bild der Freiheit ist dann bei euch nur noch ein verächtliches und kindisches Phantom, welches jedes vernünftigen Menschen sogar unwürdig wäre. Wozu dient es dann, den Gesetzgeber zu versammeln, da der Wille des Rats das einzige Gesetz ist? Wozu dient es, mit einer großen Feierlichkeit die Obrigkeit zu wählen, die schon vorher euer Richter war und die durch diese Wahl nur eine Macht erhält, die sie schon vorher ausübte? Unterwerft euch also gutwillig und laßt von solchen unnützen Kinderspielen ab, die für euch nur eine Erniedrigung mehr sind.

Dieser Zustand, der der schlimmste ist, in den man nur fallen kann, hat den einzigen Vorteil, daß er sich nur zum Besseren ändern kann. Dies ist das einzige Rettungsmittel der äußersten Übel, aber es ist immer mächtig, sobald vernünftige und beherzte Leute es fühlen und sich seiner zu bedienen wissen. Die Gewißheit, daß ihr nicht tiefer fallen könnt, mache euch also fest und unerschütterlich in allen euren Schritten! Bedenkt aber dabei, daß ihr nie aus dem Abgrund herauskommen werdet, solange ihr untereinander uneins seid und solange die einen nur handeln und die anderen ruhig bleiben wollen.

Ich bin nun, mein Herr, am Schluß dieser Briefe. Nachdem ich Ihnen den Zustand gezeigt habe, in dem ihr euch befindet, werde ich euch nicht den Weg angeben, den ihr einschlagen müßt, um aus demselben herauszukommen. Gibt es einen solchen, so müssen Sie und Ihre Mitbürger, die selbst an Ort und Stelle sind, ihn besser sehen als ich, denn sobald man weiß, wo man ist und wohin man will, so kann man sich mühelos selbst leiten.

Der Verfasser der Briefe sagt: *Wenn man bei einer Regierung einen Hang zur Gewaltsamkeit bemerkt, so darf man nicht warten, um ihm zu trotzen, bis die Tyrannei sich darin befestigt hat.** Er sagt ferner, indem er einen Fall annimmt, den er zwar nur für ein Hirngespinst hält, *es bliebe alsdann ein zwar trauriges, aber rechtmäßiges Rettungsmittel übrig, das man in diesem äußersten Fall ebenso anwenden könne, wie man sich der Hand des Wundarztes bedient, wenn der Krebs sich zeigt.*** Ob ihr wirklich in diesem vorgeblich eingebildeten Fall seid, habe ich gerade untersucht. Mein Rat ist also ferner nicht nötig, indem der Verfasser der Briefe ihn statt meiner gegeben hat. Alle Mittel, sich gegen die Ungerechtigkeit aufzulehnen, sind erlaubt, wenn sie friedlich sind, um so erlaubter sind die, die von den Gesetzen selbst gebilligt werden.

Werden diese Gesetze in einzelnen Fällen übertreten, so habt ihr das Recht der Repräsentation, um es zu verhindern, wird euch aber dieses Recht selbst streitig gemacht, so tritt der Fall der Garantie ein. Ich habe sie zwar nicht zu den Mitteln gezählt, durch die eine Repräsentation wirksamer gemacht werden kann, selbst die Vermittler haben sie nicht dazu rechnen wollen, denn sie er-

* Seite 172.

** Seite 101.

klärten, daß sie die Unabhängigkeit des Staates keineswegs verletzen wollten. Damit hätten sie freilich den Schlüssel der Regierung sozusagen in ihre Tasche gesteckt.* In besonderen Fällen also bringen die verworfenen Repräsentationen eine Allgemeine Ratsversammlung zuwege, wird aber das Repräsentationsrecht selbst verworfen, so scheint man zur Garantie seine Zuflucht nehmen zu müssen. Jede Maschine muß in sich selbst alle Triebfedern haben, die sie in Bewegung setzen sollen: sobald sie aber anfängt zu stocken, so muß der Werkmeister herbeigerufen werden, um sie wieder in Gang zu bringen.

Ich sehe nur zu gut, wohin dieses Rettungsmittel führen wird, und ich fühle schon, wie mein patriotisches Herz darüber seufzt. Auch wiederhole ich es nochmals, daß ich euch nichts vorschlage, denn was sollte ich sagen? Beratschlagt mit euren Mitbürgern und zählt die Stimmen erst dann, wenn ihr reiflich überlegt habt. Hütet euch vor der unruhigen Jugend, dem unverschämten Reichtum und der käuflichen Armut, denn von diesen Seiten kann kein heilsamer Rat kommen. Fragt nur diejenigen um Rat, welche durch eine ehrenhafte Mittelmäßigkeit vor den Verführungen des Ehrgeizes und des Elends gesichert sind, diejenigen, deren ehrenvolles Alter ein untadelhaft geführtes Leben krönt, die, die eine lange Erfahrung in den öffentlichen Geschäften haben, die, die ohne Ehrgeiz in dem Staat leben und keinen anderen Rang als den des Bürgers darin behaupten wollen, endlich die, die in allen Unternehmungen nur das Wohl des Vaterlandes und die Erhaltung der Gesetze zum Zweck hatten und durch ihre Tugenden sich die öffentliche Achtung und das Vertrauen von ihresgleichen erworben haben.

Vor allem aber, vereinigt euch. Ihr seid rettungslos verloren, wenn ihr entzweit bleibt, und wie solltet ihr euch entzweien, da so große gemeinsame Interessen euch vereinigen? Wie sollten bei

* Die Folge eines solchen Systems wäre gewesen, ein Vermittlungstribunal in Genf zu errichten, um über die Übertretung der Gesetze zu urteilen. Durch dieses Tribunal wäre die Souveränität der Republik bald zerstört worden, aber die Freiheit der Bürger wäre weit sicherer dabei gewesen, als sie es sein kann, sobald man das Repräsentationsrecht wegnimmt. Nun ist es aber kein großes Übel, daß man bloß dem Namen nach Souverän ist, aber wirklich frei zu sein, bedeutet viel.

einer so großen Gefahr niedrige Eifersucht und kleine Leidenschaften ihre Stimme zu erheben wagen? Sind sie wohl wert, daß man sie um einen so hohen Preis befriedige, und sollen eure Kinder dereinst über ihre Ketten weinen und sagen: das ist die Folge der Uneinigkeit unserer Väter? Mit einem Wort, es kommt hier weniger auf Beratschlagung als auf Einigkeit an, denn die Wahl der Partei, die ihr ergreifen sollt, ist nicht das Wichtigste: Wäre sie auch an sich selbst falsch, so ergreift sie nur alle einstimmig, und schon dadurch wird sich alles zum Besten wenden, und ihr werdet immer das tun, was ihr tun sollt, sobald ihr es nur übereinstimmend tut. Dies, mein Herr, ist mein Rat, und ich schließe, wo ich angefangen habe. Indem ich Ihnen gehorchte, habe ich meine letzte Pflicht gegen mein Vaterland erfüllt. Jetzt nehme ich Abschied von denen, die es bewohnen, sie können mir nichts Böses mehr zufügen, und ich kann ihnen nichts Gutes mehr erweisen.

ROUSSEAU
RICHTET ÜBER JEAN-JACQUES

GESPRÄCHE

Barbarus hic ego sum, quia non intelligor illis.
Ovid. Trist.

Wenn ich an die, in deren Hände diese Schrift fallen wird, eine Bitte richten dürfte, so wäre es die, daß sie sie ganz lesen mögen, ehe sie darüber verfügen und sogar ehe sie darüber zu irgend jemandem sprechen; aber im voraus sicher, daß diese Gunst mir nicht gewährt wird, schweige ich still und überlasse alles der Vorsehung.

ÜBER GRUND UND FORM DIESER SCHRIFT

Ich habe es oft gesagt, daß, wenn man mir von einem anderen Menschen dieselbe Meinung beigebracht hätte, die man meinen Zeitgenossen von mir beigebracht hat, ich mich gegen ihn nicht so betragen hätte, wie sie gegen mich tun. Dieser Behauptung ungeachtet blieb doch jedermann ganz gleichgültig über diesen Punkt, und ich fand bei niemandem auch nicht die geringste Neugierde, zu wissen, inwiefern mein Betragen von dem der anderen verschieden gewesen wäre und welches meine Gründe gewesen sein mögen. Ich schloß also daraus, daß das Publikum in der vollkommenen Überzeugung, daß man nicht gerechter noch anständiger gegen mich handeln könne, als man wirklich tat, auch überzeugt war, daß ich unrecht gehabt hätte, es nicht nachzuahmen. Ich glaubte sogar, in seinem Selbstvertrauen hierin einen gewissen geringschätzigen Hochmut zu bemerken, der nur aus der großen Meinung entstehen kann, die es von der Tugend seiner Führer und von seiner eigenen in dieser Sache hegt. Da alles dies für mich mit einem undurchdringlichen Schleier bedeckt ist und sich auch nicht mit meinen Gründen verträgt, so bin ich dadurch bewogen worden, sie zu sagen, um sie den Antworten eines jeden zu unterwerfen, der die Mühe auf sich nehmen will, mich aus meinem Irrtum zu reißen, denn mein Irrtum, wenn wirklich einer vorhanden ist, hat Folgen. Ich werde dadurch gezwungen, von allen denen Übles zu denken, die mich umgeben, und da meinem Willen nichts so sehr zuwider ist, als undankbar und ungerecht gegen sie zu sein, so würden diejenigen, die mich eines Besseren belehrten, indem sie mein Urteil berichtigten, in meinem Herzen die Dankbarkeit an die Stelle des Unwillens setzen und mich zur Erkenntlichkeit reizen, indem sie mir meine Pflicht zeigten, es zu sein. Indessen ist dies doch nicht der einzige Beweggrund, warum ich die Feder ergriffen habe, und man wird in dieser Schrift einen noch stärkeren und nicht weniger rechtmäßigen bemerken. Allein, ich bezeuge hiermit, daß diese Beweggründe jetzt nicht mehr von der Hoffnung, ja beinahe nicht einmal mehr von dem Verlangen begleitet sind, endlich von denen, die mich gerichtet haben, die Gerechtigkeit zu erhalten, die sie mir verweigerten und die sie fest entschlossen sind, mir immer zu verweigern.

Indem ich nun dieses Vorhaben ausführen wollte, befand ich mich in einer sonderbaren Verlegenheit. Es fehlte mir keineswegs an Gründen, um meine Meinung zu verteidigen, allein, ich sollte ihr entgegengesetzte Gründe erfinden und ein Verfahren auf einen gewissen Schein der Billigkeit gründen, worin ich nicht die geringste wahrnahm. Da indessen doch ganz Paris, ganz Frankreich, ganz Europa sich mir gegenüber mit der größten Zuversicht in so neue Grundsätze betrug, die mir so unerklärlich waren, so konnte ich doch nicht vermuten, daß eine so allgemeine Übereinstimmung gar keinen vernünftigen oder wenigstens scheinbaren Grund hätte, und daß eine ganze Generation sich vereinigen würde, gleichsam zum Spaß alle natürliche Erkenntnis zu erstikken, die Gesetze der Gerechtigkeit und alle Vorschriften der gesunden Vernunft zu verletzen, ohne Gegenstand, ohne Nutzen und ohne Vorwand, bloß um eine Laune zu befriedigen, deren Zweck und Gelegenheit ich nicht einmal einsehen konnte. Das tiefe und allgemeine Stillschweigen, welches ebenso unbegreiflich ist wie das Geheimnis selbst, das darunter verborgen liegt, ein Geheimnis, das man seit fünfzehn Jahren mit einer Sorgfalt vor mir verbirgt, die ich bei ihrem rechten Namen zu nennen mich enthalte, und zwar mit so glücklichem Erfolg, daß es ein Wunder zu sein scheint. Dieses fürchterliche und schreckliche Stillschweigen ließ mich nicht einen einzigen Gedanken fassen, der mir diese sonderbare Lage hätte erklären können. Da ich statt aller Aufklärung meinen Vermutungen allein überlassen bin, so konnte ich nie eine finden, wodurch ich mir das, was mir begegnete, so hätte erklären können, daß ich glauben konnte, die Wahrheit entdeckt zu haben. Wenn auch starke Anzeichen mich manchmal auf die Vermutung brachten, daß ich den Grund der ganzen Intrige, ihren Gegenstand und ihre Urheber entdeckt hätte, so zwangen mich die unzähligen Ungereimtheiten, die ich aus diesen Mutmaßungen entstehen sah, sie bald wieder zu verlassen, und alles, was meine Einbildungskraft sich bemühte, an deren Stelle zu setzen, hielt ebensowenig der Prüfung stand.

Um indessen doch nicht mit bloßen Hirngespinsten zu kämpfen und eine ganze Generation der Ungereimtheit zu beschuldigen, mußte ich bei der Partei, die gebilligt und allgemein befolgt wurde, doch einige Gründe vermuten. Ich habe keine Mühe gespart, einige Gründe aufzusuchen und zu erfinden, durch die die Menge verführt werden konnte, und wenn ich nichts fand, wodurch diese Wirkung hätte hervorgebracht werden können, so ist der Himmel mein Zeuge, daß die Schuld weder bei meinem Willen noch bei meinen Bemühungen liegt, und daß ich sorgfältig alle Begriffe gesammelt habe, die mir mein Verstand hierüber eingeben konnte. Da aber alle meine Bemühungen mir am Ende keine Genugtuung gewährten, so ergriff ich das einzige Mittel, das mir noch übrig blieb, um mich zu erklären, und dies bestand darin, daß ich, statt über einzelne Beweggründe zu urteilen, die mir unbekannt und unbegreiflich waren, über eine allgemeine Hypothese urteilte, die sie alle enthalten könnte, und daß ich unter allen möglichen Annahmen die schlimmste für mich wählte und die günstigste meinen Gegnern lieh, und in dieser Lage, welche ich soviel als möglich den heimlichen Ränken, deren Gegenstand ich war, den Schritten, die ich tun sah, und den geheimnisvollen Reden, die ich hier und da aufschnappte, anpaßte, stellte ich die Untersuchung an, welches Betragen von ihrer Seite am vernünftigsten und billigsten gewesen wäre. Alles auszuschöpfen, was zu ihrem Vorteil gesagt werden konnte, war das einzige Mittel, das mir blieb, um das zu finden, was sie wirklich sagen, und dies bestrebte ich mich zu tun, indem ich alle löblichen Beweggründe und scheinbaren Beweise auf ihre Seite legte, gegen mich aber alle erdenklichen Beschuldigungen häufte. Dessenungeachtet muß ich gestehen, daß ich manchmal über die Gründe errötete, die ich ihnen leihen mußte. Hätte ich bessere gefunden, so hätte ich sie von ganzem Herzen und mit aller Stärke angewandt, und dies um so mehr, da ich gewiß glaubte, daß keiner von ihnen meinen Antworten Stich gehalten hätte, weil diese unmittelbar aus den ersten Grundsätzen der Gerechtigkeit und aus den ersten Gründen der gesunden Vernunft herfließen und in allen möglichen Fällen auf eine solche Lage, wie die meine ist, anwendbar sind.

Da die Form des Gesprächs mir unter allen die bequemste schien, um das Für und Wider auseinanderzusetzen, so habe ich sie aus diesem Grunde gewählt, auch mir die Freiheit genommen, in diesen Unterredungen meinen Familiennamen mir wieder zuzueignen, den mir das Publikum genommen hatte, und habe mich selbst in einer dritten Person nach seinem Beispiel durch den Taufnamen bezeichnet, auf den es mich eingeschränkt hatte. Indem ich einen Franzosen zu meinem Mitredner wählte, habe ich dem Namen, den er trägt, alle Ehre und Achtung erwiesen, weil ich mich enthielt, ihn zum Mitschuldigen eines Verfahrens zu machen, das ich mißbillige, und ich bin nicht ungerecht gegen ihn gewesen, wenn ich ihn hier die Rolle spielen ließ, die alle seine Landsleute gegen mich begierig annehmen. Ich bin sogar darauf bedacht gewesen, ihn auf bessere Meinungen zurückzuführen, als diejenigen sind, die ich bei allen seinen Landsleuten angetroffen habe, und so wie ich ihn darstelle, wäre es sowohl ein Glück für mich wie eine Ehre für sein Vaterland, wenn sich viele darin befänden, die ihn nachahmten. Wenn ich ihn aber zuweilen in ungereimte Schlüsse verwickle, so bezeuge ich nochmals mit aufrichtigem Herzen, daß es wider meinen Willen geschieht, und ich glaube ganz Frankreich auffordern zu können, mir gründlichere Schlüsse anzugeben, durch die das sonderbare Betragen gerechtfertigt werden könnte, dessen Gegenstand ich bin und dessen es sich so sehr zu rühmen scheint.

Was ich zu sagen hatte, war so klar, ich selbst war so sehr davon durchdrungen, daß ich mich nicht über die Weitschweifigkeiten, Wiederholungen, über die Geschwätzigkeit und die Unordnung dieser Schrift verwundern konnte. Aber eben die Ursache, durch die sie unter der Feder eines anderen lebhaft und ausdrucksvoll geworden wäre, machte sie unter der meinigen kalt und schleppend. Es betraf nämlich meine eigene Person und ich fand zum Vorteil meiner selbst nicht mehr jenen Eifer und jene Stärke des Mutes, die eine großmütige Seele nur zum Besten eines anderen erheben können. Die erniedrigende Rolle meiner eignen Verteidigung ist meiner und der Empfindung, die mich beseelt, zu unwürdig, als daß ich sie gern übernähme. Auch wird man bald einsehen, daß ich sie hier gar nicht übernommen habe. Ich konnte aber das Verfahren des Publikums gegen mich nicht untersuchen, ohne mich selbst in der traurigsten und bedauernswürdigsten Lage zu betrachten. Ich mußte mich mit traurigen, das Herz angreifenden Gedanken, mit bitteren und unangenehmen Erinnerungen und mit Empfindungen beschäftigen, die meinem Herzen fremd sind, und in diesen schmerzlichen und niederschlagenden Zustand mußte ich mich zurückversetzen, sooft eine neue Beleidigung meine Abneigung überwand und mich zwang, aufs neue einen Versuch zu wagen, diese so oft liegengelassene Schrift wieder vorzunehmen. Da ich eine so schmerzliche Beschäftigung nicht lange aushalten konnte, überließ ich mich ihr nur in kurzen Augenblicken und schrieb jeden Gedanken so nieder, wie er mir einfiel, und ließ es dabei bewenden, und so schrieb ich oft zehnmal denselben, wenn er mir zehnmal einfiel, ohne mich jemals zu erinnern, was ich vorher geschrieben hatte. Ich bemerkte dies erst bei der Lesung des Ganzen, als es zu spät war, etwas zu verbessern, wie ich nun gleich sagen werde. Der Zorn belebt oft das Talent, aber Widerwille und Herzensbeklemmungen ersticken dasselbe, und nachdem man mich gelesen hat, wird man noch deutlicher einsehen, daß dies die anhaltende Lage war, in der ich mich während dieser beschwerlichen Arbeit befunden habe.

Eine andere Schwierigkeit machte mir diese Arbeit ermüdend, nämlich, daß ich gezwungen war, unaufhörlich von mir selbst zu reden, unparteiisch und wahr, ohne Lob und ohne mich herabzusetzen. Dieses wird zwar einem Menschen nicht schwer, dem das Publikum die ihm zukommende Ehre erweist; er wird dadurch der Mühe überhoben, es selbst zu tun. Er kann ebensowohl dazu schweigen, ohne sich zu erniedrigen, als auch ganz freimütig sich die Eigenschaften beilegen, die jedermann an ihm erkennt. Aber der, der sich der Ehre und Achtung wert fühlt und den das Publikum mit Vergnügen lästert und zerreißt, in welchem Tone soll der sich wohl die Gerechtigkeit zueignen, die man ihm schuldig ist? Soll er sich der Eigenschaften rühmen, die er wirklich besitzt, die aber niemand an ihm erkennen will? Es wäre mehr Niedrigkeit als Stolz, wenn man die Wahrheit so verunehren wollte. Wenn man sich alsdann auch mit der strengsten Unparteilichkeit lobte, so würde man sich dadurch mehr herabsetzen als ehren, und es würde einen Mangel an Menschenkenntnis verraten, wenn man glauben wollte, daß man durch dergleichen Behauptungen die Menschen von einem Irrtum zurückbringen könnte, in dem sie gerne beharren. Ein stolzes und geringschätziges Schweigen tut in solchen Fällen eine bessere Wirkung und wäre auch weit eher nach meinem Geschmack gewesen, aber dies hätte meinen Zweck nicht erfüllt, und um ihn zu erfüllen, mußte ich notwendigerweise sagen, mit welchen Augen ich, wenn ich ein anderer gewesen wäre, einen solchen Menschen, wie ich bin, betrachtet hätte. Ich habe mich bemüht, eine so beschwerliche Pflicht mit aller Unparteilichkeit und Billigkeit zu erfüllen, ohne die unglaubliche Verblendung des Publikums zu schelten, ohne mich hochmütigerweise meiner Tugenden, die es mir abspricht, zu rühmen, auch ohne mich der Fehler zu beschuldigen, die ich nicht habe und deren es mich beschuldigt, sondern indem ich in einfältiger Weise dasjenige erklärte, was ich aus einer der meinigen ähnlichen Verfassung folgern würde, wenn ich sie sorgfältig an einem anderen Menschen beobachtet hätte. Findet man in meinen Beschreibungen Zurückhaltung und Mäßigung, so rechne man es mir nicht zum Verdienst an. Ich erkläre, daß mir nur etwas mehr Bescheidenheit fehlte, um weit ehrenvoller von mir reden zu können.

Wenn ich die große Weitschweifigkeit dieser Gespräche betrachtete, so war ich oft in der Versuchung, sie abzukürzen, die häufigen Wiederholungen auszustreichen und mehr Ordnung und Folge hineinzubringen, aber diese neue Mühe habe ich niemals ertragen können. Das lebhafte Gefühl meines Unglücks, das beim Durchlesen erneuert wird, erstickt die Aufmerksamkeit, die dazu nötig ist. Es ist mir unmöglich, etwas zu behalten, zwei Redewendungen zusammenzubringen und zwei Begriffe miteinander zu vergleichen. Während ich meine Augen anstrenge, den Zeilen zu folgen, seufzt mein gebeugtes Herz. Nach mehreren vergeblichen Versuchen habe ich also diese Arbeit aufgegeben, zu der ich mich ganz unfähig fühle, und aus Ermangelung eines Besseren schränke ich mich darauf ein, diese unförmigen Versuche abzuschreiben, die ich zu verbessern außerstande bin. Wenn so, wie sie jetzt sind, die Arbeit erst noch zu unternehmen wäre, so würde ich es nicht tun, selbst wenn alle Güter der Welt damit verbunden wären. Ich bin sogar gezwungen, eine Menge Gedanken fahren zu lassen, die besser und richtiger ausgedrückt sind als die, die hier stehen und die ich auf einzelne Zettel geschrieben hatte, in der Hoffnung, sie nachher leicht ordnen zu können, ich bin jedoch so niedergeschlagen, daß mir selbst diese leichte Arbeit unmöglich wird. Übrigens habe ich ungefähr das gesagt, was ich zu sagen hatte; zwar ist es freilich unter Unordnung und Wiederholungen versteckt, aber es ist noch darin, und gute Köpfe werden es zu finden wissen. Was die betrifft, die bloß eine angenehme und rasche Lektüre wollen, die, die nur dies in meinen *Bekenntnissen* gesucht und gefunden haben, die, die eine kleine Anstrengung nicht ertragen, noch eine anhaltende Aufmerksamkeit aus Liebe zur Gerechtigkeit und Wahrheit aushalten können, solche Leute können sich den Überdruß dieser Lektüre ersparen, denn mit ihnen wollte ich nicht reden, und weit entfernt, ihnen gefallen zu wollen, will ich mir wenigstens diesen letzten schrecklichen Verdruß ersparen, daß das Gemälde des Elends meines Lebens irgend jemandem zur angenehmen Unterhaltung dienen sollte.

Was wird aus dieser Schrift werden? Welchen Gebrauch kann ich wohl davon machen? Ich weiß es nicht, und diese Ungewißheit hat die Mutlosigkeit um vieles vermehrt, die mich, während ich daran arbeite, nicht verlassen hat. Diejenigen, welche mein Schicksal regieren, erhielten Nachricht davon, sobald ich angefangen hatte, daran zu arbeiten, und ich sehe in meiner Lage kein denkbares Mittel, wodurch ich verhindern könnte, daß sie nicht früher oder später in ihre Hände fällt.* Dem natürlichen Lauf der Dinge gemäß ist also vermutlich die Mühe, die ich mir gegeben habe, verloren. Ich weiß nicht, welches Mittel mir der Himmel noch einmal geben wird, ich hoffe jedoch bis ans Ende, daß er die gerechte Sache nicht verlassen wird. In welche Hände er nun diese Blätter auch fallen läßt, sobald nur unter denen, die sie lesen, vielleicht noch ein menschliches Herz ist, so bin ich zufrieden, und ich werde das menschliche Geschlecht nie so sehr verachten, um in diesem Gedanken nicht einen Grund des Zutrauens und der Hoffnung zu finden.

* Man wird am Ende dieser Gespräche in der unglücklichen Geschichte dieser Schrift finden, wie diese Voraussage sich bewahrheitet hat.

ERSTES GESPRÄCH

ROUSSEAU

Welch unglaubliche Dinge habe ich gehört, kaum kann ich mich davon erholen: Nein, niemals werde ich mich ganz davon erholen. Gerechter Himmel! Was ist das für ein abscheulicher Mensch! Wieviel Übel hat er mir zugefügt! Wie sehr werde ich ihn verabscheuen!

DER FRANZOSE

Ja, und bemerken Sie dabei wohl, daß es eben der Mensch ist, dessen glänzende Geistesprodukte Sie entzückten und der Sie durch die schönen Tugendvorschriften, die er mit so viel Prunk darin lehrt, so sehr hinriß.

ROUSSEAU

Sagen sie Stärke, und lassen Sie uns selbst gegen die Bösen gerecht sein. Der Prunk erregt höchstens eine kalte, unfruchtbare Bewunderung und wird mich gewiß nie entzücken, aber Schriften, die die Seele erheben und das Herz in Feuer setzen, verdienen ein anderes Wort.

DER FRANZOSE

Prunk oder Stärke, was liegt an dem Wort, sobald der Begriff derselbe ist? Und wenn dieses erhabene Gewäsch durch Heuchelei aus einem überspannten Kopf entspringt und nichtsdestoweniger von einer schlechten Seele herrührt?

ROUSSEAU

Diese Wahl des Wortes scheint mir weniger unbedeutend als Ihnen, denn bei mir verändern sich dadurch die Begriffe sehr, und wäre bloß Prunk und Gewäsch in den Schriften des Verfassers enthalten, den Sie mir eben schilderten, so würde ich ihn weniger verabscheuen. Mancher verdorbene Mensch wird durch eine trockene langweilige Predigt nur verstockter, der vielleicht in sich gehen und ein rechtschaffener Mann werden würde, wenn man in seinem Herzen jene Empfindungen der Güte und der Menschlichkeit aufzusuchen und wieder anzufachen wüßte, die die Natur hineingelegt hat und die durch die Leidenschaften erstickt werden. Allein, derjenige, der die Tugend in ihrer ganzen Schönheit mit kaltem Blut betrachten, derjenige, der sie mit allen ihren rührendesten Reizen schildern kann, ohne dadurch bewegt zu werden und ohne einige Liebe zu ihr zu empfinden, ein solcher Mensch, wenn es je einen solchen gibt, ist ein Bösewicht ohne Rettung, ein moralischer Leichnam.

DER FRANZOSE

Wie, wenn es einen solchen gibt? Was verstehen Sie unter diesem Zweifel nach der Wirkung, die die Schriften dieses Elenden auf Sie gemacht, und nach der Unterredung, die wir hierüber gehabt haben? Erklären Sie sich.

ROUSSEAU

Ich will mich erklären, obgleich ich einsehe, daß diese Mühe ganz vergeblich und überflüssig sein wird, denn alles, was ich Ihnen sagen werde, kann nur von denjenigen verstanden werden, denen man es zu erklären nicht nötig hat.

Stellen Sie sich also eine ideale Welt vor, die der unsrigen ganz ähnlich und dennoch davon verschieden ist. Die Natur ist daselbst eben dieselbe, wie sie auf unsrer Erde ist, allein ihre Ökonomie ist merklicher, ihre Ordnung ist auffallender und deren Anblick bewunderungswürdiger; die Formen sind zierlicher, die Farben lebhafter, die Gerüche angenehmer und alle Gegenstände anziehender. Die ganze Natur ist daselbst so schön, daß, indem durch ihre Betrachtung die Seelen mit Liebe für ein so schönes Gemälde entzündet werden, sie ihnen nebst dem Verlangen, zu einem so schönen System das ihrige beizutragen, die Furcht einflößt, seine Harmonie zu stören; daraus entsteht eine außerordentliche Reizbarkeit, welche denjenigen, die damit beglückt sind, einen unmittelbaren Genuß gewährt, der den Herzen unbekannt ist, die durch dieselben Betrachtungen nicht belebt worden sind.

Die Leidenschaften sind so wie bei uns die Beweggründe jeder

Handlung, allein, lebhafter und feuriger, oder bloß einfacher und reiner, nehmen sie eben dadurch einen ganz verschiedenen Charakter an. Alle ersten Bewegungen der Natur sind gut und richtig. Sie zielen auf den möglichst geradesten Weg auf unsre Erhaltung und unser Glück ab, allein, indem es ihnen bald an Stärke fehlt, ihre erste Richtung ungeachtet aller Hindernisse, die sich ihnen entgegenstellen, fortzusetzen, lassen sie sich durch tausend Schwierigkeiten aufhalten, die sie von dem wahren Zweck ablenken und ihnen eine schiefe Richtung geben, wodurch endlich der Mensch seine erste Bestimmung vergißt. Unrichtigkeit des Urteils und die Gewalt der Vorurteile tragen vieles dazu bei, daß wir uns derart täuschen können, aber diese Wirkung entsteht hauptsächlich aus der Schwäche der Seele, welche ganz lässig dem Antrieb der Natur folgt und sich durch das Aufstoßen auf ein Hindernis ablenken läßt, so wie eine Kugel dem Winkel der Reflexion folgt, während diejenige, welche ihren Lauf mit mehr Stärke fortsetzt, nicht aufgehalten wird, sondern gleich einer Kanonenkugel das Hindernis entweder überwältigt oder ihre Kräfte verliert und vor ihm niederfällt.

Die Bewohner der idealen Welt, von der ich rede, sind so glücklich, daß sie von der Natur, an die sie sich stärker anlehnen, in dem glücklichen Standpunkt erhalten werden, in den sie uns alle gesetzt hat, und eben dadurch behält ihre Seele ihren ursprünglichen Charakter bei. Die ursprünglichen Leidenschaften, welche alle auf unser Glück abzielen, beschäftigen uns bloß mit Gegenständen, die sich darauf beziehen, und da die Selbstliebe ihr allgemeines Prinzip ist, so sind sie ihrem Wesen nach alle liebreich und sanft; wenn sie aber durch Hindernisse von ihrem Gegenstande abgelenkt werden und sich dann mehr damit beschäftigen, das Hindernis wegzuräumen als den Gegenstand zu erlangen, dann verändern sie ihre Natur und werden zu Zorn und Haß fähig, und auf diese Art verändert sich die Selbstliebe, welche ein gutes und notwendiges Gefühl ist, in Eigenliebe, das heißt in eine relative Empfindung, vermöge deren man Vergleiche mit sich anstellt, Vorzüge erlangt, deren Genuß doch bloß negativ ist, und welche ihre Befriedigung nicht durch unser eigenes Wohl, sondern durch das Unglück anderer zu befördern sucht.

Sobald in der menschlichen Gesellschaft die Menge der Leidenschaften und der Vorurteile, die sie erzeugen, den Menschen von dem wahren Weg ableiten, und die Hindernisse, die sie vor ihm anhäufen, ihn von dem wahren Zwecke des Lebens entfernen, so bleibt dem Weisen, der durch den Zusammenstoß seiner eignen Leidenschaften und der Leidenschaften der anderen unaufhörlich beunruhigt wird und unter so vielen Richtungen, die ihn in die Irre führen, nicht mehr den wahren Weg unterscheiden kann, weiter nichts mehr übrig, als sich so viel wie möglich aus dem Gedränge zu entfernen und ohne Ungeduld an der Stelle stehen zu bleiben, die ihm der Zufall angewiesen hat, in der gewissen Überzeugung, daß er durch das Nichthandeln wenigstens der Gefahr entgeht, seinen Untergang zu befördern und in neue Irrtümer zu geraten. Da er in dem Bestreben der Menschen nichts weiter sieht als die Torheit, die er vermeiden will, so bedauert er mehr ihre Verblendung, als daß er sie wegen ihrer Bosheit haßte, er quält sich nicht, ihnen Übel mit Übel und Beleidigung mit Beleidigung zu vergelten, und sucht er auch zuweilen die Angriffe seiner Feinde abzuwehren, so denkt er auf keine Wiedervergeltung, er wird nicht gegen sie entrüstet und verläßt nie seine Stelle noch die Ruhe, in der er beharren will.

Unsre idealen Einwohner haben weniger tiefe Einsichten und gelangen auf den entgegengesetzten Wegen beinahe zu demselben Ziel, und ihr feuriger Eifer selbst erhält sie in der Untätigkeit. Der himmlische Zustand, nach dem sie streben und der vermöge der Gewalt, mit der er ihre Herzen an sich zieht, ihr größtes Bedürfnis ist, läßt sie unaufhörlich alle Kräfte ihrer Seele anstrengen, um dorthin zu gelangen. Die Hindernisse, die sich ihnen entgegensetzen, können sie nicht so sehr beschäftigen, daß sie darüber nur einen Augenblick diesen Zweck vergessen könnten, und hieraus entsteht jene unüberwindliche Abneigung gegen alles übrige und jene gänzliche Untätigkeit, wenn sie daran verzweifeln, den einzigen Gegenstand aller ihrer Wünsche erreichen zu können.

Diese Verschiedenheit entsteht nicht bloß aus der Beschaffenheit ihrer Leidenschaften, sondern auch aus deren Stärke, denn starke Leidenschaften lassen sich nicht so wie die andern ablenken. Zwei Liebende, von denen der eine sehr verliebt, der andere etwas kälter ist, werden jedoch einen Nebenbuhler mit einerlei Ungeduld betrachten, der eine wegen seiner Liebe und der andere wegen seiner Eigenliebe. Allein, es ist möglich, daß der Haß des zweiten zur Hauptleidenschaft wird und länger als seine Liebe dauert, ja sogar nach deren Erstickung sich noch vermehrt, während der erste, der nur haßt, weil er verliebt ist, aufhört, seinen Nebenbuhler zu hassen, sobald er ihn nicht mehr fürchtet. Wenn also schwache und kalte Seelen den hassenden Leidenschaften, welches eigentlich nur untergeordnete und abgelenkte Leidenschaften sind, mehr unterworfen sind, große und starke Seelen hingegen in ihrer Richtung beharren und dadurch die sanften ursprünglichen Leidenschaften erhalten, welche unmittelbar aus der Selbstliebe herfließen, so werden Sie einsehen, wie aus einer größeren Intensität der Fähigkeiten und der richtigeren Empfindung des ersten Verhältnisses bei den Bewohnern dieser anderen Welt Leidenschaften entstehen können, welche sehr weit von denjenigen unterschieden sind, die hier unten die armen Sterblichen quälen. Vielleicht ist man in diesen Gegenden eben nicht tugendhafter als bei uns, allein, man weiß die Tugend besser zu schätzen und zu lieben. Da alle wahren Neigungen der Natur gut sind, so sind sie selbst gut, indem sie sich ihnen überlassen, allein, bei uns nötigt die Tugend den Menschen oft, der Natur zu widerstreiten und sie zu überwinden, und nur wenige sind dieser Stärke fähig. Eine lange unterbrochene Gewohnheit, zu widerstehen, kann sogar ihre Seelen so sehr erschlaffen, daß sie das Böse aus Schwachheit, aus Furcht oder aus Notwendigkeit tun: sie sind weder vor Fehlern noch vor Vergehen sicher, ja selbst das Laster ist ihnen nicht fremd, denn es gibt traurige Lagen, wo die stärkste Tugend kaum hinreicht, sich desselben zu erwehren, und die den schwachen Menschen wider die Neigung seines Herzens das Böse zu begehen zwingen. Allein, der vorsätzliche Wille zu schaden, der giftige Haß, der Neid, Bosheit, Verräterei und Arglist sind ihnen unbekannt; nur zu oft findet man Strafbare unter ihnen, aber nie einen Bösewicht. Kurz, wenngleich sie nicht tugendhafter sind als wir, so sind sie schon dadurch, daß sie sich selbst besser zu lieben wissen, weniger übelwollend gegen andere.

Auch sind sie weniger tätig, oder besser gesagt, weniger unruhig. Ihr Streben nach dem Gegenstand, den sie betrachten, besteht in mutigen Versuchen, sobald sie aber deren Ohnmacht einsehen, halten sie ein, ohne in der Nähe um sich her einen Ersatz für diesen einzigen Gegenstand zu suchen, der allein sie reizen kann.

Obgleich sinnlich und wollüstig, achten sie den Überfluß doch wenig und bemühen sich nicht, dazu zu gelangen, weil sie die Kunst des Genusses zu gut kennen, um nicht zu wissen, daß das wahre Vergnügen nicht mit Geld zu erkaufen ist, und was das Gute anlangt, das ein Reicher tun kann, so wissen sie wohl, daß nicht er selbst es tut, sondern sein Reichtum, und daß es besser getan würde, wenn der Reichtum in mehr Hände verteilt oder vielmehr durch diese Teilung vernichtet würde, und daß all das Gute, das der Reiche dadurch zu tun glaubt, nur selten dem wirklichen Übel das Gleichgewicht hält, das er tun muß, um Reichtümer zu erwerben. Da sie auch überdies ihre Freiheit mehr als ihre Bequemlichkeit lieben, so fürchten sie dieselbe durch Glücksgüter zu erkaufen, wäre es auch nur bloß wegen der Abhängigkeit und der Verlegenheit, welche mit der Sorge, sie zu erhalten, verknüpft ist. Das vom Überfluß unzertrennliche Gefolge wäre ihnen weit mehr zur Last, als die Güter, die er gewährt, ihnen angenehm wären, und die Unruhe des Besitzes würde ihnen das Vergnügen des Genusses vergiften.

Also von allen Seiten durch die Natur und die Vernunft eingeschränkt, stehen sie still und genießen jeden Tag des Lebens, indem sie an jedem das tun, was sie gut für sich selbst und ersprießlich für andere halten, ohne Rücksicht auf die Achtung der Menschen und die Launen der Meinung zu nehmen.

DER FRANZOSE

Ich zerbreche mir den Kopf vergeblich, um herauszufinden, was diese phantastischen Wesen, die Sie hier beschreiben, mit dem Ungeheuer, von dem wir vorhin sprachen, gemein haben können.

ROUSSEAU

Ohne Zweifel gar nichts, und ich selbst denke so, allein, erlauben Sie mir, daß ich endige.

Wesen von so besonderer Beschaffenheit müssen sich notwendig ganz anders ausdrücken als gewöhnliche Menschen. Es ist unmöglich, daß bei so verschieden modifizierten Seelen der Ausdruck ihrer Empfindungen und ihrer Gedanken nicht das Gepräge dieser Modifikationen tragen sollte. Obgleich dieses Gepräge denjenigen unsichtbar ist, die keinen Begriff von einer solchen Beschaffenheit haben, so entgeht es doch denjenigen nicht, die es kennen und selbst davon bestimmt werden. Es ist das charakteristische Zeichen, an welchem die Eingeweihten einander erkennen, und was diesem so wenig bekannten und so wenig benutzten Zeichen einen noch größeren Wert gibt, ist, daß es nicht nachgeahmt werden kann, daß es nur an seiner Quelle selbst wirksam ist, und daß, wenn es nicht aus dem Herzen derjenigen kommt, die es nachahmen, es auch die Herzen derjenigen nicht rührt, die es unterscheiden können; sobald es aber dahin gelangt, so kann man es nicht verkennen, denn es ist wahr, sobald man es empfindet. In dem ganzen Verlauf des Lebens offenbart es sich deutlicher und richtiger als in einzelnen Handlungen, allein, in lebhaften Lagen, wo die Seele sich unwillkürlich erhebt, unterscheidet der Eingeweihte leicht seinen Bruder von dem, der es nicht ist und nur dessen Ton annimmt, und diese Verschiedenheit offenbart sich auch in den Schriften. Die Bewohner der idealen Welt schreiben überhaupt wenig Bücher und unternehmen nichts, um welche zu verfertigen, denn dies ist für sie keine Beschäftigung. Wenn sie aber welche schreiben, so müssen sie dazu durch einen mächtigeren Beweggrund angereizt werden als den des Eigennutzes oder selbst den des Ruhms. Dieser Beweggrund, dem schwer zu widerstehen ist und den man unmöglich nachahmen kann, offenbart sich in allen seinen Produkten. Eine glückliche Entdeckung bekannt zu machen, eine schöne und große Wahrheit auszubreiten, einen allgemeinen und schädlichen Irrtum zu bestreiten, kurz alles, was das allgemeine Wohl befördern kann, dies ist der einzige Beweggrund, der ihnen die Feder in die Hand geben kann. Auch wird dazu erfordert, daß die Gedanken neu, schön und auffallend genug sind, um ihren Eifer in Bewegung zu bringen und ihn zum Ausbruch zu zwingen. Dazu ist bei ihnen weder eine gewisse Zeit noch ein gewisses Alter bestimmt, denn da die Schriftstellerei bei ihnen kein Handwerk ist, so werden sie früh oder spät aufhören oder anfangen, je nachdem wie sie dazu gereizt werden. Sobald jeder gesagt haben wird, was er zu sagen hatte, so wird er wieder ebenso ruhig sein wie vorher, ohne sich unter den gelehrten Schwarm zu mischen und ohne jene lächerliche Begierde zu fühlen, immer zu schwatzen und Papier zu beschmieren, welche mit dem Stand eines Schriftstellers verknüpft sein soll, und mancher, der mit großem Genie begabt ist, wird es vielleicht selbst nicht bemerken und ganz unbekannt sterben, wenn ihm kein Gegenstand aufstößt, der seinen Eifer belebt und ihn dadurch zwingt, sich zu zeigen.

DER FRANZOSE

Mein lieber Herr Rousseau, ich glaube, Sie gehören selbst zu den Bewohnern jener Welt.

ROUSSEAU

Wenigstens erkenne ich einen davon ganz unstreitig in der Person des Verfassers des *Emile* und der *Héloïse.*

DER FRANZOSE

Diese Schlußfolgerung erwartete ich, allein, um alle diese dunklen Erdichtungen zu übergehen, müßten Sie vorerst mit sich selbst einig werden, denn nachdem Sie erst von dem abscheulichen Charakter dieses Menschen überzeugt schienen, setzten Sie ihn nunmehr zu den Gestirnen, weil er Romane geschrieben hat. Ich wenigstens kann dies Rätsel mir nicht erklären. Sagen Sie mir also, ich bitte Sie, einmal Ihre wahre Meinung über ihn.

ROUSSEAU

Ich habe sie Ihnen unverhohlen gesagt und will sie Ihnen ohne Umschweife wiederholen. Die Stärke Ihrer Beweise läßt mich nicht einen Augenblick an dem Verbrechen, das sie bezeugen, zweifeln, und hierüber denke ich genau wie Sie: allein, Sie vereinigen Dinge, die ich voneinander unterscheide. Sie halten den Verfasser der Schriften und den Urheber der Verbrechen für dieselbe Person, und ich glaube zwei daraus machen zu müssen. Dies, mein Herr, ist die Auflösung des Rätsels.

DER FRANZOSE

Wieso, ich bitte Sie? Dies ist mir ganz etwas Neues.

ROUSSEAU

Zu Unrecht, scheint mir, denn haben Sie mir nicht selbst gesagt, daß er nicht der Verfasser des *Devin du village* ist?

DER FRANZOSE

Ja, und es ist wahr und eine Sache, woran niemand mehr zweifelt. Was aber seine übrigen Schriften betrifft, so habe ich noch nicht gehört, daß man sie ihm streitig macht.

ROUSSEAU

Diese zweite Entblößung scheint mir indessen doch eine sichere Folge der anderen zu sein. Doch um den Zusammenhang richtiger zu beurteilen, müßte man den Beweis kennen, warum er nicht der Verfasser des *Devin* sein kann.

DER FRANZOSE

Den Beweis! Man hat deren hundert und alle sind unwiderleglich.

ROUSSEAU

Das ist viel. Ich bin mit einem zufrieden, aber diesen verlange ich, und zwar so, daß er von dem Zeugnis anderer ganz unabhängig ist.

DER FRANZOSE

Mit Vergnügen! Ohne also die erwiesenen gelehrten Diebereien zu erwähnen, woraus, wie man bewiesen hat, dieses Stück zusammengesetzt ist, ohne mich auf den Zweifel einzulassen, ob er auch wohl Verse machen könne und folglich die des *Devin du village* verfertigt hat, schränke ich mich bloß auf einen bestimmten und sicheren Beweis ein, und dieser ist, er verstehe nichts von der Musik, und hieraus kann man wohl meiner Meinung nach mit Gewißheit schließen, daß er die zu dieser Oper nicht gemacht hat.

ROUSSEAU

Wie, er versteht nichts von der Musik? Dies ist abermals eine neue Entdeckung, die ich nicht erwartet hätte.

DER FRANZOSE

Schenken Sie hierin weder mir noch irgend jemand anderem Glauben, sondern untersuchen Sie selbst.

ROUSSEAU

Wenn ich die Abneigung überwinden könnte, mich dem Menschen zu nähern, den Sie mir geschildert haben, so würde ich es sicher nicht deswegen tun, um zu erfahren, ob er sich auf die Musik versteht, denn diese Frage ist ganz unwichtig, wenn von einem solchen Bösewicht die Rede ist.

DER FRANZOSE

Sie muß indessen doch unseren Herren wichtiger erschienen sein als Ihnen, denn die unglaublichen Bemühungen, die sie angewandt haben und noch täglich anwenden, um diesen Beweis beim Publikum fester zu gründen, übertrifft noch die Mühe, die sie angewandt haben, um seine Verbrechen zu beweisen.

ROUSSEAU

Sonderbar genug, denn wenn man einmal die Hauptsache so gut bewiesen hat, so bemüht man sich gemeiniglich nicht so sehr, die Nebensachen zu beweisen.

DER FRANZOSE

Oh, gegenüber einem solchen Menschen darf man weder das Größere noch das Geringere vernachlässigen. Der Abscheu vor dem Laster gesellt sich zur Wahrheitsliebe, um einen erschlichenen Ruhm in allen seinen Teilen zu zerstören, und diejenigen, die sich bemühten, ihn als ein verabscheuungswürdiges Ungeheuer vorzustellen, müssen sich jetzt ebensosehr bemühen, in ihm einen elenden Schmierfink ohne Talent zu zeigen.

Ich muß gestehen, daß das Schicksal dieses Menschen ganz eigene und auffallende Sonderbarkeiten enthält. Sein Leben ist in zwei Teile geteilt, welche zwei verschiedenen Wesen anzugehören scheinen, wobei der Zeitpunkt, der sie voneinander unterscheidet, oder die Zeit, als er anfing, Schriften herauszugeben, den Tod des einen und die Geburt des anderen zu bezeichnen scheint.

Der erste, ein sanfter, friedfertiger Mensch, war bei allen denen wohlgelitten, die ihn kannten, und seine Freunde blieben ihm beständig treu. Vermöge seines schüchternen und stillen Charakters wenig zu großen Gesellschaften geschickt, liebte er die Einsamkeit, nicht um allein zu leben, sondern um das Vergnügen des Studierens mit dem Reiz des Selbstgefühls zu verbinden. Seine jüngeren Jahre wendete er an den Erwerb der schönen Kenntnisse und der angenehmen Talente, und als er sich gezwungen sah, diesen Erwerb zu seinem Unterhalt zu benutzen, so tat er es mit so wenig Prahlerei und Eigenliebe, daß selbst die Personen, mit denen er am vertrautesten umging, es sich nicht träumen ließen, daß er Verstand genug hätte, um Bücher zu schreiben. Sein Herz, welches zur Anhänglichkeit geschaffen war, überließ sich ohne Rückhalt; bis zur Schwachheit gefällig gegen seine Freunde, ließ er sich so sehr von ihnen unterjochen, daß er endlich dieses Joch nicht ungestraft abwerfen konnte.

Der andere, ein harter, ungeselliger und düsterer Mensch wird von der ganzen Welt verabscheut, die er flieht, und findet in seiner schrecklichen Menschenfeindschaft nur daran Vergnügen, seinen Haß gegen das menschliche Geschlecht zu beweisen. Der erste überwand allein, ohne Kenntnisse, ohne Lehrmeister alle Hindernisse mit Hilfe des Eifers und weihte seine leeren Stunden nicht dem Müßiggang, noch weniger schädlichen Arbeiten, sondern verwandte sie dazu, seinen Kopf mit reizenden Gedanken und sein Herz mit süßen Empfindungen anzufüllen und Entwürfe zu machen, welche vielleicht als Hirngespinste galten, weil sie sehr nützlich waren, deren Ausführung aber, wenn sie möglich gewesen wäre, das Glück der Menschheit befördert hätte. Der andere hingegen, der ganz mit seinen schädlichen Ränken beschäftigt war, konnte weder seine Zeit noch seinen Verstand auf angenehme Beschäftigungen, noch weniger auf nützliche Entwürfe verwenden. In den schändlichsten Ausschweifungen versunken, brachte er sein Leben in den Wirtshäusern und an schlechten Orten zu, mit allen Fehlern behaftet, die man mit hineinbringt oder darin annimmt, und nur den unflätigen und niedrigen Geschmack, der davon unzertrennlich ist, bei sich hegend setzte er seine niedrigen Neigungen mit den stolzen Produkten, die er sich unverschämterweise zueignete, in den lächerlichsten Kontrast. Vergeblich sah man ihn Bücher lesen und sich mit philosophischen Untersuchungen beschäftigen, er hat nichts davon begriffen und nichts behalten als sein abscheuliches System, und nach angeblichen Versuchen, die bloß dahin zielten, das menschliche Geschlecht zu hintergehen, endigte er so, wie er angefangen hatte, indem er nichts weiter wußte, als Böses zu tun.

Ohne aber diesen Gegensatz in allen seinen Teilen zu verfolgen, und um bei demjenigen stehen zu bleiben, der mich darauf geführt hat, so war der erste von einer Schüchternheit, die bis zur Dummheit ging, und wagte die Früchte seiner müßigen Stunden kaum seinen Freunden zu zeigen, der andere hingegen hatte die noch dümmere Dreistigkeit, sich unverschämterweise und öffentlich die Schriften anderer zuzueignen, welche von Dingen handelten, von denen er gar nichts verstand. Der erste liebte die Musik bis zur Leidenschaft, machte sein Lieblingsgeschäft daraus und war so glücklich, darin Entdeckungen zu machen, Mängel zu finden und Verbesserungen vorzuschlagen. Er brachte einen großen Teil seines Lebens unter Künstlern und Kunstliebhabern zu, indem er teils Musik aller Gattungen zu verschiedenen Gelegenheiten komponierte, teils über diese Kunst schrieb, neue Aussichten anzeigte, Muster der Komposition vorlegte und durch Beweise den Nutzen seiner vorgeschlagenen Methoden bestätigte, und er zeigte sich immer in allen Teilen dieser Kunst besser unterrichtet als die meisten seiner Zeitgenossen, von denen manche in gewissen Fächern zwar weit geübter waren als er, von denen aber keiner das Ganze so richtig übersehen und in seinen Verbindungen untersucht hatte. Der andere, der so ungeschickt war, daß er sich vierzig Jahre mit Musik beschäftigte, ohne sie erlernen zu können, sah sich am Ende genötigt, sie zu kopieren, statt selbst welche zu verfertigen, und obgleich er wenig von der Beschäftigung versteht, die er erwählt hat, so hindert ihn dies doch nicht, sich mit der größten Dreistigkeit als Urheber von Dingen auszugeben, die er nicht auszuführen imstande ist. Sie werden mir zugestehen, daß diese Widersprüche schwer miteinander zu vereinigen sind.

DER FRANZOSE

Weniger als Sie glauben, und wenn Ihre übrigen Rätsel nicht dunkler wären als dies, so würden Sie mir wenig zu schaffen machen.

ROUSSEAU

Haben Sie also die Güte, mir dieses zu erklären, denn ich für mein Teil bekenne, daß ich nichts davon verstehe.

DER FRANZOSE

Von Herzen gern, und dies ist sehr leicht, wenn Sie nur selbst vorher mir Ihre Zweifel erklären wollen.

ROUSSEAU

Die Sache, die Sie mir erklärt haben, ist nicht mehr zweifelhaft. Wir sind darüber vollkommen einstimmig, und ich nehme die Folgerungen, die Sie daraus ziehen, sehr gerne an, aber dehne sie noch weiter aus. Sie behaupten, daß ein Mensch, der weder Musik versteht, noch Verse machen kann, unmöglich der Verfasser des *Devin du village* sein könne, und dies ist unstreitig wahr. Ich setze aber noch hinzu, daß derjenige, der sich fälschlicherweise als Verfasser dieser Oper ausgibt, auch nicht der Verfasser der übrigen Schriften sein kann, die seinen Namen führen, und dies ist ebenso unwidersprechlich: denn wenn er die Worte des *Devin* nicht gemacht hat, weil er keine Verse machen kann, so hat er auch nicht *L'Allée de Sylvie* geschrieben, welches doch schwerlich das Werk eines Bösewichts sein kann; und wenn er die Musik dazu nicht komponiert hat, weil er sich auf Musik nicht versteht, so hat er ebensowenig die *Lettre sur la musique françoise* und noch weniger das *Dictionnaire de musique* geschrieben, das nur das Werk eines in dieser Kunst geübten Mannes sein kann, der sich auf Komposition versteht.

DER FRANZOSE

Ich bin hierüber mit Ihnen nicht einerlei Meinung, ebensowenig wie das Publikum, und wir haben zum Überfluß noch die Meinung eines großen ausländischen Musikers vor uns, der seit kurzem in dieses Land gekommen ist.

ROUSSEAU

Ich bitte Sie, sagen Sie mir, ob Sie diesen großen fremden Musiker kennen, wissen Sie von wem und warum er nach Frankreich berufen worden ist und was für Gründe ihn bewogen haben, auf einmal nur französische Musik zu setzen und sich in Paris niederzulassen?

DER FRANZOSE

Ich habe über alles dies gewisse Vermutungen, allein, es bleibt dessenungeachtet wahr, daß, da J.J. einer seiner stärksten Bewunderer ist, er dadurch sein Zeugnis selbst bestärkt.

ROUSSEAU

Bewunderer seines Talents, das gebe ich zu, und dies bin ich auch. Was aber sein Zeugnis betrifft, so müßte man vorher manche Dinge genauer wissen, bevor man bestimmen könnte, welches Gewicht man ihm geben kann.

DER FRANZOSE

Weil er Ihnen also verdächtig ist, so will ich mich weder auf das seinige noch auf das Zeugnis irgendeines anderen Musikers stützen. Allein, ich werde dessenungeachtet von mir selbst behaupten, daß man, um Musik zu setzen, sie notwendig verstehen müsse, daß man aber auch, soviel man will, über diese Kunst schwätzen könne, ohne etwas davon zu verstehen, und daß manchmal derjenige, der sehr gelehrt über die Musik zu schreiben scheint, in großer Verlegenheit wäre, wenn er einen richtigen Baß zu einem Menuett setzen oder ihn auch nur in Noten bringen sollte.

ROUSSEAU

Ich denke ebenso, allein, sind Sie gesonnen, diese Idee auf das *Dictionnaire* und seinen Verfasser anzuwenden?

DER FRANZOSE

Ich gestehe, daß ich diesen Gedanken hatte.

ROUSSEAU

Sie dachten es also! Gut, wenn es denn so ist, so erlauben Sie mir nur noch eine Frage. Haben Sie dieses Buch gelesen?

DER FRANZOSE

Ich würde es bedauern, jemals eine Zeile davon gelesen zu haben, ebensowenig wie irgendein anderes Werk, das diesen verhaßten Namen trägt.

ROUSSEAU

In solchem Fall wundere ich mich also nicht mehr, daß wir beide so verschieden über die Punkte denken, die sich darauf beziehen. Sie würden zum Beispiel dieses Buch nicht mit jenen verwechseln, von denen Sie reden und die bloß allgemeine Grundsätze wälzen und folglich nur leere Ideen und Elementarkenntnisse enthalten, die vielleicht aus andern Schriften entlehnt sind und die jeder weiß, der nur etwas von Musik versteht. Das *Dictionnaire* hingegen läßt sich auf die Regeln selbst ein, um deren Grund, Anwendung, Ausnahmen und überhaupt alles zu erklären, was der Komponist wissen muß, um sie richtig anzuwenden. Der Verfasser versucht sogar, die Erklärung gewisser Teile zu geben, welche bisher nur verwirrt in dem Kopf der Musiker und in ihren Schriften beinah ganz unverständlich waren. Der Artikel *Enharmonisch* zum Beispiel erklärt diese Gattung mit so viel Deutlichkeit, daß man sich über die Dunkelheit verwundern muß, mit welcher alle diejenigen, die bisher darüber schrieben, davon geredet haben. Man wird mich niemals überreden, daß dieser Artikel, ferner die Artikel über *Ausdruck*, *Fuge*, *Harmonie*, *Lizenz*, *Modus*, *Modulation*,

*Vorbereitung, Rezitativ, Trio** und eine Menge andere, die in diesem *Dictionnaire* enthalten und gewiß von niemandem gestohlen sind, das Werk eines in der Musik unwissenden Mannes wären, der von einer Sache spricht, die er nicht versteht, noch daß ein Buch, aus welchem man die Komposition lernen kann, von jemandem geschrieben sein könnte, der nichts davon versteht.

Es ist zwar richtig, daß verschiedene andere ebenso wichtige Artikel bloße Hinweise blieben, um das Wörterbuch nicht unvollständig zu lassen, wie der Verfasser auch in seiner Vorrede sagt. Allein, wäre es wohl billig, ihn eher nach denjenigen Artikeln zu beurteilen, die er nicht Zeit hatte auszuarbeiten, als nach den anderen, die er ganz bearbeitet hat und die gewiß ebensoviel Kunst erfordern wie die erstern? Der Verfasser gesteht und zeigt selbst die Mängel seines Buches an und sagt die Ursache dieser Mängel. Allein, so wie es ist, wäre es immer noch weit glaubwürdiger, daß ein Mann, der nichts von Musik versteht, den *Devin*, als daß er das *Dictionnaire* hätte schreiben können. Denn wie viele Leute findet man nicht, vor allem in der Schweiz und in Deutschland, die, ohne eine Note Musik zu verstehen, und bloß von ihrem Ohr und ihrem Geschmack geleitet, sehr angenehme, ja sogar regelmäßige Stücke setzen, obgleich sie gar keine Regeln kennen und ihre Komposition bloß in ihrem Gedächtnis aufbewahren können. Allein, es ist ganz widersinnig zu glauben, daß ein Mensch in einem Buch eine Wissenschaft erklären und lehren könne, die er selbst nicht versteht, und weit mehr noch, eine Kunst, deren Sprache allein schon ein Studium von einigen Jahren erfordert, bevor man sie verstehen und sprechen kann. Ich

* Alle musikalischen Artikel, die ich für die *Encyclopédie* versprochen hatte, wurden im Jahre 1749 verfertigt und das folgende Jahr durch Herrn Diderot an Herrn d'Alembert übergeben, weil sie in das mathematische Fach einschlugen, das er übernommen hatte. Einige Zeit nachher erschienen seine *Elemens de musique*, die ihn vermutlich wenig Mühe gekostet haben. Im Jahre 1768 erschien mein *Dictionnaire* und einige Zeit nachher eine neue Auflage seiner *Elemens* mit Verbesserungen. In der Zwischenzeit erschien auch ein *Dictionnaire des beaux arts*, worin ich verschiedene Artikel wiedererkannte, die ich zur *Encyclopédie* geliefert hatte. Herr d'Alembert hatte eine so zärtliche Zuneigung zu meinem *Dictionnaire*, als es noch Manuskript war, daß er sich gefälligerweise gegenüber Herrn Guy erbot, die Korrektur davon zu besorgen, eine Gunst, welche, nachdem letzterer mich darüber benachrichtigt hatte, ich ihn ersuchte, abzulehnen.

folgere also hieraus, daß ein Mensch, der den *Devin du village* nicht verfertigen konnte, weil er keine Musik versteht, um so weniger das *Dictionnaire* schreiben konnte, welches weit mehr Wissenschaft erfordert.

DER FRANZOSE

Da ich weder das eine noch das andere Werk kenne, so kann ich Ihre Gründe nicht selbst beurteilen. Ich weiß bloß, daß hierüber eine außerordentliche Verschiedenheit in der Meinung des Publikums herrscht. Das *Dictionnaire* hält man für eine zusammengeraffte Sammlung wohlklingender und unverständlicher Redensarten und zitiert den Artikel *Genie*, den jedermann lobt und der gar nichts über Musik enthält. Was Ihren Artikel *Enharmonisch* und die übrigen betrifft, welche, wie Sie sagen, ganz kunstmäßig behandelt sind, so habe ich niemanden davon reden hören außer einige fremde Musiker und Dilettanten, welche etwas darauf zu halten schienen, bevor sie besser unterrichtet waren, allein, die unsrigen behaupten und haben immer behauptet, daß sie von dem Gewäsch dieses Buchs gar nichts verstehen.

Was den *Devin* betrifft, so werden Sie die Lobeserhebungen gelesen haben, die durch die letzte Vorstellung erregt wurden, und der Enthusiasmus des Publikums, der bis zum Wahnsinn ging, bezeugt die große Schönheit dieses Werks. Man sprach bloß von dem göttlichen J.J., er war der neuere Orpheus, seine Oper war das Meisterstück der Kunst und des menschlichen Geistes, und nie war der Enthusiasmus stärker als damals, als man erfuhr, daß der göttliche J.J. nichts von Musik verstünde. Was Sie mir also auch einwerfen mögen, so folgt daraus, daß ein Mann, der nichts von Musik versteht, auch kein allgemein bewundertes Meisterstück der Kunst verfertigen könne, meiner Meinung nach noch nicht, daß er auch kein Buch hätte schreiben können, das wenig gelesen, wenig verstanden und noch weniger geschätzt wird.

ROUSSEAU

In Dingen, die ich selbst beurteilen kann, werde ich niemals das Urteil des Publikums zur Richtschnur des meinigen annehmen, und besonders dann, wenn es sich einnehmen läßt, wie es sich plötzlich von dem *Devin du village* einnehmen ließ, nachdem es ihn zwanzig Jahre lang mit einem gemäßigteren Vergnügen angehört hatte. Dieses schnelle Entzücken, was auch seine Ursache gewesen sein mag, zu einer Zeit, wo der angebliche Verfasser der Gegenstand des allgemeinen Spottes war, ist zu wenig natürlich, um bei vernünftigen Leuten etwas zu gelten. Ich habe Ihnen mein Urteil über das *Dictionnaire* gesagt, und zwar nicht nach der allgemeinen Meinung, noch weniger nach dem Artikel *Genie*, der keine besondere Beziehung auf die Kunst hat und nur zum Spaß dasteht, sondern nachdem ich das Werk mit Aufmerksamkeit durchgelesen hatte, dessen meiste Artikel eine bessere Musik hervorbringen können, wenn die Künstler sie erst zu benutzen wissen.

Den *Devin* betreffend bin ich zwar überzeugt, daß niemand besser als ich die wahren Schönheiten dieses Werkes fühlen kann, aber dennoch bin ich weit entfernt, sie da zu finden, wo das eingenommene Publikum sie sucht. Diese Schönheiten sind nicht von der Art, wie sie bloß durch Kunst und Wissenschaft entstehen können, sondern von der, welche Geschmack und Empfindung einflößt, und man würde weit eher beweisen können, daß ein gelehrter Komponist, dem schöner Gesang und Empfindung mangelt, das Werk nicht verfertigt hat, als man beweisen könnte, daß es ein Unwissender gemacht hat, der die Kenntnisse nicht besitzt, die das Genie ersetzen, und der nur durch Mühe und Arbeit etwas hervorbringen kann. Im *Devin du village* ist nichts enthalten, was in Ansehung der Kunst die ersten Anfangsgründe der Komposition übersteigt, und ein Schüler von drei Monaten wäre in dieser Rücksicht dasselbe zu leisten imstande, allein, es ist noch sehr zweifelhaft, ob ein gelehrter Komponist sich entschließen könnte, ebenso einfach zu setzen. Zwar ist es wahr, daß der Verfasser dieses Werkes darin einen geheimen Grundsatz befolgt hat, den man fühlt, ohne ihn zu bemerken, und der seinem Gesang die Wirkung gibt, die man an keiner anderen französischen Musik wahrnimmt. Dieser Grundsatz, den alle unsere Komponisten nicht kennen, der von denjenigen verachtet wird, die davon reden hören, und allein von dem Verfasser der *Lettre sur la musique françoise* festgesetzt und nachher zu einem Artikel des *Dictionnaire* gemacht worden ist und den nur allein der Verfasser des *Devin* befolgt hat, ist ein großer Beweis, daß diese beiden Verfasser nur einer sind. Allein, alles dies beweist mehr die Erfindung eines Dilettanten, der über die Kunst nachgedacht hat, als die Routine eines Meisters, der die Kunst vollkommen versteht. Dasjenige, was dem Musiker bei diesem Stück die meiste Ehre machen kann, ist das Rezitativ: es ist so gut moduliert, abgemessen und akzentuiert, wie es bei einem französischen Rezitativ nur möglich ist. Die Wendung desselben ist neu, wenigstens war sie es damals so sehr, daß man es nicht bei Hofe vorzutragen wagen wollte, obgleich ės der Sprache so sehr angemessen war wie jedes andere. Mir fällt es schwer, zu begreifen, wie man ein Rezitativ stehlen kann, insofern man nicht auch die Worte stiehlt, und wenn auch nur dies von der Hand des Verfassers wäre, so würde ich wenigstens lieber wünschen, das Rezitativ ohne die Worte als die Worte ohne das Rezitativ gemacht zu haben, allein, ich sehe in dem Ganzen zu sehr nur eine Hand, um es verschiedenen Verfassern zuschreiben zu können. Was diese Oper den Leuten von Geschmack so sehr empfiehlt, ist vollkommene Übereinstimmung der Worte mit der Musik, die genaue Verbindung der Teile, woraus sie besteht, und der richtige Zusammenhang des Ganzen, wodurch dieses Werk das geschlossenste wird, das ich in seiner Art kenne. Der Musiker hat überall gedacht, empfunden und gesprochen wie der Dichter, und der Ausdruck des einen entspricht so sehr dem Ausdruck des anderen, daß man deutlich erkennt, daß sie immer von einem Geist beseelt wurden; und nun will man behaupten, daß diese richtige und so seltene Übereinstimmung aus einer Menge zufällig zusammengeschriebener Stücke entsteht? Mein Herr, es würde tausendmal mehr Kunst dazu erfordert werden, ein solches Ganzes aus einzelnen abgerissenen Stücken zu verfertigen, als es von Anfang bis zum Ende selbst zu verfertigen.

DER FRANZOSE

Ihr Einwurf ist mir nicht neu, ja er scheint vielen Leuten so gründlich, daß man jetzt vom Diebstahl einzelner Teile, obgleich er so stark bewiesen ist, wieder abgekommen und überzeugt ist, daß das ganze Stück, Text und Musik, von einer andern Hand ist und daß der Scharlatan die List gehabt hat, sich dessen zu bemächtigen, und die Unverschämtheit, es sich zuzueignen. Dies scheint mir auch so ausgemacht, daß man nicht mehr daran zweifelt, denn am Ende muß man doch notwendig eine solche Erklärung annehmen, und das Werk, welches er unstreitig gar nicht verfertigen konnte, muß doch von jemandem verfertigt worden sein. Ja, man behauptet sogar, den wahren Verfasser entdeckt zu haben.

ROUSSEAU

Ich verstehe: nachdem man anfänglich die einzelnen Diebereien entdeckt und bewiesen hatte, aus denen der *Devin du village* zusammengesetzt ist, beweist man jetzt ebenso deutlich, daß keine einzelnen Diebereien stattgefunden haben, daß dieses Stück ganz von einer Hand und von demjenigen, der es sich zueignet, ganz gestohlen worden ist. Es sei also, denn beide einander widersprechenden Wahrheiten sind meinem Gegenstand ganz gleichgültig. Allein, wer ist denn der wahrhafte Verfasser? Ist es ein Franzose, ein Schweizer, ein Italiener oder ein Chinese?

DER FRANZOSE

Dies weiß ich nicht, denn schwerlich kann man dieses Werk dem Pergolesi zuschreiben, wie ein gewisses *Salve Regina* . . .

ROUSSEAU

Ich kenne eines von diesem Verfasser, das sogar gestochen worden ist . . .

DER FRANZOSE

Dies ist nicht das richtige. Das *Salve*, von dem Sie reden, hat Pergolesi noch zu seinen Lebzeiten verfertigt, und dasjenige, das ich meine, ist ein anderes, das er zwanzig Jahre nach seinem Tod gesetzt hat und welches J.J. sich zueignete, indem er vorgab, es für Mademoiselle Fel gesetzt zu haben, so wie viele andere Motetten, die eben dieser J.J. gemacht hat oder gemacht zu haben vorgibt und die durch ebenso viele Wunder des Herrn d'Alembert von Pergolesi sind und sein werden, dessen Schatten er, so oft es ihm gefällt, hervorruft.

ROUSSEAU

Dies ist wirklich erstaunlich. Ich vermutete längst, daß dieser Herr d'Alembert ein wundertätiger Heiliger wäre, und wollte wetten, daß er dabei nicht stehen bleiben wird. Allein, wie Sie sagen, wird es ihm doch ungeachtet seiner Heiligkeit immer schwer werden, Pergolesi auch zum Verfasser des *Devin du village* zu machen, und man sollte die Schriftsteller nicht ohne Not vervielfältigen.

DER FRANZOSE

Warum nicht? Ein Dieb kann ja zur Rechten und zur Linken stehlen, nichts ist natürlicher.

ROUSSEAU

Allerdings. Allein, in allen diesen zusammengeflickten Kompositionen fühlt man die Nähte und die Flicken, und mich dünkt, daß die Komposition, die den Namen J.J.'s trägt, nicht dieses Aussehen hat. Man bemerkt darin nicht einmal eine Nationalphysiognomie, denn es ist ebensowenig französische wie italienische Musik, sie hat den Ton der Sache und nichts weiter.

DER FRANZOSE

Jedermann gibt dies zu. Wie konnte der Verfasser des *Devin* in diesem Stück einen damals so neuen Ton annehmen und ihn nur dort anwenden, und wenn es sein einziges Werk ist, wie konnte er so ganz gleichgültig den Ruhm desselben einem anderen überlassen, ohne ihn für sich zurückzufordern oder ihn wenigstens durch eine neue Oper mit ihm zu teilen? Man hat mir versprochen, dies alles deutlich zu erklären, denn ich gestehe aufrichtig, daß es mir bis jetzt noch sehr dunkel scheint.

ROUSSEAU

O, wie können Sie hierüber verlegen sein! Der Dieb wird mit dem Verfasser Bekanntschaft gehabt haben, er wird das Stück von ihm entlehnt oder es ihm gestohlen haben, nachher hat er ihn vergiftet. Das ist ja ganz einfach.

DER FRANZOSE

Wahrlich, Sie haben hier ganz artige Gedanken!

ROUSSEAU

O, beehren Sie mich nicht mit dem, was Ihnen zukommt! Diese Gedanken gehören Ihnen und sind eine natürliche Folge von all dem, was Sie mir gesagt haben. Übrigens, und wie es sich auch mit dem Verfasser des Stücks verhalten mag, so ist es für mich genug, daß derjenige, der sich dafür ausgibt, durch seine Unwissenheit und Ungeschicklichkeit außerstande ist, es gemacht zu haben, so daß ich desto richtiger daraus schließe, daß er weder das *Dictionnaire*, das er sich auch zueignet, noch die *Lettre sur la musique françoise*, noch irgend eines von den anderen Büchern geschrieben hat, die seinen Namen führen und bei welchen man unmöglich verkennen kann, daß sie alle von einer Hand herrühren. Können Sie sich außerdem wohl denken, daß ein Mann, der hinlängliche Talente hat, um dergleichen Werke zu schreiben, selbst in dem größten Feuer der Begeisterung diejenigen der anderen plündern und sich zueignen würde, die in einem ihm ganz fremden Fache geschrieben sind, von welchem er gar nichts versteht? Ferner, daß ein Mann, der nach Ihrer Meinung Mut, Stärke, Stolz und Selbstverleugnung genug hatte, um der für junge Leute, die einiges Talent haben, so natürlichen Schreibsucht zu widerstehen, und zwanzig Jahre lang seinen Geist in der Stille zur Reife kommen läßt, um seinen längst durchdachten Geistesprodukten desto mehr Gründlichkeit und Gewicht zu geben, daß eben dieser Mann, dessen Seele mit so großen und erhabenen Ansichten erfüllt ist, deren Entwicklung unterbrechen sollte, um sich durch niedrige und kindische Ränke einen falschen Ruhm zu erwerben, der weit unter dem ist, den er auf eine rechtmäßige Art erlangen kann? Dies sind immer Leute von sehr geringen Talenten, die sich auf diese Art mit denen der anderen ausschmücken, und jeder, der mit einem tätigen und denkenden Kopf das Hinreißende und den Reiz der Geistesarbeit empfunden hat, tritt nicht in knechtischer Weise in die Fußstapfen eines andern, um sich mit fremden Arbeiten zu zieren und sie denjenigen vorzuziehen, die er aus sich selbst ziehen könnte. Nein, mein Herr, derjenige, der feige und dumm genug war, sich den *Devin du village* zuzueignen, ohne ihn gemacht zu haben, ja, selbst ohne von Musik etwas zu verstehen, hat auch niemals eine Zeile der *Abhandlung über die Ungleichheit,* des *Emile* und des *Gesellschaftsvertrages* schreiben können. So viel Mut und Kraft auf der einen und so viel Ungeschicklichkeit und Feigheit auf der anderen Seite werden sich niemals in einer Seele vereinigt finden.

Dies ist ein Beweis, der jedem vernünftigen Mann einleuchtet. Andere, welche ebenso stark sind, haben bloß für mich allein Überzeugungskraft, und ich bedaure deswegen das Menschengeschlecht, denn eigentlich sollten sie für jede empfindungsfähige und mit dem moralischen Gefühl begabte Seele überzeugend sein. Sie sagen, daß alle diese Schriften, welche mich erregen, mich hinreißen, mich rühren und in mir den Willen erregen, mich zu bessern, bloß die Früchte eines überspannten Kopfes wären, der von einem bösen und heuchlerischen Herzen geleitet wird. Die Gestalt meiner idealen Wesen wird Ihnen schon genügend gezeigt haben, daß ich hierin nicht Ihrer Meinung bin. Was mich noch mehr in meiner Meinung bestätigt, ist die Anzahl und der Umfang dieser Schriften, in denen ich immer und überall dieselbe Heftigkeit eines von ähnlichen Gesinnungen glühenden Herzens antreffe. Wie, diese Geißel des Menschengeschlechts, dieser erklärte Feind aller Gerechtigkeit, Redlichkeit und Güte hat sich zehn bis zwölf Jahre lang in einer Reihe von fünfzehn Bänden gezwungen, immer die sanfteste, reinste und ausdrucksvollste Sprache der Tugend zu reden, das menschliche Elend zu bedauern, die Quelle desselben in den Irrtümern und Vorurteilen des Menschen zu zeigen, ihnen den wahren Weg zum Glück anzuweisen und sie zu lehren, in ihr eignes Herz zurückzukehren, um den Keim der geselligen Tugend darin zu finden, den sie unter dem falschen Bild einer übelverstandenen Vervollkommnung der Gesellschaft erstickten, immer ihrem Gewissen zu folgen, um damit die Irrtümer ihrer Vernunft zu verbessern, und in der Stille der Leidenschaften auch jene innere Stimme zu hören, welche alle unsere Philosophen so eifrig zu ersticken suchen und für ein Hirngespinst halten, weil sie ihnen nichts mehr sagt. Er hat sich von ihnen und von allen seinen Zeitgenossen verspotten lassen, weil er immer behauptet hat, daß der Mensch gut ist, obgleich die Menschen böse sind, daß seine Tugenden aus ihm selbst, seine Laster aber ihm von fremder Hand kämen; er hat sein größtes und bestes Werk dazu bestimmt, zu zeigen, wie die schädlichen Leidenschaften sich in unsere Seele einschleichen, zu zeigen, daß eine gute Erziehung bloß negativ sein und darin bestehen müßte, nicht so sehr die Mängel des menschlichen Herzens zu verbessern, denn ursprünglich sind keine darin vorhanden, sondern zu verhindern, daß sie entstehen können, und alle Eingänge, durch welche sie einschleichen könnten, genau verwahrt zu halten; endlich hat er all dies mit einer so einleuchtenden Deutlichkeit, in einem so rührenden Ton und einer so überzeugenden Wahrheit vorgetragen, daß eine unverdorbene Seele dem Reiz seiner Bilder und der Stärke seiner Gründe nicht widerstehen kann, und Sie wollen, daß diese lange Reihe von Schriften, worin immer dieselben Grundsätze herrschen, wo dieselbe feurige Sprache sich immer gleich bleibt, das Werk eines Betrügers sein soll, der nicht nur immer gegen seine Meinung, sondern auch gegen seinen Vorteil spricht, denn da er sein ganzes Glück darauf setzt, die Welt mit Unglück und Lastern zu erfüllen, müßte er folglich auch die Zahl der Bösewichter zu vermehren suchen, um Gehilfen und Mitgesellen bei der Ausführung seiner abscheulichen Entwürfe zu haben. Statt dessen hat er eigentlich bewirkt, daß sich ihm immer neue Hindernisse entgegensetzen, und in allen Anhängern, die seine Schriften der Tugend erwerben, hat er sich Gegner erweckt.

Noch mehr Gründe, welche für mich nicht weniger stark sind. Dieser angebliche Schriftsteller, der, vermöge der Beweise, die Sie mir gegeben haben, der unflätigste, niedrigste Taugenichts ist, soll sein Leben mit Dirnen in den schlechtesten Häusern zugebracht haben, durch Ausschweifungen ganz stumpf und von der venerischen Krankheit durch und durch zerfressen sein, und doch behaupten Sie, daß er jene unnachahmlichen Briefe geschrieben hat, welche von der glühendsten und reinsten Liebe erfüllt sind, die nur in Herzen, die ebenso keusch als rein sind, aufkeimen können. Ist es Ihnen unbekannt, daß ein ausschweifender Mensch nichts weniger als zärtlich ist, daß wahre Liebe dem Liederlichen ebenso unbekannt ist wie den verworfenen Weibern, daß unflätige Wollust das Herz verhärtet und diejenigen, die sich ihr überlassen, unverschämt, grob, viehisch und grausam macht, daß ihr Blut, das jenes Lebensgeistes ermangelt, der vom Herzen zum Gehirn die reizendesten Bilder bringt, woraus die Trunkenheit der Liebe entsteht, ihnen vermöge der Gewohnheit nur die scharfen Reizungen des Bedürfnisses gewährt, ohne sie mit jenen sanften Eindrücken zu begleiten, wodurch die Sinnlichkeit ebenso zärtlich wie lebhaft wird? Man zeige mir einen Liebesbrief von unbekannter Hand, und ich will sogleich bei seiner Lektüre erkennen, ob derjenige, der ihn schrieb, gute Sitten hat. Nur vor den Augen gesitteter Männer können Frauen mit jenen keuschen und rührenden Reizen glänzen, welche allein die Trunkenheit wahrhaft verliebter Herzen hervorbringen können. Ausschweifende Männer hingegen betrachten sie nur als Werkzeuge des Vergnügens, die ihnen ebenso verächtlich wie notwendig sind, gleich jenen Gefäßen, deren man sich täglich zu den unvermeidlichsten Bedürfnissen bedient. Ich wollte alle Pariser Schürzenjäger auffordern, ob sie imstande sind, einen einzigen Brief der *Héloïse* zu schreiben, und doch sollte das ganze Buch, dieses Buch, dessen Lektüre mich in himmlische Entzückung versetzt, das Werk eines ausschweifenden Liederlichen sein! O, mein Herr, glauben Sie das nicht, denn dazu gehört mehr als etwas Witz und Gewäsch. Sie glauben, daß ein listiger Betrüger, der seinen Zweck nur durch Ränke und Schleichwege zu erlangen sucht, sich unbesonnen dem heftigsten Unwillen gegen alle Stände, gegen alle Parteien ohne Ausnahme überlassen und den einen wie den anderen die unangenehmsten Wahrheiten sagen wird. Papisten, Hugenotten, Große, Kleine, Männer, Weiber, Advokaten, Soldaten, Mönche, Priester, Fromme, Ärzte, Philosophen, *Tros Rutulusve fuat,* alles ist in seinen Schriften geschildert, alles entlarvt, ohne ein beißendes Wort oder persönliche Beleidigung gegen irgend jemand, aber auch ohne Schonung irgendeiner Partei. Sie behaupten, daß er sich seiner Heftigkeit so weit überlassen habe, daß er alles gegen sich aufgewiegelt und daß sich alles vereinigt hat, um ihn mit Unglück zu überhäufen, und er soll dies getan haben, ohne sich eine Stütze oder einen Verteidiger vorzubehalten, sogar ohne sich um die Wirkung seiner Schriften zu kümmern oder sich wenigstens nach ihr und nach dem Sturm zu erkundigen, den sie über sein Haupt zusammenziehen, und ohne im geringsten aus seiner Fassung zu geraten, als der Lärm schon an seine Ohren drang? Ist wohl der falsche und listige Mensch, den Sie mir beschrieben haben, einer solchen Unerschrockenheit, Unvorsichtigkeit und Sorglosigkeit fähig? Wollen Sie behaupten, daß ein Elender, dem man den Namen *Bösewicht* abgenommen hat, weil man ihn noch nicht erniedrigend genug fand, um ihm den eines *Spitzbuben* zu geben, der die Niederträchtigkeit und Schändlichkeit seiner Seele besser ausdrückte, wollen Sie behaupten, daß ein so kriechendes Ungeziefer fünfzehn Bände hindurch die unerschrockene und stolze Sprache eines Schriftstellers annehmen konnte, der seine Feder der Wahrheit weiht, der den Beifall des Publikums nicht erbettelt und den das Zeugnis seines Herzens über die Urteile der Menschen erhebt? Sie sagen, daß unter so vielen schönen neueren Schriften die einzigen, die mein Herz rühren, die es mit Liebe zur Tugend entzünden und es für das menschliche Elend erweichen, daß gerade diese Schriften das Werk eines abscheulichen Betrügers sind, der seine Leser hintergeht und nicht ein Wort von all dem glaubt, was er mit soviel Feuer und Stärke sagt, während alle übrigen Bücher, die, wie Sie mir versichern, von wahren Weisen in den reinsten Absichten geschrieben sind, mir das Herz zusammenpressen, es erkalten lassen und mir neben den Empfindungen der Erbitterung, des Ärgers und des Hasses nur den unduldsamsten Parteigeist einflößen? Sehen Sie, mein Herr, wenn auch dies nicht unmöglich ist, so ist es doch wenigstens unmöglich, daß ich es glaube, und wenn es gleich tausendmal bewiesen wäre. Noch einmal sage ich es, ich widersetze mich Ihren Beweisen nicht, sie haben mich vollkommen überzeugt; allein, das, was ich nicht glauben kann und was ich nie in meinem Leben glauben werde, ist dies, daß der *Emile* und vorzüglich die Abschnitte über den Geschmack im vierten Buch von einem verdorbenen Herzen herrühren, daß die *Héloïse* und besonders der Brief über den Tod der Julie von einem Bösewicht geschrieben ist, daß der *Brief an Herrn d'Alembert über das Schauspiel* das Werk eines zweideutigen Menschen und die Zusammenfassung des *Projet de paix perpétuelle* die

Arbeit eines Menschenfeindes ist, und endlich, daß die ganze Sammlung der Schriften dieses Verfassers aus einem heuchlerischen Herzen und einem schlechten Kopf und nicht aus reinem Eifer eines für die Tugend glühenden Herzens entsprungen ist. Nein! Nein, mein Herr! Mein Herz wird sich nie durch diese widersinnige und falsche Überredung einnehmen lassen. Dagegen werde ich immer sagen und behaupten, daß zweierlei J.J. existieren müssen und daß der Urheber der Schriften und derjenige der Laster nicht einerlei Person sind. Diese Meinung ist meinem Herzen so tief eingeprägt, daß nichts auf der Welt sie daraus wird vertilgen können.

DER FRANZOSE

Und dennoch ist dies unstreitig ein Irrtum. Noch ein Beweis, daß er Bücher geschrieben hat, ist der, daß er noch täglich welche schreibt.

ROUSSEAU

Dies wußte ich nicht, und man hatte mir im Gegenteil versichert, daß er sich seit einigen Jahren allein mit Notenabschreiben beschäftigt.

DER FRANZOSE

Notenabschreiben! Freilich stellt er sich so, um arm zu erscheinen, obgleich er reich ist, und um seine Sucht, zu schreiben und Papier zu verschmieren, dadurch zu bemänteln. Allein, hier wird niemand dadurch hintergangen, und Sie müssen sehr weit herkommen, daß Sie dies nicht wissen.

ROUSSEAU

Welchen Inhalt haben denn diese neuen Schriften, bei denen er sich so gut, so geschickt und so glücklich zu verbergen weiß?

DER FRANZOSE

Es sind Nichtigkeiten aller Art: atheistische Lehren, Lobreden auf die neuere Philosophie, Leichenreden, Übersetzungen, Satiren . . .

ROUSSEAU

Gegen seine Feinde vermutlich?

DER FRANZOSE

Nein, gegen die Feinde seiner Feinde.

ROUSSEAU

Dies ist mir wieder etwas ganz Unerwartetes.

DER FRANZOSE

O, Sie kennen die List dieses Schurken noch nicht. Er tut all dies, um sich desto besser zu verbergen. Er macht heftige Ausfälle gegen die jetzige Regierung (im Jahre 1772), über die er sich nicht zu beklagen hat, zugunsten des Parlaments, das ihn abscheulich behandelte, und des Urhebers alles seines Unglücks, den er verwünschen sollte. Allein, bei jedem Schritt offenbart sich seine Eitelkeit durch die ungeschicktesten Lobsprüche, die er sich selbst erteilt. Zum Beispiel gab er vor noch nicht langer Zeit ein sehr schales Werk heraus, das den Titel führt *L'an deux mille deux cent quarante*, in dem er sehr sorgfältig alle seine Schriften der Nachwelt empfiehlt, ohne selbst das Lustspiel *Narcisse* auszunehmen und ohne eine Zeile zu vergessen.

ROUSSEAU

Das ist wahrlich eine erstaunliche Dummheit. In den Schriften, die seinen Namen führen, finde ich diesen albernen Stolz nicht.

DER FRANZOSE

Als er sich mit seinem Namen nannte, legte er sich einen gewissen Zwang auf, jetzt aber, da er sich so versteckt glaubt, kennt er keine Schranken mehr.

ROUSSEAU

Er hat recht, denn es gerät ihm ja so gut! Allein, mein Herr, welches ist denn der Zweck seiner Schriften, die er so listigerweise und mit so viel Geheimnis zugunsten der Leute herausgibt, die er hassen sollte, und zur Verteidigung der Lehre, der er so sehr zu widersprechen schien.

DER FRANZOSE

Wie können Sie noch zweifeln? Der Zweck ist, das Publikum zu hintergehen und mit seiner Beredsamkeit zu prahlen, indem er abwechselnd das Für und Wider beweist und seine Leser auf solche Art an der Nase herumführt, um sich über ihre Leichtgläubigkeit lustig zu machen.

ROUSSEAU

Wahrlich! In der schlimmen Lage, in der er sich befindet, muß er eine sehr gute Laune haben, um sich so menschenfeindlich, wie Sie ihn schildern, doch noch immer bloß mit seinen Feinden beschäftigen zu können! Ich wenigstens, der ich weder eitel noch rachsüchtig bin, gestehe Ihnen, daß, wenn ich an seiner Stelle wäre und noch Bücher schreiben möchte, ich gewiß nicht meine Verfolger und ihre Lehre auf Kosten meines Ruhms und meiner eignen Schriften triumphieren lassen würde. Wenn er wirklich der Verfasser der Bücher ist, die er nicht eingesteht, so ist dies ein neuer und starker Beweis, daß er auch nicht der Urheber derjenigen ist, die er sich zueignet. Denn wirklich müßte er sehr unsinnig und sein eigener Feind sein, um so zur gerechten Zeit Loblieder anzustimmen.

DER FRANZOSE

Ich muß gestehen, daß Sie sehr hartnäckig und eigensinnig auf Ihrer Meinung beharren. Die geringe Achtung, die Sie vor der Meinung des Publikums haben, zeigt sehr deutlich, daß Sie kein Franzose sind. Unter allen unsern so tugendhaften, gerechten und über alle Parteilichkeit erhabenen Weisen, unter allen so gefühlvollen Damen, welche einem Schriftsteller so günstig waren, der die Liebe so schön geschildert hat, fand sich niemand, der den sieghaften Beweisen unserer Herren widersprochen hätte, niemand, der nicht mit Vergnügen und Eifer das Zeugnis angenommen hätte, daß dieser so beliebte Schriftsteller, dieser so geehrte, aber so schroffe und hassenswerte J.J. ein Schimpf und Schandfleck des Menschengeschlechts sei; und nunmehr, da dieser Begriff so tief eingewurzelt ist, daß man ihn nicht zu verlassen wünschte, auch wenn es möglich wäre, sind Sie allein schwerer zu überzeugen als alle Menschen und legen uns eine unvermutete und neue Unterscheidung vor, die gar nicht so wirken würde, wenn sie den geringsten Grund hätte. Ich gestehe indessen, daß Sie durch all diese pathetischen Reden, die meiner Meinung nach nicht viel bedeuten, uns ganz neue Aussichten eröffnen, die, wenn sie unseren Herren mitgeteilt würden, von großem Nutzen sein könnten. Denn es ist gewiß, daß, wenn man erst beweisen könnte, daß J.J. keines von den Büchern geschrieben hat, die er sich zueignet, so wie es bewiesen ist, daß er den *Devin* nicht geschrieben hat, man eine große Schwierigkeit heben würde, die noch immer viele Leute in Verlegenheit setzt, ungeachtet der überzeugenden Beweise der Schandtaten dieses Elenden. Allein, gesetzt auch, man könnte diesen Gedanken beweisen, so würde ich mich sehr wundern, daß man erst so spät darauf verfallen ist. Ich sehe, daß, indem sich unsere Herren bemühen, ihn mit all der Schande zu überhäufen, die er verdient, sie dennoch zuweilen über diese Bücher unruhig werden, die sie verabscheuen und mit allen Kräften lächerlich zu machen suchen, die ihnen aber doch manchmal unangenehme Einwürfe zuziehen, welche auf einmal gehoben werden könnten, wenn man bewiese, daß er nicht ein Wort von all dem geschrieben hat und daß er ganz unfähig dazu ist, ebenso wie zur Verfertigung des *Devin.* Allein, ich sehe wohl ein, daß man hier einen entgegengesetzen Weg gewählt hat, der schwerlich zu diesem zurückführen kann, und man glaubt so fest, daß diese Schriften von ihm sind, daß unsere Herren sich seit langer Zeit damit beschäftigen, sie zu reinigen, um das Gift daraus zu ziehen.

ROUSSEAU

Das Gift!

DER FRANZOSE

Allerdings. Diese schönen Schriften haben Sie, wie so viele andere, verführt, und ich wundere mich nicht, daß Sie unter dieser Oberfläche von schöner Moral nicht die schädlichen Lehren bemerkt haben, die er darin ausstreut, aber ich würde erstaunen, wenn sie nicht darin enthalten sein sollten. Wie sollte eine solche Schlange nicht alles, was sie berührt, mit ihrem Gift anstecken?

ROUSSEAU

Nun denn, mein Herr, hat man schon viel von diesem Gift aus seinen Schriften herausgezogen?

DER FRANZOSE

Sehr viel, wie man sagt, und es offenbart sich sogar ganz deutlich an manchen abscheulichen Stellen, welche die vorgefaßte günstige Meinung, die man für diese Schriften hegte, anfänglich zu bemerken hinderte, die aber jetzt mit Erstaunen und Schrecken von allen denen bemerkt werden, die, besser unterrichtet, sie nun lesen, wie sich's gehört.

ROUSSEAU

Abscheuliche Stellen! Ich habe diese Schriften sehr aufmerksam gelesen, allein, ich schwöre Ihnen, daß ich nichts dergleichen darin gefunden habe. Sie würden mich sehr verbinden, wenn Sie mir einige anzeigen würden.

DER FRANZOSE

Da ich sie nicht gelesen habe, so kann ich dies nicht tun, ich will aber das Verzeichnis von unseren Herren verlangen, das sie zusammengestellt haben, und dann werde ich es Ihnen mitteilen. Ich erinnere mich bloß, daß man eine Anmerkung aus dem *Emile* anführt, wo er offenbar den Mord verteidigt.

ROUSSEAU

Wie, mein Herr, er verteidigt offenbar den Mord, und dies hat man nicht gleich beim ersten Durchlesen bemerkt! Wahrlich, seine Leser müssen entweder sehr für ihn eingenommen oder sehr zerstreut gewesen sein. Und wo hatten denn die Verfasser der weisen und gewichtigen Anklagen, mit denen er so regelmäßig vor Gericht gefordert wurde, ihre Augen? Was wäre dies für ein Fund für sie gewesen! Wie sehr müssen sie bedauern, ihn verfehlt zu haben!

DER FRANZOSE

O, diese Schriften waren so voller strafbarer Dinge, daß es unmöglich war, alles zu rügen.

Es ist wahr, der gute und einsichtsvolle Joli de Fleuri, der ganz mit Abscheu gegen das *verbrecherische System der natürlichen Religion* erfüllt war, konnte sich unmöglich bei solchen Kleinigkeiten aufhalten, wie es die Verteidigung des Mords ist, oder vielleicht hat ihn, wie Sie sagten, seine vorgefaßte Meinung für das Buch gehindert, sie zu bemerken. O, mein Herr, sagen Sie vielmehr, daß diese Giftsucher selbst es sind, die das Gift hineinbringen, und daß für diejenigen, die keines darin suchen, auch keines darin enthalten ist. Ich habe wohl zwanzigmal die Anmerkung gelesen, von der Sie reden, und fand nichts weiter darin als einen lebhaften Unwillen gegen ein altes Vorurteil, welches ebenso unsinnig wie schädlich ist, und ich würde mir nie die Wendung haben träumen lassen, die diese Herren ihr geben, wenn ich nicht zufällig einen hinterlistigen Brief gesehen hätte, den diese Herren an den Verfasser schreiben ließen, und die Antwort, die er so schwach war, darauf zu erteilen, worin er den Sinn dieser Anmerkung erklärt, welche gar keine andere Erklärung nötig hatte, als an ihrer Stelle von rechtschaffenen Männern gelesen zu werden. Ein Verfasser, der aus vollem Herzen schreibt, gerät häufig in Leidenschaft und überläßt sich Aufwallungen, die ihn weit über sein Ziel hinaus zu Verirrungen hinreißen, in die jene feinen und methodischen Schriftsteller nie geraten, welche, ohne sich von etwas in der Welt in Bewegung bringen zu lassen, nur immer das sagen, was ihr Vorteil zu sagen erfordert, und es, ohne sich in Gefahr zu setzen, so zu drehen wissen, daß die Wirkung herauskommt, die ihrem Vorteil angemessen ist. Dies sind die Unbedachtheiten eines sich selbst vertrauenden Mannes, dessen großmütige Seele nicht einmal vermutet, daß man ihm argwöhnen könne. Glauben Sie gewiß, daß niemals ein Heuchler oder ein Betrüger sich ganz entdecken wird. Unsere Philosophen haben zwar ihre sogenannte innere Lehre, allein, sie lehren sie vor dem Publikum nur, indem sie sich verbergen, und ihren Freunden nur ganz insgeheim. Wenn man alles ganz genau nähme, so würde man vielleicht an den gefährlichsten Büchern weniger zu tadeln finden als an denen, von denen wir hier reden, und überhaupt an all denen, wo der Verfasser, sich selbst überlassen, aus vollem Herzen spricht und sich aller seiner Heftigkeit überläßt, ohne an die Blößen zu denken, die er dem Übelgesinnten gibt, der ihm mit kaltem Blute auflauert und an allem, was er Gutes und Nützliches sagt, eine ungeschützte Seite sucht, um den Dolch hineinzustoßen. Man lese aber alle diese Stellen in dem Sinn, den sie natürlicherweise dem Geist des Lesers darbieten und den sie bei dem Verfasser hatten, als er sie schrieb, man lese sie an ihrer Stelle mit dem, was vorhergeht, und dem, was nachfolgt, man untersuche die Stimmung des Herzens, und alsdann wird man imstande sein, über ihren wahren Sinn richtig zu urteilen. Statt aller Antwort möchte ich diesen bösartigen Auslegern zu ihrer Strafe auferlegen, das ganze Werk, das sie in Stücke zerreißen, um es mit ihrem Gift zu besudeln, mit lauter Stimme vorzulesen, und ich zweifle, ob nach geschehener Vorlesung nur einer noch so unverschämt wäre, seine Beschuldigung zu wiederholen.

DER FRANZOSE

Ich weiß wohl, daß man allgemein die Gewohnheit tadelt, Stellen eines Verfassers zu vereinzeln und zu verdrehen, um sie der leidenschaftlichen Auslegung eines ungerechten Zensors anzupassen. Allein, hier werden unsere Herren Sie mit Ihren eigenen Grundsätzen schlagen, denn nicht sowohl in einzelnen Zügen als in dem ganzen Inhalt der Schriften, von denen die Rede ist, finden Sie das Gift, das der Verfasser darin ausgestreut hat, aber es ist mit so viel Kunst darin verteilt, daß man es nur durch die feinste Zergliederung darin entdecken kann.

ROUSSEAU

In diesem Fall war es also ganz überflüssig, es hineinzulegen, denn sobald man es aufsuchen muß, um es gewahr zu werden, so ist es nur für diejenigen da, die es darin suchen oder es hineinlegen. Ich zum Beispiel, dem es nicht einfiel, welches darin zu suchen, kann aufrichtig sagen, daß ich keines darin gefunden habe.

DER FRANZOSE

Was macht das, sobald es auch unbemerkt seine Wirkung tut, eine Wirkung, die nicht durch diese oder jene Stelle allein, sondern durch die Lesung des ganzen Buches hervorgebracht wird. Was haben Sie hierauf zu antworten?

ROUSSEAU

Nichts weiter als, daß, nachdem ich verschiedene Male sämtliche Schriften gelesen habe, die J.J. sich zueignet, die allgemeine Wirkung derselben auf meine Seele war, daß ich menschlicher, gerechter und besser wurde, als ich vorher war; niemals habe ich mich mit diesen Schriften beschäftigt, ohne in der Tugend einige Schritte mehr zu tun.

DER FRANZOSE

Ich versichere Sie, daß dies gar nicht die Wirkung war, die die Lesung derselben auf unsere Herren hervorgebracht hat.

ROUSSEAU

Das glaube ich sehr gerne, aber die Schuld liegt nicht bei den Büchern: denn je mehr ich für meine Person ihnen mein Herz überließ, desto weniger fand ich das Verderbliche, das Sie darin bemerken, und ich bin überzeugt, daß sie eben die Wirkung, die sie auf mich hervorgebracht haben, auch auf jeden rechtschaffenen Mann hervorbringen werden, der sie mit eben der Unparteilichkeit liest.

DER FRANZOSE

Mit eben der vorgefaßten Meinung, wollen Sie sagen, denn diejenigen, die die gegenteilige Wirkung empfunden haben und sich zum Besten des Publikums mit dieser nützlichen Untersuchung beschäftigen, sind lauter Männer von der bewährtesten Tugend und große Philosophen, die sich niemals irren.

ROUSSEAU

Ich habe dazu nichts mehr zu sagen. Allein, versuchen Sie es einmal, von den Grundsätzen dieser großen Philosophen, die niemals irren, durchdrungen und mit einer aufrichtigen Liebe zur Wahrheit, sich in den Stand zu setzen, so wie sie mit Kenntnis der Sache zu urteilen und einerseits zwischen ihnen und der ganzen Schar ihrer Schüler, die nur auf das Wort ihrer Meister schwören, und andererseits dem Publikum, bevor sie es so genau unterrichtet hatten, über diesen Punkt ein bestimmtes Urteil zu fällen. Lesen Sie zu dem Ende die Schriften, von denen die Rede ist, selbst durch und urteilen Sie nach der Stimmung, in welche Sie die Lesung derselben versetzen wird, über diejenige, worin der Verfasser war, als er sie schrieb, und über die natürliche Wirkung, die daraus erfolgen muß, wenn nichts vorhanden ist, was sie stört. Dies ist, wie ich glaube, das einzige Mittel, um ein billiges Urteil darüber fällen zu können.

DER FRANZOSE

Wie! Sie wollen mir die Strafe auferlegen, eine ungeheure Menge zusammengeschriebener Tugendvorschriften durchzulesen, die von einem Betrüger herausgegeben worden sind?

ROUSSEAU

Nein, mein Herr, ich verlange, daß Sie das wahre System des menschlichen Herzens lesen sollen, das von einem rechtschaffenen Mann verfaßt und unter einem anderen Namen herausgegeben worden ist. Ich verlange, daß Sie sich nicht gegen gute und nützliche Bücher bloß deswegen einnehmen lassen, weil ein Mann, der unwürdig war, sie zu lesen, so unverschämt war, sich für deren Verfasser auszugeben.

DER FRANZOSE

Unter diesem Gesichtspunkt könnte ich mich entschließen, diese Bücher zu lesen, wenn diejenigen, die sie genauer untersucht haben, nicht alle, Sie allein ausgenommen, einstimmig behaupteten, daß sie schädlich und verderblich sind, und dies ist ein hinlänglicher Beweis, daß diese Schriften nicht, wie Sie sagen, von einem rechtschaffenen Mann in guten Absichten, sondern von einem listigen Betrüger geschrieben und voll schlechter Gesinnungen sind, die unter einer heuchlerischen Larve versteckt sind, vermittelst deren sie überraschen, verführen und die Leser hintergehen.

ROUSSEAU

Solange Sie so fortfahren, auf die Autorität anderer die der meinigen entgegengesetzte Meinung zu gründen, werden wir nie zusammenkommen. Wollen Sie aber selbst urteilen, so könnten wir alsdann unsere Gründe vergleichen und die begründetste Meinung auswählen. Allein, in einer Tatsachenfrage wie dieser sehe ich nicht ein, warum ich ohne hinlänglichen Beweis verbunden sein soll, zu glauben, daß andere besser gesehen haben als ich.

DER FRANZOSE

Rechnen Sie denn die Mehrheit der Stimmen für gar nichts, wenn Sie allein anders sehen als alle übrigen Menschen?

ROUSSEAU

Um diese Anzahl der Stimmen richtig anzugeben, müßte man vorher wissen, wie viele Leute in dieser Sache, so wie Sie, nur durch die Augen der anderen sehen. Wenn man von der Zahl dieser lärmenden Stimmen die Echos wegnähme und nun diejenigen zählte, die stillschweigen aus Furcht, sich vernehmlich zu machen, so würde vielleicht kein solches Mißverhältnis herauskommen, wie Sie glauben. Wenn die ganze Menge auf die kleine Anzahl derer eingeschränkt würde, die die übrigen leiten, so würde mir noch ein starker Grund übrig bleiben, ihre Meinung der meinigen nicht vorzuziehen. Denn ich bin hierin von meiner Aufrichtigkeit vollkommen überzeugt, und dies kann ich nicht mit eben der Gewißheit von irgendeinem derjenigen behaupten, die über diesen Punkt anders als ich zu denken vorgeben. Mit einem Wort, ich urteile hier durch mich selbst, und Sie und ich, wir können also nicht gleichrangig miteinander sprechen, wenn Sie sich nicht auch in den Stand setzen, selbst zu urteilen.

DER FRANZOSE

Ich will Ihnen zu Gefallen mehr tun als Sie verlangen und Ihre Meinung lieber annehmen als die des Publikums, denn ich gestehe Ihnen, daß schon allein der Zweifel, ob diese Bücher von diesem Elenden geschrieben sind, mir die Lesung derselben ziemlich unerträglich machen würde.

ROUSSEAU

Tun Sie doch noch besser. Denken Sie beim Lesen nicht an den Verfasser und, ohne sich für oder wider ihn einzunehmen, überlassen Sie Ihre Seele den Eindrücken, die sie dadurch erhalten wird. Dadurch werden Sie selbst sich von der Absicht überzeugen, in welcher diese Bücher geschrieben wurden, und einsehen, ob sie von einem Schurken herrühren können, der schändliche Absichten dabei hegte.

DER FRANZOSE

Wenn ich Ihnen zuliebe diese Mühe übernehme, so hoffen Sie wenigstens nicht, daß ich es umsonst tun werde. Um mich zu bewegen, diese Bücher ungeachtet meiner Abneigung durchzulesen, müssen Sie sich der Ihrigen ungeachtet entschließen, den Verfasser zu besuchen, oder nach Ihrer Meinung den, der sich dafür ausgibt. Sie müssen ihn sorgfältig untersuchen und unter der heuchlerischen Larve den listigen Betrüger zu entdecken trachten, der sich so lange darunter verborgen hat.

ROUSSEAU

Was machen Sie mir da für einen Vorschlag? Ich sollte einen solchen Menschen aufsuchen, ihn sprechen, seine Bekanntschaft suchen! Ich, der ich mich fürchte, mit ihm einerlei Luft einzuatmen, und gerne den Durchmesser der Erde zwischen ihn und mich bringen möchte und mich doch noch zu nahe bei ihm befinden würde? Haben Sie Rousseau jemals so leicht zu Bekanntschaften zu bewegen gefunden, daß Sie ihm sogar den Umgang mit schlechten Menschen vorschlagen? Sollte ich jemals das Unglück haben, ihm zu begegnen, so würde ich mich nur dadurch darüber trösten, daß ich ihm die verdienten Namen beilegte und seine heuchlerische Miene durch die grausamsten Vorwürfe beschämte und ihm das abscheuliche Verzeichnis seiner Schandtaten vorhielte.

DER FRANZOSE

Was sagen Sie da? Wie erschrecken Sie mich? Haben Sie das heilige Bündnis vergessen, das Sie eingegangen sind, gegen ihn das tiefste Stillschweigen zu beobachten und ihn niemals merken zu lassen, daß Sie nur eine Vermutung über all das haben, was ich Ihnen entdeckte?

ROUSSEAU

Wie? Sie machen mich staunen. Dieses Bündnis betraf, soviel ich glaubte, nur die Zeit, die nötig war, um mir die schrecklichen Geheimnisse zu entdecken, die Sie mir mitgeteilt haben. Aus Furcht, den Faden der Erzählung zu verwirren, durfte ich Sie bis ans Ende nicht unterbrechen, und Sie wollten nicht haben, daß ich mich mit einem Betrüger in Streit einließ, bevor ich allen nötigen Unterricht hatte, um ihn gänzlich zu beschämen. Dies verstand ich unter den Beweggründen bei diesem Stillschweigen, das Sie mir auferlegt haben, und ich konnte nicht vermuten, daß die Verbindlichkeit dieses Stillschweigens noch weiter ginge, als es Gerechtigkeit und Gesetz erlauben.

DER FRANZOSE

Irren Sie sich also nicht weiter hierin. Die Verbindlichkeit, die Sie nicht aufheben können, ohne Ihre Treue zu brechen, hat in Ansehung ihrer Dauer keine anderen Grenzen als die Ihres Lebens. Sie können hingegen die ganze Reihe seiner Laster und Verbrechen mit jeder scheußlichen Einzelheit überall bekannt machen und sind es zu tun schuldig. Sie können mit allem Eifer daran arbeiten, seine Schande auszubreiten und mehr und mehr zu vergrößern und ihn, soviel als möglich, der ganzen Welt verächtlich und verabscheuungswürdig machen. Allein, bei diesem guten Werk müssen Sie immer eine geheimnisvolle und mitleidige Miene annehmen, wodurch die Wirkung verstärkt wird, und statt ihm jemals eine Erklärung zu geben, die ihn in Stand setzt, zu antworten und sich zu verteidigen, müssen Sie vielmehr mit allen Menschen übereinstimmen, ihm alles zu verbergen, was man weiß und wie man es weiß.

ROUSSEAU

Dies sind Pflichten, die ich gar nicht begriff, als Sie mir sie auferlegten, und jetzt, da Sie mir dieselben erklären, können Sie sich leicht denken, daß ich darüber erstaune und daß ich gerne zu wissen wünschte, auf welchen Grundsätzen sie beruhen. Ich bitte Sie, erklären Sie sich und rechnen Sie auf meine ganze Aufmerksamkeit.

DER FRANZOSE

O mein Freund! Mit welcher Freude wird sich Ihr Herz durch die Schande, die dieser Mann, der nie hätte geboren werden sollen, der Menschheit zugefügt, niedergeschlagenes Herz den Empfindungen öffnen, welche die edlen Seelen derjenigen beleben, die diesen Unglücklichen entlarvt haben. Sie waren seine Freunde und machten es sich zur Pflicht, es zu sein. Getäuscht durch einen äußerlichen Schein von Rechtschaffenheit und Einfachheit, durch einen Charakter, den man damals für mild und sanft hielt, durch ein gewisses Maß von Talenten, das eben recht war, ihre eigenen Verdienste sichtbar zu machen, ohne mit ihnen in Wettbewerb zu treten, suchten sie seine Bekanntschaft, zogen ihn an sich und hatten ihn bald unterjocht, denn dies war nicht schwer. Sobald sie aber einsahen, daß dieser so sanfte und einfache Mann sich plötzlich emporschwang und mit schnellen Schritten einen Ruhm erreichte, zu dem sie, die so große und gegründete Ansprüche hatten, nicht gelangen konnten, so vermuteten sie bald etwas darunter, was nicht stimmen konnte, und glaubten, daß dieser brodelnde Geist sein Feuer nicht ohne Ursache so lange Zeit versteckt gehalten hätte, und von dem Augenblicke an überzeugten sie sich, daß diese scheinbare Einfalt nur ein Schleier war, der gefährliche Entwürfe versteckte, und faßten den festen Entschluß, das zu finden, was sie suchten, und nahmen die sichersten Maßregeln, um ihre Mühe nicht vergebens anzuwenden.

Sie vereinigten sich also, um seine Schritte und Tritte zu beobachten, damit ihnen gar nichts entgehen möchte. Er hatte sie selbst auf den Weg geleitet durch die Eröffnung eines großen Fehlers, den er begangen hatte und den er ihnen ohne Not und ohne Nutzen eröffnete, nicht wie der Heuchler sagte, um der Freundschaft nichts zu verbergen und in ihren Augen nicht besser zu erscheinen als er wirklich war, sondern, wie sie sehr richtig sagen, um sie zu täuschen, ihre Aufmerksamkeit zu beschäftigen und sie dadurch abzuhalten, in das dunkle Geheimnis seines Charakters einzudringen. Diese Unbesonnenheit von seiner Seite war ohne Zweifel ein Schlag des Himmels, wodurch dieser Betrüger gezwungen werden sollte, sich selbst zu entlarven oder ihnen wenigstens den Leitfaden zu geben, den sie nötig hatten. Sie machten sich also diese Offenherzigkeit sehr geschickt zunutze, um ihn mit ihren Fallstricken zu umschlingen, und erwarben sich bald außer seinem eigenen Zutrauen auch dasjenige der Mitschuldigen seines Fehlers und bedienten sich ihrer nachher als Werkzeuge, um ihr Vorhaben auszuführen. Mit viel Geschick, etwas Geld und großen Versprechungen gewannen sie alles, was ihn umgab, und so wurden sie nach und nach von allem unterrichtet, was ihn betraf, und zwar so gut wie er selbst. Die Frucht all dieser Bemühungen war die Entdeckung und der Beweis dessen, was sie gleich anfangs vermutet hatten, als diese Schriften Aufsehen erregten, nämlich daß dieser große Tugendprediger bloß ein Ungeheuer voll heimlicher Laster war, welches seit vierzig Jahren die Seele eines Bösewichts unter dem Schein eines rechtschaffenen Mannes verbarg.

ROUSSEAU

Fahren Sie fort, ich bitte Sie. Was Sie mir da erzählen, setzt mich in Erstaunen und Verwunderung.

DER FRANZOSE

Sie wissen, worin diese Entdeckungen bestanden, und können also die Verlegenheit beurteilen, in der diejenigen, die sie gemacht hatten, sich befanden. Sie waren von der Art, daß sie nicht verschwiegen bleiben konnten, und man hatte sich nicht umsonst so viel Mühe gegeben. Indessen, wenn auch durch ihre Bekanntmachung kein anderes Übel entstand, als daß der Verbrecher die verdiente Strafe erhielt, so war dies hinreichend, um diese großmütigen Leute abzuhalten, ihn derselben auszusetzen. Sie sollten und wollen ihn entlarven, allein, sie wollen ihn nicht unglücklich machen und dennoch schien das eine notwendig aus dem anderen zu folgen. Wie sollte man ihn überführen, ohne ihn zu strafen? Wie konnte man ihn verschonen, ohne an der Fortsetzung der Verbrechen mitschuldig zu werden: denn, was die Reue betrifft, so wußten sie wohl, daß diese von ihm nicht zu erwarten war. Sie wußten, was sie der Gerechtigkeit, der Wahrheit und der öffentlichen Sicherheit schuldig waren, allein, sie wußten auch, was sie sich selbst schuldig waren. Nachdem sie so unglücklich gewesen waren, mit diesem Bösewicht im vertrauten Umgang gelebt zu haben, konnten sie ihn der öffentlichen Rache nicht überliefern, ohne sich dem Tadel auszusetzen, und ihre edlen Seelen, welche noch Mitleid mit ihm hatten, wollten hauptsächlich das Ärgernis vermeiden und aller Welt zeigen, daß er ihnen sein Wohlbefinden und seine Erhaltung zu verdanken hätte. Sie verabredeten also sorgfältig ihre Schritte und entschlossen sich, diese Entdeckungen nur stufenweise zu entwickeln, damit deren Kenntnis nur in dem Maße im Publikum ausgebreitet würde, als man die Vorurteile, die man zu seinen Gunsten hatte, aufgab. Denn damals hatte seine Heuchelei den größten Erfolg. Der neue Weg, den er einschlug und den er mutig genug verfolgte, um sein Betragen seinen Grundsätzen gemäß einzurichten, seine verwegene Moral, die er noch stärker durch sein Beispiel als durch seine Schriften predigte, und hauptsächlich seine scheinbare Uneigennützigkeit, durch die damals jedermann hintergangen wurde, alle diese Sonderbarkeiten, welche wenigstens eine feste Seele verrieten, erregten selbst die Bewunderung derer, die sie mißbilligten. Man gab seinen Grundsätzen Beifall, ohne sie anzunehmen, und billigte sein Beispiel, ohne es nachzuahmen.

Da diese Gesinnung des Publikums verhindern konnte, daß es ohne weiteres annahm, was man ihm beibringen wollte, mußte man vorerst anfangen, sie zu ändern. Der Anfang dieses Werks bestand darin, daß man seine Fehler öffentlich in den häßlichsten Farben schilderte; seine Unbesonnenheit, sie selbst zu eröffnen, hätte für Freimütigkeit gehalten werden können; man mußte sie also verschweigen. Indessen schien dies nicht so leicht, denn man hat mir gesagt, daß er im *Emile* ein beinahe förmliches Geständnis mit einer Reue abgelegt habe, die ihm natürlicherweise die Vorwürfe rechtschaffener Leute ersparen mußte. Glücklicherweise bemerkte das Publikum, das man damals gegen ihn aufhetzte und das nicht weiter sieht, als man es sehen läßt, von all dem gar nichts, und so erhielt man bald mit Hilfe von Hinweisen, die ausreichten, um ihn anzuklagen und zu überzeugen, ohne daß offenkundig wurde, daß er sie selbst geliefert hatte, das nötige Mittel, um das Werk seiner Entehrung anzufangen. Alles war dazu ganz vortrefflich vorbereitet. In seinen ungeschliffenen Deklamationen hatte er, wie Sie selbst bemerken, alle Stände angegriffen: alle waren also begierig, zu diesem Werk etwas beizutragen, welches keiner anfangen wollte, aus Furcht, es möchte scheinen, als wenn er bloß seiner Rache Gehör gäbe. Allein, mit Hilfe dieser ersten bewiesenen und hinlänglich vergrößerten Tatsache wurde alles übrige sehr leicht. Man konnte ohne Anschein des Grolls das Echo seiner Freunde werden, welche ihn nur mit Bedauern und bloß, um ihr Gewissen zu erleichtern, beschuldigten, und auf diese Art gab das Publikum, geleitet von den Leuten, die den schändlichen Charakter dieses Ungeheuers kannten, nach und nach die günstige Meinung auf, die es so lange von ihm gehegt hatte, und sah alsdann nur Prahlerei, wo es vorher Mut, Niederträchtigkeit, wo es Einfalt, Großsprecherei, wo es Uneigennützigkeit, und Lächerlichkeit, wo es Sonderbarkeit gesehen hatte.

Dies ist der Punkt, auf den die Dinge gebracht werden mußten, um ungeachtet aller Beweise die schwarzen Geheimnisse glaubwürdig zu machen, die man zu entdecken hatte, und um ihn in einer wenigstens scheinbaren Freiheit und völligen Ungestraftheit zu lassen. Denn wenn dies einmal recht bekannt war, so brauchte man nicht mehr befürchten, daß er ferner jemand betrügen oder hintergehen würde, und da er auch keine Helfer mehr fand, so war er, durch seine Freunde und ihre Freunde bewacht, außerstande, seine schändlichen Entwürfe auszuführen und der Gesellschaft zu schaden. In dieser Lage, und bevor man die gemachten Entdeckungen eröffnete, befand man, daß sie seiner Person nicht schaden sollten und daß, um ihn in einer gänzlichen Sicherheit zu erhalten, man ihm niemals eröffnen sollte, daß er entlarvt sei. Dieses Bündnis wurde mit aller möglichen Stärke befestigt und bis jetzt mit einer Treue gehalten, die an ein Wunder grenzt. Wollen Sie nun der erste sein, der sein Wort bricht, während das ganze Publikum ohne Rücksicht auf Rang, Alter, Geschlecht, Charakter, kurz ohne irgendeine Ausnahme von der Großmut derjenigen durchdrungen, die diese Sache geleitet haben, sich beeilt hat, sich ihren edlen Absichten anzuschließen und sie aus Mitleid mit diesem Elenden zu befördern. Denn Sie müssen wissen, daß hier seine Sicherheit auf seiner Unwissenheit beruht, und daß, wenn er je glauben könnte, daß seine Verbrechen bekannt sind, er sich unvermeidlich die Nachsicht zunutze machen würde, die man gegen ihn hat, um ungestraft neue zu erfinden, so daß dann seine Ungestraftheit ein zu gefährliches Beispiel werden könnte, und daß diese Verbrechen von der Art sind, daß man sie entweder mit aller Strenge bestrafen oder verschweigen muß.

ROUSSEAU

Alles, was Sie mir hier sagen, ist mir so neu, daß ich mich lange besinnen muß, um meine Gedanken darüber zu ordnen. Auch sind einige Punkte darin, worüber ich mir eine deutlichere Erklärung wünschte. Sie sagen zum Beispiel, es sei nicht zu befürchten, daß wenn dieser Mann einmal bekannt wäre, er weiter jemanden verführen, Mitgesellen finden oder sonst gefährliche Komplotte schmieden könnte. Dies stimmt aber nicht mit dem überein, was Sie mir selbst von der Fortsetzung seiner Verbrechen gesagt haben, und ich würde im Gegenteil befürchten, daß er, auf diese Art bekannt, schlechten Leuten zum Zeichen dienen könnte, ihre verbrecherischen Verbindungen zu knüpfen, und seine schlimmen Talente dazu verwendete, sie noch zu bestärken. Das größte Übel und die größte Schande des Gesellschaftszustandes besteht darin, daß das Laster darin weit stärkere Bande knüpft als die Tugend. Schlechte Menschen verbinden sich weit fester untereinander als gute, und ihre Verbindungen sind dauerhafter, weil sie nicht ungestraft dieselben verletzen können und weil von der Dauer dieser Verbindungen das Geheimnis ihrer Ränke und die Ungestraftheit ihrer Verbrechen abhängt und ihr größter Vorteil es erfordert, daß sie einander wechselseitig schonen. Hingegen sind die Guten bloß durch ihre freien Neigungen miteinander verbunden, die, ohne Folgen nach sich zu ziehen, verändert werden können, und brechen miteinander oder trennen sich ohne Furcht oder Gefahr, sobald sie einander nicht mehr vertragen. Dieser Mann, den sie mir so hinterlistig, tätig und gefährlich beschrieben haben, muß der Beförderer der Komplotte aller Schurken sein. Seine Freiheit und Ungestraftheit, woraus Sie den rechtschaffenen Leuten, die ihn schonen, ein so großes Verdienst machen, ist ein wahres öffentliches Unglück, und sie müssen für alle Übel haften, die daraus entstehen können und die sogar nach Ihren eigenen Erzählungen täglich daraus entstehen. Ist es also wohl von diesen gerechten Leuten löblich gehandelt, daß sie auf solche Art die Bösen auf Kosten der Guten begünstigen?

DER FRANZOSE

Ihr Einwurf könnte einiges Gewicht haben, wenn hier von einem gemeinen Bösewicht die Rede wäre. Allein, bedenken Sie, daß er ein Ungeheuer, der Abscheu des Menschengeschlechts ist, dem sich kein Mensch auf keine Weise anvertrauen kann und der nicht einmal zu einer solchen Verbindung von Schurken fähig ist. Unter diesem Gesichtspunkt ist er allen gleichermaßen bekannt und kann also niemandem durch seine Ränke gefährlich werden. Von den Guten wegen seiner Taten verabscheut, wird er von den Bösen wegen seiner Schriften noch mehr gehaßt: vermöge einer gerechten Züchtigung für seine strafbare Heuchelei haben die Spitzbuben, die er entlarvt, um sich zu verlarven, die größte Abneigung gegen ihn. Wenn sie auch seinen Umgang suchen, so geschieht es bloß, um ihn zu überraschen und zu verraten, allein, seien Sie versichert, daß keiner von ihnen es jemals versuchen wird, ihn zum Mitgesellen einer schlechten Handlung zu machen.

ROUSSEAU

Dies ist wahrlich ein Böser von einer besonderen Art, den die Bösen noch mehr als die Guten fliehen und dem niemand eine schlechte Handlung vorzuschlagen wagt.

DER FRANZOSE

Freilich ist er von ganz besonderer, und zwar so eigener Art, daß die Natur niemals einen derartigen Menschen hervorgebracht hat noch, wie ich hoffe, wieder einen solchen hervorbringen wird. Glauben Sie indessen nicht, daß man sich blindlings auf diesen allgemeinen Abscheu verläßt. Er ist zwar eines der vornehmsten Mittel, dessen die Weisen, die diesen Abscheu erregten, sich bedient haben, um ihn daran zu hindern, durch gefährliche Ränke die Freiheit zu mißbrauchen, die man ihm gelassen hat, allein, dies ist nicht das einzige. Sie haben ebenso wirksame Vorbeugungsmittel ergriffen, indem sie ihn so genau bewachen, daß er weder ein Wort sagen kann, das nicht aufgeschrieben wird, noch einen Schritt tun kann, der nicht bemerkt wird, noch irgendeinen Entwurf machen kann, den man nicht in dem Augenblick, da er gefaßt wird, erfährt. Sie haben es dahin gebracht, daß er dem Schein nach ganz frei mitten unter den Menschen lebt und dennoch keinen eigentlichen Umgang mit ihnen hat, daß er mitten unter der Menge lebt und nichts von dem weiß, was vorgeht, nichts von dem, was um ihn herum gesagt wird, und besonders nichts von dem, was ihn am meisten betrifft und interessiert, und so ist er überall mit Ketten gefesselt, von denen er nicht die geringste Spur aufweisen oder selbst bemerken kann. Sie haben um ihn Mauern von Finsternissen errichtet, die seinen Blicken undurchdringlich sind, sie haben ihn mitten unter den Lebenden lebendig begraben. Dies ist vielleicht das sonderbarste und erstaunlichste Unternehmen, das jemals gemacht wurde. Sein glücklicher Erfolg zeugt von dem großen Kopf dessen, der es erfunden hat, und derer, die es ausführten, aber nicht weniger erstaunlich ist der Eifer, mit welchem das ganze Publikum dazu beiträgt, ohne die Größe und Schönheit des Plans einzusehen, den es blind und treu ausführte.

Sie werden jedoch einsehen, daß ein solcher Entwurf, so gut er auch durchdacht sein mag, nicht ohne Mitwirkung der Regierung hätte ausgeführt werden können, allein, es kostete um so weniger Mühe, sie dazu zu bewegen, als es einen Menschen betraf, der denjenigen, die am Staatsruder saßen, unausstehlich war, einen Schriftsteller, dessen aufrührerische Werke eine republikanische Strenge predigten, der, wie man sagt, das Wesirat haßte, die Wesire selbst verachtete und behauptete, Könige müßten selbst regieren, Fürsten müßten gerecht, das Volk frei und alle den Gesetzen unterworfen sein. Die Regierung genehmigte also alle Vorkehrungen, um ihn zu bestricken und zu bewachen, sie beförderte alle Absichten des Verfassers dieses Entwurfs und sorgte für die Sicherheit des Schuldigen ebensogut wie für seine Erniedrigung. Unter dem großen Namen des Schutzes wurde seine Entehrung nur noch öffentlicher bekannt, und so raubte man ihm nach und nach allen Kredit, alle Achtung, alle Hochschätzung und jedes Mittel, seine gefährlichen Talente zum Schaden des Menschengeschlechts anzuwenden.

Um ihn gänzlich zu entlarven, sparte man weder Mühe noch Zeit, noch Kosten, um jeden Augenblick seines Lebens von seiner Geburt an bis auf den heutigen Tag aufzuklären. Alle diejenigen, deren Schmeicheleien ihn in ihre Fallstricke lockten, alle die, die ihn in seiner Jugend gekannt haben, jeder lieferte einen neuen Beweis gegen ihn oder einen neuen Zug zu seiner Beschämung, mit einem Wort, alle die, die etwas beigetragen haben, ihn so zu schildern, wie man es verlangte, wurden auf die eine oder die andere Art belohnt, und manche selbst oder ihre Anverwandten sind befördert worden, weil sie aus freien Stücken die Absichten unserer Herren unterstützten. Man hat vertraute Leute mit den nötigen Instruktionen und viel Geld versehen nach Venedig, Turin, Savoyen, in die Schweiz, nach Genf und überall hin, wo er sich aufgehalten hatte, geschickt, und diejenigen sehr freigebig belohnt, die mit einigem Erfolge arbeiteten und in diesen Ländern die Begriffe zurückließen, die man von ihm geben, und die Anekdoten zurückbrachten, die man über ihn haben wollte. Sogar viele Leute aus allen Ständen haben, um neue Entdeckungen zu machen und das allgemeine Werk zu befördern, auf ihre eigenen Kosten und aus freiem Willen große Reisen unternommen, um die Abscheulichkeit J.J.'s zu bestätigen, und zwar mit einem Eifer . . .

ROUSSEAU

Den sie im gegenteiligen Fall, wenn sie ihn als einen rechtschaffenen Mann hätten darstellen sollen, gewiß nicht gehabt hätten. So viel mächtiger ist bei edlen Seelen der Abscheu gegen die Bösen als die Zuneigung für die Guten!

Dies ist, wie Sie selbst sagen, ein ebenso bewunderungswürdig erdachter Plan, wie er bewunderungswürdig ausgeführt ist. Es lohnte wohl die Mühe und müßte sehr wichtig sein, wenn man alle einzelnen Vorkehrungen untersuchte, die man treffen mußte, um einen so glücklichen Erfolg zu erhalten. Da dies, seitdem die Welt besteht, vielleicht der einzige Fall dieser Art ist und daraus ein ganz neues Gesetz in dem Gesetzbuch des menschlichen Geschlechts entspringt, so wäre es nötig, alle Umstände, die sich darauf beziehen, recht gründlich zu kennen. Das Verbot des Feuers und Wassers bei den Römern betraf nur die notwendigsten Dinge zur Erhaltung des Lebens, dieses aber betrifft alles, wodurch das Leben angenehm und erträglich wird, Ehre, Gerechtigkeit, Wahrheit, Gesellschaft, Zuneigung und Achtung. Das römische Verbot führte zum Tod, dieses aber macht denselben, ohne ihn zu erteilen, wünschenswert und verschont bloß das Leben, um es zu einer schrecklichen Strafe zu machen. Indessen ward dieses römische Verbot doch durch eine rechtmäßige Form bestätigt, und der Verbrecher wurde von Rechts wegen verdammt. Bei diesem aber sehe ich nichts dergleichen und wünschte die Ursache dieser Unterlassung zu wissen oder die Art, wie man sie ersetzt hat.

DER FRANZOSE

Ich gebe zu, daß nach der gewöhnlichen Form die förmliche Anklage und das Verhör des Schuldigen notwendig sind, um ihn zu strafen: allein, was liegt im Grunde an all diesen Formalitäten, sobald das Verbrechen völlig erwiesen ist? Die Ableugnung des Schuldigen (denn er leugnet alles ab, um der Strafe zu entgehen) kann nichts gegen die Beweise ausrichten und seine Verurteilung nicht verhindern. Daher ist diese Formalität oft unnütz und vor allem ist sie es in dem gegenwärtigen Fall, wo das Licht der Evidenz die unerhörtesten Schandtaten beleuchtet.

Bedenken Sie übrigens, daß, wenn auch diese Formalitäten immer zur Strafe notwendig wären, sie dennoch nicht zur Begnadigung nötig sind, von der hier vorzüglich die Rede ist. Wenn man bloß der Gerechtigkeit Gehör geben und den Elenden so behandeln wollte, wie er es verdient, so brauchte man ihn bloß zu fassen und zu bestrafen, und alles wäre getan. Man hätte sich manche Verlegenheit, viele Mühe und unermeßliche Kosten und dieses Gewebe von Fallstricken und Kunstgriffen erspart, in welchem man ihn gefangen hält. Allein, der Großmut derer, die ihn entlarvt haben, ihr zärtliches Mitleiden mit ihm erlaubte ihnen kein gewaltsames Verfahren, man mußte sich seiner versichern, ohne seine Freiheit zu beschränken und ihn zum Abscheu des Menschengeschlechts machen, damit er nicht dessen Plage würde.

Was hat man ihm also für Unrecht getan, und worüber könnte er sich wohl beklagen? Damit man ihn unter Menschen leben lassen konnte, mußte man ihn ihnen so schildern, wie er wirklich ist. Unsere Herren wissen besser als Sie, daß die Bösen immer ihresgleichen suchen und finden, um mit ihnen ihr schlechtes Vorhaben zu überlegen, allein, man hindert sie, sich mit ihm zu verbinden, indem man ihn ihnen so hassenswert macht, daß sie kein Zutrauen in ihn setzen können. Trauet ihm nicht, sagt man ihnen, er wird euch aus bloßer Schadenfreude verraten, und hofft nicht, ihn durch gemeinschaftliches Interesse zu fesseln. Er liebt das Laster nicht aus Eigennutz und sucht seinen Vorteil nicht darin, er kennt für sich kein anderes Gutes als den Schaden anderer und wird immer das größere oder schnellere Übel seiner Mitgesellen dem geringeren oder entfernteren Übel vorziehen, das er gemeinschaftlich mit ihnen tun könnte. Um all dies zu beweisen, braucht man nur seine Lebensgeschichte bekannt zu machen, denn durch deren Erzählung werden auch die abscheulichsten Menschen durch das Entsetzen von ihm abgewandt. Die Wirkung dieses Verfahrens ist so groß und so sicher, daß, seitdem man ihn überwacht und alle seine Geheimnisse ausspäht, es noch kein Mensch gewagt hat, ihn zu einer schlechten Handlung zu bewegen, und nur durch den Anschein irgendeines guten Werks kann man ihn überlisten.

ROUSSEAU

Sehen Sie, wie sich manchmal die Extreme berühren! Wer sollte wohl glauben, daß die äußerste Bosheit der Tugend so nahe ist! Nur Ihre Herren ganz allein konnten eine so schöne Kunst erfinden.

Was die Ausführung dieses Planes noch bewunderungswürdiger macht, ist das Geheimnis, mit dem man ihn bedecken mußte. Man mußte seine Person allen Menschen schildern, ohne daß diese Schilderung ihm jemals zu Gesicht kam. Man mußte die Welt von seinen Lastern unterrichten, aber auf eine solche Art, daß es ihm allein geheim blieb. Jeder mußte mit den Fingern auf ihn weisen, ohne daß er glaubte, von jemandem gesehen zu werden. Mit einem Wort, dieses Geheimnis war dem ganzen Publikum bekannt, ohne daß es jemals dem zu Ohren kam, den es eigentlich betraf. Dies auszuführen, wäre bei jedem anderen schwer, ja vielleicht unmöglich gewesen. Entwürfe, die bloß auf allgemeinen Grundsätzen beruhen, scheitern oft. Indem man sie also so genau auf ihn anwandte, daß sie nur auf ihn paßten, wurde die Ausführung desto leichter. Dies hat man ebenso geschickt wie glücklich an ihm vollzogen. Man wußte, daß er fremd und allein, ohne Stütze, ohne Verwandte, ohne Beistand war, daß er zu keiner Partei gehörte und daß sein mürrischer Charakter ihn selbst schon zur Einsamkeit zwang. Um ihn also gänzlich abzusondern, folgte man bloß seinem natürlichen Hang und suchte ihn zu verstärken, und so ging alles leicht vonstatten. Was für ein Übel fügt man ihm zu, indem man ihn gänzlich von dem Umgang mit Menschen absondert, die er flieht? Und indem man so gütig war, ihm wenigstens eine scheinbare Freiheit zu lassen, mußte man ihn nicht daran hindern, daß er sie mißbrauchen könnte? Mußte man, indem man ihn mitten unter den Bürgern ließ, sich nicht bemühen, ihn denselben recht bekannt zu machen? Wer wird wohl eine Schlange auf einem öffentlichen Platz kriechen sehen, ohne einem jeden zuzurufen, sich davor zu hüten? War dies nicht vielmehr eine besondere Pflicht der Weisen, die so geschickt waren, die Larve, hinter der er sich seit vierzig Jahren versteckt hatte, wegzureißen, und die ihn als erste durch alle Verstellung hindurch als denjenigen erkannten, als den sie ihn dann der ganzen Welt geschildert haben? Diese große Pflicht, ihn verhaßt zu machen, um ihn daran zu hindern, Schaden anzurichten, verbunden mit der zärtlichen Teilnahme, die diese erhabenen Männer für ihn hegen, ist der wahre Beweggrund all der vielen Mühe, die sie sich geben, und der unermeßlichen Ausgaben, die sie machen, um ihn mit so vielen Fallstricken zu umgeben, ihn in so viele Hände zu liefern und ihn auf so mancherlei Art zu bestricken, daß er mitten in dieser scheinbaren Freiheit kein Wort sprechen, keinen Schritt tun und keinen Finger bewegen kann, ohne daß sie es erfahren und genehmigen. Im Grunde geschieht alles, was man tut, zu seinem Besten, bloß um das Übel zu verhüten, das man ihm zufügen müßte und vor dem man ihn nicht anders bewahren kann. Man mußte ihn zuerst von seinen alten Bekanntschaften abwenden, um Zeit zu haben, sie besser zu unterrichten. Man ließ ihn in Paris gerichtlich verfolgen. Was für ein Übel hat man ihm dadurch zugefügt? Aus demselben Grund mußte man ihn hindern, sich in Genf niederzulassen. Man verfolgte ihn also auch dort. Welches Übel hat man ihm dadurch zugefügt? Man hat ihn in Môtiers steinigen lassen, aber die Steine, die seine Fenster und Türen einwarfen, trafen ihn nicht. Was haben sie ihm also für Übel zugefügt? Man verjagte ihn am Anfang des Winters von der einsamen Insel, wohin er geflüchtet war, und aus der ganzen Schweiz, aber dies geschah, um ihn barmherzigerweise zu zwingen, nach England* zu gehen und den Zufluchtsort zu suchen, den man ihm ohne sein Wissen schon längst bereitet hatte und der weit besser war als derjenige, den er hartnäckig erwählen wollte, obgleich er von dort aus niemandem Schaden zufügen konnte. Allein, was für ein Übel hat man ihm selbst denn zugefügt, und worüber beklagt er sich jetzt? Läßt man ihn nicht ruhig in seiner Schande? Er kann sich ja nach Gefallen in dem Unflat herumwälzen, in welchem man ihn gefangen hält. Man begegnet ihm zwar auf eine erniedrigende Art, aber was schadet ihm dies? Ist er nicht deswegen da, um dies auszuhalten, und wenn jeder Vorübergehende ihm ins Gesicht spuckte, was wäre dies denn für ein großes Übel? Allein, dieses Ungeheuer an Undankbarkeit fühlt nichts, erkennt nichts, und alle mögliche Schonung, die man für ihn hat, reizt seine Un-

* Einen Engländer zu meinem Vertrauten zu wählen und ihm dieses Manuskript in Verwahrung zu geben, dünkt mir eine hinlängliche Genugtuung für das Schlechte zu sein, das ich von seiner Nation gedacht und gesagt habe. Man hat diese Nation in Rücksicht meiner zu sehr hintergangen, als daß ich mich nicht zuweilen in Ansehung ihrer hätte irren sollen.

bändigkeit noch mehr, statt ihn zu rühren. Indem man sorgfältig alle seine Freunde von ihm abwendet, hat man ihnen nichts dringender empfohlen, als den Schein und den Namen der Freundschaft beizubehalten und, um ihn zu hintergehen, denselben Ton anzunehmen, mit denen sie ihm ehemals begegneten. Sein sträfliches Mißtrauen allein macht ihn elend. Ohne dieses würde er vielleicht etwas mehr hintergangen, aber er würde ebenso zufrieden leben wie ehemals. Da er der Gegenstand des allgemeinen Abscheus geworden ist, so wäre er eben dadurch der Gegenstand der Aufmerksamkeit aller Menschen. Man wetteiferte, wer ihm am meisten schmeicheln, wer ihn zu Tisch behalten, wer ihn aufnehmen und wer den anderen an Dienstbeflissenheit übertreffen könnte, um den Vorzug zu erhalten. Dem Eifer nach geurteilt, mit welchem man ihn an sich zog, hätte man denken sollen, es wäre die größte Ehre und der größte Ruhm, ihn zu Gast zu haben, und dies in allen Ständen, ohne die Großen und die Fürsten auszunehmen, und doch war mein Bär nicht zufrieden!

ROUSSEAU

Er hatte freilich unrecht, aber er war darüber gewiß sehr erstaunt! Vermutlich dachten diese Großen nicht wie jener Spanier, dessen Antwort an Karl V. bekannt ist, der von ihm eines seiner Schlösser verlangte, um es dem Konnetabel von Bourbon zur Wohnung anzuweisen.*

DER FRANZOSE

Der Fall liegt hier ganz anders. Sie bedenken nicht, daß es ein gutes Werk war.

* Man hat, wie ich höre, das Schloß Trye, seitdem ich es bewohnt habe, unbewohnbar gemacht. Wenn diese Handlung einen Bezug auf mich hat, so entspricht sie der Begierde nicht, mit welcher man mich hinrief, noch dem Eifer, mit welchem man den Fürsten von Ligne bewog, zur nämlichen Zeit mir eine reizende Wohnung auf seinen Gütern anzubieten in einem schönen Brief, den man sorgfältig in ganz Paris bekannt machte.

ROUSSEAU

Warum geben Sie nicht zu, daß die Gastfreiheit gegen den Konnetabel ein ebenso gutes Werk war, wie wenn man einem Schurken einen Zufluchtsort anbietet?

DER FRANZOSE

Sie wollen mich nicht verstehen. Der Konnetabel wußte sehr wohl, daß er sich gegen seinen Herrn empört hatte.

ROUSSEAU

Jean Jacques weiß also nicht, daß er ein Schurke ist?

DER FRANZOSE

Die Feinheit des Plans besteht darin, daß man äußerlich sich gegen ihn beträgt, als wenn er nichts davon wüßte oder als wenn man es selbst nicht wüßte. Auf diese Art vermeidet man ihm gegenüber die Gefahr einer Erklärung und, indem man sich stellt, als wenn man ihn für einen rechtschaffenen Mann hielte, bewacht man ihn unter dem Vorwand der Achtung vor seinen Verdiensten so genau, daß nichts, was ihn betrifft, ja er selbst nicht, der Wachsamkeit derer entgehen kann, die ihn umringen. Sobald er irgendwo einzieht, was man immer im voraus weiß, werden die Mauern, der Fußboden und die Schlösser zu dem Zweck eingerichtet, den man sich vorsetzt, und man vergißt nicht, ihn in eine schickliche Nachbarschaft zu bringen, das heißt unter boshafte Aufpasser, listige Betrüger und gefällige Mädchen, denen man ihre Lektion scharf eingeprägt hat. Es ist lustig genug, die Aufwärterinnen unserer Herren zu sehen, wie sie die keuschen Jungfrauen spielen, um sich diesem Bär nähern zu können. Allein, vermutlich verlangt er keine Jungfrauen, denn weder die pathetischen Briefe, die man ihnen diktiert, noch die herzbrechenden Geschichten, die man sie lehrt, noch die ganze Erzählung ihrer Unglücksfälle und Tugenden, noch auch der Anblick ihrer verwelkten Reize haben ihn erweichen können. Dieses epikuräische Schwein ist plötzlich ein Xenokrates für unsere Herren geworden.

ROUSSEAU

War er es denn nicht auch für eure Damen? Wäre dies nicht der lärmendste unter seinen schlechten Streichen, so ist es doch gewiß der unverzeihlichste.

DER FRANZOSE

Herr Rousseau, man muß immer galant sein, und auf welche Art sich auch eine Frau beträgt, man darf diesen Punkt doch nie berühren!

Ich brauche Ihnen nicht zu sagen, daß alle seine Briefe geöffnet werden, daß man alle diejenigen sorgfältig zurückbehält, woraus er einige Erläuterungen erhalten könnte, und daß man ihm durch vielerlei Hände Briefe von aller Art schreiben läßt, sowohl um seine Gesinnungen aus seinen Antworten zu erforschen, als auch durch diejenigen, die er zurückweist und die man aufbewahrt, ihm Korrespondenzen anzudichten, deren man sich dereinst gegen ihn bedienen kann. Man hat die Kunst erfunden, ihm Paris zu einer schrecklicheren Einöde zu machen als Höhlen und Wälder, und er findet mitten unter den Menschen weder Gemeinschaft noch Trost, noch Rat, noch Aufklärung, noch etwas von all dem, was ihm in seinem Betragen zur Richtschnur dienen könnte, und so irrt er in einem unendlichen Labyrinth, wo er in der Finsternis nur Irrwege erblickt, die ihn mehr und mehr verwirren. Niemand kommt zu ihm, der nicht hinlänglich unterrichtet ist, was er mit ihm reden und in welchem Ton er mit ihm sprechen soll. Man führt ein Verzeichnis all derer, die ihn zu sprechen verlangen*, und erlaubt es ihnen nicht eher, als bis sie in Ansehung seiner die Anweisungen erhalten haben, die man mir selbst aufgetragen hat, Ihnen zu geben, sobald Sie wünschen würden, ihn kennenzulernen. Kommt er an einen öffentlichen Ort, so betrachtet und begegnet man ihm wie einem, der mit der Pest behaftet ist: alle umringen und beobachten ihn, doch indem sie sich von

* Man hat mir zu diesem Zweck einen Gemälde- und Kupferstichhändler in die Straße gesetzt, meiner Tür gerade gegenüber, und an dieser Tür, die man immer verschlossen hält, ein geheimes Schloß angebracht, damit alle diejenigen, die zu mir wollen, gezwungen sind, sich an die Nachbarn zu wenden, die ihre Instruktionen und Befehle haben.

ihm fernhalten und nicht mit ihm sprechen, sondern ihm bloß als Scheidewand dienen, und sobald er es wagt, selbst zu reden, und man ihn einer Antwort würdigt, so geschieht es immer entweder durch eine Lüge oder indem man seinen Fragen in einem so harten und verächtlichen Ton ausweicht, daß ihm die Lust vergeht, welche zu stellen. Im Schauspiel empfiehlt man ihn denen sehr sorgfältig, die ihn umringen, und stellt ihm immer eine Wache oder einen Polizisten an die Seite, der auf diese Art sehr deutlich über ihn spricht, ohne etwas zu sagen. Man hat ihn überall den Polizeidienern, Briefträgern, Wachen, Aufwärtern und Savoyarden bei allen öffentlichen Schauspielen und auch in allen Kaffeehäusern geschildert und empfohlen, sowie auch allen Barbieren, Kaufleuten, Hausierern und Buchhändlern. Wollte er ein Buch, einen Kalender, einen Roman suchen, so würde für ihn in ganz Paris keiner zu haben sein, und der bloße Wunsch, eine Sache, welche es auch sei, zu finden, ist für ihn ein unfehlbares Mittel, sie niemals zu erhalten. Bei seiner Ankunft in Paris suchte er zwölf italienische Lieder, die er vor zwanzig Jahren daselbst hatte stechen lassen und die ebenso von ihm sind wie der *Devin du village:* allein, die Sammlung, die Arien selbst, die Kupferplatten waren verschwunden und in einem Augenblick vernichtet, ohne daß er je wieder ein Exemplar hätte zu Gesicht bekommen können. Man hat es durch kleine vielfältige Bemühungen dahin gebracht, daß er in dieser unermeßlichen Stadt immer unter den Augen des Pöbels ist, der ihn mit Abscheu betrachtet. Will er dem Collège des Quatre Nations gegenüber über den Fluß setzen, so wird um seinetwillen nicht übergesetzt, wenn er auch gleich das ganze Fahrzeug bezahlen wollte. Will er seine Schuhe reinigen lassen, so versagen ihm hauptsächlich die Schuhputzer des Temple und des Palais Royal verächtlicherweise ihre Dienste. Kommt er in die Tuilerien oder in den Luxembourg, so haben diejenigen, die die gedruckten Zettel an der Tür austeilen, Befehl, ihn in der beleidigendesten Art zu übergehen, ja sie ihm sogar gänzlich abzuschlagen, wenn er welche verlangt, und dies geschieht nicht wegen der Wichtigkeit der Sache selbst, sondern um ihn zu bezeichnen, kenntlich zu machen und ihn immer mehr und mehr der Verachtung preiszugeben.

Eine ihrer artigsten Erfindungen ist die, daß sie den jährlichen Brauch, in einer Zeremonie einen Schweizer aus Stroh in der Rue aux Ours zu verbrennen, sich zu ihrem Zwecke zunutze zu machen wußten. Dieses volkstümliche Fest wurde in diesem philosophischen Jahrhundert für so barbarisch und lächerlich gehalten, daß man es schon vernachlässigte und ganz unterdrücken wollte, wenn unsere Herren nicht den Gedanken gefaßt hätten, es feierlich für J.J. zu erneuern. Zu diesem Zweck gaben sie dem Strohmann seine Gestalt und seine Kleidung, bewaffneten seine Hand mit einem blinkenden Messer und, indem sie mit ihm in den Straßen von Paris herumzogen, wurde genau darauf geachtet, gerade unter den Fenstern von J.J. stillzustehen und die Figur nach allen Seiten zu drehen, damit sie das Volk recht gut sehen möge, und von wohlmeinenden Interpreten erhält es die gewünschte Erklärung und wird angereizt, in Erwartung des Besseren J.J. einstweilen *in effigie* zu verbrennen.* Endlich hat mir sogar einer unserer Herren gesagt, er hätte das angenehme Vergnügen gehabt zu sehen, wie ihm ein Bettler sein Almosen ins Gesicht warf, und Sie können daraus schließen . . .

ROUSSEAU

Daß sie keine Mühe ausgelassen haben! O welche Größe der Seele! Welche Liebe! Der Eifer Ihrer Herren vergißt nicht das geringste.

DER FRANZOSE

Außer all diesen Maßregeln hat man noch ein sehr sinnreiches Mittel erfunden, um zu erfahren, ob ihm unglücklicherweise nicht noch eine vertraute Person übrig bliebe, die noch nicht gehörig unterrichtet wäre und nicht die Meinung von ihm hegte, die nötig

* Wenn man mich persönlich verbrennen würde, würden sich zwei Schwierigkeiten zeigen, durch die diese Herren gezwungen sind, sich dieses Vergnügens zu begeben. Die eine ist, daß ich, wenn ich einmal tot und verbrannt wäre, nicht mehr in ihrer Gewalt stünde und sie dadurch das größere Vergnügen entbehren würden, mich lebendig zu quälen. Die zweite ist wichtiger, denn bevor man mich verbrennen würde, müßte man mich wenigstens pro forma einmal anhören, und ich zweifle, daß sie sich, ungeachtet zwanzigjähriger Maßregeln und Ränke, dieser Gefahr aussetzen möchten.

ist, um den allgemeinen Plan des Betragens gegen ihn zu befolgen. Man läßt Leute an ihn schreiben, die unglücklich zu sein vorgeben und seinen Beistand oder seinen guten Rat erflehen, damit ihnen geholfen werde. Er unterhält sich mit ihnen, tröstet sie und empfiehlt sie den Personen, auf welche er noch Zutrauen setzt. Auf diese Art lernt man sie kennen und belehrt sie nachher sehr leicht. Sie können kaum glauben, wie viele Leute man durch dieses Mittel entdeckt hat, die ihn noch schätzten und die er immer fortfuhr zu hintergehen. Sobald sie aber unseren Herren bekannt sind, wenden sie sich bald von ihm ab, und so bringt man es durch eine ganz besondere, aber untrügliche Kunst dahin, ihn denselben ebenso verächtlich zu machen, wie er ihnen vorher lieb gewesen war. Allein, es sei nun, daß er endlich hinter diese Schliche gekommen oder daß ihm wirklich niemand mehr übrig ist, so sind diese Versuche seit einiger Zeit fruchtlos abgelaufen. Er weigert sich standhaft, sich für Leute zu verwenden, die er nicht kennt, ja er antwortet ihnen nicht mehr, und dies befördert immer mehr den Zweck, den man sich gesetzt hat, ihn als einen harten und unempfindlichen Menschen darzustellen. Denn, ich sage es noch einmal, nichts ist geeigneter, seine gefährlichen Entwürfe zu vereiteln, als wenn man ihn allen so sehr verhaßt macht, daß, sobald er eine Sache verlangt, dies ausreicht, daß er sie nicht erhält, und sobald er sich für jemanden verwendet, diese Person weder Gönner noch Beistand mehr findet.

ROUSSEAU

Tatsächlich scheinen mir alle diese Mittel, die Sie mir hier aufgezählt haben, ihren Zweck nicht verfehlen zu können und müssen J.J. zum Gelächter und Spott aller Menschen und zum verächtlichsten Sterblichen machen.

DER FRANZOSE

Ohne Zweifel! Dies ist der große und wahre Zweck aller großmütigen Bemühungen unserer Herren. Und dank ihrem glücklichen Erfolg kann ich Ihnen versichern, daß, seitdem die Welt besteht, niemals ein Mensch so niedergedrückt gelebt hat.

ROUSSEAU

Sagten Sie mir aber nicht im Gegenteil, die zärtliche Sorgfalt für sein Wohl sei ein vorzüglicher Zweck der Bemühungen, die sie sich um seinetwillen geben?

DER FRANZOSE

Ganz gewiß, und eben darin liegt das Große, das Großmütige und das Bewunderungswürdige des Plans unserer Herren, daß, indem sie ihn hindern, seinem Willen zu folgen und seine schlechten Entwürfe auszuführen, man ihm unterdessen die Bequemlichkeiten des Lebens verschafft, so daß er überall das Notwendige findet, nirgends aber etwas, das er mißbrauchen könnte. Man will ihn mit dem Brot der Schmach sättigen und mit dem Kelch der Schande tränken. Man erweist ihm sogar lächerliche Höflichkeiten, um ihn zu verspotten*, und Ehrenbezeigungen, wie man sie Sancho auf seiner Insel erwies, die ihn in den Augen des Pöbels nur noch lächerlicher machen. Kurz, da er Vorzüge wünscht, so kann er zufrieden sein, denn man sieht darauf, daß es ihm nicht daran mangelt, und bedient ihn nach seinem Geschmack, indem man ihn überall dem Gelächter preisgibt. Ja, mein Herr, man will, daß er leben, und zwar angenehm leben soll, soviel es nämlich einem Bösewicht möglich ist, zu leben, ohne Böses zu tun: Man wünscht, daß zu seinem Glück nichts fehlen soll, ausgenommen die Mittel, dasjenige anderer zu zerstören. Allein, er gleicht einem Bären, den man an die Kette legen muß, damit er nicht die Vorübergehenden zerreiße. Hauptsächlich fürchtet man das Gift seiner Feder und vernachlässigt kein Mittel, um ihn zu hindern, es auszubreiten. Man läßt ihm kein Mittel übrig, seine Ehre zu verteidigen, weil dies vergeblich sein würde und weil er unter diesem Vorwand die der anderen angreifen würde und weil es einer entehrten Person nicht zukommt, irgend jemand anderen zu entehren. Sie können sich leicht denken, daß man unter den Leuten, deren man sich versichert hat, die Buchhändler nicht vergaß, vorzüglich diejenigen, mit denen er ehemals zu tun gehabt hat. Man

* Wie damals, als man mir mit aller Gewalt den Ehrenwein in Amiens schicken wollte, als in London die Trommler der Garde vor meiner Türe trommeln sollten und als im Temple der Fürst von Conti mir zum Aufstehen seine Musik schickte.

hat sogar einen von ihnen sehr lange in der Bastille gefangen gehalten, unter einem anderen Vorwand zwar, aber eigentlich, um ihn desto länger und bequemer über J.J. unterrichten zu können.* Man hat all denen, die ihn umgeben, empfohlen, vorzüglich auf das achtzugeben, was er schreibt. Man hat ihm sogar die Mittel dazu benommen und war so weit gegangen, daß man bei seinem Aufenthalt in der Dauphiné, wohin man ihn gelockt hatte, alle lesbare Tinte von ihm entfernte, so daß er statt dessen nur schwach gefärbtes Wasser erhielt, welches in kurzer Zeit alle Farbe verlor. Ungeachtet all dieser Vorsicht ist es dem Schurken doch gelungen, seine Erinnerungen, die er seine Bekenntnisse nennt, wir aber seine Lügen nennen, mit Tusche zu schreiben, an die man nicht gedacht hatte: allein, wenn man ihn auch nicht hindern kann, nach Gefallen Papier zu beschmieren, so verhindert man doch wenigstens die Ausbreitung seines Giftes, denn kein Zettel, er sei groß oder klein, nicht ein Stück Papier, mit zwei Zeilen beschrieben, kann aus seinen Händen kommen, ohne sogleich in die der Leute zu fallen, welche bestellt sind, alles zu sammeln. Von seinen Reden geht nichts verloren, denn die erste Sorge derer, die um ihn sind, geht dahin, ihn schwatzen zu lassen, und dies fällt nicht schwer, ebensowenig wie ihn sagen zu lassen, was man will oder wenigstens wie man es will, um Vorteil daraus zu ziehen, indem man ihm bald falsche Neuigkeiten bringt, bald ihn durch listige Widersprüche in Feuer bringt, bald im Gegenteil alles zu billigen scheint, was er sagt. Alsdann vorzüglich führt man ein genaues Verzeichnis von allen unbedachten, aufwallenden Reden, die ihm entwischen und die man nun erweitert und mit kaltem Blut kommentiert. Auch sehen sie sich so viel als möglich vor, daß

* Ebenso, zu derselben Zeit und aus derselben Ursache, hat man einen meiner Freunde aus Genf gefangen gesetzt, der wegen alter Beschwerden gegen die Genfer Obrigkeit aufgebracht war und bei Gelegenheit meines Streites die Bürger gegen sie aufwiegelte. Ich dachte ganz anders und habe niemals aufgehört, in meinen Briefen an sie und an ihn sie ernstlich zu ersuchen, meine Partei zu verlassen und die Verteidigung ihrer Rechte auf eine gelegenere Zeit zu verschieben. Dies konnte indessen nicht verhindern, daß man gerade das Gegenteil von dem ausstreute, was ich in meinen Briefen schrieb und mich als Unruhestifter angab. Was können von nun an Gerechtigkeit, Wahrheit, Unschuld von den Mächtigen erwarten, da es einmal schon so weit gekommen ist?

er von ihnen keinerlei Aufklärung weder in Beziehung auf sich selbst noch in Beziehung auf andere erhalten kann. Man nennt in seiner Gegenwart niemals den Namen seiner ersten Ankläger und spricht nur mit der größten Zurückhaltung von denen, die auf sein Schicksal Einfluß haben, so daß es ihm unmöglich ist, zu erfahren, was sie reden oder tun, ob sie in Paris oder abwesend, ja sogar nicht einmal, ob sie tot oder lebendig sind. Man hinterbringt ihm niemals Neuigkeiten oder man sagt ihm bloß falsche und gefährliche, welche von seiner Seite neue Verbrechen sein würden, wenn er es wagen wollte, sie zu wiederholen. In der Provinz konnte man leicht verhindern, daß er eine Zeitung zu Gesicht bekam. In Paris, wo dies nicht angeht, verhindert man wenigstens, daß er eine Zeitung sieht, woraus er eine Nachricht über seine eigene Person ziehen kann, vor allem die Zeitungen, in denen unsere Herren seiner erwähnen. Erkundigt er sich nach etwas, so kann ihm niemand berichten, fragt er nach jemand, so kennt ihn niemand, ja, wenn er etwa hastig nach der Uhr fragte, so würde man es ihm nicht einmal sagen. Dagegen aber bemüht man sich, daß er seine Lebensmittel, wo nicht wohlfeiler, so doch wenigstens von besserer Art erhalte, als sie um denselben Preis zu haben sind, und seine Wohltäter ersetzen großzügig aus ihrem Beutel, was es mehr kostet, den feinen Geschmack zu befriedigen, den sie bei ihm voraussetzen und den sie sogar durch die Gelegenheit und den wohlfeilen Preis zu reizen suchen, um das Vergnügen zu haben, es anmerken zu können. Auf diese Weise ziehen sie geschickt das gemeine Volk auf ihre Seite und reichen ihm wider seinen Willen öffentlich Almosen, ohne daß er es verhindern kann, und diese Wohltätigkeit, die man überall bekannt zu machen sucht, hat vielleicht mehr als alles andere dazu beigetragen, ihn so weit zu erniedrigen, wie es seine Freunde wünschten.

ROUSSEAU

Wie? Seine Freunde?

DER FRANZOSE

Ja, diesen Namen legen sich unsere Herren gerne bei, um dadurch ihr Wohlwollen gegen ihn und alle ihre Sorgfalt für sein Glück anzuzeigen, und, was sehr fein ersonnen ist, um ihn dadurch als einen Undankbaren darzustellen, der für so viel Güte so wenig erkenntlich ist.

ROUSSEAU

Es bleibt mir hier noch vieles dunkel, und ich bitte Sie daher, mir die ganze Sache deutlicher zu erklären.

DER FRANZOSE

Es kam, wie ich Ihnen schon gesagt habe, darauf an, ihn ohne Gefahr in Freiheit lassen zu können und seine Entehrung allgemein bekannt zu machen.* Es war nicht hinreichend, sie in den Zirkeln und in der guten Gesellschaft zu verbreiten, denn dies war nicht schwer und war bald getan. Sie mußten auch dem ganzen Volk und den niedrigsten wie den höchsten Ständen bekannt werden, und dies war weit schwerer, weil nicht nur die Anweisung, ihn ohne sein Wissen öffentlich bloßzustellen, den Einfältigen anstößig sein konnte, sondern auch wegen des unverbrüchlichen Gesetzes, ihm alles zu verbergen, was ihn betrifft, um für immer jeder Erklärung auszuweichen, ihm alle Unterrichtung und alle Mittel zur Verteidigung und Rechtfertigung wie auch alle Gelegenheit zu nehmen, von jemandem eine Erklärung zu erhalten und die Quelle der Nachrichten zu entdecken, die man von seiner Person hat, und endlich, weil man hierin sich nicht ebenso sicher auf die Verschwiegenheit des Pöbels wie auf die der rechtschaffenen Leute verlassen konnte. Um nun den Pöbel in dieses Geheimnis zu ziehen, ohne ihn jedoch merken zu lassen, daß man diesen Zweck hat, bedienten sie sich meisterhaft eines lächerlichen Stolzes dieses Menschen, nämlich sich auf Gaben etwas einzubilden und keine Almosen annehmen zu wollen.

* Ich wollte hier nicht erwähnen, was im Theater geschieht und was täglich in Holland und anderswo gedruckt wird, denn es übersteigt alle Begriffe, und indem ich es sehe und beständig die traurigen Wirkungen davon empfinde, habe ich selbst die größte Mühe, es zu glauben. Dies dauert nun schon fünfzehn Jahre lang, immer mit dem Beifall des Publikums und der Genehmigung der Regierung. Und so altere ich einsam und allein mitten unter diesen Unsinnigen, ohne irgendeinen Trost zu erhalten, und verliere dennoch weder den Mut noch die Geduld, sondern erhebe in der Unwissenheit, in der man mich hält, statt aller Verteidigung ein Herz, das von aller Tücke frei, und Hände, die von allem Bösen rein sind, zum Himmel.

ROUSSEAU

Ich denke indessen, daß sowohl Sie wie ich eines solchen Stolzes gleichfalls fähig sein könnten: was denken Sie davon?

DER FRANZOSE

Dieses Feingefühl ist rechtschaffenen Leuten erlaubt, aber mit welchem Recht will ein solcher Kerl, der den Bettler spielt, obgleich er reich ist, die kleinen Gaben unserer Herren zurückweisen.

ROUSSEAU

Mit eben dem Recht vielleicht, mit welchem die Bettler die seinigen von sich weisen. Doch dem sei wie ihm wolle, sobald er den Armen spielt, empfängt oder verlangt er wohl Almosen? Denn dies ist der einzige Unterschied zwischen dem Bettler und dem Armen, welcher eben nicht reicher ist als er, der sich aber mit dem Wenigen, was er hat, begnügt und von niemand etwas fordert.

DER FRANZOSE

O nein! Er verlangt nichts geradezu, im Gegenteil weist er anfänglich alles mit Grobheit zurück, aber wenn man hartnäckig bleibt, so gibt er endlich ganz sachte nach.

ROUSSEAU

Folglich ist er nicht so stolz, wie Sie anfänglich sagten, und indem ich die Frage umkehre, frage ich meinerseits, warum sie darauf bestehen, ihm wie einem Bettler Almosen zu reichen, da sie doch wissen, daß er reich ist.

DER FRANZOSE

Den Grund habe ich Ihnen schon gesagt. Man würde freilich einen rechtschaffenen Mann dadurch beleidigen: allein, es ist das verdiente Schicksal eines solchen Schurken, durch alle möglichen Mittel erniedrigt zu werden, und es ist eine gute Gelegenheit, seine Undankbarkeit recht an den Tag zu legen, indem man zeigt, wie er seinen Wohltätern begegnet.

ROUSSEAU

Glauben Sie, daß der Vorsatz, ihn zu erniedrigen, eine große Erkenntlichkeit fordert?

DER FRANZOSE

Nein, aber das Almosen fordert sie. Denn, wie unsere Herren sehr weislich sagen, Geld wiegt alles auf, und nichts wiegt das Geld auf. Welche Gesinnung auch derjenige haben mag, der, selbst mit Gewalt, gibt, er bleibt doch immer Wohltäter und verdient als ein solcher den lebhaftesten Dank. Um sich also der bäurischen Ungeschliffenheit dieses Mannes nicht auszusetzen, ist man darauf verfallen, ihm im einzelnen und ohne sein Wissen viele kleine, aber auffallende Geschenke zu machen, welche die Mitwirkung vieler Leute und besonders die des Pöbels erfordern, den man auf diese Art mit in das große Geheimnis zieht, damit der Abscheu vor seinen Schandtaten sich mit der Verachtung seines Elends und der Hochachtung für seine Wohltäter verbinde. Man erkundigt sich nach den Orten, wo er für die notwendigsten Bedürfnisse seines Lebens einkauft, und richtet es so ein, daß er sie um denselben Preis in besserer Qualität und folglich teurer erhält. Im Grunde spart er dadurch nichts, und er hat es nicht nötig, weil er reich ist. Allein, er wird für dasselbe Geld besser bedient, seine niedrige Denkungsart und die Großmut unserer Herren verbreiten sich dadurch unter dem Volk, und auf diese Art macht man ihn verächtlich, indem man nur darauf bedacht scheint, sein Wohl zu befördern und ihn wider seinen Willen glücklich zu machen. Schwerlich bleibt dem Elenden diese kleine List verborgen, und dies ist um so besser, denn wenn er dadurch aufgebracht wird, so bezeugt dies noch stärker seine Undankbarkeit, und wenn er seinen Kaufmann wechselt, wiederholt man bald dieselbe List, und so wird der Ruf, in den man ihn bringen will, nur noch schneller verbreitet. Je mehr er sich also in seinen Fallstricken windet, desto fester zieht er sie zusammen.

ROUSSEAU

Dies, muß ich gestehen, war mir anfangs nicht ganz verständlich. Allein, Sie, mein Herr, bei dem ich immer ein so rechtschaffenes

Herz fand, ist es möglich, daß Sie dergleichen Ränke und Schliche billigen können?

DER FRANZOSE

Ich würde diese Handlungen gerne um jeden Preis tadeln, hier aber bewundere ich sie wegen des Beweggrundes der Güte, aus dem sie herfließen, ohne daß ich jemals daran hätte teilnehmen wollen. Ich hasse J.J., unsere Herren lieben ihn und wollen ihn um jeden Preis erhalten, und so können wir natürlicherweise nicht in dem Betragen übereinkommen, das man ihm gegenüber annehmen muß. Ihr System, das an sich selbst vielleicht ungerecht ist, wird durch die Absicht verbessert.

ROUSSEAU

Ich glaube, daß mir eben diese Absicht es verdächtig machen würde, denn man befördert das Gute nicht durch das Böse und erlangt die Tugend nicht auf dem Wege des Betruges. Da Sie mir aber versichern, daß J.J. reich ist, wie bringt denn das Publikum diese Dinge in Einklang? Denn nichts muß ihm sonderbarer und weniger verdienstvoll erscheinen als ein Almosen, das man einem reichen Schurken mit Gewalt aufdrängt.

DER FRANZOSE

O, das Publikum bezieht die Begriffe nicht aufeinander, die man ihm listigerweise einzeln zeigt. Es sieht ihn reich, um ihm vorzuwerfen, daß er den Armen spielt, oder um ihm die Frucht seines Fleißes zu rauben, indem man sich sagt, daß er dessen nicht bedarf. Es sieht ihn arm, um seines Elends zu spotten und ihm wie einem Bettler zu begegnen. Es sieht ihn immer nur auf der Seite, die ihn für den Augenblick verächtlicher oder elender zeigt, obgleich diese Seite mit den übrigen Gesichtspunkten nicht zu vereinigen ist, unter denen es ihn zu anderen Zeiten sieht.

ROUSSEAU

Gewiß, wenn er nicht eine tierische Unempfindlichkeit besitzt, so muß er von dieser Sammlung von Sorgfalt und Beleidigungen, deren Wirkung er jeden Augenblick empfindet, ebenso durchdrungen wie darüber erstaunt sein. Allein, wenn man ihm, bloß um das Vergnügen zu haben, ihn gänzlich zu entehren, alle seine Verbrechen übersieht, darf man sich dann wohl wundern, wenn er sich diese sträfliche Nachsicht zunutzemacht, um unaufhörlich neue zu begehen? Ich habe Ihnen diesen Einwand schon vorhin gemacht und wiederhole ihn, weil Sie ihm ausgewichen sind, ohne darauf zu antworten. Aus all dem, was Sie mir erzählt haben, sehe ich, daß er ungeachtet aller getroffenen Maßregeln seinen Gang fortgeht wie vorher, ohne sich im geringsten um die Aufpasser zu kümmern, mit denen man ihn umgibt. Er, der ehemals hierin so vorsichtig war, daß er vierzig Jahre lang alle Menschen hinterging und für einen rechtschaffenen Mann gehalten wurde, bedient sich jetzt der Freiheit, die man ihm übrigläßt, bloß um ungehindert seine Bosheit zu befriedigen, um jeden Tag neue Schandtaten zu begehen, von denen er weiß, daß sie seinen Aufsehern nicht unbemerkt bleiben, und die man ihn ganz ruhig begehen läßt. Ist dies wohl eine so verdienstvolle Tugend an Ihren Herren, daß sie rechtschaffene Leute der Wut eines Bösewichts preisgeben, bloß um das Vergnügen zu haben, in Ruhe seine Verbrechen zu zählen, die sie doch so leicht verhindern könnten.

DER FRANZOSE

Sie haben ihre Gründe dafür.

ROUSSEAU

Ich zweifle gar nicht daran, aber selbst diejenigen, die die Verbrechen begehen, haben vermutlich auch ihre Gründe, und dies ist wohl zu ihrer Rechtfertigung hinreichend? Sie müssen selbst zugeben, daß dies eine sonderbare Güte ist, die, um den Verbrecher noch verabscheuungswürdiger zu machen, das Laster nicht verhindern will, und sich bemüht, den Lasterhafen auf Kosten der Unschuldigen, die sein Opfer werden, zu erhalten. Verbrechen zulassen, die man verhindern kann, heißt nicht bloß Zeuge derselben sein, sondern sich zum Mitschuldigen daran machen. Wenn man ihn außerdem alles tun läßt, was Sie sagen, daß er tut, wozu dient es dann, ihn mit so viel Aufmerksamkeit und Geschäftigkeit zu bewachen? Was hilft die Entdeckung seiner heimlichen

Ränke, sobald man sie ihn fortsetzen läßt, als wenn man nichts davon wüßte? Wozu dient es, daß man in gleichgültigen Dingen seinen Willen so sehr einschränkt und ihn ganz frei läßt, sobald er Böses tun will? Man sollte beinahe glauben, daß Ihre Herren ihm alle Mittel zu nehmen suchen, etwas anderes als Verbrechen zu begehen. Scheint Ihnen diese Nachsicht also wohl so vernünftig, überlegt und so tugendhafter Personen würdig?

DER FRANZOSE

Ich muß gestehen, daß in dieser ganzen Sache Dinge vorkommen, die ich selbst nicht recht verstehe, aber man hat versprochen, mir alles zu meiner Zufriedenheit zu erklären. Vielleicht sollte man, um ihn noch verabscheuungswürdiger zu machen, das Gemälde seiner Schandtaten noch etwas übertreiben, ohne sich ein Gewissen aus dieser Übertreibung zu machen, welche im Grunde nicht viel zu bedeuten hat, denn da ein Mensch, der eines Verbrechens schuldig ist, zugleich zu hundert anderen fähig ist, so sind alle diejenigen, deren man ihn beschuldigt, wenigstens in seinem Willen, und man kann dergleichen Anklagen kaum den Namen einer Betrügerei beilegen.

Ich sehe wohl ein, daß die Grundlage des Systems, nach dem man mit ihm verfährt, in der Pflicht besteht, die man sich auferlegt hat, ihn ganz zu entlarven, ihn der ganzen Welt bekannt zu machen und dennoch niemals eine Erörterung mit ihm zu haben, ihm alle Kenntnis seiner Ankläger und alle Gewißheit über die Dinge, deren man ihn anklagt, vorzuenthalten. Diese doppelte Notwendigkeit gründet sich auf die Natur der Verbrechen, deren öffentliche Bekanntmachung zu anstößig wäre und die es nicht zulassen, daß er überführt wird, ohne auch sogleich bestraft zu werden. Wollen Sie aber, daß man ihn bestrafen soll, ohne ihn vorher überführt zu haben? Unsere Rechtsformen würden es nicht erlauben, und man würde geradezu gegen die Grundsätze der Nachsicht und des Mitleidens handeln, die man mit ihm befolgen will. Alles also, was man für die allgemeine Sicherheit tun kann, besteht darin, daß man ihn erstens so genau bewacht, daß er nichts unternehmen kann, was man nicht erfährt, und daß er nichts Wichtiges tun kann, das man nicht will, und zweitens, daß man jedermann darauf aufmerksam macht, wie gefährlich es sein würde, einen solchen Bösewicht anzuhören und mit ihm umzugehen. Nach dieser Warnung müssen diejenigen, die sich seinen Anschlägen aussetzen, sich ganz allein die Schuld daran zumessen. Denn es ist ein Unglück, dem zu entgehen ganz in ihrer Gewalt stand, weil er, der die Menschen flieht, sie nicht suchen wird.

ROUSSEAU

Eben dies könnte man denjenigen sagen, die in einen Wald gehen, von dem man weiß, daß sich Räuber darin aufhalten, ohne daß dies ein gültiger Grund wäre, sie ungehindert gehen zu lassen, besonders, wenn man, um sie zurückzuhalten, es nur zu wollen braucht. Allein, welche Entschuldigung haben wohl Ihre Herren, die der Grausamkeit dieses Barbaren selbst Vorschub leisten durch die Emissäre, mit denen sie ihn, wie Sie mir gesagt haben, umgeben, die sich ihm mit aller Gewalt bekannt zu machen versuchen und vermutlich zuerst seine Opfer werden?

DER FRANZOSE

Keineswegs. So vertraut sie auch mit ihm umgehen und sogar bei ihm essen und trinken, ohne sich um die Gefahr zu kümmern, so widerfährt ihnen doch nichts Übles. Denn die Personen, an welchen er seine Wut am liebsten ausläßt, sind diejenigen, vor welchen er Achtung und Zuneigung hat, diejenigen, denen er sein ganzes Vertrauen schenken möchte, wenn anders sich ihre Herzen dem seinigen öffneten, alte Freunde, die er sich wieder zurückwünscht und bei welchen er noch den Trost zu suchen scheint, der ihm mangelt. Diese wählt er, um mit ihnen vorzugsweise kurzen Prozeß zu machen; das Band der Freundschaft drückt ihn schwer; er sieht nur seine Feinde mit Vergnügen.

ROUSSEAU

Gegen Tatsachen soll man nicht streiten, aber Sie müssen doch selbst gestehen, daß Sie mir hier einen sonderbaren Menschen schildern, der nur seine Freunde vergiftet, der bloß zugunsten seiner Feinde Bücher schreibt und der die Menschen flieht, um ihnen Übles zuzufügen.

Was mir bei all dem am unbegreiflichsten scheint, ist, daß sich noch rechtschaffene Leute finden, welche ein solches Ungeheuer aufsuchen, dessen Anblick sie verabscheuen sollten. Daß die Lumpen, die Ihre Herren zu ihm schicken und die zum Spionieren bestimmt sind, sich seiner bemächtigen, dies begreife ich sehr wohl. Ich begreife ferner, daß er sich glücklich schätzen muß, jemanden zu finden, der ihn ertragen mag, und daß er, der gegen rechtschaffene Leute ein Menschenfeind und sich selbst zur Last ist, sich mit seinen Bekanntschaften gar nicht schwierig geben darf, sondern mit großer Begierde die Schurken, die ihm ähnlich sind, aufsuchen muß, um sie mit in sein verdammenswertes Komplott zu ziehen. Sie ihrerseits können in der Hoffnung, einen guten abgehärteten Kameraden an ihm zu finden, ohne auf den Abscheu zu achten, den man ihnen eingeflößt hat, und gereizt durch den Vorteil, den sie davon erwarten, sich der Gefahr seines Umgangs aussetzen. Daß aber rechtschaffene Leute sich mit ihm einlassen können, dies, mein Herr, übersteigt meine Begriffe. Was sagen sie ihm wohl? Welchen Ton können sie gegenüber einem solchen Menschen annehmen? Ein so großer Schurke kann sehr leicht so niederträchtig sein, daß er, um seinen Zweck zu erreichen, allerlei Beschimpfungen erduldet und, vorausgesetzt, daß man ihn zu Tisch bittet, die Verachtung wie Wasser schluckt, ohne sie zu fühlen oder ohne diesen Eindruck zu erwecken. Allein, Sie müssen selbst gestehen, daß ein Umgang voller Beschimpfung und Verachtung von der einen, voll Niederträchtigkeit und Lügen der anderen Seite für rechtschaffene Leute nicht eben viel Anziehendes haben kann.

DER FRANZOSE

Um so schätzenswerter sind sie, daß sie sich für das gemeine Beste so sehr aufopfern. Sich diesem schlechten Menschen zu nähern, ist ein verdienstvolles Werk, sobald es zu einer neuen Entdeckung über seinen schändlichen Charakter führt. Ein solcher Charakter gehört zu den Wunderwerken und kann nicht genug beglaubigt werden. Sie sehen auch wohl ein, daß sich niemand ihm nähert, um eigentlichen Umgang mit ihm zu haben, sondern bloß, um zu versuchen, ihn zu überraschen, um einen neuen Zug seines Porträts, ein neues Faktum seiner Geschichte zu finden oder eine unbedachte Rede aufzufangen, die ihn noch verächtlicher machen können. Rechnen Sie überdies das Vergnügen für nichts, ihn lächerlich zu machen und ihm unter verdeckten Worten den Schimpfnamen beizulegen, den er verdient, ohne daß er darauf antworten kann oder zu antworten wagt, aus Furcht, die Anwendung zu verraten, die man ihn zwingt, davon zu machen? Es ist ein Vergnügen, das man sich ohne Gefahr erlauben kann, denn sobald er sich darüber entrüstet, klagt er sich selbst an, und wird er nicht zornig, so entschädigt man sich dadurch, daß man ihm in verdeckter Weise die Wahrheit sagt, für den Zwang, in welchem man mit ihm leben muß, indem man vorgibt, ihn für einen rechtschaffenen Mann zu halten.

ROUSSEAU

Ich weiß nicht, ob dieses Vergnügen sehr angenehm ist, ich wenigstens finde es nicht sehr edel und vermute bei Ihnen dieselbe Meinung, weil Sie es immer verachtet haben. Allein, mein Herr, demnach ist also dieser Mensch, den man so vieler Laster beschuldigt, nicht eines einzigen überführt worden?

DER FRANZOSE

Nicht eines einzigen. Auch dies ist eine Folge der außerordentlichen Güte, mit welcher man ihn behandelt, daß man ihm die Schande erspart, überführt zu werden. Ist er denn nicht durch so viele unwiderlegbare Beweise vollkommen gerichtet, ohne daß es nötig wäre, ihn anzuhören? Ist die Überführung des Schuldigen nicht überflüssig, wo die Evidenz des Verbrechens herrscht? Sie würde für ihn nur eine Strafe mehr sein. Indem man ihm die unnütze Freiheit, sich zu verteidigen, nimmt, so nimmt man ihm eigentlich nur die, zu lügen und zu verleumden.

ROUSSEAU

Dank dem Himmel, ich erhole mich wieder! Sie entledigen mein Herz einer großen Last.

DER FRANZOSE

Was geht mit Ihnen vor? Woher entsteht diese plötzliche Heiterkeit nach der tiefsinnigen und in sich gekehrten Miene, die Sie während dieser ganzen Unterhaltung nicht verlassen hat und die von dem munteren und frohen Aussehen unserer Herren, welches sie annehmen, wenn von J.J. und seinen Verbrechen geredet wird, so verschieden ist?

ROUSSEAU

Ich will es Ihnen erklären, wenn Sie die Geduld haben, mich anzuhören, denn dies verlangt einige Umschweife.

Mein Schicksal ist Ihnen hinlänglich bekannt, um zu wissen, daß es mich die Freuden des Lebens nur selten genießen ließ. Ich fand im Leben weder die Güter, welche die Menschen so hoch schätzen, noch diejenigen, die ich selbst geschätzt hätte. Sie wissen, um welchen Preis mir das Schicksal jenen Rausch verkauft hat, wonach die Menschen so sehr trachten, und der, selbst wenn er reiner gewesen wäre, dennoch keine Nahrung für mein Herz gewesen wäre. Solange mich das Geschick bloß in der Armut ließ, war ich nicht unglücklich. Ich habe in meiner Dunkelheit zuweilen wahre Freuden genossen, ich habe sie nur verlassen, um in einen Abgrund von Elend zu fallen, und die, die mich hineinstießen, bemühten sich, mir die Übel, die sie dem Schein nach bedauerten und die ich ohne sie nicht gekannt hätte, unerträglich zu machen. Von diesem angenehmen Traum der Freundschaft, deren vergebliche Suche das ganze Unglück meines Lebens ausmacht, weit mehr aber noch von den Irrtümern der Meinung, deren Opfer ich bin, wieder zu mir gekommen, und da ich bei den Menschen weder Rechtschaffenheit noch Wahrheit, noch irgendeines der Gefühle fand, die ich ihren Seelen angeboren glaubte, weil sie es der meinigen waren, und ohne welche jede Gesellschaft nichts als Lug und Trug ist, habe ich mich in mich selbst zurückgezogen, und indem ich mit der Natur und mit mir lebte, fand ich eine unendliche Zufriedenheit in dem Gedanken, daß ich nicht allein wäre, daß ich mich nicht mit einem toten und unempfindlichen Wesen unterhielt, daß meine Leiden gezählt und meine Geduld abgemessen wären, und daß all das Elend meines Lebens nur der Vorläufer der Entschädigungen und Freuden eines glücklicheren Zustands sei. Ich habe niemals die Philosophie der Glücklichen unseres Jahrhunderts annehmen können, sie ist nicht für mich gemacht; ich suchte eine, die meinem Herzen näher war und mich in Widerwärtigkeiten stärker aufrichten und mich zur Tugend stärker anfeuern konnte. Ich fand sie in den Schriften J.J.'s. Ich schöpfte daraus Empfindungen, die denen, die mir natürlich waren, so sehr entsprachen, und sah darin so viele Beziehungen zu meiner eigenen Lage, daß er allein unter den Schriftstellern, die ich gelesen habe, für mich der Maler der Natur und der Geschichtsschreiber des menschlichen Herzens war. Ich erkannte in seinen Schriften den Menschen, den ich in mir selbst wiederfand, und ihre Betrachtung lehrte mich, die Freude und das Glück, das alle anderen so weit von sich selbst suchen, aus mir selbst zu ziehen.

Vorzüglich nützte mir sein Beispiel, um mein Vertrauen in die Empfindungen zu erhalten, die ich unter allen meinen Zeitgenossen allein aufbewahrt habe. Ich war fromm und bin es immer gewesen, obgleich nicht wie die, die sich an Symbole und an Formeln halten. Die hohen Begriffe, die ich von der Gottheit hatte, ließen mich die Anordnungen der Menschen und ihre erkünstelten Religionen geringschätzen. Ich sah, daß niemand so dachte wie ich, ich fand mich allein inmitten der Menge, durch meine Begriffe und Empfindungen abgesondert. Dieser einsame Zustand war traurig; J.J. rettete mich daraus. Seine Schriften stärkten mich gegen den Spott der Freigeister. Ich fand seine Grundsätze meinen Empfindungen so angemessen, ich sah, daß sie sich auf so tiefe Betrachtungen gründeten und von so starken Beweisen gestützt waren, daß ich aufhörte, zu befürchten, daß sie, wie man mir immer gepredigt hatte, bloß das Werk des Vorurteils und der Erziehung wären. Ich sah, daß in dem jetzigen Jahrhundert, wo die Philosophie sich bloß bemüht einzureißen, dieser Schriftsteller allein mit Gründlichkeit wieder aufbaute. In allen übrigen Schriften bemerkte ich gleich die Leidenschaft, mit der sie geschrieben waren, und den persönlichen Zweck, den sich der Verfasser dabei gesetzt hatte. J.J. allein schien mir die Wahrheit mit aufrichtigem und einfältigem Herzen zu suchen. Er allein schien mir den Menschen den richtigen Weg zu ihrem wahren Glück zu zeigen, indem er sie lehrte, die Wirklichkeit vom Schein und den natürlichen Menschen von dem erkünstelten und phantastischen zu unterscheiden, welchen unsere Einrichtungen und Vorurteile an dessen Stelle gesetzt haben: er allein, mit einem Wort, schien mir in seiner Heftigkeit einzig durch die Liebe zum allgemeinen Besten beseelt zu sein, ohne alle geheime Absichten und ohne persönlichen Eigennutz. Ich fand übrigens sein Leben und seine Grundsätze so genau in Übereinstimmung, daß ich dadurch in den meinigen bestärkt wurde und mehr Zutrauen in sie setzte, weil ich das Beispiel eines denkenden Mannes vor mir sah, der so lange darüber nachgedacht hatte, einen Schriftsteller, der allen Parteigeist verachtete, der weder eine Sekte errichten noch irgendeiner folgen wollte und also bei seinen Untersuchungen kein anderes Interesse haben konnte als das des allgemeinen Besten und der Wahrheit. Infolge dieser Begriffe machte ich mir einen Lebensplan, dessen Wert durch den Umgang mit ihm erhöht worden wäre, und da mir seit langer Zeit die Gesellschaft der Menschen nur einen falschen Schein ohne Wirklichkeit, ohne Wahrheit, ohne Zuneigung, ohne wahre Übereinstimmung der Empfindungen und der Begriffe zeigte, was mehr meine Verachtung als meinen Eifer verdiente, so überließ ich mich der Hoffnung, in ihm all das wiederzufinden, was ich verloren hatte, die sanften Freuden einer aufrichtigen Freundschaft zu genießen und mich mit ihm jenen großen und hinreißenden Betrachtungen zu überlassen, worin der schönste Genuß dieses Lebens und der einzige gründliche Trost in widrigen Umständen besteht.

Von diesen Empfindungen war ich, wie Sie selbst bemerkt haben, erfüllt, als Sie durch Ihre grausamen vertraulichen Mitteilungen mein Herz zusammenpreßten und die sanften Bilder zerstreuten, denen es sich noch zu öffnen bereit war. O, Sie werden niemals begreifen, wie sehr Sie es zerrissen haben! Denn Sie müßten fühlen können, an wieviel himmlischen Ideen jene Bilder hingen, die Sie zerstört haben. Ich war an dem Punkte, dem Schicksal und den Menschen zum Trotz glücklich zu werden, und Sie stürzen mich nun für immer in mein ganzes Elend zurück und rauben mir alle Hoffnungen, die es mir noch erträglich machten. Ein einziger Mensch, der ebenso wie ich dachte, nährte noch mein Zutrauen, ein einziger wahrhaft tugendhafter Mann erhielt meinen Glauben an die Tugend, feuerte mich an, sie zu lieben, sie zu vergöttern und meine ganze Hoffnung auf sie zu setzen, und nun, da Sie mir diese Stütze rauben, lassen Sie mich allein auf der Welt, versunken in einen Abgrund von Plagen, ohne daß mir in diesem Leben der geringste Schein von Hoffnung übrigbleibt, und in Gefahr, selbst diejenige noch zu verlieren, daß ich in einer besseren Ordnung der Dinge die Entschädigung für alle meine Leiden finde.

Ihre ersten Eröffnungen erschütterten mich. Die Unterstützung Ihrer Beweise machte sie mir noch drückender, und Sie zerrissen meine Seele mit den empfindlichsten Schmerzen, die ich jemals gefühlt habe. Als Sie sich endlich in die Einzelheiten des systematischen Verfahrens einließen, dessen Gegenstand dieser unglückliche Mensch ist, und mir den Plan des Betragens ihm gegenüber entwickelten, den der Urheber aller dieser Entdeckungen entworfen hat und der von jedermann getreu befolgt wurde, so machte meine geteilte Aufmerksamkeit mein Erstaunen noch größer und meine Traurigkeit weniger lebhaft. Ich fand dieses ganze Verfahren so verschlagen, so voller List und Abgefeimtheit, daß ich von denen, die es sich zum System gemacht haben, die hohe Meinung, die Sie mir von ihnen beibringen wollten, nicht haben konnte, und als Sie sie mit Lob überhäuften, fühlte ich wider meinen Willen mein Herz dagegen murren. Ich erstaunte, daß so viele edle Beweggründe so niedrige Handlungen eingeben konnten, daß Falschheit, Verrat und Lüge Werkzeuge der Wohltätigkeit und der Barmherzigkeit werden konnten, daß schließlich so viele krumme Wege sich mit rechtschaffener Gradheit vereinigen konnten! War ich im Unrecht? Untersuchen Sie es selbst und erinnern Sie sich alles dessen, was Sie mir gesagt haben, oder gestehen Sie wenigstens, daß so viele finstere Verhüllungen ein befremdliches Kleid für die Tugend sind!

Die Stärke Ihrer Beweise überwand jedoch allen Verdacht, den diese Ränke in mir wecken konnten. Ich sah ein, daß dieses befremdliche Verfahren, so anstößig es mir erschien, gleichwohl ein Werk der Barmherzigkeit war, und daß man, um einem Schurken die Behandlung zu ersparen, die er verdient hat, außerordentliche Maßregeln ergreifen mußte, damit diese Nachsicht kein Aufsehen erregte, und es so einrichten mußte, daß weder andere in Versuchung gerieten, eine gleiche Behandlung zu verlangen, noch er sie mißbrauchen könnte. Als ich nun sah, daß alle Menschen miteinander wetteiferten, ihn mit Schimpf und Schande zu überhäufen, so war ich weit entfernt, ihn zu bedauern, und verachtete ihn noch mehr, daß er so feige war, seine Ungestraftheit um den Preis eines solchen Schicksals zu erkaufen.

Sie haben mir dies alles oft wiederholt, und ich habe es mir selbst unter Seufzern gesagt. Die Angst meines Herzens verhinderte die Überzeugung meiner Vernunft, und aus dem Beifall, den Sie mir abgezwungen haben, ergab sich die grausamste Seelenverfassung, in welcher ein unglücklicher rechtschaffener Mann nur sein kann, dem man allen Trost, alle Rettungsmittel und alle Hoffnungen entreißt, welche ihm sein Leiden noch erträglich machen könnten.

Ein einziger Lichtstrahl hat mir in einem Augenblick all dieses zurückgebracht. Als ich überlegte und Sie es mir selbst bestätigten, daß dieser für so viel schwere Verbrechen so unwürdig behandelte Mensch keines einzigen überführt war, warfen Sie mit einem Wort alle Ihre Beweise auf einmal um, und wenn ich auch keinen Betrug sehe, wo Sie Evidenz zu sehen behaupten, so ist wenigstens diese Evidenz in meinen Augen so sehr verschwunden, daß ich in allem, was Sie mir bewiesen haben, weiter nichts als ein unauflösliches, ein schreckliches, undurchdringliches Geheimnis sehe, das in meinen Augen allein durch die Überführung des Verbrechers aufgeklärt werden kann.

Sie und ich, mein Herr, denken hierüber sehr verschieden. Sie glauben, daß die Evidenz der Verbrechen diese Überführung überflüssig mache, und meiner Meinung nach hängt diese Evidenz so wesentlich von dieser Überführung ab, daß sie ohne dieselbe gar nicht stattfinden kann. Solange man den Beklagten nicht angehört hat, ermangeln die Beweise, die ihn verdammen, so stark und überzeugend sie immer scheinen mögen, des Siegels, wodurch sie bestätigt werden, selbst dann, wenn es nicht möglich war, den Beklagten anzuhören, wie zum Beispiel, wenn man dem

Andenken eines Verstorbenen den Prozeß macht; denn wenn man auch annimmt, daß er nicht darauf antworten könnte, so hat man zwar in gewisser Weise recht, aber es ist immer unrecht, diese Annahme in Gewißheit zu verwandeln, um ihn zu verdammen, und es ist nur dann erlaubt, das Verbrechen zu bestrafen, wenn gar kein Zweifel mehr übrigbleibt. Sobald man sich aber sogar weigert, den lebenden und gegenwärtigen Beklagten anzuhören, obgleich dies leicht möglich ist, sobald man außerordentliche Maßregeln ergreift, um ihn am Reden zu hindern, und wenn man ihm mit der größten Sorgfalt die Anklage, den Ankläger und die Beweise verbirgt, dann werden alle diese Beweise verdächtig und verlieren ihre Gewalt über meinen Geist. Wenn man nicht wagt, sie der Prüfung zu unterwerfen, die sie bestätigen könnte, erregt man in mir den Verdacht, daß sie diese Prüfung nicht aushalten würden. Dieser große Grundsatz, die Grundfeste und das Siegel aller Gerechtigkeit, ohne welche die menschliche Gesellschaft in Trümmer fallen würde, ist so heilig und in der Ausübung so unverletzlich, daß man, wenn auch eine ganze Stadt einem Menschen zugesehen hätte, der einen anderen auf einem öffentlichen Platz ermordete, dennoch den Mörder nicht strafen würde, ohne ihn vorher verhört zu haben.

DER FRANZOSE

Wie? Gerichtliche Formalitäten, die vor allen Gerichten allgemein und ohne Ausnahme gelten müssen, obgleich sie manchmal überflüssig sind, sollen in Fällen zur Richtschnur dienen, wo es bloß auf Gnade und Wohlwollen ankommt, wie in diesem? Kann im übrigen die Vernachlässigung dieser Formalitäten die Natur der Dinge ändern, den Beweis dessen aufheben, was bewiesen ist, und dunkel machen, was klar zutage liegt? Und wäre in dem Beispiel, das Sie hier anführen, das Verbrechen weniger bestätigt und der Täter weniger strafbar, wenn man unterließe, ihn zu hören, und ihn bloß auf das öffentliche Zeugnis hin ohne das gewöhnliche Verhör räderte, wäre man dann weniger überzeugt, daß man einen Mörder zu Recht bestraft hat? Sind endlich alle diese Formen, die dazu dienen, gewöhnliche Vergehen gerichtlich festzustellen, gegenüber einem Ungeheuer notwendig, dessen Leben aus lauter

Verbrechen besteht, und das die ganze Welt für die Schande und den Abschaum des Menschengeschlechts hält? Verdient derjenige, der nichts Menschliches an sich hat, daß man ihn als Menschen behandelt?

ROUSSEAU

Sie erschrecken mich. Sind Sie es, der so redet? Wenn ich dies glaubte, würde ich fliehen, anstatt zu antworten. Allein, ich kenne Sie zu gut. Lassen Sie uns ruhigen Bluts mit Ihren Herren diese wichtigen Fragen erörtern, von denen neben der Erhaltung der gesellschaftlichen Ordnung auch die Erhaltung des Menschengeschlechts abhängt. Als ihr Anhänger reden Sie immer von Gnade und Güte: allein, bevor wir untersuchen, worin diese Gnade besteht, müssen wir erst zusehen, ob sie hier vorliegt und wie sie hier stattfinden kann. Das Recht, Gnade zu erteilen, setzt das Recht, zu strafen und folglich auch die vorläufige Überführung des Verbrechers voraus. Hierauf kommt es zuerst an.

Sie behaupten, daß diese Überführung überflüssig wird, wo die Evidenz herrscht, und ich im Gegenteil glaube, daß in Ansehung des Verbrechens die Evidenz nur aus der Überführung des Schuldigen entstehen kann und daß man also über die Stärke der ihn verdammenden Beweise nicht urteilen kann, bevor man ihn nicht verhört hat. Der Grund dafür ist, daß, um vor den Augen der Menschen die Wahrheit von den Leidenschaften befreit darzustellen, die Leidenschaften sich kreuzen und widerstreiten müssen und daß die Leidenschaft, die anklagt, ein Gegengewicht an der findet, die verteidigt, damit die Vernunft und die Gerechtigkeit allein das Gleichgewicht aufheben und die Waage zur Neigung bringen können. Wenn ein Mensch einen anderen anzeigt, so ist wahrscheinlich, ja beinahe gewiß, daß er von einer geheimen Leidenschaft beseelt wird, die er sorgfältig verbirgt. Welches aber der Beweggrund sein mag, der ihn dazu antreibt, und sollte es auch der der reinsten Tugend sein, so bleibt es immer gewiß, daß er von dem Augenblick der Anklage an von der heftigen Begierde beseelt ist, den Beklagten schuldig zu erweisen, und sei es auch nur, um nicht für einen Verleumder gehalten zu werden, und da er im übrigen alle seine Maßregeln in Ruhe getroffen und alle Zeit darauf verwendet hat, seine Klage einzurichten und seine Mittel und Beweise zu überlegen, so ist das wenigste, was man tun kann, um sich vor Überraschung zu schützen, dies, daß man sie der Untersuchung und den Antworten des Beklagten unterwirft, der allein ein hinreichendes Interesse hat, sie mit aller möglichen Aufmerksamkeit zu untersuchen, und auch allein die nötigen Erklärungen geben kann, um richtig darüber zu urteilen. Aus eben diesem Grunde hat die Aussage der Zeugen, so groß ihre Anzahl auch sein mag, erst nach ihrer Gegenüberstellung einiges Gewicht. Aus dieser Wirkung und Gegenwirkung und aus dem Zusammenstoß dieser entgegengesetzten Interessen muß in den Augen des Richters notwendig das Licht der Wahrheit entspringen, wenigstens ist dies das beste Mittel, das in seiner Gewalt steht. Allein, wenn eines dieser Interessen einzeln und mit aller seiner Stärke wirkt und das Gegengewicht des anderen ihm fehlt, wie soll dann die Waage das Gleichgewicht halten? Wie soll der Richter, den ich hier als einen ruhigen, unparteiischen Mann annehmen will, der allein von der Liebe zur Gerechtigkeit beseelt wird, die indessen nur selten große Bemühungen zum Vorteil anderer einflößt, wie soll er sich überzeugen, daß er das Für und Wider genau erwogen, ganz allein die List des Anklägers durchdrungen und Tatsachen, die im eigentlichen Verstande wahr sind, von denjenigen unterschieden hat, die er hinzudichtet, verändert, nach seinem Belieben einkleidet, wie soll er sich schließlich überzeugen, daß er diejenigen erraten hat, die er verschweigt und die die Wirkung der Tatsachen, die er aussagt, verändern? Wer ist der verwegene Mensch, der sich auf seinen Scharfsinn und auf seine Tugend so sehr verlassen könnte, um sich als dieser Richter auszugeben? Er müßte, um eine so vermessene Pflicht mit so viel Zutrauen erfüllen zu können, die Unfehlbarkeit eines Gottes besitzen.

Wie wäre es aber dann, wenn ich, statt hier einen vollkommen unparteiischen und leidenschaftslosen Richter anzunehmen, bei ihm ein heimliches Verlangen voraussetzte, den Beklagten schuldig zu finden, und den Willen, alle Scheingründe aufzusuchen, um seine Parteilichkeit in seinen eigenen Augen zu rechtfertigen?

Diese zweite Annahme könnte mancherlei Anwendung in dem besonderen Fall finden, von dem wir reden, aber wir wollen sie nur auf die Berühmtheit eines Schriftstellers beziehen, dessen frühere Erfolge die Eigenliebe derjenigen beleidigen, die ähnliche Erfolge nicht erlangen können. Der stimmt in das Lob eines Mannes gerne mit ein, der nicht hoffen kann, ihn zu verdrängen, und der ihn gewiß den Glanz, den er vor ihm voraus hätte, sehr teuer bezahlen lassen würde, wenn anders er eine Möglichkeit dazu sähe. Sobald ein Mensch das Unglück gehabt hat, sich in einem bestimmten Grade auszuzeichnen, so darf er keinen Anspruch mehr auf die Gerechtigkeit der anderen ihm gegenüber machen, es sei denn, daß er ihnen Furcht einflößt oder es mit einer Partei hält, und es ist ein Glück für ihn, wenn selbst diejenigen, die berühmter sind als er, ihm den kleinen Anteil an dem Aufsehen verzeihen, das sie gerne ganz allein erregen möchten.

Ich will nichts weiter hinzusetzen. Ich will hier nur zu Ihrer Vernunft sprechen. Suchen Sie auf das, was ich gesagt habe, eine ihre Vernunft befriedigende Antwort, und ich werde schweigen. Unterdessen ist dieses mein Schluß. Es ist immer ungerecht und verwegen, einen Beklagten, er sei, wer er wolle, zu verurteilen, ohne ihn anzuhören. Allein, wenn einer über einen Menschen urteilt, der einiges Aufsehen in der Welt erregt hat, und nicht nur ihn verdammt, ohne ihn zu hören, sondern sich vor ihm verbirgt, um über ihn zu richten, es sei unter welchem trügerischen Vorwande auch immer, wäre er auch wahrhaft gerecht und tugendhaft, wäre er ein Engel auf Erden und ginge er auch wirklich in sich, so ist doch, ohne daß er es auch nur vermutet, im Grunde seines Herzens die Bosheit verborgen.

Fremd, ohne Verwandte, ohne Stütze, allein, von allen verlassen, von den meisten verraten, ist J.J. in der schlimmsten Lage, um gerecht beurteilt werden zu können. Wer aber hat bei dem unwiderruflichen Urteil, das ihn zur Schande verdammt, seine Verteidigung übernommen und für ihn gesprochen, wer hat sich die Mühe genommen, die Anklage, die Kläger und die Beweise mit jenem Eifer und mit jener Sorgfalt zu untersuchen, die nur das Interesse an sich selbst oder an dem besten Freunde einflößen kann?

DER FRANZOSE

Wurden nicht Sie selbst, der Sie so sehr sein Freund sein wollten, durch meine Beweise zum Stillschweigen gebracht?

ROUSSEAU

Hatte ich die nötige Aufklärung, um sie abzuwägen und unter so vielen dunklen Ränken den falschen Anstrich, den man ihnen gegeben hat, zu erkennen? Bin ich denn über alle Einzelheiten unterrichtet, die man kennen müßte? Kann ich die Erklärungen, Einwände und Auflösungen erraten, welche der Beklagte über Dinge geben könnte, über die er allein genügend unterrichtet ist? Vielleicht hätte er mit einem einzigen Wort den Schleier gelüftet, der den Augen aller anderen undurchdringlich ist, und Licht über Handlungen verbreitet, die kein Sterblicher je entwirren wird? Ich ergab mich, nicht weil ich zum Stillschweigen gebracht war, sondern weil ich glaubte, daß man ihn selbst dahin gebracht hat. Ich gestehe, daß ich Ihren Beweisen nichts entgegenzusetzen habe. Wären Sie aber ganz abgesondert auf der Welt, ohne Verteidigung und ohne Verteidiger und seit zwanzig Jahren in den Händen Ihrer Feinde wie J.J., so könnte man mir insgeheim ganz leicht von Ihnen beweisen, was Sie mir von ihm bewiesen haben, ohne daß ich mehr darauf zu antworten hätte. Wäre dies aber hinreichend, um Sie unwiderruflich zu verdammen, ohne Sie anhören zu wollen?

Mein Herr, dies ist, seitdem die Welt besteht, das erstemal, daß man so geradezu und öffentlich das erste und heiligste aller gesellschaftlichen Gesetze verletzt hat, ohne welches die Unschuld unter den Menschen keinen Schutz mehr findet. Man mag sagen, was man auch will, es ist falsch, daß eine so strafbare Verletzung jemals das Interesse des Beklagten als Beweggrund haben kann, allein, das Interesse der Kläger, ja nur ein sehr dringendes Interesse kann sie dazu bewegen, und nur die Leidenschaft der Richter kann sie, ungeachtet der Verletzung dieses Gesetzes, darüber hinweggehen lassen. Niemals würden sie einen solchen Eingriff dulden, wenn sie befürchteten, ungerecht zu sein. Nein, es gibt, ich will nicht sagen nicht nur keinen aufgeklärten Richter, sondern auch keinen Mann von gesunder Vernunft, der nach so ängstlich ergriffenen Maßregeln und Bemühungen, um dem Beklagten die Anklage, die Zeugen und die Beweise zu verbergen, nicht einsehen sollte, daß dies alles in keinem möglichen Fall vernünftigerweise anders als durch die Betrügerei des Anklägers sich erklären läßt.

Indessen fragen Sie doch, was für ein Übel daraus entstehen könnte, wenn man bloß nach der Evidenz des Verbrechens den Beklagten räderte, ohne ihn anzuhören? Und ich frage Sie, statt der Antwort, wer ist wohl der Mensch, wer ist der verwegene Richter, der es wagen würde, einen Beklagten zum Tode zu verurteilen, der nach allen Justizformalitäten überführt wäre, nach so vielen traurigen Beispielen von Unschuldigen, die genau ausgefragt, genau verhört und gegenübergestellt und nach allen Formen richtig verurteilt waren und nach einer vermeintlichen Evidenz mit dem größten Zutrauen für Verbrechen gerichtet wurden, die sie nicht begangen hatten? Sie fragen, was für ein Übel daraus entstehen könnte, wenn man bloß nach der Evidenz des Verbrechens den Beklagten räderte, ohne ihn anzuhören? Ich antworte, daß diese Voraussetzung unmöglich und in den Worten selbst widersprechend ist, weil die Evidenz des Verbrechens wesentlich auf der Überführung des Beklagten beruht, und jede andere Evidenz oder Nachricht falsch und irrig sein und die Bestrafung eines Unschuldigen zuwege bringen kann. Muß ich diese Gründe mit Beispielen erhärten? Sie mangeln mir unglücklicherweise nicht. Hier ist ein ganz neues aus der Leydener Zeitung, welches hier angeführt zu werden verdient. Ein Mensch, der vor einem Richterstuhl in England eines bekannten Verbrechens wegen angeklagt wurde, das durch öffentliches und einstimmiges Zeugnis bestätigt war, verteidigte sich durch ein sonderbares Alibi. Er behauptete nämlich und bewies, daß er an eben dem Tage und in derselben Stunde, wo man dieses Verbrechen begehen sah, beschäftigt war, sich vor einem anderen Richterstuhl wegen eines ähnlichen Verbrechens zu verteidigen. Dieses Faktum, welches ebenso stark bestätigt war, setzte die Richter in eine außerordentliche Verlegenheit. Endlich aber fand man mittels vieler Untersuchungen und Nachforschungen, die man ansonsten gar nicht vorgenommen hätte, daß das Verbrechen, dessen der Beklagte beschuldigt wurde, von einem anderen, weniger bekannten Menschen begangen worden war, der aber dem ersteren im Wuchs, in der Figur und in den Zügen so ähnlich war, daß man sie beständig miteinander verwechselt hatte. Sehen Sie, dies hätte man nicht entdeckt, wenn man aufgrund dieser vermeintlichen Evidenz diesen Menschen eilends bestraft hätte, ohne ihn anhören zu wollen, und Sie sehen ferner hieraus, daß es, wenn dieser Brauch einmal eingeführt wäre, lebensgefährlich sein könnte, ein Kleid von einer gewissen Farbe eher als eines von einer anderen anzuziehen.

Hier ist noch ein ganz neuer Artikel aus der *Gazette de France* vom 31. Oktober 1774. »Ein Unglücklicher sollte, nach Briefen aus London, am Leben gestraft werden und war bereits auf dem Schafott, als ein Zuschauer aus der Menge sich hervordrängte und rief, man solle die Hinrichtung aufschieben, und sich selbst als den Urheber des Verbrechens angab, um dessentwillen dieser Unglückliche verurteilt worden war. Er setzte hinzu, daß sein unruhiges Gewissen (offensichtlich war dieser Mensch kein Philosoph) ihm in diesem Augenblick nicht erlaube, sein Leben auf Kosten des Unschuldigen zu retten. Nach einer neuen Untersuchung der Sache, heißt es ferner, wurde der Verurteilte freigesprochen, und der König befand es für gut, den Schuldigen wegen seiner Großmut zu begnadigen.« Sie haben wohl meine Anmerkungen nicht nötig, die ich über diese neue Untersuchung der Sache und über die erste machen könnte, vermöge welcher der Unschuldige zum Tode verdammt worden war.

Gewiß haben Sie von jenem anderen Urteil gehört, wo nach der vermeintlichen Evidenz des Verbrechens elf Pairs den Beklagten verurteilten, der zwölfte aber lieber sich und seine Kollegen der Gefahr aussetzte, Hungers zu sterben, bevor er seine Stimme den übrigen beifügte, und zwar, wie er in der Folge gestand, weil er selbst das Verbrechen begangen hatte, dessen der andere ganz offenbar überführt zu sein schien. Diese Beispiele sind in England, wo die Kriminalprozesse öffentlich geführt werden, häufiger, während in Frankreich alles mit einem schrecklichen Geheimnis zugedeckt wird, die Schwachen ohne Anstand der Rache der Mächtigen überliefert werden, und die Prozeduren, die dem Publikum unbekannt sind oder verfälscht werden, um es zu hintergehen, bleiben wie der Irrtum oder die Bosheit der Richter unter einem ewigen Schweigen begraben, wenn nicht ein außerordentlicher Zufall sie aufdeckt.

Ein Zufall dieser Art erregt täglich bei meinem Erwachen diese Gedanken in mir. Jeden Morgen vor Anbruch des Tages höre ich von der Kirche Saint-Eustache zur »Elstermesse« läuten, und dieses Geläute scheint mir für alle Richter und andere Menschen eine sehr feierliche Warnung, kein so blindes Vertrauen in ihre Einsichten zu setzen, die Schwachen weniger zu unterdrücken und zu verachten, etwas mehr an die Unschuld zu glauben, sie sich ein wenig mehr zu Herzen zu nehmen, das Leben und die Ehre ihrer Nächsten mehr zu schonen, und endlich zu befürchten, daß nicht ein übertriebener Eifer, die Verbrechen zu bestrafen, sie selbst noch schrecklichere begehen lasse. Mag auch die Sonderbarkeit der angeführten Fälle jeden in seiner Art einzig machen, mag man auch darüber streiten und, wenn man will, sie ganz ableugnen, wieviel ebenso unvorhergesehene und ebenso mögliche Fälle können nicht jeder in seiner Art ebenso sonderbar sein? Wo ist der Mensch, der mit Gewißheit alle die Fälle bestimmen kann, wo Menschen, durch falschen Schein hintergangen, den Betrug für Evidenz und den Irrtum für Wahrheit halten können? Wo ist der Verwegene, der, wenn es darauf ankommt, einen Menschen zum Tode zu verurteilen, zum Urteil schreitet und ihn verdammt, ohne alle mögliche Vorsicht angewandt zu haben, um sich gegen die Fallstricke der Lüge und die Verblendung des Irrtums zu verwahren? Wer ist der barbarische Richter, der dem Beklagten das Geständnis seines Verbrechens verweigert und ihn des geheiligten Rechts beraubt, zu seiner Verteidigung gehört zu werden, eines Rechtes, das ihn keineswegs davor schützt, überführt zu werden, wenn die Evidenz so stark ist, wie man voraussetzt, das aber häufig nicht einmal hinreicht, den Richter davon abzuhalten, diese Evidenz in dem Betrug zu sehen und unschuldiges Blut zu vergießen, und dies sogar dann, wenn der Beklagte verhört worden ist? Wagen Sie zu glauben, daß die Gerichte überflüssige Maßregeln zur Sicherung der Unschuld anwenden? Wem ist es im Gegenteil nicht bekannt, daß man sich dort, weit entfernt, sich darum zu bekümmern, ob der Beklagte unschuldig ist, und sich zu bemühen, ihn unschuldig zu finden, vielmehr bemüht, ihn auf alle Fälle schuldig zu finden und ihm alle Mittel zu seiner Verteidigung zu nehmen, die ihm das Gesetz nicht förmlich zugesteht, so daß, wenn in einem besonderen Fall ein wesentlicher Umstand vorkommt, den man nicht vorhergesehen hat, der Verdächtige, obgleich er unschuldig ist, dieses Vergessen durch seine Strafe büßen muß? Wissen Sie nicht, daß den Richtern nichts schmeichelhafter ist, als wenn sie Opfer zu quälen haben, daß sie lieber hundert Unschuldige hinrichten, als einen einzigen Schuldigen entwischen zu lassen, und daß, wenn sie einen Menschen mit allen Formalitäten verdammen könnten, obgleich sie von seiner Unschuld überzeugt sind, sie ihn zur Ehre des Gesetzes weit lieber zugrunde gehen lassen würden? Die Rechtfertigung eines Beklagten betrübt sie ebenso, als wenn sie einen wirklichen Verlust erlitten hätten. Begierig, Blut zu vergießen, sehen sie mit Bedauern die Beute ihren Händen entgehen, die sie sich versprochen hatten, und sie sparen nichts, was sie ungestraft tun können, um zu verhindern, daß ihnen ein solches Unglück begegnet. Grandier, Calas, Langlade und hundert andere erregten Aufsehen durch zufällige Umstände, allein, wie viele Unglückliche sind nicht Opfer des Irrtums und der Grausamkeit der Richter geworden, ohne daß diese unter Bergen von Prozeduren erdrückte Unschuld jemals an den Tag kommt, oder sie wird nur durch Zufall lange Zeit nach dem Tod der Beklagten bekannt, wenn niemand mehr Anteil an ihrem Schicksal nimmt. Alles bestätigt und bezeugt uns die Unzulänglichkeit der Gesetze und die Gleichgültigkeit der Richter gegenüber dem Schutz der beklagten Unschuldigen, die noch vor dem Urteil durch die Härte des Gefängnisses und der Ketten bestraft werden und denen man häufig durch die größten Qualen das Geständnis nicht begangener Verbrechen abpreßt. Und Sie fragen noch, was für ein Übel daraus entstehen könnte, wenn man nach der Evidenz des Verbrechens den Beklagten räderte, ohne ihn anzuhören, gerade als ob selbst die eingeführten Formen, die doch allzuoft unzureichend sind, überflüssig wären! Mein Herr, diese Frage verdiente von meiner Seite eigentlich gar keine Antwort, und wenn Sie dieselbe im Ernst gestellt hätten, so hätten die Vorwürfe Ihres Gewissens hinlänglich darauf geantwortet.

Wenn aber jemals diese so geheiligte und so notwendige Form gegenüber einem Bösewicht übergangen werden konnte, der von jeher als solcher bekannt und durch die öffentliche Stimme verurteilt war, bevor man ihm irgendeine Tatsache aufbürden konnte, gegen die er sich zu verteidigen hätte, was soll ich dann davon denken, wenn ich sehe, daß man sie mit so viel Sorgfalt und Behutsamkeit vor dem Urteil der Welt verbirgt, wo sie ganz unentbehrlich ist, und vor dem Urteil eines Menschen, der auf einmal als ein abscheuliches Ungeheuer angeklagt wird, nachdem er vierzig Jahre lang in öffentlicher Achtung gestanden hat und von all denen geliebt wurde, die ihn kannten? Ist es wohl natürlich, ist es vernünftig und gerecht, allein dem das Verhör zu versagen, den man vor allen anderen anhören müßte, wenn man sich auch erlauben wollte, anderen gegenüber eine so geheiligte Formalität zu vernachlässigen? Ich kann Ihnen nicht verhehlen, daß eine so grausame und verwegene Sicherheit mir an denen äußerst mißfällt und auffallend ist, die sich mit so viel Zutrauen, um nicht zu sagen mit so viel Vergnügen ihr überlassen. Wenn im Jahre 1751 jemand diese leichtsinnige und geringschätzige Art hätte voraussagen wollen, mit welcher man einen Menschen richten würde, der damals so allgemein geschätzt wurde, so hätte ihm niemand geglaubt, und wenn das Publikum mit kaltem Blut den Weg betrachten würde, den man es geführt hat, um es stufenweise zu jener sonderbaren Überzeugung zu bringen, so würde es selbst über die krummen und finsteren Pfade erstaunen, auf welchen es bis dahin gelangt ist, ohne sie bemerkt zu haben.

Sie sagen, daß die Behutsamkeit, die der gesunde Verstand und die Billigkeit gegen gewöhnliche Menschen vorschreiben, gegenüber einem solchen Ungeheuer überflüssig sei, und daß er, da er alle Gerechtigkeit und Menschlichkeit mit Füßen getreten habe, es nicht wert sei, daß man sich um seinetwillen den Regeln unterwerfe, die sie vorschreiben, und Sie sagen weiter, daß die Menge und Größe seiner Verbrechen derart sei, daß der Beweis jedes einzelnen zu unermeßlichen Erörterungen verleiten würde, die durch die Evidenz aller überflüssig gemacht werden.

Wie? Deswegen, weil Sie mir ein Ungeheuer schildern, wie noch keines vorhanden war, wollen Sie sich des Beweises überheben, der allen übrigen das Siegel aufdrückt? Wer hat wohl jemals behauptet, daß ihm die Absurdität einer Sache zum Beweis diene und daß die Unglaublichkeit derselben hinreichend sei, um ihre Wahrheit zu beweisen? Welches weite und leichte Tor öffnen Sie hier der Verleumdung und dem Betrug, wenn es genügt, um das Recht zu erlangen, einen Menschen ohne sein Wissen und indem man sich vor ihm versteckt, zu verurteilen, die Beschuldigungen zu vermehren und zu häufen und sie so schwarz zu malen, daß sie Abscheu erregen, und man ihnen, je weniger wahrscheinlich sie sind, desto mehr Glauben schenken muß. Ich zweifele nicht, daß ein Mensch, der ein Verbrechen begangen hat, zu hundert anderen fähig ist, aber ich weiß auch sehr gut, daß ein Mensch, der wegen hundert Verbrechen angeklagt wird, keines einzigen von allen schuldig sein kann. Beschuldigungen häufen heißt nicht überführen und entbindet davon keineswegs. Eben der Grund, weswegen Sie seine Überführung für überflüssig halten, ist für mich ein Grund mehr, um sie durchaus notwendig zu machen. Um die Schwierigkeit so vieler Beweise zu vermeiden, verlange ich bloß einen einzigen, allein, dieser muß gültig, unwiderleglich und nach allen Regeln abgefaßt sein, der Beweis des ersten Vergehens, durch den alle übrigen glaubhaft werden. Ist dieses erst richtig bewiesen, so glaube ich alle übrigen ohne Beweis, aber niemals wird die Beschuldigung von hunderttausend anderen bei mir den gerichtlichen Beweis dieses einen ersetzen.

DER FRANZOSE

Sie haben recht, doch fassen Sie mein Denken und das unserer Herren besser. Sie haben nicht so sehr auf die Menge der Verbrechen J.J.'s gesehen als vielmehr auf seinen abscheulichen Charakter, der endlich, obgleich spät, entdeckt war und nunmehr allgemein bekannt ist. Alle die, die ihn gesehen haben, mit ihm umgingen und ihn sorgfältig untersuchten, stimmen in diesem Punkte überein und erkennen ihn übereinstimmend, wie sich sein tugendhafter Gönner Hume ausgedrückt hat, als einen Schandfleck des Menschengeschlechts und ein Ungeheuer an Bosheit. Die genaue und geregelte Auseinandersetzung der Tatsachen wird überflüssig, wenn nichts weiter daraus folgt als das, was man ohne sie schon weiß. Wenn J.J. auch kein Verbrechen begangen hätte, so wäre er nichtsdestoweniger zu allen fähig; man bestraft ihn weder für dieses noch für jenes Vergehen, sondern man verabscheut ihn, weil er sie alle in seinem Herzen nährt. Ich sehe hierin nichts Ungerechtes. Abscheu und Abneigung der Menschen gebühren dem Bösewicht, den sie am Leben lassen und aus Gnade verschonen.

ROUSSEAU

Nach unserer vorhergehenden Unterredung erwartete ich diese neue Unterscheidung nicht. Um ihn nach seinem Charakter unabhängig von seinen Handlungen zu beurteilen, müßte ich erst begreifen können, wie man unabhängig von diesen Handlungen so plötzlich und richtig seinen Charakter erkennen konnte. Wenn ich bedenke, daß dieses Ungeheuer während vierzig Jahren in allgemeiner Achtung stand und geschätzt war, ohne daß man sein übles Naturell vermutet und den geringsten Verdacht seiner Verbrechen hatte, so kann ich nicht begreifen, wie diese beiden Dinge plötzlich so evident werden konnten, und noch weniger begreife ich, wie das eine ohne das andere es werden konnte. Wenn ich ferner annehme, daß diese Entdeckungen zugleich und auf einmal durch dieselbe Person gemacht wurden, so mußten sie notwendig zuerst Tatsachen anführen, um ein so neues Urteil darauf zu stützen, welches demjenigen so entgegen war, das man bisher über ihn gefällt hatte, denn welches Zutrauen könnte ich sonst in leere, ungewisse, häufig betrügerische Scheingründe setzen, die nichts Bestimmtes anzuführen erlaubten? Wenn Sie die Möglichkeit sehen, daß er vierzig Jahre für einen rechtschaffenen Mann gehalten wurde, ohne es zu sein, so sehe ich noch eher die Möglichkeit, daß man ihn seit zehn Jahren zu Unrecht für einen Bösewicht hält: denn zwischen diesen beiden Meinungen besteht der wesentliche Unterschied, daß man ihn ehemals gerecht und unparteiisch, jetzt aber nur mit Leidenschaft und vorgefaßter Meinung beurteilt.

DER FRANZOSE

Eben deswegen, weil man sich ehemals in ihm irrte und sich heute nicht mehr in ihm irrt, betrachtet man ihn weniger gleichgültig. Sie erinnern mich dadurch an das, was ich Ihnen hinsichtlich der verschiedenen und einander widersprechenden Wesen antworten wollte, in welche Sie ihn vorhin aufgeteilt haben. Lange Zeit wurden die Menschen durch seine Heuchelei hintergangen, weil sie bei dem Schein stehenblieben und ihn nicht genauer erforschten. Allein, als man anfing ihn sorgfältiger zu erforschen und genauer zu untersuchen, entdeckte man sehr bald die Prahlerei, sein ganzer moralischer Prunk verschwand, und der abscheuliche Charakter schimmerte auf allen Seiten durch. Selbst diejenigen, die ihn ehemals kannten, ihn liebten und hochschätzten, weil sie von ihm geblendet waren, erröten jetzt über ihre ehemalige Dummheit und können nicht begreifen, wie sie durch so grobe Kunstgriffe so lange Zeit hintergangen werden konnten. Man sieht daraus mit letzter Deutlichkeit, daß, so verschieden er nun, da das Blendwerk zerstreut ist, von dem Menschen ist, als der er damals erschien, er doch derselbe ist, der er immer war.

ROUSSEAU

Dies bezweifle ich gar nicht. Allein, daß man über ihn früher so sehr im Irrtum war und es jetzt nicht mehr ist, das scheint mir nicht so klar wie Ihnen. Es ist schwerer, als Sie vermutlich glauben, einen Menschen, so wie er ist, richtig zu beurteilen, von dem man schon im voraus eine bestimmte günstige oder ungünstige Meinung hegt. Denn man mißt alles, was er tut oder spricht, an dem Begriffe, den man sich von ihm gemacht hat. Jeder sieht und nimmt nun dasjenige an, wodurch sein Urteil bestätigt wird, und verwirft oder erklärt nach seiner Art alles, was diesem Urteil zu widersprechen scheint. Alle seine Bewegungen, seine Blicke und Gebärden erhalten eine diesem Begriff gemäße Auslegung: man zieht Dinge heran, die nicht die geringste Beziehung dazu haben. Dieselben Dinge, die tausend andere sagen oder tun und die man selbst ganz gleichgültig sagt oder tut, erhalten eine geheimnisvolle Bedeutung, sobald sie von ihm kommen. Man will erraten und seinen Scharfsinn zeigen, das ist das natürliche Spiel der Eigenliebe: man sieht, was man glaubt, und nicht, was man sieht. Man erklärt alles nach dem Vorurteil, von dem man eingenommen ist, und tröstet sich über den Irrtum, in dem man gewesen zu sein glaubt, indem man sich überredet, daß man nur aus Mangel an Aufmerksamkeit, nicht aber an Scharfsinn darein geraten sei. Alles dieses ist so richtig, daß wenn zwei Menschen von einem dritten einander widersprechende Meinungen hegen, dieser Widerspruch auch in den Beobachtungen herrschen wird, die sie über ihn anstellen werden. Der eine wird weiß, der andere schwarz sehen, in seinen gleichgültigsten Handlungen wird der eine Tugenden, der andere Laster finden, und jeder wird durch seine feinen Auslegungen zu beweisen suchen, daß er allein recht gesehen habe. Derselbe Gegenstand, zu verschiedenen Zeiten mit verschiedenen Augen betrachtet, erregt in uns auch verschiedene Eindrücke, und selbst dann, wenn man zugibt, daß der Irrtum von unseren Organen herrührt, kann man sich noch sehr irren, wenn man daraus schließen wollte, daß man sich vorher geirrt hätte, während man vielleicht jetzt im Irrtum ist. All dieses wäre richtig, wenn man nur den Irrtum der Vorurteile zu befürchten hätte. Wie wäre es aber, wenn die Verblendung der Leidenschaften sich dazugesellte? Wenn wohlmeinende, immer wache Ausleger unaufhörlich jedem günstigen Begriff, den man aus seiner eigenen Beobachtung ziehen könnte, zuvorkämen, um alles zu entstellen, anzuschwärzen und zu vergiften? Es ist bekannt, wie sehr der Haß die Augen blenden kann. Wer sieht wohl Tugenden an dem Gegenstand seiner Abneigung und wer sieht nicht lauter Böses in allem, was von einem Menschen herrührt, den wir hassen? Man versucht immer, seine eigenen Empfindungen zu rechtfertigen, und dies ist auch ganz natürlich. Man bemüht sich, alles das hassenswert zu finden, was man haßt, und wenn es wahr ist, daß ein voreingenommener Mensch sieht, was er glaubt, so ist es noch weit gewisser, daß ein von Leidenschaft regierter Mensch sieht, was er wünscht. Der Unterschied liegt also darin, daß man, da man ehemals J.J. ohne Interesse betrachtete, ihn auch ohne Parteilichkeit beurteilte, während heute vorgefaßte Meinungen und Haß nicht erlauben, mehr an ihm zu sehen, als was man an ihm finden möchte. Welchen Urteilen, den alten oder den neuen, soll denn Ihrer Meinung nach das Vorurteil der Vernunft die meiste Autorität beilegen?

Wenn es, wie ich Ihnen bewiesen zu haben glaube, unmöglich ist, daß die völlige Kenntnis der Wahrheit und noch weniger die Evidenz aus dem Verfahren folgen kann, das man gewählt hat, um J.J. zu beurteilen; wenn man vorsätzlich die einzigen Mittel vermieden hat, mit denen man ein unparteiisches, untrügliches und erleuchtetes Urteil hätte fällen können, so folgt daraus, daß die Verurteilung, die mit so viel Nachdruck und Stolz über ihn ausgesprochen worden ist, nicht allein ungerecht und verwegen, sondern auch der schwärzesten Bosheit äußerst verdächtig ist. Aus all dem schließe ich, daß man, da man nicht berechtigt war, ihn heimlich zu verurteilen, wie man es getan hat, ebensowenig das Recht hatte, ihn zu begnadigen, weil die Begnadigung eines Verbrechers bloß im Erlassen der Strafe besteht, die er verdient hat und die ihm gerichtlich auferlegt worden ist. Folglich ist die Gnade, deren Ihre Herren sich hinsichtlich seiner rühmen, auch wenn sie ihm wirkliche Wohltaten erwiesen haben sollten, täuschend und falsch, und wenn sie die verdiente Strafe, mit der sie seine Person zu verschonen vorgeben, als eine Wohltat rechnen, so betrügen und lügen sie, denn sie haben ihn keiner strafbaren Handlung überführt, und ein Unschuldiger, der keine Strafe verdient hat, braucht keine Gnade, ein solches Wort wäre für ihn eine Beleidigung. Sie sind also doppelt ungerecht gegen ihn, weil sie sich eine Großmut als Verdienst anrechnen, die sie nicht haben, und weil sie seine Person zu verschonen scheinen, um desto ungestrafter seine Ehre zu kränken.

Lassen Sie uns noch einmal der Klarheit halber auf die Gnade kommen, auf die Sie sich so sehr stützen, um zu sehen, worin sie besteht. Sie besteht darin, denjenigen, der sie empfängt, mit Schande und Elend zu überhäufen, ohne ihm ein einziges Mittel übrigzulassen, sich dagegen zu verwahren. Kennen Sie wohl für ein menschliches Herz eine grausamere Strafe als eine solche Gnade? Ich beziehe mich auf die Schilderung, die Sie selbst davon gegeben haben. Wie? Es geschieht aus Güte, aus Mitleid, aus Wohlwollen, daß man diesen Unglücklichen dem Publikum preisgibt, ihn zum Spott des Pöbels und zum Gegenstand des Abscheus der ganzen Welt macht, ihn von aller menschlichen Gesellschaft absondert, ihn mit Vergnügen in den Staub tritt und sich damit unterhält, ihn lebendig zu begraben? Wenn einer von uns beiden die Todesstrafe auszustehen hätte, würden wir sie wohl um den Preis einer solchen Gnade vermeiden wollen? Würden wir wohl noch ferner zu leben wünschen unter der Bedingung, auf solche Art zu leben? Ganz gewiß nicht, es gibt keine Qual, keine Strafe, die wir dieser nicht vorziehen würden, und das schmerzhafteste Ende unserer Übel würde uns gegen die Verlängerung des Lebens in solch drückender Angst wünschenswert und sanft erscheinen. Welchen Begriff müssen wohl Ihre Herren von der Ehre haben, wenn sie die Entehrung nicht als Strafe rechnen? Nein, nein, was sie auch sagen mögen, das heißt nicht einem das Leben schenken, wenn man es ihm unerträglicher macht als den Tod selbst.

DER FRANZOSE

Sie sehen doch wohl, daß unser Mann nicht so denkt, denn inmitten seiner Schande fährt er fort zu leben und befindet sich dabei besser als jemals. Man muß die Empfindungen eines Schurken nicht nach denen beurteilen, die ein rechtschaffener Mann an seiner Stelle haben würde. Die Schande ist nur in dem Grade schmerzhaft, als ein Mensch Ehre in seinem Herzen fühlt. Schlechte Seelen hingegen, die kein Gefühl für Schande haben, sind da in ihrem Element. Die Verachtung rührt den nicht, der sich ihrer würdig fühlt, denn an dieses Urteil hat ihn sein eigenes Herz bereits gewöhnt.

ROUSSEAU

Die Deutung dieser stoischen Ruhe inmitten aller Beschimpfungen hängt von dem Urteil ab, das bereits über denjenigen, der sie erduldet, ausgesprochen worden ist. Folglich hat man nicht den Menschen nach dieser Kaltblütigkeit, sondern im Gegenteil diese Kaltblütigkeit nach diesem Menschen zu beurteilen. Ich wenigstens sehe nicht ein, wie die undurchdringliche Verstellung und die tief eingewurzelte Heuchelei, die Sie ihm beilegen, sich mit der beinahe unglaublichen Erniedrigung vereinbaren läßt, die sie jetzt zu seinem natürlichen Element machen. Wie, mein Herr, konnte ein so hochsinniger, stolzer und hochtrabender Mann mit so viel Genie und Feuer sich zurückhalten und vierzig Jahre lang stillschweigen, um Europa durch die Kraft seiner Feder in Erstaunen zu setzen? Ein Mann, der so großen Wert auf die Meinung der anderen legt, daß er einer falschen, geheuchelten Tugend alles aufgeopfert hat, ein Mann, dessen ehrgeizige Eigenliebe die ganze Welt mit seinem Ruhm erfüllen, alle seine Zeitgenossen mit dem Glanz seiner Talente und Tugenden blenden wollte, alle Vorurteile mit Füßen treten, allen Mächten widerstehen und sich wegen seiner Unerschrockenheit bewundern lassen wollte, eben dieser Mann soll jetzt gegen so viele Beschimpfungen unempfindlich sein, die Schande in langen Zügen in sich trinken und sich wohlig im Schmutz als seinem natürlichen Element herumwälzen? O, bringen Sie entweder mehr Übereinstimmung in Ihre Begriffe oder erklären Sie mir, wie diese tierische Unempfindlichkeit in einer Seele wohnen kann, die einer solchen Erhebung fähig ist. Beleidigungen rühren alle Menschen, noch weit mehr aber diejenigen, die sie verdienen und die in sich selbst keine Zuflucht finden, um sich dorthin zurückzuziehen. Um so wenig als möglich dadurch erschüttert zu werden, muß man fühlen, daß man Unrecht leidet, und muß sein Herz mit Ehre und Unschuld so befestigen, daß keine Entehrung bis dahin dringen kann. Dann kann man sich über die Ungerechtigkeit und die Irrtümer der Menschen trösten, denn im ersten Falle gelten die Beschimpfungen in der Absicht derer, die sie äußern, nicht dem, der sie empfängt, und im zweiten Fall beschimpfen sie ihn nicht in der Meinung, daß er ein schlechter Mensch ist und es verdient, sondern im Gegenteil, weil sie selbst niedrigdenkend und boshaft sind und folglich alle diejenigen hassen, die es nicht sind.

Allein, die Kraft, die eine starke Seele anwendet, um eine ihrer unwürdige Behandlung zu ertragen, nimmt dieser Behandlung nichts von ihrer Grausamkeit von der Seite derer, die sie ihm erweisen. Man wäre im Unrecht, ihnen die Hilfsmittel zuzurechnen, die sie ihm nicht nehmen konnten und die sie nicht einmal vorhergesehen haben, weil sie sie in sich nicht finden würden. Sie mögen mir, soviel Sie wollen, von Wohlwollen und Gnade sprechen, ich sehe dennoch in dem finsteren System, das Sie mit diesen Namen belegen, nichts weiter als eine ausgesuchte Grausamkeit, um den Unglücklichen mit dem größten Elend, das ärger ist als der Tod selbst, zu überhäufen, der schwärzesten Treulosigkeit einen Anstrich von Großmut zu geben und denjenigen noch der Undankbarkeit zu beschuldigen, den man schmäht, weil er nicht von Erkenntlichkeit für die Sorgfalt durchdrungen ist, mit welcher man ihn zu Boden schlägt und ihn ohne jede Verteidigung den feigen Mördern ausliefert, die ihn ohne Gefahr töten und dabei seinen Blicken verborgen bleiben.

Sehen Sie also, worin die vorgebliche Gnade besteht, deren sich Ihre Herren so laut rühmen. Es wäre nicht einmal für einen Schuldigen eine Gnade, es sei denn, dieser wäre zugleich der niederträchtigste unter allen Menschen. Daß es aber eine Gnade für jenen kühnen Mann sein soll, der ungeachtet alles Widerstandes und schrecklicher Drohungen ganz dreist nach Paris kam, um durch seine Gegenwart das ungerechte Gericht herauszufordern, das ihn, obgleich es seine Unschuld ganz genau kannte, dennoch verurteilt hatte; daß es eine Gnade für diesen stolzen Mann sein soll, der seine Verachtung für die schmeichlerischen Verräter, die ihn umringen und sein Schicksal in Händen halten, so wenig verbirgt, dies, meine Herren, werde ich niemals begreifen können; und wenn es auch so wäre, wie Sie sagen, so müßte man vorher von ihm selbst wissen, ob er einwilligt, sein Leben und seine Freiheit für einen so niedrigen Preis zu erkaufen, denn jede Gnade, wie auch jedes andere Geschenk, ist nur mit der, zumindest vorausgesetzten, Einwilligung dessen, der sie empfängt, rechtmäßig, und ich frage Sie, ob das Betragen und die Reden des J.J. eine solche Einwilligung vermuten lassen? Jedes aufgedrungene Geschenk hingegen ist kein Geschenk, sondern ein Raub. Es gibt keine boshaftere Tyrannei, als wenn man einen Menschen wider seinen Willen zur Verbindlichkeit gegen uns zwingt, und es ist ein schändlicher Mißbrauch des Wortes Gnade, wenn man es einer gewaltsamen Handlung beilegt, die weit grausamer ist als die Strafe selbst. Ich setze hier voraus, daß der Beklagte schuldig ist; was würde aber aus dieser Gnade werden, wenn ich ihn für unschuldig hielte, so wie ich es tun kann und muß, solange man sich fürchtet, ihn zu überführen? Aber Sie sagen, er ist schuldig, man weiß es gewiß, weil er ein boshafter Mensch ist! Sehen Sie doch, wie Sie mich herumführen! Vorhin gaben Sie mir seine Verbrechen als Beweise für seine Bosheit, und nunmehr geben Sie mir seine Bosheit als einen Beweis für seine Verbrechen! Durch Tatsachen hat man seinen Charakter entdeckt, und Sie führen mir seinen Charakter an, um die geregelte Erörterung der Tatsachen zu vermeiden. Ein solches Ungeheuer, sagen Sie, verdient nicht, daß man die bei der Überführung eines gemeinen Verbrechers gewöhnlichen Formalitäten mit ihm beobachtet: man braucht einen so abscheulichen Bösewicht nicht anzuhören, seine Werke sprechen für ihn! Ich will zugeben, daß das Ungeheuer, das Sie mir geschildert haben, wenn es existiert, das behutsame Verfahren nicht verdient, das sowohl zur Sicherheit der Unschuldigen als auch zur Überführung der Straffälligen eingeführt ist. Allein, eben diese ganze Behutsamkeit und noch mehr war nötig, um zu beweisen, daß ein solches Ungeheuer wirklich vorhanden ist, und um sich zu überzeugen, daß das, was Sie seine Werke nennen, auch wirklich seine Werke sind. An diesem Punkt mußte man anfangen, und eben dies haben Ihre Herren vergessen. Denn wenn auch die Behandlung, die man ihm angedeihen läßt, für einen Schuldigen ganz milde wäre, so ist sie doch für einen Unschuldigen abscheulich. Wollte man also die Milde dieser Behandlung anführen, um die Überführung dessen, der sie erleidet, zu vermeiden, so wäre dies ein ebenso grausamer wie unbesonnener Trugschluß. Übrigens müssen Sie zugeben, daß dieses Ungeheuer, so wie es Ihnen beliebte, uns dasselbe zu schildern, eine ganz sonderbare, neue und widersprechende Person und ein Wesen der Einbildungskraft ist, wie es allenfalls in der Fieberhitze zu entstehen pflegt, ganz verworren aus fremdartigen Teilen gebildet, die durch ihre Anzahl, Unverhältnismäßigkeit und Unverträglichkeit nicht ein einziges Ganzes bilden können, und die Ungereimtheit dieser Zusammensetzung, die allein ein Grund ist, ihr Dasein zu leugnen, ist für Sie ein Grund, es anzunehmen, ohne es bestätigen zu wollen. Dieser Mensch ist zu schuldig, als daß er verdiente, angehört zu werden, er ist zu sehr außerhalb der Natur, als daß man an seinem Dasein zweifeln könnte. Was denken

Sie von diesem Urteil? Und doch ist es das Ihrige oder wenigstens das Ihrer Herren.

Sie versichern mir, daß sie ihm aus großer Güte und übermäßigem Wohlwollen die Schande ersparen, sich entlarvt zu sehen. Eine solche Großmut ist aber der Tapferkeit der Windbeutel sehr ähnlich, die sie nur weit von der Gefahr entfernt zeigen. Mich dünkt, daß ich an ihrer Stelle und ungeachtet meines Mitleids lieber in aller Offenheit gerecht und streng als aus Liebe hinterlistig und betrügerisch gewesen wäre, und ich werde Ihnen immer wiederholen, daß es ein seltsames Wohlwollen ist, wenn man den unglücklichen Gegenstand desselben mit dem ganzen Gewicht des Hasses, der Schande und des Spotts überhäuft und sich bemüht, ihm ohne Rücksicht auf Schuld oder Unschuld alle Mittel zu nehmen, dem zu entgehen. Ich setze noch hinzu, daß alle diese Tugenden, die Sie an den Lenkern seines Geschicks rühmen, so beschaffen sind, daß ich mich nicht allein, dem Himmel sei Dank, unfähig dazu fühle, sondern sie nicht einmal begreifen kann. Wie kann man ein Ungeheuer lieben, das man verabscheut? Wie kann man ein so zärtliches Mitleid mit einem so boshaften, grausamen und blutdürstigen Wesen haben? Wie kann man mit so viel Sorgfalt den Schandfleck des Menschengeschlechts hegen, ihn auf Kosten der Opfer seiner Wut schonen und aus Furcht, ihn zu beleidigen, ihm fast helfen, aus der Welt ein weites Grab zu machen? . . . Wie, mein Herr, einen Verräter, einen Räuber, einen Giftmischer, einen Meuchelmörder! . . . Ich weiß nicht, ob auch nur ein Gedanke von Wohlwollen für ein solches Wesen selbst bei den Teufeln vorhanden sein kann, doch unter Menschen erschiene mir ein solches Gefühl eher ein strafwürdiger und verworfener Geschmack als eine Tugend zu sein. Nein, nur seinesgleichen kann ihn lieben.

DER FRANZOSE

Was Sie auch sagen mögen: ihn zu schonen, wäre immer eine Tugend, wenn man sich bei dieser gnädigen Behandlung mehr die Erfüllung einer Pflicht als die Befriedigung einer Neigung vornähme.

ROUSSEAU

Sie verändern hier abermals den Stand der Frage, und das haben Sie vorher nicht gesagt: indessen, lassen Sie hören.

DER FRANZOSE

Wir wollen annehmen, daß der erste, der die Verbrechen dieses Elenden und seinen abscheulichen Charakter entdeckt hat, sich verbunden glaubte, wie er es denn zweifellos auch war, nicht nur ihn vor den Augen des Publikums zu entlarven, sondern ihn auch der Regierung anzuzeigen, daß jedoch seine Achtung für ihre alte Bekanntschaft ihm nicht erlaubte, das Werkzeug seines Verderbens werden zu wollen. Mußte er sich nicht, dies angenommen, genauso betragen, wie er es getan hat, nämlich die Begnadigung des Bösewichts zur Bedingung seiner Anklage machen, und ihn, indem er ihn entlarvte, so schonen, daß er zwar den Ruf eines Betrügers erhielt, daß man ihm aber doch die Freiheit eines rechtschaffenen Mannes lassen konnte?

ROUSSEAU

Ihre Voraussetzung enthält widersprechende Dinge, auf die ich vieles zu antworten hätte. Selbst unter dieser Voraussetzung hätte ich mich und, wie ich gewiß überzeugt bin, hätten Sie und jeder andere Mann von Ehre sich ganz anders betragen. Zunächst hätte ich, um welchen Preis es sei, den Bösewicht nicht angeben wollen, ohne mich zu zeigen und ihn zu überführen, besonders angesichts der ehemaligen Bekanntschaft, die Sie voraussetzen, durch die der Ankläger noch mehr verbunden war, den Beklagten vorweg von dem zu benachrichtigen, was ihm seine Pflicht befahl, hinsichtlich seiner zu tun. Noch weniger hätte ich zu außerordentlichen Maßregeln schreiten wollen, um zu verhindern, daß mein Name, meine Anklage und meine Beweise ihm zu Ohren kämen, denn unter allen Bedingungen spielt ein Denunziant, der sich versteckt, eine häßliche, niedrige und feige Rolle, wodurch er mit Recht des Betruges verdächtig wird, und es gibt keinen zureichenden Grund, durch den ein rechtschaffener Mann genötigt werden könnte, eine ungerechte und entehrende Handlung zu begehen. Sobald Sie die Verbindlichkeit voraussetzen, einen Übeltäter anzuzeigen, so setzen Sie auch die voraus, ihn zu überführen, weil die erste dieser beiden Verbindlichkeiten notwendig die andere nach sich zieht und weil man sich entweder zeigen und den Beklagten bloßstellen oder, wenn man sich vor ihm verstecken will, mit der ganzen übrigen Welt stillschweigen muß; einen Mittelweg gibt es hier nicht. Diese Überführung desjenigen, den man anklagt, ist nicht allein der unumgängliche Beweis der Wahrheit, die zu offenbaren man sich verbunden glaubt, sondern auch eine Pflicht des Anklägers gegen sich selbst, die ihm besonders in dem Fall, den Sie annehmen, niemand ersparen kann. Denn die Tugend enthält keinen Widerspruch, und niemals wird sie erlauben, daß man, um einen Verräter zu bestrafen, ihn nachahmt.

DER FRANZOSE

Sie denken hierüber nicht wie J.J.

Den Verräter straft man nur, indem man ihn verrät.

Dies ist einer seiner Grundsätze; was denken Sie davon?

ROUSSEAU

Das, was Ihnen Ihr eigenes Herz darüber sagen wird. Es ist gar nicht zu verwundern, daß ein Mann, der sich aus nichts ein Gewissen macht, sich auch keines aus dem Verrat macht. Sehr erstaunlich wäre es, wenn rechtschaffene Leute sich durch sein Beispiel berechtigt glaubten, ihn nachzuahmen.

DER FRANZOSE

Ihn nachzuahmen! Im allgemeinen freilich nicht, aber handelt man wohl unrecht, wenn man mit ihm seine eigenen Grundsätze befolgt, um zu verhindern, daß er sie mißbraucht.

ROUSSEAU

Mit ihm seine eigenen Grundsätze befolgen! Haben Sie das auch wohl überlegt? Welche Grundsätze! Welche Moral! Wenn man also mit den Menschen ihre eigenen Grundsätze befolgen kann und soll, so wird man die Lügner belügen, die Spitzbuben bestehlen, die Giftmischer vergiften, die Mörder ermorden und mit allen Schurken wetteifern müssen, und wenn man nur noch verbunden ist, gegen rechtschaffene Leute rechtschaffen zu handeln, so wird diese Pflicht in diesem Jahrhundert niemanden um der Tugend willen in große Unkosten stürzen. Es ist des Lasterhaften, den Sie mir geschildert haben, ganz würdig, Lehren des Betrugs und des Verrats zu geben, allein, ich bin entrüstet über Ihre Herren, daß sie unter so vielen besseren Lehren, die er gegeben hat und die zu befolgen man besser getan hätte, nur diese sich zunutze gemacht haben.

Übrigens erinnere ich mich nicht, irgend etwas dergleichen in J.J.'s Schriften gefunden zu haben. Wo hat er denn diese neue Vorschrift, die allen übrigen so sehr widerspricht, aufgestellt?

DER FRANZOSE

In einem Vers einer Komödie.

ROUSSEAU

Wann hat er diese Komödie aufführen lassen?

DER FRANZOSE

Niemals.

ROUSSEAU

Wo hat er sie drucken lassen?

DER FRANZOSE

Nirgends.

ROUSSEAU

Wahrlich, ich verstehe Sie nicht.

DER FRANZOSE

Es ist eine Art Possenspiel, das er vorzeiten in Eile und gleichsam aus dem Stegreif auf dem Lande in einer heiteren Stunde verfertigte und das er nicht einmal einer Verbesserung würdigte, und dieses haben ihm unsere Herren so wie viele andere Sachen entwendet, die sie dann in ihrer Weise zur allgemeinen Erbauung zurechtmachen.

ROUSSEAU

Doch wie ist dieser Vers in diesem Stück angebracht? Ist er es selbst, der ihn sagt?

DER FRANZOSE

Nein, es ist ein junges Mädchen, das sich von seinem Liebhaber hintergangen glaubt, und es sagt ihn in einem Augenblick des Zorns, um sich dadurch anzufeuern, einen Brief, den dieser Liebhaber an ihre Nebenbuhlerin geschrieben hat, abzufangen, zu öffnen und zu unterschlagen.

ROUSSEAU

Wie, mein Herr, ein Wort, das ein junges, verliebtes und aufgebrachtes Mädchen in dem Liebeshandel eines Possenspiels sagt, das vorzeiten in Eile niedergeschrieben wurde und weder verbessert noch gedruckt, noch aufgeführt worden ist, dieses flüchtige Wort, wodurch sie im Zorn eine Handlung unterstützt, die von ihrer Seite nicht einmal Verrat ist, dieses Wort, worauf sie einen Grundsatz J.J.'s gründen, ist die einzige Autorität, wonach Ihre Herren das abscheuliche System der Verräterei schmieden, in das er verwickelt ist? Soll ich wohl im Ernst darauf antworten? Haben Sie selbst mir dies im Ernst gesagt? Nein, Ihre Miene allein, mit der Sie es sagten, überhob mich der Antwort. Übrigens mag es Pflicht sein, ihn zu verraten oder nicht, ist nicht jeder Mann von Ehre es sich selbst schuldig, daß er gegenüber niemandem zum Verräter werde? Unsere Pflichten gegen andere mögen sich immer nach Zeiten, Menschen und Gelegenheiten ändern, diejenigen gegen uns selbst verändern sich niemals, und ich kann mir nicht denken, daß der, der sich nicht verpflichtet glaubt, gegen alle Menschen rechtschaffen zu handeln, es jemals gegen irgend jemanden tun wird.

Allein, wir wollen, ohne bei diesem Punkt länger zu verweilen, weitergehen. Kommen wir zum Denunzianten, der feige und verräterisch handelt, ohne deswegen ein Betrüger zu sein, und auf die Richter, die lügen und sich verstellen, ohne deswegen unbillig zu handeln. Wenn auch diese Verfahrensart ebenso gerecht und erlaubt wäre, wie sie hinterlistig und treulos ist, welcher Nutzen würde bei dieser Gelegenheit für den Zweck, den Sie anführen, daraus entspringen? Wo ist denn die Notwendigkeit, daß man, um einen Verbrecher zu begnadigen, ihn nicht anhören darf? Warum verbirgt man ihm allein mit so viel Arglist und heimlichen Ränken seine Verbrechen, die er besser als jeder andere kennen muß, wenn es wahr ist, daß er sie begangen hat? Warum vermeidet und verwirft man mit soviel Schrecken die sicherste, gerechteste, vernünftigste und natürlichste Art, sich seiner zu versichern, ohne ihm eine andere Strafe aufzuerlegen als die eines Heuchlers, der sich überführt sieht? Dies ist die Strafe, die aus der Sache selbst am besten entspringt, die sich mit der Gnade, die man ihm erweisen will, wie auch mit den Vorsichtsmaßnahmen, die man für die Zukunft ergreifen muß, am besten verträgt und die allein zwei öffentlichen Ärgernissen vorbeugt, nämlich dem, das aus der Bekanntmachung der Verbrechen, und dem, das aus ihrer Ungestraftheit entstehen könnte. Ihre Herren schützen indessen zur Begründung ihres arglistigen Verfahrens die Sorge um die Verhütung eines öffentlichen Ärgernisses vor. Allein, wenn das Ärgernis wesentlich im Bekanntwerden besteht, so sehe ich es nicht dadurch vermieden, daß man das Verbrechen dem Schuldigen, der doch davon wissen muß, verheimlicht, während man es unter allen übrigen Menschen verbreitet, die nichts davon wußten. Der geheimnisvolle und zurückhaltende Anstrich, den man dieser Bekanntmachung gibt, dient bloß dazu, sie zu beschleunigen. Ohne Zweifel behält das Publikum alle Geheimnisse, die man ihm anvertraut, treulich, und läßt sie nicht aus seinem Munde kommen. Allein, lächerlich ist es, daß man, indem man dieses Geheimnis allen Menschen ins Ohr sagt und es dem allein sorgfältig verbirgt, der es, wenn er schuldig ist, notwendigerweise eher als jeder andere wissen muß, dadurch dem Ärgernis vorzubeugen glaubt und aus diesem komischen Geheimnis ein Werk des Wohlwollens und der Großmut machen will. Ich für meine Person hätte mit einem so zärtlichen Wohlwollen gegen den Schuldigen lieber das Mittel ergriffen, ihn zu überführen, ohne ihn zu entehren, als ihn zu entehren, ohne ihn zu überführen, und weil man denn einen entgegengesetzten Weg einschlug, so müssen ganz sicher noch andere Gründe vorhanden gewesen sein, die Sie mir nicht gesagt haben und die sich mit diesem Wohlwollen nicht vertragen.

Vorausgesetzt, daß, statt alle seine Schritte und Wege zu untergraben, statt der dreifachen Mauern von Finsternis, die man sich so sehr bemüht, um ihn her aufzuführen, statt das Publikum und ganz Europa zum Mitschuldigen und Zeugen des Ärgernisses zu machen, das man scheint vermeiden zu wollen, statt ihn ruhig seine Verbrechen fortsetzen und vollenden zu lassen, indem man sich bloß damit begnügt, sie mitanzusehen und sie zu zählen, ohne ein einziges zu verhindern, vorausgesetzt, sage ich, daß man statt all dieses Wirrwarrs sich öffentlich und geradezu an ihn selbst, und zwar an ihn allein gewandt, ihm seinen Ankläger mit allen Beweisen bewaffnet vor Augen gestellt und ihm gesagt hätte: »Elender, der du den rechtschaffenen Mann spielst und doch nur ein Bösewicht bist, siehe, du bist entlarvt, man kennt dich; hier sind deine Taten, hier die Beweise, was hast du darauf zu antworten?« Er hätte alles geleugnet, werden Sie sagen. Allein, es sei, was vermag denn das Leugnen gegen überführende Beweise? Er wäre überführt und bloßgestellt worden. Dann hätte man mit Hinweis auf seinen Ankläger sagen können: »Danke diesem großmütigen Mann, den sein Gewissen gezwungen hat, dich anzuklagen, und den seine Güte bewegt, dich zu beschützen. Durch seine Fürsprache will man dir das Leben und deine Freiheit lassen, ja du wirst vor den Augen des Publikums nur soweit entlarvt werden, als dein Betragen dieses Verfahren notwendig machen wird, um die Fortsetzung deiner Schandtaten zu verhindern. Bedenke, daß hellsehende Augen beständig über dir wachen, daß das strafende Schwert über deinem Haupt schwebt und daß du ihm bei dem ersten Verbrechen nicht mehr entrinnen wirst.« Könnte man wohl, ich frage Sie, einen einfacheren, sichereren und geraderen Weg einschlagen, um in Rücksicht seiner die Gerechtigkeit mit der Klugheit und der Menschenliebe zu vereinigen? Ich wenigstens glaube, daß man, wenn man es so angefangen hätte, sich seiner weit besser durch die Furcht versichert hätte als durch diese unermeßlichen Zurüstungen und Anordnungen, die ihn dennoch nicht hindern, immer seinen Weg fortzugehen. Man hätte nicht nötig gehabt, ihn so barbarisch oder nach Ihrer Meinung so gütig in den Schlamm zu treten; man hätte der Gerechtigkeit und der Tugend nicht das schändliche Gewand des Meineids und der

Lüge angezogen; seine Ankläger und Richter wären nicht gezwungen gewesen, sich unaufhörlich vor ihm in ihren Löchern zu verbergen und gleichsam als Schuldige den Blick ihres Opfers zu fliehen und das Tageslicht zu scheuen; endlich hätte man außer dem doppelten Ärgernis der Verbrechen und ihrer Ungestraftheit auch dasjenige eines ebenso schädlichen als unbesonnenen Grundsatzes vermieden, den Ihre Herren durch sein Beispiel scheinen einführen zu wollen, nämlich daß man, wenn man etwas Geist besitzt und schöne Bücher schreiben kann, sich ungestraft allen Verbrechen überlassen darf.

Dies war das einzige wahre Mittel, das man ergreifen mußte, wenn man einen solchen Elenden durchaus schonen wollte. Ich für mein Teil gestehe Ihnen jedoch, daß ich ebensoweit entfernt bin, diese vorgebliche Gnade zu billigen, als sie zu begreifen, wodurch man, ungeachtet der Gefahr, nicht nur ein so scheußliches Ungeheuer, wie man ihn uns schildert, sondern einen solchen Übeltäter in Freiheit läßt. Ich finde in dieser Art von Gnade weder Vernunft noch Menschlichkeit, noch Sicherheit, noch weniger finde ich darin jene Sanftmut und jenes Wohlwollen, dessen sich Ihre Herren so laut rühmen. Einen Menschen dem Spott des Publikums und des niedrigsten Pöbels preisgeben, ihn nach und nach aus allen, auch den verborgensten und einsamsten Freistätten verjagen, wo er sich selbst eingesperrt hatte und wo er gewiß nichts Böses tun konnte, ihn von dem Pöbel steinigen lassen, ihn von Ort zu Ort zum Gelächter herumführen und immer mit neuen Beschimpfungen überhäufen, ihm die unentbehrlichsten Hilfsmittel der Gesellschaft entziehen, ihm seine Nahrung stehlen, um ihm Almosen reichen zu können, ihn auf der ganzen Erde herumjagen und aus allem, was er unumgänglich wissen müßte, ihm ein undurchdringliches Geheimnis machen, ihn den Menschen so fremd, gehässig und verächtlich machen, daß er statt Aufklärung, Beistand und guten Rats, die doch jeder im Notfall unter seinen Brüdern findet, überall nichts als Fallstricke, Lügen, Verräterei und Beschimpfung antrifft, ihn, mit einem Wort, aller Stütze, alles Schutzes und aller Verteidigung beraubt, der listigen Bosheit seiner Feinde überliefern: dies ist eine weit grausamere Behandlung, als wenn man sich auf einmal durch eine Verhaftung seiner versichert hätte, die nicht allein die Welt vor ihm gesichert hätte, sondern durch die auch er seine Sicherheit oder doch wenigstens Ruhe gefunden hätte. Sie haben mir gesagt, daß er selbst diese Verhaftung wünschte, ja sogar verlangte, und daß man, statt ihm zu willfahren, ihm diese Forderung als ein neues Verbrechen und eine neue Lächerlichkeit anrechnete. Ich glaube die Ursache der Forderung und die des Verweigerns zugleich einzusehen. Da er in den einsamsten Gegenden keine Freistatt fand, nach und nach aus den Bergen und von den Seen verjagt wurde und gezwungen war, von Ort zu Ort zu fliehen und unaufhörlich unter Strapazen und außerordentlichen Kosten inmitten von Gefahren und Beschimpfungen herumzuirren, gezwungen, am Anfang des Winters Europa zu durchqueren, um eine Freistatt zu suchen, ohne zu wissen wo, und im voraus sicher, daß man ihn nirgends in Ruhe lassen würde, alles dieses zusammengenommen, war es ganz natürlich, daß er von so vielen Stürmen und Plagen ermüdet den Wunsch äußerte, seine unglücklichen Tage lieber in einer ruhigen Gefangenschaft zu endigen, als sich in seinem Alter unaufhörlich verfolgt, verjagt und von allen Seiten herumgeworfen zu sehen und nicht einmal einen Stein zu haben, wo er sein Haupt hinlegen, noch eine Freistatt, wo er wieder Atem schöpfen konnte, bis er endlich durch Strapazen und Kosten gezwungen wäre, sein Leben entweder im Elend zu endigen oder, immer auf der Flucht, von den harten Almosen seiner Verfolger zu leben, die ihn begierig so weit zu bringen wünschten, um ihn ganz nach ihrem Gefallen mit Schmach und Schande zu überhäufen. Warum hat man denn dieses rasche, sichere und leichte Mittel nicht angenommen, das er selbst vorschlug und als eine Gunst verlangte? Nicht deswegen, weil man ihn nicht so glimpflich behandeln wollte und weil man ihm diese gewünschte Ruhe nicht gönnte? Nicht deswegen, weil man ihm gar keine Erholung gönnen, noch ihn in einen Zustand setzen wollte, wo man ihm nicht täglich neue Verbrechen und neue Schriften zuschreiben konnte und wo er endlich durch Geduld und Sanftmut seinen Bewachern die falschen Begriffe nehmen konnte, die man über ihn verbreiten wollte? Geschah es nicht deswegen, weil man bei dem schönen und wohlausgedachten Projekt, ihn nach England zu schicken, Absichten hatte, die durch seinen Aufenthalt in diesem Lande und die Wirkungen, die er hervorgebracht hat, hinlänglich erklärt worden sind? Wenn es möglich ist, andere Beweggründe als diese für diese Weigerung anzuführen, so nenne man mir sie, und ich verspreche, ihre Falschheit zu erweisen.

Mein Herr, alles, was Sie mir gesagt, alles, was Sie mir bewiesen haben, ist in meinen Augen voller unbegreiflicher, widersprechender und ungereimter Dinge, die, um angenommen zu werden, eine ganz andere Gattung von Beweisen erfordern als die, die zu den vollständigsten Demonstrationen hinreichend sind, und eben diese ungereimten Dinge entblößen Sie von dem notwendigsten Beweis, der den übrigen allen das Siegel aufdrücken könnte. Sie haben mir nach Belieben ein Wesen zusammengeschmiedet, wie noch keines existierte, ein unnatürliches Ungeheuer, das außer aller Wahrscheinlichkeit und Möglichkeit ist und das aus fremdartigen und unvereinbaren Teilen besteht, die einander wechselseitig ausschließen. Allen seinen Lastern haben Sie die wütendste, intoleranteste und ausschweifendste Eigenliebe zugrunde gelegt, die er jedoch von seiner Geburt an bis in sein hohes Alter so geschickt zu verbergen wußte, daß man während so vieler Jahre keine Spur davon entdeckt hat, und die er noch heutzutage mitten in seinem Unglück so gut zu unterdrükken und zurückzuhalten weiß, daß man nicht das geringste Zeichen davon erblickt. Ungeachtet dieses unbändigen Stolzes zeigten Sie mir in demselben Wesen einen niedrigen Lügner, einen feigen Betrüger, einen Besucher der Wirtshäuser und schlechten Orte, einen unflätigen und von der venerischen Krankheit verdorbenen Wollüstling, der sein Leben damit zubrachte, in den Schenken denen, die sie besuchen, bald rechts, bald links einige Taler abzunehmen. Sie haben behauptet, daß eben diese Person derselbe Mensch wäre, der während vierzig Jahren von jedermann geliebt und geschätzt wurde, der in diesem Jahrhundert die einzigen Schriften geschrieben hat, welche der Seele des Lesers dieselbe Überzeugung einflößen, mit der sie geschrieben wurden, und bei deren Lesen man fühlt, daß Liebe zur Tugend und Eifer für die Wahrheit ihre unnachahmliche Beredsamkeit ausmachen. Sie sagen, daß eben diese Schriften, die mir das Herz erheben, das

Spiel eines Bösewichts sind, der nichts von alldem fühlte, was er mit so viel Feuer und Heftigkeit sagte, und der unter dem Schein der Redlichkeit das Gift verbarg, mit welchem er seine Leser anstecken wollte. Sie zwingen mich sogar, zu glauben, daß diese zugleich so stolzen, so rührenden und so bescheidenen Schriften in der Gesellschaft von Bouteillen, Gläsern und Huren geschrieben worden sind, bei denen der Verfasser sein Leben zubrachte, und verwandeln endlich diesen reizbaren und teuflischen Stolz in die Verworfenheit eines unempfindlichen und feigen Herzens, welches sich ganz gleichgültig an der Schande sättigt, mit der es das liebreiche Publikum überhäuft.

Sie haben mir Ihre Herren, welche nach Belieben mit seinem guten Ruf, mit seiner Person und mit seinem ganzen Schicksal schalten, als Muster der Tugend, als Wunder der Großmut und als Engel der Wohltätigkeit und Sanftmut gegen ihn geschildert und mir zugleich gesagt, daß es der Zweck all ihrer liebreichen Bemühungen gewesen ist, ihn zum Abscheu der Welt, zum Verachtetesten aller Wesen zu machen, ihn von Schande zu Schande, von Elend zu Elend zu schleppen und ihn in den Beschwerlichkeiten des elendesten Lebens alle Qualen empfinden zu lassen, welche eine stolze Seele peinigen, die sich als das Spiel und Auswurf des Menschengeschlechts betrachten muß. Sie haben mir ferner gesagt, daß alle diese tugendhaften Männer ihm aus Gnade und Mitleiden alle Mittel genommen hätten, die Ursachen so vieler Beschimpfungen erfahren zu können, und daß sie sich ihm zuliebe zu der Rolle der Schmeichler und Verräter erniedrigten und geschickterweise bei jeder Erklärung, die er verlangte, untertauchten, daß sie ihn mit Gruben und Fallstricken so umgeben hätten, daß er bei jedem seiner Schritte notwendig fallen mußte, daß sie ihn endlich so listig umzingelt hätten, daß er unaufhörlich dem Spott der ganzen Welt ausgesetzt war und niemals die Ursache davon erfahren, kein einziges wahres Wort hören, keine Beschimpfung abwenden, keine Erklärung erhalten, keinen der Angreifenden festhalten konnte, so daß er mit jedem Augenblick die grausamsten Bisse empfand und bei denen, die ihn umgaben, sowohl die Biegsamkeit wie das Gift der Schlangen bemerkte.

Sie haben das System, das man gegen ihn anwendet, auf Pflichten gegründet, von denen ich keinen Begriff habe, auf Tugenden, die meinen Abscheu erregen, und auf Grundsätze, die in meinem Sinn alle Gerechtigkeit und Moral umstoßen. Stellen Sie sich einmal Leute vor, die sich zunächst Larven fest vorbinden, sich ganz mit Eisen bewaffnen, nachher ihren Feind überfallen, ihn von hinten ergreifen, nackend ausziehen, Arme, Hände, Kopf und Füße so zusammenbinden, daß er sich nicht regen kann, ihm einen Knebel in den Mund stecken, die Augen ausstechen, ihn auf der Erde ausstrecken und ihr edles Leben damit zubringen, ihn ganz sachte und allmählich zu massakrieren, aus Furcht, er möchte an seinen Wunden sterben und zu früh aufhören, sie zu fühlen. Dies sind die Leute, die Sie mir zur Bewunderung hinstellen! Besinnen Sie sich auf Ihre Billigkeit, Ihre Rechtschaffenheit und fragen Sie Ihr Gewissen, welche Art von Bewunderung ich für sie hegen kann. Sie haben mir zwar, soviel es nach der Methode, die Sie befolgt haben, möglich war, bewiesen, daß der so sehr unterdrückte Mensch ein verabscheuungswürdiges Ungeheuer ist, aber wenn dies auch so wahr wäre, wie es schwer zu glauben ist, so wären der Erfinder und die Lenker des Plans, den man gegen ihn ausführt, in meinen Augen noch weit verabscheuungswürdiger als er selbst.

Ihre Beweise haben unstreitig viel Gewicht, aber es ist falsch, daß sie für mich evident wären, denn in Ansehung der Vergehen und Verbrechen hängt diese Evidenz wesentlich von einer Probe ab, die man hier allzu sorgfältig vermeidet, als daß dieses Übergehen nicht einen mächtigen Beweggrund haben sollte, den man uns verbirgt und den man durchaus wissen müßte. Ich gestehe indessen und kann es nicht genug wiederholen, daß diese Beweise mich in Erstaunen setzen und mich vielleicht noch erschüttern würden, wenn ich nicht noch andere Mängel an ihnen fände, die meiner Meinung nach deren Kraft vernichten.

Der erste Mangel liegt in ihrem Gewicht selbst und in ihrer großen Zahl angesichts dessen, woher sie kommen. Alles dieses würde ich bei gerichtlichen Prozeduren, die vor einem öffentlichen Gerichtshof geschehen, billigen, aber daß Privatpersonen und, was noch mehr ist, Freunde sich soviel Mühe gegeben, soviel Unkosten und Zeit aufgewendet haben, um sich zu unterrichten, so viele Beweise zusammenzubringen und ihnen soviel Gewicht zu geben, ohne daß sie irgendeine Pflicht dazu verbunden hätte, all dies zeigt an, daß sie von einer lebhaften Leidenschaft hierzu angetrieben wurden, die mir alles das, was sie hervorgebracht hat, verdächtig machen wird, solange sie so hartnäckig darauf bestehen, sie zu verbergen.

Ein anderer Fehler, den ich an diesen unüberwindlichen Beweisen bemerkte, ist der, daß sie zuviel beweisen, das heißt, daß sie Dinge beweisen, die natürlicherweise nicht existieren können. Es wäre ebensoviel, als wenn man mir Wunder beweisen wollte, und Sie wissen, daß ich nicht daran glaube. Ich finde in all dem so viele Ungereimtheiten, die mein Geist ungeachtet der sie begleitenden Beweise nicht bejahen kann. Die Erklärungen, die man dafür gibt, und die, wie Sie mir versichern, jedermann klar und deutlich findet, sind in meinen Augen nicht weniger ungereimt und noch obendrein lächerlich. Ihre Herren scheinen J.J. mit Lastern überhäuft zu haben, so wie Ihre Theologen ihre Lehre mit Glaubensartikeln überhäuft haben; der Vorteil, durch Behauptungen zu überreden, und die Leichtigkeit, mit der alles geglaubt wird, haben sie verführt. Durch ihre Leidenschaft verblendet, häuften sie Tatsachen auf Tatsachen, Laster auf Laster, ohne Vorsicht und ohne alles Maß und Ziel. Und als sie am Ende die Unvereinbarkeit all dessen einsahen, war es nicht mehr Zeit, etwas zu verbessern, denn die große Mühe, die sie aufgewandt hatten, alles zu beweisen, zwang sie, alles anzunehmen aus Furcht, alles verwerfen zu müssen. Man mußte also tausenderlei Spitzfindigkeiten aufsuchen, um so viele Widersprüche zu vereinbaren, und diese ganze Arbeit brachte unter dem Namen J.J. das ungereimteste Hirngespinst hervor, welches jemals in der Verwirrung der Fieberhitze entstehen konnte.

Ein dritter Fehler dieser unüberwindlichen Beweise liegt in der Art, sie so geheimnisvoll und vorsichtig anzuwenden. Warum geschieht dies alles? Die Wahrheit sucht nicht die Finsternis und geht nicht so furchtsam einher. In der Jurisprudenz* ist es ein fester Grundsatz, daß man bei demjenigen List und Trug vermutet,

* »Dolus praesumitur in eo qui recta via non incedit, sed per anfractus et diverticula.« Menoch: *in Praesump.*

der statt des geraden Weges den krummen und heimlichen erwählt. Ferner findet man noch den Grundsatz*, daß derjenige, der ein rechtmäßiges Urteil vermeidet und seine Beweise verbirgt, in dem Verdacht steht, daß er eine schlechte Sache behauptet. Diese beiden Grundsätze passen so genau auf das System Ihrer Herren, daß man glauben könnte, sie wären ausdrücklich dafür gemacht, wenn ich nicht meinen Autor anführte. Wenn das, was man in Abwesenheit des Beklagten gegen ihn beweist, niemals rechtmäßig bewiesen ist, so spricht das, was man von ihm beweist, indem man sich so sorgfältig vor ihm verbirgt, weit stärker gegen den Ankläger als gegen den Beklagten, und schon dadurch allein kann die Anklage, von allen ihren heimlichen Beweisen unterstützt, des Betruges verdächtig werden.

Endlich liegt der große Fehler dieses ganzen Systems darin, daß der Erfolg desselben, es sei nun auf Lüge oder auf Wahrheit gegründet, in beiden Fällen unausbleiblich wäre. Setzen Sie an die Stelle Ihres J.J. einen wahrhaft rechtschaffenen Mann, der ganz abgesondert, betrogen, verraten, allein auf der Welt, von mächtigen, listigen, maskierten und unversöhnlichen Feinden umgeben wäre, die von niemandem gehindert werden, ihre Fallstricke um ihn her zu verbreiten, und Sie werden sehen, daß ihm alles, was ihm als einem schlechten und schuldigen Menschen begegnet, nicht weniger begegnen würde, wenn er tugendhaft und unschuldig wäre. Alles dies beweist also, sowohl in Ansehung des Grundes als der Form der Beweise, gar nichts, und zwar deswegen, weil es zu viel beweist.

Mein Herr, wenn die Mathematiker von Beweis zu Beweis fortgehen und am Ende auf einen ungereimten Satz stoßen, so kehren sie, statt ihn anzunehmen, obgleich er bewiesen ist, wieder um, und in der Überzeugung, daß sich in ihre Grundsätze oder Schlüsse ein Irrtum eingeschlichen haben muß, den sie nicht bemerkt haben, ruhen sie nicht, bis sie ihn finden, und können sie ihn nicht entdecken, so lassen sie ihren angeblichen Beweis liegen und wählen einen anderen Weg, um die Wahrheit zu entdecken, weil sie überzeugt sind, daß sie keine Ungereimtheit zuläßt.

* »Judicium subterfugiens et probationes occultans malam causam fovere praesumitur.« Ibid.

DER FRANZOSE

Bemerken Sie denn nicht, daß Sie selbst, um vorgebliche Ungereimtheiten zu vermeiden, in einen anderen, wo nicht stärkeren, doch wenigstens ebenso anstößigen Widersinn geraten? Sie rechtfertigen einen einzigen Mann, dessen Verdammung Ihnen mißfällt, auf Kosten einer ganzen Nation, ja gar einer ganzen Generation, aus der Sie eine Generation von Betrügern machen: denn schließlich ist die Übereinstimmung allgemein, das ganze Publikum, die ganze Welt ohne Ausnahme hat den Plan gebilligt, der Ihnen so tadelnswert scheint, jeder bemüht sich, zu seiner Ausführung etwas beizutragen, niemand hat ihn mißbilligt, niemand hat die geringste Unbesonnenheit begangen, wodurch er hätte scheitern können, niemand hat dem Beklagten die geringste Nachricht, das geringste Licht gegeben, wodurch er in Stand gesetzt worden wäre, sich zu verteidigen. Aus keinem Munde konnte er ein einziges aufklärendes Wort über die schweren Beschuldigungen vernehmen, mit denen man ihn überhäuft, jeder bemüht sich, die Finsternis, mit der man ihn umgibt, zu verstärken, und man weiß nicht, wem sich jeder mit größerem Vergnügen überläßt, ihn abwesend zu entehren oder ihn gegenwärtig zu verspotten. Ihrer Meinung nach müßte man also daraus folgern, daß sich in der ganzen jetzigen Generation nicht ein einziger rechtschaffener Mann, nicht ein einziger Freund der Wahrheit befindet. Nehmen Sie diese Folgerung wohl an?

ROUSSEAU

Mitnichten! Wenn ich auch geneigt wäre, sie anzunehmen, so würde ich es doch gewiß nicht bei Ihnen tun, dessen unwandelbare Rechtschaffenheit und aufrichtige Redlichkeit ich kenne. Allein, ich weiß, was Vorurteile und Leidenschaften auch über die besten Herzen vermögen, und wie unvermeidlich manchmal ihre Verblendung ist. Ihr Einwurf scheint mir gründlich und stark. Er ist mir lange vorher eingefallen, bevor Sie ihn machten. Es scheint mir leichter, ihn zu verdrehen, als ihn aufzulösen, und er muß Sie wenigstens ebensosehr in Verlegenheit setzen wie mich, denn wenngleich das Publikum nicht ganz aus schlechten Menschen und Betrügern besteht, die alle übereinstimmen, um einen einzigen Menschen zu verraten, so besteht es ebensowenig ohne Ausnahme aus wohltätigen, großmütigen Leuten, die von Eifersucht, Neid, Haß und Bosheit frei sind. Sind wohl diese Fehler so sehr aus der Welt verbannt, daß nicht der geringste Keim davon in dem Herzen irgendeines Menschen übrig sein sollte? Und doch müßte man dieses annehmen, wenn das geheime und finstere System, das man so treulich gegen J.J. befolgt, bloß ein Werk der Wohltätigkeit und Liebe sein sollte. Lassen Sie uns Ihre Herren beiseitesetzen, welches lauter göttliche Seelen sind, deren zärtliches Wohlwollen gegen ihn Sie so sehr bewundern. Er hat in allen Ständen, wie Sie mir selbst gesagt haben, eine große Menge eifriger Feinde, die gewiß nicht darauf denken, ihm das Leben angenehm und sanft zu machen. Können Sie sich denken, daß unter dieser Menge von Leuten, die alle übereinstimmen, um einem Bösewicht, den sie verabscheuen, die Unruhe, und einem Heuchler, den sie verwünschen, die Schande zu ersparen, sich nicht ein einziger finden sollte, der wenigstens, um sich an seiner Beschämung zu weiden, in Versuchung geriete, ihm alles das zu sagen, was man von ihm weiß? Alles vereinigt sich mit mehr als Engelsgeduld, um ihn mitten in Paris seine Verfolger herausfordern zu sehen, und zu hören, wie er denen, die ihn umringen, harte Namen beilegt und ihnen unverschämt sagt: *Redet laut, Verräter, die ihr seid, hier bin ich. Was habt ihr zu sagen?* Bei diesen beißenden Reden verläßt die unglaublichste Geduld auch nicht einen Augenblick nur einen einzigen Menschen unter dieser Menge. Alle sind unempfindlich gegen seine Vorwürfe und ertragen sie bloß aus Liebe zu ihm, und aus Furcht, ihm die geringste Unruhe zu bereiten, lassen sie sich mit einer Verachtung behandeln, welche durch ihr Stillschweigen noch gestärkt wird. Daß aber eine so große Sanftmut, eine so erhabene Tugend durchaus alle seine Freunde belebt, ohne daß ein einziger nur einen Augenblick lang diese allgemeine Gefälligkeit verleugnet, dies, mein Herr, ist, wie Sie selbst gestehen müssen, ein Zusammenfluß von Geduld und Großmut, der bei einer Generation, die ohnehin nicht die liebreichste ist, wenigstens ebenso staunenswürdig ist wie die Übereinstimmung der Bosheit, die Sie anzunehmen sich weigern.

Die Auflösung dieser Schwierigkeiten muß meiner Meinung

nach auf einem Mittelweg gesucht werden, indem man bei der ganzen Generation weder engelsgleiche Tugenden noch teuflische Bosheit, sondern eine gewisse natürliche Anlage des menschlichen Herzens voraussetzt, die durch geschickt angewandte Mittel immer eine gleichförmige Wirkung hervorbringt. Doch während ich erwarte, daß meine eigenen Beobachtungen mir hierüber eine vernünftige Erklärung geben, erlauben Sie mir eine Frage, die sich darauf bezieht. Wir wollen für einen Augenblick annehmen, daß man nach aufmerksamen und unparteiischen Untersuchungen fände, daß J.J., statt die teuflische Seele und das Ungeheuer zu sein, das Sie in ihm sehen, im Gegenteil als ein ungekünstelter, gefühlvoller und guter Mann erschiene, daß seine allgemein und selbst von denen, die ihn so schlecht behandelt haben, anerkannte Unschuld Sie zwänge, ihm Ihre Achtung wieder zu schenken und sich das harte Urteil vorzuwerfen, das Sie über ihn gefällt haben: Gehen Sie auf den Grund Ihrer Seele und sagen Sie mir, welchen Eindruck diese Veränderung auf Sie machen würde?

DER FRANZOSE

Gewiß einen sehr grausamen. Denn ich fühle, daß ich ihn, wenn ich ihn achte und rechtfertige, wegen meines eigenen Unrechts mehr hassen würde, als ich ihn jetzt wegen seiner Laster hasse: ich würde ihm niemals meine Ungerechtigkeit gegen ihn vergeben. Ich mache mir diese Anlage schon jetzt zum Vorwurf und erröte darüber, aber ich fühle sie wider meinen Willen in meinem Herzen.

ROUSSEAU

Wahrheitsliebender und freimütiger Mann, mehr verlange ich nicht, ich werde mir dieses Geständnis merken, um Sie zu gelegener Zeit daran zu erinnern. Jetzt begnüge ich mich, Sie darüber nachdenken zu lassen. Übrigens beunruhigen Sie sich nicht wegen dieser Anlage, sie ist eine der natürlichsten Entwicklungen der Eigenliebe, und Sie haben sie mit allen Richtern J.J.'s gemein, mit dem Unterschied, daß Sie vielleicht der einzige sind, der den Mut und die Freimütigkeit hat, es zu gestehen.

Ich für mein Teil habe, um so viele Schwierigkeiten zu heben und mein eigenes Urteil zu bestimmen, Erklärungen und eigene Beobachtungen nötig. Erst dann kann ich Ihnen meine Gedanken mit einem gewissen Zutrauen sagen. Vor allem muß ich zunächst J.J. sehen, und dazu bin ich nun gänzlich entschlossen.

DER FRANZOSE

Ah, Sie kommen also wieder auf meinen Vorschlag zurück, den Sie vorhin so verächtlich zurückwiesen? Sie sind also nun geneigt, sich dem Menschen zu nähern, von dem durch den Durchmesser der Erde getrennt zu sein, Ihrer Meinung nach eine noch zu geringe Entfernung war?

ROUSSEAU

Mich ihm nähern? Nein, niemals werde ich mich dem Lasterhaften nähern, den Sie mir geschildert haben, wohl aber dem entstellten Mann, den ich an seiner Stelle zu finden glaube. Ich sollte einen abscheulichen Schurken aufsuchen, um ihn zu erforschen, auszuspähen und zu hintergehen? Dies wäre eine Niederträchtigkeit, deren mein Herz nicht fähig ist, aber in der Ungewißheit, ob dieser angebliche Bösewicht nicht vielleicht ein unglücklicher, rechtschaffener Mann ist, der das Opfer des schwärzesten Komplotts geworden ist, hinzugehen und selbst zu untersuchen, was ich von ihm zu halten habe, dies ist eine der schönsten Pflichten, die sich ein gerechtes Herz nur auferlegen kann, und ich überlasse mich dieser edlen Untersuchung mit ebensoviel Achtung und Zufriedenheit mit mir selbst, als ich Reue und Scham darüber empfinden würde, wenn ich es aus einem entgegengesetzten Beweggrund täte.

DER FRANZOSE

Sehr wohl, allein, wie wollen Sie es bei dem Zweifel, den Sie noch ungeachtet aller dieser Beweise hegen, anfangen, diesen beinahe unzugänglichen Bären zu besänftigen? Sie werden vermutlich mit den Schmeicheleien beginnen müssen, gegen die Sie eine so große Abneigung haben, und dann wird es noch ein großes Glück sein, wenn Sie mehr Erfolg haben als viele andere Leute, die sie ohne Maß und Ziel bei ihm verschwendeten und die ihnen von seiner Seite nur Grobheiten und Geringschätzung zuzogen.

ROUSSEAU

Geschah ihnen dadurch Unrecht? Lassen Sie uns freimütig reden. Wäre dieser Mann auf diese Weise leicht zu fangen, so wäre er allein dadurch schon halb verurteilt. Nach all dem, was Sie mir von dem System gesagt haben, daß man gegen ihn befolgt, wundert es mich gar nicht, daß er die meisten von denen, die sich ihm nähern, mit Verachtung zurückweist, und sie beschuldigen ihn daher mit Unrecht des Mißtrauens, denn Mißtrauen setzt Zweifel voraus, und er kann in Rücksicht ihrer keinen Zweifel mehr haben. Was soll er denn von jenen glattzüngigen Schmeichlern denken, deren Beweggründe er bei aller Verehrung, die sie ihm erweisen, leicht durchschauen kann, weil er weiß, mit welchen Augen ihn die Welt betrachtet? Er muß deutlich einsehen, daß ihr Vorsatz nicht ist, sich mit ihm aufrichtig zu verbinden, nicht einmal, ihn zu erforschen und ihn kennenzulernen, sondern bloß, ihn zu hintergehen. Ich, der ich es nicht nötig habe und auch nicht willens bin, ihn zu hintergehen, will nicht den schlüpfrigen Weg derer wählen, die sich ihm in dieser Absicht nähern. Ich werde ihm die meinige nicht verbergen: gerät er darüber in Unruhe, so ist meine Untersuchung beendigt, und ich habe nichts weiter bei ihm zu tun.

DER FRANZOSE

Vielleicht wird es Ihnen schwerer, als Sie glauben, sich von denen zu unterscheiden, die sich ihm in schlimmen Absichten nähern. Sie haben nicht mehr das Mittel in Händen, offenherzig mit ihm zu reden und ihm Ihre wahren Beweggründe zu erklären, denn wenn Sie das mir gegebene Wort halten, so muß ihm für immer unbekannt bleiben, was Sie von seinen lasterhaften Handlungen und von seinem abscheulichen Charakter wissen. Dies ist ein unverletzliches Geheimnis, welches vor ihm in Ihrem Herzen verborgen bleiben muß. Er wird Ihre Zurückhaltung bemerken, er wird sie nachahmen und schon dadurch auf seiner Hut gegen Sie sein und sich nur so zeigen, wie er will, daß man ihn sehen soll, nicht so, wie er wirklich ist.

ROUSSEAU

Aber warum halten Sie mich allein für blind unter all denen, die sich ihm nähern und die ihn alle, ohne ihm mehr Zutrauen einzuflößen, wie sie sagen, so deutlich gesehen haben als den, den Sie mir geschildert haben? Wenn es so leicht ist, ihn mit einiger Aufmerksamkeit zu erkennen und zu erforschen, ungeachtet seines Mißtrauens und seiner Heuchelei und ungeachtet seiner Bemühungen, sich zu verbergen, warum soll ich, voller Begierde, seinen Wert zu kennen, der einzige sein, dem es nicht gelingen wird, besonders mit einer der Wahrheit so günstigen Anlage und ohne ein anderes Interesse, als sie zu erkennen? Ist es erstaunlich, daß sie, die ihn so entschieden vorweg verurteilten und keinerlei Zweifel an dieser Untersuchung haben, ihn gesehen haben, wie sie ihn sehen wollten? Meine Zweifel werden mich nicht weniger aufmerksam und desto behutsamer machen. Denn ich will ihn nicht sehen, wie ich ihn mir vorstelle, sondern so, wie er wirklich ist.

DER FRANZOSE

Gut, haben Sie aber nicht auch Ihre eigene Meinung? Ich bin gewiß, daß Sie ihn unschuldig zu finden wünschen. Sie werden es also auf einer anderen Seite geradeso machen wie jene und in ihm das sehen, was Sie in ihm suchen.

ROUSSEAU

Der Fall liegt ganz anders. Freilich wünsche ich, ihn unschuldig zu finden, und wünsche es von ganzem Herzen. Ich würde vermutlich glücklich sein, wenn ich in ihm fände, was ich suche, aber sehr niederschlagend wäre es für mich, dort zu finden, was nicht ist, nämlich ihn für einen rechtschaffenen Mann zu halten und mich zu irren. Ihre Herren sind freilich nicht in einer der Wahrheit so günstigen Lage. Ich sehe wohl, daß ihr ganzer Entwurf eine alte und große Unternehmung ist, die sie nicht liegenlassen wollen und die sie vielleicht nicht ungestraft liegenlassen könnten. Denn die Schande, mit der sie ihn bedeckt haben, würde ganz auf sie zurückfallen, und vielleicht würden sie nicht einmal der öffentlichen Bestrafung entgehen können. Also ist ihnen zur Sicherheit ihrer eigenen Person und zur Beruhigung ihres Gewissens zu viel daran gelegen, in ihm einen Bösewicht zu sehen, als daß sie und die ihrigen jemals etwas anderes in ihm sehen könnten.

DER FRANZOSE

Allein, können Sie sich denn eine gründliche Antwort auf die Beweise, die Sie so sehr beeindruckt haben, denken? Wird all das, was Sie sehen oder zu sehen glauben werden, diese Beweise jemals umstürzen können? Wir wollen annehmen, daß Sie da einen rechtschaffenen Mann finden, wo die Vernunft und der gesunde Verstand und alle Menschen einen Schurken sehen: was wird daraus folgen? Daß entweder Ihre Augen Sie betrügen oder daß das ganze Menschengeschlecht, Sie allein ausgenommen, nicht recht bei Verstand ist? Welche von beiden Voraussetzungen scheint Ihnen nun die natürlichste, und an welche werden Sie sich halten?

ROUSSEAU

An keine von beiden, und diese Wahl zwischen beiden scheint mir lange nicht so unumgänglich als Ihnen. Es gibt noch eine andere, weit natürlichere Erklärung, wodurch viele Schwierigkeiten behoben werden, diese nämlich, daß man ein Bündnis voraussetzt, dessen Zweck es ist, J.J. zu entehren, den man zu diesem Ende von anderen Menschen abgesondert hat. Was heißt voraussetzen? Dieses Bündnis ist ja wirklich vorhanden, aus welchem Beweggrunde es auch entstanden sein mag. Es scheint nach Ihrem eigenen Berichte beinahe allgemein zu sein, wenigstens ist es zahlreich, mächtig und weit ausgebreitet, wirkt einstimmig und mit dem tiefsten Geheimnis für alle, die nicht dazugehören, und besonders für den Unglücklichen, der sein Gegenstand ist. Um sich dagegen zu verteidigen, hat er weder Hilfsmittel noch Freunde, noch Stütze, noch Rat, noch Erleuchtung, denn alles um ihn her sind nichts als Fallstricke, Lüge, Verräterei und Finsternis. Er ist ganz allein, er hat keine andere Hilfe als in sich selbst und hat von niemandem auf Erden weder Beistand noch Hilfe zu erwarten. Eine so sonderbare Lage ist, seitdem die Welt steht, einzig in ihrer Art. Um nun von dem, der sich darin befindet, und von allem, was Bezug auf ihn hat, richtig zu urteilen, sind die gewöhnlichen Formen, auf welche sich die menschlichen Urteile gründen, nicht mehr hinreichend. Ja, wenn auch der Beklagte reden und sich verteidigen könnte, so würde ich dennoch außerordentliche Versicherungen verlangen, um glauben zu können, daß man ihm mit dieser Freiheit auch die erforderlichen Kenntnisse, Instrumente und Mittel gibt, um sich dadurch rechtfertigen zu können, wenn er unschuldig ist. Denn wenn er, obgleich unschuldig angeklagt, dennoch alle heimliche Ränke und Fallstricke nicht kennt, mit denen er umringt ist, wenn die einzigen Verteidiger, die er noch finden kann und die sich seiner anzunehmen scheinen, ausgesucht werden, um ihn zu verraten, wenn die Zeugen, die für ihn reden könnten, schweigen, wenn die, die reden, bestochen sind, um ihn zu beschuldigen, wenn man falsche Schriften schmiedet, um ihn anzuschwärzen, und diejenigen verbirgt oder vernichtet, die ihn rechtfertigen, so mag er auch gegen hundert falsche Zeugen, die *Ja* sagen, *Nein* schreien, seine Verneinung wird gegen so viele einstimmige Bejahungen ohne Wirkung sein, und er wird in den Augen der Menschen nichtsdestoweniger der Verbrechen überführt scheinen, die er nicht begangen hat. Bei dem gewöhnlichen Gang der Dinge hat dieser Einwand nicht so viel Stärke, weil man dem Beklagten alle möglichen Mittel läßt, sich zu verteidigen, die falschen Zeugen zu widerlegen, den Betrug zu offenbaren, und weil man dieses gehässige Bündnis nicht voraussetzen muß, in dem sich viele Menschen vereinigen, um einen einzigen zu verderben. Aber dieses Bündnis ist hier wirklich vorhanden, nichts steht mehr fest, Sie haben es mir selbst gesagt, und eben dadurch fallen nicht nur alle Vorteile, die die Beklagten zu ihrer Verteidigung haben, für diesen weg, sondern indem die Ankläger sie ihm rauben, können sie sie alle gegen ihn selbst richten. Er ist gänzlich in ihrer Gewalt, sie sind unumschränkte Herren, Tatsachen anzugeben, wie es ihnen beliebt, ohne Widerspruch befürchten zu müssen, sie sind die einzigen Richter über die Gültigkeit ihrer Beweise; ihre Zeugen, welche gewiß wissen, daß sie weder einander gegenübergestellt, noch widerlegt, noch bestraft werden, befürchten nichts wegen ihrer Lügen, sondern dafür, daß sie ihn beschuldigen, versichern sie sich des Schutzes der Großen, der Unterstützung der Ärzte, des Beifalls der Gelehrten und der Gunst des Publikums, während sie wissen, daß sie verloren wären, wenn sie ihn verteidigten. Sehen Sie, mein Herr, deswegen haben alle Zeugnisse, die unter dem Vorsitz der Häupter dieses Bündnisses, das heißt, seitdem es entstanden ist, gegen ihn aufgeboten werden, für mich kein Gewicht, und gäbe es noch ältere Zeugnisse, woran ich jedoch zweifle, so würde ich sie nicht eher annehmen, als bis ich untersucht hätte, ob weder ein Betrug noch eine Zurückdatierung vorliegt, und vor allem erst, nachdem ich die Verteidigung des Beklagten gehört hätte.

Wenn ich zum Beispiel sein Betragen in Venedig beurteilen wollte, so würde ich nicht so dumm sein, auf das zu hören, was man darüber sagt, oder, wenn Sie wollen, was man heute beweist, und dabei stehenbleiben, sondern all das, was in Venedig, bei Hof, bei den Ministern des Königs und unter allen denen bekannt und erwiesen ist, die vor dem Ministerium des Herzogs von Choiseul, vor der Gesandtschaft des Abbé de Bernis in Venedig und vor der Reise des Konsul Le Blond nach Paris von dieser Sache Kenntnis hatten. Je mehr das, was man jetzt davon hält, von dem verschieden ist, was man damals darüber dachte, desto schärfer würde ich die Ursachen einer so späten und so außerordentlichen Veränderung untersuchen. Ebenso würde ich, um seine musikalischen Diebereien zu erklären, mich weder an Herrn d'Alembert noch an seine Helfer, noch an irgendeinen von Ihren Herren wenden, sondern ich würde an Ort und Stelle selbst durch unverdächtige Personen, das heißt durch solche, die nicht mit ihnen bekannt sind, untersuchen lassen, ob beglaubigte Beweise dafür vorhanden sind, daß diese Werke bereits vorher existiert haben, ehe J.J. sie als die seinigen ausgab.

Dieses ist der Weg, den mich der gesunde Menschenverstand zu befolgen gebietet, um die Verbrechen, Diebereien und Beschuldigungen aller Art zu überprüfen, mit welchen man ihn seit der Entstehung des Komplotts ohne Aufhören belastet hat und von denen ich in der Zeit davor nicht die geringste Spur sehe. Solange diese Prüfung mir nicht möglich ist, wird nichts leichter sein, als mir eine beliebige Menge von Beweisen zu liefern, auf die ich zwar nichts werde antworten können, die aber in meinem Geiste auch keine Überzeugung werden bewirken können.

Um genau zu wissen, welchen Glauben ich Ihrer angeblichen Evidenz beilegen kann, müßte ich von allem genau unterrichtet sein, was eine ganze Generation, die gegen einen einzelnen gänzlich abgesonderten Menschen verbunden ist, tun kann, um sich selbst von diesem Menschen alles, was ihr gefällt, zu beweisen, besonders wenn sie sich aus übermäßiger Vorsicht sorgfältig vor ihm versteckt. Was vermögen nicht Macht und List mit Hilfe der Zeit, der Intrige und des Geldes besonders dann, wenn sich niemand ihrem Vorhaben widersetzt, wenn ihre geheimen Wirkungen durch nichts aufgehalten werden und ihnen nichts entgegenarbeitet? Wie weit könnte man nicht das Publikum zum Irrtum verleiten, wenn alle, die dasselbe entweder durch Gewalt, Ansehen oder Meinungen regieren, sich vereinigten, um es durch heimliche Ränke zu hintergehen, deren Geheimnis zu durchdringen es außerstande ist? Wer hat jemals bestimmt, wie weit mächtige, zahlreiche und wohlvereinigte Verschworene, wie sie es für das Verbrechen immer sind, alle Augen verblenden können, wenn Leute, von denen man nicht glaubt, daß sie einander kennen, sich genau untereinander verständigen, wenn an den beiden Enden Europas Betrüger, die miteinander vereinigt sind und von einem mächtigen Mann regiert werden, nach einerlei Plan vorgehen, dieselbe Sprache führen und unter demselben Gesichtspunkte einen Mann vorstellen, dem man Sprache, Augen und Hände geraubt hat und den man, an Händen und Füßen gebunden, seinen Feinden überliefert? Mögen Ihre Herren auch seine Freunde sein, wie sie es durch die ganze Welt schreien, mögen sie, wenn sie ihren Schützling in den Staub treten, dabei bloß aus Güte, aus Großmut und aus Mitleid für ihn handeln, so will ich ihnen hier diese neuen Tugenden nicht abstreiten, aber es folgt doch immer aus Ihrer eigenen Erzählung, daß ein Bündnis vorhanden ist, und nach meiner Meinung darf man, sobald ein solches Bündnis existiert, zur Beurteilung der Beweise, die es vorbringt, sich nicht an die gewöhnlichen Regeln halten, sondern man muß strengere annehmen, um zu verhüten, daß dieses Bündnis sich nicht des unermeßlichen Vorteils der Verabredung bediene und dadurch jedermann hintergehe, wie es wirklich geschehen kann. Hier dagegen sehe ich, daß alles unter Leuten vorgeht, die einander ohne Widerstand und ohne Widerspruch alles beweisen, was sie gerne glauben, dann ihre Einstimmigkeit zu einem neuen Beweis für diejenigen machen, die sie zu ihrer Meinung zu bekehren wünschen, und, weit entfernt, wenigstens den unumgänglichen Beweis der Antworten des Beklagten anzunehmen, ihm vielmehr mit der größten Sorgfalt die Kenntnis der Anklage, der Beweise und selbst die des Bündnisses entziehen. Dieses Verfahren ist weit schlimmer als das der Inquisition, denn wenn man dort auch den Beschuldigten zwingt, sich selbst anzuklagen, so weigert man sich wenigstens nicht, ihn anzuhören, man hindert ihn nicht, zu reden, man verhehlt ihm nicht, daß er angeklagt ist, und man verurteilt ihn nicht eher als nach dem Verhör. Die Inquisition erlaubt wenigstens dem Beklagten, sich zu verteidigen, wenn er kann, allein, hier will man nicht einmal, daß er es können soll.

Diese Auslegung, die aus den Tatsachen entspringt, die Sie mir selbst erzählt haben, kann Sie überzeugen, wie leicht das Publikum, ohne den gesunden Verstand zu verlieren, allein durch mancherlei Blendwerk verführt, in einen unwillkürlichen und beinahe verzeihlichen Irrtum in Ansehung eines Menschen geraten kann, an dem es im Grunde wenig Anteil nimmt, dessen Sonderbarkeit seine Eigenliebe beleidigt und den es lieber schuldig als unschuldig zu finden wünscht. Ferner kann Sie dies überzeugen, wie leicht man diesen Menschen anders sehen könnte, als alle übrigen Menschen ihn sehen, wenn man aufrichtig Anteil an ihm nähme und sich mehr bemühte, ihn selbst kennenzulernen, ohne daß man daraus schließen müßte, daß das Publikum im Irrtum ist oder daß man selbst nicht recht gesehen hat. Als man den armen Lazarillo des Tormes in einem Wasserkübel, nur den Kopf über dem Wasser, mit Schilf und Seegras bekränzt, von einer Stadt zur anderen herumführte und als ein Meerwunder sehen ließ, hatten da wohl die Zuschauer unrecht, ihn für ein solches zu halten, da sie nicht wußten, daß man ihn am Reden hinderte und daß, wenn er hätte schreien wollen, er wäre kein Meerwunder, ein verborgen angezogener Strick ihn in dem Augenblick genötigt hätte, unterzutauchen? Gesetzt, einer der Zuschauer wäre aufmerksamer gewesen, hätte diese List entdeckt und dadurch das übrige erraten und ausgerufen: *Man hintergeht euch, dieses vorgebliche Meerwunder ist ein Mensch*, wäre man durch diesen Ausruf nicht höchst beleidigt gewesen, da er allen den Vorwurf machte, sie wären unbesonnene Leute? Das Publikum, das nur den Schein der Dinge sieht und dadurch hintergangen wird, ist zu entschuldigen, aber diejenigen, die sich klüger dünken und dennoch seinen Irrtum annehmen, haben keine Entschuldigung.

Es mag sich nun mit den Gründen, die ich Ihnen vortrage, verhalten, wie es will, ich fühle mich wert, ohne Rücksicht auf dieselben alles zu bezweifeln, was niemandem zweifelhaft vorkam. Ich fühle in meinem Herzen stärkere Beweise, als alle die Ihrigen sind, daß der Mensch, den Sie mir geschildert haben, nicht existiert oder wenigstens nicht da ist, wo Sie ihn sehen. Schon allein das Vaterland von J.J., welches auch das meinige ist, bürgt mir dafür, daß er nicht dieser Mensch ist. Niemals hat es Wesen von solcher Art hervorgebracht, und weder bei den Protestanten noch in den Republiken sind dergleichen Wesen bekannt. Die Verbrechen, deren man ihn beschuldigt, sind Sklavenverbrechen, die niemals in einer freien Seele Eingang gefunden haben, in unseren Gegenden kennt man dergleichen nicht, und es gehörten noch mehr Beweise dazu, als Sie mir bisher geliefert haben, um mich zu überzeugen, daß Genf jemals einen Giftmischer hervorgebracht hat.

Nachdem ich Ihnen gesagt habe, warum Ihre Beweise, so evident sie Ihnen auch scheinen, mich nicht überzeugen, der ich weder die Nachrichten habe, noch haben kann, die nötig sind, um zu beurteilen, wieweit diese Beweise nur scheinbar sind und mich durch einen falschen Schein von Wahrheit hintergehen können, so gestehe ich Ihnen doch nochmals, daß sie mich, ohne mich zu überzeugen, beunruhigen und erschüttern und daß ich manchmal Mühe habe, ihnen zu widerstehen. Ich wünschte, und zwar von ganzem Herzen, daß sie falsch und der Mensch, den sie mir als ein Ungeheuer darstellen, nicht so sein möge, aber ich wünsche noch weit mehr, daß ich mich in dieser Untersuchung nicht verirren und mich durch meine Neigung nicht verführen lassen möge.

Was soll ich in einer solchen Lage* tun, um, wenn möglich, die Wahrheit zu erforschen? Daß ich in dieser Sache alle menschliche Autorität und alle Beweise verwerfe, die auf dem Zeugnis anderer beruhen, und mich bloß nach dem bestimme, was ich mit meinen eigenen Augen sehen und selbst erkennen kann. Ist J.J. wirklich so, wie ihn Ihre Herren geschildert haben, und konnte er von allen denen, die sich ihm näherten, so leicht als derselbe erkannt werden, so werde ich ebenso glücklich sein wie sie, denn ich werde bei dieser Untersuchung dieselbe Aufmerksamkeit, dieselbe Aufrichtigkeit und denselben Eifer anwenden, und ein so boshaftes, so scheußliches und so verdorbenes Wesen muß mit einiger Aufmerksamkeit leicht zu erkennen sein. Ich bleibe also bei dem festen Entschluß, ihn selbst zu untersuchen und ihn in allem, was ich von ihm sehen werde, nicht nach den geheimen Wünschen meines Herzens, noch weniger nach den Auslegungen anderer, sondern nach Maßgabe meines Verstandes und meiner Urteilskraft zu beurteilen, ohne mich hierin auf das Ansehen irgendeines Menschen zu stützen. Freilich kann ich mich irren, denn ich bin ein Mensch, aber wenn ich alle Mühe angewandt habe, um dieses Unglück zu vermeiden, so werde ich, wenn es mir dennoch begegnet, mir das tröstende Zeugnis geben können, daß weder meine Leidenschaften noch mein Wille an meinem Irrtum teilhaben und daß es nicht in meiner Gewalt stand, mich vor ihm zu bewahren. Dies ist mein Entschluß, geben Sie mir nun die Mittel an, ihn auszuführen und zu unserem Mann zu kommen, denn, soviel Sie mir gesagt haben, ist er nicht leicht zu sprechen.

DER FRANZOSE

Ja, und besonders für Sie nicht, der Sie die Mittel verwerfen, die ihn treuherzig machen könnten. Diese Mittel bestehen, ich wiederhole es noch einmal, darin, daß man sich durch List, Schmei-

* Um das Publikum soviel als möglich zu entschuldigen, nehme ich allenthalben an, daß sein Irrtum unüberwindlich ist; ich aber, der ich in meinem Gewissen überzeugt bin, daß niemals ein Verbrechen sich meines Herzens bemächtigt hat, ich bin überzeugt, daß jeder wahrhaft aufmerksame und wahrhaft gerechte Mann den Betrug ungeachtet aller List des Komplotts einsehen kann, weil ich es ganz für unmöglich halte, daß jemals die Lüge sich alle Eigenschaften und Kennzeichen der Wahrheit zueignen kann.

cheleien und anhaltendes Drängen beliebt zu machen sucht, daß man ihm unaufhörlich schmeichelt, immer mit Entzücken von seinen Talenten und von seinen Schriften, ja selbst von seinen Tugenden redet, denn hier werden Lüge und Falschheit zu guten Werken. Vorzüglich hat das Wort *Bewunderung* eine erstaunliche Wirkung auf ihn und drückt in einem anderen Sinn sehr richtig die Empfindungen aus, die ein solches Ungeheuer einflößt, und dieser jesuitische Doppelsinn, den unsere Herren so sehr suchen, macht ihnen den Gebrauch dieses Wortes, wenn sie mit J.J. reden, sehr geläufig und bequem.* Hilft dieses alles nichts, so läßt man sich durch seine kalte Aufnahme nicht abschrecken, man übersieht sein rohes Betragen, man geht sogleich zum anderen Extrem über, man tadelt ihn, man zankt, und indem man den entschiedensten Ton annimmt, sucht man ihn im Streit zu überwältigen. Entwischen ihm Grobheiten, so erträgt man sie, weil sie von einem Elenden herrühren, an dessen Geringschätzung nichts gelegen ist. Jagt er einen von sich, so kommt man wieder, verschließt er die Tür, so wartet man so lange, bis sie sich wieder öffnet und sucht sich hineinzudrängen. Ist man einmal in seinen Aufenthalt eingedrungen, so setzt man sich darin fest und bleibt daselbst, er mag es gerne sehen oder nicht. Wagte er es, jemanden mit Gewalt herauszuschmeißen, desto besser: man würde Lärm machen und überall ausschreien, daß er die Leute ermordet, die ihm die Ehre ihres Besuchs erweisen. Soviel man mir versichert hat, gibt es keine anderen Mittel, sich bei ihm einzuschleichen. Sind Sie wohl der Mann, der diese ergreifen möchte?

ROUSSEAU

Aber warum haben Sie selbst denn dieselben nie ergriffen?

DER FRANZOSE

Ich für meine Person hatte nicht nötig, ihn zu besuchen. Ich kenne ihn durch seine Taten, dies ist mir mehr als genug.

* In den Briefen an mich herrscht dieselbe Freimütigkeit. *Ich habe die Ehre, mit aller der Achtung zu sein, die Ihnen gebührt, mit der vorzüglichsten Achtung, mit einer ganz besonderen Achtung, mit ebensoviel Achtung als Ehrerbietung* usw. Sind diese Herren mit allen diesen blumenreichen Wendungen weniger lügenhaft als die, die geradezu lügen? Nein, sie sind nur falscher und zweideutiger und lügen verräterischer.

ROUSSEAU

Was denken Sie wohl von denen, die in Ansehung seiner ebenso bestimmt urteilen wie Sie und dennoch seinen Umgang suchen, ihn belagern und sich mit aller Gewalt in seine vertrauteste Bekanntschaft eindrängen wollen?

DER FRANZOSE

Ich sehe wohl, daß Sie mit der Antwort, die ich bereits auf diese Frage gegeben habe, nicht zufrieden sind.

ROUSSEAU

Und Sie auch nicht, dies sehe ich wohl. Ich habe also meine Gründe, sie zu wiederholen. Beinahe alles, was Sie mir während dieser Unterredung gesagt haben, beweist mir, daß Sie nicht aus sich selbst redeten. Werde ich denn niemals Ihre eigene Meinung erfahren, nachdem Sie mir die der anderen gesagt haben? Ich sehe wohl, daß Sie sich mit Grundsätzen schmücken, die Sie keinesfalls annehmen würden. Sprechen Sie doch einmal freimütiger.

DER FRANZOSE

Hören Sie mich an: Ich liebe J.J. zwar nicht, aber ich hasse noch mehr die Ungerechtigkeit und den Verrat. Sie haben mir Dinge gesagt, die mir auffallend sind und die ich überlegen will. Sie weigerten sich, diesen Unglücklichen zu sprechen; jetzt entschließen Sie sich dazu. Ich weigerte mich, seine Schriften zu lesen, und ich besinne mich jetzt aus guten Gründen eines andern. Besuchen Sie also den Mann, ich will seine Schriften lesen, und nachher wollen wir uns wiedersehen.

Ende des ersten Gesprächs.

ZWEITES GESPRÄCH

DER FRANZOSE

Und nun, mein Herr, haben Sie ihn gesehen?

ROUSSEAU

Und nun, mein Herr, haben Sie ihn gelesen?

DER FRANZOSE

Ich bitte Sie, lassen Sie uns der Ordnung nach gehen, und erlauben Sie, daß wir bei Ihnen den Anfang machen, da Ihnen die Sache am meisten am Herzen zu liegen schien. Ich habe Ihnen Zeit genug gelassen, unseren Mann zu studieren. Ich weiß von Ihnen selbst, daß Sie ihn gesehen haben, und zwar ganz nach Ihrer Bequemlichkeit. Sie sind also nunmehr imstande, ihn zu beurteilen, oder Sie werden es nie sein. Und so sagen Sie mir denn einmal: was muß man denn von diesem seltsamen Manne denken?

ROUSSEAU

Nein, das unterfange ich mich nicht zu sagen, was man von ihm denken muß, aber Ihnen sagen, was ich von ihm denke, soweit ich ihn kenne, das will ich sehr gerne tun, wenn Ihnen das hinreichend ist.

DER FRANZOSE

Ich verlange nicht mehr von Ihnen. Wir wollen also sehen.

ROUSSEAU

Um so mit Ihnen zu reden, wie es meine Überzeugung ist, muß ich Ihnen also ganz freimütig sagen, daß er, meiner Meinung nach, kein tugendhafter Mann ist.

DER FRANZOSE

Ah! Endlich denken Sie denn also, wie die ganze Welt denkt.

ROUSSEAU

Vielleicht nicht ganz so, denn, immer noch nach meiner Meinung, ist er noch viel weniger ein verabscheuenswerter Bösewicht.

DER FRANZOSE

Und was ist er denn endlich? Denn mit Ihren ewigen Rätseln sind Sie unerträglich.

ROUSSEAU

Hier gibt es kein Rätsel als das, was Sie selbst hineinlegen. Es ist mehr ein Mensch ohne Bosheit als ein guter Mensch, eine gesunde, aber schwache Seele, die die Tugend anbetet, ohne sie auszuüben, die eine glühende Liebe für das Gute hat und sie doch fast gar nicht in Ausübung bringt. Was aber das Laster betrifft, so bin ich davon überzeugt wie von meinem Dasein, daß es seinem Herzen nie nahe gekommen ist, und ebensowenig der Haß. Dies ist der kurze Inhalt meiner Beobachtungen über seinen moralischen Charakter. Das übrige läßt sich nicht abgekürzt sagen, denn dieser Mann gleicht keinem anderen, den ich kenne. Er erfordert eine besondere Zergliederung, die ganz allein für ihn eingerichtet werden muß.

DER FRANZOSE

O machen Sie mir sie doch, diese einzige Zergliederung, und zeigen Sie uns, wie Sie es angefangen haben, diesen Menschen ganz ohne Bosheit, dieses für die ganze übrige Welt so neue Wesen, ihn, den niemand vor Ihnen in ihm zu entdecken wußte, gewahr zu werden.

ROUSSEAU

Sie irren sich. Es ist im Gegenteil dieser neue Mensch ganz Ihr J.J. Der meinige ist noch der alte, der, den ich mir vorgestellt hatte, ehe Sie mir von ihm sprachen, der, den die ganze Welt in ihm sah, ehe er Bücher geschrieben hatte, das ist bis zum Alter von vierzig Jahren. Bis dahin haben alle, die ihn gekannt haben, ohne selbst Ihre Herren davon auszunehmen, ihn so betrachtet, wie ich ihn jetzt betrachte. Er ist, wenn Sie wollen, ein Mann, den ich wiedererwecke, aber gewiß nicht neu erschaffe.

DER FRANZOSE

Scheuen Sie sich, sich hierin auch so zu täuschen und bloß einen Irrtum wieder ans Licht zu bringen, der zu spät zerstreut wurde. Dieser Mann hat, wie ich Ihnen schon gesagt habe, lange Zeit diejenigen betrügen können, die ihn nach dem Anschein beurteilt haben, und der Beweis, daß er sie betrog, ist, daß sie selbst ihrem alten Irrtum abschworen, da man ihn ihnen besser bekannt machte. Wenn sie auf das wieder zurücksahen, was sie vordem gesehen hatten, so fiel ihr Urteil sehr verschieden aus.

ROUSSEAU

Diese Änderung der Meinungen scheint mir sehr natürlich, ohne den Beweis zu geben, den Sie daraus ziehen. Damals sahen sie ihn mit ihren eigenen Augen, seitdem aber mit den Augen anderer. Sie glauben, sie hätten sich vorher getäuscht, und ich glaube, sie täuschen sich jetzt. Für Ihre Meinung finde ich keinen triftigen Grund, für die meinige einen von großem Gewicht: damals gab es kein Bündnis, jetzt aber treibt dieses sein Wesen, damals hatte niemand ein Interesse daran, die Wahrheit zu verstecken und etwas zu sehen, was nicht da war. Wer aber jetzt von J.J. das Gute laut sagen wollte, was er von ihm wissen könnte, wäre ein verlorener Mensch. Um hoffähig zu werden und zum Ziel zu gelangen, gibt es kein sichereres und besseres Mittel, als die Laster zu vergrößern, mit denen man ihn um die Wette überhäuft, und endlich sind alle diejenigen, die ihn in seiner Jugend gesehen haben, gewiß, sich und die ihrigen emporzubringen, wenn sie in Ansehung seiner die Sprache annehmen, die Ihren Herren recht ist. Hieraus ziehe ich den Schluß, daß, wer die Wahrheit mit aufrichtigem Herzen sucht, um sie zu erkennen, in die Zeiten zurückgehen muß, da niemand seine Rechnung dabei fand, wenn er sie verbarg. Dies ist der Grund, warum die Urteile, die man ehedem über diesen Mann fällte, in größerem Ansehen bei mir stehen als diejenigen, die eben diese Leute jetzt über ihn fällen können. Wenn Sie hierauf eine gute Antwort wissen, so werden Sie mich durch ihre

Mitteilung sehr verbinden, denn ich will hier weder darauf bestehen, meine Meinung eigensinnig zu behaupten, noch auch Sie zwingen, sie anzunehmen, und ich werde immer bereit sein, sie, obgleich ungern, zu verlassen, wenn ich in der entgegengesetzten Meinung die Wahrheit zu sehen glaube. Dem sei, wie ihm wolle, hier ist nicht die Rede von dem, was andere gesehen haben, sondern von dem, was ich selbst gesehen oder zu sehen geglaubt habe. Das verlangen Sie, und das ist gerade das, was ich Ihnen zu sagen habe. Es hängt von Ihnen ab, meine Meinung anzunehmen oder zu verwerfen, wenn Sie wissen, worauf ich sie gründe.

Wir wollen bei der ersten Begegnung anheben. Ich glaubte, angesichts der Schwierigkeiten, auf die Sie mich vorbereitet hatten, ihm erst schreiben zu müssen. Hier ist mein Brief und hier seine Antwort.

DER FRANZOSE

Wie! Er hat Ihnen geantwortet?

ROUSSEAU

Gleich im Augenblick.

DER FRANZOSE

Das ist doch sonderbar! Den Brief möchte ich doch sehen, der ihn zu einer so großen Anstrengung veranlaßt hat.

ROUSSEAU

Er ist nicht eben gesucht, wie Sie sehen werden.

(Er liest.) »Es ist notwendig, daß ich Sie sehe, damit ich Sie kennenlerne, und diese Notwendigkeit ist auf Liebe zur Gerechtigkeit und Wahrheit gegründet. Man sagt, daß Ihnen neue Gesichter zuwider sind. Ich will nicht urteilen, ob Sie recht oder unrecht haben; sind Sie aber der Mann, den Ihre Bücher verraten, so öffnen Sie mir Ihre Tür mit völligem Vertrauen, ich beschwöre Sie um meinetwillen und rate es Ihnen um Ihretwillen. Sind Sie es nicht, so können Sie mir doch ohne Furcht den Zutritt gewähren, ich werde Ihnen nicht lange zur Last fallen.«

Antwort. »Sie sind der erste, der aus dem Beweggrunde, den Sie anführen, hierherkommt, denn von so vielen Leuten, die neugierig sind, mich zu sehen, ist nicht einer neugierig, mich kennenzulernen; alle glauben, mich schon hinreichend zu kennen. Kommen Sie also um der Seltenheit dieser Tatsache willen. Aber was wollen Sie von mir und warum reden Sie mir von meinen Büchern? Haben Sie sie gelesen und sind doch im Zweifel über die Denkungsart des Verfassers geblieben, so kommen Sie nicht: in dem Falle bin ich nicht Ihr Mann, denn Sie können der meinige nicht sein.«

Die Übereinstimmung dieser Antwort mit meinen Vorstellungen hemmte meinen Eifer nicht. Ich fliege zu ihm, ich sehe ihn . . . Ich gestehe Ihnen, selbst ehe ich ihn angeredet hatte, prophezeite ich schon vom bloßen Anblick mir etwas Gutes von meiner Unternehmung.

Nach den so gerühmten Bildnissen von ihm, die man allenthalben verbreitet und die man, ehe er nach Paris zurückkam, als Meisterstücke der Ähnlichkeit anpries, erwartete ich die Figur eines scheußliche Zyklopen wie auf dem Bildnis aus England oder die eines kleinen grimassierenden Spaßvogels wie auf Fiquets Stich zu sehen, und da ich auf seinem Gesicht die Züge des Charakters erwartete, den die ganze Welt ihm zur Last legt, so ermahnte ich mich, gegen einen ersten Eindruck, der immer so mächtig auf mich wirkt, auf der Hut zu sein und trotz meines Widerwillens das Vorurteil zu überwinden, welches er mir einflößen würde.

Dieser Mühe bedurfte ich nicht. Statt des wilden oder süßlichen Anblicks, den ich erwartet hatte, sah ich nur eine offene einfache Gesichtsbildung, die Zutrauen und Gefühl versprach und auch auf mich übertrug.

DER FRANZOSE

Diese Gesichtsbildung muß er also für Sie allein haben, denn allgemein beklagen sich alle, die ihn anreden, über seine kalte Miene und seinen zurückstoßenden Empfang, woraus sie sich glücklicherweise nicht sehr viel machen.

ROUSSEAU

Es ist wahr, daß kein Mensch auf der Welt Abneigung und Verachtung gegen diejenigen, die sie ihm einflößen, weniger verbirgt als er. Das ist aber nicht sein natürlicher, obgleich jetzt sehr häufiger Empfang, und diese verächtliche Behandlung, die Sie ihm vorwerfen, ist für mich ein Beweis, daß er sich nicht so verstellt wie die, die den Zutritt zu ihm suchen, und daß weder auf seinem Gesicht noch in seinem Herzen Falschheit liegt.

J.J. ist in der Tat kein schöner Mann. Er ist klein und verkleinert sich durch Senken seines Kopfes noch mehr. Er ist kurzsichtig, er hat kleine eingefallene Augen, abscheuliche Zähne, seine Züge, die das Alter veränderte, haben nichts sehr Regelmäßiges. Aber alles an ihm widerspricht dem Begriff, den Sie mir von ihm gegeben haben. Weder sein Blick noch der Ton seiner Stimme, weder Akzent noch Haltung sind dem Ungeheuer gleich, das Sie mir malten.

DER FRANZOSE

Schön! Wollen Sie ihn seiner Züge ebenso entledigen wie seiner Bücher?

ROUSSEAU

Aber alles das geht sehr gut zusammen und kommt mir füglich als Eigenschaft des nämlichen Menschen vor. Heute finde ich in ihm die Züge von Emiles Mentor. Vielleicht hätte ich in seiner Jugend Züge von St. Preux in ihm gefunden. Endlich glaube ich, daß, wenn die Natur die Seele eines Lasterhaften unter seiner Gesichtsbildung verborgen hat, sie sie wirklich nicht besser hätte verstecken können.

DER FRANZOSE

Ich verstehe, Sie haben sich dem nämlichen Vorurteil zu seinem Besten überlassen, gegen das Sie so gut gewaffnet waren, wenn es wider ihn ausgefallen wäre.

ROUSSEAU

Nein, das einzige Vorurteil, dem ich mich hier überlasse, weil es mir billig zu sein scheint, ist viel weniger für ihn als gegen seine lärmenden Beschützer. Sie selbst haben diese Bildnisse mit viel Mühe und Kosten verfertigen lassen, sie haben sie mit Gepränge in Journalen und Zeitungen ankündigen und allenthalben preisen lassen. Wenn sie aber das Original im moralischen Sinn nicht besser darstellen als im physischen, so wird man es in der Tat durch sie äußerst schlecht kennenlernen. Hier ist ein Vierzeiler, den J.J. unter eines seiner Bildnisse schrieb:

Hommes savans dans l'art du feindre
Qui me pretez des traits si doux,
Vous aurez beau vouloir me peindre
Vous ne peindrez jamais que vous.

DER FRANZOSE

Diese Zeilen müssen ganz neu sein; sie sind sehr artig, und ich habe noch nicht davon reden hören.

ROUSSEAU

Sie sind schon vor sechs Jahren ans Licht gekommen, der Verfasser hat sie über fünfzig Personen mitgeteilt oder rezitiert, die alle mit äußerster Treue das Geheimnis gewahrt haben, das er gar nicht von ihnen verlangte, und ich glaube nicht, daß Sie erwarteten, diesen Vierzeiler im *Mercure* zu finden. Ich habe in der ganzen Geschichte dieser Bildnisse so ganz sonderbare Dinge gefunden, daß ich mich genötigt sehe, ihr ein wenig nachzugehen, und besonders bei der Geschichte des englischen Bildnisses sind mir ganz eigene Umstände begegnet. David Hume, der mit Ihren Herren in Paris, die Damen nicht zu vergessen, in sehr engen Verbindungen stand, wurde, man weiß nicht wodurch, J.J.'s Gönner, eifriger Beschützer, Wohltäter über alle Maßen und brachte es im Einverständnis mit jenen dahin, daß er ihn trotz aller Widersetzlichkeit von seiner Seite mit sich nach England nahm. Dort nun war die erste und wichtigste seiner Sorgen, von Ramsay, seinem besonderen Freund, das Bildnis seines öffentlichen Freundes J.J. machen zu lassen. Er wünschte dieses mit so brennendem Verlangen wie ein Liebhaber, der nicht wenig verliebt ist, das seiner Geliebten. Durch seine Zudringlichkeit entreißt er J.J. seine Einwilligung. Man setzt diesem eine pechschwarze Mütze auf, kleidet ihn dunkelbraun, läßt ihn an einem düsteren Ort sitzen und hier, um ihn sitzend zu malen, läßt man ihn gekrümmt und mit einer Hand auf einen niedrigen Tisch gestützt stehen, und zwar in einer Stellung, in der seine heftig angespannten Muskeln die Züge seines Gesichts verändern müssen. Bei allen solchen Vorkehrungen mußte in einer treuen Kopie nun wohl eine wenig geschmeichelte Darstellung erscheinen. Sie haben dieses abscheuliche Bildnis gesehen, Sie werden über die Ähnlichkeit urteilen können, wenn Sie jemals das Original zu Gesicht bekommen. Während J.J.'s Aufenthalt in England wurde dieses Bildnis gestochen, bekannt gemacht, verkauft, ohne daß es ihm möglich gewesen wäre, den Stich zu Gesicht zu bekommen. Er kommt nach Frankreich zurück und erfährt, daß sein Bildnis aus England angekündigt, verehrt und als ein Meisterstück der Malerei, der Gravierkunst und besonders der Ähnlichkeit hochgerühmt ist. Endlich gelingt es ihm, nicht ohne Mühe, es zu Gesicht zu bekommen. Er erschrickt und sagt, was er davon denkt. Alle Welt hält sich über ihn auf. Seine Erzählung des Verlaufs scheint in allen Einzelheiten die natürlichste Sache von der Welt zu sein, und weit entfernt, irgend etwas zu sehen, das die Geradheit des großmütigen David Hume verdächtig machen könnte, nimmt man nur die Sorgfalt der zärtlichsten Freundschaft darin wahr, daß er sich so eifrig bestrebt, seinem Freunde J.J. die Gestalt eines scheußlichen Zyklopen zu geben. Denken Sie hierin so wie das Publikum?

DER FRANZOSE

Wie wäre das bei einer solchen Darstellung möglich? Ich gestehe im Gegenteil, daß diese einzige Handlung, bewiesen, mir ziemlich viele Dinge aufzuklären scheint; aber wer steht mir für die Wahrheit?

ROUSSEAU

Die Figur des Bildnisses. Bei gegenwärtiger Untersuchung wird diese Figur nicht lügen.

DER FRANZOSE

Geben Sie nicht diesen Kleinigkeiten zuviel Gewicht. Lassen Sie ein Bildnis ungestalt sein oder Mangel an Ähnlichkeit haben, so ist das in der Welt ein gar nicht ungewöhnlicher Vorfall. Täglich werden berühmte Männer gezeichnet, in Kupfer gestochen, verunstaltet, ohne daß man aus diesen groben Abbildungen jemals eine Schlußfolgerung zieht, die der Ihrigen ähnlich ist.

ROUSSEAU

Das gebe ich zu. Aber diese entstellten Kopien sind das Werk schlechter, geiziger Arbeiter und nicht Arbeiten ausgezeichneter Künstler, noch auch Früchte des Eifers und der Freundschaft. Man posaunt sie nicht laut in ganz Europa aus, man kündigt sie nicht in öffentlichen Blättern an, man hängt sie nicht, mit Rahmen und Glas geschmückt, in Zimmern auf, man läßt sie bei den Straßenhändlern faulen oder schmückt Schenken und Barbierstuben damit.

Ich fordere nicht von Ihnen, all die Vorstellungen als Wirklichkeiten zu betrachten, mit denen die tiefste Düsternis, mit welcher man J.J. zu umgeben sich bemüht, ihn beunruhigt. Die Geheimnisse, die man ihm aus allem macht, haben ein so düsteres Ansehen, daß es nicht zu verwundern ist, wenn sie seiner schüchternen Einbildungskraft die nämliche Farbe geben. Aber unter den phantastischen und übertriebenen Vorstellungen, die ihm dies verursachen kann, gibt es welche, die, wenn man die außerordentliche Art, wie er behandelt wird, betrachtet, eine ernsthafte Untersuchung verdienen, ehe man sie verwerfen kann. Er glaubt zum Beispiel, daß aller Unstern deines Schicksals seit seinem unglücklichen Berühmtwerden Frucht eines Komplotts ist, das von langer Hand in einem großen Geheimnis zwischen wenigen Personen gemacht worden ist, und daß dieser Zirkel Wege zu finden gewußt hat, um alle diejenigen nach und nach in dieses Komplott zu ziehen, die zur Ausführung desselben nötig waren, die Großen, die Schriftsteller, die Ärzte (was so schwer nicht war), alle mächtigen Männer, alle galanten Weiber, alle angesehenen Körperschaften, alle, die an der Regierung Anteil haben, alle, die die allgemeine Meinung in ihrer Gewalt haben. Er behauptet, daß alle auf ihn bezüglichen Begebenheiten, die zufällig und von ungefähr scheinen, nichts als aufeinander folgende Entwicklungen sind, die vorher bestimmt und so geordnet waren, daß alles, was ihm noch geschehen soll, seinen Platz schon in dem Entwurf hat und seine Wirkung erst in dem bezeichneten Augenblick äußern darf. Alles das verträgt sich sehr gut mit dem, was Sie mir selbst gesagt haben, und mit dem, was ich unter anderem Namen zu sehen geglaubt habe. Ihnen zufolge ist es ein System von Wohltätigkeit gegen einen Bösewicht, nach ihm hingegen ist es ein betrügerisches Komplott gegen einen Unschuldigen, und ich denke, daß es ein Bündnis ist, dessen Gegenstand ich nicht bestimmen will, dessen Dasein Sie aber nicht leugnen können, weil Sie selbst mit hinein verflochten sind.

Er denkt, daß man von dem Zeitpunkt an, in dem man das ganze Werk seiner Verleumdung unternahm, sich entschloß, um den glücklichen Ausgang dieser damals ziemlich schwierigen Unternehmung sicherzustellen, sie stufenweise auszuführen, damit anzuheben, daß man ihn anschwärzte und verhaßt machte, und damit zu enden, daß er verworfen, verlacht und verachtet würde. Ihre Herren, die nichts vergessen, vergaßen auch seine Gestalt nicht, und nachdem sie ihn von Paris entfernt hatten, arbeiteten sie daran, ihm in den Augen des Publikums ein Aussehen zu geben, das dem Charakter gemäß wäre, mit dem sie ihn beschenken wollten. Es war zunächst notwendig, daß man den Stich verschwinden ließ, der nach La Tours Porträt gearbeitet war. Dies war bald getan. Nach seiner Abreise nach England ließ man nach einem Muster, welches von Le Moine gemacht war, einen Stich in der Art verfertigen, wie man ihn wünschte. Aber die Gestalt war in einem solchen Grade scheußlich, daß man, um sich nicht zu sehr oder zu früh bloßzustellen, gezwungen war, den Stich zu unterdrücken. Man ließ in London durch die gefälligen Dienste des Freundes Hume das Bildnis machen, von dem eben die Rede war, da man keine Sorgfalt der Kunst sparte, um dem Kupferstich einen Wert zu geben, so wurde er zwar weniger ungestalt als der vorige, aber tausendmal schrecklicher und schwärzer. Dieses Bildnis hat mit Hilfe Ihrer Herren lange Zeit die Bewunderung von London und Paris davongetragen, bis man endlich, nachdem man die erste Stufe völlig erreicht und dem Publikum das Original so schwarz wie den Stich selbst gemacht hatte, den zweiten Punkt angriff und, indem man sehr geschickt dieses schreckliche Kolorit des fürchterlichen und stämmigen Mannes, wie man ihn zuerst gemalt hatte, dämpfte und allmählich einen kleinen Spitzbuben, einen kleinen Lügner, einen kleinen Betrüger daraus machte, der Schenken und schlechte Orte aufsucht. Damals war es, als das fratzenhafte Bildnis von Fiquet herauskam, das man so lange zurückgehalten hatte, bis der Zeitpunkt seiner Bekanntmachung gekommen wäre, damit sein niedriges und lächerliches Aussehen mit dem Begriff übereinstimmt, den man vom Original geben wollte. Damals erschien noch ein kleines Medaillon in Gips, in der Kleidung nach dem englischen Stich gearbeitet, dessen schreckliche und stolze Miene man aber sorgfältig in ein verräterisches und spöttisches Lächeln verwandelt hatte, ungefähr so wie Panurg lächelte, als er Dindenauts Hammel kaufte oder wie die Leute lächlen, die J.J. auf den Straßen begegnen, und gewiß ist, daß Ihre Herren seitdem weniger darauf bedacht sind, einen Gegenstand des Schreckens aus ihm zu machen als einen Gegenstand des Gelächters, was freilich nicht zu dem Ziel zu führen scheint, das zu haben sie vorgeben, nämlich die ganze Welt vor ihm auf der Hut sein zu lassen, denn man hütet sich wohl vor dem, den man fürchtet, nicht aber vor dem, den man verachtet.

Dies sind die Vorstellungen, die die Geschichte dieser verschiedenen Bildnisse bei J.J. erregte. Aber diese von so langer Hand vorbereiteten Abstufungen machen durchaus den Eindruck phantastischer Mutmaßungen, die die nur zu natürliche Frucht einer von so vielen Geheimnissen und Unglücksfällen geschlagenen Einbildungskraft sein können. Ohne also diese Vorstellungen gegenwärtig weder anzunehmen noch zu verwerfen, wollen wir all diese seltsamen Bildnisse lassen und zum Original zurückkehren.

Ich war bis zu ihm vorgedrungen, aber wieviele Schwierigkeiten blieben mir noch zu besiegen, um ihn in der Weise untersuchen zu können, wie ich es mir vorgenommen hatte. Da ich den Menschen mein ganzes Leben hindurch studiert hatte, glaubte ich, die Menschen zu kennen; ich hatte mich geirrt. Ich war nie dahin gekommen, auch nur einen einzigen Menschen gekannt zu haben, nicht weil sie wirklich schwer zu erkennen sind, sondern weil ich es falsch anfing und immer nach meinem Herzen auslegte, was ich mit anderen vorgehen sah, und ihnen die Beweggründe verlieh, aus denen ich an ihrer Stelle gehandelt hätte, und ich täuschte mich immer. Ich wandte zu viel Aufmerksamkeit auf ihre Worte und zu wenig auf ihre Werke, ich hörte sie eher reden als ich sie handeln sah. Das machte sie mir in diesem Jahrhundert der Philosophie und der schönen Reden zu ebensoviel Weisen, und ich beurteilte ihre Tugenden nach ihren Tugendsprüchen. Zogen manchmal ihre Handlungen meine Blicke auf sich, so waren es die, die eben dies zum Zweck hatten, wenn sie die Bühne betraten, um dort ein Glanzstück zu vollbringen, durch das sie bewundert würden, und in meiner Dummheit bedachte ich nicht, daß sie oft eine so glänzende Handlung vorausgehen ließen, um im Fortgang ihres Lebens ein Gewebe von Niederträchtigkeiten und Bosheiten zu verbergen. Fast alle, die sich ihres Feinsinns und ihrer Scharfsichtigkeit rühmen, sah ich im umgekehrten Sinne sich durch Grundsatz täuschen, über das Herz anderer nach eigenen zu urteilen. Begierig sah ich sie einen Zug, eine Miene, ein unbedeutendes Wort wie aus der Luft greifen, indem sie es in ihrer gewohnten Art auslegten, gaben sie ihrem Scharfsinn Beifall, weil sie in jede zufällige Bewegung eines Menschen einen feinen Sinn gelegt hatten, der zuweilen allein in ihrem Kopfe existierte. Und wo ist der Mann von Geist, der nie eine Torheit gesagt hätte? Wo ist der rechtschaffene Mann, dem niemals ein tadelnswertes Wort entwischt, an dem sein Herz keinen Anteil hat? Wenn man ein genaues Verzeichnis aller Fehler führt, die der vollkommenste Mensch begangen hat, und alles übrige sorgfältig verbergen wollte, was würde man für eine Meinung von diesem Manne hervorbringen? Was rede ich von Fehlern? Nein, die unschuldigsten Handlungen, die gleichgültigsten Gebärden, die sinnreichsten Aussprüche, alles vermehrt und nährt bei einem Beobachter, der sich von Leidenschaften beherrschen läßt, das Vorurteil, in dem er sich gefällt, wenn er jedes Wort, jede Handlung von ihrem eigentlichen Ort wegrückt und in das Licht setzt, in dem er sie haben will.

Ich wollte mich anders dabei benehmen, um meinerseits einen Mann zu erforschen, den man so grausam, so leichthin, so allgemein verurteilt hat. Ohne mich bei leeren Reden aufzuhalten, die täuschen können, oder bei noch ungewisseren vorübergehenden Zeichen, die der Leichtfertigkeit und Bosheit so bequem sind, beschloß ich, ihn aus seinen Neigungen und Sitten, seinem Geschmack, seinem Hang, seinen Gewohnheiten zu studieren, den Umständen seines Lebens, dem Lauf seiner Laune, dem Hang seiner Zuneigungen zu folgen, ihn handeln zu sehen und dabei reden zu hören, und wenn möglich, bis ins Innerste seiner selbst einzudringen, mit einem Wort, ihn weniger nach zweideutigen und flüchtigen Zeichen als in seiner beständigen Seinsweise zu beobachten, als der einzigen unfehlbaren Regel, um richtig über den wahren Charakter eines Menschen und über die Leidenschaften zu urteilen, die er im Innersten seines Herzens verbergen kann. Meine größte Verlegenheit war, die Hindernisse wegzuräumen, die ich nach Ihrer Ankündigung bei der Ausführung meines Vorhabens voraussah.

Ich wußte, daß er durch die treulose Dienstfertigkeit derer, die seine Bekanntschaft suchen, aufgebracht, alle Neuankömmlinge zurückzuscheuchen bemüht war. Ich wußte, daß er, und ich glaubte mit Grund, über die Absicht der Menschen nach dem offenen oder zurückhaltenden Benehmen urteilte, das sie ihm gegenüber annahmen, und da meine Verbindlichkeiten mir die Macht raubten, ihm etwas von meinen Absichten zu sagen, so mußte ich erwarten, daß dieses Geheimnisvolle ihn nicht sehr zu der Vertraulichkeit stimmen würde, deren ich zu meinem Zweck bedurfte. Ich sah kein anderes Mittel vor mir, als ihm meinen Vorsatz so weit zu entdecken, als es mit dem Stillschweigen, welches mir auferlegt war, vereinbar sein konnte, und eben dies konnte mir zu einem ersten Urteil für oder wider ihn Gelegenheit geben. Denn wenn er, obgleich durch meine Aufführung und meine Erklärung von der Geradheit meiner Gesinnungen überzeugt, dennoch über meinen Plan bestürzt wäre, meine Blicke unruhig aufnähme, meine Neugierde zu täuschen suchte und anfinge, gegen mich auf der Hut zu sein, so wäre sein Urteil in meinem Geiste schon halb gefällt. Weit entfernt, etwas dergleichen wahrzunehmen, war ich gleich gerührt und überrascht, nicht über die Aufnahme, die diese Idee mir von seiner Seite zuzog, denn er zeigte sich nicht auffallend bereitwillig, sondern über die Freude, die sie in seinem Herzen zu erregen schien. Seine gerührten Blicke sagten mir mehr, als es Schmeicheleien getan hätten. Ich sah, daß er mit mir zufrieden war, und das war das beste Mittel, mit ihm in Beziehung zu treten. Aus der Art, wie er mich beim ersten Empfang von allen denen, die ihn belagern, unterschied, begriff ich leicht, daß er über meine Beweggründe nicht im geringsten im Unklaren war. Denn obgleich alle ihn gleichermaßen beobachten wollten und dieser allgemeine Vorsatz allen ein gleiches Benehmen ergeben mußte, waren doch unsere Untersuchungen in ihrem Gegenstand zu verschieden, als daß der Unterschied nicht leicht darin zu finden gewesen wäre. Er sah, daß die anderen nichts anderes suchten und erblicken wollten als Böses, daß ich der einzige war, der das Gute suchte und nur die Wahrheit erblikken wollte, und dieser Beweggrund, den er ohne Mühe herausfand, brachte mir sein Vertrauen zuwege.

Unter allen Beispielen, die er mir von den Gesinnungen derer gegeben hat, die sich ihm nähern, will ich Ihnen nur eines anführen. Einer von ihnen hatte sich von den übrigen durch die teilnehmendsten Äußerungen und eine bis zu Tränen erhobene Rührung so ausgezeichnet, daß er glaubte, sich ihm ohne Rückhalt öffnen und ihm aus seinen *Bekenntnissen* vorlesen zu können. Er erlaubte ihm sogar, ihn in seiner Lesung zu unterbrechen, um alles aufzeichnen zu können, was er vorzüglich zu behalten wünschte, und er beobachtete während des langen Lesens, daß er fast nie bei vorteilhaften und ehrenvollen Stellen schrieb, wohl aber an keiner sorgfältig zu schreiben versäumte, wo die Wahrheit ihn nötigte, sich selbst anzuklagen und seine Fehler aufzudecken. So ist es zu den Aufzeichnungen dieser Herren gekommen. Auch ich habe welche gemacht, aber ich habe nicht wie sie die anderen Stellen ausgelassen, und das Ganze hat mir von den ihrigen sehr verschiedene Resultate gewährt.

Durch die glückliche Wirkung meiner Freimütigkeit hatte ich die seltenste und sicherste Gelegenheit, einen Menschen recht gut kennenzulernen, nämlich ihn in aller Muße in seinem Privatleben zu studieren und sozusagen mit ihm selbst zu leben, denn er überließ sich mir ohne Rückhalt, und ich war bei ihm so gut zuhause wie bei mir. Ich hatte kaum ein anderes Zuhause als seines.

DER FRANZOSE

Wie? Haben Sie dort auch gegessen?

ROUSSEAU

Jeden Tag.

DER FRANZOSE

Welche Vorkehrungen haben Sie denn getroffen, damit dies straflos möglich war?

ROUSSEAU

Eine einzige, die Ihnen eher sonderbar als nützlich erscheinen wird, die er jedoch zur notwendigen Bedingung gemacht hat, um bei seiner Tafel zugelassen zu werden. Es war die, dann auf die Tafel Ihrer Herren zu verzichten, und vor allem niemals mit oder bei irgendeinem Arzt zu speisen, wie sehr man auch in mich dringen mochte, wenn ich, mit dem Wissen jener Herren, am Tage zuvor bei ihm gespeist hatte.

DER FRANZOSE

Das ist, offen gesagt, eine seltsame Vorsicht! Was bedeutet sie und was kann ihr Zweck sein? Wollen Sie, um ein Ungeheuer zu rechtfertigen, hundert daraus machen?

ROUSSEAU

Ach, ich will gar nichts, das schwöre ich Ihnen. Ich will hier niemanden anklagen, noch auch rechtfertigen. Gott allein kennt die Wahrheit. Ich für mein Teil schweige still und seufze. Alles, was ich überhaupt weiß, ist, daß diese Herren in ihrem Jahrhundert zuhause sind, und daß, dem Himmel sei Dank, mein J.J. dem seinen nicht gehört.*

* Ich wünschte von ganzem Herzen, daß selber Böses zu tun, um die, die man haßt, damit zu belasten, ein dem Jahrhundert, in dem zu leben ich das Unglück habe, fremdes Verfahren wäre.

DER FRANZOSE

Aber in Wahrheit denken Sie doch nicht daran, sich an Ihr Versprechen zu halten! Wenn es vielleicht bei irgendwelchen Ärzten einen verborgenen Groll gegen J.J. geben mag, so wissen sie andererseits genau, wie ihr Stand sich vor allen anderen durch seine große Redlichkeit auszeichnet.

ROUSSEAU

Verzeihen Sie, mein Herr, ich weiß, daß er sich vor anderen auszeichnet, aber ich wußte nicht, daß er es hierdurch tut.

DER FRANZOSE

Sie wußten es nicht! Um so schlimmer, mein Herr, dann müssen sie es lernen. Denn welche Meinung sie auch von den Ärzten und ihren Grundsätzen haben mochten, seien Sie gewiß, daß sie, sobald es sich um J.J. handelt, keiner Untreue beschuldigt werden können.*

ROUSSEAU

Wie das? Ihre Unvoreingenommenheit ihm gegenüber ist doch nur zu gut belegt! Doch kehren wir zurück.

Da ich einmal Zutritt zu seiner Einsiedelei hatte, so war meine erste Sorge, mich über die Gründe zu unterrichten, die ihn darin eingeschlossen hielten. Ich wußte, daß er immer die große Welt gemieden und die Einsamkeit gesucht hatte, aber ich wußte auch, daß er in weniger zahlreichen Gesellschaften früher die Süße der Innigkeit als ein Mann genossen hatte, dessen Herz für sie geschaffen war. Ich wollte wissen, warum er jetzt, von allem losgerissen, sich in seiner Zurückgezogenheit so verschlossen hatte, saß man nur mit Gewalt Zutritt bei ihm erlangen konnte.

* Es gibt einen, den ich dessen für unfähig halte, und dies ist eine Erklärung, zu der ich mich verpflichtet fühle und die ich gerne gebe. Ein rechtschaffener und die Tugend liebender Mann, der er ist, kann er wie das Publikum getäuscht, aber nicht verführt und verdorben werden. Um ihn jedoch nicht den Geschützen dieser Herren auszusetzen, enthalte ich mich, einen Namen zu nennen.

DER FRANZOSE

War das nicht leicht einzusehen? Er legte sich früher Zwang an, weil man ihn noch nicht kannte. Jetzt, da ihn alle kennen und er durch diesen Zwang nichts mehr gewinnen würde, überläßt er sich ganz seinem schrecklichen Menschenhaß. Er flieht die Menschen, weil er sie verabscheut, er lebt wie ein Werwolf, weil keine Menschlichkeit in seinem Herzen ist.

ROUSSEAU

Nein, das scheint mir nicht so klar wie Ihnen, und dieser Ausspruch, den ich von jedermann höre, beweist mir wohl, daß ihn die Menschen hassen, nicht aber, daß er sie haßt.

DER FRANZOSE

Wie? Haben Sie nicht gesehen, sehen Sie nicht, daß täglich viele Leute ihn aufsuchen und daß er sich hartnäckig ihrem Entgegenkommen widersetzt. Wie erklären Sie das?

ROUSSEAU

Viel natürlicher als Sie. Denn die Flucht ist eine weit natürlichere Wirkung der Furcht als des Hasses. Er flieht die Menschen nicht, weil er sie haßt, sondern weil er sie fürchtet. Er flieht sie nicht, um ihnen Böses zu tun, sondern weil er dem zu entgehen sucht, was sie ihm zufügen wollen. Sie hingegen suchen ihn nicht aus Freundschaft, sondern aus Haß. Sie suchen ihn und er flieht sie so wie in Afrikas Sandwüsten, wo wenige Menschen und viele Tiger sind, die Menschen die Tiger fliehen und die Tiger die Menschen suchen. Ist hieraus wohl der Schluß zu ziehen, daß die Menschen böse und wild, und die Tiger gesellig und menschlich sind? Ja, welche Meinung auch J.J. von denen haben mag, die, trotz der Meinung, die sie von ihm haben, nicht unterlassen, ihn aufzusuchen, so verschließt er doch seine Tür nicht für jedermann. Seine alten Bekannten nimmt er sehr artig auf, zuweilen sogar auch neue, wenn sie nur nicht Hinterlist und Hochmut zeigen. Nie habe ich ihn sich anderer Entgegenkommen mit Härte entgegensetzen sehen, als wenn es tyrannisch, unverschämt und boshaft vorgebracht wurde und dadurch deutlich die Absicht derer darlegte, die den Schritt taten. Diese offene und großzügige Art, Treulosigkeit und Verräterei zurückzuweisen, war nie die Haltung der Bösen. Wenn er denen gliche, die ihn aufsuchen, so würde er, anstatt sich ihren Anerbieten zu entziehen, versuchen, ihnen mit gleicher Münze zu zahlen, und er würde Betrug mit Betrug, Verräterei mit Verräterei erwidern, er würde sich ihrer eigenen Waffen bedienen, um sich zu verteidgen und an ihnen zu rächen. Weit entfernt, daß man ihn je hat anklagen können, in den Gesellschaften, in denen er lebte, gehetzt, seine Freunde gegeneinander aufgebracht oder irgend jemandem, mit dem er in Verbindung stand, Schaden zugefügt zu haben, so ist der einzige Vorwurf, den ihm seine sogenannten Freunde machen konnten, daß er sie offen verlassen hat, wie er es tun mußte, als er sie falsch und treulos fand und aufhörte, sie zu achten.

Nein, mein Herr, der wahre Menschenfeind, wenn ein so widersprechendes Wesen überhaupt existieren könnte*, würde sich nicht in der Einsamkeit verbergen. Welches Übel kann der, der allein lebt, den Menschen tun und tun wollen? Wer sie haßt, will ihnen schaden, und um ihnen zu schaden, braucht man sie nicht zu fliehen. Die Bösen leben nicht in Wüsten, sie leben in der Welt. Da schmieden sie Ränke und arbeiten an der Befriedigung ihrer Neigung und versuchen die zu quälen, die sie hassen. Welcher Beweggrund auch den beleben mag, der sich in die große Menge wirft und sich dort durchsetzen will, er muß sich mit Stärke waffnen, um die zurückzustoßen, die ihn stoßen, die beiseitezuschieben, die ihm im Wege sind, durch das Gedränge zu dringen und seinen Weg zu bahnen. Der sanftmütige und weiche, der scheue und schwache Mensch, der diesen Mut nicht hat und auszuweichen sucht, weil er befürchtet, niedergeschlagen und mit Füßen getreten zu werden, ist also Ihrem Urteil nach ein Bösewicht, und die anderen, stärker, härter, begieriger durchzudringen, sind die Guten? Diese neue Lehre habe ich zuerst in einer Rede gefunden, die der Philosoph Diderot gerade zu der Zeit veröffentlichte, als

* Timon war nicht von Natur Menschenfeind und verdiente diesen Namen nicht einmal. In seinem Benehmen war mehr Verdruß und kindisches Wesen als wahre Bosheit. Er war ein unzufriedener Narr, der gegen das Menschengeschlecht maulte.

sein Freund J.J. sich in die Einsamkeit zurückgezogen hatte. *Nur der Böse*, sagt er, *ist allein*. Bis dahin hatte man Liebe zur Einsamkeit für eines der untrüglichsten Zeichen einer friedlichen und gesunden Seele gehalten, die frei von Ehrgeiz, Neid und all den brennenden Leidenschaften ist, den Kindern der Eigenliebe, die in der Gesellschaft entstehen und gähren. Statt dessen ist jetzt durch einen unerwarteten Federstrich dieser friedliche und sanfte Geschmack, der sonst so allgemein bewundert wurde, auf einmal in eine höllische Wut verwandelt, sind in einem Augenblick so viele geachtete Weise, und selbst Descartes, in ebenso viele scheußliche Menschenfeinde und Schurken verwandelt. Der Philosoph Diderot war, vielleicht, allein, als er diese Sentenz niederschrieb, aber ich zweifle, daß er allein gewesen ist, als er ihn dachte, und er gab sich viel Mühe, sie in der Welt umlaufen zu lassen. Gäbe doch Gott, daß der Böse immer allein wäre! Es würde fast nichts Böses geschehen.

Ich glaube wohl, daß Einsiedler, die es aus Zwang sind, von Verdruß und von Kummer verzehrt, in der Einsamkeit, in der sie gehalten werden, unmenschlich und wild werden und durch ihre Ketten alles mit Haß ansehen können, was nicht so wie sie damit beschwert ist. Aber die Einsamen aus Neigung und aus eigener Wahl sind von Natur menschlich, gastfrei, herzlich. Nicht weil sie die Menschen hassen, sondern weil sie Ruhe und Frieden lieben, fliehen sie das Getümmel und den Lärm. Die lange Entbehrung der Gesellschaft macht sie ihnen sogar angenehm und süß, wenn sie sich ihnen ohne Zwang bietet. Sie genießen sie dann mit Wonne, und dies wird spürbar. Sie ist für sie dann das, was der Umgang mit Frauen für die ist, die nicht mit ihnen leben, die aber in den kurzen Augenblicken, die sie mit ihnen zubringen, Reize finden, die den Kavalieren von Beruf unbekannt sind.

Ich begreife nicht, wie ein Mensch von gesunder Vernunft nur einen Augenblick der Sentenz des Philosophen Diderot beipflichten kann. Sie mag erhaben und scharf sein, wie sie will, sie ist nichtsdestoweniger widersinnig und falsch. Und wer sieht nicht im Gegenteil ein, daß es unmöglich ist, daß der Böse allein und mit sich selbst leben will? Er würde sich in zu schlechter Gesellschaft fühlen, mit sich unzufrieden sein, er würde sich nicht lange darin erträglich finden oder vielleicht würde seine herrschende Leidenschaft, wenn sie immer unbeschäftigt bliebe, endlich verlöschen müssen, und er würde gut werden. Eigenliebe, der Grund aller Bosheit, wird in der Gesellschaft, die sie hat entstehen lassen und wo man jeden Augenblick genötigt ist, sich zu vergleichen, belebt und gesteigert. In der Einsamkeit welkt sie und stirbt ab, weil es ihr an Nahrung fehlt. *Wer sich selbst genug ist, will niemandem schaden, wer es auch sein mag.* Diese Maxime ist weniger blendend und weniger hochmütig, aber sie ist verständiger und gerechter als die des Philosophen Diderot, und wenigstens darin ihr vorzuziehen, daß sie nicht darauf ausgeht, irgend jemanden zu beleidigen. Lassen wir uns nicht durch den sinnreichen Glanz verblenden, mit dem sich Irrtum und Lüge zuweilen bedecken. Nicht die Menge macht die Gesellschaft aus, und vergebens kommen sich die Körper nahe, wenn die Herzen einander abstoßen. Der wahrhaft gesellige Mensch tritt weit schwerer in Verbindungen als ein anderer; die Verbindungen, die bloß aus falschem Schein bestehen, sind nicht nach seinem Geschmack. Er will lieber weit von den Bösen entfernt leben, ohne an sie zu denken, als sie zu sehen und zu hassen; er flieht lieber seinen Feind, als daß er ihn aufsuchte, um ihm zu schaden. Der, der keine andere Gesellschaft kennt als die der Herzen, wird die seinige nicht in euren Zirkeln suchen. So muß J.J. gedacht und sich betragen haben, ehe das Bündnis entstand, dessen Gegenstand er ist. Urteilen Sie, ob er nun, da es besteht und seine Netze von allen Seiten um ihn zu schlingen versucht, Vergnügen daran finden kann, mit seinen Verfolgern zu leben, sich als Gegenstand ihres Spottes zu sehen, der Spielball ihres Hasses, der Narr ihrer treulosen Schmeicheleien zu sein, durch die sie boshafterweise die beleidigende und höhnische Miene blicken lassen, die sie ihm verhaßt machen muß. Verachtung, Unwille, Zorn können ihn inmitten all dieser Menschen nicht verlassen. Er flieht sie, um sich so unerfreuliche Gefühle zu ersparen, er flieht sie, weil sie seinen Haß verdienen und er geschaffen war, sie zu lieben.

DER FRANZOSE

Ich kann Ihren Vorurteilen zu seinen Gunsten nicht eher beipflichten, als bis ich weiß, worauf Sie sie gründen. Was Sie zugunsten der Einsamen sagen, kann von einigen Sonderlingen wahr sein, die sich falsche Begriffe von der Weisheit gemacht haben, wenigstens gaben sie unzweideutige Zeichen einer löblichen Anwendung ihrer Zeit. Die tiefen Betrachtungen und die unsterblichen Werke, mit denen die angeführten Philosophen ihre Einsamkeit berühmt gemacht haben, beweisen hinlänglich, daß sie sich derselben auf eine nützliche und ehrenvolle Weise bedient haben und daß sie ihre Zeit nicht wie Ihr Held nur damit verbrachten, um Laster und Schändlichkeiten auszuspinnen.

ROUSSEAU

Hiermit, denke ich, hat er auch die seinige nicht nur verbracht. Der *Brief an Herrn d'Alembert über die Schauspiele*, die *Héloise*, *Emile*, der *Gesellschaftsvertrag*, die Versuche über den ewigen Frieden und über die theatralische Nachahmung und andere nicht minder achtbare Schriften, die nicht erschienen sind, sind Früchte von J.J.'s Zurückgezogenheit. Ich zweifle, daß ein Philosoph tiefer, vielleicht nützlicher, nachgedacht und mehr in so kurzer Zeit geschrieben hat. Nennen Sie dies alles schändliche Taten und Verbrechen?

DER FRANZOSE

Ich kenne Leute, in deren Augen dies sehr wohl sein könnte: Sie wissen, was unsere Herren von diesen Büchern denken und sagen. Aber haben Sie vergessen, daß sie nicht von ihm sind und daß Sie selbst mich davon überzeugt haben?

ROUSSEAU

Ich habe Ihnen gesagt, was ich mir dachte, um Widersprüche zu erklären, die ich damals sah und nun nicht mehr sehe. Wenn wir aber so fortfahren, von einer Sache zur anderen überzugehen, so werden wir unseren Gegenstand aus den Augen verlieren und ihn nie wieder erreichen. Wir wollen mit ein wenig mehr Folgerichtigkeit den Faden meiner Beobachtungen wieder aufnehmen, ehe wir zu den Schlüssen übergehen, die ich daraus gezogen habe.

Nachdem ich mich mit J.J. auf einen vertraulichen Fuß gestellt hatte, richtete sich meine Aufmerksamkeit zuerst darauf, zu untersuchen, ob unsere Verbindungen irgendeine Veränderung in seiner Lebensart hervorbrachten, und ich hatte bald alle nur mögliche Gewißheit, daß er nicht nur für mich nichts daran veränderte, sondern daß sie zu allen Zeiten dieselbe und auch völlig einförmig gewesen war, wenn er Herr war, sie zu wählen, und in Freiheit seiner Neigung folgen konnte. Es waren fünf Jahre vergangen, seit er, nach Paris zurückgekehrt, daselbst wieder zu leben anfing. Am Anfang wollte er sich auf keine Weise verbergen, er hatte einige Häuser besucht, in der Absicht, seine alten Verbindungen zu erneuern und sogar neue zu knüpfen. Nach einem Jahr aber hörte er auf, Besuche zu machen, und indem er in der Hauptstadt dasselbe einsame Leben wieder aufnahm, das er seit so vielen Jahren auf dem Lande führte, teilte er seine Zeit zwischen täglichen Beschäftigungen, die ihm zum Unterhalt dienten, und ländlichen Spaziergängen, die sein einziges Vergnügen ausmachten. Ich fragte ihn nach der Ursache dieser Aufführung. Er sagte mir, daß er, als er die ganze gegenwärtige Generation vereinigt sah, um zu dem Werk der Finsternis beizutragen, dessen Gegenstand er sei, zunächst alle Mühe daran gewandt hätte, jemanden zu finden, der die öffentliche Ungerechtigkeit nicht teilte; daß er nach vergeblichen Bemühungen in den Provinzen nach Paris gekommen sei, um sie dort fortzusetzen, in der Hoffnung, wenigstens unter seinen alten Bekanntschaften einen zu finden, der weniger verstellt, weniger falsch wäre und ihm das Licht geben würde, dessen er so nötig bedurfte, um diese Dunkelheit zu durchdringen. Nach vielen vergeblichen Anstrengungen hätte er selbst unter den ehrenhaftesten Menschen nichts als Verräterei, Verstellung und Lügen angetroffen. Bei aller Bereitschaft, ihn aufzunehmen, ihm entgegenzukommen und ihn an sich zu ziehen, schienen alle so zufrieden mit seiner Verleumdung, trugen dazu so gutmütig bei und sagten ihm so falsche Schmeicheleien, lobten ihn in einem Ton, der so wenig zu seinem Herzen sprach, verschwendeten die übertriebenste Bewunderung mit so wenig Achtung Ehrerbietung, daß er dieser höhnischen und lügenhaften

Äußerungen überdrüssig, und unwillig, in dieser Weise seinen vorgeblichen Freunden zum Spiel zu dienen, aufhörte, sie zu sehen und sich zurückzog, ohne ihnen seine Verachtung zu verhehlen, und nachdem er so lange ohne Erfolg einen Menschen gesucht hatte, löschte er seine Laterne und verschloß sich ganz in sich selbst.

In diesem Zustand der vollkommenen Zurückgezogenheit fand ich ihn und unternahm, ihn kennenzulernen. Aufmerksam auf alles, was meinen Augen sein Innerstes eröffnen könnte, auf meiner Hut gegen jedes übereilte Vorurteil, entschlossen, ihn nicht aus einigen zerstreuten Worten, noch aus irgendwelchen besonderen Umständen zu beurteilen, sondern aus dem Zusammenhang seiner Reden, seiner Handlungen, seiner Gewohnheiten und aus jener beständigen Lebensweise, die ganz allein unfehlbar einen Charakter enthüllt, die aber, um wahrgenommen zu werden, mehr Dauer, mehr Beharrlichkeit und weniger Vertrauen in den ersten Blick erfordert, wie sie die schwache Liebe zur Gerechtigkeit, losgelöst von jedem anderen Interesse und bekämpft von den rücksichtslosen Entscheidungen der Eigenliebe, gewöhnlich beim Menschen nicht hervorzubringen vermag. Ich mußte demgemäß damit anfangen, alles zu sehen, alles zu hören, alles zu bemerken, aber über nichts eher zu urteilen, als bis ich eine hinreichende Menge Materialien gesammelt hätte, um ein sicheres Urteil zu gründen, das weder das Werk der Leidenschaft noch des Vorurteils wäre.

Ich war nicht überrascht, ihn ruhig zu sehen: Sie hatten mich darauf vorbereitet, daß er es wäre, aber Sie schrieben diese Ruhe der Verworfenheit seiner Seele zu. Sie konnte aus einer ganz anderen Ursache entspringen, und ich mußte die wahre Ursache bestimmen. Dies war nicht schwer, denn wenn diese Ruhe nicht immer unveränderlich war, so brauchte man bloß, um ihre Ursache zu entdecken, bemerken, was sie stören konnte. Wenn es die Furcht war, so hatten Sie recht, wenn es aber Entrüstung war, so hatten Sie unrecht. Diese Prüfung dauerte nicht lange, und ich wußte bald, woran ich mich zu halten hatte.

Ich fand ihn bei der Beschäftigung, Noten abzuschreiben, die Seite zu einem bestimmten Preis. Diese Beschäftigung war mir, wie Ihnen, lächerlich und geziert erschienen. Ich suchte gleich zu erkennen, ob er sich ernsthaft oder zum Spaß dieser Beschäftigung widmete, und dann wollte ich genau wissen, aus welchem Beweggrund er sie wieder aufgenommen hatte, und dies erforderte mehr Untersuchung und Sorgfalt. Ich mußte genau seine Erwerbsquellen und den Stand seines Vermögens erforschen, überprüfen, was Sie mir von seinem Wohlstand gesagt hatten, in die Einzelheiten seines kleinen Haushalts eindringen, seine Ausgaben und Einnahmen vergleichen, mit einem Wort seine ganze gegenwärtige Lage anders kennenlernen als durch seine Aussage und die widersprechende Aussage Ihrer Herren. Hierauf gab ich nun sehr genau acht. Ich glaubte zu bemerken, daß diese Beschäftigung ihm Vergnügen machte, obgleich sie ihm nicht eben sehr gelang. Ich untersuchte die Ursache dieses sonderbaren Vergnügens, und ich fand sie in seiner Natur und seinem Temperament gegründet, von denen ich noch keinen Begriff hatte und in die ich bei dieser Gelegenheit erst einzudringen anfing. Er gesellte zu dieser Arbeit einen Zeitvertreib, in dem ich ihm mit gleicher Aufmerksamkeit folgte. Sein langer Aufenthalt auf dem Lande hatte ihm Geschmack an der Pflanzenkunde gegeben. Er fuhr fort, sich ihr mit mehr Eifer als Glück zu widmen, sei es, daß sein abnehmendes Gedächtnis ihm jeden Dienst zu versagen begann, sei es, wie ich zu bemerken glaubte, daß er diese Beschäftigung mehr als ein kindisches Spiel denn als wirkliches Studium betrachtete. Er befleißigte sich mehr, hübsche Herbarien anzulegen, als die Gattungen und Arten zu klassifizieren. Er wandte viel Zeit und unglaubliche Sorgfalt darauf, Zweige zu trocknen und zu pressen, kleine Blättchen auseinanderzuwickeln und auszubreiten, den Blumen ihre natürlichen Farben zu erhalten, so sehr, daß er die sorgfältig auf Papier geleimten Stücke mit kleinen Einfassungen zierte und mit der Wahrheit der Natur den Glanz der Miniaturmalerei und den Reiz der Nachahmung verband.

Ich habe ihn endlich dieses Zeitvertreibs überdrüssig werden sehen, da er für sein Alter zu ermüdend und für seine Börse zu teuer wurde und ihm einen notwendigen Teil der Zeit nahm, ohne ihn dafür zu entschädigen. Vielleicht haben unsere Verbindungen dazu beigetragen, ihn davon loszureißen. Man sieht, daß die

Betrachtung der Natur immer viel Reiz für sein Herz hatte: er fand darin eine Ergänzung zu den Anhänglichkeiten, deren er bedurfte, aber er hätte die Ergänzung für die Sache selbst gerne fahren lassen, wenn ihm die Wahl geblieben wäre, und er begnügte sich nicht eher, nur mit den Pflanzen umzugehen, als nachdem seine Bemühungen um den Umgang mit Menschen vergeblich geblieben waren. Ich würde gerne, sagte er mir, die Gesellschaft der Pflanzen für die der Menschen hingeben, sobald ich nur Hoffnung schöpfen könnte, sie wiederzufinden.

Da meine ersten Nachforschungen mich in die Einzelheiten seines häuslichen Lebens eingeführt hatten, so hielt ich mich besonders an diese, überzeugt, daß ich daraus für mein Vorhaben besseres Licht erhalten würde als aus allem, was er öffentlich oder anderswo gesagt oder getan haben konnte und was ich im übrigen nicht selbst gesehen hatte. In der Vertraulichkeit eines innigen Umgangs, im Fortgang des Privatlebens läßt sich ein Mensch auf die Dauer so sehen, wie er ist, weil die Kraft der Aufmerksamkeit auf sich selbst nachläßt und man sich, die übrige Welt ganz vergessend, den Regungen des Augenblicks überläßt. Diese Methode ist sicher, aber langwierig und beschwerlich. Sie verlangt eine Geduld und eine Sorgfalt, wie sie nur der wahre Eifer für Gerechtigkeit und Wahrheit aufrechterhalten können, und von denen man sich gar zu leicht lossagt, indem man ein zufälliges und rasches Bemerken an die Stelle der langsamen, aber gründlichen Beobachtungen setzt, die eine gleichmäßige und fortgesetzte Untersuchung gewährt.

Ich habe also darauf gesehen, ob bei ihm Unordnung oder Regelmäßigkeit herrschen, Zwang oder Freiheit, ob er mäßig oder ausschweifend, feinsinnig oder grob lebt, ob sein Geschmack gesund oder verdorben, ob er bei seinen Mahlzeiten finster oder heiter, ob er von der Gewohnheit beherrscht oder Grillen unterworfen, karg oder verschwenderisch in seiner Haushaltung, ob er in der kleinen Sphäre seiner Autorität eigensinnig, herrschsüchtig, tyrannisch ist oder vielleicht im Gegenteil zu sanft oder zu weich, ob er Uneinigkeit noch mehr fürchtet, als er die Ordnung liebt, und um des Friedens willen Dinge erträgt, die seinem Geschmack und seinem Willen im höchsten Maße zuwider sind, ferner, wie er Feindseligkeit, Verachtung und öffentlichen Haß erträgt, welche Arten von Neigungen ihm zur Gewohnheit geworden, welche Arten von Leiden oder Freuden seine Laune am meisten verändern. Ich bin ihm in seiner beständigsten Lebensweise ebenso gefolgt wie in diesen kleinen Ungleichmäßigkeiten, die nicht weniger unvermeidlich und vielleicht nicht weniger nützlich in der Ruhe des Privatlebens sind als die leichten Veränderungen der Luft und des Windes in der Stille an schönen Tagen. Ich habe sehen wollen, wie er sich erzürnt und wie er sich besänftigt, ob er seinen Zorn ausläßt oder ihn zurückhält, ob er unversöhnlich oder jähzornig, leicht oder schwer zu besänftigen ist, ob er sein Unrecht vergrößert oder wiedergutzumachen sucht, ob er Unrecht von anderen ertragen oder verzeihen kann, ob es sich sanft und leicht mit ihm leben läßt oder ob er im häuslichen Umgang hart und verdrießlich ist, ob er mehr aus sich herauszugehen oder sich in sich zu verschließen liebt, ob sein Herz sich Schmeicheleien leicht öffnet oder verschließt, ob er immer klug, vorsichtig, Herr über sich selbst ist oder ob er sich von seinen Aufwallungen beherrschen läßt und unvorsichtig jedes Gefühl zeigt, von dem der bewegt wird. Ich habe ihn in den verschiedensten, gegensätzlichsten Lagen des Geistes erfaßt, die mir nur zugänglich waren, bald ruhig, bald in Unruhe, in einem Ausbruch von Zorn und in Ergießung von Rührung, in Traurigkeit und Niedergeschlagenheit des Herzens, in den kurzen, aber süßen Augenblikken der Freude, die die Natur ihm noch gewährt und die die Menschen ihm nicht nehmen konnten, in der Heiterkeit eines etwas verlängerten Mahls, unter jenen unvorhergesehenen Umständen, in denen ein feuriger Mensch nicht die Zeit hat, sich zu verstellen, und wo die erste Bewegung der Natur aller Überlegung zuvorkommt. Indem ich allen diesen Einzelheiten seines Lebens folgte, habe ich seine Reden, seine Maximen, seine Meinungen nicht vernachlässigt. Ich habe nichts unterlassen, um seine wahren Gesinnungen über die Fragen zu erkennen, die er in seinen Schriften abhandelt. Ich habe ihn über die Natur der Seele ausgeforscht, über das Dasein Gottes, über die Moralität des menschlichen Lebens, über das wahre Glück, über das, was er von den modischen Lehren und ihren Urhebern denkt, endlich über all das, was mit den wahren Überzeugungen eines Menschen von dem Gebrauch dieses Lebens und der Bestimmung desselben, seine wahren Grundsätze des Verhaltens erkennen läßt. Ich habe sorgfältig alles, was er mir gesagt hat, mit dem verglichen, was ich von ihm in der Ausübung gesehen habe, und nie als wahr angenommen, als was diese Probe bestätigt hat.

Besonders habe ich ihn von den Seiten studiert, die von der Eigenliebe abhängen. Ich war gewiß, daß ein Stolz, der darüber, daß man aus ihm ein Ungeheuer gemacht hat, in Zorn geraten kann, starke und häufige Ausbrüche haben müßte, die schwer zurückzuhalten und unmöglich vor den Augen eines Menschen zu verbergen sind, der ihn von dieser Seite aufmerksam untersucht, besonders in der grausamen Lage, in der ich ihn traf.

Durch die Vorstellungen, mit denen ein durch Eigenliebe geformter Mensch sich am meisten beschäftigt, durch Lieblingsgegenstände seiner Unterhaltung, durch die unvermutete Wirkung unerwarteter Neuigkeiten, durch die Art, wie er sich in Unterredungen mit ihm erregt, durch die Eindrücke, die er von der Haltung und dem Ton der Leute erhält, die sich ihm nähern, durch die Art, wie er seine Feinde oder Nebenbuhler loben oder tadeln hört und wie er selbst davon spricht, durch den Grad der Freude oder Traurigkeit, den ihr Glück oder ihr Unglück bei ihm bewirken, kann man mit der Zeit in ihn eindringen und in seiner Seele lesen, besonders weil ein feuriges Temperament ihm die Macht nimmt, seine ersten Bewegungen zu unterdrücken (wenn anders es möglich ist, daß ein feuriges Temperament und eine heftige Eigenliebe sich in einem Herzen miteinander vertragen können). Aber vor allem beim Reden über Talente und Bücher können Schriftsteller sich am wenigsten zurückhalten und enthüllen sich am leichtesten, und ich habe es auch nicht unterlassen, auch dies zu prüfen. Ich habe ihn oft selbst auf dieses Kapitel gebracht und gesehen, wie er von anderen darauf gebracht wurde, zu verschiedenen Zeiten und bei verschiedenen Gelegenheiten. Ich habe ausgeforscht, was er vom literarischen Ruhm dachte, welchen Wert er seinem Genuß gab, welche Art des Rufes er höher schätzte, den, der durch Talente glänzt, oder den minder funkelnden, den ein schätzenswerter Charakter verleiht. Ich habe sehen wollen, ob er neugierig auf die Geschichten wachsenden oder abnehmenden Ansehens wäre, ob er auf boshafte Weise an dem herumkrittelte, was den meisten Lärm verursachte, wie er den Erfolg oder Fall von Büchern und Schriftstellern aufnähme und wie er für sein Teil den harten Tadel der Kritiken, das boshafte Lob der Nebenbuhler und die gezierte Verachtung der glänzenden Schriftsteller der Zeit ertrüge. Endlich habe ich ihn in jeder Richtung erforscht, wohin meine Blicke nur dringen konnten, ohne zu suchen, mir etwas nach meinem Wunsch auszulegen, sondern indem ich meine Beobachtungen eine durch die andere erhellte, um die Wahrheit zu entdecken, und ich habe keinen Augenblick bei meinen Nachforschungen vergessen, daß das Schicksal meines Lebens davon abhinge, mich in meinem Urteil nicht zu täuschen.

DER FRANZOSE

Ich sehe, daß Sie auf viele Dinge aufmerksam gewesen sind. Werde ich endlich erfahren, was Sie gesehen haben?

ROUSSEAU

Was ich gesehen habe, läßt sich besser sehen als sagen. Was ich gesehen habe, reicht für mich, der ich es gesehen habe, hin, um mein Urteil zu fällen, nicht aber für Sie, um Ihres auf meinen Bericht hin zu fällen, denn er muß gesehen werden, damit man ihm glauben kann, und nach der Art, wie Sie mich vorbereitet hatten, hätte ich selbst es auf den Bericht eines anderen hin nicht geglaubt. Was ich gesehen habe, sind dem Anschein nach sehr alltägliche, der Wirkung nach aber sehr seltene Dinge. Es sind Erzählungen, die sich übrigens in meinem Munde sehr wenig schicken würden, und um sie mit Anstand vorzutragen, müßte ich ein anderer sein, als ich bin.

DER FRANZOSE

Wie, mein Herr, glauben Sie mich so täuschen zu können? Erfüllen Sie so Ihre Verbindlichkeiten, und soll ich keinen Nutzen aus dem Rat ziehen, den ich Ihnen gegeben habe? Die Einsicht, die er Ihnen verschafft hat, soll uns nicht gemeinsam sein, und nachdem Sie die Überzeugung erschüttert haben, in der ich war, glauben Sie berechtigt zu sein, mir die Zweifel zu lassen, die Sie in mir geweckt haben, wenn Sie Mittel haben, sie mir zu nehmen?

ROUSSEAU

Es ist Ihnen leicht möglich, sich ihrer nach meinem Beispiel zu entledigen, indem Sie sich des Rates bedienen, den Sie mir gegeben zu haben behaupten. Es ist sehr traurig für J.J., daß Rousseau nicht alles sagen kann, was er von ihm weiß. Erklärungen hierüber sind nun unmöglich, weil sie unnütz wären und weil der Mut, sie zu geben, mir nur die Erniedrigung zuziehen würde, daß man sie mir nicht glaubte.

Wollen Sie zum Beispiel einen kurzgefaßten Begriff meiner Beobachtungen haben? Nehmen Sie geradezu und in allem, sowohl im Guten wie im Bösen, das Gegenteil von dem J.J. Ihrer Herren, und Sie haben ganz genau den, den ich gefunden habe. Der ihrige ist grausam, wild und bis zur Verderbtheit hart, der meinige ist sanft und bis zur Schwachheit mitfühlend. Der ihrige ist unbändig, unbeugsam und immer widersätzlich, der meinige ist umgänglich und weich und kann den Liebkosungen, die er für aufrichtig hält, nicht widerstehen, er läßt sich selbst von den Leuten, vor denen er keine Achtung hat, unterjochen, wenn man es geschickt anzufassen weiß. Der ihrige, ein trotziger Menschenfeind, verabscheut die Menschen, der meinige, menschlich bis zum Übermaß und für ihre Leiden zu empfindlich, wird von dem Übel, das sie einander antun, ebenso gerührt wie von dem, das sie ihm selbst erweisen. Der ihrige denkt nur, wie er in der Welt Aufsehen erregen kann auf Kosten anderer und der eigenen Ruhe, der meinige zieht die Ruhe allem vor und würde von der ganzen Welt vergessen sein wollen, wenn man ihn nur in Frieden in seinem Winkel ließe. Der ihrige von Stolz und von der unerträglichsten Eigenliebe verzehrt, wird vom Dasein von seinesgleichen gequält und wollte das ganze Menschengeschlecht vor sich vernichtet sehen, der meinige, der sich liebt, ohne sich zu vergleichen, ist ebensowenig für Eitelkeit wie für Bescheidenheit empfänglich; zufrieden, daß er fühlt, was er ist, fragt er nicht, welche Rolle er unter den Menschen spielt, und ich bin gewiß, daß es ihm in seinem Leben nicht in den Sinn kam, sich mit einem anderen zu messen, um zu wissen, wer größer oder kleiner wäre. Der ihrige voll von List und Kunst, zu täuschen, verschleiert seine Laster mit der größten Geschicklichkeit und verbirgt seine Bosheit unter einem Schein von Reinheit, der meinige jähzornig, äußerst heftig im ersten Augenblick, in dem er rascher als der Blitz ist, bringt sein Leben damit zu, große, aber augenblickliche Fehler zu begehen, die er hernach mit lebhafter und langer Reue wieder gutmacht; dazu ohne Klugheit, ohne Geistesgegenwart und von einer unglaublichen Tölpelhaftigkeit, verletzt er, wenn er gefallen will, und in seiner mehr unbedachten als offenen Treuherzigkeit sagt er auf gleiche Weise, was ihm schadet und was ihm nützt, ohne auch nur einen Unterschied darin wahrzunehmen. Kurz, der ihrige ist ein teuflischer, scharfer, durchdringender Geist, während der meinige, weil er nur sehr langsam und angestrengt denkt, diese Ermüdung zu vermeiden sucht, und da er zuweilen die gewöhnlichsten Dinge nur dann begreifen kann, wenn er sie in guter Laune und einsam durchträumt, so kann er als ein Mann von Geist gelten.

Nicht wahr, wenn ich diese Gegensätze vervielfältigen wollte, wie ich es tun könnte, dann würden Sie sie als Spiel der Einbildungskraft betrachten, die keine Wirklichkeit haben? Und dennoch würde ich Ihnen nichts sagen, was nicht durch mein eigenes Gewissen bezeugt wäre, statt wie bei Ihnen durch andere bestätigt zu sein. Diese einfache, aber wenig glaubwürdige Art, die lauten Beteuerungen leidenschaftlicher Menschen durch friedliche, aber sichere Beobachtungen eines unparteiischen Menschen Lügen zu strafen, wäre also nutzlos und würde keine Wirkung hervorbringen. Überdies ist die Lage J.J.'s in gewisser Hinsicht sogar zu unglaublich, als daß sie füglich enthüllt werden könnte. Um ihn indessen gut zu kennen, müßte man ihn bis auf den Grund kennenlernen, man müßte erkennen, was er erträgt und was es ihm erträglich macht. Das alles aber läßt sich nicht gut sagen; um es zu glauben, muß man es gesehen haben.

Aber wir wollen versuchen, ob wir nicht einen anderen, ebenso geraden Weg, der nicht so viele Hindernisse hat, finden können, um zum selben Ziel zu gelangen, ob es nicht ein Mittel gibt, Ihnen plötzlich durch einen einfachen und unmittelbaren Eindruck das fühlbar zu machen, wovon ich Sie, bei den Meinungen, die Sie haben, nur nach und nach überzeugen könnte, ohne unaufhörlich mit harten Verneinungen die schneidenden Behauptungen Ihrer Herren anzugreifen. Ich möchte zu diesem Ende den Versuch machen, Ihnen das Bildnis meines J.J. zu entwerfen, so wie dessen Vorstellung nach einer langen Untersuchung des Originals sich meinem Geist eingeprägt hat. Sie könnten dann gleich dieses Bildnis dem vergleichen, welches Ihre Herren davon entworfen haben, urteilen, welches von beiden in allen Teilen zusammenhängender ist und mehr ein einziges Ganzes zu bilden scheint, welches auf die natürlichste und klarste Weise die Aufführung dessen, den es darstellt, seinen Geschmack, seine Gewohnheiten und alles, was man von ihm nicht erst, seit er Bücher geschrieben hat, sondern von seiner Kindheit an und seit je weiß, und dann kommt es bloß auf Sie an, selbst zu entscheiden, ob ich gut oder schlecht beobachtet habe.

DER FRANZOSE

Nichts ist besser als Ihr Vorschlag. Reden Sie also, ich höre schon.

ROUSSEAU

Von allen Menschen, die ich gekannt habe, ist J.J. derjenige, dessen Charakter am vollständigsten allein von seinem Temperament abhängt. Er ist das, als was die Natur ihn geschaffen hat: die Erziehung hat ihn nur sehr wenig verändert. Wenn von seiner Geburt an seine Fähigkeiten und seine Kräfte sich auf einmal entwickelt hätten, so hätte man ihn ungefähr ebenso gefunden, wie er in seinem reifen Alter war, und auch jetzt, nach sechzig Jahren Leiden und Elend haben Zeit, Widrigkeiten und Menschen ihn noch sehr wenig geändert. Während sein Körper alt wird und sich aufreibt, bleibt sein Herz immer jung, er behält noch den gleichen Geschmack, die gleichen Leidenschaften wie in jüngeren Jahren, und er wird bis ans Ende seines Lebens nicht aufhören, ein altes Kind zu sein.

Dieses Temperament aber, welches ihm seine sittliche Gestalt gegeben hat, hat Besonderheiten, deren Freilegung eine anhaltendere Aufmerksamkeit erfordert als einen bloßen selbstzufriedenen Blick, wie man ihn auf einen Menschen wirft, den man zu kennen glaubt und über den man das Urteil schon gefällt hat. Ich kann sogar sagen, daß ich ihn in seinem gewöhnlichen Äußeren und in dem, was er an Alltäglichstem hat, bei näherem Zusehen am sonderbarsten gefunden habe. Dieses Paradox wird sich in dem Maße, wie Sie mich anhören, selbst aufklären.

Wenn ich, wie ich Ihnen schon gesagt habe, beim ersten Anblick erstaunte, ihn so verschieden von dem zu finden, was ich mir nach Ihren Erzählungen ausgemalt hatte, so war ich es noch mehr über den geringen Glanz, um nicht zu sagen die Dummheit seiner Unterhaltung. Ich, der ich viel mit Gelehrten zu tun gehabt habe, habe sie immer glänzend, schwungvoll, sinnreich wie Orakel gefunden, sie beherrschten alles durch ihre fruchtbare Gelehrsamkeit und durch den hohen Sinn ihrer Machtsprüche. Dieser hier, der kaum anderes als gewöhnliche Dinge sagt, und diese ohne Genauigkeit, ohne Feinheit, ohne Kraft, scheint immer vom Reden erschöpft, selbst wenn er wenig redet, oder auch von der Mühe des Zuhörens; oft versteht er es nicht einmal, wenn man etwas feinere Dinge sagt, und nie weiß er darauf passend zu antworten. Fällt ihm von ungefähr ein glücklich getroffenes Wort ein, so ist er so zufrieden damit, daß er es ewig wiederholt, nur um etwas zu reden zu haben. Im Gespräch würde man ihn nicht für einen Denker voll lebhafter und neuer Vorstellungen halten, der stark denkt und sich richtig ausdrückt, sondern für einen Schüler, der wegen der Wahl seiner Ausdrücke verlegen und durch die Selbstsicherheit der Leute unterjocht ist, die mehr davon wissen als er. Ich hatte noch nie, selbst bei den geringsten Broschürenschreibern diese schüchterne und gezwungene Haltung bemerkt, wie konnte ich sie bei einem Schriftsteller begreifen, der, da er die Meinungen seines Jahrhunderts mit Füßen tritt, mir weit weniger geneigt scheinen mußte, sich den Regeln zu beugen, als selbst welche zu geben? Hätte er nichts als abgedroschene und fade Dinge vorgebracht, so hätte ich glauben können, er spotte der Schwachen, um die Spione, von denen er sich umgeben fühlt, zu befremden; aber wer auch immer die Leute, die ihn hören, sein mögen, ohne die geringste Vorsicht bei ihnen zu gebrauchen, bringt er unbesonnen hundert unbedachte Sprüche vor, mit denen er sich eine große Blöße gibt, nicht weil diese Reden an sich selbst tadelnswert wären, sondern weil es möglich ist, ihnen eine üble Auslegung zu geben, die, ohne ihm in den Sinn gekommen zu sein, nicht verfehlt, sich vorzüglich bei den Leuten einzustellen, die ihm zuhören und nichts anderes als dergleichen wünschen. Mit einem Wort, ich habe ihn fast immer schwerfällig im Denken gefunden, ungeschickt im Reden, unaufhörlich bemüht, das passende Wort zu finden, das ihm nie sofort kommt, und Gedanken, die schon ohnehin nicht sehr klar waren, durch eine ungeschickte Art, sie auszudrücken, noch weiter verwirrend. Im Vorbeigehen füge ich noch hinzu, daß ich, wenn ich mir in unserer ersten Unterhaltung diese außerordentliche Verlegenheit im Reden hätte vorstellen können, nach Ihren eigenen Begründungen einen neuen Beweis daraus gezogen hätte, daß er seine Bücher nicht geschrieben hat. Denn, wenn er Ihnen zufolge keine Musik komponieren kann, weil er so schlechte Noten liest, so ist, daß er so schlecht zu reden versteht, ein weit stärkerer Grund, nicht so gut schreiben zu können.

Es war schon erstaunlich genug, eine solche Dummheit bei einem Mann zu finden, der geschickt genug gewesen war, vierzig Jahre lang alle, die sich ihm genähert hatten, mit falschem Anschein zu hintergehen; aber das ist noch nicht alles. Dieser nämliche Mann, dessen mattes Auge und verloschene Gesichtsbildung in gleichgültigen Unterhaltungen nichts als Stumpfsinn anzuzeigen scheinen, verändert auf einmal Miene und Haltung, sobald eine Materie, die ihn anzieht, ihn aus seiner Schlaffheit weckt. Man sieht seine erloschene Gesichtsbildung sich beseelen, lebendig, redend, ausdrucksvoll werden, und sie verspricht Geist. Dem Feuer nach zu urteilen, das seine Augen noch in seinem Alter haben, müssen sie in seiner Jugend Blitze geschleudert haben. Man sieht an seinen ungestümen Gebärden und seinem erregten Gehabe, daß sein Blut kocht, und man sollte glauben, daß aus seinem Munde flammende Worte kommen müßten, aber nichts dergleichen. All diese Aufwallung bringt nur gewöhnliche, verworrene, schlecht geordnete Sätze zum Vorschein, die anstatt ausdrucksvoller als gewöhnlich zu sein, nur unbedeutender sind. Er erhebt die Stimme sehr, aber was er sagt, wird nur lauter, ohne mehr Nachdruck zu erhalten. Indessen habe ich doch zuweilen Kraft in seinen Ausdrücken gefunden, aber nie bei einem plötzlichen Ausbruch, sondern nur dann, wenn dieser Ausbruch schon vorüber war und seine erste Wirkung getan hatte. Dann schien diese verlängerte Gefühlsbewegung, die nur geordneter fortwirkte, mit mehr Macht zu wirken und gab ihm kraftvolle Ausdrücke ein, die voll des Gefühls waren, das ihn noch immer erregte. Dies brachte mich zu der Einsicht, wie dieser Mann, wenn sein Gegenstand sein Herz erhitzte, stark schreiben konnte, obgleich er schwach sprach, und wie seine Feder besser als seine Zunge die Sprache der Leidenschaften zu sprechen vermochte.

DER FRANZOSE

Dies alles ist den Begriffen, die man mir von seinem Charakter beigebracht hat, nicht so entgegen, wie Sie denken. Diese Verlegenheit zunächst und diese Schüchternheit, die Sie ihm beilegen, sind jetzt in der Welt als die sichersten Kennzeichen seiner Eigenliebe und seines Stolzes anerkannt.

ROUSSEAU

Woraus denn folgt, daß unsere kleinen Viehhirten und unsere armen Bäuerinnen von Eigenliebe überfließen, und unsere glänzenden Akademiker, unsere jungen Abbés und unsere Damen der großen Welt Wunder an Bescheidenheit und Demut sind? O unglückliche Nation, in der alle Begriffe des Liebenswürdigen und Guten umgestoßen sind und wo die hochmütige Selbstliebe der Weltleute die Tugenden, die sie mit Füßen treten, in Stolz und Laster umgewandelt hat!

DER FRANZOSE

Ereifern Sie sich nicht. Wir wollen dieses neue Paradox, worüber man streiten kann, beiseitelassen und zur Reizbarkeit unseres Mannes zurückkehren, die Sie selbst bestätigen und die sich aus Ihren Beobachtungen herleitet. In tiefer Gleichgültigkeit über alles, was nicht sein kleines Individuum angeht, belebt er sich nur, wenn es sein eigenes Interesse angeht. Jedesmal aber, wenn es um ihn geht, soll das heftige Drängen der Eigenliebe ihn in der Tat außer sich bringen, und erst, wenn diese Erregung sich wieder dämpft, fängt er an, seine Galle und seine Wut auszuhauchen, die sich in den ersten Augenblicken mit Macht um sein Herz gesammelt haben.

ROUSSEAU

Meine Beobachtungen, aus denen Sie dieses Resultat ziehen, geben mir ein ganz entgegengesetztes. Es ist gewiß, daß ihn nicht, wie unsere übrigen Schriftsteller, jede feine Frage, die aufgeworfen wird, in Bewegung bringt, noch genügt es, damit eine Erörterung ihn interessiert, daß der Witz dabei glänzen kann. Ich gestehe, daß ich immer bemerkte, daß, um seine Trägheit im Reden zu besiegen und ihn im Umgang gesprächig zu machen, ein anderes Interesse als das eines leeren Geschwätzes nötig war, aber ich erinnere mich nicht, daß dieses Interesse, das ihn beleben konnte, sein Eigennutz oder das seiner eigenen Person gewesen wäre. Im Gegenteil, wenn von ihm die Rede ist, es sei nun, daß man ihn mit Schmeicheleien liebkost oder daß man ihn versteckterweise zu beleidigen sucht, so habe ich immer ein nachlässiges verächtliches Wesen an ihm bemerkt, welches eben nicht zeigte, daß er sich aus all diesen Reden viel machte, noch aus denen, die sie vorbrachten, noch aus ihren Meinungen in Ansehung seiner, sondern das größere, edlere Interesse, das ihn belebt und leidenschaftlich macht, ist die Teilnahme an Gerechtigkeit und Wahrheit, und ich habe ihn nie mit kaltem Blut irgendeine Lehre anhören sehen, die er für das allgemeine Beste für schädlich hielt. Zuweilen kann seine Verlegenheit beim Reden ihn dahin bringen, daß er sich und die gute Sache nicht gegen die blendenden Schwätzer stellt, die ihre grausame Philosophie in verführerische und prächtige Ausdrücke zu kleiden wissen. Aber es ist dann leicht zu sehen, wieviel Gewalt er sich antut, zu schweigen, und wie sein Herz leidet, daß es Irrtümer sich fortpflanzen läßt, die er für unheilvoll für das Menschengeschlecht hält. Als unvorsichtigen Verteidiger des Schwachen und Unterdrückten, den er selbst nicht einmal kennt, habe ich ihn oft den mächtigen Unterdrücker ungestüm anfahren sehen, der, ohne durch seine Kühnheit beleidigt zu scheinen, mit der Miene der Mäßigung sich bereit machte, ihn diesen Streich eines Tages teuer bezahlen zu lassen, so daß man den einen seinem zornigen Auffahren nach für einen Rasenden hält, während der andere, der insgeheim Bosheiten ausbrütet, als ein Weiser erscheint, der sich in der Gewalt hat; und so erfassen Menschen, die ihm dem Anschein nach urteilen, sehr oft gerade das Gegenteil der Wahrheit.

Ich habe ihn ebenso, und oft bis zu Tränen, für gute und schöne Dinge sich leidenschaftlich erregen sehen, die ihn beeindruckten unter den Wundern der Natur, unter den Werken der Menschen, an den Tugenden, an den Talenten, in den Schönen Künsten und überhaupt an allem, was ein Zeichen von Stärke, Anmut und Wahrheit trug, das würdig war, eine gefühlvolle Seele in Bewegung zu setzen. Besonders aber, und das habe ich bei keinem Menschen außer ihm bemerkt, hat er eine gleiche Anhänglichkeit für die Produkte seiner grausamsten Feinde, selbst derer, die seine Gedanken widerlegten, wenn er Schönheiten darin fand, die sein Herz rühren konnten, und genoß sie mit dem nämlichen Vergnügen, lobte sie mit dem nämlichen Eifer, als wenn seine Eigenliebe nicht im geringsten angegriffen, als wenn ihr Verfasser sein bester Freund gewesen wäre, und er entrüstete sich mit dem gleichen Eifer gegen die Ränke, die geschmiedet wurden, um mit dem Beifall des Publikums ihnen den Preis zu nehmen, der ihnen zukam. Sein großes Unglück ist, daß all dieses nie von Klugheit geleitet ist und daß er sich ungestüm der Bewegung überläßt, von der er hingerissen wird, ohne die Wirkung und die Folgen zu bedenken oder sich darum zu sorgen. Gemäßigt in Bewegung kommen ist eine Sache, die nicht in seiner Gewalt ist. Er muß Flamme oder Eis sein; ist er lau, so ist er nichts.

Endlich habe ich bemerkt, daß die Tätigkeit seiner Seele nicht von langer Dauer war, daß sie in dem Maße, wie sie lebhaft war, sich verkürzte, daß die Heftigkeit seiner Leidenschaften sie aufrieb, sie selbst verschlang, und daß sie nach starken und heftigen Ausbrüchen sich bald vernichteten und ihn in jene erste Starrheit zurückfallen ließen, die ihn ganz der Gewalt der Gewohnheit ausliefert und mir sein dauernder und natürlicher Zustand zu sein scheint.

Dies ist der abgekürzte Bericht über die Beobachtungen, aus welchen ich die Kenntnis seiner physischen Beschaffenheit gezogen habe und durch notwendige Folgerungen, die seine Aufführung in jedem Falle bestätigte, die seines wahren Charakters. Diese Beobachtungen und die übrigen, die mit ihnen im Verhältnis stehen, ergeben als Resultat ein gemischtes Temperament, das aus Elementen zusammengesetzt ist, die gegensätzlich scheinen: ein empfindliches Herz, glühend oder leicht entzündbar, ein dichtes und schweres Gehirn, dessen feste und grobe Teile nur durch eine heftige und anhaltende Bewegung des Blutes erschüttert werden können. Ich will nicht als Physiker diese anscheinenden Widersprüche auflösen, was kümmert mich das auch? Was mich kümmerte, war, mich von ihrer Wirklichkeit zu überzeugen, und das ist auch alles, was ich getan habe. Dieses Resultat aber bedarf, um in Ihren Augen in seinem ganzen Licht zu erscheinen, einiger Erklärungen, die ich hier hinzuzufügen versuchen werde.

Ich habe sehr oft gehört, wie man J.J., so wie Sie es oben taten, ein Übermaß an Reizbarkeit vorwarf und daraus die evidente Schlußfolgerung zog, daß er ein Ungeheuer sei. Dies ist insbesondere das Ziel eines neuen englischen Buches, welches den Titel führt: *Untersuchungen über die Seele*, wo man mit Hilfe ich weiß nicht wie vieler schöner anatomischer Erklärungen, die vollkommen schlüssig sind, beweist, daß es keine Seele gibt, weil der Verfasser am Ursprung der Nerven keine gesehen hat, und wo man als Prinzip aufstellt, daß die Reizbarkeit beim Menschen, und vor allem bei J.J. (was man immer mit darunter verstehen muß) die einzige Ursache seiner Laster und seiner Verbrechen ist, und daß er nach Maßgabe dieser Reizbarkeit böse ist, obgleich der Verfasser als Ausnahme von der Regel zugibt, daß diese Reizbarkeit zuweilen auch Tugenden hervorbringen kann. Ohne über die unparteiische Lehre des Chirurgen und Philosophen zu streiten, wollen wir versuchen, zuerst das Wort *Reizbarkeit* richtig zu verstehen, dem man aus Mangel genauer Begriffe jeden Augenblick ganz unbestimmte und oft ganz widersprüchliche Vorstellungen beilegt.

Die Reizbarkeit ist das Prinzip aller Handlung. Ein Wesen,

wäre es auch belebt, würde nicht handeln, wenn es nicht reizbar wäre, denn worin läge für es der Beweggrund zu handeln? Gott selbst ist reizbar, denn er handelt. Alle Menschen sind also reizbar, und vielleicht im nämlichen Grade, aber nicht in der nämlichen Art. Es gibt eine physische und organische Reizbarkeit, die, rein passiv, nichts zum Zweck zu haben scheint als die Erhaltung unseres Körpers und die Erhaltung unserer Art durch die Lenkungen, die Vergnügen und Schmerz uns geben. Es gibt eine andere Reizbarkeit, die ich tätig und sittlich nenne und die nichts anderes ist als das Vermögen, unsere Gefühle an Wesen zu heften, die uns fremd sind. Diese, von welcher das Studium der Nervenpaare keine Kenntnis verschafft, scheint in der Seele eine ziemlich deutliche Entsprechung zur Anziehungskraft der Körper zu sein. Ihre Kraft wirkt nach Maßgabe der Verhältnisse, die wir zwischen uns und anderen fühlen, und der Natur dieser Verhältnisse gemäß wirkt sie bald positiv durch Anziehung, bald negativ durch Abstoßung, wie ein Magnet durch seine Pole. Die positive oder anziehende Kraft ist das einfache Werk der Natur, die das Gefühl unseres Daseins auszudehnen und zu verstärken bemüht ist; die negative oder abstoßende, die das Gefühl für andere unterdrückt oder einschnürt, ist eine Verknüpfung, welche die Überlegung hervorbringt. Aus der ersten entspringen alle lieblichen, sanften Gefühle, aus der zweiten alle hassenswerten, grausamen Leidenschaften. Hier bitte ich Sie, mein Herr, sich aus unserem ersten Gespräch an den Unterschied, den wir zwischen Selbstliebe und Eigenliebe festsetzten, und an die Art zu erinnern, in welcher die eine und die andere auf das menschliche Herz wirken. Die positive Reizbarkeit leitet sich unmittelbar aus der Selbstliebe her. Es ist ganz natürlich, daß derjenige, der sich liebt, sein Wesen und seine Freuden auszudehnen sucht und durch Anhänglichkeit sich das zu eigen machen will, wovon er fühlt, daß es ein Gut für ihn sein wird: dies ist eine bloße Sache des Gefühls, in die die Überlegung nicht im geringsten eindringt. Sobald aber diese unbedingte Liebe in Eigenliebe ausartet und vergleichend wird, bringt sie die negative Reizbarkeit hervor, denn sobald man die Gewohnheit annimmt, sich mit anderen zu messen, sich außer sich selbst zu versetzen, um den ersten und den besten Platz sich zuzueignen, ist es unmöglich, nicht alles zu verabscheuen, was uns übertrifft, alles, was uns erniedrigt, alles, was uns einengt, alles, was dadurch, daß es etwas ist, uns hindert, alles zu sein. Die Eigenliebe ist immer gereizt und unzufrieden, weil sie will, daß jeder uns allem und sich selbst vorziehen soll, was nicht angeht. Sie wird durch Vorzüge gereizt, von denen sie fühlt, daß andere sie verdienen, wenn sie sie nicht erhalten werden, und sie wird durch Vorteile gereizt, die andere über uns erhalten, ohne sich durch die beruhigen zu lassen, die sie selbst dafür schadlos halten. Das Gefühl der Unterlegenheit in einer einzigen Hinsicht vergiftet das der Überlegenheit in tausend anderen, und man vergißt alles, was man mehr hat, um sich allein mit dem zu beschäftigen, was man weniger hat. Sie sehen, daß in all dem nichts ist, was die Seele bestimmen könnte, wohlwollend zu sein.

Wenn Sie mich fragen, woher diese Neigung, sich zu vergleichen, entsteht, die eine natürliche und gute Leidenschaft in eine andere gekünstelte schlimme Leidenschaft verwandelt, so werde ich Ihnen antworten, daß sie aus den geselligen Verhältnissen, aus dem Fortgang der Begriffe und der Bildung des Geistes entspringt. Solange man sich allein mit den unentbehrlichen Bedürfnissen beschäftigt und sich darauf einschränkt, nur das zu suchen, was uns wahrhaft nützlich ist, wirft man selten auf andere einen müßigen Blick. In dem Maße aber, wie die Gesellschaft sich durch das Band der wechselseitigen Bedürfnisse verengt, in dem Maße, wie der Geist sich ausdehnt, sich übt und erleuchtet, wird er tätiger, ergreift mehr Gegenstände, faßt mehr Verhältnisse, untersucht, vergleicht. Bei diesen häufigen Vergleichen vergißt er weder sich noch die ihm gleich sind, noch verliert er den Platz aus den Augen, den er unter ihnen zu haben verlangt. Wenn man einmal angefangen hat, sich in dieser Weise zu messen, hört man nie wieder auf, und das Herz weiß sich nun mit nichts mehr zu beschäftigen, als die ganze Welt unter uns herabzusetzen. Auch bemerkt man zur Bestätigung dieser Theorie gewöhnlich, daß Menschen, die Geist besitzen, besonders aber Gelehrte, unter allen Menschen die stärkste Eigenliebe haben und am wenigsten geneigt sind zu lieben, am meisten aber zu hassen.

Sie werden mir vielleicht sagen, nichts sei gewöhnlicher als von

Eigenliebe heherrschte Narren. Dies ist nur wahr, wenn man unterscheidet. Sehr oft sind die Toren eitel, aber selten sind sie eifersüchtig, denn weil sie sich gutgläubig den ersten Platz zugestehen, sind sie immer mit ihrem Los zufrieden. Ein Mann von Geist hat selten dasselbe Glück, er fühlt vollkommen, sowohl was ihm fehlt, als auch die Vorzüge, die ein anderer an Verdiensten oder an Talenten vor ihm haben kann. Er gesteht dies nur sich selbst, aber er fühlt es trotzdem, und dies ist es, was die Eigenliebe nicht verzeiht.

Diese Erläuterungen schienen mir notwendig, um Licht auf diese Bestimmung der Reizbarkeit zu werfen, die von den einen zu einem Lob und von den anderen zu einem Tadel gewendet wird, ohne daß weder die einen noch die anderen recht wissen, was sie damit sagen wollen, weil sie nicht eingesehen haben, daß es Arten der Leidenschaften gibt, die in ihrer Natur verschieden und sogar einander entgegengesetzt sind und die sich in dem nämlichen Individuum nicht vereinigen lassen. Wir wollen nun zur Anwendung übergehen.

J.J. erschien mir mit einem ziemlich hohen Grad von physischer Reizbarkeit begabt. Er hängt sehr von seinen Sinnen ab, und er würde noch weit mehr davon abhängen, wenn die moralische Reizbarkeit davon nicht oft ablenken würde, und sehr oft ist es der Fall, daß durch diese die andere ihn so lebhaft erregt. Schöne Töne, ein schöner Himmel, eine schöne Landschaft, ein schöner See, Blumen, Wohlgeruch, schöne Augen, ein sanfter Blick, alles dies wirkt nie so stark auf seine Sinne, als wenn es von irgendeiner Seite Eingang in seinem Herzen gefunden hat. Ich habe ihn fast einen ganzen Frühling hindurch alle Tage zwei Meilen zu Fuß gehen sehen, um in Berci die Nachtigall zu seiner Freude schlagen zu hören. Er brauchte Wasser, Grün, Einsamkeit und Wald, um seinem Ohr den Schlag dieses Vogels rührend zu machen, und das Land selbst würde weniger Reiz in seinen Augen haben, wenn er nicht die Sorgfalt der Mutter Natur wahrnähme, die so viel Freude daran findet, den Aufenthalt ihrer Kinder zu schmücken. Das Gemischte, welches in den meisten seiner Empfindungen ist, mäßigt sie, und indem es von denen, die bloß materiell sind, den verführerischen Reiz der übrigen absondert, so bringt er eine mäßigere Wirkung aller auf ihn hervor. So geht die Reizbarkeit, so lebhaft sie auch ist, doch nie ins Ungestüme über, und da er das, was er entbehren muß, weniger fühlt, als was er genießt, so könnte er sich in einem Sinne eher mäßig als nüchtern nennen. Indessen könnte gänzliche Enthaltsamkeit ihn Überwindung kosten, wenn die Einbildungskraft ihn peinigt, während Mäßigung in dem, was er einmal besitzt, ihn nichts kostet, weil die Einbildungskraft dann nicht mehr wirkt. Wenn er den Genuß liebt, so nur, nachdem er Verlangen empfunden hat, und er erwartet nicht das Ende des Verlangens, um aufzuhören, es genügt ihm schon, daß es abgekühlt ist. Sein Geschmack ist gesund, selbst fein, nie aber gesucht fein. Guter Wein und gute Kost gefallen ihm sehr, aber vorzüglich liebt er hierin das Einfache, das Gewöhnliche ohne viel Zubereitung, aber es muß in seiner Art ausgewählt sein, und bei keiner Sache gilt der Wert etwas bei ihm, den die bloße Seltenheit gibt. Er haßt feine Speisen und die zu sehr gesuchte Tafel. Sehr selten kommt Wildbret in sein Haus, und wäre er mehr Herr darin, so würde es nie hineinkommen. Seine Mahlzeiten und seine Feste haben nur einen Gang, der immer wieder aufgetragen wird, bis er zu Ende ist. Mit einem Wort, er ist vielleicht sinnlicher, als er sein sollte, aber er ist es nicht genug, um bloß das zu sein. Man spricht übel von denen, die es sind. Indessen folgen sie dem Trieb der Natur in seiner ganzen Einfachheit, der uns treibt, was uns schmeichelt, zu suchen, und was uns widersteht, zu fliehen. Ich sehe nicht, welches Übel eine solche Neigung hervorbringen kann. Der sinnliche Mensch ist der Naturmensch, der reflektierte Mensch ist der Mensch der Meinung, und dieser ist gefährlich. Jener könnte es nie sein, selbst wenn er in Ausschweifung verfiele. Es ist wahr, daß man das Wort Reizbarkeit auf den Gebrauch einschränken muß, den ich ihm gebe, und nicht auf jene Wollüstlinge, die ihre Sinnlichkeit eitel zur Schau tragen oder, um die Grenzen des Vergnügens zu überschreiten, in Verderbtheit ausarten oder in den Verfeinerungen der Schwelgerei weniger den Reiz des Vergnügens und Genusses als den der Besonderheit suchen und deswegen die Freuden verachten, die jedermann freistehen, und sich auf die einschränken, die den Neid des Volkes erregen.

J.J., obschon Sklave seiner Sinne, läßt sich aber doch nicht durch jede Wirkung auf die Sinne hinreißen, und wenn ein Gegenstand Eindruck auf ihn machen soll, so muß sich zu dem bloßen sinnlichen Gefühl noch ein besonderes Gefühl von Freude und Schmerz gesellen, welches ihn anzieht oder zurückstößt. So ist es auch mit den Begriffen, die sein Gehirn einnehmen können: wenn ihr Eindruck nicht bis ans Herz dringt, so wirkt er gar nichts. Nichts, was ihm gleichgültig ist, kann in seinem Gedächtnis bleiben, und kaum kann man von ihm sagen, er nehme das wahr, was er nur wahrnimmt. Daher kommt es, daß nie jemand auf der Welt so wenig neugierig auf die Geschäfte anderer war und auf das, was ihn in keiner Weise anging, wie er, noch irgend jemand ein so schlechter Beobachter, obgleich er lange Zeit ein sehr guter zu sein glaubte, weil er immer gut zu sehen meinte, wenn er nur lebhaft fühlte. Derjenige aber, der nur die Gegenstände sehen kann, die ihn berühren, bestimmt ihre Verhältnisse schlecht, und so fein auch der Tastsinn eines Blinden sein mag, so wird er ihm doch nie zwei gute Augen ersetzen. Kurz, alles, was nur die Neugierde reizt, sei es nun in den Künsten, sei es in der Welt oder in der Natur, setzt J.J. nicht in Versuchung und schmeichelt ihm nie, und freiwillig wird man ihn keinen Augenblick damit beschäftigt finden. Dies alles hat noch seinen Grund in der Trägheit des Denkens, die, da sie ihm in Ansehung seiner selbst schon hinderlich genug ist, es verhindert, daß gleichgültige Gegenstände ihn bewegen. Hieraus muß man auch die fortdauernde Zerstreuung erklären, die ihn in gewöhnlichen Unterhaltungen hindert, etwas von dem zu hören, was gesprochen wird, und die zuweilen bis an Stumpfsinn grenzt. Diese Zerstreuung rührt nicht daher, daß er an andere Dinge denkt, sondern daher, daß er an gar nichts denkt und die Last nicht ertragen kann, Dinge zu hören, die zu wissen ihm so wenig bedeutet: er scheint zerstreut, ohne es zu sein, und ist nichts anderes als ohne Gefühl und taub.

Daraus entstehen dann auch all die Unvorsichtigkeiten und Ungereimtheiten, die ihm so oft entwischen und die ihm mehr Schaden getan haben, als es die verhaßtesten Laster gekonnt hätten, denn diese Laster hätten ihn gezwungen, aufmerksam auf sich selbst zu sein, um sie den Augen anderer zu verbergen. Geschickte, falsche, bösartige Menschen sind immer auf ihrer Hut und geben sich in ihren Reden keine Blöße. Man ist weniger sorgfältig, seine schwache Seite zu verbergen, wenn man das Gute fühlt, das sie aufwiegt, und wenn man keine Gefahr läuft, sich so zu zeigen, wie man ist. Wo ist der tugendhafte Mann, an dem man kein Laster und keinen Fehler finden könnte, der, immer offen, nie tadelnswerte Dinge sagt oder tut? Der listige Mensch, der sich nur so darstellt, wie er gesehen sein will, scheint nichts Tadelnswertes zu tun und sagt nie etwas dergleichen, wenigstens nicht öffentlich. Aber mißtrauen wir den vollkommenen Leuten. Selbst unabhängig von den Betrügern, die ihn verunstalten, wäre J.J. schwerlich immer in dem Wert erschienen, den er hat, weil er diesen Wert nicht geltend zu machen weiß und seine Ungeschicklichkeit immer seine Fehler ins Spiel bringt. Das sind bei ihm die guten und schlechten Wirkungen der physischen Reizbarkeit.

Was die moralische Reizbarkeit betrifft, so habe ich keinen Menschen gekannt, der von ihr so unterjocht gewesen wäre, allein, dies muß richtig verstanden werden, denn ich habe bei ihm nur diejenige gefunden, die positiv wirkt, die in der Natur ihren Ursprung hat und die ich vorhin beschrieben habe. Das Bedürfnis seines Herzens nach Anhänglichkeit, das er mit mehr Eifer als Wahl befriedigte, hat das ganze Unglück seines Lebens verursacht. Aber obgleich er sehr oft und oft sehr lebhaft in Hitze gerät, habe ich bei ihm doch nie solche gezierten und konvulsivischen Vorführungen gesehen, nie diese Äffereien nach der Mode an ihm bemerkt, die man uns als Nervenkrankheiten verkauft. Seine Gemütsbewegungen zeigen sich, auch wenn er nicht in Wallung gerät: sie sind natürlich und einfach wie sein Charakter, und er ist unter allen diesen von Reizbarkeit Besessenen wie eine schöne Frau ohne Schminke, die mit ihrer natürlichen Farbe unter geschminkten Gesichtern blaß erscheint. Was die zurückstoßende Reizbarkeit anbelangt, die sich im gesellschaftlichen Leben steigert (und von der ich den lebhaften und raschen Eindruck des ersten Augenblicks unterscheide, der Zorn, nicht aber Haß hervorbringt, so habe ich keine Spuren davon bei ihm angetroffen, außer von der Seite, die mit dem moralischen Trieb zusammenhängt.

Das heißt, Haß gegen Ungerechtigkeit und Bosheit können ihm wohl den ungerechten und boshaften Menschen verhaßt machen, jedoch ohne daß sich in diesen Widerwillen etwas Persönliches mischt, das von der Eigenliebe herrührt. Nichts davon läßt sich an ihm als einem Schriftsteller und Gelehrten merken. Nie faßt eine Empfindung des Hasses oder der Eifersucht gegen irgendeinen Menschen im Grunde seines Herzens Wurzel. Nie hörte man ihn berühmte Männer verächtlich machen oder herabsetzen, um ihrem Ruf zu schaden. Nie in seinem ganzen Leben, selbst nicht während seiner kurzen Erfolge, hat er den Versuch gemacht, sich Parteien, Anhänger zu schaffen oder irgendwo als Erster glänzen zu wollen. In allen Gesellschaften, in welchen er gelebt hat, hat er immer andere den Ton angeben lassen, hat sich zuerst vor ihren Karren gespannt, weil er Verdienst bei ihnen wahrnahm und ihr Geist dem seinigen viel Mühe ersparte, so daß man in keiner dieser Gesellschaften je an die verschwenderischen Naturgaben gedacht hat, die ihm das Publikum jetzt verleiht, um Werkzeuge seiner Laster daraus zu machen. Und noch jetzt, lebte er unter Menschen, die man nicht vorher unterrichtet hätte und die deswegen nicht wüßten, daß er Bücher geschrieben hat, dessen bin ich sicher, so würden sie alle, weit entfernt, ihm die Fähigkeit dazu zuzugestehen, darin übereinstimmen, bei ihm weder Geschmack noch Berufung für dieses Geschäft zu finden.

Dieses nämliche feurige und sanfte Naturell macht sich beständig in allen seinen Schriften wie in seinen Reden bemerkbar. Weder sucht er, noch vermeidet er, von seinen Feinden zu sprechen. Spricht er von ihnen, so geschicht es mit Stolz, ohne Verachtung, mit Witz ohne Galle, mit Vorwürfen ohne Bitterkeit, mit Offenherzigkeit ohne Bosheit. Ebenso spricht er von den Nebenbuhlern seines Ruhms mit einem Lob ihrer Verdienste, in dem sich kein Gift verbirgt, und das kann man gewiß nicht von denen sagen, die ihn zuweilen loben. Was ich aber als etwas für einen Schriftsteller, ja selbst für einen Menschen, der reizbar ist, äußerst Seltenes bei ihm wahrgenommen habe, ist eine vollkommene Toleranz der Gesinnungen und der Meinungen, eine gänzliche Entfernung vom Parteigeist, selbst wenn dieser zu seinen Gunsten spricht. Er will freimütig seine Meinung und seine Gründe vortragen, sobald die Sache es erfordert, selbst Leidenschaft hineinmischen, wenn sich sein Herz erhitzt, aber er wird nie jemanden tadeln, der nicht seiner Meinung ist, da er nicht ertragen kann, daß man sie ihm nehmen will, und er wird jedem die nämliche Freiheit im Denken lassen, die er für sich selbst verlangt. Ich höre die ganze Welt von Toleranz sprechen und habe noch niemanden getroffen, der sie übte, als ihn allein.

Endlich kann die Art von Reizbarkeit, die ich bei ihm angetroffen habe, diejenigen, die sie beherrscht, kaum weise, aber sehr unglücklich machen, und sie läßt sie auch nicht zu Hitzköpfen oder zu Ungeheuern werden. Sie macht nur Menschen aus ihnen, die nicht folgerichtig sind und oft mit sich im Widerspruch stehen, wenn sie wie dieser ein lebhaftes Herz mit einem trägen Geist vereinen und anfangs nur ihren Neigungen folgen und schließlich zurückgehen wollen, aber dazu ist es dann zu spät, wenn ihre zu langsame Vernunft sie endlich darauf aufmerksam macht, daß sie sich verirrt haben.

Dieser Widerspruch zwischen den Grundelementen seiner Gemütsbeschaffenheit läßt sich in den meisten Eigenschaften sehen, die daraus entspringen, so wie man ihn in seinem ganzen Betragen gewahr wird. In seinen Handlungen ist wenig Folgerichtigkeit, weil seine natürlichen Bewegungen und seine durchdachten Entwürfe ihn nie auf derselben Bahn führen, die ersteren ihn vielmehr immer von dem Wege, den er sich selbst vorgeschrieben hat, ablenken und er also trotz aller Bemühungen doch nicht vorwärtskommt. Es gibt nichts Großes, Schönes, Edles, zu dem er nicht im schnellen Aufwallen fähig wäre, aber er ermüdet sehr bald und fällt in seine Trägheit zurück; vergebens hat sein Mut für Augenblicke schöne, edle Handlungen im Blick, Faulheit und Schüchternheit, die bald darauf folgen, halten den Mut zurück, vernichten ihn, und so kam es, daß er ungeachtet seiner oft erhabenen und großen Gesinnungen in seinen Handlungen immer klein und unbedeutend blieb.

Wollen Sie also seine Aufführung und seine Sitten gründlich kennenlernen? Erforschen Sie seine Neigungen und seinen Geschmack, diese Kenntnis wird Ihnen die anderen vollkommen verschaffen, denn nie richtete ein Mensch sein Tun und Lassen weniger nach Grundsätzen und Regeln und folgte blinder seinen Neigungen. Klugheit, Überlegung, Vorsicht, Blick in die Zukunft, alles das sind für ihn nur Worte ohne Wirkung. Kommt er in Versuchung, so unterliegt er, ist kein Reiz da, so bleibt er in seiner Schläfrigkeit. Hieraus sehen Sie, daß seine Aufführung ungleichmäßig und sprunghaft sein muß, für Augenblicke ungestüm und fast immer weich oder nichts. Er geht nicht, er springt auf und fällt auf denselben Platz zurück, seine Geschäftigkeit selbst dient zu nichts weiter, als ihn dorthin zurückzubringen, von wo die Kraft der Dinge ihn fortgezogen hat, und wenn er nicht von seinem mächtigsten Verlangen angetrieben würde, so bliebe er immer unbeweglich. Kurz, nie gab es ein Wesen, das reizbarer für Gefühle und weniger zum Handeln geschaffen war.

J.J. hat nicht immer die Menschen geflohen, aber er hat immer die Einsamkeit geliebt. Er fand Freuden bei den Freunden, die er zu haben glaubte, aber in sich selbst fand er noch mehr Freuden. Er liebte ihre Gesellschaft, aber er hatte zuweilen das Bedürfnis, sich zu sammeln, und vielleicht wäre sein Wunsch noch eher gewesen, immer allein, als immer mit ihnen zu leben. Seine Neigung für den Roman *Robinson* hat mich das Urteil fällen lassen, daß er sich nicht für so unglücklich gehalten hätte wie jener, wenn er auf seine unbewohnte Insel beschränkt gewesen wäre. Für einen reizbaren Menschen, der keinen Stolz und keine Eitelkeit kennt, ist das Leben allein in einer Wüste weit weniger grausam und weit erträglicher, als wenn er unter seinesgleichen allein leben muß. Übrigens, obgleich diese Neigung für das zurückgezogene und einsame Leben gewiß nichts Böses und Menschenfeindliches hat, ist es doch so sonderbar, daß ich diese Neigung in diesem Grade nur bei ihm allein gefunden habe, und man müßte entweder ganz genau die Ursache derselben entwickeln oder dem entsagen, den Menschen gut kennenzulernen, an dem ich sie bemerkt habe.

Ich habe gleich anfangs bemerkt, daß die gewöhnlichen Gesellschaften, in denen scheinbare Vertraulichkeit und wirkliche Zurückhaltung herrschen, ihm nicht angemessen sein konnten. Die Unmöglichkeit, seiner Sprache etwas Schmeichelhaftes zu geben und die Bewegungen seines Herzens zu verbergen, benachteiligte ihn ungeheuer gegenüber den anderen Menschen, die das, was sie fühlen und was sie sind, zu verbergen wissen und sich bloß so zeigen, wie es ihnen beliebt, daß man sie sehe. Nur eine vollkommene Innigkeit vermochte Gleichheit zwischen ihnen und ihm hervorzubringen. Wenn er aber auch seine Innigkeit beitrug, so trugen sie nur Schein bei. Von seiner Seite war es unvorsichtig und von ihrer Seite hinterlistig, und als er diesen Betrug, dessen Opfer er war, einmal bemerkte, mußte er sich für immer von ihnen entfernt halten.

Da er sich nun also der Annehmlichkeiten der menschlichen Gesellschaft beraubt sah, was hat er an seine Stelle gesetzt, das ihn dafür entschädigen und ihn diesen neuen Zustand dem anderen trotz seiner Unannehmlichkeiten vorziehen lassen konnte? Ich weiß sehr wohl, daß der Lärm der Welt liebevolle und zärtliche Herzen scheu macht, daß sie sich in der Menge verschließen und einengen, daß sie sich untereinander erweitern und ergießen, daß es keine wahre Ergießung des Herzens als unter vier Augen gibt, daß endlich diese köstliche Innigkeit, die den wahren Genuß der Freundschaft ausmacht, sich nicht anders als in der Zurückgezogenheit bilden und nähren kann, aber ich weiß auch, daß eine gänzliche Einsamkeit ein trauriger Zustand ist, der der Natur widerspricht: leidenschaftliches Gefühl belebt die Seele, Mitteilung der Gedanken erweckt den Geist. Unser süßestes Dasein ist relativ und kollektiv, und unser wahres *Ich* ist nicht ganz in uns. Kurz, der Mensch in diesem Leben ist so eingerichtet, daß man nie zum rechten Genuß seiner selbst ohne Zutun anderer gelangen kann. Der einsame J.J. sollte also düster, schweigsam sein und immer unzufrieden zu leben. So erscheint er in der Tat in allen seinen Bildnissen, und so hat man ihn mir immer seit seinem Mißgeschick gemalt, man läßt ihn sogar in einem gedruckten Brief selbst sagen, daß er nur zweimal in seinem Leben gelacht habe, und er führt diese beiden Fälle an, beide Male war es ein Lachen aus Bosheit. Man hat mir aber ehedem ganz andere Dinge über ihn gesagt, und ich habe ihn selbst ganz anders gesehen, sobald er sich mit mir wohl fühlte. Besonders war ich erstaunt, daß ich ihn nie so heiteren Geistes und so froh gesehen habe, als wenn man ihn allein und in Ruhe gelassen hatte oder wenn er von seinen einsamen Spaziergängen zurückkehrte, außer wenn ihn etwa ein

Schmeichler angesprochen hatte. Seine Unterhaltung war dann offener und sanfter als gewöhnlich bei einem Menschen, der eine frohe Empfindung gehabt hat. Womit beschäftigte er sich also ganz allein, er, der zum Gelächter und Abscheu seiner Zeitgenossen geworden war und der in seinem traurigen Schicksal nur Grund zu Tränen und Verzweiflung erblickt?

O Vorsehung! O du Natur, Schatz des Armen, Reichtum der Unglücklichen! Wer eure heiligen Gesetze fühlt und kennt und sich ihnen anvertraut, wessen Herz friedlich ist und wessen Körper nicht leidet, der ist, dank euch, nicht ganz ein Raub der Widrigkeiten. Trotz aller Komplotte der Menschen, trotz der Erfolge der Bösen kann er nicht ganz elend sein. Von grausamen Händen aller Güter dieses Lebens beraubt, entschädigt ihn die Hoffnung auf die Zukunft, und die Einbildungskraft gibt ihm diese Güter im Augenblick zurück: Glückliche Erdichtungen ersetzen ihm ein wirkliches Glück, ja, was sage ich, er allein ist gründlich glücklich, weil die irdischen Güter jeden Augenblick auf tausenderlei Art dem entgleiten können, der sie zu besitzen glaubt. Aber nichts kann die Güter der Einbildungskraft dem rauben, der sie zu genießen weiß. Er besitzt sie ohne Furcht und Gefahr, das Glück und die Menschen können ihn nicht darum betrügen.

Schwache Zuflucht, werden Sie sagen, Visionen gegen ein großes Unglück! Mein Herr, diese Visionen haben vielleicht mehr Wirkliches als alle scheinbaren Güter, von denen die Menschen so viel Aufhebens machen, weil diese niemals ein wahres Gefühl von Glück in die Seele tragen und weil die, die sie besitzen, ebensogut gezwungen sind, sich in die Zukunft zu versetzen, weil sie im Gegenwärtigen keine Freuden und Genuß finden, die sie befriedigen.

Wenn man Ihnen erzählte, daß ein Sterblicher, der im übrigen sehr unglücklich war, dennoch gewöhnlich jeden Tag fünf oder sechs Stunden in den angenehmsten Gesellschaften zubringt, die aus gerechten, aufrichtigen, fröhlichen, liebenswürdigen Menschen besteht, die einfach und einsichtsvoll, sanft und tugendhaft sind, reizende und kluge Frauen, die Gefühl und Anmut haben, bescheiden sind ohne Gezwungenheit, witzig, ohne leichtfertig zu sein, die sich des Einflusses ihres Geschlechts und der Macht ihrer

Reize nur bedienen, um unter den Männern das Streben nach großen Dingen und Eifer für die Tugenden zu nähren; daß dieser Sterbliche gekannt, geachtet, geliebt in diesen auserwählten Gesellschaften, dort mit allem, was zu ihnen gehört, in Vertrauen, in Anhänglichkeit und Innigkeit lebt, daß er dort verläßliche Freunde, treue Geliebte und, was vielleicht noch wertvoller ist, zarte und verläßliche Freundinnen hat, soviel er will. Glauben Sie nicht, daß die Hälfte jedes so verbrachten Tages die Leiden der anderen Hälfte völlig aufwiegen kann? Das immer gegenwärtige Andenken eines so sanften Lebens und die gewisse Hoffnung der nahen Rückkehr desselben sollte doch wohl die Bitterkeit der übrigen Stunden versüßen, und glauben Sie wohl, daß der glücklichste Mensch auf Erden im selben Zeitraum alles in allem mehr süße Augenblicke zählen kann? Was mich anbetrifft, so denke ich, und sicher werden Sie mir beistimmen, daß dieser Mensch, ungeachtet seiner Leiden sich schmeicheln könnte, daß er auf diese Weise ein ebenso glückliches und genußvolles Leben durchlebt wie irgendein anderer Sterblicher, wer es auch sein mag. Und dies, mein Herr, ist der Zustand J.J.'s mitten in seinen Trübsalen und Erdichtungen, jenes J.J., der so grausam, so hartnäckig, so unverdient angeschwärzt, entehrt, um seinen Ruf gebracht wurde, und den seine schlauen und mächtigen Verfolger mit Sorgen, Bemühungen und unglaublichen Kosten schon seit langer Zeit, ohne nachzulassen, zum elendesten aller Wesen zu machen versuchen. Bei allen ihren Erfolgen entwischt er ihnen, entflieht in ätherische Regionen und lebt dort ihnen zum Trotz glücklich, und mit allen ihren Ränken werden sie ihn nie bis dahin verfolgen.

Die Menschen, die der Eigenliebe und ihrem traurigen Gefolge ergeben sind, kennen den Reiz und die Wirkung der Einbildungskraft nicht mehr. Sie verkehren den Nutzen dieses tröstenden Vermögens, und anstatt sich seiner zu bedienen, um das Gefühl ihrer Übel zu erleichtern, brauchen sie es nur, um diese zu erregen. Mehr mit den Gegenständen beschäftigt, die sie verwunden, als mit denen, die ihnen schmeicheln, sehen sie allenthalben Gegenstände des Leidens, behalten immer eine gewisse trübselige Erinnerung, und wenn sie dann in der Einsamkeit über das nachdenken, was den meisten Eindruck auf sie gemacht hat, so erfüllen ihre zerfressenen Herzen ihre Einbildungskraft mit tausend widrigen Gegenständen. Wettbewerb, Bevorzugungen, Eifersucht, Rivalität, Beleidigungen, Rache, Unzufriedenheit jeder Art, Ehrgeiz, Wünsche, Unternehmungen, Mittel, Hindernisse füllen die wenigen Stunden ihrer Erholung mit beunruhigenden Vorstellungen, und wenn einmal ein angenehmes Bild hoffnungsvoll vor ihnen zu erscheinen wagt, so wird es durch hundert schmerzhafte Bilder ausgelöscht oder verdunkelt, die den Zweifel am glücklichen Ausgang bald an dessen Stelle zu setzen weiß.

Der aber, der aus dem engen Kerker des persönlichen Interesses und der kleinen irdischen Leidenschaften ausbricht, sich auf den Flügeln der Einbildungskraft über den Dunstkreis der Erde erhebt, der, der ohne seine Kräfte und Fähigkeiten im Streit gegen das Glück und das Schicksal zu erschöpfen sich in ätherische Gegenden versetzen, dort in erhabenen Betrachtungen sich ergehen und sich halten kann, der kann von dort aus die Schläge des Schicksals und die sinnlosen Urteile der Menschen verlachen. Er ist über ihre Angriffe erhaben, er hat ihre Stimmen nicht nötig, um weise, noch bedarf er ihrer Gunst, um glücklich zu sein. Kurz, die Macht der Einbildungskraft und ihr Einfluß auf uns ist so groß, daß aus ihr nicht allein Tugenden und Laster, sondern auch die Güter und die Übel des menschlichen Lebens entspringen, und es ist vorzüglich die Art, wie man sich ihr überläßt, die die Menschen rechtschaffen oder schlecht, glücklich oder unglücklich hienieden macht.

Ein Herz voller Tätigkeit und ein träges Naturell müssen den Geschmack an der Träumerei eingeben. Dieser Geschmack dringt ein und wird, wenn ihn die Einbildungskraft nur im geringsten unterstützt, zur lebendigen Leidenschaft. Dies geschieht sehr oft bei den Orientalen, und es ist J.J. geschehen, der ihnen in vieler Hinsicht gleicht. Seinen Sinnen zu sehr unterworfen, um in den Spielen seiner Einbildungskraft ihr Joch abwerfen zu können, würde er sich nicht ohne Mühe zu rein abstraktem Nachdenken erheben können, und er würde sich nicht lange darin halten. Aber diese Schwäche des Verstandes ist ihm vielleicht viel vorteilhafter, als es ihm ein philosophischerer Kopf wäre. Die Unterstützung fühlbarer Gegenstände macht seine Meditationen weniger trocken, macht sie sanfter, täuschender und mehr ihm selbst zu eigen. Die Natur kleidet sich für ihn in die reizendesten Gestalten, malt sich seinen Augen in den lebhaftesten Farben und bevölkert sich zu seinem Nutzen mit Wesen, die nach seinem Herzen sind. Was ist das Tröstlichste im Unglück: tiefe Vorstellungen, die ermüden, oder lachende Erscheinungen, die den erfreuen und entzücken, der sich im Schoß der Glückseligkeit ihnen überläßt? Er vernünftelt weniger, das ist wahr, aber er genießt mehr. Er verliert keinen Augenblick, den er genießen kann, und sobald er allein ist, ist er glücklich.

Die Träumerei, so sanft sie sein mag, erschöpft und ermüdet auf die Dauer, sie bedarf der Erholung. Diese findet man, wenn man den Kopf ruhen läßt und allein seine Sinne den Eindrücken der äußeren Gegenstände überläßt. Das unbedeutendste Schauspiel hat dann seine Anmut durch die Ruhe, die es uns verschafft, und wenn sein Eindruck nicht ganz und gar unwirksam ist, so ist die leichte Bewegung, die er in uns hervorbringt, völlig hinreichend, uns vor einem schläfrigen Erstarren zu bewahren und in uns das Vergnügen des Daseins zu nähren, ohne von unseren Kräften Anstrengung zu verlangen. Der betrachtende J.J., der zu jeder anderen Zeit so wenig aufmerksam auf die Gegenstände ist, die ihn umgeben, bedarf dieser Art der Ruhe zuweilen sehr und genießt sie alsdann mit einer kindlichen Empfindung, von der unsere Weisen sich kaum einen Begriff machen können. Er nimmt nichts wahr als irgend eine Bewegung in seinem Ohr oder vor seinen Augen, aber das ist für ihn auch genug. Nicht bloß ein Jahrmarktsaufzug, eine Parade, eine Übung, eine Prozession unterhalten ihn, sondern ein Kran, eine Winde, ein Fallhammer, das Spiel irgend einer Maschine, ein Schiff, das vorbeifährt, eine Mühle, die sich dreht, Boulespieler oder Schlagballspieler, ein fließender Bach, ein fliegender Vogel ziehen seine Blicke auf sich. Selbst bei Schauspielen, die ohne Bewegung sind, hält er sich auf, wenn nur irgend etwas von Veränderung darin vorgeht. Auslagen von unbedeutenden Waren, aufgeschlagene alte Bücher an den Quais, deren Titel er nur liest, Bilder an den Mauern, an denen er mit stumpfem Blick vorbeigeht, alles das hält ihn auf und macht ihm Freude, wenn seine ermüdete Einbildungskraft der Ruhe bedarf. Aber unsere heutigen Weisen, die ihm nachgehen und all dieses Gegaffe ausspionieren, ziehen nach ihrer Art Schlüsse auf die Beweggründe seiner Aufmerksamkeit und beziehen sie immer auf den liebenswürdigen Charakter, mit dem sie ihn so sorgfältig beschenkt haben. Ich sah ihn eines Tages sehr lange vor einem Kupferstich sich aufhalten. Einige junge Leute, die unruhig wurden, zu wissen, was ihn so stark beschäftigte, die aber wider Erwarten höflich genug waren, sie nicht zwischen ihn und den Gegenstand zu stellen, warteten mit einer lächerlichen Ungeduld. Sobald er den Ort verließ, liefen sie zu dem Kupferstich und fanden, daß es der Plan der Belagerung der Festung Kehl war. Ich sah sie hernach lange und lebhaft in einem hitzigen Gespräch, von dem ich soviel vernahm, daß sie ihren Scharfsinn damit beschäftigten, zu entdecken, welches Verbrechen man wohl im Sinn haben könnte, wenn man den Plan der Belagerung der Festung Kehl betrachtete.

Dies, mein Herr, ist eine große Entdeckung, und ich habe mich ihretwegen glücklich gepriesen, denn ich sehe sie als den Schlüssel zu allen übrigen Sonderbarkeiten dieses Menschen an. Von diesem Hang zu sanften Träumereien habe ich seinen ganzen Geschmack, seine Neigungen, alle Gewohnheiten J.J.'s, selbst seine Laster und die Tugenden, die er haben kann, sich herleiten sehen. Er hat kaum soviel Zusammenhang in seinen Begriffen, um wirkliche Projekte zu bilden, aber durch die lange Betrachtung eines Gegenstandes entflammt, faßt er zuweilen in seinem Zimmer starke und feste Entschlüsse, die er vergißt oder fahren läßt, ehe er auf die Straße gekommen ist. Alle Stärke seines Willens erschöpft sich im Entschluß, zur Ausführung hat er keine mehr übrig. Alles folgt bei ihm aus einer ersten Inkonsequenz. Der nämliche Widerspruch, der zwischen den Elementen seiner Konstitution herrscht, findet sich auch in seinen Neigungen, in seinen Sitten, in seiner Aufführung. Er ist tätig, warm, arbeitsam, unermüdlich; er ist träge, faul, ohne Festigkeit; er ist stolz, kühn, verwegen, er ist furchtsam, schüchtern, verlegen; er ist kalt, verachtend, bis zur Härte widerstrebig; er ist sanft, schmeichelnd, bis zur Schwachheit leicht und weiß sich nicht zu erwehren, wenn er etwas tun oder leiden soll, was ihm gerade am meisten mißfällt. Mit einem Wort, er geht von einem Extrem zum anderen mit einer unglaublichen Schnelligkeit über, ohne diesen Übergang selbst zu bemerken oder sich an das zu erinnern, was er im Augenblick vorher war, und, um diese verschiedenen Wirkungen auf ihre Grundursachen zurückzuführen, er ist träge und nachgiebig, solange die bloße Vernunft ihn in Bewegung bringt, und wird ganz Feuer, sobald er durch irgendeine Leidenschaft erregt wird. Sie werden mir sagen, daß alle Menschen so sind. Ich denke das Gegenteil, und Sie würden selbst nicht anders denken, wenn ich das Wort *Interesse* anstelle des Wortes *Vernunft* gebraucht hätte, welches hier im Grunde dasselbe bedeutet. Denn was ist die praktische Vernunft, wenn nicht das Opfer eines gegenwärtigen und vorübergehenden Gutes für Mittel, sich eines Tages größere oder sicherere Güter zu verschaffen, und was ist das Interesse anderes als die Vermehrung und die fortdauernde Ausdehnung dieser nämlichen Mittel? Der eigennützige Mensch denkt weniger daran, zu genießen, als die Mittel des Genusses zu vermehren. Eigentlich hat er keine Leidenschaften, so wenig wie der Geizige, oder er übersteigt sie und arbeitet mit einem außerordentlichen Vorblick in die Zukunft daran, sich in den Stand zu setzen, die Leidenschaften zu befriedigen, die ihm einst kommen könnten. Die wahren Leidenschaften, die viel seltener unter den Menschen sind als man denkt, werden es täglich noch mehr, der Eigennutz nutzt sie ab, schwächt und verschlingt sie alle, und die Eitelkeit, die nur eine Torheit der Eigenliebe ist, hilft sie vollends ersticken. Die Devise des Barons von Feneste kann man mit großen Buchstaben über alle Handlungen unserer heutigen Menschen schreiben: *Um zu scheinen.* Diese zur Gewohnheit gewordenen Neigungen lassen den wahren Herzensgefühlen wenig Raum, sich auszubreiten.

Was J.J. betrifft, der eines folgernden Blicks in die Zukunft nicht fähig ist und sich ganz jeder Empfindung überläßt, die ihn erregt, weiß selbst, während sie dauert, nicht einmal, daß sie aufhören kann, ihn zu bewegen. An seinen eigenen Nutzen, das ist an die Zukunft, denkt er nur, wenn er in vollkommener Ruhe ist, aber er verfällt dann in eine so starke Untätigkeit, daß es ebensogut sein könnte, er dächte gar nicht daran. Man kann wohl im Gegensatz zu jenen Leuten im Evangelium und zu denen unserer Tage sagen: Wo sein Herz ist, da ist auch sein Schatz. Kurz, seine Seele ist entweder übertrieben stark oder schwach, je nach den Verhältnissen, unter denen man sie betrachtet. Seine Kraft liegt nicht in der Handlung, sondern in dem Widerstand, alle Mächte des Erdkreises würden die Richtung seines Willens nicht einen Augenblick verändern. Die Freundschaft allein hätte Macht genug, ihn abzulenken, allem übrigen hält er stand. Seine Schwachheit besteht nicht darin, daß er sich von seinem Ziel ablenken läßt, sondern darin, daß er nicht Kraft genug hat, es zu erreichen, und daß er von dem ersten Hindernis, auf das er stößt, so leicht es auch zu übersteigen ist, sich aufhalten läßt. Urteilen Sie, ob solche Anlagen ihn geschickt machen, in der Welt seinen Weg zu gehen, wo man jetzt nur im Zickzack sich bewegt.

Von seiner Kindheit an hat alles dazu beigetragen, seine Seele von den Orten, die sein Körper bewohnte, loszubinden, um sie in jene ätherischen Gegenden, von denen ich vorhin redete, zu erheben und dort zu befestigen. Plutarchs berühmte Männer waren seine erste Lektüre in einem Alter, in dem die wenigstens Kinder schon lesen können. Die Spuren dieser Männer des Altertums machten einen Eindruck auf ihn, der nicht mehr verlöschen sollte. Dieser Lektüre folgte die der *Cassandre* und der alten Romane, die seinen römischen Stolz dämpften und dieses keimende Herz all den zärtlichen und erweiternden Empfindungen öffneten, zu denen es schon zu sehr geneigt war. Von der Zeit an machte er sich von den Menschen und vom gesellschaftlichen Leben romantische und falsche Begriffe, von denen so viele widrige Erfahrungen ihn nicht gänzlich geheilt haben. Da er nichts um sich her fand, was diese Vorstellungen zur Wirklichkeit bringen konnte, so verließ er als Jüngling sein Vaterland und warf sich mit viel Zutrauen in die Welt, um Aristides, Lykurg und Astrée dort zu suchen, von denen er sie bevölkert glaubte. Er verlebte sein Leben damit, sein Herz denen zu öffnen, die er offen glaubte, um es aufzunehmen, zu glauben, daß er gefunden hätte, was er suchte, und sich zu täuschen. Während seiner jüngeren Jahre fand er gute und einfache Seelen, denen aber Wärme und Nachdruck fehlte. Im reiferen Alter fand er lebhafte, erleuchtete feine Geister, aber sie waren falsch, doppelzüngig und böse, sie schienen ihn zu lieben, solange sie den ersten Platz hatten, aber sobald sie sich im Schatten sahen, bedienten sie sich seines Zutrauens nur, um ihn mit Schande und Unglück zu überhäufen. Endlich, da er sich zum Gelächter und Spielball seines Jahrhunderts herabgesunken sah, ohne zu wissen, wie oder warum, sah er ein, daß er, im öffentlichen Haß alt geworden, von den Menschen nichts mehr zu erwarten hatte, und da er sich zu spät von den Täuschungen überzeugte, die ihn so lange irregeführt hatten, so überließ er sich ganz denen, die er täglich in Wirklichkeit wandeln konnte, und endigte damit, daß er sein Herz mit seinen Phantasien nährte, ein Herz, das von jeher von dem Bedürfnis zu lieben verzehrt worden war. All sein Geschmack, all seine Leidenschaften haben also ihren Gegenstand in einer anderen Sphäre. An die unsrige hängt dieser Mensch unter allen Sterblichen, die mir bekannt sind, sich am wenigsten. Dadurch kann man sich freilich nicht bei denen beliebt machen, die sie bewohnen und die, da sie fühlen, daß sie von der ganzen Welt abhängen, auch wollen, daß die ganze Welt von ihnen abhängen soll.

Die Begebenheiten seines Lebens hätten ihm genug Ursache geben können, die Menge zu fliehen und die Einsamkeit zu suchen. Auch die natürlichen Gründe seiner Leibes- und Gemütsbeschaffenheit hätten ganz allein die nämliche Wirkung hervorbringen müssen. Urteilen Sie, ob er bei dem Zusammenwirken dieser verschiedenen Ursachen dem entgehen konnte, zu werden, was er jetzt ist. Um diese Notwendigkeit besser einzusehen, wollen wir alle Tatsachen einen Augenblick entfernen, als bekannt nur das Temperament annehmen, das ich Ihnen beschrieben habe, und sehen, was natürlicherweise bei einem Wesen, von dem wir keine anderen Begriffe haben, daraus entstehen würde.

Mit einem gefühlvollen Herzen und einer sehr lebhaften Einbildungskraft begabt, aber langsam im Denken, schwer nur fähig, seine Gedanken, noch weniger seine Worte zu ordnen, wird er jede Situation fliehen, die ihm unbequem, und jede suchen, die ihm angenehm ist, er wird in dem Gefühl seiner Vorzüge Vergnügen finden, er wird ganz nach seiner Willkür seine süßen Träumereien genießen, aber er wird den starken Widerwillen zeigen, seine Torheiten in Gesellschaften auszukramen, und die unnütze Anstrengung, immer aufmerksam zu sein auf alles, was gesagt wird, immer den Geist gegenwärtig und gespannt zu haben, um darauf zu antworten, wird ihm die gleichgültigen Gesellschaften so ermüdend wie unangenehm machen. Gedächtnis und Überlegung werden diesen Widerwillen noch verstärken, indem sie ihn nachträglich eine Menge Dinge werden einsehen lassen, die er nicht gleich verstanden hat, auf die zu antworten er im Augenblick gezwungen war und die er aus Mangel an Zeit, darüber nachzudenken, verkehrt beantwortete. Geboren aber für die wahre Anhänglichkeit, wird die Gesellschaft der Herzen und die Innigkeit derselben einen großen Wert für ihn haben, und er wird sich um so wohler mit seinen Freunden fühlen, weil er, von ihnen gut gekannt oder wenigstens in dem Glauben, es zu sein, nicht zu fürchten braucht, daß man ihn nach den Torheiten beurteilt, die ihm in dem reißenden Geschwätz der Unterhaltung entwischen können. Auch wird sich das Vergnügen, ausschließlich mit ihnen zu leben, in Blicken und Betragen sehr deutlich darstellen, die Ankunft aber eines unvermutet Hinzutretenden wird sogleich sein Zutrauen und seine Heiterkeit verscheuchen.

Ein solches Wesen, wenn es seinen inneren Wert kennt, wird durch das Gefühl seiner äußeren unüberwindlichen Trägheit manchmal Verdruß gegen sich selbst empfinden und manchmal gegen die, die es zwingen, sich bloßzustellen. Ihm wird der ganze Schwall der Komplimente ein Ekel sein, die nur in der Kunst bestehen, sich selbst welche zuzuziehen und einen Wortstreit hervorzurufen, eine Kunst, deren sich hauptsächlich die Weiber bedienen, und die sie sehr lieben, weil sie des Vorteils sicher sind, der ihnen daraus entspringen muß. Demzufolge wird unser Held, so viel Gefühl er auch für Zärtlichkeit haben mag, so viel Anziehendes auch das weibliche Geschlecht natürlich für ihn haben mag, den gewöhnlichen Umgang mit demselben nicht ertragen können, wo ein beständiger Tribut an Höflichkeitsbezeigungen gezollt werden muß, den zu leisten er sich außerstande findet. Er wird vielleicht ebensosehr wie ein anderer die Sprache der Liebe unter vier Augen sprechen, aber weit schlechter als irgend einer, wer es auch sei, die Sprache der Galanterie in einem Zirkel.

Die Menschen, die über andere nur nach dem urteilen können, was sie an ihnen wahrnehmen, werden nichts als Mittelmäßiges und Gewöhnliches an ihm finden und werden ihn unter Wert schätzen. Seine dann und wann belebten Augen würden vergebens versprechen, was er außerstande wäre zu halten. Vergebens würden sie zuweilen von einem Feuer blitzen, das von dem Feuer des Geistes sehr verschieden wäre. Die, die nur dieses kennen und es nicht bei ihm finden, würden die Untersuchung nicht weiter fortsetzen und, indem sie nach diesem Schein urteilten, würden sie sagen: Er ist nur ein Abbild eines geistvollen Menschen, aber das Urbild eines Narren. Selbst seine Freunde könnten sich über sein Maß täuschen wie andere, und wenn dann irgend ein unversehner Zufall sie zwänge, mehr Geist und Fähigkeit bei ihm anzuerkennen, als sie ihm anfangs zugetraut hatten, so würde ihre Eigenliebe ihren ersten Fehler in Ansehung seiner nicht verzeihen, und sie könnten ihn ihr ganzes Leben hassen, bloß deswegen, weil sie ihn nicht gleich richtig einzuschätzen gewußt haben.

Dieser Mann nun, trunken von den Betrachtungen der Reize der Natur, seine Einbildung erfüllt von Mustern der Tugend, der Schönheit, der Vollkommenheit jeder Art würde lange in der Welt suchen, bis er all das finden würde. Die Heftigkeit seines Wunsches würde ihn oft zu dem Glauben verleiten, daß er gefunden hätte, was er suchte, der geringste Schein würde ihm als wirkliche Eigenschaften gelten, das geringste Zeugnis würde ihm Beweise ersetzen, in allen seinen Anhänglichkeiten würde er immer das Gefühl zu finden glauben, das er selbst hineinlegte; immer in seiner Erwartung betrogen und immer seiner Täuschung schmeichelnd, würde er seine Jugend in dem Gedanken zubringen, die Wirklichkeit seiner Hirngespinste gefunden zu haben, kaum würden reifes Alter und Erfahrung sie ihm so darstellen, wie sie wirklich sind, und trotz Täuschungen, Fehlern und der Sühne eines langen Lebens, würde doch nur der Zusammenfluß des schrecklichsten Unglücks fähig sein, seine teure, geliebte Täuschung zu zerstören und ihn fühlen zu lassen, daß das, was er sucht, nicht auf der Erde zu finden ist oder nur in einer Ordnung der Dinge, die von derjenigen, in der er es suchte, sehr verschieden ist.

Eine betrachtende Lebensart weckt Ekel vor dem Handeln. Es gibt keinen verführerischeren Reiz als den der Dichtungen eines liebevollen zärtlichen Herzens, das in einem Weltall, welches es sich nach seinen Grillen schafft, sich erweitert und sich nach Gefallen ausdehnt, von den harten Fesseln befreit, die es in dieser Welt binden. Überlegung, Blick in die Zukunft, Mutter des Kummers und der Sorgen, kommen selten einer Seele nahe, die trunken vom Reiz der Betrachtung ist. All die ermüdenden Sorgen des tätigen Lebens werden ihm unerträglich und scheinen ihm überflüssig, und warum soll man sich in der fernen Hoffnung auf einen so kärglichen und ungewissen Erfolg so viel Mühe geben, während man im Augenblick in köstlicher Träumerei nach Gefallen alle Glückseligkeit genießen kann, deren Macht und Bedürfnis man in sich fühlt? Wäre er es nicht aus Temperament, so würde er aus Geschmack, ja sogar aus Vernunft, untätig und träge werden. Wenn dann und wann ein rühmliches und ehrgeiziges Projekt ihn in Bewegung setzen könnte, so würde er es zunächst hitzig und ungestüm ausführen wollen, aber die geringste Schwierigkeit, das kleinste Hindernis würde ihn aufhalten, ihm alles zuwider machen und ihn in seine frühere Untätigkeit zurückwerfen. Allein schon die Ungewißheit des Ausgangs würde ihn von jedem zweifelhaften Unternehmen abhalten. Seine Gleichgültigkeit würde es ihm als Torheit malen, sich für eine so unsichere Zukunft zu quälen, und als Weisheit, dem Vorblick in die Zukunft zu entsagen, um sich allein an das Gegenwärtige zu binden, das allein in unserer Gewalt steht.

Durch ein System also seinem sanften Müßiggang ausgeliefert, würde er seine Muße mit Genüssen nach seiner Art füllen, und da er diese unzähligen sogenannten Pflichten, die menschliche Klugheit als unerläßlich vorschreibt, vernachlässigte, würde es erscheinen, als ob er den Anstand mit Füßen träte, weil er das Getue verachtet. Kurz, anstatt seine Vernunft auszubilden, um zu lernen, unter den Menschen sich klug aufzuführen, würde er in der Tat nichts anderes suchen als neue Beweggründe, von ihnen entfernt zu leben und sich ganz und gar seinen Einbildungen zu überlassen.

Da diese träge und wollüstige Laune sich natürlich immer auf lachende Gegenstände bezöge, so würde sie ihn folglich von allen widrigen und unangenehmen Vorstellungen entfernen. Schmerzhafte Erinnerungen würden sehr bald in seinem Geist erlöschen, die Urheber seiner Leiden würden nicht mehr Platz darin finden als diese Leiden selbst, und all das, in kurzer Zeit gänzlich vergessen, würde bald für ihn wie nicht gewesen sein, wenn nicht das Übel oder der Feind dadurch, daß sie noch zu fürchten sind, ihn an das erinnerten, was er schon von ihnen erlitten hat. Also könnte er wohl wegen künftiger Übel äußerst schreckhaft sein, nicht so sehr wegen der Übel selbst als wegen der Störung seiner Ruhe, des Raubes seiner Muße, der Notwendigkeit, in der einen oder anderen Weise zu handeln, was unvermeidlich die Folge wäre und seine Trägheit mehr beunruhigen würde, als die Furcht vor dem Übel seinen Mut zu erschüttern vermöchte. Dieser ganze plötzliche und augenblickliche Schrecken würde aber ohne Folgen und in seiner Wirkung fruchtlos sein. Er würde weniger das Leiden fürchten, als daß er handeln müßte. Er würde seine Leiden lieber vermehrt sehen und ruhig bleiben, als sich damit quälen zu wollen, sie zu lindern, eine Anlage, die den Feinden, die er haben könnte, ihr Spiel sehr erleichtern würde.

Ich habe gesagt, daß J.J. nicht tugendhaft war: unser Mann würde es ebenso wenig sein, und da er schwach und seinen Neigungen unterjocht wäre, wie könnte er es sein, da ihn nur immer sein eigenes Herz, nie seine Pflicht oder seine Vernunft leitete? Wie könnte Tugend, die nur Arbeit und Kampf ist, im Schoß der Weichlichkeit und des süßen Müßigganges die Herrschaft führen? Er wäre gut, weil die Natur ihn so geschaffen hat, er würde Gutes tun, weil es ihm süß wäre, es zu tun, wenn es aber darauf ankäme, seine liebsten Wünsche zu bekämpfen und sein Herz zu zerreißen, um seine Pflicht zu erfüllen, würde er es dann auch tun? Ich zweifle. Das Gesetz der Natur, ihre Stimme wenigstens, erstreckt sich nicht so weit. Hier hat ein anderes Gesetz zu befehlen, und die Natur muß schweigen.

Aber würde er sich auch wohl in so grausame Lagen versetzen, die diese schrecklichen Pflichten erzeugten? Daran zweifle ich noch weit mehr. Aus dem Gewirr der Gesellschaften entspringen eine Menge neuer und oft widersprechender Verhältnisse, die die, die mit Eifer auf dem gesellschaftlichen Wege gehen, in entgegengesetzte Richtungen ziehen. Dann haben sie kaum noch eine andere Richtschnur für die Gerechtigkeit übrig, als daß sie ihren Neigungen widerstehen, allzeit das Gegenteil von dem tun, was ihr Wunsch ist, bloß weil sie es wünschen. Wer sich aber in der Entfernung hält und diese gefährlichen Kämpfe vermeidet, hat nicht nötig, diese grausame Moral anzunehmen, da er weder vom Strom mitgerissen wird, noch gezwungen ist, seinem Ungestüm nachzugeben oder sich anzustrengen, ihm zu widerstehen. Natürlich ist er der großen Vorschrift der Sittenlehre unterworfen, die aber alle gesellige Ordnung zerstört, daß er sich nie in eine Lage setzen darf, im Übel anderer seinen Vorteil zu finden. Derjenige, der dieser Vorschrift in aller Strenge folgen will, hat kein anderes Mittel dazu, als daß er sich ganz der Gesellschaft entzieht, und derjenige, der von ihr entfernt lebt, folgt allein dadurch diesem Gebot, ohne nötig zu haben, weiter darauf zu achten.

Unser Held wird also nicht tugendhaft sein, weil er nicht nötig hat, es zu sein, und aus dem nämlichen Grunde wird er weder lasterhaft noch boshaft sein. Denn Untätigkeit und Müßiggang, die in der Gesellschaft ein so großes Laster sind, hören auf, es zu sein bei jedem, der ihren Vorteilen entsagt hat, um nicht deren Mühe zu übernehmen. Der Böse ist böse nur wegen des Bedürfnisses nach anderen, das er hat, weil diese ihm nicht günstig genug gesonnen sind, weil jene ihm Hindernisse in den Weg legen und er sich ihrer weder nach seinem Gefallen bedienen noch sie entfernen kann. Der Einsame bedarf nichts als dessen, wodurch er sich erhält, was er sich lieber durch die Arbeiten in seiner Abgeschiedenheit verschafft als durch Intrigen in der Welt, die eine weit größere Arbeit für ihn sein würden. Im übrigen hat er andere nur deswegen nötig, weil sein Herz Anhänglichkeit braucht, und er verschafft sich in seiner Einbildung Freunde, da er keine wirklichen finden konnte, er flieht die Menschen nur, nachdem er vergebens unter ihnen gesucht hat, wen er lieben könnte.

Unser Held wird nicht tugendhaft sein, weil er schwach ist und die Tugend nur starken Seelen eigen ist. Diese Tugend aber, die er nicht erreichen kann, wer bewundert, wer liebt, wer betet sie mehr an als er? Wer ist es, der mit einer lebhafteren Einbildungskraft ihr göttliches Bild sich besser malen würde? Wer ist es, der mit einem zärtlicheren Herzen trunkener von Liebe zu ihr sein würde? Ordnung, Eintracht, Schönheit, Vollkommenheit sind die Gegenstände seiner süßesten Betrachtungen. Götzendiener des Schönen in jeder Art, sollte er da wohl für die höchste Schönheit kalt bleiben? Nein, sie wird mit ihren unsterblichen Reizen all diese geliebten Bilder zieren, die seine Seele erfüllen und seinem Herzen Nahrung geben. Alle seine ersten Bewegungen werden lebhaft und rein sein, und die darauf folgen, werden keine Macht über ihn haben. Er wird immer wollen, was gut ist, er wird es zuweilen tun, und verlischt sein Wille oft durch seine Schwachheit, so geschieht das nur, um in seine Mattigkeit zurückzusinken. Er wird aufhören, Gutes zu tun, er wird sogar nicht einmal anfangen, wenn die Größe der anzuwendenden Kraft seine Trägheit erschreckt. Nie aber wird er freiwillig etwas Böses tun. Kurz, handelt er selten so, wie er soll, so wird er noch seltener handeln, wie er nicht soll, und alle seine Fehler, selbst die schwersten, sind nur Sünden der Unterlassung. Aber eben dadurch wird er den Menschen das größte Ärgernis geben, die, indem sie die ganze Moral in kleine Formeln gebracht haben, das Übel, von dem man sich zurückhält, für nichts rechnen und viel aufmerksamer sind, die Pflichten zu bemerken, denen man nicht Genüge leistet, als über diejenigen Rechnung zu führen, die man erfüllt.

So würde der Mensch beschaffen sein, der mit dem Temperament begabt wäre, von dem ich geredet habe, und so habe ich den gefunden, den ich eben studiert habe. Seine Seele, stark darin, daß sie sich nicht von ihrem Gegenstand ablenken läßt, schwach aber, Hindernisse zu überwinden, nimmt selten eine falsche Richtung, allein, der guten folgt sie äußerst träge. Wenn er etwas ist, so ist er gut, öfter aber ist er nichts, und eben daher ist er standhaft, ohne beharrlich zu sein, und daher haben die Schläge des Mißgeschicks weniger Gewalt über ihn als über jeden anderen Menschen, und trotz aller seiner Unglücksfälle sind seine Empfindungen noch leidenschaftlicher als schmerzhaft. Sein Herz, das gierig nach Glück und Freude verlangt, kann keinen widrigen Eindruck bei sich behalten. Der Schmerz kann es einen Augenblick zerreißen, aber ohne Wurzel darin zu fassen. Betrübliche Vorstellungen haben ihn nie lange beschäftigen können. Ich habe ihn in den allergrößten Ungewittern seines unglücklichen Lebens schnell von der innigsten Betrübnis zur reinsten Freude übergehen sehen, und das, ohne daß in dem Augenblick in seiner Seele irgend eine Spur der Schmerzen geblieben wäre, die sie zerfleischt hatten, die sie noch zerreißen und die damals seinen gewöhnlichen Zustand ausmachten.

Bewegungen des Gemüts, für die sein Hang stärker ist, unterscheiden sich bei ihm auch durch physische Zeichen. Wenn er nur ein wenig hingerissen ist, so sind seine Augen naß. Indessen ließ der bloße Schmerz ihn noch nie eine Träne vergießen, aber jedes zärtliche, sanfte oder jedes große und edle Gefühl, dessen Wahrheit in sein Herz übergeht, entlockt sie ihm ohne Zweifel. Er kann nur aus Bewunderung weinen, Zärtlichkeit und Großmut sind die beiden einzigen reizbaren Saiten, durch die man ihn wirklich bewegen kann. Er kann sein Unglück mit trockenem Auge ansehen, aber er weint, wenn er an seine Unschuld denkt und an den Wert, den man seinem Herzen eigentlich zugestehen sollte.

Es gibt Unglücksfälle, auf welche vorbereitet zu sein, einem ehrenhaften Mann nicht einmal erlaubt ist. So sind die beschaffen, die man ihm bestimmte. Man griff ihn unversehens an und begann damit, ihn zu erniedrigen. Das wollten sie zustandebringen, aber verändern konnten sie ihn nicht. Einige Augenblicke konnte er sich bis zur Niedergeschlagenheit, bis zur Zaghaftigkeit herabsetzen lassen, aber nie brachten sie ihn zur Ungerechtigkeit, zur Falschheit, zur Verräterei. Nachdem er von diesem ersten Überfall wieder zu sich gekommen war, erhob er sich wieder, und wahrscheinlich wird er sich nicht wieder niederschlagen lassen, weil seine Natur wieder die Oberhand gewonnen hat, weil er endlich, da er die Leute kennt, mit denen er es zu tun hat, auf alles vorbereitet ist, und weil sie, nachdem sie alle Pfeile ihrer Wut auf ihn abgeschossen haben, sich außerstande gesetzt haben, ihm etwas Schlimmeres zuzufügen.

Ich habe ihn in einer Lage gesehen, die einzig in ihrer Art und fast unglaublich ist, einsamer mitten in Paris als Robinson auf seiner Insel und dem menschlichen Umgang durch die Menge entzogen, die sich sogar bemüht, ihn zu belagern, um zu verhindern, daß er sich mit seinen Mitmenschen verbinde. Ich habe ihn seine Verfolger freiwillig dadurch unterstützen sehen, daß er sich unaufhörlich noch mehr zurückzieht, und während sie unermüdlich daran arbeiteten, ihn von anderen Menschen getrennt zu halten, entfernte er sich sorgfältig immer mehr von ihnen und von anderen. Sie wollen bleiben, um ihm als Schranke zu dienen und über alle die zu wachen, die sich ihm nähern könnten, um sie zu täuschen, sie zu gewinnen oder sie zu entfernen, um seine Gespräche, seine Haltung zu beobachten, um sich in langen Zügen am Anblick seines Elends zu weiden, um mit neugierigem Auge zu forschen, ob irgendwo in seinem zerrissenen Herzen noch ein Plätzchen übrig wäre, auf das sie noch einen Angriff wagen könnten. Er seinerseits wollte sie entfernen oder vielmehr sich von ihnen entfernen, weil ihre Bosheit, ihre Doppelzüngigkeit, ihre schrecklichen Blicke seine Augen allseits verwunden und das Schauspiel des Hasses ihn noch mehr betrübt und kränkt als seine Wirkungen. Dann unterjochen ihn seine Sinne, und sobald ein kränkender Gegenstand auf sie wirkt, ist er nicht mehr Herr seiner selbst. Die Gegenwart eines Böswilligen beunruhigt ihn so heftig, daß er seine Angst nicht verbergen kann. Wenn er einen Verräter ihm schmeicheln sieht, um ihn zu überwältigen, so ergreift ihn der Unwille und dringt in alles ein, in seinen Ton, seinen Blick, seine Gebärden. Verschwindet der Verräter, so ist er im Augenblick vergessen , und die Vorstellung abscheulicher Taten, die der eine ausspinnt, kann den anderen nicht eine Minute beschäftigen, um auf Mittel zu sinnen, sich gegen ihn zu verteidigen. Um diesen Gegenstand des Schmerzes von sich zu entfernen, dessen Anblick ihn quält, möchte er allein sein. Er möchte allein sein, um nach seinem Gefallen mit den Freunden zu leben, die er sich geschaffen hat. Aber all dies ist nur ein Grund mehr für die, die die Maske der Freundschaft aufsetzen, um ihn desto enger zu belagern. Sie würden sogar, wäre es ihnen möglich, ihm nicht einmal die Erholung seiner Dichtungen lassen.

Ich habe ihn gesehen, in ihre Moräste eingeschlossen, er gab sich wenig Mühe, sich herauszuarbeiten, von Lügen und Finsternis umgeben erwartete er ohne Murren Licht und Wahrheit, lebendig in einen Sarg eingeschlossen, hielt er sich ganz ruhig darin, ohne auch nur den Tod zu rufen. Ich habe ihn arm gesehen, und er wurde für reich gehalten, alt, und man hielt ihn für jung, man hielt ihn für wild, während er sanft war, für hart und unbeugsam, während er nachgiebig und schwach war; er war froh und galt als düster, schließlich einfältig bis zur Dummheit, und er sollte listig bis zur äußersten Bosheit sein. Ich habe ihn durch Ihre Herren dem öffentlichen Gelächter preisgegeben gesehen, verleumdet, verspottet, verhöhnt von ehrbaren Leuten, als Spielball des Packes, und er sah es, fühlte es, seufzte darüber, jammerte über das Elend der Menschen und ertrug sein Schicksal mit Geduld.

Sollte er in diesem Zustande sich selbst so sehr vergessen, daß er in den Gesellschaften die so wenig verhüllten Schändlichkeiten suchte, mit welchen ihn zu überhäufen man sich ein Vergnügen machte? Sollte er sich diesen Barbaren zur Schau stellen, die sich aus seinen Leiden einen Gegenstand der Freude und Unterhaltung machten und kein anderes Ziel hatten, als sein Herz mit allen Banden des Kummers und des Schmerzes, gegen die er am empfindlichsten war, zusammenzupressen? Dies kettete ihn unauflöslich an die Lebensart, die er sich erwählt, oder zu deren Wahl man ihn vielmehr gezwungen hat. Denn dahin wollte man ihn bringen, und man hat sich bemüht, ihm den Umgang mit den Menschen so grausam und zerfleischend zu machen, daß er endlich gezwungen wurde, ihm ganz zu entsagen. »Sie fragen mich«, sagte er, »warum ich die Menschen fliehe? Fragen Sie sie selbst, sie wissen es viel besser als ich.« Aber verändert eine Seele, die sich ausdehnen will, ihre Natur dergestalt und sagt sie sich so von allem los? Sein ganzes Unglück kam nur aus diesem Bedürfnis zu lieben, welches sein Herz von seiner Kindheit auf verzehrte und welches ihn noch so sehr beunruhigt und verwirrt, daß er, allein auf Erden geblieben, den Augenblick nicht erwarten kann, in dem er sie verlassen darf, um seine Lieblingsvisionen endlich in Wirklichkeit gesetzt zu sehen und in einer besseren Ordnung der Dinge wieder ein Vaterland und Freunde zu finden.

Das reife Alter erreichte und verlebte er, ohne ans Bücherschreiben zu denken und ohne einen Augenblick das Bedürfnis dieses unangenehmen Ruhms zu fühlen, der nicht für ihn gemacht war, dessen Bitterkeit er nur genossen und den man ihn so teuer hat bezahlen lassen. Seine geliebten Visionen ersetzten ihm alles, und im Feuer seiner Jugend hielt seine lebhafte Einbildungskraft, die überladen und mit trefflichen Gegenständen, die sie unaufhörlich erfüllten, überhäuft war, sein Herz in einer beständigen Trunkenheit, die ihm weder die Kraft ließ, seine Begriffe zu ordnen, noch sie zu befestigen, weder Zeit, sie aufzuschreiben, noch Verlangen, sie mitzuteilen. Erst als diese heftigen Bewegungen anfingen, sich zu besänftigen, als seine Vorstellungen einen regelmäßigeren und langsameren Gang nahmen, so daß er den Spuren hinreichend folgen konnte, um sie zu bezeichnen, erst dann, sage ich, wurde ihm der Gebrauch seiner Feder möglich und erst dann kam ihm nach dem Beispiel und auf Zureden der Gelehrten, mit denen er damals lebte, der Einfall, die nämlichen Vorstellungen, durch die er selbst sich so lange genährt hatte, dem Publikum mitzuteilen, weil es ihm auch schien, daß sie für das menschliche Geschlecht nützlich sein könnten. In gewisser Weise geschah es auch hier überraschend und ohne Plan, daß er in diese unheilvolle Laufbahn geworfen wurde, und vielleicht wurden schon damals unter seinen Füßen die Abgründe von Elend gegraben, in die man ihn hernach gestürzt hat.

Von Jugend auf hatte er sich selbst schon oft die Frage vorgelegt, warum nicht alle Menschen weise, gut, tugendhaft und glücklich waren, wozu sie ihm doch gemacht schienen. Er suchte in seinem Herz das Hindernis, das ihnen im Wege wäre, und er fand es nicht. Wenn alle Menschen, sagte er sich, mir glichen, so würde ohne Zweifel in ihrem Gewerbe eine äußerste Trägheit herrschen, sie hätten wenig Tätigkeit, und diese würde nur von heftigen und seltenen Erschütterungen hervorgebracht werden, aber die Menschen würden untereinander in einer sehr süßen Vereinigung leben. Warum leben sie nicht so? Warum klagen sie den Himmel immer wegen ihrer Leiden an und arbeiten doch unaufhörlich daran, sie zu vermehren? In der Bewunderung der Fortschritte des menschlichen Geistes erstaunte er, im nämlichen Maße das öffentliche Elend wachsen zu sehen. Er vermutete einen geheimen Widerspruch zwischen der Beschaffenheit des Menschen und der unserer Gesellschaften, es war aber mehr eine taube

Empfindung, ein verworrener Begriff als ein deutliches und entwickeltes Urteil. Die allgemeine Meinung hatte ihn selbst zu sehr unterjocht, als daß er gewagt hätte, gegen so einstimmige Entscheidungen sich aufzulehnen.

Eine unglückliche Aufgabe einer Akademie, die er in einem Heft des *Mercure* las, öffnete ihm auf einmal die Augen, entwirrte das Chaos in seinem Kopfe, zeigte ihm eine andere Welt, ein wahres goldenes Zeitalter, menschliche Gesellschaften, deren Mitglieder einfach, tugendhaft, glücklich waren, und ließ ihn auf die Verwirklichung aller seiner Visionen hoffen durch die Ausrottung der Vorurteile, deren er selbst unterworfen gewesen war, in denen er aber in diesem Augenblick den Ursprung aller Laster und allen Elends des Menschengeschlechts zu sehen glaubte. Aus der lebhaften Gärung, die damals in seiner Seele vorging, kamen Funken von Genie, die man in seinen Schriften zehn Jahre voller Phantasie und Fieber hindurch hat leuchten sehen, von denen aber bis dahin keine Spur zu finden gewesen war und die wahrscheinlich auch in der Folge nicht geglänzt hätten, wenn er, nachdem dieser Anfall vorüber war, hätte fortfahren wollen zu schreiben. Entflammt durch die Betrachtung dieser großen Gegenstände waren sie seinen Gedanken immer gegenwärtig, und als er sie mit dem wirklichen Zustand der Dinge verglich, sah er sie jeden Tag unter Verhältnissen, die ihm ganz neu waren. Eingewiegt von der lächerlichen Hoffnung, endlich Vernunft und Wahrheit über Vorurteile und Lügen triumphieren zu lassen, und die Menschen durch die Darstellung ihres wahren Interesses weise zu machen, diktierte ihm sein Herz, das von der Vorstellung des künftigen Glücks des Menschengeschlechts und durch die Ehre, dazu beizutragen, ganz erhitzt wurde, eine Sprache, die eines so großen Unternehmens würdig war. Dadurch gezwungen, sich stark und lange mit dem nämlichen Gegenstand zu beschäftigen, unterwarf er seinen Kopf der Ermüdung des Nachdenkens, lernte tief meditieren und setzte Europa für einen Augenblick in Erstaunen, weil er Werke ans Licht treten ließ, in denen gemeine Seelen nur Beredsamkeit und Geist sahen, worin aber die, die unsere ätherischen Regionen bewohnen, mit Freuden eines der ihrigen erkannten.

DER FRANZOSE

Ich habe Sie reden lassen, ohne Sie zu unterbrechen. Hier aber erlauben Sie, daß ich Sie einen Augenblick aufhalte . . .

ROUSSEAU

Ich errate es . . . ein Widerspruch, nicht wahr?

DER FRANZOSE

Nein, ich habe nur den Anschein davon gesehen. Man sagt, daß dieser scheinbare Widerspruch eine Falle sei, die J.J. zum Spaß seinen betäubten Lesern zu legen pflegt.

ROUSSEAU

Wenn das so ist, so ist er durch die heimtückischen Leser sehr dafür gestraft, welche so tun, als ob sie sich davon fangen lassen, um ihm zur Last legen zu können, er wisse nicht, was er sagt.

DER FRANZOSE

Zu dieser letzten Klasse gehöre ich nicht, und ich gebe mir auch Mühe, der ersten nicht anzugehören. Es ist also kein Widerspruch, den ich Ihnen vorwerfe, sondern eine Erläuterung, die ich mir von Ihnen erbitte. Sie waren ehedem überzeugt, daß die Bücher, die den Namen J.J.'s trugen, ebensowenig seine Arbeit waren wie jene so getreue und fließende Übersetzung des Tasso, die mit so gekünsteltem Eifer unter seinem Namen verbreitet wird. Jetzt aber scheinen Sie das Gegenteil zu glauben. Wenn Sie im Ernst Ihre Meinung geändert haben, so unterrichten Sie mich doch, worauf sich diese Änderung gründet.

ROUSSEAU

Diese Untersuchung war der erste Gegenstand meiner Bemühungen. Überzeugt, daß der Verfasser dieser Bücher und das Ungeheuer, das Sie mir gemalt haben, nicht derselbe Mensch sein konnten, beschränkte ich mich, um meine Zweifel zu heben, darauf, diese Frage aufzulösen. Indessen habe ich, ohne darüber nachzudenken, sie gerade nach der umgekehrten Methode gelöst. Ich wollte erst den Verfasser kennenlernen, um mir über den

Menschen klar zu werden, und durch die Kenntnis des Menschen bin ich mir über den Autor klar geworden.

Um es Ihnen begreiflich zu machen, wie eine dieser beiden Untersuchungen mich der anderen überhoben hat, muß ich auf die Umstände eingehen, in die ich um meines Zweckes willen eindrang. Sie werden selbst und zwar sehr leicht die Schlußfolgerungen, die ich gezogen habe, daraus herleiten.

Ich sagte Ihnen, daß ich ihn bei der Beschäftigung des Notenabschreibens für 10 Sous die Seite angetroffen habe, eine Beschäftigung, die der Würde eines Autors wenig angemessen war und die freilich mit denen nicht übereinstimmte, die ihm im Guten wie im Bösen so viel Ansehen verschafft haben. Dieser erste Punkt gab mir schon Stoff für zwei Untersuchungen: die eine, ob er sich dieser Arbeit gerne überließ oder sie nur annahm, um das Publikum über seine wahren Beschäftigungen zu täuschen, und die andere, ob er wirklich dieser Arbeit zu seinem Unterhalt bedurfte oder ob es gespielte Einfachheit und Armut war, um, wie Ihre Herren behaupten, Epiktet und Diogenes zu spielen.

Ich habe den Anfang damit gemacht, seine Arbeit zu untersuchen, überzeugt, daß sich, wenn er ihr nur zum Schein obläge, bald Spuren von Langeweile zeigen würden, die sie ihm nach einer so langen Dauer verursachen müßte. Seine Noten, die nicht schön sind, schienen mir schwerfällig, langsam, ohne Leichtigkeit, ohne Anmut, aber genau geschrieben zu sein. Man sieht, daß er durch äußerste Arbeit und Mühe die Fähigkeit zu ersetzen trachtet, die ihm dazu fehlt. Aber da sich die Mühe, die er anwendet, nur durch Untersuchung entdecken läßt und da sie ihre Wirkung nur bei der Ausführung zeigt, worüber die Musiker, die ihn nicht lieben, nicht immer aufrichtig sind, so ersetzt sie in den Augen des Publikums die Mängel nicht, die beim ersten Anblick aufstoßen.

Da er mit dem Geiste nie gegenwärtig ist, so fehlt dieser auch bei seiner Arbeit, besonders, da er durch die vielen unerwarteten Besucher gezwungen ist, sie mit Plaudern zu verbinden. Er verschreibt sich oft und verbessert das durch Radieren mit unglaublicher Mühe und Zeitverlust. Ich habe fast ganze Seiten gesehen, die er lieber radiert hatte, als daß er ein neues Blatt angefangen hätte, soviel schneller dies auch gewesen wäre, allein, es gehört zu dem arbeitsamen und zugleich trägen Gang seines Geistes, daß er sich nicht entschließen kann, von neuem zu beginnen, was er einmal schon, obgleich schlecht, verrichtet hat. In der Verbesserung desselben ist er von einer solchen Hartnäckigkeit, daß nur angestrengte Mühe und Zeit ihr genugtun können. Im übrigen aber kann die längste, langweiligste Arbeit seine Geduld nicht ermüden, und wenn er zuweilen Fehler auf Fehler macht, so habe ich ihn solange kratzen und wieder kratzen sehen, bis das Papier durchlöchert war, auf welches er dann wieder ein Stückchen klebte. In nichts habe ich finden können, daß die Arbeit ihm verdrießlich wurde, und er scheint nach sechs Jahren ebensoviel Geschmack und Eifer dafür zu fühlen, als ob er eben erst damit anfinge.

Ich wußte, daß er ein Verzeichnis über seine Arbeiten führte, und ich wünschte es zu sehen. Er gab es mir. Ich habe daraus gesehen, daß er in den sechs Jahren mehr als sechstausend Seiten Musik bloß abgeschrieben hat, wovon ein Teil, welcher Harfen- und Klaviermusik entweder Solo oder mit Violinbegleitung war, mit Noten überladen und auf großen Bögen geschrieben, eine genaue Aufmerksamkeit erfordert und sehr viel Zeit wegnimmt. Er hat außer seinen Zahlennoten noch eine neue Art erfunden, gewöhnliche Musik abzuschreiben, die sie bequemer lesbar macht, und, um allen Schwierigkeiten zuvorzukommen und sie aufzulösen, hat er eine große Menge Stücke aller Art, teils in Partitur teils nach Stimmen getrennt in dieser Weise abgeschrieben.

Außer dieser Arbeit und seiner Oper *Daphnis et Chloé*, wovon ein Akt ganz fertig und das übrige schon ziemlich weit fortgeschritten ist, und dem *Devin du Village*, zu dem er fast eine ganze neue Musik gesetzt hat, hat er in diesem Zeitraum noch über hundert Musikstücke verschiedener Gattungen geschrieben, meistens für die Stimme mit Begleitung, teils um sich Personen zu verpflichten, die ihm den Text geliefert haben, teils zu seinem eigenen Vergnügen. Er hat Abschriften dieser Stücke, in Partituren und nach Stimmen, nach den Originalen, die er behalten hat, angefertigt und verschenkt. Mag er all diese Musik selbst komponiert oder gestohlen haben, davon ist hier nicht die Rede. Hat er sie nicht komponiert, so ist doch immerhin gewiß, daß er sie eigenhändig geschrieben und in Noten gesetzt, auch mehrmals abgeschrieben hat. Wenn er sie auch nicht komponiert hat, wieviel Zeit gehörte nicht dazu, aus schon fertigen Musikstücken das zu suchen und auszuwählen, was zu dem Text paßte, den man ihm gegeben hatte, und es so gut zuzurichten, daß es vollkommen paßte, ein Verdienst, das die Musik besonders auszeichnet, die er als die seinige ausgibt. In einem solchen Diebstahl liegt ohne Zweifel weniger Erfindungsgeist, aber mehr Kunst, mehr Arbeit, besonders mehr Zeit wird dazu erfordert, und das war damals der einzige Gegenstand meiner Untersuchungen.

Alle Arbeit dieser Art, die er mir, sei es unmittelbar, sei es durch umständliche Beweise, vorgelegt hat, beträgt zusammen über achttausend Seiten Musik*, die er alle seit seiner Rückkehr nach Paris geschrieben hat.

Diese Beschäftigungen haben ihn nicht gehindert, seinen botanischen Vergnügungen nachzugehen, denen er viele Jahre hindurch den besten Teil seiner Zeit gewidmet hat. Auf großen und häufigen botanischen Reisen hat er eine sehr große Sammlung von Pflanzen angelegt, er hat sie mit unendlicher Mühe getrocknet, sie aufs sauberste auf Papier geleimt, das er vorher mit roten Einfassungen versehen hatte. Er hat sich bemüht, Gestalt und Farbe der Blumen und Blätter zu erhalten, und es so weit gebracht, daß diese Herbarien Sammlungen von Miniaturen ähnlich sehen. Er hat sie vielen Menschen gegeben und gesandt, und was er noch übrig hat** würde genügen, um diejenigen, die wissen, wieviel Zeit und Geduld diese Arbeit erfordert, zu überzeugen, daß es seine einzige Beschäftigung gewesen ist.

DER FRANZOSE

Setzen Sie die Zeit noch hinzu, die er brauchte, um die Eigenschaften aller dieser Pflanzen gründlich kennenzulernen, um sie zu zerstoßen, zu extrahieren, zu destillieren, sie in der Weise zuzubereiten, daß man daraus den Nutzen ziehen kann, zu dem er

* Siehe die Anmerkung, S. 502.

** Dieser Rest ist fast ganz an Herrn Malthus gekommen, der mir meine botanischen Bücher abgekauft hat.

sie bestimmt hat, denn, so eingenommen Sie auch für ihn sein mögen, so sehen Sie, glaube ich, doch wohl ein, daß man die Botanik nicht ohne irgendeinen Zweck studiert.

ROUSSEAU

Ohne Zweifel, ich begreife, daß der Reiz der Natur für jede reizbare Seele etwas ist, viel aber für den, der in der Einsamkeit lebt. Was die Präparate betrifft, von denen Sie reden, und die mit Botanik nichts gemein haben, so habe ich auch nicht die geringste Spur davon bei ihm entdeckt, ich habe nicht einmal gesehen, daß er irgend eine Untersuchung der Eigenschaften der Pflanzen gemacht hat, ja er glaubte sogar nur wenig daran. »Ich kenne«, sagte er zu mir, »die pflanzliche Organisation und den Bau der Pflanzen aus dem, was meine Augen mich darüber lehren, beglaubigt von der Natur, die sie mir zeigt und die nicht lügt, ihre Kräfte aber kenne ich nur nach dem, was Menschen darüber sagen, die nichts wissen und lügen, ihre Autorität hat im allgemeinen zu wenig Gewalt über mich, als daß ich ihnen hierin viel einräumen sollte. Im übrigen läßt sich dieses Studium, wahr oder falsch, nicht auf offenem Felde erlernen wie das der Botanik, sondern in Laboratorien und an Krankenbetten. Es verlangt ein sitzendes, gebundenes Leben, welches mir weder gefällt noch angemessen ist.« In der Tat, ich habe nichts bei ihm gefunden, was diesen Geschmack der Arzneikunde angezeigt hätte. Ich habe bloß Pappdeckel gefunden, die mit Zweigen der Pflanzen, von denen ich Ihnen gesprochen habe, belegt waren, und Samenkörner, die in kleinen Schachteln ebenso wie die Pflanzen, die sie tragen, nach dem Linnaeischen System geordnet waren.

DER FRANZOSE

Kleine Schachteln also! Nun gut, mein Herr, diese kleinen Schachteln, wozu dienen sie? Was sagen Sie dazu?

ROUSSEAU

Eine gute Frage! Um die Leute zu vergiften, die er alle diese Körner, in Speisen versteckt, verschlucken läßt. Zum Beispiel, Sie verschlucken aus Versehen eine oder zwei Unzen Mohnsamen, der Sie für immer einschläfert, und so mit allem übrigen. Mit den Pflanzen ist es fast der nämliche Fall. Er läßt sie Sie wie Futter fressen oder gibt Ihnen ihren Saft in die Suppe.

DER FRANZOSE

Aber nein, mein Herr! Man weiß sehr gut, daß sich die Sache nicht so tun läßt, und unsere Ärzte, die es so haben auslegen wollen, haben sich bei Leuten, die darüber unterrichtet sind, viel geschadet. Ein Becher Schierling genügte nicht, um Sokrates zu töten, es bedurfte eines zweiten. J.J. müßte seinen Leuten als Kübel voll Kräuterbrühe zu trinken geben und sie die Samenkörner maßweise essen lassen. Nein, so benimmt er sich nicht dabei. Er weiß mit Hilfe von Zubereitungen und Handgriffen, die die Gifte der Pflanzen so zusammenzuziehen, daß sie noch weit heftiger wirken als die mineralischen Gifte. Er verbirgt sie und läßt Sie sie so schlucken, daß Sie es nicht gewahr werden, er läßt sie sogar in der Ferne wirken, wie das sympathetische Pulver, und wie der Basilisk vermag er die Menschen zu vergiften, indem er sie anblickt. Er hat einen chemischen Kursus gehört, das ist ausgemacht. Sie werden wohl begreifen, was das heißt, was es kann, wenn ein Mensch, der weder Arzt noch Apotheker ist, eine chemische Vorlesung hört und sich auf die Botanik legt. Und doch sagen Sie, Sie hätten bei ihm keine Spur von chemischen Präparaten wahrgenommen. Wie? Keine Kolben, Öfen, Destillierhelme, Retorten? Nichts, was eine Ähnlichkeit mit einem Laboratorium hätte?

ROUSSEAU

Sie müssen mir verzeihen, es ist wahr! Ich habe in seiner Küche einen Kocher, Kaffeegeschirr aus Weißblech, Schüsseln, Töpfe und irdene Näpfe gefunden.

DER FRANZOSE

Schüsseln, Töpfe, irdene Näpfe! Da haben wir's, ja wahrhaftig! Man braucht nichts weiter, um das ganze Menschengeschlecht zu vergiften.

ROUSSEAU

Den Beweis geben Mignot und seine Nachfolger.

DER FRANZOSE

Sie werden sagen, das Gift, das man in Näpfen bereitet, muß man mit Löffeln essen, und Suppen lassen sich nicht leicht verstekken.

ROUSSEAU

Nein, von all dem will ich Ihnen nichts sagen, das schwöre ich Ihnen, und auch nichts Ähnliches: Ich werde mich begnügen, zu staunen. O der gelehrte und methodische Gang, Botanik zu lernen, um Giftmischer zu werden! Als wenn man die Geometrie studieren wollte, um Mörder zu werden.

DER FRANZOSE

Ich sehe, Sie lächeln verächtlich. Werden Sie sich immer für diesen Menschen leidenschaftlich ereifern?

ROUSSEAU

Ich leidenschaftlich! Ich! Lassen Sie mir mehr Gerechtigkeit widerfahren und seien Sie sogar versichert, daß Rousseau nie den J.J. verteidigen wird, wenn er als Giftmischer angeklagt wird.

DER FRANZOSE

Ich bin überzeugt, Sie würden noch weit teilnehmender sein, wenn es mir möglich oder erlaubt wäre, hier alles zu erzählen. Ich würde Ihre Aufmerksamkeit mißbrauchen, wenn ich Sie mit all der Sorge beschäftigen würde, die ich angewendet habe, um mich von der wahren Verwendung seiner Zeit, von der Natur seiner Beschäftigungen und davon zu überzeugen, mit welchem Geist er sich ihnen überläßt. Es ist besser, ich schränke mich auf Resultate ein und überlasse Ihnen die Mühe, alles selbst zu überprüfen, wenn diese Untersuchung genug Reiz für Sie hat.

Zu den Umständen, in welche ich mich eingelassen habe, muß ich noch hinzufügen, daß J.J. in diesem Zeitraum noch sechs volle Monate angewandt hat, sowohl die Verfassung einer unglücklichen Nation zu untersuchen, als auch seine Gedanken über die Verbesserung dieser Verfassung vorzuschlagen, und dies auf das bis zum Eigensinn wiederholte Verlangen eines der ersten Patrioten dieser Nation, der ihm die Mühe, die er ihm auflegte, zu einer Pflicht der Menschlichkeit machte, und der, statt aller Dankbarkeit für den Eifer und die Zeit, die er an diese Arbeit gewandt hat, ihm in der Folge zu erkennen gab, daß er ihm nicht verpflichtet sein sollte, und der ihm dann Wein schicken wollte.* Aber das ist nur ein Beispiel für das Schicksal, daß er dafür, daß er sein Leben dem geweiht hat, sich um die Menschen verdient zu machen, nur ungeliebt ist.

Endlich, trotz des Entschlusses, den er bei seiner Rückkehr nach Paris gefaßt hat, sich nicht mehr mit seinem Unglück zu beschäftigen, noch über dieses Thema die Feder wieder zu ergreifen, nachdem die fortdauernde unwürdige Behandlung, die er erduldete, die ewige Beunruhigung, die die Angst, daß er schriebe, ihn durchleiden ließ, die Unverschämtheit, mit welcher man ihm immer neue Bücher zuschrieb, und die dumme oder boshafte Leichtgläubigkeit des Publikums seine Geduld ganz erschöpft und ihn hatte fühlen lassen, daß er durch Schweigen nichts für seine Ruhe gewönne, wandte er noch einmal seine Kraft an einen Versuch, beschäftigte sich wider seinen Willen mit seinem Schicksal und seinen Verfolgern und schrieb in Form eines Gesprächs eine Art Urteil über sie und über sich, das demjenigen ähnlich ist, das aus unseren Unterredungen entspringen könnte. Er hat mir oft versichert, daß diese Schrift unter allen, die er sein Leben hindurch gemacht hat, die ist, die er mit dem größten Widerwillen unternommen und mit der größten Langeweile ausgeführt hat. Hundertmal hätte er sie gerne liegengelassen, wenn nicht die Beleidigungen, die unablässig zunahmen und schließlich den äußersten Grad erreichten, ihn nicht gezwungen hätten, sie gegen seinen Willen fortzusetzen. Aber statt, daß er sich anhaltend damit beschäftigen konnte, hätte er nicht einmal die Angst ertragen, wenn

* Es muß so sein, daß ich als großer Freund des Weines gelte, denn der Herzog von Grammont hat mir auch Wein schicken wollen für verschiedene Musikstücke, die ich auf seinen Wunsch für ihn komponiert hatte. Dieses Angebot war freilich viel passender, und es wäre auch annehmbar gewesen.

seine tägliche Arbeit ihn nicht unterbrochen und jene ganz vergessen lassen hätte. So hat er selten mehr als eine Viertelstunde dafür aufgewandt, und diese stückweise und unterbrochene Schreibweise ist eine der Ursachen, warum so wenig Zusammenhang und so viele Wiederholungen in diesem Werk anzutreffen sind.

Nachdem ich mich also versichert hatte, daß dieses Notenabschreiben kein Spiel ist, blieb mir nur noch zu wissen übrig, ob es in der Tat für seinen Unterhalt notwendig war und warum er, da er doch andere Talente besaß, die er nützlicher für sich und das Publikum anwenden konnte, gerade diesem den Vorzug gegeben hatte. Um diese Untersuchungen abzukürzen, ohne meiner Verbindlichkeit gegen Sie zu entsagen, machte ich ihn ganz ungekünstelt mit meiner Neugierde bekannt, und ohne ihm alles zu entdecken, was Sie mir von seinem Reichtum gesagt haben, begnügte ich mich, das zu wiederholen, was ich tausendmal gehört hatte, daß er vom bloßen Ertrag seiner Bücher, ohne eben von den Verlegern viel zu fordern, reich genug sein könnte, um von seinen Einkünften sehr gut zu leben.

»Recht haben Sie«, antwortete er mir, »wenn Sie damit nur sagen wollen, was sein könnte; wenn Sie aber den Schluß daraus ziehen wollten, daß es so ist und daß ich wirklich reich bin, so haben Sie jedenfalls unrecht; denn unter diesem Irrtum könnte sich ein grausamer Trugschluß verbergen.«

Er ging nun auf die näheren Einzelheiten ein, wieviel er von seinen Verlegern für jedes seiner Bücher erhalten hatte, kam auf alle Quellen, die er im übrigen hatte haben können, auf die Ausgaben, zu denen er gezwungen war, da man es sich acht Jahre zum Vergnügen gemacht hatte, ihn unter großen Kosten in Begleitung seiner Gefährtin, die jetzt seine Gattin ist, reisen zu lassen, und aus all dem schloß er wohlberechnet und wohlbewiesen, daß neben einigem barem Geld, welches sein Kontrakt mit der Oper und der Verkauf seiner botanischen Bücher ihm eingebracht hatte, und dem Rest eines Kapitals von tausend Talern, welches er in Lyon gehabt und von dort geholt hatte, um sich in Paris einzurichten, sein ganzes gegenwärtiges Vermögen aus achthundert Franken einer unsicheren Leibrente, über die er keine Urkunde besitze, und dreihundert Franken einer gesicherten Leibrente bestehe, wenigstens so lange, als die sie zahlende Person zahlungsfähig bliebe. »Dies«, sagte er mir, »ist eine getreue Darstellung meines ganzen Reichtums. Wenn jemand auftreten und behaupten wollte, ich hätte irgend ein anderes Vermögen oder Einkommen, es sei welcher Art es wolle, den erkläre ich für einen Lügner und stelle mich gegen ihn, und wenn jemand behauptet, er sei mir etwas schuldig, der gebe mir den vierten Teil der Summe, und ich gebe ihm eine Quittung auf das Ganze.«

»Sie könnten«, fuhr er fort, »sagen, daß ich als ein so strenger Philosoph mit elfhundert Franken Rente, wenigstens solange ich sie habe, auskommen müßte, ohne nötig zu haben, eine Arbeit dazu zu gesellen, zu der ich so wenig geeignet bin und der ich mehr zur Schaustellung als aus Notwendigkeit obliege. Hierauf antworte ich, daß ich erstens weder Philosoph noch streng bin, und daß dieses harte Leben, das Ihre Herren mir zur Pflicht machen wollen, niemals weder meinem Geschmack noch meinen Grundsätzen entsprochen hat, solange ich es durch rechtschaffene und ehrbare Mittel vermeiden konnte, mich darauf einzuschränken. Als ich mich zum Notenkopisten bestimmt habe, war ich keineswegs willens, einen strengen und büßenden Stand zu ergreifen, sondern im Gegenteil eine Beschäftigung nach meinem Geschmack zu wählen, die meinen trägen Geist nicht ermüdete und mir die Bequemlichkeit des Lebens verschaffte, die mein kleines Vermögen mir ohne diesen Beitrag nicht geben konnte. Als ich mit vollem Herzen allem entsagte, was zur Pracht und Eitelkeit gehört, habe ich mich doch der wahren Freuden nicht begeben, und um sie in ihrer ganzen Reinheit zu schmecken, habe ich alles davon getrennt, was nur der Meinung angehört. Liederlichkeit und Ausschweifungen waren nie mein Geschmack, aber ohne jemals reich gewesen zu sein, habe ich immer bequem gelebt, und es ist mir ganz unmöglich, in meiner kleinen Haushaltung mit elfhundert Franken, wenn sie mir auch ganz sicher wären, bequem zu leben; wieviel weniger also würde es mit dreihundert geschehen können, auf die eingeschränkt zu werden ich von Tag zu Tag erwarten muß. Aber diesen Blick in die Zukunft wollen wir entfernen. Warum wollen Sie, daß ich auf meine alten Tage noch ohne Not so harte Lehrjahre ausstehen und ein mehr als mäßiges Leben führen soll, an das mein Körper nicht gewöhnt ist, während ich mir durch eine Arbeit, die mir nur zum Vergnügen gereicht, die Fortsetzung all der Bequemlichkeiten verschaffen kann, die die Gewohnheit mir zum Bedürfnis gemacht hat und die auf jede andere Art mir weniger erreichbar wäre und mich viel mehr kosten würde? Ihre Herren, die sich nicht dieser strengen Lebensart unterzogen haben, die sie mir vorschreiben, machen Intrigen und borgen Gelder, anstatt sich einer Handarbeit zu unterwerfen, die ihnen unedel, wucherisch, unerträglich scheint, und die nicht auf einen Schlag fünfzigtausend Franken verschafft. Ich aber, der ich über wahre Würde nicht wie sie denke, ich, der ich in dem abwechselnden Übergang von der Arbeit zur Erholung ein sehr sanftes Vergnügen empfinde, ich setze durch eine Beschäftigung nach meinem Geschmack, die ich nach meinem Willen abmesse, meinem Vermögen das zu, was ihm fehlt, um mir bequemen Unterhalt zu gewähren, und ich genieße die Anmut eines gleichförmigen einfachen Lebens, soweit es nur von mir abhängt. Gänzlicher Müßiggang würde mich der Langeweile aussetzen, würde mich vielleicht zwingen, Vernügen zu suchen, die immer teuer, oft beschwerlich, selten unschuldig wären, während nach der Arbeit die Ruhe allein schon ihren Reiz hat und mit Spaziergängen zu dem Vergnügen hinreicht, dessen ich bedarf. Endlich bin ich mir vielleicht in einer so traurigen Lage schuldig, alles mögliche Angenehme, das mir erreichbar bleibt, hineinzulegen, um zu versuchen, ihre Bitterkeit zu versüßen, aus Furcht, daß die Empfindung meiner Leiden, durch ein strenges Leben geschärft, in meiner Seele nicht in Gärung übergehe und gehässige und rachsüchtige Entschlüsse darin hervorbringe, die mich nur schlecht und unglücklicher machen könnten. Ich befand mich immer besser, wenn ich mein Herz durch alle Freuden, die ich mir verschaffen konnte, gegen den Haß wappnete. Der Erfolg dieser Methode wird sie mir immer wert erhalten, und je beneidenswerter mein Schicksal ist, desto mehr strenge ich mich an, es mit Annehmlichkeiten zu mischen, um mich immer gut zu halten.

Aber, sagt man, warum wählt er, da er unter so vielen Beschäftigungen wählen kann, vorzüglich diejenige, zu der er das wenigste Geschick hat und die ihm am wenigsten eintragen kann? Warum kopiert er Noten, während er doch Bücher schreiben kann? Er würde mehr dabei verdienen und sich nicht herabsetzen. Auf diese Frage will ich herzlich gerne antworten, indem ich sie umkehre. Warum soll ich Bücher schreiben, statt Noten zu kopieren, da diese Arbeit mir mehr angemessen ist als jede andere und das, was sie abwirft, ein gerechter, ehrlicher und mir hinreichender Gewinn ist. Denken ist für mich eine sehr beschwerliche Arbeit, die mich ermüdet, mich quält, mir mißfällt. Handarbeit, die meinen Kopf in Ruhe läßt, schafft mir Vergnügen und Erholung. Denke ich zuweilen gern, so muß es frei und ohne Zwang geschehen, und meine Gedanken müssen nach ihrem Gefallen umherschweifen, ohne daß ich sie irgend etwas unterwerfe. An dieses oder jenes aber aus Zwang berufsmäßig denken, meine Arbeiten korrigieren, Methode hineinbringen, das ist für mich die Arbeit eines Galeerensklaven, und denken, um zu leben, scheint mir die mühseligste und lächerlichste aller Beschäftigungen. Andere mögen ihre Talente benutzen, wie sie wollen, ich tadele sie deswegen nicht, aber ich habe die meinigen nie so käuflich machen wollen, daß ich einen gewissen Preis darauf setzte, überzeugt, daß dieses Feilschen selbst sie vernichtet haben würde. Ich verkaufe meiner Hände Arbeit, aber mit Werken meiner Seele handele ich nicht. Uneigennützigkeit allein kann ihnen Stärke und Schwung geben. Die ich für Geld machte, würden nicht viel taugen und mir noch viel weniger einbringen.

Warum will man, daß ich noch Bücher schreiben soll, nachdem ich alles gesagt habe, was ich zu sagen hatte und mir nur die in meinen Augen höchst armselige Zuflucht bliebe, zu den nämlichen Ideen zurückzukehren und sie zu wiederholen? Wozu noch ein zweites Mal und schlecht sagen, was ich schon einmal so gut, wie es mir möglich war, gesagt habe? Diejenigen, die es reizt, immer zu reden, werden auch immer etwas zu sagen finden, das ist für den sehr leicht, der nur Worte handhaben will. Ich aber bin nie in Versuchung gekommen, die Feder zu ergreifen, als um große, neue und nützliche Dinge zu sagen, und nie, um sie wieder aufzuwärmen. Ich habe Bücher geschrieben, das ist wahr, nie aber war ich ein Büchermacher. Warum tut man so, als wolle man, daß ich noch mehr schriebe, da man sich im Grunde so sehr fürchtet, daß ich schreiben könnte, und so viel Wachsamkeit aufwendet, mich aller Mittel dazu zu berauben? Man sperrt mir den Zutritt zu allen Häusern außer zu denen der Anhänger des Bundes wider mich. Man verbirgt die Wohnung und Adresse so vieler Menschen sorgfältig vor mir. Schweizer und Pförtner haben in Ansehung meiner geheime Befehle, die ganz anders lauten als die ihrer Herren. Man läßt mir mit keinem Menschen mehr den Umgang, nicht einmal um zu reden, und man würde mir erlauben zu schreiben? Man ließe mich vielleicht meine Gedanken aufsetzen, um sie zu kennen, aber sicherlich würde man bald verhindern, daß sie ins Publikum kämen.

Wenn ich in der Lage, in welcher ich bin, Bücher schreiben wollte, so dürfte und wollte ich keine anderen machen als zur Rechtfertigung meiner Ehre und um die Betrüger, die sie verleumden, zu überführen und zu entlarven. Irgend einen anderen Gegenstand zu behandeln, ist mir nicht mehr erlaubt, ohne meine Ehre zu verletzen. Hätte ich auch das nötige Licht, um diesen Abgrund der Finsternis, in den man mich gestürzt hat, zu durchdringen und alle diese unterirdischen Verrätereien zu erhellen, läßt sich mit gesundem Sinn da wohl annehmen, daß man mir freie Hand lassen würde, und daß die Menschen, die über mich bestimmen, es dulden würden, daß ich das Publikum über ihre Handlungen und mein Schicksal unterrichtete? An wen sollte ich mich wohl mit der Besorgung des Drucks wenden, der nicht einer ihrer Abgesandten wäre oder doch gleich zu ihnen überginge. Haben Sie mir jemanden gelassen, dem ich mich anvertrauen könnte? Weiß man nicht genau den Tag, genau die Stunde, wann ich mit diesem oder jenem gesprochen, was ich ihm gesagt habe, und zweifeln Sie wohl, daß seit unseren Unterredungen Sie nicht ebenso genau überwacht werden wie ich? Sollte irgend jemand es nicht einsehen, daß es mir, von allen Seiten umringt, im beständig wachsamen Blick von ihnen gehalten, wie ich es bin, unmöglich ist, irgendwo die Stimme der Gerechtigkeit und der Wahrheit vernehmlich erschallen zu lassen? Schiene man mir dazu das Mittel zu lassen, so wäre das doch nur eine Falle. Hätte ich *weiß* gesagt, so ließe man mich *schwarz* sagen, ohne daß ich davon etwas wüßte*, und da man ganz offenbar meine älteren Schriften, die in den Händen der ganzen Welt sind, verfälscht, wie sollte man unterlassen, die zu verfälschen, die noch nicht ans Licht gekommen sind und deren Verfälschung nicht festzustellen wäre, da meine Beteuerungen nichts gelten? Ach, mein Herr, können Sie denn nicht einsehen, daß das einzige große Verbrechen, das sie von mir befürchten, das scheußliche Verbrechen, dessen Abscheu sie im ewigen Entsetzen erhält, diese meine Rechtfertigung ist?

Bücher schreiben, um davon zu leben, hätte mich vom Publikum abhängig gemacht. Dann wäre es nicht darum gegangen, zu unterrichten und zu bessern, sondern zu gefallen und Erfolg zu haben. Das konnte auf dem Wege, den ich gewählt hatte, nicht mehr geschehen, die Zeiten waren zu sehr verändert und das Publikum für mich zu sehr verwandelt. Als ich meine ersten Schriften herausgab, war es noch sich selbst überlassen, hatte sich noch zu keiner Sekte bekannt und konnte die Stimme der Wahrheit und der Vernunft hören. Jetzt aber, ganz unterjocht, denkt es nicht mehr, gibt der Vernunft nicht Gehör, ist nichts mehr für sich selbst und folgt den Eindrücken, die ihm die geben, die es lenken. Die einzige Lehre, an der es jetzt Geschmack findet, ist die, die mit seinen Leidenschaften zusammenstimmt und die Verderbnis seiner Sitten mit einem Firnis von Klugheit überzieht. Nur ein einziger Weg bleibt dem übrig, der darauf ausgeht, ihm zu gefallen. Es ist der, den glänzenden Schriftstellern dieses Jahrhunderts auf ihrer Bahn zu folgen und gleich ihnen in einer heuchlerischen Moral Liebe zur Tugend und Haß gegen das Laster zu predigen, vorher aber, wie sie, sorgfältig anzumerken, daß das lauter Worte ohne Sinn sind, erdacht, um das Volk zu unterhalten, daß es weder Laster noch Tugend im menschlichen Herzen gebe, weil der Mensch weder Freiheit in seinem Willen noch Sittlichkeit im Handeln habe, daß alles, selbst dieser Wille nicht ausgenommen, das Werk einer blinden Notwendigkeit sei, daß endlich Gewissen

* Wie man es gewiß mit dem Inhalt dieser Schrift machen wird, wenn ihre Existenz dem Publikum bekannt wird und sie in die Hände dieser Herren fällt, was natürlich unvermeidlich scheint.

und Gewissensbisse nur Vorurteile und Hirngespinste seien, weil man sich weder wegen einer guten Handlung, die man zu tun gezwungen war, Beifall geben, noch sich ein Laster vorwerfen kann, dem man nicht hat widerstehen können.* Und welche Wärme, welchen Eifer, welchen Ton von Überredung und von Wahrheit könnte ich, wenn ich auch wollte, wohl in diese grausame Lehre legen, die so wie sie den Reichen und Glücklichen schmeichelt, die Armen und Unglücklichen niederdrückt, indem sie dem einen Teil alle Zügel, alle Furcht und alle Zurückhaltung nimmt und dem anderen alle Hoffnung und allen Trost raubt, und wie könnte ich sie endlich mit meinen eigenen Schriften vereinbaren, die voller Widerlegungen aller dieser Trugschlüsse sind? Nein, ich habe gesagt, was ich als wahr erkannt hatte, wenigstens für wahr, gut, tröstlich und nützlich hielt. Ich habe genug für den gesagt, der mich in Aufrichtigkeit des Herzens anhören will, und viel zu viel für das Jahrhundert, in dem zu leben ich das Unglück habe. Würde ich noch mehr sagen, so würde das ohne Wirkung sein, und ich würde es schlecht sagen, da ich weder durch die Hoffnung des glücklichen Erfolgs wie die Modeschriftsteller belebt werde, noch wie ehedem durch den erhabenen Mut, der sich über alles wegsetzt und den die bloße Liebe zur Wahrheit ohne irgend eine Einmischung von persönlichem Interesse einflößt.«

Da ich den Unwillen bemerkte, der ihn bei diesen Vorstellungen entflammte, hütete ich mich, von all dem Wust von Büchern und Broschüren etwas zu sagen, die man ihn tagtäglich zusammenschreiben und herausgeben läßt, wobei man ebenso geheimnisvoll wie klug vorgeht. Welche unbegreifliche Torheit könnte ihn, so bewacht, wie er ist, hoffen lassen, nur einen Augenblick anonym zu bleiben, und wie könnte er, dem man es so sehr vorwirft, daß er unrechtmäßigerweise der ganzen Welt mißtraut, ein so törichtes Vertrauen in diejenigen setzen, denen er die Ausgabe seiner Schriften auftrüge? Wenn er dieses aberwitzige Vertrauen

* Das haben sie bisher öffentlich gelehrt und bekanntgemacht, ohne daß man daran gedacht hätte, wegen dieser Lehre gegen sie vorzugehen. Diese Kränkung war dem *gottlosen System der natürlichen Religion* vorbehalten. Jetzt legen sie J.J. alles dieses in den Mund, sie schweigen oder schreien über Gottlosigkeit, und das Publikum mit ihnen. *Risum teneatis, amici!*

zu irgend jemandem hätte, läßt sich da denken, daß er in der schrecklichen Lage, in welcher er ist, sich dieses Vertrauens nur dazu bedienen würde, um trockene Übersetzungen und leichtfertige Broschüren herauszugeben?* Kann man sich endlich vorstellen, daß er, wenn er sich täglich so entlarvt sieht, nicht aufhören sollte, seinen Gang ebenso geheimnisvoll fortzugehen, das nämliche Geheimnis so sorgfältig bewahrend, sei es, daß er sich diesen Verrätern weiter anvertraute, sei es, daß er sich neue Vertraute suchte, die ebenso treu wären?

Ich sehe, daß man auf den Einwänden beharrt. Warum wählte er nicht, statt das Schriftstellergewerbe, das ihm so sehr mißfällt, wieder zu ergreifen, zum Erwerb ein ehrenvolleres und einträglicheres Talent? Anstatt Noten abzuschreiben, wenn es wahr ist, daß er sich darauf versteht, warum komponiert er nicht oder unterrichtet die Musik? Kann er das nicht, so hat er oder soll er andere Kenntnisse haben, in denen er Unterricht geben könnte. Italienisch, Erdkunde, Rechnen, was weiß ich? Alles, denn in Paris kann man es so leicht bewerkstelligen, in irgend etwas Unterricht zu geben, wovon man selbst nichts versteht. Die mäßigsten Talente auszuüben, wäre, um sich Unterhalt zu verschaffen, besser gewesen, als das kleinste unter ihnen, das er so schlecht verstand und woraus er so wenig Gewinn zog, selbst wenn er seiner Arbeit einen so hohen Preis gab. Er hätte sich nicht, wie er es getan hat, von jedem abhängig gemacht, der mit einem Blatt Noten bewaffnet zu ihm kommt, um ihm sein Geschwätz vorzutragen, noch von groben Bedienten, die in ihrem hochfahrenden Benehmen komme, um ihm die geheimen Gesinnungen ihrer Herren aufzudecken. Er hätte nicht so oft den Lohn seiner Arbeit eingebüßt, hätte sich beim Volk nicht lächerlich gemacht und sich wegen dieser Arbeit von dem Philosophen Diderot einen Juden nennen lassen müssen. Dergleichen kümmerlichen Gewinn verachten große Seelen. Der berühmte Diderot, der seine Hände nicht durch Arbeit um Lohn befleckt und der den kleinen wuchernden Gewinn verachtet, ist in den Augen ganz Europas ein so tugend-

* Heutzutage sind es richtige Bücher: in dem Werk, das mich betrifft, gibt es aber einen Fortschritt, der nicht leicht vorherzusehen war.

hafter wie uneigennütziger Weiser, und der Kopist J.J., der zehn Sous für die Seite seiner Arbeit nimmt, um sich das Leben zu erleichtern, ist ein Jude, den sein Geiz allenthalben verächtlich macht. Trotz seiner Geldgier scheint das Geschick hier aber alles wieder in Ordnung gebracht zu haben, und ich sehe nicht, daß die Zinsen des Juden J.J. ihn reich, noch daß die Uneigennützigkeit des Philosophen Diderot diesen arm gemacht hätten. Wie kann man nicht sehen, daß, wenn J.J. diese Beschäftigung, Noten zu kopieren, nur aus Ziererei und um das Publikum zu täuschen, gewählt hätte, er es nicht unterlassen hätte, um seinen Feinden diese Waffe gegen ihn aus den Händen zu winden und sich ein Verdienst aus seinem Geschäft zu machen, den Preis der anderen genommen oder ihn sogar noch vermindert hätte?

DER FRANZOSE

Die Habgier denkt nicht immer gut.

ROUSSEAU

Feindseligkeit denkt oft noch schlechter. Das läßt sich bestens wahrnehmen, wenn man das Verhalten Ihrer Herren untersucht und ihre besondere Art zu schließen, die sich in den Augen eines jeden sehr schnell entlarven würde, der genau darauf achten wollte und ihre Leidenschaft nicht teilte.

Alle diese Einwürfe waren mir gegenwärtig, als ich anfing, unseren Mann zu erforschen. Als ich aber vertrauter mit ihm wurde, merkte ich bald und bemerkte es jeden Tag mehr, daß die wahren Gründe, die seine ganze Aufführung bestimmten, selten seinem Interesse dienten und nie mit den Meinungen der Menge etwas zu tun hatten. Man muß sie näher bei ihm selbst suchen, wenn man sich nicht beständig täuschen will.

Warum sieht man nicht gleich ein, daß, um aus allen diesen kleinen Talenten, von denen man spricht, Nutzen zu ziehen, er ein Talent besitzen müßte, das ihm fehlt, nämlich sie zur Geltung zu bringen. Er müßte intrigieren, in seinem Alter von Haus zu Haus laufen, den Großen, den Reichen, den Frauen, den Künstlern und allen den Hof machen, denen zu nahen man ihm erlauben würde, denn man würde die Leute, zu denen man ihm Zutritt gewähren würde, ebenso auswählen wie die, die man zu ihm läßt, und zu ihnen würde ich ohne Ihre Hilfe nicht gehören.

Er hat in Lyon eine öffentliche und denkwürdige Erfahrung gemacht, wie ihn die Musiker behandeln würden, wenn er sich ihrer Gnade auslieferte, um seine Werke aufgeführt zu sehen, und wie sehr er dadurch gebunden wäre, wenn er Nutzen daraus ziehen wollte. Ich setze hinzu, daß, wenn es ihm auch durch Schliche gelingen sollte, er doch immer einen um solchen Preis erkauften Erfolg zu teuer finden würde. Ich wenigstens, der ich anders über die wahre Ehre denke als das Publikum, ich finde sie weit mehr darin, zu Hause für einen bestimmten Preis Noten zu kopieren, als von Tür zu Tür zu laufen und mich dabei den Zurückweisungen der Bedienten und dem Eigensinn der Herren auszusetzen und allenthalben das Gewerbe eines Schmeichlers und Speichelleckers zu treiben. Jeder urteilsfähige Geist sollte selbst so empfinden, aber die genauere Kenntnis des Menschen gibt dem allen noch mehr Gewicht.

J.J. ist untätig, träge, wie alle Betrachtenden es sind. Diese Trägheit liegt aber nur in seinem Kopf. Er denkt nur unter Anstrengungen, wird vom Denken ermüdet, er erschrickt vor allem, was ihn, in welchem Grade auch immer, dazu zwingt, und wenn er auf ein »Guten Morgen!« antworten muß, das mit einer gewissen Wendung gesagt wurde, so quält ihn das schon. Indessen ist er doch lebhaft und in seiner Art arbeitsam. Gänzlichen Müßiggang kann er nicht ertragen, seine Hände, seine Füße, seine Finger müssen immer etwas zu tun haben, der Körper muß in Bewegung sein und nur sein Kopf in Ruhe bleiben. Daher seine Vorliebe fürs Spazierengehen. Da ist er in Bewegung, ohne genötigt zu sein, zu denken. In der Träumerei ist man nicht tätig. Die Bilder prägen sich dem Gehirn ein, setzen sich darin ohne Zutun des Willens wie im Schlaf zusammen: man läßt das alles seinen Gang gehen und genießt, ohne zu handeln. Wenn man aber anhalten, die Gegenstände festhalten, sie ordnen, zusammensetzen will, so ist das etwas anderes; man tut von dem seinen etwas hinzu. Sobald Denken und Überlegung sich einmischen, so ist die Meditation keine Ruhe mehr, sie ist dann ein beschwerliches Geschäft, und das ist die Mühe, die J.J. Furcht einjagt und deren bloßer Gedanke ihn niederschlägt und träge macht. Nie habe ich ihn träge gefunden als bei Arbeiten, wo der Geist wirken muß, so gering die Wirkung auch war. Er geizt weder mit seiner Zeit noch mit seiner Mühe, er kann nicht müßig bleiben, ohne zu leiden, gerne würde er sein Leben damit zubringen, in einem Garten zu graben, um nur nach Gefallen träumen zu können, aber die schrecklichste Strafe wäre es für ihn, es in einem Sessel zu verbringen und sein Gehirn damit zu ermüden, Nichtigkeiten zu erfinden, um Weiber damit zu unterhalten.

Auch verabscheut er den Zwang ebenso, wie er die Beschäftigung liebt. Arbeit kostet ihn nichts, wenn er sie nur zu seiner Zeit und nicht zu der eines anderen unternimmt. Ohne Mühe trägt er das Joch der Notwendigkeit der Dinge, nicht aber das des Willens der Menschen. Er würde lieber doppelte Arbeit nach seiner Zeit machen als einfache zu einer vorgeschriebenen Zeit.

Hat er ein Geschäft, einen Besuch, eine Reise vor, so wird er es gleich ins Werk setzen, wenn ihn nichts treibt; muß er es im Augenblick tun, so wird er sich widersetzen. Der Augenblick, in dem er jedem Glücksprojekt entsagte, um dem Tag zu leben, und seine Uhr wegwarf, war einer der süßesten seines Lebens. Dank sei dem Himmel, rief er in einem Ausbruch von Freude, ich werde nie mehr nötig haben zu wissen, wieviel Uhr es ist!

Wenn er sich nur mit Mühe nach den Grillen anderer bequemt, so folgt daraus nicht, daß er seinerseits deren viele hat. Nie war ein Mensch so wenig nachahmend und doch so wenig eigensinnig. Seine Vernunft hindert ihn nicht, es zu sein, sondern seine Faulheit, denn der Eigensinn ist eine Anspannung des Willens, deren Ermüdung er fürchtet. Widerspenstig gegen den Willen jedes anderen, kann er nicht einmal dem seinigen gehorchen, oder vielmehr, er findet das Wollen selbst so ermüdend, daß er lieber im Gange des Lebens einem bloß maschinenmäßigen Eindruck folgen will, der ihn fortzieht, ohne daß er der Mühe bedarf, ihn zu lenken. Nie trug ein Mensch härter und von Jugend auf das Joch, das schwachen Seelen und Greisen eigen ist, ich meine das Joch der Gewohnheit. Deswegen ist es ihm angenehm, heute noch zu tun, was er gestern tat, ohne einen anderen Beweggrund, als weil er es gestern tat. Wenn der Weg schon gebahnt ist, macht es ihm weniger Schwierigkeiten, ihm zu folgen, als wenn er eine neue Richtung einschlagen muß. Es ist unglaublich, wie sehr die Trägheit im Wollen ihn unterjocht. Das zeigt sich sogar in seinen Spaziergängen. Er wird denselben Spaziergang so lange wiederholen, bis irgendein Grund ihn unumgänglich zwingt, ihn zu verändern, seine Füße tragen ihn von selber dorthin, wohin sie ihn schon einmal getragen haben. Er mag immer gerne geradeaus gehen, weil sich das tun läßt, ohne dabei nachzudenken. In dieser Weise würde er immer träumend bis nach China gehen, ohne es zu merken und ohne sich zu langweilen. Darum gefallen ihm lange Spaziergänge, Gärten aber liebt er nicht, weil am Ende jeder Allee eine kleine Wendung nötig ist, umzukehren und seinen Weg noch einmal zu gehen, und wenn er in Begleitung ist, so folgt er, ohne nachzudenken, den anderen, um nicht über seinen Weg nachdenken zu müssen; auch hat er noch nie einen Weg behalten, den er nicht alleine gegangen ist.

Alle Menschen sind von Natur träge, selbst ihr Interesse belebt sie nicht, und die dringendesten Bedürfnisse können sie nur durch einen Ruck zum Handeln bringen, aber in dem Maße, wie die Eigenliebe erwacht, treibt sie sie, drängt sie, hält sie beständig in Atem, weil sie die einzige Leidenschaft ist, die immer zu ihnen spricht: so also sieht man sie alle in der großen Welt. Der Mensch, bei dem die Eigenliebe nicht herrschend ist und der sein Glück nicht außer sich sucht, ist der einzige, der Sorglosigkeit und die süße Ruhe kennt, und J.J. ist dieser Mensch, soweit ich mich darauf verstehe. Nichts ist einförmiger als seine Art zu leben. Zur gleichen Stunde steht er auf, geht schlafen, ißt, arbeitet, geht aus und kommt wieder zurück, ohne es selbst zu wollen oder zu wissen. Alle Tage sind nach einem Muster geformt, es ist immer derselbe Tag, der sich beständig wiederholt, seine Routine ersetzt ihm jede andere Regel, er folgt ihr sehr genau, ohne einen Fehler zu machen und ohne daran zu denken. Diese weiche Trägheit hat nicht allein Einfluß auf die gleichgültigen Handlungen, sondern auf seine ganze Aufführung, selbst auf die Bewegungen seines Herzens, und als er so leidenschaftlich Verbindungen suchte, die ihm angemessen wären, schloß er in Wirklichkeit nie andere, als die der Zufall ihm zuführte. Mattigkeit und das Bedürfnis, zu lieben, gaben allem, was sich ihm näherte, einen blinden Einfluß auf ihn. Eine unversehene Zusammenkunft, Gelegenheit, das Bedürfnis des Augenblicks, eine zu rasch angenommene Gewohnheit bestimmten alle seine Anhänglichkeiten und durch sie sein Schicksal. Vergebens forderte sein Herz, daß er wählen solle, seine leichtsinnige Laune ließ das nicht zu. Er ist vielleicht der einzige Mensch in der Welt, aus dessen Bekanntschaften man nicht auf ihn schließen kann, denn sein eigener Geschmack machte nie eine, und er fand sich immer unterjocht, ehe er Zeit hatte, seine Wahl zu treffen. Übrigens artet die Gewohnheit bei ihm nicht in Langeweile aus. Er könnte ewig von einerlei Speisen leben, die nämliche Arie wiederholen, das nämliche Buch lesen und immer nur dieselbe Person wiedersehen. Kurz, nie habe ich ihn Mißbehagen an irgendeiner Sache finden sehen, die ihm einmal Vergnügen gemacht hatte.

Durch solche und andere Beobachtungen, die Bezug darauf haben, durch das aufmerksame Studium des Naturells und des Geschmacks der Individuen lernt man die Besonderheiten ihres Benehmens erklären, nicht durch die Wut der Eigenliebe, die am Herzen derer nagt, die den einzelnen beurteilen, ohne je ihren eigenen Herzen nahegekommen zu sein. Aus Faulheit, aus Gleichgültigkeit, aus Abneigung gegen die Abhängigkeit und den Zwang kopiert J.J. Noten. Er verrichtet seine Arbeit, wann und wie es ihm gefällt, er ist keinem Menschen Rechenschaft von seinem Tage, von seiner Zeit, von seiner Arbeit, von seiner Muße schuldig. Er hat nie nötig, etwas in Ordnung zu bringen, etwas vorherzusehen, sich Sorge über irgend etwas zu machen, er braucht keinen Geist zu verschwenden, er ist alle Tage und jeden Tag er selbst und gehört sich selbst, und am Abend, wenn er sich entspannt und spazierengeht, verläßt seine Seele ihre Ruhe nur, um sich süßen Regungen zu überlassen, ohne daß er mit seiner Person dafür bezahlen und ohne daß er die Bürde der Berühmtheit mit glänzenden und gelehrten Unterhaltungen tragen müßte, die die Qual seines Lebens ausmachen würden, ohne seiner Eitelkeit zu schmeicheln.

Er arbeitet langsam, schwerfällig, macht viele Fehler, löscht oft aus oder fängt von neuem an, und das zwingt ihn, für seine Arbeit einen höheren Preis zu verlangen, obgleich niemand mehr als er bemerkt, wie unvollkommen sie ist. Indessen spart er weder Kosten noch Mühe, um ihr den Wert des Preises zu geben, und wendet eine Aufmerksamkeit daran, die nicht ohne Wirkung ist und die man bei anderen Kopisten vergeblich erwarten würde. Der Preis selbst, so hoch er ist, würde vielleicht noch geringer als der ihrige ausfallen, wenn man das abziehen würde, was man ihm an Verlusten zuzufügen liebt, teils dadurch, daß die Arbeit, die man ihn tun läßt, nicht wieder abgeholt oder nicht bezahlt wird, teils dadurch, daß man ihn auf tausenderlei Art von der Arbeit abhält, wovon die übrigen Notenkopisten verschont bleiben. Wenn er hierin seinen Ruhm mißbraucht, so fühlt er es und es betrübt ihn, aber es ist ein sehr kleiner Vorteil gegen so viele Übel, die er dafür ertragen muß, und er kann es nicht anders anfangen, ohne sich Unbequemlichkeiten auszusetzen, die zu ertragen er nicht den Mut hätte. Dafür ist durch diesen mäßigen Beitrag, den er mit seiner Arbeit erkauft, seine gegenwärtige Lage von der Seite der Behaglichkeit betrachtet gerade so, wie seine Laune es erfordert. Frei von den Ketten des Glücks, genießt er mäßig alle wirklichen Güter, die es gewährt, während er die, die in der Meinung ihren Grund haben, nur scheinbar sind und viel kosten, entfernt hat. Wäre er ärmer, so würde er Mangel empfinden und leiden, wäre er reicher, so hätte er die Verlegenheit der Reichtümer, Sorgen, Geschäfte, er müßte der Sorglosigkeit entsagen, die für ihn die süßeste Lust ist: besäße er mehr, so würde er weniger genießen.

Auch ist es richtig, daß er in seinem fortgeschrittenen Alter nicht mehr hoffen kann, seine Arbeit noch lange zu versehen, seine zittrige Hand versagt ihm schon einen leichten Dienst, seine Noten werden ungestalt, seine Tätigkeit nimmt ab, er bringt in sehr viel mehr Zeit weniger und viel Schlechteres zustande, ein Augenblick wird kommen*, in dem er, wenn er rasch altert, der Hilfsquellen beraubt, die er sich geschaffen hat, noch späte und

* Eine andere sehr beschwerliche Ungemächlichkeit wird mich endlich zwingen, diese Arbeit aufzugeben, die übrigens die Ungewogenheit des Publikums mir mehr beschwerlich als nützlich macht. Es ist der häufige Zuspruch Fremder oder Unbekannter, die sich unter jenem Vorwand bei mir einführen und sich wider meinen Willen festhaken, ohne daß ich ihre Absichten zu ergründen vermag.

harte Lehrjahre einer herben Sparsamkeit wird durchmachen müssen. Er zweifelt auch nicht, daß Ihre Herren für diesen Zeitpunkt, der sich nähert und den sie vielleicht zu beschleunigen wissen werden, nicht schon einen neuen wohltätigen Plan in Bereitschaft haben, das heißt, neue Mittel, ihn das Brot der Kränkung essen und den Kelch der Demütigung trinken zu lassen. Er fühlt und sieht das alles sehr gut voraus, aber so nahe am Ende seines Lebens erblickt er eben kein so großes Ungemach darin. Da dieses Ende übrigens unvermeidlich ist, ist es Narrheit, sich deswegen zu quälen, und ihm vorbeugen zu wollen, hieße sich nur vorweg schon hineinstürzen. Für das Gegenwärtige versucht er, soviel in seinen Kräften steht zu sorgen, und überläßt die Sorge für die Zukunft der Vorsehung.

Ich habe also J.J. ganz den Beschäftigungen ergeben gesehen, die ich Ihnen beschrieben habe, immer auf einsamen Spaziergängen, wenig denkend, viel träumend, fast maschinenmäßig arbeitend, unaufhörlich mit den nämlichen Dingen beschäftigt, ohne ihrer überdrüssig zu werden, kurz, fröhlicher, zufriedener, sich besser bei einem so automatenähnlichen Leben befindend, als es in der ganzen Zeit der Fall war, die er so grausam für sich, so wenig nützlich für die anderen mit dem traurigen Gewerbe eines Schriftstellers zubrachte.

Aber wir wollen diese Aufführung auch nicht über ihren Wert erhöhen. Sofern dieses einfache und arbeitsame Leben nicht gespielt ist, wäre es bei einem berühmten Schriftsteller, der sich darin zu versetzen wüßte, ein erhabener Entschluß. Bei J.J. ist es bloß natürlich, denn es ist weder eine Wirkung der Anstrengung noch der Vernunft, sondern ein bloßer, durch Notwendigkeit bestimmter Antrieb des Temperaments. Das einzige Verdienst dessen, der es ergriff, ist es, ohne Widerstand dem Hang der Natur gefolgt und, weder durch falsche Scham noch durch törichte Eitelkeit hingerissen, nicht von der Bahn gewichen zu sein. Je mehr ich diesen Menschen in der Einteilung und Anwendung seiner Zeit untersuche, ihn in der Einförmigkeit des Maschinenlebens, im Geschmack, den er daran zu finden scheint, in der Befriedigung, die er wirklich darin findet, in dem Vorteil betrachte, den er für seine Laune und für seine Gesundheit daraus zieht, desto mehr sehe ich, daß dieses die Lebensart ist, für die er geboren war. Die Menschen, die ihn immer nach ihrer Weise umbildeten, machten ihn bald zu einem tief denkenden Genie, bald zu einem kleinen Scharlatan, erst zu einem Wunder an Tugend, dann zu einem lasterhaften Ungeheuer, immer aber zum sonderbarsten und fremdartigsten Wesen der ganzen Welt. Die Natur machte ihn nur zu einem guten Handwerker, reizbar, das ist wahr, bis zur Überspannung, abgöttisch das Schöne verehrend, leidenschaftlich für die Gerechtigkeit, in kurzen Augenblicken der Aufwallung der Kraft und des Schwunges fähig, während sein gewöhnlicher Zustand aber immer Trägheit des Geistes und maschinenmäßige Tätigkeit war und bleiben wird, und der, um alles in ein Wort zu fassen, nur deswegen ein seltener Mensch ist, weil er einfach ist. Eines der Dinge, wofür er sich selbst glücklich preist, ist es, daß er sich in seinem Alter ungefähr auf der nämlichen Stufe seines Standes befindet, auf welcher er geboren war, ohne daß er jemals im Lauf desselben weder sehr hoch gestiegen, noch sehr tief gefallen wäre. Das Schicksal hat ihn wieder an den Platz gestellt, den die Natur ihm gegeben hatte, und diese Übereinstimmung erhält seinen täglichen Beifall.

Diese so einfachen und für mich so hellen Aufklärungen meiner ersten Zweifel haben mich mehr und mehr überzeugt, daß ich den einzigen guten Weg gewählt hatte, bis zur Quelle der Sonderbarkeiten dieses Mannes zu gelangen, der so viel beurteilt und so wenig bekannt ist. Das große Unrecht derer, die ihn beurteilen, besteht nicht darin, daß sie nicht die wahren Beweggründe seiner Aufführung erraten haben, so feine Menschen werden sich hierin nie betrügen*, sondern darin, daß sie nicht erkennen wollten, daß

* Ich kenne nicht zwei Franzosen, die es dahin haben bringen können, mich kennenzulernen, selbst wenn sie es von ganzem Herzen wünschten. Die ursprüngliche Natur des Menschen ist zu weit entfernt von allen ihren Begriffen. Ich sagte gleichwohl nicht, daß es niemanden gibt, sondern nur, daß ich ihrer nicht zwei kenne.

Die so feinen Leute, die durch die Eigenliebe ganz umgebildet sind, haben nicht den geringsten Begriff mehr von den wahren Bewegungen der Natur und werden rechtschaffene Seelen nie erkennen können, weil sie allenthalben nur das Böse sehen, ausgenommen da, wo es ihrem Eigennutz zuträglich ist, zu schmeicheln. Auch finden die Beobachtungen der feinen Leute, da sie mit der Wahrheit nie anders als zufällig übereinstimmen, bei den Weisen keinen Glauben.

sie sich von ganzem Herzen den Mitteln ausgeliefert hatten, die verhinderten, daß er ihnen seine wahren Beweggründe entdeckte und daß sie sie erführen. Selbst die gerechtesten Leute sind geneigt, für eine außerordentliche Aufführung seltsame Ursachen zu suchen, während im Gegenteil die Aufführung J.J.'s so wenig gewöhnlich ist, weil sie gar zu natürlich ist, und dieses kann man erst gewahr werden, wenn man ein genaues Studium seines Temperamentes, seiner Launen, seines Geschmacks und seiner ganzen Beschaffenheit unternommen hat. Die Menschen machen nicht soviel Wesens davon, sich untereinander zu beurteilen. Gewöhnlich rechnen sie sich die Beweggründe gegenseitig zu, die den Beurteilenden so wie den Beurteilten zum Handeln bestimmen würden, wenn er an seiner Stelle wäre, und oft treffen sie es richtig, weil sie alle von der Meinung geleitet werden, von den Vorurteilen, von der Eigenliebe und von all den gekünstelten Leidenschaften, die ihr Gefolge sind, vor allem aber von dem lebhaften, voraussehenden und vorsorgenden Interesse, das sie immer weit vom Gegenwärtigen entfernt und das dem Naturmenschen gar nicht angemessen ist.

Aber sie sind so entfernt davon, zu den reinen Triebfedern dieser Natur aufzusteigen und sie kennenzulernen, daß, wenn sie endlich dahin kämen, zu begreifen, daß J.J. sich nicht aus Prahlerei so verschieden von ihnen beträgt, so würden die meisten von ihnen gleich den Schluß ziehen, daß er es aus niederträchtiger Denkungsart tue, einige vielleicht, daß es aus heldenhafter Tugend geschehe, und beide würden sie gleichermaßen irren. Niederträchtig ist es, freiwillig ein Geschäft zu übernehmen, das Verachtung verdient, oder als Almosen zu nehmen, was man sich durch seine Arbeit verschaffen kann, aber es ist nicht niederträchtig, lieber von einer ehrlichen Arbeit zu leben als von Almosen oder gar von Intrigen, um weiterzukommen. Es ist Tugend, seine Neigungen zu besiegen, um seine Pflicht zu tun, aber es ist keine Tugend, ihnen zu folgen, um sich Beschäftigungen nach seinem Geschmack zu überlassen, wenn sie auch in den Augen der Welt unedel sind.

Die Ursache der falschen Urteile, die über J.J. gefällt werden, ist, daß man immer voraussetzt, daß es vieler Mühe bedurfte, um anders zu sein als die anderen Menschen, während es ihn, so beschaffen wie er ist, viel Mühe gekostet hätte, um so zu werden wie sie. Eine meiner sichersten Beobachtungen, die das Publikum gewiß am wenigsten erwartet, ist die, daß, so heftig, ungeduldig und so sehr zum Jähzorn er auch geneigt ist, er doch den Haß nicht kennt und nie Verlangen nach Rache in sein Herz kam. Könnte jemand eine den Begriffen, die man vom Menschen hat, so entgegengesetzte Tatsache zugeben, so würde er ihr gleich eine erhabene Anstrengung, einen schweren Sieg über die Eigenliebe, die große, aber schwere Tugend der Vergebung gegenüber seinen Feinden als Ursache geben, und doch ist sie nur die natürliche Wirkung des Temperamentes, das ich Ihnen beschrieben habe. Immer mit sich selbst oder für sich beschäftigt und zu geizig mit seinem eigenen Gut, um die Zeit zu haben, auf das Übel eines anderen zu sinnen, kümmert er sich nicht um jene eifersüchtigen Vergleichungen der Eigenliebe, aus welchen die gehässigen Leidenschaften entspringen, die ich erwähnt habe. Ich wage sogar zu sagen, daß keine Beschaffenheit eines Menschen von der Bosheit weiter entfernt ist als die seinige, denn sein herrschendes Laster ist, sich mehr mit sich selbst als mit anderen zu beschäftigen, und das Laster der Bösen ist es gerade umgekehrt, sich mehr mit anderen als mit sich selbst zu beschäftigen, und gerade deswegen sind sie, wenn man das Wort *Egoismus* in seinem wahren Sinn nimmt, alle Egoisten, und er ist es nicht, weil er sich weder jemandem zur Seite noch über ihn, noch unter ihn setzt, und es nicht zu seinem Glück gehört, irgend jemanden von seinem Platz zu verdrängen. Alle seine Meditationen sind sanft, weil er gerne genießen will. An widerwärtige Situationen denkt er nicht, wenn sie ihn nicht selbst dazu zwingen; alle Augenblicke, die er ihnen entreißen kann, schenkt er seinen Träumereien. Er weiß sich unangenehmen Vorstellungen zu entziehen und sich von dort, wo es ihm übel geht, anderswohin zu versetzen. Da er sich mit seinen Leiden so wenig beschäftigt, wie soll er es mit denen viel tun, die sie ihn leiden lassen? Er rächt sich dadurch, daß er nicht daran denkt, und dies nicht aus einem Geist der Rache, sondern um sich von seiner Qual zu befreien. Da er faul und wollüstig ist, wie könnte er gehässig und rachgierig sein? Sollte er wünschen, seinen Trost, seinen Genuß und die einzigen Freuden, die man ihm hinieden läßt, in Strafe zu wandeln? Gallige und böse Menschen suchen die Einsamkeit nur dann, wenn sie traurig sind, und diese macht sie dann noch trauriger. Der Sauerteig der Rache gärt in der Einsamkeit durch das Vergnügen, welches man fühlt, sich ihr zu überlassen, aber dieses traurige und grausame Vergnügen verzehrt und reibt den auf, der sich ihm überläßt, es macht ihn unruhig, tätig und arglistig. Die Einsamkeit, die er suchte, wird bald zur Strafe seines haßerfüllten und gequälten Herzens, er findet darin nicht die liebenswürdige Sorglosigkeit, die süße Gleichgültigkeit, die den Reiz für die wahren Einsamen ausmacht, seine durch ärgerliche Überlegungen belebte Leidenschaft sucht sich Genugtuung zu schaffen, und er verläßt bald seine düstere Abgeschiedenheit und rennt in die Welt, um das Feuer zu legen, das seinen Feind verzehren soll. Wenn Schriften aus der Feder eines solchen Einsamen fließen, so gleichen sie sicher weder dem *Emile* noch der *Héloïse*, sie werden immer, soviel Kunst der Verfasser auch anwenden mag, sich zu verstellen, die Farbe der bitteren Galle haben, die sie in die Feder gab. In Ansehung J.J.'s bezeugen die Früchte seiner Einsamkeit die Gesinnungen, die ihn darin nährten; er hatte Grillen, solange er noch in der Welt lebte, er hatte sie nicht mehr, sobald er einsam lebte.

Dieser Widerwille, sich mit düsteren unangenehmen Vorstellungen zu beschäftigen, zeigt sich in seinen Schriften wie in seinen Gesprächen, besonders wenn sie einen langen Atem haben und wo der Verfasser mehr Zeit hatte, er selbst zu sein, und wo sein Herz es sich sozusagen bequemer gemacht hatte. In seinen ersten Arbeiten, in denen er in sein Thema verwickelt, verdrießlich über das Schauspiel der öffentlichen Sitten war und von Leuten gereizt wurde, die mit ihm lebten und die damals vielleicht schon ihre Ansichten hatten, hat er sich zuweilen erlaubt, die Bösen und ihre Laster in lebhaften und stechenden Zügen zu schildern, doch immer nur kurz und rasch, und man merkt, daß er sich nur bei lachenden Bildern gerne aufhielt, mit denen er sich von jeher gerne beschäftigte. Er wünscht sich am Ende der *Héloïse* Glück, daß er das Interesse daran sechs ganze Bände hindurch erhalten konnte, ohne auch nur eine einzige schlechte Person oder eine einzige schlechte Handlung hineinzumischen. Dies ist, scheint mir, das unzweideutigste Zeugnis des wahren Geschmacks eines Schriftstellers.

DER FRANZOSE

Und wie Sie sich täuschen! Die Guten malen die Bösen ohne Scheu, sie brauchen nicht zu fürchten, in ihren Darstellungen erkannt zu werden. Aber ein Bösewicht traut sich nicht seinesgleichen zu schildern, er fürchtet die Anwendung.

ROUSSEAU

Mein Herr, stammt diese so natürliche Auslegung von Ihnen selbst?

DER FRANZOSE

Nein, sie stammt von unseren Herren. Ich hätte nie Geist genug gehabt, sie zu erfinden.

ROUSSEAU

Aber wenigstens sagen Sie mir, halten Sie sie im Ernst für gut?

DER FRANZOSE

Ich gestehe Ihnen, ich mag nicht mit Bösewichtern leben, und ich glaube nicht, daß daraus folgt, daß ich selbst böse bin.

ROUSSEAU

Gerade das Gegenteil folgt daraus, und nicht nur leben die Bösen gerne miteinander, sondern ihre Schriften und Gespräche sind mit fürchterlichen Schilderungen aller Arten von Bosheit angefüllt. Zuweilen unternehmen es auch Gute, sie zu schildern, aber nur, um sie verhaßt zu machen, während die Bösen sich der nämlichen Schilderungen bedienen, nicht um die Laster, sondern um die Personen, auf die sie es abgesehen haben, verhaßt zu machen. Dieser Unterschied läßt sich beim Lesen sehr leicht entdekken, und der lebhafte und allgemeine Tadel der einen läßt sich von den persönlichen Satiren der anderen leicht unterscheiden. Nichts ist einem Schriftsteller natürlicher, als daß er sich vorzüglich mit den Stoffen beschäftigt, die am meisten nach seinem Geschmack sind. J.J.'s Geschmack, der ihn an die Einsamkeit bindet, beweist durch die Werke, die ihn darin beschäftigen, welche Art von Reiz ihn dorthin gezogen und darin erhalten hat. In seiner Jugend und während seiner kurzen Glücksfälle, als er sich noch über niemanden zu beklagen hatte, liebte er die Einsamkeit nicht weniger als in seinem Elend. Er teilte sich damals mit Wonne zwischen den Freuden, die er zu haben glaubte, und zwischen den Freuden der einsamen Erholung. Jetzt, da er so grausam enttäuscht ist, überläßt er sich seinem beherrschenden Geschmack ungeteilt. Dieser Geschmack quält ihn nicht und nagt nicht an ihm, er macht ihn weder traurig noch düster, nie war er so zufrieden mit sich selbst, weniger um die Geschäfte anderer bekümmert, weniger mit seinen Verfolgern beschäftigt, nie zufriedener, nie glücklicher, soweit man es nur durch seine eigenen Kräfte werden kann, wenn man im Unglück lebt. Wäre man so, wie man ihn uns schildert, so hätte das Glück seiner Feinde, die Schande, mit der sie ihn überhäufen, die Ohnmacht, sich zu rächen, ihn schon lange vor Wut umkommen lassen. Er hätte in der Einsamkeit, die er sucht, nichts als Verzweiflung und Tod gefunden. Er findet dort die Ruhe des Geistes, Sanftmut der Seele, Gesundheit, Leben. Alle geheimnisvollen Gründe Ihrer Herren werden nie die Gewißheit umstoßen, die das alles in meinem Geist hervorbringt.

Aber gibt es in dieser Sanftmut irgend etwas von Heldenmut? Überhaupt nicht. Es ist nur der Hang eines liebenden und zarten Naturells, das von köstlichen Visionen genährt, sich von ihnen nicht losreißen kann, um sich mit traurigen Vorstellungen und mit zerfleischenden Empfindungen abzugeben. Warum soll man niedergeschlagen sein, wenn man genießen kann? Warum sein Herz in Gift und Galle tauchen, wenn man es mit Wohlwollen und Liebe tränken kann? Diese so vernünftige Wahl ist aber doch weder durch Vernunft noch durch den Willen zustande gekommen, sie ist das Werk eines reinen Naturtriebes. Er hat nicht das Verdienst der Tugend, aber er hat auch nicht deren Unbeständigkeit. Derjenige, der sechzig Jahre hindurch sich bloß den Eindrücken der Natur gewidmet hat, der ist wohl sicher genug, daß er ihr nie widerstehen wird.

Wenn diese Antriebe ihn nicht immer auf den guten Weg führen, so leiten sie ihn doch sehr selten auf einen schlechten. Die wenigen Tugenden, die er hat, haben nie anderen viel Gutes getan, aber seine weit zahlreicheren Laster schaden niemandem als ihm allein. Seine Moral ist weniger Moral des Handelns als des Unterlassens. Seine Trägheit gab sie ihm, und seine Vernunft hat ihn oft darin bestärkt. Nie Böses zu tun, scheint ihm eine viel nützlichere Maxime, viel erhabener und viel schwerer sogar als die, Gutes zu tun, denn oft wird eine Handlung, die in einem Verhältnis gut ist, in tausend anderen böse. Aber in der Ordnung der Natur gibt es kein anderes Böses als das positive Böse. Zuweilen gibt es gar kein anderes Mittel, um zu verhindern, daß man schadet, als daß man sich ganz enthält zu handeln, und ihm zufolge ist das beste Betragen, sowohl moralisch wie physisch, ein bloß negatives Betragen. Aber das ist nicht das Betragen, das einer prahlerischen Philosophie genehm ist, die nichts haben will als glänzende Handlungen und ihren Anhängern nichts so sehr einprägt, als sich nur recht viel zu zeigen. Diese Maxime, nichts Übles zu tun, hängt ziemlich eng mit einer anderen zusammen, die er auch seiner Trägheit verdankt, die sich aber für jeden in eine Tugend verwandelt, der sie sich zur Pflicht macht. Sie besteht darin, sie nie in eine Lage zu bringen, in der man seinen Vorteil nur auf Kosten anderer finden kann. Kein Mensch fürchtet eine solche Lage. Sie sind alle zu stark, zu tugendhaft, um jemals zu fürchten, daß ihr Interesse sie gegen ihre Pflicht versuchen könnte, und in diesem stolzen Zutrauen fordern sie verwegen die Versuchungen heraus, denen sie sich so überlegen fühlen. Wir wollen ihnen zu ihrer Stärke Glück wünschen, aber den schwachen J.J. wollen wir nicht tadeln, daß er nicht auf die seinige zu bauen wagt und daß er Versuchungen lieber flieht, als sie überwinden zu müssen, da er sich des Ausgangs eines solchen Streites nicht so sicher ist.

Diese Trägheit allein hätte ihn in der Gesellschaft zugrundegerichtet, wenn er auch kein anderes Laster mitgebracht hätte. Die Erfüllung kleiner Pflichten hat ihm die Gesellschaft unerträglich gemacht, und das Versäumnis dieser kleinen Pflichten hat ihm hundertfach mehr geschadet, als es ungerechte Handlungen hätten tun können. Man hat die Moral der Welt wie die der Frömmler in kleine Übungen, in kleine Formeln, in Etikette, wie zu handeln ist, gebracht, und wer diesen folgt, ist vom übrigen entbunden. Wer sich nur gewissenhaft an diese kleinen Regeln hält, der kann im übrigen schlimm, falsch, ein Betrüger, ein Verräter, ein Bösewicht sein, das macht nichts aus, wenn er nur jene Regeln befolgt, dann ist er immer noch ehrbarer Mann genug. Die Eigenliebe derer, die man in einem solchen Fall vernachlässigt, malt ihnen dieses Vergessen als eine grausame Beleidigung oder als eine ungeheure Undankbarkeit, und wenn auch einer für den anderen Vermögen und Blut opferte, so würde man es ihm doch nie vergeben, wenn er bei irgendeinem Vorfall eine Höflichkeitsbezeigung vergessen hätte. J.J., der alles verachtet, was bloß Formel ist und was sowohl böse wie gute Menschen, Freunde wie Gleichgültige tun können, und sich nur an die gründlichen Pflichten hält, die nichts vom gemeinen Gebrauch an sich haben und so wenig Eindruck machen, hat damit Ihren Herren Vorwände an die Hand gegeben, deren sie sich auch geschickt bedient haben. Ohne alles Aufsehen hätte er große Pflichten erfüllen können, und man hätte nie ein Wort darüber gesagt, aber Nachlässigkeit in kleinen unbedeutenden Bemühungen hat sein Verderben verursacht. Diese kleinen Bemühungen sind auch zuweilen Pflichten, die man nicht übertreten sollte, und ich will ihn deswegen gar nicht entschuldigen. Ich sage nur, daß dieses Übel selbst, welches in seinem Ursprunge keines ist und nur über ihn kam, auch von dieser Schlaffheit des Charakters herrührt, die ihn beherrscht und ihn nicht weniger seinen Eigennutz als seine Pflichten vergessen läßt.

J.J. scheint nie ein sehr brennendes Verlangen nach Glücksgütern getragen zu haben, nicht aus Mäßigung, die man ihm als Ehre anrechnen könnte, sondern weil diese Güter, statt ihm das zu verschaffen, wonach er begierig ist, ihm den Genuß und den Geschmack daran nehmen. Wirklicher Verlust und vereitelte Hoffnungen haben ihn nie sehr erregen können. Er verlangte zu sehr nach Glück, um Reichtum zu begehren, und hatte er einige ehrgeizige Augenblicke, so waren sein Verlangen wie seine Bemühungen darum zwar heftig, aber nicht dauernd. Beim ersten Hindernis, das er nicht auf Anhieb überwinden konnte, empfand er einen Widerwillen, fiel bald in seine Schläfrigkeit zurück und vergaß das, was er nicht erreichen konnte. Er war immer so wenig tätig, so wenig geschickt zu jeder Art Handhabung, um ein Unternehmen zum Gelingen zu führen, daß die für andere leichtesten Dinge ihm immer schwierig wurden und seine Faulheit sie ihm als unmöglich darstellte, um ihm die unumgängliche Anstrengung zu ersparen, sie zu erreichen. Ein anderes Kissen für seine Faulheit bei jeder Unternehmung, die etwas langwierig war, sie mochte auch noch so leicht auszuführen sein, war die Ungewißheit, die die Zeit über den glücklichen Erfolg einer Sache breitet, so sicher er für die Zukunft zu sein scheint. Tausend unvorhergesehene Störungen können jeden Augenblick die aufs beste angelegten Pläne zunichte machen. Die bloße Unbeständigkeit des Lebens macht uns alle zukünftigen Begebenheiten zu bloßen Wahrscheinlichkeiten. Die Mühe, die man sich geben muß, ist gewiß, der Lohn ist immer zweifelhaft, und entfernte Unternehmungen können dem, der mehr Gleichgültigkeit als Ehrgeiz besitzt, nur als betrügerische Lockungen erscheinen. So ist und so war J.J. immer: feurig und lebhaft von Temperament, konnte er in seinen jüngeren Jahren unmöglich von jeder Art Lüsternheit frei sein, und es wäre viel, wenn er es, auch jetzt, immer wäre. Aber was für einer Begierde er sich auch ergeben und welches auch ihr Gegenstand sein mochte, wenn er ihn nicht bei der ersten Anstrengung erreichen konnte, so war er einer langen Beharrlichkeit, um dahin zu gelangen, von jeher unfähig.

Gegenwärtig scheint er keine Begierden mehr zu haben. Gleichgültig gegen sein übriges Schicksal, sucht er sich dem Ende seiner Laufbahn mit Vergnügen zu nähern, ohne sie auch nur mit Wünschen zu beschleunigen. Ich frage mich, ob je ein Sterblicher reiner und aufrichtiger zu Gott gesagt hat: *Dein Wille geschehe*, und ohne Zweifel ist dies keine sehr verdienstliche Hingabe für den, der nichts mehr auf Erden sieht, was seinem Herzen schmeicheln könnte. Aber in seiner Jugend, wo das Feuer des Temperaments und dieses Alters seine Begierden entflammen mußte, bildeten sich diese oft lebhaft genug, selten aber so dauerhaft, um die zuweilen leicht überwindlichen Hindernisse, die ihn aufhielten, zu besiegen. Wenn er viel begehrte, erlangte er gewöhnlich sehr wenig, denn Herzenswallungen allein reichen nicht hin, um den Gegenstand zu erreichen, sondern es gehören noch andere Mittel hinzu, die er nie ins Werk zu setzen wußte. Die unglaublichste Schüchternheit, die äußerste Schlaffheit hätten vielleicht zuweilen der Stärke der Begierden nachgegeben, wenn er nicht in dieser Stärke selbst die Kunst gefunden hätte, die Sorgfalt, die sie zu fordern schien, zu umgehen, und dies ist noch ein Schlüssel zu seinem Charakter, der die Triebfedern desselben am besten sehen läßt. Durch die Heftigkeit, mit welcher er sich mit dem begehrten Gegenstand beschäftigt und durch seine Begierden zu ihm zu gelangen sucht, kommt seine wohltätige Einbildungskraft ans Ziel, indem sie über die Hindernisse wegspringt, die ihn aufhalten oder einschüchtern. Sie tut noch mehr: indem sie alles von dem Gegenstand trennt, was seiner Begierde danach fremd ist, stellt sie ihn nur so dar, wie er in allen Punkten mit seinem Verlangen übereinstimmt und ihm gleichsam zugeeignet ist. Dadurch werden ihm seine Erdichtungen weit angenehmer als selbst die Wirklichkeit, die Einbildungskraft trennt Mängel und Beschwerlichkeiten von ihnen, übergibt sie ihm besonders für ihn zubereitet und bewirkt, daß Begehren und Genießen für ihn nur eine und dieselbe Sache ist. Ist es wohl ein Wunder, daß ein so beschaffener Mensch keinen Geschmack am tätigen Leben findet? Um ihn von ferne einigen unvollkommenen und zweifelhaften Freuden nachjagen zu lassen, würde es ihm die rauben, die tausendmal wertvoller und immer in seiner Gewalt sind. Er ist glücklicher und reicher durch den Besitz der eingebildeten Güter, die er sich schafft, als er es durch den Besitz der Güter sein würde, die, wenn man so will, wirklicher sind, aber auch weit weniger begehrenswert.

Aber diese nämliche Einbildungskraft, die so reich an lachenden und reizvollen Schilderungen ist, verwirft hartnäckig die Gegenstände des Leidens und des Schmerzes, oder wenigstens malt sie sie ihm nie so lebendig, daß sein Wille sie nicht auslöschen könnte. Die Ungewißheit der Zukunft und die Erfahrung so vieler Unglücksfälle können ihn bis zum Übermaß mit Übeln schrekken, die ihm drohen, indem sie seinen Geist mit den Mitteln beschäftigen, ihnen auszuweichen. Aber sind diese Übel wirklich erschienen? Einen Augenblick fühlt er sie lebhaft, und dann vergißt er sie. Indem er sich für die Zukunft alles aufs schlimmste vorstellt, erleichtert und beruhigt er sich. Ist das Unglück einmal da, so muß man es freilich ertragen, aber man braucht nicht mehr daran zu denken, wie man sich davor schützen kann, was zumindest in seiner Seele eine große Qual ist. Er rechnet im voraus mit dem Übel, welches er fürchtet, und dadurch nimmt er ihm die größte Bitterkeit. Kommt das Übel, so findet es ihn bereit, es zu ertragen, kommt es nicht, so ist dies ein Gut, welches er mit um so größerer Freude genießt, da er gar nicht darauf rechnete. Da er lieber genießt als leidet, so versagt er sich allen traurigen und unangenehmen Erinnerungen, die unnütz sind, um sein Herz ganz dem zu überlassen, was ihm schmeichelt. War es ihm so ergangen, daß er nichts Angenehmes darin fand, woran er sich erinnern mochte, so verlor er alle Erinnerung daran. Dann ging er in die glücklichen Zeiten seiner Kindheit und Jugend zurück und begann sie in seinen Erinnerungen von neuem zu durchleben. Wenn er sich zuweilen in die Zukunft verliert, die er erhofft und die er verdient zu haben glaubt, so sucht er sich die Süßigkeiten derselben dadurch auszumalen, daß er sie nach den Übeln bemißt, die man ihn so ungerechterweise in dieser Welt hat leiden lassen. Noch öfter zieht er seine Sinne in diese Erdichtungen hinein und bildet sich Wesen nach seinem Herzen, lebt mit ihnen in einer Gemeinschaft, deren er sich wert fühlt, und schwebt in diesem Reich inmitten reizender Wesen, fast Engeln, umher, mit denen er sich selbst umgeben hat. Können Sie begreifen, wie in einer zärtlichen Seele, die so gestimmt ist, Haßgefühle leicht in Gärung geraten können? Nein, nein, mein Herr, seien Sie sicher, daß der, der einen Augenblick die Genüsse geschmeckt, die J.J. sich zur Gewohnheit gemacht hat, nie auf eine abscheuliche Handlung sinnen wird.

Die erhabenste aller Tugenden, die am meisten Größe, Mut und Seelenkraft erfordert, ist es, Beleidigungen zu vergeben und seine Feinde zu lieben. Sollte der schwache J.J., der nicht einmal mittelmäßige Tugenden erreicht, so weit gekommen sein? Ich bin ebensoweit entfernt, es zu glauben, wie es zu behaupten. Was ist aber daran gelegen, wenn sein liebendes und friedliches Naturell ihn dahin leitet, wohin ihn die Tugend geführt hätte? Was hätte der Haß in ihm wirken können, wenn er ihn gekannt hätte? Ich weiß es nicht, er selbst weiß es nicht. Wie kann er wissen, wohin ein Gefühl ihn geleitet hätte, das sich nie seinem Herzen näherte? Hier hat er nicht zu kämpfen gehabt, denn er hat die Versuchung nie gefühlt. Die Versuchung, seine Gaben seinen Freunden zu entziehen, um sie an wütende und zerreißende Leidenschaften zu wenden, hat für ihn nicht einmal bestanden. Es ist die Qual der Herzen, die von der Eigenliebe verzehrt werden und die keine andere Liebe kennen. Sie haben diese Leidenschaft nicht gewählt, sie tyrannisiert sie und läßt keine andere bei ihnen aufkommen.

Als er seine *Bekenntnisse* schrieb, dieses in seiner Art ganz einzige Buch unter den Menschen, das er dadurch entweihte, daß er es an Ohren vergeudete, die am wenigsten gemacht waren, es zu hören, da war er schon über das Alter der Reife hinweg und kannte noch keine Widrigkeiten. Er hat dieses Vorhaben sehr würdig bis zu den Unglücksfällen seines Lebens ausgeführt, da sah er sich aber genötigt, aufzugeben. An seine süßen Träumereien zu sehr gewöhnt, hatte er weder den Mut noch die Kraft, sich im Nachdenken über so viel Abscheulichkeiten zu halten, er hätte sich nicht einmal des schrecklichen Gewebes erinnern können, wenn es auch sein fester Wille gewesen wäre. Seine Erinnerungskraft weigerte sich, sich mit diesem scheußlichen Andenken zu beflekken, er kann sich nur das Bild der Zeiten zurückrufen, die er mit Vergnügen sich wieder erneuern sehen würde. Diejenigen, in denen er der Raub der Bösen war, würden daraus für immer mit jenen Grausamen ausgelöscht sein, die sie ihm so unheilvoll machten, wenn die fortgesetzten Bosheiten, die sie an ihm begehen, nicht zuweilen wider seinen Willen die Vorstellung dessen erneuerten, was sie ihn schon haben leiden lassen. Mit einem Wort, ein liebendes und zärtliches Naturell, eine Schlaffheit der Seele, die ihn zur süßesten Wollust leiteten, ließen ihn jedes schmerzhafte Gefühl meiden und jedes Andenken an einen unangenehmen Gegenstand von sich entfernen. Er hat nicht das Verdienst, Beleidigungen zu vergeben, weil er sie vergißt, er liebt seine Feinde nicht, weil er gar nicht an sie denkt. Das bringt den ganzen Vorteil auf ihre Seite, denn da sie ihn nie aus dem Auge verlieren, unaufhörlich mit ihm sich beschäftigen, um ihn immer mehr und mehr in ihre Netze zu verstricken, und da sie ihn nie aufmerksam genug finden, sie zu entdecken, noch tätig genug, um sich zu verteidigen, so sind sie immer sicher, ihn unversehens zu packen, wie es ihnen gefällt, ohne daß sie Repressalien von ihm befürchten müßten. Sie beschäftigen sich immer mit ihm, während er sich mit sich selbst beschäftigt. Er liebt sich, und sie hassen ihn, das sind die Beschäftigung des einen und der anderen. Er ist alles für sich, er ist auch alles für sie, denn, was jene betrifft, so sind sie nichts, weder für ihn noch für sich selbst, und wenn nur J.J. elend ist, so bedürfen sie keines anderen Glücks. So haben sie, sie und er, jeder auf seiner Seite, zwei große Erfahrungen zu machen, sie haben alle Qualen zu erforschen, die die Menschen nur auf die Seele eines Unschuldigen häufen können, und er, alle Hilfsmittel zu suchen, die die Unschuld allein aus sich selbst ziehen kann, um diese Qualen zu ertragen. Was aber bei all dem unbezahlbar ist, ist, daß sich Ihre gütigen Herren bei allen ihren grausamen Verleumdungen beklagen, wie unglücklich der Haß denjenigen mache, der sich ihm in die Arme wirft, und ihren Freund J.J. nicht zärtlich genug bedauern können, daß er der Raub eines so quälenden Gefühls ist.

Er müßte unempfindlich oder dumm sein, um seinen Zustand nicht einzusehen oder zu fühlen, aber er beschäftigt sich zu wenig mit seinen Leiden, um sich sehr davon hinreißen zu lassen. Er tröstet sich mit sich selbst über die Ungerechtigkeiten der Menschen, indem er in seinem Herz Einkehr hält, findet er dort süße Entschädigung. Solange er allein ist, ist er glücklich, und wenn das Schauspiel des Hasses ihn verwundet oder Verachtung und Gespött ihn unwillig machen, so ist das eine vorübergehende Regung, die in dem Augenblick aufhört, in dem der Gegenstand, der sie erregt, verschwunden ist. Seine Gefühlsaufwallungen sind schnell und lebhaft, aber flüchtig und ohne Dauer, und das zeigt sich deutlich. Sein gleich einem Kristall durchsichtiges Herz kann nichts von dem verbergen, was in ihm vorgeht, jede Regung, die in ihm aufsteigt, teilt sich seinem Auge und seinem Gesicht mit. Man sieht, wann und wie er sich erregt oder sich beruhigt, wann und wie er gereizt und gerührt wird, und sobald das, was er sieht oder hört, in Bewegung bringt, ist es ihm unmöglich, den Eindruck einen Augenblick aufzuhalten oder sich zu verstellen. Ich weiß nicht, wie er es hat machen können, vierzig Jahre die Welt über seinen Charakter zu täuschen, aber wenn ihn nur etwas aus seiner geliebten Trägheit herausreißt, was unglücklicherweise nur allzu leicht ist, glaube ich nicht, daß er irgend jemandem verhehlen kann, was im Grund seines Herzens vorgeht, und dennoch hat man aus diesem so leidenschaftlichen wie unvorsichtigen Naturell durch ein bewundernswertes Kunststück den geschicktesten Heuchler und den listigsten Spitzbuben gemacht, den es nur geben kann.

Dies zu bemerken, war wichtig, und ich habe die größte Aufmerksamkeit darauf verwandt. Die erste Kunst aller Bösen ist die Klugheit, das heißt die Verstellung. Da sie so viele Anschläge und Gesinnungen zu verbergen haben, so wissen sie ihr Äußeres zu bestimmen, ihre Blicke, ihr Benehmen, ihre Haltung zu regieren und sich ganz zu Herren ihres Anscheins zu machen. Sie wissen von ihren Vorzügen Gebrauch zu machen und mit einem Firnis von Weisheit die schwarzen Leidenschaften, die an ihnen nagen, zu überziehen. Lebhafte Herzen sind aufbrausend und hitzig, aber alles verdampft nach außen, die Bösen sind kalt und gesetzt, das Gift setzt sich und verbirgt sich auf dem Grunde ihrer Herzen, um nur zur rechten Zeit und am rechten Ort zu wirken; bis dahin dünstet nichts aus, und sie halten alles nach ihrem Willen zurück, um die Wirkung größer oder sicherer zu machen. Dieser Unterschied rührt nicht nur von dem Temperament, sondern auch von der Natur der Leidenschaften her. Die Leidenschaften feuriger, reizbarer Herzen sind das Werk der Natur und zeigen sich gegen den Willen dessen, der sie besitzt; ihr erster bloß maschinenmäßiger Ausbruch ist von seinem Willen unabhängig. Was er mit aller Macht des Widerstandes vermag, ist, ihren Lauf zu hemmen, bevor sie ihre Wirkung hervorgebracht haben, aber nicht bevor sie sich entweder in seinen Augen oder durch Erröten oder durch seine Stimme, seine Haltung oder durch ein anderes merkliches Zeichen bekundet haben.

Aber die Eigenliebe und die Bewegungen, die aus ihr entspringen, wirken nicht so sichtbar auf die Maschine, weil sie nur zweite Leidenschaften sind, die die Überlegung hervorgebracht hat. Das ist der Grund, warum diejenigen, die sich von dieser Art Leidenschaft lenken lassen, mehr Gewalt über den Anschein haben als die, die bloß den unmittelbaren Antrieben der Natur folgen. Im allgemeinen ist das lebhafte und feurige Naturell, wenn es liebreicher ist, auch heftiger, erträgt weniger und ist jähzorniger, aber diese tobende Heftigkeit ist ohne Folgen, und sobald das Zeichen des Zornes auf dem Gesicht erlischt, ist er auch im Herzen erloschen. Hingegen sind die phlegmatischen und kalten Menschen, so sanft, so geduldig und mäßig sie äußerlich sind, innerlich voller Haß, rachsüchtig und unversöhnlich; sie wissen ihren Groll zu erhalten, zu verhehlen und zu nähren, bis die Gelegenheit erscheint, ihn zu stillen. Im allgemeinen lieben die ersteren mehr als sie hassen, die anderen hassen viel mehr als sie lieben, wenn anders sie überhaupt wissen, was lieben ist. Seelen von hohem Rang stimmen indessen oft mit diesen darin überein, daß sie über Leidenschaften erhaben sind. Die wahren Weisen sind kalte Menschen, daran zweifle ich nicht, aber in der Klasse der gewöhnlichen Menschen, ohne das Gegengewicht der Reizbarkeit, wird Eigenliebe immer das Übergewicht haben, und wenn sie nichts bleiben, wird es sie böse machen.

Sie werden mir antworten, daß es lebhafte und reizbare Menschen gibt, die dennoch böse sind, gehässig und Groll hegen. Ich glaube das nicht, aber man muß sich recht verstehen. Es gibt zwei Arten der Lebhaftigkeit, die der Empfindungen und die der Begriffe. Reizbare Seelen erregen sich heftig und rasch. Durch eine so schleunige Bewegung erhitzt, überträgt das Blut in Augen, Gesicht und Stimme diese heftigen Wallungen, die die Leidenschaften anzeigen. Hingegen gibt es auch lebhafte Geister, die sich mit kalten Herzen vereinigen und die nur aus ihrem Gehirn die Erregung ziehen, die auch in den Augen und Gebärden erscheint und die Rede begleitet, aber durch ganz andere Zeichen, die mehr pantomimisch und schauspielerisch sind als lebhaft und leidenschaftlich. Diese, reich an Begriffen, bringen sie mit äußerster Leichtigkeit hervor, ihnen steht jedes Wort zu Diensten, ihr Geist, der immer gegenwärtig und durchdringend ist, gewährt ihnen unaufhörlich neue Gedanken, Witz, glückliche Antworten; soviel Stärke und Feinheit man auch in das legen mag, was man ihnen sagen kann, so setzen sie doch durch die Raschheit und das Salz ihrer Erwiderungen in Erstaunen, und sie bleiben nie einsilbig. Selbst in Dingen, die das Gefühl betreffen, haben sie ein kleines, so gewandtes Geschwätz, daß man sie von Herzen gerührt glauben möchte, wenn diese Richtigkeit des Ausdrucks nicht selbst bezeugte, daß nur ihr Geist in ihnen arbeitet. Die anderen, ganz mit dem, was sie fühlen, beschäftigt, wählen ihre Worte zu wenig, um sie so künstlich verbinden zu können. Die schwerfällige Abfolge ihrer Reden ist ihnen unerträglich, ihr langsamer Gang erregt ihren Unwillen; in der Raschheit der Bewegungen, die sie erleben, scheint es ihnen, daß das, was sie fühlen, an den Tag kommen müsse und von einem Herzen zum anderen übergehen sollte, ohne die kalte Handreichung der Worte. Leuten von Geist stellen sich die Vorstellungen gewöhnlich in schön geordneten Wendungen dar, aber mit dem Gefühl ist es nicht so. Um es mitzuteilen, wie man es fühlt, muß man suchen, verbinden, eine eigene Sprache wählen, und wo ist der reizbare Mensch, der Geduld genug hätte, dem Lauf des Gefühls, das ihn erregt, so lange Einhalt zu tun, bis er alle Augenblicke diese Wahl getroffen hätte? Ein heftiges Gefühl kann zuweilen kraftvolle und starke Ausdrücke eingeben, aber das sind glückliche Zufälle, die die nämlichen Situationen doch nicht immer hervorbringen. Ist übrigens ein lebhaft gerührter Mensch imstande, genaue Aufmerksamkeit auf alles zu haben, was man ihm sagen kann, auf alles, was um ihn her vorgeht, um Antwort oder Vortrag danach abzumessen? Ich will nicht sagen, daß alle so zerstreut, so unbesonnen, so dumm sein werden wie J.J., aber ich zweifle, daß, wer vom Himmel ein wahrhaft feuriges, lebhaftes, reizbares und zartes Naturell erhalten hat, jemals auf schnelle Antworten sich verstehen wird.

Wir wollen also nicht, wie man es in der Welt tut, verbrannte Gehirne für reizbare Herzen halten, deren einziges Verlangen, zu glänzen, Rede, Handlung und Schriften bei ihnen belebt und die, um von jungen Leuten und Frauen Beifall zu erhalten, so gut sie können eine Reizbarkeit spielen, die sie nicht besitzen. Ganz in ihren einzigen Gegenstand, in den Ruhm, vertieft, kommen sie durch nichts in der Welt in Feuer, nehmen an nichts einen wahren Anteil, weil ihre Köpfe, durch rasche Vorstellungen in Bewegung gesetzt, ihre Herzen leer von jedem Gefühl lassen, ausgenommen das der Eigenliebe, welches, da es ihnen zur Gewohnheit geworden ist, ihnen keine Regung mitteilt, die äußerlich fühlbar und zu bemerken wäre. In allen Dingen also ruhig und kaltblütig, sinnen sie nur auf Vorteile, die auf ihr kleines Individuum Bezug haben, und ohne eine Gelegenheit auszulassen, beschäftigen sie sich unausgesetzt und mit einem Erfolg, der nichts Erstaunliches hat, damit, ihre Nebenbuhler zu demütigen, ihre Mitbewerber zu entfernen, in der Welt zu glänzen, in den Wissenschaften den Vorrang zu haben und alles zu unterdrücken, was sich nicht vor ihren Karren spannen läßt. Daß dergleichen Leute boshaft sind und Übles tun, das ist kein Wunder, aber daß sie andere Leidenschaften haben sollten als den Egoismus, der sie beherrscht, daß sie wahre Empfindungen haben, daß sie einer Anhänglichkeit fähig sein sollten oder gar zur Freundschaft und Liebe, das leugne ich. Sie können nicht einmal nur sich selbst lieben, sie können bloß alles hassen, was nicht sie selbst sind.

Der, der über sein eigenes Herz zu herrschen vermag, der alle Leidenschaften im Zaume halten kann, der, über den Eigennutz und sinnliche Begierden keine Macht haben und der, sei es allein und ohne Zeugen oder vor aller Augen, bei jeder Gelegenheit nichts anderes übt, als was tugendhaft und gerecht ist, ohne dabei Rücksicht auf die geheimen Wünsche seines Herzens zu nehmen: der allein ist ein tugendhafter Mensch. Gibt es einen solchen, so soll es mir um der Ehre des Menschengeschlechts willen eine Freude sein. Ich weiß, welch eine Menge tugendhafter Menschen es schon auf Erden gegeben hat, ich weiß, daß Fénelon, Catinat und andere weniger bekannte Männer der Stolz der neueren Zeiten waren, und unter uns habe ich George Keith ihren erhabenen Spuren folgen sehen. Im übrigen aber habe ich in den anscheinenden Tugenden der Menschen fast immer Betrug, Heuchelei und Eitelkeit entdeckt. Was uns aber etwas näherkommt, was wenigstens mehr in der Ordnung der Natur ist, das ist ein wohl geborener Sterblicher, der vom Himmel nur sich ausdehnende und sanfte Leidenschaften, liebreiche und liebenswürdige Neigungen, nur ein zum Verlangen aufgelegtes, aber reizbares, in seinen Wünschen leidenschaftliches Herz erhalten hat, dem es weder um Ruhm noch um Schätze zu tun ist, sondern um wirkliche Freuden, um wahre Anhänglichkeit und der, da er auf den Anschein der Dinge nichts und auf die Meinung der Menschen wenig gibt, sein Glück in sich sucht, ohne Rücksicht auf angenommene Gewohnheiten und gängige Vorurteile. Dieser Mensch wird nicht tugendhaft sein, weil er seine Neigungen nicht überwinden wird, aber indem er ihnen folgt, wird er nichts dem Entgegengesetztes tun, was der täte, der seine Neigungen überwindet und nur auf die Tugend hört. Güte, Mitleiden, Großmut, diese ersten Neigungen der Natur, die nur Äußerungen der Selbstliebe sind, werden in seinem Kopf nicht zu ernsten Pflichten, sondern sie werden Bedürfnisse seines Herzens sein, die er mehr um seines Glücks willen befriedigen wird als um eines Grundsatzes der Menschlichkeit willen, die er schwerlich in Regeln zu bringen suchen wird. Der Trieb der Natur ist vielleicht nicht so rein, aber gewiß sicherer als das Gesetz der Tugend, denn man bringt sich oft in Widerspruch zu seiner Pflicht, wenn man Böses tun will, nie aber in Widerspruch zu seiner Neigung.

Der von der Vernunft erleuchtete Naturmensch hat feinere Begierden, aber deswegen sind sie nicht minder einfach als in seiner ursprünglichen Roheit. Die Grillen von Ansehen, Ruhm, Vorrang sind nichts für ihn, er will nur gekannt sein, um geliebt zu werden, er will nur für das gelobt werden, was wirklich lobenswert ist und was er in der Tat besitzt. Der Geist, die Talente sind für ihn nur Zierden des Verdienstes und bringen es nicht hervor. Sie sind notwendige Entwicklungen im Fortgang der Dinge und haben Vorzüge in Ansehung der Annehmlichkeiten des Lebens, sind aber den kostbareren Eigenschaften untergeordnet, die den Menschen wahrhaft gesellig und gut machen und die ihn Ordnung, Billigkeit, Geradheit und Unschuld höher schätzen lassen als alle anderen Güter. Der Naturmensch lernt, in allen Dingen das Joch der Notwendigkeit zu tragen und sich ihm zu unterwerfen, nie gegen die Vorsehung zu murren, die ihm anfänglich so kostbare Gaben schenkte und seinem Herzen weit köstlichere Güter verspricht, die aber, um die Ungerechtigkeiten des Glücks und der Menschen wiedergutzumachen, ihre Stunde und nicht die Stunde wählt, die wir wollen, und deren Absichten zu erhaben über uns sind, als daß sie uns Rechenschaft zu geben hätte. Der

Naturmensch ist durch sie und um seiner eigenen Erhaltung willen zornigen und augenblicklichen Wallungen ausgesetzt, der Wut, der Erregung, dem Unwillen, niemals aber gehässigen und dauernden Empfindungen, die dem schädlich sind, der ihr Opfer oder der ihr Gegenstand ist und die nur zum Bösen und zur Zerstörung führen, ohne zu etwas Gutem oder zur Erhaltung irgend jemandes beizutragen. Endlich genießt der Naturmensch, ohne seine schwachen Kräfte zu erschöpfen, indem er sich hier Tabernakel und mächtige Maschinen des Glücks und Vergnügens errichtet, sich selbst und sein Dasein, ohne sich groß um das zu kümmern, was die Menschen davon denken, und ohne große Sorge für die Zukunft.

So habe ich den untätigen J.J. ungeziert und ungekünstelt gesehen, wie er sich seinen süßen Träumereien aus Neigung überließ, wie er zuweilen tief dachte, immer aber mit mehr Ermüdung als Vergnügen, und es mehr liebte, sich von einer lachenden Einbildungskraft beherrschen zu lassen, als seinen Kopf angestrengt durch die Vernunft zu regieren. Ich habe ihn aus Neigung ein gleichmäßiges, einfaches und gewohnheitsmäßiges Leben führen sehen, gegen das er nie Widerwillen empfand. Die Einförmigkeit dieses Lebens und der Gefallen, den er daran findet, beweisen, daß seine Seele ruhig ist. Wäre er mit sich selbst unzufrieden, so würde er es endlich müde werden, so zu leben, er müßte Zerstreuungen haben, die ich ihn nicht suchen sehe, und wenn er durch eine Geisteswendung, die schwer zu begreifen wäre, diese Art von Strafe sich halsstarrig selbst auferlegen würde, so würde man auf die Dauer diesen Zwang an seiner Laune, seiner Farbe, seiner Gesundheit bemerken. Er würde bleich, schlaff, traurig und düster werden und absterben. Im Gegenteil aber, er befindet sich besser als jemals.* Er kränkelt nicht mehr, er hat nicht mehr diese Magerkeit, diese schlechte Farbe, das sterbende Aussehen, welches er zehn Jahre seines Lebens hatte, nämlich während der ganzen Zeit, als er sich mit Schreiben abgab, einem für seine Gesundheit so unheilvollen wie seinem Geschmack so entgegenge-

* Alles hier hat sein Ende. Wenn meine Gesundheit abnimmt und endlich so vielen unaufhörlichen Betrübnissen unterliegt, so wird es doch immer erstaunlich bleiben, daß sie so lange widerstanden hat.

setzten Beruf, der ihn schließlich, hätte er es länger getrieben, ins Grab gebracht hätte. Seitdem er sich wieder in die süße Muße seiner Jugend versetzt hat, hat er auch deren Heiterkeit wieder angenommen, er beschäftigt den Körper und läßt den Kopf ruhen, und er befindet sich in jeder Hinsicht wohl dabei. Kurz, so wie ich in seinen Büchern den Naturmenschen gefunden habe, so habe ich in ihm den Mann seiner Bücher gefunden, ohne daß ich nötig gehabt hätte, ausdrücklich zu untersuchen, ob es wahr ist, daß er sie geschrieben hat.

Nur in einem Punkte mußte ich meine Neugierde befriedigen, und das war der *Devin du village*. Was Sie mir darüber gesagt hatten, hatte so viel Wirkung getan, daß ich keine Ruhe gefunden hätte, wenn ich mir hierüber nicht besondere Klarheit verschafft hätte. Es läßt sich schon schwer begreifen, wie ein Mann, der nicht ohne Genie und Talent ist, durch die er verdienten Ruhm ernten könnte, sich ohne Not bei allen Gelegenheiten mit einmischt und seine Torheit zeigt, indem er sich frech mit einem Talent schmückt, das er nicht hat. Aber daß mitten in Paris und unter Künstlern, die ihm gegenüber am wenigsten zur Nachsicht geneigt sind, ein solcher Mann sich ohne weiteres als der Verfasser eines Werkes ausgibt, das zu schaffen er unfähig ist, daß ein so schüchterner und so wenig selbstgefälliger Mensch unter Meistern sich zum Lehrer einer Kunst aufwirft, von der er nichts versteht, und sagt, sie verstünden nichts davon, das ist gewiß eines der unglaublichsten Dinge, die man nur vorbringen kann. Übrigens ist so viel Niederträchtigkeit darin, sich mit fremden Federn zu schmücken, diese Handlung setzt soviel Geistesarmut, soviel kindischen Stolz, ein so beschränktes Urteil voraus, daß, wer sich dazu entschließen könnte, niemals etwas Großes, Erhabenes, Schönes in irgendeiner Gattung aus sich selbst heraus zuwegebringen könnte, und trotz aller meiner Beobachtungen würde es in meinen Augen immer noch unglaublich scheinen, daß J.J., wenn er sich fälschlich als Verfasser des *Devin du village* ausgegeben hätte, irgendeine seiner Schriften, die er sich zurechnet, gemacht haben könnte, da sie alle unstreitig zuviel Stärke und Schwung haben, um aus dem kleinen Kopf eines kleinen unverschämten Abschreibers hervorzugehen. Alles dies schiene mir so wenig zusammenzustimmen, daß ich immer noch auf meine erste Schlußfolgerung: *alles oder nichts*, zurückkommen würde.

Noch etwas belebte den Eifer meiner Untersuchungen. Der Verfasser des *Devin du village* ist, wer immer es sei, kein gewöhnlicher Schriftsteller, so wenig wie der Verfasser der übrigen Schriften, die denselben Namen tragen. Man trifft in diesem Stück eine Sanftheit, einen Reiz, vor allem eine Einfachheit, daß es sich merklich vor anderen Erzeugnissen dieser Gattung auszeichnet. Im Text gibt es weder lebhafte Situationen noch schöne Sentenzen, noch eine prangende Moral, die Musik hat weder gelehrte Züge noch schwer gearbeitete Stellen, noch gekünstelten Gesang, noch pathetische Harmonie. Der Inhalt ist mehr komisch als rührend, und dennoch rührt das Stück, bewegt, erweicht bis zu Tränen. Man fühlt sich gerührt, und man weiß nicht, warum. Woher kommt dieser geheime Reiz, der ans Herz dringt? Diese ganz eigene Quelle, in der kein anderer geschöpft hat, ist nicht Hippokrene: sie entspringt woanders. Der Verfasser muß ebenso sonderbar sein, wie das Stück originell ist. Wenn ich J.J. schon gekannt und zuerst den *Devin du village* gesehen hätte, ohne daß man mir den Verfasser genannt hätte, so hätte ich ohne zu zögern gesagt, es ist der Verfasser der *Neuen Héloïse*, es ist J.J., und es kann niemand sein als er. An Colette nimmt man Anteil und wird durch sie gerührt wie durch Julie ohne Zauber der Situationen, ohne Schmuck romanhafter Begebenheiten, durch gleiches Naturell, gleiche Sanftheit, gleichen Ton; sie sind Schwestern, oder ich müßte mich sehr täuschen. Das hätte ich gesagt oder gedacht. Gegenwärtig nun versichert man mir im Gegenteil, daß J.J. sich fälschlich als Autor dieses Stückes ausgibt und daß es von einem anderen ist. Man zeige mir nun auch diesen anderen, damit ich sehe, wie er gemacht ist. Ist es nicht J.J., so muß er ihm wenigstens sehr ähnlich sein, weil ihre so originellen, so charakteristischen Arbeiten sich so sehr ähnlich sind. Es ist wahr, daß ich keine musikalischen Arbeiten von J.J. habe sehen können, weil er keine zu machen versteht, aber ich bin gewiß, daß, wenn er sich auf diese Kunst verstünde, so würden sie in ihrem Charakter dieser sehr nahe kommen. Wenn ich mich auf mein eigenes Urteil verlasse, so ist diese Musik von ihm; nach den Beweisen, die man mir vorlegt, ist sie nicht von ihm: was soll ich nun glauben? Ich entschloß mich, mich in diesem Punkt selbst so gut zu unterrichten, daß mir darüber kein Zweifel übrigblieb, und ich bediente mich des kürzesten und sichersten Weges, um zu meinem Ziel zu gelangen.

DER FRANZOSE

Nichts einfacher als das. Sie haben es wie alle Welt gemacht. Sie gaben ihm Noten zu lesen, und als Sie sahen, daß er nur stammeln konnte, haben Sie daraus Ihren Schluß gezogen, und daran haben Sie sich gehalten.

ROUSSEAU

Nein, ich machte es nicht so, und davon war auch gar nicht mehr die Rede, denn er hat sich, soviel ich weiß, nie als Bänkelsänger oder Kirchensänger ausgegeben. Indem er Musik herausgab, die von ihm sein sollte, gab er sich als Komponist aus. Dies hatte ich zu überprüfen. Ich legte ihm also keine Noten zu lesen vor, sondern ich trug ihm auf, zu komponieren. Dies, scheint mir, hieß so gerade wie möglich auf das Ziel zugehen. Ich bat ihn, diese Musik in meiner Gegenwart zu Worten zu setzen, die ihm unbekannt waren und die ich ihm auf der Stelle gab.

DER FRANZOSE

Sie waren sehr gütig, denn wenn Sie sich auch nur überzeugt hätten, daß er keine Noten lesen kann, so hätte das doch ausgereicht, um Sie zu überzeugen, daß er nicht zu komponieren versteht?

ROUSSEAU

Davon weiß ich nichts. Ich sehe keine Unmöglichkeit darin, daß ein Mensch, der zu voll von seinen eigenen Ideen ist, die eines anderen weder zu fassen noch mitzuteilen vermag, und da es nicht eine geistige Schwäche ist, daß er so schlecht spricht, so braucht es auch nicht Unwissenheit zu sein, saß er so schlecht Noten liest. Aber das weiß ich gewiß, wenn anders der Schluß von der Wirklichkeit auf die Möglichkeit gültig ist, daß ich den sichersten Beweis seiner Kunst hatte, sobald er unter meinen Augen zu komponieren verstand.

DER FRANZOSE

Bei meiner Ehre, da bin ich aber neugierig! Also, mein Herr, mit welcher Ausflucht speiste er sie ab? Er spielte den Stolzen, ohne Zweifel, und wies den Vorschlag hochmütig zurück?

ROUSSEAU

Nein, er sah zu gut, aus welchem Beweggrund ich es tat, als daß es ihn hätte beleidigen können, und er schien sogar für meinen Antrag mehr dankbar, als dadurch erniedrigt zu sein. Er bat mich aber, seine Lage und sein Alter in Betracht zu ziehen. »Bedenken Sie«, sagte er mir, »welch einen Unterschied ein Zeitraum von fünfundzwanzig Jahren, lange Herzbeklemmungen, Verdruß, Mutlosigkeit und Alter in den Arbeiten ein und desselben Menschen hervorbringen müssen. Fügen Sie hierzu noch den Zwang, den Sie mir auferlegen und der mir nicht unangenehm ist, weil ich seinen Grund einsehe, der aber nichtsdestoweniger den Ideen eines Menschen, der sich nie zu unterwerfen, noch jemals etwas anderes als zu seiner Zeit und nach seinem Willen und Gefallen auszuarbeiten wußte, Fesseln anlegt.«

DER FRANZOSE

Kurz und gut, er hat also wohl mit schönen Worten die vorgeschlagene Probe abgelehnt?

ROUSSEAU

Im Gegenteil, nach dieser kleinen Vorrede unterwarf er sich ihr von ganzem Herzen und zog sich besser aus der Sache, als er selbst geglaubt hatte. Er machte es mir zwar etwas langsam, aber, während ich immer anwesend war, schrieb er eine so blühende, singbare und wohlgearbeitete Komposition wie die des *Devin du village*, und in ihrem Stil war sie diesem Stück sehr ähnlich, obwohl weniger neu, als es damals war, aber genauso natürlich, ausdrucksvoll und angenehm. Er staunte selbst, daß es ihm so gut geglückt war. »Das Verlangen«, sagte er mir, »das ich in Ihnen erblickte, daß es mir gelingen möge, hat es mich besser machen lassen. Mißtrauen macht mich stumpf, schwerfällig, schnürt mir das Hirn und das Herz ein, Zutrauen belebt mich, macht mich offen und läßt mich gleichsam auf Flügeln schweben. Der Himmel hatte mich zur Freundschaft gestimmt, sie hätte meinen Kräften einen neuen Schwung gegeben, und ich hätte doppelten Wert durch sie erhalten.«

Dies, mein Herr, war es, was ich selbst hatte herausfinden wollen. Wenn diese Erfahrung nicht hinreicht, um zu beweisen, daß er den *Devin du village* gemacht hat, so reicht sie wenigstens hin, um die Beweise zu vernichten, daß er ihn nicht gemacht habe, an die Sie sich gehalten haben. Sie wissen, warum alle übrigen keinen Glauben bei mir finden. Aber hier ist noch eine Beobachtung, die meine Zweifel vollends zerstört und mich in meiner alten Überzeugung bestätigt oder dahin zurückführt.

Nach dieser Probe habe ich alle Musik untersucht, die er seit seiner Rückkehr nach Paris komponiert hat und die eine ansehnliche Sammlung ausmacht, und ich habe dabei in Stil und Behandlung eine Einheitlichkeit gefunden, die zuweilen in Monotonie fiele, wenn sie nicht durch das richtige Verhältnis zum Text, den er meistens selbst gewählt hat, gerechtfertigt oder entschuldigt wäre. Bei einem Herzen, das zu sehr zur Zärtlichkeit geneigt war, hatte J.J. immer einen lebhaften Geschmack für das Landleben. Seine ganze Musik, auch wenn sie je nach den Gegenständen verschieden eingerichtet ist, behält doch immer einen Schimmer von diesem Geschmack. Man glaubt den pastoralen Klang der Schalmeien zu hören, und dieser Ton läßt sich allenthalben so wie im *Devin du village* bemerken. Ein Kenner kann sich hierin so wenig täuschen, wie man sich in der Handschrift der Maler täuscht. Überdies hat diese ganze Musik eine Einfachheit, ich möchte wohl sagen Wahrheit, die bei uns keine andere neuere Musik hat. Nicht genug, daß sie keine Triller, keine kleinen Noten, Vorschlagnoten und Fiorituren irgendeiner Art braucht, sie kann sogar nichts von all dem vertragen. Ihr ganzer Ausdruck liegt in der Schattierung des Starken und Sanften, dem wahren Charakteristischen einer guten Melodie, und diese Melodie ist immer eins und ausgeprägt, die Begleitung belebt sie, ohne sie zuzudecken. Man hat nicht nötig, denen, die sie begleiten, immer zuzurufen:

sanft, sanfter. Bis jetzt findet man dies alles noch in keinem Stück als allein im *Devin du village.* Hat er dieses Stück nicht gemacht, so muß der Verfasser desselben ihm immer zu Gebote stehen, um ihm neue Musik zu komponieren, sooft es ihm gefällt, sie unter seinem Namen herauszugeben, denn nur er allein kann sie in dieser Art machen. Ich will nicht sagen, daß man nicht, wenn man diese Musik recht genau durchgehen würde, Ähnlichkeiten, etwas, dessen man sich erinnerte, oder Züge fände, die von anderen genommen oder nachgeahmt wären. Bei keiner Musik, die ich kenne, läßt sich so etwas behaupten. Aber es sei nun, daß diese Nachahmungen zufällig oder daß sie wirklicher Diebstahl sind, so sage ich, daß die Art, wie der Komponist sie anwendet, sie ihm zu eigen macht. Ich behaupte, daß der Ideenreichtum, der diese Musik erfüllt und den er mit jenen Stücken verbindet, nicht voraussetzen läßt, es sei Mangel eigener Gedanken, daß er sie sich zueignet; es ist Faulheit oder Übereilung, nicht Armut: es fällt ihm zu leicht zu schaffen, als daß er je nötig hätte, zu stehlen.*

* Es sind nur drei Stücke im *Devin du village*, die nicht allein von mir sind, wie ich es der ganzen Welt von Anfang an gesagt habe, alle drei im Zwischenspiel. 1. Der Text des Liedes, das zum Teil, jedenfalls aber die Idee und die Endreime, von Herrn Collé ist. 2. Der Text der kleinen Arie, der von Herrn Cahusac ist, der mich nötigte, nach Beendigung des Stückes diese Arie Fräulein Fel zu Gefallen zu machen, weil sie sich beklagte, in ihrer Rolle nichts Glänzendes für ihre Stimme zu haben. 3. Den Auftritt der Schäferinnen richtete ich auf lebhafte Bitten von Herrn d'Holbach nach einem Cembalostück einer Sammlung ein, die er mir vorlegte. Ich werde die Absicht von Herrn d'Holbach nicht verraten, aber er drang so sehr in mich, etwas aus dieser Sammlung zu verwenden, daß ich in dieser Kleinigkeit mich seinem Verlangen unmöglich hartnäckig widersetzen konnte. Was die Romanze betrifft, die ich bald aus der Schweiz, bald aus dem Languedoc, bald aus unseren Psalmen und bald ich weiß nicht woher genommen haben soll, so ist sie bloß wie das ganze Stück aus meinem Kopfe. Ich komponierte sie, nachdem ich aus Italien zurückgekommen war, voller Leidenschaft für die Musik, die ich dort gehört hatte und von der man in Paris noch keine Kenntnis besaß. Sobald diese Kenntnis sich dort verbreitete, hätte man sehr bald meinen Raub entdeckt, wenn ich es gemacht hätte wie die französischen Tonsetzer, die arm an Ideen sind, die nicht einmal den wahren Gesang kennen und deren Begleitungen bloßes Gekreisch sind. Man war unverschämt genug, mit großem Lärm die Romanze des Herrn Vernes in meine Schriften einzurücken, um dem Publikum weiszumachen, ich hätte sie mir zugeeignet. Meine ganze Antwort bestand darin, daß ich zwei Arien zu dieser Romanze verfertigte, die besser waren als sie. Mein Beweis ist einfach: Wer zwei bessere Arien schreiben konnte, hatte nicht nötig, sich das Geringere fälschlich zuzueignen.

Ich habe ihm den Rat gegeben, alle diese Musik zu sammeln und zu versuchen, sie loszuschlagen, um sich dadurch sein Leben bequemer zu machen, wenn er seine Arbeit aufgeben müßte, vor allem aber danach zu trachten, daß diese Sammlung nur in treue und sichere Hände käme, die sie weder untergehen ließen noch aufteilten. Denn wenn die Leidenschaft einmal aufhören wird, die Urteile über ihn zu bestimmen, so wäre diese Sammlung, dünkt mich, ein sehr sicherer Beweis, daß alle Musik, aus der sie besteht, von ein und demselben Verfasser ist.*

Alles, was während der Zeit seiner Gärung aus der Feder J.J.'s geflossen ist, trägt ein Gepräge, das unmöglich zu verkennen und unmöglich nachzuahmen ist. Seine Musik, seine Prosa, seine Verse, die in diese zehn Jahre fallen, haben ein Kolorit, eine Färbung, die ein anderer niemals finden wird. Ja, ich wiederhole es, wüßte ich es nicht, wer der Verfasser des *Devin du village* ist, ich würde es an dieser Übereinstimmung bemerken. Mein behobener Zweifel in Ansehung dieses Stückes hebt alle übrigen, die mir über seinen Verfasser noch bleiben konnten. Die Stärke der Beweise, die man hat, daß es nicht von ihm ist, dient nur noch dazu, in meinem Geist die Beweise der Laster zu vernichten, deren man ihn beschuldigt, und all das läßt mir nur noch ein Erstaunen, nämlich darüber, wie so viele Lügen so gut bewiesen werden können.

J.J. war für die Musik geschaffen, nicht um mit seiner Person in ihrer Ausübung dafür zu büßen, sondern um Fortschritte in der

* Ich habe in diese Sammlung getreulich alle Musik jeder Art eingerückt, die ich seit meiner Rückkehr nach Paris komponiert habe, und ich hätte sehr vieles weggelassen, wenn ich nur das aufbewahrt hätte, was mir gut schien. Aber ich wollte nichts von dem weglassen, was ich wirklich gemacht hatte, damit man daran alles bemerken kann, was man mir sogar in dieser Gattung fälschlich und unverschämt vor dem Publikum, in den Journalen und sogar in den Sammlungen meiner eigenen Schriften zuschreibt. Wenn nur der Text grob und unanständig und die Musik unrein und flach ist, wird man mir gerne das Talent zugestehen, diese Musik zu komponieren. Man wird mir sogar gut singbare Arien, die das Werk anderer sind, beilegen wollen, um den Schein zu vermehren, daß ich sie mir selbst zurechne und anderer Arbeiten mir aneigne. Meine Arbeiten mir zu nehmen und die ihrigen als die meinigen auszugeben, ist seit zwanzig Jahren das dauerhafte Geschäft dieser Herren und das sicherste Mittel gewesen, um mich um meinen Ruf zu bringen.

Musik zu befördern und Entdeckungen in ihr zu machen. Seine Begriffe in der Kunst und von der Kunst sind fruchtbar und unerschöpflich. Er hat klarere, bequemere, einfachere Methoden erfunden, die einerseits die Komposition, andererseits die Ausführung erleichtern und denen, um allgemein anerkannt zu werden, nichts weiter fehlt, als daß ein anderer als er sie gemacht hat. Er hat in der Harmonie eine Entdeckung gemacht, die er nicht einmal anzukündigen wagt, weil er im voraus weiß, daß sie verworfen wird oder ihm, wie der *Devin du village*, nur den Vorwurf eintragen würde, daß er sich des Guts anderer bemächtigt habe. Er kann zehn Melodien auf denselben Text machen, ohne daß dieser Überfluß ihn viel kostete oder ihn erschöpfte. Ich habe ihn auch sehr gut Noten lesen sehen, besser als viele, deren Gewerbe es ist. In dieser Kunst hat er sogar das *impromptu* der Ausführung, was ihm in allen anderen Dingen fehlt, wenn ihn nur nichts schüchtern macht, wenn nichts diese Gegenwart des Geistes unterbricht, die er so selten hat, die er so leicht verliert und die er nicht wieder zurückrufen kann, sobald er sie verloren hat. Es sind nun dreißig Jahre, daß man ihn in Paris alles vom Blatt singen sah. Warum kann er es denn jetzt nicht mehr? Deswegen, weil damals niemals an dem Talent zweifelte, das ihm jetzt jedermann versagt, und ein höhnischer Zuschauer genügt, um ihm Kopf und Augen zu verwirren. Lassen Sie einen Mann, in den er Zutrauen setzt, ihm eine Musik vorlegen, die er nicht kennt. Ich wette, daß er sie, wenn sie nur nicht ganz barock ist oder gar nichts sagt, noch jetzt auf den ersten Blick entziffert und sie ganz leidlich singt. Wenn er aber beim Blick in das Herz jenes Mannes eine üble Absicht entdeckt, so wird er nicht eine Note herausbringen, und so kommen die Zuschauer zu ihrem Schluß ohne weitere Untersuchung. J.J. geht es mit der Musik und mit anderen Dingen, die er bestens versteht, wie ehedem mit dem Schachspiel. Spielte er mit einem, der stärker war als er, den er aber für schwächer hielt, so trug er sehr oft den Sieg davon; war jener aber schwächer, und er glaubte ihn stärker, so war er geschlagen. Die Selbstgewißheit anderer schüchtert ihn ein und bringt ihn unfehlbar aus der Fassung. Hierin hat ihn die Meinung immer unterjocht oder, wie er selbst sagt, es wachsen seine Kräfte mit dem Zutrauen, das er faßt. Das größte Übel dabei ist, daß er sich im Gefühl seiner Fähigkeiten, um die, die daran zweifeln, eines Besseren zu belehren, ohne Furcht auf Gelegenheiten einläßt, wo er es zeigen kann, und immer darauf rechnet, er werde diesmal Herr über sich bleiben, und immer wieder, was er auch macht, eingeschüchtert, zeigt er nur seine Torheit. Die Erfahrung mag ihn hundertmal darüber belehrt haben, sie hat ihn nie bessern können.

Die Anlagen zeigen gewöhnlich die Neigungen an und umgekehrt. Das bestätigt sich auch bei J.J. Ich habe nie jemanden für die Musik so leidenschaftlich gesehen wie ihn, aber nur für die, die ihm ans Herz greift. Darum schreibt er sie auch lieber selbst, als daß er sie hört, besonders in Paris, weil es da keine gibt, die ihm so angemessen wäre wie die seinige. Er singt sie mit einer schwachen und gebrochenen Stimme, die aber doch noch belebt und angenehm ist, er begleitet sie nicht ohne Mühe, mit zitternden Fingern, nicht so sehr wegen seines Alters als wegen seiner unüberwindlichen Schüchternheit. Seit einigen Jahren überläßt er sich dieser Zerstreuung mit mehr Wärme als je, und es ist leicht zu sehen, daß es ihm ein angenehmer Zeitvertreib bei seinen Leiden ist. Wenn schmerzhaftes Gefühl sein Herz betrübt, so sucht er am Klavier den Trost, den ihm die Menschen versagen. So verliert sein Schmerz die brennende Trockenheit und läßt ihn zugleich singen und weinen. Auf der Straße lenkt er sich von den beleidigenden Blicken der Vorübergehenden dadurch ab, daß er sich Arien ausdenkt; viele Romanzen von seiner Art, die eine traurige und schleppende, aber zärtliche und sanfte Melodie haben, haben keinen anderen Ursprung. Alles, was diesen Charakter hat, gefällt ihm und entzückt ihn. Er hat eine Leidenschaft für den Schlag der Nachtigall, er liebt das Seufzen der Turteltaube und hat es in der Begleitung einer seiner Arien vollkommen nachgeahmt. Vorwürfe, die aus Anhänglichkeit entspringen, reizen seine Teilnahme. Seine lebhafteste und eitelste Begierde war, geliebt zu werden, er glaubte zu fühlen, daß er dafür geschaffen war, und wenigstens befriedigt er diese Phantasie mit Tieren. Immer verschwendete er Zeit und Mühe, um sie anzulocken und zu liebkosten, er war der Freund, fast der Sklave seines Hundes, seiner Katze, seiner Kanarienvögel. Er hatte Tauben, die ihm überallhin folgten, die ihm auf die Arme und auf den Kopf flogen bis zur Beschwerlichkeit. Er richtete Vögel und Fische mit unglaublicher Geduld ab, und in Monquin brachte er es dahin, daß die Schwalben in seiner Kammer mit so viel Zutrauen nisteten, daß sie nicht einmal erschraken, wenn er sie einschloß. Kurz, seine Zerstreuungen, seine Freuden sind unschuldig und sanft wie seine Arbeiten und seine Neigungen. In seiner Seele ist kein Geschmack, der außer der Natur wäre, oder kostbar oder lasterhaft zu befriedigen, und um so glücklich zu sein, wie es hinieden möglich ist, wäre ein Vermögen ihm nutzlos gewesen, noch mehr der Ruhm: er bedurfte dazu nur der Gesundheit, des Notdürftigen, der Ruhe und der Freundschaft.

Ich habe Ihnen die Grundzüge des Menschen geschildert, den ich gesehen habe, und ich habe mich in meinen Beschreibungen nicht allein auf das beschränkt, was jeder andere, der ein aufmerksames und nicht voreingenommenes Auge zu dieser Untersuchung mitbringt, ebenfalls sehen kann, sondern meine Beschreibungen auch auf das ausgedehnt, was, da es weder gut noch böse ist, unmöglich durch Heuchelei lange bestehen kann. Was das betrifft, was, obgleich wahr, doch nicht wahrscheinlich ist, alles, was nur der Himmel und ich kennen, aber den Menschen bekannt zu werden verdient hätte, oder das, was, wenngleich von anderen gekannt, nicht ohne weiteres mit Anstand gesagt werden kann, erwarten Sie nicht, daß ich davon spreche oder auch die, die es wissen. Wenn sein ganzer Wert auf den Stimmen der Menschen beruht, so ist das alles für immer so gut wie verloren. Auch will ich nicht mehr mit Ihnen über seine Fehler reden, nicht als ob er nicht sehr große hätte, sondern weil sie nie jemandem außer ihm selbst geschadet haben und er anderen keine Rechenschaft darüber schuldig ist. Das Böse, das niemand anderem schaden kann, läßt sich verschweigen, wenn man das Gute verschweigt, das es aufwiegt. Er ist in seinen *Bekenntnissen* nicht so vorsichtig gewesen, und vielleicht war das eben nicht zum besten gehandelt. Deshalb sind alle Umstände, die ich noch hinzufügen könnte, nichts weiter als Schlußfolgerungen, die jeder, der gut schließen kann, leicht ergänzen kann. Sie reichen hin, um das Naturell des Menschen und seinen Charakter gründlich kennenzulernen. Ich könnte nicht weiter gehen, ohne den Verbindlichkeiten zu entsagen, durch die Sie selbst mich gebunden haben. Solange sie dauern, ist alles, was ich von J.J. fordern und erwarten kann, daß er mir eine natürliche und vernünftige Erklärung seiner Aufführung bei allen Gelegenheiten gibt, denn es wäre ungerecht und widersinnig zu verlangen, daß er gegen Vorwürfe sich verteidigt, die er nicht kennt und die man, ihm ins Gesicht zu sagen, nicht erlaubt, und alles, was ich vom meinigen hinzutun kann, ist, mich zu überzeugen, daß die Erklärung, die er mir gibt, mit all dem übereinstimmt, was ich selbst von ihm gesehen habe, indem ich alle meine Aufmerksamkeit darauf wandte. So habe ich es gemacht, und nun halte ich inne. Sie zeigen mir nun entweder, worin ich mich geirrt habe oder wie mein J.J. sich mit dem Ihrer Herren vertragen kann, oder auch Sie gestehen endlich zu, daß zwei so verschiedene Wesen niemals derselbe Mensch sein konnten.

DER FRANZOSE

Ich habe Sie mit einer Aufmerksamkeit angehört, mit der Sie zufrieden sein können. Anstatt Ihnen mit meinen Gedanken ins Wort zu fallen, bin ich den Ihrigen gefolgt, und wenn ich Sie zuweilen maschinenmäßig unterbrochen habe, so weil ich selbst Ihrer Meinung war und Ihre Antwort auf so oft wiederholte Einwürfe haben wollte, die ich zu vergessen fürchtete. Jetzt geben Sie mir etwas von der Aufmerksamkeit zurück, die ich Ihnen gewidmet habe. Ich werde nicht weitschweifig sein, vermeiden Sie, wenn es sein kann, ungeduldig zu werden.

Ich fange damit an, daß ich Ihre Schlußfolgerung ganz einräume und gestehe frei, daß Ihr J.J. und der unserer Herren nicht ein und derselbe Mensch sein können. Der eine, das gebe ich auch zu, scheint aus Spielerei entsprungen, um ihn dem anderen entgegenzusetzen. Ich sehe sogar zwischen beiden Unverträglichkeiten, die vielleicht niemand anderem als mir auffallen würden. Herrschaft der Gewohnheit und der Geschmack an Handarbeit sind zum Beispiel in meinen Augen Dinge, die sich mit den schwarzen und ungestümen Leidenschaften der Bösen nicht vereinbaren lassen, und ich stehe dafür, daß ein entschiedener Schurke niemals hübsche Herbarien in Miniatur machen, noch in sechs

Jahren achttausend Seiten Noten abschreiben wird.* Von der ersten Skizze an läßt sich also zwischen unseren Herren und Ihnen keine Einigung herstellen. Von der einen oder anderen Seite muß es einen Irrtum oder Lüge geben. Lüge ist es nicht auf Ihrer Seite, dessen bin ich sicher, aber Irrtum kann es sein. Wer kann mich überzeugen, daß es nicht wirklich so ist? Sie beschuldigen unsere Herren, daß sie voreingenommen sind, wenn sie ihn in Verruf bringen, und sind Sie es nicht vielleicht, wenn Sie ihn ehren? Ihre Neigung für ihn läßt diesen Zweifel als sehr begründet erscheinen. Man müßte, um die Wahrheit sicher zu entwickeln, unparteiisch beobachten und was immer Sie für Vorsicht angewandt haben, so finde ich Ihre Beobachtungen nicht unparteiischer als die der Herren. Die ganze Welt, da mögen Sie mir sagen, was Sie wollen, ist nicht dem Komplott beigetreten. Ich kenne rechtschaffene Leute, die J.J. nicht hassen, das heißt, die nicht für ihn jenes verräterische Wohlwollen bekunden, welches nach Ihrer Meinung ein so tödlicher Haß ist. Sie schätzen seine Talente, ohne seine Person zu lieben oder zu hassen, und haben kein großes Zutrauen in all die lärmende Großmut, die man an unseren Herren bewundert. Indessen kommen jene rechtschaffenen Leute darin überein, daß sie in vielen Punkten ebenso von ihm denken wie das Publikum. Was sie selbst von ihm gesehen, was sie einer vom anderen gehört haben, gibt einen nicht eben vorteilhaften Begriff von seinen Sitten, seiner Geradheit, seiner Sanftmut, seiner Menschenliebe, seiner Uneigennützigkeit und all den Tugenden, die er mit soviel Prunk zeigte. Man muß ihm Fehler, sogar Laster vergeben, weil er Mensch ist, aber er hat zu niedrige Laster, als daß sie in einer rechtschaffenen Seele aufkeimen könnten. Ich suche keinen vollkommenen Menschen, aber ich verachte einen verworfenen, und ich werde nie glauben, daß die glücklichen Neigungen, die Sie in J.J. finden, sich mit der Art Laster vertragen können, die er auf sich geladen hat. Sie sehen, daß ich nicht auf Tatsachen be-

* Da ich einen Teil dieser Rechnung im voraus und nur vergleichsweise gemacht habe, so habe ich zuviel Rabatt gegeben, und dies entdecke ich sehr deutlich in dem Maße, wie ich mit meinem Verzeichnis fortfahre, weil ich nach fünfeinhalb Jahren schon über neuntausend richtig berechnete Seiten habe, an denen nicht zu zweifeln ist.

harre, wie sie in der Welt bewiesen werden, bei denen aber das unbedeutende Versäumnis einer Formalität nach Ihrer Meinung alle Beweise umstößt. Ich will nichts von den armen Kreaturen sagen, die er zum Vergnügen quält, obgleich nichts weniger nötig ist, nichts von dem Geld, das er von den Reisenden in den Gasthöfen mit List borgt und hernach leugnet, es erhalten zu haben, von den Abschriften, die er sich doppelt bezahlen läßt, von denen, bei welchen er falsche Rechnungen macht, von dem Geld, daß er bei Zahlungen, die man ihm entrichtet, listig unterschlägt, und von tausend ähnlichen Vorwürfen. Ich gebe zu, daß alle diese Tatsachen, so bewiesen sie auch sind, wie die anderen verdreht werden können, aber das, was allgemein von der ganzen Welt gesehen wird, kann es nicht. Der Mensch, bei dem Sie so viel Bescheidenheit, eine so jungfräuliche Schüchternheit finden, ist als ein Satyr von solcher Schamlosigkeit bekannt, daß man selbst in den Häusern, wohin man ihn bei seiner Rückkehr nach Paris zu ziehen suchte, sowie er erschienen, die Tochter des Hauses gleich entfernte, um sie nicht der Roheit seiner Anträge und seines Benehmens auszusetzen. Dieser Mensch, der Ihnen so sanft, so gesellig vorkommt, flieht ohne Unterschied alle Menschen, verachtet alle Liebkosungen, geht allen aus dem Wege, die ihm entgegenkommen, und lebt wie ein Werwolf ganz allein. Nach Ihrer Meinung nährt er sich von Visionen und versetzt sich durch Phantasien in Ekstase. Aber wenn er Menschen verachtet und von sich stößt, wenn sein Herz sich gegen ihre Gesellschaft verschließt, was geht die Menschen dann die Gesellschaft an, die Sie ihm mit eingebildeten Wesen gelassen haben? Seitdem man sich bemühte, ihn mit mehr Sorgfalt auszuforschen, fand man ihn nicht allein von dem verschieden, wofür man ihn hielt, sondern allem entgegengesetzt, was er zu sein vorgab. Er nannte sich rechtschaffen und bescheiden, man fand ihn zynisch und ausschweifend; er rühmte sich guter Sitten und ist zerfressen von Syphilis; er nannte sich uneigennützig, und der niedrigste Geiz ist in ihm; er nannte sich menschlich, mitleidend, und er stößt jeden hart zurück, der Beistand von ihm begehrt; er nannte sich barmherzig und sanft, und ist grausam und blutdürstig; er nannte sich freigebig und gibt keinem etwas; er nannte sich leutselig, leicht zu unterwerfen, und er weist hochmütig alle Ehrenbezeigungen zurück, mit denen man ihn überhäuft. Je mehr man ihn sucht, desto unwilliger wird er. Man kann die scheinheiligste Miene, einen schmeichelnden, klagenden, jämmerlichen Ton annehmen, ihm Briefe schreiben, um ihn zu Tränen zu rühren, ihm geradezu erklären, man würde sich im Augenblick töten, wenn man nicht vorgelassen würde: ihn rührt nichts, er würde die, die töricht genug wären, dergleichen auszuführen, es tun lassen, und die Jammernden, die zu seiner Tür strömen, gehen alle ohne Trost weg. In einer Lage wie der seinen, wo er so genau beobachtet wird, sollte er da nicht alle, die zu ihm kommen, zufriedenzustellen suchen, um in ihnen durch Sanftmut und gutes Betragen die düsteren Eindrücke auszulöschen, die sie in Ansehung seiner haben, Wohlwollen in ihrer Seele an die Stelle der verlorenen Achtung zu setzen und sie wenigstens zu zwingen, ihn zu beklagen, wenn sie ihn nicht hochachten können. Statt dessen trägt er selbst durch seine wilde Laune und durch seine rohen ungehobelten Sitten wie mutwillig dazu bei, die böse Meinung, die sie von ihm haben, zu nähren. Wenn sie ihn so hart, so abwesend, so wenig umgänglich finden, erkennen sie sehr leicht den wilden Mann, den man ihnen geschildert hat, und sie kehren zurück, überzeugt, daß man seinen Charakter nicht übertrieben hat und daß er so schwarz ist wie sein Bildnis.

Sie werden mir ohne Zweifel wiederholen, daß das nicht der Mensch ist, den Sie gesehen haben, aber es ist der Mensch, den die ganze Welt außer Ihnen allein gesehen hat. Sie reden, sagen Sie, nur nach Ihren eigenen Beobachtungen. Der größte Teil derer, die Sie Lügen strafen, reden nicht weniger aufgrund ihrer eigenen Beobachtungen; sie haben schwarz gesehen, wo Sie weiß sehen, aber sie sind alle über diese schwarze Farbe einig, kein anderes Auge sieht Ihr Weiß. Sie stehen allein gegen alle: ist die Wahrscheinlichkeit für Sie? Erlaubt die Vernunft, daß man Ihrer einzigen Stimme mehr Gewicht gibt als den einmütigen Stimmen des ganzen Publikums? Alles ist über diesen Mann einig, den Sie allein, hartnäckig genug, für unschuldig halten, und das nach so vielen Beweisen, denen Sie nichts entgegenzusetzen wissen. Wenn diese Beweise ebensoviele Betrügereien und Trugschlüsse sind, was soll man dann vom ganzen Menschengeschlecht denken? Wie, eine ganze Generation wird übereinstimmend einen Unschuldigen verleumden, ihn mit Schmutz überhäufen, ihn sozusagen in den Sumpf der Schande zu werfen? Während man Ihnen zufolge bloß die Augen zu öffnen braucht, um sich von seiner Unschuld und von der Schändlichkeit seiner Feinde zu überzeugen? Hüten Sie sich, Herr Rousseau, Sie sind es selbst, der zu viel beweist. Wenn J.J. so wäre, wie Sie ihn gesehen haben, wäre es dann möglich, daß Sie der erste und einzige sind, der ihn unter diesem Gesichtspunkt gesehen hat? Sind Sie denn der einzige gerechte und einsichtige Mann auf der Erde? Wenn kein einziger ist, der hierin so denkt wie Sie, so sind alle Ihre Beobachtungen vernichtet, und Sie allein trifft der Vorwurf, den Sie gegen die ganze Welt erheben, daß Sie nämlich gesehen haben, was Sie zu sehen wünschten, und nicht was wirklich war. Beantworten Sie diesen einzigen Einwand, aber beantworten Sie ihn richtig, und ich gebe in allem übrigen nach.

ROUSSEAU

Um hier Freimütigkeit mit Freimütigkeit zu beantworten, erkläre ich Ihnen sogleich, daß dieser einzige Einwurf, den zu beantworten Sie mich auffordern, in meinen Augen ein Abgrund der Finsternis ist, in dem mein Verstand sich verliert. J.J. selbst begreift das alles so wenig wie ich. Er gesteht, daß er unfähig ist, die öffentliche Aufführung ihm gegenüber zu erklären und zu verstehen. Diese Übereinstimmung, mit welcher eine ganze Generation sich beeilt, einem so fluchwürdigen Plan beizutreten, macht sie ihm unbegreiflich. Er sieht weder Gute noch Böse, noch überhaupt Menschen darin, er sieht Wesen, von denen er keinen Begriff hat. Er verehrt sie nicht, er verachtet sie nicht, er begreift sie nicht; er weiß nicht, was sie sind. Seiner Seele, die zum Haß unfähig ist, ist es angenehmer, sich in dieser gänzlichen Unwissenheit zu beruhigen, als durch grausame Auslegungen sich Gefühlen zu überlassen, die dem immer beschwerlich sind, der sie empfindet, wenn sie Wesen zum Gegenstand haben, die er nicht achten kann. Diese Gesinnung billige ich und nehme sie, soviel ich kann, an, um mir eine Empfindung der Verachtung für meine Zeitgenossen zu ersparen. Im Grunde aber überrasche ich mich oft dabei, daß ich sie wider meinen Willen beurteile: meine Vernunft tut meinem Willen zum Trotz ihre Schuldigkeit, und ich nehme den Himmel zum Zeugen, daß es nicht meine Schuld ist, wenn das Urteil ihnen nachteilig ist.

Wenn Sie also Ihren Beifall zum Resultat meiner Bemerkungen bloß von der Auflösung Ihres Einwandes abhängen lassen, so ist die Wahrscheinlichkeit groß, daß Sie bei Ihrer Meinung bleiben und mich bei der meinigen lassen werden, denn ich gestehe, daß mir diese Auflösung unmöglich ist, ohne daß jedoch diese Unmöglichkeit in mir die Überzeugung zerstören könnte, die mit dem heimlichen und gewundenen Weg Ihrer Herren angefangen und die die unmittelbare Kenntnis des Mannes bestätigt hat. Alle Ihre Gegenbeweise, die viel weiter hergeholt sind, zerbrechen an diesem Grundsatz, der mich unwiderstehlich anzieht, daß dieselbe Sache nicht zugleich sein und nicht sein kann, und alles, was Ihre Herren gesehen zu haben behaupten, ist nach Ihrem eigenen Geständnis ganz und gar mit dem unvereinbar, wovon ich selbst mit eigenen Augen mich überzeugt habe.

Mit meinem Urteil über diesen Menschen halte ich es ebenso wie mit meiner Überzeugung im Glauben. Ich gebe der unmittelbaren Überzeugung nach, ohne mich bei den Einwänden aufzuhalten, die ich nicht auflösen kann, sowohl weil diese Einwände auf weniger deutliche Prinzipien gebaut und in meinem Geist weniger gründlich sind als die, welche meine Überzeugung bestimmen. Denn wenn ich diesen Einwänden nachgäbe, würde ich in andere noch unüberwindlichere fallen. Damit verlöre ich die Kraft der Evidenz, ohne die Verlegenheit der Schwierigkeiten zu vermeiden. Sie sagen, meine Vernunft habe die Meinung gewählt, welche mein Herz vorzieht, und dagegen wehre ich mich nicht. Dies ist der Fall bei jeder Überlegung, in der die Urteilskraft nicht Licht genug hat, um ohne Zutun des Willens zu entscheiden. Glauben Sie wohl, daß Ihre Herren, wenn sie mit soviel Eifer die entgegengesetzte Partei ergreifen, durch einen unparteiischeren Beweggrund bestimmt werden?

Da ich Sie nicht mit Hinterlist angreifen wollte, war ich Ihnen zunächst diese Erklärung schuldig. Jetzt wollen wir einen Blick auf Ihre Schwierigkeiten werfen, wenn auch nicht, um sie aufzulösen, doch wenigstens um, wenn es möglich ist, eine Art Erklärung für sie ausfindig zu machen.

Der Haupteinwand, der die Grundlage aller anderen ist, ist der, den Sie mir vorher über den allgemeinen Beitritt der ganzen gegenwärtigen Generation zu einem Komplott von Betrügerei und Unbilligkeit machen: Es wäre entweder zu ungerecht gegen das Menschengeschlecht, wenn man demgegenüber annehmen wollte, daß kein Sterblicher widerriefe, wenn er die Ungerechtigkeit einsähe, oder, wenn diese Ungerechtigkeit wirklich so offenkundig ist, wie sie mir scheint, so wäre es von meiner Seite zu stolz und für den gesunden Menschenverstand zu erniedrigend, zu glauben, daß niemand sonst sie bemerkt hätte.

Lassen Sie uns einen Augenblick die triviale Voraussetzung machen, daß alle Menschen die Gelbsucht hätten, und Sie allein hätten sie nicht . . . Ich komme Ihrer Unterbrechung zuvor . . .: »Welch platter Vergleich! Was soll das mit der Gelbsucht? . . . Wie sind alle Menschen dazu gekommen, Sie allein ausgenommen? Das heißt die nämliche Frage in andere Worte bringen, nicht aber sie auflösen, nicht einmal sie erläutern.« Wollten Sie mich unterbrechen, um etwas anderes zu sagen?

DER FRANZOSE

Nein, fahren Sie fort.

ROUSSEAU

Also antworte ich. Ich glaube, es erläutern zu können, was Sie auch sagen mögen, wenn ich begreiflich mache, daß es sozusagen Epidemien des Geistes gibt, die die Menschen mehr und mehr wie eine Art Ansteckung erfassen, weil der menschliche Geist, von Natur träge, sich dadurch gerne eine Mühe erspart, daß er so denkt, wie andere denken, besonders in dem, was seinen eigenen Neigungen schmeichelt. Dieser Hang, sich in dieser Weise mitreißen zu lassen, dehnt sich noch auf Neigungen, Geschmack, Leidenschaften der Menschen aus. Die allgemeine Verhärtung, eine in Ihrer Nation so verbreitete Krankheit, hat keine andere Quelle, und Sie werden mir nicht widersprechen, wenn ich Sie selbst als Beispiel anführe. Erinnern Sie sich des Geständnisses, das Sie mir früher machten, daß für den Fall der Unschuld J.J.'s Sie ihm doch Ihr Unrecht gegen ihn nicht vergeben würden. Um des Schmerzes willen, den Ihnen sein Andenken bereiten würde, würden Sie diese Ungerechtigkeit lieber verstärken als wiedergutmachen. Dieses Gefühl, das den Herzen so natürlich ist, die die Eigenliebe verzehrt, kann es das wohl dem Ihrigen sein, in dem Liebe zur Gerechtigkeit und zur Vernunft wohnen? Hätten Sie dieses überlegt, um in sich selbst die Ursache eines Gefühls zu suchen, das ungerecht und Ihnen so fremd ist, so hätten Sie bald gefunden, daß Sie in J.J. nicht allein den Schurken haßten, den man Ihnen geschildert hat, sondern J.J. selbst, daß dieser Haß, der zuerst durch seine Laster erregt wurde, davon unabhängig geworden ist und sich an seine Person geheftet hat, die, ob unschuldig oder nicht, ohne daß sie es selbst bemerkt haben, der Gegenstand Ihrer Abneigungen geworden ist. Wenn ich Ihnen jetzt, da Sie mir eine unparteiische Aufmerksamkeit gönnen, Ihre Überlegungen in unseren ersten Unterhaltungen in Erinnerung riefe, so würden Sie fühlen, daß sie in Ihnen nicht das Werk der Urteilskraft, sondern ungestümer Leidenschaft waren, die Sie ohne Ihr Wissen beherrschte. Hierin, mein Herr, liegt die befremdende Ursache, die Ihr so gerechtes Herz verführte und einem Urteil Fesseln anlegte, das im natürlichen Zustand so gesund gewesen wäre. Sie fanden in allem, was von diesem Unglücklichen kam, eine böse Seite und eine gute an allem, was ihn entehren konnte. Untreue, Verräterei, Lügen verloren in Ihren Augen alles Abscheuliche, wenn er ihr Gegenstand war, und wenn Sie auch selbst nicht mitschuldig wurden, waren Sie gewohnt, sie an anderen ohne Abscheu zu erblicken. Was aber bei Ihnen nur vorübergehender Irrtum war, wäre für das Publikum ein gewohnter Wahnsinn, ein beständiger Grundsatz der Aufführung, eine allgemeine Gelbsucht, die Frucht einer scharfen, sich ergießenden Galle, die nicht allein den Gesichtssinn verändert, sondern alle Säfte verdirbt und endlich den moralischen Menschen ganz tötet, der ohne sie in guter Verfassung geblieben wäre. Wäre J.J. nicht gewesen, so hätte vielleicht der größte Teil von ihnen sich nichts vorzuwerfen. Nehmen Sie diesen einzigen Gegenstand einer Leidenschaft, die sie außer sich bringt, hinweg, und sie sind in jeder anderen Hinsicht tugendhafte Menschen wie jedermann.

Diese Feindseligkeit, lebhafter und tätiger als der bloße Widerwille, scheint mir in Ansehung J.J.'s die allgemeine Stimmung der gegenwärtigen Generation. Allein die Miene, mit der man ihn betrachtet, wenn er durch die Straßen geht, zeigt deutlich diese Stimmung, die sich manchmal bei einigen, die ihm begegnen, zurückhält oder bezwingt, aber die dennoch hervorbricht und sich trotzdem bemerken läßt. Nach der groben und kindischen Eilfertigkeit, mit welcher sie anhalten oder sich umdrehen, ihn ins Auge fassen, ihm folgen, nach dem spöttischen Flüstern, das die unverschämten Blicke auf ihn lenkt, sollte man sie für nichts weniger als rechtschaffene Leute halten, die das Unglück haben, einem scheußlichen Ungeheuer zu begegnen, sondern für Haufen von Banditen, die frohlocken, daß sie ihre Beute erwischt haben und sich ein ihrer würdiges Vergnügen daraus machen, seines Unglücks zu spotten. Beobachten Sie ihn einmal im Schauspiel. Sowie er eintritt, schließt sich ein enger Ring von ausgestreckten Armen und Stöcken um ihn, und Sie können sich denken, wie er sich darin fühlt! Wozu dient die Barriere? Wenn er sie durchbrechen wollte, würde sie ihm widerstehen? Wahrscheinlich nicht. Wozu dient sie also? Allein um sich damit zu vergnügen, ihn in diesen Käfig eingesperrt zu sehen und um es ihn recht empfinden zu lassen, daß alle, die ihn umgeben, sich ein Vergnügen daraus machen, ihm als Aufseher und als Büttel gegenüberzutreten. Ist es auch Güte, daß man nicht unterläßt, nach ihm zu spucken, wenn er nahe genug vorbeigeht und man es tun kann, ohne daß er es bemerkt? Demselben Mann aber, den man bespuckt, einen Ehrentrunk zu schicken, das heißt doch wohl die Ehre noch grausamer erweisen als eine Beleidigung. Alle Zeichen des Hasses, der Verachtung, der Wut sogar, die man stillschweigend einem Menschen geben kann, ohne eine offenbare Beleidigung damit zu verbinden, werden von allen Seiten an ihn verschwendet. Unter faden Komplimenten, mit denen man ihn überhäuft, und während man sich honigsüß um ihn zu sorgen vorgibt wie sonst bei hübschen Frauen, würde man ihn, wenn er einer gründliche Hilfe bedürfte, mit Freuden sterben sehen, ohne ihm den geringsten Beistand zu leisten. Ich habe ihn in der Rue St.-Honoré einen gefährlichen Fall fast unter eine Kutsche tun sehen, man rannte zu Hilfe, sobald man aber J.J. erkannte, zerstreute sich alles, die Vorübergehenden gingen ihres Weges, die Kaufleute in ihre Läden, und er wäre in diesem Zustand allein geblieben, hätte nicht ein armer Krämer, bäurisch und ununterrichtet, ihn sich auf seinen Schemel setzen lassen und hätte ihm nicht eine ebensowenig philosophische Magd ein Glas Wasser gebracht. So ist in Wirklichkeit die so lebhafte und zarte Teilnahme beschaffen, deren Gegenstand der glückliche J.J. ist.

Eine Feindseligkeit dieser Art nimmt, wenn sie stark und dauerhaft ist, nicht den kürzesten, sondern den sichersten Weg, um sich zu sättigen. Und da dieser Weg in dem Plan Ihrer Herren schon gebahnt war, so brauchte das Publikum, welches sie kunstvoll in ihr Geheimnis zu ziehen wußten, nur diesem Weg zu folgen, und alle haben mit demselben Geheimnis gegeneinander gemeinsam zur Ausführung des Plans beigetragen. Das ist es, was geschehen ist, aber wie hat es geschehen können? Das ist Ihre Schwierigkeit, die immer wieder auftritt. Nichts ist leichter zu begreifen, als daß diese Feindseligkiet, wenn sie einmal erregt war, die Eigenschaften derer, die sich ihr überließen, so veränderte, daß sie Güte, Großmut, Mitleid in allen Handgriffen der schwärzesten Untreue zu bemerken glaubten. Jeder weiß es nur zu gut, daß heftige Leidenschaften, die immer damit anheben, daß sie die Vernunft irreleiten, den Menschen in seinen Handlungen ungerecht und böse machen können, sozusagen ohne daß er es weiß, ohne daß er aufgehört hat, in seiner Seele gerecht und gut zu sein oder wenigstens die Gerechtigkeit und die Tugend zu lieben.

Wie ist man aber zu dem Ziel gekommen, diesen giftigen Haß anzuzünden? Wie hat man in diesem Maße den Menschen verhaßt machen können, der am wenigsten zum Haß geschaffen war, der nie weder Interesse noch Verlangen hatte, anderen zu schaden, der nie irgendeiner Person Übles tat, übelwollte, Übles vergalt, der ohne Eifersucht, ohne Wettstreit, nach nichts trachtend und, immer seinen Weg allein für sich gehend, keinem anderen ein Hindernis war und der statt der Vorteile, die mit dem Ruhm verbunden sind, in dem seinigen nichts als Schmach, Beleidigung,

Elend und Verleumdung fand. In all dem sehe ich sehr wohl die geheime Ursache, die die Urheber der Verschwörung in Wut gesetzt hat. Der Weg, den J.J. gewählt hatte, war dem ihrigen zu sehr entgegen, als daß sie ihm hätten verzeihen können, daß er ein Beispiel gab, dem sie nicht folgen wollten, und Vergleiche veranlaßte, die zu ertragen ihnen nicht gegeben war. Außer diesen allgemeinen Ursachen und den Gründen, die Sie selbst angezeigt haben, hat dieser ursprüngliche und eingewurzelte Haß Ihrer Damen und Herren noch andere besondere Ursachen, die auf jedes Individuum Bezug haben, die aber weder zu sagen zuträglich noch leicht zu glauben sind und von denen zu reden ich mich enthalten würde, die aber durch die Macht ihrer Wirkungen zu fühlbar sind, als daß man an ihrem Dasein zweifeln könnte, und man kann auf die Heftigkeit dieses Hasses aus der Kunst schließen, die man anwendet, um zu verbergen, wenn man ihn stillt. Je mehr aber dieser individuelle Haß sich enthüllt, desto weniger begreift man, wie es gekommen ist, daß man alle Menschen zur Teilnahme daran gebracht hat, und selbst die, auf welche keiner der Beweggründe, die ihn entstehen ließen, wirken konnte. Trotz der Geschicklichkeit der Anführer der Verschwörung war die Leidenschaft, die sie regierte, zu sichtbar, um das Publikum nicht in dieser Hinsicht auf alles vorzubereiten, was von ihnen kam. Wie, da sie so berechtigten Verdacht ausräumen mußten, wie konnten sie es so leicht, so vollständig in alle ihre Absichten einbeziehen, daß sie es sogar ebenso begierig machten, sie zu erfüllen, wie sie selbst es waren? Dies ist in der Tat nicht leicht zu begreifen und zu erklären.

Ihre unterirdischen Gänge sind zu finster, als daß es möglich wäre, ihnen darin zu folgen. Ich glaube nur, hier und dort über diesen Abgründen einige Luftlöcher wahrzunehmen, die ihre Windungen anzeigen können. Sie haben mir selbst in unserem ersten Gespräch viele dieser Handgriffe beschrieben, die Sie als rechtmäßig annahmen, weil sie den Zweck hätten, einen Bösewicht zu entlarven, während sie in Wirklichkeit bestimmt sind, einen Menschen so erscheinen zu lassen, der es nichts weniger ist als dies, und sie werden dennoch dieselbe Wirkung haben. Er wird notwendig gehaßt werden, er mag es verdienen oder nicht, weil man sichere Maßregeln angenommen haben wird, um dahin zu kommen, ihn verhaßt zu machen. Bis hierhin läßt sich das noch begreifen, aber die Wirkung geht hier weiter. Es ist nicht bloß von Haß die Rede, sondern von Feindseligkeit, es handelt sich um einen sehr tätigen Zusammenschluß aller zur Ausführung eines von einer kleinen Anzahl entworfenen Planes, die genug Anteil daran nehmen, um so lebhaft zu handeln.

Die Vorstellung der Bosheit ist an sich selbst erschreckend. Der natürliche Eindruck von einem Bösewicht, über den man sich nicht persönlich zu beklagen hat, ist, daß man ihn fürchtet und flieht. Zufrieden, nicht sein Opfer zu sein, will niemand sein Henker sein. Ein Böser, der in einem Amte steht und der viel Böses tun kann und will, kann durch die Furcht Feindseligkeit erregen, und das Übel, das man von ihm fürchtet, kann Kräfte einflößen, ihm zuvorzukommen, aber Ohnmacht, die mit Bosheit verbunden ist, kann nur Verachtung und Abneigung hervorrufen; ein Böser ohne Macht kann Abscheu, nicht aber Erbitterung erregen. Man zittert bei seinem Anblick; weit entfernt, ihn zu verfolgen, flieht man ihn, und nichts ist der Wirkung, die eine Begegnung mit ihm hervorruft, ferner als ein beleidigendes und hämisches Lächeln. Der rechtschaffene Mann überläßt der Obrigkeit die Sorge für die Bestrafung, die er verdient, er erniedrigt sich nicht so weit, sich darein einmischen zu wollen. Wenn auch diese Bestrafung keinen anderen niederschlagenden Schmerz enthielte als die Schande, dem öffentlichen Hohngelächter preisgegeben zu sein, welcher Mann von Ehre würde seine Hand zu diesem Werk der Gerechtigkeit reichen und den Schuldigen an den Pranger stellen? Es ist wahr, daß man gemeinhin gegen Missetäter keine Erbitterung hegt, und wenn man einen von der Gerechtigkeit verfolgt und fast erwischt sieht, so würden die meisten, statt ihn auszuliefern, wenn sie könnten, lieber seine Flucht befördern, denn die Gefahr ließe vergessen, daß er strafbar, und erinnerte statt dessen daran, daß er Mensch ist.

Das ist alles, was der Haß, den die Guten gegen die Bösen haben, wirken kann. Es ist ein Haß des Widerwillens und der Abneigung, sogar Abscheu und Schrecken ist damit verbunden, nicht aber Feindseligkeit. Er flieht seinen Gegenstand, wendet die

Augen davon ab, verachtet es, sich mit ihm abzugeben; aber der Haß gegen J.J. ist tätig, brennend, unermüdlich; statt seinen Gegenstand zu fliehen, sucht er ihn eifrig auf, um mit ihm nach Gefallen umzuspringen. Das Gewebe seiner Unglücksfälle, das abgestimmte Werk seiner Verleumdung zeigen ein sehr enges und wirksames Bündnis an, an dem teilzunehmen alle Welt sich drängt. Jeder läuft mit dem lebhaftesten Eifer herbei, um ihn zu umstellen, ihn mit Verrätereien und Schlingen zu umgeben und um zu verhindern, daß irgendein nützlicher Rat ihm zu Ohren kommt, um ihm alle Mittel der Rechtfertigung zu nehmen, ihm alle Möglichkeit zu nehmen, die Angriffe abzuwenden, die man auf ihn macht, seine Ehre, seinen Ruhm zu verteidigen, ihm seine Feinde, seine Ankläger und alle ihre Mitschuldigen zu verhehlen. Man zittert, daß er zu seiner Verteidigung schreiben könnte, man ist beunruhigt über alles, was er sagt, über alles, was er tut und was er tun kann. Jedem scheint davor zu grausen, eine Verteidigungsschrift von ihm erscheinen zu sehen. Man beobachtet ihn, man späht ihn mit der größten Sorgfalt aus, um das Unglück zu verhindern. Man wacht sorgfältig über alles, was ihn umgibt, alles, was sich ihm nähert, jeden, der ihm nur ein Wort sagt. Seine Gesundheit, sein Leben sind ein neuer Grund der Unruhe für das Publikum, denn man befürchtet, daß ein so frisches Alter die Vorstellung jener schändlichen Übel zerstört, an denen man ihn gerne sterben sehen möchte. Man fürchtet, daß die Vorsicht, die man anwendet, auf die Dauer nicht ausreichen möchte, um zu verhindern, daß er spricht. Wenn die Stimme der Unschuld endlich das Spottgeschrei durchdringen würde, welch entsetzliches Unglück wäre das für die ganze Zunft der Gelehrten, für die Ärzte, für die Große, für die Obrigkeit, für alle Welt! Ja, wenn er seine Zeitgenossen zwingen könnte, ihn als einen rechtschaffenen Menschen anzuerkennen, wenn er dadurch schließlich seine Ankläger beschämen könnte, dann würde seine volle Rechtfertigung das Publikum untröstlich machen.

All das beweist ganz unleugbar, daß der Haß, dessen Gegenstand J.J. ist, nicht der Haß auf das Laster und die Bosheit, sondern der Haß aufs Individuum ist. Böse oder gut, darauf kommt es nicht an; dem allgemeinen Haß einmal geweiht, kann er ihm nicht mehr entgehen, und wenn man den Gang des menschlichen Herzens nur einigermaßen kennt, so sieht man ein, daß die Anerkennung seiner Unschuld ihn nur noch verhaßter machen und die Feindseligkeit, deren Gegenstand er ist, in Wut verwandeln würde. Man verzeiht ihm gegenwärtig nicht, daß er das beschwerliche Joch abschütteln will, das jeder ihm auflegen möchte, und noch weniger würde man ihm das Unrecht vergeben, das ihm angetan zu haben man sich selbst vorzuwerfen hätte, und da Sie selbst einmal ein so ungerechtes Gefühl empfunden haben, wie sollen erst diese Leute, die so ganz aus Eigenliebe gemacht sind, ohne Bitterkeit den Vergleich ihrer eigenen Niederträchtigkeit mit seiner Geduld und Sanftmut aushalten? Und seien Sie versichert, wäre er in der Tat ein Ungeheuer, so würde man ihn weit mehr fliehen, aber weit weniger hassen.

Wenn ich eine solche allgemeine Stimmung erklären soll, so kann ich nichts anderes denken, als daß man sich, um diese heftige Feindseligkeit des Publikums gegen ihn zu erregen, ähnlicher Beweggründe bedient hat, wie die sie hatten, in deren Seele sich die Verschwörung entspann. Sie hatten gesehen, daß dieser Mensch Grundsätze annahm, die den ihrigen ganz entgegengesetzt waren, daß er von keiner Sekte oder Partei etwas wissen noch ihr folgen wollte, daß er nur das sagte, was ihm wahr, gut und den Menschen nützlich schien, ohne hierin seinen eigenen Vorteil noch den von irgend jemandem besonders zu Rate zu ziehen. Diese Haltung und die Überlegenheit, die sie ihm über sie gewährte, war die große Quelle ihres Hasses. Sie konnten es ihm nicht vergeben, daß er nicht gleich ihnen seiner Moral eine Wendung zu seinem Nutzen gab, daß er so wenig auf seinen und ihren Vorteil sah, daß er so offenherzig den Mißbrauch der Wissenschaften und die Prahlereien des Schriftstellerhandwerks zeigte, ohne sich darum zu bekümmern, daß man nicht unterlassen würde, die Grundsätze, die er festsetzte, auf ihn selbst anzuwenden, noch an die Wut zu denken, die er denen eingeben würde, die sich rühmten, Schiedsrichter des Ansehens zu sein, die mit Ehre bekränzen und den Ruf menschlicher Handlungen festsetzen wollten, die sich aber, soviel ich weiß, nicht rühmen, daß sie gerecht und uneigennützig dabei zu Werk gehen. Da er den Spott ebensosehr verabscheute, wie er die Wahrheit liebte, so konnte man bemerken, daß er einzelne Menschen ehrenvoll unterschied und sie mit aufrichtigem Lob überhäufte, wenn er allgemeine Wahrheiten vortrug, die sie beleidigen konnten. Er machte deutlich, daß das Übel von der Natur der Dinge, das Gute aber von den Tugenden der Individuen abhinge. Er machte für seine Freunde und für die Schriftsteller, die er schätzenswert fand, dieselben Ausnahmen, die er selbst zu verdienen glaubte, und man bemerkt, wenn man seine Werke liest, das Vergnügen, das sein Herz bei diesen ehrenvollen Ausnahmen empfand. Die aber, die sich dessen weniger würdig fühlten, als er es von ihnen geglaubt hatte, und deren Gewissen insgeheim dieses Lob verwarf, erzürnten sich in dem Maße, in dem sie es weniger verdienten, und vergaben ihm nie, daß er den Mißbrauch eines Gewerbes so deutlich entwickelt hatte, welches sie von der gemeinen Menge bewundert wissen wollten, noch daß er stillschweigend, obwohl wider seinen Willen, durch seine Aufführung der ihrigen den Wert genommen hatte. Der giftige Haß, den diese Überlegungen in ihren Herzen erwachsen ließen, gab ihnen das Mittel, einen ähnlichen in den Herzen der übrigen zu erregen.

Sie fingen damit an, daß sie alle seine Grundsätze entstellten, indem sie einen strengen Republikaner in einen aufrührerischen, unruhigen Kopf, seine Liebe zur gesetzlichen Freiheit in eine zügellose Willkür und seine Ehrfurcht vor den Gesetzen in Fürstenhaß verwandelten. Sie klagten ihn an, daß er in allem die gesellschaftliche Ordnung umstoßen wolle, weil er unwillig war, daß man es wagte, unter diesem Namen die schädlichsten Ausschweifungen zu sanktionieren, und des Elends der Menschen spottete, indem man lasterhafte Mißbräuche als Gesetze ausgab, deren Untergang sie sind. Sein Zorn gegen öffentliche Räubereien, sein Haß gegen die mächtigen Spitzbuben, die sie unterstützen, seine unerschrockene Kühnheit, allen Ständen harte Wahrheiten zu sagen, waren ebensoviel Mittel, sie gegen sich aufzubringen. Um ihn denen verhaßt zu machen, die in diesen Ständen leben, klagte man ihn an, daß er sie persönlich verachtete. Die harten, aber allgemeinen Vorwürfe, die er allen machte, wurden alle in besondere Spöttereien verwandelt, die man kunstvoll aufs boshafteste auslegte.

Nichts flößt so viel Mut ein wie das Zeugnis eines guten Herzens, das aus der Reinheit seiner Absichten genug Kühnheit nimmt, laut und ohne Furcht Urteile vorzubringen, die allein von der Liebe zur Gerechtigkeit und zur Wahrheit eingegeben sind, aber nichts setzt zur gleichen Zeit mehr Gefahren und Bedrohungen durch listige und gewandte Feinde aus, und diese nämliche Kühnheit, die den feurigen Menschen in alle Fallen gehen läßt, die sie ihm legen, und ihn ungestüm und ohne Ordnung handeln läßt, läßt ihn tausend Versehen gegen die Klugheit begehen, in die nur eine offene und großzügige Seele verfällt, die sie aber in ebensoviele scheußliche Laster zu verwandeln wissen. Gewöhnliche Menschen, erhabener und edler Empfindungen unfähig, setzen bei denen, die sich leidenschaftlich ereifern, immer eigennützige Empfindungen voraus, und da sie nicht glauben können, daß Liebe zur Gerechtigkeit und zum allgemeinen Besten einen ähnlichen Eifer erwecken können, so finden sie neben diesen immer noch persönliche Beweggründe, die denen ähnlich sind, die sie selbst unter prachtvollen Namen verbergen und ohne die man sie niemals über irgend etwas in Wallung geraten sähe.

Was sich am wenigsten verzeihen läßt, ist verdiente Verachtung. Die Verachtung, die J.J. für diese angebliche gesellschaftliche Ordnung gezeigt hatte, die in Wahrheit die grausamsten Ausschweifungen verbirgt, traf weit mehr die innere Einrichtung verschiedener Stände als deren Mitglieder, die durch diese Einrichtung selbst genötigt sind, das zu sein, was sie sind. Er hatte immer einen sehr richtigen Unterschied zwischen den Personen und den Umständen gemacht und schätzte die ersteren oft, sosehr sie auch dem Geist ihres Standes ausgeliefert waren, wenn ihr Naturell von Zeit zu Zeit ein Übergewicht über ihren Eigennutz erhielt, wie es oft bei denen zu geschehen pflegt, die von edler Abstammung sind. Die Kunst Ihrer Herren bestand darin, die Dinge unter einem ganz anderen Gesichtspunkt darzustellen und als Menschenhaß in ihm auszugeben, daß er aus Liebe zu den Menschen das Böse haßt, das sie sich selbst antun. Es scheint, als wenn sie es nicht bei diesen allgemeinen Beschuldigungen bewenden ließen, sondern, indem sie ihm Reden, Schriften und Handlungen beilegten, die ihren Ansichten entsprachen, so sparten sie weder

Erdichtungen noch Lügen, um die Eigenliebe gegen ihn in allen Ständen wie in allen Individuen aufzureizen.

J.J. selbst hegt eine Meinung, die, wenn sie richtig ist, viel zur Entwicklung dieser allgemeinen Erbitterung beitragen kann. Er ist überzeugt, daß man in den Schriften, die man unter seinem Namen ausstreut, sich besondere Mühe gegeben hat, ihn auf eine grobe Art alle Stände der menschlichen Gesellschaft beleidigen zu lassen und ihm statt der offenherzigen und treffenden Vorwürfe, die er ihnen zuweilen macht, gehässige persönliche Kränkungen in den Mund zu legen. Diesen Verdacht hat er geschöpft*, weil man ihn in verschiedenen anonymen und anderen Briefen an Dinge erinnert, die in seinen Schriften sein sollen und die hineinzusetzen ihm nie eingefallen ist. In einem sagt man, er hätte *sehr artig die Frage aufgeworfen, ob die Seefahrer Menschen seien.* In einem anderen gesteht ein Offizier ihm sehr bescheiden, daß er nach einem Ausdruck J.J.'s als Soldat *gutherzig wie seine meisten Kameraden dummes Zeug schwatze.* Alle Tage erhält er in dieser Art angeführte Stellen, die man ihm mit dem größten Zutrauen beilegt und die immer für irgend jemanden beleidigend sind. Vor kurzem erfuhr er, daß man einen Gelehrten seiner ältesten Bekanntschaft, für den er große Achtung bewahrte und der vielleicht einen Rest von Zuneigung zu ihm deutlich zu erkennen gegeben hatte, dadurch davon heilte, daß man ihn überzeugte, J.J. arbeite an einer herben Kritik seiner Schriften.

So sind ungefähr die Triebfedern beschaffen, die man in Bewegung setzt, um diese so lebhafte und allgemeine Erbitterung zu erwecken und zu erhalten, deren Gegenstand er ist, und die, da sie sich besonders mit der Verleumdung vereinigt, mit einem fälschlichen Interesse für seine Person die Sorgfalt, durch die man durch diese Art der Gunst und des Mitleidens ihn noch mehr zu kränken sucht, zudeckt. Ich für meine Person kann mir kein anderes Mittel denken, um die verschiedenen Stufen des Hasses gegen ihn zu erklären, als dadurch, in welchem Maße diejenigen, die sich ihm überlassen, die Vorwürfe, die er seinem Jahrhundert

* Es ist mir unmöglich, dies zu überprüfen, weil diese Herren kein einziges Exemplar der Schriften zu mir kommen lassen, die sie schreiben oder unter meinem Namen schreiben lassen.

und seinen Zeitgenossen macht, auf sich selbst anwenden. Die öffentlichen Spitzbuben, die Intriganten, die Ehrgeizigen, deren Kunstgriffe er enthüllte, die leidenschaftlichen Zerstörer aller Religion, allen Gewissens, aller Freiheit, aller Moral, die er durch seine Kritik am lebhaftesten angriff, müssen ihn mehr hassen und hassen ihn in Wahrheit mehr als die betrogenen Rechtschaffenen. Die ersteren, wenn sie ihn nur nennen hören, haben Mühe, sich zu beherrschen, und die Mäßigung, die sie anzunehmen suchen, entdeckt sich sehr schnell, wenn sie der Maske nicht bedürfen, um ihre Leidenschaft zu stillen. Wäre der Haß auf diesen Menschen nur der Haß gegen das Laster, so würde sich das Verhältnis umkehren, der Haß der redlichen Menschen wäre ausgeprägter, und die Bösen wären gleichgültiger. Die entgegengesetzte Beobachtung ist allgemein, auffallend, unwidersprechlich, und es ließen sich viele Folgerungen daraus ziehen. Hier wollen wir uns mit der Bestätigung, die ich für die Richtigkeit meiner Auslegung daraus gewinne, begnügen.

Diese einmal eingegebene Abscheu dehnt sich aus, teilt sich allmählich mit in den Familien, in den Gesellschaften und wird gleichsam eine eingeborene Empfindung, die sich bei den Kindern durch die Erziehung befestigt und bei den jungen Leuten durch die allgemeine Meinung. Es ist noch die Bemerkung zu machen, daß außer der geheimen Verbindung Ihrer Damen und Herren die übrige Generation, in der er gelebt hat, keinen so giftigen Haß kennt, wie es der ist, der sich in der Generation fortpflanzt, die folgt. Die ganze Jugend ist durch eine besondere Sorgfalt Ihrer Herren, von denen die Geschicktesten sich mit diesem Geschäft abgegeben haben, von diesem Gefühl genährt. Alle philosophischen Lehrlinge knüpfen durch sie ihre Beziehungen, aus ihren Händen nimmt man die Erzieher der Kinder, die Sekretäre der Väter, die Vertrauten der Mütter, nichts geschieht im Inneren der Familien, ohne daß sie es lenken und ohne daß sie sich noch einzumischen scheinen. Sie haben die Kunst gefunden, ihre Lehre und ihre Feindseligkeit in den Seminaren, in den Kollegien sich verbreiten zu lassen, und die ganze werdende Generation ist ihnen von der Wiege an ergeben. Große Nachahmer des Vorgehens der Jesuiten, waren sie ihre feurigsten Feinde, ohne

Zweifel aus Geschäftsneid, und nun, da sie die Geister mit ebensoviel Herrschsucht und Geschicklichkeit regieren, wie die anderen die Gewissen lenkten, dabei feiner als jene, da sie sich im Handeln besser zu verbergen wissen, und indem sie allmählich die philosophische Intoleranz an die Stelle der anderen setzen, werden sie, ohne daß man sich dessen versieht, so gefährlich wie ihre Vorgänger. Sie sind es, durch die diese neue Generation, die es gewiß J.J. zu verdanken hat, wenn sie in ihrer Kindheit weniger gequält wird und in jedem Alter gesünder und von besserer Verfassung ist, anstatt ihm dafür Dank zu wissen, in den gehässigsten Vorurteilen gegen ihn und in den grausamsten Gefühlen ihm gegenüber aufwächst. Das Gift der Feindseligkeit, das sie fast mit der Milch eingesogen haben, macht, daß sie ihn mit mehr Eifer zu erniedrigen und zu unterdrücken suchen als selbst die, die sie in dieser gehässigen Stimmung erzogen haben. Sehen Sie nur den unglücklichen J.J. auf Straßen und Spaziergängen von Leuten umgeben, die weniger aus Neugierde, denn die meisten haben ihn schon hundertmal gesehen, als aus Spott sich umdrehen und stillstehen, um ihn mit einem Blick zu betrachten, der wahrhaftig nichts von französischer Urbanität verrät. Sie werden immer finden, daß die, die ihn am meisten beleidigen und verspotten, die am meisten wüten, junge Leute sind, die mit einer ironisch höflichen Miene Freude daran finden, ihm alle Zeichen von Beleidigung und Haß zu geben, die ihn kränken können, ohne daß sie sich dabei in Verlegenheit setzen.

In jedem anderen Jahrhundert hätte sich das nicht so leicht tun lassen. Aber dieses ist in besonderer Weise ein haßerfülltes Zeitalter und feindselig in seinem ganzen Charakter.* Dieser grausame und boshafte Geist zeigt sich in allen Gesellschaften, in allen öffentlichen Geschäften, er ist allein hinreichend, diejenigen, die sich darin auszeichnen, allgemein in Mode zu bringen und in der ganzen Welt glänzen zu lassen. Der stolze Despotismus der modernen Philosophie hat den Egoismus der Eigenliebe auf die

* Freron ist gestorben. Man fragte, wer seinen Grabspruch aufsetzen würde. *Der erste, der auf sein Grab spucken wird,* antwortete Herr Marmontel im Augenblick. Hätte man mir nicht den Urheber dieses Wortes genannt, so hätte ich geraten, daß er aus einem philosophischen Munde käme und in dieses Jahrhundert gehörte.

höchste Stufe gebracht. Der Geschmack, den die ganze Jugend für eine so bequeme Lehre gefaßt hat, hat sie dieselbe mit Wut annehmen und mit der lebhaftesten Intoleranz predigen lassen. Sie haben es sich angewöhnt, in die Gesellschaft den nämlichen schulmeisterlichen Ton zu bringen, mit dem sie die Orakelsprüche ihrer Sekte von sich geben, und mit einer deutlichen Verachtung, die einen noch unverschämteren Haß anzeigt, alles zu behandeln, was zu zögern wagt, ob es sich ihrem Urteil unterwerfen soll. Dieser Geschmack an Herrschaft mußte all die zornigen Leidenschaften rege machen, die mit der Eigenliebe zusammenhängen. Die nämliche Galle, die mit der Tinte in die Schriften der Meister fließt, tränkt die Herzen ihrer Schüler. Zu Sklaven geworden, um Tyrannen zu sein, schrieben sie schließlich in ihrem eigenen Namen die Gesetze vor, die jene ihnen in die Feder gegeben hatten, und sahen in jedem Widerstand den strafwürdigsten Aufruhr. Eine Generation von Despoten kann weder sehr sanft noch sehr friedlich sein, und eine so hochtrabende Lehre, die im übrigen weder Tugend noch Laster im Herzen der Menschen zuläßt, kann nicht geeignet sein, den Stolz ihrer Anhänger durch eine Moral im Zaum zu halten, die anderen gegenüber nachsichtig und streng mit sich selbst ist. Daraus entspringen die gehässigen Neigungen, die diese Generation auszeichnen. Es gibt weder Mäßigung mehr in den Seelen noch Wahrheit in den Freundschaften. Jeder haßt alles, was er nicht selbst ist, eher, als daß er sich selbst liebte. Man ist zu sehr mit anderen beschäftigt, als daß man es mit sich selbst sein könnte, man kann nur noch hassen, und man hält sich an seine Partei nicht aus Anhänglichkeit, noch weniger aus Achtung, sondern bloß, weil man die Gegenpartei haßt. Das ist die allgemeine Stimmung, in welcher Ihre Herren ihre Zeitgenossen gefunden oder in welche sie sie versetzt haben und die sie dann nur gegen J.J. zu wenden brauchten*, der, ebensowenig geeignet, ein Gesetz anzunehmen, wie es zu machen, eben dadurch schon

* In dieser Generation, die sich von Philosophie und Galle nährt, ist den Arglistigen nichts leichter, als diese allgemeine Begierde nach Haß zu lenken, auf wen sie wollen. Ihre erstaunlichen Erfolge hierin beweisen weniger ihre Talente als die Stimmung des Publikums, bei dem die äußeren Zeichen der Achtung und Anhänglichkeit für die einen in Wahrheit nichts weiter ist als tätiger Haß gegen die anderen.

in diesem neuen System unausweichlich der Gegenstand des Hasses der Oberhäupter und des Verdrusses der Schüler werden mußte: Die Menge, die eifrig einer Straße folgt, die sie in die Irre leitet, sieht diejenigen nicht gerne, die auf einem entgegengesetzten Wege gehen und ihr dadurch gleichsam Vorwürfe wegen ihres Irrtums zu machen scheinen.

Wer alle hier zusammentreffenden Ursachen kennen würde*, alle die verschiedenen Arten von Triebfedern, die in Bewegung gesetzt wurden, um in allen Ständen diese haßerfüllte Voreingenommenheit zu erwecken, den würde es weniger überraschen, sie allmählich zu einer allgemeinen ansteckenden Seuche werden zu sehen. Wenn einmal der Anstoß gegeben ist, so folgt alles dem Strom und vermehrt seinen Antrieb. Wie soll man sich von seinem Gefühl losmachen, wenn man sieht, daß es das Gefühl der ganzen Welt ist? Wie soll man daran zweifeln, daß der Gegenstand eines so allgemeinen Hasses wirklich ein hassenswerter Mensch ist? Je widersinniger und unglaublicher dann die Dinge, die man ihm zuschreibt, sind, desto mehr ist man bereit, sie zuzugeben. Jede Handlung, die ihn verhaßt und lächerlich macht, ist dadurch allein schon hinreichend bewiesen. Wenn von einer guten Handlung die Rede wäre, die er getan hätte, so würde niemand seinen eigenen Augen trauen, oder bald würde eine feinsinnige Auslegung sie von Weiß in Schwarz verwandeln. Die Bösen glauben weder an Tugend noch an Güte, man muß schon selbst gut sein, um andere Menschen für besser zu halten als sich selbst, und es ist fast unmöglich, daß ein wirklich guter Mensch in einer Generation von Bösen wohnen oder als gut anerkannt werden kann.

Wenn die Herzen so gestimmt sind, ist alles übrige eine Kleinigkeit. Von der Zeit an konnten Ihre Herren ohne jede Umschweife J.J. offen und mit allgemeiner Billigung verfolgen, aber

* Ich hätte mich hier vielleicht bei der Lieblingslist meiner Verfolger aufhalten sollen, die darin besteht, auf meine Kosten ihre gehässigen Leidenschaften zu befriedigen, Böses durch ihre Trabanten zu verrichten und es so zu tun, daß es mir zur Last gelegt wird. So haben sie mir nach und nach das *Système de la Nature*, die *Philosophie de la Nature*, die Anmerkung zum Roman von Madame d'Ormoy und anderes mehr beigelegt. So haben sie versucht, das Volk glauben zu machen, daß ich es war, der die Räuber aufwiegelte, die sie seit der Teuerung des Brotes in ihrem Sold hielten.

sie hätten ihre Rache nur halb gestillt, und ihm gegenüber sich eine Blöße zu geben, hätte ein zu großes Wagnis einer Entdekkung bedeutet. Das System, welches sie angenommen haben, erfüllt alle ihre Absichten weit besser und kommt allen Schwierigkeiten zuvor. Das Meisterstück ihrer Kunst war, daß sie die Vorsicht, die sie zu ihrer Sicherheit anwandten, als Schonung ihres Opfers auslegten. Ein Firnis von Menschlichkeit, der die Schwärze ihres Komplotts bedeckte, vollendete die Verführung des Publikums, und jeder bemühte sich, zu diesem guten Werk etwas beizutragen. Es ist so süß, eine Leidenschaft unter dem Schleier der Heiligkeit zu stillen und mit dem Gift der Feindseligkeit das Verdienst der Tugend zu verbinden. Jeder, der sich bei sich selbst rühmte, einen Unglücklichen zu verraten, sagte mit Selbstgefälligkeit zu sich: »O wie großmütig bin ich! Zu seinem Besten verleumde ich ihn, ich erniedrige ihn, um ihn zu schützen, und der Undankbare, anstatt meine Wohltat zu erkennen, findet sich dadurch beleidigt! Das soll mich aber nicht hindern, meinen Gang weiterzugehen und ihm auf diese Art, wider seinen eigenen Willen, zu dienen.« Unter dem Vorwand also, um seine Sicherheit besorgt zu sein, werden sie alle, sich selbst bewundernd, gegen ihn zu Trabanten Ihrer Herren, und wie J.J. an Herrn Dusaulx schreibt, *sind sie stolz, Verräter zu sein.* Können Sie begreifen, wie man in einer solchen Stimmung des Geistes gerecht sein und die Dinge so sehen kann, wie sie sind? Man könnte Sokrates, Aristides, man könnte einen Engel, man könnte Gott selbst mit so verblendeten Augen sehen, und immer würde man glauben, man erblicke ein höllisches Ungeheuer.

Aber so leicht dieser Hang ist, so ist es immer noch sehr erstaunlich, sagen Sie, daß er so allgemein ist, daß alle ihm ohne Ausnahme folgen, daß kein einziger ihm widersteht und sich dagegen auflehnt, daß ein und dieselbe Leidenschaft blindlings eine ganze Generation hinreißt und daß bei einem solchen Umsturz des Natur- und Völkerrechtes die Beistimmung so einmütig ist.

Ich gebe zu, daß die Tatsache sehr außerordentlich ist, aber da ich sie als ganz gewiß annehme, so würde ich es noch außerordentlicher finden, wenn sie die Tugend zum Grundsatz hätte. Denn die ganze gegenwärtige Generation müßte sich durch diese einzige Tugend zu einer Größe erhoben haben, die sie gewiß in keiner anderen Sache zeigt, und unter so viel Feinden, die J.J. hat, dürfte sich kein einziger finden, der die boshafte Freimütigkeit hätte, das wunderbare Werk aller übrigen zu vernichten. Nach meiner Erklärung läßt eine kleine Anzahl geschickter, mächtiger, listiger, von langer Hand verbundener Menschen, die die einen durch falschen Schein täuschen, die anderen durch Leidenschaften aufmuntern, zu denen sie schon zu sehr geneigt sind, alles sich gegen einen Unglücklichen vereinigen, dem man sorgfältig alle Laster beilegt, indem man ihm die Macht nimmt, sich davon zu reinigen. Nach der anderen Erklärung muß die haßerfüllteste aller Generationen sich plötzlich vollkommen verwandeln und ohne eine einzige Ausnahme zu himmlischen Engeln werden, und dies zugunsten des letzten Lasterhaften, den man hartnäckig beschützen und trotz der Laster und Verbrechen, die er ganz nach seinem Gefallen weiter begeht, frei sein lassen will, ohne daß irgend jemand in der Welt wagte, ihn daran zu hindern oder ihm auch nur Vorwürfe deswegen zu machen. Welche von diesen beiden Mutmaßungen scheint Ihnen die vernünftigste und annehmbarste?

Übrigens ist dieser Einwand, der aus dem Mitwirken aller Welt zur Ausführung eines abscheulichen Komplotts abgeleitet ist, vielleicht mehr scheinbar als wirklich. Erstens besaßen die Anstifter der ganzen Verschwörung die Kunst, sie nicht vor aller Augen auf die gleiche Weise zu enthüllen. Sie haben das Hauptgeheimnis unter einer kleinen Anzahl Verschworener bewahrt. Allen übrigen Menschen zeigten sie nur das, was nötig war, um sie mit in die Sache zu ziehen. Jeder hat den Gegenstand nur von der Seite gesehen, die ihn in Harnisch bringen konnte, und wurde nur so weit in das Komplott eingeweiht, als der Teil der Ausführung es erforderte, der ihm anvertraut war. Vielleicht gibt es nicht zehn Personen, die wissen, worin der Grund der Verschwörung eigentlich besteht, und von diesen zehn sind vielleicht kaum drei, die ihr Opfer genug kennen, um überzeugt zu sein, daß sie einen Unschuldigen anschwärzen. Das Geheimnis des ersten Komplotts ist bei zwei Menschen verschlossen, die es wahrhaftig nicht enthüllen werden. Alle übrigen Mitschuldigen, mehr oder weniger strafbar, lassen sich durch die Kunstgriffe täuschen, die nach ihrer Meinung weniger dahin zielen, die Unschuld zu verfolgen, als sich eines Bösen zu versichern. Man hat jeden bei seinem eigentümlichen Charakter, bei seiner Lieblingsleidenschaft gepackt. Wenn es möglich wäre, daß die Menge von Mitwirkenden sich versammelte und im gegenseitigen Vertrauen sich erklärte, so würden sie selbst über die widersinnigen Widersprüche erstaunen, die sie in den Tatsachen finden würden, die man jedem unter ihnen einzeln bewiesen hat, sowie über die nicht nur verschiedenen, sondern einander oft entgegengesetzten Beweggründe, durch welche man sie alle zu dem gemeinsamen Werk berufen hat, ohne daß einer von ihnen den wahren Zweck eingesehen hätte. J.J. selbst weiß sehr wohl von dem Pack, dem er in Môtiers, in Trye, in Monquin ausgeliefert war, Personen von wahrem Verdienst zu unterscheiden, die mehr getäuscht als verführt wurden und, ohne von Tadel ausgenommen zu sein, in ihrem Irrtum zu bedauern sind, dennoch aber nicht unterlassen haben, ihm trotz der Meinung, die sie von ihm hatten, mit demselben Eifer wie die anderen nachzustellen, wenn auch mit weniger grausamen Absichten. Vielleicht drei Viertel derer, die man in das Komplott hineingezogen hat, bleiben nur darin, weil sie noch nicht seine ganze Abscheulichkeit gewahrt haben. Es ist sogar mehr Niedriges als Boshaftes in den Schändlichkeiten, mit denen die meisten ihn überhäufen, und man bemerkt an ihrer Miene, an ihrem Ton, an ihrem Benehmen, daß sie ihn weit weniger als einen Gegenstand des Hasses verabscheuen als ihn als einen Unglücklichen verspotten.

Mehr noch: denken Sie denn, daß, obgleich niemand öffentlich der allgemeinen Meinung zu widersprechen wagt, was ohne den geringsten Gewinn sich bloßstellen hieße, die ganze Welt wirklich sich hierbei ganz beruhigt? Wie viele einzelne Menschen, die so viele Kunstgriffe und unterirdische Gänge sehen, sind darüber unwillig, versagen ihre Mitwirkung und seufzen insgeheim über die unterdrückte Unschuld! Wie viele andere, die nicht wissen, wie sie sich in Ansehung eines Menschen benehmen sollen, der in so viele Schlingen verstrickt ist, weigern sich, über ihn zu richten, ehe sie ihn nicht gehört haben, und denken, indem sie nur seine geschickten Verfolger beurteilen, daß Leute, denen Hinterlist, Falschheit und Verräterei so wenig kosten, vielleicht nicht mehr Gewissen gegenüber einem Betrug zeigen möchten. Schwankend zwischen der Stärke der Beweise, die man ihnen vorlegt, und der Bosheit der Ankläger, können sie soviel Eifer für die Wahrheit nicht mit soviel Widerwillen gegen die Gerechtigkeit verbinden, noch soviel Großmut gegenüber dem, den sie anklagen, mit soviel Kunst, ihm auszuweichen und sich seinen Verteidigungen zu entziehen. Man kann sich des Unrechts enthalten, ohne den Mut zu haben, es zu bekämpfen. Man kann es abschlagen, Mitverschwörer eines Verrats zu werden, ohne daß man wagt, die Verräter zu entlarven. Ein gerechter Mann, der aber schwach ist, zieht sich von der Menge zurück, bleibt in seinem Winkel, und da er sich nicht preisgeben will, beklagt er den Unterdrückten ganz still, fürchtet den Unterdrücker und schweigt. Wer kann wissen, wie viele rechtschaffene Menschen in dieser Lage sind? Sie lassen sich nicht sehen oder bemerken. Sie lassen Ihren Herren freie Bahn, bis der Augenblick erscheint, wo sie ohne Gefahr reden können. Aufgrund der Meinung, die ich immer von der natürlichen Geradheit des menschlichen Herzens hatte, glaube ich, daß dies so sein muß. Auf welchen vernünftigen Grundsatz kann man wohl bauen, daß es nicht so ist? Dies, mein Herr, ist alles, was ich auf den einzigen Einwand, auf den Sie sich beschränken, antworten kann, und den ich im übrigen weder zu Ihrer noch zu meiner Zufriedenheit aufzulösen mich unterfange, obgleich er die unmittelbare Überzeugung, die meine Untersuchungen in mir hervorgerufen haben, nicht zu erschüttern vermag.

Ich sah Sie bereit, mich zu unterbrechen, und ich begriff, daß es ein Vorwurf wegen der überflüssigen Sorgfalt sein sollte, womit ich Ihnen eine Tatsache beweisen wollte, von der Sie ebensogut wie ich überzeugt sind, um sie als Einwand gegen mich zu wenden, nämlich daß es nicht wahr ist, daß die ganze Welt dem Komplott beigetreten ist. Aber bemerken Sie auch, daß, sosehr wir hierüber einig scheinen, unsere Meinungen dabei doch ganz entgegengesetzt sind, weil Ihrer Meinung nach die, die nicht zum Komplott gegen J.J. gehören, ebenso von ihm denken wie die, die dazugehören, während ich behaupte, daß sie ganz anders denken müssen. Da also Ihr Einwand, den ich nicht zugebe, und mein Einwand, den Sie nicht zugeben, verschiedene Personen betreffen, so schließen sie einander wechselweise aus oder passen wenigstens nicht zusammen. Ich habe Ihnen gesagt, worauf ich meinen Einwand gründe, jetzt wollen wir Ihren Einwand untersuchen.

Rechtschaffene Menschen, von denen Sie sagen, daß sie dem Komplott nicht beitreten und J.J. nicht hassen, sehen dennoch in ihm alles, was seine grausamsten Feinde in ihm sehen wollen, als ob er Feinde hätte, die zugeben, es zu sein, und sich nicht vielmehr rühmen, daß sie ihn lieben. Indem Sie mir diesen Einwand machten, erinnerten Sie sich nicht, daß dies ihm entgegensteht und ihn vernichtet. Gibt es ein Komplott, so wird es durch seine Wirkung eine Kleinigkeit, selbst diejenigen zu überzeugen, die nicht zum Komplott gehören, und wenn sie mit ihren eigenen Augen zu sehen glauben, so sehen sie, ohne es selber zu bemerken, mit den Augen anderer.

Wenn diese Personen, von denen Sie reden, nicht unredlich sind, so sind sie doch wenigstens so wie das ganze Publikum voreingenommen und müssen allein deswegen ebenso sehen und urteilen wie dieses. Und wie sollten Ihre Herren, denen es einmal so leicht fällt, alles glaubwürdig zu machen, es versäumt haben, diesen Vorzug so weit wie möglich auszudehnen? Diejenigen, die bei dieser allgemeinen Überzeugung die sicherste Probe, um das Wahre vom Falschen unterscheiden zu können, entfernt haben, mögen in Ihren Augen durchaus nicht zum Komplott gehören, gerade dadurch gehören sie in den meinigen dazu, und ich, der ich in meinem Gewissen fühle, daß da, wo sie Gewißheit und Wahrheit zu sehen glauben, nichts als Irrtum, Lüge und Betrug ist, kann ich zweifeln, daß sie an dieser falschen Überzeugung selbst mitschuldig sind und daß sie, wenn sie die Wahrheit aufrichtig geliebt hätten, sie bald unter den Kunststücken der Spitzbuben, die sie getäuscht haben, freigelegt hätten? Diejenigen aber, die schon im voraus unwiderruflich über den Gegenstand ihres Hasses gerichtet haben und von ihrem Urteil nicht ablassen wollen, indem sie nur sehen, was sie sehen wollen, drehen und wenden alles im Sinne ihrer Leidenschaft und geben durch eine

Menge Spitzfindigkeiten den Dingen, die ihren Begriffen widersprechen, eine Auslegung, die sie wieder damit vereinbar macht. Haben die Personen, die Sie für unparteiisch halten, die nötigen Vorkehrungen getroffen, um durch diese Täuschung nicht betrogen zu werden?

DER FRANZOSE

Aber, Herr Rousseau, woran denken Sie, und was verlangen Sie vom Publikum! Haben Sie glauben können, daß es diese Sache so gewissenhaft untersuchen würde wie Sie?

ROUSSEAU

Ohne Zweifel hätte es dieser Untersuchung gar nicht bedurft, wenn es sich einer so grausamen Entscheidung enthalten hätte. Aber indem es einen Machtspruch über Ehre und Schicksal eines Menschen tat, konnte es, ohne sich zu vergehen, keines der wesentlichen und möglichen Mittel versäumen, um versichert zu sein, daß es gerecht urteilte.

Sie sagen, Sie verachten einen verworfenen Menschen und können nicht glauben, daß die glücklichen Neigungen, die ich an J.J. bemerkte, sich mit so niedrigen Lastern, deren er angeklagt ist, vertragen können. Ich denke über diesen Punkt gerade wie Sie, aber ich bin auch ebenso wie von irgendeiner mir bekannten Wahrheit davon überzeugt, daß die Niedrigkeit, die Sie ihm vorwerfen, von allen Lastern gerade von seinem Naturell am entferntesten ist. Weit näher dem entgegengesetzten Extrem, hat er zu viel Seelengröße, um sich bis zur Verworfenheit herabzusetzen. J.J. ist ohne Zweifel schwach und wenig fähig, seine Leidenschaften zu überwinden. Er kann aber nur Leidenschaften haben, die seinem Charakter angemessen sind, und niedrige Versuchungen können sich seinem Herzen nicht nähern. Die Quelle all seines Trostes findet er in der Achtung seiner selbst. Er wäre der tugendhafteste aller Menschen, wenn seine Kraft seinem Willen entspräche. Mit all seiner Schwachheit aber kann er doch kein schlechter Kerl sein, weil in seiner Seele kein unedler Hang ist, dem nachzugeben er sich schämen müßte. Das einzige, was ihn zum Bösen hätte leiten können, ist falsche Scham, gegen welche er sein ganzes Leben hindurch mit ebenso großen wie unnützen Anstrengungen gekämpft hat, weil sie von seiner schüchternen Laune, die den heißen Begierden seines Herzens ein unüberwindliches Hindernis ist, herrührt und ihn zwingt, sie auf tausend Arten, die oft tadelnswert sind, zu hintergehen. Das ist die einzige Quelle für alles Übel, das er hat tun können, aus welcher aber nichts hervorgehen kann, was den unwürdigen Handlungen gliche, deren Sie ihn beschuldigen. Sehen Sie denn nicht, wie weit Ihre Herren selbst von dieser Verachtung entfernt sind, die sie Ihnen für ihn einflößen wollten? Sehen Sie denn nicht, daß diese Verachtung, die sie vorgeben, nicht wirklich ist, daß es nur ein ziemlich durchsichtiger Schleier über einer Achtung ist, die sie zerfleischt, und über einer Wut, die sie sehr schlecht zu verbergen wissen? Der Beweis dafür ist offenbar. Man wird nicht so sehr durch Leute beunruhigt, die man verachtet. Man wendet die Augen von ihnen, man nimmt sie als das, was sie sind, man tut in Ansehung ihrer nichts, was Ihre Herren mit J.J. tun, sondern was er selbst ihnen gegenüber tut. Es ist gar nicht zu verwundern, daß sie, nachdem sie ihn mit Steinen bevorfen haben, ihn auch mit Kot bedecken: alle diese Handlungen sind von ihrer Seite sehr stimmig, aber die, die sie ihm zurechnen, sind es von seiner Seite nicht, und sind diese unwürdigen Handlungen, auf die Sie zurückkommen, etwa besser bewiesen als jene Laster, auf denen Sie nicht mehr bestehen? Nein, mein Herr, nach unseren vorausgegangenen Erörterungen sehe ich keinen Mittelweg mehr dazwischen, alles anzunehmen oder alles zu verwerfen.

Von den Zeugnissen, die Sie als unparteiisch betrachten, laufen die einen auf widersinnige und falsche Tatsachen hinaus, die nur durch die Gewalt des Vorurteils glaubwürdig werden, wie Notzucht, viehische Wollust, Ausschweifung, zynische Unverschämtheit, niederträchtige Betrügereien, während es sich bei dem anderen Teil um wahre Tatsachen handelt, die aber falsch ausgelegt werden, wie seine Härte, seine Verachtung, seine zornige und widerstrebende Laune, die Hartnäckigkeit, mit der er neuen Bekanntschaften die Tür verschließt, besonders aber den schmeichlerischen und weinerlichen Unbekannten und den Hochmütigen, die nicht genügend unterrichtet sind.

So wie ich nie J.J. gegen die Anklage des Mordes und der Giftmischerei verteidigen würde, so denke ich auch nicht daran, ihn gegen den Vorwurf zu verteidigen, daß er Mädchen notzüchtigt, ein Ungeheuer an Ausschweifung ist und ein kleiner Spitzbube. Wenn Sie im Ernst dergleichen Meinungen über ihn Gehör geben können, so kann ich ihn nur beklagen und auch Sie beklagen, der Sie Begriffen huldigen, über die Sie als Freund der Wahrheit erröten müßten, wenn Sie sie näher betrachteten und täten, was ich getan habe. Er soll ausschweifend, viehisch, unverschämt, zynisch gegenüber dem schönen Geschlecht sein? Ach, ich fürchte vielmehr, daß das Übermaß des Entgegengesetzten ihn verdorben hat und daß er, wäre er das, was Sie von ihm glauben, jetzt vielleicht weit weniger unglücklich wäre. Es ist sehr leicht, bei seinem Eintritt in ein Haus die Tochter sich entfernen zu lassen, aber was kann das anderes beweisen als die boshafte Stimmung der Eltern gegen ihn?*

Hat man das Beispiel einer einzigen Tat, die eine so törichte und gezwungene Vorsorge hätte notwendig machen können? Und was sollte er bei seiner Ankunft in Paris davon denken, er, der in Lyon so vertraut bei einer verehrungswürdigen Familie gelebt hatte, in welcher die Mutter und drei liebenswürdige Töchter alle drei in der Blüte des Alters und der Schönheit ihn auf eine beneidenswerte Art mit Freundschaft und Liebkosungen überhäuften. Verdiente er etwa durch den Mißbrauch der Vertraulichkeit bei diesen jungen Personen, durch allzu freies Betragen oder durch zu freie Unterhaltungen mit ihnen den unwürdigen

* Im Augenblick, da ich dies abschreibe, erhalte ich mehrere lange Besuche hintereinander von der Tochter eines englischen großen Herrn, einer Person von achtzehn Jahren, sehr liebenswert, sehr bescheiden, die sich nicht fürchtet, von ihrem Vater ermuntert und aus eigenem Antrieb, ganze Vormittage bei mir zu verbringen. Ich kenne nicht, das muß ich zugeben, den wahren Beweggrund dieser Besuche, aber was immer ihr Beweggrund sein mag, jedenfalls ist es gewiß, daß der Vater dieser jungen Dame die Gefahren nicht zu fürchten scheint, vor denen die Eltern, die mich zu sich zogen, ihre Töchter mit so viel Ziererei fernhielten. Sonderbar ist, daß dieser Gegensatz des Betragens mir gegenüber sich bei zwei Ministern zweier verschiedener Länder zwar, die aber beide an demselben Hofe sind, findet. Der, der seine Tochter bei meiner Ankunft verschwinden läßt, ist Bevollmächtigter Frankreichs, und der, der seine Tochter alleine zu mir schickt, ist Botschafter Englands.

und ganz neuartigen Empfang, der ihn in Paris erwartete, als er sie verließ? Und fürchten sich denn etwa heutzutage vernünftige Mütter, ihre Töchter zu diesem schrecklichen Satyr zu führen, vor dessen Augen die anderen nicht einen einzigen Augenblick ihre Töchter in ihrem eigenen Hause und in ihrer Gegenwart bringen wollen? Wahrhaftig, man muß Augenzeuge sein, um zu glauben, daß so grobe Possen nur einen Augenblick Leute von Verstand täuschen können.

Wir wollen einmal annehmen, daß man gewagt hätte, dies alles zehn Jahre eher bekanntzumachen, damals, als die Achtung der Edlen, die er von Jugend auf hatte, auf der höchsten Stufe stand: Hätten diese Meinungen, wenn auch von denselben Beweisen unterstützt, den nämlichen Glauben bei denen gefunden, die sich gegenwärtig so sehr bestreben, sie anzunehmen? Nein, ohne Zweifel nicht, sie hätten sie unwillig verworfen. Alle hätten gesagt: »Wenn ein Mensch mit der Achtung der Welt bis in dieses Alter gelangt ist, wenn er ohne Vaterland, ohne Glück und ohne Zuflucht, in einer bedrängten Lage, gezwungen, immer neue Mittel zu ergreifen, um fortzukommen, nie zu anderen als ehrenvollen seine Zuflucht genommen und sich in seinem kummervollen Stande immer die Achtung und das Wohlwollen erhalten hat, so fängt er nicht im reifen Alter, und wenn aller Augen auf ihn gerichtet sind, an, sich von dem geraden Weg abzuwenden, um auf den schmutzigen Pfaden des Lasters steckenzubleiben, dann gesellt er nicht die Niedrigkeit feiler Schurken zum Mut und zur Hoheit stolzer Seelen, noch Ruhmbegierde zu den Kunstgriffen der Betrüger, und wenn vierzig ehrenvolle Jahre es einem erlaubten, sich so spät in diesem Punkt zu widersprechen, so würden sich bald jene Stärke des Gefühls, jener Schwung, die unerschütterliche Freimütigkeit verlieren, die man nicht zugleich mit einer niedrigen Seele besitzt und die die Ehre nie überlebt. Ein Schurke kann feige und ein Bösewicht hochmütig sein, aber die Sanftmut der Unschuld und der Stolz der Tugend können sich nur in schönen Seelen vereinigen.«

Das hätten sie alle gesagt oder gedacht, und sie hätten sich gewiß geweigert, ihn von so verworfenen Lastern ergriffen zu glauben, wenn er nicht wenigstens in ihrer Gegenwart dessen überführt worden wäre. Wenigstens hätten sie ihn selbst studierten wollen, ehe sie ihn so entschieden und so grausam verurteilt hätten. Sie hätten das getan, was ich getan habe, und mit der Unparteilichkeit, die Sie bei ihnen voraussetzen, hätten sie aus ihren Untersuchungen dieselben Schlüsse gezogen, die ich aus den meinigen ziehe. Von all dem haben sie nichts getan, die dunkelsten Beweise, die verdächtigsten Zeugnisse sind hinreichend gewesen, um sich ohne jede andere Beglaubigung fürs Böse zu entscheiden, und sie haben sorgfältig jede andere Erläuterung vermieden, die ihnen ihren Irrtum hätte darlegen können. Also, was Sie auch darüber sagen können, sie gehören zu dem Komplott, denn was ich dazugehören nenne, das heißt nicht bloß im Besitz des Geheimnisses dieser Herren sein, ich nehme an, daß wenige Menschen darin eingeweiht sind, sondern es heißt ihren unbilligen Grundsatz annehmen, es heißt sich, wie sie es tun, ein Gesetz daraus machen, der ganzen Welt das Böse zu entdecken und es einzig dem Beklagten zu verhehlen, was man von ihm denkt oder zu denken vorgibt, sowie die Gründe, auf die sich das Urteil gründet, um ihn außer Stand zu setzen, darauf zu antworten und seine Gründe hören zu lassen. Denn sobald man sich überreden läßt, man müsse ihn beurteilen, ohne ihn zu hören und ohne von ihm gehört zu werden, so ist alles übrige bezwungen, und man ist nicht imstande, so vielen wohlgeordneten und vor der beunruhigenden Prüfung durch die Antworten des Beklagten in Sicherheit gebrachten Zeugnissen zu widerstehen. Da der ganze Erfolg der Verschwörung von dieser wichtigen Vorsorge abhing, so wird der Urheber derselben allen Scharfsinn seines Geistes angewandt haben, um dieser Ungerechtigkeit die täuschendeste Wendung zu geben und sie sogar mit einem Firnis von Wohlwollen und Großmut zu übertünchen, die keinen unparteiischen Geist geblendet hätten, die man sich aber in Ansehung eines Menschen zu bewundern sich beeilte, den man nur gezwungenermaßen schätzte und dessen sonderbares Wesen von keinem, wer es auch gewesen sein möchte, wohlwollend betrachtet wurde.

Alles hängt von der ersten Beschuldigung ab, die ihn auf einmal vom Rang eines ehrenhaften Mannes, den er bisher gehabt hatte, zu dem eines abscheulichen Schurken herabsinken ließ. Wer eine gesunde Seele hat und wirklich an Redlichkeit glaubt, der geht nicht leicht von der gegründeten Achtung ab, die er einmal für einen rechtschaffenen Mann gefaßt hat. Ich könnte, wenn es möglich wäre, Mylord Maréchal ein Laster begehen oder eine niedrige Handlung ausführen sehen*, und ich würde meinen Augen nicht trauen. Wenn ich von J.J. alles glaubte, was Sie mir beweisen haben, so geschah es, weil ich ihn für überführt hielt. In diesem Punkte auf Rechnung eines Menschen, der sein ganzes Leben hindurch geschätzt war, seine Meinung ändern, das ist keine leichte Sache. Wenn aber dieser erste Schritt getan ist, so ist alles übrige von selbst getan. Wie Sie selbst sagten, wird ein Mensch, der eines einzigen Lasters schuldig ist, bald zu allem fähig. Nichts ist weniger überraschend als der Übergang von der Bosheit zur Verworfenheit, und es ist nicht der Mühe wert, so sorgfältig einen Lasterhaften von einem Schurken zu trennen. Man kann also einen Menschen, den man einmal begonnen hat anzuschwärzen, sehr leicht gänzlich herabsetzen. Wenn man glaubt, in ihm sei nichts als Böses, so sieht man nichts anderes mehr, seine guten oder gleichgültigen Handlungen verändern mit Hilfe der Vorurteile und ein wenig Auslegung bald ihr gutes Aussehen, und man widerruft dann sein Urteil mit soviel Gewißheit, als ob das, was man an seine Stelle setzt, weit besser gegründet wäre. Die Eigenliebe bewirkt, daß man immer selbst gesehen haben will, was man von anderen weiß oder zu wissen glaubt. Nichts ist so offenbar, wenn man nur hineinblickt, man schämt sich, es nicht eher bemerkt zu haben, man war aber entweder so zerstreut oder so voreingenommen, daß man seine Aufmerksamkeit nicht auf diese Seite richtete, denn man ist selbst so gut, daß man Bosheit bei anderen nicht voraussetzen kann.

Wenn dann endlich die allgemein gewordene Verblendung auf die höchste Stufe kommt, so ist man nicht mehr damit zufrieden, alles zu glauben; jeder, um Anteil an der Festlichkeit zu nehmen,

* Es ist wahr, daß Mylord Maréchal von erlauchter Geburt ist und J.J. ein Mann aus dem Volk, aber man muß bedenken, daß Rousseau, der hier spricht, im allgemeinen keine zu hohe Meinung von der erhabenen Tugend der Personen von Rang hat und daß die Geschichte J.J.'s diese Meinung natürlich nicht steigern wird.

sucht etwas draufzuschlagen, und jedermann, der für dieses System eingenommen ist, will etwas von dem seinigen zur Zierde oder zur Befestigung desselben beitragen. Die einen sind nicht eifriger damit beschäftigt, zu erfinden, als die anderen, es zu glauben. Jede Beschuldigung wird zum unüberwindlichen Beweis, und wenn man heute erführe, daß sich auf dem Monde ein Verbrechen zugetragen haben, so wäre es morgen klarer als der Tag aller Welt bewiesen, daß J.J. dessen Urheber gewesen ist.

Wenn der Ruf, den man ihm gegeben hat, einmal gefestigt ist, so ist ganz natürlich, daß daraus selbst bei redlichen Leuten die Wirkungen entspringen, die Sie mir auseinandergesetzt haben. Macht er einen Fehler in seiner Rechnung, so wird es immer mit Absicht geschehen sein. Ist er zu seinem Vorteil, so ist es Betrug. Gereicht er ihm zum Nachteil, so steckt eine List dahinter. Ein Mensch, den man so sieht, sei er auch noch so vergeßlich, zerstreut und ungeschickt, kann nichts dergleichen mehr sein: alles, was er aus Versehen tut, wird immer als vorsätzlich betrachtet. Im Gegenteil, Vergeßlichkeiten, Unachtsamkeiten, Irrtümer anderer in Ansehung seiner, all das findet in keines Menschen Geist mehr Glauben; bemerkt er sie, so lügt er, erträgt er sie, so ist auch dies umsonst. Freche Weiber, junge Windbeutel werden Irrtümer begehen, deren Last er tragen muß, und es ist viel, wenn bestochene oder untreue Bediente, die die Denkungsart ihrer Herren gegen ihn sehr wohl kennen, nicht oft in Versuchung geraten, auf seine Kosten Vorteil daraus zu ziehen, überzeugt, daß die Sache in seiner Gegenwart sich nicht entdecken wird und, sollte es doch geschehen, ein wenig Unverschämtheit unterstützt von den Vorurteilen ihrer Herren ihnen leicht aus der Sache helfen wird.

Ich habe, wie Sie, angenommen, daß es Leute gäbe, die es mit ihm gut und aufrichtig meinen. Aber wenn man ihn zu täuschen suchte, um ihn bei einem Fehler zu ertappen, wie leicht ließe sich das nicht bewerkstelligen bei seiner Lebhaftigkeit, seiner Gedankenlosigkeit, seiner Zerstreutheit und seinem schlechten Gedächtnis?

Es konnten noch andere Ursachen hinzukommen, um dieses falsche Urteil zu bestärken. Dieser Mann gab Ihren Herren durch seine *Bekenntnisse*, die sie seine Erinnerungen nennen, einen

Trumpf in die Hände, den sie nicht vernachlässigten. Die Lesung daraus, die er an so viele Menschen verschwendet hat, von denen aber so wenige sie fassen konnten und noch weniger ihrer würdig waren, weihte das Publikum in alle seine Schwachheiten, in alle seine geheimsten Fehler ein. Die Hoffnung, seine *Bekenntnisse* würden nicht eher als nach seinem Tod erscheinen, hatte ihm den Mut gegeben, alles zu sagen und sich mit einer Gerechtigkeit zu behandeln, die oft zu streng war. Als er sich unter den Menschen so sehr entstellt sah, daß er als ein Ungeheuer geschildert wurde, gab ihm sein Gewissen, welches ihn mehr Gutes als Böses in sich erblicken ließ, den Mut, den vielleicht er allein hatte und jemals haben wird, sich zu zeigen, wie er wirklich war. Er glaubte, wenn er das Innere seiner Seele vollkommen entdeckte und seine *Bekenntnisse* ans Licht brächte, so würde diese freie, einfache, natürliche Erklärung alles dessen, was man in seiner Aufführung an Sonderbarkeiten finden konnte, durch sein eigenes Zeugnis die Wahrheit seiner Erklärungen und die Falschheit der scheußlichen und phantastischen Vorstellungen fühlbar darstellen, die er über sich verbreitet sah, ohne ihre Quelle entdecken zu können. Weit entfernt davon, damals Ihre Herren im Verdacht zu haben, ging das Zutrauen dieses mißtrauischen Menschen zu ihnen so weit, daß er ihnen nicht allein die Geschichte seiner Seele vorlas, sondern sie auch auf lange Zeit in ihre Verwahrung gab. Der Gebrauch, den sie von dieser Unvorsichtigkeit machten, war, daß sie denjenigen, der sie begangen hatte, durch das Pfand verleumdeten, und das heiligste Pfand der Freundschaft wurde in ihren Händen ein Werkzeug des Verrates. Sie verdrehten seine Fehler in Laster, seine Vergehen in Verbrechen, die Schwachheiten seiner Jugend in Schändlichkeiten seines reifen Alters, den oft lächerlichen Wirkungen des Guten und Liebenswürdigen, das die Natur in seine Seele gelegt hat, nahmen sie diese natürlichen Eigenschaften, und was nur Sonderbarkeit eines heißen Temperaments war, das von natürlicher Schüchternheit zurückgehalten wurde, daraus machten sie mit Sorgfalt eine schreckliche Verderbtheit des Herzens und des Geschmacks. Endlich zwingt mich jede Art der Behandlung, die er durch sie erfährt, jedes Vorgehen, von dem mir etwas zu Ohren kommt, zu glauben, daß sie, um seine *Bekenntnisse*, nachdem sie alle möglichen Vorteile gegen ihn daraus gezogen hatten, in Verruf zu bringen, an allen Orten, an denen er gelebt und auf die er sie hingewiesen hat, intrigieren und alles mögliche tun, um sein ganzes Leben zu entstellen, mit viel Geschicklichkeit Lügen zu verfertigen, die seinen *Bekenntnissen* das Ansehen von Lügen geben, und ihm das Verdienst der Freimütigkeit selbst in den Geständnissen zu nehmen, die er gegen sich gemacht hat. Und da sie seine Schriften zu vergiften wissen, die der ganzen Welt vor Augen liegen, wie sollten sie nicht sein Leben vergiften können, das das Publikum nur aus ihren Berichten kennt?

Die *Héloïse* hatte die Blicke der Weiber auf ihn gezogen. Sie hatten gewiß natürliche Ansprüche an einen Mann, der die Liebe so schilderte; da sie aber nur das Physische derselben kannten, so glaubten sie, nur sehr lebhafte Sinne könnten so zärtliche Gefühle einflößen, und das konnte ihnen von dem, der sie ausdrückte, eine größere Meinung beibringen, als er vielleicht verdiente. Setzen Sie voraus, daß diese Meinung bei einigen bis zur Neugierde getrieben wurde und daß diese Neugierde von dem, der ihr Gegenstand war, nicht schnell genug erraten oder befriedigt wurde, so werden Sie leicht die Folgen dieser Ungeschicktheit in seinem Schicksal wahrnehmen können.

Was den trockenen und harten Empfang betrifft, den er hochmütigen oder weinerlichen Leuten bereitet, die zu ihm kommen, so bin ich oft selbst Zeuge davon gewesen, und ich gebe zu, daß diese Aufführung in einer gleichen Lage für einen entlarvten Heuchler höchst unvorsichtig wäre, der, zu glücklich, daß man sich so stellen wollte, als ließe man sich irreführen, sich gerne mit einer gleichen Verstellung diesem Kunstgriff sowie der offensichtlichen Schonung, die man für ihn zu haben vorgeben würde, sich überlassen würde. Getrauen Sie sich aber, einem Mann von Ehre, der mißhandelt wird, einen Vorwurf daraus zu machen, daß er sich nicht als ein Schuldiger beträgt und daß er in seinem Unglück nicht die Feigheit eines niedrigen Schurken hat? Mit welchem Auge soll er die treulosen Bemühungen der Verräter, die ihn umgeben, betrachten, die, indem sie den reinsten Eifer für ihn vorgeben, in Wahrheit kein anderes Ziel haben, als ihn immer mehr und mehr in die Netze derer zu verweben, die sich ihrer bedienen? Um sie wohl aufzunehmen, müßte er in der Tat so beschaffen sein, wie sie ihn schon voraussetzen, er müßte ebensosehr wie sie Spitzbube sein und sich stellen, als ob er ihre Absicht nicht merkte, um ihnen Verrat mit Verrat zu vergelten. Sein ganzes Verbrechen ist, ebenso freimütig zu sein, wie sie falsch sind. Aber nach all dem, was verschlägt es, ob er sie gut oder schlecht aufnimmt? Die offenbarsten Zeichen seiner Ungeduld oder seiner Verachtung können sie nicht zurückstoßen. Er könnte sie offen mißhandeln, und sie würden deswegen nicht weggehen. Übereinstimmend lassen sie Gesinnungen von Ehre, die sie haben könnten, vor seiner Tür, zeigen ihm nur Unempfindlichkeit, Doppelsinn, Feigheit, Treulosigkeit und handeln so gegen ihn, wie er gegen sie handeln müßte, wenn er der wäre, für den sie ihn ausgeben. Und wie können Sie verlangen, daß er ihnen eine Achtung bezeigen soll, die sie ihm mit so viel Sorgfalt raubten? Ich gebe zu, daß die Verachtung von einem Menschen, den man selbst verachtet, leicht zu ertragen ist, aber auch dann muß man nicht zu ihm gehen, um Proben hiervon zu erhalten. Trotz dieser hinterlistigen Schmeicheleien läßt er sich doch noch unterjochen, wenn er im Grunde der Seele nur einen Funken von natürlichen edlen Gefühlen und guten Gesinnungen zu sehen glaubt. Ich lache über seine Einfalt, und ich bringe ihn selbst darüber zum Lachen. Er hofft immer, daß, wenn man ihn so sehen würde, wie er ist, wenigstens einige den Mut verlieren würden, ihn zu hassen, und er glaubt, durch immer vermehrte Offenherzigkeit endlich die ehernen Herzen zu erweichen. Sie sehen wohl, wie ihm das gelingt, er selbst sieht es, und nach so vielen traurigen Erfahrungen muß er doch endlich wissen, woran er sich zu halten hat.

Wenn Sie nur einmal die Überlegungen zu Hilfe genommen hätten, die die Vernunft darreicht, und die Nachforschungen, die die Gerechtigkeit erfordert, ehe Sie den Unglücklichen so streng richteten, so hätten sie bemerkt, daß in einer Lage wie der seinigen und als Opfer so verabscheuenswürdiger Komplotte er sich wenigstens hinsichtlich seiner Umgebung nicht mehr seinen natürlichen Neigungen überlassen kann oder soll, den Neigungen, deren sich Ihre Herren so lange mit so glücklichem Erfolg bedient haben, um ihn in ihre Netze zu ziehen. Er kann, ohne sich selbst hineinzustürzen, in nichts mehr nach der Einfalt seines Herzens handeln. Man darf ihn also nicht mehr nach seinen jetzigen Handlungen beurteilen, selbst wenn man einen treuen Bericht darüber erhalten könnte. Man muß in die Zeiten zurückgehen, als nichts ihn hinderte, er selbst zu sein, oder man muß ihn noch mehr in sein Inneres eindringen, *intus et in cute*, um dort unmittelbar die wahre Stimmung seiner Seele zu lesen, die so viele Unglücksfälle nicht haben verbittern können. Wären Sie ihm in die glücklichsten Zeiten seines Lebens und selbst in die gefolgt, als er schon, doch ohne es zu wissen, ein Raub Ihrer Herren war, so hätten Sie den sanften und wohltätigen Mann in ihm gefunden, der er war und als der er galt, ehe man ihn entstellte. An allen Orten, wo er ehedem gelebt hat, in den Häusern, wo man ihm lange genug Aufenthalt gewährte, so daß er dort Spuren seines Charakters hinterlassen konnte, hat das Bedauern der Bewohner ihn immer bis in seine Zurückgezogenheit begleitet, und vielleicht als einziger von allen, die je in England lebten, hat er das Volk in Wootton bei seiner Abreise weinen sehen. Aber Ihre Damen und Ihre Herren haben soviel Sorgfalt angewendet, um alle diese Spuren zu vernichten, daß man sie nur so lange hat bemerken können, als sie noch frisch waren. Näher bei uns gibt Montmorency ein auffallendes Beispiel für diese Unterschiede. Dank gewisser Personen, die ich nicht nennen mag, und der Oratorianer, die, ich weiß nicht wie, die eifrigsten Trabanten des Bündnisses geworden sind*, finden Sie dort nicht die geringste Spur der Zuneigung und, ich möchte sagen, der Verehrung, die man dort ehedem für J.J. hatte, solange er dort lebte, und nachdem er abgereist war. Aber wenigstens bleibt die Überlieferung im Gedächtnis der redlichen Menschen, die damals dieses Land besuchten.

* Sie sind gefährliche Feinde, wie nur sonst einer, nicht nur aufgrund der Körperschaft, die sie bilden, und der Kollegien, die sie leiten, sondern weil sie es noch besser als die Philosophen verstehen, ihre grausame Feindseligkeit unter einer heiteren und sanftmütigen Miene zu verbergen. Während meines Aufenthaltes in Montmorency hatten sie mit mir das leichteste Spiel von der Welt aufgrund der Achtung, die ich vor ihnen hatte, und des blinden Vertrauens, das deren Wirkung war. Ich wurde dort auch noch von zwei verkleideten Priestern umgarnt, die die kirchliche Zeitung machten und die in Ansehung meiner den Anweisungen von Herrn

In solchen Ergießungen, denen er sich noch gerne und oft mit mehr Vergnügen als Klugheit überläßt, hat er mir zuweilen seine Leiden anvertraut, und ich sah, daß die Geduld, mit welcher er sie ertrug, dem lebhaften Eindruck, den sie auf sein Herz machten, keinen Einhalt tat. Die, welche die Zeit am wenigsten zu mildern vermag, schränken sich hauptsächlich auf zwei ein, die er als die einzigen wahren Übel ansieht, die ihm seine Feinde zugefügt haben. Das erste ist, daß sie ihm die Wonne geraubt haben, den Menschen nützlich zu sein und den Unglücklichen beizustehen, teils weil sie ihm die Mittel dazu benahmen, teils weil sie unter diesem Ausweis niemanden sich ihm nähern ließen als Betrüger, die nur deswegen seine Teilnahme für sie erwecken wollten, um sein Vertrauen zu gewinnen, ihn auszuforschen und dann verraten zu können. Die Art, wie sie sich darstellen, der Ton, den sie annehmen, wenn sie mit ihm reden, das matte Lob, das sie ihm spenden, die hinterlistige Schmeichelei, die sie hineinmischen, die Galle, deren sie sich nicht enthalten können, alles entlarvt sie als kleine gezierte Gaukler, die entweder ihre Rolle nicht besser spielen können oder sie dessen nicht für würdig halten. Die Briefe, die er erhält, sind mit ihren Gemeinplätzen aus der Schule und ziemlich schulmeisterlichen Lehren über seine Pflichten gegen die, die an ihn schreiben, nichts als törichtes Geschwätz gegen die Großen und Reichen, durch welches man ihn anzulocken glaubt, bitterer Spott über alle Stände, harte Vorwürfe gegen das Schicksal, daß es einen großen Mann wie den Schreiber des Briefes und zur Gesellschaft den anderen großen Mann, der ihn erhält, der Ehre und der Güter beraubt, die ihnen zustehen, um sie an Unwürdige zu verschwenden, hieraus gezogene Beweise, daß es keine Vorsehung gebe, pathetische Erklärungen der raschen Hilfe, die man benötige, gefolgt von stolzen Versicherungen, daß

d'Alembert folgten, bei dem sie in Paris untergebracht waren. Im sicheren Gefühl der Unschuld und ohne den geringsten Verdacht irgendeines Komplotts lief ich unbesehen in alle ihre Fallen, bis es schließlich zu jenem schönen Haftbefehl kam und dem Ausbruch, der ihm folgte. Dies alles genügte noch nicht, um mir die Augen zu öffnen. Aber als dann die Oratorianer in der Folge in Monquin einen jakobinischen Bruder von einem der ihrigen mir abordneten, ließ mich dieser schließlich durch seine klösterlichen Werke merken, was ich bisher nicht einmal zu vermuten die Dummheit gehabt hatte.

man keine Hilfe annehmen wolle. Das Ganze endigt gewöhnlich mit der vertraulichen Mitteilung des festen Entschlusses, den man gefaßt habe, sich zu ermorden, und der Mitteilung, daß dieser Entschluß gleich zur Ausführung komme, wenn man nicht sehr schnell eine befriedigende Antwort auf diesen Brief erhalte.

Nachdem er sich einige Male als wahrer Tor durch diese drohenden Selbstmörder hat anführen lassen, ist er endlich dahin gelangt, daß er sich über sie und seine eigene Dummheit lustig gemacht hat. Als es ihnen aber nicht mehr so leicht fiel, mit diesem Pathos Eingang bei ihm zu finden, nahmen sie bald wieder ihre natürliche Haltung an und bedienten sich, um seine Tür zu sprengen, statt der Biegsamkeit der Schlangen der Wildheit der Tiger. Man muß die Anfälle gesehen haben, die seine Gattin täglich auszustehen gezwungen ist, die Beleidigungen und Mißhandlungen, die sie täglich von diesen demütigen Bewunderern, von diesen tugendhaften Unglücklichen, wenn sie den geringsten Widerstand spüren, erträgt, um auf den Beweggrund zu schließen, der sie herführt, und auf die Leute, die sie schicken. Glauben Sie, daß er unrecht hat, wenn er all dieses Pack hinausjagt und sich von ihnen nicht unterjochen lassen will? Es bedürfte zwanzig Jahre Arbeit, um nur die Handschriften zu lesen, die man ihm bringt, mit der Bitte, sie durchzusehen, zu verbessern, umzuarbeiten, denn seine Zeit und seine Mühe kosten Ihre Herren nichts.* Er müßte zehn Hände und zehn Sekretäre haben, um all die Bittschriften, Eingaben, Briefe, Denkschriften, Widmungen, Verse und Bouquets zu schreiben, die man ihm zum Spaß anträgt, in Anbetracht der Beredsamkeit seiner Feder und der großen Güte seines Herzens, denn immer ist dies der gewöhnliche Refrain dieser aufrichtigen Menschen. Beim Wort Menschlichkeit, ein Wort, welches der Wespenschwarm um ihn summen gelernt hat, glauben sie ihn mit ihren Stacheln stechen zu können, ohne

* Ich muß jedoch denen Gerechtigkeit widerfahren lassen, die mir anbieten, mir meine Mühe zu bezahlen, und deren es genug gibt. Im Augenblick selbst, da ich dies schreibe, bietet mir eine Dame aus der Provinz zwölf Franken, damit ich ihr einen schönen Brief an einen Fürsten schreibe. Es ist schade, daß ich mir nicht eine Bude auf dem Friedhof Les Innocents aufgeschlagen habe, ich hätte gewiß gute Geschäfte machen können.

daß er es wagt, sich ihnen zu entziehen, und das Glücklichste, was ihm noch geschehen kann, ist, daß er sich ihrer mit Geld entledigt, wofür sie ihn dann mit Schmähreden entlohnen.

Nachdem er so viele Schlangen an seinem Busen genährt hat, hat er sich endlich durch eine sehr einfache Überlegung bestimmt, sich so aufzuführen, wie er es mit allen Neuankömmlingen tut. Durch ihre Güte und durch ihre großherzige Sorge haben Ihre Herren es so weit gebracht, ihn aller Welt verabscheuenswürdig zu machen und ihm die Achtung keines einzigen Menschen zu lassen. Jeder Mensch von Ehre und geradem Sinn kann nicht anders als ein so verunstaltetes Wesen verabscheuen und fliehen, kein Mensch, der Verstand hat, kann da etwas Gutes erwarten. Was kann er nun in diesem Zustand von denen denken, die sich ihm vorzüglich nähern, ihn aufsuchen, ihn mit Lob überhäufen, ihn entweder um Dienste oder um seine Freundschaft bitten, die, bei der Meinung, die sie von ihm haben, dennoch wünschen, mit dem letzten Lasterhaften verbunden oder ihm verpflichtet zu sein? Sollen sie denn nicht einmal wissen, daß, weit entfernt, Ansehen, Macht oder Gunst bei irgend jemandem zu haben, der Anteil, den er an ihnen nehmen könnte, ihnen ebensogut wie ihm schaden würde, daß die ganze Wirkung seiner Empfehlung darin bestehen würde, entweder sie zu verderben, wenn sie ehrlicherweise bei ihm Zuflucht gesucht hätten, oder neue Verräter aus ihnen zu machen, die bestimmt wären, ihn mit seinen eigenen Wohltaten ins Netz zu ziehen? Ist nicht nach allem, was man annehmen muß, der, der bei den Urteilen, die in der Welt über ihn umlaufen, dennoch seine Zuflucht zu ihm nimmt, nicht selbst ein Verurteilter, und welcher ehrbare Mann kann Anteil an dergleichen Elenden nehmen? Wenn sie nicht Spitzbuben wären, wären sie dann nicht immer noch ehrlos, und wer einen Menschen um Wohltaten anflehen kann, den er verachtet, ist der nicht selbst noch weit verächtlicher als jener?

Wenn all diese Eifrigen nur kämen, um zu sehen und herauszufinden, wer er ist, so würde er ohne Zweifel unrecht haben, sie abzuweisen, aber kein einziger hat diese Absicht, und man müßte die Menschen und die Lage J.J.'s sehr wenig kennen, um von all diesen Leuten Wahrheit oder Treue zu erhoffen. Die bezahlt werden, wollen ihr Geld verdienen, und sie wissen wohl, daß dazu nur ein einziges Mittel bleibt, nämlich zu sagen, nicht was ist, sondern was gefällt, und daß sie übel fahren würden, wenn sie Gutes von ihm sagten. Die, welche ihn aus eigenem Antrieb ausforschen, werden, von ihrer Leidenschaft getrieben, nie etwas anderes sehen, als was dieser schmeichelt. Keiner kommt zu sehen, was er sieht, sondern nur, um es nach seiner Art auszulegen. Weiß oder schwarz, für oder wider dient ihnen gleichermaßen. Gibt er Almosen? Ach, der Scheinheilige! Lehnt er es ab? Da seht einmal den mildtätigen Menschen! Begeistert er sich, wenn er von der Tugend spricht, dann ist er ein Tartuffe; lebt er auf, wenn er von Liebe spricht, so ist er ein Satyr. Liest er die Zeitung*, so denkt er an Verschwörung; pflückt er eine Rose, so erkundigt man sich, was diese Rose für ein Gift enthält. Ich fordere Sie auf, bei einem Menschen, der so betrachtet wird, ein einziges unschuldiges Wort zu finden, irgendeine Handlung, die kein Verbrechen ist.

Wenn die öffentliche Verwaltung selbst weniger eingenommen oder besser unterrichtet gewesen wäre, so hätte die anhaltende Einförmigkeit eines gleichmäßigen und einfachen Lebens sie bald eines Besseren belehrt, sie hätte begriffen, daß sie nur immer dieselben Dinge zu sehen bekommt und daß Geld, Zeit und Mühe verloren sind, einen Mann auszuspionieren, der so lebt. Aber da man nicht die Wahrheit sucht, da man das Opfer nur immer mehr anschwärzen und, anstatt seinen Charakter zu studieren, ihn nur verleumden will, so ist nicht viel daran gelegen, ob er sich schlecht oder gut aufführt, ob er unschuldig oder schuldig ist. Es ist nur daran gelegen, daß man über seine Aufführung hinreichend unterrichtet ist, um Anhaltspunkte zu haben, auf die man das System der Betrügereien aufbauen kann, dessen Gegenstand er ist, ohne sich dem auszusetzen, daß man Lügen gestraft wird, und einzig und allein dazu dient das ganze Spionieren. Wenn Sie mir hier

* Zur großen Zufriedenheit meiner sehr unruhigen Gönner entsage ich dieser traurigen Lektüre, die einem Menschen gleichgültig geworden ist, den man ganz zum Fremdling auf Erden gemacht hat. Ich habe weder Vaterland noch Brüder mehr. Von Wesen bewohnt, die mir nichts sind, ist sie für mich wie eine andere Sphäre, und ich bin auch so wenig neugierig auf das, was in der Welt vorgeht, wie auf das, was in Bicêtre oder in Petites Maisons sich zuträgt.

vorwerfen, daß ich seinen Anklägern die Beschuldigungen zurückgebe, die sie ihm anlasten, so stimme ich ohne weiteres zu, allein, mit dem Unterschied, daß Rousseau, wenn er von ihnen spricht, sich nicht versteckt. Ich denke und sage dieses alles nur mit dem größten Widerwillen. Ich wollte von ganzem Herzen glauben können, daß die Regierung in Ansehung seines guten Glaubens im Irrtum ist, aber das ist mir unmöglich. Hätte ich keinen anderen Beweis vom Gegenteil, so wäre die Art allein, wie man ihn behandelt, ein unumstößlicher Beweis für mich. Man verfährt nicht mit Bösen in dieser Weise, sondern sie sind es, die gegen andere so verfahren.

Erwägen Sie den Schluß, der hieraus folgt. Wenn die Polizei selbst sich in das Komplott mischt, um das Publikum auf Kosten J.J.s zu täuschen, welcher Mensch auf Erden, so weise er auch sein mag, könnte den Irrtum in Ansehung dieses Mannes vermeiden?

Wie viele Gründe lassen uns spüren, daß in der befremdenden Lage dieses Unglücklichen niemand mehr mit Gewißheit über ihn urteilen kann, weder nach Berichten von anderen noch nach irgendeiner Art von Beweis. Es genügt nicht einmal zu sehen, man muß prüfen, vergleichen, alles selbst ergründen oder sich des Urteils enthalten. Hier zum Beispiel ist es klar wie der Tag, daß, wenn man sich auf das Zeugnis anderer beziehen würde, der Vorwurf der Härte und Unbarmherzigkeit, verdient oder nicht, ihm immer gleich unvermeidlich wäre, denn nehmen Sie einen Augenblick an, daß er alle Pflichten der Menschenliebe, der Nächstenliebe und der Barmherzigkeit nach besten Kräften erfüllte, wozu jeder Mensch immer Gelegenheit hat, wer würde ihm im Publikum die Gerechtigkeit widerfahren lassen, daß er sie erfüllt hat? Er würde es selbst nicht tun, wenigstens wenn er nicht diese philosophische Zurschaustellung hineinlegte, die das Werk durch den Beweggrund verdirbt. Die, an denen er diese Pflichten erfüllt hätte, würden es nicht tun, denn sobald sie sich ihm nähern, werden sie Diener und Kreaturen Ihrer Herren, und noch weniger würden es Ihre Herren selbst tun, die ebenso eifrig damit beschäftigt sind, das Gute zu verbergen, das zu tun er versuchen könnte, wie sie mit großem Lärm das bekanntmachen, was er, wie sie sagen, in der Stille tut. Indem sie ihm Pflichten nach ihrem Geschmack vorschreiben, um ihn tadeln zu können, daß er sie nicht erfülle, würden sie die wahren Pflichten, die er von ganzem Herzen erfüllt hätte, verschweigen und ihm mit gleichem Erfolg die gleichen Vorwürfe machen. Diese Vorwürfe beweisen also nichts. Ich bemerke hier nur, daß er wohltätig und gut war, als er, ohne Zwang seiner Natur überlassen, in voller Freiheit seinen Neigungen folgte, und jetzt, da er sich von tausend Fallen eingeschlossen sieht, von Spionen, Kundschaftern und Wächtern umringt, nun, da er nicht ein Wort sagen kann, das nicht aufgefangen würde, keine Bewegung machen kann, die nicht bemerkt würde, diesen Augenblick soll er wählen, um die Larve der Heuchelei abzulegen und sich dieser späten Härte, all diesen kleinen Diebereien zu überlassen, deren ihn das Publikum heute anklagt! Gestehen Sie mir, daß dies ein dummer Heuchler und ein sehr ungeschickter Betrüger wäre. Hätte ich selbst gar nichts mit eigenen Augen gesehen, so würde allein diese Überlegung mir den Ruf verdächtig machen, den man ihm gegenwärtig beilegt. Mit all dem verhält es sich wie mit den Einkünften, die man ihm so großzügig zuteilt. Müßte er in seiner Lage nicht mehr als schwachsinnig sein, wenn er sie, falls es sie wirklich gäbe, der Kenntnis des Publikums nur einen Augenblick entziehen wollte?

Diese Betrachtungen über die Spitzbübereien, die er auszuüben angefangen hat, und über die guten Werke, die er nicht mehr ausübt, lassen sich auch auf die Bücher ausdehnen, die er noch schreibt und herausgibt, und bei denen er sich so glücklich zu verbergen weiß, daß die ganze Welt, sobald sie nur erscheinen, darüber unterrichtet ist, daß er ihr Verfasser ist. Was, mein Herr, dieser so scheue, so schreckhafte Sterbliche, der kaum einen Menschen sich nähern sieht, den er nicht als Verräter erkennt oder dafür hält, der weiß oder glaubt, daß der wachsame Beamte, zugleich für die Polizei wie für das Buchwesen zuständig, ihn in unentwirrbaren Netzen gefangenhält, dieser Mensch sollte es nicht unterlassen, ewig Bücher dutzendweise zusammenzuschreiben und sie immer einem dritten oder vierten anzuvertrauen, um sie insgeheim drucken zu lassen? Diese Bücher werden gedruckt, herausgegeben, öffentlich unter seinem Namen verkauft, und das mit einer lächerlichen Ziererei, als ob er sich fürchtete, erkannt zu werden, und mein Tölpel, ohne dieses öffentliche Vorgehen zu sehen, auch nur zu argwöhnen, ohne sich jemals entdeckt zu glauben, geht immer klug seinen Weg fort, immer schreibend, immer druckend, immer diesen so diskreten Vertrauten sich anvertrauend und immer ohne zu merken, daß sie sich über ihn lustig machen! Wieviel Dummheit bei soviel Klugheit! Wieviel Zutrauen für einen so argwöhnischen Menschen! Und das alles scheint Ihnen so wohlgeordnet, so natürlich und so glaubhaft? Ich jedenfalls habe in J.J. keines von diesen beiden Extremen bemerkt. Er ist nicht ganz so scharfsinnig wie Ihre Herren, aber er ist auch nicht so dumm wie das Publikum und würde sich nicht wie dieses mit solchem blauen Dunst abspeisen lassen. Wenn ein Buchhändler in großer Aufmachung sich vor seiner Tür aufbaut, wenn andere ihm sehr freundschaftliche Briefe schreiben, ihm schöne Ausgaben vorschlagen, mit ihm in sehr nahe Verbindungen zu kommen wünschen, so ist ihm nicht unbekannt, daß diese Nachbarschaft, diese Besuche, diese Briefe von weiter herkommen, und während so viele Menschen sich quälen, ihn Bücher machen zu lassen, deren Verfasser zu sein der letzte Schulfuchs erröten würde, beweint er bitterlich die zehn Jahre seines Lebens, die er dazu angewandt hat, welche zu schreiben, die etwas weniger platt waren.

Dies, mein Herr, sind die Gründe, die ihn gezwungen haben, seine Aufführung gegen diejenigen zu verändern, die sich ihm nähern, und den Neigungen seines Herzens zu widerstehen, um sich nicht selbst in den Schlingen zu fangen, die rund um ihn gelegt sind. Ich füge hier noch hinzu, daß sein furchtsames Naturell und sein Geschmack, der von aller Prahlerei entfernt ist, nicht dazu gemacht sind, seine Neigung, Gutes zu tun, ans Licht zu bringen, und in einer so traurigen Lage ihn sogar aufhalten können, wenn er sich anschickte, zu handeln. Ich habe ihn an einem sehr belebten Platz in Paris wider seinen Willen ein gutes Werk unterlassen sehen, das sich ihm darbot, weil er sich nicht entschließen konnte, die Augen von zweihundert böswilligen Menschen auf sich zu ziehen, und in einem nicht weit entfernten Viertel, wo aber weniger Menschen waren, habe ich ihn sich ganz anders aufführen sehen. Diese falsche Scham oder dieser tadelnswerte Stolz scheint mir bei einem Unglücklichen ziemlich natürlich, der im voraus weiß, daß alles Gute, was er tun könnte, übel ausgelegt werden wird. Freilich wäre es besser, der Ungerechtigkeit des Publikums zu trotzen, aber mit einer erhabenen Seele und einem schüchternen Naturell, wer kann sich da entschließen, indem er eine gute Handlung begeht, die man ihm als Heuchelei auslegen wird, in den Augen der Zuschauer das unwürdige Urteil zu lesen, welches sie darüber fällen? Wer in einer ähnlichen Lage noch Gutes tun wollte, müßte sich damit wie mit einer Übeltat verbergen, und man würde dieses Geheimnis nicht ausforschen, um es bekanntzumachen.

Was die zweite und empfindlichste Kränkung betrifft, die ihm diese Barbaren, die ihn quälen, angetan haben, so frißt er sie im Verborgenen in sich hinein, sie bleibt im Grunde seines Herzens, er hat sie niemandem entdeckt, und auch ich wüßte nicht von ihr, wenn er sie mir hätte verbergen können. Durch diese nahmen sie ihm allen Trost, der ihm noch geblieben war, und machten ihm sein Leben so sehr zur Last, wie es bei einem Unschuldigen nur sein kann. Urteilt man über das wahre Ziel Ihrer Herren aus ihrem ganzen Betragen gegen ihn, so scheint dieses Ziel zu sein, ihn stufenweise, und ohne daß er es merkt, der heftigsten Verzweiflung zu nähern und unter dem Schein der Anteilnahme und des Mitleidens ihn zu zwingen, daß er, heimlichen Ängsten unterliegend, sie schließlich von ihm befreit. Solange er lebt, werden sie trotz ihrer Wachsamkeit niemals die Unruhe loswerden, daß man sie entdeckt. Trotz des dreifachen Kreises der Finsternis, den sie unaufhörlich um ihn herum verstärken, werden sie immer zittern, daß ein Strahl Licht durch irgendeine Ritze dringe und ihre unterirdischen Arbeiten beleuchte. Sie hoffen, wenn er nicht mehr sein wird, sich ruhiger ihres Werkes zu freuen, sie haben sich aber bisher enthalten, ganz über ihn zu gebieten, weil sie entweder fürchten, diesen Anschlag nicht so verborgen halten zu können wie die anderen, oder weil sie noch Skrupel haben, selbst die Handlung zu begehen, zu der sie ihn, selbst ohne Gewissensbisse zu fühlen, gerne zwingen möchten, oder weil sie noch zu sehr an dem Vergnügen, ihn zu quälen, hängen, und also lieber von seiner eigenen Hand den vollkommenen Beweis seines Elends abwarten wollen. Welches auch immer ihr wahrer Beweggrund sein mag, so haben sie sich aller möglichen Mittel bedient, um ihn durch unerhörte Kränkungen zum Diener des Hasses zu machen, dessen Gegenstand er ist. Sie haben es sich in einzigartiger Weise angelegen sein lassen, ihn mit tiefen und fortgesetzten Verletzungen an allen empfindlichen Teilen seines Herzens zu durchbohren. Sie wußten, wie warm und aufrichtig er in allen seinen Freundschaften war, und unaufhörlich haben sie daran gearbeitet, ihm auch nicht einen Freund zu lassen. Sie wußten, daß er sehr für die Verehrung und Achtung rechtschaffener Menschen empfänglich war und nur sehr wenig für den Ruhm fühlte, den man bloß durch Talente erlangt, und so stellten sie sich, als ob sie seine Talente hochschätzten, während sie seinen Charakter mit Schande bedeckten. Sie rühmten seinen Geist und entehrten sein Herz. Sie kannten ihn als offen und freimütig bis zur Unvorsichtigkeit und abgestoßen von jeder Geheimnistuerei und Verstellung; daher umgaben sie ihn mit Verrat, Lügen, Finsternis, Doppelsinn. Sie kannten seine Vaterlandsliebe und sparten nichts, ihn dort verächtlich und verhaßt zu machen. Sie kannten seine Verachtung für das Gewerbe des Schriftstellers und wußten, wie sehr er die kurze Zeit seines Lebens beweinte, die er diesem traurigen Geschäft opferte und unter den Räubern zubrachte, die es treiben, und so lassen sie ihn unausgesetzt Bücher zusammenschreiben und bemühen sich sehr, daß diese Bücher der Federn, aus denen sie stammen, sehr würdig, dem Namen, den sie sie tragen lassen, zur Schande gereichen. Sie haben ihn dem Volk zum Abscheu gemacht, dessen Elend er beweinte, den Guten, deren Tugenden er ehrte, den Weibern, die er anbetete, allen denen, deren Haß ihn am meisten verletzen konnte. Mit Hilfe blutiger, aber stillschweigender Beleidigungen, durch Auflauf um ihn her, durch Flüstern, spöttisches Lachen, grausame und grimmige Blicke, beleidigende höhnische Mienen haben sie es dahin gebracht, ihn von allen Versammlungen, Schauspiel, Kaffeehäusern, öffentlichen Spaziergängen verbannt zu haben, und ihr Vorsatz ist, ihn endlich von den Straßen zu jagen, ihn zu Hause einzusperren, ihn dort von ihren Trabanten umringt zu halten und ihm endlich das Leben so schmerzhaft zu machen, daß er es nicht mehr ertragen kann. Mit einem Wort, da sie ihm auf einmal alle Schläge beibrachten, für die er, wie sie wußten, am empfindlichsten war, ohne daß er einem ausweichen konnte, und ihm nur ein einziges Mittel ließen, sich dem allen zu entziehen, so ist nichts gewisser, als daß sie ihn haben zwingen wollen, dieses zu ergreifen. Aber sie haben ohne Frage mit allem gerechnet, nur nicht mit der Zuflucht der Unschuld und der Duldsamkeit. Ungeachtet seines Alters und Unglücks ist seine Gesundheit stark und erhält sich: die Ruhe seiner Seele scheint ihn zu verjüngen, und obgleich ihm unter den Menschen kein Schimmer von Hoffnung mehr glänzt, so war er doch nie weiter von der Verzweiflung entfernt.

Ich habe über Ihre Einwände und Zweifel soweit Licht verbreitet, wie von mir abhing. Diese Erläuterung kann, ich wiederhole es, jene Dunkelheit, selbst in meinen Augen, nicht zerstreuen, denn die Vereinigung aller dieser Ursachen bleibt noch so weit hinter der Wirkung zurück, daß es noch einer anderen mächtigeren Ursache bedarf, die ich mir unmöglich vorstellen kann. Wenn ich Ihnen aber auch gar nichts zu antworten wüßte, so würde ich nichtsdestoweniger bei meiner Meinung bleiben, nicht aus lächerlicher Halsstarrigkeit, sondern weil ich dabei weniger Mittler zwischen mir und der verurteilten Person sehe und weil von allen Augen, auf die ich mich dabei verlassen muß, meine eigenen die sind, denen ich am wenigsten zu mißtrauen brauche. Man beweist uns, das gestehe ich, Dinge, die ich nicht überprüfen konnte und die mich wahrhaftig noch immer im Zweifel lassen würden, wenn man mir nicht ebensogut viele andere Dinge bewiese, von denen ich ganz sicher bin, daß sie falsch sind, und welche Glaubwürdigkeit können in irgendeiner Sache die behalten, die der Lüge alle Zeichen der Wahrheit zu geben wissen? Im übrigen, erinnern Sie sich, daß ich hier nicht verlange, daß mein Urteil Gewicht für Sie haben soll, aber nach den Umständen, die ich auseinandergesetzt habe, sollten Sie nicht tadeln, daß es für mich von Gewicht ist, und welche Beweise man auch vor mir aufbauen mag, indem man sich selbst vor dem Beklagten verbirgt, solange er nicht persönlich in meiner Gegenwart überführt wird, daß er der ist, den Ihre Herren mir geschildert haben, werde ich mich berechtigt glauben, ihn so zu beurteilen, wie ich ihn selbst gesehen habe.

Nun da ich getan habe, was Sie gewünscht haben, ist es Zeit, daß Sie Ihrerseits sich erklären und, nachdem Sie seine Bücher gelesen haben, mir berichten, wie Sie ihn in seinen Schriften gefunden.

DER FRANZOSE

Für heute ist es schon zu spät. Ich reise morgen aufs Land. Nach meiner Rückkehr werden wir uns weiter sprechen.

Ende des zweiten Gesprächs

DRITTES GESPRÄCH

ROUSSEAU

Sie haben sich lange auf dem Lande aufgehalten.

DER FRANZOSE

Die Zeit ist mir nicht lang geworden. Ich brachte sie in Gesellschaft Ihres Freundes zu.

ROUSSEAU

Ach, könnte er doch einmal der Ihrige werden!

DER FRANZOSE

Sie werden über diese Möglichkeit nach der Wirkung des Rates urteilen können, den Sie mir gegeben haben: Endlich habe ich sie gelesen, diese zu Recht so verabscheuten Bücher.

ROUSSEAU

Mein Herr! . . .

DER FRANZOSE

Ich habe sie gelesen, zwar noch nicht genug, um sie ganz zu verstehen, aber genug, um die unverzeihlichen Verbrechen darin gefunden, gezählt und gesammelt zu haben, deren Eindruck nicht anders sein konnte, als den Verfasser zum verhaßtesten aller Ungeheuer, zum Abscheu des Menschengeschlechtes zu machen.

ROUSSEAU

Was sagen Sie da? Sind Sie es, der spricht, und wollen Sie Ihrerseits Rätsel stellen? Ich bitte Sie, erklären Sie sich schnell.

DER FRANZOSE

Das Verzeichnis, das ich Ihnen hier vorlege, wird Ihnen Antwort und Erklärung geben. Jeder vernünftige Mann, der dies liest, wird nicht mehr über das Schicksal des Verfassers erstaunt sein.

ROUSSEAU

Das befremdliche Verzeichnis möchte ich doch sehen.

DER FRANZOSE

Hier ist es. Sehr leicht hätte ich es zehnmal so lang machen können, besonders wenn ich die zahlreichen Abschnitte über das Gewerbe des Schriftstellers und über die Gelehrtenzunft hätte hinzusetzen wollen, aber sie sind so bekannt, daß es genug ist, ein oder zwei davon als Beispiel anzuführen. Die Stellen aller Art, auf die ich mich beschränkt habe und die ich ohne Ordnung, so wie sie mir untergekommen sind, vermerkt habe, habe ich bloß exzerpiert und treulich abgeschrieben. Sie werden selbst die Wirkungen beurteilen, die sie hervorbringen mußten, und die Behandlung, die der Verfasser zu erwarten hatte, sobald man sie ihm ungestraft anlasten konnte.

AUSZÜGE

Die Gelehrten

1. »Wer leugnet es wohl, daß die Gelehrten tausend wahrhafte Dinge wissen, zu deren Kenntnis die Unwissenden niemals gelangen werden? Sind die Gelehrten darum der Wahrheit näher? Ganz im Gegenteil, sie entfernen sich von ihr, indem sie voranschreiten, denn da die Eitelkeit, richten zu wollen, immer mehr Fortschritte macht als die Erkenntnis, so erhalten sie jede Wahrheit, die sie herausfinden, nicht anders als zusammen mit hundert falschen Urteilen. Nichts ist erwiesener, als daß die gelehrten Gesellschaften in Europa nur öffentliche Schulen der Lüge sind, und sicherlich gibt es mehr Irrtümer in einer Akademie der Wissenschaften als in einem ganzen Huronenvolk.« *Emile, 3. Buch.*

2. »Derjenige, der heutzutage einen Freigeist und einen Philosophen vorstellt, wäre aus eben dem Grunde zu Zeiten der Liga ein Fanatiker gewesen.« *Vorrede zur Abhandlung von Dijon.*

3. »Die Menschen dürfen nicht halb unterrichtet werden. Wenn sie im Irrtum bleiben sollen, warum läßt man sie nicht in der Unwissenheit? Wozu so viele Schulen und so viele Universi-

täten, um sie nichts von dem zu lehren, was ihnen nötig ist? Was ist denn der Zweck eurer Kollegien und eurer Akademien und so vieler gelehrter Stiftungen? Vielleicht das Volk zu hintergehen, seine Vernunft frühzeitig zu verderben und es zu hindern, zur Erkenntnis des Wahren zu gelangen? Ihr Lehrer der Lügen, ihr unterrichtet es bloß, um es zu hintergehen, und gleich jenen Räubern, die Leuchtfeuer auf den Klippen machen, erleuchtet ihr es, um es zu verderben.« *Brief an Beaumont.*

4. »In einen Marmor bei den Thermopylen gegraben las man diese Worte: *Wanderer, gehe und sage zu Sparta, daß wir hier gestorben, um seinen heiligen Gesetzen Folge zu leisten.* Man sieht wohl, daß dies nicht von der Akademie der Inschriften verfaßt wurde.« *Emile, 4. Buch.*

Die Ärzte

5. »Ein kränklicher Körper schwächt die Seele. Daher die Herrschaft der Arzneikunst, einer Kunst, die den Menschen weit verderblicher ist als alle Übel, die sie zu heilen vorgibt. Ich meinerseits weiß nicht, von welcher Krankheit die Ärzte uns heilen, aber ich weiß, daß sie uns sehr unheilvolle Krankheiten bringen, nämlich Feigheit, Kleinmütigkeit, Furcht vor dem Tode, sie heilen den Körper und töten den Mut. Was nützt es uns, daß sie Leichname wieder zum Leben bringen. Wir brauchen Menschen, und diese sieht man aus ihren Händen nicht kommen.

Die Medizin ist unter uns Mode geworden, sie muß es sein. Sie ist die Beschäftigung der müßigen Leute, die nicht wissen, was sie mit ihrer Zeit machen sollen und sie damit hinbringen, sich zu erhalten. Wären sie so unglücklich, unsterblich geboren zu sein, so wären sie die elendesten unter allen Wesen. Ein Leben, das sie nie zu verlieren fürchteten, würde keinen Wert für sie haben. Diese Leute müssen Ärzte haben, die sie erschrecken, um ihnen zu schmeicheln, und die ihnen jeden Tag das einzige Vergnügen gewähren, dessen sie fähig sind, nämlich nicht gestorben zu sein.

Ich habe hier gar nicht den Vorsatz, mich über die Eitelkeit der Arzneikunst zu verbreiten. Mein Gegenstand ist bloß ihre Betrachtung von der sittlichen Seite. Doch kann ich mich nicht enthalten zu bemerken, daß die Menschen sich über ihren Gebrauch denselben Trugschlüssen hingeben wie über die Erforschung der Wahrheit: sie glauben immer, die Behandlung einer Krankheit sei Heilung, und wenn man die Wahrheit suche, so finde man sie. Sie sehen nicht, daß man den Nutzen einer Heilung, die der Arzt zustande bringt, gegen den Tod von hundert Kranken abwägen muß, die er umbrachte, und den Nutzen einer entdeckten Wahrheit gegen den Schaden, den die Irrtümer, die zugleich entstehen, hervorbringen. Die Wissenschaft, die unterrichtet, und die Arzneikunst, die heilt, sind ohne Zweifel sehr gut, die Wissenschaft aber, die betrügt, und die Arzneikunst, die tötet, sind schlecht. Wir müssen sie also unterscheiden lernen. Das ist der Knoten der Frage. Wenn wir die Wahrheit vergessen könnten, so würden wir nie von der Lüge hintergangen. Wenn wir nicht der Natur zum Trotz heilen wollten, so würden wir nie durch die Hand des Arztes sterben. Beide Arten von Enthaltsamkeit wären sehr weise. Man würde offenbar gewinnen, wenn man sich ihnen unterwürfe. Ich will gar nicht bestreiten, daß die Medizin nicht einigen Menschen nützlich sein könnte, aber ich sage, daß sie dem ganzen Menschengeschlecht schadet.

Man wird mir, so wie man es unaufhörlich tut, sagen, daß der Fehler beim Arzt liege, daß aber die Kunst in sich selbst unfehlbar sei. Meinetwegen, aber dann komme sie auch ohne den Arzt, denn sooft sie zusammen kommen, wird man die Fehler des Künstlers zehnmal mehr zu befürchten haben, als die Hilfe der Kunst zu erhoffen.« *Emile, 1. Buch.*

6. »Lebe der Natur gemäß, sei geduldig und jage den Arzt zum Teufel. Du wirst dem Tod nicht entgehen, aber du wirst ihn nur einmal fühlen, während sie ihn dir täglich in die unruhige Einbildungskraft bringen und ihre lügenhafte Kunst dir den Genuß deiner Tage raubt, statt sie zu verlängern. Ich werde immer fragen, welches wahre Gut diese Kunst den Menschen schon geschenkt hat. Einige von denen, die sie heilt, würden sterben, das ist wahr, aber Tausende, die sie tötet, würden am Leben bleiben. Du, der du vernünftig bist, spiele nicht in dieser Lotterie, in der zu viele Chancen gegen dich sind. Leide, stirb oder werde gesund, aber vor allem lebe bis zu deiner letzten Stunde.« *Emile, 1. Buch.*

7. »Wollen wir unseren Zögling impfen? Ja und nein, je nach Gelegenheit, Zeit, Ort und Umständen. Impft man ihm die Blattern, so wird man das gewinnen, daß man seine Krankheit vorhersieht und mit seinem Übel vorher bekannt wird. Das ist schon etwas. Bekommt er sie aber von der Natur, so werden wir ihn vor dem Arzt behütet haben, und das ist noch mehr.« *Emile, 2. Buch.*

8. »Ist die Frage, wo man eine Amme herbekommt, so läßt man sie durch den Geburtshelfer suchen. Was kann die Folge davon sein? Daß die beste immer die ist, die ihn am besten bezahlt hat. Ich werde also bei Emiles Amme keinen Geburtshelfer zu Rate ziehen, ich werde mir die Mühe machen, sie selbst zu wählen. Ich werde nicht so beredt darüber zu schwatzen wissen wie ein Chirurg, aber ganz gewiß werde ich mehr Zutrauen finden, und mein Eifer wird mich weniger betrügen als ihn sein Geiz.« *Emile, 1. Buch.*

Die Könige, die Großen, die Reichen

9. »Wir waren geschaffen, Menschen zu sein, die Gesetze und die Gesellschaft haben uns in die Kindheit zurückgeworfen. Die Könige, die Großen, die Reichen, alle sind Kinder, die sehen, daß man sich bemüht, ihr Elend zu erleichtern, sie ziehen sogar daraus eine kindische Eitelkeit und sind stolz wegen der Mühe, die man sich nicht mit ihnen geben würde, wenn sie fertige Menschen wären.« *Emile 2. Buch.*

10. »So muß einst eine Zeit gekommen sein, wo ein Zauberwerk die Augen des Volkes so sehr geblendet hat, daß seine Vorgesetzten nur zu dem Niedrigsten unter allen Menschen zu sagen nötig hatten: ›Werde groß, du selbst und dein ganzes Geschlecht‹, so mußte dieser schon in den Augen der ganzen Welt und der Seinigen groß erscheinen. Seine Nachkömmlinge erhoben sich immer mehr, je weiter sie sich von ihm entfernten. Je älter und ungewisser die Ursache war, desto mehr nahm die Wirkung zu, und je mehr Müßiggänger eine Familie aufweisen konnte, desto herrlicher war sie.« *Abhandlung über die Ungleichheit.*

11. »Völker, die gewohnt sind, Oberherren über sich zu haben, können sie nicht mehr entbehren. Je mehr sie sich Mühe geben, das Joch abzuschütteln, desto mehr entfernen sie sich von der

Freiheit. Eine Zügellosigkeit, die der Freiheit gerade entgegengesetzt ist, nehmen sie dafür an, und sie geraten durch die vielfältigen Revolutionen lauter Verführern in die Hände, die unter der Larve der Freiheit ihre Ketten nur immer mehr beschweren.« *Zueignung der Abhandlung über die Ungleichheit.*

12. *»Der kleine Bube, den ihr dort seht,* sagte Themistokles zu seinen Freunden, *ist der Herr Griechenlands, denn er herrscht über seine Mutter, seine Mutter herrscht über mich, ich beherrsche die Athener und diese die Griechen.* O wie viele kleine Lenker würden wir oft in den größten Staaten finden, wenn man stufenweise vom Fürsten bis zur ersten Hand herunterstiege, die insgeheim den Anstoß gibt.« *Emile, 2. Buch.*

13. »Ich halte mich für reich. Ich muß also ausgezeichnete Freuden, verderbliche Freuden haben, so ist es mit allen anderen Dingen auch. Ich muß Ländereien, Wälder, Leibwachen, Grundzinsen, herrschaftliche Ehrenbezeigungen, besonders aber Weihrauch und Weihwasser haben.

Sehr wohl. Aber meine Ländereien werden Nachbarn haben, die über ihre Rechte eifersüchtig wachen und begierig sind, anderer Rechte an sich zu reißen, unsere Wachen werden miteinander fechten, vielleicht die Herren selbst, da gibt es Zank, Streit, Haß und wenigstens Prozesse. Das ist schon nicht sehr angenehm. Meine Vasallen werden nicht gerne sehen, daß ihre Frucht von meinen Hasen und ihre Bohnen von meinen Wildschweinen bearbeitet werden. Da sie es nicht wagen dürfen, den Feind zu töten, so wird jeder sich wenigstens bemühen, ihn von seinen Feldern zu verjagen: nachdem sie den Tag mit Arbeiten auf ihren Feldern zugebracht haben, werden sie sie auch des Nachts hüten müssen. Sie werden sich großer Hunde, Trommeln, Hörner und Schellen bedienen. Mit all dem Geklirr werden sie meinen Schlaf stören. Ich werde wider meinen Willen an das Elend dieser armen Leute denken und mich nicht enthalten können, mir Vorwürfe deswegen zu machen. Hätte ich die Ehre gehabt, als Fürst geboren zu werden, so würde das alles mich wenig rühren, aber mir als einem Emporkömmling, eben erst reich geworden, wird immer noch ein wenig bürgerlich ums Herz sein.

Das ist nicht alles. Überfluß des Wildes wird die Jäger reizen, ich werde Wilddiebe strafen müssen, ich werde Gefängnisse, Kerkermeister, Häscher und Galeeren brauchen. Alles das sieht grausam genug aus. Die Weiber dieser Unglücklichen werden meine Tür belagern und mich mit ihrem Geschrei belästigen, man wird sie fortjagen, übel behandeln müssen. Auf der anderen Seite werden die armen Leute jammern, die nicht gewildert haben und deren Ernte von meinem Wild aufgefressen wurde. Jene werden gestraft werden, weil sie das Wild töteten, diese werden zugrunde gehen, weil sie es schonten. Welch traurige Alternative! Auf allen Seiten werde ich nur Bilder des Elends erblicken und nur Seufzer hören. Dies, denke ich, muß das Vergnügen, nach Gefallen Scharen von Rebhühnern zu schießen und die Hasen beinahe unter den Füßen zu morden, erheblich stören.

Wollen Sie das Vergnügen von seinen unangenehmen Seiten befreien? Nun, so nehmen Sie ihm seinen ausschließenden Charakter . . . Das Vergnügen wird nicht geringer, und das Unangenehme ist von ihm genommen, wenn man weder Landgüter zu hüten noch Wilddiebe zu strafen, noch Elende zu quälen braucht. Dies ist also ein guter Grund des Vorzugs. Was man auch tut, man quält nicht ohne Grund die Menschen, ohne selbst auch Unangenehmes dabei zu erfahren, und die anhaltenden Verwünschungen des Volkes machen auch das feinste Wildbret früher oder später bitter.« *Emile, 4. Buch.*

14. »Kommen nicht alle Vorzüge des gesellschaftlichen Lebens den Mächtigen und den Reichen zugute? Sind nicht alle einträglichen Stellen allein durch sie besetzt? Ist nicht jede Gnade, jede Auszeichnung allein ihnen vorbehalten, und ist das öffentliche Ansehen nicht ganz in ihren Händen? Ist der Mann von Stand, der seine Gläubiger bestiehlt oder andere Schurkereien begeht, nicht immer sicher, es ungestraft zu tun? Stockschläge, die er austeilt, Gewalt, die er antut, Mord und Meuchelmord, deren er sich schuldig macht, wird das alles nicht als ein vorübergehendes Gerücht angesehen, das man beschwichtigt und von dem nach sechs Monaten nicht mehr die Rede ist? Lasse man diesen nämlichen Mann bestohlen werden, sogleich ist die ganze Polizei in Bewegung, und wehe dem Unglücklichen, auf den der Verdacht fällt! Geht dieser Mann durch eine gefährliche Gegend, gleich sind die

Leute zu seiner Begleitung da. Bricht die Achse seines Wagens, alles eilt ihm dann zu Hilfe. Gibt es Lärm vor seiner Tür, er braucht nur ein Wort zu sagen, und alles ist still. Ist ihm die Menge lästig, ein Zeichen von ihm, und alles zieht sich zurück. Ist ihm ein Fuhrmann im Wege, so sind seine Leute gleich bereit, ihn totzuschlagen, und fünfzig ehrliche Fußgänger, die ihren Geschäften nachgehen, würden eher hundertfach zertreten werden, als daß ein hochmütiger Müßiggänger mit seiner Equipage aufgehalten werden dürfte. Alle diese Achtung kostet ihn keinen Heller, sie ist das Recht des reichen Mannes und nicht der Preis des Reichtums. Wie sehr verschieden davon ist das Gemälde des Armen! Je mehr die Menschheit ihm schuldet, desto mehr versagt ihm die Gesellschaft. Alle Türen sind vor ihm verschlossen, wenn er auch das Recht hat, sie sich öffnen zu lassen, und erlangt er zuweilen das Recht, so geht es doch immer viel mühsamer dabei zu, als wenn ein anderer Gnade erlangt. Sind Frondienste zu tun, Soldaten zu werben, so erhält er den Vorzug. Immer trägt er außer seiner eigenen Last noch die, von der sein reicherer Nachbar durch sein Ansehen sich auszunehmen weiß. Beim geringsten Unglück, das ihm begegnet, wenden sich alle von ihm ab. Stürzt sein armseliger Karren um, so hilft ihm niemand, und er kann noch von Glück sagen, wenn er den Schimpfreden der flinken Diener eines jungen Herzogs entgeht. Mit einem Wort, jede unbezahlte Hilfeleistung muß er in der Not entbehren, bloß deswegen, weil er sie nicht bezahlen kann, aber ich halte ihn dann für ganz verloren, wenn er das Unglück hat, ein ehrlicher Kerl zu sein, eine schöne Tochter und einen mächtigen Nachbarn zu haben.« *Abhandlung über die politische Ökonomie.*

Die Frauen

15. »Frauen von Paris und London, vergebt mir, aber wenn eine unter euch ist, die eine wahrhaft tugendhafte Seele hat, so weiß ich nicht, was ich von unseren Einrichtungen denken soll.« *Emile, 4. Buch.*

16. »Er genießt allgemeine Hochachtung und er verdient sie. Und wäre er dabei der niedrigste der Menschen, so wäre das immer noch kein Grund, sich lange zu besinnen, denn es ist besser,

gegen den Adel zu verstoßen als gegen die Tugend, und das Weib eines Kohlenbrenners verdient mehr Ehrfurcht als die Buhlerin eines Fürsten.« *Neue Heloïse, 5. Teil, Brief 13.*

Die Engländer

17. »Die Dinge haben sich verändert, seitdem ich dies (im Jahre 1756) schrieb, aber mein Grundsatz wird immer wahr bleiben. Es ist zum Beispiel leicht vorauszusehen, daß nach zwanzig Jahren* England mit all seinem Glanz zugrunde gerichtet sein wird und außerdem die ihm noch übrige Freiheit verloren haben wird. Die ganze Welt versichert, daß der Landbau auf dieser Insel blühend sei, und ich wette darauf, daß er im Abnehmen begriffen ist. London wird täglich größer, und dadurch wird das Reich entvölkert. Die Engländer wollen Eroberer sein, sie werden also nicht zögern, Sklaven zu werden.« *Extr. du projet de paix perp.*

18. »Ich weiß, daß die Engländer viel Wesens von ihrer Menschenliebe und dem guten Naturell ihres Volkes machen, das sie *good natured people* nennen. Aber sie mögen es ausschreien, wie sie wollen, niemand wiederholt es ihnen.« *Emile, 2. Buch.*

Sie würden sich zu viel Arbeit machen, wenn sie weiterlesen würden, und Sie sehen, daß das unnötig ist. Ich wußte, daß alle Stände in J.J.'s Schriften mißhandelt werden. Als ich aber sah, daß sie alle trotzdem so zärtlich Anteil an ihm nahmen, konnte ich gar nicht begreifen, wann sein Verbrechen gegen jeden von ihnen unverzeihlich wäre. Während des Lesens habe ich das eingesehen, und wenn Sie nur diese Abschnitte lesen, so müssen Sie wie ich fühlen, daß ein verlassener Mensch ohne Stütze, der es in dem Jahrhundert, in dem wir sind, wagt, so von der Arzneikunst und den Ärzten zu sprechen, nichts anderes als ein Giftmischer sein kann; daß der, der die heutige Philosophie so behandelt, nichts als ein abscheulicher Frevler sein kann, daß der, der die galanten Weiber und Buhlerinnen der Fürsten so wenig achtet, nur ein ausschweifendes Ungeheuer sein kann, daß der, der nicht an die Unfehlbarkeit der Bücher nach der Mode glaubt, die seinigen

* Man muß hier bemerken, daß dieses im Jahre 1760 geschrieben und bekanntgemacht wurde, zur Zeit des größten Wohlstandes Englands während der Regierung Pitts, des jetzigen Lord Chatham.

durch die Hand des Schinders muß verbrennen sehen, daß der, der sich gegen die neuen Orakel aufwirft und es wagt, ferner an Gott zu glauben, nach der philosophischen Inquisition selbst als ein Heuchler und Lasterhafter verbrannt werden muß, daß der, der die nicht adligen Gesetze der Natur für das Bauernpack gegen die ehrwürdigen Rechte der Jagd zu beanspruchen wagt, von den Fürsten ebenso behandelt werden muß wie die wilden Tiere, die sie nur beschützen, um sie nach ihrem Gefallen und nach ihrer Art zu töten. Was England betrifft, so erklären die beiden letzten Stellen zur Genüge den Eifer der guten Freunde J.J.'s, ihn dorthin zu senden, und den Eifer David Humes, ihn zu begleiten, als daß man einen Augenblick an der Güte der Beschützer und an der Undankbarkeit des Beschützten in dieser ganzen Sache zweifeln könnte. Alle diese unverzeihlichen Verbrechen, die noch durch die Umstände der Zeit und des Ortes schwerer werden, beweisen, daß nichts Erstaunliches im Schicksal des Schuldigen liegt, was er sich nicht selbst zugezogen hätte. Molière, ich weiß es, spottete der Ärzte, aber abgesehen davon, daß er nur scherzte, fürchtete er sie auch nicht. Er hatte treffliche Stützen. Ludwig XIV. liebte ihn, und die Mediziner, die die Beichtväter in der Herrschaft über die Weiber noch nicht abgelöst hatten, waren damals noch nicht so wie heutzutage in die Kunst der geheimen Ränke eingeweiht. Für sie hat sich alles geändert, und seit zwanzig Jahren haben sie in privaten und öffentlichen Angelegenheiten zu viel Einfluß, als daß es selbst für Leute von Einfluß klug gehandelt wäre, frei über sie zu reden. Urteilen Sie, wie dies bei einem J.J. aufgenommen werden mußte! Ohne uns hier in unnötige und gefährliche Einzelheiten einzulassen, lesen Sie nur den letzten Punkt dieses Verzeichnisses, er allein übertrifft alle übrigen.

19. »Wenn es schon sehr schwer ist, einen großen Staat zu regieren, so ist es noch viel schwerer, daß dies durch einen einzigen Menschen geschieht, und jeder weiß, was vorgeht, wenn der König Vertreter einsetzt.

Ein wesentlicher und unvermeidlicher Fehler, der immer die monarchische Regierung unter die republikanische herabsetzen wird, ist der, daß in dieser die öffentliche Stimme fast nie andere als aufgeklärte und fähige Menschen in die ersten Stellen erhebt, die sie dann mit Ehren handhaben, während die, die in den Monarchien so weit kommen, gewöhnlich nichts anderes sind als kleine unruhige Köpfe, kleine Schurken, kleine Ränkeschmiede, denen die kleinen Talente, die an den Höfen zu großen Stellen führen, nur dazu dienen, dem Publikum ihre Unfähigkeit zu zeigen, sobald sie ihre Dienste antreten. Das Volk täuscht sich weit weniger in dieser Wahl, und ein Mann von wahrem Verdienst ist in einem Ministerium fast ebenso selten wie ein Dummkopf an der Spitze einer Republik. Wenn durch einen glücklichen Zufall einer dieser Männer, der zur Regierung geboren ist, in einer Monarchie, die durch diese Haufen reizender Verweser fast zugrundegerichtet wurde, das Ruder der Geschäfte ergreift, so erstaunt man über die Hilfsquellen, die er findet, und das macht Epoche in einem Lande.« *Gesellschaftsvertrag, 3. Buch, 6. Kap.*

Ich werde über diesen letzten Punkt nichts mehr hinzusetzen, das bloße Lesen desselben wird Ihnen alles gesagt haben. Und nun, mein Herr, ist in all dem nur etwas, was mich in Erstaunen setzt, und dies ist wie ein verlassener Fremder, ohne Verwandte, ohne Stütze, der sich an nichts in der Welt halten kann und der alle diese Dinge hat sagen wollen, glauben konnte, dies ungestraft tun zu dürfen.

ROUSSEAU

Das hat er nicht geglaubt, das versichere ich Ihnen. Er mußte mit der grausamen Rache all derer rechnen, die die Wahrheit beleidigt, und er hat damit gerechnet. Er wußte, daß die Großen, die Wesire, die Advokaten, die Geldleute, die Ärzte, die Philosophen und alle Parteileute, die aus der Gesellschaft eine wahre Straßenräuberei machen, es ihm nie vergeben würde, daß er sie so gesehen und dargestellt hat, wie sie wirklich sind. Er mußte mit Haß, mit Verfolgungen aller Art rechnen, nicht aber mit Entehrung, Schande und Verleumdung. Er mußte damit rechnen, von Elend und Unglück gedrückt zu leben, nicht aber von Schande und Verachtung. Es gibt, ich wiederhole es, Arten des Unglücks, auf die sich ein rechtschaffener Mann nicht einmal vorbereiten darf, und das sind gerade die, die man gewählt hat, um ihn zu Boden zu schlagen. Als sie ihn so ganz unvorbereitet angriffen, hat ihn der erste Stoß niedergeworfen, und nur mit Mühe hat er sich wieder davon erholt. Es kostete ihn viel Zeit, ehe er seinen Mut und seine Ruhe wiederfand. Um sich immer darin zu erhalten, hätte er einer Voraussicht bedurft, die ebensowenig in der Ordnung der Dinge lag wie das Schicksal, welches man ihm bereitete. Nein, mein Herr, glauben Sie nicht, daß das Verhängnis, in dem er begraben liegt, die natürliche Frucht seines Eifers ist, mit dem er ohne Furcht sagen wollte, was ihm wahr, gut, heilsam und nützlich erschien; es hat andere, geheimere, zufälligere und lächerlichere Ursachen, die auf keine Weise mit seinen Schriften zu tun haben. Es ist ein Plan, der von langer Hand ausgedacht wurde, und sogar vor seiner Berühmtheit, es ist das Werk eines höllischen, aber tiefdenkenden Genies, in dessen Schule der Verfolger Hiobs viel in der Kunst hätte gewinnen können, einen Sterblichen unglücklich zu machen. Wäre dieser Mensch nicht geboren worden, so hätte J.J. trotz der Kühnheit seines Tadels zwar im Unglück, aber ehrenvoll gelebt, und das Böse, womit man ihn ganz gewiß ebenso überhäuft hätte, hätte ihn nicht nur nicht herabgesetzt, sondern nur noch mehr erhoben. Nein, nie hätten selbst diejenigen ein so abscheuliches Projekt erfinden können, die sich mit dem meisten Eifer seiner Ausführung widmeten: dies ist eine Gerechtigkeit, die J.J. noch der Nation widerfahren läßt, die sich bemüht, Schande auf ihn zu häufen. Das Komplott wurde im Busen dieser Nation geschmiedet, aber es rührte nicht von ihr her. Die Franzosen sind die, die es am eifrigsten ausführen. Das ist mehr als genug, ohne Zweifel, aber immerhin sind sie nicht seine Urheber. Um das zu sein, hätte es einer ausgedachten und überlegten Scheußlichkeit bedurft, deren sie nicht fähig sind, während, um nur Diener des Komplotts zu sein, eine Feindseligkeit genügt, die nur die zufällige Wirkung gewisser Umstände ist und ihres Hanges, sich in Gutes wie in Böses einzulassen.

DER FRANZOSE

Was es auch immer mit der Ursache und dem Urheber des Komplotts auf sich haben mag, sein Erfolg ist für den nicht mehr erstaunlich, der J.J.'s Schriften gelesen hat. Die harten Wahrheiten, die er gesagt hat, so allgemein sie auch sind, sind Schläge, deren

Wunden nie in den Herzen derer heilen, die sie erhielten. Von allen, die mit so viel Prahlerei seine Gönner und Beschützer waren, gibt es auch nicht einen einzigen, den irgendeiner dieser Schläge nicht bis ins Innerste getroffen hätte. Wie sind denn die göttlichen Seelen beschaffen, bei denen so durchbohrende Angriffe nichts als Wohlwollen und Liebe erwecken und die durch ein unerhörtes Wunder einen Schurken, den sie verabscheuen sollten, zum Gegenstand ihrer zärtlichsten Sorgfalt gemacht haben?

Wenn das Tugend ist, so ist sie seltsam, aber sie ist großmütig und kann nur Seelen angehören, die sehr weit über kleine gewöhnliche Leidenschaften erhaben sind. Wie aber soll man so erhabene Beweggründe mit so unwürdigen Mitteln zusammenreimen, wie diejenigen sie anwenden, die sich von dieser Tugend beseelt nennen! Sie wissen es selbst, so voreingenommen, so aufgebracht ich auch gegen J.J. war, eine wie üble Meinung ich auch von seinem Charakter und seinen Sitten hatte, so habe ich doch nie am System unserer Herren Geschmack finden, noch mich dazu entschließen können, ihre Grunsätze in Ausübung zu bringen. Ich habe immer soviel Erniedrigendes wie Falsches in dieser boshaften Zurschaustellung von Wohlwollen gefunden, die keinen anderen Zweck hatte, als ihren Gegenstand herabzusetzen. Wahr ist es, daß ich, da ich in so vielen deutlichen Beweisen keinen Fehler entdeckte, keinen Augenblick zweifelte, daß J.J. nicht ein abscheulicher Heuchler und ein Ungeheuer wäre, das nie hätte geboren werden sollen, und dies alles zugestanden, gestehe ich, daß ich bei der Leichtigkeit, mit der sie ihn überführt zu haben vorgaben, ihre Geduld und Sanftmut bewunderte, sich durch sein Geschrei herausfordern zu lassen, ohne jemals darüber aufgebracht zu sein, und ihn statt aller Antwort nur noch mehr und mehr in ihre Netze zu verwickeln. Da sie ihn so leicht überführen konnten, sah ich es als eine heldenmütige Mäßigung an, daß sie nichts dergleichen taten, und obwohl ich die Methode, der sie folgen wollten, tadelte, muße ich ihr stoisches Phlegma bewundern, mit dem sie daran festhielten.

Sie erschütterten in unseren ersten Unterredungen das Zutrauen, das ich in so starke Beweise setzte, obgleich sie so geheimnisvoll behandelt wurden. Als ich später wieder darüber nachdachte, machte mich die außerordentliche Sorgfalt, mit welcher man sie dem Beklagten zu verhehlen suchte, aufmerksamer, als ich auf ihre Stärke gewesen war, und ich fing an, die Beweggründe, die man für ein solches Betragen vorgab, trügerisch und schwach zu finden. Diese Zweifel wurden durch meine Betrachtungen über dieses vorgetäuschte Interesse und das gespielte Wohlwollen für einen solchen Schurken noch vermehrt. Die Tugend kann nur das Laster verhaßt machen, nicht den Lasterhaften, aber es ist auch unmöglich, daß sie Liebe zu ihm hervorbringt, und um darauf zu beharren, ihn trotz der Verbrechen, die er immer zu begehen fortfährt, in Freiheit zu lassen, muß man gewiß einen stärkeren Beweggrund haben als das natürliche Mitleiden und die Menschlichkeit, die sogar eine entgegengesetzte Aufführung verlangen würden. Sie hatten mir das gesagt, ich fühlte es, und der sehr sonderbare Eifer unserer Herren, den Schuldigen ungestraft zu lassen und ihn gleichzeitig zu verleumden, bot mir eine Menge von Widersprüchen und Inkonsequenzen dar, die meine anfängliche Sicherheit zu stören begannen.

In dieser Stimmung war ich, als ich nach den Anfeuerungen von Ihrer Seite anfing, J.J.'s Schriften durchzusehen, und nach und nach auf die Stellen stieß, die ich abschrieb und von denen ich vorher keinen Begriff hatte, denn wenn unsere Herren von seinen harten Spottreden sprachen, so machten sie mir ein Geheimnis aus denen, die sie betrafen, und aus der Art, wie sie an dem Verfasser Anteil nahmen, hätte ich niemals schließen können, daß sie besondere Beschwerden gegen ihn hätten. Diese Entdeckung und das Geheimnisvolle mir gegenüber klärten mich über ihre wahren Beweggründe vollends auf, mein ganzes Vertrauen in sie verschwand, und ich zweifelte nicht mehr, daß das, was ich nach ihren Reden als Wohlwollen und Großmut angesehen hatte, das Werk einer grausamen Feindseligkeit war, die durch ein Äußeres von Güte künstlich verborgen wurde.

Eine andere Betrachtung verstärkte die vorigen. So erhabene Tugenden sind nie ohne Begleitung. Sie sind nur Zweige der Tugend: ich suchte ihren Stamm und fand ihn nicht. Wie ging es zu, daß unsere Herren, sonst so eitel, so haßerfüllt, so voller Groll, ein einziges Mal in ihrem Leben es sich angelegen sein ließen, menschlich, großmütig, nicht nur in Worten leutselig zu sein, und daß gerade gegen den Sterblichen, der nach ihrer Meinung dieses Mitleiden, das sie an ihn wider seinen Willen verschwendeten, am wenigsten verdiente? Diese so neue und ganz am unrechten Ort angebrachte Tugend hätte mir verdächtig sein sollen, auch wenn sie ganz offen, ohne Verstellung und nicht im Finstern tätig gewesen wäre, aber was sollte ich davon denken, da ich sie mit soviel Sorgfalt in düsteren und gekrümmten Wegen sich schlängeln und verräterisch den überfallen sah, der ihr Gegenstand war, um ihn wider seinen Willen mit ihren schimpflichen Wohltaten zu überhäufen?

Je mehr ich, indem ich so meine eigenen Beobachtungen mit den Betrachtungen vereinigte, die Sie mich hatten machen lassen, über diesen Gegenstand nachdachte, desto mehr erstaunte ich über die Blindheit, in welcher ich bis dahin in Ansehung unserer Herren geblieben war, und mein Vertrauen auf sie verschwand so sehr, daß ich gar nicht mehr an ihrer Falschheit zweifelte. Aber der Doppelsinn in ihren Kunstgriffen und die Geschicklichkeit, mit der sie ihre wahren Beweggründe versteckten, erschütterte in meinen Augen die Gewißheit ihrer Beweise nicht. Ich urteilte, daß sie aus ungerechten Absichten eine Handlung der Gerechtigkeit ausübten, und alles, was ich aus der Kunst, mit welcher sie ihr Opfer ins Garn lockten, schließen konnte, war, daß ein Böser anderen Bösen zur Beute wurde.

Was mich in dieser Meinung bestärkt hatte, war die Meinung, die Sie selbst hegten, daß J.J. nicht der Verfasser der Schriften sei, die unter seinem Namen erschienen waren. Das einzige, was mich besser von ihm denken lassen konnte, waren diese nämlichen Schriften, die Sie mir so gelobt hatten und über die ich auch von anderen vorteilhaft hatte sprechen hören. Sobald er aber nicht ihr Verfasser war, blieb mir auch nicht ein einziger vorteilhafter Begriff, der die schrecklichen Eindrücke hätte ausgleichen können, die ich in Ansehung seiner erhalten hatte, und es war nicht zu verwundern, daß ein in allem so verabscheuungswürdiger Mensch so unverschämt und verworfen sein konnte, um sich die Werke anderer zuzueignen.

Dieses waren ungefähr die Betrachtungen, die ich über unsere erste Unterredung anstellte, sowie über die zerstreute und flüchtige Lektüre, die mich hinsichtlich unserer Herren eines Besseren belehrte. Ich hatte diese Schriften bloß aus Gefälligkeit in die Hand genommen angesichts des Interesses, das Sie daran zu nehmen schienen. Die Meinung, an der ich festhielt, daß diese Bücher von einem anderen Verfasser wären, bewirkte, daß ich sie fast nur aus Neugierde las.

Noch war ich nicht weit gekommen, als ich schon einen anderen Beweggrund hinzufügte, der Ihren Ansichten besser entsprach. Ich fühlte sehr bald, je mehr ich in diesen Büchern las, daß man mich über den Inhalt derselben hinters Licht geführt hatte und daß das, was man nur als prunkende Deklamationen von schöner Sprache, aber zusammenhanglos und voller Widersprüche, ausgab, tief gedacht war und ein zusammenhängendes System bildete, das vielleicht nicht wahr war, aber nichts Widersprechendes enthielt. Um über den wahren Zweck dieser Bücher zu urteilen, beschäftigte ich mit nicht damit, hin und wieder einige zerstreute und aus dem Zusammenhang gerissene Wendungen zu bekritteln, sondern ich zog mich selbst, sowohl während des Lesens als auch, nachdem ich die Schriften geendigt, zu Rate und untersuchte, wie Sie es gewünscht hatten, in welche Stimmung der Seele sie mich versetzten und erhielten, da ich wie Sie urteilte, daß dies das beste Mittel wäre, die Stimmung herauszufinden, in welcher der Verfasser gewesen war, als er sie schrieb, sowie die Wirkung, die er dadurch hervorbringen wollte. Ich brauche Ihnen nicht zu sagen, daß ich statt der boshaften Gesinnungen, die man ihm unterlegt hatte, eine ebenso gesunde wie einfache Lehre darin antraf, die ohne Epikuräismus und ohne Scheinheiligkeit auf das Glück des Menschengeschlechts zielte. Ich fühlte, daß ein Mensch, den diese Gesinnungen erfüllten, sich wenig aus dem Glück und aus den Geschäften dieses Lebens machen sollte, und ich selbst würde, wenn ich mich zu tief darin verloren hätte, mehr fürchten, in Sorglosigkeit und Quietismus zu fallen, als parteiisch, aufrührerisch und unruhig zu werden, wie man es vom Verfasser selbst behauptete und davon, wie er seine Schüler wünschte.

Wenn nur von diesem Verfasser die Rede gewesen wäre, so hätte meine Täuschung in Ansehung J.J.'s in dem Augenblick aufgehört, aber obgleich mir diese Lektüre die aufrichtigste Hochachtung für den einen einflößte, ließ sie mich doch für den anderen in derselben Lage wie vorher, weil Sie hier zwei verschiedene Menschen zu sehen schienen und mir für den einen soviel Hochachtung eingeflößt hatten, wie ich Widerwillen gegen den anderen fühlte. Das einzige Resultat, welches diese Lektüre verglichen mit dem, was unsere Herren mir darüber gesagt hatten, hervorbrachte, war, daß sie mich über den Inhalt der Schriften getäuscht hatten, von denen sie überzeugt waren, sie wären von J.J., und die sie in einem ganz anderen Geiste auslegten, als in dem sie geschrieben waren. Das Lesen seiner Schriften vollendete also nur, was unser Gespräch angefangen hatte, das heißt, es nahm mir alles Zutrauen und alle Hochachtung, die mich dem Einfluß des Bündnisses ausgeliefert hatten, ohne mich über den Menschen, der dadurch verleumdet wurde, anderen Sinnes werden zu lassen. Die Bücher, die man mir so gefährlich geschildert hatte, waren nichts weniger als das. Sie flößten Gesinnungen ein, die denen ganz entgegengesetzt waren, die man ihrem Verfasser beilegte. Wenn aber J.J. dieser Verfasser nicht war, was sollten sie zu seiner Rechtfertigung beitragen? Dann war die Mühe ganz unnötig, die Sie mich nehmen ließen, meine Meinung über ihn zu ändern, und indem ich bei der blieb, die Sie mir beigebracht hatten, daß diese Bücher das Werk eines Mannes von ganz anderer Denkungsart waren, konnte ich nicht genug erstaunen, daß Sie bis jetzt der erste und einzige waren, der es gefühlt hatte, daß ein Gehirn, das von dergleichen Vorstellungen genährt wurde, sich mit einem Herz voll so schwarzer Gesinnungen nicht vereinigen ließ.

Ich hörte mit Begierde die Erzählung Ihrer Beobachtungen an, um zu wissen, woran ich mich mit unserem Mann zu halten hätte, denn wenn ich schon, voller Zweifel über das Urteil, welches ich gestützt auf so viele Beweise vorher gefällt hatte, seit unserer Unterredung unruhig war, so war ich es noch mehr geworden, seitdem die Lektüre der Schriften mich von der Hinterlist unserer Herren überzeugt hatte. Da ich sie nicht mehr hochachten konnte, konnte ich denn da niemanden mehr achten und überall nur Bösewichter finden? Ich fühlte nach und nach, daß der Wunsch in mir keimte, J.J. möge keiner sein. Sich ganz allein von guten Gesinnungen erfüllt fühlen und niemanden finden, der sie mit einem teilt, das ist ein zu grausamer Zustand. Man wird dadurch gereizt, sich von seinem eigenen Herzen betrogen zu glauben und die Tugend für ein Hirngespinst zu halten.

Die Erzählung dessen, was Sie gesehen hatten, macht mich betroffen. Ich fand so wenig Übereinstimmendes mit den Berichten anderer darin, daß ich, unter dem Zwang zu wählen, einen starken Hang hatte, diejenigen ganz auszuschließen, vor denen ich schon die Achtung verloren hatte. Sogar die Macht ihrer Beweise hielt mich nicht mehr so sehr zurück. Da ich sie schon in so vielen Dingen als Betrüger erkannt hatte, fing ich an zu glauben, sie könnten es wohl in allem sein, und mich mit der Vorstellung vertrauter zu machen, die mir bisher immer lächerlich erschienen war, daß J.J. unschuldig und verfolgt sein könnte. Man mußte, das ist wahr, in einem solchen Gewebe von Betrügereien eine Kunst und ein Blendwerk annehmen, die mir ganz unbegreiflich schienen. Noch mehr Ungereimtheit aber fand ich in der Hartnäckigkeit meiner anfänglichen Gesinnung.

Ehe ich mich aber ganz und gar entschied, beschloß ich, seine Schriften mit mehr Folge und Aufmerksamkeit zu lesen, als ich bisher getan hatte. Ich hatte sehr paradoxe Begriffe und Grundsätze darin gefunden, und wieder andere, die ich nicht recht begreifen konnte. Ich glaubte Ungleichmäßigkeiten, ja sogar Widersprüche darin gefunden zu haben. Das Ganze hatte ich nicht genug gefaßt, um gründlich über ein für mich so neues System urteilen zu können. Diese Bücher sind nicht wie die jetzigen Sammlungen von einzelnen Gedanken, wo der Geist des Lesers bei jedem ausruhen kann. Es sind die Meditationen eines Einsamen, sie verlangen eine dauerhafte Aufmerksamkeit, die nicht der Geschmack unserer Nation ist. Wenn man hartnäckig darauf besteht, dem Faden sorgfältig nachzugehen, so muß man mit angestrengten Kräften und mehr als einmal zu ihnen zurückkehren. Ich hatte ihn leidenschaftlich für die Tugend, für die Freiheit, für die Ordnung begeistert gefunden, alles aber mit einer Heftigkeit, die ihn zuweilen über das Ziel hinaustrieb. In allem fand ich in ihm einen sehr hitzigen, außerordentlichen Mann, dessen Denkungsart und Grundsätze mir aber noch nicht genügend enthüllt waren. Ich glaubte, wenn ich aufmerksam seine Schriften durchdachte und sorgfältig den Verfasser mit dem Menschen vergliche, den Sie mir geschildert hatten, würde ich dazu gelangen, diese beiden Gegenstände, einen durch den anderen, zu erläutern und mich zu überzeugen, ob alles wohl zueinander paßte und unwiderleglich demselben Individuum angehörte. Wäre diese Frage entschieden, so müßte ich, was ihn betraf, augenblicklich aus meiner Unschlüssigkeit herausgezogen werden, und da ich an diesen Untersuchungen einen weit lebhafteren Anteil nahm als ehedem, so machte ich es mir zur Pflicht, nach Ihrem Beispiel durch die Vereinigung meiner Betrachtungen mit dem Licht, das ich von Ihnen erhalten hatte, dahin zu kommen, den Zweifel, den Sie in mir erregt hatten, abzulegen und den Beklagten selbst zu beurteilen, nachdem ich seine Ankläger beurteilt hatte.

Um diese Untersuchung mit mehr Folge und Geistessammlung zu bewerkstelligen, brachte ich einige Monate auf dem Lande zu und nahm die Schriften J.J.'s mit, soweit ich sie unter der Menge der betrügerisch unter seinem Namen herausgegebenen Sammlungen unterscheiden konnte. Ich hatte seit meiner ersten Lektüre bemerkt, daß diese Schriften in einer gewissen Ordnung fortliefen, die man herausfinden mußte, um der Kette ihres Inhalts zu folgen. Ich hatte zu sehen geglaubt, daß diese Ordnung im Verhältnis zu der ihrer Herausgabe rückläufig war und daß der Verfasser, indem er von Grundsatz zu Grundsatz aufstieg, erst in seinen letzten Schriften die ersten Grundsätze erreichte. Man mußte also, um synthetisch fortzugehen, bei diesen den Anfang machen, und dies tat ich, indem ich mich zuerst an den *Emile* machte, mit dem er geendigt hatte, während die beiden anderen Schriften, die er nachher herausgegeben hat, keinen Teil seines Systems mehr ausmachten und nur zur persönlichen Verteidigung seines Vaterlandes und seiner Ehre bestimmt waren.

ROUSSEAU

Sie schreiben ihm also die anderen Bücher nicht mehr zu, die man täglich unter seinem Namen herausgibt und die man sorgfältig in die Sammlungen seiner Schriften einrücken läßt, damit man die wahren nicht mehr unterscheiden kann?

Ich konnte mich hierin täuschen, solange ich nach den Worten anderer urteilte. Nachdem ich aber selbst gelesen hatte, wußte ich bald, woran ich mich zu halten hatte. Sowie ich den Kunstgriffen unserer Herren auf die Spur kam, wunderte ich mich bei der Leichtigkeit, mit welcher sie ihm Bücher zuschreiben, daß sie ihm nicht mehr zuschreiben, denn bei der Stimmung, in welche sie das Publikum in Ansehung seiner gesetzt haben, könnte nichts noch so Elendes oder Strafbares gedruckt werden, von dem man nicht, sobald sie es versicherten, glauben würde, daß er es geschrieben hat.

Was mich betrifft, wenn ich auch nicht wüßte, daß er seit zwölf Jahren das Schreiben aufgegeben hat, so würde mich ein einziger Blick auf die Schriften, die man ihm beilegt, überzeugen, daß sie nicht vom Verfasser der übrigen sind. Nicht daß ich ein unfehlbarer Richter in Fragen des Stils zu sein glaubte, ich weiß, daß das wenige Menschen sind, und ich weiß nicht, wie weit ein geschickter Schriftsteller den Stil eines anderen nachzuahmen vermag, wie Boileau Voiture und Balzac nachgeahmt hat. Aber über die Dinge selbst glaube ich nicht getäuscht werden zu können. Ich habe J.J.'s Schriften voll Seelenrührung gefunden, die in meine Seele eingedrungen ist. Ich habe darin eine Art zu fühlen und zu sehen gefunden, die ihn mühelos von allen Schriftstellern seiner Zeit und von den meisten derer unterscheidet, die vor ihm geschrieben haben. Er ist, wie Sie sagten, ein Bewohner einer anderen Sphäre, in der nichts der unsrigen gleicht. Sein System kann falsch sein, aber indem er es entwickelte, malte er sich selbst auf eine so charakteristische und sichere Art in seiner wahren Gestalt, daß es unmöglich ist, daß ich mich hierin täusche. Kaum komme ich auf die zweite Seite dessen, was seine dummen oder boshaften Nachahmer geschrieben haben, so fühle ich die Äfferei*, und sosehr sie glauben, zu reden wie er, so weit entfernt sind sie, wie er zu fühlen

* Betrachten Sie zum Beispiel die *Philosophie de la Nature*, die man im Châtelet verbrannt hat, ein verfluchtes Buch und zweischneidiges Messer, ausdrücklich dazu gemacht, mir zugeschrieben zu werden, zumindest in der Provinz und in fremden Ländern, um auf meine Kosten die Lehre dieser Herren unter der Maske der meinigen zu verbreiten. Ich habe dieses Buch nicht gesehen, und ich hoffe, ich werde

und zu denken. Selbst wenn sie von ihm abschreiben, entstellen sie ihn durch die Art der Einkleidung. Es ist sehr leicht die Wendung seiner Wortfügungen nachzuahmen, während es jedem anderen äußerst schwer wird, seine Begriffe zu fassen und seine Gesinnungen auszudrücken. Nichts ist dem philosophischen Geist dieses Jahrhunderts so zuwider, und immer fallen seine falschen Nachahmer in diesen zurück.

Bei dieser zweiten Lektüre, die mit mehr Ordnung und Überlegung verbunden war als die erste und bei der ich dem Faden seiner Meditationen so gut wie möglich folgte, bemerkte ich allenthalben die Entwicklung seines großen Grundsatzes, daß die Natur den Menschen glücklich und gut gemacht hat, daß aber die Gesellschaft ihn verdirbt und ins Elend bringt. Besonders *Emile*, dieses so häufig gelesene, so wenig verstandene und so übel ausgelegte Buch ist nichts als ein Traktat über die ursprüngliche Güte des Menschen, dazu bestimmt, zu zeigen, wie sehr das Laster und der Irrtum, seiner Grundbeschaffenheit fremd, sich von außen hineindrängen und unbemerkt ihn verwandeln. In seinen ersten Schriften beschäftigt er sich mehr damit, dieses Blendwerk von Täuschung zu zerstören, die eine dumme Bewunderung der Werkzeuge unseres Elends uns eingibt, und diese täuschende Wertschätzung zu korrigieren, die uns die verderblichen Talente verehren und die nützlichen Tugenden dagegen verachten läßt. Überall läßt er uns das menschliche Geschlecht besser, weiser, glücklicher in seiner ursprünglichen Beschaffenheit, blind, elend und böse aber erscheinen in dem Maße, wie es sich davon entfernt.

Aber die menschliche Natur geht nicht rückwärts, und nie kommt man in die Zeiten der Unschuld und der Gleichheit zurück, wenn man sich einmal von ihnen entfernt hat. Dieses ist noch einer der Grundsätze, auf welchen er am meisten bestanden hat. Sein Zweck konnte also nicht sein, die zahlreichen Völker und

es nie zu sehen bekommen, aber ich habe alles dieses in den Akten zu deutlich gelesen, als daß ich mich darin täuschen könnte, und ich bin gewiß, daß es keine wahre Ähnlichkeit zwischen diesen Büchern und den meinigen geben kann, weil zwischen den Seelen, aus denen sie kommen, nicht die geringste Ähnlichkeit besteht. Bemerken Sie noch, daß man, seitdem man wußte, daß ich diese Akten gesehen hatte, neue Maßregeln traf, damit dergleichen in Zukunft mir nicht wieder vorkommen möge.

die großen Staaten zu ihrer ersten Einfachheit zurückzubringen, sondern nur, wenn es möglich wäre, die Fortschritte derer aufzuhalten, deren Kleinheit und Lage sie vor einem so schnellen Lauf zur Vollkommenheit des gesellschaftlichen Lebens und zum Verfall der Gattungen bewahrt hat. Diese Unterscheidungen verdienten gemacht zu werden, und sie wurden es nicht. Man beharrte auf der Beschuldigung, daß er Wissenschaften, Künste, Theater, Akademien zerstören und die Welt in die erste Barbarei zurückstoßen wollte, und er hat im Gegenteil immer die Erhaltung der einmal bestehenden Einrichtungen gefordert und behauptet, daß ihre Zerstörung nur die Linderungsmittel wegnehmen, die Laster aber lassen und so statt der Verderbnis Räuberei einführen würde. Er hatte für sein Vaterland und für die kleinen Staaten, die so verfaßt waren wie dieses, geschrieben. Konnten seine Lehren für andere von einigem Nutzen sein, so dadurch, daß sie die Gegenstände ihrer Hochachtung veränderten und dadurch vielleicht ihren Verfall verzögerten, den sie durch ihre falschen Wertschätzungen beschleunigten. Aber ungeachtet dieser so oft und so kräftig wiederholten Unterscheidungen haben die Unredlichkeit der Gelehrten und die Dummheit der Eigenliebe, die jeden überredet, man beschäftige sich sogar dann mit ihm, wenn man nicht an ihn denkt, zuwege gebracht, daß große Nationen für sich das genommen haben, was nur kleine Republiken zum Gegenstand hatte, und man bestand hartnäckig darauf, einen Beförderer von Umsturz und Unruhen in dem Mann zu sehen, der auf der Welt die aufrichtigste Hochachtung vor den Gesetzen und den nationalen Verfassungen und den größten Widerwillen gegen alle Revolutionen und gegen Verschwörer aller Art hat, den sie ihm heimzahlen.

Da ich dieses System nach und nach in allen seinen Verzweigungen bei einer überlegteren Lektüre wahrnahm, hielt ich mich doch anfangs weniger bei der unmittelbaren Untersuchung dieser Lehre auf als bei ihrem Verhältnis zu dem Charakter desjenigen, dessen Namen sie führte, und nach dem Bildnis, welches Sie mir entworfen hatten, schien mir dieses Verhältnis so auffallend, daß ich der Deutlichkeit desselben meinen Befall nicht versagen konnte. Wo kann der Maler und Lobredner der Natur, die heutzutage so verunstaltet und verleumdet ist, sein Muster wohl anders hergenommen haben als aus seinem eigenen Herzen? Er hat sie so beschrieben, wie er sie selbst empfand. Die Vorurteile, denen er nicht unterjocht war, die gekünstelten Leidenschaften, deren Opfer er nicht war, verdunkelten vor seinen Blicken nicht wie vor den Blicken anderer die so allgemein vergessenen oder verkannten Grundzüge. Diese für uns so neuen und so wahren Züge, einmal gezeichnet, würden wohl im Inneren des Herzens noch das Zeugnis ihrer Richtigkeit antreffen, aber nie hätten sie sich von selbst wieder gezeigt, wenn der Geschichtsschreiber der Natur nicht angefangen hätte, den Rost, der sie verbarg, hinwegzunehmen. Ein zurückgezogenes und einsames Leben, ein lebhafter Geschmack an Träumerei und Betrachtung, die Gewohnheit, in sich zu gehen und dort bei ruhigen Leidenschaften diese ersten Züge, die sich in der großen Menge verloren haben, zu suchen, das allein war es, wodurch sie wiedergefunden werden konnten. Kurz, ein Mensch mußte sich selbst malen, um uns so den ursprünglichen Menschen darzustellen, und wäre der Verfasser nicht ein ebenso sonderbarer Mensch gewesen, wie seine Bücher es sind, so hätte er sie nie geschrieben. Wo aber ist dieser Naturmensch, der ein wahres menschliches Leben lebt, der die Meinung anderer für nichts und sich einzig und allein nach seinen Neigungen und nach seiner Vernunft beträgt, ohne darauf zu sehen, was das Publikum billigt oder tadelt? Vergebens würde man ihn unter uns suchen. Alle suchen mit einem schönen Firnis von Worten vergeblich, über ihren wahren Zweck zu täuschen, keiner läßt sich dadurch betrügen, und keiner wird von den anderen hinters Licht geführt, obgleich alle ebenso reden wie er. Alle setzen ihr Leben in den Schein; alle, Sklaven der Eigenliebe und von ihr hintergangen, leben nicht, um zu leben, sondern um glauben zu machen, daß sie gelebt haben. Hätten Sie mir Ihren J.J. nicht geschildert, so hätte ich geglaubt, daß es keinen Naturmenschen mehr gäbe. Aber die auffallende Ähnlichkeit dessen, den Sie mir geschildert haben, mit dem Verfasser, dessen Bücher ich gelesen haben, ließe mich nicht zweifeln, daß der eine der andere ist, wenn ich auch keine andere Ursache hätte, es zu glauben. Dieses bemerkenswerte Verhältnis bestimmt mich, und ohne mich um den

J.J. unserer Herren zu bekümmern, der durch seine Entfernung von der Natur noch abscheulicher ist als der Ihrige sonderbar dadurch, daß er der Natur so nahe geblieben ist, nehme ich die Vorstellungen vollkommen an, die Sie mir von ihm gegeben haben, und wenn Ihr J.J. nicht ganz der meinige geworden ist, so hat er dazu noch die Ehre, daß er meine Hochachtung gewonnen hat, ohne daß meine Neigung irgend etwas für ihn getan hätte. Ich werde ihn vielleicht nie lieben, weil das nicht von mir abhängt, aber ich ehre ihn, weil ich gerecht sein will, weil ich ihn für unschuldig halte, weil ich ihn unterdrückt sehe. Das Unrecht, das ich ihm tat, als ich so über ihn dachte, war die Wirkung eines fast unüberwindlichen Irrtums, für den ich meinem Willen keinen Vorwurf zu machen habe. Wenn der Widerwille, den ich gegen ihn hatte, in seiner ganzen Stärke andauerte, so würde ich darum nicht weniger gestimmt sein, ihn hochzuschätzen und ihn zu beklagen. Sein Schicksal ist ein vielleicht einziges Beispiel aller nur möglichen Erniedrigungen und einer fast unüberwindlichen Geduld, sie zu ertragen. Endlich läßt mir die Erinnerung an die Täuschung, aus der ich in Ansehung seiner gerade heraustrete, ein großes Vorbeugungsmittel gegen ein stolzes Vertrauen auf meine Einsichten sowie gegen die Genügsamkeit des falschen Wissens.

ROUSSEAU

Es heißt in Wahrheit aus der Erfahrung Nutzen ziehen und den Irrtum selbst vorteilhaft anwenden, wenn man aus dem Irrtum, in den man hätte fallen können, lernt, weniger auf die Orakelsprüche unserer Urteile zu zählen und niemals, wenn man über die Ehre und über das Schicksal eines Menschen befinden will, eines der Mittel außer acht zu lassen, die von der Gerechtigkeit und der Vernunft vorgeschrieben sind, um die Wahrheit festzustellen. Wenn wir uns trotz aller dieser Vorsorge noch täuschen, so ist das eine Wirkung des menschlichen Elends, und wenigstens werden wir uns nicht vorzuwerfen haben, durch unsere eigenen Fehler gescheitert zu sein. Aber kann irgend etwas diejenigen entschuldigen, die hartnäckig und ohne Grund die unverletzlichsten Formen verwerfen und stolz darauf, mit Großen und Fürsten ein unbilliges Handeln zu teilen, ohne Furcht einen Beklagten verdammen und als Herren über sein Schicksal und seinen guten Namen bestimmen, bloß weil sie wollen, daß er schuldig ist, und weil es ihnen gefällt, Gerechtigkeit und Augenschein dort zu sehen, wo Betrug und Hinterlist unvoreingenommenen Augen sogleich erscheinen würden?

Ich werde mir diesen Vorwurf in Ansehung J.J.'s nicht zu machen haben, und wenn ich mich darin täusche, ihn unschuldig zu finden, so geschieht es doch nur, nachdem ich alle Maßregeln ergriffen habe, die in meiner Macht standen, um mich vor dem Irrtum zu hüten. Sie können selbst noch nicht so viel von sich sagen, weil Sie selbst ihn weder gesehen noch studiert haben, obgleich dies unter so viel Blendwerk, Täuschungen, Vorurteilen, Lügen und falschen Zeugnissen meiner Meinung nach das einzige sichere Mittel ist, ihn kennenzulernen. Dieses Mittel bringt noch ein anderes nicht minder unerläßliches Mittel mit sich, und dieses sollte das erste sein, wenn es erlaubt wäre, hier der natürlichen Ordnung zu folgen, und dies ist die widersprechende Untersuchung der Tatsachen durch die Parteien, so daß die Kläger und der Beklagte einander gegenübergestellt werden und daß man die Antworten des Beklagten selbst hört. Der Schrecken, den diese geheiligte Form für die ersteren mit sich zu führen scheint, und die Hartnäckigkeit, mit der sie sie ausschlagen, berechtigen zu einem sehr starken, begründeten Vorurteil gegen sie, das allein zu ihrer Verdammung hinreichen würde, wenn die Menge und die Gewalt ihrer Beweise, die so auffallend und so blendend sind, nicht die Wirkung dieser Weigerung hemmen würden. Man kann sich nicht denken, was der Beklagte antworten könnte, aber bis er seine Antworten vorgebracht oder verweigert hat, hat niemand das Recht, für ihn zu verkünden, daß er nichts zu antworten habe, oder, wenn man sich auch für vollkommen von dem unterrichtet hält, was er antworten oder nicht antworten könnte, so kann man ihn doch weder für überführt halten, solange er es nicht ist, oder für ganz gerechtfertigt, solange er seine Ankläger nicht zum Stillschweigen gebracht hat.

Dies, mein Herr, ist es, was uns noch zur Gewißheit unserer Urteile in dieser Sache fehlt. Als Menschen, die dem Irrtum unterworfen sind, können wir uns ebensogut täuschen, wenn wir einen Schuldigen für unschuldig, wie wenn wir einen Unschuldigen für schuldig halten. Es ist wahr, daß der erste Irrtum mehr zu entschuldigen scheint, aber läßt sich ein Irrtum entschuldigen, der schaden kann und vor dem man sich hätte bewahren können? Nein, solange noch ein Mittel bleibt, um die Wahrheit zu enthüllen, und man es vernachlässigt, ist der Irrtum nicht unwillkürlich und muß dem zugerechnet werden, der darin verharren will. Wenn Sie also Anteil genug an den Büchern nehmen, die Sie gelesen haben, um sich über den Verfasser entscheiden zu wollen, und wenn Sie die Ungerechtigkeit genug hassen, um diejenige wiedergutmachen zu wollen, die Sie auf eine so grausame Weise gegen ihn begehen konnten, so schlage ich Ihnen zuerst vor, den Mann zu sehen. Kommen Sie mit mir, und ich will Sie ohne Mühe einführen. Er ist schon vorbereitet, ich habe ihm alles gesagt, was ich in Ansehung Ihrer sagen konnte, ohne meine Verbindlichkeiten gegen Sie zu verletzen. Er weiß im voraus, wenn Sie sich jemals an seiner Tür zeigen, so kommen Sie, um ihn kennenzulernen, nicht um ihn zu betrügen. Nachdem Sie es abgeschlagen haben, ihn zu sehen, solange Sie ihn so wie alle Welt beurteilten, so wird Ihr erster Besuch für ihn ein tröstlicher Beweis sein, daß Sie nicht mehr ohne Hoffnung sind, ihm Ihre Achtung zu schulden und Unrecht an ihm gutzumachen haben.

Sobald Sie aufhören werden, ihn mit den Augen Ihrer Herren zu sehen, und ihn mit den Ihrigen betrachten, zweifle ich nicht, daß Ihre Urteile die meinigen bestätigen werden und daß Sie wenn Sie in ihm den Verfasser seiner Bücher wiederfinden, nicht überzeugt sein werden, wie ich es bin, daß er der Naturmensch ist und keineswegs das Ungeheuer, welches man Ihnen unter seinem Namen gemalt hat. Da wir uns aber schließlich einer wie der andere in Urteilen täuschen können, die der positiven und regulären Beweise ermangeln, so wird uns immer eine berechtigte Furcht bleiben, die auf die Möglichkeit gegründet ist, im Irrtum zu sein, und auf die Schwierigkeit, auf eine befriedigende Weise die Tatsachen zu erklären, die man wider ihn anführt. Ein einziger Schritt wird uns dann noch übrig sein, um die Wahrheit festzustellen, ihr zu huldigen und sie vor aller Augen bekanntzumachen, nämlich uns zu vereinigen, um Ihre Herren endlich dazu zu zwingen, daß sie sich öffentlich in seiner Gegenwart erklären und einen so unverschämten Strafbaren überführen oder wenigstens uns von dem Geheimnis entbinden, das sie von uns gefordert haben, indem sie uns erlauben, ihn selbst zu überführen. Eine so rechtmäßige Forderung wird der erste Schritt sein . . .

DER FRANZOSE

Halten Sie ein . . . ich zittere schon beim bloßen Zuhören. Ich habe Ihnen ohne Umschweife das Geständnis gemacht, welches ich der Gerechtigkeit und der Wahrheit schuldig zu sein glaubte. Ich will gerecht sein, aber nicht verwegen. Ich will mich nicht unnötigerweise zugrunderichten, ohne den Unschuldigen retten zu können, dem ich mich aufopfere, und das würde ich tun, wenn ich Ihrem Rat folgte; das würden Sie selbst tun, wenn Sie ihn ausführen wollten. Hören Sie, was ich tun kann und will, aber erwarten Sie außerdem nichts von mir.

Sie verlangen, ich solle J.J. besuchen, um mit eigenen Augen all das wahr zu finden, was Sie mir von ihm gesagt haben und was ich selbst aus der Lektüre seiner Schriften schließe. Diese Bestätigung ist mir überflüssig, und ohne meine Zuflucht dazu zu nehmen, weiß ich im voraus, woran ich mich in diesem Punkte halten soll. Es ist sonderbar, daß ich jetzt weit entschiedener als Sie den Gesinnungen anhänge, die Sie mich mit so viel Mühe haben annehmen lassen, aber dies hat seinen vernünftigen Grund. Sie bestehen noch auf der Macht der Beweise, die unsere Herren gegen ihn anführen. Diese Macht gilt bei mir nichts mehr, da ich das ganze Blendwerk enthüllt habe, seitdem ich es näher betrachtete. Hierüber habe ich viele Tatsachen, die Sie nicht kennen. Ich habe mit der lebhaftesten Unruhe über alles, was der Beklagte sagen könnte, deutlich in den Herzen der Herren das brennendste Verlangen gesehen, ihm jedes Mittel zur Verteidigung zu nehmen, ich habe soviel Übereinstimmung, Sorgfalt, Tätigkeit, Hitze in den Maßregeln bemerkt, die zu diesem Zweck ergriffen wurden, daß die Beweise, die in dieser Art durch so leidenschaftliche Menschen geführt wurden, in meinem Geiste alles Ansehen verlieren, wenn ich sie gegen Ihre Beobachtungen halte. Das Publikum ist betrogen, ich sehe es, ich weiß es, aber es will betrogen sein und würde es nicht gerne sehen, wenn man es aus der Täuschung risse. Ich bin selbst in diesem Fall gewesen, und ich habe mich nicht ohne Mühe herausgerissen. Unsere Herren hatten mein Vertrauen, weil sie den Neigungen schmeichelten, die sie mir selbst eingegeben hatten, nie aber haben sie meine ganze Achtung gehabt, und wenn ich Ihnen auch ihre Tugenden pries, so konnte ich mich doch nicht entschließen, sie nachzuahmen. Ich habe mich nie ihrem Opfer nähern wollen, um ihm zu schmeicheln, es zu betrügen, es nach ihrem Beispiel zu umzingeln, und der nämliche Widerstand, den ich in Ihrem Herzen sehe, war in dem meinigen, als ich ihn zu bekämpfen suchte. Ich billigte ihre Kunstgriffe, ohne sie mitmachen zu wollen. Ihre Falschheit, die sie Wohlwollen nannten, konnte mich nicht verführen, weil ich statt dieses Wohlwollens, dessen sie sich rühmten, für den, der ihr Gegenstand war, nichts als Antipathie, Widerwillen und Abneigung fühlte. Ich war es sehr zufrieden, daß sie für ihn eine Art verächtlicher und spöttischer Zuneigung hegten, die alle Wirkungen des tödlichsten Hasses hervorbrachte, aber ich konnte mich selbst nicht betrügen, und sie hatten ihn mir so zuwider gemacht, daß ich ihn ohne alle Verstellung ganz offen von ganzem Herzen haßte. Ich hätte gefürchtet, ihm nahe zu kommen, wie vor einem scheußlichen Ungeheuer, und ich wollte lieber die Freude entbehren, ihm zu schaden, als den Schrecken erleben, ihn zu sehen.

Indem Sie mich nach und nach auf den Weg der Vernunft zurückleiteten, haben Sie mir ebensoviel Achtung vor seiner Geduld wie Mitleiden für sein Unglück eingeflößt. Seine Bücher haben das Werk, das Sie angefangen hatten, vollendet. Ich fühle, indem ich sie las, welche Leidenschaft seiner Seele den Nachdruck und seiner Sprache die Kraft gab. Es ist nicht ein vorübergehender Ausbruch, es ist ein herrschendes und bleibendes Gefühl, das sich zehn Jahre hindurch so erhalten und zwölf Bände hervorbringen kann, die immer von dem nämlichen Eifer erfüllt, immer von der nämlichen Überzeugung hingerissen sind. Ja, ich fühle es und behaupte es wie Sie, daß, wenn er der Verfasser der Schriften ist, die seinen Namen tragen, er nur eines rechtschaffenen Mannes Herz haben kann.

Dieses aufmerksame und mit Überlegung verbundene Lesen hat in meinem Geiste die Revolution vollendet, die Sie angefangen haben. Während ich mit aller Sorgfalt, die die Schriften erfordern, las, fühlte ich die ganze Bosheit, die ganze abscheuliche Schlauheit seiner bitteren Kommentatoren. In allem, was ich vom Original las, fühlte ich die Aufrichtigkeit, die Geradheit einer hohen, stolzen Seele, offen, ohne Galle, die sich ohne Vorsicht, ohne Furcht darstellt, die offen tadelt, ohne listig etwas zu verschweigen, lobt und kein einziges ihrer Gefühle verbirgt. Im Gegenteil, alles, was ich in den Antworten las, zeigte einen wilden Trotz oder eine hinterhältige verräterische Höflichkeit und bedeckte mit dem Honig des Lobes die Galle der Satire und das Gift der Verleumdung. Man lese nur mit Bedacht den ehrenhaften freimütigen Brief an Herrn d'Alembert über das Schauspiel, und man vergleiche ihn mit der Antwort dieses Herrn, die so sorgfältig abgemessen, so voll gezierter Vorsicht, so reich an süßsauren Komplimenten ist, so geschickt, das Böse denken zu lassen, das man zu sagen nicht scheinen will, und dann suche man aufgrund der Lektüre dieser Schriften zu entdecken, wer von beiden Verfassern der Böse ist. Glauben Sie, daß es in der ganzen Welt einen Sterblichen gibt, der unverschämt genug wäre zu sagen, J.J. sei es?

Dieser Unterschied kündigt sich gleich anfangs im Motto an. Das Ihres Freundes, das aus der *Aeneis* genommen ist, ist ein Gebet zum Himmel, daß er die Guten vor einem so unheilvollen Irrtum bewahren und diesen den Feinden überlassen möge. Und hier ist die des Herrn d'Alembert, die aus La Fontaine genommen ist:

Tritt mir deine Sichel ab, das Werkzeug des Verderbens.

Der eine sinnt nur darauf, einem Übel vorzubeugen, und der andere vergißt, wovon die Rede ist, im ersten Augenblick, um seinem Widersacher zu schaden, und in der Untersuchung über die Nützlichkeit der Schauspiele richtet er sehr treffend denselben Vers an J.J., den bei La Fontaine die Schlange an den Menschen richtet.

O feiner und listiger d'Alembert, wenn Sie keine Sichel haben, die, was immer die Schlange sagen mag, ein sehr nützliches

Werkzeug ist, so haben Sie statt dessen einen sehr geschärften Dolch, der selten und besonders nicht in Ihren Händen ein Werkzeug des Wohltuns ist.

Sie sehen, daß ich in Ihren eigenen Untersuchungen weiter gekommen bin als Sie selbst, weil Ihnen in dieser Sache Zweifel geblieben sind, die ich nicht mehr habe. Nein, mein Herr, ich brauche J.J. nicht einmal mehr zu sehen, um zu wissen, was ich von ihm denken soll. Ich habe die Kunstgriffe, deren Opfer er ist, zu sehr aus der Nähe gesehen, um in meinem Geist dem, was daraus entspringen könnte, die mindeste Autorität zu lassen. Das, was er in den Augen des Publikums damals war, als er sein erstes Werk herausgab, das ist er in den meinigen jetzt wieder, weil das Blendwerk alles dessen, was man seitdem tat, um ihn zu entstellen, vernichtet ist und weil ich in allen Beweisen, die auf Sie noch Einfluß haben, nichts als Betrug, Lügen und Täuschung sehe.

Sie fragten, ob ein Komplott vorhanden sei? Ja, allerdings ist es das, und ein solches, dergleichen nie gewesen ist und nie wieder sein wird. War das nicht in dem Jahre klar, als der Unglückliche auf den plötzlichen und unglaublichen Befehl aller Journale, Zeitungen und Broschüren hin verurteilt wurde? Diese Verurteilung war die Sturmglocke dieser ganzen Wut. Können Sie wohl glauben, daß die Verfasser alles dessen, so eifersüchtig, so boshaft, so niederträchtig sie auch sein mochten, so einmütig wie wütende Wölfe auf einen Menschen losgingen, der damals und von da an ein Opfer der grausamsten Widrigkeiten war? Können Sie glauben, daß man so unverschämt die Sammlungen seiner Schriften mit allen diesen schändlichen Schmähschriften angefüllt hätte, wenn die, die sie geschrieben und sich ihrer bedient haben, nicht von diesem Bündnis inspiriert gewesen wären, das seit langer Zeit seinen Gang in der Stille nahm und sich damals zuerst öffentlich erhob? Beim Lesen der Schriften J.J.'s habe ich zugleich diese giftigen Produkte gelesen, die man mit soviel Sorgfalt hineingemischt hat. Hätte ich eher angefangen zu lesen, wäre mir alles übrige deutlich gewesen. Dem, der sie mit kaltem Blut durchlaufen hat, fällt das gar nicht schwer. Die Verschwörer selbst haben das gefühlt und haben bald eine andere Methode angewandt, mit der sie mehr Erfolg hatten. Diese war, daß sie J.J. öffentlich nur mit verdeckten Worten angriffen, meistens ohne ihn oder seine Bücher zu nennen, daß sie es aber so ausführten, daß die Anwendung dessen, was sie sagten, so deutlich war, daß jeder sie augenblicklich wahrnahm. Seit zehn Jahren, da man dieser Methode folgt, hat sie mehr Wirkung hervorgebracht als die größten Beleidigungen, die schon allein dadurch dem Publikum mißfallen oder ihm verdächtig werden können. In besonderen Unterredungen, in den Zirkeln, in den kleinen geheimen Zusammenkünften, vor allem den kleinen literarischen Tribunalen, deren Vorsitz die Weiber führen, werden die Dolche geschliffen, mit denen man ihn verhüllt durchbohrt. Der hitzige Voltaire stieß zunächst geradezu und überschäumend seine gewöhnlichen Schmähungen aus, aber der verschlagene d'Alembert begab sich unter dem Vorwand einer Reise nach Italien, die er gar nicht machen wollte und nicht machte*, nach Ferney, und dort machte er ihm in einer gemütlichen Unterredung klar, daß diese Art, offen zu reden und zu handeln, nicht im Sinne des Systems des Bündnisses war und nicht dessen Billigung hatte, daß er sich vielmehr der verabredeten Methode fügen müsse, immer zu handeln, ohne sich zu zeigen, öffentlich aber, und sogar mit aller Übertriebenheit, nur Gutes über J.J. und seine Talente zu sagen, immer den Anschein der zärtlichen Teilnahme für ihn zu erwecken und durch blinde und anhaltende Entwürdigungen ihn zu zwingen, sich schließlich aus Verzweiflung zu töten, was man öffentlich leicht so auslegen würde, als habe er sich aus Raserei getötet: dies ist, zweifeln Sie nicht daran, das wahre verborgene Ziel des Bündnisses, welches es, was immer Sie auch sagen mögen, noch zu erreichen hofft. »Schweigen Sie«, sagte d'Alembert zu Voltaire, »sprechen Sie nicht mehr von ihm, und lassen Sie uns nur machen, bald werden wir uns alle von diesem Unhold befreit haben.« Der andere ist diesem Rat seither gefolgt und wartet noch ungeduldig auf die Wirkung des Versprechens, das er eingelöst sehen möchte.

* Daß diese Italienreise nur vorgeschützt war, schloß ich aus der Übertriebenheit, mit der man mir davon schon lange vor dem Aufbruch sprach. Konnte diese Übertriebenheit mir, dem man aus allem ein Geheimnis macht, selbst aus den gleichgültigsten Dingen, entgehen?

Man begreift nicht, wie die Verleumdung eines Privatmannes ohne Amt, ohne Pläne, ohne irgendeinen Anhang, ohne Einfluß eine so wichtige und allgemeine Angelegenheit hat werden können. Man begreift noch weit weniger, wie eine solche Unternehmung schön genug hat erscheinen können, um alle Stände ohne Ausnahme begierig zu machen, daran *per fas et nefas* wie zu dem herrlichsten Werk beizutragen. Wenn die Urheber dieses erstaunlichen Komplotts, wenn die Oberen, die seine Führung übernahmen, auf irgendeine ehrenvolle Unternehmung nur die Hälfte der Sorgfalt, der Mühe, der Arbeit, der Zeit, der Kosten verwandt hätten, die sie zur Ausführung dieses schönen Projekts verschwendet haben, so hätten sie sich mit einem unsterblichen Ruhm krönen können für weit weniger Kosten*, als sie aufgewendet haben, um dieses Werk der Finsternis zu vollbringen, aus dem für sie weder Glück noch Ehre entspringen kann, sondern bloß das Vergnügen, im stillen die niedrigste aller Leidenschaften zu befriedigen, wobei die Geduld und Sanftmut ihres Opfers ihnen nicht einmal den vollen Genuß ihres Werkes lassen wird.

Es ist unmöglich, daß Sie einen richtigen Begriff von der Lage, in welcher Ihr J.J. sich befindet, noch von der Art haben, wie man ihn verstrickt hat. Alles ist in Ansehung seiner so gut abgestimmt, daß ein Engel vom Himmel herabsteigen könnte, um ihn zu verteidigen, ohne daß es ihm gelänge. Das Komplott, dessen Gegenstand er ist, ist nicht eine von jenen Betrügereien, die von ungefähr ausgedacht werden, die eine schnelle und vorübergehende Wirkung haben und die ein Augenblick entdeckt und zugrunderichtet. Es ist, wie er selbst es gefühlt hat, ein Projekt, das von langer Hand vorbereitet worden ist, dessen langsame und stufenweise Ausführung sich nur mit ebensoviel Vorsicht wie Methode bewerkstelligen läßt und das in dem Maße, wie es vorrückt, sowohl die Spuren des Weges, den es gegangen ist, als auch die Spu-

* Ich weiß gewiß, man wird mich beschuldigen, daß ich mir eine ungeheure Wichtigkeit gebe. Ach, wenn ich nicht mehr Wichtigkeit in den Augen anderer hätte als in den meinigen, wieviel weniger wäre mein Schicksal zu beklagen! Ich bitte die, die mir diesen Vorwurf machen, nur zwei Dinge in einer Weise zu erklären, die einen vernünftigen Mann befriedigen kann. Einmal die Besetzung Korsikas und zum anderen die Unternehmungen der Stadt Versoix.

ren der Wahrheit, die es zum Verschwinden gebracht hat, auslöscht. Können Sie glauben, daß bei soviel Sorgfalt, alle Arten von Erklärung zu vermeiden, die Urheber und Häupter der Verschwörung es versäumen sollten, alles zu zerstören und zu entstellen, was einmal dazu beitragen könnte, sie zu überführen, und daß sie die mehr als fünfzehn Jahre, die das Werk im vollen Gange ist, nicht hinlänglich Zeit gehabt haben, um in allem den gewünschten Erfolg zu haben? Je mehr sie in die Zukunft vorrücken, desto leichter wird es ihnen, das Vergangene zu verwischen oder ihm die Wendung zu geben, die ihnen zugutekommt. Der Augenblick muß kommen, wo alle Zeugnisse ihnen zu Diensten stehen und wo sie ohne Furcht den undurchdringlichen Schleier heben können, den sie über die Augen ihres Opfers geworfen haben. Wer weiß, ob dieser Augenblick nicht schon gekommen ist, ob sie nicht durch die Maßregeln, die zu nehmen sie so lange Zeit gehabt haben, sich nicht schon jetzt der Konfrontation aussetzen könnten, die die Unschuld verwirren und die Bosheit triumphieren lassen würde? Vielleicht vermeiden sie es nur noch, um nicht ihre Grundsätze zu verändern zu scheinen, und, wenn Sie wollen, aus einem Rest von Furcht, die immer mit der Lüge verbunden ist, nicht alles gut genug vorausgesehen zu haben. Ich wiederhole es Ihnen, sie haben unaufhörlich daran gearbeitet, alles so einzurichten, daß sie von einer geregelten Untersuchung nichts zu fürchten brauchen, wenn sie irgend einmal gezwungen würden, sich darauf einzulassen, und es kommt mir so vor, als wenn sie Zeit und Mittel genug gehabt hätten, den guten Ausgang ihrer Unternehmung vor allen unvorhergesehenen Zufällen zu sichern. Was könnten jetzt wohl für Hilfsquellen übrig sein, deren J.J. und seine Verteidiger, wenn sie aufzutreten wagten, sich bedienen könnten? Wo würde er Richter finden, die nicht mit in dem Komplott wären, Zeugen, die nicht bestochen wären, gute Ratgeber, die ihn nicht irreleiteten? Ganz allein gegen eine verschworene Generation, wo könnte er die Wahrheit anrufen, ohne daß die Lüge nicht an ihrer Stelle antwortete? Welchen Schutz, welche Stütze würde er finden, um sich dieser allgemeinen Verschwörung zu widersetzen? Gibt es, ja könnte es wohl unter den Menschen, die in Ämtern stehen, einen einzigen geben, der unbestechlich genug wäre, sich selbst zu verdammen, der Mut genug hätte, einen Unterdrückten zu verteidigen, der seit so langer Zeit dem allgemeinen Haß überlassen gewesen ist, der großmütig genug wäre, sich mit einem solchen Eifer aus keinem anderen Grund zu beleben als aus dem der Billigkeit? Seien Sie versichert, wie groß auch der Einfluß, die Autorität dessen sein könnte, der seine Stimme zu seinen Gunsten erheben und für ihn die ersten Gesetze der Gerechtigkeit anrufen würde, er würde sich verderben, ohne seinen Klienten zu retten, und das ganze gegen den verwegenen Beschützer vereinigte Bündnis würde ihn auf diese oder jene Art entfernen und schließlich wie vorher fortfahren, sein Opfer nach seinem Gefallen zu behandeln. Nichts kann ihn mehr seinem Schicksal entreißen, und alles, was ein weiser Mann tun kann, der an seinem Schicksal Anteil nimmt, ist, daß er in der Stille die Spuren der Wahrheit aufsucht, um sein eigenes Urteil danach zu richten, niemals aber, um es der großen Menge annehmbar zu machen, die unfähig ist, aus Vernunft der Partei zu entsagen, die die Leidenschaft sie hat nehmen lassen.

Was mich betrifft, so will ich Ihnen mein Bekenntnis ohne Umschweife ablegen. Ich glaube, daß J.J. unschuldig und tugendhaft ist, und dieser Glaube ist so fest im Grunde meiner Seele, daß er keiner anderen Bestätigung bedarf. Da ich ganz von seiner Unschuld überzeugt bin, werde ich nie so verworfen handeln, entgegen dem, was ich denke, hierüber etwas zu sagen, noch gegen ihn meine Stimme mit der Stimme des Publikums zu vereinigen, wie ich es bisher, da ich anderer Meinung war, getan habe. Aber erwarten Sie auch nicht, daß ich so unvorsichtig sein und offen als sein Verteidiger auftreten oder seine Ankläger zwingen werde, die Larve, die sie angenommen haben, abzulegen, um ihn laut ins Gesicht anzuklagen. Hiermit würde ich einen so unvorsichtigen wie unnützen Schritt tun, dem ich mich nicht aussetzen will. Ich habe einen Stand, ich habe Freunde zu erhalten, eine Familie zu unterstützen, meine Gönner zu schonen. Ich will hier nicht den Don Quichotte spielen und gegen Mächte kämpfen, um einen Augenblick von mir reden zu machen und dann für den Rest meines Lebens verloren zu sein. Kann ich mein Unrecht gegen den unglücklichen J.J. wieder gutmachen und ihm nützlich sein, ohne mich in Gefahr zu setzen, so will ich es von Herzen gern tun. Wenn Sie aber einen glänzenden Schritt von mir erwarten, der mich in Verlegenheit bringen und dem Tadel meiner Leute aussetzen könnte, so lassen Sie sich eines Besseren belehren: so weit werde ich nie gehen. Sie selbst können nicht weiter gehen, als Sie gegangen sind, ohne Ihr Wort zu brechen und mich mit Ihnen in eine Verlegenheit zu setzen, aus der wir, weder der eine noch der andere, so leicht herauskommen, wie Sie angenommen haben.

ROUSSEAU

Beruhigen Sie sich, ich bitte Sie. Ich will mich lieber selbst nach Ihren Entschließungen richten, als etwas von Ihnen verlangen, was Ihnen mißfällt. Mit dem Schritt, den zu tun ich gewünscht hätte, hatte ich mehr unsere gänzliche und gemeinsame Zufriedenheit beabsichtigt, als daß ich das Publikum und Ihre Herren zu den Gefühlen der Gerechtigkeit und auf den Weg der Wahrheit hätte bringen wollen. Obgleich ich innerlich ebensosehr wie Sie von der Unschuld J.J's überzeugt bin, so bin ich doch nicht regelrecht davon überzeugt, weil ich, da ich ihn über die Dinge, die man ihm zur Last legt, nicht unterrichten durfte, ihn weder durch sein Stillschweigen überführen noch durch seine Antworten lossprechen konnte. In Ansehung dessen halte ich mich an das unmittelbare Urteil, das ich über den Menschen gefällt habe, ohne über die Handlungen zu befinden, die dieses Urteil widerlegen, weil es ihnen an Kennzeichen fehlt, die sie allein in meinen Augen bestätigen oder zerstören können. Ich habe nicht genug Vertrauen in meine eigenen Kenntnisse, um zu glauben, daß sie mich nicht irreführen können, und vielleicht wäre ich hier immer noch im Zweifel, wenn nicht das rechtmäßigste und stärkste Vorurteil meinen eigenen Beobachtungen zu Hilfe käme und mir nicht die Lüge von der Seite zeigte, wo sie sich der Wahrheitsprobe versagt. Weit entfernt, eine Untersuchung durch Gegenüberstellung der Parteien zu scheuen, hat J.J. sie unaufhörlich gesucht, hat mit lauten Rufen seine Ankläger hervorgerufen und deutlich gesagt, was er zu sagen hatte, während sie ihm immer aus dem Wege gegangen und untergetaucht sind, untereinander immer mit gedämpfter Stimme gesprochen und mit der größten Sorgfalt ihre Beschuldigungen, ihre Zeugen, ihre Beweise, besonders ihre eigene Person vor ihm verborgen haben und mit dem sichtbarsten Schrecken vor jeder Art von Konfrontation geflohen sind. Sie haben also gewiß starke Gründe, sie zu fürchten, da die Gründe, die sie anführen, so einfältig sind, daß sie sogar eine Beleidigung für die sind, die sie damit abspeisen wollen und die damit, ich weiß nicht wie, sogar zufrieden sind. Was mich aber betrifft, so werde ich damit niemals zufrieden sein, und daher haben alle ihre geheimen Beweise kein Gewicht für mich. Sie sind da in der nämlichen Lage wie ich, aber mit einem geringeren Grade der Gewißheit in Ansehung der Unschuld des Beklagten, weil Sie ihn nicht mit eigenen Augen untersucht haben und also über ihn nur nach seinen Schriften und nach meinem Zeugnis urteilen. Ihre Zweifel müßten also weit größer sein als die meinigen, wenn die Kunstgriffe seiner Verfolger, die Sie besser untersucht haben, für Sie nicht eine Art Ausgleich wären. In dieser Lage habe ich gedacht, daß wir, um die Wahrheit am sichersten herauszubringen, am besten tun würden, wenn wir sie gerade der letzten und sichersten Probe unterwerfen würden, die Ihre Herren so sorgfältig vermeiden. Es schien mir, daß wir, ohne uns zu sehr in Verlegenheit zu bringen, ihnen sagen könnten: »Wir können nicht billigen, daß Sie auf Kosten der Gerechtigkeit und der allgemeinen Sicherheit einem Lasterhaften eine stillschweigende Gnade widerfahren lassen, die er nicht annehmen will und von der er behauptet, daß sie nur eine schreckliche Barbarei sei, die Sie mit einem so schönen Namen belegen. Wenn diese Gnade in der Tat eine wäre, so würde sie ihre Natur verändern, da sie aus Zwang es wäre. Anstatt eine Wohltat zu sein, wird sie eine grausame Beleidigung, und nichts ist ungerechter und tyrannischer, als einen Menschen zu zwingen, uns wider seinen Willen verpflichtet zu sein. Es ist ohne Zweifel eines der Laster J.J.'s, daß er, statt Dankbarkeit zu fühlen, die er Ihnen schuldete, eine mehr als verächtliche Abneigung gegen Sie und Ihre Kunstgriffe hat. Besonders diese Unverschämtheit von seiner Seite verdient eine angemessene Bestrafung, und diese Strafe, die Sie ihm und sich selbst schuldig sind, muß sein, ihn zu beschämen, damit er, gezwungen, Ihre Nachsicht anzuerkennen, die Beweggründe, die Ihre Handlungen lenken, nicht mehr verdunkeln kann. Die Beschämung eines so hochmütigen Heuchlers mag, wenn Sie wollen, seine einzige Strafe sein, aber diese soll er fühlen um der allgemeinen Erbauung, der öffentlichen Sicherheit und der Ehrenrettung der gegenwärtigen Generation willen, die er so sehr zu verachten scheint. Dann nur könnte man ihn ohne Gefahr unter uns in Schande umherirren lassen, wenn er wahrhaft überführt und entlarvt wäre. Wie lange wollen Sie dieses hassenswerte Ärgernis noch dulden, daß das Laster mit der Sicherheit der Unschuld es wagt, auf die unverschämteste Art die Tugend herauszufordern, die sich abwendet und in der Finsternis verbirgt? Ihm muß man dieses erniedrigende Stillschweigen auferlegen, welches sie ihm gegenüber wahren, denn sonst wird die Nachwelt immer glauben, daß der, der sich allein und ohne Furcht zeigt, der Schuldige ist und der Unschuldige der, der ihm, mit zahlreichem Gefolge, nicht entgegenzutreten wagt.«

Wenn wir so zu ihnen redeten, würden wir sie zwingen, sich offen zu erklären oder stillschweigend ihren Betrug einzugestehen und durch die Auseinandersetzung der Tatsachen in der Gegenüberstellung würden wir ein sicheres Urteil über die Kläger und den Beklagten fällen und über sie und ihn endgültig befinden können. Sie sagen, daß, da die Richter und die Zeugen alle dem Bündnis angehören, ihre Treulosigkeit sehr leicht auszuführen und sehr schwer zu entdecken sei, und das ist wahr. Aber es ist auch nicht unmöglich, daß der Beklagte irgendeine unerwartete und entscheidende Antwort fände, die alle ihre Geschütze wirkungslos und das Komplott offenkundig machen würde. Alles ist wider ihn, das weiß ich, Macht, List, Geld, Heimtücke, Zeit, Vorurteile, seine Einfältigkeit, seine Zerstreuung, sein schlechtes Gedächtnis, seine Verlegenheit im Ausdruck, kurz alles, ausgenommen die Unschuld und die Wahrheit, die allein ihm die Zuversicht gegeben haben, diese Erklärungen zu suchen, zu erbitten, laut zu fordern, die zu fürchten er soviel Ursache hätte, wenn sein Gewissen gegen ihn aussagte. Aber seine erschlafften Begierden werden nun weder durch die Hoffnung eines glücklichen Ausganges belebt, den er nur noch durch ein Wunder erwarten kann, noch durch die Vorstellung eines Ausgleichs, der seinem Herzen schmeicheln könnte. Setzen Sie sich einen Augenblick an seine Stelle und fühlen Sie, was er von der gegenwärtigen Generation und ihrer Aufführung ihm gegenüber denken soll. Nach dem Vergnügen, das sie daran fand, ihn durch Schmeichelei zu verleumden, was sollte er sich da aus der Rückkehr seines Rufes und der Achtung vor ihm machen, und welchen Wert können in seinen Augen die aufrichtigen Herzlichkeiten eben der Leute bei ihm haben, die so falsche an ihn verschwendeten, als ihr Herz voll Widerwillen gegen ihn war? Ihre Doppelzüngigkeit, ihre Verräterei, ihre Untreue, konnten sie ihm wohl das mindeste vorteilhafte Gefühl für sie lassen, und sollte es ihn nicht eher unwillig machen, als ihm schmeicheln, sich von ihnen aufrichtig mit den nämlichen Äußerungen gefeiert zu sehen, die sie so lange spöttisch gebrauchten, um aus ihm den Spielball des Pöbels zu machen?

Nein, mein Herr, wenn seine Zeitgenossen, so bußfertig und wahrhaft, wie sie bis dahin falsch und grausam gegen ihn gewesen sind, endlich von ihrem Irrtum oder vielmehr von ihrem Haß abließen und, um ihre lange Ungerechtigkeit wiedergutzumachen, mit Ehrenbezeigungen versuchten, ihn ihre Beleidigungen vergessen zu lassen, könnte er wohl die Niedrigkeit und Unwürdigkeit ihres früheren Betragens vergessen, könnte er wohl aufhören, sich zu sagen, daß selbst, wenn er der Lasterhafte wäre, den sie in ihm zu sehen wünschen, ihre Art, mit diesem angeblichen Lasterhaften umzugehen, zwar weniger ungerecht, aber um so verworfener wäre, und daß, sich um eines Ungeheuers willen zu so vielen hinterlistigen Ränken herabzulassen, sich noch unter dieses Ungeheuer selbst erniedrigen hieße? Nein, es steht nicht mehr in der Macht seiner Zeitgenossen, ihm die Verachtung wieder zu nehmen, die sie ihm mit soviel Sorgfalt eingeflößt haben. Sogar unempfindlich für ihre Beleidigungen geworden, wie könnten ihn ihre Lobeserhebungen rühren? Wie könnte er die verspätete und erzwungene Rückkehr ihrer Hochachtung gutheißen, da er selbst keine mehr für sie haben kann? Nein, dieser Sinneswandel eines so verachteten Publikums kann ihm kein Vergnügen mehr machen und keine Ehre mehr bringen, er wäre ihm weit beschwerlicher, als daß er ihm eine Genugtuung brächte. Die rechtliche und entscheidende Aufklärung, die er nie erhalten konnte und die zu verlangen er aufhörte, wäre also eher etwas für uns als für ihn. Sie könnte selbst mit der glänzendesten Rechtfertigung keine wahre Süßigkeit mehr in seine alten Tage bringen. Er ist nun hienieden zu fremd geworden, um an dem, was vorgeht, irgendeinen Anteil zu nehmen, der ihm persönlich etwas bedeutete. Da er keinen zureichenden Grund mehr hat, tätig zu sein, so bleibt er ruhig, erwartet mit dem Tode das Ende seiner Leiden und sieht gleichgültig auf sein Schicksal für die wenigen Tage, die ihm hier noch zu leben übrig sind.

Ein Trost bleibt ihm indessen doch noch. Ich weihe mein Leben dem, ihm diesen Trost zu geben, und ich fordere Sie auf, etwas dazu beizutragen. Wir sind, weder der eine noch der andere, in die Geheimnisse des Bundes eingedrungen, dessen Gegenstand er ist, wir haben die Falschheit derer, die ihn bilden, nicht geteilt, wir haben nicht versucht, ihn durch hinterlistige Schmeicheleien zu überfallen. Solange Sie ihn haßten, haben Sie ihn geflohen, und ich habe ihn nur in der Hoffnung aufgesucht, ihn meiner Freundschaft würdig zu finden und die nötige Prüfung vorzunehmen, um ein klares Urteil über ihn zu fällen, und da dieses von ihm so sehr gesucht wie von Ihren Herren verhindert wurde, bildet sich eine Vermutung, die soviel als möglich zu diesem Beweis beiträgt und das bestätigt, was ich nach einer so langen und unparteiischen Untersuchung von ihm gedacht habe. Er hat mir hundertmal gesagt, daß er sich über die allgemeine Ungerechtigkeit getröstet hätte, wenn er ein einziges menschliches Herz angetroffen hätte, welches sich dem seinigen geöffnet, seine Leiden mitgefühlt und ihn beklagt hätte. Die offene volle Hochachtung eines einzigen hätte ihn für die Verachtung aller übrigen entschädigt. Ich kann ihm diese Entschädigung geben, und ich weihe sie ihm. Wenn Sie sich zu diesem guten Werk mit mir vereinigen, so können wir ihm in seinen alten Tagen die Süßigkeit eines wahren gesellschaftlichen Lebens wiedergeben, die er seit so langer Zeit verloren hat und die er hienieden nicht wiederzufinden hoffte. Wir wollen das Publikum in dem Irrtum lassen, der ihm gefällt und dessen es wert ist, und nur dem, der dessen Opfer ist, zeigen, daß wir keinen Anteil daran haben. In Ansehung meiner täuscht er sich schon nicht mehr, und er wird sich auch über Sie nicht täuschen, wenn Sie mit Gesinnungen zu ihm kommen, die er verdient, und Sie werden ihn bereit finden, sie Ihnen zu erwidern. Die unsrigen werden ihm um so fühlbarer sein, da er sie von niemandem mehr erwartet, und bei dem Herzen, das ich in ihm kenne, mußte er dieser Gesinnungen nicht so lange beraubt sein, um ihren Wert zu empfinden. Seine Verfolger mögen fortfahren, über ihn zu triumphieren, er wird ihr Glück ohne Bitterkeit sehen: Rachgier quälte ihn niemals. Bei all ihren Erfolgen beklagt er sie noch und glaubt sie unglücklicher als sich selbst. In der Tat, wenn auch die traurige Freude an den Übeln, die sie ihm zufügten, ihre Herzen mit wahrer Zufriedenheit erfüllen könnte, kann sie das jemals von der Furcht befreien, eines Tages entdeckt und entlarvt zu werden? Zeigt die viele Mühe, die sie sich geben, die vielen Maßregeln, die sie seit so vielen Jahren ohne Unterlaß treffen, nicht die Angst, niemals dessen genug getan zu haben? Mögen sie die Wahrheit mit dreifachen Mauern von Lügen und Betrug verschließen die sie immer noch verstärken, so zittern sie doch immer noch, daß sie ihnen durch irgendeine Spalte entwischt. Das ungeheure Gebäude der Finsternis, welches sie um ihn her aufgeführt haben, reicht nicht hin, sie sicher zu machen. Solange er lebt, kann ein unvorhergesehener Zufall ihm ihr Geheimnis enthüllen und sie dem aussetzen, sich überführt zu sehen. Selbst sein Tod, weit entfernt, sie zu beruhigen, muß ihre Unruhe noch vermehren. Wer weiß, ob er nicht einen unauffälligen Vertrauten gefunden hat, der, wenn die Feindseligkeit des Publikums nicht mehr durch die Gegenwart des Verurteilten entflammt wird, den Augenblick, wo die Augen sich öffnen, ergreifen wird, um sich vernehmlich zu machen? Wer weiß, ob nicht irgendein treuer Bewahrer seiner Geheimnisse Zeit und Ort wählen wird, um Beweise seiner Unschuld vorzulegen, die das Publikum zwingen, ihnen Glauben beizumessen und Gefühl und Reue seines langen Irrtums zuwege zu bringen? Wer weiß, ob in der unzähligen Schar ihrer Mitverschworenen sich nicht einer findet, den die Reue reden läßt? Man mag noch so gut alle erdenklichen Möglichkeiten voraussehen und ordnen, man fürchtet immer, es möchte eine bleiben, die man nicht vorhergesehen hat und die die Wahrheit enthüllt, wenn man es am wenigsten erwartet. Die Vorsorge mag tüchtig arbeiten, die

Furcht ist noch tätiger, und ohne das zu bedenken, haben die Urheber eines solchen Projektes ihrem Haß die Ruhe ihrer übrigen Tage aufgeopfert.

Wären ihre Beschuldigungen gegründet und wäre J.J. so, wie sie ihn gemalt haben, hätten sie ihn dann um der Ruhe ihres Gewissens willen einmal entlarvt und ihr Geheimnis bei denen niedergelegt, die über die öffentliche Ruhe wachen müssen, so würden sie sich im weiteren auf sie verlassen, aufhören, sich mit dem Schuldigen zu beschäftigen und nicht weiter an ihn denken. Aber das unruhige und wachsame Auge, das sie unaufhörlich auf ihn geheftet haben, die Boten, die ihn umgeben, die Maßregeln, die zu ergreifen sie nicht aufhören, um ihm jeden Weg, zu einer Erklärung zu kommen, zu versperren, damit er ihnen auf keine Art entwischen kann, das alles, mit ihrer Unruhe verbunden, entdeckt die Ursache, die diese unterhält und verlängert. Sie können nicht mehr aufhören, sie mögen es anfangen, wie sie wollen. Lebendig oder tot, wird er sie immer beunruhigen, und wenn er die Rache liebte, so hätte er sie sicher in der Angst, die trotz so vielfacher Vorsicht nicht aufhören wird, sie in Unruhe zu erhalten.

Das ist die Kehrseite ihrer Erfolge und all ihres Glückes. Sie haben alle Mittel ihrer Kunst angewandt, um aus ihm das unglücklichste aller Wesen zu machen. Da sie aber Mittel auf Mittel häuften, haben sie sie alle erschöpft und anstatt ihren Zweck zu erreichen, haben sie die entgegengesetzte Wirkung hervorgebracht. Sie haben J.J. in sich selbst Hilfsquellen finden lassen, die er ohne sie nicht kennen würde. Nachdem sie ihm das Schlimmste angetan haben, was sie ihm antun konnten, haben sie ihn in den Stand gesetzt, nichts mehr, weder von ihnen noch von irgend jemandem, zu fürchten und alle menschlichen Vorfälle mit der äußersten Gleichgültigkeit zu betrachten. Es gibt keine empfindliche Verletzung seiner Seele, die sie ihm nicht beigebracht hätten, aber indem sie ihm alles Übel erwiesen haben, was sie ihm antun konnten, haben sie ihn gezwungen, seine Zuflucht dort zu suchen, wohin vorzudringen nicht mehr in ihrer Macht steht. Jetzt kann er aufhören, ihnen zu mißtrauen, und ihrer Ohnmacht spotten. Außerstande, ihn unglücklicher zu machen, werden sie es täglich mehr, wenn sie sehen, daß so viele Anstrengungen es nur dahin gebracht haben, ihre Lage zu verschlimmern und die seinige zu versüßen. Ihre ohnmächtig gewordene Wut ist nur noch mehr gereizt worden, da sie sich sättigen wollte.

Im übrigen zweifelt er auch nicht, daß ungeachtet so vieler Anstrengungen die Zeit endlich auch den Schleier des Betruges heben und seine Unschuld ans Licht bringen wird. Die Gewißheit, man werde noch einst den Wert seiner Geduld einsehen, trägt dazu bei, sie aufrechtzuerhalten, und seine Verfolger, die ihm alles genommen haben, haben ihm Zutrauen und Hoffnung nicht entreißen können. »Wenn mein Andenken«, sagt er, »mit mir verlöschen sollte, so würde ich mich trösten, von den Menschen, die mich bald vergessen werden, so sehr verkannt gewesen zu sein. Aber weil mein Dasein nach mir noch durch meine Bücher und mehr noch durch mein Unglück bekannt sein muß, so habe ich, das gestehe ich, nicht Selbstverleugnung genug, um, ohne ungeduldig zu werden, zu denken, daß ich, der ich mich besser und gerechter fühle als irgendein Mensch, der mir bekannt ist, im Andenken der Menschen nur als ein Ungeheuer dastehen werde, und daß meine Schriften, in denen das Herz, das sie schrieb, aus jedem Blatte spricht, nur als das leere Geschwätz eines Tartuffe angesehen werden, der nur das Publikum betrügen wollte. Was hätten mir dann mein Mut und mein Eifer geholfen, wenn ihre Denkmäler, statt den Guten nützlich zu sein*, nur die Feindseligkeit der Bösen bitterer machen und in Gärung erhalten, wenn alles, was Liebe zur Tugend mich ohne Furcht und ohne Eigennutz sagen ließ, in Zukunft, so wie jetzt, nichts bewirkt, als Vorurteil und Haß gegen mich zu wecken, und nie irgend etwas Gutes hervorbringt, wenn statt der Lobpreisungen, die man mir schuldig wäre, mein Name, den alles dieses ehren sollte, in der Zukunft nur unter Verwünschungen ausgesprochen würde! Nein, eine so grausame Vorstellung kann ich niemals ertragen, sie würde alles, was mir an Mut und Standhaftigkeit noch geblieben ist, auslöschen. Ich wäre es ohne Kränkung zufrieden, dem Andenken der Menschen

* Die Reden eines Menschen, von dem man glaubt, daß er wider seine Überzeugung spricht, werden die, die dieser Meinung sind, niemals rühren. Alle, die Übles von mir denken, und doch sagen, sie hätten aus meinen Büchern Nutzen für ihre Tugend gezogen, lügen, und zwar äußerst dreist. Sie sind die wahren Tartuffes.

ganz entrissen zu werden, aber, ich gestehe es, ich kann nicht darein willigen, verleumdet in ihrem Gedächtnis zu bleiben. Nein, der Himmel wird das nicht zulassen, und so schlecht der Zustand auch ist, in den mich das Schicksal geworfen hat, so werde ich doch nie an der Vorsehung verzweifeln, da ich wohl weiß, daß sie sich ihre Stunde und nicht die unsrige wählt und daß sie gerne in Augenblicken uns überrascht, wo wir es am wenigsten vermuten. Ich messe den wenigen Tagen, die mir geblieben sind, besonders in allem, was mich betrifft, gar keine Bedeutung mehr bei, auch wenn ich für mich alle Seligkeiten wieder aufleben sehen könnte, deren Strom man mit soviel Mühe zum Versiegen gebracht hat. Ich habe das Elend menschlicher Glückseligkeit zu gut gekannt, als daß ich in meinem Alter für ihre späte und eitle Rückkehr empfänglich wäre, und, so wenig glaublich dies auch ist, es wäre leichter möglich, daß sie zurückkehren, als daß ich Geschmack daran finden könnte. Ich hoffe nicht mehr und wünsche es auch kaum, zu meinen Lebzeiten die Revolution zu sehen, die die Täuschung des Publikums über mich aufheben soll. Meine Verfolger mögen, wenn sie können, ihr ganzes Leben hindurch das Glück genießen, das sie sich durch das Elend meines Lebens verschafft haben. Ich wünsche sie weder überführt noch bestraft zu sehen, und wenn nur endlich die Wahrheit ans Licht kommt, so will ich nicht einmal, daß es auf ihre Kosten geschehe. Aber die Wiederherstellung meines Andenkens und die Wiederkehr der öffentlichen Achtung, die man mir schuldig ist, kann ich unmöglich als eine den Menschen gleichgültige Sache betrachten. Es wäre ein zu großes Unglück für das Menschengeschlecht, wenn die Art, wie man mit mir verfahren ist, als Muster und Beispiel dienen sollte, wenn die Ehre eines jeden Privatmannes jedem geschickten Betrüger überlassen bliebe und die Gesellschaft, indem sie die heiligsten Gesetze der Gerechtigkeit mit Füßen tritt, nichts mehr als eine finstere Räuberbande wäre, wo man geheime Verrätereien und Betrug ohne Gegenüberstellung, ohne Widerspruch, ohne Beglaubigung und ohne den Beklagten eine Verteidigung zu erlauben annähme. Bald würden die Menschen, einer des anderen Willkür überlassen, ihre Macht und ihre Tätigkeit nur dazu anwenden, sich gegenseitig aufzureiben, ohne noch irgendeine Kraft zum Widerstand zu haben. Die Guten würden, den Bösen ganz ausgeliefert, ihnen bald zur Beute werden, schließlich auch ihre Schüler, und die Unschuld hätte keinen Zufluchtsort mehr, die Erde, zur Hölle geworden, wäre von Teufeln bevölkert, die sich damit beschäftigten, einer den anderen zu quälen. Nein, der Himmel wird dem Laster durch ein so trauriges Beispiel nicht eine neue, bisher unbekannte Bahn öffnen, er wird die Schwärze eines so grausamen Anschlags enthüllen. Ein Tag wird kommen, darauf baue ich ganz fest, wo rechtschaffene Männer mein Andenken segnen und über mein Schicksal weinen werden. Dessen bin ich gewiß, obgleich ich die Zeit nicht weiß. Dies ist der Grund meiner Geduld und meines Trostes. Die Ordnung wird früher oder später, sogar auf Erden, wiederhergestellt werden, daran zweifle ich nicht. Meine Unterdrücker können den Augenblick meiner Rechtfertigung aufhalten, aber verhindern, daß er erscheine, das können sie nicht. Dies ist mir hinreichend, um inmitten dieser Handlungen ruhig zu bleiben. Sie mögen fortfahren, solange ich lebe, über mich zu schalten, aber eilen müssen sie, denn ich werde ihnen bald entgehen.«

So denkt J.J. über diesen Punkt, und so denke auch ich. Durch einen Beschluß, dessen Tiefe zu erforschen mir nicht zukommt, soll er den Rest seines Lebens verachtet und erniedrigt zubringen, aber ich habe die lebhafteste Ahnung, daß nach seinem Tod und dem seiner Verfolger ihre Verschwörung aufgedeckt und sein Andenken gerechtfertigt wird. Dieses Gefühl scheint mir so wohlgegründet, daß, wenn man nur ein wenig darüber nachdenkt, aller Zweifel verschwinden muß. Es ist ein allgemein zugestandener Grundsatz, daß früher oder später die Wahrheit ans Licht kommt, und so viele Beispiele haben das bestätigt, daß die Erfahrung nicht mehr daran zu zweifeln erlaubt. Hier wenigstens ist es nicht denkbar, daß eine so verwickelte Verschwörung künftigen Zeiten verborgen bleiben könnte, es ist nicht einmal anzunehmen, daß sie es in den unsrigen lange sein wird. Zu viele Zeichen enthüllen sie, als daß sie dem ersten, der genau hinsieht, entgehen kann, und dies werden gewiß viele wollen, sobald J.J. nur nicht mehr lebt. Von so vielen Menschen, die angestellt werden, um dem Publikum die Augen zu blenden, müssen viele die Hinterlist derer, die sie lenken, wahrnehmen und es fühlen, daß es, wenn dieser Mensch wirklich das wäre, wozu sie ihn machen, überflüssig wäre, dem Publikum auf seine Kosten etwas weiszumachen und so viele Betrügereien aufzuwenden, um ihm Dinge zur Last zu legen, die er nicht tut, und die, die er tut, zu verbergen. Wenn Eigennutz, Feindseligkeit, Furcht sie jetzt ohne weiteres zu diesen Kunstgriffen ihre Zuflucht nehmen lassen, so kann eine Zeit kommen, wo ihre beruhigte Leidenschaft und ihr verändertes Interesse ihnen die heimlichen Werke, deren Zeugen und Mitwirkende sie heute sind, in einem ganz anderen Licht zeigen werden. Ist es wohl glaublich, daß keiner dieser untergeordneten Mitwirkenden vertraulich mit irgend jemandem über das reden wollte, was er gesehen hat, über das, was man ihn hat tun lassen und über die Wirkung alles dessen auf das Publikum, um es zu täuschen, ferner, daß sie, wenn sie ehrliche Leute anträfen, die sich bemühten, die entstellte Wahrheit aufzudecken, nicht in Versuchung kommen sollten, sich auch noch bei deren Entdeckung ebenso unentbehrlich zu machen, wie sie es jetzt bei ihrer Verheimlichung sind, und sich dadurch einige Wichtigkeit zu verschaffen, indem sie zeigen, daß sie in das Vertrauen der Großen gezogen waren und Anekdoten kennen, die dem Publikum unbekannt geblieben sind? Und warum sollte ich nicht glauben, daß die Reue, etwas zur Anschwärzung eines Unschuldigen beigetragen zu haben, einige von ihnen unvorsichtig oder wahrheitsliebend machen sollte, besonders dann, wenn ihre Todesstunde naht und ihr Gewissen sie ermahnt, diese Schuld nicht mit sich zu nehmen? Warum sollten endlich die Betrachtungen, die Sie und ich jetzt anstellen, nicht auch dann in dem Geist vieler Menschen erwachen, wenn sie bei kaltem Blut das Betragen, das man gezeigt hat, und die Leichtigkeit, diesen Menschen dadurch so zu schildern, wie man wollte, erwägen? Man wird fühlen, wieviel unglaublicher es ist, daß ein solcher Mensch wirklich existiert hat, als daß die allgemeine Leichtgläubigkeit, durch die die Betrüger angefeuert wurden, sie dahin bringen konnte, ihn nach und nach so zu malen und dabei immer mehr zu übertreiben, daß sie zuletzt die Grenzen des Möglichen überschritten. Dieser Gang, der der Leidenschaft ganz natürlich ist, ist eine Falle, die diese Leidenschaft entlarvt und vor der diese sich selten zu schützen weiß. Wer ein genaues Verzeichnis von all dem anlegen wollte, was J.J., Ihren Herren zufolge, getan, gesagt, geschrieben und herausgegeben hat, seitdem sie sich seiner Person bemeistert haben, und es mit allem vergleichen wollte, was er wirklich getan hat, der würde finden, daß hundert Jahre ihm dafür nicht genug wären. Alle Bücher, die man ihm zuschreibt, alle Reden, die man ihn führen läßt, sind ebenso übereinstimmend und ebenso natürlich wie die Handlungen, deren man ihn beschuldigt, und alles dieses ist immer so gut bewiesen, daß, wenn man eine dieser Tatsachen zugibt, man nicht mehr das Recht hat, irgendeine andere zu verwerfen.

Indessen wird man mit ein wenig Berechnung und gesundem Menschenverstand einsehen, daß so manche Dinge sich nicht reimen, daß er nie alles das hat tun, noch in so kurzer Zeit sich an so vielen verschiedenen Orten hat aufhalten können, daß folglich in allen diesen gehäuften Anekdoten mehr Erdichtung als Wahrheit ist, und daß endlich die nämlichen Beweise, die in einigen Fällen nicht darüber hinwegtäuschen können, daß es Lügen sind, in anderen nicht bestätigen können, daß Wahrheit darin ist. Die Stärke und die Zahl dieser Beweise wird sogar genügen, um das Komplott argwöhnen zu lassen, und von dem Augenblick an werden alle Beweise, die der rechtmäßigen Prüfung nicht standhalten, ihre Kraft verlieren, alle Zeugen, die dem Beklagten nicht gegenübergestellt worden sind, werden ihre Autorität verlieren, und es werden keine anderen gründlichen Vorwürfe gegen ihn bleiben als die, die er selbst gekannt hat und gegen die er sich nicht hat verteidigen können, das heißt, man wird außer den Fehlern, die er selbst zuerst gestanden hat und von denen Ihre Herren so viel Wesens gemacht haben, ihm nichts vorzuwerfen haben.

Mit dieser Überzeugung, die mir vernünftig erscheint, tröstet er sich über die Beleidigungen seiner Zeitgenossen und über ihre Ungerechtigkeit. Was sie auch tun mögen, seine der Nachwelt hinterlassenen Schriften werden zeigen, daß der Verfasser nicht so beschaffen war, wie man ihn zu schildern sich bemüht, und sein geregeltes, schlichtes, einförmiges und seit so vielen Jahren gleichartig geführtes Leben wird nie mit dem schändlichen Charakter zusammenstimmen, den man ihm beilegen will. Es wird mit diesem düsteren Komplott, das im tiefsten Geheimnis entworfen, mit so großer Vorsicht entwickelt und mit so viel Eifer ausgeführt wurde, so gehen, wie es mit allen Werken geht, die die Leidenschaften der Menschen hervorbringen, die vergänglich sind und ein Ende nehmen wie sie selbst. Es wird eine Zeit erscheinen, wo man vor dem Zeitalter, in dem J.J. lebte, denselben Abscheu haben wird, den dieses ihm gegenüber zeigt, und wo dieses Komplott, das seinen Urheber wie Herostrat verewigt, als ein Meisterstück des Genies, noch mehr aber der Bosheit gelten wird.

DER FRANZOSE

Ich vereinige von ganzem Herzen meine Wünsche mit den Ihrigen, daß diese Weissagung in Erfüllung gehe, ich gestehe aber, daß ich nicht so sehr darauf vertraue, und nach der Wendung, die diese Sache genommen hat, würde ich urteilen, daß viele in der Geschichte beschriebene Charaktere und Begebenheiten vielleicht keinen anderen Grund haben als die Erfindung derer, die auf den Einfall kamen, diese Behauptungen aufzustellen. Daß die Zeit die Wahrheit triumphieren läßt, das mag sehr oft geschehen, aber wie weiß man, daß es immer geschieht, und durch welchen Beweis kann man sich dessen versichern? Wahrheiten, die lange Zeit verborgen geblieben sind, werden endlich durch zufällige Umstände offenbar. Hunderttausend andere werden vielleicht durch die Lüge immer verdunkelt bleiben, ohne daß wir ein einziges Mittel hätten, sie zu erkennen und zu offenbaren, denn solange sie verborgen sind, ist es für uns, als wären sie gar nicht da. Nehmen Sie den Zufall weg, der manchmal etwas enthüllt, und es bleibt immer verborgen, und wer weiß, wieviel übrigbleibt, wofür dieser Zufall nie erscheint? Wir wollen also nicht behaupten, die Zeit lasse immer die Wahrheit triumphieren, denn das zu wissen ist uns unmöglich, und es ist weit glaubwürdiger, daß sie Schritt für Schritt ihre Spuren verwischt und die Lüge öfter triumphieren läßt, besonders wenn die Menschen ein Interesse daran haben. Die Mutmaßungen, aus denen Sie schließen, daß das Geheimnis des Komplotts enthüllt werden wird, scheinen mir, der ich es näher gesehen habe, weit weniger einleuchtend als

Ihnen. Der Bund ist zu stark, zu zahlreich, zu eng geknüpft, als daß er sich leicht auflösen könnte, und solange er fortdauern wird, wie er ist, ist es zu gefährlich, sich von ihm loszumachen, als daß jemand sich ohne ein anderes Interesse als das der Gerechtigkeit daran wagen sollte. Von so vielen verschiedenen Fäden, die diese Verschwörung ausmachen, sieht jeder von denen, die sie lenken, nur den, den er zu führen hat, und höchstens die, die in seiner Nachbarschaft sind. Der allgemeine Zusammenhang wird nur von den Führern bemerkt, die unaufhörlich daran arbeiten, das, was sich verwickelt, aufzulösen, die falschen Züge, die Widersprüche zu beseitigen und das Ganze auf eine einförmige Weise spielen zu lassen. Die Menge der miteinander nicht verträglichen Dinge, die man J.J. tun und sagen läßt, ist sozusagen nur das Magazin der Materialien, woraus die Unternehmer eine Auswahl treffen und nach Gefallen passende Dinge auswählen, die sich reimen, aber die, die sich kreuzen, abstoßen oder sich widersprechen, verwerfen, und sie bald in Vergessenheit bringen, nachdem sie ihre Wirkung vollbracht haben. »Erfindet nur immer«, sagen sie zu den untergeordneten Mitgliedern des Bundes, »wir beschäftigen uns damit, auszuwählen und dann zu ordnen.« Ihr Vorhaben ist, wie ich Ihnen schon sagte, alle Anekdoten, die durch ihre Trabanten gesammelt und ausgesponnen worden sind, allgemein umzuschmelzen und sie in ein historisches Werk zu ordnen, das mit soviel Kunst angelegt und mit soviel Sorgfalt gearbeitet sein soll, daß alles, was ungereimt und widersprechend ist, statt als ein Gewebe von groben Fabeln zu erscheinen, als die Wirkung des widersprüchlichen Charakters eines Menschen erscheinen soll, der, von verschiedenen abscheulichen Leidenschaften beherrscht, das Schwarze und das Weiße will und sein Leben damit zubringt, zu handeln und diese Handlung wieder rückgängig zu machen, weil er seine bösen Anschläge nicht auszuführen vermochte.

Dieses Werk, das man von langer Hand vorbereitet, um es gleich nach seinem Tode erscheinen zu lassen, soll durch Belege und Beweise, mit denen man es versehen wird, das Urteil des Publikums über sein Andenken so befestigen, daß kein Mensch es sich auch nur einfallen läßt, den geringsten Zweifel daran zu äußern. Man wird darin die nämliche Teilnahme und Zuneigung für ihn spielen lassen, deren geschickt herbeigeführter Anschein zu seinen Lebzeiten so viel Wirkung getan hat, und um mehr Unparteilichkeit zu zeigen und ihm, als ob es mit Widerwillen geschähe, einen scheußlichen Charakter beizulegen, wird man die übertriebensten Lobsprüche seiner Feder und seiner Talente hinzufügen, aber ihnen eine Wendung geben, daß er dadurch noch verhaßter wird, so als ob es das Lieblingsspiel seines Geistes gewesen wäre, gleichermaßen das Für und Wider zu sagen und zu beweisen, von allem zu überzeugen und doch nichts zu glauben. Kurz der Biograph dieses Lebens, der für diesen Zweck vortrefflich gewählt sein wird, wird es wie Tassos *Aletes* verstehen.

Als geschickter Lügner und bewandert in der Kunst, zu schaden,
Satire mit dem Kleid des Lobes zu verhüllen.

Sie sagen, seine Bücher, die die Nachwelt erhalten wird, werden zugunsten des Verfassers aussagen. Dies wird, das gestehe ich, ein sehr starker Beweis für die sein, die wie Sie und ich über diese Bücher denken. Aber wissen Sie, bis zu welchem Grade man sie entstellen kann, und alles, was dafür schon mit dem größten Erfolg geschehen ist, beweist es sicher nicht, daß man alles tun kann, ohne daß das Publikum es glaubt oder mißbilligt? Dieser aus seinen Schriften gezogene Beweis hat unsere Herren immer sehr beunruhigt. Da sie sie nicht vernichten konnten und ihre boshaftesten Auslegungen noch nicht hinreichten, sie nach ihrem Gefallen in Verruf zu bringen, so haben sie die Verfälschung derselben unternommen, und dieses Unternehmen, das anfangs fast unmöglich schien, ist durch die Nachsicht des Publikums ganz leicht geworden. Der Verfasser hat von jeder seiner Schriften nur eine Ausgabe veranstaltet. Die verstreuten Exemplare sind schon lange verschwunden, und die wenigen, die etwa in Kabinetten noch übrig sein können, haben nicht die Neugierde eines einzigen rege gemacht, sie mit den Sammlungen zu vergleichen, mit denen man das Publikum zu überschwemmen sucht. Alle diese Sammlungen, angereichert durch beleidigende Kritiken, durch giftige Schmähschriften und einzig zu dem Zweck hergestellt, um das, was der Verfasser schrieb, zu verunstalten, die Grundsätze seiner Schriften zu verändern und ihren Geist allmählich zu verwandeln, sind zu diesem Zweck mit viel Kunst verfälscht worden, anfangs nur dadurch, daß man Stellen wegstrich, daß man die nötigen Erläuterungen unterdrückte und den Sinn dessen, was man stehenließ, veränderte, später durch anscheinende Nachlässigkeiten, die man als Druckfehler durchgehen ließ, die aber den schrecklichsten Widersinn hervorbrachten und, indem man sie bei jedem neuen Druck sorgfältig stehenließ, schließlich durch Tradition diese falsche Lehre an die Stelle der richtigen setzten. Um in diesem Vorhaben glücklicher zu sein, dachte man daran, schöne Ausgaben zu liefern, die durch ihre typographische Vollkommenheit die früheren verdrängten und in den Bibliotheken blieben, und um ihnen mehr Ansehen zu geben, suchte man den Verfasser selbst durch die Lockung des Gewinns zu interessieren und machte ihm durch den mit diesem Kunstgriff beauftragten Buchhändler Anerbieten, die prächtig genug waren, um ihn zu reizen. Das ganze Projekt war, das Vertrauen des Publikums zu gewinnen, man wollte dem Verfasser richtige Korrekturbögen vorlegen und ohne sein Wissen die Bögen drucken, die für das Publikum bestimmt waren und in denen man den Text nach den Ansichten unserer Herren eingerichtet hätte. So wie dies angezettelt wurde, wäre nichts leichter gewesen als dieses, ihm diesen kleinen Kunstgriff zu verbergen und ihn den Betrug autorisieren zu lassen, dessen Opfer er werden sollte und von dem er nichts gewußt hätte, weil er der Nachwelt eine getreue Ausgabe seiner Schriften zu geben glaubte. Aber sei es Ekel, sei es Faulheit oder daß er Wind von dem Projekt bekam, er war nicht damit zufrieden, diesen Vorschlag abzulehnen, sondern er hat in einer unterschriebenen Erklärung alles das, was von nun an unter seinem Namen gedruckt erscheinen würde, als untergeschoben bezeichnet. Man hat also den Weg eingeschlagen, ihn zu übergehen und fortzufahren, als ob er an dem Unternehmen teilhätte. Die Ausgabe wird zur Subskription gestellt und, wie man sagt, in Brüssel auf schönem Papier, mit schönen Lettern und Kupfern gedruckt. Man wird nichts unterlassen, sie in ganz Europa zu verbreiten und vor allem ihre Genauigkeit und Treue anzupreisen, an welcher man ebensowenig zweifeln wird wie an der Ähnlichkeit des von seinem Freunde Hume herausgegebenen Bildnisses. Da diese Ausgabe viele neue Stücke enthalten wird, die durch unsere Herren umgearbeitet oder neu geschrieben sind, wird man große Sorge tragen, sie mit Titeln zu schmücken, die einem Publikum mehr als genügen werden, das so sehr geneigt ist, alles zu glauben und das es sich nicht noch so spät einfallen lassen wird, sich über ihre Echtheit Gedanken zu machen.

ROUSSEAU

Aber wie geht denn das zu? Diese Erklärung J.J.'s, von der Sie soeben gesprochen haben, wird also nichts dazu helfen, ihn vor all diesem Betrug zu schützen, und was er auch sagen mag, so werden Ihre Herren doch ungehindert alles herausgeben, was ihnen nur gefällt, unter seinem Namen drucken zu lassen?

DER FRANZOSE

Noch mehr! Sie haben sogar diesen Widerruf gegen ihn zu wenden gewußt. Da sie ihn selbst haben drucken lassen, haben sie für sich einen neuen Vorteil daraus gezogen, denn sie haben bekanntgemacht, daß er, da er seine bösen Grundsätze in seinen Schriften so enthüllt und offen dargelegt sähe, sich zu entschuldigen suche, indem er ihre Treue verdächtig mache. Die wirklichen Verfälschungen übergingen sie geschickt mit Stillschweigen und führten Stellen an, die er als verfälscht anklagte, von denen aber alle Welt wußte, daß sie es nicht waren, und indem sie die ganze Aufmerksamkeit des Publikums auf diese Stellen richteten, so lenkten sie es davon ab, ihre Verfälschungen zu entdecken. Nehmen Sie einmal an, daß ein Mensch zu Ihnen sagte: J.J. behauptet, man habe ihm Birnen gestohlen, und er lügt, denn auf seiner Rechnung stehen Äpfel, also hat man ihm keine Birnen gestohlen. Sie haben gerade so geschlossen wie dieser Mann, und durch einen solchen Schluß haben sie seine Erklärung lächerlich gemacht. Sie waren von der geringen Wirkung, die sie hervorbringen würde, so überzeugt, daß sie zur gleichen Zeit, da sie sie drucken ließen, auch die angebliche Übersetzung des Tasso, ausdrücklich, um sie als seine Arbeit auszugeben, erscheinen ließen und sie ihm auch wirklich ohne den geringsten Einwand von seiten des Publikums zugeschrieben haben, als ob diese trockene und sprunghafte Schreibweise, ohne Zusammenhang, ohne Harmonie und Anmut wirklich die seinige wäre. Trotz seines Einspruchs gegen alles, was noch unter seinem Namen erscheinen oder ihm zugeschrieben würde, gab er ihnen zufolge dieses Geschmier nicht nur heraus, ohne sich zu verbergen, sondern sehr besorgt darum, daß man ihn auch als Verfasser erkennen möchte, wie dies nach der albernen Vorrede den Anschein hat, die sie dem Buch vorangestellt haben.

Sie glauben wohl, eine so grobe Unverschämtheit und ein so außerordentlicher Widerspruch hätte aller Welt die Augen öffnen und sie gegen die Schamlosigkeit unserer Herren, die bis zur Dummheit geht, aufbringen sollen? Nichts dergleichen, denn indem sie ihre Kunstgriffe nach der Stimmung richteten, in die sie das Publikum versetzt hatten, nach der Leichtgläubigkeit, die sie ihm eingegeben hatten, waren sie ihres Erfolges weit gewisser, als wenn sie feiner zu Werke gingen. Sobald von J.J. die Rede ist, ist es gar nicht nötig, daß man gesunden Menschenverstand und Wahrscheinlichkeit in das legt, was man von ihm behauptet, je abgeschmackter und lächerlicher es ist, desto mehr bemüht man sich, nicht daran zu zweifeln. Wenn d'Alembert oder Diderot es sich heute einfallen ließen, zu behaupten, er habe zwei Köpfe, so würde die Menge, die ihn morgen auf der Straße sähe, ganz deutlich zwei Köpfe an ihm wahrnehmen, und jeder wäre sehr erstaunt, daß er diese Ungeheuerlichkeit nicht eher bemerkt hätte.

Unsere Herren fühlen diesen Vorteil so gut und wissen ihn so trefflich geltend zu machen, daß es zu ihren wirksamsten Listen gehört, Kunstgriffe voller Kühnheit und Unverschämtheit anzuwenden, die so unglaublich sind, daß, wenn sie ihm dann zu Ohren kommen und er sich darüber beklagt, niemand ihm Glauben schenken will. Wenn zum Beispiel Simon, ein ehrlicher Buchdrucker, öffentlich der ganzen Welt sagt, J.J. käme oft zu ihm und sähe und korrigierte die Bögen der betrügerischen Ausgaben, die von seinen Schriften gemacht würden, wer würde dann wohl glauben, daß J.J. diesen Simon nicht kennt und daß er von diesen Ausgaben noch nicht einmal gehört hatte, als diese Reden ihm zu Ohren kamen? Wenn man ferner seinen Namen auf den Subskriptionslisten teurer Bücher prangen sieht, wer wird dann jetzt und künftig glauben, daß alle diese angeblichen Subskriptionen ohne sein Wissen und gegen seinen Willen geschehen sind, um ihm ein Ansehen von Überfluß und Anmaßung zu geben, die dem Ton widerspricht, den er angenommen hat. Und doch . . .

ROUSSEAU

Was daran ist, weiß ich, denn er hat mir versichert, daß er in seinem ganzen Leben nur einmal eine Subskription unterzeichnet hat, und zwar die für die Statue des Herrn von Voltaire.

DER FRANZOSE

Eben, mein Herr, diese einzige Subskription, die er geleistet hat, ist die einzige, von der man nichts weiß, denn der zurückhaltende d'Alembert, der sie erhalten hat, hat nicht viel Aufhebens davon gemacht. Ich begreife wohl, daß diese Subskription weniger aus Großmut als aus Rache geschehen ist, aber es ist eine Rache in J.J.'s Manier, die Voltaire ihm nicht erwidern wird.

Sie müssen aus diesen Beispielen sehen, daß er, auf welche Art er sich auch benehmen mag, zu keiner Zeit mit Grund hoffen kann, daß die Wahrheit in Ansehung seiner durch die Netze dringe, die um ihn her gespannt sind und in die er sich, indem er sich herauszuwinden sucht, immer mehr verfängt. Alles, was mit ihm vorgeht, liegt zu sehr außerhalb der allgemeinen Ordnung der Dinge, als daß er je Glauben finden könnte, und selbst sein Einspruch würde ihm nur Vorwürfe der Unverschämtheit und der Lüge zuziehen, die seine Feinde verdienen.

Geben Sie J.J. den Rat, den besten vielleicht, dem er noch folgen kann, umgeben wie er ist von Schlingen und Fallen, in die jeder Schritt ihn führen muß: wenn es möglich ist, soll er unbeweglich bleiben und gar nicht tätig werden*, auf nichts eingehen, was man ihm vorschlägt, unter welchem Vorwand auch immer, und

* Es ist mir nicht erlaubt, in dem, was die gerechte Verteidigung meiner Ehre erfordert, diesem Rat Gehör zu geben. Bis an mein Ende muß ich, soweit es von mir abhängt, alles tun, wenn nicht dieser blinden Generation die Augen zu öffnen, so doch wenigstens eine gerechte Generation zu erleuchten. Alle Mittel hierzu sind mir genommen, das weiß ich, aber auch ohne jede Hoffnung eines glücklichen Ausgangs sind alle mir möglichen Anstrengungen, so unnütz sie auch sein mögen, doch meine Pflicht, und ich werde es bis zu meinem letzten Atemzug nicht unterlassen, sie zu tun. *Tue, was du sollst, was immer auch geschehen mag.*

sogar seinen eigenen Bewegungen Widerstand leisten, wenn er sich nur irgend enthalten kann, ihnen zu folgen. Von welcher vorteilhaften Seite irgend etwas, das er tun oder sagen könnte, seinem Geist sich auch darstellen mag, er muß darauf rechnen, daß man, sobald man ihm die Macht läßt, es auszuführen, schon gewiß ist, die Wirkung gegen ihn zu wenden und für ihn unheilvoll zu machen. Zum Beispiel, was war dem Anschein nach besser geeignet, um das Publikum vor den Verfälschungen seiner Bücher und vor allen untergeschobenen Schriften, die man täglich unter seinem Namen in Umlauf bringt, zu warnen, und was konnte man weniger mißbrauchen, um ihm zu schaden, als eben die Erklärung, von welcher wir vorher sprachen? Und doch würden Sie sich wundern, welchen Gebrauch man davon zu einem ganz entgegengesetzten Zweck gemacht hat, und er hätte das selbst an der Sorgfalt merken müssen, mit welcher man sie ohne sein Wissen drucken ließ, denn sicherlich konnte er nicht glauben, daß man sich diese Mühe gäbe, um ihm einen Gefallen zu tun. Die Schrift über die Regierung von Polen*, die er nur auf das rührendeste Drängen mit der vollkommensten Uneigennützigkeit, bloß aus Beweg-

* Diese Schrift fiel in die Hände des Herrn d'Alembert, vielleicht gleich, als sie aus den meinigen kam, und Gott weiß, welchen Gebrauch er davon zu machen wußte. Der Graf Wielhorsky berichtete mir, als er bei seiner Abreise aus Paris Abschied von mir nahm, daß man abscheuliche Dinge von ihm in die holländische Zeitung eingerückt habe. Nach der Art, wie er es mir sagte, urteilte ich, als ich nachher darüber nachdachte, daß er mich für den Verfasser dieses Artikels hielt, und ich zweifle nicht, daß in dieser Geschichte nicht etwas von Herrn d'Alembert stecken sollte, ebenso wie in einer anderen mit einem gewissen Grafen Zanowisch, einem Dalamatier, und einem herumirrenden polnischen Priester, der auf vielerlei Wegen Eingang bei mir zu finden suchte. Die Kunstgriffe des Herrn d'Alembert sind mir nichts Neues mehr, und ich bin daran gewöhnt. Ich kann gewiß die Aufführung des Grafen Wielhorsky gegen mich nicht billigen, aber abgesehen von diesem Punkt, den ich nicht erklären will, habe ich diesen polnischen Edelmann immer als einen rechtschaffenen Mann und guten Patrioten betrachtet und betrachte ihn noch so, und wenn ich die Phantasie und die Mittel hätte, Artikel in Zeitungen einzurücken, so hätte ich sicher weit dringendere und für mich wichtigere Dinge zu sagen, als Satiren auf den Grafen Wielhorsky zu schreiben. Der gute Erfolg aller solcher Anschläge ist eine notwendige Wirkung eines Systems der Aufführung, das man mir gegenüber befolgt. Was könnte wohl verhindern, daß nicht alles glückte, was man gegen mich unternimmt, von dem ich nichts weiß, auf das ich nicht einzuwirken vermag und das die ganze Welt begünstigt?

gründen der reinsten Tugend schrieb, schien ihrem Verfasser nur Ehre einzubringen und ihn schätzenswert zu machen, selbst wenn diese Schrift nur ein Gewebe von Irrtümern gewesen wäre. Wenn Sie wüßten, durch wen, für wen und warum diese Schrift verlangt wurde, wenn Sie wüßten, welchen Gebrauch man von ihr machen wollte und welche Wendung man dem ihm gegenüber zu geben wußte, so würden Sie vollkommen fühlen, wie sehr es für den Verfasser zu wünschen gewesen wäre, daß er aller Schmeichelei widerstanden und sich den Lockungen diese guten Werkes widersetzt hätte, denn die, die es mit soviel Zudringlichkeit verlangten, verfolgten nur den Zweck, es für ihn verderblich werden zu lassen. Kurz, wenn er seine Lage kennt, so soll er, wenn er nur etwas darüber nachdenkt, einsehen, daß jeder Vorschlag, den man ihm macht, und welchen Anstrich man ihm auch geben mag, immer nur einen Zweck hat, den man ihm verhehlt und der ihn daran hindern würde, einzuwilligen, wenn der Zweck ihm bekannt wäre. Er soll vor allem fühlen, daß der Beweggrund, Gutes zu tun, für ihn nur eine Falle sein kann von seiten derer, die ihm diesen Vorschlag machen, und für sie ein wirksames Mittel ist, ihm selbst oder durch ihn Böses zu tun, um es ihm in der Folge zuzurechnen. Er soll wissen, daß man, nachdem man ihn außerstande gesetzt hat, etwas für ihn oder andere Nützliches zu tun, einen solchen Beweggrund ihm nur noch vortragen kann, um ihn zu hintergehen, und daß es endlich, da er in seiner Lage nicht mehr die Macht hat, Gutes zu tun, das Beste, was er nur tun kann, ist, sich ganz von aller Tätigkeit loszusagen, aus Furcht, sonst Übles zu tun, ohne es zu sehen und zu wollen, wie ihm dies unfehlbar jedesmal geschehen wird, wenn er dem Drängen der Menschen nachgibt, die ihn umringen und die über das, was sie ihm vorschlagen sollen, schon im voraus Bescheid wissen. Insbesondere soll er sich durch den Vorwurf nicht bewegen lassen, daß er sich einem guten Werk entzöge, im Gegenteil, er soll dessen sicher sein, daß man ihn, wenn es ein gutes Werk wäre, gewiß nicht auffordern würde, daran mitzuwirken, sondern daß alle sich vereinigen würden, ihn davon abzuhalten, aus Furcht, er möchte sich ein Verdienst dadurch erwerben oder es möchte eine Wirkung zu seinem Besten daraus entspringen.

Sie können aus den außerordentlichen Maßregeln, die man nimmt, um seine Schriften zu verändern und zu entstellen und ihm Schriften zuzuschreiben, an die er nie gedacht hat, schließen, daß der Gegenstand dieses Bundes sich nicht auf die gegenwärtige Generation beschränkt, für die diese Sorgfalt nicht mehr notwendig ist, denn da sie seine Schriften fast so vor Augen hat, wie er sie verfaßte, und daraus den Einwand, der uns beiden so stark gegen den scheußlichen Charakter, den man dem Verfasser beilegt, zu sprechen scheint, nicht ziehen, sondern da man es im Gegenteil verstanden hat, seine Schriften zu seinen Verbrechen zu zählen, und das Glaubensbekenntnis des Vikars als eine gottlose Schrift, die *Heloïse* als einen schlüpfrigen Roman, den *Gesellschaftsvertrag* als ein aufrührerisches Buch anzusehen, und da man in Paris gegen seinen Willen *Pygmalion* auf die Bühne bringt, ganz ausdrücklich, um einen lächerlichen Skandal zu erzeugen, der niemanden zum Lachen gebracht hat und dessen komische Ungereimtheit niemand bemerkt hat, da endlich seine Schriften, so wie sie jetzt wirklich da sind, den Verfasser zu seinen Lebzeiten nicht vor Verleumdung haben schützen können, wie werden sie es da wohl nach seinem Tode tun, wenn man sie in den beabsichtigten Zustand gebracht hat, um sein Andenken verhaßt zu machen, und wenn die Urheber des Komplotts Zeit genug gehabt haben werden, alle Spuren seiner Unschuld und ihrer Betrügerei auszulöschen? Da sie als vorausschauende und vorsorgliche Menschen, die an alles denken, alle ihre Maßregeln getroffen haben, wie sollten sie da die Möglichkeit vergessen haben, die Sie erwägen, nämlich die Reue irgendeines Mitschuldigen, zumindest in der Stunde des Todes, und die unangenehmen Erklärungen, die daraus entspringen könnten, wenn sie nicht auch hier für Ordnung sorgten? Nein, mein Herr, rechnen Sie nur darauf, daß alle ihre Maßregeln so gut getroffen sind, damit von dieser Seite wenig zu fürchten bleibt.

Zu den Eigenheiten, die das Jahrhundert, in dem wir leben, von allen anderen unterscheidet, gehört der methodische und folgerichtige Geist, der seit zwanzig Jahren die öffentliche Meinung lenkt. Bis jetzt irrten diese Meinungen ohne Zusammenhang und ohne Richtschnur nach dem Gutdünken der Leidenschaften der

Menschen umher, und da diese Leidenschaften einander unaufhörlich durchkreuzten, so ließen sie das Publikum ohne beständige Richtung von einer zur anderen wanken. Heutzutage ist dem nicht mehr so. Die Vorurteile selbst haben ihren Gang und ihre Regeln, und diese Regeln, denen das Publikum unterworfen ist, ohne es zu merken, richten sich ganz allein nach den Ansichten derer, die es lenken. Seitdem die philosophische Sekte sich zu einer Körperschaft unter Oberhäuptern vereinigt hat, sind diese Oberhäupter durch die Kunst der Intrige, auf die sie sich so trefflich verstehen, die Herren der öffentlichen Meinung geworden, und durch sie gebieten sie über das Ansehen, ja selbst das Schicksal der Privatpersonen und dadurch über das des Staates. Der Versuch wurde an J.J. gemacht, und der große Erfolg, der sie selbst in Erstaunen setzte, ließ sie fühlen, wie weit ihr Einfluß sich erstrecken konnte. Da sannen sie nun darauf, sich mit mächtigen Menschen zu verbinden, um mit ihnen die Herren der Gesellschaft zu werden, besonders mit jenen, die wie sie zu feinen Intrigen und zu unterirdischem Minieren geneigt waren und also nicht verfehlen konnten, sich mit ihnen zu treffen und auf sie zu stoßen. Sie machten ihnen deutlich, daß sie, wenn sie gemeinschaftlich arbeiteten, ihre verzweigten Gruben unter den Füßen der Menschen so ausbreiten könnten, daß niemand mehr einen sicheren Grund fände, sondern nur noch auf unterhöhltem Gelände einhergehen könnte. Sie gaben sich noch Oberhäupter, die ihrerseits unbemerkt die ganze öffentliche Macht in die Pläne hineinzogen, über die sie einig geworden waren, und die dadurch die Ausführung aller ihrer Anschläge unfehlbar machten. Diese Häupter des philosophischen Bundes verachten diesen Bund und werden von ihm nicht geachtet, aber das gemeinsame Interesse hält sie eng aneinander gefesselt, weil der verborgene glühende Haß die große Leidenschaft aller ist und weil durch ein ganz natürliches Zusammentreffen dieser allgemeine Haß auf die gleichen Gegenstände gefallen ist.* So ist das Zeitalter, in dem wir leben, das Zeitalter

* In diesem Augenblick hat sich Frankreich in zwei Parteien gespalten, die eine die des Hofes und des Herzogs von Choiseul, die alles im Verborgenen lenkt, die andere die der Stadt und der Philosophen, die die öffentliche Meinung lenken. An der Spitze dieser beiden Parteien stehen meine erbittertesten Feinde. Überhaupt jeder

des Hasses und heimlicher Verschwörungen geworden, ein Zeitalter, wo alles übereinstimmend ohne Gefühl für irgend jemanden handelt, wo niemand seiner Partei aus Anhänglichkeit zugetan ist, sondern nur aus Widerwillen gegen die Gegenpartei, und wo sich niemand um sein eigenes Gut bekümmert, wenn man nur anderen Übles tut.

ROUSSEAU

Aber doch faßten Sie bei all diesen so haßerfüllten Menschen für J.J. eine so zärtliche Neigung!

DER FRANZOSE

Erinnern Sie mich nicht an mein Unrecht, es war nicht so sehr wirklich, als nur scheinbar. Obgleich alle diese Verschwörer meinen Geist durch ein gewisses funkelndes Geschwätz gefesselt hatten, so waren doch alle diese lächerlichen Tugenden die so prachtvoll ausgebreitet wurden, meinen Augen fast ebenso widerwärtig wie den Ihrigen. Ich spürte eine Prahlerei darin, die ich aber nicht aufdecken konnte, und meine Urteilskraft, die unterjocht, aber nicht befriedigt war, suchte die Erläuterungen, die Sie mir gegeben haben, ohne sie selbst finden zu können.

Da die Verschwörungen so eingefädelt waren, war nichts leichter, als sie durch Mittel, die sich zu diesem Zweck eigneten, zur Ausführung zu bringen. Die Aussprüche der Großen haben immer viel Einfluß auf das Volk. Man gab ihnen nur noch zusätzlich das Ansehen eines Geheimnisses, um sie desto besser in Umlauf zu bringen. Die Philosophen haben sich, um ein gewisses Ansehen zu bewahren, indem sie sich zu Parteioberhäuptern aufwarfen, eine Menge kleiner Zöglinge verschafft, die sie in die Geheimnisse ihrer Sekte einweihten und aus denen sie ebenso viele Abgesandte

Parteimann, der allein dadurch schon Feind der Wahrheit ist, wird J.J. immer hassen. Die Franzosen haben kein persönliches Dasein, sie denken und handeln nur massenhaft, jeder von ihnen für sich allein genommen ist nichts. Nun gibt es in diesen kollektiven Körperschaften keine uneigennützige Liebe zur Gerechtigkeit: die Natur hat sie nur in die Herzen der Individuen eingegraben, und dort wird sie schnell durch den Geist des Bundes erstickt. Man kann daraus auf die Gerechtigkeit schließen, die ich, arm und abgeschieden vom Publikum, inmitten aller dieser Ränke erwarten kann.

und Beförderer stiller Ungerechtigkeiten gemacht haben, und indem sie durch sie ihre düsteren Anschläge verbreiteten, die sie erfunden hatten und die sie als Geheimnis erscheinen ließen, das verborgen bleiben sollte, dehnten sie ihren grausamen Einfluß auf alle Stände aus, ohne selbst die höchsten zu verschonen. Um ihre Kreaturen unwiderruflich von sich abhängig zu machen, brauchten die Oberhäupter sie gleich anfangs zu schlechten Handlungen, so wie Catilina seine Mitverschwörer Menschenblut trinken ließ, und sie waren sicher, daß sie sie durch diese Bosheit, in die sie sie verwickelt hatten, für die ganze übrige Zeit ihres Lebens gebunden hielten. Sie haben gesagt, die Tugend vereinige die Menschen nur durch zerbrechliche Bande, während die Fesseln des Lasters nicht zu lösen seien. Die Erfahrung bestätigt dies nur zu sehr an J.J.'s Geschichte. Alle, die noch mit Achtung und Wohlwollen, die seine Geradheit und die Sanftheit seines Umgangs natürlicherweise einflößen mußten, an ihm hingen, haben sich bei der ersten Probe unwiderruflich zerstreut oder sind nur bei ihm geblieben, um ihn zu verraten. Die Mitschuldigen unserer Herren aber werden es nie wagen, weder, was auch geschehen mag, sie zu entlarven, aus Furcht selbst entlarvt zu werden, noch werden sie sich von ihnen trennen, aus Furcht vor der Rache, da sie zu gut unterrichtet sind, um nicht zu wissen, was zu tun sie die Macht haben. Da sie also aus Angst näher vereinigt bleiben, als die Guten es aus Zuneigung sind, so bilden sie einen unauflöslichen Körper, von dem kein Glied sich trennen läßt.

In der Absicht, durch ihre Schüler über die öffentliche Meinung und das Ansehen der Menschen zu bestimmen, haben sie ihre Lehre nach ihren Ansichten eingerichtet und haben ihre Anhänger die Grundsätze annehmen lassen, die am ehesten geeignet waren, sie unwiderruflich an sich zu ketten, welchen Gebrauch auch immer sie davon machen mochten, und um zu verhindern, daß die Anweisungen einer unerwünschten Moral die ihrigen durchkreuzten, haben sie deren Grundlage untergraben, indem sie alle Religion, jeden freien Willen und folglich auch jegliche Regung des Gewissens vernichteten, zunächst mit einiger Vorsicht durch die geheime Ausbreitung ihrer Lehre, hernach aber ganz offen, als sie keine Macht mehr zu fürchten hatten, die sie unterdrücken konnte. Obgleich sie ganz im Gegensatz zu den Jesuiten zu stehen schienen, trachteten sie doch auf Umwegen nach dem nämlichen Ziel, da sie sich wie jene als Oberhäupter einer Partei aufwarfen. Die Jesuiten machten sich dadurch allmächtig, daß sie die göttliche Autorität über die Gewissen ausübten und sich im Namen Gottes zu Herren über Gut und Böse machten. Da die Philosophen diese Autorität nicht an sich reißen konnten, so trachteten sie sie zu zerstören, und indem sie ihren gelehrigen Anhängern die Natur* zu erklären schienen und sich zu deren ersten Auslegern machten, haben sie sich in ihrem Namen eine Autorität geschaffen, die nicht weniger uneingeschränkt war als die ihrer Feinde, obgleich sie frei zu sein und nur durch Vernunft über die Willen zu herrschen scheint. Dieser gegenseitige Haß war im Grunde eine Rivalität der Macht wie die zwischen Karthago und Rom. Diese beiden Körperschaften, beide herrschsüchtig, beide intolerant, waren folglich miteinander unvereinbar, weil es das Grundsystem des einen wie des anderen war, despotisch zu herrschen. Da jeder allein regieren wollte, so konnten sie das Reich nicht teilen und gemeinschaftlich herrschen, sie schlossen sich wechselseitig aus. Die neue Körperschaft, die auf den Irrwegen der alten mit mehr Geschick fotging, hat sie verdrängt, indem sie ihr ihre Stützen raubte, und dadurch ist sie zu ihrem Ziel gelangt, sie zu zerstören. Aber man sieht sie in ihren Fußstapfen schon mit ebensoviel Kühnheit und mit mehr Erfolg gehen, weil sie andere immer mit Widerständen zu kämpfen hatte, auf die man jetzt nicht mehr trifft. Ihre verborgenere und nicht weniger grausame Unduldsamkeit scheint nicht so streng zur Ausübung zu kommen, weil sie keine Aufwiegler mehr gegen sich hat. Wenn aber nur einige wahre Verteidiger des Theismus, der Toleranz und der Moral wieder aufträten, so würde man bald gegen sie die schrecklichsten Verfolgungen sich erheben sehen, bald würde eine philosophische Inquisition, die vorsichtiger, aber nicht minder blutdürstig als die andere wäre, ohne Barmherzigkeit alles

* Unsere Philosophen unterlassen es nicht, das Wort *Natur* ganz prachtvoll in den Titeln aller ihrer Schriften prangen zu lassen. Aber man öffne nur das Buch, und man wird sehen, welchen metaphysischen Wust sie mit diesem schönen Namen geschmückt haben.

verbrennen lassen, was an Gott zu glauben wagte. Ich will Ihnen nicht verhehlen, daß ich im Grunde meines Herzens ebenso gläubig geblieben bin wie Sie. Ich denke hierüber so wie J.J., daß jeder von Natur dazu gebracht wird, das zu glauben, was er wünscht, und daß der, der sich des Lohnes gerechter Seelen würdig findet, sich selbst nicht hindern kann, darauf zu hoffen. Über diesen Punkt wie über J.J. selbst aber will ich nicht laut und unnötigerweise Meinungen von mir geben, die mich zugrunde richten würden. Ich will versuchen, Klugheit mit Rechtschaffenheit zu vereinigen und mein wahres Glaubensbekenntnis nur dann ablegen, wenn ich, um nicht zu lügen, dazu gezwungen wäre.

Nun hat diese Lehre des Materialismus und Atheismus, die mit der ganzen Leidenschaft der eifrigsten Missionare gepredigt wird, nicht allein den Zweck, die Häupter über ihre Anhänger herrschen zu lassen, sondern sie soll ihnen bei den heimlichen Unternehmungen, zu denen sie ihre Anhänger gebrauchen, auch die Furcht vor deren Geschwätzigkeit und vor deren Reue angesichts des Todes nehmen. Nach dem glücklichsten Erfolg stirbt ihre Verschwörung mit ihren Mitverschwörern, denen sie nichts so beigebracht haben, wie nach ihrem Tode nicht jenes *Pul-i-Sirat* der Perser zu fürchten, das J.J. jenen entgegengehalten hat, die da sagten, die Religion bringe nichts Gutes zuwege. Die Lehre von der in jenem Leben wiederhergestellten moralischen Ordnung hat schon in diesem vieles wiedergutgemacht, und die Betrüger liefen in den letzten Augenblicken ihrer Spießgesellen eine Gefahr, die ihnen schon oft genug Zügel anlegte. Unsere Philosophie aber, die ihre Prediger von dieser Furcht und ihre Schüler von dieser Verbindlichkeit befreite, hat für immer alle Umkehr zur Reue vernichtet. Wozu diesen Enthüllungen, die nicht weniger gefährlich als unnütz sind? Stirbt man, so hat man ihrer Meinung nach nichts zu fürchten, wenn man schweigt, und wagt, wenn man redet, alles, für den Fall, daß man wieder gesund wird. Sehen Sie nicht, daß man seit langer Zeit schon nicht mehr von Ersatz, Widergutmachung, Versöhnung auf dem Sterbebette spricht, daß alle Sterbenden ohne Reue, ohne Gewissensbisse, ohne Schrecken in ihrem Bewußtsein das Gut anderer, die Lügen und den Betrug mit sich nehmen, die sie in ihrem Leben auf sich geladen haben.

Und was würde selbst J.J. diese vorausgesetzte Reue eines Sterbenden helfen, dessen späte Erklärungen durch die, die ihn umgeben, durch die Priester sogar, die sie entgegennehmen, da sie Philosophen geworden sind wie die anderen, erstickt würden, nie nach außen dringen könnten und zu niemandes Kenntnis gelangten. Sie wissen doch, daß man allen diesen Geständnissen zuvorkommt, daß alle Ärzte Mitverschworene sind, daß alle diese Verschworenen einander überwachen und sich zwingen und gezwungen werden, dem Komplott treu zu bleiben, und daß sie, besonders bei ihrem Tode, so umringt sind, daß keiner von ihnen, der seine Beichte ablegen wollte, zumindest in Ansehung J.J.'s andere als falsche Vertraute fände, die sich mit diesem Geständnis nur beladen würden, um es in einem ewigen Schweigen zu begraben. Jeder Mund öffnet sich also für die Lüge, ohne daß unter Lebenden und Sterbenden jetzt ein Mund für die Wahrheit sich öffnete. Sagen Sie mir also, was für ein Mittel bleibt ihm übrig, um, selbst mit Hilfe der Zeit, über den Betrug zu triumphieren und sich dem Publikum zu offenbaren, wenn alle Interessen sich verbinden, ihn verborgen zu halten, und niemand will, daß er entdeckt wird?

ROUSSEAU

Nein, es steht mir nicht zu, Ihnen dieses zu sagen, Sie müssen es selbst tun, und meine Antwort steht in Ihrem Herzen geschrieben. Aber sagen Sie mir doch Ihrerseits, welches Interesse, welcher Beweggrund hat Sie von dem Widerwillen, ja der Feindseligkeit, die man Ihnen gegen J.J. einflößte, abbringen können? Nachdem Sie ihn so schrecklich gehaßt haben, als Sie ihn böse und schuldig glaubten, warum beklagen Sie ihn jetzt so aufrichtig, wo Sie ihn für unschuldig halten? Glauben Sie denn der einzige Mensch zu sein, in dessen Herz noch die Gerechtigkeit unabhängig von jedem anderen Interesse spricht? Nein, mein Herr, es gibt noch mehr und vielleicht mehr, als man glaubt, die eher getäuscht als verführt sind, die jetzt aus Schwäche und Nachahmung tun, was sie die ganze Welt tun sehen, die aber ganz anders handeln würden, wenn sie sich selbst überlassen wären. J.J. selbst denkt noch vorteilhafter als Sie von so vielen, die sich ihm nähern; er sieht, daß sie, durch diejenigen betrogen, die sich seine Gönner nennen, ohne es zu wissen, den Eindrücken des Hasses folgen, während sie treuherzig denen des Mitleids zu folgen glauben. Die allgemeine Stimmung ist von den Oberhäuptern des Bundes verzaubert. Ließen sie einen Augenblick von ihrer Wachsamkeit ab, so würden die durch ihre Kunst irregeführten Begriffe bald wieder ihren natürlichen Lauf nehmen, und die große Menge würde, die Augen öffnend und sehend, wohin man sie geführt hat, selbst über ihre eigene Verirrung erstaunen. Es wird, Sie mögen sagen, was Sie wollen, früher oder später so kommen. Die in unserem Zeitalter so leichtfertig entschiedene Frage wird in einem anderen besser untersucht werden, wenn der Haß, in dem man das Publikum hält, aufhören wird zu gären, und wenn in besseren Generationen diese nach ihrem Wert geschätzt werden wird, so werden ihre Urteile entgegengesetzte Vorurteile schaffen, und es wird eine Schande sein, von ihnen gelobt, und eine Ehre, von ihnen gehaßt zu sein. Selbst in dieser Generation muß man noch einen Unterschied machen einerseits zwischen den Urhebern des Komplotts und seinen Häuptern beiderlei Geschlechts, sowie der kleinen Anzahl von Vertrauten, die vielleicht in das Geheimnis des Betruges eingeweiht sind, und andererseits dem Publikum, welches durch diese betrogen ist, ihn wirklich für schuldig hält und daher ohne Bedenken mit allem zufrieden ist, was sie erfinden, um ihn von Tag zu Tag verhaßter zu machen. Das Gewissen, das in jenen verlöscht ist, läßt der Reue keine Macht mehr. Aber die Verirrung der anderen ist die Wirkung eines Blendwerks, das verschwinden kann, und ihr Gewissen, sich selbst wiedergegeben, kann in ihnen das Gefühl der so sicheren und einfachen Wahrheit wiederherstellen, daß die Bosheit, die man anwendet, um einen Menschen zu verleumden, ein Beweis dafür ist, daß er nicht um seiner Bosheit willen verleumdet wird.

Sobald die Leidenschaft und die Voreingenommenheit nicht mehr aufrechterhalten werden, werden tausend Dinge, die man jetzt nicht bemerkt, allen in die Augen fallen. Diese betrügerischen Ausgaben seiner Schriften, von denen Ihre Herren soviel Wirkung erwarten, werden dann eine ganz entgegengesetzte Wirkung hervorbringen und dazu dienen, sie zu entlarven, indem sie auch den Dümmsten die hinterhältigen Absichten der Herausgeber darlegen. Seine zu seinen Lebzeiten von Verrätern, die sich sorgfältig vor ihm verborgen hielten, verfaßte Lebensbeschreibung wird alle Kennzeichen der übelsten Schmähschriften an sich tragen: Schließlich werden alle Kunstgriffe, deren Gegenstand er ist, so erscheinen, wie sie wirklich sind, und damit ist alles gesagt.

Daß die neuen Philosophen den Gewissensbissen der Sterbenden durch eine Lehre zuvorkommen wollen, die ihr Gewissen beruhigt, mit welcher Last sie es auch beschwert haben mögen, daran zweifle ich so wenig sie Sie und bemerke vor allem noch, daß die leidenschaftliche Ausbreitung dieser Lehre gerade zu dem Zeitpunkt angefangen hat, als das Komplott ins Werk gesetzt wurde, und daß sie mit anderen Verschwörungen zusammenzuhängen scheint, von denen diese nur ein Teil ist. Diese atheistische Verblendung ist eine vorübergehende Schwärmerei, ein Werk der Mode, das mit ihr wieder untergehen wird, und man sieht aus dem Eifer, mit dem sich das Volk ihr überläßt, daß es nur gegen sein Gewissen aufbegehrt, dessen Murren sich zu seinem Verdruß doch hören läßt. Diese bequeme Philosophie der Glücklichen und Reichen, die sich auf dieser Welt ihr Paradies bereiten, wird nicht lange die der Menge sein können, die ein Opfer ihrer Leidenschaften ist und die, weil sie in diesem Leben kein Glück kennt, wenigstens den Trost und die Hoffnung eines künftigen haben muß, die diese barbarische Lehre ihm raubt. Menschen, die von Kindheit auf in einer unduldsamen Gottlosigkeit erzogen sind, die bis zum Fanatismus geht, in Ausschweifungen ohne Furcht und Scham, eine Jugend ohne Zucht, Weiber ohne Sitte*, Völker ohne Glauben, Könige ohne Gesetz, ohne einen

* Ich habe erfahren, daß die gegenwärtige Generation sich rühmt, besonders gute Sitten zu haben. Ich hätte das erraten sollen. Ich zweifle auch nicht, daß sie sich auch rühmt, uneigennützig, rechtschaffen, offenherzig und rechtlich zu sein. Es heißt so weit als möglich von der Tugend entfernt sein, wenn man den Begriff von ihr so sehr verliert, daß man die entgegengesetzten Laster mit ihr verwechselt. Übrigens ist es ganz natürlich, daß man durch die Gewalt stiller Intrigen und dunkler Verschwörungen und dadurch, daß man sich ständig von Galle und Gift nährt, den Geschmack an den wahren Freuden verliert. Wenn man den Geschmack zu schaden einmal gekostet hat, so wird man gegen alles andere unempfindlich, und dies ist eine der Strafen für die Bösen.

Höheren, den sie fürchten, und jedes Zügels entbunden, alle Pflichten des Gewissens vernichtet, in allen Herzen Liebe zum Vaterland und Anhänglichkeit an den Fürsten erstorben, endlich kein anderes Band der Gesellschaft als Gewalt: ich denke, was aus dem allen entspringen muß, läßt sich leicht voraussehen. Europa, ein Opfer von Herrschern, die von ihren Lehrern selbst gelernt haben, sich nur von ihrem Interesse leiten zu lassen, und keinen anderen Gott zu haben als ihre Leidenschaften, Europa wird bald im stillen ausgehungert, bald offen verwüstet werden, allenthalben überschwemmt von Soldaten*, von Schauspielern, öffentlichen Mädchen, verderblichen Büchern und zerstörenden Lastern, es wird in seinem Schoße eine Brut entstehen und vergehen sehen, die nicht wert ist zu leben, es wird früher oder später in seinen Unglücksfällen die Früchte der neuen Lehre fühlen und wird, wenn es über sie nach ihren unheilvollen Wirkungen urteilt, auch ihre Lehrer und Schüler auf gleiche Weise verabscheuen, sowie all die grausamen Lehren, die den Menschen der uneingeschränkten Macht seiner Sinne überlassen und, indem sie alles auf den Genuß dieses kurzen Lebens begrenzen, das Zeitalter, in dem sie herrschen, ebenso verächtlich wie unglücklich machen.

Die angeborenen Gefühle, die die Natur in alle Herzen gegraben hat, um den Menschen in seinem Elend zu trösten und ihn zur Tugend anzufeuern, können wohl durch Kunstfertigkeit, Intrigen und Trugschlüsse in den Individuen erstickt werden, aber immer bereit, in den folgenden Generationen wieder aufzuleben, werden sie den Menschen immer wieder zu seiner ursprünglichen Anlage zurückführen, so wie der Same eines gepfropften Baumes immer den wilden Stamm erzeugt. Diese innere Empfindung, die unsere Philosophen annehmen, wenn es ihnen paßt, und wieder verwerfen, wenn sie ihnen ungelegen ist, durchdringt die Abirrungen der Vernunft und ruft allen Herzen zu, daß die Gerechtigkeit eine andere Grundlage hat als das Interesse an diesem Leben, und daß die moralische Ordnung, von der uns hienieden nichts einen Begriff gibt, ihren Sitz in einem anderen System hat, das

* Wenn ich das Glück habe, endlich einen gerechten Leser zu finden, wenngleich einen Franzosen, so hoffe ich, daß er wenigstens diesmal begreifen wird, daß *Europa* und *Frankreich* für mich keine gleichbedeutenden Worte sind.

man auf der Erde vergebens sucht, wohin aber alles eines Tages zurückgebracht werden muß.* Die Stimme des Gewissens kann in dem menschlichen Herzen ebensowenig erstickt werden wie die der Vernunft im Wissen, und eine moralische Unempfindlichkeit ist ebensowenig natürlich wie der Wahnsinn.

Glauben Sie also nicht, daß alle Mitschuldigen einer fluchwürdigen Verschwörung immer ruhig in ihrem Verbrechen leben und sterben können. Wenn die, die sie lenken, die Leidenschaft, die sie belebte, nicht mehr schüren werden, wenn diese Leidenschaft hinreichend gesättigt sein wird, wenn sie den Gegenstand derselben im Ungemach haben umkommen lassen, so wird die Natur unmerklich ihre Herrschaft wieder übernehmen; die, die Ungerechtigkeiten begingen, werden ihre unerträgliche Last fühlen, wenn die Erinnerung daran mit keinem Vergnügen mehr verbunden sein wird. Die, die Zeugen dieser Ungerechtigkeiten waren, ohne daran teilzunehmen, ohne sie aber auch zu kennen, werden, aus der Täuschung erwacht, die sie hintergangen hat, bezeugen, was sie gesehen, was sie gehört haben, was sie wissen, und werden der Wahrheit huldigen. Alles wurde ins Werk gesetzt, um dieser Besinnung zuvorzukommen und sie zu verhindern, aber man mag tun, was man will, die natürliche Ordnung wird früher oder später wiederhergestellt, und der erste, der argwöhnen wird, daß J.J. vielleicht nicht schuldig gewesen ist, wird bald bereit sein, sich davon zu überzeugen und, wenn er will, auch seine Zeitgenossen davon zu überzeugen, die, da die Verschwörung und deren Urheber nicht mehr sind, kein anderes Interesse haben werden, als gerecht zu sein und die Wahrheit kennenzulernen. Dann wird alles, was an ihn erinnert, kostbar sein, und eine Tatsache, die jetzt nur einen ungewissen Hinweis gibt, wird dann vielleicht bis zur völligen Evidenz führen.

Sehen Sie, mein Herr, dieser Aufgabe kann und soll jeder Freund der Gerechtigkeit und Wahrheit, ohne sich in Verlegenheit zu setzen, alle seine Bemühungen weihen, die in seinem Ver-

* *Vom Nutzen der Religion:* der Titel eines schönen Buches, das geschrieben werden sollte und sehr notwendig ist. Aber dieser Titel kann weder durch einen Geistlichen noch durch einen Schriftsteller von Beruf erfüllt werden. Es müßte ein Mann sein, wie es ihn heutzutage nicht mehr gibt, und der nicht so bald geboren werden wird.

mögen stehen. Der Nachwelt Erläuterungen über diesen Punkt zu überliefern, heißt das Werk der Vorsehung vorbereiten und vielleicht sogar erfüllen. Der Himmel wird, zweifeln Sie nicht daran, ein so gerechtes Unternehmen segnen. Für das Publikum werden zwei große Lehren, denen es sehr bedurfte, daraus entspringen: die eine, besonders auf Kosten anderer in den Stolz des menschlichen Wissens kein so verwegenes und unbegrenztes Zutrauen zu setzen, besonders nicht auf Kosten anderer, die andere, durch ein so denkwürdiges Beispiel zu lernen, in allem und immer Ehrfurcht vor dem Naturrecht zu haben, und zu fühlen, daß jede Tugend, die sich auf eine Verletzung dieses Gesetzes gründet, eine falsche Tugend ist, die unfehlbar irgendeine Ungerechtigkeit verbirgt. Ich weihe mich also diesem Werk der Gerechtigkeit in allem, was von mir abhängt, und ich fordere Sie auf, mit dazu beizutreten, weil Sie es ohne Gefahr tun können und eine Menge Tatsachen näher gesehen haben, die denen, die diese Sache einst untersuchen wollen, Licht geben könnten. Wir können nach Gefallen und ohne Aufsehen unsere Untersuchungen anstellen, sie sammeln, unsere Betrachtungen hinzufügen und, indem wir, soweit wie möglich, die Spur aller dieser Kunstgriffe aufnehmen, die wir bereits entdecken, denen die nach uns kommen, einen Faden reichen, der sie in diesem Labyrinth leiten kann. Könnten wir uns mit J.J. über alles beraten, so zweifle ich nicht, daß wir durch ihn viel Licht erhalten würden, das nun für immer verloschen bleiben wird, und daß wir uns selbst wundern würden über die Leichtigkeit, mit der wenige Worte von ihm Rätsel lösen könnten, die sonst vielleicht durch die Geschicklichkeit seiner Feinde undurchdringlich blieben. Oft habe ich in meinen Unterhaltungen mit ihm durch seine Bewegungen unerwartete Aufklärung über Gegenstände erhalten, die ich in einem ganz anderen Licht betrachtet hatte, weil mir ein kleiner Umstand fehlte, den ich nicht hatte erraten können und der ihnen ein ganz anderes Aussehen gab. Aber behindert durch meine Verbindlichkeiten und gezwungen, meine Einwürfe zu unterdrücken, habe ich mich oft den Erklärungen verweigern müssen, die er mir anzubieten schien, um nicht über das unterrichtet zu erscheinen, was ich ihm zu verschweigen gezwungen war.

Wenn wir uns vereinigen, um mit ihm in eine aufrichtige Geselligkeit ohne Betrug zu treten, so wird er, einmal überzeugt von unserer Redlichkeit und Hochachtung für ihn, uns ohne Mühe sein Herz öffnen, und wenn wir die Herzensergießungen, zu denen er von Natur so geneigt ist, in uns aufnehmen, so können wir daraus den Stoff für treffliche Aufsätze ziehen, deren Wert andere Generationen fühlen werden und die diese wenigstens in den Stand setzen, die Fragen von beiden Seiten zu betrachten, die heutzutage bloß nach dem Bericht seiner Feinde entschieden werden. Der Augenblick wird kommen, versichert mir mein Herz, wo seine jetzt so gefährliche wie unnütze Verteidigung denen Ehre machen wird, die sich damit abgeben wollen, und sie, ohne jede Gefahr, mit einem so herrlichen Ruhm krönen wird, der so rein ist, wie ihn nur die großmütige Tugend hier auf Erden erlangen kann.

DER FRANZOSE

Dieser Vorschlag ist ganz nach meinem Geschmack, und ich willige mit um so mehr Vergnügen ein, da es vielleicht das einzige Mittel ist, das in meiner Gewalt steht, um mein Unrecht gegen einen unschuldig Verfolgten wiedergutzumachen, ohne mich selbst dabei zu gefährden. Nicht daß die Gesellschaft, die Sie mir vorschlagen, ganz ohne Gefahr wäre. Die genaue Aufmerksamkeit, die man auf alle hat, die mit ihm reden, sogar nur ein einziges Mal, wird in unserem Fall nicht vergessen werden. Unsere Herren haben meinen Widerwillen, ihren Irrgängen zu folgen und wie sie einen Menschen zu umstricken, den sie mir so gräßlich geschildert hatten, nur zu gut bemerkt, um nicht wenigstens zu argwöhnen, daß ich so wie die Sprache wahrscheinlich auch die Meinung über ihn geändert habe. Seit langer Zeit schon sind Sie trotz Ihrer und meiner Vorsicht in ihren Verzeichnissen als verdächtig eingetragen, und ich weise Sie darauf hin, daß Sie es bald auf die eine oder andere Art bemerken werden, daß sie sich mit Ihnen beschäftigen. Sie sind zu aufmerksam auf alle, die sich J.J. nähern, als daß jemand ihnen entschlüpfen könnte. Besonders ich, dem sie schon halb ihr Zutrauen geschenkt haben, bin gewiß, daß ich mich dem, um den es dabei ging, nicht nähern kann, ohne sie sehr zu beunruhigen. Aber ich werde versuchen, ohne falsch zu sein, mich so zu betragen, daß sie so wenig Verdacht schöpfen wie möglich. Wenn sie Grund haben, mich zu fürchten, so haben sie ihn auch, mich zu schonen, und ich schmeichle mir, daß sie mir zuviel Ehre zuerkennen, um sich vor Verrätereien eines Mannes zu fürchten, der zu den ihrigen niemals die Hand reichen wollte.

Ich weigere mich also nicht, ihn zuweilen mit Klugheit und Vorsicht zu besuchen. Es wird nur auf ihn ankommen, einzusehen, daß ich Ihre Gefühle ihm gegenüber teile, und wenn ich ihm die Geheimnisse seiner Feinde auch nicht entdecken kann, so wird er doch sehen, daß ich trotz des Zwanges, schweigen zu müssen, ihn nicht zu hintergehen suche. Ich will von ganzem Herzen mit Ihnen zusammenwirken, um die Handlungen ihrer Wachsamkeit zu entziehen und besseren Zeiten zu überliefern, die man verschwinden zu lassen sich bemüht und die einst mächtige Hinweise geben werden, um zur Erkenntnis der Wahrheit zu gelangen. Ich weiß, daß seine Papiere, die er verschiedene Male mit mehr Vertrauen als Wahl in Hände niedergelegt hat, die er treu glaubte, alle seinen Verfolgern in die Hände gefallen sind, die nicht unterlassen haben, diejenigen zu vernichten, die ihnen nicht genehm sein konnten, und die anderen nach ihrem Gutdünken zurechtzumachen, was sie nach Belieben tun konnten, da sie weder Untersuchungen noch Überprüfungen von irgendeiner Seite fürchten mußten, besonders aber niemanden, der Interesse daran gehabt hätte, ihren Betrug zu entdecken und zu offenbaren. Wenn ihm nun noch einige Papiere geblieben sind, so lauert man darauf, um sich spätestens bei seinem Tode ihrer zu bemächtigen, und durch die getroffenen Maßregeln ist es sehr schwer möglich, daß den Händen, die sich ihrer bemächtigen sollen, ein einziges Stück entgeht. Das einzige Mittel, das ihm bleibt, ist, sie heimlich, wenn dies möglich ist, in wahrhaft treue und sichere Hände zu legen. Ich erbiete mich, die Gefahr dieses Pfandes mit Ihnen zu teilen und verpflichte mich, keine Sorgfalt zu sparen, damit es eines Tages so vor den Augen des Publikums erscheine, wie ich es empfangen haben werde, vermehrt um alle Beobachtungen, die ich zur Enthüllung der Wahrheit habe sammeln können. Das ist alles, was meine Klugheit zur Beruhigung meines Gewissens, zum Nutzen der Gerechtigkeit und im Dienst der Wahrheit mir zu tun erlaubt.

ROUSSEAU

Und das ist auch alles, was er selbst wünscht. Die Hoffnung, daß sein Andenken eines Tages in der Ehre, die es verdient, wiederhergestellt wird und daß seine Bücher durch die Achtung, die man ihrem Verfasser schuldig ist, Nutzen stiften werden, ist von nun an das einzige, was ihn in dieser Welt noch aufrichten kann. Lassen Sie uns noch die Süße hinzufügen, daß er zwei edle und reine Herzen sich dem seinigen öffnen sieht. Wir wollen ihm so die Schrecken dieser Einsamkeit mildern, in der man ihn inmitten des Menschengeschlechts zu leben zwingt. Kurz, ohne unnütze Versuche zu seinem Besten zu unternehmen, die viel Unordnung hervorbringen könnten und deren glücklicher Erfolg nicht einmal mehr Eindruck auf ihn machen würde, wollen wir ihm für seine letzte Stunde diesen Trost aufbewahren, daß freundschaftliche Hände ihm die Augen schließen.

GESCHICHTE DER VORHERGEGANGENEN SCHRIFT

Ich will hier weder vom Grund noch vom Gegenstande, noch von der Gestalt dieser Schrift reden. Das habe ich in dem Vorbericht getan, der ihr vorhergeht. Ich will aber sagen, welches ihre Bestimmung war, welches ihr Schicksal gewesen ist und warum diese Abschrift sich hier befindet.

Vier Jahre hatte ich mich mit diesen Gesprächen beschäftigt, obgleich meine Herzensangst mich nie beim Arbeiten an denselben verließ, und ich brachte endlich dieses schmerzhafte Geschäft zu Ende, ohne zu wissen, ohne mir denken zu können, wie ich Gebrauch davon machen, und ohne mich nur entschließen zu können, was für Versuche ich deswegen unternehmen könnte. Zwanzig Jahre Erfahrung hatten mich belehrt, inwiefern ich mich auf Geradheit und Treue derer verlassen könnte, die mich unter dem Namen von Freunden umgaben. Betroffen vor allem von der ganz vorzüglichen Falschheit Duclos', den ich in einem so hohen Grade geschätzt hatte, daß ich ihm meine *Bekenntnisse* anvertraute, und der das heiligste Pfand der Freundschaft zu einem Werkzeug von Betrug und Verräterei mißbraucht hat, was konnte ich nun von Menschen erwarten, mit denen man mich seit dieser Zeit umgab und deren Kunstgriffe so deutlich ihre Absichten an den Tag legten? Ihnen meine Handschrift anzuvertrauen, hieß geradezu, sie selbst in die Hände meiner Verfolger geben, und die Art, wie man mich umschlang, ließ mir gar keine Gelegenheit, mit irgendeiner anderen Person Bekanntschaft zu machen.

In dieser Lage, in allen meinen Entschlüssen hintergangen und ohne etwas anderes als Verräterei und Falschheit unter den Menschen zu erblicken, erhob sich meine Seele, gestärkt von dem Gefühl ihrer eigenen Unschuld und überzeugt von der Untreue jener auf einmal bis zum Thron aller Ordnung und Wahrheit, um dort Quellen der Hilfe zu suchen, die ich hier nicht zu finden vermochte. Da ich mich niemandem mehr anvertrauen konnte, der nicht zum Verräter an mir geworden wäre, beschloß ich, mich der Vorsehung allein anzuvertrauen, ihr allein die Bestimmung über das Pfand zu überlassen, welches ich in sicheren Händen zurückzulassen wünschte.

Zu dem Ende dachte ich eine Reinschrift dieses Werkes zu machen und sie in einer Kirche auf einem Altar niederzulegen, und um diesen Schritt so feierlich als möglich zu machen, wählte ich den großen Altar der Kirche Notre-Dame, da ich glaubte, daß auf jedem anderen meine Handschrift durch Priester oder Mönche leichter entdeckt und entwendet werden könnte und unfehlbar in die Hände meiner Feinde fallen müßte, anstatt daß das Gerücht meiner Handlung meine Handschrift dem König vor Augen bringen könnte, und das war das Vorteilhafteste, was ich mir wünschen konnte, und es konnte niemals geschehen, wenn ich anders vorging.

Solange ich an der Abschrift meines Werks arbeitete, dachte ich über die Mittel zur Ausführung meines Vorsatzes nach. Leicht war es nicht, besonders für einen so furchtsamen Menschen wie mich. Ich glaubte, der Sonnabend, ein Tag, an dem immer eine Motette vor dem Altar von Notre-Dame gesungen wird, während welcher der Chor leer bleibt, würde der Tag sein, wo ich am leichtesten hineingehen, bis zum Altar kommen und mein Pfand niederlegen könnte. Um meinen Schritt sicherer festzusetzen, untersuchte ich mehrere Male aus einigem Abstand die Beschaffenheit der Dinge und die Lage des Chors und seiner Zugänge, denn meine Furcht bestand bloß darin, daß man mich unterwegs anhalten möchte, und dann war mein Vorhaben gewiß gescheitert. Endlich, da meine Handschrift fertig war, versiegelte ich sie und setzte die folgende Aufschrift darauf:

EIN PFAND, DER VORSEHUNG ÜBERGEBEN.

»Beschützer der Unterdrückten, Gott der Gerechtigkeit und Wahrheit, empfange dieses Pfand, deinem Altar übergeben und deiner Vorsehung anvertraut von einem unglücklichen Fremdling, der allein, ohne Stütze, ohne Verteidiger auf der Welt ist, den eine ganze Generation beleidigt, verspottet, verleumdet und verraten hat, den man fünfzehn Jahre lang um die Wette schlimmer behandelte, als wenn man ihn gemordet hätte, und der bis jetzt nie gehörte Mißhandlungen unter den Menschen erduldet, ohne auch nur die Ursache dafür erfahren zu können. Jede Erklärung wird mir verweigert, jede Verbindung mit Menschen versagt. Von den Menschen, die ihre eigene Ungerechtigkeit verhärtet, habe ich nichts zu erwarten als Beleidigungen, Lügen, Verräterei. Ewige Vorsehung, auf dich allein hoffe ich, würdige mein Pfand, es unter deinen Schutz zu nehmen, es in jugendliche unverdorbene Hände zu bringen, die es ohne Verfälschung einer besseren Generation überliefern. Möge sie mit Tränen über mein Los erkennen, wie ein Mensch behandelt wurde, der ohne Tücke und ohne Falsch war, der Ungerechtigkeit haßte, sie aber geduldig litt, und der niemals einem Menschen Übles tat, tun wollte oder erwiderte. Niemand hat das Recht, das weiß ich, ein Wunder zu erwarten, nicht einmal die unterdrückte und verkannte Unschuld. Weil alles einst wieder in die Ordnung zurückkehren muß, so ist es genug, dies zu erwarten. Wenn also meine Arbeit vergebens ist, wenn sie meinen Feinden überliefert und durch sie zerstört oder entstellt werden soll, wie es fast unvermeidlich scheint, so vertraue ich doch nicht weniger auf dein Werk, auch wenn Zeit und Mittel mir unbekannt sind, und da ich meiner Pflicht gemäß alle Kräfte angewandt habe, dazu etwas beizutragen, so warte ich voll Zutrauen, baue auf deine Gerechtigkeit und ergebe mich ganz in deinen Willen.«

Auf der Rückseite des Titelblattes vor der ersten Seite stand folgendes:

»Wer ihr auch sein möget, in deren Hände der Himmel diese Schrift führt, welchen Gebrauch ihr davon zu machen entschlossen seid und welche Meinung ihr auch von dem Verfasser haben möget, euch beschwört dieser unglückliche Verfasser bei eurem menschlichen Gefühl und bei der Angst, die er ausgestanden hat, indem er sie niederschrieb, nicht darüber zu urteilen, bis ihr sie ganz durchgelesen habt. Bedenkt, daß diese Gunst, die ein von Schmerzen zerrissenes Herz von euch verlangt, eine Pflicht der Billigkeit ist, die euch der Himmel auflegt.«

Da alles fertig war, nahm ich mein Päckchen zu mir und ging Sonnabend den 24. Februar 1776 in die Kirche Notre-Dame in der Absicht, an diesem Tage mein Opfer zu bringen.

Ich wollte durch eine der Seitentüren gehen, durch die ich in den Chor durchzudringen hoffte. Daß ich sie verschlossen fand, machte mich bestürzt, und ich wollte weiter unten durch die andere Seitentüre gehen, die in das Querschiff führt. Da ich eintrat, fiel meinen Augen ein Gitter auf, das ich vorher nie bemerkt hatte und das den Teil des Seitenschiffes, der den Chor umgibt, vom Querschiff trennt. Die Türen dieses Gitters waren verschlossen, so daß der Teil des Seitenschiffes, von dem ich sprach, leer war und es mir unmöglich war, hier durchzukommen. Sowie ich das Gitter wahrnahm, wurde ich sogleich von einem Schwindel befallen, wie wenn einen Menschen ein Schlagfluß anwandelt, und dieser Schwindel war von einer solchen Erschütterung meines ganzen Wesens begleitet, desgleichen ich noch niemals an mir wahrgenommen. Die Kirche schien mir ihre Gestalt so sehr verändert zu haben, daß ich voll Zweifel, ob ich auch wohl in Notre-Dame wäre, mit Gewalt mich zu sammeln und das, was ich sah, gehörig zu unterscheiden suchte. Sechsunddreißig Jahre lang, die ich in Paris gelebt, hatte ich oft und zu verschiedenen Zeiten diese Kirche besucht, immer war mir der Chorumgang offen und frei vorgekommen, und soviel ich mich erinnern konnte, hatte ich nie weder Gitter noch Tor bemerkt. Um so mehr über dieses unvorhergesehene Hindernis erschrocken, als ich niemandem von meinem Vorhaben etwas gesagt hatte, wähnte ich in der ersten Wallung, daß der Himmel selbst der Ungerechtigkeit der Menschen beiträte, und das unwillige Murren, das mir entwischte, kann nur von dem recht begriffen werden, der sich an meine Stelle setzen kann, und nur von dem entschuldigt werden, der die Herzen bis auf den Grund erforscht.

Ich ging schnell aus der Kirche fort, entschlossen, sie in meinem Leben nicht wieder zu besuchen, und da ich mich ganz meiner Unruhe überließ, lief ich den ganzen übrigen Tag umher, irrte allerorten herum, ohne zu wissen, wo ich war oder wohin ich ging, bis, ganz unfähig, weiterzugehen, Nacht und Müdigkeit mich zwangen, kraftlos und vom Schmerz abgestumpft meine Wohnung zu suchen.

Als ich mich nach und nach von dem ersten Schrecken erholte, fing ich an, ruhiger über das nachzudenken, was mir begegnet war, und durch eine mir eigene Geisteswendung, die mich ebenso schnell über ein vorhandenes Unglück tröstet, wie sie mich vor einem zu fürchtenden erschreckt, säumte ich nicht, den schlechten Ausgang meines Versuchs mit ganz anderen Augen zu betrachten. In meiner Aufschrift hatte ich gesagt, daß ich kein Wunder erwartete, und doch war es gewiß, daß eines nötig gewesen wäre, um meinem Vorhaben eine günstige Wendung zu geben, denn der Gedanke, daß meine Handschrift bis zum König kommen würde, daß dieser junge Monarch sich selbst die Mühe nehmen und die lange Schrift lesen würde, dieser Gedanke, sage ich, war so närrisch*, daß ich erstaunte, daß ich mich durch ihn auch nur einen Augenblick hatte einschläfern lassen können. Konnte ich wohl zweifeln, daß, wenn auch das Auffallende meines Schrittes mein Pfand bis zum Hofe brächte, es da nicht in die Hände des Königs, sondern in die meiner boshaftesten Verfolger oder ihrer Freunde gefallen wäre, und daß sie es entweder gänzlich unterdrückt oder doch nach ihren Ansichten so entstellt hätten, daß es meinem Andenken äußerst schädlich geworden wäre? Kurz, der Mißerfolg meines Vorhabens, über den ich so sehr in Wallung geraten war, schien mir, da ich ihn reiflicher durchdachte, eine Wohltat des Himmels, die mich gehindert hatte, einen Plan auszuführen, der meinen Interessen so sehr zuwider war; ich fand, daß es sehr vorteilhaft war, daß meine Handschrift in meinen Händen geblieben war, um vernünftiger damit zu verfahren, und ich beschloß, folgenden Gebrauch davon zu machen.

Ich erfuhr eben, daß ein Gelehrter, der einer meiner ältesten Bekannten war, mit dem ich in einiger Verbindung gestanden und den ich hochzuachten auch nie aufgehört hatte, von seinem gewöhnlichen Aufenthalt auf dem Lande vor einigen Tagen nach Paris gekommen war. Ich sah diese Nachricht von seiner Rückkehr als eine Lenkung der Vorsehung an, die mir den wahren Bewahrer meiner Handschrift anzeigte. Wahr ist, daß dieser Mann Philosoph, Schriftsteller, Akademiemitglied und aus einer Provinz war, deren Einwohner den Ruhm der Geradheit nicht eben sehr besitzen. Was konnten aber alle diese Vorurteile gegen eine

* Dieser Gedanke und der der Niederlegung auf dem Altar war mir gekommen, als Ludwig XV. noch lebte, und damals war er etwas weniger lächerlich.

so bestimmte Überzeugung ausrichten, wie ich sie in meinem Geiste von seiner Redlichkeit hatte? Die Ausnahme, um so ehrenvoller, je seltener sie war, vermehrte nur mein Zutrauen zu ihm, und konnte der Himmel wohl ein würdigeres Werkzeug zu seinem Werk wählen als die Hand eines tugendhaften Mannes?

Ich bin also entschlossen; ich suche seine Wohnung, finde sie endlich, nicht ohne Mühe. Ich bringe ihm meine Handschrift und gebe sie ihm mit einer Wallung der Freude, mit klopfendem Herzen, welches vielleicht die würdigste Huldigung war, die ein Sterblicher der Tugend bringen konnte. Ohne noch zu wissen, wovon die Rede war, sagte er mir, indem er sie nahm, er würde nur einen guten und nützlichen Gebrauch von meinem Pfande machen. Bei der Meinung, die ich von ihm hatte, war diese Versicherung ganz überflüssig.

Vierzehn Tage hernach ging ich wieder zu ihm und war fest überzeugt, daß der Augenblick gekommen wäre, wo der Schleier der Finsternis, den man seit zwanzig Jahren vor meinen Blick gehalten hat, fallen würde, und daß ich auf die eine oder andere Art die Aufklärung von meinem Vertrauten erhalten würde, die meiner Meinung nach notwendig auf das Lesen meiner Handschrift folgen mußte. Nichts aber von allem, was ich im voraus gedacht hatte, geschah. Er sprach mit mir von dieser Schrift gerade wie von einem gelehrten Werk, über das ich ihn nach geschehener Untersuchung sein Urteil zu fällen gebeten hätte. Er sprach von Veränderungen, um meinem Stoff mehr Ordnung zu geben, nichts aber sagte er über die Wirkung, die meine Schrift auf ihn gehabt hatte, noch auch, was er von dem Verfasser dachte. Er trug mir nur an, eine verbesserte Ausgabe meiner Werke zu besorgen, und bat mich um meine Anweisungen dafür. Da derselbe Vorschlag mir, sogar mit großer Beharrlichkeit, von allen gemacht worden war, die mich umgeben hatten, so fiel mir ein, daß ihre Anschläge mit den seinigen übereinstimmen könnten. Als er dann sah, daß sein Antrag mir mißfiel, erbot er sich, mir mein Pfand zurückzugeben. Ohne auf dieses Anerbieten einzugehen, bat ich ihn nur, es einem Jüngeren zu übergeben, der mich und meine Verfolger überleben und es einst ohne Furcht, jemanden zu beleidigen, bekanntmachen könnte. Er schien diesen letzten Gedanken besonders zu billigen, und durch die Aufschrift, die er auf dem Päckchen machte und mir mitteilte, wurde es wahrscheinlich, daß er meiner Bitte gemäß alle Sorgfalt anwenden würde, den Druck und die Bekanntmachung der Handschrift bis zum Ende dieses Jahrhunderts zu verhindern. Was den anderen Teil meiner Absicht betrifft, daß sie nämlich nach diesem Termin getreu abgedruckt und bekanntgemacht würde, so kann ich nicht sagen, was er zu dessen Erfüllung beigetragen hat.

Von der Zeit an hörte ich auf, ihn zu besuchen. Er hat mich zwei- oder dreimal besucht, und wir haben Mühe gehabt, die Zeit mit einigen gleichgültigen Unterredungen zu vertreiben, da ich ihm nichts mehr zu sagen hatte und er mir nichts mehr sagen wollte.

Ohne ein entscheidendes Urteil über ihn zu fällen, dem ich mein Pfand übergeben hatte, bemerkte ich wohl, daß ich meinen Zweck verfehlt und wahrscheinlich Mühe und Pfand verloren hatte: aber den Mut verlor ich noch nicht. Ich sagte mir, daß der Mißerfolg meiner schlechten Wahl zuzuschreiben war, daß ich ziemlich blind und voreingenommen gewesen sein mußte, daß ich mich einem Franzosen anvertraut hatte, der auf die Ehre seiner Nation zu eifrig bedacht war, um ihre Ungerechtigkeiten zu entdecken und zu offenbaren, einem Gelehrten, Philosophen und Akademiemitglied, zu sehr auf das Interesse seiner Körperschaft bedacht, um ihre Schändlichkeit zu enthüllen, einem reifen Mann, zu klug, zu vorsichtig, um sich für die Gerechtigkeit und die Verteidigung eines Unterdrückten zu ereifern. Wenn ich gerade den Mann als meinen Vertrauten gesucht hätte, der am wenigsten fähig gewesen wäre, meine Wünsche zu erfüllen, so hätte ich nicht besser wählen können. Es ist also mein Fehler, wenn ich nicht glücklich gewesen bin, mein Erfolg hing nur von einer besseren Wahl ab.

Durch die erneuerte Hoffnung eingewiegt, fing ich mit neuem Eifer eine neue Abschrift an. Während ich dieser Arbeit oblag, kam ein junger Engländer, der in Wootton mein Nachbar gewesen war, auf seiner Rückkehr aus Italien durch Paris und besuchte mich. Ich machte es wie alle Unglücklichen, die in allem, was ihnen begegnet, eine besondere Lenkung des Schicksals erblicken.

Dies, sagte ich zu mir selbst, ist der Vertraute, den mir der Himmel angewiesen hat. Er sendet mir ihn, er hat meine Wahl verworfen, um mich der seinigen näher zu bringen. Wie hatte ich es nur nicht gleich einsehen können, daß es ein junger Mann, ein Fremdling sein mußte, der nicht zur Bande der Schriftsteller gehörte, der weit von den listigen Bewohnern dieses Landes entfernt war und kein Interesse daran hatte, mir zu schaden, und nicht gegen mich eingenommen war? Das alles schien mir so klar, daß ich den Finger Gottes in dieser zufälligen Gelegenheit erblickte und sie eilig ergriff. Unglücklicherweise war meine neue Abschrift noch nicht weit vorgerückt, aber ich eilte, ihm das zuzustellen, was davon fertig war, und verschob aufs nächste Jahr, ihm das übrige zuzustellen, wenn, wie ich nicht zweifelte, die Wahrheitsliebe ihm Eifer genug beibrächte, es bei mir abzuholen.

Seit seiner Abreise haben neue Betrachtungen meinen Geist mit Zweifeln über die Klugheit meiner neuen Wahl erfüllt. In der Art, wie dieser junge Mann mein Pfand entgegennahm, und in dem, was er mir bei seiner Abreise sagte, bemerkte ich nicht den Ton eines Menschen, der den Wert meines Vertrauens fühlte und davon berührt war. Ich wußte, daß das Bündnis, das mich verfolgt, Verbindungen knüpft, ich fand in der Art, wie er sich mit mir aufgeführt hatte, mehr Schmeichelei als wahre Empfindung, und ich warf mir die Narrheit vor, daß ich mich einem Engländer anvertraut hatte, dessen Nation besonders gegen mich eingenommen ist und bei der man noch nie eine Handlung der Gerechtigkeit angetroffen hat, die gegen ihr eigenes Interesse verstößt. Warum auch war er mich besuchen gekommen? Warum diese kleinen feinen Aufmerksamkeiten? Mußte dies allein ihn mir nicht verdächtig machen, mußte ich nicht wissen, daß seit langer Zeit sich mir niemand mehr näherte, der nicht besonders an mich abgesandt war, und daß mich Leuten, die mich umgaben, anzuvertrauen gerade so viel hieß, als mich meinen Feinden zu überlassen? Um einen getreuen Vertrauten zu finden, mußte ich ihn weit von mir unter denen aufsuchen, denen ich mich nicht nähern durfte. Meine Hoffnung war also vergebens, alle meine Maßregeln falsch, alle meine Bemühungen unnütz, und ich konnte versichert sein, daß der am wenigsten strafbare Gebrauch, den diejenigen, an welche ich mich vertrauensvoll wandte, von meinem Pfand machen würden, seine Vernichtung wäre.

Diese Vorstellung gab mir einen neuen Versuch ein, von dem ich mehr Wirkung erwartete. Es war der, eine Art von Rundbrief zu schreiben, der der französischen Nation zugeeignet wäre, mehrere Abschriften davon zu machen, und sie an Spaziergänger und in den Straßen an Unbekannte auszuteilen, deren Gesichtsbildung mir am besten gefiele. Ich unterließ nicht, nach meiner gewöhnlichen Art aufs allerbeste von dieser neuen Entschließung zu urteilen. Man läßt mir, sagte ich zu mir selbst, keinen anderen Umgang als mit Leuten, die von meinen Verfolgern angestellt sind. Jemandem mich anvertrauen, der sich mir nähert, ist nichts anderes, als mich ihnen anvertrauen. Wenigstens kann es unter den Unbekannten ehrliche Menschen geben. Wer aber zu mir kommt, der kommt nur aus böser Absicht, dessen kann ich sicher sein.

Ich verfaßte also ein kleines Schreiben in Gestalt eines Billets, und ich hatte Geduld genug, eine große Anzahl Abschriften davon zu verfertigen. Aber der Austeilung setzte sich ein Hindernis entgegen, das ich nicht vorhergesehen hatte, und zwar die abschlägige Antwort derer, denen ich es anbieten wollte. Die Aufschrift lautete folgendermaßen: *Jedem Franzosen, der noch Gerechtigkeit und Wahrheit liebt.* Ich konnte mir nicht vorstellen, daß unter dieser Anrede irgend jemand wagen würde, es auszuschlagen; fast keiner nahm es an. Alle, nachdem sie die Aufschrift gelesen, erklärten mir mit einem Scharfsinn, der mir mitten in meinem Schmerz ein Gelächter abzwang, daß es nicht an sie gerichtet sei. Sie haben recht, erwiderte ich, und nahm es zurück, ich sehe wohl, daß ich mich getäuscht habe. Und das ist das einzige freimütige Wort, das mir aus französischem Munde seit fünfzehn Jahren gesagt wurde.

Auch von dieser Seite fehlgeleitet, war ich noch nicht entmutigt. Ich schickte Abschriften dieses Billetts als Antworten auf Briefe von Unbekannten, die mit aller Gewalt zu mir zu kommen wünschten, und ich glaubte, Wunder zu tun, als ich statt einer entscheidenden Antwort auf dieses Billett bewirkte, daß sie ihrer Grille Einhalt taten. Zwei oder drei andere gab ich Personen, die mich anredeten oder mich besuchten. Alles das brachte aber nichts als schwülstige und schiefe Antworten zum Vorschein, die mir eine unzweifelhafte Falschheit ihrer Verfasser bezeugten.

Dieser letzte Mißerfolg, der meine Verzweiflung aufs Höchste bringen sollte, griff mich nicht so sehr wie die vorigen an. Da er mich lehrte, daß mein Schicksal ohne Rettung war, so lernte ich zugleich, nicht mehr gegen die Notwendigkeit zu streiten. Eine Stelle aus dem *Emile*, die ich mir ins Gedächtnis rief, ließ mich wieder zu mir kommen und mich da finden, was ich außer mir vergebens gesucht hatte. Welches Übel hat dir die Verschwörung denn zugefügt? Was hat sie dir von dir selbst entrissen? Welches Glied hat sie dir verstümmelt? Welches Laster hat sie dich begehen lassen? Solange die Menschen mir nicht aus meiner Brust das Herz reißen, das sie enthält, um, während ich lebe, an seine Stelle das eines schlechten Kerls hineinzulegen, wie könnten sie da wohl mein Wesen verändern und verderben? Sie können sich immer einen J.J. nach ihrer Mode machen, Rousseau wird ihnen zum Verdruß immer der nämliche bleiben.

Habe ich also die Eitelkeit der Meinung nur darum kennengelernt, um mich auf Kosten des Friedens meiner Seele und der Ruhe meines Herzens unter ihr Joch zu schmiegen? Wenn die Menschen mich anders sehen wollen, als ich bin, was geht das mich an? Liegt mein wirkliches Wesen in ihren Blicken? Wenn sie in Ansehung meiner künftigen Generationen hintergehen und betrügen, was geht das mich dann noch an? Ich werde nicht mehr leben, um das Opfer ihres Irrtums zu sein. Wenn sie alles, was das Verlangen nach ihrem Glück mich Nützliches hat sagen und tun lassen, vergiften und zum Bösen kehren, so geschieht es zu ihrem Schaden und nicht zum meinigen. Ich nehme das Zeugnis meines Gewissens mit mir und werde trotz ihrer die Entschädigung für ihre unwürdige Behandlung finden. Wären sie ehrlicherweise auf dem Irrwege, so könnte ich, indem ich mich beklage, sie mitbeklagen und über sie wie über mich seufzen, aber durch welchen Irrtum kann wohl ein so fluchenswertes System entschuldigt werden, wie sie es in Ansehung meiner mit einem Eifer angenommen haben, der sich gar nicht bestimmen läßt? Durch welchen Irrtum kann man einen Menschen öffentlich als einen überführten Bösewicht behandeln, dem man mit so genauer Sorgfalt sogar verbirgt, wessen man ihn beschuldigt? In der Verfeinerung ihrer Barbarei haben sie die Kunst erfunden, mich eines langsamen Todes sterben zu lassen, indem sie mich lebendig begraben. Wenn sie diese Behandlung sanft finden, so müssen sie schmutzige Seelen haben, finden sie sie so grausam, wie sie ist, so müssen Phalaris und Agathokles gelinder gewesen sein als sie. Ich hatte also unrecht, als ich hoffte, sie zur Besinnung zu bringen, indem ich zeigte, daß sie sich täuschen. Davon ist nicht die Rede, und wenn sie sich auch in Ansehung meiner täuschen, so können sie doch nicht ihr eigenes Unrecht vergessen. Es ist nicht Irrtum, daß sie gegen mich ungerecht und böse sind, sondern Vorsatz. Sie sind es, weil sie es sein wollen, und nicht zu ihrer Vernunft müßte man reden, sondern zu ihren vom Haß verdorbenen Herzen. Alle Beweise ihrer Ungerechtigkeit werden diesen Haß nur vermehren, sie wären nur ein Kummer mehr, den sie mir nie verzeihen würden.

Aber noch weit mehr unrecht habe ich gehandelt, daß ich mich von ihren Beleidigungen niederschlagen ließ und beinahe verzweifelt bin. Als ob es in der Macht der Menschen stünde, die Natur der Dinge zu verändern und mir den Trost zu nehmen, der dem Unschuldigen durch nichts geraubt werden kann. Und ist es denn zu meinem ewigen Glück notwendig, daß sie mich kennen und mir Gerechtigkeit widerfahren lassen? Hat denn der Himmel kein anderes Mittel, meine Seele glücklich zu machen und sie für die Übel schadlos zu halten, die man mich so ungerecht hat leiden lassen? Wenn der Tod mich ihren Händen entrissen haben wird, werde ich da wissen oder zu wissen trachten, was in Ansehung meiner noch auf der Welt vorgeht? Sobald die Grenzen der Ewigkeit sich mir öffnen werden, so wird alles, was diesseits ist, vor mir für immer verschwinden, und wenn ich mich dann auch des Daseins des Menschengeschlechts erinnere, so wird es mir von dem Augenblicke an so vorkommen, als ob sie gar nicht mehr da wären.

Endlich habe ich mich also ganz entschlossen. Losgerissen von allem, was die Welt angeht, sowie von den unsinnigen Urteilen der Menschen, bescheide ich mich, für immer unter ihnen entstellt zu erscheinen, ohne auf den Wert meiner Unschuld und meiner Leiden dabei zu rechnen. Meine Glückseligkeit soll von anderer Art sein; bei ihnen will ich sie nicht mehr suchen, und sie haben ebensowenig Macht, sie zu verhindern, als sie sie zu kennen vermögen. Bestimmt, auf dieser Welt der Raub des Irrtums und der Lügen zu sein, erwarte ich die Stunde meiner Erlösung und den Triumph der Wahrheit, ohne sie noch unter den Sterblichen zu suchen. Von jeder irdischen Anhänglichkeit losgerissen, selbst von der Unruhe der Hoffnung hienieden befreit, sehe ich nichts, wodurch sie noch die Ruhe meines Herzens stören könnten. Nie werde ich die erste Wallung von Verachtung, Jähzorn und Hitze unterdrücken und nicht einmal mehr daran denken; aber die Ruhe, die auf diese vorübergehende Bewegung folgt, ist ein fortdauernder Zustand, aus dem mich nichts mehr reißen kann.

Erloschene Hoffnung dämpft wohl das Verlangen, aber sie vernichtet nicht die Pflicht, und ich will die meinige in meinem Betragen gegen die Menschen bis an mein Ende erfüllen. Ich bin nun von den unnützen Versuchen losgesagt, ihnen die Wahrheit kenntlich zu machen, die sie auf immer zu verwerfen entschlossen sind, aber davon bin ich es nicht, ihnen die Mittel zu lassen, soviel an mir liegt, aus ihrem Irrtum wieder zur Besinnung zu kommen, und das ist der letzte Gebrauch, der mir von dieser Schrift zu machen bleibt. Immerfort die Abschriften davon zu vermehren, um sie so hin und wieder in die Hände der Menschen zu bringen, das hieße meine Kräfte unnötigerweise anstrengen, und vernünftigerweise kann ich nicht hoffen, daß von allen diesen so zerstreuten Abschriften nur eine einzige gänzlich zu ihrer Bestimmung gelangen würde. Ich werde mich also auf eine einzige beschränken, die ich diejenigen von meiner Bekanntschaft werde lesen lassen, die ich am wenigsten ungerecht glaube, die am wenigsten gegen mich eingenommen sind, oder die, sind sie gleich mit meinen Verfolgern im Bunde, mir nichtsdestoweniger noch Schwungkraft in der Seele zu haben und etwas durch sich selbst sein zu können scheinen. Alle, daran zweifle ich nicht, werden gegen meine Gründe taub, unempfindlich gegen mein Schicksal bleiben und werden ebenso falsch und im Finstern handeln wie zuvor. Dies ist ein Weg, den man allgemein und unveränderlich eingeschlagen hat, besonders alle die, die sich mir nähern. Ich weiß das alles im voraus und bleibe doch nicht minder bei meinem letzten Entschluß, weil er das einzige Mittel ist, welches in meinem Vermögen steht, um an dem Werk der Vorsehung mitzuwirken, und die einzige Möglichkeit, die von mir abhängt, dazu beizutragen. Niemand wird mich hören, die Erfahrung belehrt mich darüber, aber es ist keine Unmöglichkeit, daß einer mich einmal hört, und es ist fortan unmöglich, daß die Augen der Menschen sich der Wahrheit von selbst öffnen. Das ist genug, um mir die Verpflichtung zu dem Versuch aufzulegen, selbst wenn ich keinerlei Erfolg erhoffen kann. Wenn ich mich damit begnüge, diese Schrift unter meinem Nachlaß zu lassen, so wird diese Beute den räuberischen Händen nicht entgehen, die nur auf meinen letzten Seufzer warten, um sich alles dessen zu bemächtigen, es zu verbrennen oder zu verfälschen. Wenn aber unter denen, die es gelesen haben, ein menschliches Herz oder nur ein wirklich verständiger Geist sich findet, so würden meine Verfolger ihre Mühe verloren haben, und die Wahrheit würde bald in den Augen des Publikums erstrahlen. Die Gewißheit, daß ich mich hierin nicht einen Augenblick täuschen kann, wenn dieses unerwartete Glück mich trifft, gibt mir zu diesem neuen Versuch Mut. Ich weiß im voraus, welchen Ton alle annehmen werden, wenn sie mich gelesen haben. Dieser Ton wird der nämliche sein wie vorher, harmlos, einschmeichelnd und gutmütig. Sie werden mich sehr beklagen, daß ich alles so schwarz sehe, was doch so weiß ist, denn sie glauben alle so weiß wie Schwäne zu sein, aber sie werden nichts von allem verstehen, was ich da gesagt habe. Diese, deren Urteil gleich gefällt ist, werden mich in nichts überraschen und mich kaum kränken. Aber wenn gegen alle meine Erwartung sich einer findet, den meine Gründe rühren und der die Wahrheit zu mutmaßen anfängt, so werde ich über diese Wirkung keinen Augenblick mehr in Zweifel bleiben und habe dann ein sicheres Merkmal, wodurch ich ihn von den anderen unterscheiden kann, selbst wenn er sich mir nicht öffnen wollte. Den werde ich dann zum Bewahrer meines Pfandes machen, ohne auch nur zu untersuchen, ob ich auf seine Rechtschaffenheit rechnen kann, denn sein Urteil ist mir hinreichend, um ihn zur Treue gegen mich zu bringen. Er wird fühlen, daß er keinen Vorteil davon hat, wenn er mein Pfand unterdrückt, daß er, wenn er es meinen Feinden ausliefert, ihnen nichts gibt, was sie nicht schon hätten, daß er folglich dieser Verräterei keinen großen Wert geben, noch verhindern kann, daß ihn dadurch früher oder später der gerechte Vorwurf trifft, eine niederträchtige Handlung begangen zu haben. Im Gegenteil, wenn er mein anvertrautes Pfand behält, bleibt er immer Herr, es zu unterdrücken, wenn er will, und kann einst, wenn ganz natürliche Umwälzungen die Stimmung des Publikums wandeln, sich unendliche Ehre erwerben und aus diesem Pfande einen großen Nutzen ziehen, dessen er sich beraubt, wenn er es aufopfert. Hat er einen Blick in die Zukunft und kann er es erwarten, so muß er bei reiflicher Überlegung mir treu sein. Ich sage noch mehr. Selbst wenn das Publikum in der nämlichen Stimmung bliebe, in welcher es in Ansehung meiner ist, so wird eine ganz natürliche Bewegung es früher oder später dahin bringen, daß es zu wissen wünscht, was J. J. zu seiner Verteidigung gesagt hätte, wenn man ihm die Freiheit gelassen hätte, zu reden. Dann mag mein Vertrauter sich zeigen und sagen: Ihr wollt also wissen, was er gesagt hätte? Wohlan, hier ist es. Ohne meine Partei zu nehmen, ohne meine Sache und mein Andenken verteidigen zu wollen, kann er, indem er meine Sache bloß übergibt und im übrigen, wenn möglich, in der Meinung der Welt unverändert bleibt, ein neues Licht auf den Charakter des Verurteilten werfen, denn immer ist ein Zug mehr in seinem Bildnis, wenn man weiß, wie ein solcher Mensch von sich selbst zu reden sich getraute.

Wenn ich unter meinen Lesern diesen verständigen Mann finde, der um seines eigenen Vorteils willen dazu gestimmt ist, mir treu zu sein, so bin ich entschlossen, ihm nicht allein diese Schrift, sondern auch meine *Bekenntnisse* und alle meine Papiere zu übergeben, die in meinen Händen bleiben und aus denen man eines Tages viel Licht über mein Schicksal erhalten kann, weil sie Anekdoten, Erläuterungen und Taten enthalten, die kein anderer als ich aufdecken kann und die allein den Schlüssel zu so vielen Rätseln geben, die sonst für immer unerklärbar bleiben.

Findet dieser Mensch sich nicht, so ist es wenigstens möglich, daß das Andenken dieser Lektüre, das im Geiste der Lesenden zurückgeblieben ist, eines Tages in irgendeinem von ihnen ein Gefühl von Gerechtigkeit und Mitleiden erweckt, wenn lange nach meinem Tode der allgemeine Wahnsinn schwächer zu werden beginnen wird. Dann kann dieses Andenken in seiner Seele irgendeine glückliche Wirkung hervorbringen, welche die Leidenschaft, die sie belebt, zu meinen Lebzeiten zurückhält, und mehr gehört nicht dazu, um das Werk der Vorsehung anzufangen. Ich werde also die Gelegenheiten nutzen, die ich irgendwo finde, um diese Schrift bekanntzumachen, wenn ich auch keinen Erfolg davon erwarten kann. Wenn ich einen Vertrauten finde, den ich füglich darum bitten kann, so werde ich es tun, werde aber immer mein anvertrautes Pfand als verloren betrachten und mich im voraus darüber trösten. Finde ich keinen, und das vermute ich, so werde ich immerfort verwahren, was ich ihm gegeben hätte, bis zu meinem Tode, wenn nicht meine Verfolger sich dessen eher bemächtigen. Dieses Schicksal meiner Papiere, das so unausweichlich vor mir steht, beunruhigt mich gar nicht mehr. Was die Menschen auch unternehmen, so wird der Himmel seinerseits sein Werk nicht unausgeführt lassen. Ich kenne Zeit, Mittel und Art dieses Werkes nicht. Was ich weiß, ist, daß der höchste Richter mächtig und gerecht ist, daß meine Seele unschuldig ist und daß ich mein Los nicht verdient habe. Das ist mir genug. Nun ist mein letzter Entschluß, von nun an meinem Schicksal nachzugeben, nicht mehr darauf zu bestehen, wider dasselbe zu streiten, meine Verfolger nach ihrem Gutdünken über ihre Beute schalten zu lassen, während meiner übrigen alten und traurigen Tage ohne einen Widerstand ihr Spielball zu bleiben, ihnen sogar die Ehre meines Namens und meines Rufes für die Zukunft zu überlassen, wenn es dem Himmel gefällt, daß sie darüber bestimmen sollen, ohne mich irgend weiter um etwas, es sei, was es wolle, zu bekümmern. Von nun an mögen die Menschen tun, was sie wollen, sie werden mir nicht verwehren, ruhig zu sterben.

ABSCHRIFT
DES ZIRKULARSCHREIBENS,

VON DEM IN DER VORHERGEGANGENEN SCHRIFT DIE REDE WAR.

Jedem Franzosen, der noch Gerechtigkeit und Wahrheit liebt.

Franzosen! Volk, das sonst liebenswürdig und sanft war, was ist aus euch geworden? Wie habt ihr euch um eines Fremdlings willen verändert, der unglücklich, allein, euch überlassen, ohne Stütze, ohne Beschützer ist, dessen er bei einem gerechten Volk nicht bedurft hätte, um eines Menschen willen, der ohne Falsch und Tücke ist, der Ungerechtigkeiten haßt, aber geduldig sie erträgt, der nie irgend jemandem etwas Übles getan hat, tun wollte oder vergolten hat und der seit fünfzehn Jahren durch euch in einen Pfuhl der Schande und der Verleumdung geleitet und versenkt wurde, sich um die Wette von unter den Menschen bisher nie gehörten Mißhandlungen überhäuft sieht und fühlt, ohne daß er auch nur die Ursache dafür jemals hat erfahren können! Das ist also eure Freimütigkeit, eure Sanftmut, eure Gastfreiheit? Laßt diesen alten Namen der Franken, er muß euch erröten machen. Der Verfolger Hiobs hätte viel von denen lernen können, die euch leiten in der Kunst, einen Sterblichen unglücklich zu machen. Sie haben euch überredet, daran zweifle ich nicht, haben euch sogar bewiesen, wie es denn immer leicht ist, wenn man sich vor dem Beklagten verbirgt, daß ich diese unwürdige Behandlung verdiene, die hundertfach schlimmer ist als der Tod. In dem Fall muß ich mich fügen, denn ich erwarte und will weder von ihnen noch von euch Gnade, aber was ich will und was man mir wenigstens nach einer so grausamen und schandbaren Verdammung schuldig ist, das ist, daß man mir endlich sagt, worin meine Laster bestehen und wie und durch wen ich verurteilt bin.

Warum muß ein so allgemeines Ärgernis für mich allein ein undurchdringliches Geheimnis sein? Wozu so viele Werkzeuge, so viel List, Verräterei und Lügen, um einem Schuldigen seine Laster zu verhehlen, die er besser als irgend jemand kennen muß, wenn er sie begangen hat? Wenn ihr aus Gründen, die über meine Fassungskraft gehen, darauf beharrt, mir ein Recht zu nehmen*, das man nie einem Strafbaren entzieht, und beschlossen habt, den Rest meiner traurigen Tage zu verkürzen, die ohnedies Angst, Spott und Schande erfüllt, ohne mich wissen zu lassen, warum, ohne mich zu würdigen, meinen Kummer, meine Gründe, meine Klagen anzuhören, sogar ohne mir zu erlauben, auch nur zu reden**, so werde ich statt aller Verteidigung ein Herz ohne Falsch und Hände, die von allem Betrug rein sind, zum Himmel erheben und werde ihn bitten, nicht, grausames Volk, daß er mich rächen und euch strafen soll (nein, er entferne von euch alles Übel und jeden Irrtum!), sondern daß er meinem Alter bald eine bessere Freistatt öffne, wo eure Beleidigungen mich nicht mehr erreichen.

JJR.

P.S. Franzosen, man hält euch in einem Wahnsinn, der nicht aufhören wird, solange ich lebe. Wenn ich aber nicht mehr sein werde, wenn der Zugang zu mir vorüber ist und euer Zorn nicht mehr geschürt wird, dann wird die natürliche Billigkeit zu euren Herzen reden, ihr werdet, das hoffe ich, alle Handlungen, Reden

* Welcher Mensch, der gesunde Vernunft hat, wird je glauben, daß eine so schreiende Verletzung des Natur- und Völkerrechts eine Tugend zur Grundlage haben kann? Wenn es erlaubt ist, einem Sterblichen seinen Stand als Mensch zu rauben, so kann man es doch nur tun, wenn er gerichtet ist, nicht aber, um ihn zu richten. Ich sehe sehr viele eifrige Vollstrecker des Urteils, aber einen Richter habe ich nicht wahrgenommen. Wenn das die Vorschriften der Billigkeit in der neueren Philosophie sind, so trifft unter ihrem Schutze Unglück den schwachen und einfältigen Unschuldigen, und Ehre und Glanz krönt die Hinterlistigen und Grausamen.

** Gute Gründe verdienen immer angehört zu werden, besonders von seiten eines Beklagten, der sich verteidigt, oder eines Bedrückten, der sich beklagt; und wenn ich nichts Gründliches zu sagen habe, warum läßt man mich dann nicht frei reden? Das ist ja das sicherste Mittel, meine Sache ganz in Verruf zu bringen und meine Ankläger vollkommen zu rechtfertigen. Solange man mich aber hindert, zu reden, oder mir versagt, mich anzuhören, wer wird da so verwegen sein, zu behaupten, daß ich nichts zu sagen hätte?

und Schriften, die man mir zuschreibt, wobei man sich sorgfältig vor mir verbirgt, alles, was man euch über meinen Charakter sagt, alles, was man euch aus Güte für mich tun läßt, in einem besseren Licht betrachten. Dann werdet ihr euch sehr wundern, und weniger mit euch selbst zufrieden als jetzt, werdet ihr, das wage ich euch zu prophezeien, die Lektüre dieses Billetts interessanter finden, als sie euch heute erscheinen kann. Wenn endlich diese Herren, um alle ihre Wohltaten zu krönen, die Lebensbeschreibung des Unglücklichen, den sie vor Schmerz sterben lassen werden, bekanntgemacht haben, diese unparteiische und getreue Lebensbeschreibung, die sie seit so langer Zeit so geheimnisvoll und sorgfältig vorbereiten, so werdet ihr, dessen bin ich sicher, ehe ihr ihren Reden und Beweisen Glauben schenkt, die Quelle so vielen Eifers, den Grund so vieler Mühe und besonders die Aufführung, die sie zu meinen Lebzeiten gegen mich beobachtet haben, vorher untersuchen. Wenn ihr diese Untersuchungen gehörig macht, so erkläre ich, da ich nun einmal ungehört von euch gerichtet werden soll, daß ich es zufrieden bin, daß ihr zwischen ihnen und mir nach ihrer eigenen Arbeit urteilt.

TRÄUMEREIEN EINES EINSAMEN SPAZIERGÄNGERS

ERSTER SPAZIERGANG

So bin ich denn nun allein auf Erden, ohne Bruder, ohne Nächsten, ohne Freund, meiner eigenen Gesellschaft überlassen. Der geselligste und liebevollste Sterbliche ist mit allgemeiner Übereinstimmung seiner Mitmenschen aus ihrer Gesellschaft verbannt worden. Sie haben in ihrem ausgeklügelten Haß die Qualen gefunden, die für meine empfindliche Seele die grausamsten sein mußten, und haben gewaltsam alle Bande, die mich an sie knüpften, zerrissen. Wider ihren Willen hätte ich die Menschen geliebt, und nur, indem sie aufhörten, Menschen zu sein, konnten sie meine Anhänglichkeit zerstören. Sie sind mir also fremd, unbekannt, endlich nichts geworden, weil sie es so haben wollten. Aber ich, losgelöst von ihnen und von allem, was bin ich selbst? Das bleibt mir noch zu untersuchen. Unglücklicherweise muß vor dieser Untersuchung ein Blick auf meine Lage vorhergehen. Durch diese Vorstellungen muß ich notwendig hindurchgehen, um durch sie zu mir zu kommen.

Seit fünfzehn und mehr Jahren befinde ich mich in dieser sonderbaren Lage, und sie scheint mir immer noch ein Traum zu sein. Noch immer dünkt mich, als würde ich von einer Unverdaulichkeit beschwert, als hätte ich einen unruhigen Schlummer und würde, von meinen Qualen ganz erleichtert, inmitten meiner Freunde erwachen. Ja, ohne Zweifel habe ich, ohne es gewahr geworden zu sein, einen Sprung vom Wachen zum Schlaf oder vielmehr vom Leben zum Tode gemacht. Aus der Ordnung der Dinge, ich weiß nicht wie, gestoßen, sah ich mich in ein unbegreifliches Chaos, in dem ich nichts unterscheide, gestürzt, und je mehr ich über meine gegenwärtige Lage nachdenke, desto weniger ist es mir begreiflich, wo ich bin.

Und wie hätte ich das Schicksal, das meiner wartete, voraussehen können? Wie kann ich es selbst jetzt, da ich ihm überlassen bin, begreifen? Konnte ich bei gesundem Verstand voraussetzen, daß ich, der Mensch, der ich war und der ich noch bin, als ein Ungeheuer, ein Giftmischer, ein Mörder erscheinen und auf eine unbezweifelbare Weise dafür gehalten würde, daß ich dem menschlichen Geschlecht ein Abscheu, ein Spiel des groben Pöbels werden könnte, und daß als einzige Begrüßung die Vorübergehenden mich anspeien würden, daß eine ganze Generation in allgemeiner Übereinstimmung mich zu ihrem Vergnügen bei lebendigem Leibe begraben würde? Als diese befremdende Revolution geschah, überraschte sie mich und warf mich zu Boden. Meine Erregung, mein Unwille versenkten mich in eine wahnhafte Verwirrung, die zehn Jahre nicht haben stillen können, und in diesem Zeitraum, als ich von Irrtum in Irrtum, von Fehler in Fehler, von Torheit in Torheit fiel, haben meine Unbedachtsamkeiten den Lenkern meines Schicksals ebensoviele Werkzeuge wider mich in die Hände gegeben, die sie geschickt gebraucht haben, um es ohne Widerruf zu entscheiden.

Lange habe ich mich ebenso heftig wie vergeblich dagegen gesträubt. Ohne List, ganz kunstlos, ohne Verstellung, freimütig, offen, ungeduldig und aufgebracht, bin ich durch mein Widerstreben nur tiefer hineingesunken und habe mir unaufhörlich neue Blößen gegeben, die sie wahrlich nicht ungenutzt ließen. Da ich endlich fühlte, daß alle meine Anstrengung vergebens war und daß ich mich ganz umsonst abquälte, habe ich den einzigen Weg, der mir einzuschlagen übrigblieb, gewählt, mich in mein Schicksal ergeben, ohne mich je wieder der Notwendigkeit zu widersetzen. In der Ruhe, die mir diese Ergebung gewährt, finde ich eine Entschädigung für alle meine Leiden; sie war mit der so mühsamen wie fruchtlosen Arbeit des Widerstandes unvereinbar.

Noch etwas anderes hat zu dieser Beruhigung beigetragen. Meine Verfolger haben bei all ihrem ausgeklügelten Haß etwas unterlassen, das sie aus Feindseligkeit übersahen, nämlich dessen Wirkungen so genau abzustufen, daß sie meine Schmerzen unaufhörlich aufrechterhalten und erneuern konnten, indem sie immer wieder einen neuen Schlag gegen mich führten. Hätten sie es verstanden, mir einen Schein von Hoffnung zu lassen, so würden sie mich dadurch noch in ihrer Gewalt haben. Durch irgendein trügerisches Lockmittel könnten sie ihr Spiel aufs neue mit mir treiben und mich dann durch meine getäuschte Erwartung immer mit neuen Qualen verwunden. Aber schon im voraus haben sie alle ihre Mittel erschöpft; da sie mir nichts ließen, beraubten sie sich selbst aller Mittel. Die Schmach, die Erniedrigung, der Spott, die Schande, mit denen sie mich bedeckt haben, alles dieses ist weder einer Vermehrung noch einer Milderung fähig, sie sind ebenso außerstande, es noch zu erschweren, wie ich, dem auszuweichen. Sie beeilten sich so sehr, das Maß meines Elends vollzumachen, daß alle menschliche Gewalt, mit aller List der Hölle vereinigt, nichts zuzusetzen vermöchte. Selbst physischer Schmerz würde, statt meine Leiden zu mehren, von ihnen ablenken. Indem er mich zu schreien zwänge, würde er mir vielleicht Seufzer ersparen, und die Qual des Herzens würde durch körperliche Leiden gehemmt werden.

Da nun alles schon an mir vollbracht ist, was bleibt mir noch zu fürchten übrig? Da sie meinen Zustand nicht mehr verschlimmern können, können sie mir also weiter keine Besorgnis einflößen. Beunruhigung und Schrecken sind Übel, von denen sie mich für immer befreit haben, und das ist immerhin eine Erleichterung. Wirkliche Leiden haben wenig Gewalt über mich; ich fasse mich leicht bei denen, die ich wirklich erfahre, nicht aber bei denen, die ich fürchte. Meine aufgeschreckte Einbildungskraft vereinigt und wiederholt sie, dehnt sie aus und vermehrt sie. Ihre Erwartung quält mich hundertmal mehr als ihre Gegenwart, und die Drohung ist mir fürchterlicher als der Schlag. Sind sie da, so fällt alles, was die Einbildungskraft hinzufügte, hinweg, und das Geschehen selbst bringt die Leiden auf ihr wahres Maß zurück. Ich finde sie dann weit geringer, als ich sie mir gedacht hatte, und fühle mich also sogar mitten in meinen Leiden erleichtert. In diesem von jeder neuen Besorgnis und von der Unruhe der Hoffnung befreiten Zustand wird schon die Gewohnheit allein genügen, um eine Lage, die nichts verschlimmern kann, von Tag zu Tag erträglicher zu machen, und in dem Maße, wie das Gefühl mit der Zeit abstumpft, bleibt ihnen kein Mittel, es wieder zu beleben. Diese Wohltat haben meine Verfolger mir erwiesen, indem sie alle Pfeile ihrer Feindseligkeit ohne Maß an mich verschwendeten. Sie haben alle Gewalt über mich verloren, und ich kann nun in Zukunft sie verlachen.

Noch nicht volle zwei Monate herrscht in meinem Herzen wieder eine vollkommene Ruhe. Seit langer Zeit fürchtete ich nichts mehr, aber noch hoffte ich, und diese oft geschmeichelte, oft getäuschte Hoffnung war ein Mittel, durch das tausend verschiedene Leidenschaften mich unaufhörlich bewegten. Eine ebenso traurige wie unversehene Begebenheit hat endlich diesen letzten, schwachen Hoffnungsschimmer in meinem Herzen ausgelöscht und hat mir mein Schicksal hienieden unwiderruflich entschieden gezeigt. Von da an habe ich mich ohne Rückhalt unterworfen, und so kehrte der Friede in meine Seele zurück.

Sobald ich die Verschwörung in ihrem ganzen Umfang zu erkennen anfing, habe ich den Gedanken, das Publikum zu meinen Lebzeiten in Ansehung meiner zur Besinnung zu bringen, für immer aufgegeben, und da dieser Sinneswandel nicht mehr gegenseitig sein kann, wäre er nun sogar nutzlos. Die Menschen könnten ruhig zu mir zurückkehren, sie würden mich nicht wiederfinden. Bei der Verachtung, die sie mir eingeflößt haben, würde mir ihr Umgang schal, ja sogar lästig sein, und ich bin in meiner Einsamkeit tausendmal glücklicher, als ich es unter ihnen sein könnte. Sie haben allen Reiz des geselligen Lebens aus meinem Herzen getilgt. In meinem Alter kann er nun nicht mehr aufkeimen, es ist zu spät. Sie mögen mir fortan Gutes oder Böses tun, alles, was von ihnen kommt, ist mir gleichgültig; sie mögen unternehmen, was sie wollen, meine Zeitgenossen sind für mich für immer ein Nichts.

Noch aber verließ ich mich auf die Zukunft, und ich hoffte, eine bessere Generation würde die von der jetzigen Generation über mich gefällten Urteile und ihr Betragen gegen mich genauer untersuchen, die Hinterlist derer, die sie lenken, leicht erkennen und mich endlich in meiner wahren Gestalt erblicken. In dieser Hoffnung schrieb ich meine *Gespräche*, und sie gab mir hundert törichte Versuche ein, sie der Nachwelt zu übergeben. Diese Hoffnung, so entfernt sie auch immer war, erhielt meine Seele in der nämlichen Erregung wie damals, als ich in diesem Zeitalter noch nach einem gerechten Herzen suchte, und ein wie fernes Ziel ich auch meinen Hoffnungen setzen mochte, so wurde ich durch sie doch ebenfalls ein Spiel der jetzt lebenden Menschen. In meinen *Gesprächen* habe ich gesagt, worauf ich diese Erwartung gründete. Ich irrte. Glücklicherweise wurde ich es noch zeitig genug gewahr, um vor meiner letzten Stunde noch eine Zeit vollkommener Stille und durchgängiger Ruhe zu finden. Dieser Zeitraum begann in der Epoche, von der ich rede, und ich habe gegründete Hoffnung, daß er nicht wieder unterbrochen wird.

Es vergehen wenige Tage, an denen ich nicht durch neue Betrachtungen in der Meinung bestätigt würde, wie sehr ich irrte, mich auf einen Sinneswandel des Publikums, selbst einer anderen Zeit, zu verlassen, weil es in Ansehung meiner durch Führer geleitet wird, die in den Körperschaften, die mich verabscheuen, unaufhörlich wiederaufleben. Die einzelnen Mitglieder sterben, aber die Körperschaften sterben nicht. Dieselben Leidenschaften pflanzen sich darin fort, und ihr glühender Haß, unsterblich wie der Dämon, der ihn einflößt, behält seine gewöhnliche Tätigkeit. Wenn alle meine besonderen Feinde gestorben sein werden, werden die Ärzte, die Oratorianer noch leben, und wenn ich auch außer diesen beiden Körperschaften keine Verfolger mehr hätte, so kann ich überzeugt sein, daß sie mein Andenken sowenig schonen werden, wie sie es zu meinen Lebzeiten mit meiner Person taten. Vielleicht könnten mit der Zeit die Ärzte, die ich wirklich beleidigt habe, sich besänftigen. Aber die Oratorianer, die ich liebte und ehrte, in die ich soviel Zutrauen setzte, die ich nie beleidigte, die Oratorianer, die Geistliche und halbe Mönche sind, werden immer unversöhnlich sein, ihre eigene Ungerechtigkeit macht mein Verbrechen aus, das ihre Eigenliebe mir nie verzeihen wird, und das Publikum, dessen Feindseligkeit sie unaufhörlich mit Sorgfalt aufrechterhalten und befeuern werden, wird sich ebensowenig wie sie besänftigen.

Für mich ist auf Erden alles zu Ende. Hier kann man mir weder Gutes noch Böses mehr zufügen. Ich habe für diese Welt nichts mehr zu hoffen, noch zu fürchten, und ich bin in der Tiefe des Abgrundes ruhig, ein armer unglücklicher Sterblicher, aber unerschütterlich wie Gott selbst.

Alles, was außer mir ist, ist mir nun fremd. Ich habe in dieser Welt weder Nächsten, noch meinesgleichen, noch Brüder mehr. Ich bin wie aus der Welt, die ich bewohnte, auf einen fremden

Planeten versetzt. Erkenne ich um mich her etwas, so sind es Gegenstände, die mein Herz betrüben und zerreißen, und ich kann nicht den Blick auf etwas werfen, das mich berührt und umgibt, ohne immer etwas Verächtliches, das mich aufbringt, oder etwas Schmerzliches, das mich betrübt, gewahr zu werden. Ich will also aus meinem Geist alle betrüblichen Gegenstände, die mich so schmerzlich wie unnütz beschäftigen würden, verbannen. Ich darf und will mich nur mit mir selbst beschäftigen, weil ich mein ganzes übriges Leben allein zubringen werde und nur in mir selbst Trost, Hoffnung und Frieden finden kann. In diesem Zustand will ich die strenge und aufrichtige Untersuchung wieder vornehmen, die ich ehedem meine *Bekenntnisse* nannte. Ich weihe meine letzten Lebenstage dem, mich selbst zu studieren und die Rechenschaft, die von mir selbst abzulegen ich nicht zögern werde, vorzubereiten. Ganz will ich mich der süßen Empfindung, mich mit meiner Seele zu unterhalten, überlassen, weil sie die einzige ist, die die Menschen mir nicht rauben können. Bringe ich es durch ernstliches Nachdenken über meine inneren Neigungen dahin, sie besser zu ordnen, und das Böse, das noch darin liegen mag, zu mildern, so werden meine Meditationen nicht ganz unnütz sein, und bin ich auch auf Erden zu nichts mehr zu gebrauchen, so werde ich den Rest meiner Tage doch nicht ganz verloren haben. Oft füllten anmutige Betrachtungen die Muße meiner täglichen Spaziergänge, und ich bedaure, sie vergessen zu haben. Ich werde durch die Schrift die, die ich noch etwa machen könnte, zu bewahren suchen; ihr Genuß wird sich mir jedesmal, wenn ich sie wiederlesen werde, erneuern. Ich werde mein Unglück, meine Verfolger, meine Schmach vergessen, wenn ich an den Lohn, den mein Herz verdient hat, denke.

Diese Blätter werden eigentlich nur ein formloses Tagebuch meiner Träumereien enthalten. Es wird darin sehr oft die Rede von mir sein, weil ein nachdenkender Einsamer sich notwendig sehr viel mit sich selbst beschäftigen muß. Es werden aber auch alle mich nicht betreffenden Gedanken, die mir während des Spazierengehens durch den Kopf gehen, darin ihren Platz finden. Ich werde, was ich gedacht habe, so wie es mir eingefallen ist, sagen und mit ebensowenig Verbindung, wie die Gedanken des vorigen

Tages mit denen des folgenden zu haben pflegen. Aber es wird sich immer eine neue Kenntnis meines Wesens und meiner Laune aus den Gefühlen und den Gedanken ergeben, die in der sonderbaren Lage, in der ich bin, die tägliche Nahrung meines Geistes sind. Diese Blätter können also als ein Anhang meiner *Bekenntnisse* angesehen werden, obgleich ich ihnen nicht mehr diesen Titel geben werde, da ich nichts zu sagen habe, das ihn verdiente. Mein Herz ist im Feuer eines widrigen Schicksals geläutert worden, und wenn ich es sorgfältig untersuche, finde ich kaum einen Überrest eines verwerflichen Hanges darin. Da alle irdischen Neigungen daraus getilgt sind, was sollte ich wohl noch bekennen? Ich kann mich so wenig loben wie tadeln; ich bin fortan nichts unter den Menschen, und das ist auch alles, was ich sein kann, weil ich nicht mehr in einem wirklichen Verhältnis oder gesellschaftlicher Verbindung mit ihnen stehe. Da ich nichts Gutes mehr tun kann, das nicht zum Bösen ausschlüge, und da ich nicht handeln kann, ohne anderen oder mir selbst zu schaden, so habe ich mir zur einzigen Pflicht gemacht, mich zurückzuziehen, und diese erfülle ich, soweit es bei mir liegt. Bei dieser körperlichen Untätigkeit ist indes meine Seele noch tätig, noch erzeugt sie Gefühle und Gedanken, und ihr inneres, moralisches Leben scheint durch das Absterben alles irdischen und zeitlichen Interesses noch zugenommen zu haben. Mein Körper ist mir nur noch eine Last, ein Hindernis, und ich befreie mich von ihm im voraus, soviel ich kann.

Eine so sonderbare Lage verdient sicherlich, untersucht und beschrieben zu werden, und dieser Untersuchung weihe ich meine letzten Mußestunden. Sollte dieses mit gutem Erfolg geschehen, so müßte ich methodisch und geordnet dabei verfahren; zu dieser Arbeit bin ich aber nicht aufgelegt, und sie würde mich sogar von meinem Zweck ablenken, der darin besteht, von allen Modifikationen meiner Seele und ihrer Aufeinanderfolge Rechenschaft abzulegen. Ich werde an mir selbst in gewisser Weise dieselben Handlungen vornehmen wie die Physiker, wenn sie täglich den Zustand der Luft untersuchen. Ich werde an meine Seele ein Barometer halten, und durch diese sorgfältig vorgenommenen und lange wiederholten Handlungen könnte ich so sichere

Resultate erhalten wie die Physiker. So weit werde ich aber mein Unternehmen nicht ausdehnen. Ich werde mich begnügen, ein Verzeichnis meiner Messungen zu führen, ohne sie in ein System bringen zu wollen. Ich unternehme dasselbe, was Montaigne unternahm, aber mit einem ganz entgegengesetzten Zweck, denn er schrieb seine *Essais* nur für andere, und ich schreibe meine Träumereien nur für mich. Bleibe ich in meinem höchsten Alter, bei Annäherung des Todes in derselben Gemütsverfassung, wie ich es denn hoffe, so werden sie, wenn ich sie durchlese, das Vergnügen in mir zurückrufen, mit dem ich sie schrieb, und da ich mir so die vergangenen Zeiten wiedererschaffe, werde ich sozusagen meine Existenz verdoppeln können. Den Menschen zum Trotz werde ich noch den Reiz des gesellschaftlichen Umganges genießen, und ich werde in meiner Hinfälligkeit mit mir selbst in einem jüngeren Lebensalter wie mit einem jüngeren Freunde leben.

Meine ersten *Bekenntnisse* und meine *Gespräche* schrieb ich unter beständigen Sorgen über die Mittel, sie den raubgierigen Händen meiner Verfolger zu entziehen, um sie, wenn möglich, einer anderen Generation überliefern zu können. In Ansehung dieser Schrift quält mich diese Unruhe nicht mehr, ich weiß, sie würde unnütz sein, und da der Wunsch, von den Menschen besser gekannt zu werden, in meinem Herzen erloschen ist, hat er eine tiefe Gleichgültigkeit gegen das Schicksal meiner echten Schriften und der Denkmäler meiner Unschuld, die vielleicht alle schon für immer vernichtet sind, hinterlassen. Man spüre meine Handlungen aus, man beunruhige sich wegen dieser Blätter, man bemächtige sich ihrer, unterdrücke, verfälsche sie, alles ist mir fortan einerlei. Ich verberge sie weder, noch zeige ich sie. Raubt man sie mir noch bei meinen Lebzeiten, so wird man mir weder das Vergnügen, sie geschrieben zu haben, noch das Andenken ihres Inhalts, noch die einsamen Betrachtungen, deren Frucht sie sind und deren Quelle nur mit meiner Seele zugleich versiegen kann, nehmen können. Hätte ich es gleich bei Beginn meines Unglücks verstanden, mich nicht gegen mein Schicksal zu sträuben und den Entschluß zu fassen, den ich jetzt ausführe, so wären alle Anstrengungen der Menschen, alle ihre ungeheuren Anstalten an mir unwirksam geblieben, und sie hätten durch alle ihre Ränke meine Ruhe so wenig gestört, wie sie es jetzt bei allen ihren Erfolgen können. Mögen sie sich an meiner Schmach nach Gefallen ergötzen, sie können mich nicht hindern, meiner Unschuld froh zu sein und ihnen zum Trotz meine Tage in Frieden zu beschließen.

ZWEITER SPAZIERGANG

Da ich also den Vorsatz gefaßt habe, den gewöhnlichen Zustand meiner Seele in der sonderbarsten Lage, in die ein Mensch nur geraten kann, zu schildern, habe ich keinen einfachereren und sichereren Weg gesehen, dieses Vorhaben auszuführen, als eine treue Rechenschaft meiner einsamen Spaziergänge und der Träumereien, die sie erfüllen, wenn ich meinen Kopf ganz freigebe und meine Gedanken ungehindert und ohne Zwang sich selbst überlasse. Diese einsamen Stunden der Betrachtung sind die einzige Zeit des Tages, wo ich völlig ich selbst bin und mir ganz ohne Ablenkung, ohne Hindernis gehöre und wo ich in Wahrheit sagen kann, ich sei das, was die Natur aus mir machen wollte.

Ich fühlte es bald, daß ich die Ausführung dieses Vorsatzes zu lange aufgeschoben hatte. Meine schon weniger lebhafte Einbildungskraft wird nicht mehr wie sonst durch die Betrachtung des Gegenstandes, der sie belebt, entzündet, diese schwärmerische Trunkenheit der Träumerei ist dahin; in dem, was sie seither hervorbringt, ist mehr Erinnerung als schöpferisches Vermögen, ein laues Schmachten erschöpft alle meine Kräfte, die Lebensgeister erlöschen nach und nach in mir, nur mühsam schwingt sich meine Seele noch aus ihrer gebrechlichen Hülle, und ich würde nur noch von Erinnerungen leben, hätte ich nicht die Hoffnung auf einen besseren Zustand, nach dem ich strebe, weil ich ein Recht darauf zu haben fühle. Um also mich selbst zu betrachten, wie ich vor meinem Verfall war, muß ich wenigstens um einige Jahre in die Zeiten zurückgehen, in denen ich alle Hoffnung in dieser Welt verlor und, da ich für mein Herz keine Nahrung mehr auf Erden fand, mich nach und nach gewöhnen mußte, es mit seiner eigenen Substanz zu nähren und alle seine Nahrung in meinem Inneren zu finden.

Dieses Hilfsmittel, zu welchem ich zu spät griff, wurde mir so fruchtbar, daß es mich bald für alles übrige entschädigte. Die Gewohnheit, in mich selbst zu gehen, erstickte endlich das Gefühl und fast die Erinnerung meiner Leiden, und ich sah bald aus meiner eigenen Erfahrung, daß die Quelle des wahren Glücks in uns selbst liegt und daß es nicht in der Menschen Gewalt steht, den, der es versteht, glücklich sein zu wollen, wahrhaftig elend zu machen. Seit vier oder fünf Jahren genoß ich beständig die inneren Freuden, welche die stille Betrachtung liebevollen sanften Seelen zu gewähren pflegt. Diese Entzückungen, diese Ekstasen, die ich zuweilen erlebte, wenn ich einsam spazierenging, waren ein süßer Genuß, den ich meinen Verfolgern zu danken hatte: ohne sie hätte ich den in mir verborgenen Schatz niemals entdeckt. Wie konnte ich über so viele Reichtümer ein genaues Verzeichnis anlegen? Wenn ich so viele angenehme Träumereien mir zurückrufen wollte, um sie zu schildern, so würde ich statt dessen aufs neue darin versinken. Denn es ist ein Zustand, den die Erinnerung wieder herbeiführt, und man würde bald aufhören, ihn zu kennen, wenn man ihn gar nicht mehr empfinden würde.

Dies spürte ich nur zu gut bei den Spaziergängen, die dem Vorsatz, die Fortsetzung meiner *Bekenntnisse* zu schreiben, folgten, insbesondere bei dem Spaziergang, den ich eben erwähnen will, als ein unvorhergesehener Zufall meine ganze Gedankenfolge unterbrach und ihnen für eine Zeit eine andere Richtung gab.

Donnerstag, den 24. Oktober 1776, ging ich nach dem Mittagessen auf den Boulevards bis zur Rue du Chemin-Vert, durch die ich die Anhöhe von Ménilmontant erreichte. Von da nahm ich einen Fußweg durch Wiesen und Weinberge nach Charonne und durchstrich die anmutige Landschaft, die zwischen beiden Dörfern liegt. Dann machte ich einen Umweg, um auf einem anderen Weg durch dieselben Wiesen wieder zurückzukehren. Ich genoß es, sie mit eben dem Vergnügen und Interesse zu durchstreifen, welches mir stets der Anblick schöner Gegenden gewährte, und hin und wieder hielt ich an, um im Grase die eine oder andere Pflanze zu bestimmen. Ich fand deren zwei, die ich um Paris sehr selten sah, die ich aber hier in großer Fülle antraf. Die eine ist die *picris hieracioides* aus der Familie der Kompositen und die andere das *bupleurum falcatum*, aus der der Umbelliferen. Diese Entdeckung erfreute mich und unterhielt mich sehr lange, und endlich fand ich noch das vor allem in höheren Lagen noch seltenere *cerastium aquaticum*, das ich ungeachtet des Unfalls, der mir am selben Tag begegnete, später in einem Buch, welches ich bei mir hatte, wiederfand und in meine Pflanzensammlung einordnete.

Endlich, nachdem ich noch verschiedene Pflanzen angesehen hatte, die noch in der Blüte standen und deren Anblick und Bestimmung mir zwar nicht neu, aber doch immer angenehm war, verließ ich allmählich diese kleinen Beobachtungen, um mich dem Eindruck des Ganzen, der ebenso angenehm, aber weit rührender war, zu überlassen. Die Weinlese war einige Tage zuvor zu Ende gegangen, die Städter hatten ihre Spaziergänge schon aufgegeben, auch der Landmann verließ das Feld bis zu den Winterarbeiten. Die Landschaft war noch grün und lieblich, aber schon zum Teil entblättert und beinahe öde, überall bot sie ein Bild der Einsamkeit und des herannahenden Winters. In diesem Anblick lag eine Mischung von süßen und schwermütigen Eindrücken, die meinem Alter und meinem Schicksal zu ähnlich waren, als daß ich sie nicht auf mich hätte anwenden sollen. Ich sah mich an der Neige eines unschuldigen und unglücklichen Lebens, die Seele noch voll lebhafter Gefühle, den Geist noch mit einigen Blüten geschmückt, die im Hauch der Traurigkeit hinwelkten und durch Kummer verdorrten. Allein und von aller Welt verlassen, fühlte ich die Kälte des ersten Frostes kommen, und meine versiegende Einbildungskraft bevölkerte meine Einsamkeit nicht mehr wie sonst mit Wesen, wie mein Herz sie wünschte. Seufzend fragte ich mich, was ich hienieden getan hatte. Ich war ganz zum Leben geschaffen, und ich sterbe, ohne gelebt zu haben. Wenigstens ist es nicht durch meine Schuld geschehen, und bringe ich dem Urheber meines Daseins auch nicht das Opfer der guten Werke dar, die man mich nicht vollbringen ließ, so doch wenigstens gute, aber vereitelte Absichten, richtige, aber unwirksam gemachte Gesinnungen und eine durch die Verachtung der Menschen geprüfte Geduld. Über diesen Betrachtungen wurde ich ganz weich, ich durchlief noch einmal alle Bewegungen meiner Seele von meiner Jugend an, mein reiferes Alter hindurch bis zu der Zeit, da ich aus der menschlichen Gesellschaft gestoßen ward, und während der langen Zurückgezogenheit, in der ich mein Leben beschließen soll. Mit Wohlgefallen hielt ich mich bei allen Neigungen meines Herzens auf, bei seinen so zärtlichen, aber so blinden Anhänglichkeiten und bei den weniger traurigen als tröstlichen Gedanken, mit denen sich mein Geist seit einigen Jahren nährte, und ich versuchte, sie mir lebhaft genug in Erinnerung zu rufen, um sie mit fast eben dem Vergnügen, womit ich mich ihnen sonst überlassen hatte, zu beschreiben. Mit diesen friedlichen Betrachtungen verstrich der Nachmittag, und ich kehrte sehr zufrieden mit meinem Tag zurück, als ich durch eine Begebenheit, die ich nun erzählen will, aus meinen tiefsten Träumen gerissen wurde.

Gegen sechs Uhr befand ich mich, von Ménilmontant herabkommend, beinahe dem Galant Jardinier gegenüber, als einige vor mir gehende Personen plötzlich auseinanderstoben und ich eine große dänische Dogge auf mich zustürzen sah, die, da sie mit allen Kräften vor einer Kutsche herjagte, nicht die Zeit hatte, ihren Lauf anzuhalten oder auszuweichen, als sie mich gewahrte. Ich glaubte, das einzige Mittel, nicht zu Boden geworfen zu werden, sei ein Sprung in die Höhe, so daß der Hund, indes ich in der Luft schwebte, unter mir weglaufen könnte. Dieser Gedanke, der schneller als der Blitz entstand und den ich weder Zeit zu überlegen noch auszuführen hatte, war der letzte vor meinem Unfall. Ich fühlte weder den Zusammenstoß noch den Fall, noch das mindeste von dem, was darauf folgte, bis ich wieder zu mir kam.

Es war beinahe Nacht, als ich wieder zu Bewußtsein kam. Drei oder vier junge Leute waren um mich bemüht und erzählten mir, was mit mir vorgegangen war. Die dänische Dogge, die ihren schnellen Lauf nicht hatte aufhalten können, hatte sich gegen meine beiden Beine geworfen, und durch ihre Gewalt und Schnelligkeit war ich vornüber gestoßen worden. Mein Oberkiefer war unter dem Gewicht meines ganzen Körpers auf ein sehr holpriges Pflaster geschlagen, und der Fall war um so heftiger gewesen, als der Weg abschüssig war und ich also mit dem Kopf tiefer als mit den Füßen zu liegen kam.

Die Kutsche, zu der der Hund gehörte, war gleich hinterher gefolgt und wäre mir unfehlbar über den Leib gefahren, hätte der

Kutscher nicht in dem Augenblick seine Pferde angehalten. Soviel erfuhr ich aus der Erzählung derer, die mich aufgehoben hatten und mich noch stützten, als ich wieder zu mir kam. Der Zustand, in dem ich mich in diesem Augenblick befand, ist zu sonderbar, als daß ich ihn hier nicht beschreiben sollte.

Die Nacht schritt voran. Ich nahm den Himmel wahr, einige Sterne und ein wenig Grün. Diese erste Empfindung war ein köstlicher Augenblick. Ich empfand mein Dasein einzig durch sie. In diesem Moment wurde ich zum Leben geboren, und mich dünkte, ich erfüllte alle Gegenstände um mich her mit meinem leichten Dasein. Ganz dem gegenwärtigen Augenblick gehörig, erinnerte ich mich an gar nichts, ich hatte keinen deutlichen Begriff von meinem Individuum, nicht die mindeste Vorstellung dessen, was mir begegnet war, ich wußte weder wer, noch wo ich war, fühlte weder Weh noch Furcht, noch Unruhe. Mein Blut sah ich fließen, ganz wie ich einen Bach hätte fließen sehen, ohne es mir nur einfallen zu lassen, daß dieses Blut mir gehöre. Ich fühlte in meinem ganzen Wesen eine beglückende Stille, mit der, so oft ich mich an sie erinnere, alle Wirkung der mir bekannten Vergnügungen nicht zu vergleichen ist.

Man fragte mich, wo ich wohne; ich konnte es nicht sagen. Ich fragte, wo ich wäre; man sagte mir: an der Haute Borne, was soviel war, als hätte man mir gesagt: auf dem Atlasgebirge. Man mußte sich nach und nach nach dem Land, der Stadt und dem Viertel, wohin ich gehörte, erkundigen. Dies genügte immer noch nicht, um vollends zu mir zu kommen. Ich mußte den ganzen langen Weg von dort bis zum Boulevard gehen, ehe ich mich meiner Wohnung und meines Namens erinnern konnte. Ein Herr, den ich nicht kannte und der so mitleidig war, mich eine Strecke zu begleiten, riet mir, als er hörte, wie weit entfernt meine Wohnung noch war, ich solle beim Temple einen Fiaker nehmen, der mich nach Hause brächte. Ich ging sehr gut, sehr leicht, ohne den Schmerz oder die Wunde zu empfinden, obgleich ich noch viel Blut spuckte. Aber ich hatte einen Schüttelfrost, der auf eine sehr unangenehme Art meine zerschmetterten Zähne klappern ließ. Als ich beim Temple ankam, dachte ich, weil ich so ohne Beschwerde ging, wäre es besser, meinen Weg zu Fuß fortzusetzen, als in einem Fiaker vor Kälte umzukommen. Also ging ich die halbe Meile vom Temple zur Rue Platrière ohne Mühe, wich dem Gedränge und den Wagen aus und fand und verfolgte meinen Weg ebensogut wie bei völliger Gesundheit. Ich komme an, ich öffne das geheime Schloß, das man an der Tür zur Straße angebracht hatte, ich steige im Finstern die Treppe hinauf und trete endlich bei mir ein ohne einen weiteren Unfall als meinen Sturz und dessen Folgen, die ich selbst da noch nicht gewahrt hatte.

An dem Aufschrei meiner Frau, als sie mich zu Gesicht bekam, merkte ich, daß ich übler zugerichtet war, als ich dachte. Ich verbrachte die Nacht, ohne meine Wunden noch zu erkennen oder zu fühlen. Erst den folgenden Tag fühlte und sah ich folgendes. Die Oberlippe war innen bis zur Nase hinauf gespalten, außen hatte die Haut besser geschützt und die völlige Spaltung verhindert, vier Zähne waren in den Oberkiefer hineingetrieben, der ganze Teil des Gesichts, der ihn bedeckt, war außerordentlich geschwollen und zerschunden, der rechte Daumen war verstaucht und angeschwollen, der linke Daumen gefährlich verwundet, der linke Arm gequetscht, das linke Knie war auch sehr geschwollen, und eine starke und schmerzhafte Quetschung hinderte mich, das Bein zu krümmen. Bei all dem war nichts gebrochen, nicht einmal ein Zahn, ein Glück, das bei einem solchen Sturz beinahe ein Wunder ist.

Dies ist eine getreue Erzählung meines Unfalls. Nach wenigen Tagen verbreitete sich diese Geschichte in Paris, aber so verändert und entstellt, daß sie unmöglich wiederzuerkennen war. Ich hätte mit dieser Verwandlung im voraus rechnen sollen, aber es wurden so viele seltsame Umstände und so viele dunkle Reden hinzugefügt, man verschwieg so vieles und erwähnte es mir gegenüber mit einer so lächerlich zurückhaltenden Miene, daß all die Geheimnistuerei mich zu beunruhigen anfing. Ich habe allezeit jede Dunkelheit gehaßt, sie erregte in mir ein so natürliches Grauen, das durch all das, womit man mich seit so vielen Jahren umgibt, eben nicht vermindert werden konnte. Ich will von allen Seltsamkeiten dieser Epoche nur eine anführen, die aber zureichen wird, sich die anderen vorzustellen.

Herr Lenoir, Generalleutnant der Polizei, mit dem ich nie in Verbindung gestanden hatte, schickte seinen Sekretär zu mir, sich nach mir zu erkundigen und mir sehr dringend Dienste anzubieten, die mir unter diesen Umständen eben nicht viel zu meiner Erleichterung beitragen zu können schienen. Sein Sekretär unterließ nicht, sehr lebhaft in mich zu dringen, dieses Anerbieten anzunehmen, und ging so weit, mir zu sagen, wenn ich ihm nicht traute, könnte ich geradezu an Herrn Lenoir schreiben. An diesem großen Diensteifer und an seinem vertraulichen Wesen merkte ich, daß unter alledem ein Geheimnis verborgen läge, welches ich vergebens zu durchdringen suchte. In der Erregung, in die mein Unfall und das Fieber meinen Kopf gesetzt hatten, gehörte nicht einmal viel dazu, um mich stutzig zu machen. Ich überließ mich tausenderlei beunruhigenden und traurigen Mutmaßungen, und ich gab allem, was um mich her vorging, Auslegungen, die mehr von Fieberwahn als von der Kaltblütigkeit eines Menschen, der an nichts mehr Anteil nimmt, zeugten.

Eine andere Begebenheit störte vollends meine Ruhe. Frau d'Ormoy hatte mich seit einigen Jahren aufgesucht, ohne daß ich erraten konnte, warum. Kleine zierliche Geschenke und häufige Besuche ohne Gegenstand und ohne Vergnügen verrieten mir hinlänglich, daß dieses alles einen geheimen Zweck hatte, doch konnte ich ihn nicht sehen. Sie hatte mir von einem Roman gesprochen, den sie schreiben und der Königin überreichen wollte. Ich hatte ihr meine Gedanken über die weiblichen Autoren gesagt. Sie gab mir zu verstehen, dieses Vorhaben habe die Wiederherstellung ihres Vermögens zum Zweck, wozu sie dieses Schutzes bedürfe, und dagegen hatte ich nichts einzuwenden. Nachher sagte sie mir, daß sie entschlossen sei, ihr Buch öffentlich bekannt zu machen, weil sie keinen Zutritt zur Königin erlangt habe. Ich konnte ihr weiter keinen Rat geben, sie begehrte ihn nicht und hätte ihn nicht befolgt. Sie hatte davon gesprochen, mir das Manuskript noch vorher zu zeigen. Ich bat sie, es nicht zu tun, und sie unterließ es auch.

Während meiner Genesung erhielt ich eines Tages von ihr dieses Buch, fertig gedruckt und sogar eingebunden, und ich ward sogleich in der Vorrede so großer Lobeserhebungen meiner ansichtig, die so dick aufgetragen und geziert waren, daß ich auf die unangenehmste Weise davon berührt war. Die plumpe Schmeichelei, die durchweg herrschte, vertrug sich nirgends mit wahrem Wohlwollen, hierin kann sich mein Herz nicht täuschen.

Einige Tage später besuchte mich Frau d'Ormoy mit ihrer Tochter. Sie erzählte mir, daß ihr Buch wegen einer gewissen Anmerkung erstaunliches Aufsehen mache; da ich diesen Roman schnell durchflogen hatte, war mir diese Anmerkung entgangen. Sobald Frau d'Ormoy fort war, las ich noch einmal nach, untersuchte ihre Schreibweise und glaubte, den Beweggrund ihrer Besuche, ihrer Liebkosungen und der plumpen Lobeserhebungen ihrer Vorrede gefunden zu haben, und ich schloß, dies habe keinen anderen Zweck, als das Publikum dahin zu stimmen, mir die Anmerkung zuzuschreiben, folglich auch den Tadel, den sie ihrem Verfasser unter den Umständen, unter denen sie bekannt gemacht wurde, zuziehen konnte.

Ich sah gar kein Mittel, dieses Gerücht und den Eindruck, den es machen mußte, zu verhindern; alles, was ich tun konnte, war, es nicht noch weiter zu nähren, und so verbat ich mir die unnützen und auffallenden Besuche von Frau d'Ormoy und ihrer Tochter. Hier ist das Billett, das ich zu diesem Zweck der Mutter schrieb:

»Rousseau, der keinen Schriftsteller mehr bei sich empfängt, dankt Frau d'Ormoy für ihre Güte und bittet sie, ihn nicht mehr mit ihren Besuchen zu beehren.«

Sie antwortete mir mit einem der Form nach höflichen, aber ebenso gearteten Brief wie alle, die ich in ähnlichem Falle erhielt. Ich hätte ihr grausamerweise den Dolch in ihr empfindsames Herz gestoßen, und ich solle aus dem Ton ihres Briefes schließen, daß sie, da sie für mich so wahr und lebhaft empfände, diesen Bruch nicht überleben würde. So sind denn Rechtschaffenheit und Freimütigkeit in allen Dingen in der Welt schreckliche Verbrechen, und ich würde meinen Zeitgenossen roh und boshaft scheinen, beginge ich in ihren Augen auch kein anderes Verbrechen, als nicht so falsch und treulos zu sein wie sie.

Ich war schon verschiedene Male ausgegangen, und ich ging sogar oft genug in den Tuilerien spazieren, als ich an dem Erstaunen einiger, die mir begegneten, merkte, in Ansehung meiner müsse es noch eine Neuigkeit geben, die ich nicht kannte. Endlich erfuhr ich, daß das öffentliche Gerücht sagte, ich sei an den Folgen meines Sturzes gestorben, und diese Nachricht verbreitete sich so schnell und wurde so hartnäckig behauptet, daß wohl vierzehn Tage, nachdem ich es erfahren hatte, der König selbst und die Königin davon als von einer ausgemachten Sache sprachen. Wie man mir nicht zu schreiben unterließ, hatte der *Courrier d'Avignon*, indem er diese frohe Nachricht ankündigte, seinen Tribut an Beschimpfungen und Unwürdigkeiten bei dieser Gelegenheit im voraus abgetragen, womit man mein Andenken nach meinem Tode in Gestalt einer Leichenrede zu verunglimpfen sich bereithält.

Diese Nachricht war von einem noch sonderbareren Umstand begleitet, den ich nur von ungefähr erfuhr, worüber ich aber keine näheren Einzelheiten habe einholen können. Man hatte nämlich zur gleichen Zeit eine Subskription auf den Druck aller Manuskripte, die man bei mir finden würde, angekündigt. Daraus konnte ich ersehen, daß man eine Sammlung von zu diesem Zweck eigens verfertigten Schriften in Bereitschaft hielt, um sie mir gleich nach meinem Tode zuzuschreiben. Denn mir einzubilden, man würde nur eine einzige von denen, die man wirklich bei mir fände, unverfälscht abdrucken, war eine Dummheit, die in keinen gescheiten Kopf kommen konnte und vor der mich eine fünfzehnjährige Erfahrung wohl bewahrt hat.

Diese Beobachtungen, die ich Schlag auf Schlag machte und die noch von vielen anderen, nicht weniger verwunderungswürdigen begleitet wurden, schreckten von neuem meine Einbildungskraft auf, die ich für ganz erloschen hielt, und diese schwarze Finsternis, die man unaufhörlich um mich her noch verstärkte, belebte von neuem allen Abscheu, den ich von Natur gegen sie hatte. Ich erschöpfte mich in tausenderlei Auslegungen und suchte die Geheimnisse, die man für mich unerklärbar gemacht hat, zu durchdringen. Der einzige sichere Schluß, den ich aus so vielen rätselhaften Dingen ziehen konnte, war die Bestätigung aller meiner vorhergegangenen Folgerungen, nämlich daß, da das Schicksal meiner Person und meines guten Namens von der gegenwärtigen

Generation einstimmig entschieden worden ist, keine Anstrengung meinerseits mich dem entziehen konnte, weil es mir schlechterdings unmöglich ist, einem anderen Zeitalter irgendein Pfand zu überliefern, ohne es in dem jetzigen durch Hände gehen zu lassen, denen daran liegt, es zu unterdrücken.

Dieses Mal jedoch ging ich weiter. Die Anhäufung so vieler zufälliger Umstände, der Rang aller meiner grausamsten Feinde, die das Glück, ich möchte sagen, eigensinnig begünstigte, alle, die den Staat regieren, alle Leute in Ämtern, alle Männer von Ansehen, sorgfältig unter denen, die einen heimlichen Groll gegen mich hatten, ausgesucht, um der allgemeinen Verschwörung beizutreten: diese allgemeine Übereinstimmung ist zu außerordentlich, um bloß zufällig zu sein. Ein einziger Mensch, der nicht mitschuldig hätte sein wollen, eine einzige zuwiderlaufende Begebenheit, ein einziger unversehener Umstand, der diesem Plan ein Hindernis entgegengesetzt hätte, reichte aus, um ihn scheitern zu lassen. Aber der Wille aller, alle Fügungen des Schicksals, das Glück und alle Umwälzungen haben das Werk der Menschen noch befestigt, und ein so auffallendes Zusammentreffen, das an ein Wunder grenzt, läßt mir keinen Zweifel, daß der vollkommene Erfolg dieser Verschwörung in den ewigen Ratschlüssen geschrieben steht. Unzählige einzelne Beobachtungen, sowohl in der Vergangenheit wie in der Gegenwart, bestärken mich in dieser Meinung so sehr, daß ich mich nicht enthalten kann, fortan dasselbe Werk, das ich bisher nur als eine Frucht menschlicher Bosheit betrachtete, als eines der für die menschliche Vernunft undurchdringlichen Geheimnisse des Himmels anzusehen.

Diese Vorstellung, weit entfernt, mir grausam und schmerzhaft zu sein, tröstet, beruhigt mich und stärkt mich in meiner völligen Ergebung. Ich gehe hierin nicht so weit wie der heilige Augustin, der sich bei seiner Verdammung beruhigt hätte, wenn sie Gottes Wille gewesen wäre. Meine Ergebung, das ist wahr, kommt aus einer minder uneigennützigen, aber nicht weniger reinen Quelle, die, meiner Ansicht nach, des vollkommenen Wesens, das ich anbete, noch würdiger ist. Gott ist gerecht, er will meine Leiden und kennt meine Unschuld. Hierauf gründet sich mein Vertrauen;

mein Herz und meine Vernunft rufen mir zu, daß es mich nicht täuschen wird. Mögen also die Menschen und das Schicksal walten, lernen wir, ohne Murren zu leiden; endlich muß doch alles wieder in die Ordnung zurückkehren, und die Reihe kommt früher oder später auch an mich.

DRITTER SPAZIERGANG

Ich werde alt und lerne immer noch.

Solon wiederholte in seinem Alter oft diesen Vers. In einem gewissen Sinne könnte ich ihn auch auf das meinige anwenden, es ist aber eine sehr traurige Wissenschaft, die ich durch eine zwanzigjährige Erfahrung erlangt habe: selbst Unwissenheit ist ihr noch vorzuziehen. Ohne Zweifel ist das Unglück ein großer Lehrer, aber er läßt sich seinen Unterricht teuer bezahlen, und oft ist der Nutzen, den man daraus zieht, den Preis, um den man ihn erlangt, nicht wert. Überdies vergeht, ehe man alles dieses so spät gelernt hat, der richtige Zeitpunkt, um es nutzen zu können. Die Jugend ist die Zeit, die Weisheit zu studieren, das Alter, die erlangte Weisheit auszuüben. Die Erfahrung belehrt stets, das gebe ich zu, aber Nutzen bringt sie nur für den Zeitraum, den man vor sich hat. Ist es wohl in dem Augenblick, da man sterben soll, noch Zeit zu lernen, wie man hätte leben sollen?

Ach, was nützen mir so späte und so schmerzlich erworbene Kenntnisse über mein Schicksal und die Leidenschaften anderer, deren Werk es ist? Ich habe nur, um das Elend, in das die Menschen mich versenkten, ganz zu empfinden, mehr Menschenkenntnis erlangt, ohne daß diese Kenntnis dadurch, daß sie mir alle Fallen entdeckte, mir hätte helfen können, eine einzige zu vermeiden. Warum behielt ich nicht stets dieses einfältige, aber süße Zutrauen, wodurch ich so viele Jahre lang Opfer und Spiel meiner geräuschvollen Freunde wurde, ohne daß ich von allen ihren Verrätereien, in welche ich verwickelt war, die geringste Ahnung gehabt hätte. Es ist wahr, ich wurde von ihnen hintergangen und war ihr Opfer, aber ich glaubte mich von ihnen geliebt, und mein Herz genoß die Freundschaft, die sie mir einflößten, indem es bei ihnen ähnliche Empfindungen voraussetzte. Diese angenehme Täuschung ist dahin. Die traurige Wahrheit, die Zeit und Vernunft mir enthüllt haben, indem sie mir mein Unglück recht fühlbar machten, hat mir gezeigt, daß es kein Mittel dagegen gibt und daß ich mich nur fügen kann. Also sind alle Erfahrungen meines Alters für meine gegenwärtige Lage unnütz und für die Zukunft fruchtlos.

Bei unserer Geburt treten wir auf den Kampfplatz und verlassen ihn bei unserem Tode. Was hilft es, seinen Wagen besser lenken zu lernen, wenn man am Ende der Fahrt ist? Dann bleibt uns kein Gedanke als der, wie man ihn verlassen wird. Bleibt dem Greis noch irgendeine Kunst zu lernen, so ist es einzig die zu sterben, und gerade dies lernt man in meinem Alter am wenigsten, denn man denkt an alles, nur daran nicht. Greise hängen stärker am Leben als die Kinder und verlassen es mit weniger Anstand, als junge Leute es tun. Denn alle ihre Bemühungen waren nur auf dieses Leben gerichtet, und an seinem Ende werden sie gewahr, daß alle ihre Arbeit vergeblich war. Alle ihre Sorgen, alle ihre Güter, alle Früchte ihrer durchwachten Nächte, alles müssen sie im Stich lassen, wenn sie gehen. In ihrem Leben dachten sie nicht daran, etwas zu erwerben, das sie im Tod mit hinübernehmen könnten.

Das alles habe ich mir, als es Zeit war, es mir vorzuhalten, gesagt, und wenn mein Nachdenken bei mir nicht besser gefruchtet hat, so nicht deswegen, weil es zu spät geschah oder nicht gehörig verdaut wurde. Von meiner Kindheit an war ich in den Strudel der Welt geworfen, und ich lernte schon bald durch Erfahrungen, daß ich nicht für sie gemacht war und daß ich in ihr nie in den Zustand, dessen Notwendigkeit mein Herz fühlte, gelangen würde. Indem ich also aufhörte, unter den Menschen das Glück zu suchen, das ich dort nicht finden zu können mir bewußt war, schwang sich meine glühende Einbildungskraft schon über die kaum begonnene Spanne des Lebens wie über einen mir fremden Erdstrich hinweg, um sich in einer ruhigen Lage niederzulassen, wo ich beständig bleiben konnte.

Diese Gesinnung, durch die Erziehung seit meiner Kindheit in mir genährt und mein ganzes Leben hindurch durch ein langes Gewebe von Elend und Unglück verstärkt, hat mich zu allen Zeiten die Natur und die Bestimmung meines Wesens sorgfältiger und mit mehr Interesse, als ich je bei irgendeinem anderen Menschen antraf, erforschen lassen. Ich habe ihrer viele gesehen, die weit gelehrter philosophierten als ich, aber ihre Philosophie war ihnen sozusagen fremd. Sie untersuchten die Einrichtung des Weltalls, wie sie irgendein mechanisches Werk betrachtet hätten, aus bloßer Neugier, und um gelehrter zu sein als andere. Sie studierten die Natur des Menschen, nicht um sich kennenzulernen, sondern um gelehrt darüber schwatzen zu können, sie arbeiteten, um die anderen zu unterrichten, aber nicht, um sich innerlich aufzuhellen. Verschiedene unter ihnen wollten nur ein Buch machen, gleichgültig, was für eines, wenn es nur gut aufgenommen wurde. War es fertig und veröffentlicht, so interessierte sie sein Inhalt auf keine Weise mehr, es sei denn, um ihn anderen aufzudrängen oder, wenn er angegriffen wurde, ihn zu verteidigen, ohne im übrigen etwas für sich daraus zu gewinnen und ohne sich gar darum zu bekümmern, ob der Inhalt wahr oder falsch war, wenn er nur nicht widerlegt wurde. Wenn ich zu lernen wünschte, so nur, um selbst zu wissen, nicht um zu lehren; ich habe immer geglaubt, ehe man andere unterrichtet, müsse man zunächst genug für sich selbst wissen, und fast alle Studien, die ich in meinem Leben unter den Menschen getrieben habe, hätte ich ebenso allein auf einer wüsten Insel unternommen, auf die ich für den Rest meines Lebens verbannt worden wäre. Was man tun soll, hängt sehr von dem ab, was man glauben muß, und in allem, was nicht die ersten Bedürfnisse der Natur betrifft, sind unsere Meinungen die Richtschnur unserer Handlungen. Nach diesem Grundsatz, der immer der meinige war, suchte ich oft und lange den Plan meines Lebens auszurichten, um seinen wahren Endzweck kennenzulernen, und als ich einsah, daß man diesen in der Welt nicht suchen müsse, habe ich mich bald über meine geringe Gabe, mich in ihr geschickt zu betragen, getröstet.

In einer Familie, in der Tugend und Frömmigkeit herrschten, geboren, dann mit Sanftmut von einem Prediger, der Klugheit und Religion besaß, erzogen, hatte ich von meiner zartesten Kindheit an Grundsätze, Maximen – andere würden es Vorurteile nennen – erhalten, die mich nie ganz verlassen haben. Noch als Kind, mir selbst überlassen, durch Liebkosungen angelockt, durch Eitelkeit verleitet, durch Hoffnung geschmeichelt, durch die Notwendigkeit gezwungen, wurde ich katholisch, aber ich blieb immer ein Christ, und durch die Gewohnheit bald eingewiegt, ergab sich mein Herz aufrichtig meiner neuen Religion. Das Beispiel und der Unterricht der Frau von Warens befestigten mich in dieser Anhänglichkeit. Die ländliche Einsamkeit, in der ich die Blüte meiner Jugend zubrachte, das Studium guter Bücher, dem ich mich völlig ergab, verstärkten meinen natürlichen Hang zu zärtlichen Gesinnungen und machten mich zu einem Frommen fast in der Art Fénelons. Die Meditation in der Einsamkeit, das Studium der Natur, die Betrachtung der Welt drängen einen Einsamen, sich unaufhörlich zu dem Urheber der Dinge aufzuschwingen und dem Zweck alles Sichtbaren und dem Ursprung aller seiner Empfindungen mit einer süßen Unruhe nachzuspüren. Als mein Schicksal mich in den Strudel der Welt zurückwarf, fand ich dort nichts mehr, was meinem Herzen nur einen Augenblick geschmeichelt hätte. Die Sehnsucht nach meiner angenehmen Muße verfolgte mich überall und erweckte bei mir Gleichgültigkeit und Ekel gegen alles, was mich nur zu Glück und Ehren hätte leiten können. Unsicher in meinen unruhigen Neigungen, hoffte ich wenig, erhielt noch weniger, und selbst in dem schwachen Schimmer von Wohlergehen empfand ich, daß, hätte ich auch alles, was ich zu suchen glaubte, erhalten, mein Herz das Glück nicht gefunden hätte, nach dem es so begierig strebte, ohne den Gegenstand dieses Strebens klar herausbringen zu können. Also trug alles dazu bei, meine Neigungen ganz von der Welt loszulösen, sogar noch vor den Unglücksfällen, die mich vollends zum Fremdling darin machen mußten. Ich erreichte mein vierzigstes Jahr, schwankend zwischen Dürftigkeit und Wohlhabenheit, zwischen Weisheit und Verirrungen, voller Gewohnheitsfehler, aber ohne irgendeinen bösen Hang im Herzen, aufs Geratewohl lebend, ohne von der Vernunft festgesetzte Grundsätze zu haben, und achtlos gegen meine Pflichten, ohne sie zu verachten, aber oft ohne sie recht zu kennen.

In meiner Jugend hatte ich mir das vierzigste Jahr als das Ziel aller meiner Anstrengungen für mein Fortkommen und aller Ansprüche jeder Art festgesetzt. Ich war fest entschlossen, sobald ich dieses Alter erreicht hätte und in welcher Lage ich auch sein würde, mich nicht mehr abzukämpfen, um weiterzukommen, sondern während meiner übrigen Tage die gegenwärtige Stunde zu genießen, ohne mich um die Zukunft zu bekümmern. Als diese Zeit gekommen war, führte ich meinen Vorsatz ohne Mühe aus, und obgleich mein Glück damals einen festeren Stand zu gewinnen schien, entsagte ich dem nicht allein ohne Kummer, sondern mit wahrhaftem Vergnügen. Indem ich mich von allen diesen Lockungen, allen diesen eitlen Hoffnungen befreite, überließ ich mich völlig der Sorglosigkeit und der Ruhe des Geistes, die immer mein herrschender Geschmack und meine dauerhafteste Neigung war. Ich verließ die Welt mit ihrer Pracht, ich entsagte jeglichem Putz, trug keinen Degen, keine Uhr, keine weißen Strümpfe, kein Gold, keinen Haarputz mehr, sondern eine ganz einfache Perücke und einen guten Rock aus grobem Tuch, und was noch besser als alles dies war, ich riß aus meinem Herzen alle Lüste und Begierden, die dem, was ich verließ, einen Wert geben. Ich entsagte der Stelle, die ich damals innehatte, für die ich aber gar nicht taugte, und fing an, um einen bestimmten Preis für die Seite Noten abzuschreiben, eine Arbeit, für die ich stets eine entschiedene Neigung hatte.

Ich schränkte meine Reform nicht bloß auf äußere Dinge ein. Daß diese sogar eine andere, ohne Zweifel mühsamere, aber viel notwendigere Reform der Meinungen erheischte, fühlte ich, und entschlossen, nicht zweimal anzusetzen, unternahm ich es, mein Inneres einer strengen Prüfung zu unterwerfen, um es für mein übriges Leben so einzurichten, wie ich es bei meinem Tod zu haben wünschte.

Eine große in mir vorgegangene Revolution, eine andere moralische Welt, die sich meinem Blick enthüllte, die törichten Urteile der Menschen, deren Abgeschmacktheit, ohne zu ahnen, wie sehr ich ihr Opfer sein würde, ich einzusehen anfing, das immer zunehmende Bedürfnis nach einem anderen Gut als dem kleinen literarischen Ruhm, dessen Dunst mich kaum erreicht hatte, als mich schon vor ihm ekelte, endlich die Begierde, mir eine weniger ungewisse Laufbahn als die, worin ich die schönste Lebenshälfte zugebracht hatte, für mein übriges Leben zu entwerfen, alles dieses verpflichtete mich zu dieser großen Musterung, deren Bedürfnis ich schon längst verspürt hatte. Ich unternahm sie also, und ich unterließ nichts, sie nach allen meinen Kräften gut aufzuführen.

Von diesem Zeitpunkt an kann ich meine gänzliche Entsagung von der Welt und diesen lebhaften Geschmack an der Einsamkeit, der mich nie wieder verlassen hat, rechnen. Das Werk, das ich unternahm, konnte nur in einer gänzlichen Zurückgezogenheit ausgeführt werden, es erforderte ein langes und ruhiges Nachdenken, welches der Lärm des geselligen Lebens nicht gestattet. Ich war gezwungen, eine Zeitlang eine ganz andere Lebensart anzunehmen, bei der ich mich in der Folge so wohl befand, daß ich, wenn ich sie seitdem nur gezwungen und für kurze Augenblicke verließ, hernach herzlich gerne wieder zu derselben zurückkehrte und mich ohne Mühe darauf beschränkte, sobald es nur anging, und als in der Folge die Menschen es dahin brachten, daß ich allein leben mußte, fand ich, daß sie, indem sie mich ausstießen, um mich unglücklich zu machen, mehr zu meinem Glück beigetragen hatten, als ich selbst vermocht hätte.

Ich unterzog mich der übernommenen Arbeit mit einem der Wichtigkeit der Sache und dem Bedürfnis, das ich für sie verspürte, entsprechenden Eifer. Ich hatte damals Umgang mit modernen Philosophen, die den älteren nicht sehr ähnlich waren. Statt meine Zweifel zu heben und meine Unentschlossenheit in Festigkeit zu verwandeln, hatten sie alle Gewißheiten, die ich über viele Punkte, an deren bestimmter Kenntnis mir am meisten lag, zu haben glaubte, erschüttert: denn als eifrige Missionare des Atheismus und als sehr herrschsüchtige Dogmatiker duldeten sie nicht ohne Zorn, daß man über irgendeinen Punkt anders dachte als sie. Ich hatte mich oft aus Widerwillen gegen alle Streitigkeiten und weil ich nicht die Gabe besaß, sie zu führen, schwach verteidigt, aber nie nahm ich ihre trostlose Lehre an, und dieser Widerstand war bei so unduldsamen Menschen, die außerdem noch besondere Absichten verfolgen, keine der geringsten Ursachen, ihre Feindseligkeit zu entzünden.

Sie hatten mich nicht überzeugt, aber sie hatten mich beunruhigt. Ihre Beweise hatten mich erschüttert, ohne mich jemals überwunden zu haben; ich fand zwar keine treffende Antwort, aber ich fühlte, daß es eine geben müsse. Ich klagte mich mehr der Untüchtigkeit als des Irrtums an, und mein Herz antwortete besser als meine Vernunft.

Endlich sagte ich zu mir selbst: Soll ich mich ewig durch die Sophismen der Schönredner hin und her wehen lassen, von denen ich nicht einmal weiß, ob die Meinungen, die sie predigen und mit soviel Eifer anderen aufdrängen wollen, wirklich ihre eigenen sind. Ihre Leidenschaften, die ihre Lehren lenken, ihr Interesse, dieses oder jenes für wahr gehalten zu wissen, machen es unmöglich, herauszufinden, was sie selbst glauben. Darf man Redlichkeit von den Häuptern einer Partei erwarten? Ihre Philosophie ist für die anderen; ich brauche eine für mich. Nun denn, so will ich sie, solange es noch Zeit ist, mit allen meinen Kräften suchen, um eine feste Richtschnur meines Betragens für mein ganzes übriges Leben zu haben. Jetzt bin ich in der Reife des Alters, mein Verstand ist in seiner vollen Kraft. Schon bin ich dem Niedergang nahe. Warte ich noch, so werde ich bei meinen verzögerten Überlegungen nicht mehr den vollen Gebrauch meiner Kräfte haben; meine geistigen Fähigkeiten werden schon von ihrer Wirksamkeit verloren haben, ich werde das, was ich jetzt nach meinem besten Vermögen vollbringen kann, künftig weniger gut verrichten: diesen günstigen Augenblick muß ich wahrnehmen; es ist der Zeitpunkt meiner äußeren und materiellen Reform, es sei auch der meiner geistigen und moralischen Reform. Ich will meine Meinungen und Grundsätze einmal festsetzen, und mein ganzes übriges Leben möchte ich sein, was ich nach reiflichem Nachdenken sein soll.

Ich führte dieses Vorhaben langsam und in verschiedenen Ansätzen aus, jedoch mit aller Anstrengung und aller Aufmerksamkeit, deren ich nur fähig war. Daß die Ruhe meines ganzen Lebens und mein ganzes Schicksal davon abhinge, fühlte ich sehr lebhaft. Gleich anfangs sah ich mich in ein Labyrinth von Hindernissen, Schwierigkeiten, Einwürfen, Verdrehungen und Dunkelheiten so verwickelt, daß ich wohl zwanzigmal in Versuchung geriet, alles aufzugeben, und bereit war, dem vergeblichen Nachforschen zu entsagen und mich in meinen Überlegungen an die gewöhnlichen Regeln der Klugheit zu halten, ohne in Grundsätzen, die ich nur mit soviel Mühe herausfinden konnte, ferner eine Richtschnur zu suchen. Aber selbst diese Klugheit war mir so fremd, ich fühlte mich so wenig geschickt, sie zu erwerben, daß, sie zu meinem Leitfaden zu nehmen, ebensoviel hieß, als mitten durch ein stürmisches Meer ohne Steuerruder und Kompaß ein fast unerreichbares Leuchtfeuer, das mir keinen Hafen anzeigte, zu suchen.

Ich hielt durch. Zum ersten Mal in meinem Leben bewies ich Mut, und ich verdanke es seinem Erfolg, daß ich das schreckliche Schicksal, in das ich von da an, ohne es im geringsten zu argwöhnen, verwickelt wurde, ertragen konnte. Nach den glühendesten und aufrichtigsten Untersuchungen, die vielleicht je ein Sterblicher unternommen hat, bestimmte ich für mein ganzes Leben alle Gesinnungen, die ich haben mußte, und irrte ich vielleicht in meinen Folgerungen, so bin ich wenigstens sicher, daß mein Irrtum mir nicht zur Last gelegt werden kann, denn ich habe mir alle Mühe gegeben, mich davor zu bewahren. Gewiß, ich zweifle nicht, daß die Vorurteile meiner Kindheit und die geheimen Wünsche meines Herzens die Waage nach der für mich tröstlichsten Seite sich neigen ließen. Was man so brennend wünscht, enthält man sich schwer, zu glauben, und wer kann in Abrede stellen, daß das Interesse, die Urteile über das künftige Leben anzunehmen oder zu verwerfen, den Glauben der meisten Menschen in dem, was sie zu hoffen oder zu fürchten haben, bestimmt. Alles dieses konnte, ich gebe es zu, mein Urteil blenden, aber meine Aufrichtigkeit nicht verändern, denn ich fürchtete, mich in jeder Sache zu irren. Bestand alles in dem Genuß dieses Lebens, so lag mir daran, es zu wissen, um wenigstens, solange es noch Zeit war, soviel wie möglich daraus zu ziehen, um nicht ganz und gar betrogen zu sein. Was ich aber in der Stimmung, in der ich mich fühlte, mehr als alles zu fürchten hatte, war, das ewige Los meiner Seele für den Genuß dieser Welt, auf den ich nie großen Wert gelegt hatte, aufs Spiel zu setzen.

Ich will ferner gestehen, daß ich alle diese Schwierigkeiten, die mich in Verwirrung gesetzt und welche unsere Philosophen mir so unendlich oft wiederholt hatten, nicht immer zu meiner Zufriedenheit aus dem Weg räumte. Aber da ich völlig entschlossen war, mich in Fragen zu bestimmen, bei welchen der menschliche Verstand so wenig vermag, und überall auf undurchdringliche

Geheimnisse und auf Einwände stieß, die ich nicht auflösen konnte, so nahm ich bei jeder Frage die Meinung an, die mir am wenigsten umständlich bewiesen und an und für sich die glaubwürdigste zu sein schien, ohne mich bei Einwänden aufzuhalten, die ich nicht aufzulösen vermochte und denen nicht minder starke Einwände des entgegengesetzten Systems gegenüberstanden. In diesen Fragen kommt der dogmatische Ton nur den Scharlatanen zu, aber es ist von großer Wichtigkeit, für sich selbst eine Meinung zu haben und diese mit aller nur möglichen Reife der Urteilskraft zu wählen. Geraten wir dessenungeachtet in Irrtümer, so kann uns dieses billigerweise nicht zur Last gelegt werden, weil wir es nicht verschuldet haben. Dies ist mein unerschütterlicher Grundsatz, der die Grundlage meiner Sicherheit ist.

Das Resultat meiner mühsamen Untersuchungen war ungefähr so, wie ich es seitdem im *Glaubensbekenntnis des savoyischen Vikars* dargestellt habe, einem Werk, das von der jetzigen Generation beschimpft und entweiht wird, das aber einst eine große Veränderung unter den Menschen bewirken kann, wenn sich je ein gesunder Verstand und Redlichkeit wieder unter ihnen niederlassen sollten.

Von der Zeit an blieb ich ruhig bei den Grundsätzen, die ich nach einem so langen und sorgfältigen Nachdenken angenommen hatte und machte sie zur unbeweglichen Richtschnur meines Wandels und meines Glaubens, ohne mich weiter um die Einwände, die ich nicht auflösen konnte, noch um die, welche ich nicht vorhergesehen hatte und die sich meinem Geist von Zeit zu Zeit von neuem darstellten, zu kehren. Manchmal haben sie mich beunruhigt, aber nie erschüttert. Ich habe mir immer gesagt: Dies sind nur Haarspaltereien und metaphysische Spitzfindigkeiten, welche bei den von meiner Vernunft angenommenen und von meinem Herzen bestätigten Grundwahrheiten, die alle das Siegel der inneren Zustimmung in der Stille der Leidenschaften tragen, von keinem Gewicht sind. Sollte in Fragen, die so sehr über den menschlichen Verstand gehen, ein Einwurf, den ich nicht beantworten kann, das ganze, in allen seinen Teilen so feste, so gut verbundene Lehrgebäude, das mit soviel Nachdenken und Sorgfalt gebildet, meiner Vernunft, meinem Herzen, meinem ganzen Wesen so ganz angemessen ist und durch die innere Zustimmung, die allen anderen fehlt, verstärkt wird, über den Haufen werfen können? Nein, keine eitlen Argumentationen werden je die Übereinstimmung aufheben, die ich zwischen meiner unsterblichen Natur, der Beschaffenheit dieser Welt und der physischen Ordnung, die ich darin herrschen sehe, bemerke. In der damit übereinstimmenden moralischen Ordnung, deren System das Resultat meines Nachforschens ist, finde ich die Stützen, deren ich bedarf, um das Elend meines Lebens zu tragen. Jedes andere System würde mir keine Zuflucht bieten, und ich würde ohne Hoffnung sterben. Ich wäre das elendeste aller Geschöpfe. Also will ich mich an das System halten, das allein genügt, um mich dem Schicksal und den Menschen zum Trotz glücklich zu machen.

Schien diese Überlegung und die Folgerung, die ich daraus zog, mir nicht vom Himmel selbst eingegeben zu sein, um mich auf das Schicksal, das meiner wartete, vorzubereiten und mich in den Stand zu setzen, es ertragen zu können? Was wäre sonst aus mir geworden und was würde noch aus mir werden in den schrecklichen Ängsten, die meiner warteten, und in der unglücklichen Lage, in die ich für mein übriges Leben versetzt bin, ohne einen Zufluchtsort, mich meinen grausamen Verfolgern zu entziehen? Was wäre, wenn es keine Entschädigung für die Schande gäbe, womit sie mich in dieser Welt überhäufen, und keine Hoffnung, daß mir je die Gerechtigkeit widerfährt, die mir zukommt, sondern ich mich dem greulichsten Los, das je ein Mensch auf Erden erfahren hat, ganz ausgeliefert sähe? Während ich ruhig und in meiner Unschuld nur von Hochachtung und Wohlwollen der Menschen träumte, während mein offenes und zutrauliches Herz sich gegen Freunde und Brüder zu ergießen glaubte, umschlangen mich die Verräter in der Stille mit Netzen, die im Abgrund der Hölle geschmiedet waren. Überrascht durch ein Unglück, das ich unter allen am wenigsten vorhergesehen hatte und das einer stolzen Seele am härtesten fallen mußte, in den Schmutz geworfen, ohne je zu erfahren, von wem und warum, in einen Abgrund von Schande versenkt, in grausame Dunkelheiten gehüllt, durch die ich nur Unglück verheißende Gegenstände gewahrte, warf mich der erste Überfall zu Boden, und nie hätte ich mich von der ersten Niedergeschlagenheit, in die mich diese unverhoffte Art von Unglück stürzte, erholt, hätte ich mir nicht im voraus Kräfte gesammelt, um mich von meinen Stürzen aufzurichten.

Erst nach Jahren voller Unruhe, als ich meine Lebensgeister wieder sammelte und anfing, mich wieder auf mich selbst zu besinnen, empfand ich den Wert der Zuflucht, die ich mir für unglückliche Zeiten aufbehalten hatte. Vollkommen bestimmt in allen Dingen, über die zu urteilen mir wichtig war, sah ich, indem ich meine Maximen mit meiner Lage verglich, daß ich den unsinnigen Urteilen der Menschen und den kleinen Begebenheiten dieses kurzen Lebens viel mehr Bedeutung beilegte, als sie in der Tat hatten. Da dieses Leben nur ein Stand der Prüfung ist, so liegt wenig daran, daß diese Prüfungen von dieser oder jener Art sind, wenn nur die Wirkungen, die sie haben sollen, daraus erwachsen, und je größer, stärker und häufiger also die Prüfungen sind, desto vorteilhafter ist es, sie bestehen zu können. Die lebhaftesten Leiden verlieren ihre Kräfte für den, der die große und sichere Entschädigung vor Augen behält, und die Gewißheit dieser Entschädigung war die vornehmste Frucht meines vorhergegangenen Nachdenkens.

Es ist wahr, daß es unter den unzähligen Stürmen und den Beschimpfungen ohne Maß, mit denen ich mich von allen Seiten überhäuft sah, Zwischenzeiten gab, in welchen Unruhe und Zweifel meine Hoffnung erschütterten und meine Ruhe trübten. Dann stellten sich die mächtigen Einwürfe, die ich nicht hatte beantworten können, meinem Geist verstärkt aufs neue dar, um mich gerade in den Augenblicken, wo ich, von der Last meines Schicksals erdrückt, in Mutlosigkeit sinken wollte, vollends niederzuschlagen. Oft auch wurden die Zweifel, die mich schon beunruhigten, durch neue Argumente, die ich hörte, unterstützt. Ach, sagte ich mir dann in der ängstlichen Beklemmung meines Herzens, die mich zu ersticken drohte, was wird mich vor der Verzweiflung schützen, wenn ich in den Schrecknissen meines Schicksals die Tröstungen, die mir meine Vernunft darbot, nur als Hirngespinste betrachte, wenn die Vernunft, indem sie ihr eigenes Werk vernichtet, jede Stütze der Hoffnung und der Zuversicht, die sie mir für die Zeiten des Unglücks aufbewahrt hatte, umstößt? Die ganze gegenwärtige Generation sieht nur Irrtümer und Vorurteile in den Gesinnungen, mit denen ich mich allein nähre; sie findet in dem entgegengesetzten System die Wahrheit und die augenscheinlichste Gewißheit, und scheint sogar nicht glauben zu können, daß ich das meinige im Ernst angenommen habe. Ich selbst, da ich mich dieser Überzeugung mit meinem ganzen Wollen ergebe, finde darin so unübersteigliche Schwierigkeiten, die ich nicht auflösen kann und die mich nicht abhalten, darin zu beharren. Bin denn ich unter allen Sterblichen allein weise, allein erleuchtet? Um zu glauben, daß die Dinge so sind, genügt es da, daß sie mir so passen? Kann ich vernünftigerweise Zuversicht in Scheingründe setzen, die in den Augen aller übrigen Menschen keine Festigkeit haben, und die mir sogar täuschend scheinen würden, wenn nicht mein Herz meine Vernunft unterstützte? Wäre es nicht besser gewesen, meine Verfolger mit gleichen Waffen zu bekämpfen, indem ich ihre Grundsätze annahm, als bei meinen chimärischen Grundsätzen zu bleiben und ihren Angriffen ausgesetzt zu sein, ohne sie zurückschlagen zu können? Ich halte mich für weise und bin im Grunde nur getäuscht, Opfer und Märtyrer eines eitlen Irrtums.

Wie oft stand ich im Begriff, mich in den Augenblicken des Zweifels und der Ungewißheit der Verzweiflung zu überlassen. Hätte ich je einen vollen Monat in diesem Zustand zugebracht, so wäre es um mich und um mein Leben geschehen gewesen. Aber diese Krisen, so oft sie auch sonst zu kommen pflegten, sind stets kurz gewesen, und jetzt, da ich noch nicht ganz davon befreit bin, sind sie so selten und so rasch vorbei, daß sie nicht einmal mehr Kraft genug haben, meine Ruhe zu stören. Es sind leichte Beunruhigungen, die meine Seele so wenig rühren, wie eine Feder, die aufs Wasser fällt, den Lauf des Stromes ändern kann. Ich habe eingesehen, daß ich entweder neue Aufklärungen oder eine reifere Urteilskraft oder mehr Wahrheitsliebe, als ich bis dahin bei meinen Untersuchungen hatte, voraussetzen müßte, um dieselben Punkte, in denen ich mich früher entschieden hatte, wieder zu einer neuen Überlegung vorzunehmen, und da ich in keinem der angeführten Fälle war oder mich befinden konnte, so konnte ich keinen vernünftigen Grund haben, Meinungen, die mich unter dem Druck der Verzweiflung nur verleiten konnten, mein Elend noch zu vermehren, den Gesinnungen vorzuziehen, die ich in der vollen Kraft der Jahre und bei aller Reife des Urteils nach einer wohlüberdachten Untersuchung und in Zeiten angenommen hatte, als mir die Stille meines Lebens kein anderes herrschendes Interesse ließ, als die Wahrheit zu erforschen. Jetzt, da mein Herz von Traurigkeit beklommen, meine Seele von Verdruß niedergedrückt, meine Einbildungskraft erschreckt, mein Kopf durch so viele schreckliche Geheimnisse, die mich umgeben, in Verwirrung gesetzt ist, jetzt, da das Alter meine Kräfte geschwächt hat und die Ängste aller ihrer Triebfedern beraubt sind, jetzt sollte ich mir mutwillig alle Hilfsmittel rauben, die ich mir aufbewahrt hatte, und meiner abnehmenden Vernunft, um mein Unglück unbilligerweise zu befördern, mehr zutrauen als meiner Vernunft in ihrer Fülle und Kraft, um mich für die Übel, die ich erleide, ohne sie zu verdienen, zu entschädigen? Nein, ich bin weder weiser noch besser unterrichtet, noch aufrichtiger als damals, als ich diese großen Fragen für mich entschied, und die Schwierigkeiten, die mich jetzt verwirren, waren mir damals nicht unbekannt; sie hielten mich nicht zurück, und bieten sich einige neue Schwierigkeiten, auf die man sonst noch nicht verfallen war, so sind es Sophismen einer spitzfindigen Metaphysik, welche die ewigen Wahrheiten, die von allen Weisen zu allen Zeiten angenommen, von allen Nationen anerkannt und in dem menschlichen Herzen mit unauslöschlichen Zügen eingegraben sind, nie aufwiegen könnten. Ich wußte es, als ich über diese Frage nachdachte, daß der durch die Sinne beschränkte menschliche Verstand sie nicht in ihrem ganzen Umfang fassen könne. Ich hielt mich also bloß an das, was in meinem Fassungskreis lag, ohne diesen zu überschreiten. Dieses war der vernünftigste Weg, ich schlug ihn längst ein und hielt mich mit der Zustimmung meines Herzens und meiner Vernunft auf ihm. Aus welchem Grunde soll ich ihn jetzt, da so viele mächtige Beweggründe mich darin befestigen sollten, verlassen? Wo ist die Gefahr, wenn ich ihn verfolge, wo der Nutzen, wenn ich ihn verlasse? Wenn ich die Lehre meiner Verfolger annehme, soll ich dann auch ihre Moral übernehmen, diese Moral ohne Wurzel und ohne Frucht, die sie prächtig in ihren Büchern ausbreiten oder in irgendeiner glänzenden Handlung auf der Bühne, und die weder zum Herzen noch zur Vernunft dringt, oder etwa jene heimliche grausame Moral, die innere Lehre aller ihrer Eingeweihten, für die die andere nur als Maske dient und die sie in ihrem Betragen allein befolgen und mir gegenüber so geschickt zu gebrauchen wußten. Diese rein offensive Moral dient nicht zur Gegenwehr und taugt nur zum Angriff. Wozu sollte sie mir also in dem Zustand helfen, in den sie mich versetzt haben? Meine Unschuld allein unterstützt mich in meinem Unglück, und wieviel unglücklicher würde ich mich machen, wenn ich mir diese einzige, aber mächtige Zuflucht raubte und an ihre Stelle die Bosheit setzte? Könnte ich sie in der Kunst, Schaden zuzufügen, erreichen, und, wenn es mir gelänge, über welches Übel würde etwas, was ich ihnen antun könnte, mich trösten? Ich würde die Achtung vor mir selbst verlieren und an ihrer Stelle nichts gewinnen.

Ich brachte es dadurch, daß ich so mit mir selbst räsonnierte, dahin, mich nicht mehr durch trügerische Argumente, unauflösliche Einwände und Schwierigkeiten, die meine Fassungskraft überstiegen und vielleicht über die Begriffe des menschlichen Verstandes gingen, erschüttert zu werden. Mein Geist, der in der festesten Lage blieb, die ich ihm verschaffen konnte, gewöhnte sich unter dem Schutz des Gewissens, so ruhig darin zu verharren, daß keine fremde Lehre, sie sei alt oder neu, ihn noch bewegen oder nur einen Augenblick in seiner Ruhe stören kann. Jetzt, da ich in diesen Zustand geistiger Trägheit und Schwerfälligkeit gesunken bin, habe ich sogar die Überlegungen, auf welche ich meinen Glauben und meine Grundsätze stützte, vergessen, aber nie werde ich die Folgerungen, die ich mit Billigung meines Gewissens und meiner Vernunft daraus zog, vergessen, und fortan halte ich mich daran. Die Philosophen mögen mit ihrer Streitsucht dagegen auftreten, sie werden ihre Zeit und ihre Mühe verschwenden. Ich beharre mein ganzes übriges Leben in allem bei dem Entschluß, den ich damals faßte, als ich noch imstande war, gut zu wählen.

In dieser Gemütsverfassung finde ich die Ruhe und in der Zufriedenheit mit mir selbst die Hoffnung und die Tröstungen, deren mein Zustand bedarf. Es ist nicht gut möglich, daß eine so vollkommene, so anhaltende, in sich selbst so traurige Einsamkeit, daß die immer fühlbare und immer tätige Feindseligkeit der ganzen gegenwärtigen Generation und die schimpfliche Behandlung, mit der diese Generation mich unaufhörlich niederdrückt, mich nicht manchmal in Mutlosigkeit versetzen sollten; die erschütterte Hoffnung, die entmutigenden Zweifel verwirren noch von Zeit zu Zeit meine Seele und füllen sie mit Traurigkeit. Dann ist sie unfähig zu den Handlungen des Geistes, die notwendig sind, um mich selbst aufzurichten; ich muß mich meiner alten Entschlüsse, der Sorgfalt, der Aufmerksamkeit und Aufrichtigkeit des Herzens, womit ich sie faßte, erinnern, und mein wankendes Vertrauen wird wieder befestigt. So verweigere ich mich allen neuen Gedanken als traurigen Verwirrungen, die ein glänzendes Aussehen haben und im Grunde nur meine Ruhe stören können.

Ich genieße also, in den engen Kreis meiner einmal erlangten Kenntnisse eingeschränkt, nicht das Glück, wie Solon, mich mit jedem Tage, den ich älter werde, belehren zu können, und muß mich sogar vor der gefährlichen Eitelkeit hüten, das wissen zu wollen, was ich hinfort nur unvollständig lernen kann. Habe ich zwar an nützlichen Aufklärungen nur noch wenig zu hoffen, so bleiben mir dennoch die meiner Lage angemessenen Tugenden als wichtige Aufgabe. In dieser Hinsicht wäre es Zeit, meine Seele mit Kenntnissen zu bereichern und zu schmücken, die sie mit von hinnen nehmen kann, wenn sie die Bande des Körpers, der sie mit Dunkel umhüllt und blind macht, abwirft und, indem sie die Wahrheit unverschleiert erblickt, das Armselige aller Kenntnisse, auf die unsere falschen Gelehrten so stolz sind, erkennen wird. Dann wird sie den Verlust der Zeit, die sie verwendete, um sie zu erwerben, beseufzen. Aber Geduld, Sanftmut, Ergebung, Redlichkeit, unparteiische Gerechtigkeit sind Güter, die wir mit uns führen, die uns unaufhörlich bereichern, ohne fürchten zu müssen, daß der Tod uns ihres Lohnes beraubt. Diesem einzigen nützlichen Wissen will ich mein restliches Alter weihen. Wohl mir, wenn ich, durch meine eigenen Fortschritte, dieses Leben, wenn auch nicht besser, als ich es begann, denn das ist nicht möglich, doch tugendhafter verlassen lerne.

VIERTER SPAZIERGANG

Unter den wenigen Büchern, die ich noch zuweilen lese, zieht Plutarch mich am meisten an und bringt mir am meisten Gewinn. Es war das erste Buch, das ich in meiner Kindheit las, und wird auch in meinem Alter das letzte sein, dieser Schriftsteller ist beinahe der einzige, den ich nie ohne Nutzen gelesen habe. Vorgestern las ich in seinen moralischen Schriften die Abhandlung *Wie man aus seinen Feinden Vorteil ziehen kann.* Denselben Tag, als ich einige Broschüren, die mir von ihren Verfassern zugeschickt worden waren, ordnete, fiel mir eines der Journale des Abbé Rosier in die Hände, auf dessen Titelblatt er die Worte gesetzt hatte: *vitam vero impendenti, Rosier.* Zu bekannt mit den feinen Wendungen dieser Herren, um den wahren Sinn dieser hier nicht einzusehen, merkte ich wohl, daß er mir mit höflicher Miene einen grausamen Vorwurf zu machen meinte. Worauf gründete er sich aber? Wozu dieser Spott? Welchen Anlaß konnte ich dazu gegeben haben? Um die Lehren des guten Plutarch anzuwenden, entschloß ich mich, auf dem Spaziergang des folgenden Tages mich selbst in Ansehung der Lüge zu prüfen, und ich wurde in der schon gefaßten Meinung bestärkt, daß das »Erkenne dich selbst!« des Tempels zu Delphi keine so leicht zu befolgende Maxime sei, wie ich in meinen *Bekenntnissen* geglaubt hatte.

Als ich mich den folgenden Tag, meinen Vorsatz auszuführen, auf den Weg machte, war der erste Gedanke, der mir kam, als ich mich zu sammeln anfing, eine schreckliche Lüge, die ich in meiner ersten Jugend begangen hatte, deren Andenken mein ganzes Leben beunruhigt und noch in meinem Alter mein auf soviel andere Arten gebrochenes Herz betrübt. Diese Lüge, die an sich selbst ein großes Verbrechen war, mußte durch ihre Wirkungen, die mir nie bekannt geworden sind, die mich aber die Reue so schrecklich als möglich voraussetzen läßt, ein noch viel größeres werden. Betrachte ich indes nur die Gemütsverfassung, in der ich war, als ich sie beging, so war diese Lüge bloß die Frucht einer falschen Scham, und weit von der Absicht entfernt, derjenigen, die ihr

Opfer war, schaden zu wollen, kann ich im Angesicht des Himmels schwören, daß ich in dem Augenblick, als die unüberwindliche Furcht vor der Schande sie mir entriß, mit Freuden mein Leben dahingegeben hätte, um die Wirkung auf mich alleine zu lenken. Diese Verwirrung der Gefühle kann ich nicht anders erklären, als indem ich sage, wie ich es wirklich zu empfinden glaube, daß in diesem Augenblick mein schüchternes Temperament alle anderen Regungen meines Herzens erstickte.

Die Erinnerung an diese unglückselige Handlung und die unauslöschliche Reue, die sie mir hinterließ, haben meinem Herzen einen Abscheu vor der Lüge eingeflößt, der es mein ganzes Leben vor diesem Laster schützen sollte. Als ich meinen Wahlspruch wählte, fühlte ich mich geschaffen, ihn zu verdienen, und ich zweifelte auch keineswegs daran, daß ich seiner wert wäre, als ich, veranlaßt durch das Wort des Abbé Rosier, mich ernstlicher zu untersuchen anfing.

Da wurde ich bei der sorgfältigen Zergliederung meiner mit Erstaunen einer Menge Dinge gewahr, die meine Erfindung waren und die ich, wie ich mich erinnerte, zu derselben Zeit als Wahrheit ausgegeben hatte, als ich, stolz auf meine Wahrheitsliebe, ihr meine Sicherheit, meine Interessen, meine Person mit einer Unparteilichkeit, für die ich kein anderes Beispiel unter den Menschen kannte, aufopferte.

Am meisten erstaunte ich darüber, daß ich bei der Erinnerung dieser Erdichtungen gar keine Reue empfand. Ich, in dessen Herz nichts ist, das den Abscheu gegen eine Unwahrheit aufwöge, ich, der ich allen Martern Trotz bieten würde, sollte ich ihnen durch eine Lüge ausweichen, durch welche sonderbare Inkonsequenz konnte ich ohne Not, ohne Nutzen aus Mutwillen lügen, und durch welchen unbegreiflichen Widerspruch empfand ich nicht die mindeste Reue darüber, ich, den die Reue über eine Lüge nach fünfzig Jahren nicht zu martern aufgehört hat! Ich habe mich in meinen Fehlern nie verhärtet, der moralische Instinkt hat mich stets richtig geleitet, mein Gewissen bewahrte seine erste Redlichkeit, und sollte es auch, indem es sich meinen Interessen beugte, verfälscht worden sein, wie kommt es, daß es seine Rechtschaffenheit bei Gelegenheiten bewahrt, wo der Mensch, von seinen Leidenschaften bezwungen, sich wenigstens mit seiner Schwachheit entschuldigen kann, während es sie allein bei ganz gleichgültigen Dingen verliert, wo das Laster keiner Entschuldigung fähig ist? Ich sah ein, daß die Richtigkeit des Urteils, das ich in diesem Punkt über mich zu fällen hatte, von der Auflösung dieser Frage abhing, und ich habe sie mir, nachdem ich sie ernstlich untersucht habe, folgendermaßen erklärt.

Ich erinnere mich, in einem philosophischen Buch gelesen zu haben, daß Lügen heiße, eine Wahrheit, die man bekannt machen soll, verbergen. Aus dieser Definition folgt, daß eine Wahrheit verschweigen, die man nicht verpflichtet ist, zu sagen, nicht lügen heißt. Aber derjenige, der in einem solchen Fall sich nicht damit begnügt, die Wahrheit nicht zu sagen, sondern das Gegenteil sagt, lügt der oder lügt der nicht? Nach der erwähnten Definition kann man nicht sagen, daß er lügt. Denn gibt er demjenigen, dem er nichts schuldig ist, falsche Münze, so täuscht er denselben zwar, bestiehlt ihn aber nicht.

Hier zeigen sich zwei Fragen zur Untersuchung, die beide sehr wichtig sind. Erstens, wann und wie ist man anderen Wahrheit schuldig, da man sie nicht stets sagen muß? Zweitens, gibt es Fälle, in denen eine unschuldige Täuschung möglich ist? Diese zweite Frage ist, ich weiß es wohl, entschieden, verneinend in den Büchern, worin die strengste Moral den Verfasser nichts kostet, bejahend in der Gesellschaft, in der die Büchermoral für ein nicht auszuübendes leeres Geschwätz gehalten wird. Ich will also diese in Widerspruch stehenden Autoritäten dahingestellt sein lassen und diese Fragen nach meinen eigenen Grundsätzen für mich aufzulösen suchen.

Die allgemeine und abstrakte Wahrheit ist das köstlichste aller Güter. Ohne sie ist der Mensch blind, sie ist das Auge der Vernunft. Durch sie lernt der Mensch sein Betragen einrichten, wird, was er sein soll, tut, was ihm zu tun obliegt, strebt seinem wahren Ziel entgegen. Die besondere und einzelne Wahrheit ist nicht immer ein Gut, sie wird zuweilen ein Übel, oft ist sie eine ganz gleichgültige Sache. Die Anzahl der Dinge, die zu wissen für den Menschen wichtig und deren Kenntnis zu seinem Glück notwendig ist, ist vielleicht sehr gering, aber so gering sie auch sein mag, sie ist ein Gut, das ihm gehört, das er, wo er es antrifft, ein Recht hat einzufordern, und darum man ihn, ohne den ungerechtesten Raub zu begehen, nicht betrügen kann, weil es eines von den Gütern ist, die allen gemeinsam sind und deren Mitteilung dem Geber nichts entzieht.

Was die Wahrheiten betrifft, die keinerlei Nutzen haben, weder zum Unterricht noch zur praktischen Anwendung, wie können diese als ein Gut, das jemandem zukäme, betrachtet werden, da sie nicht einmal ein Gut sind, und da das Eigentumsrecht nur auf Nutzbarkeit beruht, so kann es dort, wo kein möglicher Nutzen ist, kein Eigentum geben. Man kann einen unfruchtbaren Strich Landes zurückfordern, weil man ihn wenigstens bewohnen kann. Aber ob eine in aller Absicht gleichgültige und für jedermann folgenlose Tatsache wahr oder falsch ist, das interessiert gar niemanden. In der moralischen sowohl als in der physischen Ordnung ist nichts nutzlos. Etwas, das gar keinen Nutzen hat, kann man auch niemandem schuldig sein, und um eine Sache schuldig zu sein, muß sie nützlich sein oder es sein können. Die Wahrheit also, die wir anderen schuldig sind, ist diejenige, die die Gerechtigkeit angeht, und eitle Dinge, deren Dasein durchaus gleichgültig ist und deren Kenntnis von gar keinem Nutzen ist, mit dem Namen der Wahrheit bezeichnen, heißt diesen heiligen Namen entweihen. Die Wahrheit ohne alle, sogar nur mögliche Nutzbarkeit kann also nicht etwas sein, das man schuldet, und folglich lügt der nicht, der sie verschweigt oder in irgendein Gewand hüllt.

Ob es aber Wahrheiten gibt, die durchaus fruchtlos und in jeder Hinsicht zu allem unnütz sind, ist eine andere Frage, auf die ich sogleich zurückkommen werde. Gehen wir jetzt zunächst zur zweiten Frage über.

Die Wahrheit verschweigen und etwas Falsches sagen sind zwei voneinander sehr verschiedene Dinge, die aber die nämliche Wirkung hervorbringen können, denn das Resultat ist sicher jedesmal dasselbe, wenn die Wirkung nichts ist. Überall, wo die Wahrheit gleichgültig ist, ist der gegenteilige Irrtum auch gleichgültig, woraus folgt, daß derjenige, der in solchen Fällen täuscht, indem er das Gegenteil des Wahren sagt, nicht unrechter handelt als der,

der dadurch täuscht, daß er die Wahrheit verheimlicht, denn in Rücksicht nutzloser Wahrheiten ist der Irrtum nicht schlimmer als die Unwissenheit. Ob ich glaube, der Sand auf dem Grund des Meeres sei rot oder weiß, daran liegt ebensowenig, wie seine Farbe gar nicht zu kennen. Wie kann man, ohne jemandem zu schaden, ungerecht sein, wo doch Ungerechtigkeit eigentlich in dem Unrecht besteht, das wir anderen tun?

Allein, diese allgemeine Entscheidung dieser Fragen ist für eine sichere praktische Anwendung noch nicht zureichend, ohne daß viele Erläuterungen vorhergehen, die notwendig sind, um diese Anwendung auf alle Fälle, die sich darbieten können, richtig vorzunehmen. Denn gründet sich die Verpflichtung, die Wahrheit zu sagen, nur auf ihre Nützlichkeit, wie kann ich diese jedesmal richtig beurteilen? Sehr oft wird der Vorteil des einen dem anderen nachteilig sein, das besondere Interesse steht fast immer mit dem öffentlichen in Widerspruch. Wie hat man sich nun in solchen Fällen zu betragen? Muß der Vorteil des Abwesenden dem Vorteil dessen aufgeopfert werden, mit dem man spricht? Muß die Wahrheit, die dem einen nützt und dem anderen schadet, gesagt oder verschwiegen werden? Muß alles, was ich sagen soll, einzig auf der Waage der öffentlichen Wohlfahrt oder der distributiven Gerechtigkeit abgewogen werden, und bin ich denn sicher, alle nur möglichen Beziehungen der Dinge einzusehen, um mit den Kenntnissen, über die ich verfüge, allein nach Regeln der Billigkeit zu verfahren? Ferner, indem ich untersuchte, was man anderen schuldig ist, habe ich da auch zureichend untersucht, was man sich selbst und was man der Wahrheit an sich schuldig ist? Wenn ich durch Täuschungen niemand anderem Unrecht tat, folgt denn daraus, daß ich gegen mich selbst recht handelte, und genügt es, nie ungerecht zu sein, um stets unschuldig sein?

Allen diesen beschwerlichen Untersuchungen könnte man sich leicht dadurch entziehen, daß man sagte: Ich will stets wahrhaftig sein, was auch immer geschehen mag. Die Gerechtigkeit selbst liegt in der Wahrheit der Dinge, Lüge ist stets Unbilligkeit, Irrtum ist stets Betrug, wenn man das, was nicht ist, zur Richtschnur dessen, was getan oder geglaubt werden soll, macht, und welche Wirkung die Wahrheit auch hervorbringen mag, man ist stets schuldlos, sie gesagt zu haben, weil man nichts von dem seinigen hinzugesetzt hat.

Dies heißt aber die Frage entscheiden, ohne sie aufzulösen. Es kam hier nicht darauf an, darüber zu urteilen, ob es gut sei, stets die Wahrheit zu sagen, sondern ob man immer gleich stark dazu verpflichtet sei, und vorausgesetzt, daß man es nach der Definition, die ich oben untersucht habe, nicht ist, ob man die Fälle, in denen man die Wahrheit im strengsten Verstande zu sagen schuldig ist, von denen unterscheiden kann, wo man sie ohne Unbilligkeit verschweigen und, ohne zu lügen, verhüllen kann, denn ich habe gefunden, daß dergleichen Fälle wirklich vorkommen. Hier kommt es also darauf an, eine sichere Regel zu suchen, um sie zu erkennen und wohl zu bestimmen.

Woher soll aber diese Regel und der Beweis ihrer Unfehlbarkeit genommen werden? . . . Ich habe in allen schwierigen moralischen Fragen wie dieser hier mich immer gut befunden, sie durch den Spruch meines Gewissens eher als durch das Licht meiner Vernunft aufzulösen. Nie hat mich der moralische Instinkt getäuscht, seine Reinheit ist bisher in meinem Herzen genug bewahrt worden, um mich ihm überlassen zu können, und wenn er zuweilen gegenüber den Leidenschaften in meinem Betragen schweigt, so übernimmt er doch in meinen Erinnerungen wieder völlig die Gewalt. Dann richte ich mich selbst vielleicht mit ebensoviel Strenge, wie ich einst nach diesem Leben vom allerhöchsten Richter gerichtet werde.

Man würde die Reden der Menschen oft sehr unrichtig einschätzen, beurteilte man sie nach ihren Folgen. Denn abgesehen davon, daß diese Folgen nicht immer fühlbar und leicht zu erkennen sind, so weichen sie, wie die Umstände, unter denen diese Reden gehalten werden, unendlich voneinander ab. Vielmehr können sie nur nach der Absicht desjenigen, der sie hält, geschätzt werden, und diese bestimmt den Grad ihrer Bosheit oder Güte. Etwas Falsches sagen ist Lüge nur durch die Absicht zu täuschen, und selbst die Absicht, betrügen zu wollen, hat oft, weit entfernt, immer mit der Absicht zu schaden verbunden zu sein, einen ganz entgegengesetzten Zweck. Um aber eine Lüge unschuldig zu machen, genügt es nicht, daß die Absicht, zu schaden, nicht ausdrücklich damit verknüpft ist, sondern es gehört die Gewißheit dazu, daß der Irrtum, in den ich die, mit denen ich spreche, stürze, weder ihnen noch irgend jemandem sonst auf irgendeine Weise nachteilig werden kann. Es ist selten und schwierig, zu dieser Gewißheit zu gelangen, ebenso schwer und selten ist es, daß eine Lüge vollkommen unschuldig ist. Eine Lüge zu seinem eigenen Vorteil ist listige Verstellung, Lügen zu anderer Vorteil ist Betrug, Lügen, um zu schaden, ist Verleumdung, und dieses ist die schlimmste Art Lüge. Lügen ohne Nutzen noch Nachteil für sich oder andere heißt nicht lügen, es ist nicht eine Lüge, sondern Erdichtung.

Die Erdichtungen, die einen moralischen Gegenstand haben, werden Lehrgedicht oder Fabel genannt, und da sie keinen anderen Zweck haben oder haben sollen, als nützliche Wahrheiten in anschaulicher und einnehmender Gestalt darzustellen, so bemüht man sich in einem solchen Falle kaum darum, die Erdichtung, die nur die Hülle der Wahrheit ist, zu verbergen, und derjenige, der eine Fabel nur als Fabel vorträgt, kann keineswegs ein Lügner genannt werden.

Es gibt noch andere bloß müßige Erdichtungen, wie es die meisten Erzählungen oder Romane zu sein pflegen, die, ohne eine wirkliche Belehrung zu enthalten, bloße Unterhaltung zum Zweck haben. Diese, die allen moralischen Nutzens entbehren, können lediglich nach der Absicht ihres Erfinders beurteilt werden, und wenn er sie als wirkliche Wahrheiten ausgibt, so ist es fast nicht zu leugnen, daß es wirkliche Lügen sind. Indes, wer machte sich je ein Gewissen über diese Art zu lügen und wer hat denen, die sie vorbringen, je einen schweren Vorwurf gemacht? Wenn zum Beispiel der Roman *Le Temple de Gnide* irgendeinen sittlichen Zweck hat, so ist dieser durch wollüstige Beschreibungen und schlüpfrige Bilder sehr verdunkelt und verdorben. Was hat der Verfasser getan, um dieses alles mit einem Firnis von Ehrbarkeit zu übertünchen? Er hat sein Werk als eine Übersetzung einer griechischen Handschrift ausgegeben und die Geschichte der Entdeckung dieser Handschrift auf die geeignetste Weise erzählt, um seine Leser von der Wahrheit seiner Erzählung zu überzeugen. Wenn dieses keine durchaus positive Lüge ist, so sage man mir, was sonst Lüge heißen kann. Wem ist indes je eingefallen, diese Lüge dem Verfasser als ein Verbrechen anzurechnen und ihn deshalb für einen Betrüger zu halten?

Man wird vergebens einwenden, daß dieses nur ein Scherz sei, daß der Verfasser, indem er es behaupte, niemanden überreden wolle und in der Tat niemanden überredet habe, es zu glauben, und das Publikum habe auch nicht einen Augenblick gezweifelt, daß er selbst der Verfasser des angeblich griechischen Werkes ist, als dessen Übersetzer er sich ausgibt. Ich sage, daß ein solcher Scherz ohne irgendeinen Zweck eine ganz törichte Kinderei gewesen wäre, daß ein Lügner um nichts weniger lügt, wenn er seine Behauptung aufstellt, ohne zu überzeugen, daß man von dem aufgeklärten Publikum die Menge einfältiger leichtgläubiger Leser trennen müsse, die durch die von einem ernsthaften Verfasser mit dem Ton der Treuherzigkeit erzählte Geschichte der Handschrift wirklich getäuscht wurden und das Gift, das ihnen in einem Becher in antikem Geschmack gereicht wurde, ganz furchtlos getrunken haben, während sie ihm wenigstens mißtraut hätten, wäre es ihnen in einem Gefäß nach neuerem Geschmack dargereicht worden.

Diese Unterscheidungen mögen nun in Büchern angetroffen werden oder nicht, so werden sie dennoch im Herzen eines jeden Menschen gemacht, der es ehrlich mit sich selbst meint, und der sich nichts erlauben will, wofür sein Gewissen ihn strafen könnte. Denn etwas Falsches zu seinem Vorteil sagen ist nicht weniger Lügen, als sagte man es zu anderer Nachteil, obgleich diese Art zu lügen weniger strafbar ist. Demjenigen den Vorteil verschaffen, dem er nicht zukommt, heißt die Ordnung und die Gerechtigkeit stören, sich oder anderen fälschlich eine Handlung zuschreiben, daraus Lob oder Tadel, Zurechnung eines Vergehens oder Rechtfertigung erwachsen können, es heißt etwas Unbilliges begehen, denn alles, was der Wahrheit entgegen ist und die Gerechtigkeit, auf welche Art es auch sei, verletzt, ist Lüge. Dieses ist die genaue Grenzscheidung. Alles aber, was der Wahrheit entgegen ist und auf keine Weise die Gerechtigkeit angeht, ist bloß Erdichtung, und ich gestehe, daß der ein zarteres Gewissen hat als ich, der sich eine reine Erdichtung als Lüge vorwirft.

Was man Gefälligkeitslügen nennt, sind wirkliche Lügen, denn jemanden zum Vorteil eines anderen oder zum eigenen täuschen ist nicht weniger ungerecht, als geschähe es zu jemandes Nachteil. Wer wider die Wahrheit lobt oder tadelt, lügt, sobald von einer wirklichen Person die Rede ist. Betrifft es aber ein bloß erdichtetes Wesen, so kann er, ohne zu lügen, davon sagen, was er will, wenn er nur über die Moralität der Tatsachen, die er erfindet, nicht urteilt und nicht unrichtig darüber urteilt, denn dann, wenn er auch nicht tatsächlich lügt, lügt er doch wider die moralische Wahrheit, die hundertmal ehrwürdiger als die der Tatsachen ist.

Ich habe Leute gesehen, die man in der Welt wahrhaftig nennt. Ihre Wahrhaftigkeit erschöpft sich in müßigen Unterhaltungen darin, Ort, Zeit und Personen richtig anzuführen, sich keine Erdichtungen zu erlauben, keinen Umstand auszuschmücken, nichts zu übertreiben. Sie sind in ihren Erzählungen von unbestechlicher Treue, solange es nicht ihr eigenes Interesse berührt. Kommt es aber darauf an, von etwas zu handeln, das sie angeht, eine Begebenheit zu erzählen, die sie nahe betrifft, so werden alle Farben gebraucht, die Sache in dem für sie vorteilhaftesten Licht zu zeigen, und wenn die Lüge ihnen nützen kann, so enthalten sie sich zwar selbst, sie zu sagen, aber sie begünstigen sie geschickt und bewirken so, daß sie angenommen wird, ohne daß sie auf ihre Rechnung geschrieben werden kann. So will es die Klugheit. Nun lebe wohl, Wahrhaftigkeit.

Derjenige, den ich wahrheitsliebend nenne, tut gerade das Gegenteil. Bei völlig gleichgültigen Dingen rührt ihn die Wahrheit, um die sich der andere dann so emsig bemüht, sehr wenig, und er wird sich kein Gewissen daraus machen, eine Gesellschaft mit erdichteten Begebenheiten zu unterhalten, aus denen weder für noch wider Tote oder Lebendige ein unbilliges Urteil gezogen werden kann. Jede Rede aber, die für jemanden Nutzen oder Schaden, Achtung oder Verachtung der Gerechtigkeit und Wahrheit zuwegebringen kann, ist eine Lüge, die nie aus seinem Herzen, aus seinem Mund oder aus seiner Feder kommen wird. Seine Wahrhaftigkeit ist fest gegründet, selbst dann, wenn sie wider sein Interesse ist, obgleich er sich in müßigen Unterhaltungen wenig darauf zugutehält. Er ist wahrhaftig darin, daß er versucht, niemanden zu hintergehen, daß er der Wahrheit, die ihn anklagt, ebenso treu ist wie der, die ihn ehrt, und darin, daß er nie betrügt, um selber Vorteil zu erhalten oder seinem Feind zu schaden. Der Unterschied also, der zwischen meinem wahrheitsliebenden Mann und dem anderen besteht, ist, daß dieser, der in der Welt dafür gehalten wird, jeder Wahrheit streng ergeben ist, die ihn nichts kostet, aber nicht mehr, und daß der meinige ihr nie treuer anhängt, als wenn er sich für sie aufopfern muß.

Aber wie, wird man sagen, reimt sich diese Nachlässigkeit mit der glühenden Wahrheitsliebe, die ich an ihm rühme? Dieser Eifer muß also unecht sein, weil er sich so mit fremden Dingen verträgt. Nein, er ist lauter und wahrhaft, er ist ein Ausfluß der Liebe zur Gerechtigkeit und will nie falsch sein, obgleich er sich oft Erdichtungen erlaubt. Gerechtigkeit und Wahrheit sind in seinem Geiste gleichbedeutende Worte, deren er sich ohne Unterschied bedient. Die geheiligte Wahrheit, der sein Herz anhängt, besteht bei ihm nicht in gleichgültigen Dingen und leeren Namen, sondern darin, einem jeden getreulich das, was ihm wahrhaftig gehört, zukommen zu lassen an guten oder bösen Zurechnungen, Ehre oder Tadel, Lob oder Mißbilligung. Er ist weder gegen andere falsch, weil seine Gerechtigkeitsliebe das nicht zuläßt und er unbilligerweise keinem schaden will, noch gegen sich selbst, weil sein Gewissen das nicht zuläßt und weil er sich das, was nicht sein ist, nicht zueignen kann. Seine eigene Achtung ist ihm vor allem wichtig, dies ist das Gut, das er am wenigsten entbehren kann, und er würde es als einen wirklichen Verlust empfinden, die Achtung anderer auf Kosten seiner eigenen zu erlangen. In gleichgültigen Dingen wird er zuweilen, ohne sich ein Gewissen daraus zu machen und ohne es für Lüge zu halten, lügen, aber nie zu anderer Nachteil oder Nutzen, sowenig wie zu seinem eigenen. In allem, was historische Wahrheiten betrifft oder sich auf das Betragen der Menschen, auf die Gerechtigkeit, die Geselligkeit und nützliche Kenntnisse bezieht, wird er sich und andere, soviel von ihm abhängt, vor Irrtümern bewahren. Nach seiner Art zu denken gibt es darüber hinaus keine Lügen. Ist *Le Temple de Gnide* ein nützliches Werk, so ist die Geschichte der griechischen Handschrift eine ganz unschuldige Erdichtung, hingegen eine sehr strafwürdige Lüge, wenn das Werk gefährlich ist.

Dieses sind die Regeln meines Gewissens in Ansehung der Lüge und der Wahrheit. Mein Herz folgte diesen Regeln mechanisch, ehe meine Vernunft sie annahm, und der moralische Instinkt allein wendete sie an. Die strafbare Lüge, deren Opfer die arme Marion ward, hat eine unauslöschliche Reue bei mir hinterlassen, die mich mein ganzes übriges Leben nicht allein vor Lügen dieser Art, sondern vor jeder anderen, die auf irgendeine Weise das Interesse oder den guten Namen eines anderen antasten konnte, bewahrt. Indem ich das Verbot so allgemein ausdehnte, hatte ich nicht nötig, jeden Vorteil oder Nachteil so genau abzuwägen und die Grenzen der schädlichen Lüge und Gefälligkeitslüge so bestimmt zu ziehen, denn da ich beide für gleich unrecht hielt, habe ich mir beide untersagt.

Mein Temperament hat hierin wie in allem übrigen einen starken Einfluß auf meine Grundsätze oder vielmehr auf meine Gewohnheiten gehabt, denn ich habe kaum nach Regeln gehandelt und bin in allem fast immer nur den Eingebungen meines Naturells gefolgt. Nie kam mir eine vorsätzliche Lüge in den Sinn, nie log ich zu meinem Vorteil, oft habe ich aber aus Scham gelogen, um mich in gleichgültigen Dingen oder in solchen, die mich höchstens selbst angingen, aus der Verlegenheit zu ziehen, wenn ich ein Gespräch führen sollte und mich der langsame Gang meiner Ideen und die Trockenheit meiner Unterhaltung zwangen, meine Zuflucht zu Erdichtungen zu nehmen, um überhaupt etwas sagen zu können. Bin ich zu reden gezwungen, und es stellen sich mir nicht sogleich unterhaltsame Wahrheit dar, so denke ich mir etwas aus, um nicht stumm dazusitzen, aber bei der Erfindung dieser Fabeln achte ich darauf, soviel ich kann, daß sie nicht Lügen werden, das heißt, daß sie weder die Gerechtigkeit noch die geschuldete Wahrheit verletzen, sondern bloß gleichgültige Erdichtungen für jedermann und für mich bleiben. Ich wünschte sehr, an die Stelle der Wahrheit der Tatsachen eine moralische Wahrheit setzen zu können, nämlich die dem menschlichen Herzen natürlichen Neigungen richtig darzustellen und irgendeine nützliche Lehre daraus zu ziehen, mit einem Wort, sie zu moralischen Erzählungen und Lehrgedichten zu formen, aber dazu würde mehr Gegenwart des Geistes, als ich sie habe, und mehr Leichtigkeit der Sprache erfordert, um das gesellschaftliche Geschwätz in eine lehrreiche Unterhaltung zu verwandeln. Der schnelle Gang des Gesprächs, der meine Ideen schnell hinter sich läßt, und der mich oft zu reden zwingt, ehe ich nachdenken kann, hat mich oft Torheiten und Ungeschicklichkeiten zu sagen verleitet, die meine Vernunft mißbilligte und die mein Herz sogleich verleugnete, sobald sie gesagt waren, die ich aber nicht mehr nach ihrem Einspruch verbessern konnte, da sie meinem eigenen Urteil vorausgeeilt waren. Eben dieser erste und unwiderstehliche Antrieb des Temperaments reißt mich in unvorhergesehenen und schnellen Augenblicken aus Scham und Schüchternheit zu Lügen hin, an denen mein Wille keinen Anteil hat, die ihm vielmehr durch die Notwendigkeit, schnell zu antworten, in gewisser Weise vorhergehen. Der tiefe Eindruck, den das Andenken der armen Marion bei mir hinterlassen hat, unterdrückt zwar alle Unwahrheiten, die anderen schaden könnte, allein, nicht die, die mich, wenn es mich allein betrifft, aus einer Verlegenheit reißen können, die nicht weniger gegen mein Gewissen und meine Grundsätze sind als die, welche auf anderer Schicksal Einfluß haben könnten.

Der Himmel ist mein Zeuge, daß, wenn ich im nächsten Augenblick die Lüge, die mich entschuldigt, widerrufen und die Wahrheit, die mich belastet, sagen könnte, ohne mir aufs neue Schande zu bereiten, indem ich widerriefe, ich es von ganzem Herzen tun würde, aber die Scham, mich selbst so anzuklagen, hält mich noch zurück, und ich bereue meinen Fehler ganz aufrichtig, ohne es jedoch zu wagen, ihn wieder gutzumachen. Was ich hier sagen will, wird am besten durch ein Beispiel erläutert werden können, und dieses wird zeigen, daß ich nicht aus Eigennutz oder aus Eigenliebe, noch weniger aus Neid oder Böswilligkeit, sondern einzig aus Verlegenheit und falscher Scham lüge, selbst wenn ich zuweilen genau weiß, daß die Lüge als eine solche erkannt wird und mir zu nichts helfen kann.

Vor einiger Zeit ließ ich mich von Herrn Foulquier gegen meine Gewohnheit dazu überreden, mit meiner Frau zu einer Art Picknick mit ihm und seinem Freund Benoit bei Frau Vacassin zu gehen, die uns bewirtete und mit ihren beiden Töchtern mit uns speiste. Während des Essens fiel es der Ältesten, die seit kurzem verheiratet und in gesegneten Umständen war, ein, mich auf überraschende Art und indem sie mich starr dabei ansah, zu fragen, ob ich Kinder gehabt habe. Ich antwortete, bis über die Ohren errötend, daß ich nicht so glücklich gewesen sei. Sie sah boshaft lächelnd die Gesellschaft an. Dies alles war deutlich genug, sogar für mich.

Fürs erste ist schon offenbar, daß, hätte ich auch lügen wollen, dies nicht die Antwort war, die ich gerne gegeben hätte, denn nach der Stimmung, die ich an der bemerkte, die mir die Frage stellte, konnte ich versichert sein, daß meine verneinende Antwort an ihrer Meinung über diesen Punkt nichts ändern würde. Man erwartete diese verneinende Antwort, man forderte sie sogar heraus, um das Vergnügen zu genießen, mich zu einer Lüge verleitet zu haben. Ich war nicht einfältig genug, dies nicht zu fühlen. Zwei Minuten nachher fiel mir die Antwort, die ich hätte geben sollen, von selbst ein. »Diese Frage an einen Mann, der als Junggeselle alt geworden ist, ist im Munde einer jungen Frau etwas vorlaut.« Auf diese Weise hätte ich, ohne zu lügen, ohne über ein Geständnis erröten zu müssen, die Lacher auf meiner Seite gehabt, und ich hätte ihr eine kleine Lehre gegeben, durch die sie auf natürliche Weise etwas weniger unverschämt geworden wäre, mich auszufragen. Ich tat aber von dem allen nichts, ich sagte nicht, was ich eigentlich hätte sagen sollen, und sagte gerade etwas, das mir zu gar nichts helfen konnte. Es ist also ausgemacht, daß weder meine Urteilskraft noch mein Wille mir diese Antwort eingaben und daß sie die mechanische Wirkung meiner Verlegenheit war. Ehedem geriet ich nie in diese Verlegenheit, und ich gestand meine Fehler mit mehr Freimütigkeit als Scham, weil ich nicht zweifelte, daß man sähe, was sie wieder gutmachte und was ich in meinem Innern empfand, aber der Blick der Bosheit verwundet mich und bringt mich aus der Fassung; als ich unglücklicher wurde, wurde ich auch schüchterner, und ich habe niemals anders als aus Schüchternheit gelogen.

Nie fühlte ich meinen natürlichen Abscheu vor der Lüge lebhafter, als während ich meine *Bekenntnisse* schrieb, denn hätte ich den geringsten Hang dazu gehabt, so wären da die Versuchungen sehr zahlreich und stark gewesen. Aber weit entfernt, das geringste verschwiegen zu haben oder irgend etwas mich Belastendes verhüllen zu wollen, habe ich durch eine Wendung meines Geistes, die ich mir schwerlich erklären kann und die vielleicht aus einem Widerwillen gegen jede Nachahmung entspringt, eher im entgegengesetzten Sinne gelogen und mich mit einer zu übertriebenen Strenge angeklagt, als mich mit zuviel Nachsicht entschuldigt, und mein Gewissen sagt mir, daß ich einst mit weniger Strenge, als ich mich selbst richtete, gerichtet werde. Ja, ich sage und fühle es mit einer stolzen Erhebung der Seele, daß ich in diese Schrift so viel Ehrlichkeit, Wahrheitsliebe und Offenherzigkeit gelegt habe und darin so weit, sogar weiter gegangen bin, wenigstens glaube ich es, als je ein anderer Mensch. Da ich fühlte, daß das Gute das Böse überwog, so lag mir daran, alles zu sagen, und ich habe alles gesagt.

Ich habe nie zu wenig, aber oft zu viel gesagt, zwar nicht in den Tatsachen, sondern in den begleitenden Umständen, und diese Art zu lügen ist mehr die Wirkung einer erhitzten Einbildungskraft als einer Willenshandlung. Ich nenne es sogar zu unrecht Lüge, denn keiner dieser Zusätze war es. Ich schrieb meine *Bekenntnisse*, als ich schon alt war und keinen Geschmack mehr an den eitlen Freuden des Lebens fand, die ich alle gekostet hatte und deren Leere mein Herz wohl fühlte. Ich schrieb sie aus dem Gedächtnis, und mein Gedächtnis war mir oft untreu oder stellte mir die Erinnerungen nur unvollkommen dar, deren Lücken ich dann mit Einzelheiten, die ich als Ergänzung dieser Erinnerungen erfand, die der Sache aber niemals zuwiderliefen, ausfüllte. Bei den glücklichen Augenblicken meines Lebens verweilte ich mit Wohlgefallen, und ich schmückte sie oft mit Verzierungen aus, die eine zärtliche Sehnsucht mir darreichte. Das, was ich vergessen hatte, erzählte ich so, wie es mir schien, daß es gewesen sein mußte, wie es vielleicht wirklich gewesen war, aber nie sagte ich das Gegenteil dessen, an das ich mich erinnerte. Zuweilen lieh ich der Wahrheit fremden Schmuck, nie aber habe ich, um meine Fehler zu verdecken oder mir Tugenden anzumaßen, eine Lüge an ihre Stelle gesetzt.

Habe ich zuweilen, ohne daran zu denken, durch eine unwillkürliche Bewegung die häßliche Seite verborgen und mich im Profil gezeichnet, so wird dieses Verschweigen durch ein anderes, noch seltsameres Verschweigen aufgewogen, da ich das Gute oft noch sorgfältiger als das Böse verschwieg. Dies ist eine Sonderbarkeit meines Naturells, die nicht zu glauben, sehr verzeihlich ist, die aber, so unglaublich sie ist, nichtsdestoweniger wirklich ist: ich habe das Böse oft in seiner ganzen Schändlichkeit gesagt, selten aber das Gute in seiner ganzen Liebenswürdigkeit, und oft habe ich es ganz verschwiegen, weil es mir zu sehr zur Ehre gereichte und mir das Ansehen gegeben hätte, als hätte ich mir eine Lobrede halten wollen, als ich meine Bekenntnisse ablegte. Ich habe die Zeit meiner Jugend beschrieben, ohne mich der glücklichen Eigenschaften meines Herzens zu rühmen, und habe sogar Tatsachen unterdrückt, die sie in ein helles Licht gesetzt hätten. Ich erinnere mich hier an zwei Ereignisse aus meiner Kindheit, die mir während des Schreibens wohl einfielen, die ich aber beide einzig aus dem genannten Grunde verworfen habe.

Ich verbrachte beinahe alle Sonntage in Pâquis bei Herrn Fazy, der mit einer meiner Tanten verheiratet war und daselbst eine Kattunfabrik hatte. Eines Tages war ich in der Trockenstube, wo die Glättmaschine stand und besah die Gußwalzen, deren Glanz mir gefiel, und es lockte mich, sie anzufassen und mit den Fingern auf der glatten Walze hin und her zu spazieren. Indes war der junge Fazy in das Rad gestiegen und gab ihm eine Achteldrehung, so daß es die Spitzen meiner beiden längeren Finger erfaßte, aber dies war hinreichend, sie zu zerquetschen und mich um meine beiden Nägel zu bringen. Ich tat einen durchdringenden Schrei, Fazy drehte im Augenblick das Rad wieder zurück, aber meine Nägel blieben nichtsdestoweniger auf der Walze, und das Blut rann aus meinen Fingern. Voll Bestürzung schrie Fazy auf, stieg aus dem Rad, umarmte mich, bat mich flehentlich, mein Schreien zu unterdrücken, und sagte, es wäre um ihn geschehen. Mitten in meinem größten Schmerz rührte mich der seinige, ich schwieg, wir gingen an den Teich, wo er mir half, meine Finger zu waschen und mein Blut mit Moos zu stillen. Nun bat er mich unter Tränen, ihn nicht anzuklagen, ich versprach es ihm und habe es so gut gehalten, daß noch zwanzig Jahre nachher niemand wußte, durch welche Begebenheit zwei meiner Finger vernarbt waren, denn die Narben habe ich immer behalten. Ich mußte über drei Wochen zu Bett liegen und war über zwei Monate außerstande, mich meiner Hand zu bedienen; ich sagte aber zu jedermann, ein großer Stein sei mir auf die Finger gefallen und habe sie mir zerschmettert.

Magnanima menzogna! or quando è il vero
Si bello che si possa a te preporre?

Dieser Unfall war für mich besonders schmerzlich durch den Umstand, daß es die Zeit war, da man die Bürgerschaft exerzieren ließ und ich mit drei anderen Kindern meines Alters eingereiht war, um in Uniform mit der Kompanie meines Viertels die Übung zu machen. Ich hatte den Verdruß, den Trommler meiner Kompanie, bei der meine drei Kameraden waren, zu hören, während ich im Bett liegen mußte.

Meine andere Geschichte ist dieser ganz ähnlich, geschah aber, als ich schon älter war.

Ich spielte mit einem meiner Kameraden, der Pleince hieß, im Plain-Palais das Mailkugelspiel. Wir zankten uns beim Spiel, wir schlugen uns, und während des Kampfes versetzte er mir mit der Kugel auf den bloßen Kopf einen solchen Schlag, daß, hätte er etwas stärker ausgeholt, er mir den Kopf gespalten hätte. Ich fiel augenblicklich zu Boden. In meinem Leben sah ich keinen in solcher Erregung wie diesen armen Burschen, als er das Blut durch meine Haare fließen sah. Er glaubte, mich getötet zu haben. Er stürzte auf mich, umarmte mich, drückte mich an sich, vergoß Tränen und schrie durchdringend. In einer verwirrten Bewegung, die nicht ohne Süße war, umarmte ich ihn auch mit aller Kraft und weinte mit ihm. Endlich wollte er mein Blut stillen, das unaufhörlich floß, und da unsere beiden Schnupftücher dazu nicht hinreichten, schleppte er mich zu seiner Mutter, die in der Gegend einen Garten hatte. Als mich die gute Frau in diesem Zustand sah, wäre sie bald ohnmächtig geworden. Sie wußte aber die Fassung zu bewahren, um mich zu verbinden, und nachdem sie die Wunde ausgewaschen hatte, bedeckte sie sie mit in Branntwein aufgeweichten Lilienblättern, welches ein treffliches und in unserem Lande sehr gebräuchliches Wundmittel ist. Ihre und ihres Sohnes Tränen rührten mein Herz dermaßen, daß ich sie lange wie meine Mutter und ihren Sohn wie meinen Bruder liebte, bis ich beide aus dem Auge verlor und nach und nach vergaß.

Ich bewahrte über diesen Vorfall dasselbe Stillschweigen wie über den vorigen, und es sind mir hundert ähnliche in meinem Leben begegnet, ohne daß es mir eingefallen wäre, sie in den *Bekenntnissen* zu erwähnen, so wenig habe ich das Gute, das ich in meinem Charakter sah, zur Geltung bringen wollen. Nein, habe ich je wissentlich etwas wider die Wahrheit geschrieben, so ist es immer nur bei gleichgültigen Gelegenheiten geschehen, und mehr aus Verlegenheit im Reden oder aus Vergnügen beim Schreiben als aus irgendeinem eigennützigen Beweggrund oder zum Vorteil oder Schaden anderer. Und wer meine *Bekenntnisse* unparteiisch lesen wird, wenn das je geschehen sollte, wird fühlen, daß die Geständnisse, die ich darin mache, demütigender und schwerer abzulegen sind, als wenn sie ein größeres, aber weniger beschämendes Unrecht beträfen, das ich nicht gestehen konnte, weil ich es nie tat.

Aus allen diesen Überlegungen folgt, daß mein Bekenntnis zur Wahrheitsliebe, dessen ich mich befleißigte, sich mehr auf die Gesinnungen der Rechtschaffenheit und Billigkeit als auf die Wirklichkeit der Dinge gründet und daß ich in der praktischen Anwendung mehr der moralischen Leitung meines Gewissens als den abstrakten Begriffen von Wahr und Falsch gefolgt bin. Ich habe sehr oft Fabeln erzählt, aber äußerst selten gelogen. Mit diesen Grundsätzen habe ich mir anderen gegenüber oft eine Blöße gegeben, aber ich habe nie irgend jemandem Unrecht getan und mir selbst nie mehr Vorteil gegeben, als mir zukam. Einzig von dieser Seite betrachtet, scheint mir die Wahrheit eine Tugend zu sein. In jeder anderen Rücksicht ist sie für uns eine metaphysische Wesenheit, aus der weder Gutes noch Böses erwächst.

Mein Herz fühlt sich aber durch diese Unterscheidungen nicht befriedigt genug, um sich für ganz untadelhaft zu halten. Indem ich so sorgfältig abwog, was ich anderen schuldete, habe ich da auch hinlänglich untersucht, was ich mir selber schuldig war? Muß man gegen andere gerecht sein, so muß man gegen sich selbst wahr sein, dies ist der ehrliche Mann seiner eigenen Würde schuldig. Zwang mich die Trockenheit meiner Gespräche manchmal, sie durch unschuldige Erdichtungen zu ergänzen, so tat ich allerdings unrecht, weil man, um andere zu unterhalten, sich nicht selbst herabsetzen darf, und wenn ich durch das Vergnügen, mit dem ich schrieb, hingerissen wurde, wirkliche Begebenheiten mit erdichtetem Schmuck zu verzieren, so hatte ich noch mehr unrecht, denn die Wahrheit durch Fabeln auszuschmücken, heißt sie entstellen.

Unverzeihlicher aber als alles dieses ist der Wahlspruch, den ich mir gewählt habe. Diese Devise verpflichtete mich mehr als jeden anderen Menschen zu einem genaueren Bekenntnis der Wahrheit, und es genügte nicht, daß ich ihr überall mein Interesse und meine Neigungen aufopferte, ich hätte ihr auch meine Schwäche und meine Schüchternheit zum Opfer bringen müssen. Ich hätte bei jeder Gelegenheit Mut und Stärke haben müssen, um immer wahrhaftig zu sein, und aus dem Munde und der Feder, die sich vorzüglich der Wahrheit geweiht hatten, hätte nie eine Erdichtung oder eine Fabel kommen dürfen. Dieses hätte ich mir, als ich diese stolze Devise wählte, sagen und unaufhörlich wiederholen sollen, solange ich sie zu führen wagte. Falschheit hat mich nie zu Lügen verleitet, sondern sie sind mir alle aus Schwachheit gekommen, aber dies entschuldigt mich kaum. Bei einer schwachen Seele kann man sich höchstens vor Lastern bewahren, es ist aber vermessen und höchst verwegen, wenn man sich zu großen Tugenden zu bekennen wagt.

Ich wäre wahrscheinlich nie auf diese Überlegungen gekommen, wenn der Abbé Rosier mich nicht darauf gebracht hätte. Es ist ohne Zweifel ziemlich spät, Gebrauch davon zu machen, aber es ist wenigstens noch nicht zu spät, um meine Irrtümer zu berichtigen und meinen Willen wieder mit der Regel in Übereinstimmung zu bringen, denn das ist alles, was ich noch tun kann. Hierin also und in allen ähnlichen Fällen ist die Maxime Solons auf alle Alter anwendbar, und es ist nie zu spät, selbst von seinen Feinden zu lernen, weise, wahr, bescheiden zu sein und sich weniger zu überschätzen.

FÜNFTER SPAZIERGANG

Unter allen Orten, die ich bewohnt habe (von denen einige sehr reizend waren), hat mich keiner so wahrhaft glücklich gemacht und so zärtliche Sehnsüchte in mir zurückgelassen wie die Petersinsel in der Mitte des Bieler Sees. Diese kleine Insel, die zu Neuchâtel Isle de la Motte genannt wird, ist selbst in der Schweiz wenig bekannt. Kein Reisender, soviel ich weiß, erwähnt sie. Sie ist indes sehr angenehm und einzigartig gelegen für das Glück eines Menschen, der sich, so wie ich, gerne auf sich selbst einschränkt, denn obgleich ich vielleicht der einzige Mensch auf der Welt bin, dem sein Schicksal dies zum Gesetz macht, so kann ich mir doch nicht vorstellen, daß ich allein einen so natürlichen Geschmack haben sollte, obgleich ich ihn bis jetzt noch bei niemandem angetroffen habe. Die Ufer des Bieler Sees sind wilder und romantischer als die des Genfer Sees, weil die Felsen und Wälder näher an seinem Ufer liegen, aber sie sind nicht weniger anmutig. Gibt es hier weniger Äcker und Weinberge, weniger Städte und Häuser, so gibt es hier auch mehr natürliches Grün, mehr Wiesen und schattiges Laub, mehr Gegensätze und häufigere und überraschendere Abwechslung. Die Gegend wird von Reisenden selten besucht, weil es an diesen glücklichen Ufern keine bequeme Landstraße für Fuhrwerke gibt, sie ist aber anziehend für den einsamen Betrachter, der sich an den Reizen der Natur in Muße zu berauschen liebt und seine Seele in einer Stille sammeln will, die nur von dem Geschrei der Adler, dem Gezwitscher einiger Vögel und dem Rauschen der Bäche, die von den Bergen herabstürzen, unterbrochen wird. Dieser beinahe runde See umschließt zwei kleine Inseln, deren eine bewohnt und bebaut wird, mit einem Umfang von etwa einer halben Meile, die andere kleiner, unbewohnt und brachliegend, und sie wird schließlich ganz zerstört werden durch die Ladungen Erde, die ständig zur Ausbesserung der größeren gebraucht werden, wenn diese durch Wellen oder Stürme beschädigt wird. So wird die Substanz des Schwächeren stets zum Nutzen des Mächtigeren verwandt.

Auf dieser Insel steht nur ein einziges Haus, das aber groß, anmutig und bequem ist; es gehört, so wie die ganze Insel, dem Spital zu Bern und wird von einem Steuereinnehmer mit seiner Familie und seinen Dienstboten bewohnt. Er unterhält hier eine Hühnerzucht, ein Vogelhaus und Fischteiche. Die Insel ist trotz ihrer Kleinheit in ihrer Bodengestalt und ihrer Erscheinung von einer solchen Mannigfaltigkeit, daß sie vielerlei Aussichten bietet und auf alle Art angebaut werden kann. Man findet daselbst Äkker, Weinberge, Wälder, Obstgärten, fette Weiden, von Wäldchen beschattet und von allerlei Büschen eingefaßt, die das Wasser frisch erhält. Die Insel ist ihrer Länge nach von einer hohen Terrasse eingefaßt, die mit zwei Reihen Bäume bepflanzt ist, und in der Mitte dieser Terrasse hat man einen hübschen Saal errichtet, in dem sich die Bewohner der benachbarten Ufer versammeln und sonntags während der Weinlese tanzen.

Auf diese Insel war ich nach der Steinigung zu Môtiers geflüchtet. Ich fand den Aufenthalt daselbst so reizend, und ich führte dort ein meiner Laune so angemessenes Leben, daß ich, entschlossen, mein Leben dort zu verbringen, keine andere Sorge hatte, als daß man mich meinen Vorsatz nicht würde ausführen lassen, der sich mit dem, mich nach England zu schleppen und dessen erste Wirkungen mir schon fühlbar wurden, nicht vertrug. Bei den beunruhigenden Vorahnungen, die ich damals hatte, wäre es mir lieb gewesen, wenn man mir diesen Zufluchtsort zum immerwährenden Gefängnis gemacht und mich mein ganzes Leben lang dorthin verbannt hätte, und indem man mir alle Möglichkeit und Hoffnung, die Insel zu verlassen, genommen und mir jede Art von Umgang mit dem Festland untersagt hätte, so hätte ich bei einer völligen Unkenntnis dessen, was in der Welt vorging, ihr Dasein ebenso vergessen wie sie das meinige.

Man hat mich nicht viel länger als zwei Monate auf dieser Insel bleiben lassen, ich aber hätte wohl zwei Jahre, zwei Jahrhunderte, ja die ganze Ewigkeit, ohne mich einen Augenblick zu langweilen, daselbst bleiben können, obgleich ich mit meiner Begleiterin keine andere Gesellschaft als die des Steuereinnehmers, seiner Frau und seiner Dienstboten hatte, die alle sehr gute Leute und weiter nichts waren, aber das war gerade, was mir recht war. Ich halte diese beiden Monate für die glücklichste Zeit meines Lebens, für so glücklich, daß sie mir zur Ausfüllung meines ganzen Daseins genügt hätte, ohne auch nur einen Augenblick den Wunsch nach einem anderen Zustand in meiner Seele entstehen zu lassen.

Was war denn nun dieses Glück, und worin bestand der Genuß desselben? Aus der Beschreibung des Lebens, das ich dort führte, mögen es meine Zeitgenossen erraten. Das köstliche *far niente* war der erste und schönste dieser Genüsse, dessen ganze Süßigkeit ich auskosten wollte, und alles, was ich während meines Aufenthaltes hier machte, war in der Tat das wonnevolle und notwendige Geschäft eines Menschen, der sich dem Müßiggang geweiht hat.

Die Hoffnung, daß man froh sein würde, mich an diesem isolierten Aufenthalt zu wissen, in den ich mich selbst verstrickt hatte, den ich unmöglich ohne Beistand und unbemerkt verlassen konnte, und wo ich ohne Hilfe der Leute, die um mich waren, keine Gemeinschaft nach außen noch Briefwechsel unterhalten konnte, diese Hoffnung, sage ich, gab mir die ein, daß ich meine Tage hier ruhiger beschließen würde, als ich sie bis jetzt zugebracht hatte, und in der Vorstellung, daß ich Zeit genug hätte, alles in Ordnung zu bringen, ließ ich alles, wie es war. Da ich plötzlich, allein und von allem entblößt, dorthin versetzt worden war, ließ ich nacheinander meine Haushälterin, meine Bücher und meine kleine Ausstattung nachkommen, und ich machte mir das Vergnügen, nichts auszupacken, sondern ließ meine Kisten und Koffer so, wie sie angekommen waren, und lebte in der Behausung, in welcher ich mein Leben zu beschließen dachte, gerade wie in einem Wirtshaus, das ich den folgenden Tag verlassen wollte. Es war alles, wie es war, so gut, daß das geringste daran in Ordnung bringen zu wollen, etwas verderben hieß. Eines meiner größten Vergnügen war, daß meine Bücher eingepackt blieben und ich kein Schreibzeug hatte. Zwangen mich unglückselige Briefe, die Feder zu ergreifen, um sie zu beantworten, so lieh ich mir brummend das Schreibzeug des Steuereinnehmers, und ich gab es geschwind wieder zurück in der eitlen Hoffnung, daß ich nicht nötig haben würde, es wieder zu entleihen. Statt dieses traurigen Papierkrams und dieser Bücherstapel füllte ich mein Zimmer mit Blumen und mit Gräsern, denn ich war damals in meiner ersten botanischen Begeisterung, für welche mir Doktor d'Ivernois einen Geschmack gegeben hatte, der bald zur Leidenschaft wurde. Da ich kein Werk, das Arbeit erforderte, mehr unternehmen wollte, so brauchte ich eines zum Zeitvertreib, das mir gefiel und mich gerade soviel Mühe kostete, wie ein Müßiggänger gerne auf sich nimmt. Ich unternahm, eine *Flora petrinsularis* zu verfassen und alle Pflanzen der Insel, ohne eine einzige auszulassen, mit einer Genauigkeit zu beschreiben, die ausreichte, um mich mein ganzes übriges Leben zu beschäftigen. Man sagt, ein Deutscher habe ein ganzes Buch über eine Zitronenschale geschrieben, ich hätte eines über jedes Wiesengras, über jedes Baummoos, über jede Flechte, die die Felsen überzieht, schreiben mögen, keinen Grashalm, kein Stäubchen des Pflanzenreichs wollte ich übriglassen, ohne sie ausführlich zu beschreiben. Infolge dieses herrlichen Vorsatzes besuchte ich jeden Morgen nach dem Frühstück, das wir in Gesellschaft genossen, das Vergrößerungsglas in der Hand und mein *Systema naturae* unter dem Arm einen Bezirk der Insel, die ich zu dem Behuf in kleine Vierecke eingeteilt hatte, in der Absicht, sie eines nach dem anderen in jeder Jahreszeit zu durchlaufen. Nichts ist sonderbarer als die hinreißenden Entzückungen, mit denen ich jedesmal den Bau und die Organisation der Pflanzen sowie das Zusammenspiel der Geschlechtsorgane bei der Befruchtung, deren System mir damals vollkommen neu war, beobachtete. Die Unterscheidung der Geschlechtsmerkmale, von der ich vorher nicht den mindesten Begriff hatte, bezauberte mich, wenn ich sie zunächst an den gemeinen Arten vornahm, bis ich seltenere finden würde. Die Gabelung der beiden langen Staubfäden des Braunellenkrauts, die Schnellkraft in den Fäden der Brennessel und des Mauerkrauts, das Aufplatzen der Frucht des Springkrauts und der Kapsel des Buchsbaumes, tausend kleine Spiele der Befruchtung, die ich zum erstenmal beobachtete, erfüllten mich mit Freude, und ich ging herum und fragte, ob man schon die Hörner des Braunellenkrauts gesehen hätte, gerade so wie La Fontaine fragte, ob man schon das Buch Habakuk gelesen hätte. Nach zwei oder drei Stunden kam ich dann mit einer reichlichen Ernte beladen zurück, und da hatte ich, im Falle, daß es regnete, ausreichenden Zeitvertreib für den Nachmittag zu Hause. Die übrige Zeit des Vormittags brachte ich damit hin, mit dem Steuereinnehmer, dessen Frau und Therèse seine Arbeiter bei ihrer Ernte aufzusuchen, oft legte ich selbst mit Hand an, und die Berner, die mich besuchten, fanden mich oft in einem großen Baum sitzen, einen Sack um den Leib gegürtet, den ich voll Obst pflückte und dann mit einem Strick auf die Erde niederließ. Die Bewegung, die ich mir den Morgen über verschafft hatte, und die damit unzertrennlich verknüpfte gute Laune machte mir die Ruhe beim Mittagsmahl sehr angenehm, dauerte es mir aber zu lange und das schöne Wetter lockte mich, so konnte ich es nicht abwarten, und indes die anderen noch zu Tisch saßen, schlich ich davon, warf mich allein in einen Kahn, den ich bei ruhigem Wetter mitten auf den See fuhr, dann legte ich mich der Länge nach, die Augen gen Himmel gerichtet, in den Kahn und ließ mich so von der langsamen Bewegung des Wassers hin und her treiben, manchmal mehrere Stunden lang, und versenkte mich in tausend verworrene, aber wonnige Träumereien, die, ohne einen bestimmten oder festen Gegenstand zu haben, hundertmal mehr nach meinem Sinn waren als das Köstlichste, was ich in dem, was man Freuden des Lebens nennt, gefunden hatte. Oft, wenn mich die untergehende Sonne an die Rückkehr erinnerte, war ich so weit ab von der Insel, daß ich, um noch vor Einbruch der Nacht wieder zu Hause zu sein, aus allen meinen Kräften rudern mußte. Ein anderes Mal gefiel es mir, statt aufs Wasser hinauszufahren, an den grünen Ufern der Insel entlangzugleiten, deren klares Wasser und schattige Kühle mich oft zum Bade lockten. Aber eine meiner häufigsten Bootsfahrten führte mich von der großen zur kleinen Insel, wo ich dann landete und den Nachmittag zubrachte, bald mit sehr eingeschränkten Spaziergängen inmitten von Weiden, Faulbäumen, Flöhkraut und Sträuchern mancher Art, bald setzte ich mich oben auf einen sandigen Hügel, der mit Rasen, Thymian, Blumen, sogar mit Esparsetten und mit Klee besetzt war, die wahrscheinlich dort einmal ausgesät worden waren, ein Platz, der für Kaninchen sehr geeignet war, die sich hier ungestört, ohne Furcht und ohne Schaden zu tun, vermehren konnten. Ich teilte dem Steuereinnehmer diesen Einfall mit, er ließ weibliche und männliche Kaninchen aus Neuchâtel kommen, und wir, seine Frau, eine seiner Schwestern, Therèse und ich, setzten sie mit großer Feierlichkeit auf der kleinen Insel aus, wo sie vor meiner Abreise schon anfingen, sich zu vermehren, und sie haben sich gewiß gut gehalten, wenn sie die Winterkälte überstehen konnten. Die Gründung dieser kleinen Kolonie war ein Fest. Der Anführer der Argonauten war nicht stolzer als ich, der ich im Triumph die Gesellschaft und die Kaninchen von der großen Insel zur kleinen führte, und stolz bemerkte ich, daß die Steuereinnehmerin, die sich vor dem Wasser schrecklich fürchtete und der es immer übel darauf wurde, sich unter meiner Führung voller Vertrauen einschiffte und während der Überfahrt nicht die geringste Besorgnis äußerte.

War der See zu unruhig, um darauf zu fahren, so durchquerte ich den Nachmittag über die Insel, botanisierte rechts und links, setzte mich bald in die anmutigsten und einsamsten Winkel und überließ mich meinen Träumen, bald auf Terrassen und Hügeln, um meine Augen an dem prächtigen und entzückenden Anblick des Sees und seiner Ufer zu weiden, die auf einer Seite von nahen Bergen gekrönt wurden, auf der anderen sich in reiche und fruchtbare Ebenen dehnten, in denen sich der Anblick bis zu dem bläulichen fernen Gebirge verlor.

Kam der Abend heran, so verließ ich die Höhe der Insel und setzte mich gern an dem sandigen Ufer des Sees in irgendeinen verborgenen Winkel. Dann wurden meine Sinne durch das Geräusch der Wellen und durch die Bewegung des Wassers gefesselt, das jede andere Bewegung in meiner Seele zum Schweigen brachte, und ich überließ mich meiner angenehmen Träumerei, bei der mich oft die Nacht überraschte, ehe ich es gewahr wurde. Das hin und her fließende Wasser, sein unaufhörliches, von Zeit zu Zeit aber verstärktes Rauschen, das mein Auge und Ohr unablässig betäubte, ersetzte die durch meine Träumerei erloschene innere Seelenbewegung, und dies war hinreichend, mich mein Dasein mit Vergnügen spüren zu lassen, ohne die Mühe des Denkens zu haben. Von Zeit zu Zeit entstand in mir eine schwache und kurze Betrachtung über die Unstetigkeit alles Irdischen, deren Bild mir die Oberfläche des Wassers darbot, bald aber verwischten sich auch diese leichten Eindrücke in der einförmigen Bewegung, in die ich gewiegt wurde und die ohne alle tätige Beihilfe meiner Seele mich dermaßen fesselte, daß, wenn die Stunde des Aufbruchs rief oder das verabredete Signal ertönte, ich mich nicht ohne Anstrengung loszureißen vermochte.

War der Abend schön, so gingen wir noch alle zusammen nach dem Abendessen eine Runde auf der Terrasse spazieren, um die Kühle und die Luft vom See her einzuatmen. Dann ruhten wir uns in dem Pavillon aus, wir lachten, plauderten, sangen auch wohl ein altes Lied, das so gut wie das neumodische Getriller war, gingen dann endlich ein jeder mit seinem Tag zufrieden zu Bett und wünschten nur, daß der morgige ihm ähnlich sein möchte.

Auf diese Weise, wenn ich die unvorhergesehenen, lästigen Besuche ausnehme, habe ich während meines Aufenthalts auf dieser Insel mein Leben dort zugebracht. Nun sage mir einer, was daran so Anziehendes ist, um in meinem Herzen eine so lebhafte, so zärtliche und dauerhafte Sehnsucht zu wecken, daß ich nach fünfzehn Jahren an diese geliebte Wohnung nicht denken kann, ohne mich jedesmal durch den lebhaften Schwung des Wunsches noch dahin zu versetzen.

Ich habe in den Wechselfällen eines langen Lebens bemerkt, daß die Zeiten des süßesten Genusses und der lebhaftesten Freuden dennoch nicht die sind, deren Andenken mir am anziehendsten und rührendsten wäre. Diese kurzen Momente süßer leidenschaftlicher Verwirrung, so lebhaft sie auch sein mögen, sind gleichwohl und gerade vermöge ihrer Lebhaftigkeit nur dünn gesäte Punkte auf dem Pfade des Lebens. Sie sind zu selten und zu flüchtig, um einen Zustand zu bilden, und das Glück, nach dem sich mein Herz zurücksehnt, besteht nicht in flüchtigen Augenblicken, sondern in einem einfachen dauernden Zustand, der an sich nicht lebhaft ist, dessen Reiz aber durch seine Dauer genug erhöht wird, um endlich die höchste Zufriedenheit darin finden zu können.

Auf Erden ist alles in einem beständigen Fluß. Es kann nichts eine bestimmte und festgesetzte Gestalt behalten, also müssen auch unsere Neigungen, die an äußeren Dingen haften, mit diesen vorübergehen und wechseln. Stets vorauseilend oder zurückblikkend rufen sie die Vergangenheit herbei oder eilen in eine Zukunft voraus, die oft genug nicht sein wird: bei dem allen kann das Herz sich an nichts Festes heften. Auch gibt es auf Erden wenig andere als vergängliche Freuden, und ich zweifle, ob irgend jemand ein Glück kennt, das nie vergeht. Kaum gibt es bei dem feurigsten Genuß einen einzigen Augenblick, in dem das Herz mit Wahrheit ausrufen könnte: »Möchte doch dieser Augenblick immer fortdauern!«, und wie kann ein flüchtiger Zustand Glück genannt werden, der das Herz leer und unruhig läßt und in dem wir stets etwas Vergangenes vermissen oder noch etwas Künftiges wünschen?

Gibt es aber einen Zustand, in dem die Seele eine hinlänglich feste Lage findet, um sich darin ganz auszuruhen und sich darin ganz zu sammeln, ohne in die Vergangenheit zurückblicken oder in die Zukunft vorgreifen zu müssen, wo alle Zeit ihr gleichgültig ist, wo das Gegenwärtige immer fortdauert, ohne aber seine Dauer merken zu lassen, und ohne irgendeine Spur von Aufeinanderfolge, ohne irgendein Gefühl der Beraubung oder des Genusses, der Freude oder des Kummers, des Verlangens oder der Furcht, bloß auf das Gefühl unseres Daseins eingeschränkt, welches Gefühl allein die Gegenwart ganz erfüllte: solange dieser Zustand währt, kann der, der sich darin befindet, sich glücklich nennen, und zwar nicht auf eine so unvollkommene, armselige, relative Art, wie es bei den Freuden des Lebens geschieht, sondern es wäre ein zureichendes, vollkommenes, überschwengliches Glück, das in der Seele keine Leere auszufüllen läßt. In diesem Zustand bin ich bei meinen einsamen Träumereien auf der Petersinsel oft gewesen, bald in meinem Kahn liegend, den ich den Wellen überließ, bald sitzend an den Ufern des unruhigen Sees oder anderwärts am Rand eines schönen Flüßchens oder eines Baches, der murmelnd über den Kiesel hinfloß.

Und was genießt man in einer solchen Lage? Nichts, das außer uns selbst wäre, nichts als sich selbst und sein eigenes Dasein, und solange dieser Zustand währt, ist man, wie Gott, sich selbst genug. Das Gefühl des Daseins, von jeder anderen Empfindung entblößt, ist an sich selbst ein köstlicher Genuß der Zufriedenheit und Ruhe, der allein zulänglich wäre, dieses Dasein dem teuer und angenehm zu machen, der alle sinnlichen und irdischen Eindrücke, die unaufhörlich kommen, uns davon abzulenken und die Süßigkeit desselben hier zu trüben, von sich fernzuhalten vermöchte. Aber die meisten Menschen, die von Leidenschaften ohne Ende hin und her geworfen werden, kennen diesen Zustand kaum, und da sie ihn nur wenige Augenblicke unvollkommen genossen haben, so haben sie nur eine dunkle und verworrene Vorstellung davon behalten, die ihnen den Reiz desselben nicht fühlbar machen kann. Bei der jetzigen Verfassung der Dinge wäre es sogar nicht einmal zuträglich, daß sie, nach diesen süßen Entzükkungen begierig, sich das tätige Leben verleideten, zu dem ihre immer wieder erneuerten Bedürfnisse sie verpflichten. Aber ein Unglücklicher, der aus der menschlichen Gesellschaft ausgestoßen ist und der hier weder für sich noch für andere etwas Nützliches mehr beginnen kann, kann in diesem Zustand eine Entschädigung für alle menschliche Glückseligkeit finden, die weder das Glück noch die Menschen ihm rauben können.

Freilich kann diese Entschädigung nicht allen Seelen und in allen Lagen gleich fühlbar werden. Das Herz muß ganz ruhig sein, und keine Leidenschaft darf diese Stille trüben. Es gehört eine innere Stimmung dessen, der sie genießt, dazu und eine bestimmte Stimmung der Gegenstände, die ihn umgeben. Es darf weder vollständige Stille noch zuviel Unruhe sein, sondern eine gleichförmige und mäßige Bewegung, ohne Erschütterungen oder Unterbrechungen. Ohne alle Bewegung ist das Leben nichts als ein schläfriger Zustand. Ist die Bewegung aber ungleichmäßig oder zu heftig, so weckt sie uns auf, und indem sie uns an die Gegenstände außer uns erinnert, zerstört sie den Zauber der Träumerei, reißt uns aus unserem Inneren heraus, unterjocht uns sogleich wieder dem Eigensinn des Glücks und der Menschen und gibt uns das Gefühl unseres Elends wieder. Eine durchgängige Stille führt zur Traurigkeit. Sie ist ein Bild des Todes. Dann ist die Hilfe einer heiteren Einbildungskraft notwendig und bietet sich denen, die der Himmel damit begünstigte, ganz ungezwungen dar. Die Bewegung, die dann nicht von außen kommt, geht in uns selbst vor. Die Ruhe ist dann geringer, das ist wahr, aber sie ist auch um so lieblicher, wenn leichte und sanfte Vorstellungen, ohne die Seele tief zu erschüttern, sozusagen nur ihre Oberfläche leicht berühren. Es bedarf deren nur soviel, um sich seiner selbst wieder zu erinnern und alle seine Leiden zu vergessen. Diese Art Träumerei kann man überall genießen, wo man in Ruhe sein kann, und ich habe oft gedacht, daß ich in der Bastille oder in irgendeinem Verlies, in dem kein Gegenstand mein Auge rührte, noch angenehm hätte träumen können.

Ich muß aber freilich gestehen, daß sich dies auf einer fruchtbaren und einsamen Insel weit besser und angenehmer bewerkstelligen ließ, die ihrer natürlichen Lage nach eingeschränkt und von der Welt abgesondert war, die mir bloß lachende Bilder bot und wo nichts mich an traurige Dinge erinnerte, wo die Gesellschaft der geringen Zahl von Bewohnern verbindlich und angenehm war, ohne so interessant zu sein, daß sie mich unaufhörlich beschäftigte, wo ich mich endlich den ganzen Tag über ohne Hindernis und ohne Sorge den Beschäftigungen, die nach meinem Geschmack waren, oder dem lässigsten Müßiggang überlassen konnte. Die Gelegenheit war ohne Zweifel schön für einen Träumer, der sich mitten unter den unerfreulichsten Gegenständen von lieblichen Hirngespinsten nähren wollte, und nun, da er alles, was wirklich seine Sinne angenehm rührte, mit zu Hilfe nahm, sich nach Gefallen daran sättigen konnte. Erwachte ich aus einer langen, anmutigen Träumerei, sah mich von Rasen, Blumen und Vögeln umgeben und ließ meinen Blick über die malerischen Ufer, die längs einer weiten kristallklaren Wasserfläche lagen, in die Ferne schweifen, so verwob ich alle diese lieblichen Gegenstände mit meinen Erdichtungen, und kam ich dann gradweise wieder zu mir und zu dem, was um mich her war, so konnte ich den Scheidepunkt zwischen Fiktion und Wirklichkeit nicht angeben, so trug alles gleichermaßen dazu bei, mir das gesammelte und einsame Leben, das ich an diesem schönen Aufenthalt führte, wert zu machen. Warum kann es nicht noch einmal zurückkehren? Warum kann ich mein Leben auf dieser geliebten Insel nicht beschließen, ohne sie je wieder zu verlassen, noch je wieder einen Bewohner des festen Landes zu sehen, durch den ich an Elend mancherlei Art, das man seit so vielen Jahren auf mich häuft, erinnert würde? Ich würde sie bald für immer vergessen; mich aber würden sie ohne Zweifel nicht ebenso vergessen, allein, was läge daran, solange sie nur nicht kommen könnten, um meine Ruhe dort zu stören. Von allen irdidschen Leidenschaften entblößt, die das Getümmel des geselligen Lebens erzeugt, würde sich meine Seele häufig über den irdischen Dunstkreis hinausschwingen, um mit den himmlischen Geistern schon im voraus umzugehen, deren Zahl sie in kurzem zu vermehren hofft. Die Menschen werden sich wohl hüten, das weiß ich nur zu gut, mir einen so angenehmen Zufluchtsort wiederzugeben, den sie mir nicht lassen wollten. Sie können es aber nicht hindern, daß ich mich alle Tage auf den Flügeln der Einbildungskraft dahin versetze und einige Stunden dasselbe Vergnügen genieße, als ob ich dort noch lebte. Das Angenehmste, was ich dort tun würde, wäre, soviel ich wollte, zu träumen. Wenn ich träume, dort zu sein, tue ich dann nicht dasselbe? Ich tue sogar noch mehr, denn ich füge zu einem abstrakten, eintönigen Traum reizende Bilder hinzu, die ihn beleben. In meinen Entzückungen würden ihre Gegenstände oft meinen Sinnen entgehen, jetzt aber, je tiefer ich in meine Träumerei vertieft bin, werden sie von ihr um so lebhafter gemalt. Ich befinde mich oft mitten unter ihnen, und auf eine angenehmere Art noch, als damals, als ich wirklich dort war. Das Unglück ist, daß sich dies alles in dem Maße, wie die Einbildungskraft matter wird, mühsamer darstellt und nicht mehr so lange dauert. Ach, wenn man sich anschickt, seine Hülle abzulegen, so wird man am meisten von ihr behindert.

SECHSTER SPAZIERGANG

Es gibt bei uns kaum eine mechanische Bewegung, deren Ursache wir nicht in unserem Herzen finden könnten, verstünden wir es nur recht, sie darin zu suchen. Gestern, als ich über den neuen Boulevard ging, um längs der Bièvre auf der Seite nach Gentilly hin zu botanisieren, bog ich nach rechts ab, als ich mich der Barrière d'Enfer näherte, und indem ich weiter über Land ging, kam ich auf der Straße nach Fontainebleau auf die Anhöhen, die an diesem kleinen Fluß liegen. An sich war dieser Umweg ganz gleichgültig, da ich mich aber erinnerte, ihn oft mechanisch genommen zu haben, suchte ich die Ursache dafür in mir selbst auf und konnte mich nicht des Lachens enthalten, als ich sie herausfand.

An einer Ecke des Boulevard, gleich wenn man die Barrière d'Enfer verläßt, hält sich täglich den Sommer über eine Frau auf, die Obst, Kräutertrank und Brötchen verkauft. Diese Frau hat einen kleinen artigen Knaben, der aber lahm ist und auf seinen Krücken humpelnd mit ziemlichem Anstand die Vorübergehenden um Almosen bittet. Ich hatte eine Art von Bekanntschaft mit diesem guten kleinen Burschen geschlossen, und er unterließ nicht, mir jedesmal, wenn ich vorüberging, seine kleine Begrüßung zu sagen, welche ich immer mit einer kleinen Gabe erwiderte. Die ersten Male war ich erfreut, ihn zu sehen, ich gab ihm sehr gerne etwas, und ich fuhr eine Zeitlang fort, es mit eben dem Vergnügen zu tun, reizte ihn auch oft zum Reden und hörte seinem kleinen Geschwätz, das ich angenehm fand, zu. Dieses Vergnügen, das nach und nach zur Gewohnheit wurde, verwandelte sich, ich weiß nicht wie, in eine Art von Pflicht, deren Lästigkeit ich bald empfand, besonders wegen der vorausgehenden Ansprache, die ich anhören mußte und in der er es nicht unterließ, mich oft Herr Rousseau zu nennen, um zu zeigen, daß er mich recht gut kannte, was mir im Gegenteil zeigte, daß er mich so wenig kannte wie die, die ihn unterrichtet hatten. Von der Zeit an ging ich nicht mehr so gern dort vorbei, und endlich nahm ich mechanisch die Gewohnheit an, meistens einen Umweg zu gehen, wenn ich an diesen Durchgang kam.

Dies entdeckte ich, als ich darüber nachdachte, denn nichts von all dem hatte sich bis dahin in meinen Gedanken deutlich dargestellt. Diese Beobachtung hat mich nach und nach auf eine Menge anderer geleitet, die mich in der Meinung bestärkten, daß die ersten und wahren Beweggründe der meisten meiner Handlungen mir nicht so deutlich zutage liegen, wie ich es mir lange vorgestellt hatte. Ich weiß und fühle es, daß das wahre Glück des menschlichen Herzens im Wohltun besteht, aber längst schon ist mir dieses Glück entrissen worden, und man darf nicht hoffen, in einem so elenden Schicksal, wie es das meinige ist, eine einzige wirklich gute Handlung mit Überlegung und Nutzen anbringen zu können. Da die größte Sorge derer, die mein Schicksal lenken, darauf gerichtet war, mir alles zu täuschendem und trügerischem Schein zu machen, so ist ein Beweggrund zur Tugend stets nur ein Lockmittel, um mich in die Netze, in die man mich verstricken will, zu ziehen. Dies weiß ich; ich weiß auch, daß nicht Handeln das einzige Gute ist, das noch in meiner Gewalt steht, weil ich befürchten muß, etwas Böses zu tun, ohne es zu wollen oder ohne es zu wissen.

Es gab aber glücklichere Zeiten, wo ich, wenn ich dem Antrieb meines Herzens folgte, oft ein anderes Herz beglücken konnte, und ich bin mir dieses ehrenvolle Zeugnis schuldig, daß, sooft ich dieses Vergnügen kosten konnte, ich es süßer als irgendein anderes gefunden habe. Dieser Hang war lebhaft, wahr, lauter, und nichts in meinem geheimsten Inneren hat ihm je widersprochen. Indes ist mir die Last meiner eigenen Wohltaten durch die Kette von Verbindlichkeiten, die sie nach sich zogen, oft fühlbar geworden: dann schwand das Vergnügen, und ich fand in der Fortdauer eben der Bemühungen, die mir erst so reizend erschienen, nichts als einen fast unerträglichen Zwang. Während der Dauer meines kurzen Glückes wandten sich viele Leute an mich, und nie habe ich irgendeinen, dem ich dienen konnte, abgewiesen. Aber aus dieser ersten Wohltätigkeit, die sich aus überfließendem Herzen ergoß, erwuchsen mir nach und nach Ketten von aufeinanderfolgenden Verbindlichkeiten, die ich nicht vorhergesehen hatte und deren Joch ich nicht mehr abschütteln konnte. Meine ersten Dienste waren in den Augen derer, die sie erhielten, nur ein Vorschuß auf die, die ihnen folgen sollten, und sobald irgendein Unglücklicher mich nur erst mit einer erhaltenen Wohltat geangelt hatte, so war es künftig um mich geschehen, und diese erste freie und willige Wohltat wurde zu einem unbegrenzten Recht auf alle, deren er in der Folge bedürfen konnte, ohne daß selbst mein Unvermögen mich von dieser Last befreien konnte. So verwandelte sich mir ein sehr angenehmer Genuß in der Folge in eine beschwerliche Abhängigkeit.

Indes dünkten mich diese Ketten nicht sehr lästig, solange ich dem Publikum unbekannt in der Dunkelheit lebte. Als ich aber durch meine Schriften einmal bekannt war, welches ohne Zweifel ein schwerer Fehler meinerseits war, der aber nun durch mein Unglück mehr als abgebüßt ist, da wurde ich das allgemeine Adreßbüro aller Leidenden oder derer, die sich dafür ausgaben, aller Abenteurer, die einen Dummen suchten, und endlich aller, die unter dem Vorwand des großen Ansehens, das sie mir zuzuschreiben sich stellten, sich auf eine oder die andere Art meiner bemächtigen wollten. Da hatte ich Gelegenheit zu bemerken, daß ein jeder natürliche Hang, ohne selbst die Wohltätigkeit auszunehmen, wenn er ohne Vorsicht und Wahl in das gesellige Leben gebracht und dort befolgt wird, seine Natur verändert und oft so schädlich wird, als er in seiner ursprünglichen Richtung nützlich war. So veränderten grausame Erfahrungen nach und nach meine ursprünglichen Anlagen oder schränkten sie vielmehr in ihre wahren Grenzen ein, ich lernte, meinem Hang wohlzutun weniger blind zu folgen, wenn dadurch nur die Bosheit anderer begünstigt wurde.

Aber eben diese Erfahrungen gereuen mich nicht, weil ich durch das Nachdenken darüber neues Licht in der Kenntnis meiner selbst und über die wahren Beweggründe meines Betragens unter tausenderlei Umständen, über die ich mich so oft getäuscht hatte, erlangt habe. Ich habe gesehen, daß ich, um mit Vergnügen Gutes zu tun, frei, ohne Zwang handeln müßte, und daß es mir allen Reiz eines guten Werkes raubte, sobald es mir zur Pflicht wurde. Dann macht mir die Bürde der Verpflichtung den süßesten Genuß zur Last, und ich wäre, wie ich es, glaube ich, im *Emile* gesagt habe, bei den Türken ein schlechter Ehegatte gewesen zu der Stunde, wo sie öffentlich aufgefordert werden, die Pflichten ihres Standes zu erfüllen.

Dies mindert um vieles die Meinung, die ich lange Zeit von meiner Tugend gehabt habe, denn es ist keine Tugend, seinen Neigungen zu folgen und, wenn diese uns dahin leiten, sich das Vergnügen des Wohltuns zu gewähren, sondern sie besteht darin, diese Neigungen zu besiegen, wenn die Pflicht es erheischt, um ihren Vorschriften zu folgen, und das bin ich weniger als irgendein Mensch zu tun imstande gewesen. Empfindsam und gut von Natur, mitleidig bis zur Schwachheit, mit einer Seele, die von allem, was Großmut heißt, fortgerissen wurde, war ich menschlich, wohltätig und dienstfertig aus Neigung, sogar aus Leidenschaft, solange mein Herz nur im Spiele war. Ich wäre der beste und huldreichste Mensch gewesen, wäre ich der mächtigste gewesen, und um in mir jeden Wunsch nach Rache auszutilgen, hätte mir das Bewußtsein, mich rächen zu können, genügt. Ich wäre sogar ohne Mühe wider mein eigenes Interesse gerecht gewesen, aber nie hätte ich mich entschließen können, es wider das Interesse derer zu sein, die mir lieb waren. Sobald meine Pflicht und mein Herz in Widerspruch standen, siegte die erste sehr selten, es sei denn, daß es nur darauf ankam, mich zurückzuhalten; dann war ich meistens stark, aber es war mir stets unmöglich, wider meine Neigung zu handeln. Es mögen mich Menschen, meine Pflicht, ja sogar die Notwendigkeit auffordern, mein Wille bleibt taub, sobald mein Herz schweigt, und ich kann nicht gehorchen. Ich sehe das Übel, das mir droht, aber ich lasse es lieber über mich ergehen, als daß ich mich, ihm zuvorzukommen, in Bewegung setze. Ich fange wohl manchmal mit Anstrengung an, aber sie ermüdet und erschöpft mich sehr bald, und ich kann nicht fortfahren. In allen nur erdenklichen Dingen kann ich bald unmöglich das tun, was ich nicht mit Vergnügen tue.

Noch mehr. Gesellt sich Zwang zu meinem Verlangen, so genügt dies, um es zu vernichten, es in Widerwillen, wohl endlich gar in Abscheu zu verwandeln, wenn jener zu stark wirkt, und darum wird mir das gute Werk schwerer, das gefordert wird und das ich aus eigenem Antrieb tun würde, wenn man es nicht forderte. Eine vollkommen uneigennützige Wohltat ist sicherlich ein Werk, das ich sehr gerne tue. Glaubt aber der, der sie empfängt, dadurch ein Recht zu haben, ihre Fortsetzung unter Androhung seiner Ungnade zu verlangen, und macht er es mir zum Gesetz, darum auf ewig sein Wohltäter zu sein, weil ich einmal Vergnügen daran fand, es zu werden, so ist der Zwang da, und das Vergnügen schwindet. Was ich dann noch tue, wenn ich nachgebe, ist Schwäche und falsche Scham, guter Wille aber ist nicht mehr dabei, und weit entfernt, mir selbst Beifall zu geben, werfe ich mir in meinem Gewissen vielmehr vor, daß ich mit Widerwillen Gutes tue.

Ich weiß es, daß zwischen dem Wohltäter und demjenigen, den er verpflichtet, eine Art von Vertrag, und sogar der heiligste von allen, besteht. Sie bilden in gewisser Weise miteinander eine Gesellschaft, durch die sie enger verbunden werden, als es die Menschen im allgemeinen miteinander sind, und wenn sich der verpflichtete Teil schweigend zur Erkenntlichkeit verbindet, so macht sich der Wohltäter ebenfalls anheischig, jenem, solange er sich dessen nicht unwürdig macht, eben das Wohlwollen, das er ihm bewiesen hat, zu erhalten und ihm die Äußerungen desselben, sooft er kann und dazu aufgefordert wird, zu wiederholen. Dieses sind zwar nicht ausdrücklich festgesetzte Bedingungen, sondern es sind natürliche Wirkungen des zwischen ihnen eingeführten Verhältnisses. Derjenige, der zum ersten Mal einen freiwilligen Dienst, der von ihm erbeten wird, zu leisten abschlägt, gibt dem, dem er ihn abgeschlagen hat, kein Recht, über ihn zu klagen, aber der, der in einem ähnlichen Fall eine Gunst, die er ihm früher bewilligte, abschlägt, enttäuscht eine Hoffnung, zu der jene Gunst berechtigte; er hintergeht und vereitelt eine Erwartung, die er selbst hervorgebracht hat. In dieser Art Ablehnung fühlt ein jeder mehr Unbilliges und mehr Härte als in jener, sie ist aber ebenfalls die Wirkung der Unabhängigkeit, die das Herz liebt und auf die es nicht gerne verzichtet. Bezahle ich eine Schuld, so erfülle ich eine Pflicht, gebe ich ein Geschenk, so mache ich mir eine Freude. Das Vergnügen aber, unsere Pflichten zu erfüllen, gehört zu denen, welche die bloße Gewohnheit der Tugend hervorbringt: die aber, die uns die Natur unmittelbar mitteilt, schwingen sich nicht so hoch.

Nach so vielen traurigen Erfahrungen habe ich, wenn ich mich meinem ursprünglichen Antrieb überlasse, schon von ferne die Folgen vorhersehen gelernt, und ich habe mich oft eines guten Werkes, das ich gerne tun wollte und auch tun konnte, darum enthalten, weil mich die Abhängigkeit, der ich mich in der Folge aussetzte, wenn ich mich meinem Hang unüberlegt überließ, abschreckte. Diese Besorgnis habe ich nicht immer empfunden, im Gegenteil, in meiner Jugend hing ich mich durch meine eigenen Wohltaten an andere, und ich habe oft genug empfunden, daß die, die ich mir verpflichtete, mir mehr aus Dankbarkeit als aus Eigennutz anhingen. Aber auch in dieser wie in jeder anderen Hinsicht hat sich, seit mein Unglück begann, alles sehr verändert. Von der Zeit an lebte ich in einer neuen Generation, die der vorigen ganz unähnlich war, und meine eigenen Gesinnungen gegen andere haben die Veränderung erlitten, die ich in den ihrigen zu finden glaubte. Dieselben Leute, die ich nacheinander in den beiden so verschiedenen Generationen gesehen habe, haben sich sozusagen nacheinander der einen wie der anderen angeglichen. Wahr und offen, wie sie sonst waren, sind sie heute geworden, wie sie eben sind, und tun das gleiche wie alle anderen; bloß dadurch, daß sich die Zeiten geändert haben, sind die Menschen wie sie verwandelt. Wie sollte ich für diejenigen dieselben Gesinnungen behalten, bei denen ich das Gegenteil dessen antreffe, was sie entstehen ließ. Ich hasse sie nicht, weil ich nicht hassen kann, aber der Verachtung, die sie verdienen, kann ich mich nicht erwehren, noch mich enthalten, sie ihnen zu bekunden.

Vielleicht habe ich mich unvermerkt mehr verändert, als ich sollte. Welches Gemüt könnte aber, ohne sich zu ändern, einer Lage wie der meinigen standhalten? Durch eine zwanzigjährige Erfahrung überzeugt, daß alle glücklichen Anlagen, welche die Natur in mein Herz legte, durch mein Schicksal oder durch die, welche darüber wachen, entweder zu meinem oder anderer Nachteil verkehrt werden, kann ich gute Werke, die zu tun man mir anbietet, nur als Falle betrachten, die man mir stellt und unter welcher Böses verborgen liegt. Ich weiß, daß, welche Wirkung auch das Werk hätte, mir doch das Verdienst meiner guten Absicht bliebe. Ja, dieses Verdienst wird ohne Zweifel immer bleiben, aber die innere Freude daran ist dahin, und sobald mir dieser innere Anreiz fehlt, fühle ich in meinem Inneren nichts als Gleichgültigkeit und Kälte, und ich kann sicher sein, statt eine wahrhaft nützliche Handlung zu tun, nur hinters Licht geführt zu werden. Die aufgebrachte Eigenliebe flößt mir, verbunden mit der mißbilligenden Vernunft, nur lauter Widerwillen und Widerstreben ein, wo ich in meinem natürlichen Zustand voll Glut und Eifer gewesen wäre.

Es gibt ein Unglück, welches die Seele erhebt und stärkt, es gibt aber auch Unglück, das die Seele niederdrückt und tötet; von dieser Art ist das, dessen Opfer ich bin. Wäre in meiner Seele auch nur etwas böser Sauerteig gewesen, so hätte mein Unglück sie bis zum Übermaß zur Gärung gebracht, es hätte mich zum Wahnsinn getrieben, nun aber hat es mich bloß vernichtet. Außerstande, für mich und andere Gutes zu tun, enthielt ich mich der Tätigkeit, und dieser Zustand, der nur unschuldig sein kann, weil er erzwungen ist, bewirkt, daß ich mich mit einer Art sanfter Beruhigung meinem natürlichen Hang ohne Vorwurf überlasse. Ich gehe hierin ohne Zweifel zu weit, weil ich auch da, wo ich nur Gutes zu tun finde, der Gelegenheit zu handeln ausweiche. Aber überzeugt, daß man mich die Dinge nicht so sehen läßt, wie sie wirklich sind, enthalte ich mich, sie nach dem Anschein, den man ihnen gibt, zu beurteilen, und unter welchen Lockungen man mir die Beweggründe zu handeln auch verbergen mag, es genügt mir, diese Beweggründe darum für trügerisch zu halten, weil man sie in meinen Wirkungskreis bringt.

Mein Schicksal scheint mir in meiner Kindheit schon die ersten Fallstricke gelegt zu haben, was mich lange Zeit geneigt machte, mich in alle anderen zu verwickeln. Ich bin von Natur der zutraulichste Mensch von der Welt, und während voller vierzig Jahre wurde dieses Vertrauen nicht ein einziges Mal hintergangen. Plötzlich aber in eine andere Ordnung von Menschen und Dingen versetzt, bin ich in hundert Fallen geraten, ohne jemals eine einzige gewahr zu werden, und kaum hat eine zwanzigjährige Erfahrung genügt, mich über mein Los zu erleuchten. Einmal fest überzeugt, daß in den heuchlerischen Freundschaftsbeweisen, womit ich überschüttet werde, nichts als Lug und Trug ist, bin ich schnell zum entgegengesetzten Extrem übergegangen: denn sobald wir einmal aus unserer natürlichen Gemütsbeschaffenheit gerissen sind, so gibt es keine Einschränkung mehr, die uns zurückhielte. Von der Zeit an waren mir die Menschen zuwider, und da ihr und mein Wille in dieser Hinsicht übereinstimmten, so entfernt mich dieses mehr von ihnen als alle ihre Ränke.

Sie mögen aber tun, was sie wollen: dieser Widerwille kann nie bis zum Abscheu gehen. Stelle ich mir die Abhängigkeit von mir vor, in die sie sich gebracht haben, um mich ihrerseits darin zu erhalten, so jammern sie mich in der Tat. Bin ich nicht unglücklich, so sind sie es selbst, und jedesmal, wenn ich mich besinne, finde ich sie beklagenswert. Vielleicht mischt sich noch Stolz in dieses Urteil, und ich fühle mich zu hoch über ihnen, um sie hassen zu können. Sie können mich höchstens bis zur Verachtung interessieren, aber nie bis zum Haß: schließlich liebe ich mich selbst zu sehr, um irgend jemanden, wer es auch sei, hassen zu können. Dies hieße mein Dasein einengen und zusammendrängen, und ich möchte es vielmehr über das ganze Weltall ausdehnen.

Lieber will ich sie fliehen als sie hassen. Ihr Anblick erfüllt meine Sinne und durch diese mein Herz mit Eindrücken, die mir aus tausend grausamen Erwägungen beschwerlich sind; aber das Mißbehagen verschwindet mit dem Gegenstand, der es hervorbrachte. Ich beschäftige mich mit ihnen, und zwar sehr wider meinen Willen, in ihrer Gegenwart, aber niemals durch die Erinnerung an sie. Sobald ich sie nicht mehr sehe, ist es für mich, als wären sie nie gewesen.

Sie sind mir auch nur in Beziehung auf mich gleichgültig, denn in ihren Beziehungen untereinander können sie noch meinen Anteil wecken und mich so wie Personen eines Dramas, das ich aufgeführt sähe, rühren. Sollte ich gegen die Gerechtigkeit je gleichgültig sein können, so müßte mein ganzes moralisches Wesen vernichtet sein. Das Schauspiel der Ungerechtigkeit und der Bosheit bringt mein Blut noch vor Zorn zum Kochen, die tugendhaften Handlungen, in denen ich weder Prahlerei noch Betrug entdecke, lassen mich noch vor Freude erzittern und süße Tränen vergießen. Aber ich muß sie selber sehen und einschätzen können, denn nach meiner eigenen Geschichte zu urteilen, müßte ich nicht gescheit sein, wenn ich das Urteil der Menschen, worüber es auch sein mag, annähme und irgend etwas aufgrund des Zeugnisses anderer glaubte.

Wären meine Gestalt und meine Gesichtszüge den Menschen so vollkommen unbekannt, wie mein Charakter und mein Gemüt es ihnen sind, so würde ich noch gerne unter ihnen wohnen. Ihre Gesellschaft könnte mir auch, sofern ich ihnen vollkommen fremd wäre, ganz gut gefallen. Ohne Zwang meinen natürlichen Neigungen überlassen, würde ich sie noch lieben, wenn sie sich niemals mit mir beschäftigten. Ich würde ihnen ein allgemeines und vollkommen uneigennütziges Wohlwollen entgegenbringen, aber ohne mich je in eine besondere Anhänglichkeit einzulassen, und ohne das Joch irgendeiner Pflicht auf mich zu nehmen, würde ich ihnen freiwillig, aus eigenem Antrieb das tun, was sie, durch ihre Eigenliebe gereizt und von allen ihren Gesetzen gezwungen, so mühsam zustandebringen.

Wäre ich frei, unbekannt, isoliert geblieben, wie ich geschaffen war, es zu sein, so hätte ich bloß Gutes getan, denn in meinem Herzen liegt auch nicht ein Keim irgendeiner schädlichen Leidenschaft. Wäre ich unsichtbar und allmächtig wie Gott gewesen, so wäre ich wohltätig und gut gewesen wie er. Kraft und Freiheit bilden den trefflichen Menschen. Hätte ich den Ring des Gyges besessen, so hätte er mich von der Abhängigkeit der Menschen befreit und sie in die meinige versetzt. In meinen Luftschlössern habe ich mich oft gefragt, was ich mit diesem Ring gemacht hätte, denn da muß die Versuchung des Mißbrauchs sehr naheliegen. Bei der Macht, alle meine Wünsche befriedigen zu können, alles zu vermögen, ohne durch jemanden hintergangen zu werden, was wäre mir da noch mit einiger Folgerichtigkeit zu wünschen übrig geblieben? Eine einzige Sache, nämlich alle Herzen zufrieden zu sehen. Allein der Anblick öffentlicher Glückseligkeit hätte mein Herz fortdauernd rühren können, und der glühende Wunsch, dazu beizutragen, wäre meine dauerhafteste Leidenschaft gewesen. Ohne Parteilichkeit gerecht und ohne Schwachheit gütig, hätte ich mich gleichermaßen vor blindem Mißtrauen und unversöhnlichem Haß gehütet; weil ich die Menschen gesehen hätte, so wie sie sind, und mühelos in ihrem Herzen gelesen hätte, hätte ich wenige liebenswürdig genug gefunden, ihnen meine ganze Zuneigung zu schenken, und wenige so verabscheuungswürdig, um meinen ganzen Haß zu verdienen, und selbst ihre Bosheit hätte mich bewogen, sie zu beklagen in der gewissen Überzeugung, daß sie durch das Böse, das sie anderen zufügen wollen, sich selbst am meisten schaden. Vielleicht hätte ich in heiteren Stunden den kindischen Einfall gehabt, zuweilen Wunder zu tun. Diese wären dann aber vollkommen uneigennützig gewesen, und da ich keinem anderen Gesetz als meinen natürlichen Neigungen gefolgt wäre, hätte ich einige einzelne Handlungen der strengen Gerechtigkeit mit tausend Taten der Milde und der Billigkeit aufgewogen. Als Diener der Vorsehung und Spender ihrer Gesetze hätte ich nach meinem Vermögen weisere und nützlichere Wunder getan als die der goldenen Legende und des Grabes des heiligen Medardus.

Nur in einem einzigen Punkt hätte mich das Vergnügen, überall unsichtbar hindurchzudringen, in Versuchung führen können, der ich schlecht widerstanden hätte, und wäre ich einmal auf diesen Irrwegen fortgerissen worden, wohin wäre ich dann geraten? Ich müßte die menschliche Natur und mich selbst schlecht kennen, wenn ich mir schmeichelte, daß diese Möglichkeiten mich nicht verführt hätten, oder wenn ich glaubte, daß mich die Vernunft in diesem unseligen Hang zurückgehalten hätte. Meiner in jeder anderen Sache sicher, wäre ich bei diesem allein unterlegen. Der, den seine Macht über die Menschlichkeit erhebt, soll auch über ihre Schwachheiten erhaben sein, sonst wird dieses Übermaß von Macht nur dazu dienen, ihn in der Tat tiefer als andere und selbst als das sinken lassen, was er gewesen wäre, wäre er ihresgleichen geblieben.

Alles wohlüberlegt, glaube ich besser zu tun, wenn ich meinen Zauberring wegwerfe, ehe er mich zu einer Torheit verleitet. Beharren die Menschen hartnäckig darauf, mich ganz anders zu sehen, als ich bin, und reizt mein Anblick ihre Ungerechtigkeit, so muß ich sie fliehen, um ihnen diesen Anblick zu entziehen, aber mich nicht mitten unter ihnen unsichtbar machen. Sie sollten sich vor mir verbergen, mich ihre Anschläge nicht sehen lassen, das Tageslicht scheuen und sich wie Maulwürfe in die Erde eingraben. Mich mögen sie sehen, wenn sie können, um so besser, aber das ist ihnen unmöglich, sie werden statt meiner immer den J.J. sehen, den sie sich gemacht, den sie ganz nach ihrem Herzen gemacht haben, um ihn nach Belieben hassen zu können. Ich würde also unrecht haben, mich über die Art, wie sie mich sehen, zu betrüben, ich brauche keinen wahren Anteil daran zu nehmen, denn ich bin es nicht, den sie so sehen.

Der Schluß, den ich aus allen diesen Betrachtungen ziehen kann, ist der, daß ich mich nie wirklich zum bürgerlichen Leben, in welchem alles Zwang, Verpflichtung, Pflicht ist, geschickt habe und daß mein unabhängiges Wesen mich immer zu der, wenn man mit Menschen leben will, nötigen Unterwürfigkeit unfähig gemacht hat. Solange ich frei handle, bin ich gut und tue nichts als Gutes, sobald ich aber das Joch fühle, es sei der Notwendigkeit oder der Menschen, ärgere ich mich oder werde vielmehr widerspenstig, dann bin ich nichts mehr. Soll ich wider meinen Willen handeln, so tue ich es nicht, was auch geschehen mag; nicht einmal, was ich will, tue ich, weil ich schwach bin. Ich enthalte mich der Tätigkeit: denn im Handeln liegt meine ganze Schwäche, meine ganze Kraft ist negativ, und alle meine Sünden sind Unterlassungssünden, selten waren sie Tatsünden. Ich habe nie dafür gehalten, daß die Freiheit des Menschen darin bestehe, zu tun, was er will, sondern vielmehr das zu unterlassen, was er nicht will, und nach dieser Freiheit habe ich immer getrachtet, sie habe ich oft erhalten, und durch sie bin ich meinen Zeitgenossen am meisten anstößig geworden. Denn sie, die immer für sich tätig, in Bewegung und ehrgeizig sind, die Freiheit bei anderen verabscheuen und sie für sich selbst nicht suchen, wenn sie nur zuweilen ihren Willen bekommen oder vielmehr den Willen anderer beherrschen, so legen sie sich willig den Zwang auf, ihr ganzes Leben hindurch das, wovor ihnen ekelt, zu tun, und scheuen keine Kriecherei, um herrschen zu können. Sie hatten also nicht unrecht, mich aus der Gesellschaft als ein unnützes Glied ausgestoßen zu haben, sondern ihr Unrecht besteht darin, daß sie mich als schädliches Glied daraus verbannen: denn, daß ich wenig Gutes getan habe, gestehe ich, aber Böses zu tun, ist in meinem Leben nicht mein Wille gewesen, und ich zweifle, ob irgendein Mensch auf der Welt wirklich weniger Böses getan hat als ich.

SIEBENTER SPAZIERGANG

Kaum ist die Sammlung meiner langen Träume angefangen, so fühle ich auch schon, daß sie sich zum Ende neigt. Ein anderer Zeitvertreib folgt ihm, verschlingt mich ganz und läßt mir nicht einmal mehr Zeit zum Träumen. Ich ergebe mich ihm mit einer Begeisterung, die an Schwärmerei grenzt und über die ich, wenn ich darüber nachdenke, selbst lachen muß, aber ich ergebe mich diesem Vergnügen, weil ich in meiner gegenwärtigen Lage keine andere Richtschnur meines Betragens habe, als jedem Hang ungezwungen zu folgen. Zu meinem Schicksal kann ich nichts mehr beitragen, meine Neigungen sind durchgängig unschuldig, und da alle Urteile der Menschen hinfort nichts mehr über mich vermögen, so fordert es selbst die Klugheit, daß ich in dem, was noch in meinem Bezirk liegt, alles tue, was mir angenehm ist, es sei öffentlich oder in meinem Privatleben, ohne mich irgendeiner anderen Richtschnur als meiner Phantasie und eines anderen Maßstabes als meiner wenigen Kräfte, die mir geblieben sind, zu bedienen. So nähre ich mich denn bloß mit meinem Heu und beschäftige mich einzig mit meiner Botanik. Den ersten Vorgeschmack davon erhielt ich in der Schweiz bei dem Doktor d'Ivernois, als ich schon bei Jahren war, und ich hatte schon auf meinen Reisen glücklich genug botanisiert, um eine gewisse Kenntnis des Pflanzenreiches zu erlangen. Als ich aber über die sechzig hinaus war und mich in Paris niederließ, begannen mir die Kräfte zum weitläufigen Botanisieren zu mangeln, und da ich überdies mit Notenabschreiben hinlänglich beschäftigt war, brauchte ich diese Beschäftigung nicht mehr und ließ diesen Zeitvertreib, der mir kein Bedürfnis mehr war. Ich hatte mein Herbarium weggegeben und meine Bücher verkauft und begnügte mich, zuweilen die gewöhnlichen Pflanzen wieder zu betrachten, die ich auf meinen Spaziergängen um Paris herum fand. In dieser Zwischenzeit ist das wenige, was ich wußte, beinahe völlig aus meinem Gedächtnis verloschen und weit schneller, als es sich darin eingeprägt hatte.

Mit einem Mal, schon über fünfundsechzig Jahre alt, mein geringes Gedächtnis völlig geschwächt und die Kräfte zum Herumstreifen in den Feldern dahin, ohne Führer, ohne Bücher, ohne Garten, ohne Herbarium, überfällt mich diese Torheit stärker als damals, als ich mich ihr das erste Mal ergab. Nun gehe ich in vollem Ernst mit dem weisen Vorsatz um, Murrays *Regnum vegetabile* auswendig zu lernen und eine Kenntnis von allen bekannten Pflanzen der Erde zu erlangen. Außerstande, mir botanische Bücher selber anzuschaffen, habe ich mir vorgenommen, die, die man mir geliehen hat, abzuschreiben, und ich bin entschlossen, mir ein neues, weit vollständigeres Herbarium, als das erste war, zu verfertigen, und in der Erwartung, daß ich es mit allen Pflanzen des Meeres und der Alpen und mit allen indischen Gewächsen werde bereichern können, begnüge ich mich vorderhand, mit Gauchheil, Kerbel, Ochsenzunge und Kreuzkraut den Anfang zu machen; ich botanisiere ganz gelehrt über meinem Vogelbauer, und bei jedem neuen Grashalm, den ich finde, sage ich mir ganz zufrieden: Schon wieder eine Pflanze mehr!

Ich suche den Entschluß, den ich gefaßt habe, dieser Laune zu folgen, nicht zu rechtfertigen, denn ich finde ihn sehr vernünftig, und ich bin überzeugt, daß, mich in meiner jetzigen Lage dem Zeitvertreib, der mir behagt, zu überlassen, sehr klug und sogar eine große Tugend ist. Durch dieses Mittel kann in meinem Herzen weder Rache noch Haß aufkeimen, und es gehört gewiß ein von allen heftigen Leidenschaften gereinigtes Gemüt dazu, um bei meinem Schicksal noch an irgendeinem Zeitvertreib Geschmack zu finden. So räche ich mich an meinen Verfolgern auf meine Weise, und ich kann sie nicht härter strafen, als wider ihre Absicht glücklich zu sein.

Meine Vernunft läßt es ohne Zweifel zu, ja sie schreibt es mir sogar vor, mich jeglichem Hang zu überlassen, der anziehend für mich ist und dem zu folgen mich nichts hindert, sie zeigt mir aber nicht, warum dieser Hang anziehend für mich ist und worin für mich der Reiz eines vergeblichen Studiums liegen kann, dem ich mich ganz fruchtlos ohne Erfolg überlasse und welches mich in meinem Alter, kindisch, kränklich und schwerfällig, ohne Auffassungsgabe, ohne Gedächtnis, zu den Übungen der Jugend und zu Schulaufgaben zurückbringt. Diese Sonderbarkeit möchte ich mir erklären können, es dünkt mich, daß sie bei genauer Beleuchtung die Selbsterkenntnis, der ich die Muße meiner letzten Lebenszeit gewidmet habe, befördern könnte.

Ich habe zuweilen tief genug gedacht, aber selten mit Vergnügen, fast immer wider meinen Willen und wie durch Gewalt fortgetrieben: die Träumerei erholt und unterhält mich, das Nachdenken ermüdet mich und macht mich traurig. Denken war mir stets eine mühsame und reizlose Beschäftigung. Manchmal verlieren sich meine Träumereien wohl in Betrachtungen, öfter aber noch gehen meine Betrachtungen in Träumerei über, und während dieser süßen Betäubung irrt und schwebt meine Seele auf den Fittichen der Einbildungskraft durch das Weltall in Entzükkungen, die jeden anderen Genuß übertreffen.

Solange ich diesen Genuß in seiner ganzen Lauterkeit kostete, war mir jede andere Beschäftigung schal. Als ich aber durch fremden Antrieb in die literarische Laufbahn geworfen war, so empfand ich das Ermattende der Arbeit des Geistes und die Beschwerden einer unseligen Berühmtheit, ich fühlte zu gleicher Zeit meine süßen Träumereien schlaff und lau werden, und da ich bald gezwungen war, mich wider meinen Willen mit meiner traurigen Lage zu beschäftigen, so konnte ich nur äußerst selten diese lieben Entzückungen wiederfinden, die mir fünfzig Jahre lang Glück, Ruhm und alles gewesen waren und mich, ohne allen anderen Aufwand als die Zeit, im Müßiggang zum glücklichsten Sterblichen gemacht hatten.

Ich mußte sogar bei meinen Träumereien befürchten, daß meine durch mein Unglück aufgebrachte Einbildungskraft endlich ihre Tätigkeit nach dieser Seite hin richten würde und daß das unaufhörliche Gefühl meiner Leiden, das mein Herz immer mehr zusammenzog, mich endlich durch seine Last niederwerfen würde. In diesem Zustand legte ein mir natürlicher Instinkt, der mich jede traurige Vorstellung meiden läßt, meiner Einbildungskraft Stillschweigen auf und richtete meine Aufmerksamkeit auf die Gegenstände, die mich umgaben, und ich fing zum ersten Mal in meinem Leben an, das Schauspiel der Natur, das ich bis dahin nur im Großen und im Ganzen betrachtet hatte, einzeln zu zergliedern.

Die Bäume, die Sträucher, die Pflanzen sind der Schmuck und das Gewand der Erde. Nichts ist trauriger als der Anblick eines nackten, kahlen Feldes, das dem Auge nichts als Steine, Lehm und Sand darbietet. Aber wenn die Erde, durch die Schönheit der Natur belebt, beim Rauschen der Bäche und Gezwitscher der Vögel in ihrem hochzeitlichen Gewande ist, dann bietet sie dem Menschen in der Harmonie der drei Reiche ein Schauspiel voller Leben, Interesse und Reiz dar, das einzige Schauspiel auf der Welt, dessen sein Auge und sein Herz nie müde werden.

Je empfindsamer die Seele des Betrachters ist, desto mehr überläßt er sich dem Entzücken dieser Harmonie. Eine süße und tiefe Träumerei umfängt dann seine Sinne, und er verliert sich, vom köstlichen Anschauen berauscht, in der Unermeßlichkeit dieses schönen Systems, mit dem er sich verbunden fühlt. Dann entgeht ihm jeder besondere Gegenstand, er sieht und fühlt nur noch im All. Irgendein besonderer Umstand muß seine Ideen wieder zusammenziehen und seine Einbildungskraft einschränken, wenn er auf die Betrachtung der einzelnen Teile dieses Weltbaues, den er ganz umfaßte, geleitet werden soll.

Dieses begegnete mir auf natürliche Weise, als mein Herz sich vor Kummer zusammenzog und alle seine Kräfte um sich und in sich konzentrierte, um das Fünkchen Wärme, das soeben in der Niedergeschlagenheit, in die ich nach und nach sank, verlöschen wollte, wieder anzufachen. Gleichgültig irrte ich durch die Wälder und die Berge und wagte nicht zu denken, aus Furcht, meinen Schmerz zu wecken. Meine Einbildungskraft, die sich kummervollen Gegenständen versagt, überließ meine Sinne den leichten, aber anmutigen Eindrücken der Gegenstände, die mich umgaben. Meine Blicke wanderten vom einen zum anderen, und es war nicht möglich, daß bei einer so großen Mannigfaltigkeit mich nicht einige stärker und länger fesselten.

Ich fand Geschmack an dieser Ergötzung der Augen, bei der der Geist des Unglücklichen ruht, sich vergnügt, sich zerstreut, und die das Gefühl der Leiden hemmt. Die Natur der Gegenstände befördert sehr diese Ablenkung und macht sie noch verführerischer. Die süßen Düfte, die lebhaften Farben, die Eleganz der Formen scheinen um den Vorzug zu streiten, unsere Aufmerksamkeit zu fesseln. Man muß bloß das Vergnügen lieben, um sich diesen sanften Eindrücken überlassen zu können, und wenn diese Wirkung nicht bei allen eintritt, so liegt es bei einigen an einem Mangel natürlicher Empfindsamkeit, bei den meisten aber daran, daß ihr Geist, der sich mit zu vielen anderen Gedanken beschäftigt, sich den Gegenständen, die ihre Sinne rühren, nur flüchtig und nebenbei überläßt.

Noch etwas anderes entzieht dem Pflanzenreich die Aufmerksamkeit der Leute von Geschmack, nämlich die Gewohnheit, die Pflanzen nur als Drogen und Heilmittel zu betrachten. Theophrast sah sie anders an, und man kann diesen Philosophen als den einzigen Botaniker des Altertums betrachten. Er ist bei uns fast unbekannt, dank aber eines gewissen Dioskorides, eines großen Kompilators von Rezepten, und seiner Kommentatoren, hat die Medizin sich dermaßen aller Pflanzen bemächtigt und sie in Heilkräuter verwandelt, daß man nur das darin sieht, was man nicht sehen kann, nämlich die vermeinten Kräfte, die es jedem Hergelaufenen gefallen hat, ihnen zuzuschreiben. Man will es nicht einsehen, daß die Organisation der Pflanzen an sich selbst unsere Aufmerksamkeit verdienen könnte. Leute, die ihr ganzes Leben damit hinbringen, ganz gelehrt Muscheln zu ordnen, sind imstande, sich über die Botanik als ein fruchtloses Studium aufzuhalten, wenn man nicht, wie sie sagen, die Kenntnis der Eigenschaften derselben hinzufügt, das heißt, wenn man nicht die Beobachtung der Natur aufgibt, die nicht trügt und die uns von dem allen nichts sagt, und sich ganz den Meinungen der Menschen überläßt, die Lügner sind und eine Menge Dinge behaupten, die wir bloß auf ihr Wort hin annehmen müssen, das oft wieder auf fremden Meinungen beruht. Haltet euch einmal auf einer blumenübersäten Wiese auf, um nacheinander die darauf prangenden Blumen zu untersuchen: ob euch nicht der, der euch etwa beobachten sollte, für einen Kräuterbruder halten und euch um Kräuter gegen die Krätze der Kinder, die Galle oder den Pferderotz bitten wird?

In anderen Ländern und hauptsächlich in England ist dieses ekelhafte Vorurteil schon zum Teil vernichtet worden, dank Linnæus, der die Botanik von der Pharmazeutik einigermaßen absonderte, um sie der Naturgeschichte wieder zu verbinden und dem ökonomischen Nutzen zurückzugeben; in Frankreich aber, wo dieses Studium zu den Leuten von Welt noch am wenigsten gedrungen ist, ist man in diesem Punkt dermaßen ungebildet geblieben, daß ein Pariser Schöngeist, der in London einen Garten voll seltener Bäume und Pflanzen sah, zu dessen Lob nichts weiter zu sagen wußte als: »Das ist ein sehr schöner Apothekergarten!« Demnach war also Adam der erste Apotheker, denn man kann sich nicht leicht einen besser mit Pflanzen versehenen Garten denken als den Garten Eden.

Dergleichen medizinalische Begriffe sind sicherlich kaum geeignet, dem Studium der Botanik einige Annehmlichkeit zu geben, sie nehmen dem Schmelz der Blumenwiese und der Blumenpracht allen Reiz, sie vertrocknen die Frische der Büsche, durch sie wird alles Grün schattiger Winkel schal und geschmacklos. Alle diese reizenden und zierlichen Formen können den wenig rühren, der all das nur in einem Mörser zu zerstoßen gedenkt, und unter Kräutern zum Klistier wird man keinen Kranz für seine Schäferin pflücken wollen.

Keiner von diesen pharmazeutischen Begriffen befleckte meine ländlichen Bilder, nichts war ferner von ihnen als Kräutertee und Heilpflaster. Wenn ich aus der Nähe die Wiesen, die Obstgärten, die Wälder und ihre zahllosen Bewohner betrachtete, so ist es mir wohl eingefallen, daß das Pflanzenreich das Vorratshaus der Nahrungsmittel ist, welche die Natur dem Mensch und den Tieren darbietet, nie aber kam es mir in den Sinn, Drogen und Heilmittel darin zu suchen. In allen diesen mannigfaltigen Produkten zeigt nichts mir einen solchen Gebrauch an, und die Natur hätte uns bei der Wahl geleitet, wenn sie sie uns vorgeschrieben hätte, wie sie es bei den Nahrungsmitteln getan hat. Ich fühle es sogar, daß das Vergnügen, die Wälder zu durchstreifen, durch den Gedanken an die menschliche Hinfälligkeit vergiftet würde, wenn mir das Fieber, Gallensteine, Gicht und Fallsucht einfielen. Ich will übrigens den Pflanzen die besonderen Kräfte, die ihnen zugeschrieben werden, nicht absprechen, ich will bloß sagen, daß, gesetzt mit dieser Heilkraft habe es seine Richtigkeit, es bloße Bosheit der Kranken ist, wenn sie fortfahren krank zu sein, denn unter den vielen Krankheiten, die sich die Menschen zuziehen, ist doch nicht eine, die zwanzig Arten von Kräutern nicht gründlich heilen sollten.

Dieser Hang des Geistes, der alles auf unser materielles Interesse bezieht, der überall Nutzen oder Heilmittel sucht und die ganze Natur mit Gleichgültigkeit betrachten würde, wenn man sich stets wohl darin befände, dieser Hang ist nie der meinige gewesen. Hierin fühle ich mich als der völlige Gegensatz aller anderen Menschen: alles, was sich auf das Gefühl meiner Bedürfnisse bezieht, betrübt mich und verdirbt mir meine Gedanken, und nie fand ich die Freuden des Geistes reizvoller, als wenn ich die körperlichen Bedürfnisse ganz aus den Augen verlor. Wenn ich also auch an die medizinischen Wirkungen glaubte und mir ihre Heilmittel sogar angenehm wären, würde ich dennoch nie, wenn ich mich damit abgäbe, diese Wonne einer lauteren und uneigennützigen Betrachtung darin finden, und meine Seele könnte sich, solange ich die Bande, die sie mit dem Körper vereinigen, noch empfinde, nicht in Entzücken geraten und über die ganze Natur dahinschweben. Überdies, ohne je ein großes Vertrauen in die Arzneikunde gesetzt zu haben, habe ich viel Vertrauen zu Ärzten gehabt, die ich schätzte und liebte und die ich mit meinem Gestell machen ließ, was ihnen gut dünkte. Durch eine fünfzehnjährige Erfahrung bin ich auf meine Kosten klug geworden; jetzt, da ich nur noch nach den Vorschriften der Natur lebe, habe ich durch sie meine ursprüngliche Gesundheit wiedererlangt. Hätten auch die Ärzte nichts weiter gegen mich einzuwenden, wen könnte ihr Haß befremden? Ich bin ein lebender Beweis für die Eitelkeit ihrer Kunst und die Fruchtlosigkeit ihrer Bemühungen.

Nichts Persönliches, nichts, was meinen Körper betrifft, ist imstande, meine Seele wirklich zu beschäftigen. Nie meditiere oder träume ich anmutiger, als wenn ich mich ganz vergesse. Ich werde unaussprechlich entzückt, verliere mich ganz in Wonne, wenn ich mit dem System der Wesen sozusagen verschmelze, mit der ganzen Natur eins werde. Solange die Menschen noch meine Brüder waren, entwarf ich mir Pläne irdischer Glückseligkeit. Da sich diese Entwürfe immer aufs Ganze bezogen, so machte die öffentliche Wohlfahrt mein Glück aus, und nie rührte mich der Gedanke an ein abgesondertes Glück, als bis ich sah, daß meine Brüder das ihrige in meinem Elend suchten. Da mußte ich sie fliehen, um sie nicht zu hassen, und ich suchte bei unserer gemeinsamen Mutter Schutz, in ihren Armen suchte ich mich den Angriffen der Kinder zu entziehen, und ich wurde einsam oder, wie sie sagen, ungesellig und menschenfeindlich, weil die wildeste Einöde mir noch der Gesellschaft der Bösen, die sich bloß aus Verrat und Haß nährt, vorzuziehen scheint.

Gezwungen, mich jedes Gedankens zu enthalten, um nicht etwa wider meinen Willen an mein Elend zu denken; gezwungen, die Überbleibsel einer heiteren, aber schwindenden Einbildungskraft zu bewahren, die durch so viele Leiden schließlich verwildern möchte, gezwungen, die Menschen, die mich mit Schande und Beschimpfungen überhäufen, möglichst zu vergessen, damit mich die Empörung nicht endlich gegen sie verbittern möchte, kann ich mich doch nicht ganz in mir sammeln, weil meine nach außen drängende Seele trotzdem ihre Gefühle und ihr Dasein auf andere Wesen auszudehnen sucht, und ich vermag nicht mehr wie ehedem, mich kopfüber in den weiten Ozean der Natur zu versenken, weil meine geschwächten und erschlafften Seelenkräfte keine hinlänglich bestimmten, festen, mir erreichbaren Gegenstände finden, an denen sie sich festhalten können, und ich nicht mehr stark genug bin, um in dem Chaos meiner vormaligen Entzükkungen zu schwimmen. Meine Vorstellungen sind jetzt kaum mehr als nur Sinneseindrücke, und die Sphäre meines Verstandes umfaßt nur noch die Gegenstände, die unmittelbar um mich sind.

Da ich die Menschen floh, die Einsamkeit suchte, mir nichts mehr ausmalte, noch weniger dachte und doch ein so lebhaftes Temperament hatte, das mich vor träger und schwermütiger Stumpfheit bewahrte, begann ich mich mit allem zu beschäftigen, was ich um mich her sah, und durch einen ganz natürlichen Trieb wählte ich vorzüglich die angenehmsten Gegenstände. Das Mineralreich hat an sich nichts Liebenswertes und Anziehendes, seine Reichtümer scheinen im Schoß der Erde verborgen zu liegen, um die Habsucht der Menschen nicht zu reizen. Dort werden sie wie für den Notfall aufbewahrt, um einst die wirklichen Reichtümer, die er sich leichter verschaffen kann und an denen er in dem Maße, wie er nach und nach verderbter wird, den Geschmack verliert. Dann muß er, um sich in seinem Elend zu helfen, auf Gewerbe, Mühe und Arbeit zurückgreifen, er durchwühlt die Eingeweide der Erde und sucht bei Gefahr seines Lebens und auf Kosten seiner Gesundheit in ihrem Innern nach eingebildeten Gütern anstelle der wirklichen, die sie ihm von selbst darbot, als er sie zu genießen verstand. Er flieht die Sonne und das Tageslicht, die er nicht mehr wert ist zu sehen, er begräbt sich lebendig und tut wohl daran, da er nicht mehr am Tageslicht zu leben verdient. Da sind statt des lieblichen Bildes ländlicher Arbeiten Steinbrüche, Schlünde, Schmieden, Schmelzöfen, Vorrichtungen aus Amboß, Hammer, Rauch und Feuer. Statt des Rasens, der Blumen, des azurenen Himmels, der liebenden Hirten und des gesunden Ackermanns auf der Oberfläche der Erde sieht man in den Bergwerken im Schoß der Erde nichts als bleiche ausgemergelte Gesichter der Elenden, die in den stickigen Grubendämpfen dahinsiechen, schwarze Schmiedeknechte und scheußliche Zyklopen.

Ich gestehe, daß es etwas Leichtes ist, beim Spazierengehen Sand und Steine zu sammeln, sich damit die Taschen und sein Kabinett zu füllen und sich das Ansehen eines Naturkundigen zu geben. Diejenigen aber, die sich an dergleichen hängen und sich auf diese Art Sammlungen beschränken, sind gewöhnlich reiche Unwissende, die bei dem allen nur das Vergnügen der Schaustellung suchen. Um etwas in dem Studium der Mineralien zu gewinnen, muß man Chemiker und Physiker sein, muß mühsame und kostbare Versuche anstellen, in Laboratorien arbeiten und viel Geld und Zeit inmitten von Kohlen, Schmelztiegeln, Öfen und Destillierkolben, im Rauch und in erstickenden Dämpfen verschwenden, immer bei Gefahr seines Lebens und oft auf Kosten seiner Gesundheit. Aus allen diesen traurigen und ermüdenden Arbeiten entsteht gewöhnlich mehr Hochmut als wirkliche Kenntnisse, und wo ist nicht der mittelmäßige Chemiker, der nicht in alle großen Geheimnisse der Natur eingedrungen zu sein glaubt, weil er vielleicht von ungefähr einige kleine Kunstgriffe gefunden hat.

Das Tierreich liegt uns näher und verdient sicher weit eher, durchforscht zu werden. Aber hat dieses Studium nicht auch seine Schwierigkeiten, Hindernisse, seine ekelhaften Seiten, und erfordert es nicht große Mühe, vor allem für einen Einsamen, der weder bei seinem Zeitvertreib noch bei seinen ernsteren Arbeiten von irgend jemandem Hilfeleistungen zu erwarten hat? Wie soll er die Vögel in der Luft beobachten, zergliedern und untersuchen, die Fische im Wasser oder die vierfüßigen Tiere, die leichter als der Wind, stärker als der Mensch und nicht geneigter sind, sich meinen Untersuchungen darzubieten, als ich, ihnen nachzulaufen und sie mir mit Gewalt zu unterwerfen? Mir bliebe also weiter nichts als Schnecken, Gewürm, Fliegen, und ich müßte also mein Leben damit zubringen, mich außer Atem zu laufen, um Schmetterlingen nachzusetzen und arme Insekten aufzuspießen, Mäuse zu sezieren, wenn ich sie fangen könnte, oder das Aas von Tieren, die ich zufällig tot fände. Das Studium der Tiere ist nichts ohne Anatomie, durch sie nur lernt man sie klassifizieren, die Gattungen und Arten voneinander unterscheiden. Um ihre Sitten und ihren Charakter kennenzulernen, müßte man Vogelhäuser, Fischweiher und Tiergärten haben können; ich müßte sie auf irgendeine Art zwingen können, sich um mich zu versammeln, ich finde aber weder Geschmack daran, noch habe ich die erforderlichen Mittel, sie gefangenzuhalten, noch die gehörige Schnelligkeit, sie zu verfolgen, wenn sie in Freiheit sind. Ich müßte sie also tot untersuchen, sie aufschneiden, ihre Knochen herausholen, ihre zuckenden Eingeweide durchwühlen! Welch greuliche Einrichtung ist ein anatomisches Theater, stinkende Leichname, fahles, schleimiges Fleisch, Blut, die ekelhaften Gedärme, scheußliche Gerippe und pestilenzartige Ausdünstungen! Wahrlich, auf mein Wort, dort wird J.J. nie seinen Zeitvertreib suchen.

Ihr prachtvollen Blumen, Wiesenglanz, erfrischender Schatten, ihr Bäche, Lauben und Rasen, kommt, reinigt meine durch diese scheußlichen Gegenstände besudelte Einbildungskraft. Meine allen großen Rührungen abgestorbene Seele kann nur noch durch Gegenstände der Sinne angeregt werden, ich bin nur noch für Sinneseindrücke empfänglich, und nur durch diese können mich Freude oder Leid auf dieser Welt noch erreichen. Angelockt durch die lachenden Gegenstände, die mich umgeben, betrachte ich sie, vergleiche sie, lerne sie endlich in Klassen ordnen, und so bin ich mit einem Mal so sehr Botaniker, wie der es zu sein bedarf, der die Natur nur darum durchforscht, um beständig neue Gründe zu entdecken, sie zu lieben.

Zum Unterricht, den ich nicht mehr suche, ist es zu spät. Überdies habe ich nie gesehen, daß soviel Wissen zum Glück des Lebens beitrug. Ich suche vielmehr nur angenehme und einfache Unterhaltung, die ich ohne sonderliche Mühe genießen kann und die bei mir jeden Gedanken an mein Elend verscheucht. Dabei kostet es mich weder Geld noch Mühe, gemächlich von Kraut zu Kraut, von Pflanze zu Pflanze zu schlendern, sie zu untersuchen, ihre verschiedenen Merkmale zu vergleichen, um ihre Beziehungen und Unterschiede zu bemerken, kurz, um die Organisation des Pflanzenreiches in der Weise zu beobachten, daß ich den Gang und das Spiel dieser lebenden Maschinen verfolge und zuweilen mit Erfolg ihre allgemeinen Gesetze, die Ursache und den Zweck ihres verschiedenen Baus erforsche und mich dem Reiz einer dankbaren Bewunderung für den Geber all dieser Genüsse ganz überlasse.

Die Pflanzen scheinen mir mit soviel Verschwendung auf der Erde gesät zu sein wie die Sterne am Himmel, um den Menschen durch die Lockung des Vergnügens und der Neugier zur Kenntnis der Natur aufzufordern. Die Gestirne sind aber weit von uns entfernt, es gehören Vorkenntnisse, Instrumente, Maschinen und sehr lange Leitern dazu, um sie zu erreichen und uns näherzubringen. Die Pflanzen sind uns schon von Natur nahe. Sie wachsen zu unseren Füßen und uns sozusagen in die Hände, und wenn die Kleinheit ihrer wesentlichen Teile sie unserem bloßen Auge oft entzieht, so sind doch die Instrumente, durch die wir sie beobachten können, weit leichter zu gebrauchen als die astronomischen. Die Botanik ist das Studium eines müßigen und trägen Einsamen: ein Spaten und ein Vergrößerungsglas sind die ganze Ausrüstung, deren er zu ihrer Beobachtung bedarf. Bei seinen Spaziergängen irrt er frei von einem Gegenstand zum anderen, er mustert jede Blume mit Interesse und Neugier, und sobald er die Gesetze ihres Baus faßt, gewährt ihm diese Beobachtung ohne alle

Mühe ein ebenso lebhaftes Vergnügen, als wenn es ihn viel gekostet hätte. In dieser müßigen Beschäftigung liegt ein Reiz, der nur bei der völligen Stille der Leidenschaften fühlbar werden kann, der dann aber allein ausreicht, das Leben angenehm und glücklich zu machen. Sobald sich aber irgendein Beweggrund von Eigennutz oder Eitelkeit darein mischt, sei es Stellen bekleiden zu wollen oder Bücher zu schreiben, sobald man nur botanisiert, um Autor oder Professor zu werden, verschwindet all dieser süße Reiz, man betrachtet die Pflanzen nur noch als Werkzeuge unserer Leidenschaften, das wahre Vergnügen, sie zu untersuchen, ist dahin, man sucht nicht mehr zu wissen, sondern zu zeigen, daß man weiß, und im tiefsten Wald ist man dann auf der Bühne der Welt, mit der Sorge beschäftigt, sich Bewunderer zu verschaffen, oder wenn man sich auf die Botanik des Kabinetts oder höchstens des Gartens beschränkt, so wird man, statt die Pflanzen in der Natur zu beobachten, sich bloß mit Systemen und Methoden aufhalten, diesem ewigen Stoff zu Streitigkeiten, durch die man nicht eine einzige Pflanze mehr kennenlernt und die kein wirkliches Licht auf die Naturgeschichte und das Pflanzenreich wirft. Daher der Haß und die Eifersucht, die der Wettstreit um den Ruhm bei den Botanikern ebenso und mehr noch als bei anderen Gelehrten erregt. Indem sie die Natur dieser liebenswürdigen Wissenschaft entstellen, versetzen sie sie in die Städte und Akademien, wo sie nicht weniger als die exotischen Pflanzen in den Liebhabergärten ausartet.

Ganz andere Gemütsanlagen haben diese Wissenschaft bei mir zu einer Leidenschaft werden lassen, welche die Lücke aller Leidenschaften ausfüllt, die ich nicht mehr habe. Ich erklettere Felsen und Berge, verliere mich in der Tiefe der Täler und Wälder, soviel ich kann, um mich soviel als möglich dem Gedächtnis der Menschen und den Angriffen der Bösen zu entziehen. Im Schatten des Waldes scheint es mir, ich sei vergessen, frei und friedlich, als ob ich keine Feinde mehr hätte oder als ob mich das Laub des Waldes so vor ihren Angriffen bewahren könnte, wie es ihr Andenken von mir entfernt, und ich bilde mir in meiner Einfalt ein, sie werden nicht an mich denken, wenn ich nicht an sie denke. An dieser Täuschung finde ich so ungemein viel Vergnügen, daß ich mich derselben, wenn meine Lage, meine Schwächlichkeit und meine Bedürfnisse es zuließen, ganz überlassen würde. Je tiefer die Einsamkeit ist, in der ich lebe, um so mehr bedarf ich eines Gegenstandes, der die Leere darin ausfüllt, und die Dinge, die meine Einbildungskraft mir versagt oder mein Gedächtnis zurückweist, werden durch wildwachsende Produkte, die die Erde, von den Menschen nicht gezwungen, meinen Blicken allerorten darbietet, ersetzt. Die Freude, meinen Verfolgern zu entwischen, verbirgt sich hinter dem Vergnügen, neue Pflanzen in einer Einöde entdecken zu gehen, und komme ich an die Orte, wo ich keine menschliche Spur gewahr werde, so schöpfe ich so frei Atem wie in einer Zuflucht, in der mich der Haß nicht mehr verfolgt.

Ich werde mich mein Leben lang einer botanischen Exkursion erinnern, die ich einst in der Gegend des Berghofs Robaila des Bezirksrichters Clerc machte. Ich war allein und geriet immer tiefer in die Klüfte des Gebirges, ging von Wald zu Wald, kletterte von Felsen zu Felsen und gelangte endlich zu einem so abgelegenen Ort, wie ich in meinem Leben keinen wilderen Anblick gesehen habe. Schwarze Tannen mit gewaltig großen Buchen untermischt, deren viele schon vor Alter umgesunken waren und ihre Zweige ineinander verflochten hatten, umgaben diesen Ort mit einer undurchdringlichen Einzäunung, wobei man durch einige Zwischenräume dieser dunklen Mauer steil abfallende Felsen und schaurige Abgründe gewahrte, die ich nicht anders als auf dem Bauch liegend zu betrachten wagte. Der Uhu, das Käuzchen und der Steinadler ließen ihre Schreie aus den Felsklüften vernehmen, und einige kleine, seltene, aber doch bekannte Vögel milderten das Grauen dieser Einöde. Dort fand ich das Zahnkraut Heptaphyllos, das Zyklamen, den Nidus avis, das große Laserpitium und noch einige andere Pflanzen, die mich freuten und mir lange die Zeit vertrieben. Unmerklich aber durch den starken Eindruck der Gegenstände überwältigt, vergaß ich die Botanik und die Pflanzen, setzte mich auf Polster von Lycopodium und Moos und überließ mich meinen Träumen, indem ich mir vorstellte, daß ich in einem aller Welt unbekannten Winkel sei, aus welchem mich meine Verfolger nicht vertreiben würden. Eine Regung von Stolz mischte sich bald in diese Empfindung. Ich verglich mich mit den großen Reisenden, die eine wüste Insel entdecken, und ich sagte mit Wohlgefallen zu mir selber: Ohne Zweifel bin ich der erste Mensch, der hierhin vorgedrungen ist; beinahe kam ich mir wie ein zweiter Kolumbus vor. Indes ich mich in diesem Gedanken aufblähte, hörte ich in einer geringen Entfernung ein Geklapper, das ich zu kennen glaubte; ich horchte, dasselbe Geräusch wiederholt sich und wird lauter. Überrascht und neugierig stehe ich auf, dringe durch Dickicht aus Sträuchern dorthin, woher das Geräusch kommt, und siehe da, in einer Mulde etwa zwanzig Schritt von dem Ort, zu dem ich als erster vorgedrungen zu sein glaubte, entfernt, gewahrte ich eine Strumpfmanufaktur.

Ich vermag die verworrene und widersprechende Bewegung gar nicht auszudrücken, die ich bei dieser Entdeckung in meinem Herzen spürte. Meine erste Bewegung war ein Gefühl von Freude, wieder unter Menschen zu sein, wo ich mich völlig allein glaubte. Aber diese Regung war blitzschnell vorüber und machte einer schmerzhaften Empfindung Platz, die dauerhafter war, daß ich nämlich selbst in den Schluchten der Alpen nicht den grausamen Händen der Menschen, die darauf erpicht waren, mich zu quälen, entwischen konnte. Denn ich war überzeugt, daß in der Fabrik vielleicht nicht zwei Menschen waren, die nicht in das Komplott eingeweiht waren, zu dessen Haupt sich der Prediger Montmollin aufgeworfen hatte, der von weither seine Werkzeuge in Bewegung setzte. Ich eilte, diese traurigen Gedanken von mir zu entfernen, und lachte endlich selbst über meine kindische Eitelkeit und die komische Art, wie sie bestraft worden war.

Wer aber hätte auch wohl in einem Abgrund eine Manufaktur zu finden geglaubt. Es gibt auch wohl außer der Schweiz kein Land in der Welt, das eine so sonderbare Mischung wahrer Natur und menschlicher Industrie darböte. Die ganze Schweiz ist sozusagen nur als eine große Stadt zu betrachten, deren breite und lange Straßen, die länger als die Rue St. Antoine sind, mit Wäldern durchsetzt sind und von Gebirgen durchschnitten werden, und deren verstreute und abgesonderte Häuser durch englische Gärten miteinander verbunden sind. Ich erinnere mich bei dieser Gelegenheit eines anderen botanischen Ausflugs, den Du Peyrou, d'Escherny, der Oberst de Pury, der Bezirksrichter Clerc und ich vor einiger Zeit auf den Berg Chasseron machten, von dessen Gipfel man sieben Seen entdecken kann. Man sagte uns, daß nur ein einziges Haus auf diesem Berg sei, und wir hätten sicher das Gewerbe desjenigen, der es bewohnte, nicht erraten, wenn nicht hinzugefügt worden wäre, es sei ein Buchhändler, dessen Geschäfte sogar in der Gegend recht gut gingen. Ein einziger Zug dieser Art, dünkt mich, gibt einen richtigeren Begriff von der Schweiz als alle Beschreibungen der Reisenden.

Hier ist noch eine Anekdote von derselben oder doch ähnlicher Art, die eine ganz andere Nation nicht minder richtig bezeichnet. Während meines Aufenthaltes in Grenoble botanisierte ich oft außerhalb der Stadt mit Herrn Bovier, einem Advokaten der Gegend, der nicht etwa die Botanik liebte oder sich darauf verstand, sondern der sich, weil er sich zu meiner Leibwache aufgeworfen hatte, ein Gesetz daraus machte, mich, soviel es möglich war, keinen Schritt allein tun zu lassen. Eines Tages gingen wir längs der Isère in einer Gegend spazieren, die voller Stechdorn war. Ich sah reife Früchte auf diesen Sträuchern und kostete sie aus Neugier, und da ich fand, daß sie eine angenehme Säure hatten, aß ich also von diesen Körnern, um mich zu erfrischen. Herr Bovier ging neben mir, ohne es mir nachzutun und ohne ein Wort zu sagen. Da kam einer seiner Freunde auf uns zu, der mich diese Frucht schmausen sah, und rief: »Ei, mein Herr, was machen Sie da? Wissen Sie nicht, daß diese Frucht giftig ist?« – »Diese Frucht giftig!« rief ich ganz bestürzt. »Freilich«, sagte er, »und das ist so bekannt, daß es hierzulande keinem einfällt, davon zu kosten.« Nun sah ich Herrn Bovier an und sagte: »Warum warnten Sie mich denn nicht?« – »O, mein Herr«, sagte er ganz ehrerbietig, »ich wagte es nicht, so frei zu sein.« Ich mußte über diese Demut, wie sie für die Dauphiné kennzeichnend ist, lachen und unterbrach gleichwohl meine kleine Mahlzeit. Ich war überzeugt, wie ich es noch bin, daß jedes natürliche Produkt, daß dem Gaumen angenehm ist, dem Körper nicht schädlich sein kann oder es doch nur durch unmäßigen Genuß wird. Ich gestehe indes, daß ich mich den ganzen Tag über etwas beobachtete, ich kam aber mit ein wenig Unruhe davon, nahm eine sehr gute Abendmahlzeit, schlief gut und stand den folgenden Morgen frisch und gesund auf, nachdem ich den Tag vorher fünfzehn oder zwanzig Körner dieser fürchterlichen Hippophaë, die, wie mir jedermann hernach in Grenoble sagte, in sehr geringer Dosis vergiftet, verschluckt hatte. Diese Begebenheit kommt mir so drollig vor, daß ich sie mir nie ins Gedächtnis rufe, ohne über die sonderbare Bescheidenheit des Herrn Advokaten Bovier zu lachen.

Alle meine botanischen Ausflüge, die verschiedenen Lokaleindrücke der Gegenstände, die mir aufgefallen sind, die Vorstellungen, die dadurch entstanden, die zufälligen Begebenheiten, die sich darein mischten, alles dieses, sage ich, hat einen Eindruck auf mich gemacht, der, sooft ich die an diesen Orten gesammelten Pflanzen sehe, erneuert wird. Ich werde diese schönen Landschaften, diese Wälder, Seen, schattigen Lauben, diese Felsen, diese Gebirge, deren Anblick mein Herz immer so rührte, ich werde alles dieses nicht wiedersehen. Jetzt aber, da ich diese seligen Gegenden nicht mehr durchstreifen kann, betrachte ich mein Herbarium, und sogleich versetzt es mich dorthin. Die Fragmente der dort gesammelten Pflanzen genügen schon, um mir dieses ganze prächtige Schauspiel ins Gedächtnis zu rufen. Dieses Herbarium ist mir ein Tagebuch meiner botanischen Ausflüge, durch welches ich sie von neuem beginne, und es wirkt wie eine optische Vorstellung, durch die sie mir vorgemalt werden.

Diese Verkettung von mit ihr verknüpften Gedanken macht mir die Botanik lieb. Sie sammelt und weckt in meiner Einbildungskraft alle Vorstellungen wieder, die ihr früher schmeichelten. Die Wiesen, Gewässer, Waldungen, die Einsamkeit und hauptsächlich der Frieden und die Ruhe, die in dem allen wohnen, ruft sie mir unaufhörlich in mein Gedächtnis zurück. Durch sie vergesse ich die Verfolgungen der Menschen, ihren Haß, ihre Verachtung, ihre Beschimpfungen und alle die Leiden, womit sie meine aufrichtige Anhänglichkeit belohnt haben. Sie versetzt mich in friedliche Wohnungen zu guten, einfältigen Menschen, so wie die, unter denen ich ehemals wohnte. Sie erinnert mich an meine Jugend und an die unschuldigen Freuden, deren Genuß sie mir noch einmal gewährt, und oft genug beglückt sie mich noch in dem traurigsten Schicksal, das je ein Sterblicher erfahren hat.

ACHTER SPAZIERGANG

Wenn ich über die Stimmung meiner Seele in allen Situationen meines Lebens nachdenke, so ist es mir äußerst auffallend, so wenig Verhältnis zwischen den verschiedenen Fügungen meines Schicksals und den gewöhnlichen Empfindungen des Wohlbefindens und Mißbehagens, die sie mir eingegeben haben, zu entdekken. Die verschiedenen Zwischenzeiten meiner kurzen Wohlhabenheit haben mir fast keine angenehmen Erinnerungen inniger und nachhaltiger Art zurückgelassen, während ich in allem Elend meines Lebens beständig von zärtlichen, rührenden und wonnevollen Empfindungen durchdrungen gewesen bin, die einen heilenden Balsam auf mein verwundetes Herz gossen, den Schmerz in Wollust zu verwandeln schienen und deren teure Erinnerung noch oft, abgelöst von den Schmerzen, die ich zu eben der Zeit ausstand, allein zurückkehrt. Es scheint mir, daß ich die Anmut des Daseins besser empfunden und in der Tat mehr gelebt habe, weil meine Empfindungen durch mein Schicksal sozusagen eng in meinem Herzen zusammengedrängt waren und nicht draußen an allen Gegenständen der menschlichen Achtung verdunsteten, die dieselbe so wenig an sich selbst verdienen und doch die einzige Beschäftigung derer ausmachen, die für glücklich gehalten werden.

War um mich her alles in Ordnung, war ich mit allem, was mich umgab und in dem Bezirk lag, in welchem ich leben mußte, zufrieden, so erfüllte ich ihn mit meinen Neigungen. Meine überströmende Seele dehnte sich über andere Gegenstände aus, und beständig durch hundert kleine Neigungen von mancherlei Art aus mir herausgelockt, durch liebenswürdige Anhänglichkeiten, die mein Herz unaufhörlich beschäftigten, abgelenkt, vergaß ich mich gewissermaßen selbst, gehörte ganz dem, was mir fremd war, und empfand in der unaufhörlichen Erregung meines Herzens alle Wechselfälle irdischer Dinge. Dieses stürmische Leben ließ mir weder Frieden im Inneren noch Ruhe im Äußeren. Bei allem anscheinenden Glück hatte ich nicht eine Empfindung, die der Probe des Nachdenkens standhalten konnte und in der ich mich vielleicht mit Wohlgefallen betrachtet hätte. Ich war nie weder mit mir selbst noch mit anderen völlig zufrieden. Der Trubel der großen Welt betäubte mich, die Einsamkeit langweilte mich, es war mir ein Bedürfnis, stets meinen Ort zu verändern, und doch befand ich mich nirgends wohl. Überall war ich gerne gesehen, man begegnete mir mit Wohlwollen, überall nahm man mich gut auf und liebkoste mich. Ich hatte nicht einen Feind, nicht einen, der mir übelgewollt hätte, keinen Neider. Wie man mich nur zu verpflichten suchte, so hatte ich oft selber das Vergnügen, mir viele Leute verpflichten zu können, und ohne Vermögen, ohne Amt, ohne Beschützer, ohne große Talente zu besitzen, die wohl entwickelt und anerkannt waren, genoß ich alle mit diesen Dingen verknüpften Vorteile, und ich mochte mich, in welchem Stand ich wollte, umsehen, ich sah doch überall niemanden, dessen Los dem meinigen vorzuziehen schien. Was mangelte mir denn also, um glücklich zu sein? Ich weiß es nicht, aber ich weiß, daß ich nicht glücklich war.

Was fehlt mir jetzt, um der unglücklichste Mensch von der Welt zu sein? Nichts von dem, was die Menschen dazu beitragen könnten, mich dazu zu machen. Und doch möchte ich in dieser bedauernswerten Lage meinen Zustand und mein Schicksal noch immer nicht mit dem glücklichsten unter ihnen vertauschen und will bei all meinem Elend noch lieber ich selbst sein als irgendeiner jener Leute mit all ihrem Wohlstand. Es ist wahr, daß ich, auf mich selbst eingeschränkt, mich von meiner eigenen Substanz nähren muß, aber sie erschöpft sich nicht, und ich genüge mir selbst, obgleich ich sozusagen nur aus leerem Magen wiederkäue und meine versiegte Einbildungskraft und meine erloschenen Vorstellungen meinem Herzen keine Nahrung mehr gewähren. Meine durch meine Organe verdunkelte und behinderte Seele sinkt von Tag zu Tag mehr und kann unter der Last dieser schweren Massen sich nicht mehr wie ehedem aus ihrer alten Hülle emporschwingen.

Das Unglück zwingt uns zu dieser Selbsteinkehr, und vielleicht wird es daher den meisten Menschen so unerträglich. Ich, der ich mir nur Fehler vorzuwerfen habe, klage deshalb meine Schwäche an und tröste mich darüber, denn nie kam überlegte Bosheit in mein Herz.

Wie kann ich indes, ohne ganz stumpf zu sein, meine Lage nur einen Augenblick betrachten, ohne sie ebenso schrecklich zu finden, wie sie sie gemacht haben, und ohne aus Schmerz und Verzweiflung zu sterben. Statt dessen betrachte ich, das empfindlichste aller Wesen, meine Lage, ohne durch sie bewegt zu werden, und ohne allen Kampf mit mir selbst, ohne alle Anstrengung sehe ich mich beinahe mit völliger Gleichgültigkeit in einem Zustand, dessen bloßen Anblick vielleicht kein anderer Mensch ohne Schaudern ertragen könnte.

Wie ist es nur so weit mit mir gekommen? Denn bei dem ersten Argwohn dieser Verschwörung, in die ich schon lange, ohne es gewahr zu werden, verstrickt war, war ich nichts weniger als so ruhiger Stimmung. Diese Entdeckung warf mich zu Boden. Die Schändlichkeit und Verräterei überraschten mich, denn welche ehrliebende Seele kann je auf Leiden dieser Art gefaßt sein, denn um sie vorherzusehen, müßte man sie verdient haben. Ich fiel also in alle Fallen, die man mir zu Füßen grub. Verachtung, Wut, Verwirrung erfaßten mich, ich geriet gänzlich aus der Fassung, mein Kopf geriet in Unordnung, und in der fürchterlichen Dunkelheit, in der man mich beständig hielt, gewahrte ich weder einen schwachen Schimmer, mich zu leiten, noch eine Stütze, noch sonst etwas, woran ich mich halten oder wodurch ich der Verzweiflung, die mich fortriß, entgehen konnte.

Wie war es möglich, in diesem schrecklichen Zustand ruhig und glücklich zu leben? Ich befinde mich ja noch, und tiefer als je, in ihm und habe die Stille und den inneren Frieden wiedergefunden, lebe glücklich und zufrieden in ihm und lache über die unglaublichen Anstrengungen meiner Verfolger, unausgesetzt mich zu quälen, während ich zufrieden, mit Blumen, Staubfäden und Kindereien beschäftigt, lebe und mich nicht einmal durch den Gedanken an sie stören lasse.

Wie ist dieser Übergang aber bewirkt worden? Ganz natürlich, unmerklich und ohne Anstrengung. Die erste Bestürzung war entsetzlich. Ich, der ich Liebe und Achtung zu verdienen fühlte, ich, der ich gelehrt und geliebt zu sein glaubte, wie ich es verdiente, sah mich plötzlich in ein Ungeheuer, wie es nie eines gegeben hatte, verwandelt. Ich sah eine ganze Generation diese sonderbare Meinung ohne alle Erläuterung, ohne allen Zweifel, ohne Scham annehmen, und ohne daß ich je die Ursache dieser befremdlichen Veränderung erfahren konnte. Ich sträubte mich mit Ungestüm und verstrickte mich nur noch ärger. Ich wollte meinen Verfolgern einige Erläuterungen abringen, davor hüteten sie sich aber wohl. Nachdem ich mich lange genug ohne Erfolg gemartert hatte, mußte ich wieder zu Atem kommen. Unterdessen hoffte ich immer noch. Eine so törichte Verblendung, sagte ich zu mir selbst, ein so abgeschmacktes Vorurteil wird doch nicht das ganze menschliche Geschlecht anstecken können. Es gibt ja noch vernünftige Menschen, die an dieser Narrheit keinen Anteil nehmen, es gibt noch gerechte Seelen, die Betrug und Verräterei verabscheuen. Ich will suchen, vielleicht finde ich endlich einen Menschen, und finde ich einen, so sind sie überführt. Aber mein Suchen war vergeblich, ich fand keinen. Die Verschwörung ist allgemein, ohne Ausnahme, unwiderruflich, und ich bin überzeugt, daß ich mein Leben in dieser schrecklichen Verbannung beschließen werde, ohne je das Geheimnis derselben zu durchdringen.

In diesem bedauernswürdigen Zustand fand ich nach langem Jammer statt der Verzweiflung, die dem Anschein nach mein Los hätte sein müssen, die Heiterkeit der Seele, Ruhe, Stille, sogar das Glück, weil jeder Tag meines Lebens mich mit Vergnügen an den vorigen erinnert und ich mir für den folgenden keinen besseren wünsche.

Woher kommt aber dieser Unterschied? Von einer einzigen Sache. Ich habe nämlich das Joch der Notwendigkeit ohne Murren ertragen gelernt. Ich wollte mich noch an tausend Dinge hängen, die mir eines nach dem anderen entglitten, so daß ich auf mich selbst zurückgeworfen war und endlich wieder meine wahre Ruhelage fand. Von allen Seiten gedrückt, werde ich im Gleichgewicht erhalten, und da ich mich an nichts Fremdes mehr lehne, stütze ich mich bloß auf mich selbst.

Als ich mich mit so viel Eifer wider die allgemeine Meinung empörte, trug ich noch, ohne es gewahr zu werden, ihr Joch. Man will von denen, die man hochschätzt, auch geschätzt werden, und solange ich die Menschen oder wenigstens doch einige vorteilhaft beurteilen konnte, konnte mir die Art, wie sie mich beurteilten, keineswegs gleichgültig sein. Ich sah es wohl ein, daß die Urteile des Publikums oft gerecht sind, aber ich bemerkte nicht, daß diese Billigkeit nur die Wirkung des Zufalls war, daß die Regeln, auf welche sie ihre Meinungen gründen, nur von ihren Leidenschaften oder von den Vorurteilen, die ihr Werk sind, herkommen und daß, selbst wenn sie richtig urteilen, diese richtigen Urteile oft aus einem falschen Grundsatz entspringen. Zum Beispiel, wenn sie jemandes Verdienst zu ehren vorgeben, so geschieht es nicht aus einem Geist der Gerechtigkeit, sondern um sich das Ansehen der Unparteilichkeit zu geben und um denselben Menschen in anderen Punkten nur desto mehr zu verleumden.

Als ich sie aber nach so langem vergeblichen Suchen alle ohne Ausnahme immer noch in dem unbilligsten und widersinnigsten System verharren sah, das die Hölle nur ausbrüten konnte, als ich gewahr wurde, daß in Ansehung meiner die Vernunft aus allen Köpfen und die Ehrlichkeit aus allen Herzen verbannt war, als ich eine ganze wahnwitzige Generation sich der blinden Wut ihrer Führer gegen einen armen Unglücklichen, der nie jemandem Böses tat, tun wollte oder vergolten hat, überlassen sah, als ich nach langem vergeblichem Suchen nach einem Menschen endlich meine Laterne auslöschen und ausrufen mußte: »Es gibt keinen mehr!«, da begann ich mich allein auf der Welt zu sehen, und ich sah es ein, daß meine Zeitgenossen in Beziehung auf mich nur mechanische Wesen waren, die nur durch äußeren Antrieb bewegt wurden und deren Handlungen ich bloß nach den Bewegungsgesetzen berechnen konnte. Welche Absichten, welche Leidenschaft ich in ihren Seelen auch hätte voraussetzen können, so hätten diese mir ihr Betragen doch nie auf eine mir begreifliche Art erklären können. Auf diese Weise hörten ihre inneren Neigungen auf, mir etwas zu bedeuten. Ich betrachtete sie bloß noch als verschieden bewegte Massen, die in Rücksicht meiner keinerlei Moralität mehr besaßen.

Wir sehen bei allen uns zustoßenden Übeln mehr auf die Absicht als auf die Wirkung. Ein Ziegel, der vom Dach fällt, kann uns stärker verwunden, tut uns aber nicht so weh wie der Stein, den eine boshafte Hand absichtlich nach uns wirft. Der Wurf kann zuweilen nicht treffen, aber die Absicht verfehlt niemals ihr Ziel. Bei allen Schlägen des Schicksals fühlt man den materiellen Schmerz am wenigsten, und wenn der Unglückliche nicht weiß, wen er wegen seines Unglücks anklagen soll, dann hält er sich an das Schicksal, personifiziert es, gibt ihm Augen und den Verstand, um ihn vorsätzlich zu quälen. So gerät ein Spieler durch seinen Verlust in Wut, ohne zu wissen, gegen wen. Er stellt sich ein Schicksal vor, das wider ihn ist, um ihn zu martern, und da seine Wut sich daran nähren kann, reizt er seinen Zorn gegen den selbstgeschaffenen Feind. Der Weise, der in allen seinen Unglücksfällen nur die blinde Notwendigkeit gewahr wird, läßt sich nicht zu so wahnwitzigen Erregungen hinreißen, er jammert zwar auch in seinem Schmerz, aber ohne sich von ihm hinreißen zu lassen, ohne Zorn, und von allen Übeln, die ihn befallen, fühlt er allein die materielle Verletzung, und so sehr die Schläge, die ihn treffen, seine Person verwunden mögen, sein Herz werden sie dennoch nie erreichen.

Es bis dahin gebracht zu haben, ist viel, aber noch nicht alles. Man hat damit das Übel zwar abgeschnitten, die Wurzel aber gelassen. Nun ist aber diese Wurzel nicht in den Wesen, die uns fremd sind, zu suchen, sondern sie ist in uns selbst, und da muß man sich bemühen, sie gänzlich auszureißen. Dies sah ich vollkommen ein, als ich wieder zu Besinnung kam. Meine Vernunft zeigte mir in allen Erklärungen, die ich für das, was mir begegnete, suchte, nichts als Widersinn, und da begann ich einzusehen, daß, da mir alle Ursachen, Werkzeuge und Mittel aller dieser Dinge unbekannt und unerklärbar waren, sie mir auch nichts bedeuten sollten, daß ich alles bis auf die kleinsten Vorfälle meines Schicksals als ebensoviele Handlungen eines bloßen Verhängnisses, ohne Führung, ohne Absicht, ohne moralischen Grund anzusehen hätte, dem ich mich, ohne darüber zu vernünfteln und ohne mich dagegen zu sträuben, weil es fruchtlos wäre, unterwerfen müsse, und daß das einzige, was ich noch auf Erden tun könnte, darin bestünde, mich als ein bloß passives Wesen zu betrachten, und daß ich die Kräfte, um mein Schicksal ertragen zu können, nicht durch fruchtloses Sträuben verbrauchen sollte. So redete ich mit mir selbst, meine Vernunft, mein Herz fanden sich damit ab, und dennoch fühlte ich, daß dieses Herz noch murrte. Woher kam dieses Murren? Ich suchte die Ursache und entdeckte sie in der Eigenliebe, die, nachdem sie gegen die Menschen aufgebracht gewesen war, sich noch gegen die Vernunft empörte.

Diese Entdeckung war nicht so leicht gemacht, wie man es sich vielleicht vorstellt, denn ein unschuldig Verfolgter sieht den Stolz seines kleinen Individuums lange als bloße Gerechtigkeitsliebe an. Ist die wahre Quelle aber einmal entdeckt, so ist sie leicht zum Versiegen zu bringen oder wenigstens umzuleiten. Die Selbstachtung ist das stärkste Triebwerk stolzer Seelen, die an Täuschungen fruchtbare Eigenliebe verkleidet sich und gibt sich als jene Selbstachtung aus; wird aber der Betrug endlich entdeckt und die Eigenliebe kann sich nicht länger verbergen, dann ist sie nicht mehr zu fürchten, und obgleich sie nicht leicht ganz zu ersticken ist, kann sie dennoch ohne große Anstrengung unterdrückt werden.

Ich hatte nie einen sonderlichen Hang zur Eigenliebe, allein, diese erkünstelte Leidenschaft hatte sich bei mir im Umgang mit der Welt und hauptsächlich, seit ich Autor war, vermehrt, und ich hatte vielleicht immer noch weniger als andere, aber ich hatte immerhin genug. Die schrecklichen Lehren, die ich erhielt, schränkten sie bald wieder in ihre früheren Grenzen ein; zuerst empörte sie sich gegen die Ungerechtigkeit, und schließlich verachtete sie sie. Als sie sich in meine Seele zurückschmiegte und alle äußeren Beziehungen abschnitt, die sie anspruchsvoll machen, allen Vergleichen und Vorzügen entsagte, begnügte sie sich mit dem Bewußtsein meiner inneren Güte, und als sie dann wieder Selbstliebe wurde, kehrte sie in die natürliche Ordnung zurück und hat mich von dem Joch der Meinungen befreit.

Seit damals kehrte der Friede in meine Seele zurück, fast möchte ich sagen, die Glückseligkeit. Denn in welcher Lage man auch sein mag, so kann jenes Joch uns nur für immer unglücklich machen. Schweigt die Eigenliebe und spricht die Vernunft, so tröstet sie uns über alle Leiden, die wir nicht vermeiden konnten. Sie vernichtet sie sogar, sofern sie nicht unmittelbar auf uns wirken, denn wenn man aufhört, sich damit zu beschäftigen, so ist man sicher, ihren schärfsten Stachel nicht zu fühlen. Für den, der nicht an die Leiden denkt, sind sie nichts. Beleidigungen, Rache, Zurücksetzungen, Beschimpfungen, Ungerechtigkeiten sind für den nichts, der in seinem Leiden nur das Übel an sich und nicht die Absicht bemerkt, für den, dessen Achtung vor sich selbst nicht von der Achtung, die ihm andere zu gewähren belieben, abhängt. In welchem Lichte mich die Menschen auch betrachten mögen, es steht nicht in ihrer Gewalt, mein Wesen zu verändern, und ich werde trotz aller ihrer heimlichen Ränke dennoch fortfahren zu sein, was ich bin. Wahr ist, daß ihre Gesinnungen gegen mich Einfluß auf meine wirkliche Lage haben. Durch die Scheidewand, die sie zwischen sich und mir gezogen haben, wird mir jede Quelle des Unterhalts und des Beistandes in meinem Alter und für meine Bedürfnisse abgeschnitten. Sogar das Geld hat dadurch für mich keinen Nutzen, weil es mir nicht die nötigen Dienstleistungen verschaffen kann, und so ist keine Gemeinschaft, keine gegenseitige Unterstützung, kein Umgang mehr zwischen ihnen und mir. Mitten unter ihnen allein, bin ich mir selbst überlassen, und diese Stütze ist in meinen Jahren und in meinem Zustand sehr schwach. Diese Leiden sind groß, sie haben aber ihre Macht über mich verloren, seitdem ich sie ohne Murren dulde. Die Augenblicke, wo wirkliche Not sich fühlbar macht, sind immer selten. Der Blick in die Zukunft und die Einbildungskraft vermehren sie, und durch dergleichen fortdauernde Empfindungen wird man beunruhigt und unglücklich. Ich meinesteils mag es immerhin wissen, daß ich morgen leiden muß; um ruhig zu sein, genügt es mir, daß ich heute nicht leide. Das Unglück, dem ich entgegensehe, rührt mich nicht, sondern bloß das, was ich wirklich empfinde, und das macht es mir erträglich. Allein, krank, verlassen in meinem Bett, kann ich vor Entbehrung, Frost und Hunger darin umkommen, ohne daß sich irgend jemand darum bekümmerte. Was liegt aber daran, wenn ich mich ebensowenig darum gräme und so wenig wie andere über mein Schicksal, wie es auch sein möge, besorgt bin. Ist es etwas Geringes, besonders in meinen Jahren, Leben und Tod, Gesundheit und Krankheit, Ruhm oder Verunglimpfung mit derselben Gleichgültigkeit zu betrachten? Alle anderen

Greise beunruhigen sich über alles, ich über nichts, es trage sich zu, was da wolle, es ist mir alles völlig gleichgültig, diese Gleichgültigkeit ist aber nicht eine Frucht meiner Weisheit, sondern das Werk meiner Feinde. Ich will also lernen, sie als Entschädigung für das Böse, das sie mir angetan haben, zu betrachten. Da sie mich unempfindlich gegen das Mißgeschick machten, erwiesen sie mir mehr Gutes, als wenn sie mich mit ihren Angriffen völlig verschont hätten. Hätte ich sie nie erfahren, könnte ich sie vielleicht immer noch fürchten, während ich sie nun nicht mehr fürchte, da ich ihrer Herr wurde.

Diese Stimmung überläßt mich inmitten aller Widrigkeiten des Lebens der Sorglosigkeit meines Gemüts beinahe so völlig, als lebte ich in den vollkommensten Glücksumständen. Außer den kurzen Augenblicken, in denen mich die Gegenwart der Gegenstände an die schmerzliche Beunruhigung erinnert, überlasse ich mich dem Hang meines Herzens und den Regungen, die für mich am anziehendsten sind. Mein Herz nährt sich noch mit Gefühlen, für die es geschaffen war, und ich genieße sie mit den eingebildeten Wesen, die sie hervorrufen und die sie mit mir so teilen, als wären diese Wesen wirklich da. Für mich, der sie schuf, sind sie da, ich befürchte weder, daß sie mich verraten noch daß sie mich verlassen. Sie werden so lange bleiben wie mein Unglück, und sie allein werden es mich vollkommen vergessen lassen.

Alles führt mich zu dem glücklichen stillen Leben zurück, zu dem ich geboren war. Drei Viertel meines Lebens beschäftige ich mich entweder mit lehrreichen und sogar anmutigen Gegenständen, denen ich meinen Geist und meine Sinne mit wahrem Wonnegefühl überlasse, oder ich tändle mit den Kindern meiner Phantasie, die ich nach meinem Herzen schuf und deren Umgang die Gefühle desselben nährt, oder ich bin im Umgang mit mir selbst zufrieden und schon des Glückes voll, dessen ich mich wert fühle. Dieses alles wird durch die Liebe meiner selbst bewirkt, ohne daß Eigenliebe den geringsten Anteil daran hätte. Nicht so verhält es sich mit den traurigen Augenblicken, die ich noch unter Menschen zubringe und in denen ich noch ein Spiel ihrer treulosen Liebkosungen, ihrer hochtrabenden spöttischen Komplimente und ihrer honigsüßen Bosheit sein muß. Wie ich es auch immer dabei anstellen mochte, es ist immer das Spiel der Eigenliebe. Der Haß und die Feindseligkeit, die ich dann durch diese grobe Hülle hindurch in ihren Herzen entdeckte, verwundet das meinige schmerzlich, und die Vorstellung, für einfältig genug gehalten zu werden, um mich so hintergehen zu lassen, fügt zu diesem Schmerz noch einen recht kindischen Verdruß, der die Frucht einer törichten Eigenliebe ist, deren ganze Narrheit ich fühle, ohne sie unterdrücken zu können. Die Anstrengung, mit der ich mich gegen diese spöttischen und verletzenden Blicke zu wappnen gesucht habe, ist unglaublich. Ich bin wohl hundertmal durch die öffentlichen Promenaden und die Orte, die am meisten besucht werden, gegangen, um mich in diesem grausamen Kampf zu üben. Nicht nur ist mir dies nicht gelungen, sondern ich bin auch nicht weiter als vorher gekommen, und bei all meiner mühsamen und vergeblichen Anstrengung bin ich noch ebenso leicht in Verwirrung zu setzen, ebenso schnell verwundet und empört wie zuvor.

Beständig der Herrschaft meiner Sinne unterworfen, wie ich es auch anstellen mag, vermochte ich nie ihren Eindrücken zu widerstehen, und solange der Gegenstand auf sie wirkt, wird mein Herz beständig dadurch in Bewegung gesetzt, aber diese vorübergehenden Regungen dauern nur so lange wie der sinnliche Eindruck, der sie veranlaßt. Die Gegenwart eines gehässigen Menschen versetzt mich in die heftigste Bewegung, die aber, sobald er sich entfernt, mit ihm verschwindet, und ich denke nicht weiter daran. Bin ich auch sicher, daß er sich mit mir beschäftigen wird, so ist es mir doch nicht möglich, mich mit ihm zu beschäftigen. Ein Übel, das ich nicht wirklich gegenwärtig empfinde, rührt mich auf keine Weise, und der Verfolger, den ich nicht sehe, bedeutet mir nichts. Ich sehe den Vorteil, den diese Gemütslage denen gibt, die mein Schicksal lenken. Sie mögen darüber nach ihrem Gefallen verfügen. Ich will lieber, ohne Widerstand zu leisten, gequält werden, als gezwungen sein, an sie zu denken und mich vor ihren Anfällen zu schützen.

Durch diese Wirkung meiner Sinne auf mein Herz entsteht die einzige Qual meines Lebens. An den Tagen, an denen ich niemanden sehe, vergesse ich mein Schicksal und höre auf, es zu empfinden, ich leide nicht mehr, bin ohne Ablenkung, ohne Hindernis glücklich und zufrieden. Aber selten entwische ich einem empfindlichen Angriff, und wenn ich es am wenigsten erwarte, genügt ein finsterer Blick, den ich bemerke, ein boshaftes Wort, das ich höre, ein übelwollender Mensch, der mir auf meinem Wege aufstößt, um mich ganz aus der Fassung zu bringen. Alles, was ich in ähnlichen Fällen noch über mich vermag, ist schnell zu vergessen und zu fliehen. Die Empörung meines Herzens verschwindet mit dem, der sie veranlaßt, und sobald ich wieder allein bin, kehrt die Stille in meine Seele zurück. Werde ich durch etwas beunruhigt, so ist es die Furcht, auf meinem Wege wieder auf irgendeine Veranlassung zum Schmerz zu stoßen. Das ist meine einzige Sorge, sie genügt aber, um meine Zufriedenheit zu stören. Ich wohne mitten in Paris. Gehe ich aus meinem Hause, so sehne ich mich nach dem Land und der Einsamkeit, ich muß aber so weit gehen, daß ich unterwegs, ehe ich freien Atem schöpfen kann, auf tausend Gegenstände stoße, die mir das Herz beklemmen, und so verstreicht der halbe Tag mit Ängstlichkeiten, ehe ich die Einsamkeit, die ich suchte, erreicht habe. Indes schätze ich mich noch glücklich, wenn man mich meinen Weg fortsetzen läßt, und der Augenblick, in dem ich dem Gefolge bösartiger Menschen entronnen bin, ist köstlich. Sobald ich unter Bäumen und im Grünen bin, glaube ich, in ein irdisches Paradies versetzt zu sein, und fühle ein so lebhaftes inneres Vergnügen, als wäre ich der glücklichste Sterbliche.

Ich erinnere mich sehr wohl, daß mir während meines Wohlseins diese einsamen Spaziergänge, die mir jetzt so anmutig dünken, damals schal und langweilig waren. War ich bei jemandem auf dem Lande, brach ich oft alleine auf, um mir Bewegung zu machen und die frische Luft zu genießen, stahl mich davon wie ein Dieb und ging im Park oder auf dem Felde spazieren. Aber weit entfernt, die glückliche Stille daselbst zu finden, die ich heute genieße, nahm ich allen Tumult der eitlen Vorstellungen, die mich im Salon beschäftigt hatten, mit dorthin, die Erinnerung an die Gesellschaft, die ich zurückgelassen hatte, verfolgte mich in der Einsamkeit. Die Dünste der Eigenliebe und der Tumult der Welt trübten in meinen Augen die Frische der Wälder und störten den

Frieden der Einsamkeit. Mochte ich auch in den tiefen Wald entfliehen, eine lästige Menge folgte mir überall nach und verhüllte mir die ganze Natur. Erst da fand ich sie in allem ihrem Reiz wieder, als ich mich von allen geselligen Leidenschaften und ihrem traurigen Erfolg losgewunden hatte.

Nachdem ich mich von der Unmöglichkeit, diese ersten unwillkürlichen Bewegungen zu unterdrücken, vollkommen überzeugt hatte, habe ich nicht weiter dagegen gekämpft. Ich lasse mein Blut bei jedem Angriff in Hitze geraten, und Zorn und Verachtung mag sich meiner Sinne bemächtigen, ich überlasse der Natur diesen ersten Ausbruch, den alle meine Kräfte nicht aufzuhalten vermöchten, und suche nur ihre Folgen aufzuhalten, ehe sie irgendeine Wirkung hervorbringen können. Das funkelnde Auge, das glühende Gesicht, das Beben der Glieder, das erstikkende Herzklopfen, alles dies ist eine bloß physische Wirkung, über die kein Vernünfteln etwas vermag. Ist aber dieser erste natürliche Ausbruch vorüber, so kann man sich wieder selbst beherrschen und nach und nach zu sich kommen. Dies habe ich lange ohne Erfolg versucht, endlich aber gelang es mir. Indem ich aufhöre, meine Kräfte im vergeblichen Widerstand abzuarbeiten, erwarte ich den Augenblick, in dem ich durch meine Vernunft siegen kann, denn diese spricht nur dann, wenn sie vernommen wird. Was sage ich? Ach, meine Vernunft! Ich täte Unrecht, ihr die Ehre des Sieges zuzuschreiben, denn sie hat wenig Anteil daran. Es entspringt alles gleichsam aus meiner schwankenden Gemütsart, die ein heftiger Sturm bewegt, die aber, sobald der Sturm schweigt, wieder ruhig ist. Mein hitziges Temperament setzt mich in Bewegung, und mein träges Temperament besänftigt mich wieder. Ich gebe jedem gegenwärtigen Antrieb nach, jeder Stoß gibt mir eine heftige kurze Bewegung, sobald aber kein Stoß mehr ist, so hört die Bewegung auf, nichts, was mir von außen mitgeteilt wird, kann sich in mir fortpflanzen. Über einen so beschaffenen Menschen vermögen die Zufälle des Glücks und die heimlichen Anschläge der Menschen wenig. Um mir dauernden Kummer zu machen, müßte der Eindruck jeden Augenblick sich erneuern, denn die Zwischenzeiten, so kurz sie auch immer sein mögen, genügen, um mich wieder zu mir selbst zu bringen.

Solange die Menschen auf meine Sinne wirken können, bin ich, was ihnen gefällt, sobald sie nachlassen, werde ich wieder, was die Natur aus mir machte, und dies ist, wie sie es auch anstellen mögen, mein gewöhnlichster Zustand und der, in dem ich trotz meines Schicksals ein Glück genieße, für das ich mich gemacht fühle. Ich habe in einer meiner Träumereien diesen Zustand beschrieben. Er ist mir so angemessen, daß ich nichts als seine Fortdauer wünsche und nichts fürchte als eine Störung desselben. Das Böse, welches mir die Menschen getan haben, berührt mich in keiner Weise, die Furcht allein vor dem, was sie mir vielleicht noch tun könnten, kann mich noch beunruhigen, aber in der festen Überzeugung, daß nichts vorhanden ist, wodurch sie ein dauerndes, schmerzhaftes Gefühl in mir bewirken könnten, lache ich bei mir über alle ihre Ränke und genieße ihnen zum Verdruß meine eigene Gesellschaft.

NEUNTER SPAZIERGANG

Das Glück ist ein immerwährender Zustand, der für den Menschen hier auf Erden nicht gemacht zu sein scheint. Alles auf Erden ist in einem beständigen Fluß, in dem nichts dauerhafte Gestalt anzunehmen vermag. Alles verändert sich um uns her. Wir selbst verändern uns, und keiner ist sicher, morgen das noch zu lieben, was ihm heute gefällt. So sind alle unsere Entwürfe der Glückseligkeit für dieses Leben leere Hirngespinste. Wir müssen also die Zufriedenheit des Geistes nutzen, wenn sie da ist, sie nie durch unser Versehen verscheuchen, uns aber nie in den Sinn kommen lassen, sie fesseln zu wollen, denn dergleichen Entwürfe sind lauter Torheit. Ich habe wenige, vielleicht gar keine glücklichen Menschen gesehen, oft aber sah ich zufriedene Herzen, und unter allen Dingen, die ich sah, hat dieser Anblick immer am meisten meine eigene Zufriedenheit befördert. Dies ist glaube ich eine natürliche Folge der Gewalt sinnlicher Eindrücke auf mein inneres Gefühl. Das Glück hat kein Aushängeschild; um es gewahr zu werden, müßte man in dem Herzen des Glücklichen lesen können, aber die Zufriedenheit leuchtet aus den Augen, aus der Haltung, dem Ton der Stimme, dem Gang und scheint sich dem, der sie bemerkt, mitzuteilen. Gibt es ein herrlicheres Vergnügen, als ein ganzes Volk an einem Festtag sich der Freude überlassen zu sehen, und wie alle Herzen sich an dem Strahl der Freude, der rasch, aber lebhaft durch die dunklen Wolken des Lebens bricht, erweitern?

Vor drei Tagen kam Herr P. mit außerordentlich geschäftigem Eifer, um mir die Lobrede auf Frau Geoffrin von Herrn d'Alembert zu zeigen. Er schickte der Lektüre ein langes, heftiges Gelächter voraus über die lächerlichen Neubildungen von Wörtern und die drolligen Wortspiele, von denen die Rede wimmeln sollte. Immer noch lachend begann er zu lesen, ich hörte ihm zu mit einem Ernst, der ihn sich beruhigen ließ, und als er sah, daß ich ihm nicht nacheiferte, hörte er endlich auf zu lachen. Der längste und gesuchteste Abschnitt dieses Stückes handelte von dem Vergnügen, das Frau Geoffrin daran gefunden hätte, Kinder um sich zu haben und mit ihnen zu plaudern. Der Verfasser hielt diese Neigung mit Recht für den Beweis einer guten Gemütsart. Hierbei ließ er es aber nicht bewenden, sondern beschuldigte alle, die nicht den nämlichen Geschmack hätten, ganz entschieden einer schlechten boshaften Gemütsart und ging so weit, zu behaupten, daß, wenn man alle, die zum Rad oder zum Galgen geführt würden, darüber befragen wollte, sie alle eingestehen würden, sie hätten die Kinder nicht lieb gehabt. Diese Behauptungen taten in diesem Zusammenhang eine sonderbare Wirkung. Gesetzt, es habe alles seine Richtigkeit, war dies eine Gelegenheit, es zu sagen, und mußte man die Lobrede auf eine schätzenswerte Frau mit den traurigen Bildern von Exekutionen und Missetätern beschmutzen? Ich entdeckte leicht den Beweggrund dieser häßlichen Gesuchtheit, und als Herr P. aufgehört hatte zu lesen, berührte ich das, was mir in der Lobrede gut zu sein gedünkt hatte, und fügte hinzu, daß der Verfasser beim Schreiben weniger Freundschaft als Haß im Herzen gehabt hätte.

Den folgenden Tag, da das Wetter sehr schön, obschon ziemlich kalt war, machte ich einen Ausflug bis zur École militaire, weil ich glaubte, dort Moos in voller Blüte zu finden. Während des Gehens dachte ich über den gestrigen Besuch und über die Schrift des Herrn d'Alembert nach. Ich dachte mir, daß der episodische Einschub da nicht von ungefähr stünde, und schon allein die Eilfertigkeit, mir, dem alles verheimlicht wird, diese Broschüre zu bringen, bewies mir hinlänglich, welchen Zweck sie hatte. Ich hatte meine Kinder ins Findelhaus getan, dies genügte, einen unnatürlichen Vater aus mir zu machen, und nun war diese Vorstellung erweitert und ausgeschmückt worden, und nach und nach hatte man die augenscheinliche Folgerung daraus gezogen, ich hasse die Kinder. Als ich mit meinen Gedanken die verkettete Stufenfolge dieser Vorstellungen verfolgte, bewunderte ich, mit welcher Kunst die menschliche Erfindungskraft weiß in schwarz verwandeln kann. Denn ich glaube nicht, daß je ein Mensch mehr Vergnügen daran gefunden hat als ich, kleine Kinder herumtollen und miteinander spielen zu sehen, und ich stehe oft auf der Straße oder auf Spaziergängen still, ihren Streichen und kleinen Spielen mit einer Teilnahme zuzusehen, die ich an niemandem sonst bemerke. An demselben Tage, da Herr P. mich besuchte, waren eine Stunde zuvor die beiden kleinen Soussoi, die jüngeren Kinder meines Wirtes, bei mir gewesen, von denen der ältere etwa sieben Jahre alt ist. Sie hatten mich so treuherzig umarmt, und ich hatte ihre Liebkosungen so zärtlich erwidert, daß ungeachtet der Verschiedenheit der Jahre es ihnen bei mir aufrichtig zu gefallen schien, und ich war außer mir vor Freude, daß meine gealterte Gestalt sie nicht abgeschreckt hatte. Der jüngere insbesondere schien so gern zu mir zu kommen, daß ich, kindlicher als sie, diesen vorzugsweise liebte und ihn so ungern fortgehen sah, als wäre er mein gewesen.

Ich begreife, wie der Vorwurf, meine Kinder ins Findelhaus gebracht zu haben, mit einiger Verdrehung in den Vorwurf hat ausarten können, ich sei ein widernatürlicher Vater und hasse die Kinder. Es ist indes sicher, daß nur die Furcht eines für sich hundertmal ärgeren und auf jedem anderen Wege fast unvermeidlichen Schicksals mich zu diesem Schritt bestimmen konnte. Wäre ich unbesorgter über ihr künftiges Schicksal gewesen und außerstande, sie selbst zu erziehen, hätte ich sie in meiner Lage der Erziehung ihrer Mutter, die sie verzogen hätte, oder ihrer Verwandten, die wahre Ungeheuer aus ihnen gemacht hätten, überlassen müssen. Ich schaudere noch bei dem bloßen Gedanken daran. Was Mahomet aus Seïde machte, ist nichts gegen das, was man mit ihnen in Ansehung meiner getan hätte, und die Fallen, die mir in der Folge deswegen gestellt wurden, überzeugen mich hinlänglich, daß der Plan dazu gefaßt war. Ich war in der Tat weit entfernt, diese grausame Verschwörung vorauszusehen, ich wußte aber, daß sie in dem Findelhaus die ihnen am wenigsten gefährliche Erziehung erhalten würden, und also brachte ich sie dahin. Ich würde es noch einmal mit viel weniger Unentschlossenheit tun, wenn es noch einmal sein müßte, und ich weiß, daß es keinen zärtlicheren Vater gibt, als ich es für sie gewesen wäre, wäre die Gewohnheit nur etwas der Natur zu Hilfe gekommen.

Habe ich in der Kenntnis des menschlichen Herzens nur einige Fortschritte gemacht, so verdanke ich sie dem Vergnügen, mit dem ich stets Kindern zusah und sie betrachtete. In meiner Jugend war dieses Vergnügen für mich eine Art Hindernis, denn ich spielte mit den Kindern so fröhlich und treuherzig, daß es mir kaum einfiel, sie zu beobachten. Als ich alt wurde und sah, daß meine hinfällige Gestalt sie beunruhigte, habe ich mich enthalten, ihnen lästig zu werden, und ich wollte lieber ein Vergnügen entbehren, als ihre Freude stören. Daher begnügte ich mich dann, ihren Spielen und ihrem munteren Treiben zuzusehen, und in den Kenntnissen, die ich bei diesen Beobachtungen von den ersten und wahren Regungen der Natur erlangte, von denen alle unsere Gelehrten nichts wissen, fand ich die Entschädigung für meinen Verzicht. In meinen Schriften liegt der Beweis, daß ich mich mit diesen Nachforschungen zu sorgfältig beschäftigt habe, um sie nicht mit Vergnügen angestellt zu haben, und es wäre wohl die unglaublichste Sache von der Welt, daß die *Heloïse* und der *Emile* die Werke eines Mannes sein sollten, der die Kinder nicht liebte.

Ich hatte nie viel Geistesgegenwart noch Leichtigkeit, zu sprechen, aber seit meinem Unglück sind mein Kopf und meine Zunge immer schwerfälliger geworden. Der Begriff und das passende Wort fehlen mir gleichermaßen, und nichts erfordert ein besseres Unterscheidungsvermögen und eine treffendere Wahl des Ausdrucks als eine Unterhaltung mit Kindern. Die Aufmerksamkeit der Zuhörer und das Gewicht, das auf alles gelegt wird, was von einem Manne kommt, der ausdrücklich für Kinder schrieb und von dem man voraussetzt, daß er wie ein Orakel spreche, vermehrt meine Verlegenheit. Dieser große Zwang und meine Ungeschicklichkeit, die ich fühle, verwirren mich und bringen mich aus der Fassung. Ich würde mit leichterem Herzen vor einem asiatischen Monarchen stehen als vor einem kleinen Kind, mit dem ich plaudern soll.

Noch eine andere Schwierigkeit entfernt mich jetzt von ihnen. Seit meinem Unglück sehe ich sie zwar noch immer mit demselben Vergnügen, gehe aber nicht mehr so vertraulich mit ihnen um. Kinder lieben nicht das Alter, die hinfällige Natur ist in ihren Augen ein scheußlicher Anblick, ihr Widerwille, den ich gewahr werde, verwundet mich, und ich enthalte mich viel lieber, sie zu liebkosen, als daß ich ihnen Zwang oder Ekel verursachen sollte.

Dieser Beweggrund, der nur auf wirklich liebende Herzen wirkt, bedeutet allen unseren Doktoren und Doktorinnen nichts. Frau Geoffrin lag wenig daran, ob die Kinder an ihr Vergnügen fanden, wenn sie es nur an ihnen fand. Für mich ist ein solches Vergnügen aber schlimmer als nichts, es ist negativ, sobald es nicht geteilt wird, und ich bin weder in der Lage noch in den Jahren, wo das kleine Herz eines Kindes mit dem meinigen erblühen könnte. Könnte mir dies noch begegnen, so würde dieses seltener gewordene Vergnügen für mich nur noch um so lebhafter sein, und das fühlte ich wohl jenen Morgen an der Freude, mit der ich die kleinen Soussoi liebkoste, nicht allein, weil die Wärterin, die sie brachte, nicht sehr aufdringlich war und ich mich vor ihr nicht vorzusehen brauchte, sondern weil das treuherzige Wesen, mit dem sie zu mir kamen, sie nicht verließ und sie weder Mißfallen noch Langeweile bei mir zu haben schienen.

Ach, würden mir noch einige Momente wahrer herzinniger Liebkosungen zuteil, kämen sie auch von einem noch ganz kleinen Kind, könnte ich noch in irgendeinem Blick Freude und Behaglichkeit an meiner Gesellschaft gewahren, wie ich sie einstmals so oft sah und wecken konnte, für wie viele Leiden und Kümmernisse würden mich nicht diese kurzen, aber süßen Ergießungen meines Herzens entschädigen! Ach, so müßte ich nicht bei den Tieren den Blick des Wohlwollens suchen, den mir die Menschen verbergen. Ich kann darüber nur nach wenigen Beispielen urteilen, die meinem Andenken aber stets teuer bleiben. Hier ist eines, das ich in jeder anderen Lage vergessen hätte, und dessen Eindruck auf mein Gemüt mein ganzes Elend schildert.

Vor zwei Jahren ging ich in der Gegend der Nouvelle-France spazieren, dann ging ich weiter, indem ich mich mehr links hielt, um Montmartre zu umgehen, und ging durch das Dorf Clignancourt. Ich ging ganz zerstreut und vor mich hin träumend meinen Weg fort, ohne um mich her zu sehen, als ich plötzlich meine Kniee umfaßt fühlte. Es war ein kleines Kind von fünf oder sechs Jahren, das meine Kniee mit allen Kräften an sich drückte und mich dabei mit einem so zutraulichen liebkosenden Blick ansah, daß mein Innerstes dadurch bewegt ward. So wären mir meine Kinder begegnet, sagte ich zu mir selbst. Ich nahm das Kind auf den Arm und küßte es mit einer Art von Entzücken und ging dann weiter. Indem ich ging, fühlte ich, daß mir etwas fehlte, ein entstehendes Bedürfnis ließ mich umkehren. Ich warf es mir vor, das Kind so plötzlich verlassen zu haben, ich bildete mir ein, in seinem Betragen ohne sichtbare Ursache eine Art Wink zu bemerken, den ich nicht mißachten dürfte. Genug, ich gab der Versuchung nach, kehrte zurück, lief zu dem Kind, umarmte es aufs neue und gab ihm etwas, sich kleine Nanterrebrötchen zu kaufen, womit zufällig eben ein Verkäufer vorbeiging, und ich brachte es zum Plaudern. Ich fragte, wo sein Vater sei, es zeigte ihn, der in der Nähe Fässer band. Ich wollte eben zu ihm gehen, mit ihm zu sprechen, als mir ein übel aussehender Mensch zuvorkam, der mir eine von diesen Schmeißfliegen zu sein schien, die man mir unaufhörlich auf den Hals schickt. Indes dieser Mensch dem Böttcher ins Ohr flüsterte, sah dieser sehr aufmerksam zu mir herüber mit einer Miene, die nichts Freundliches hatte. Mein Herz zog sich sofort wieder zusammen, und ich verließ Vater und Kind schneller, als ich umgekehrt war, aber in einer weniger angenehmen Verwirrung, die meine ganze Laune umstimmte. Oft genug seitdem kehrte diese frohe Stimmung zurück, und ich ging mehrfach durch das Dorf Clignancourt in der Hoffnung, das Kind wiederzusehen, allein, ich habe weder den Vater noch das Kind wieder zu sehen bekommen, und ich habe an diese Begegnung nur noch eine ziemlich lebhafte, mit Wehmut und Wonne vermischte Erinnerung behalten, wie bei allen Gefühlsregungen, die mir zuweilen noch zum Herzen dringen.

Für alles gibt es Ersatz. Sind meine Freuden selten und vorübereilend, so empfinde ich sie um so lebhafter, wenn sie da sind, als wenn ich sie mehr gewohnt wäre; ich wiederkäue sie sozusagen durch häufige Erinnerung, und so selten sie auch immer sein mögen, so wäre ich doch, wären sie ganz lauter und ungemischt, glücklicher vielleicht als damals, als ich mich wohlbefand. Im äußersten Elend hält man sich mit etwas Geringem für reich. Wenn ein Bettler einen Taler findet, so rührt ihn dies mehr, als wenn der Reiche eine Börse mit Gold findet. Man würde lachen, wenn man sähe, welchen Eindruck die geringsten Freuden dieser Art, die ich dem wachsamen Blick meiner Verfolger entziehen kann, auf mein Gemüt machen. Eine der letzten bot sich mir vor vier oder fünf Jahren dar, und ich erinnere mich ihrer nie, ohne vor Vergnügen entzückt zu sein, sie so gut genutzt zu haben.

Einen Sonntag hatten meine Frau und ich vor der Porte Maillot zu Mittag gegessen. Nach Tisch gingen wir durch den Bois de Boulogne bis nach La Muette. Da setzten wir uns im Schatten in das Gras und warteten auf den Sonnenuntergang, um dann gemächlich über Passy nach Hause zu schlendern. Etwa zwanzig junge Mädchen, die eine Art Nonne führte, setzten sich, einige neben uns, andere hüpften um uns herum. Während sie sich vergnügten, kam ein Hohlhippenkrämer mit seiner Trommel und seinem Glücksrad an und wollte gern etwas erlösen. Die kleinen Mädchen wollten gar zu gerne Hohlhippen haben, und zwei oder drei von ihnen, die wohl einige Heller haben mochten, baten um die Erlaubnis, spielen zu dürfen. Während die Gouvernante zögerte und mit ihnen stritt, rief ich den Hohlhippenkrämer und sagte zu ihm, er solle die jungen Damen alle nach der Reihe spielen lassen, ich wollte ihm alles bezahlen. Nun verbreitete sich über die ganze Schar eine Freude, die allein schon mehr als meine ganze Börse wert war, wenn ich diese ganz darauf verwendet hätte.

Als ich bemerkte, daß sie sich etwas unordentlich zudrängten, ließ ich sie mit Genehmigung der Gouvernante sich alle auf eine Seite stellen und dann, wenn sie gezogen hatten, eine nach der anderen auf die andere Seite hinübergehen. Obschon es keine Niete gab und wenigstens ein Kuchen auf jede kam, die nicht gewonnen hatte, so daß also keine durchaus mißvergnügt sein konnte, so sagte ich doch, um das Fest noch fröhlicher zu machen, dem Krämer heimlich, daß er sich seiner gewöhnlichen Fertigkeit im entgegengesetzten Sinne bedienen sollte, um so viele Gewinne herauskommen zu lassen, als er konnte, ich würde es ihm ersetzen. Mittels dieser Vorsicht kamen wohl hundert Hohlhippen heraus, obschon jedes Mädchen nur einmal zog, denn hierin war ich unerbittlich, da ich weder Mißbrauch begünstigen noch einen Vorzug gewähren wollte, die Mißvergnügen geweckt hätten. Meine Frau gab denen, die gute Lose hatten, zu verstehen, sie mit ihren Gespielinnen zu teilen, und so wurden die Gewinne beinahe gleichmäßig verteilt, und das Vergnügen ward allgemeiner.

Nun ersuchte ich auch die Nonne, zu spielen, obgleich ich befürchtete, sie werde mein Anerbieten verächtlich zurückweisen, allein, sie nahm es freundlich an, zog wie ihre Zöglinge ein Los und nahm ohne weiteres, was ihr zufiel. Ich dankte ihr dies und fand eine Höflichkeit darin, die mir sehr gefiel und die, wie mich dünkt, alles gezierte Getue weit übertrifft. Während dies alles ablief, gab es kleine Zwistigkeiten, die ich zu entscheiden hatte, und während diese kleinen Mädchen kamen, ihre Sache vorzutragen, hatte ich Gelegenheit zu bemerken, daß man, obwohl keines der Mädchen hübsch war, über ihrer Artigkeit zuweilen ihre Häßlichkeit vergaß.

Wir schieden endlich höchst zufrieden voneinander, und dieser Nachmittag ist in meinem Leben einer von denen, an die ich mich mit der größten Befriedigung erinnere. Die Lustbarkeit war übrigens nicht sehr teuer gewesen. Für dreißig Sous, die sie mich etwa kosten mochte, gab es für mehr als hundert Taler Zufriedenheit. So wahr ist es, daß sich das Vergnügen nicht nach den Kosten berechnen läßt und daß die Freude sich lieber an die Pfennige als an die Goldstücke zu halten pflegt. Ich bin nachher wieder verschiedene Male zur selben Stunde an denselben Ort gegangen, in der Hoffnung, die kleine Schar wieder anzutreffen, aber dies ist nicht wieder geschehen.

Bei dieser Gelegenheit fällt mir ein anderer Zeitvertreib beinahe von derselben Art ein, dessen ich mich noch aus viel früheren Zeiten erinnere. Es war in der unseligen Zeit, in der ich mich unter reiche Leute und Gelehrte drängte und zuweilen ihren traurigen Vergnügungen beiwohnen mußte. Ich war auf La Chevrette am Namenstag des Herrn des Hauses, die ganze Familie hatte sich versammelt, denselben zu feiern, und hierzu einen gewaltigen Aufwand rauschender Vergnügungen veranstaltet: Spiele, Schauspiele, Gastmähler, Feuerwerk, kurz es fehlte an nichts. Man hatte nicht so viel Zeit, Atem zu schöpfen, und man betäubte sich, statt sich zu unterhalten. Nach Tisch erholte man sich in der Allee vor dem Hause, wo eine Art von Jahrmarkt gehalten wurde. Es wurde getanzt, die Herren ließen sich herab, mit den Bäuerinnen zu tanzen, aber die Damen wahrten ihre Würde. Es wurde dort Pfefferkuchen verkauft, ein junger Mensch aus der

Gesellschaft ließ es sich einfallen, welche zu kaufen und sie einen nach dem anderen unter die Menge zu werfen, und man fand eine so besondere Lust daran, zu sehen, wie die Bauern übereinander stürzten, sich prügelten und sich umwarfen, um etwas zu erhaschen, daß ein jeder das nämliche Vergnügen haben wollte. Wie die Pfefferkuchen rechts und links fliegen und Mädchen und Knaben übereinander stürzen und sich krumm und lahm schlagen, dies dünkte allen etwas ganz Herrliches zu sein. Ich machte aus falscher Scham mit, obwohl ich mich im Grunde nicht so wie sie daran ergötzte. Bald aber war ich es müde, meinen Geldbeutel zu leeren, um die Leute sich erdrücken zu lassen, ich ließ die feine Gesellschaft, wo sie war und ging auf dem Jahrmarkt spazieren. Die mannigfaltige Abwechslung machte mir lange Vergnügen. Unter anderem sah ich fünf oder sechs kleine Savoyarden, die sich um ein kleines Mädchen herum versammelt hatten, auf dessen Stand noch ein Dutzend schlechter Äpfel lagen, die es gerne losgeworden wäre. Die Savoyarden hätten sie ihrerseits herzlich gerne abgenommen, aber sie hatten alle zusammen nur zwei oder drei Pfennige, und damit ließ sich eben keine große Bresche in die Äpfel schlagen. Dieser Stand war für sie der Garten der Hesperiden, und das kleine Mädchen der Drache, der ihn bewachte. Diese Komödie belustigte mich lange, und ich löste den Knoten endlich damit, daß ich dem kleinen Mädchen die Äpfel bezahlte und sie unter die kleinen Knaben austeilen ließ. Das verschaffte mir den süßesten Anblick, der nur einem Menschenherz schmeicheln kann, nämlich die Freude verbunden mit der Unschuld der Jugend sich um mich her verbreiten zu sehen, denn selbst die Zuschauer teilten sie, und ich, der mit so geringem Aufwand daran teilnahm, hatte dazu noch die Freude, zu fühlen, daß sie mein Werk war.

Als ich diese Belustigung mit der, die ich eben verlassen hatte, verglich, fühlte ich mit Befriedigung den Unterschied des gesunden Geschmacks und der natürlichen Freuden gegenüber denen, die der Überfluß gebiert und die nichts anderes als Freuden des Spotts und ausschließender Neigungen sind, die die Verachtung erzeugt. Denn was für eine Art von Freude war das, diese Herde von durch das Elend erniedrigten Menschen sich übereinander stürzen, ersticken, sich grob prügeln zu sehen, um sich gierig einige mit Füßen getretene und mit Schmutz bedeckte Pfefferkuchen wegzureißen?

Wenn ich über die Art von Wollust, die ich bei dergleichen Gelegenheiten empfand, recht nachgedacht habe, so habe ich gefunden, daß sie weniger in einer wohltätigen Gesinnung als in dem Vergnügen liegt, frohe Gesichter um mich zu sehen. Dieser Anblick hat für mich einen Reiz, der, obgleich er bis zum Herzen dringt, dennoch bloße sinnliche Empfindung zu sein scheint. Würde mir die Zufriedenheit, die ich verursache, nicht sichtbar, so würde ich sie, wäre ich ihrer auch noch so sicher, nur halb genießen. Es ist mir sogar ein ganz uneigennütziges Vergnügen, das von dem Anteil, den ich daran habe, völlig unabhängig ist. Denn bei den Lustbarkeiten des Volks bin ich immer von dem Anblick fröhlicher Gesichter lebhaft angezogen worden. In Frankreich ist diese Erwartung indessen oft enttäuscht worden, denn diese Nation, die so lustig zu sein behauptet, zeigt wenig Lustigkeit in ihren Spielen. Früher ging ich oft in die Guinguettes, um die kleinen Leute dort tanzen zu sehen, ihre Tänze waren aber so plump, ihre Haltung so kläglich und linkisch, daß ich dadurch mehr betrübt als erfreut zurückkehrte. Aber in Genf und überhaupt in der Schweiz, wo das Lachen nicht beständig in törichte Tücke übergeht, atmet alles bei ihren Lustbarkeiten Zufriedenheit und Freude, das Elend zeigt dort nicht sein scheußliches Gesicht, noch die Üppigkeit ihre unverschämte Stirn. Wohlsein, Brüderlichkeit, Eintracht ergießen sich aus allen Herzen, und in dem Überschwang unschuldiger Freude reden Fremde einander an, umarmen sich und laden sich ein, gemeinschaftlich die Freuden des Tages zu teilen. Um diese liebenswürdigen Feste zu genießen, muß ich nicht dazugehören, es genügt mir, zuzuschauen, um daran teilzunehmen, und unter all den frohen Gesichtern ist, dessen bin ich gewiß, kein fröhlicheres Herz als das meinige.

Ist dieses auch nur ein sinnliches Vergnügen, so ist es doch sicher moralischen Ursprungs, und der Beweis dafür ist, daß derselbe Anblick, statt mir zu schmeicheln und zu gefallen, mir mein Herz zerreißen und mit Schmerz und Unwillen füllen kann, wenn ich weiß, daß diese Zeichen des Vergnügens auf den Gesichtern der Bösen nur Beweise ihrer befriedigten Bosheit sind. Allein die Zeichen unschuldiger Freude schmeicheln meinem Herzen. Die der boshaften grausamen Freude des Spotts verwunden und betrüben es, auch wenn dieser nicht die mindeste Beziehung auf mich hat. Diese Zeichen, die so verschiedenen Ursprungs sind, können zweifellos nicht genau übereinstimmen, aber schließlich sind es gleichermaßen Zeichen der Freude, und ihr fühlbarer Unterschied steht sicher mit den Bewegungen, die sie in meinem Herzen veranlassen, in keinem Verhältnis.

Die Zeichen des Schmerzes und des Kummers berühren mich noch empfindlicher, und zwar in dem Maße, daß es mir unmöglich ist, sie zu ertragen, ohne selbst in vielleicht noch lebhaftere Bewegung gesetzt zu werden, als die es ist, die sie darstellen. Die Einbildungskraft verstärkt die sinnliche Empfindung und läßt mich mit dem leidenden Wesen eins werden, und ich fühle oft stärkere Beklemmung als es selbst. Zu den Anblicken, die ich unmöglich zu ertragen vermag, gehört ein mißvergnügtes Gesicht, insbesondere, wenn ich Ursache habe, zu vermuten, daß dieses Mißvergnügen mich betrifft. Es ist nicht zu sagen, wie viele Taler mir das mürrische und brummige Wesen der Bedienten, die mit Widerwillen aufwarteten, in den Häusern aus der Tasche gelockt hat, wohin ich mich ehedem törichterweise hinschleppen ließ und wo mich die Bedienten stets die Gastfreiheit des Herrn teuer bezahlen ließen. Ich werde stets durch die Gegenstände der Sinne zu sehr gereizt, und besonders von denen, die Freude oder Kummer, Wohlwollen oder Abneigung anzeigen, ich werde durch diese äußerlichen Eindrücke fortgerissen, ohne mich ihnen je anders als durch die Flucht entziehen zu können. Ein Zeichen, eine Gebärde, ein Blick eines Unbekannten genügen oft, mich in meinem Vergnügen zu stören oder meinen Kummer zu stillen. Nur wenn ich allein bin, gehöre ich ganz mir, sonst bin ich das Spiel derer, die um mich sind.

Ehedem, als ich in aller Augen nichts als Wohlwollen oder schlimmstenfalls bei denen, die mich nicht kannten, Gleichgültigkeit ausgedrückt sah, lebte ich mit Vergnügen in der Welt. Jetzt aber, da man es sich ebenso angelegen sein läßt, dem Pöbel mein Gesicht bekannt zu machen, wie mein wahres Wesen zu verschleiern, kann ich nicht den Fuß aus dem Hause setzen, ohne von quälenden Gegenständen umgeben zu sein. Dann suche ich eiligst mit großen Schritten das freie Feld zu erreichen und atme freier, sobald ich nur Grünes sehe. Ist es zu verwundern, daß ich die Einsamkeit liebe? Ich sehe nichts als Feindseligkeit auf den Gesichtern der Menschen, die Natur hingegen lächelt mir beständig.

Ich muß aber gestehen, daß ich noch sehr gerne unter Menschen lebe, solange ihnen mein Gesicht unbekannt ist. Dieses Vergnügen läßt man mir aber kaum. Vor einigen Jahren ging ich noch gerne durch die Dörfer und sah des Morgens den Bauern seinen Pflug zurechtmachen oder die Frauen mit ihren Kindern vor ihrer Tür sitzen. Dieser Anblick hatte für mich etwas besonders Rührendes. Oft stand ich, ohne es gewahr zu werden, still, um das Treiben dieser guten Leute zu betrachten, und ich seufzte dann, ohne zu wissen warum. Ich kann nicht sagen, ob man meine Empfänglichkeit für diese Freude bemerkt hat und mir auch diese hat rauben wollen, doch aus der Veränderung, die ich auf den Gesichtern, wenn ich vorübergehe, bemerke und durch die Art, wie ich angesehen werde, bin ich beinahe zu glauben genötigt, daß man mich sehr sorgfältig um mein Inkognito gebracht hat. Dasselbe ist mir am Hôtel des Invalides auf eine noch auffallendere Art begegnet. Diese schöne Einrichtung hat mich immer sehr interessiert. Ich sehe nie ohne Rührung und Ehrfurcht diese Gruppen guter Greise, die wie jene zu Lakedaimon sagen können:

Jung waren wir einst
Und tapfer und mutig im Streit.

Einer meiner liebsten Spaziergänge war der um die Ecole militaire, und ich begegnete hier und da gerne einigen Invaliden, die mich mit ihrer soldatischen Höflichkeit, die sie beibehalten hatten, im Vorbeigehen grüßten. Dieser Gruß, den ihnen mein Herz hundertfältig erwiderte, vermehrte bei mir das Vergnügen, mit dem ich sie sah. Da ich meine Empfindungen nicht verbergen kann, sprach ich öfters von den Invaliden und von dem, was ich bei ihrem Anblick fühlte. Mehr war nicht nötig. Nach einiger Zeit wurde ich gewahr, daß ich ihnen kein Unbekannter mehr war, oder vielmehr, daß ich es jetzt noch weit mehr war, weil sie mich nun mit demselben Auge wie das Publikum ansahen. Nun war von keiner Ehrerbietung, von keinem Gruß mehr die Rede. Zurückweisendes Wesen und trotzige Blicke hatten die Stelle ihrer früheren Höflichkeit eingenommen. Die alte Freimütigkeit ihres Berufes ließ es nicht zu, ihre Feindseligkeit, wie die anderen es taten, unter einer spöttisch lächelnden und verräterischen Maske zu verbergen, sondern sie ließen mich den heftigsten Haß ganz offen merken, und mein Elend geht so weit, daß ich diejenigen noch vorzüglich hochachten muß, die mir ihre Wut am wenigsten zu verbergen suchen.

Seitdem gehe ich weniger gern in der Gegend des Hôtel des Invalides spazieren, da indes meine Gesinnungen gegen sie nicht von den ihrigen gegen mich abhängen, so sehe ich nie ohne Ehrfurcht und Interesse diese ehemaligen Verteidiger des Vaterlandes, es wird mir aber recht hart, die Gerechtigkeit, die ich ihnen widerfahren lasse, so übel belohnt zu sehen. Begegne ich von ungefähr einem, der nicht von der allgemeinen Instruktion erfaßt ist oder der, weil ihm meine Gestalt nicht bekannt ist, mich keine Abneigung merken läßt, so entschädigt mich der höfliche Gruß dieses einen für das schroffe Wesen der anderen. Ich vergesse sie, um mich nur mit diesem einzigen zu beschäftigen, und bilde mir dann ein, seine Seele sei wie die meinige für Haß nicht empfänglich. Noch voriges Jahr hatte ich diese Freude, als ich mich übers Wasser setzen ließ, um auf der Schwaneninsel spazierenzugehen. Ein armer alter Invalide wartete in einem Kahn auf Gesellschaft, um überzufahren. Ich kam und sagte dem Fährmann, er solle losfahren. Das Wasser war bewegt, und die Überfahrt dauerte lange. Ich wagte es kaum, den Invaliden anzureden, aus Furcht, so hart und abweisend wie gewöhnlich angefahren zu werden, aber sein höfliches Wesen ermutigte mich, und wir plauderten miteinander. Er schien mir ein vernünftiger und gesitteter Mann zu sein. Sein offenes freundliches Wesen setzte mich in Verwunderung und gefiel mir ungemein, so viel Gunst war ich gar nicht gewohnt, aber meine Überraschung wich, als ich vernahm, daß er erst kürzlich aus der Provinz gekommen war. Ich begriff, daß man ihn noch nicht mit meiner Gestalt bekannt gemacht und ihm noch keine Instruktionen erteilt hatte. Ich benutzte dieses Inkognito, um mich einige Zeit mit einem Menschen unterhalten zu können, und ich fühlte an dem Vergnügen, das ich daran fand, wie die Seltenheit der gewöhnlichen Freuden ihren Wert erhöhen kann. Als ich aus dem Kahn stieg, hielt er seine armen zwei Pfennige bereit. Ich bezahlte die Überfahrt und bat ihn, sein Geld wieder zu sich zu stecken; ich zitterte, er werde es übelnehmen, aber nein, im Gegenteil schien ihm meine Aufmerksamkeit zu gefallen, und besonders die, die ich ihm noch erwies, als ich ihm, weil er älter war als ich, aus dem Kahn steigen half. Wer sollte es glauben, daß ich kindisch genug war, darüber zu weinen? Für mein Leben gern hätte ich ihm vierundzwanzig Sous für Tabak in die Hand gedrückt, ich wagte es aber nicht. Dieselbe Empfindung von Scham, die mich da zurückhielt, hat mich oft von guten Handlungen, die mich mit Freude erfüllt hätten, abgehalten, und die ich, meine Dummheit bedauernd, unterließ. Dieses Mal, als ich meinen ehrlichen alten Invaliden verlassen hatte, tröstete ich mich geschwind, indem ich bedachte, daß ich sozusagen wider meine eigenen Grundsätze gehandelt hätte, wenn ich etwas Ehrbares mit Geld vermischt hätte, das dessen Würde herabgesetzt und dessen Uneigennützigkeit befleckt. Denjenigen, die der Hilfe bedürfen, muß man beizustehen eilen, aber in dem gewöhnlichen Umgang des menschlichen Lebens müssen das natürliche Wohlwollen und die Höflichkeit ihr Werk tun, ohne daß je etwas von Käuflichkeit und Handelsgeist einer so lauteren Quelle nahekommt, um sie zu verunreinigen oder zu zerstören. Man sagt, daß in Holland das gemeine Volk Geld dafür nimmt, einem zu sagen, wieviel Uhr es ist und den Weg zu zeigen. Das muß ein verächtliches Volk sein, das mit den gewöhnlichsten Pflichten der Menschheit Handel treibt.

Ich habe bemerkt, daß man einzig in Europa die Gastfreiheit verkauft. In ganz Asien wird man unentgeltlich beherbergt. Ich sehe wohl ein, daß man daselbst nicht so gut alle seine Bequemlichkeiten antrifft. Aber ist es etwas Geringes, sagen zu können, ich bin ein Mensch und werde bei Menschen aufgenommen, die lautere Menschlichkeit gibt mir ein Obdach? Die kleinen Entbehrungen erträgt man leicht, wenn das Herz besser behandelt wird als der Körper.

ZEHNTER SPAZIERGANG

Heute am Palmsonntag sind es gerade fünfzig Jahre, daß ich zuerst mit Frau von Warens bekannt wurde. Sie war damals achtundzwanzig Jahre, denn sie war mit dem Jahrhundert geboren. Ich war noch nicht siebzehn, und mein unentwickeltes, mir noch unbekanntes Temperament gab meinem von Natur lebhaften Herzen noch eine neue Wärme. War es nicht zu verwundern, daß sie einem jungen, feurigen, aber sanften und bescheidenen Menschen von hübschem Aussehen wohlwollte, so war es noch weit natürlicher, daß mir eine reizende Frau voller Verstand und Anmut mit der Dankbarkeit noch zärtlichere Empfindungen, die ich nicht davon unterscheiden konnte, einflößte. Nicht aber ganz so gewöhnlich war es, daß dieser erste Augenblick mein ganzes Leben bestimmte und durch eine unvermeidliche Verkettung das Schicksal meiner restlichen Tage bildete. Meine Seele, deren kostbarste Fähigkeiten meine Organe noch nicht entwickelt hatten, hatte noch keine bestimmte Gestalt angenommen. Sie erwartete mit einer gewissen Ungeduld den Augenblick, der sie ihr geben mußte, und dieser Augenblick, der durch diese Begegnung beschleunigt wurde, kam doch nicht so bald. Bei der Einfalt der Sitten, die ich meiner Erziehung zu danken hatte, dehnte sich dieser köstliche, aber schnell verfliegende Zustand, wo Liebe und Unschuld in einem Herzen wohnen, sehr lang. Sie hatte mich von sich entfernt. Alles rief mich zu ihr zurück, ich mußte zurückkehren. Diese Rückkehr bestimmte mein Schicksal, und lange, ehe ich sie besaß, lebte ich bloß in ihr und für sie. Ach, wäre ich ihrem Herzen genug gewesen, wie sie es dem meinigen war! Welch friedliche und wonnige Tage wären uns miteinander verflossen! Wir erlebten solche Tage, aber es waren wenige und schnell vorübereilende, und welches Schicksal folgte ihnen! Es gibt keinen Tag, an welchem ich mich nicht mit Freude und Rührung dieser einzigen und kurzen Zeit meines Lebens erinnere, in der ich ganz ohne Beimischung und ohne Hindernis ich selbst war und von der ich mit Wahrheit sagen kann, gelebt zu haben. Ich kann beinahe mit dem römischen Präfekten der kaiserlichen Leibwache, der unter Vespasians Regierung in Ungnade fiel und seine Tage ruhig auf dem Lande beschloß, sagen: »Ich habe siebzig Jahre auf Erden zugebracht, und davon habe ich sieben gelebt.« Wäre dieser kurze, aber köstliche Zeitraum nicht gewesen, so wäre ich vielleicht über mich selbst in Ungewißheit geblieben, denn mein ganzes übriges Leben bin ich, schwach und ohne Widerstand, von den Leidenschaften anderer dermaßen aufgewühlt, bewegt und umhergeworfen worden, daß ich, mich fast passiv verhaltend in einem so stürmischen Leben, beinahe das, was in meinem Betragen von mir selbst kam, nicht mehr herausfinden könnte, so sehr hat mich stets die traurige Notwendigkeit niedergebeugt. Aber während dieser wenigen Jahre, da ich von einer Frau voller Hingabe und Sanftheit geliebt wurde, tat ich, was ich tun wollte, war ich, was ich sein wollte, und durch den Gebrauch, den ich von meiner Muße machte, von ihren Lehren und ihrem Beispiel unterstützt, vermochte ich meiner noch einfachen und neuen Seele die Gestalt zu geben, die ihr am angemessensten war und die sie immer behielt. Da bildete sich in meinem Herzen die Neigung zur Einsamkeit und Betrachtung zugleich mit den überströmenden zärtlichen Empfindungen, die es nähren sollten. Im Tumult und Geräusch der Welt werden sie eingeengt und erstickt. Stille und Ruhe beleben und steigern sie. Ich muß mich sammeln, um lieben zu können. Ich überredete Mama zum Landleben. Ein abgesondert liegendes Haus am Abhang eines Tales war unser Zufluchtsort, und da habe ich in einem Zeitraum von vier oder fünf Jahren ein Jahrhundert Leben und ein so lauteres und vollkommenes Glück genossen, welches alle Greuel meines jetzigen Schicksals mit seinen Reizen verdeckt. Ich brauchte eine Freundin nach meinem Herzen, und ich besaß sie. Ich hatte gewünscht, auf dem Lande zu leben, und hatte es erlangt. Die Abhängigkeit war mir unerträglich, ich war vollkommen frei, und mehr noch als frei, denn einzig meinen Neigungen unterworfen, tat ich bloß, was ich tun wollte. Meine ganze Zeit war von zärtlichen Diensten oder ländlichen Beschäftigungen erfüllt. Ich wünschte nichts als die Fortsetzung eines so angenehmen Zustandes. Mein einziger Kummer war die Furcht, er würde nicht lange währen, und diese

Furcht, die aus dem Zwang unserer Situation entsprang, war nicht unbegründet. Von der Zeit an suchte ich diese Unruhe zu zerstreuen und Hilfsquellen, ihr vorzubeugen. Ich dachte, ein Vorrat an Talenten sei das sicherste Mittel wider das Elend, und ich entschloß mich, meine Muße anzuwenden, mich in den Stand zu setzen, wenn es möglich wäre, einst der besten unter den Frauen die Unterstützung zu vergelten, die sie mir hatte angedeihen lassen.

ANHANG

ANMERKUNGEN

Der Anhang zum zweiten Band enthält neben den Anmerkungen (zu den Siglen siehe den Anhang zu Bd. 1) eine Übersicht über Daten zum Leben und Werk Rousseaus, die auf der großen »Chronologie« von Louis J. Courtois (in: Annales de la Société Jean-Jacques Rousseau, Bd. 15, 1923) fußt, sowie eine Schlußnotiz zu dieser Ausgabe.

BRIEFE VOM BERGE

Die Entstehungsgeschichte der 1764 in Amsterdam erschienenen »Briefe vom Berge« führt in das Jahr 1762 zurück, in dem der Genfer Kleine Rat am 19. Juni den »Emile« und den »Gesellschaftsvertrag« verurteilt, verbrannt und zerrissen zu werden, weil sie »die christliche Religion und alle Regierungen umzustoßen suchen«. An ihren Verfasser ergeht die Drohung, bei Betreten des Genfer Gebiets verhaftet und einem Urteilsspruch unterworfen zu werden.

Die von Rousseau erwarteten Proteste der Bürger bleiben aus, seine Genfer Freunde können sich zu keinem Vorstoß gegen das von ihnen mißbilligte und für rechtswidrig gehaltene Ratsurteil entschließen. Rousseau selbst scheint von dem Brief an den katholischen Erzbischof Beaumont den Anstoß zu einer Revision des Ratsbeschlusses zu erwarten. Das Gegenteil ist der Fall: der Nachdruck des »Briefes an Beaumont«, den Rousseau als eine Verteidigungsschrift der Genfer Religion verstand, wird in Genf verboten.

Dieser Gang der Ereignisse bestimmt Rousseau, in einem Brief vom 12. Mai 1763 an den Vorsitzenden des Rates auf sein Bürgerrecht, das er 1754 durch die Rückkehr zur Genfer Kirche zurückgewonnen hatte, zu verzichten. »Aus der Betroffenheit, in welche mich das Vorgehen des Hohen Rates, das ich zumindest gewärtigen mußte, versetzt hatte, wieder zur Besinnung gekommen, bin ich nun zu dem entschlossen, was die Ehre und die Vernunft mir gebieten. (. . .) Ich habe mich bemüht, den Namen Genfs zu ehren, ich habe meine Mitbürger innig geliebt, ich habe nichts unterlassen, um von ihnen geschätzt zu werden (. . .), das letzte Opfer, das ich ihnen bringen kann, ist das eines Namens, der mir so teuer gewesen ist. Allein, mein Herr, mein Vaterland, das mir nun fremd wird, kann mir nicht gleichgültig werden . . .« (C. G. IX, S. 284).

Dieser Schritt gibt den Anstoß zu den förmlichen Protesten einer Gruppe von Bürgern, die sich auf ihr verfassungsmäßiges Recht zur Beschwerde (Repräsentation) berufen und am 18. Juni 1763 die erste ihrer »Repräsentationen« einreichen, in denen vom Kleinen Rat eine Überprüfung der Rechtmäßigkeit des Vorgehens im Fall Rousseau (und bei zwei anderen umstrittenen Entscheidungen des Rates) verlangt wird. In den Auseinandersetzungen um diese Repräsentationen bilden sich die Parteien des Rates und der Bürgerschaft, die dann den Namen der »Négatifs« (nach dem vom Kleinen Rat beanspruchten Vetorecht) und der »Représentants« erhalten.
Bis zum September des Jahres entwickelt sich der Streit zu einer Auseinandersetzung um die Genfer Verfassung, um das Beschwerderecht der Bürger und das Ablehnungsrecht des Rates. Durch den Fall Rousseau brechen die Konflikte um die Rechte der Bürger gegenüber dem die Machtpositionen innehabenden Genfer Patriziat wieder auf, die während der ersten Jahrzehnte des 18. Jahrhunderts mehrfach zu bürgerkriegsähnlichen Unruhen geführt hatten und 1738 nur durch die Vermittlung Frankreichs, Berns und Zürichs beigelegt werden konnten (»Vermittlungsreglement«).
In dieser Phase der Auseinandersetzung erscheint die Schrift, die den unmittelbaren Anlaß zu den »Briefen vom Berge« gegeben hat und auf die sich der Titel ironisch bezieht: Die »Lettres écrites de la campagne« (»Briefe vom Lande« – sie wurden in der Umgebung Genfs gedruckt) von Jean-Robert Tronchin. Nur zu einem Teil enthalten sie eine Rechtfertigung des Verfahrens des Kleinen Rates gegen Rousseau, ihre hauptsächliche Absicht ist die Begründung des »droit négatif« des Kleinen Rates gegen die Repräsentationen der Bürgerschaft.
Zwischen September 1763 und Juni 1764 verfaßt Rousseau, ohne Wissen der Repräsentanten, seine Schrift, deren Anlage durch die Dimensionen bestimmt wird, die die Auseinandersetzung um seinen Fall inzwischen angenommen hatte. Die ersten fünf Briefe sind eine Verteidigung des im »Emile« enthaltenen »Glaubensbekenntnisses« (und überschneiden sich darin mit dem »Brief an Beaumont«) und eine Kritik des in Genf gegen Rousseau angestrengten Verfahrens; der sechste Brief ist eine Verteidigung des »Gesellschaftsvertrages« gegen den Vorwurf der umstürzlerischen Absichten der darin entwickelten Staatstheorie; die letzten drei Briefe schließlich enthalten eine systematische und historische Erörterung der Genfer Verfassungsgeschichte und der aktuellen Verfassungswirklichkeit, zentriert um das Repräsentationsrecht und das Ablehnungsrecht, das der Genfer Magistrat beansprucht.
Rousseau hat sich selbst erst während der Vorbereitung seiner »Briefe vom Berge«, die der Partei der Repräsentanten die Argumente liefern wollen, mit der Verfassungsgeschichte Genfs eingehend beschäftigt. Die dazu nötigen

Dokumente, auf die er sich fortlaufend bezieht, wurden ihm von seinen Genfer Gewährsmännern aus dem Kreis der Repräsentanten zur Verfügung gestellt. Die Kompliziertheit der verfassungsgeschichtlichen Erörterungen ergibt sich daraus, daß die Genfer Verfassung mit ihrem System der vier Räte (Allgemeiner Rat, Rat der Zweihundert, Rat der Sechzig, Kleiner Rat) während der Reformation in den Edikten des Jahres 1534 auf der Grundlage des alten Stadtrechts und der von alters her gebräuchlichen Einrichtungen kodifiziert wurde und bis ins 18. Jahrhundert wesentlich unverändert blieb, während sich das Zentrum der wirklichen Machtausübung gegenüber den Anfängen von der Bürgerversammlung des Allgemeinen Rates auf den von dem Patriziat, einer kleinen Schicht wohlhabender Bürgerfamilien, beherrschten Kleinen Rat und auf das von denselben Familien besetzte Gremium der Zweihundert verschob. Die Krisen der ersten Hälfte des 18. Jahrhunderts sind Auseinandersetzungen innerhalb der das Bürgerrecht besitzenden Schicht der »citoyens« und »bourgeois«, von denen wiederum nur die »citoyens«, die Staatsbürger, Zugang zu allen öffentlichen Funktionen haben: innerhalb dieser Bürgerschaft hatte das Genfer Patriziat im Laufe der Zeit die politischen Rechte der »Staatsbürger« für sich reklamiert. Die politischen Kontroversen in Genf, deren bürgerkriegsähnliche Zuspitzung Rousseau im Jahre 1737 selbst erlebt hatte, kulminieren deswegen in Auseinandersetzungen um die Souveränitätsrechte der breiten Schicht des politisch berechtigten Bürgertums, die gegen den Genfer Magistrat geltend gemacht werden, der von einigen Familien innerhalb dieses Bürgertums beherrscht ist.

Der Text dieser Ausgabe ist eine revidierte Fassung der einzigen deutschen Übersetzung in »Philosophische Werke«, Bd. 4, Reval und Leipzig, 1782, und Bd. 5, Prag und Wien, 1787.

9 *Titel:* »Lettres/écrites de la/Montagne./Par J. J. Rousseau.«
Motto: Siehe Bd. 1, Anm. zu S. 469.

10 *Archimedes:* A. (287–212 v. Chr.) soll nackt durch die Straßen von Syrakus gelaufen sein, als er im Bad das hydrostatische Gesetz entdeckt hatte.

11 *mein Herr:* Die Briefe sind an einen fiktiven Adressaten in Genf gerichtet, der ein Mitglied der Bürgerschaft ist und in dem Streit um das Verbot des »Emile« und des »Gesellschaftsvertrages« nicht Partei ergriffen hat.
Repräsentanten: Siehe die Vorbemerkung.

13 *Lettres écrites de la Campagne:* »Briefe vom Lande«, von Jean-Robert Tronchin.
sagt man: Rousseau zitiert die Antwort des Kleinen Rates auf die ersten Repräsentationen vom 25. Juni 1763.

14 *Edikte:* Die »Édits civils« und »Édits politiques«, in denen Verfassung und Gesetzgebung Genfs niedergelegt waren. Die Verfassung der Republik erhielt ihre bis zur Französischen Revolution im wesentlichen unveränderte Form in den Edikten von 1543 und 1568.

geistliche Ordonnanz: Die auf Calvin zurückgehende Genfer Kirchenordnung »Ordonnances ecclésiastiques«.

Jean Morelli: Autor eines Buches über die geistliche Disziplin, gegen den 1563 ein Prozeß geführt wurde, den Rousseau als Präzedenzfall behandelt. Siehe hier S. 91 ff.

17 Fußnote *eines berühmten Werkes*: Gemeint ist Claude-Adrien Helvétius (1715–1771), »De l'Esprit« (»Vom Geist«), 1758, das im Jahre seines Erscheinens verboten wurde. Rousseau hat Randnotizen zu diesem Werk hinterlassen. Die Widerlegung des Materialismus, die er darin skizziert, ist in den »Emile« eingegangen. Er bezieht sich dort (im vierten Buch) auf Helvétius, ohne das Buch und den Verfasser zu nennen.

18 *im Emile:* Im vierten Buch das »Glaubensbekenntnis des savoyischen Vikars«. Siehe dazu hier den »Brief an Beaumont« (Bd. 1, S. 497 ff.).

in der Héloise: Teil VI, Brief 11. Siehe Bd. 1, S. 506.

21 *d'Alembert:* Nach O. C. III (S. 1589) kommt diese Formel bei d'A. mehrfach vor, u.a. in seiner Antrittsrede in der Académie Française (19. Dezember 1754) und in seiner Rechtfertigung des Artikels »Genf« der Enzyklopädie (»Justification de l'article Genève de l'Encyclopédie«).

Stephanus: Der erste Märtyrer der Kirche (»Protomartyr«). Siehe Apostelgeschichte 6 und 7.

26 Fußnote *Antiochien:* Siehe Apostelgeschichte 11,26.

33 *der Verfasser des Geistes der Gesetze:* Montesquieu, »De l'Esprit des Lois«, XXIV, 26. Montesquieus Werk erschien 1748 in Genf (bei Barillot).

Fußnote *Scholarchen*: Die mit der Bücherzensur beauftragten Ratsmitglieder.

ein Geistlicher: Der Genfer Theologe Jacob Vernet (1698–1789). Siehe Bd. 1, Anm. zu S. 345.

34 *La Bruyère:* Jean de La B. (1645–1696), Verfasser der berühmten »Charaktere« (»Les Caractères de Théophraste avec les caractères ou les mœurs de ce siècle«, 1688).

La Rochefoucauld: François VI., Herzog von L. (1612–1680), Verfasser der »Maximen« (»Réflexions, ou Sentences et maximes morales«, zuerst 1665, am vollständigsten 1678).

40 *Evangelismus:* Rousseau bezeichnet damit alle christlichen Lehren, die, im Gegensatz zum Katholizismus, ihren Glauben allein auf das Evangelium gründen (O. C. III, S. 1599).

Eid der Genfer Bürger: Sein erster Artikel verpflichtet, »nach der Reformation des Heiligen Evangeliums zu leben«.
des Konsistoriums: Siehe Bd. 1, Anm. zu S. 409.

43 *ad hominem:* Etwas nach der Fassungskraft eines anderen beweisen oder erklären.
Fußnote *meinen Pfarrer:* Siehe Bd. 1, S. 537, Anm.

44 *Ein Philosoph . . .:* D'Alembert. Siehe hier den »Brief an d'Alembert«, Bd. 1, S. 341, Anm.
Arianer: Der Arianismus lehrt die Wesensverschiedenheit Gottes und Christi, der ein Mittelwesen zwischen Gott und der Menschheit ist. Auf dem Konzil zu Nicaea (325) wurde der Arianismus verworfen.
Verteidigungsreden des Rabelais: François R. (um 1490–1554), »Pantagruel«, Kap. 11 und 12.
einer unter ihnen: Jacob Vernes (1728–1791) in seinem Buch über Rousseaus Christentum (»Lettres sur le christianisme de Mr J. J. Rousseau«, 1763).
Fußnote *ein gewisser Tagesschriftsteller:* Élie-Catherine Fréron (1719–1776) in seiner literarischen Zeitschrift »L'Année littéraire«, 1758 (II, S. 59).

45 *Konstitution:* Siehe Bd. 1, S. 551, Anm.
Fußnote *jene Stellen des Emile:* Siehe hier im dritten Brief, S. 79.
Glaubensbekenntnis der Julie: Siehe oben Anm. zu S. 18.
über die bürgerliche Religion: »Gesellschaftsvertrag«, Teil IV., Kap. 8. Siehe auch den Schluß des Briefes an Voltaire, Bd. 1, S. 330–331.
Brief an den Erzbischof zu Paris: Der »Brief an Beaumont«, Bd. 1, S. 497 ff.

49 *Mercure de Neuchâtel:* Gemeinsamer Titel der Zeitschriften »Journal helvétique« und »Le Nouvelliste suisse«, in denen eine Reihe von Artikeln gegen Rousseau erschienen.
Sie sagen also: Folgt eine Zusammenfassung der »Briefe über Rousseaus Christentum«, siehe Anm. zu S. 44.
Fußnote *Schreiben an den Kardinal de Fleury:* Der französische Hof und der französische Kardinal verlangten 1738 von Genf, die Tätigkeit seiner Prediger in Frankreich einzuschränken. Der Genfer Rat sagt dies in einem Schreiben an den Kardinal zu.

52 *petitio principii:* Voraussetzung des zu Beweisenden.
Fußnote *Farel:* Guillaume F. (1489–1565), Vorläufer und Mitarbeiter Calvins. Seine Verteidigung der reformierten Lehre vor dem Genfer Rat 1534 führt im Jahr darauf zur Annahme der Reformation.

53 Fußnote *Michel Servet:* Miguel Serveto, aus Spanien gebürtiger Gelehrter (1511–1553), Verfasser antitrinitarischer Schriften. Er wurde in Genf auf Betreiben Calvins 1553 zum Tode verurteilt und verbrannt.

56 Fußnote *seine Pflichten*: Ciceros Abhandlung über die Pflichten (»De officiis«).

61 *Friedrich:* F. II., d. Gr.

Gustav: G. II.-Adolph von Schweden (1611–1632) siegte 1631 bei Leipzig (Breitenfeld) über Tilly und bei Lützen 1632 über Wallenstein.

Karl: K. XII. von Schweden (1682–1718) schlug im Jahre 1700 den Zaren Peter d. Gr. bei Narwa und die Sachsen 1706 bei Fraustadt.

64 Fußnote *Es ist genug . . .:* Apostelgeschichte 17,32.

einer dieser Herren: Ein gewisser Ruivert, der Rousseau am 11. Juni 1763 besucht. Seinen Brief siehe C. C. XIX, S. 184–186.

Grotius: Hugo G. (1583–1645), holl. Gelehrter und Staatsmann, Verfasser juristischer und theologischer Schriften.

Autoren der Boyleschen Stiftung: Der Naturforscher Robert B. (1627–1691) stiftete die »Boyle Lectures« zum Vortrag neuer Beweise für die Lehrsätze der christlichen Religion.

Vernes: Siehe Anm. zu S. 44.

Vernet: Siehe Anm. zu S. 33.

65 *in der Wüste Tische bereiten:* Psalm 78,19.

Fußnote (zu S. 64) *Hardouin:* Der Jesuit Jean H. (1646–1729), der für seine paradoxen Beweisführungen berühmt war.

Non satis . . .: »Der Glaube derer ist nicht gefestigt genug, die sich auf Wunder stützen.«

Bez.: Theodor Beza (de Bèze) (1519–1605), Genfer Reformator, in seinem Kommentar zum Johannesevangelium.

67 Fußnote *Praeneste*: Der Fortunatempel in Praenestum (Palestrina) war im Altertum für seine Orakelsprüche berühmt.

68 *Transmutationen:* In der Alchimie die Verwandlung unedler Metalle in edle.

Präzipitationen: Chemischer Prozeß, durch den aus einer Flüssigkeit ein vorher gelöst gewesener oder sich neu bildender Körper ausgeschieden wird.

Pyrophoren: Luftzünder oder Selbstzünder.

Gayaköl: Sekret einer Pflanze der Antillen.

Baalspriester: Siehe 1. Könige 18,21–39.

Rouelle: Guillaume-François R. (1763–1770), franz. Chemiker.

College d'Harcourt: Eine der zahlreichen Pariser höheren Schulen.

Josua: Siehe Josua 10,12–13.

Abbé Nollet: Jean-Antoine N. (1700–1770), franz. Physiker.

mathematische Belustigungen: Nach O. C. III (S. 1616) Anspielung auf Jacques Ozanam, »Récréations mathématiques et physiques«, Paris 1694.

Briochés: Nach Jean Brioché, einem berühmten Pariser Gaukler der Mitte des 17. Jh.s. Er galt als Erfinder der Marionetten.

69 *Albertus Magnus:* Albert der Große (1193–1280), der wegen seines großen Wissens »Doctor universalis« genannt wurde. Er soll eine Maschine in Gestalt eines Menschen konstruiert haben, die ihm als Orakel diente.

Wunder der Konvulsionen: Siehe Bd. 1, S. 567–568, Anm.

Bruhier: Jacques-Jean B., »Dissertation sur l'incertitude des signes de la mort et l'abus des enterremens et embaumemens précipités«, Paris, 2 Bde., 1742–1745. (»Über die Ungewißheit der Anzeichen des Todes und den Mißstand der vorschnellen Beerdigungen und Einbalsamierungen«.)

Fußnote *Lazarus*: Siehe Johannes 11,43.

70 Fußnote (von S. 69) *den letzten Vers*: Johannes 21,25.

Man bringt einen Blinden . . .: Markus 8,22–26. Die folgende Blindenheilung Johannes 9,6.

72 Fußnote *Jesus fragt . . .*: Siehe Matthäus 8,28–34; Markus 5,1–17; Lukas 8,26–37.

74 *Als Aaron . . .:* 2. Mose 8–12.

75 *daß die Schlange Aarons . . .:* 2. Mose 7,12.

Simon der Zauberer: Apostelgeschichte 8,9–24.

Als Moses . . .: 2. Mose 7,22. Die folgenden Plagen: 2. Mose 8,3 und 8,14.

Derselbe Mose . . .: 5. Mose 13,1–5.

78 *Erklärung im Jahre 1753:* O. C. III (S. 1622) vermutet, daß es sich hierbei um Rousseaus Brief an Fréron vom November 1753 handelt. Siehe C. G. II, S. 53–59.

79 *Indem ich die besondere Schrift . . .:* Rousseau stellt sich als Herausgeber des »Glaubensbekenntnisses« im »Emile« dar.

80 Fußnote *Brief an Herrn von Beaumont*: Siehe hier Bd. 1, S. 569ff.

82 Fußnote *Einer der Geistlichen . . .*: Siehe S. 44, Anm.

Wenn ihr betet . . .: Matthäus 6,9; Lukas 11,2.

Siehe, ich komme . . .: Hebräer 10,7.

Nicht, wie ich will . . .: Matthäus 26,39.

84 *Pater Berruyers Ton:* Der Jesuit Joseph-Isaac B. (1681–1758) hat eine Nacherzählung der biblischen Geschichte in der Art der galanten Romane der Zeit veröffentlicht (»Histoire du peuple de Dieu«).

Fußnote *Jansenisten*: Siehe Bd. 1, S. 505, Anm.

86 *So wie die Tugend . . .:* Racine, »Phèdre«, IV,2.

88 *berichtet Brantome:* Nach O. C. III (S. 1628) findet sich diese Anekdote bei B. nicht.

Umtriebe: »pratiquer«.

89 *Ränke schmieden:* »machiner«.

90 *ein Genfer Geistlicher:* O. C. III (S. 1629) zufolge Antoine Jaques Roustand in »Offrande aux autels et à la patrie«, Amsterdam 1764.
Konsistorium: Siehe Bd. 1, S. 409, Anm.

96 *meine Vertreibung:* Aus Yverdon, wo Rousseau nach seiner Flucht aus Paris zunächst bei Daniel Roguin wohnte.
selbst bei Hof: In Berlin am preußischen Hof.
und dessen Umgebung: Voltaires Landsitz in Ferney.
Anstifter: Gemeint sind wohl Voltaire und Théodore Tronchin (siehe Bd. 1, S. 331, Anm.), die Rousseau häufig als Drahtzieher nennt.

99 *die größten Lobreden:* Siehe die »Zueignungsschrift« der »Abhandlung über die Ungleichheit«, Bd. 1, S. 167 ff.
die unsittlichsten ... Schriften: Gemeint sind die Schriften Voltaires.

100 *Antwort an den König von Polen:* Siehe Bd. 1, S. 67 ff.
Brief an Herrn d'Alembert: Siehe Bd. 1, S. 333 ff.

104 *diese Frage nachher wieder aufnehmen:* Siehe den Siebenten Brief.

107 Fußnote *Streit über die besondere Gnadenwahl*: In diesem Streit wandten sich Philippe Mestrezat und Louis Tronchin gegen die herrschende Orthodoxie, die von François Turretini vertreten wurde und Sieger blieb.
Tronchin: Siehe die vorige Anmerkung.

113 *Vauvenargues:* Luc Clapiers, Marquis de V. (1715–1747), »Réflexions et maximes«.

115 Fußnote *Manuel des Inquisiteurs*: »Handbuch der Inquisitoren«, von Abbé André Morellet. Es erschien 1762 anonym in Lissabon.

118 *auf Bitten einer Mutter:* Mme de Chenonceaux. Siehe »Bekenntnisse«, Buch IX.

124 *Dergleichen Autodafés ...:* O. C. III (S. 788) weist darauf hin, daß die Fälle Antoine und Servet (siehe S. 53, Anm.) die einzigen Verbrennungen in der Geschichte Genfs gewesen sind.

125 *Servet:* Siehe S. 53, Anm.
Gentilis: Valentin Gentil wurde ebenfalls auf Betreiben Calvins verurteilt.
Fußnote *Hist. de Genève*: Die Geschichte Genfs von Jacob Spon, 4 Bde., 1730.

131 Fußnote *von anderen Buchhändlern*: Von Duchesne (und Guy) in Paris, nicht von Rousseaus Verleger M.-M. Rey in Amsterdam.

132 *Werke, die man ohne Abscheu ...:* Gemeint sind die Schriften Voltaires (wie schon S. 99), der »Essai sur les mœurs« und die Pamphlete, die alle in Genf erschienen.

133 *Brief zu meiner Verteidigung:* Der »Brief an Beaumont«.
gehe ich selbst nach Frankreich: Nach Pontarlier, 1763, kurz nach Erscheinen des Briefes an Beaumont.

134 *George Keith:* Siehe Bd. 1, S. 504, Anm.

135 *Montesquieus Ausspruch:* »Esprit des Lois«, XII, 4: »Il faut faire honorer la Divinité et ne la venger jamais«.

Fußnote *Beleidigung:* Im Neuen Testament παραπτώματα, Übertretung, Luther übersetzt »Fehler«.

136 *Voltaire:* Seine Abhandlung über die Toleranz (»Traité sur la Tolérance«) erschien 1762.

Kapitel von den Juden: Im »Essai sur les mœurs« (1756).

Sermon des Cinquantes: Voltaires Satire auf das Christentum, die anonym erschien und die Voltaire mehrfach verleugnete.

137 *zwei Übersetzungen des Emile:* 1763 in London und Edinburgh.

Héloise: London 1761. O. C. III (S. 1657f.) weist darauf hin, daß verschiedene Werke Voltaires auch in mehreren Übersetzungen in England verbreitet waren.

138 *da ich aufhöre, Bürger zu sein:* Rousseau verzichtet auf sein Bürgerrecht in einem Brief vom 12. Mai 1763 an den ersten Bürgermeister Genfs.

139 *Schrift der Geistlichen:* Siehe Bd. 1, S. 346, Fußnote und Anm.

Abbé de Saint-Pierre: Siehe Bd. 1, S. 346. Anspielung auf seinen Vorschlag, wie den theologischen Streitigkeiten ein Ende zu machen sei (»Projet pour faire cesser les disputes séditieuses des théologiens« in »Ouvrages de politique«, Rotterdam, 1738, Bd. 5, S. 143–192.

143 *in der Frage der Regierung:* Thema des Briefes ist die Verteidigung des »Gesellschaftsvertrages« gegen den Vorwurf, daß er alle Regierungen umstoße.

145 *als Auszug:* Die Zusammenfassung des »Gesellschaftsvertrages« im fünften Buch des »Emile«. Ein gedrängter Abriß des Buches folgt hier S. 145–149.

146 Fußnote *Jakob . . . Wilhelm*: Anspielung auf die rivalisierenden Ansprüche der Stuart und der Oranier auf den englischen Thron.

149 *Utopia:* Von Thomas Morus (1478–1535), erschienen 1516.

Histoire des Sévarambes: »Geschichte der Sevaramben«, von Denis Varaisse, erschienen 1677.

150 *wo es gedruckt wurde:* In Holland.

152 *Der unglückliche Sidney:* Siehe Bd. 1, Anm. zu S. 251.

Althusius: Johannes A. (1557–1638) vertrat in seinem Werk »Politica« (zuerst Herborn, 1603), das Rousseau kannte, die Lehre von der Volkssouveränität.

Abbé de Saint Pierre: Siehe Bd. 1, Anm. zu S. 346.

157 *Gnädige und hochgebietende . . .:* Siehe Bd. 1, S. 167 und Anm.

158 *Die mit der Ausübung eurer Gesetze . . .:* Der Kleine Rat.

auf eine kleine Anzahl eingeschränkt: Die Zahl der Kandidaten für die jährliche Wahl der vier Bürgermeister war auf acht begrenzt.

nicht einmal einen ersten Bürgermeister ...: Entgegen dieser Behauptung wurde Erster Bürgermeister, wer bei der Wahl der vier Bürgermeister die meisten Stimmen erhalten hatte.

160 *drei Körper:* Der Allgemeine Rat, der Rat der Zweihundert und der Kleine Rat.

Verfassung der Republik Polen: Siehe dazu »Gesellschaftsvertrag«, III, 7.

162 *Urteil über Morelli:* Siehe oben S. 92–93.

in den Kleinen Schriften Calvins: »Recueil des opuscules«, Genf 1766.

163 *Grabeau:* Eine besondere Genfer Institution, durch die das Verhalten der Räte jährlich einer besonderen Prüfung unterzogen wurde, die ursprünglich zu ihrer Absetzung führen konnte.

164 *ad actum:* Hier die Ernennung eines Bürgermeisters speziell für die Durchführung eines Gerichtsverfahrens.

165 *Vermittlungsreglement:* Siehe die Vorbemerkung.

166 *die schreckliche Verschwörung:* Siehe unten S. 235.

Ein Bürger ...: Der Fall des Genfer Bürgers Abraham-Gédéon Binet, der, unrechtmäßig gefangengesetzt, jahrelang vergeblich um eine Wiedergutmachung durch den Kleinen Rat kämpfte. Rousseau korrespondierte mit Binet und hat von ihm selbst eine Darstellung seiner Auseinandersetzungen mit dem Kleinen Rat erhalten.

Hilfe bei der Garantie: Das Vermittlungsreglement schließt mit einer Garantie durch die drei Mächte, die es geschaffen haben. Siehe hier S. 152 und S. 250–251.

168 *Artikel Genf:* Im VII. Bd. der »Encyclopédie«, 1757. D'Alemberts Schilderung der Genfer Verfassung beschränkt sich auf die Bestimmung der wichtigsten Funktionen des Kleinen Rats, des Großen Rats (Rat der Zweihundert) und des Allgemeinen Rats. Siehe hier die Vorbemerkung.

fünf ... Ordnungen (S. 169): Die vier Bürgermeister (Syndics), der Rat der Fünfundzwanzig, Rat der Sechzig, Rat der Zweihundert und der Allgemeine Rat.

172 *Gesellschaftsvertrag:* Buch II, Kap. 4 (»Über die Grenzen der Macht des Souveräns«).

175 Fußnote *Aufhebungsedikt*: Siehe den Achten Brief, S. 204f.

177 *Hauptstadt der Welt:* Rom.

179 *Ein Bürger ...:* Nicolas Lemaître gehörte zu den Deputierten der Bürgerschaft, die 1707 unter der Führung von Pierre Fatio eine auf dem Prinzip der Volkssouveränität beruhende Verfassung forderte. Er wurde 1707 verhaftet und hingerichtet.

180 *Fatio:* Pierre F. war der Führer der Volkspartei in den Unruhen von 1707. Er wurde mit den anderen Deputierten der Bürgerschaft (Lemaître, siehe vorige Anm., und Delachenaz) trotz der im Mai erlassenen Amnestie im August verhaftet und hingerichtet.
Ein einziges Mal . . .: Im Jahre 1667 widersetzt sich der Rat der Zweihundert seiner Auflösung durch den Rat der Fünfundzwanzig und konstituiert sich selbst durch die Ernennung des Auditors Jean Sarrasin zum Ersten Bürgermeister. Sarrasin wird ins Gefängnis geworfen, aber auf Druck der Bevölkerung wieder freigelassen.

181 *die Athener hatten doch wenigstens dreißig:* Das von den Spartanern 404 eingesetzte Regiment der Dreißig Tyrannen.
Fußnote *weiter unten:* Siehe S. 234 und S. 241.

186 *des Edikts von 1738:* Gemeint ist das Vermittlungsreglement.
Edikt von 1707: Damit sind die Texte gemeint, die am 26. Mai 1707 vom Allgemeinen Rat gebilligt und zusammen mit dem Edikt von 1568 gedruckt wurden.

187 *der Auditor Sarrazin:* Siehe Anm. zu S. 180.

188 *Micheli du Cret:* Jacques Barthélemy M. du Crest, der während der Unruhen 1734–1738 die radikale Partei vertrat, die die absolute Volkssouveränität durchsetzen wollte. Er war auch, als Exilierter, ein scharfer Kritiker des Vermittlungsreglements. Siehe auch S. 238f.
Otho: Siehe Bd. 1, S. 438, Anm. Von ihm sagt Tacitus (»Historiae«, I,36), daß er auf sklavische Weise alles tat um der Herrschaft willen.

189 *das verneinende Recht der Räte:* Das »droit négatif«, das Ablehnungsrecht, wonach nichts vor den Rat der Zweihundert gebracht werden konnte, was nicht vorher vom Kleinen Rat, und nichts vor den Allgemeinen Rat, was nicht vorher von dem Rat der Zweihundert gebilligt wurde.

190 Fußnote *die Hohe Pforte*: Die Regierung des Osmanischen Reiches.

191 *nach Pufendorf:* »De iure naturae et gentium«, I, 1, 20.

194 *Kirche St. Pierre:* Die alte Kathedrale Genfs, in der nach der Reformation neben dem Gottesdienst auch die Versammlungen des Allgemeinen Rats gehalten wurden.

197 *die Parlamente:* Die franz. Gerichtshöfe.

200 *Versammlungen nach Kompanien:* Jedes der vier städtischen Quartiere Genfs rekrutierte vier Kompanien (ein Regiment), die von dem Patriziat mißtrauisch angesehen wurden, weil sie Gelegenheit zu politischen Versammlungen gaben.

203 *die periodischen allgemeinen Ratsversammlungen:* Siehe oben, S. 175, Fußnote.

208 *Rede des Herrn Chouet:* Jean-Robert Ch., seit 1669 Philosoph an der Genfer Akademie, am 5. Mai 1707 in der allgemeinen Ratsversammlung.

214 *ex officio:* Von Amts wegen.

216 *Ademarus Fabri:* Am 24. Mai 1387 erhält Genf von dem Bischof Adhémar F. ein Stadtrecht, das die kommunale Selbstverwaltung sichert (die »Libertés et franchises«).

Magna Charta: Englands »großer Freiheitsbrief« wurde im Jahre 1215 erlassen.

Fußnote *Solothurner Vertrag*: Er garantierte Genf den solidarischen Schutz von Bern, Solothurn und Frankreich. Als sich 1742 spanische Truppen in Savoyen aufhielten, wandte sich der Kleine Rat nicht an die Partner des Solothurner Vertrages, sondern an Bern und Zürich, um von ihnen militärischen Schutz zu erbitten (O. C. III, S. 1707).

217 *Chouet:* Siehe oben S. 208. Seine Schrift an Lord Towsend (Townshend) ist eine Geschichte Genfs, die 1755 im »Journal Helvétique« erschien (geschrieben 1696): »Abrégé de l'histoire de Genève ou Réponses à Milord Townshend sur l'histoire et le Gouvernement de Genève.«

226 *jüngsten Begebenheiten:* Anspielung auf die Anfänge der Affäre des englischen Publizisten und Unterhausmitgliedes John Wilkes (1727–1797), der nach seiner Verhaftung 1762 zwar freigelassen, 1764 aber verurteilt und aus dem Parlament ausgeschlossen wurde, aus England floh, nach seiner Rückkehr 1768 bis 1770 im Gefängnis saß und 1774 als Lord-Mayor von London seine Wiederwahl zum Parlament, zu dem ihm vorher mehrfach der Zutritt verwehrt worden war, durchsetzte.

227 *Bardin:* Siehe unten S. 237. Der Fall Bardin war Bestandteil der Repräsentationen vom 18. Juni 1763.

ein anderer Fall: Der Fall Binet, siehe oben S. 166.

230 *schon vorhin:* Siehe S. 172–173.

231 *Tribunen:* Die Volkstribunen wurden 493 v.Chr. eingesetzt, um den Plebejern gegen den Mißbrauch der Amtsgewalt des Patriziats Schutz zu gewähren. Sie hatten ein Einspruchsrecht, das sie immer mehr ausdehnten, und waren innerhalb der Stadt unverletzlich.

233 *der wohltätige Philosoph:* Stanislaus Lesczynski (siehe Bd. 1, S. 603) in seinen Bemerkungen über die Regierung Polens (»Observations sur le gouvernement de la Pologne«, in: »Œuvres du philosophe bienfaisant«, Paris 1763, Bd. II, S. 266–267).

234 *Pest von Marseille:* 1720–1721.

Königliche Bank: Der Zusammenbruch des von John Law (1671–1729) in Frankreich eingeführten Finanzsystems, das zeitweise riesige Spekulationsgewinne brachte und 1720–1721 zum Bankrott der dafür errichteten Staatsbank führte.

Fußnote *oben*: Siehe S. 166, Fußnote.

235 *eine Verschwörung:* Das sog. »tamponnement« des Jahres 1734, der Plan, die Bürger, die gegen neue Steuern im März des Jahres protestiert hatten, durch Unbrauchbarmachen (verstopfen: »tamponner«) der im Viertel St. Gervais aufgestellten Kanonen wehrlos zu machen. Siehe hier die Fußnote. Die damit beginnenden zeitweise bewaffneten Auseinandersetzungen werden erst durch das Vermittlungsreglement 1738 beigelegt.

236 *Im Juni 1762 . . .:* Rousseaus eigener Fall. Am 12. Mai 1763 verzichtet er auf sein Bürgerrecht.

Fußnote *Als Herr von Silhouette . . .:* Etienne de S. war vom März bis November 1759 Generalkontrolleur der Finanzen. Der Brief Rousseaus an ihn vom 2. Dezember 1759 ist in den »Bekenntnissen«, Buch X, abgedruckt.

237 *Bardin:* Das Buch, das beschlagnahmt wird, ist der »Emile«.

Diwan: Im Orient Rat. D. hieß die Kanzlei der Hohen Pforte.

238 *ein ausgestoßenes Mitglied:* J.-B. Micheli du Crest, siehe oben S. 188.

247 *Beredsamkeit des Perikles:* Die Anekdote findet sich in Plutarchs Lebensbeschreibung »Perikles«, 8.

Indem diese Herren . . .: Es folgt eine Aufzählung der besprochenen Fälle Bardin, Binet, Rousseau usf.

ROUSSEAU RICHTET ÜBER JEAN-JACQUES

Die drei Gespräche sind zusammen mit dem Vorbericht »Über Grund und Form dieser Schrift« und dem Nachwort »Geschichte der vorhergegangenen Schrift« zuerst in der von Moultou und Du Peyrou veranstalteten posthumen Gesamtausgabe der »Collection complète des Œuvres de Jean-Jacques Rousseau« im elften Band, Genf 1782, erschienen. Dort bilden sie die zweite Abteilung der ebenfalls posthum veröffentlichten »Bekenntnisse«.

Diese Zuordnung, sowenig sie von der literarischen Form her begründet ist, hat ihre Berechtigung in der Entstehungsgeschichte dieses zweiten großen Werkes der Rousseauschen Selbstdarstellung. Als Rousseau Anfang 1770 den Entschluß faßt, trotz des fortbestehenden Haftbefehls gegen ihn nach Paris zurückzukehren und sich dort wieder niederzulassen, nachdem er Anfang April 1756 der Stadt für immer den Rücken gekehrt hatte, ist für ihn der Gedanke wohl bestimmend gewesen, sich der Verschwörung seiner Feinde entgegenzustellen, von deren Realität er seit dem Englandaufenthalt in zunehmendem Maße überzeugt ist. Auch die

Lesungen aus den »Bekenntnissen« im Winter 1770 und im Frühjahr 1771 sollten wohl in erster Linie ein Versuch sein, das Gewebe der Entstellungen und Mißverständnisse zu zerreißen und dem Geheimnis der Verschwörung auf die Spur zu kommen. Die Niederschrift der Gespräche »Rousseau richtet über Jean-Jacques« setzt das Scheitern dieser Versuche voraus, sowie den Entschluß, die »Bekenntnisse« in der Form der autobiographischen Erzählung nicht mit einem Dritten Teil fortzusetzen, der über den Englandaufenthalt und das Zerwürfnis mit Hume berichten würde, wie Rousseau dies ursprünglich geplant hatte.
Für die Chronologie der Niederschrift der »Gespräche« ist man auf die Anhaltspunkte verwiesen, die Rousseau selbst in seinem Text gibt. Weder in Briefen noch in Gesprächen hat er Mitteilungen über den Fortgang der Arbeit an seinem Manuskript gemacht, dessen Gegenstand die Rekonstruktion der Verschwörung ist, deren erste Anfänge er in der Zeit seines Bruches mit Grimm und Diderot im Jahre 1757 und selbst noch davor vermutet: die vollkommene Geheimhaltung seiner Arbeit erscheint ihm als eine Bedingung, um ihre Überlieferung an die Nachwelt sicherzustellen. Nach den Hinweisen, die die »Gespräche« selbst enthalten, hat René Osmont, ihr Herausgeber im Rahmen der Gesamtausgabe in der Bibliothèque de la Pléiade (O.C. I., S. XLVIII ff.), folgende Daten festhalten können: Rousseau beginnt die Niederschrift des Ersten Gesprächs im Jahre 1772. Ihr Gegenstand ist im wesentlichen die Bestandsaufnahme des Verschwörungswerkes und die Sammlung der gegen »Jean-Jacques«, den Autor der Bücher und den Urheber der Verbrechen, erhobenen Vorwürfe. Das Zweite Gespräch, in dem »Rousseau« (der Gesprächspartner des »Franzosen«, der das in das Komplott hineingezogene Publikum repräsentiert) die Verteidigung des entehrten »Jean-Jacques« übernimmt, wurde im wesentlichen 1773 und zu einem Teil im Jahre 1774 niedergeschrieben. Das »Dritte Gespräch« ist gegen Ende 1775 abgeschlossen, als Rousseau das Vorwort »Über Grund und Form dieser Schrift« verfaßt. Die erste Reinschrift des gesamten Manuskriptes ist nach der »Geschichte der vorhergehenden Schrift« vor den 24. Februar 1776 zu datieren, den Tag, an dem Rousseau die »Gespräche« auf dem Altar von Notre-Dame niederlegen will (siehe hier S. 619 ff.). Diese Reinschrift gibt er wenige Tage später in die Hände Condillacs. Ihr Weg läßt sich bis 1948 verfolgen, als sie bei einer Versteigerung von einem unbekannten Sammler gekauft wird (siehe die bibliographische Notiz, O. C. I, S. 1901 ff.). Die Abschrift des Ersten Gesprächs, die Rousseau dem Engländer Brooke Boothby anvertraut, bildet die Textgrundlage der ersten Edition dieses Teils der »Gespräche«, die Brooke Boothby in Eng-

land im Jahre 1780 herausbringt (»Rousseau Juge de Jean Jacques. Dialogues. Premier Dialogue. D'après le Manuscrit de M. Rousseau, laissé entre les mains de Brooke Boothby«, Lichfield und London 1780). Die Textgrundlage der ersten Ausgabe der drei Gespräche sowie des Nachberichts über ihre Geschichte ist eine Abschrift, die Rousseau im Sommer 1776 gemacht hat und die er mit anderen Manuskripten seines Nachlasses Moultou anvertraut hat (dieses Manuskript liegt heute in Genf). Es existiert außerdem noch ein viertes Manuskript (in Paris in der Bibliothek des Palais Bourbon), dessen Herkunft unklar ist.

Der Text der vorliegenden Ausgabe ist die revidierte Fassung der einzigen deutschen Übersetzung, die (nach dem Text der Londoner Ausgabe des Ersten Gesprächs und der Ausgabe von Moultou) im Rahmen der Ausgabe »Philosophische Werke«, Bd. 5, Prag und Wien, 1787, und Bd. 6, Leipzig 1787, erschienen ist. Die in den ersten, auf der Edition Moultous beruhenden Ausgaben unterdrückten und infolgedessen in der deutschen Übersetzung nicht enthaltenen Textpassagen sind hier nach Pléiade-Ausgabe O.C.I ergänzt worden und in den Anmerkungen genannt.

253 *Titel:* »Rousseau / juge de / Jean Jacques. / Dialogues« (Titel der Ausgabe Lichfield und London 1780. Siehe die Vorbemerkung).
Motto: Siehe Bd. 1, Anm. zu S. 27.

254 *Wenn ich . . . Vorsehung:* Die hier zugrunde gelegte deutsche Übersetzung (siehe die Vorbemerkung) hat an dieser Stelle, wie die Ausgabe des »Ersten Gesprächs«, die 1780 in Lichfield und London erschien, den Text »Ein Pfand, der Vorsehung übergeben« (hier S. 620–621). Der hier abgedruckte Hinweis an den Leser folgt dem Text der ersten vollständigen Ausgabe der drei Gespräche in der von Moultou besorgten »Collection complète des Œuvres«, Genf 1782.

256 *seit fünfzehn Jahren:* Nach der Datierung dieser Vorrede in O.C.I (S. 1616) führt diese Angabe etwa auf das Jahr 1762.

261 *in meinen Bekenntnissen:* Rousseau bezieht sich auf die Wirkung, die seine Lesungen aus dem Manuskript der »Bekenntnisse« gehabt haben. Siehe den Nachtrag, mit dem das Buch XII der »Bekenntnisse« abschließt. Es sind vier Lesungen aus den »Bekenntnissen« bekannt: bei dem Marquis de Pezay zwischen dem 7. November und Ende Dezember 1770 vor sieben geladenen Gästen; im Dezember desselben Jahres bei Dorat vor jungen Literaten; bei dem Prinzen von Schweden im Februar 1771; bei dem Grafen und der Gräfin Egmont vor Mitgliedern des Hochadels. Auf die

letzte Lesung bezieht sich Rousseaus Nachtrag zu den »Bekenntnissen«. Über Rousseaus Gründe, diese Lesungen nicht fortzusetzen, siehe hier S. 533–534.

Fußnote *am Ende dieser Gespräche*: Siehe die »Geschichte der vorhergegangenen Schrift«, hier S. 619–633.

270 *nicht der Verfasser des Devin du village:* Über das Gerücht, Rousseau habe seine Oper »Der Dorfwahrsager« nicht selbst geschrieben, siehe die »Bekenntnisse«, Buch VIII und hier S. 491ff. und S. 496, Fußnote.

273 *Nutzen seiner vorgeschlagenen Methoden:* Gemeint ist die neuartige Notenschrift, die Rousseau 1742 der Pariser Akademie der Wissenschaft vorlegt (»Projet concernant de nouveaux signes pour la musique«) und nach der er Musikunterricht gibt; außerdem seine Abhandlung über die moderne Musik (»Dissertation sur la musique moderne«, 1743).

274 *L'Allée de Sylvie:* »Die Allee Sylvias«, ein 1746 in Chenonceaux geschriebenes und 1750 im »Mercure de France« veröffentlichtes, mit »Rousseau, aus Genf« unterzeichnetes Gedicht.

Lettre sur la musique françoise: »Brief über die französische Musik«, 1753. Siehe Bd. 1, Anm. zu S. 500.

Dictionnaire de musique: Rousseaus 1755 begonnenes und 1765 abgeschlossenes Musikwörterbuch, das 1768 in Paris bei Duchesne erschien. Siehe hier S. 276ff.

275 *eines großen ausländischen Musikers:* Der deutsche Opernkomponist Christoph Willibald Ritter von Gluck (1714–1787), der zwischen 1764 und 1779 mehrfach in Paris war und dort seine großen Erfolge errang. Er schätzte Rousseau, den er persönlich kannte, auch als Musiker, und umgekehrt bewunderte Rousseau seine Opern, die die späte höfische Barockoper reformierten. Nach 1776 ist Gluck das Haupt der Anhänger der französischen Musik gegen die Anhänger der italienischen Musik, die in Paris von Piccini vertreten wird (»Gluckisten« und »Piccinisten«).

277 Fußnote *Alle musikalischen Artikel*: Siehe »Bekenntnisse«, Buch VII.

Elemens de musique: D'Alemberts »Elemente der Musiktheorie und -praxis« (»Elemens de musique théorique et pratique suivant les principes de Monsieur Rameau«) von 1752 erscheinen in zweiter Auflage 1762 und in einer verbesserten und erweiterten Ausgabe (die Rousseau hier meint) im Jahre 1772.

Guy: Der Teilhaber des Pariser Buchhändlers Duchesne.

278 *die letzte Vorstellung:* Der »Dorfwahrsager« wurde 1772 mit großem Erfolg wieder aufgeführt.

279 *zwanzig Jahre lang:* Die ersten Aufführungen des »Dorfwahrsagers« wurden im Jahre 1752 am Hof und 1753 in der Pariser Oper gegeben.

Dieser Grundsatz: Das von Rousseau aufgestellte Prinzip der »Einheit der Melodie«, wonach die Melodie den Vorrang vor der Harmonie hat. Rousseau sieht in diesem Grundsatz seine Selbständigkeit gegenüber der Musiktheorie von Jean-Philippe Rameau (1683–1764) begründet, der er im übrigen verpflichtet ist. Rameau hat Rousseau in einer Broschüre über die Irrtümer der musikalischen Artikel der Enzyklopädie (»Erreurs sur la musique dans l'Encyclopédie«) angegriffen, die Rousseau in einer nachgelassenen Schrift beantwortet (»Examen de deux principes avancés par Monsieur Rameau«).

281 *den wahren Verfasser:* In O.C.I (S. 1630) wird ein Aufsatz im »Journal encyclopédique« von 1765 nachgewiesen, in dem ein Lyoner Musiker als Verfasser genannt wird. Nach der Veröffentlichung dieser »Gespräche« ist diese Behauptung, unbewiesen, wiederholt worden.

Pergolesi: Giovanni Battista P. (1710–1736), italienischer Komponist, besonders von volkstümlichen komischen Opern. Sein von Rousseau 1752 herausgegebenes Intermezzo »La serva padrona« (1732) hatte in Paris einen sensationellen Erfolg und löste den Musikstreit um die italienische und französische Musik aus.

Salve Regina: »Sei gegrüßt, Königin«, der Anfang eines Gebetshymnus an die Jungfrau Maria. Rousseau komponierte diese Motette 1752.

für Mademoiselle Fel: Marie F. (1713–1794), Opernsopranistin an der Pariser Oper. Sie sang Rousseaus Motette 1752 bei einem geistlichen Konzert.

284 *fünfzehn Bänden:* Rousseaus Werke bei Rey, Amsterdam, 1769 und 1772, umfassen 11 Bände, die Ausgabe Duchesne 14 Bde.

285 *sein größtes und bestes Werk:* »Emile ou De l'Education« (1762).

jene unnachahmlichen Briefe: »Julie ou La Nouvelle Héloïse« (1761).

286 *Tros Rutulusve fuat:* Siehe Bd. 1, Anm. zu S. 132.

287 *Brief über den Tod der Julie:* Teil VI, Brief 11.

Projet de paix perpétuelle: »Entwurf zum Ewigen Frieden«, siehe Bd. 1, Anm. zu S. 346.

288 *atheistische Lehren, Lobreden . . .:* Nachweisbar sind falsche Zuschreibungen der zahllosen, Anfang der siebziger Jahre anonym erschienenen Schriften an Rousseau nur in wenigen Fällen, wie bei der Tasso-Übersetzung (siehe unten S. 449).

289 *des Parlaments:* Das oberste franz. Gericht mit seinem Hauptsitz in Paris. Es wurde in Auseinandersetzungen mit der Regierung im 18. Jahrhundert mehrfach aus Paris verbannt. 1771 löste Ludwig XV. das Parlament ganz auf und ließ von seinem Kanzler Maupeou eine neue gerichtliche Organisation schaffen, die bis zur Wiedereinsetzung des Parlaments

durch Ludwig XVI. bei seinem Regierungsantritt 1774 bestand. Das Pariser Parlament hatte 1762 Rousseaus »Emile« verboten und verbrannt sowie einen Haftbefehl gegen Rousseau erlassen.

L'an deux mille . . .: »Das Jahr 2440«, utopischer Roman von dem Rousseauverehrer Louis-Sébastien Mercier (1740–1814), 1770 in Amsterdam erschienen, 1772 in Paris und London. In O.C.I (S. 1634) wird vermutet, daß Rousseaus Behauptung, dieses Buch sei ihm zugeschrieben worden, auf einer Verwechslung beruht.

292 *Anmerkung aus dem Emile:* Im vierten Buch. Dort heißt es u.a.: »Aus hingenommenem Schlag und erduldeter Beschimpfung entstehen Rechtsfolgen, die keine Weisheit verhindern kann, für die kein Gerichtshof den Beleidigten rächen kann. Die Unzulänglichkeit der Gesetze gibt ihm daher seine Unabhängigkeit zurück; dann ist er allein Obrigkeit und Richter zwischen sich und dem Angreifer, er allein ist Interpret und Vollstrecker des Naturgesetzes; er schuldet sich Gerechtigkeit und ist der einzige, der sie sich verschaffen kann, und es gibt keine Regierung auf Erden, die so unsinnig wäre, ihn in einem solchen Fall dafür zu bestrafen. Ich will damit nicht sagen, daß er sich schlagen soll – das ist ein extremer Fall; ich sage, daß er sich Gerechtigkeit schuldet und daß er der einzige ist, der sie sich verschaffen kann.«

293 *Joli de Fleury:* Siehe Bd. 1, S. 546, Anm., der Ankläger des »Emile«. Das Zitat stammt aus der Anklageschrift vom 8. Juni 1762.

die Antwort: Rousseaus Brief an den Abbé de Maydieu vom 14. März 1770 (C. G. XIX, S. 302–305). Für die These, daß die Ehre eines Menschen nur durch ihn selbst verteidigt und gerächt werden könne, verweist Rousseau auf den »Brief an d'Alembert«, hier Bd. 1, S. 402–408.

innere Lehre: Siehe dazu schon Bd. 1, S. 81, Fußnote, und den dritten Spaziergang der »Träumereien«, hier S. 672.

300 *Eröffnung eines großen Fehlers:* Rousseau hat das Geheimnis der Aussetzung seiner Kinder Diderot, Grimm, Frau von Epinay und der Herzogin von Luxembourg anvertraut (siehe »Bekenntnisse«, Buch VIII). Veröffentlicht wird die Tatsache in Voltaires anonymer Schmähschrift »Le Sentiment des Citoyens« (»Die Ansicht der Bürger«) von 1764.

Mitschuldigen seines Fehlers: Therèse Levasseur und ihre Mutter, die, den »Bekenntnissen« zufolge (Buch IX), von Grimm und Diderot in geheime Unterredungen gezogen wurden.

302 *ein beinahe förmliches Geständnis:* »Emile«, erstes Buch: »Wer die Pflichten eines Vaters nicht erfüllen kann, hat nicht das Recht, es zu werden; weder Armut noch Arbeit, noch menschliche Rücksichten können ihn von der Pflicht entbinden, seine Kinder zu ernähren und selbst aufzuziehen.

Leser, du kannst mir glauben. Jedem, der ein Herz hat und so heilige Pflichten vernachlässigt, sage ich voraus, daß er über seinen Fehler immer bittere Tränen vergießen und niemals Trost finden wird.«

311 *Man hat ihn in Môtiers steinigen lassen:* Am 6. September 1764. Siehe »Bekenntnisse«, Buch XII.

von der einsamen Insel: Die Petersinsel im Bieler See, wo Rousseau vom 12. September bis zum 25. Oktober 1764 lebt. Die Berner Regierung untersagt ihm den weiteren Aufenthalt. Siehe auch den fünften Spaziergang der »Träumereien«, S. 692–702.

nach England zu gehen: Am 4. Januar 1766 bricht Rousseau in Begleitung von David Hume in Paris auf, um nach England zu gehen, wo er bis zum 21. Mai 1767 bleibt. Der Englandaufenthalt war Rousseau nach dem Verbot des »Emile« vor allem von Mme de Boufflers immer wieder empfohlen worden.

Fußnote *Ein Engländer:* Brooke Boothby, dem Rousseau am 6. April 1776 das Manuskript des »Ersten Gesprächs« übergibt, das von Boothby 1780 in England veröffentlicht wird. Nach der Übergabe des Manuskripts kommen Rousseau Zweifel an der Vertrauenswürdigkeit Boothbys. Siehe hier die »Geschichte der vorhergegangenen Schrift«, S. 625–626.

312 *mein Bär:* Diesen Namen erhielt Rousseau von Madame d'Épinay.

Vermutlich dachten diese Großen . . .: Nach dieser Anekdote soll der Gastgeber, der auf Ersuchen Karls V. den zu den Spaniern übergelaufenen Karl von Bourbon (1490–1527) aufnehmen sollte, um Erlaubnis ersucht haben, sein Schloß niederzubrennen, nachdem sein Gast, den er als einen Verräter ansah, es verlassen hätte.

Fußnote *Schloß Trye:* Trye-le-Chateau, an der Oise, wo Rousseau von Juni 1767 bis Juni 1768 als Gast des Fürsten Conti lebt.

den Fürsten von Ligne: Er lädt Rousseau 1770 ein, auf einem seiner Güter in Flandern zu wohnen.

313 *Xenokrates:* Griech. Philosoph (399–314), Schüler des Platon, berühmt für seine Sittenstrenge.

315 *Savoyarden:* Die S. hatten sich in Paris zu einer Art Bund mit eigenem Gesetz zusammengeschlossen. Sie waren vor allem Gepäckträger und Kaminfeger.

zwölf italienische Lieder: Eine Sammlung, die Rousseau 1753 unter dem Titel »Canzoni da Batello« (»Lieder des Schiffers«) herausgebracht hatte.

316 *den jährlichen Brauch:* Die von Rousseau geschilderte Zeremonie, die immer am 3. Juli zur Erinnerung an die Hinrichtung eines Schweizers begangen wurde, der 1418 eine Marienstatue entweiht hatte, wurde unter

Ludwig XV. (1715–1774) auf Bitten der Schweizer Kantone zeitweise unterdrückt. Die von Rousseau berichtete Szenerie wird auf den Juli 1776 datiert.

in effigie: Bildlich.

319 *einen von ihnen . . . gefangen gehalten:* Der Buchhändler Guy wird 1767 verhaftet; wie Rousseau damals überzeugt ist, nicht wegen des »Gesellschaftsvertrages« oder der »Briefe vom Berge«. Siehe C.G. XVII, S. 15.

Fußnote *einen meiner Freunde:* Toussaint-Pierre Lenieps, ein Genfer, wird am 20. November 1766 in der Bastille gefangengesetzt, angeblich, weil er einen von Rousseau verfaßten Umsturzplan bei sich hatte, wonach in Genf die reine Demokratie eingeführt werden sollte. Siehe Rousseaus Brief an St. Germain vom 26. Februar 1770 (C.G. XIX, S. 255–256).

Aufenthalt in der Dauphiné: 1768–1770.

342 *»Elstermesse«:* Sie wurde für eine Magd gehalten, die wegen der von einer Elster begangenen Diebstähle zum Tode verurteilt worden war.

343 *Grandier, Calas, Langlade:* Drei berühmte Fälle unschuldig Verurteilter. Zu Calas siehe Bd. 1, Anm. zu S. 557.

344 *im Jahre 1751:* Nach dem Erfolg der »Abhandlung über die Wissenschaften und Künste«.

345 *sein tugendhafter Gönner Hume:* Nach dem Zerwürfnis mit Rousseau veröffentlicht David Hume eine Darstellung der Affäre (»Exposé succinct de la contestation qui s'est élevée entre M. Hume et M. Rousseau«, London 1766), in der Rousseau als ein Irrer erscheint, der alles seiner Eitelkeit und seinem Ruhm aufzuopfern bereit ist. Der Streit mit Hume provozierte eine Vielzahl von Schriften, die in ihm Partei ergreifen.

356 *Den Verräter straft man . . .:* Aus Rousseaus Theaterstück »L'Engagement téméraire« (»Die verwegene Werbung«), 2. Akt, 3. Szene, das er 1747 in Chenonceaux verfaßte.

362 *Projekt, ihn nach England zu schicken:* Gemeint sind die seit 1762 immer wiederholten Aufforderungen von Mme de Boufflers, nach England zu gehen. Siehe Anm. zu S. 311.

366 Fußnote *»Dolus praesumitur . . .«:* »List vermutet man bei dem, der nicht auf geradem Wege einhergeht, sondern auf Windungen und Seitenwegen.« Dieses und das folgende Zitat sind dem 1587–90 in Venedig erschienenen Hauptwerk des Menochius entnommen, der in Padua lehrte.

367 Fußnote *»Judicium subterfugiens . . .«:* »Wer sich dem Gerichtsurteil entzieht und Beweise verheimlicht, von dem nimmt man an, daß er eine schlechte Sache begünstigt.« Die Quelle siehe vorige Anmerkung.

376 *sein Betragen in Venedig:* Siehe »Bekenntnisse«, Buch VII. In einem gedruckten Brief an Hume vom 24. Oktober 1766 hatte Voltaire Rous-

seaus Rolle in Venedig ins Lächerliche gezogen: er behaupte, Sekretär der Botschaft gewesen zu sein, sei aber nur einer der Domestiken des Botschafters gewesen und unehrenhaft hinausgeworfen worden (siehe C. G. XVI, S. 114). Rousseau hat sich gegen diesen Vorwurf schon in seinem Briefwechsel 1767 verteidigt: er habe zwar zur Dienerschaft des Botschafters gehört, aber die Funktionen seines Vertreters wahrgenommen und sei aus der Auseinandersetzung mit dem Botschafter als Sieger hervorgegangen (siehe C.G. XVI, S. 200–201).

378 *Lazarillo des Tormes:* Held des gleichnamigen ersten spanischen Schelmenromans (1554). Die von Rousseau geschilderte Episode stammt wohl aus dem apokryphen zweiten Teil, der 1555 in Antwerpen erschienen ist.

387 *Bildnis aus England:* Das von Allan Ramsay (1713–1784) 1766 gemalte Porträt. Siehe dazu hier S. 389/90.
Fiquets Stich: Nach dem Pastellbildnis von La Tour. Der Stich wurde 1763 angefertigt, aber erst 1771 in den Handel gebracht (siehe O. C. I, S. 1665). Siehe dazu hier S. 392 und 393.

388 *St. Preux:* Der Liebende in der »Neuen Héloïse«.

389 *Hommes savans . . .:* »Bewandert in der Kunst, zu täuschen, verleiht ihr mir so sanfte Züge; soviel ihr mich auch malen wollt, malt ihr doch immer nur euch selbst.«
vor sechs Jahren: Nach der Datierung in O. C. I (S. 1663) verweist diese Angabe auf das Frühjahr 1767 und würde sich damit auf den Stich von David Martin nach dem Porträt von Ramsay beziehen.
Mercure: In O. C. I (S. 1663) wird darauf hingewiesen, daß im »Mercure de France« just die von Rousseau nicht geschätzten Porträts (siehe S. 392–393) annonciert wurden.
La Tours Porträt: Das Pastellbildnis von Maurice Quentin de La Tour (1704–1788), das im Salon von 1753 ausgestellt wurde. Rousseau hat es von seinen Porträts am meisten geschätzt.
Le Moine: Der Bildhauer Lemoyne, dem Rousseau im Dezember 1765 gesessen hat. Nach seiner Büste wurde der Stich von Miger angefertigt.

393 *Medaillon in Gips:* Annonciert im »Mercure de France«, August 1770.
Panurg: Die Figur des Tunichtgut in »Gargantua und Pantagruel« von François Rabelais (1494–1553).

398 Fußnote *Es gibt einen . . .:* O.C. I, S. 1666, vermutet, daß der waadtländische Medizinprofessor Tissot gemeint ist.

400 *in einer Rede:* Diderots »Le Fils naturel« (»Der natürliche Sohn«), 1757. Den Satz »Il n'y a que le méchant qui soit seul« hat Rousseau sofort auf sich bezogen. Siehe »Bekenntnisse«, Buch IX.

Fußnote *Timon:* Der Zeitgenosse des Sokrates, das Urbild des Menschenhassers.

403 *über den ewigen Frieden:* Siehe Bd. 1, Anm. zu S. 346.

über die theatralische Nachahmung: »De l'Imitation théatrale: Essai tiré des Dialogues de Platon«, eine kleine Abhandlung, die Rousseau 1763 zusammen mit dem »Lévite d'Ephraim« und dem »Essai sur l'origine des langues« (siehe Bd. I, Anm. zu S. 209) veröffentlichen wollte und die dann 1764 als Einzelausgabe in Amsterdam erscheint.

Schriften, die nicht erschienen sind: Unter anderem können gemeint sein die Fortsetzung des »Emile« (»Emile et Sophie ou Les Solitaires«: »Emile und Sophie oder Die Einsamen«), der Verfassungsentwurf für Korsika (»Projet de constitution pour la Corse«) und die in der vorigen Anm. genannte Abhandlung über den Ursprung der Sprachen.

404 *nach Paris zurückgekehrt:* Ende Juni 1770.

405 *löschte er seine Laterne . . .:* Anspielung auf den griech. Philosophen Diogenes, der bei Tage mit einer Laterne über den Marktplatz geht, um einen Menschen zu suchen.

419 *Untersuchungen über die Seele:* O. C. I, S. 1672, vermutet, daß von den physiologischen Theorien der Gehirntätigkeit, die damals in England vorgelegt wurden, die Werke von Hartley und Priestley gemeint sein können.

422 *Berci:* Damals Vorort von Paris.

Robinson: Das erste Buch, welches Emile lesen soll (»Emile«, Buch III) ist Daniel Defoes (1660?–1731) »Robinson Crusoe«.

435 *Devise des Barons von Feneste:* »C'est pour paroistre«. In Agrippa d'Aubigné, »Les Aventures du baron de Foeneste«.

436 *Wo sein Herz ist . . .:* Siehe Matth. 6, 19–21. »Denn wo euer Schatz ist, da ist auch euer Herz« (21).

436 *Plutarchs berühmte Männer:* Rousseau las die Lebensbeschreibungen des Plutarch (in der franz. Ausgabe von Amyot), aus denen er in seinen ersten Schriften häufig zitiert und deren Lektüre er bis in die letzten Monate seines Lebens beibehält (siehe hier S. 674), zuerst gemeinsam mit seinem Vater. Siehe »Bekenntnisse«, Buch I, und »Briefe an Malesherbes«, Bd. 1, S. 481.

Aristides: Siehe die Anm. zu Bd. 1, S. 119.

Lykurg: Der Gesetzgeber Spartas, wie Aristides eine Gestalt aus Plutarchs Lebensbeschreibungen.

Astrée: Die Heldin des Schäferromans »L'Astrée . . .« (1607–1627) von Honoré d'Urfé (1567–1627).

448 *Eine unglückliche Aufgabe:* Die Preisaufgabe der Akademie zu Dijon für das Jahr 1750. Siehe hier Bd. 1, S. 27ff.

449 *Übersetzung des Tasso:* Die Tasso-Übersetzung von Lebrun (1774) wurde R. zugeschrieben (so in der »Correspondance littéraire« vom Juli 1774; siehe auch C. G. XX, S. 303). Die Vorrede zu dieser Übersetzung, ein Dialog mit dem Übersetzer, legt die Annahme nahe, daß Rousseau ihr Verfasser ist. Es heißt dort etwa: »Ich habe gelobt, nicht mehr zu schreiben, und meine Einbildungskraft ist durch mein Alter erkaltet und durch die Ereignisse gebrochen . . .« (siehe O.C. I, S. 1739–40). Siehe auch hier S. 599.

450 *Epiktet:* Um 50 bis um 138. Seine Philosophie lehrt, sich von den äußeren Dingen, die nicht in unserer Macht stehen, durch unsere Vernunft unabhängig zu machen. Seine Bedürfnislosigkeit galt als beispielhafte Befolgung seiner Lehre.

Diogenes: Von Sinope (um 412 bis um 324), der »Hund«, von Platon der »rasende Sokrates« genannt. Er verkörperte das Ideal der völligen Unabhängigkeit von Menschen und Dingen und lebte die äußerste Bedürfnislosigkeit vor. Voltaire in erster Linie hat Rousseau immer wieder als falschen Diogenes geschmäht.

451 *Zahlennoten:* Die von Rousseau erfundene Notenschrift, siehe Anm. zu S. 273.

eine neue Art . . . Musik abzuschreiben: Rousseau erwähnt dieses Verfahren in der nachgelassenen »Lettre au Docteur Burney« (1776).

über hundert Musikstücke: Aus dem Nachlaß wurde 1781 eine Sammlung von Liedern unter dem Titel »Les Consolations des misères de ma vie« (»Die Tröstungen über das Elend meines Lebens«) herausgegeben. Siehe auch S. 497, Fußnote.

452 Fußnote *Malthus:* Daniel M., ein englischer Geistlicher (Vater des Nationalökonomen), dessen Bekanntschaft Rousseau 1764 in Môtiers gemacht hatte und mit dem er während seines Englandaufenthaltes botanisierte. Rousseau hat ihm seine botanischen Bücher wahrscheinlich in Paris im Jahre 1775 verkauft.

453 *nach dem Linnaeischen System:* Carl von Linné (1707–1778) hat die binäre botanische Nomenklatur eingeführt. Das Linnésche System des Pflanzenreichs, das sog. »Sexualsystem« beruht auf der Zahl und Anordnung der Staub- und Fruchtblätter. Rousseau gehörte zu den ersten Anhängern Linnés in Frankreich. Über seine botanischen Studien, siehe hier S. 695 und 715ff. Aus Rousseaus Nachlaß wurden die 1771 bis 1773 an Frau Delessert gerichteten »Briefe über die Botanik« (»Lettres élémentaires sur la Botanique«, 1781) und das unvollendete botanische Wörterbuch (»Fragments pour un Dictionnaire des termes d'usage en Botanique«, 1781) veröffentlicht.

454 *einen chemischen Kursus:* Bei dem Chemiker Rouelle (siehe S. 68) im Jahre 1747.

455 *Mignot:* O. C. I (S. 1687) vermutet, daß es sich um einen bei Boileau erwähnten Giftmischer handelt.

455 *die Verfassung einer unglücklichen Nation zu untersuchen* (S. 456): Die »Betrachtungen über die Regierung Polens« (»Considérations sur le Gouvernement de Pologne«), die Rousseau auf Bitten des polnischen Grafen Wielhorsky im Jahre 1771 oder 1772 niederschreibt. Siehe hier S. 602.

456 *und der, statt . . . nur ungeliebt ist:* Von Moultou, dem Herausgeber der ersten Ausgabe der »Gespräche« unterdrückter Abschnitt.
Fußnote: Fehlt in den ersten Ausgaben der »Gespräche«.

457 *Gefährtin, die jetzt seine Gattin ist:* Am 30. August 1768 in Bourgoin heiratet Rousseau seine Lebensgefährtin Thérèse Levasseur.

463 Fußnote *dem gottlosen System . . .:* Siehe Anm. zu S. 293.
Risum teneatis, amici: »Haltet das Lachen zurück, Freunde«. Siehe Horaz, »De arte poetica«, 5.

464 *noch von groben Bedienten . . . lassen müssen:* Nicht in den ersten Ausgaben.

466 *in Lyon:* Anspielung auf ein Konzert am 9. Mai 1770 in der Akademie der Schönen Künste, wo eine Motette Rousseaus vorgetragen wurde.
Der Augenblick, in dem . . .: Wahrscheinlich Anfang 1751, als Rousseau seine Stellung bei Francueil aufgibt (siehe »Bekenntnisse«, Buch VIII). Über Rousseaus »Reform« siehe hier den Dritten Spaziergang der »Träumereien«, besonders S. 663f.

472 Fußnote: Sie fehlt in den ersten Ausgaben. Nach einem Hinweis des Pariser Manuskripts (siehe O. C. I, S. 1693/94) sollte der zweite Absatz den ersten ersetzen.

483 *daß er es an Ohren vergeudete . . .:* Über die Lesungen aus den »Bekenntnissen«, siehe Anm. zu S. 261.
bis zu den Unglücksfällen seines Lebens: Siehe den Anfang von Buch XII der »Bekenntnisse«: »Hier beginnt nun das Werk der Finsternis . . .«. Das letzte Buch der »Bekenntnisse« berichtet die Ereignisse der Jahre 1762–1765 und schließt mit dem Aufbruch zur Englandreise.
Fénelon: François de Salignac de la Mothe-F. (1651–1715), pädagogischer und religiöser Schriftsteller, Erzbischof von Cambrai.
Catinat: Nicolas C. (1637–1712), Marschall von Frankreich, der wegen seiner Uneigennützigkeit und seines Freimuts beim Volk und bei der Armee beliebt war.
George Keith: Siehe hier S. 134 und Bd. 1, Anm. zu S. 504.

492 *Hippokrene:* Die dem Apollon und den Musen heilige Quelle am Fuß des Helikon, die zum Dichten begeistert.

Colette: Die weibliche Hauptfigur im »Dorfwahrsager«.

495 *Fiorituren:* Durch kleinere Noten oder besondere Zeichen angedeutete Ausschmückungen der Melodie, deren Ausführung dem Sänger oder Spieler überlassen bleibt.

496 Fußnote: Siehe hier S. 270 und die Anm.

497 *während der Zeit seiner Gärung:* Die Jahre von der ersten Abhandlung bis zum »Emile«.

Fußnote *diese Sammlung:* Siehe die Anm. zu S. 451.

498 *klarere . . . Methoden:* Siehe S. 273 und die Anm.

in der Harmonie eine Entdeckung: Siehe S. 279 und die Anm.

impromptu: aus dem Stegreif, unvorbereitet.

500 *in Monquin:* Bei Bourgoin, in der Dauphiné, wo Rousseau vom Januar 1769 bis zum April 1770 lebt.

517 *einen Gelehrten* O. C. I (S. 1706) zufolge ist Helvétius gemeint. Siehe hier Anm. zu S. 17.

519 Fußnote *Fréron:* Élie-Cathérine F. (1719–1776), der in seiner Zeitschrift »L'Année littéraire« die Aufklärer und besonders Voltaire bekämpfte.

Marmontel: Jean-François M. (1723–1799), Schriftsteller und Literaturkritiker. Er redigierte die literarischen Artikel der »Encyclopédie«.

521 Fußnote *Système de la Nature:* »System der Natur oder Über die Gesetze der körperlichen und geistigen Welt«, das 1770 anonym erschienene Hauptwerk von d'Holbach (1723–1789).

Philosophie de la Nature: »Philosophie der Natur« (1770), von Deslisle de Sales. Siehe hier S. 568, Fußnote und die Anm.

Anmerkung zum Roman: Siehe S. 654–655.

der die Räuber aufwiegelte: im Mai 1775 wurden die Pariser Brotläden gestürmt.

522 *an Herrn Dusaulx:* Brief vom 16. Februar 1771 (C. G. XX, S. 47). Rousseau lernte den Latinisten Jean-Joseph D. im Jahre 1770 kennen und war, bevor es 1771 zum Bruch kommt, eng mit ihm befreundet. D. hat seinen Briefwechsel mit Rousseau 1798 veröffentlicht. In einer in den ersten Ausgaben dieser Gespräche unterdrückten Fußnote geht Rousseau auf diesen Briefwechsel ein: »Zwischen diesem Herrn Dusaulx und mir hat es einen lebhaften und kurzen Briefwechsel gegeben, der vielleicht einige Aufmerksamkeit verdient. Aufgrund einer Äußerung eines jener Herren habe ich Grund zu der Annahme, daß sie diesen Briefwechsel, wenn ich fort bin, gegen meinen Willen wie alles übrige zurichten wollen. Das wäre in meiner Gegenwart vielleicht etwas beschwerlich, aber dies ist eine Unzuträglichkeit, für die sie Abhilfe zu schaffen wissen« (O. C. I, S. 893).

Aristides: Siehe Bd. 1, Anm. zu S. 119.

523 *bei zwei Menschen:* In seinem Brief vom 26. Februar 1770 an Saint-Germain nennt Rousseau Grimm und Diderot die »ersten Urheber dieser ganzen Verschwörung« (C. G. XIX, S. 251).

529 *bei einer verehrungswürdigen Familie:* Die Familie Boy de La Tour, mit der Rousseau 1770 familienähnliche Bande knüpft.
Fußnote: In den ersten Ausgaben nicht enthalten.
Mylord Maréchal: George Keith, siehe die Anm. zu S. 483.

534 *Die Lesung:* Siehe die Anm. zu S. 261.
in ihre Verwahrung gab: Gemeint ist Duclos (Bd. 1, S. 290, Anm.), den Rousseau in den »Bekenntnissen« (Buch VII) als seinen Freund bezeichnet, dem er das Manuskript der »Bekenntnisse« anvertraut und von dem er sich verraten fühlt (siehe die nachgetragene Fußnote im Buch VII und hier S. 619).

537 *intus et in cute:* »Von innen wie von außen«. Persius, »Satiren«, III, 30. Das Motto der »Bekenntnisse«.
in Wootton bei seiner Abreise: Rousseau verläßt Wotton, wo er seit dem 19. März 1766 lebte, am 1. Mai 1767.
Montmorency: Siehe Buch X der »Bekenntnisse«.
Oratorianer: In Frankreich die 1611 gestiftete und 1613 vom Papst sanktionierte »Kongregation des Oratoriums unseres Herrn Jesu Christi«, deren Mitglieder nicht zum Klostergelübde verpflichtet waren und zu denen angesehene Gelehrte zählten.
Fußnote: In den ersten Ausgaben nicht enthalten.
Die in der Fußnote erwähnte Episode in Montmorency wird in Buch XI der »Bekenntnisse« erwähnt. Rousseau verdächtigt die beiden Oratorianer P. Alamanni und P. Mandard, daß sie sich Zugang zu den Fahnenabzügen des »Emile« verschafften. Die Episode in Monquin im Jahre 1769 mit dem jakobinischen Bruder (wie die Dominikaner nach ihrem Ordenshaus St. Jakob in Paris hießen) ist undurchsichtig: Die »Correspondance littéraire« von Melchior Grimm erzählt am 15. Juli 1770, Rousseau habe Thérèse »in flagranti mit einem Mönch überrascht«. Ch. Guyot, »Plaidoyer pour Thérèse Levasseur« (Neuchâtel, 1962, S. 121) fragt, ob die S. 545 genannte »empfindlichste Kränkung« ebenfalls darauf Bezug haben könnte.

539 Fußnote *Friedhof Les Innocents:* Auf dem Pariser Friedhof herrschte lebhaftes Jahrmarktstreiben.
Tartuffe: Hauptfigur in Molières gleichnamiger Komödie, Inbegriff des Scheinheiligen.

541 Fußnote *Bicêtre oder Petites Maisons:* Bicêtre bei Paris war seit 1656 Asyl für Greise und Irre, ebenso Petites Maisons.

543 *der wachsame Beamte:* De Sartine, seit 1759 Polizeipräfekt von Paris und 1763–1774 Direktor des Buchwesens als Nachfolger Malesherbes.

550 *Vorrede zur Abhandlung . . .:* Siehe Bd. 1, S. 29.

551 *Brief an Beaumont:* Siehe Bd. 1, S. 545.

Thermopylen: Der von Leonidas und seinen Spartiaten gegen die Perser unter Aufopferung des Lebens verteidigte Paß nach Mittelgriechenland. Die Inschrift auf dem dort von den Griechen errichteten Denkmal stammt von Simonides.

Akademie der Inschriften: Die Académie Royale des Inscriptions et Belles Lettres (seit 1716) befaßte sich mit Geschichte, Archäologie und Philologie und war für die Abfassung und Redaktion der Inschriften auf öffentlichen Denkmälern zuständig.

553 *wie ein Chirurg:* Anspielung auf Théodore Tronchin, den angesehensten Impfarzt des 18. Jahrhunderts (siehe Bd. 1, Anm. zu S. 331).

Abhandlung über die Ungleichheit: Siehe Bd. 1, S. 259.

554 *Zueignung . . .:* Siehe Bd. 1, S. 169.

Extr. du projet de paix perp.: Rousseaus »Auszüge aus Abbé de Saint-Pierres Entwurf zum ewigen Frieden«, siehe Bd. 1, Anm. zu S. 346.

good natured people: Menschen von gesundem Naturell.

557 Fußnote *Regierung Pitts:* William P., Earl of Chatham (1708–1778) führte die Regierung von 1756–1761.

560 *das Werk eines höllischen . . . Genies:* Rousseau denkt an Melchior Grimm, siehe »Bekenntnisse«, Buch IX.

564 *Epikuräismus:* Eine auf zügellosen Sinnengenuß angelegte Lebensweise.

567 *die beiden anderen Schriften:* Der »Brief an Beaumont« und die »Briefe vom Berge«.

568 Fußnote *Philosophie de la Nature:* Siehe S. 521 und die Anm. Das Buch wurde am 14. Dezember 1775 im Châtelet, dem Pariser Gerichtshof, verbrannt. Das Urteil, das eine Beschlagnahme des Vermögens des Verfassers und Gefängnisstrafe anordnete, wurde bald darauf vom Pariser Parlament kassiert. Rousseau besaß ein Dokument über diese Vorgänge. Siehe O.C. I, S. 1726–1727.

577 *Antwort dieses Herrn:* D'Alembert veröffentlicht seine Antwort auf den »Brief über die Schauspiele« im Frühjahr 1759 (»Lettre à M. Rousseau, citoyen de Genève«).

aus der Aeneis: Rousseaus Motto, siehe Bd. 1, S. 333, stammt aus Vergils »Georgica«.

aus La Fontaine: Aus der Fabel vom skythischen Philosophen.

578 *in dem Jahre . . .:* 1762.

die Sammlungen seiner Schriften: Die Ausgabe von Duchesne (1764) enthielt, wie auch die von Rey (1772) entgegen Rousseaus ausdrücklichem Wunsch, eine Anzahl von Streitschriften gegen ihn.

579 *Der hitzige Voltaire ...:* Bis zum Ende des Absatzes in den ersten Ausgaben nicht enthalten. D'Alemberts Reise im Jahre 1770 dürfte, O. C. zufolge, den Zweck gehabt haben, nach dem Verbot der »Encyclopédie« die Bande zwischen den »philosophes« zu festigen.

580 *per fas et nefas:* Auf jede erlaubte und unerlaubte Weise.

Fußnote *Ich bitte die ...:* Bis zum Schluß der Fußnote in den ersten Ausgaben nicht enthalten.

Besetzung Korsikas: Frankreich besetzt Korsika im Jahre 1768, während Choiseul Kriegsminister ist, nachdem es die Insel 1764 von Genua erworben und 1768 die Hoheitsrechte erhalten hatte. Rousseau stand seit 1764 in Verbindung mit den korsischen Freiheitskämpfern unter Pasquale Paoli (1725–1805) und schrieb für sie zwischen Januar und September 1765 einen »Verfassungsentwurf für Korsika« (»Projet de Constitution pour la Corse«). Siehe dazu die Darstellung in den »Bekenntnissen«, Buch XII. Vgl. dazu und zu dem Verdacht gegen Choiseul auch den Brief an Saint-Germain, C.G. XIX, S. 233–262.

Versoix: Am Genfer See, in der Nähe von Voltaires Landsitz Ferney. Voltaire wollte dort Flüchtlinge ansiedeln.

595 *Herostrat:* Der Ephesier Herostratos, der 356 v.Chr. den Artemistempel in Brand steckt, um seinen Namen in der Nachwelt berühmt zu machen.

598 *in einer unterschriebenen Erklärung:* Die Erklärung über verschiedene Neudrucke seiner Werke (»Déclaration relative a différentes réimpressions des ses ouvrages«, siehe O.C. I, S. 1186–87) trägt das Datum des 23. Januar 1774. Da sie nicht zum Druck angenommen wurde, hat Rousseau Abschriften davon angefertigt und sie auf der Straße verteilt. Worauf sich Rousseaus Behauptung, sie sei gedruckt worden, bezieht (S. 603), ist unklar.

Die Ausgabe ... in Brüssel: Von 1774 bis 1783 erschien in London eine Ausgabe des belgischen Buchhändlers Boubers, der 1778 behauptet, im Besitz von »Memoiren« Rousseaus zu sein. Siehe O.C. I, S. 1739.

599 *angebliche Übersetzung des Tasso:* Siehe hier S. 449.

601 *Subskription ... für die Statue des Herrn von Voltaire:* Rousseau unterzeichnet sie am 2. Juni 1770.

602 *Schrift über die Regierung von Polen:* Siehe S. 455.

Fußnote: Nach O.C. I (S. 1741–42) war eine Abschrift der Schrift über die Regierung von Polen in den Händen eines Buchhändlers Jay (oder Le Jay), die von dem Kopisten des Grafen Wielhorsky veruntreut worden war. D'Alembert bestritt, die Schrift gesehen zu haben. Teile der Fußnote (»ebenso wie in einer anderen . . . zu finden suchte« und der letzte Satz) sind in den ersten Ausgaben nicht gedruckt worden.

604 *Pygmalion:* Text (geschrieben 1762) und Teile der Musik dieser »lyrischen Szene« sind von Rousseau. Die Musik komponierte Horace Coignet 1770 während Rousseaus Aufenthalt in Lyon. »Pygmalion« erschien 1771 im »Mercure de France« und im »Nouveau Journal helvétique«. Die Aufführung des »Pygmalion« in der Comédie-Française war, nach zeitgenössischen Berichten (siehe O. C. I, S. 1742), ein Erfolg.

605 Fußnote: Fehlt in den ersten Ausgaben.

In diesem Augenblick: Wahrscheinlich Sommer 1776 vor dem Eintritt Neckers in die Regierung, wodurch die Spannungen zwischen dem Hof und den »philosophes« nachließen.

607 *Catilina:* Der Anstifter der nach ihm benannten Verschwörung, die im Jahre 63 v. Chr. von Cicero aufgedeckt wird.

609 *Pul-i-Sirat:* Am Schluß des »Glaubensbekenntnisses« im vierten Buch des »Emile« schreibt Rousseau in einer Fußnote: »Die Mohammedaner sagen, nach Chardin [siehe Bd. 1, S. 290], daß nach der Prüfung, die der allgemeinen Auferstehung folgt, alle Leiber über eine Brücke gehen, die Pul-i-Sirat heißt und über das ewige Feuer geschlagen ist und die man, wie sie sagen, die dritte und letzte Prüfung und das wahre, letzte Gericht nennen kann, weil sich dort die Trennung der Guten von den Bösen vollzieht.«

610 *durch die Priester . . . wie die anderen:* Fehlt in den ersten Ausgaben.

daß man allen . . . Mitverschworene sind: Fehlt in den ersten Ausgaben.

619 *Geschichte der vorhergegangenen Schrift:* O. C. I (S. 1748–49) zufolge im Juni oder Juli 1776 geschrieben.

Falschheit Duclos': Siehe Anm. zu S. 534. Der Vorwurf des Verrats, den Rousseau hier, vier Jahre nach Duclos' Tod wiederholt, bezieht sich wahrscheinlich darauf, daß Duclos die ihm anvertrauten »Bekenntnisse« anderen zugänglich gemacht hat.

623 *ein Gelehrter:* Etienne Bonnot de Condillac, siehe Bd. 1, S. 209.

aus einer Provinz: Condillac war aus Grenoble in der Dauphiné gebürtig.

Fußnote *Ludwig XV:* Er starb 1774.

625 *ein junger Engländer:* Siehe S. 311, Fußnote und die Anm.

627 *eine Art von Rundbrief:* Das »Zirkularschreiben«, hier S. 634–636.

628 *Stelle aus dem Emile:* Wahrscheinlich aus der posthum veröffentlichten Fortsetzung des »Emile«: »Emile et Sophie, ou Les Solitaires« (»Emile und Sophie oder Die Einsamen«), in der es etwa heißt: »Der Tod ist das Ende des Lebens des Bösen und der Anfang des Lebens des Gerechten«, oder »Ich habe das Wasser des Vergessens getrunken; die Vergangenheit

verlöscht in meinem Gedächtnis und das Universum öffnet sich vor mir«.

629 *Phalaris:* Der Tyrann von Agrigent (571–555 v.Chr.) ließ Menschen in einem ehernen Stier verbrennen.

Agathokles: Tyrann von Syrakus (361–289 v.Chr.).

634 *Abschrift des Zirkularschreibens:* Siehe die »Geschichte der vorhergegangenen Schrift«, S. 627. Rousseau verteilt den Rundbrief im April und Mai 1776 auf den Straßen von Paris und verschickt ihn an verschiedene Briefpartner (siehe C. G. XX).

TRÄUMEREIEN EINES EINSAMEN SPAZIERGÄNGERS

»Um dem Titel dieser Sammlung ganz gerecht zu werden, hätte ich sie vor sechzig Jahren beginnen müssen, denn mein ganzes Leben ist nur eine lange Träumerei gewesen, in Kapitel gegliedert durch meine täglichen Spaziergänge. Obgleich spät, beginne ich sie heute, weil mir in dieser Welt nichts Besseres mehr zu tun bleibt. Ich fühle meine Einbildungskraft schon erstarren und alle meine Kräfte schwächer werden. Ich warte darauf, zu sehen, wie meine Träumereien von Tag zu Tag kälter werden, bis die Mühsal, sie aufzuschreiben, mir den Mut dazu nehmen wird. So muß mein Buch, wenn ich es fortsetze, auf natürliche Weise enden, wenn ich mich dem Ende meines Lebens nähere.«

So lautet eine der Aufzeichnungen, die sich, auf Spielkarten notiert, in Rousseaus Nachlaß gefunden haben, die aber, im Unterschied zu den 1782 als Anhang zu den ersten sechs Büchern der »Bekenntnisse« zuerst veröffentlichten »Rêveries du promeneur solitaire«, erst im Laufe des 19. Jahrhunderts nur vereinzelt und vollständig zuerst 1948 herausgegeben wurden. Der vorliegende Text der »Träumereien« geht auf die von Du Peyrou und Moultou besorgte Ausgabe im Rahmen der »Collection complète des Œuvres« zurück, die bis heute für die Textgestalt dieses nachgelassenen Werkes verbindlich geblieben ist. Über das Manuskript, das der Marquis de Girardin, bei dem Rousseau die letzten Monate seines Lebens verbracht hat, unter den Papieren seines Nachlasses fand, berichtet er Du Peyrou in einem Brief vom 4. Oktober 1778: »In seinem gegenwärtigen Zustand besteht dieses Werk aus sieben Spaziergängen, nach denen es gegliedert ist. Wenn man mit viel Mühe aus den verschiedenen Zetteln und Kladden soviel nur möglich herausziehen würde, so könnte man, glaube ich, noch Stoff für zwei Spaziergänge finden. Dieses philosophi-

sche Werk, das eine Art Tagebuch seiner Gedanken während der Spaziergänge ist, die er in der letzten Zeit seines Lebens unternahm, dürfte sehr interessant sein . . .« (O. C. I, S. 1906).
Aus der Reinschrift der ersten sieben Spaziergänge und den Kladden der beiden folgenden und dem Bruchstück des zehnten Spaziergangs ist das Buch geworden, das mit den Aufzeichnungen des 12. April, des Palmsonntags des Jahres 1778, endet, an dem Rousseau auf den Tag zurückblickt, als er, noch nicht ganz sechzehn Jahre alt, zu Madame de Warens, der »maman« seiner Jugendjahre, kam.
Die ersten beiden Spaziergänge sind mit großer Wahrscheinlichkeit noch in das Jahr 1776 zu datieren, in dem Rousseau seine Gespräche »Rousseau richtet über Jean-Jacques« beendet, deren Vorstellungswelt der erste Spaziergang hinter sich läßt (siehe die Zusammenfassung der Datierungsvorschläge in Marcel Raymonds Einleitung in O. C. I, S. LXXXIIff.), während der zweite nach dem Bericht über den in ihm geschilderten Unfall vom 24. Oktober und dem erwähnten Nachruf im »Courrier d'Avignon« vom 20. Dezember in den Winter 1776/1777 zu datieren ist. Die folgenden Spaziergänge bis einschließlich des siebten sind wahrscheinlich im Frühjahr und Sommer 1777 geschrieben worden, als Rousseau seine botanischen Studien wiederaufnahm, die der fünfte Spaziergang behandelt, während der achte und der neunte Spaziergang wohl um die Jahreswende 1777/1778 anzusetzen sind.

Der Text der vorliegenden Ausgabe ist eine Bearbeitung der Übersetzung, die 1782 bei Unger in Berlin erschienen ist: »J. J. Rousseau's Selbstgespräche auf einsamen Spaziergängen. Ein Anhang zu den Bekenntnissen«.

637 *Titel:* »Les Rêveries du promeneur solitaire«.

639 *seit fünfzehn und mehr Jahren:* Das Verbot des »Emile« (1762) liegt vierzehn Jahre zurück.

642 *Noch nicht volle zwei Monate:* Es ist unklar, was mit der ebenso traurigen wie unvorhergesehenen Begebenheit gemeint ist, die bewirkt, daß Rousseau sich mit seinem Schicksal abfindet: der Gang nach Notre-Dame (siehe S. 621), der Unfall in Ménilmontant (S. 649) oder der Tod des Prinzen Conti, auf dessen Beistand Rousseau hoffte, am 2. August 1776? (Siehe R. Osmont, Einleitung zu den »Rêveries« in O.C. I.)
meine Gespräche: »Rousseau richtet über Jean-Jacques«. Über die Versuche, das Manuskript in die Nachwelt zu retten, hier S. 619ff.

643 *Oratorianer:* Siehe hier S. 537 und die Anmerkung.

653 *Rue Platrière:* Rousseaus Wohnung seit Juni 1770 (heute Rue Jean-Jacques Rousseau).

654 *Lenoir:* Jean-Charles-Pierre L. (1732–1827), seit 1774 Polizeipräfekt.
Frau d'Ormoy: Charlotte Chaumet d'O. (1732–1791) veröffentlicht 1777 ihren ersten Roman »Les Malheurs de la jeune Emilie« unter dem Pseudonym Laurilla.

655 *diese Anmerkung:* In der von J.-St. Spink nachgewiesenen Anmerkung heißt es u. a.: »Wenn die Herrscher alles Übel kennen würden, das man in ihrem Namen begeht, so würden sie seufzen, Könige zu sein. Das Königtum ist erstrebenswert nur für das Glück des Volkes, und dies ist die Aufgabe eines tugendhaften Königs. Doch die Wahrheit dringt nur unter Schwierigkeiten bis zum Thron, man bemüht sich, von dort alle zu entfernen, die sie sagen könnten: das Volk stirbt am Hunger, man tut so, als sei es glücklich . . . Es ist immer die Schuld des Königs, wenn man ihn täuscht . . . Will man tugendhafte Menschen finden, so muß man sie unter gewöhnlichen Leuten suchen, die Tugend verbirgt sich . . .« Siehe zu dieser Anmerkung, »Rousseau richtet über Jean-Jacques«, S. 521.

656 *Courrier d'Avignon:* Der Nachruf auf Rousseau erscheint am 20. Dezember 1776: »Jean-Jacques Rousseau ist an den Folgen seines Sturzes gestorben. Er hat arm gelebt, er ist elend gestorben; die Sonderbarkeit seines Schicksals hat ihn bis zum Grab begleitet. Wir bedauern, daß wir nicht über die Talente dieses beredten Schriftstellers sprechen können; unsere Leser sollten wissen, daß der Mißbrauch, den er mit ihnen getrieben hat, uns hier das strengste Schweigen auferlegt. Es gibt allen Grund zu der Annahme, daß seine Lebensbeschreibung dem Publikum nicht entgehen wird und daß man darin alles finden wird bis zum Namen des Hundes, der ihn getötet hat.«

659 *Ich werde alt . . .:* Plutarch, »Solon«, 31.

661 *von einem Prediger:* Von Pfarrer Lambercier in Bossey, 1722–1724.
wurde ich katholisch: Am 21. April 1728 in Turin.

662 *Frau von Warens:* Françoise-Louise de W. (1699–1762), bei der Rousseau von 1728 (mit Unterbrechungen) bis 1742 lebt. Siehe »Bekenntnisse«, Buch II, und hier den zehnten Spaziergang, S. 758–760.
in der Art Fénelons: Siehe Anm. zu S. 483.

663 *Ich entsagte der Stelle:* Als Sekretär bei dem Finanzmann Dupin de Francueil, Anfang 1751.

667 *Glaubensbekenntnis . . .:* Im vierten Buch des »Emile«. Siehe hier die Verteidigung dieses Glaubensbekenntnisses im »Brief an Beaumont« und in den »Briefen vom Berge«.

674 *Plutarch:* Siehe die Anm. zu S. 436.

Abbé Rosier: Rousseau hatte François R. (oder Rozier) 1768 in Lyon kennengelernt und gemeinsam mit ihm botanische Exkursionen unternommen. Seit 1771 gab Rosier das »Journal de physique et d'histoire naturelle« heraus.

vitam vero impendenti: »Dem, der sein Leben der Wahrheit weiht.« Über Rousseaus Devise siehe Bd. 1, Anm. zu S. 469.

»Erkenne dich selbst!«: Siehe Bd. 1, S. 181.

eine schreckliche Lüge: Über die falsche Anschuldigung gegen die Magd Marion berichten die »Bekenntnisse«, Buch II, gegen Ende.

680 *Le Temple de Gnide:* »Der Tempel zu Knidos«, 1725 anonym erschienene Prosadichtung von Montesquieu, der lange geleugnet hat, der Verfasser zu sein. Eine erweiterte Ausgabe erschien 1743.

684 *die arme Marion:* Siehe oben S. 674.

687 *als ich schon alt war:* Rousseau beginnt die Niederschrift der »Bekenntnisse« 1764 im Alter von 52 Jahren.

688 *Paquis:* Heute ein Stadtteil Genfs.

Fazy: Antoine F. (1681–1731) heiratet 1719 eine Tante Rousseaus.

689 *Magnanima menzogna . . .:* »Großherzige Lüge! Wann ist die Wahrheit so schön, daß sie dich übertreffen könnte.« Tasso, »Gerusalemme liberata« (»Das befreite Jerusalem«), II, 22.

Plain-Palais: Südöstlicher Stadtteil von Genf.

Mailkugelspiel: Ein bis ins 19. Jahrhundert in Frankreich sehr beliebtes Spiel, eine Art Kricket, bei dem Buchsbaumkugeln mit einem hölzernen Hammer auf einer langen Bahn geschlagen werden. Der Name Mail hat sich oft für die Promenaden erhalten, wo dieses Spiel ehedem gespielt wurde.

691 *der Wahlspruch:* Siehe Bd. 1, Anm. zu S. 469.

die Maxime Solons: Siehe oben S. 659.

692 *Petersinsel:* Rousseaus Aufenthalt vom 12. Sept. bis zum 25. Okt. 1765.

Steinigung zu Môtiers: Siehe oben S. 311.

nach England: Siehe oben S. 311.

693 *nicht viel länger als zwei Monate:* Sechs Wochen. Am 16. Oktober ordnet die Berner Regierung an, daß er die Insel verlassen muß.

694 *far niente:* Nichtstun.

695 *d'Ivernois:* Jean-Antoine d'I. (1703–1765), der Rousseau in Môtiers ersten Unterricht in der Botanik gibt und ihn mit dem Werk Linnés bekannt macht.

Flora petrinsularis: Flora der Petersinsel.

Systema naturae: Linnés (siehe hier Anm. zu S. 453) »System der Natur« (1735).

706 *im Emile:* Vielmehr in den »Bekenntnissen«, Buch V.

712 *der goldenen Legende:* Die berühmteste der mittelalterlichen Sammlungen von Heiligenlegenden.

des Grabes des heiligen Medardus: Anspielung auf die Wunder auf dem Pariser Friedhof St. Médard, siehe Bd. 1, Anm. zu S. 567.

715 *d'Ivernois:* Siehe Anm. zu S. 695.

716 *Murrays Regnum vegetabile:* Die lateinisch geschriebene Einleitung (»Das Pflanzenreich«) zu Linnés »Systema vegetabilium«, von dem in Göttingen lehrenden schwedischen Arzt und Botaniker Johannes-Andreas Murray (1740–1791).

719 *Theophrast:* Schüler von Platon und Aristoteles, gestorben 287 v. Chr. in Athen. Von ihm sind neun Bücher »Untersuchungen über die Pflanzen« und sechs Bücher »Die Ursachen der Pflanzen« überliefert.

Dioskorides: Er lebt im 1. Jahrhundert n. Chr., Verfasser einer Arzneimittellehre »De materia medica«.

Pferderotz: Eine gefährliche Tierseuche.

Linnaeus: Siehe Anm. zu S. 453.

724 *anatomisches Theater:* In Form eines antiken Theaters gebauter Hörsaal für anatomische Demonstrationen.

728 *der Prediger Montmollin:* Siehe Bd. 1, Anm. zu S. 537.

Du Peyrou: Pierre-Alexandre Du P. (1729–1794), der reiche Freund Rousseaus und (mit Moultou) Herausgeber der Ausgaben der »Collection complète des Œuvres« (Genf, 1780–1789 und 1782–1789).

d'Escherny: Graf François-Louis d'E. (1733–1815) lebte in Môtiers in Rousseaus Nachbarschaft. Über seine Bekanntschaft mit Rousseau hat er in seinen »Mélanges de littérature, d'histoire, de morale et de philosophie« (Paris, 1811) berichtet.

de Pury: Daniel de P., den Rousseau ebenfalls aus Môtiers kannte.

729 *Während meines Aufenthaltes in Grenoble:* Juli 1768.

730 *nach langem vergeblichem Suchen ...:* Anspielung auf Diogenes, siehe hier S. 405 und die Anm.

744 *Lobrede auf Frau Geoffrin:* Die »Éloges de Madame Geoffrin« von Morrelet, Thomas und d'Alembert erschienen gesammelt 1812. Marie-Thérèse de Geoffrin (1699–1777) führte seit 1750 einen berühmten Salon, in dem die Philosophen der Aufklärung verkehrten. Sie starb am 6. Oktober 1777. D'Alemberts »Éloge« wurde Ende 1777 veröffentlicht. Einer der Abschnitte, auf die sich Rousseau hier im folgenden wohl bezieht, lautet: ». . . Sie betrachtete die Vaterschaft als die süßeste Freude der Natur. Doch in dem Maße, wie diese Freude ihr heilig war, wünschte sie, daß sie rein und ohne Trübung sei. Daher bat sie diejenigen ihrer Freunde,

die kein Vermögen hatten, sich nicht zu verheiraten. ›Was wird‹, sagte sie ihnen, ›aus euren armen Kindern, wenn sie euch frühzeitig verlieren? Denkt an den Schrecken eurer letzten Augenblicke, wenn ihr unglücklich zurücklaßt, was euer Liebstes ist!‹« D'Alembert selbst wuchs im Findelhaus auf.

Was Mahomet . . .: In Voltaires Tragödie »Mahomet« (1742) tötet Seïde, von ihm fanatisiert, seinen eigenen Vater.

750 *Hohlhippen:* Röhrenförmiges Gebäck aus dünnem Teig.

751 *La Chevrette:* Das Schloß der Épinays. Der Hausherr Denis-Joseph Lalive d'É. feierte seinen Namenstag am 9. Oktober. Rousseau berichtet über dieses Fest in den »Bekenntnissen«, Buch IX.

752 *Savoyarden:* Siehe Anm. zu S. 315.

753 *Guinguettes:* Wirtsgärten außerhalb der Stadt.

Jung waren wir einst . . .: Siehe den »Brief an d'Alembert«, Bd. 1, S. 473.

758 *Heute am Palmsonntag:* 12. April 1778. Rousseau kam am 21. März 1728, noch nicht ganz sechzehn Jahre alt, nach Annecy zu Madame de Warens.

Sie hatte mich von sich entfernt: Der Aufenthalt in Turin bis Juni 1729.

759 *mit dem römischen Präfekten:* Siehe Bd. 1, Anm. zu S. 486. Dort bezeichnet Rousseau die Zeit in der Ermitage als die glücklichste seines Lebens.

DATEN ZU LEBEN UND WERK

1712 28. Juni: Jean-Jacques Rousseau wird in Genf, Grand'rue 40, geboren. Sein Vater, der Uhrmacher Isaac R., und seine Mutter Suzanne, geb. Bernard, sind beide Genfer Staatsbürger (»citoyens«). 4. Juli: Taufe in der Kirche St.-Pierre. 7. Juli: Tod der Mutter.

1722 Der Vater verläßt im Oktober nach einer Streitigkeit Genf und siedelt nach Nyon am Genfer See auf Berner Territorium über. R. wird bei dem Pfarrer Lambercier in Bossey, unweit von Genf, in Pension gegeben.

1724 Beginn einer bald abgebrochenen Lehre bei einem Gerichtsschreiber.

1725 Lehrling bei dem Graveur Abel Ducommun.

1728 Nach einem Ausflug am 14. März findet R. abends das Stadttor verschlossen und kehrt Genf am folgenden Morgen den Rücken. Mit einer Empfehlung des katholischen Pfarrers von Confignon stellt er sich in Annecy bei Madame de Warens vor, die ihn nach Turin schickt, wo er sich im Hospiz zum Heiligen Geist auf den Übertritt zum Katholizismus vorbereitet. Am 21. April schwört er dem reformierten Glauben ab und wird zwei Tage später auf den Namen Jean-Joseph getauft. R. ist Diener bei Madame de Vercellis und Sekretär bei dem Grafen Gouvon.

1729 Rückkehr nach Annecy zu Madame de Warens. Besuch des Lazaristenseminars. Schüler bei dem Domkapellmeister von Annecy, Lemaître.

1730 April: R. begleitet Lemaître nach Lyon. Bei seiner Rückkehr nach Annecy ist Madame de Warens auf unbestimmte Zeit nach Paris gereist. R. tritt in Lausanne unter falschem Namen als Musiklehrer aus Paris auf und gibt Musikunterricht in Neuchâtel.

1731 Juni–August: Erster Parisaufenthalt in einer Stellung als Erzieher. Im September begibt sich R. über Lyon nach Chambéry, dem neuen Wohnsitz von Madame de Warens. Anstellung beim savoyischen Grundbuchamt in Chambéry.

1732 R. beginnt Musikunterricht zu geben.

1735 Sommer: Erster gemeinsamer Aufenthalt mit Madame de Warens in ihrem Landhaus »Les Charmettes«. Autodidaktische Studien und literarische Versuche.

1737 Ende Juli: Nach Genfer Recht volljährig geworden, begibt R. sich inkognito nach Genf, um Erbschaftsangelegenheiten zu regeln. September: Reise nach Montpellier. Unterwegs gibt er sich als Engländer namens Dudding aus.

1738 Februar–März: Rückkehr nach Chambéry.

1740 April: R. verläßt Chambéry und geht über Grenoble nach Lyon, wo er eine Stellung als Erzieher im Hause Mably antritt. Im November–Dezember verfaßt R. einen Erziehungsplan für seinen Zögling Sainte-Marie de Mably (»Projet pour l'éducation de M. de Sainte-Marie«).

1741 Mai: Rückkehr nach Chambéry.
Juli–Dezember: Neuerlicher Aufenthalt in Lyon.

1742 In Les Charmettes arbeitet R. an einem neuen System der Notenschrift. Literarische Arbeiten.
Juli: Über Lyon, wo er von de Mably Empfehlungsschreiben erhält, reist R. nach Paris. Von Réaumur eingeführt, trägt er am 22. August der Akademie der Wissenschaften sein neues System der Notenschrift vor (»Projet concernant de nouveaux signes pour la musique«). Nach einer Prüfung des Vorschlags erteilt die Akademie ein Zertifikat. R. bereitet seine Denkschrift zum Druck vor.

1743 Januar: Die »Dissertation sur la musique moderne« (»Abhandlung über die moderne Musik«) erscheint in Paris. Veröffentlichung der »Epître a Monsieur Bordes« (»Epistel an Herrn Bordes«).
R. wird bei Madame Dupin eingeführt und befreundet sich mit Francueil. Beschäftigung mit Chemie. Beginn der Oper »Les Muses galantes« (»Die galanten Musen«).
Juli: R. nimmt die Stellung eines Sekretärs des neu ernannten franz. Botschafters in Venedig, des Grafen de Montaigu, an. Auf dem Weg über Lyon, Marseille, Genua, Mailand, Padua erreicht er im September Venedig.

1744 August: Nach heftigen Auseinandersetzungen mit dem Botschafter verläßt R. die Gesandtschaft und Venedig. Im Oktober kommt er auf dem Weg über den Simplon, das Wallis, Genf wieder in Paris an.

1745 März: R. lernt die dreiundzwanzigjährige Wäscherin Thérèse Levasseur kennen und verbindet sich mit ihr. Beendigung der »Galanten Musen«. R. lernt Diderot und Condillac kennen.
September: Aufführungen der »Galanten Musen«.
R. überarbeitet das Singspiel »Les Fêtes de Ramire« (»Ramiros Feste«) von Voltaire und Rameau. Im Dezember Briefwechsel mit Voltaire.

1746 Im Sommer arbeitet R. als Sekretär für Madame Dupin. Im Herbst Aufenthalt bei den Dupins in Chenonceaux, wo er das Poem »L'Allée de Sylvie« (»Sylviens Allee«, gedruckt 1763) schreibt. Im Winter wird R.s und Thérèses erstes Kind geboren, das sie dem Findelhaus übergeben.

1747 9. Mai: R.s Vater stirbt.
Im Herbst zweiter Aufenthalt in Chenonceaux, wo er die Komödie »L'Engagement téméraire« (»Die verwegene Werbung«) schreibt.

1748 Durch Madame d'Épinay, die R. im Jahre zuvor kennengelernt hatte, macht der die Bekanntschaft von Mademoiselle de Bellegarde, der späteren Gräfin d'Houdetot.
R. gibt das zweite Kind ins Findelhaus.

1749 R. arbeitet im Januar die musikalischen Artikel für Diderot-d'Alemberts »Encyclopédie« aus. In dieser Zeit regelmäßiger Umgang mit Diderot, mit dem er die Herausgabe einer Zeitschrift »Le Persiffleur« (»Der Spötter«) plant.
24. Juli: Diderot wird wegen respektloser Passagen seines »Briefes über die Blinden« in Vincennes gefangengesetzt. Rosseau macht im August die Bekanntschaft des Deutschen Melchior Grimm, des späteren Herausgebers der »Correspondance littéraire« (»Literarische Korrespondenz«).
Im Oktober liest R. auf dem Wege nach Vincennes zu Diderot im »Mercure de France« die Preisfrage der Akademie zu Dijon für das Jahr 1750: »Ob die Wiederherstellung der Wissenschaften und Künste zur Läuterung der Sitten beigetragen hat«. Spontane Niederschrift der »Rede des Fabricius«, die er Diderot vorliest. Diderot ermuntert ihn, an dem Wettbewerb teilzunehmen. Im Winter arbeitet R. an der Beantwortung der Preisfrage. Umgang mit Grimm und d'Holbach.

1750 R. unterzeichnet einen Brief (vom 30. Januar) an Voltaire »J. J. Rousseau, citoyen de Genève«.
9. Juli: R. erhält den Preis der Akademie zu Dijon. Seine Abhandlung über die Wissenschaften und Künste (siehe Bd. 1, S. 27ff.) erscheint Ende des Jahres in Paris.

1751 Februar–März: R. gibt seine Stellung als Sekretär bei Franceuil auf und beginnt, seinen Lebensunterhalt durch Notenkopieren zu verdienen. Im Frühjahr wird das dritte Kind R.s geboren.
Juni: »Brief an Raynal« (Bd. 1, S. 61ff.).
November: »Bemerkungen über die Antwort des Königs von Polen« (Bd. 1, S. 67ff.) und »Brief an Grimm« (S. 93ff).

1752 Frühjahr: »Letzte Antwort (an Bordes)« (S. 107ff.) und »Brief über eine neue Widerlegung« (S. 137ff.).
18. Oktober: R.s Singspiel »Le Devin du village« (»Der Dorfwahrsager«) wird in Fontainebleau vor Ludwig XV. und dem Hof mit großem Erfolg aufgeführt.
R. läßt sich eine Pension des Königs entgehen.

18. Dezember: Im Théâtre Français wird R.s 1735 entstandenes Theaterstück »Narcisse ou L'Amant de lui-même« (»Narziss oder Der Liebhaber seiner selbst«) aufgeführt. R. schreibt die »Vorrede zu ›Narcisse‹« (Bd. 1, S. 147ff.) für die Veröffentlichung seines Stückes.

1753 März: Der »Dorfwahrsager« wird an der Oper mit großem Erfolg aufgeführt.

Im August wird La Tours Pastellbildnis von R. im Salon ausgestellt.

In November veröffentlicht der »Mercure de France« die neue Preisfrage der Dijoner Akademie: »Welches ist der Ursprung der Ungleichheit unter den Menschen, und ist sie durch das natürliche Gesetz gerechtfertigt?« Im Wald von Saint-Germain meditiert R. über seine Beantwortung dieser Frage, die er bis zum Juni des folgenden Jahres niederschreibt.

R.s »Lettre sur la musique française« (»Brief über die französische Musik«, geschrieben 1752) hat einen sensationellen Erfolg.

1754 Im Juni reisen R. und Thérèse über Lyon und Chambéry nach Genf, wo R. am 1. August wieder in die Genfer Kirche aufgenommen wird und das Genfer Bürgerrecht zurückerhält. Er arbeitet während des Aufenthaltes in Genf an seinen »Institutions politiques« (»Politische Institutionen«), dem später aufgegebenen großen Werk, aus dem der »Gesellschaftsvertrag« hervorgeht. R. plant eine Geschichte des Wallis, eine Prosatragödie über den Tod des Lukrez und übersetzt Tacitus.

Oktober: Rückkehr nach Paris. R. übersendet das Manuskript seiner »Abhandlung über die Ungleichheit« an den Amsterdamer Verleger Rey, den er in Genf kennengelernt hat. R. erhält den Auftrag, Auszüge aus dem Nachlaß des Abbé de Saint-Pierre für den Druck vorzubereiten.

1755 Mai: Die »Abhandlung über die Ungleichheit« (Bd. 1, S. 165ff.) wird ausgeliefert. R. überreicht dem Rat Genfs ein Exemplar seiner Schrift.

30. August: Brief Voltaires über die Abhandlung: »Ich habe, mein Herr, ihr neues Buch gegen das Menschengeschlecht erhalten . . .«, den R. am 10. September beantwortet.

1756 9. April: R. und Thérèse übersiedeln in die Ermitage, das kleine Haus im Forst von Montmorency, das Madame d'Épinay ihnen zur Verfügung gestellt hat. Dort schließt R. im Mai die Arbeit an den Auszügen aus den Manuskripten des Abbé de Saint-Pierre ab.

18. August: R.s »Brief an Voltaire« über dessen Gedicht über das Erdbeben von Lissabon (Bd. 1, S. 315ff.).

R. entwirft seinen Briefroman, die »Neue Héloise«, und beginnt mit der Niederschrift einiger Briefe. Er bleibt den Winter über in der Ermitage.

1757 März: Zerwürfnis mit Diderot über eine Stelle in dessen »Fils naturel« (»Der natürliche Sohn«): »Nur der Böse ist allein.« Sie versöhnen sich im April. Leidenschaftliche Liebe zu Madame d'Houdetot. Die Krise der Beziehung zu Madame d'Épinay erreicht Ende August ihren Höhepunkt, Versöhnung am 1. September.

Oktober: Reise Madame d'Épinays nach Genf. Diderot drängt R., sie zu begleiten. Grimm bricht mit R.

Diderot besucht ihn am 5. Dezember in der Ermitage. Am 10. Dezember wird R. von Madame d'Épinay aus der Ermitage verwiesen. Übersiedlung nach Montmorency.

R. erhält den Bd. VII der »Enzyklopädie« und beschließt, auf den Artikel »Genf« von d'Alembert zu antworten.

1758 März: Der »Brief an d'Alembert« ist im Manuskript abgeschlossen. Am 6. Mai bricht Madame d'Houdetot alle Beziehungen zu R. ab. In die endgültige Fassung des Vorworts des »Briefes an d'Alembert« fügt R. die Fußnote ein, die den Bruch mit Diderot besiegelt (21. Juni).

Im September teilt R. seinem Verleger Rey mit, daß die »Neue Héloïse« abgeschlossen ist; er überarbeitet sie im Laufe des Winters.

Oktober: Der »Brief an d'Alembert über das Schauspiel« (Bd. 1, S. 333ff.) erscheint.

1759 Im April besucht der Herzog von Luxembourg R. und stellt ihm das »Petit-Château« zur Verfügung, wo R. von Mai bis Juli während der Renovierungsarbeiten an seiner Wohnung in Montlouis wohnt. Während des Sommers freundschaftlicher Umgang mit dem Herzog und der Herzogin. Im Kleinen Schloß schreibt R. im Mai das fünfte Buch des »Emile«. Im November lehnt er die Stelle als Herausgeber des »Journal des Savans« ab, die ihm auf Anregung von Malesherbes angeboten wird.

1760 Arbeit am »Emile« und am »Gesellschaftsvertrag«. Im Dezember ist die »Neue Héloïse« in London im Handel.

1761 Januar: »Julie ou La Nouvelle Héloïse« ist in Paris im Handel und wird ein ungewöhnlicher Erfolg.

Im Sommer schließt R. die Reinschrift des »Gesellschaftsvertrages« ab. Er ist krank und glaubt sich dem Ende nahe.

Ende September überreicht R. Herrn von Malesherbes seinen »Essai sur l'origine des langues« (»Versuch über den Ursprung der Sprachen«).

Seit dem zögernden Druckbeginn des »Emile« bei Duchesne in Paris

im Oktober wahnhafte Zustände, in denen R. das Manuskript verloren oder in den Händen der Jesuiten glaubt, um erst nach seinem Tod entstellt herausgebracht zu werden.
Druck des »Emile« in Paris und in Amsterdam bei Néaulme.

1762 Januar: Selbstdarstellung in den »Vier Briefen an Malesherbes« (Bd. 1, S. 475ff.).
April: Der »Gesellschaftsvertrag« (»Du Contrat social ou Principes du Droit politique«) erscheint in Amsterdam.
Ende Mai erscheint der »Emile« (»Emile ou De l'Education«) gleichzeitig in Paris und Amsterdam. Das Buch wird Anfang Juni in Paris von der Polizei beschlagnahmt, bei der Sorbonne angezeigt und am 9. Juni vom Pariser Parlament verboten. Gegen R. ergeht ein Haftbefehl, dem er sich am selben Tag durch die Flucht entzieht. Der »Emile« wird in Paris am 11. Juni verbrannt.
14. Juni: R. in Yverdon bei seinem Freund Roguin. Er wird dort am 1. Juli von der Berner Regierung ausgewiesen. Inzwischen sind der »Gesellschaftsvertrag« und der »Emile« in Genf verurteilt und verbrannt worden. Gegen R. wird in Genf ein Haftbefehl erlassen.
10. Juli: Ankunft in Môtiers im Val-de-Travers in dem zu Preußen gehörigen Fürstentum Neuchâtel, wo R. unter dem Schutz des Gouverneurs, Lord Keith, und mit ausdrücklicher Billigung Friedrichs d. Gr. Zuflucht findet.
28. August: Verurteilung des »Emile« durch den Pariser Erzbischof Christophe de Beaumont. R. datiert seine Antwort auf den 18. November. In Paris erscheint die Zensur des »Emile« durch die Sorbonne.

1763 März: Der »Brief an Beaumont« (Bd. 1, S. 497ff.) erscheint in Amsterdam. 12. Mai: R. verzichtet auf das Genfer Bürgerrecht. Seit der ersten Beschwerde (»Repräsentation«) einer Gruppe von Genfer Bürgern über das Vorgehen gegen R. am 18. Juni wächst die Unruhe unter der Genfer Bürgerschaft. Der Konflikt um die Rechte der Bürgerschaft erreicht seinen ersten Höhepunkt im September mit dem Erscheinen der »Lettres écrites de la campagne« (»Briefe vom Lande«) von Jean-Robert Tronchin.

1764 R. schreibt eine Antwort auf die »Briefe vom Lande«. Er bietet seine »Briefe vom Berge« im Juni seinem Amsterdamer Verleger zum Druck an.
Im Sommer botanische Studien und Exkursionen.
Die korsischen Freiheitskämpfer bitten Rousseau durch Buttafuoco um einen Verfassungsentwurf für Korsika. Er führt darüber einen Briefwechsel mit Buttafuoco.

Im Dezember erscheinen die »Briefe vom Berge« (Bd. 2, S. 7ff.) und als Antwort darauf eine anonyme Schmähschrift »Sentiment des citoyens« (»Die Ansicht der Bürger«), in der publik gemacht wird, daß R. seine Kinder ins Findelhaus gegeben hat. Der Verfasser ist Voltaire. R. ist überzeugt, daß die Schmähschrift von dem Genfer Theologen Vernes stammt.

1765 R. entschließt sich endgültig zur Niederschrift seiner Memoiren, die er im März beginnt.

Die »Briefe vom Berge« werden im Januar in Den Haag und im März in Paris verbrannt. Es kommt in Môtiers zu Auseinandersetzungen mit dem Geistlichen Montmollin und dem Konsistorium, das R. die Teilnahme am Abendmahl verwehren will. In der Nacht des 6. September fliegen Steine gegen R.s Haus. Er übersiedelt auf die Petersinsel im Bieler See, wo er vom 12. September an lebt, bis er die Insel am 25. Oktober auf Anordnung der Berner Regierung verlassen muß.

R. reist zunächst über Biel nach Straßburg, wo er sich entschließt, statt nach Berlin, wie ursprünglich geplant, nach England zu reisen, wohin David Hume ihn eingeladen hat.

Am 16. Dezember Ankunft in Paris, wo er beim Prinzen von Conti wohnt.

1766 Am 4. Januar verläßt R. Paris in Begleitung Humes. Sie erreichen London am 13. Januar, wo R. mit großer Aufmerksamkeit empfangen wird. Ende Januar läßt er sich in Chiswick nieder, wo auch Thérèse eintrifft, die in Begleitung von James Boswell nach England gereist ist. Im März Übersiedlung nach Wootton, wo die ersten fünf Bücher der »Bekenntnisse« entstehen. In der Presse erscheinen böswillige Artikel über R., die sein Mißtrauen gegen Hume wecken. Am 10. Juli faßt er seine Verdächtigungen gegen Hume in einem großen Brief zusammen. Die Öffentlichkeit nimmt Interesse an dem Zerwürfnis mit Hume, der von den »philosophes« ermuntert wird, eine Darstellung der Streitigkeit zu veröffentlichen.

Im Oktober und November erscheinen die französische und englische Ausgabe der Humeschen Darstellung (»Exposé succinct de la contestation qui s'est élevée entre M. Hume et M. Rousseau« und »Concise and Genuine Account . . .«).

1767 Am 1. Mai fliehen R. und Thérèse aus Wootton. Am 21. Mai Überfahrt nach Calais. Aufenthalt in Amiens und in Fleury-sous-Meudon als Gast des Marquis de Mirabeau.

Am 21. Juni Übersiedlung in das Schloß des Prinzen von Conti in Trye, wo R. unter dem Namen Jean-Joseph Renou lebt.

November: Das »Dictionnaire de musique« erscheint.

1768 R. reist im Juni mit seiner botanischen Sammlung und seinen Büchern nach Lyon. Große botanische Exkursionen. Im Juli ist er in Grenoble und besucht in Chambéry das Grab von Madame de Warens.
Am 13. August läßt er sich in Bourgoin in der Dauphiné nieder, wo er am 30. August mit Thérèse die Ehe schließt.

1769 In Monquin bei Bourgoin, wo R. seit Ende Januar lebt, schreibt er die Bücher VII–XI und einen Teil von Buch XII der »Bekenntnisse«.

1770 R. legt sein Pseudonym wieder ab. Am 26. Februar schreibt er an Saint-Germain seinen großen autobiographischen Brief über die Verschwörung gegen ihn.
R. verläßt Monquin und ist Mitte April in Lyon. Im Juni kehrt er nach Paris zurück, in die Rue Platrière, wo er seine Arbeit als Notenkopist wiederaufnimmt und seine botanischen Studien fortsetzt.
Den Winter über arbeitet R. an den »Considérations sur le gouvernement de Pologne« (»Betrachtungen über die Regierung Polens«).
Im Dezember erste Lesungen aus den »Bekenntnissen«.

1771 Am 4. und 8. Mai die letzte der Lesungen aus den »Bekenntnissen« im Haus des Grafen Egmont. Madame d'Épinay fordert den Polizeipräfekten auf, die Fortsetzung der Lesung aus den »Bekenntnissen« zu verbieten.
Im Juli Beginn der Freundschaft mit Bernardin de Saint-Pierre.
Die ersten beiden botanischen Briefe an Madame Delessert, geb. Boy de La Tour (12. August und 18. Okt.).

1772 Fortsetzung der botanischen Briefe (16. Mai, 19. Juni, 16. Juli).
Beginn der Gespräche »Rousseau richtet über Jean-Jacques« (Bd. 2, S. 253ff.).

1773 Neben den Notenkopien schreibt R. unter großen Mühen das »Zweite Gespräch«.
Im Frühjahr Fortsetzung der botanischen Briefe an Madame Delessert.

1774 Arbeit an den »Gesprächen«: Abschluß des zweiten Teils, Beginn des dritten und Vervollständigung des ersten.
Mai: Einleitung zum Botanischen Wörterbuch (»Dictionnaire des termes d'usage en botanique«). Im Juni komponiert R. den ersten Akt »Daphnis et Chloé« nach einem Text von Corancez.
R. komponiert eine neue Musik für den »Dorfwahrsager«.

1775 31. Oktober: In der Comédie Française wird R.s »Pygmalion« ohne seine Zustimmung aufgeführt.

1776 Im Februar sind die Gespräche »Rousseau richtet über Jean-Jacques«

abgeschlossen. Am 24. Februar will R. das Manuskript auf dem Altar von Notre-Dame niederlegen und findet den Zugang zu dem Altar durch ein Gitter versperrt. Am 25. Februar übergibt R. das Manuskript an Condillac. Der Engländer Brooke Boothby, der R. auf der Durchreise durch Paris besucht, erhält von ihm das Manuskript des Ersten Gesprächs, das er 1780 in England veröffentlicht. R. verteilt auf der Straße sein Flugblatt »An jeden Franzosen . . .« (S. 634).

Herbst: Niederschrift des Ersten Spazierganges der »Träumereien« (S. 637ff.).

24. Oktober: R. hat einen schweren Unfall in Ménilmontant. Es geht das Gerücht, er sei an den Folgen dieses Unfalls gestorben.

Im Dezember Niederschrift des Zweiten Spaziergangs.

1777 Frühjahr und Sommer: Dritter bis Siebenter Spaziergang.

Winter: Achter und Neunter Spaziergang.

1778 12. April: Beginn des letzten, Fragment gebliebenen zehnten Spaziergangs.

Am 20. Mai begibt sich R. nach Ermenonville zu dem Marquis de Girardin, wo er mit Thérèse die letzten Monate seines Lebens verbringt. Er botanisiert in der Umgebung von Ermenonville.

2. Juli: R. stirbt um elf Uhr morgens und wird am 4. Juli auf der Pappelinsel im Park von Ermenonville beigesetzt.

ZU DIESER AUSGABE

Rousseau gehört sicherlich zu den in Deutschland am meisten übersetzten Autoren französischer Sprache. Werke wie die beiden Abhandlungen, der »Gesellschaftsvertrag«, »Die Neue Héloïse«, »Emile« und die »Bekenntnisse« sind seit dem 18. Jahrhundert immer wieder übersetzt worden. Dennoch ist es nie zu einer Ausgabe gesammelter Werke gekommen, die nicht wesentliche Lücken gehabt hätte. Der »Brief an d'Alembert« ist nie vollständig ins Deutsche übertragen worden, und die im 18. Jahrhundert in der in anderer Hinsicht wiederum lückenhaften Sammlung »Philosophische Werke« (1779–1787) enthaltenen »Briefe vom Berge« und die nachgelassene große Selbstdarstellung »Rousseau richtet über Jean-Jaques« sind seit damals nie wieder, weder einzeln noch in einer Werkausgabe, erschienen. Im Falle Rousseaus wird man sagen dürfen, daß die Bemühungen um eine große Ausgabe seiner Werke eher durch die starke Wirkung einzelner Schriften blockiert wurde, im 18. Jahrhundert aber auch vor allem dadurch, daß er in erster Linie in der Originalsprache gelesen wurde. Die Vernachlässigung der genannten Werke, zu denen auch noch der »Brief an Beaumont« zu rechnen wäre, erklärt sich aber auch durch rezeptionsgeschichtliche Barrieren. Bei dem »Brief an d'Alembert« würde diese Frage eine Untersuchung verdienen, denn gleichzeitig macht Lessing die französische Theaterdiskussion, vor allem die neue Dramaturgie Diderots, in Deutschland bekannt, doch der Kritiker der moralischen und politischen Funktion des Theaters, Rousseau, wird nicht ernst genommen, während seine Betrachtungsweise, nicht aber die Ablehnung des Schauspiels, dem Theater des Sturm und Drang Impulse gibt. Die Anwendung der Rousseauschen Kulturkritik aufs Theater hat in Deutschland wohl zu keiner Zeit ernsthafte Anhänger gefunden. Bei den anderen genannten Schriften mag das Vergessen, das seit dem 19. Jahrhundert bemerkbar ist, eher mit dem allgemeinen rousseauistischen Klima zusammenhängen, das die Erinnerung an die Kontroversen, in denen Rousseaus Werk wie kein zweites im 18. Jahrhundert polarisierend gewirkt hatte, nicht vertrug. Vollends die unabweisbar pathologischen Züge der Selbstdarstellung des sich von seinem ganzen Jahrhundert verfolgt wähnenden Rousseau, die schon in ihrem vereinzelten Auftreten in den »Bekenntnissen« störend wirkten und gerne retuschiert wurden, paßten nicht zu dem Bild des Erziehers und Gesetzgebers Rousseau. Dies gilt aber nicht nur für die deutsche Rezeptionsgeschichte Rousseaus, sondern ähnlich für Frankreich und England, wo jedoch das Bild von dem krankhaften Außenseiter polemisch länger präsent geblieben ist.

Die vorliegende Ausgabe will diese Einseitigkeit der Wirkungsgeschichte korrigieren. Sie ist daher von den Gesprächen »Rousseau richtet über Jean-Jacques« her konzipiert und will ein verläßliches Bild der Entwicklung des Rousseauschen Werkes geben, die zu dieser Spätschrift geführt hat. Aus diesem

Grunde ist hier die chronologische Abfolge statt der heute üblich gewordenen Rubrizierung in politische, pädagogische, literarische und autobiographische Schriften gewählt worden. Da es dabei auch um eine Vergegenwärtigung der historischen Kontroversen geht, in deren Spannung Rousseaus Werk, umschlagend von dem Angriff auf die Gesellschaft in die verzweifelte Verteidigung seiner Person und seines Werkes, gestanden hat, lag es nahe, an die deutschen Übersetzungen des 18. Jahrhunderts anzuschließen. Sie wurden in der vorliegenden Ausgabe eingreifend bearbeitet, wo immer der Vergleich mit dem Original es nötig machte, und der heutigen Sprache in Lautstand, Orthographie und Interpunktion angeglichen: es handelt sich nicht um die Edition alter Übersetzungen (obwohl dies vor allem bei Moses Mendelssohns Übersetzung der »Abhandlung über die Ungleichheit« durchaus sinnvoll gewesen wäre), sondern darum, die Bemühungen, um Rousseaus Werk zur Geltung zu bringen, die in der Zeit seiner ersten und größten Wirkung unternommen wurden.

Der Dank des Herausgebers gilt Dietrich Feldhausen, der den einzigen größeren, bisher nicht auf deutsch vorliegenden Text, den »Brief an d'Alembert über das Schauspiel«, übersetzt hat und durch seine Anteilnahme an dieser Ausgabe hilfreich gewesen ist; der Berliner Staatsbibliothek der Stiftung Preußischer Kulturbesitz, die bei der Beschaffung der Textvorlagen wesentliche Hilfe geleistet und durch ihre reiche Rousseausammlung viele Anregungen gegeben hat; der Universitätsbibliothek Leipzig, deren Bemühung der Nachweis einer frühen deutschen Auseinandersetzung mit Rousseau zu danken ist (siehe Anm. zu Bd. 1, S. 147), sowie nicht zuletzt dem Carl Hanser Verlag, der diese Ausgabe angeregt und ermöglicht hat.

Berlin, Juli 1978 *Henning Ritter*